民法論攷 VIII

尹眞秀

博英社

머 리 말

2013년 하반기부터 2021년 3월까지 쓴 글들을 모아 민법논고 제8권을 발간하게 되었다. 그 동안 내 신상에도 변동이 있었다. 즉 2020년 2월에 23년간 재직하였던 서울대학교를 정년퇴직하여 명예교수로 바뀌게 되었다. 정년을 기념하여 서울대학교에서는 같이 정년퇴직한 교수들과 함께 기념호를 발간하여 주었고, 또 내가 썼던 민법 외의 글들을 모아 "판례의 무게"라는 책을 낼 수 있게 해 주었다. 한편 내 제자들이 뜻을 모아 "민법논고 — 이론과 실무"라는 기념논문집을 내 주었다. 이 자리를 빌어 다시 한 번 감사의 뜻을 표한다. 그러나 정년퇴직하였어도 연구가 중단된 것은 아니다. 이 책에도 정년퇴직 후 발표한 글들이 여러 편 실려 있다. 앞으로도 여건이 허락하는 한 연구는 계속할 것이다.

이 책에 실린 글들은 모두 30편으로 다양한 주제를 다루고 있다. 굳이 민법의 편별을 기준으로 한다면 민법 전반에 관한 것이 2편, 총칙 5편, 물권 5편, 채권 8편, 친족 4편, 상속 7편이 된다. 그 가운데 필자가 1984년 석사논문의 주제로 다루었던 소멸시효에 관한 것들이 3편이 되고, 또 서울대학교에서 근무하셨던 은사님들을 포함한 민법 교수님들을 다룬 것도 3편이 된다. 또한 논문은 아니지만 학술적인 가치가 있다고 판단되는 책 소개("도산과 상속포기")와, 대법원의 요청에 의하여 대법원에 제출한 친생추정에 관한 의견서도 같이 실었다.

그리고 필자와 공동으로 집필한 "채권자취소권에 관한 민법 개정안 연구"를 이 책에 싣는 것을 기꺼이 허락해 준 권영준 교수님께 사의를 표한다.

끝으로 이제까지와 마찬가지로 제8권의 발간을 수락해 주신 박영사 안종만 회장님과 안상준 대표님, 연락을 도맡은 조성호 이사님, 교정을 꼼꼼하게 봐 주신 김선민 이사님께도 감사의 인사를 드린다.

2021. 11.

윤 진 수

차   례

iv   차 례

세부차례

한국 대법원의 형사사건 성공보수 판결: 일반조항, 사법적극주의 그리고 장래적 판례변경

과거사 정리와 소멸시효

― 형사판결에 의한 인권침해를 중심으로 ―

소멸시효 남용론의 전개

— 과거사 정리와 관련된 문제를 포함하여 —

황적인 교수의 물권행위론

공동소유에 관한 민법 개정안

담보지상권은 유효한가?

— 대법원 2018. 3. 15. 선고 2015다69907 판결 —

담보신탁의 도산절연론 비판

채권자의 채무자에 대한 승소확정판결이 채권자대위소송에 미치는 영향

― 대법원 2019. 1. 31. 선고 2017다228618 판결 ―

채권자취소권에 관한 민법 개정안 연구

개정민법상 전자보증 불허의 문제점

독립적 은행보증의 경제적 합리성과 권리남용의 법리

부당이득법의 경제적 분석

위헌인 대통령의 긴급조치 발령이 불법행위를 구성하는지 여부

— 대법원 2015. 3. 26. 선고 2012다48824 판결 —

장애를 가지고 태어난 삶은 손해인가?

― Wrongful Life의 딜레마 ―

공작물책임의 경제적 분석

― 하자 개념과 핸드 공식(Hand Formula) ―

미성년 자녀를 둔 성전환자의 성별정정

민법상 금혼규정의 헌법적 고찰

친생추정에 관한 민법개정안

친생자관계부존재확인 사건 의견서

―대법원 2016므2510 사건―

상속법의 변화와 앞으로의 과제

배우자의 상속법상 지위 개선 방안에 관한 연구

상속포기의 사해행위 취소와 부인

〈소개〉 도산과 상속포기

― Friederike Dorn, Das Ausschlagungsrecht in der Insolvenz(도산에서의 상속포기권),
Mohr Siebeck Tübingen, 2020, 473면 ―

유류분반환청구권의 성질과 양수인에 대한 유류분반환청구

― 대법원 2015. 11. 12. 선고 2010다104768 판결 ―

관습상 분재청구권에 대한 역사적, 민법적 및 헌법적 고찰

상속관습법의 헌법적 통제

보통법 국가에서의 기본권의 수평효

Ⅰ. 서   론

　기본권의 대사인적 효력 내지 제3자적 효력, 즉 기본권이 사인과 공권력 사이가 아니라, 사인과 사인 사이에도 효력을 미치는가 하는 점은 근래 많이 다루어지고 있는 주제이다. 그런데 종래의 국내에서의 논의는 독일의 이론과 판례를 주로 참조하고 있고, 독일 외의 다른 나라의 논의는 그다지 소개되고 있지 않다. 원래 이 문제는 원래 2차대전 후에 독일에서 본격적으로 논의되기 시작하였고, 다른 나라의 문헌에서도 이를 가리키기 위하여 제3자적 효력을 의미하는 독일어인 Drittwirkung이라는 말이 그대로 쓰이기도 한다. 그러나 이 문제는 현재는 전세계적으로 많은 관심의 대상이 되고 있다. 예컨대 2014년 오스트리아 빈에서 개최된 국제비교법학회(International Academy of Comparative Law) 제19차 대회에서는 이 문제가 주제의 하나로 다루어졌다.[1]

　이 글은 주로 보통법 국가에서의 이 문제에 관한 논의를 소개하는 것을 목적으로 한다. 구체적으로는 미국, 아일랜드, 캐나다, 남아프리카 및 영국의 상황을 다루고자 한다. 특히 이 중 미국의 이른바 정부행위 이론[2]은 우리나라에도 많

---

1) 그 결과는 다음의 책으로 나왔다. Verica Trstenjak and Petra Weongerl ed., The Influence of Human Rights and Basic Rights in Private Law, Cham, Springer, 2016.
2) "정부행위"란 state action이라는 용어를 옮긴 것이다. 원래 이는 연방이 아닌 주(州)의 행위를 지칭하는 말이었고, 따라서 "주 행위"라고 불러야 한다는 주장이 있다. 임지봉, "주행위이론과 미국연방대법원", 미국헌법연구 제21권 제1호, 2010, 313면 이하. 그러나 현재 이는 주뿐만 아니라 연방이나 지방자치단체 등의 행위를 모두 포괄하고 있으므로, 주 행위라고 하는 것이 반

이 알려져 있고,[3] 영국에서의 논의에 관하여도 이를 언급하고 있는 문헌이 있으나,[4] 그 외의 다른 나라들은 국내에 거의 소개되지 않았다. 이들 나라에서는 여러 가지 논점 가운데에도 특히 기본권이 보통법(common law)[5]에 어떤 영향을 미치는가 하는 점이 문제되고 있다. 이 글은 이에 관하여 살펴보는 것을 목적으로 한다. 외국에서의 논의가 우리나라에도 시사하는 바가 있을 수 있기 때문이다. 이 문제에 대한 각국의 논의 상황은 각 나라를 한 권의 책으로 다루더라도 충분하지 않을 만큼 복잡하고, 많은 판례와 참고 자료들이 있다. 그러나 이 글에서는 외국의 상황을 소개하는 것이 주목적인 만큼 주요한 판례와 대표적인 학설을 소개하는 데 그칠 수밖에 없다. 이것만으로도 우리나라의 논의에 대하여 어느 정도의 시사점은 얻을 수 있다.

서술의 순서는 이들 나라에서 기본권의 수평효에 관한 논의가 본격적으로 시작된 시기의 순서를 따랐다. 아래에서 보듯이 시간적으로 앞선 한 나라의 논의는 다른 나라에서의 논의에 영향을 미치고 있다.

본론에 들어가기 전에, 먼저 용어와 이론의 분류에 대하여 언급하고자 한다. 우리나라에서는 이 문제를 기본권의 대사인적 효력 또는 제3자적 효력이라고 부르면서, 이에 관하여는 기본권은 국가는 물론 사인에게도 직접 적용된다는 직접적용설(직접효력설)과, 기본권은 사법적인 법률관계에 직접 적용되지 않고, 다만 간접적으로 즉 사법의 일반조항 등을 통해서만 적용되어야 한다는 간접적용설(간접효력설)이 대립하고, 근래에는 국가가 사인의 기본권 침해에 대하여도 이를 보호하여야 한다는 보호의무 이론이 있다고 설명되고 있다.[6] 그런데 영어권에서는 이러한 기본권의 대사인적 효력을, 대등한 사인간에서 적용된다는 의미에서 수평적 효력 내지 수평효(horizontal effect)라고 부르는 것이 일반적이다. 이에 반

드시 정확한지 의문이다. 이외에 "국가행위"라는 번역도 있다. 이노홍, "미국헌법상 국가행위(STATE ACTION)에 관한 연구", 이화여자대학교 법학박사학위 논문, 2002, 1면 주 1) 등. 여기서는 "정부행위"라는 표현을 사용하고자 한다. 박종보, "미국헌법상 정부행위이론의 법리와 그 대안", 강원법학 제50권, 2017 참조. 다만 아래에서 문맥에 따라서는 "주의 행위"라는 표현도 사용하였다.

3) 가령 위 주 2)의 문헌들 참조.

4) 윤진수, "영국의 1998년 인권법(Human Rights Act 1998)이 사법관계에 미치는 영향", 민법논고 1, 2007(처음 발표: 2002); 이노홍, "영국 기본권의 수평적 효력이론에 관한 고찰", 홍익법학 제15권 1호, 2014.

5) 여기서 말하는 보통법에는 형평법(equity)도 포함된다.

6) 논의의 상황은 예컨대 장영철, "기본권의 제3자적(대사인적) 효력에 관한 이론적 연구", 공법연구 제37집 3호, 2009, 33면 이하 참조.

하여 사인과 공권력 사이의 관계는 수직적 효력 내지 수직효(vertical effect)라고 부른다. 그리고 수평효를 인정하는 경우에도, 기본권이 사인 사이에 직접 적용될 수 있다는 주장을 직접적 수평효(direct horizontal effect)라고 하고, 간접적으로만 적용될 수 있다는 주장을 간접적 수평효(indirect horizontal effect)라고 한다.7) 직접 적 수평효는 우리나라의 직접적용설에 상응하고, 간접적 수평효는 간접적용설에 상응한다.

다른 한편 이러한 직접적 수평효와 간접적 수평효 외에도, 다른 분류가 주장 되고 있다. 그 하나는 사법부 모델(judiciary model)로서, 이스라엘의 대법원장이었 던 바락(Ahron Barak)이 제안한 것이다. 이에 따르면 기본권은 국가에 대해서만 주장할 수 있고 사인간에는 적용되지 않지만, 여기서 말하는 국가에는 사법부가 포함되고, 사법부는 기본권을 침해하는 방식으로 보통법을 발전시키거나 구제를 허용하여서는 안 된다고 한다.8) 그러나 이를 독립된 유형으로 받아들일 실익이 있는지는 의문이다. 그는 미국이 이 모델을 따르고 있다고 하면서, 미국연방대법 원의 셸리 판결9)을 예로 들고 있으나, 뒤에서 보는 것처럼 이 판결에 대하여는 논란이 많고, 선례로서의 가치가 의심스럽다. 일반적으로는 미국은 기본권의 수 평효를 부정하고 있고, 다만 정부행위라고 인정되는 경우에만 예외를 인정하는 것으로 이해되고 있다. 또한 뒤에서 살펴보는 것처럼, 캐나다와 과거의 남아프리 카 공화국 판례는 기본권은 법원을 구속하지 않는다고 보는 반면, 현재의 남아프 리카 공화국 헌법이나 영국의 인권법은 기본권은 법원도 구속한다고 보고 있으 나, 그에 따라 실질적인 차이가 있는 것 같지는 않다.

다른 하나는 법원이 헌법적 규정이나 가치에 부합하게 보통법을 발전시키는 것이다.10) 이를 인정하는 논자에 따르면 이러한 방법은 간접적용설 또는 간접적

---

7) 윤진수(주 4), 5-6면 참조. Stephen Gardbaum, "The structure and scope of constitutional rights", in Tom Ginsburg and Rosalind Dixon ed., Comparative Constitutional Law, Edward Elgar, 2011, p. 394는, 직접적 수평효는 사인(private actor)을 헌법적 권리에 종속시키는 것이고, 간접적 수 평효는 사법(private law)을 헌법적 권리에 종속시키는 것이라고 표현한다.

8) Ahron Barak, "Constitutional Human Rights and Private Law", in Daniel Friedmann and Daphne Barak-Erez ed., Human Rights in Private Law, Oxford and Portland, Hart Publishing, 2001. pp. 25 ff.

9) Shelley v. Kraemer, 334 US 1 (1948).

10) Lorraine E. Weinrib and Ernest J. Weinrib, "Constitutional Values and Private Law in Canada", Friedmann and Daphne Barak-Erez ed.(주 8), p. 44; Cheryl Saunders, "Constitutional Rights and the Common Law", in András Sajó and Renáta Uitz ed., The Constitution in Private Relations: Expanding Constitutionalism, Eleven International Publishing, 2005, p. 184.

수평효와 비슷하지만, 양자의 차이는 전자의 경우에는 법원의 그러한 권한은 헌법이 아니라 법원 자신의 고유한 재판권(inherent jurisdiction)에서 나온다는 것이다. 이는 주로 아래에서 설명할 캐나다의 판례를 염두에 둔 것이다. 그러나 이를 간접적 수평효와 구별하는 것이 얼마나 의미가 있는지는 의문이다.[11]

Ⅱ. 미   국

1. 판   례

(1) 원   칙

미국 연방대법원은 기본권의 수평효를 원칙적으로 인정하지 않는다. 이 문제에 관한 선도적인 판례는 연방대법원이 1883년 선고한 이른바 민권법 사건(Civil Rights Cases)[12]이다. 이 사건에서는 연방의회가 제정한 민권법(The Civil Rights Act of 1875)이 연방의 입법권을 벗어나서 위헌인가가 문제되었다. 이 법은 민간이 운영하는 숙박시설과 대중교통수단 등에서의 차별을 금지하고, 그러한 시설 등의 이용을 거부하는 행위를 처벌하도록 규정하고 있었다. 그런데 이 법에 의하여 기소된 민간인들이 위 법이 위헌이라고 주장하였고, 연방대법원은 그 주장을 받아들여 이 법이 위헌이라고 판시하였다.

이 사건에서의 쟁점은, 미국 헌법수정 제14조가 의회에 사인에 의한 차별을 금지할 권한을 부여하였는가 하는 점이었다. 동조 제1항은, "어느 주도 미국 연방시민의 특권과 면제를 침해하는 법을 제정하거나 집행하여서는 아니 되고, 적법한 절차에 의하지 아니하고 어떤 사람의 생명, 자유 또는 재산을 박탈하여서는 아니 되며, 그 관할권에 속한 사람에게 법의 평등한 보호를 거부하여서는 아니 된다"[13]고 규정하고, 제5항은 "연방의회는 적절한 입법에 의하여 본조의 각 항을

---

11) Colm O'Cinneide and Manfred Stelzer, "Horizontal effect/state action", in Mark Tushnet, Thomas Fleiner and Cheryl Saunders ed., Routledge Handbook of Constitutional Law, Routledge, 2013, p. 184는 캐나다식의 접근방법이 간접적용설을 따르는 독일보다 약하다고 볼 수도 있지만, 실제에 있어서는 실체적으로 별 차이가 없다고 한다.

12) 109 U.S. 3 (1883).

13) No State shall make or enforce any law which shall abridge the privileges or immunities of citizens of the United States; nor shall any State deprive any person of life, liberty, or property without due process of law; nor deny to any person within its jurisdiction the equal protection of the laws.

집행할 권한을 가진다"[14]고 규정하고 있다. 연방대법원은 다수의견에서, 이 조항에 의하여 금지되는 것은 특정한 성격의 주의 행위(state action)이고, 개인의 권리에 대한 개인의 침해는 위 조문의 적용대상이 아니라고 하였다.[15] 그러므로 위 조문은 주의 행위(state action)가 아닌 차별을 시정하기 위한 권한을 연방의회에 부여하지 않는다는 것이다.

위 판결은 헌법은 공권력 주체만을 구속하고, 사인은 구속하지 않는다는 점을 명시적으로 천명하였고, 이 판결의 기본 태도는 현재까지 유지되고 있다.[16]

(2) 예   외

그렇지만 연방대법원은 일정한 경우에는 이 원칙에 대한 예외를 인정하여, 사인인 경우에도 헌법의 효력이 미친다고 하였다. 보통 이 예외를 크게 공공기능의 예외(public functions exception)와 정부관여의 예외(entanglement exception) 두 가지로 나누어 설명한다.[17]

공공기능의 예외란, 전통적으로 정부에게 독점적으로 유보되었던 권능을 사인이 행사하는 것을 말한다.[18] 예컨대 연방대법원은 텍사스 주의 민주당이 당내 예비선거에 흑인을 참여하지 못하게 하는 것은 인종 등을 근거로 하는 차별을 금지한 헌법수정 제15조에 위반된다고 하였다.[19] 연방대법원은, 예비선거가 공직자를 선출하는 기제의 일부가 되었으므로, 차별이나 침해가 있는지를 판단하는 동일한 기준이 본선거뿐만 아니라 예비선거에도 적용되어야 하는데, 주가 선거 절차에 관여하며, 주 공무원 선출의 본선거에서 유권자의 선택을 실질적으로 정당 지명자로 제한하고 있고, 정당 지명자에 의한 본선거를 규정하고 있다면, 이는 텍사스 주가 텍사스 주 법에 의하여 예비선거에 참여할 수 있는 자격을 결정하는 권한을 부여받은 정당에 의한 흑인에 대한 차별을 지지하고, 채택하며, 시행하는 것이고, 따라서 이는 주의 행위에 해당한다고 하였다.

---

14) The Congress shall have power to enforce, by appropriate legislation, the provisions of this article.

15) 109 U.S. 3, 11.

16) 다만 연방의회는 1964년에 마찬가지로 사인에 의한 차별을 금지하는 인권법(Civil Rights Act of 1964)을 제정하였는데, 이때에는 입법의 근거를 연방의회는 여러 주들 상호간의 통상을 규제할 권한을 가진다고 규정한 연방헌법 제1조 제8항의 통상조항(commerce clause)에서 찾았고, 연방대법원은 이는 합헌이라고 판시하였다. 상세한 것은 이노홍(주 2), 40면 이하 참조.

17) Erwin Chemerinsky, Constitutional Law, Fifth ed., Wolter Kluwer, 2015, pp. 543 ff. 이하. 이 예외의 분류는 논자에 따라 다르다. 이노홍(주 2); 박종보(주 2), 364면 이하 등 참조.

18) "state action present in the exercise by a private entity of powers traditionally exclusively reserved to the State." Jackson v. Metropolitan Edison Co., 419 U.S. 345, 352(1974).

19) Smith v. Allwright, 321 U.S. 649 (1944).

또한 연방대법원은 사기업이 소유하고 있는 도시(company town)의 거리에서 선교용 홍보물을 배포한 것을 사유지 무단침입으로 처벌할 수 있는가가 문제된 사건에서, 정부행위 이론을 적용하여 처벌할 수 없다고 결론을 내렸다.[20] 연방대법원은 사유인 다리, 여객선, 고속도로나 철도의 소유자는 농부가 그의 농장을 운영하는 것처럼 자유롭게 운영할 수는 없고, 이러한 시설은 우선적으로 공중의 이익을 위하여 만들어지고 운영되며, 그 운영은 본질적으로 공적 기능(public function)이기 때문에 주의 규제를 받는다고 하였다. 그리하여 이러한 곳에서 종교적 책자를 배포하려는 자를 처벌하는 것은 표현의 자유와 종교의 자유를 침해하는 것이라고 하였다. 이외에도 판례는 사인이 운영하는 공원도 공공기능을 수행한다고 인정하였다.[21]

그러나 연방대법원은 사기업인 전력회사가 전력을 공급하는 것은 공공기능에 해당하지 않는다고 하였다.[22] 연방대법원은 전력회사가 주로부터 전통적으로 주권(主權)과 결부되었던 권능을 위임받았다면 결론이 달라질 수 있겠지만, 전력회사의 전력 공급이 공익에 관한 것이라고 하여 정부행위가 되는 것은 아니라고 하였다.[23]

또한 연방대법원은 사유지인 쇼핑 몰에서 노동조합이 시위하는 것을 쇼핑 몰 운영자가 막을 수 있는가 하는 점에 관하여, 처음에는 쇼핑센터가 공동체의 비즈니스 구역으로 기능하고 있고, 사람들이 자유롭게 접근할 수 있기 때문에 이는 마쉬 판결[24]과 같이 취급하여야 한다고 보아 쇼핑 몰은 시위 금지를 청구할 수 없다고 하였다.[25] 그러나 그 후의 판례는 판례를 번복하여 이를 부정하였다.[26]

정부관여의 예외는 정부가 연방헌법을 위반한 사인의 행위를 적극적으로 수권(授權)하거나, 조장하거나, 용이하게 한 경우에는 헌법이 적용된다는 것을 말한다.[27] 이 예외가 인정된 것은 1961년의 버튼 판결에서였다.[28] 이 사건에서 연방

---

20) Marsh v. Alabama, 326 U.S. 501 (1946).

21) Evans v. Newton, 382 U.S. 296 (1966).

22) Jackson v. Metropolitan Edison Co., 419 U.S. 345 (1974).

23) 419 U. S. 345, 353 ff.

24) 주 20).

25) Food Employees v. Logan Valley Plaza, Inc., 391 U.S. 308 (1968).

26) Lloyd Corp. v. Tanner, 407 U.S. 551 (1972); Hudgens v. National Labor Relations Board, 424 U.S. 507. 뒤의 판결은 마쉬 판결(주 20)에서 다수의견을 집필하였던 블랙(Black) 대법관이 로간 벨리 판결(주 25)의 반대의견에서 양자를 구별한 것을 원용하였다. 424 U. S. 516.

27) Chemerinsky(주 17), p. 552; 박종보(주 2), 372면 참조.

28) Burton v. Wilmington Parking Authority, 365 U.S. 715 (1961).

대법원은. 시가 건설하여 운영하는 주차장에서 일부 부지를 임차하여 식당을 경영하던 자가 고객이 흑인임을 이유로 음식물이나 음료 등의 판매를 거부한 사안에 대하여, 헌법수정 제14조 위반을 인정하였다. 연방대법원은, 이 사건의 사실관계, 특히 식당이 공중의 주차를 위한 공공건물의 통합된 일부로 운영되었다는 사실에 비추어 보면, 차별적 행위에 대한 주의 참여와 관여는 연방헌법 수정 제14조가 막으려고 의도했던 정도에 이르렀다고 하였다.[29] 그러나 연방대법원은 주정부가 사인의 클럽에 주류 판매를 허가한 것만으로는 정부행위가 성립하지 않는다고 하였고,[30] 지방자치단체나 주 또는 연방이 사립학교에 보조금을 지급하는 것만으로는 정부행위를 인정할 수 없다고 하였다.[31]

전체적으로 근래의 연방대법원은 이러한 예외의 인정 범위를 축소시키고 있다고 평가되고 있다.[32]

한편 논란이 되는 것은 법원의 재판도 정부행위에 해당하는가 하는 점이다. 연방대법원이 1948년 선고한 셸리 판결[33]은, 백인을 의미하는 코카시아 인종 (Caucasian race) 이외의 사람은 부동산을 사용하거나 점유할 수 없다고 하는 부동산 소유자들 사이의 제한적 협약(restrictive covenant)의 이행을 법원이 명할 수 있는가 하는 점이 문제되었다.[34] 연방대법원은, 이러한 제한적 약정은 그 자체만으로는 헌법수정 제14조에 의하여 당사자에게 보장된 권리를 침해하는 것으로는 볼 수 없지만, 법원에 의하여 형성된 보통법의 규칙을 법원이 집행하는 것은 헌법수정 제14조에 의하여 보장된 권리를 침해하는 결과를 가져올 수 있고, 헌법수정 제14조와 관련되는 경우에는 정부행위에는 주 법원이나 주 사법공무원의 행위가 포함될 수 있으며, 주는 제한적 약정의 이행을 사법적으로 허용함으로써 법에 의한 평등한 보호를 거부하였고, 따라서 이러한 주 법원의 행위는 유지될 수 없다고 하였다.[35]

---

29) 365 U.S. 715, 724.

30) Moose Lodge No. 107 v. Irvis, 407 U.S. 163 (1972).

31) Rendell-Baker v. Kohn, 457 U.S. 991 (1982).

32) 박종보(주 2), 371면(공공기능의 예외에 대하여); Chemerinsky(주 17), p. 564(정부관여의 예외에 대하여).

33) 주 9).

34) 부동산에 관한 협약(real covenant)이란 부동산의 사용 등을 규제하기 위하여 부동산 소유자들이 맺는 약정을 말한다. 이러한 약정은 부동산의 승계인에 대하여도 효력을 미친다(runs with the land). Joseph William Singer, Introduction to Property, Aspen Law and Business, 2001, p. 218 참조.

35) 334 U.S. 1, 13 ff.(1948).

그런데 이 판결의 판시를 일반화하게 되면, 사인들 사이의 분쟁은 궁극적으로는 법원의 재판에 의하여 해결되게 되는데, 그렇다면 모든 사인들 사이의 재판상 분쟁은 정부행위에 의하여 규율되는 것이 되어, 기본권의 적용 범위를 정부행위로 한정하는 것은 의미가 없게 된다. 그리하여 이 판결에 대하여는 논란이 많고,36) 실제로 그 후의 판례도 이 판결을 원용하고 있는 것은 드물다.37)

또한 유명한 뉴욕 타임즈 대 설리번 판결38)에 대하여 언급할 필요가 있다. 이 판결은 앨라배마 주의 경찰국장인 설리번(Sullivan)이 1960. 3. 29. 앨라배마 주의 수도 몽고메리에서의 비폭력시위에 가담한 흑인들에 대한 테러·협박과 경찰의 가혹한 진압방법을 비난하는 전면광고를 민권운동가들이 뉴욕타임즈 신문에 게재하자, 설리반이 신문사와 광고주를 상대로 명예훼손소송을 제기한 사건에 대한 것이었다. 앨라배마 주 법원은 명예훼손의 성립을 인정하고 손해배상을 명하였다. 그러나 연방대법원은, 언론의 자유에 관한 연방헌법 수정 제1조는 공직자의 공적 행위에 관한 잘못된 보도에 대하여 명예훼손으로 인한 손해를 배상받기 위해서는 그 보도가 '현실적 악의(actual malice)'에 의하여, 즉 그 내용이 허위임을 알았거나 또는 허위인지의 여부에 대하여 무분별하게 무시하고서 이루어졌다는 증명을 하여야 한다고 판시하였다. 여기서 문제되는 것 중의 하나는, 뉴욕타임즈가 가지는 언론의 자유를 침해하는 정부행위가 존재하는가 하는 점이었는데, 앨라배마 주 대법원은, 헌법수정 제14조는 정부행위에 대한 것이고 사인의 행위에 대한 것은 아니라는 간단한 이유로 이를 부정하였다.39) 그러나 연방대법원은, 이 사건이 사인들 사이의 민사소송이기는 하지만, 앨라배마 주 법원은 광고를 낸 사람들의 헌법상 언론의 자유에 대하여 부당한 제한을 부과하는 주법을 적용하였는데, 이 법이 민사소송에서 적용되었고 성문법에 의하여 보완된 보통법이라는 것은 중요하지 않으며, 판단 기준은 어떤 형식으로 주의 권한이 행사되었는가가 아니라, 그 형식을 불문하고 그러한 권한이 행사되었는가 아닌가 하는 점이라고 하여, 정부행위의 존재를 긍정하였다.40) 이는 말하자면 불문법인 보통

---

36) 이노홍(주 2), 180면 이하; Chemerinsky(주 17), p. 553 등. 근래의 문헌으로는 Mark D. Rosen, "Was Shelley v. Kraemer Incorrectly Decided? Some New Answers", 95 *California Law Review*, pp. 451 ff.(2007) 참조.

37) Chemerinsky(주 17), p. 553. 상세한 것은 이노홍(주 2), 191면 이하; Rosen(주 36), p. 461 ff. 참조.

38) New York Times v. Sullivan, 376 U.S. 254 (1964).

39) New York Times Company v. Sullivan, 273 Ala. 656, 676(1962).

40) 376 U. S. 254, 265.

법을 적용하는 주 법원의 판결을 정부행위로 본 것이다.[41]

2. 학자들의 논의

이처럼 헌법의 구속력을 정부행위에 대하여만 인정하는 미국의 판례는 비교법적으로 보아 특이한 예외에 속한다. 왜 이러한 정부행위 이론이 채택되었을까?

체메린스키에 따르면 이에 대하여 3가지 답변이 있다고 한다.[42] 첫째, 헌법의 문언이 정부만을 대상으로 한정하는 것으로 보인다. 예컨대 헌법수정 제14조는 어느 주도 적법한 절차에 의하지 아니하고 어떤 사람의 생명, 자유 또는 재산을 박탈하여서는 아니 된다고 규정하고 있고, 제1조는 의회(Congress)는 표현의 자유나 언론의 자유를 침해하는 법을 제정하여서는 안 된다고 규정하고 있다. 둘째, 역사적으로 볼 때 보통법이 사인에 의한 사인의 권리 침해를 보호하였기 때문에 정부행위 이론이 의미를 가진다. 셋째, 연방법과 연방 사법권의 적용범위를 제한함으로써 개인 자율의 영역을 보전하고, 주의 주권이 미치는 범위를 확보함으로써 연방주의를 보장한다는 정책적인 이유이다.[43]

다른 한편 쿰과 페레스 코멜라는 이러한 정부행위 이론에 대한 비판에 공감을 표시하면서도, 캐나다나 독일과 비교할 때 위의 역사적 근거와 연방주의적 근거 외에도 다음과 같은 점이 이 이론을 정당화하는 근거일 수 있다고 한다. 즉 캐나다나 독일에서는 먼저 헌법적인 권리로서 보호받는 헌법적 이익이 침해되었는지를 살피고, 이어서 그 침해가 정당화될 수 있는지를 판단하는 데 반하여, 미국에서는 특정 행위가 헌법적 권리로서 보호받는 이익을 침해하였는가 하는 첫 단계의 탐구가 중요하고, 이 점이 긍정되면 이는 권리의 침해라고 하는 강력한 추정이 성립하며, 예외적으로 법원이 압도적인 정부의 이익이 존재한다고 인정할 때에만 이 추정이 번복된다고 한다.[44] 이는 말하자면 캐나다나 독일에서는 위

---

41) Frank I. Michelman, "The Bill Of Rights, the Common Law, and the Freedom-Friendly State", 58 *U. Miami L. Rev.* 401, 403 f. (2003)는, 보통법이 권리헌장과 합치하는지 여부의 사법적 심사의 문을 여는 것은 헌법적 책임에 대한 국가행위의 장애물을 사라지게 하는 것이라고 평가한다.

42) Chemerinsky(주 17), pp. 536 ff.

43) 연방대법원의 Lugar v. Edmondson Oil Co. 판결은, 정부행위 요건을 고수하는 것은 연방법과 연방 사법권의 범위를 제한함으로써 개인의 자유 영역을 보전하고, 주, 주의 기관 또는 그 공무원들에게 그들이 비난받을 수 없는 행위에 대한 책임을 부과하는 것을 막는다고 하였다. 457 U.S. 922, 936(1982).

44) Mathias Kumm and Victor Ferres Comella, "What is So Special about Constitutional Rights in

헌적인 기본권의 침해가 있는가 하는 문제를, 기본권이 침해되었는가, 그리고 그 기본권의 침해가 비례의 원칙에 비추어 정당화될 수 있는가라는 두 단계로 나누어 보는데 반하여, 미국에서는 제1차적으로 기본권의 침해가 있었는가 하는 점이 중요하고, 기본권의 침해가 긍정된다면 예외적으로만 그 침해가 정당화될 수 있다고 보고, 비례의 원칙은 논하지 않기 때문에, 사인에 의한 기본권의 침해를 잘 인정하지 않는다는 의미로 이해된다.

그러나 이러한 정부행위 이론에 대하여는 강력한 비판이 많다. 예컨대 체메린스키는 정부행위 이론은 폐기되어야 한다고 주장하면서 다음과 같이 설명한다. 우선 과거에는 보통법이 개인을 사인에 의한 권리 침해로부터 보호한다는 믿음이 있었지만, 오늘날은 개인이 보통법상 보호를 받지 못하는 많은 권리를 가지고 있다. 또 권리에 관한 자연법론, 실증주의 또는 합의(consensus)와 같은 어느 이론에 의하더라도 정부행위의 요건은 의미를 가지지 못한다. 그리고 정부행위가 사적 자율의 영역을 보호한다는 주장에 대하여는, 정부행위의 문제가 제기될 때에는 가해자의 자유와 피해자의 자유가 함께 문제되고, 법원은 일방적으로 정부가 아닌 사인에게 유리하게 판결하기보다는 두 가지 대립하는 자유를 형량하여야 한다. 그리고 정부행위 이론이 주의 주권을 확보한다는 주장에 대하여는, 연방주의가 기본권의 침해를 허용하는 것을 정당화할 수 있는지는 의문이고, 주가 기본권을 사적인 침해로부터 충분히 보호하지 못한다면, 주의 주권에 대한 배려가 침해를 구제하여 주지 않는 것을 정당화할 수 있는가 의문이다.[45]

이러한 이론적인 비판은 논외로 하더라도, 정부행위 이론을 적용하는 현재의 판례가 일관성이 없고, 기준이 모호하여 예측가능성이 떨어진다는 점은 일반적으로 인정되고 있다.[46]

Private Litigation?" in András Sajó and Renáta Uitz ed.(주 10), pp. 272 ff. 여기서는 미국에서는 다른 나라에서는 받아들여지고 있는 비례성 기준(proportionality test)이 잘 받아들여지지 않고 있음을 강조하고 있다.

45) Chemerinsky(주 17), pp. 536 ff.; Erwin Chemerinsky, "Rethinking State Action", 80 *Northwestern University Law Review* 503 ff.(1985).
46) 상세한 문헌의 소개는 이노홍(주 2), 234면 이하 참조.

Ⅲ. 아일랜드

1. 판　　례

아일랜드 헌법47)에는 기본권의 수평효에 관한 규정이 없다. 그러나 판례는 일반적으로 직접적 수평효를 인정하는 것이라고 이해되고 있으나, 판례의 정확한 평가에 대하여는 논란이 있다.

이 문제에 관하여 아일랜드 대법원이 처음으로 판시한 것은 1972년의 메스켈 판결48)이다. 이 사건에서는 대중교통 회사인 피고 회사가, 그 직원이 조합원인 4개의 노동조합과의 사이에, 피고 회사가 전직원을 일단 해고하고, 위 4개의 노동조합원이 되는 것을 조건으로 하여 재고용하기로 합의를 하였다. 원고는 피고 회사의 직원이었는데, 피고 회사에 의하여 해고되었으나, 노동조합의 조합원이 되는 것을 거부하여 재고용되지 못하였다. 이에 원고가 피고 회사를 상대로 위 해고가 원고의 헌법상 권리를 침해하였음의 확인과 손해배상을 청구하였다. 여기서 원고가 주장한 헌법상의 권리는 결사와 노동조합을 형성할 자유49)였다. 고급법원(High Court)은 원고의 청구를 기각하였으나, 대법원(Supreme Court)은 원심판결을 파기하였다.

고급법원은 원고의 청구를 원고에게 손해배상을 청구할 권리가 없다는 이유로 기각하였는데, 월시(Walsh) 대법관은 이를 원고가 그러한 헌법상 권리를 가지고 있지 않다는 의미로 보았다. 그리고 종래의 판례를 인용하면서, 헌법상 보장된 권리나 헌법이 부여하는 권리는 보통법이나 형평법상 인정되는 통상적인 소송상 청구의 형태(ordinary forms of action)에 들어맞지 않더라도 소송상 청구에 의하여 보호될 수 있거나 또는 실현될 수 있고, 헌법상의 권리는 그 자체 구제를 받거나 실현할 수 있는 고유한 권리를 수반한다고 하였다. 그러므로 어떤 사람이 헌법상 권리 침해로 인하여 손해를 입었으면, 그는 권리를 침해한 자에 대하여 구제를 청구할 수 있다고 보았다. 여기서 그는 다른 사건에서의 버드(Budd) 대법관의 말을 인용하고 있는데, 버드 대법관은, 어느 시민이 헌법상 권리를 가진다

---

47) 아일랜드어로는 Bunreacht na hEireann이라고 한다. 참고로 아일랜드의 공용어는 아일랜드어와 영어이고(헌법 제8조), 헌법도 두 언어로 되어 있다.
48) John Meskell v Coras Iompair Eireann, [1973] IR 121.
49) 아일랜드 헌법 제40조 제6항 제3호: the right of the citizens to form associations and unions.

면, 그에 상응하는 다른 시민이 이 권리를 존중하고 이를 침해하지 않아야 할 의
무가 존재하며, 법원은 그 시민이 헌법상 권리를 박탈당하는 것을 용인하지 않
고, 이 권리가 보호되도록 하여야 한다고 설시하였다.50) 그리고 종전의 판례는
결사와 노동조합을 형성할 자유는 묵시적으로 이에 가입하지 않을 권리를 부여
한다고 보았는데, 이 사건에서의 쟁점은 이러한 권리가 피용자를 고용하거나 해
고할 수 있는 사용자의 통상적인 보통법상의 권리에 미치는 효과로서, 피용자가
노동조합에 가입하면 해고하겠다고 사용자가 위협한다면 이는 피용자의 권리를
침해하는 것이고, 입법부(Oireachtas)가 개인이 헌법상 권리를 포기하도록 강요할
수 없다면, 입법부보다 더 권한이 약한 기구나 개별 사용자도 그러한 권한을 행
사할 수 없으며, 헌법상 권리를 포기하도록 강요하거나 포기하지 않은 데 대한
벌로서 해고권을 행사한다면 이는 헌법 위반이고 남용이며, 헌법은 보통법보다
우월하고, 양자가 충돌할 때에는 헌법이 우선한다고 보았다. 그리하여 피해를 입
은 당사자는 그가 헌법상 권리를 행사하거나 이를 포기하는 것을 거부함으로써
생긴 해고나 불이익으로 입은 손해를 배상받을 권리가 있다고 하였다.

　　이 판결은 문언상 기본권의 직접적 수평효를 인정한 것으로 볼 수 있다. 이
판결에 대하여는 기본권의 수평효를 부정하는 학자가 이 사건 피고 회사는 반국
영(semi-state body)이었으므로, 이는 "정부행위(state action)"의 접근방법에 의하여
도 분석될 수 있다고 주장하였다고 한다.51) 그러나 그 후의 판례들은 정부와의
관련이 없는 경우에도 수평효를 인정하였다.52)

　　그런데 1980년대 이후의 판례는 제한적으로만 이러한 기본권의 수평효를 인
정하는 것으로 보인다. 대표적인 것이 1988년 대법원이 선고한 한라한 판결53)이
다. 이 사건에서는 원고들이 경영하던 농장 옆에 피고 회사가 의약품 공장을 지
었는데, 그 공장이 보유하는 독성 물질과 그 폐기물로 인하여 원고들의 건강과

---

50) Educational Company of Ireland Ltd v Fitzpatrick (No 2), (1961) IR 345, 368.
51) M Forde, "Who Can Remedy Human Rights Abuses? The 'State Action' Question" in K D Ewing,
CA Gearty and B A Hepple, Human Rights and Labour Law: Essays for Paul O'Higgins (London:
Mansell, 1994), pp. 234. Colm O'Cinneide, "Taking Horizontal Effect Seriously: Private Law,
Constitutional Rights and the European Convention on Human Rights", 4 *Hibernian Law Journal*
84 (2003)에서 재인용.
52) 이에 대하여는 O'Cinneide(주 51), pp. 84 f.; Colm O'Cinneide, "Irish Constitutional Law and
Direct Horizontal Effect—A successful Experiment?", in Dawn Oliver & Jörg Fedtke ed., Human
Rights and the Private Sphere, Routledge-Cavendish, 2007, pp. 220 f. 참조.
53) Hanrahan v Merck Shape and Dohme, [1988] ILRM 629.

가축 및 식물이 피해를 입었다고 하여 원고들이 손해배상을 청구하였다.

이 사건에서의 주된 쟁점은, 주로 근린방해(nuisance)에 있어서 피고의 공장 운영으로 인하여 원고들이 손해를 입었다는 것을 누가 증명하여야 하는가 하는 증명책임(onus of proof) 문제였다. 원심은 이 점은 원고들이 증명하여야 하는데, 그 증명이 부족하다고 하여 원고들의 청구를 받아들이지 않았다. 이에 대하여 원고들은, 피고가 증명책임을 져야 한다고 하면서, 그 근거로서 원고들이 주장하는 불법행위는 국가가 헌법 제40조 제3항에 의하여 부담하는 신체 및 재산에 관한 권리에 관한 의무를 반영하는 것일 뿐인데, 원고들이 자신의 권리를 근린방해에 의하여만 주장할 수 있다면 이러한 헌법적 보장을 받는 권리의 보호는 효과적으로 이루어질 수 없고, 원고들이 그들의 신체나 재산에 관하여 손해를 입었다는 것을 증명하면, 피고들이 그들의 공장으로부터의 유출물이 원인이 아니라는 것을 증명하여야 한다고 주장하였다.

이에 대하여 헨치(Henchy) 대법관은, 근린방해의 불법행위는 원고들의 신체 및 재산에 관한 권리에 관한 국가의 헌법규정에 의한 의무의 실행이라고 할 수 있다는 점에 대하여는 동의할 수 있지만, 자신이 아는 한은 법원에서 헌법 규정이 이미 존재하는 불법행위법의 형태를 구성하거나, 통상적인 증명책임을 바꾸기 위하여 이용된 적이 없고, 이러한 헌법상 권리의 실행은 제1차적으로는 국가의 임무이며, 법원은 그러한 실행이 결여되었거나(a failure to implement), 그 실행이 명백히 불충분할(plainly inadequate) 때 비로소 개입할 수 있다고 하였다. 헨치 대법관은, 보통법이나 성문법상 청구권원(cause of action)[54]이 없을 때에는 개인은 직접적으로 헌법상 권리의 침해를 이유로 소송을 제기할 수 있지만,[55] 이미 존재하는 불법행위에서 청구권을 찾을 수 있을 때에는, 그 개인은 그 불법행위의 제한을 감수하여야 한다고 한다. 만일 문제의 불법행위가 그의 헌법상 권리를 보호하는데 기본적으로 효과가 없다면 결론이 달라질 수 있지만, 이 사건에서는 그와 같은 주장은 없고, 다만 그가 통상적인 증명책임을 부담한다면 자신의 헌법상 권

---

54) 이는 "한 당사자에게 다른 사람에 대한 관계에서 사법적 구제를 구할 수 있는 권리를 발생시키는 사실 또는 사실들(The fact or facts which give a person a right to judicial redress or relief against another)"을 의미한다. Black's Law Dictionary, 6th edit., West Publishing Co., St. Paul, Minn, 1990 참조. 이를 소인(訴因) 또는 청구원인이라고 번역하기도 하지만, 청구권원이라는 표현이 적당하다고 생각된다. 필자는 과거에는 이를 소송권원이라고 번역하였다. 윤진수(주 4), 12면 주 43).
55) 여기서 Meskell v Coras Iompair Eireann 판결(주 48)을 인용하였다.

리를 방어하지 못할 수 있다는 주장이 있을 뿐이지만, 이는 다른 많은 청구권원의 경우에도 그러하다고 한다. 나아가 헌법 제40조 제3항 제1호에 의한 개인적 권리의 보장은 실현가능성이 있는 한(as far as practicable) 적용되고, 제2호에 의한 재산권의 방어는 불의가 행해진 경우(in the case of injustice done)를 가리키는 것이므로,56) 이러한 보장은 무제한적이거나 절대적이지 않다고 하였다. 따라서 제40조 제3항 제1호가 근린방해 소송에서 원고가 그 불법행위의 필요 요건을 증명하는 부담에서 벗어나야 한다는 것을 의미한다고는 볼 수 없고, 제40조 제3항 제2호에 의한 보장도 불의가 행해진 경우에만 발생하는 것이므로, 이 조항이 이러한 증명책임의 면제를 담보하지 않고, 따라서 원고가 주장하는 불의가 실제로 원고에게 있었고, 이는 피고에 의하여 야기된 것임을 증명하는 것은 원고의 임무라고 하였다.57)

그리고 1997년의 맥도넬 판결58)에서는 헌법상 권리가 침해된 경우에 가지는 손해배상청구권 등의 권리가 제소기간(statute of limitations)에 걸리는가가 문제되었다. 이 사건 원고는 정부의 우편전신부 서기로 근무하던 중, 1974년 불법무장단체인 아일랜드 공화국군(Ireland Republican Army, IRA)에 가입하였다는 혐의로 기소되어, 특별형사법원(Special Criminal Court)에서 12개월의 자유형을 선고받았고, 위 법원에서 특정의 범죄로 처벌된 경우에는 공직을 상실한다고 규정한 1939년의 법률59) 제34조에 의하여 공무원의 지위를 상실하였다. 그런데 1991년 7월에 대법원은 위 제34조가 지나치게 광범위하고 무차별적이라는 이유로 위헌이라고 선고하였다.60) 그러자 원고는 1991년 10월에 아일랜드 정부 등을 상대로 하여 원고의 헌법상 권리 침해를 이유로 하는 손해배상청구소송을 제기하였다. 고급법원의 캐롤(Carroll) 판사는, 원고의 청구권에 1957년 제소기간법(Statute of Limitations)에 의한 6년의 제소기간이 적용된다고 하여 원고의 청구를 받아들이지

---

56) 아일랜드 헌법 제40조.
   3 1° the state guarantees in its laws to respect, and, as far as practicable, by its laws to defend and vindicate the personal rights of the citizen. 2° the state shall, in particular, by its laws protect as best it may from unjust attack and, in the case of injustice done, vindicate the life, person, good name, and property rights of every citizen.
57) 다만 이 판결은, 원심에 제출된 증거에 의하면 피고로 인하여 원고들이 손해를 입었다는 것이 증명된 것으로 볼 수 있다고 하여 원심판결을 일부 파기하였다.
58) McDonnell v Ireland, [1998] 1 IR 141.
59) the Offences Against the State Act, 1939.
60) Cox v Ireland, [1992] 2 IR 503.

않았다.61)

이에 대하여 원고는, 원고의 생계를 유지할 권리 및 재산권이라는 헌법상 권리를 침해한 경우에는 제소기간법에 의한 제소기간은 적용되지 않는다고 주장하였다. 대법관들은 과연 원고의 헌법상 권리가 침해되었다고 볼 수 있는지,62) 침해되었다면 그 청구권의 성질은 무엇인지63)에 관하여 완전히 의견의 일치를 보지는 못하였으나, 제소기간이 만료되었다는 점에 대하여는 결론이 같았다.

기본권의 수평효와 관련하여서는 배링턴(Barrington) 대법관이 자세하게 설시하였다. 그는 헌법상 권리를 서로 어떻게 형량하고, 공공 이익의 필요와 조화시킬 것인지는 제1차적으로는 입법자의 임무이고, 입법자가 특정한 헌법상의 권리를 보호하거나 방어하는 것을 실패하였을 때 최종심인 대법원이 독자적인 구제수단을 마련하여야 할 의무가 있으나, 권리를 방어할 실제적 수단이 보통법이나 성문법상 이미 존재할 때에는 법원이 개입할 필요가 없다고 하였다. 물론 헌법상 권리는 효력을 가지기 위하여 입법부나 보통법에 의한 승인을 필요로 하는 것은 아니지만, 헌법상 권리가 어느 때나 현존하는 규칙들을 무너뜨리기 위하여 사용될 수 있는 와일드카드로 간주되어서는 안 되며, 일반 법이 헌법상 권리를 방어하기 위하여 충분한 청구권원을 부여하고 있다면, 피해를 입은 당사자는 법원에 새롭고 다른 청구권원을 만들어낼 것을 요청할 수는 없다고 하였다. 가령 헌법은 국민의 명예(a good name)에 관한 권리를 보장하고 있지만, 이를 지키기 위한 청구권원은 명예훼손의 청구권(the action for defamation)이고, 피해자는 그 소송이 개시되어야 할 시간적 제한을 포함하는 그에 부수하는 것들을 포함하여 이를 받아들여야 한다는 것이다. 이 사건의 경우에도 국가가 권한 없이 원고의 직위를 상실시켰다면, 법은 그에게 구제수단을 제공하지만, 원고가 무한정하게 권리를 행사할 수는 없는데, 왜냐하면 선의의 제3자가 그 직위에 임명될 수도 있고, 또 원고의 청구가 받아들여진다면, 정부로서는 원고를 해고하는 것도 검토해 볼 수 있을 것이기 때문이라고 하였다.

---

61) 위 법 제11조 제1항과 제2항은 계약 위반 또는 불법행위로 인한 청구권은 청구권 발생으로부터 6년의 기간이 지나면 제소될 수 없다고 규정한다.

62) 키인(Keane) 대법관은 원고의 권리가 침해되었는지 자체에 대하여 의문을 가지지만, 이 사건에서는 제소기간의 적용만이 문제되었기 때문에 자신도 이를 전제로 하여 논의한다고 하였고, 오플라허티(O'Flaherty) 대법관도 이에 동조하였다.

63) 바론(Barron) 대법관은 원고의 청구는 계약 위반(breach of contract)에 근거한 것으로 파악하였다. 그러나 다른 대법관들은 이를 불법행위에 근거한 것으로 보았다.

2. 학자들의 논의

아일랜드에서는 이 문제에 관한 논의가 아주 활발한 것 같지는 않다.[64] 그러나 일반적으로는 판례에 대하여 비판적인 것으로 보인다.

오시나이드(O'Cinneide)는, 판례가 직접적 수평효를 인정하는 것이 수직적 정부행위 이론이나 다른 수평효 이론과 비교하여 더 정당한지 하는 점에 대하여 논의하지 않았고, 또 이 이론을 지지하거나 옹호하기 위하여 제기될 수 있는, 권리의 침해나 정당화 또는 대립하는 권리 주장의 형량 방법에 대하여도 논의가 되지 않았으며, 메스켈 이론은 그 범위가 불분명한 규칙으로서 재판이나 학문적 해석이 결여되어 있다고 한다.[65] 또한 한라한 판결[66] 등은 메스켈 판결[67]을 길들인(tame) 것으로서, 아일랜드 법원은 현존하는 사법이 헌법적 권리의 범위 내에 있는 문제를 규율할 때에는 극단적인 존중의 태도를 보여서, 현존하는 사법에서의 보통법상 구제수단의 충분성과 권리규범과의 합치성은 예외적인 사정이 있는 경우에만 헌법적 심사의 대상이 된다고 보고 있고, 결과적으로 이 판결과 맥도넬 판결의 실제적 영향은 현재의 사법이 적용되는 경우에는 수평효에 관한 메스켈 이론을 거세해 버리는 것이라고 비판한다.[68] 그러나 그는 일부 학자들이 주장하는 것처럼 미국식의 정부행위 이론을 따를 것은 아니고, 수평효의 근거는 본질적으로 정당하다고 한다. 그리고 권리가 어떻게 형량되어야 할 것인지, 어떠한 귀책사유가 요구될 것인지, 어떤 손해가 회복될 것인지, 어떤 권리가 사인에게도 적용될 수 있는지 등에 대한 정합적인 체계 없이 권리를 직접 적용하는 것은 문제가 있고, 법적 안정성을 해치므로, 더 나은 접근법은 관련된 보통법이나 성문법상의 사법적 체계에서 출발하여, 법의 적용이 헌법규범의 요구를 충족시킬 수 있도록 법을 수정하고 발전시키는 것이며, 이는 남아프리카나 독일 또는 영국에서 채택되고 있는 간접적 효력과 비슷하다고 한다.[69]

---

64) 아일랜드의 한 학자는, 아일랜드에서는 수평효의 이론이 충분히 성숙되지 않았고, 이는 소홀히 다루어졌지만 재능 있는 아이와 같다고 하면서, 성숙성의 부족의 한 예로 학자들의 관심이 그리 크지 않다는 점을 들고 있다. Sibo Banda, "Taking Indirect Horizontality Seriously In Ireland: A Time to Magnify the Nuance", 31 Dublin University Law Journal 264(2009).

65) O'Cinneide(주 51), p. 85; O'Cinneide(주 52), p. 223.

66) 주 53).

67) 주 48).

68) O'Cinneide(주 51), pp. 90 ff.; O'Cinneide(주 52), pp. 236 ff.

69) O'Cinneide(주 52), pp. 243 ff. O'Cinneide(주 51), p. 88도 같은 취지이다.

다른 한편 반다는 아일랜드의 판례가 직접적 효력설을 포기한 것은 아니고, 직접적 수평효와 간접적 수평효를 다같이 인정하고 있다고 한다. 즉 한라한 판결에서 헨치 대법관이 헌법상 권리의 실행은 제1차적으로는 국가의 임무이며, 법원은 그러한 실행이 결여되었거나(a failure to implement), 그 실행이 명백히 불충분할(plainly inadequate) 때 비로소 개입할 수 있다고 한 것에 대하여, 실행이 결여되었을 때에는 직접적 수평효를 통한 개입의 근거가 되고, 명백히 불충분할 때에는 간접적 수평효에 근거한 개입의 근거가 된다는 의미라고 한다.[70] 다만 법원은 직접적 수평효만큼 간접적 수평효를 설명하지 않았고, 직접적 수평효와 간접적 수평효의 관련과 구별을 명백히 하지 않았으며, 법원이 보통법 체계의 불충분 때문에 개입할 수 있는 상황을 설명하려고 진지하게 시도하지 않았으며, 지도원리를 만들어내려는 노력이 결여되었다고 한다.[71]

빈치(Binchy)는, 한라한 판결에서 헨치 대법관이 법원은 제한적으로만 개입할 수 있다고 한 것은, 아마도 원고들이 특정 불법행위의 세세한 내용을 수정하려는 끝없는 시도를 하는 것을 허용하는 것을 우려한 때문으로 보이지만, 이는 지나치게 조심하는 염려(overcautious concern)라고 한다. 독일, 남아프리카, 캐나다와 같은 나라들에서는 헌법적 권리의 존중이 법원으로 하여금 보통법상의 불법행위법 원칙들을 수정하는 것을 허용하였지만, 그러한 문제는 없었다는 것이다.[72] 그는 사법부가 특정한 불법행위가 헌법적 권리를 방어하는 데 근본적으로 비효율적인 경우 외에는 불법행위를 헌법적 권리의 방어 수단으로 용인하는 것은 만족스럽지 못한 전략이고, 법원은 불법행위의 레퍼토리를 헌법적 가치와 권리를 참조하여 재평가해야 한다고 주장한다. 헌법 제40조 제1항의 평등권과 관련하여서는, 차별하지 말아야 한다는 헌법적 요청을 존중하여야 할 비국가 행위자의 의무는 모든 관련된 헌법적 권리가 충분히 존중될 수 있는 전체적 헌법의 그림 맥락에서 이해되어야 하고, 이 점에 관하여 잠재적인 권리의 충돌이 있으면, 법원은 관련된 권리를 적절하게 형량함으로써 문제를 해결할 필요가 있지만, 선험적으로 국가만이 차별의 주체가 될 수 있다는 태도를 취함으로써 그러한 과정을 거절할 이유는 없다고 한다.[73]

---

70) Banda(주 64), p. 284.
71) Banda(주 64), pp. 288 f.
72) William Binchy, "Meskell, the Constitution and Tort Law", 33 *Dublin University Law Journal*, 350 f. (2011).
73) Binchy(주 72), pp. 367 f.

Ⅳ. 캐 나 다

1. 판　　례

(1) 돌핀 딜리버리 판결

캐나다는 1982년 헌법74)에 "캐나다 권리 및 자유 장전(Canadian Charter of Rights and Freedoms)"이라는 기본권 장전을 헌법에 도입하였다. 그 후 바로 기본권의 수평효가 인정되는가 하는 논의가 시작되었다. 캐나다 대법원은 1986년의 돌핀 딜리버리 사건에서 처음으로 이에 관한 태도를 밝혔다.75)

이 사건 원고인 돌핀 딜리버리(Dolphin Delivery) 회사는 뱅쿠버 지역에서 배달업을 하는 회사였다. 피고 노동조합은 퍼롤레이터(Purolator)라는 다른 배달회사의 근로자를 위한 노사협상 대리인인데, 위 회사는 1981년 6월에 직장폐쇄(lock-out)를 하였다. 원고 회사는 퍼롤레이터 회사와 거래를 하다가, 퍼롤레이터의 직장폐쇄 후에는 수퍼쿠리어(Supercourier)라는 회사와 거래를 계속하였는데, 퍼롤레이터와 수퍼쿠리어 사이에는 모종의 관계가 있었다. 피고 노동조합이 1982년 10월에 원고 회사 앞에서 피케팅을 하려고 하자, 원고는 법원에 피고가 피케팅을 하지 못하도록 하는 금지명령(injunction)을 청구하였다. 1심법원과 2심법원은 위 금지명령을 받아들였다.

이 사건에서 피고 노동조합은 위와 같은 피케팅(2차 피케팅, secondary picketing)의 금지명령이 피고 노동조합의 장전상 보장되고 있는 표현의 자유를 침해한다고 주장하였다. 보통법상으로는 2차 피케팅은 계약 위반을 유도하는 불법행위(tort of inducing a breach of contract)로서 허용되지 않았다.

매킨타이어(McIntyre) 대법관은, 장전이 보통법에도 적용된다는 것은 의문의 여지가 없다고 하면서도, 장전은 사인간의 소송에는 적용되지 않는다고 하였다. 그 근거로는 장전 제32조를 들었다. 장전 제32조는 이 장전은 캐나다 의회와 정부 및 각 주의 입법부와 정부에 적용된다고 규정하고 있는데,76) 여기서는 의회와

---

74) Constitution Act, 1982.

75) Retail, Wholesale and Department Store Union, Local 580, Peterson and Alexander v. Dolphin Delivery Ltd. et al., [1986] 2. S.C.R. 573.

76) 32. (1) This Charter applies

　　(a) to the Parliament and government of Canada in respect of all matters within the authority of Parliament including all matters relating to the Yukon Territory and Northwest Territories; and

입법부를 행정부와는 구별되는 정부의 독립된 부서로 들고 있고, 따라서 여기서의 정부는 정부 전체가 아니라 행정부를 의미한다고 하였다. 그러므로 제32조는 장전이 적용되는 행위자를 입법부와 행정부(executive and administrative branches of government)로 특정하고 있고, 행정부가 장전상의 권리를 침해하는 보통법상의 규칙에 의존하여 행위한다면 이는 위헌이며, 이때에는 장전이 공적 소송이건 사인 간의 소송이건 보통법에 적용되지만, 이는 보통법이 보장된 권리나 자유를 침해한다고 주장되는 정부의 행위의 근거가 될 때에만 그러하다고 보았다. 그렇다면 법원의 재판은 어떠한가가 문제되는데, 법원의 명령이 장전상의 권리를 침해할 때에는 장전이 이를 금지하고, 따라서 보통법을 수정하도록 적용될 수 있다고 하는 견해가 있으나,77) 이는 받아들일 수 없고, 장전의 적용을 위하여 법원의 명령을 정부행위의 요소와 동일시할 수는 없다고 하였다. 법원도 장전에 구속되지만, 법원의 명령을 장전의 적용을 위하여 필요한 정부 개입의 요소로 간주하는 것은 장전의 적용 범위를 실질적으로 모든 사인간의 소송으로 넓히는 것으로, 이는 문제의 해답이 될 수 없다는 것이다. 그리하여 사인인 A가 사인인 B를 상대로 하여 보통법에 근거하여 소를 제기하고, 그러한 소송을 뒷받침할 정부의 행위는 없는 경우에는 장전은 적용되지 않는다고 하였다. 다만 이는 사법부가 보통법의 원칙을 헌법에 담겨져 있는 근본적인 가치와 합치되는 방향으로 적용하고 발전시켜야 하는가의 문제와는 별개이고, 이는 긍정되어야 하지만, 이는 한 사인이 다른 사인에 대하여 헌법상 의무를 부담한다는 명제와는 다르다는 것이다.

이 사건에서는 제2차 피케팅에 관한 성문법규가 없고, 제2차 피케팅이 계약 위반을 유도한다는 점에서 이를 불법행위로 보고 금지명령에 의한 제한을 허용하는 보통법의 규칙이 있을 뿐인데, 장전이 보통법에 적용되기는 하지만, 순전한 사인들 사이의 이 사건 소송에서는 장전을 적용시킬 정부행위의 행사나 그에 대한 의존이 없다고 하였다. 따라서 피고 노동조합의 상고는 기각되어야 한다고 결론을 내렸다.

(2) 다게나이스 판결

이어서 캐나다 대법원은 다게나이스(Dagenais) 판결78)에서 이 문제를 다루었

(b)´ to the legislature and government of each province in respect of all matters within the authority of the legislature of each province.

77) Peter W. Hogg 교수의 Constitutional Law of Canada, 2nd ed. (1985), pp. 677 f.를 인용하였다.
78) Dagenais v Canadian Broadcasting Corp., [1994] 3 S.C.R. 835.

다. 이 사건의 원고들은 가톨릭 교단의 회원들인데, 이들이 교사로 있던 가톨릭 학교에서 학생들을 신체적으로 또 성적으로 학대하였다고 하여 기소되었다. 이 재판이 계류 중에 피고 텔레비전 방송국은 가톨릭 기관에서의 아동에 대한 성적 및 신체적 학대를 다룬 허구적인 미니시리즈를 방영하려고 하였다. 그러자 원고들이 위 재판이 종결될 때까지 그 방영과 이 방영에 관한 정보를 어느 미디어에라도 보도하는 것을 금지하는 중간적 금지명령(interlocutory injunction)을 청구하였다. 1심과 2심은 형사사건의 1심이 끝날 때까지 방영과 보도를 금지하는 금지명령을 내렸으나, 캐나다 대법원의 다수의견은 위와 같은 금지는 장전 제2조 (b)의 표현의 자유를 침해하는 것이라고 하였다.

이 사건에서는 특정한 사정이 있는 경우에는 법원에 방영 금지를 명할 재량을 부여하는 보통법상의 규칙이 문제되었는데, 라머(Lamer) 대법원장은 법원이 보통법의 원칙을 헌법에 담겨져 있는 근본적인 가치와 합치되는 방향으로 발전시켜야 한다는 돌핀 딜리버리 사건에서의 매킨타이어 대법관의 판시를 원용하면서, 보도금지에 관한 보통법의 규칙을 장전의 원칙을 반영하는 방식으로 재정립할 필요가 있다고 생각한다고 하였다. 보도금지는 제3자의 표현의 자유를 박탈하므로, 보통법의 규칙은 보도금지의 목적과, 금지가 장전상의 권리에 미치는 효과의 비례성 양자를 고려할 수 있도록 적합화되어야 한다고 판시하였다. 그리하여 보도 금지는 재판의 공정성에 대한 위험을 막을 수 있는 다른 대체적 수단이 없어서, 이러한 실재하고 상당한 위험을 막기 위하여 필요하고, 보도금지의 긍정적인 효과가 보도금지에 의하여 영향을 받는 사람들의 자유로운 표현에 미치는 부정적인 효과를 능가할 때에만 명령되어야 한다고 보았다.[79]

(3) 힐 판결

그리고 캐나다 대법원은 1995년의 힐 판결[80]에서 종전의 태도를 재확인하였다. 이 사건에서 피고 매닝(Manning)은 피고 토론토 사이언톨로지 교회(Church of Scientology of Toronto)의 대표들과 함께 토론토 법원 계단에서 기자회견을 가졌는데, 그는 피고 교회가 원고인 변호사 힐에 대해 법정모욕으로 인한 형사소송을 제기하겠다고 보낸 제소통지(notice of motion)를 읽고 그에 대해 논평하였다. 이 제소통지에는 원고가 온타리오 주 법원의 판사를 오도하였고, 피고 교회의 문서

---

79) [1994] 3 S.C.R. 835, 878. 다만 이 판결은, 이러한 기준은 입법에 대한 심사 기준인 오크스 기준(R. v. Oakes, [1986] 1 S.C.R. 103)을 반영한 것이라고 한다.
80) Hill v. Church of Scientology of Toronto, [1995] 2 S.C.R. 1130.

를 봉인하라는 명령을 위반했다고 하는 내용이 담겨 있었으며, 그 소송에서는 원고에게 벌금이나 징역형을 부과할 것을 청구하였다. 당시 원고는 온타리오 주 법무부에서 근무하는 변호사로서, 온타리오 주 경찰이 피고 교회의 재산을 압수하는 영장을 발부받을 때 조언을 하였는데, 이때 압수된 문서를 다른 공무원이 판사의 허가를 받아 열람한 것이 문제되었다.

그러나 법정모욕 소송에서는 원고가 판사의 허가에 의한 문서 열람에 전혀 관여하지 않았고, 원고에 대한 주장이 사실이 아니며 근거가 없다는 점이 밝혀졌다. 그러자 원고는 피고 매닝과 피고 교회를 상대로 명예훼손으로 인한 손해배상 청구소송을 제기하였는데, 피고 2인은 30만 달러를 연대하여 지급하고, 피고 교회는 그 외에도 가중배상(aggravated damage)으로서 50만 달러, 징벌적 배상으로 80만 달러를 지급하라는 판결을 받았으며, 이 판결에 대한 피고들의 항소는 기각되었다.

피고들은 항소심과 대법원에서, 명예훼손에 관한 보통법은 피고의 표현의 자유를 희생시키면서 원고의 평판을 보호하는 것을 지나치게 강조하고 있으므로, 보통법의 원칙은 순전히 사적인 소송에서도 장전과 합치하는 방식으로 해석되어야 하는데, 이는 미국 연방대법원의 뉴욕 타임즈 대 설리번 판결[81]이 설시한 현실적 악의(actual malice) 기준을 채택함으로써 달성될 수 있다고 주장하였다.

코리(Cory) 대법관은 보통법이 정부 행위의 기초가 될 때에만 장전이 보통법에 적용될 수 있다고 한 돌핀 딜리버리 판결[82] 등을 인용하면서, 원고가 온타리오 주 법무부의 변호사였다고 하여도 그가 제기한 명예훼손 소송이 정부행위가 되는 것은 아니라고 하였다.[83] 그리고 돌핀 딜리버리 판결이 명백히 말하는 것은 보통법은 장전의 원리와 합치되게 해석되어야 하고, 이러한 의무는 보통법을 현재의 사회적 조건과 가치에 합치되게 하기 위하여 보통법을 수정하거나 확장하는 법원의 고유한 재판권의 발현일 뿐이라고 한다. 그리하여 위 돌핀 딜리버리 판결에 따라 명예훼손법의 변화나 수정이 장전이 입각하고 있는 가치에 부합하기 위하여 필요한가 하는 문제를 따졌다. 여기서는 정부 행위의 합헌성이 문제되는 사건과 정부 행위가 관여되지 않은 경우를 구분하여야 하는데, 원고가 정부가 헌법상 의무를 위반하였다고 주장할 때에는 정부가 그 위반을 정당화하여야 하지

---

81) 위 주 38).
82) 위 주 75).
83) [1995] 2 S.C.R. 1130, 1159-1164.

만, 사인들은 상호간에 헌법상 의무를 부담하지 않으므로, "장전상의 권리(Charter Right)"를 근거로 자신들의 청구권원을 주장할 수 없고, 기껏해야 보통법이 "장전상의 가치(Charter Value)"와 합치하지 않는다고 주장할 수 있을 뿐이라고 하였다. 이 경우에는 전통적인 제1조의 분석틀이 적절하지 않고,[84] 보통법이 장전상의 가치와 충돌할 때에는, 이는 원리들 사이의 충돌(a conflict between principles)이므로, 장전상의 가치는 보통법에 내재하는 원리들과 형량되어야 하고, 정부행위가 문제될 때에는 일방이 권리 침해를 우선 증명하면 다른 일방은 이를 방어할 부담을 지지만, 보통법이 장전과 합치하지 않는다고 주장할 때에는 그가 보통법이 장전상의 가치와 합치하지 않을 뿐만 아니라, 이러한 가치들을 형량할 때 보통법이 수정되어야 한다는 것까지 증명하여야 하는 부담을 진다고 하였다.[85]

그런데 명예훼손의 경우에는 평판과 표현의 자유라는 두 가지 가치가 충돌하는데, 미국 연방대법원이 인정한 현실적 악의(actual malice) 규칙을 채택하여야 한다는 주장에 대하여는, 이 규칙이 채택되게 된 경위와 그에 대한 비판, 영국이나 오스트레일리아에서는 이 규칙의 채택이 거부되었다는 점 등을 서술한 다음, 결과적으로 이 규칙의 채택을 거부하였다.[86]

(4) 펩시 콜라 판결

이 사건[87]에서는 돌핀 딜리버리 판결에서와 마찬가지로 2차 피케팅이 보통법상 어느 범위에서 허용되는가가 문제되었다. 원고와 원고의 피용자를 대표하는 피고 노동조합 사이의 단체협상이 결렬되자, 원고는 공장을 폐쇄하였고, 피고는 노동쟁의에 돌입하였으며, 원고는 대체노동자를 투입하여 공장 가동을 재개하였다. 그러자 피고는 원고의 대체노동자 숙소 앞에서 피케팅을 함과 아울러 원고의 제품을 취급하는 다른 상점 앞에서 원고의 제품을 취급하지 말라는 2차 피케팅을 하였다. 원고가 그 금지를 청구하는 금지명령을 청구하자, 항소심은 원고의 청구 가운데 원고의 대체인력 숙소 앞에서의 피케팅은 금지하였지만, 2차 피케팅 금지청구는 받아들이지 않았다. 대법원도 원고의 상고를 기각하였다.

---

84) 장전 제1조는 장전이 보장하는 권리와 자유는 자유민주사회에서 정당화될 수 있는, 법률이 정한 합리적인 제한만을 받는다고 규정하고 있어서 우리나라 헌법 제37조 제2항에 상응한다. 그러므로 제1조의 분석틀은 이른바 비례의 원칙을 의미한다고 할 수 있다.

85) [1995] 2 S.C.R. 1130, 1169-1172.

86) [1995] 2 S.C.R. 1130, 1172-1193.

87) Pepsi-Cola Canada Beverages (West) Ltd. v. Retail, Wholesale and Department Store Union, Local 558 et al., [2002] 1 S.C.R. 156.

맥라클린(McLachlin) 대법원장과 르벨(LeBel) 대법관이 집필한 다수의견은, 이 사건에서의 예비적인 이슈로서, 법원이 노동조합이 주장하는 것과 같은 (보통법의) 변화를 명할 권한이 있는가와, 이 점이 긍정된다면 장전이 어떻게 보통법의 발전에 영향을 주는가라는 두 가지를 들었다. 그리고 첫째 이슈에 대하여는, 이 사건과 같은 보통법의 변화는 법원의 정당한 권한 내에 있는데, 보통법상 2차 피케팅의 지위는 확정되어 있지 않고, 법역(法域)에 따라 다르며, 이 법원은 보통법의 잘 확립된 규칙을 변경할 것이 아니라 상충되는 판례를 명확히 할 것을 요구받았다고 한다. 이러한 판례의 상충을 해결하는 것은 보통법 법원의 권한에 속하고, 보통법의 변화는 점진적이어야 하며, 복잡하고 광범위한 영향을 가져올 수정은 입법부의 영역이라고 보았다.[88]

그리고 두 번째 이슈에 관하여는, 돌핀 딜리버리 판결과 힐 판결 등을 인용하면서, 표현의 자유 등을 보장하는 장전 제2조 (b)는 이 사건에서 직접 관련되지는 않지만, 장전이 담고 있는 자유로운 표현의 권리는 근본적인 캐나다의 가치이므로, 보통법의 발전은 이 가치를 반영하여야 한다고 하였다. 그렇지만 보통법은 무수한 매우 다양한 관계를 다루고 있고, 장전과는 관련이 없는 많은 정당한 이익을 보호하려고 하고 있음을 유의하여야 한다고 하면서, 보통법과 장전 사이에 불합치가 있음을 주장하는 자는 보통법이 장전상의 가치와 부합하지 않고, 이러한 가치를 형량하면 보통법이 수정되어야 한다는 점을 증명하여야 하는 부담을 진다는 힐 판결의 판시를 인용하였다.[89]

그리하여 본안에 관하여는 모든 피케팅은 불법행위나 범죄에 해당하지 않는 한 허용되어야 한다고 보는 것이 장전에 반영된 근본적인 가치에 부합한다고 판시하였다.[90]

2. 학자들의 논의

로레인 와인립과 에른스트 와인립은 다음과 같이 설명한다. 우선 돌핀 딜리버리 판결[91]과 같은 캐나다의 판례는 기본권의 제3자적 효력을 인정한 독일의

---

88) [2002] 1 S.C.R. 156, 166.
89) [2002] 1 S.C.R. 156, 167 f.
90) [2002] 1 S.C.R. 156, 186 ff.
91) 주 75).

판례와 비슷하다고 하면서, 독일에서는 헌법적 가치를 고려하여야 할 의무는 헌법 자체에서 나오는 반면, 캐나다에서는 이는 사법을 발전시켜야 할 보통법 법원의 내재적 재판관으로부터 발생하지만, 이 차이는 헌법적 가치의 중요성에 관한 상이성이 아니라 성문법에 근거한 시스템과 보통법 시스템에서의 사법적 창조성에 관한 대조적인 생각을 반영하는 것일 뿐이라고 한다.[92] 그들은 헌법적 가치의 충돌이 문제될 때에는 전통적인 장전 제1조의 분석틀이 적절하지 않다는 힐 판결에서의 판시[93]를 받아들이면서도, 이 경우에는 또 다른 형태의 비례성(proportionality)이 유효하다고 한다. 이러한 비례성은 한 규범적 원칙의 핵심적 측면이 다른 원칙의 비교적 주변적인 측면보다 우선한다는 형량의 과정을 포함하며, 이때에는 원고의 원칙이 승리할 때 피고에게 미치는 영향이 피고의 원칙이 승리할 때 원고에게 미치는 영향보다 더 큰가를 고려하여야 한다고 주장한다.[94]

손더스는 장전이 사인간에 적용되지 않지만, 보통법이 헌법과 병행하여 발전되어야 한다는 캐나다 대법원의 태도는 몇 가지 근거로 설명할 수 있다고 한다. 우선 장전 제32조가 정부만을 들고 있으므로 법원은 제외된다고 보는 문언적인 근거가 있고, 이는 성문 권리장전의 주된 역할은 개인을 정부로부터 보호하는 것이라는 점을 법원이 받아들임으로써 보강된다고 한다. 그리고 정책적 고려도 적어도 마찬가지로 중요한데, 장전의 분석틀은 사인간의 소송을 다루기에는 적합하지 않고, 장전에 열거된 권리는 사법에 반영된 다른 이익과 가치와 형량되어야 하며, 장전의 직접적인 적용은 확립된 사법의 체계를 뒤흔들 것이라는 것이다. 그리하여 채택된 해결책은 권력 분립에 대한 영국식의 보통법 전통에 특징적인 접근방법을 보여주는데, 보통법을 헌법과 평행하게 발전시킬 권한과 책임은 그들의 고유한 재판권을 행사하는 법원에 있지만, 그렇게 함에 있어서 "사법작용과 입법작용의 정당한 균형"[95]을 깨뜨리지 않아야 한다는 것이다.[96]

바렌트는 미국과 캐나다의 판례를 다음과 같이 비교한다. 우선 두 나라에서는 사인이나 사적 기관은 정부나 공권력처럼 기본권에 구속되지 않고, 기본권이 연관되려면 정부 또는 정부 행위가 있어야 한다는 점에서 두 나라는 모두 헌법적 권리

---

92) Weinrib and Weinrib(주 10), p. 44.
93) Hill v. Church of Scientology of Toronto, [1995] 2 S.C.R. 1130, 1171.
94) Weinrib and Weinrib(주 10), pp. 54 ff.
95) R. v. Salituro, [1991] 3 S.C.R. 675.
96) Saunders(주 10), pp. 199 f.

의 직접적 수평효를 거부한다고 한다. 그러나 미국은 셸리 판결[97])이나 뉴욕 타임즈 판결[98])과 같은 경우에는 보통법상의 권리의 법원에 의한 집행도 특정 상황에서는 정부 행위로 인정하였지만, 캐나다는 이를 거부하였고, 보통법은 장전상의 가치와 합치하여야 한다고 하였는데, 이는 장전상의 권리 행사를 제한하는 법에 대한 심사보다 상당히 약한 요건이며, 이는 성문법에 의한 명예훼손은 보통법보다 더 엄격한 심사를 받게 된다는, 원칙에 있어 방어하기 어려운 태도라고 한다.[99])

V. 남아프리카 공화국[100])

1. 과도헌법 당시의 판례

남아프리카 공화국의 각 정파는 인종차별(Apartheid) 체제를 종식시키기로 하면서 1993년 4월에 과도헌법(Interim Constitution)[101])에 합의하였고, 이 헌법은 1994. 4. 27.부터 시행되었다. 또한 이 과도헌법은 1996년 12월에 새로운 헌법[102])으로 대치되어 1997. 2. 4.부터 시행되었다.[103]) 그리고 헌법재판소는 위 과도헌법에 의하여 처음 설치되었다.[104])

남아프리카 헌법재판소가 과도헌법 당시에 기본권의 수평효 문제를 처음 다룬 것은 1996년의 두 플레시스 판결[105])이다. 이 사건에서는 프리토리아 뉴스라는 신문이 1993년 2월과 3월에, 원고 드 클레르크(De Klerk)와 그가 경영하는 항공사가 앙골라에 무기를 비밀리에 공급하고 있다는 기사를 실었다. 이에 드 클레르크와 항공사가 위 신문의 발행인과 편집자 등을 대상으로 하여 트랜스바알 주 법

---

97) 주 9).
98) 주 38).
99) Eric Barendt, "State Action, Constitutional Rights and Private Actors", in Dawn Oliver & Jörg Fedtke ed.(주 52), pp. 425 f.
100) 남아프리카 공화국은 보통법(common law)뿐만 아니라 로마-네덜란드 법 및 아프리카 관습법이 적용되는 이른바 혼합법계(Mixed legal system)에 속한다. Reinhard Zimmermann and Daniel Visser ed., Southern Cross, Civil Law and Common Law in South Africa, Oxford University Press, 1996 참조.
101) 정식 명칭은 Constitution of The Republic of South Africa, Act 200 of 1993이다.
102) Constitution of The Republic of South Africa, 1996.
103) Heinz Klug, The Constitution of South Africa, Hart Publishing, 2010 참조.
104) 남아프리카 공화국의 헌법재판소에 대하여는 음선필, "체제전환과 헌법재판소 : 헝가리와 남아공의 경험", 홍익법학 제11권 2호, 2010, 234면 이하 참조.
105) Du Plessis and Others v De Klerk and Another, 1996 (3) SA 850.

원에 명예훼손 등을 이유로 하는 손해배상청구소송을 제기하였다. 위 소송은 과도헌법이 시행되기 전에 제기되었는데, 과도헌법이 시행되자, 피고측은 위 보도는 과도헌법 제15조가 보장하는 언론의 자유에 의하여 허용된다고 항변하였다. 주 법원은, 과도헌법의 규정은 소급적용되지 않고, 또 헌법은 이 사건과 같은 경우에 수평적으로(horizontally) 적용되지 않는다고 하여 피고측의 항변을 배척하였다. 그러나 피고가 이에 대하여 상소 허가를 신청하자, 주 법원은 위 두 가지 쟁점에 대하여 헌법재판소에 판단을 요청(제청, certification)하였다.

다수의견을 집필한 켄트리지(Kentridge) 재판관은 우선 과도헌법이 소급적용되는가에 대하여는, 기본권을 보장하고 있는 과도헌법 제3장(Chapter 3)은 소급하여 적용되지 않고, 따라서 과도헌법 시행 전에 위법하였던 것이 시행 후에 합법적인 것이 되지는 않는다고 하였다.[106]

이 판단만으로 피고측의 상소는 이유 없는 것이 되는데, 그럼에도 불구하고 켄트리지 재판관은 같이 제청된 수평효의 문제는 공적으로 중요하므로 이에 대하여 판단한다고 하였다. 그리하여 우선 미국, 캐나다, 독일과 같은 나라에서의 논의를 살펴보면서, 특히 캐나다 대법원의 돌핀 딜리버리 판결[107]과 독일 연방헌법재판소의 뤼트(Lüth) 판결[108] 등을 들어, 이들 나라의 법원은 권리장전의 직접적 수평적 적용의 이론을 거부하였다고 보았다.[109] 그리고 수평효 문제를 다음과 같은 두 가지로 나누었다. 첫째, 제3장은 보통법에 적용되는지 아니면 성문법에도 적용되는가. 둘째, 누가 제3장에 의하여 구속되는가, 즉 권리는 정부 행위에 대하여만 보호를 하는가 아니면 사인에 대하여도 주장될 수 있는가. 그리하여 제3장은 보통법에도 적용되지만, 이는 입법부와 행정부에 대하여만 구속력이 있다고 보았다. 이처럼 구속력을 제한하는 주된 근거로서 "이 장은 모든 수준의 정부의 입법기관과 행정기관을 구속한다"고 규정하고 있는 과도헌법 제7조 제1항[110]을 들면서, 직접적 수평적 적용과 같은 중요한 문제가 규정되지 않고 암시되는

---

106) Paras. 12 ff. 다만 이전에 취득한 권리의 집행이 현재의 헌법적 가치에 비추어 볼 때 매우 부당하고 혐오스러워서 묵인할 수 없는 경우가 있을 수 있지만, 이 사건의 경우는 그러하지 않다고 하였다. Para. 20.

107) 주 75).

108) BVerfGE 7, 198. 이에 대한 간단한 소개로는 디터 그림(Dieter Grimm), 박서화 역, "독일에서의 재판소원 및 헌법재판소와 일반법원의 관계", 서울대학교 법학 제55권 1호, 2014, 365면 이하 참조.

109) Paras. 30 ff.

110) "This Chapter shall bind all legislative and executive organs of state at all levels of government."

데만 그쳤다면 이는 놀라운 일이라고 하였다. 그리고 이 조항이 사법부를 빼 놓은 것은 법원의 재판을 정부행위와 동일시하는 것을 배제하고, 미국의 셸리 판결의 이론을 도입하려는 것을 막기 위한 것이라고 하였다.111)

다만 켄트리지 대법관은 헌법 제35조 제3항이 "법률의 해석과 보통법과 관습법의 적용과 발전에 있어서, 법원은 이 장의 정신, 취지와 목적을 적절히 고려하여야 한다"고 규정하고 있는 점112)을 들면서, 이는 의문의 여지없이 사법 (private law)에 기본권 조항의 간접적 적용을 도입하는 것이고, 이 조항으로 인하여 수직효/수평효 논쟁의 많은 부분은 의미가 없게 된다고 하였다. 그리하여 제3장은 직접적 수평적으로 적용되지 않지만,113) 사인간의 관계를 규율할 때에는 보통법의 발전에 영향을 미칠 수 있고 미쳐야 한다고 결론을 내렸다.114)

반면 크리글러(Kriegler) 재판관은, 기본권은 사인 간에도 직접 적용된다고 주장하였다. 그는 헌법은 제3장은 국가와 개인 간의 관계만을 규율한다고 규정하고 있지 않고, 오히려 제4조 제1항은 제3장을 포함하는 전체 헌법은 헌법이 공화국의 최고의 법(supreme law)이며, 제4조 제2항은 헌법이 모든 입법기관, 행정기관 및 사법기관을 구속한다고 규정하고 있고, 제7조 제2항은 이 장이 효력이 있는 모든 법과 이 헌법이 적용되는 기간에 행하여진 모든 행정결정과 처분에 적용된다고 규정하고 있는 점을 강조하였다.115) 또한 제3장이 사인간의 보통법상의 분쟁에도 적용된다면, 헌법 제35조 제3항의 규정이 왜 필요하겠는가 하는 켄트리지 재판관의 지적116)에 대하여는, 이는 제3장이 보호하는 권리에 대한 직접적 침해 또는 직접적 침해의 주장이 없는 경우에 법원이 어떻게 해야 할 것인가를 답변하는 것이라고 하였다.117)118)

이 결정은 결국 캐나다 대법원의 돌핀 딜리버리 판결119)과 거의 궤를 같이

---

111) Paras. 42 ff.
112) "In the interpretation of any law and the application and development of the common law and customary law, a court shall have due regard to the spirit, purport and objects of this Chapter."
113) 다만 제3장의 다른 규정이 직접적 수평효를 가질 수 있다는 것을 배제할 수는 없으나, 표현의 자유를 규정한 제15조는 그렇지 않다고 하였다.
114) Paras. 60 ff.
115) Paras. 128 ff.
116) Para. 46.
117) Paras. 140 ff.
118) 한편 마호메드(Mahomed) 재판관은 켄트리지 재판관의 의견에 동조하면서도, 그와 크리글러 재판관의 의견의 실제적인 결과는 실질적으로 같다고 하였다. Paras. 72 f.
119) 주 75).

하는 것이다.

2. 1996년 헌법과 판례

(1) 1996년 헌법

1996년 헌법은 제8조에서 기본권의 적용범위를 새로 규정하였다. 즉 권리장전(Bill of Rights)은 모든 법에 적용되고, 입법부, 행정부, 집행부 및 국가의 모든 기관에 적용되며(제1항), 기본권장의 규정은 권리의 성질과 권리에 의하여 부과되는 의무의 성질을 고려하여 적용될 수 있는 한도 내에서(to the extent that, it is applicable) 자연인이나 법인을 구속한다고 하였다(제2항). 한편 제3항은 제2항에 따라 권리장전의 규정을 자연인이나 법인에게 적용할 때에는 법원은 장전의 권리에 효력을 부여하기 위하여는 입법이 그 권리에 효력을 부여하지 않은 한도 내에서 보통법을 적용하고 필요하면 발전시켜야 하며, 그 권리를 제한하기 위하여 보통법의 규칙을 발전시킬 수 있다고 규정하고 있다.[120] 이는 원칙적으로 기본권의 직접적 수평효를 긍정하면서도, 이에 대하여 우려하는 정당과의 타협의 산물로서 "적용될 수 있는 한도 내에서"라는 단서를 붙여 이를 제한한 것이다.[121]

이 점에 대하여는 논쟁이 계속되고 있다. 즉 여전히 기본권의 간접적 수평효만이 인정된다거나, 또는 간접적 수평효와 직접적 수평효가 다같이 인정된다는 등의 주장이 제기되고 있다.[122]

---

120) 8 Application

(1) The Bill of Rights applies to all law, and binds the legislature, the executive, the judiciary and all organs of state.

(2) A provision of the Bill of Rights binds a natural or a juristic person if, and to the extent that, it is applicable, taking into account the nature of the right and the nature of any duty imposed by the right.

(3) When applying a provision of the Bill of Rights to a natural or juristic person in terms of subsection (2), a court—

(a) in order to give effect to a right in the Bill, must apply, or if necessary develop, the common law to the extent that legislation does not give effect to that right; and

(b) may develop rules of the common law to limit the right, provided that the limitation is in accordance with section 36(1).

121) 그 제정 경위에 관하여는 Jörg Fedtke, "From Indirect to Direct Effect in South Africa: A System in Transition", in Dawn Oliver & Jörg Fedtke ed.(주 52), pp. 371 ff.; Sebastian Seedorf, Die Wirkung der Grundrechte im Privatrecht in Südafrika, Nomos, 2005, S. 150 ff.

122) 간접적 수평효를 지지하는 논자들은 대체로 1996년 헌법 제39조 제2항이 과도헌법 제35조 제3항의 규정을 이어받았다는 점을 지적하고 있다. 이에 대한 소개는 Danwood Mzikenge Chirwa, "The horizontal application of constitutional rights in a comparative perspective", 10 Law,

(2) 판　례

이 문제에 관한 중요한 판례로는 헌법재판소가 2002년에 선고한 홀로미사 판결[123])이 있다. 이 사건 원고 홀로미사(Holomisa)는 남아프리카의 유명한 정치인 인데, 한 신문에 그가 은행강도들과 연루되어 있고, 그로 인하여 경찰의 조사를 받고 있다는 기사가 실렸다. 그러자 원고가 위 신문사 등을 상대로 하여 명예훼 손을 이유로 하는 손해배상소송을 제기하였다. 그러자 피고들은 원고의 청구에 위 기사가 허위라는 주장이 없으므로 이는 허용될 수 없다고 주장하면서, 그 근 거로서 표현의 자유를 보호하는 헌법 제16조가 직접 적용된다는 점과, 그렇지 않 더라도 제39조 제2항에 따라 보통법이 권리장전의 정신, 취지와 목적을 촉진하 도록 발전되어야 한다는 점을 들었다. 당시의 보통법과 남아프리카 대법원의 판 례에 따른다면, 명예훼손적인 보도를 한 자는 그 표현이 사실이고 이것이 공공의 이익을 위한 것임을 증명하거나, 또는 사실임을 증명하지 못하더라도 그 보도가 합리적이라는 점을 증명하면 면책될 수 있도록 되어 있었다. 그런데 피고들은 공 익적인 보도에 대하여 원고가 그 보도가 허위임을 주장하고 증명하지 않아도 손 해배상을 받을 수 있게 하는 것은 표현의 자유를 규정하는 헌법에 어긋나고, 그 러한 내용의 보통법도 헌법에 어긋난다고 주장하였다. 그리고 과도헌법 하의 두 플레시스 판결은 더 이상 적용될 수 없다고 하였다.

그러나 헌법재판소는 이 주장을 받아들이지 않았다. 헌법재판소는, 제8조 제 2항은 위 두 플레시스 판결의 논증과 유사하다고 하면서,[124]) 만일 제8조 제1항과 제2항을 함께 읽은 효과가 보통법은 어느 경우에나 헌법의 직접 적용대상이 된 다는 것이라면, 제3항은 아무런 목적이 없게 되고, 헌법의 규정을 아무런 목적이 없게 만드는 해석은 채택될 수 없다는 것이다. 그런데 표현의 자유는 이 사건에 서 직접 적용되고, 그렇다면 우선 보통법상의 명예훼손이 표현의 자유를 부당하 게 제한하는가를 따져 보아야 하며, 부당하게 제한한다면 제8조 제3항에 따라 보 통법을 발전시켜야 한다고 하였다.

보통법은 피고가 진술이 사실이고 그것이 공익을 위한 것임을 증명하면 그 표현은 적법한 것이 되는데, 보통법은 그 위험을 피고에게 부담시킴으로써 표현

Denocracy & Development, 38 ff. (2006); Deeksha Bhana, "The Horizontal Application of The Bill of Rights: A Reconciliation of Sections 8 and 39 of The Constitution", 29 South African Journal on Human Rights, 354 ff. (2013) 참조.
123) Khumalo and Others v Holomisa, 2002 (5) SA 401.
124) Para. 32 fn. 36.

의 자유에 대하여 위축효과(chilling effect)를 가져오지만, 이러한 위축효과는 대법원이 인정하는, 보도자가 명예훼손적인 진술이 사실임을 증명하지 못하더라도, 그것이 합리적임을 증명하면 된다는 합리성의 항변에 의하여 줄어들고, 대법원이 발전시킨 합리적 보도의 항변은 원고와 피고의 이익에 관하여 균형을 잡고 있다고 하였다.[125]

그러나 이 판결의 의미에 관하여는 여전히 학자들의 의견이 일치하지 않고 있다.[126]

VI. 영   국

1. 학자들의 논의

영국에서의 기본권의 수평효 논의는 유럽인권협약을 국내법으로 수용하는 내용의 1998년 인권법(Human Rights Act 1998)[127]이 제정되면서 촉발되었다. 인권법 제6조는 공권력의 주체(a public authority)가 협약상의 권리와 합치되지 않는 방법으로 행동하는 것은 위법하다고 규정할 뿐이고, 사인에 대하여는 직접 규정하고 있지 않으므로, 얼핏 보면 인권법은 사법관계에는 별다른 영향을 미치지 않는 것처럼 생각될 수도 있다. 그러나 다른 한편으로 인권법 제6조는 공권력의 주체에 법원과 행정심판기구를 포함시키고 있으므로, 가령 사인간의 분쟁에서 법원이 재판을 함에 있어서도 협약상의 권리를 존중하여야 하는 것이 아닌가 하는 의문이 생긴다. 또한 제3조는 법률은 가능한 한 협약상의 권리와 합치되는 방식으로 해석되고 효력이 부여되어야 한다고 규정하고 있는데, 이것이 불문법인 보통법에도 타당하지 않은가 하는 점이 문제된다. 그리고 HRA 제12조는 사인간의 분쟁에 있어서 언론의 자유가 문제된다는 것을 전제로 하고 있는 것이다. 이에

---

125) paras. 31 ff.
126) 페트케는 이 판결이 제8조 제2항의 적용에 관하여 작동할 수 있는 어프로치를 제공하지 못하였다고 비판하고{Fedtke(주 121), p. 375}, 치르와는 이 판결이 제8조와 제39조 제2항의 관계 또는 제8조 제1항과 제2, 3항의 관계를 명확히 하지 못하였다고 비판한다{Chirwa (주 121), p. 41}. 바나는 제8조 제1항과 제2항은 기본권의 수평적 적용의 탐구에 있어서 범위(내용)에 관한 것이고, 제8조 제3항과 제39조 제2항은 적용의 형식(방법)에 관한 것이라고 주장한다. Bhana (주 122), pp. 366 ff. 독일의 학자인 Seedorf는 이 판결이 종전 판례와 같은 선상에 있는 것이라고 본다. Seedorf(주 121), S. 224.
127) 이하 인권법이라고만 한다.

관한 영국의 학자들의 논의 상황은 대체로 다음과 같이 요약해 볼 수 있다.128)

첫째, 직접적 수평효설. 이는 웨이드(Wade)가 처음 주장하였다. 그는 나중에 법 제6조가 된 법안 제6조가 법원 또는 행정심판기구가 공권력의 주체에 포함되고, 공권력의 주체가 협약상의 권리와 합치되지 않는 방법으로 행동하는 것은 위법하다고 규정한다는 점을 강조하면서, 법원은 협약상의 권리가 문제되는 어떤 사건에서도 이러한 협약상의 권리를 준수하지 않고는 적법하게 재판을 할 수 없다고 한다. 다른 말로 하면 법원은 협약상의 권리를 인정하고 이를 적용하여야 하며, 제2조에 따라 스트라스부르의 기구(유럽인권재판소 및 위원회)의 판례법과 법리를 준수하여야 한다는 것이다. 이러한 규정들의 적용을 공권력의 주체에 대하여 제기된 사건에 대하여만 제한할 근거는 없다고 한다.129)

둘째, 수평효 부인설. 이는 당시 항소법원(Court of Appeal) 판사였던 벅스턴(Sir Richard Buxton)이 주장하였다. 그는 유럽인권협약에 의하여 창설된 권리들이 국가의 정부에 대한 것이라는 것에 대하여는 거의 진지한 의문이 제기된 바 없는데, 이러한 유럽인권협약에 규정된 권리가 HRA에 의하여 "협약상의 권리(Convention right)"가 되었다고 하더라도 그 내용이 바뀌는 것은 아니고, 따라서 이러한 협약상의 권리는 공적 기구들(public bodies)에 대하여만 주장될 수 있다고 한다. 그리고 유럽인권재판소의 판례들에 의하면 유럽인권협약 체약국은 유럽인권협약상의 권리를 침해하지 않아야 할 소극적인 의무를 부담할 뿐만 아니라, 시민이 타인으로부터 그러한 권리를 침해당하지 않도록 보호하여야 할 적극적인 의무를 부담한다고 하고 있는데, 이러한 의무의 근거는 유럽인권협약 제1조에 있으나, 인권법상의 "협약상의 권리"는 이 제1조를 포함하지 않고 있다고 한다.

셋째, 간접적 수평효설. 그런데 이를 지지하는 논자들 가운데에도 강한 간접적 수평효(strong horizontal effect)를 인정하는가, 아니면 약한 간접적 수평효(weak horizontal effect)를 인정하는가에 관하여 의견이 갈린다. 강한 간접적 수평효란, 법원이 보통법을 유럽인권협약상의 권리(Convention rights)와 합치되도록 발전시켜야 할 의무를 부담한다는 것을 말하고, 약한 간접적 수평효란 법원이 보통법을

---

128) 국내의 선행 연구인 윤진수(주 4), 7면 이하; 이노홍(주 4), 70면 이하 참조. 또한 최근의 상황은 Alicon Y. Young, "Mapping horizontal effect", in David Hoffmann ed., The Impact of the UK Human Rights Act on Private law, Cambridge Press, 2011, pp. 16 ff.도 참조할 것.

129) William Wade, "Human Rights and the Judiciary", (1998) European Human Rights Law Review 5 pp. 523 ff. 또한 William Wade, "Horizons of Horizontality", (2000) Law Quarterly Review, 116 pp. 217 ff.는 아래에서 살펴볼 벅스턴의 비판에 대하여 재반론을 펼친 글이다.

협약상의 권리를 지지하는 가치(the values underpinning Convention rights)를 반영하
도록 발전시켜야 한다는 것을 말한다.[130]

　　헌트(Murray Hunt)는 강한 간접적 수평효를 지지하면서 다음과 같이 주장한
다.[131] 인권법이 채택한 모델은 캐나다나 독일의 경우보다 수평성의 방향에서 더
나아갔는데, 법원은 단순히 유럽인권협약을 고려할(consider) 권한을 가지는 데 그
치거나, 유럽인권협약의 가치(values)를 고려할 의무만을 부담하는 것이 아니라,
협약상의 권리와 합치되게 행동할 명백한 의무를 부담한다. 그러므로 유럽인권
협약은 모든 법에 적용되고 따라서 사적 당사자 사이의 소송에서도 잠재적으로
의미를 가지지만, 직접적인 수평효를 가지지는 못하는데, 왜냐하면 인권법이 협
약상의 권리 침해를 이유로 하여 개인에 대하여 새로운 청구권원(cause of action)
을 부여하지는 않기 때문이라는 것이다. 법원은 시간이 지남에 따라 청구권원을
발전시킬 것이지만, 아무런 청구권원이 존재하지 않고 따라서 적용될 수 있는 법
이 없는 경우에는 법원은 새로운 청구권원을 만들어낼 수는 없다고 한다.

　　반면 필립슨은 초기에는 약한 간접적 수평효를 주장하였다.[132] 즉 약한 간접
적 수평효를 인정하면 다른 사람의 행동에 의하여 피해를 입은 사람은 국가가
자신의 권리가 침해당하지 않도록 보호하는데 실패하였다고 주장할 수는 없고,
다만 캐나다, 남아프리카 공화국, 독일 등에서와 같이 법원으로서는 모든 적용될
수 있는 헌법적 권리에 나타나 있는 '가치(values)'에 비추어서 현재의 법을 적용
하고 발전시켜야 한다고만 주장할 수 있다고 한다. 그는 드워킨(Ronald Dworkin)
이 말하고 있는 규칙들(rules)과 원리들(principles)의 구별을 도입하여, 강한 간접적
수평효는 협약상의 권리를 전부 아니면 전무(all or nothing)의 방식으로 다루는 반
면, 약한 간접적 수평효는 경합하는 원리들은 상호간에 형량되어야 하는 강행적
인 원리(mandatory principles)로 다루려고 한다고 설명한다.

　　필립슨은 근래에는 윌리엄즈와 함께 이러한 주장을 좀더 발전시킨 이른바
헌법적 제한 모델(constitutional constraint model)을 제안하였다.[133] 즉 법원은 형평

---

130) Young(주 128), pp. 39 ff. 참조.

131) Murray Hunt, "The "Horizontal Effect" of the Human Rights Act", (1998) Public Law, pp. 424
　　ff.

132) Gavin Phillipson, "The Human Rights Act, 'Horizontal Effect' and the Common Law: a Bang or
　　a Whimper?" (1999) Modern Law Review 62, pp. 824 ff.

133) Gavin Phillipson and Alexander Williams, "Horizontal Effect and the Constitutional Constraint",
　　(2011) Modern Law Review 74, pp. 878 ff. 특히 pp. 886 이하 참조.

법을 유럽인권협약과 합치되도록 발전시켜야 하지만, 이는 점진적인 발전(incre-mental development)에 의하여 가능할 때에만 그러하다는 것이다. 그들은 인권법 제6조가 법원을 공적 주체로 지정하는 것에 의하여, 법원이 인권법 시행 전보다는 협약상의 원리들에 좀더 비중을 둘 것을 요구함으로써 협약 시행 전의 상황을 바꾸려고 하였다고 한다. 그러나 이는 점진적으로만 이루어져야 하는데, 이러한 점진주의(incrementalism)라는 제한이 헌법이 부과한 것이라고 하면서, 그 근거로서 의회주권의 형태로 나타난 민주주의, 법의 지배 및 권력분립을 들었다. 민주주의와 관련하여서는 법원은 선출되지 않은 기구로서, 대규모의 법적 개혁 조치를 취할 수 있는 정당성이 없다고 한다. 그리고 법의 지배와 관련하여서는, 이는 법이 합리적으로 명확하고 상당한 소급적인 효과를 가지지 않아야 할 것을 요구하는데, 보통법의 발전은 민사책임의 소급 적용과, 예견할 수 없었던 변화 및 예견불능과 불확실성의 가능성을 제기하므로, 이러한 발전은 가능한 한 회피하여야 하고, 이는 실제로는 사법적 변화(judicial change)를 점진적인 것으로 제한함으로써 가능하다고 한다. 마지막으로 권력 분립과 관련하여서는, 법원은 일반적으로 이러한 입법적인 스타일의 법률 개혁을 하여서는 안 된다고 한다. 그리하여 법원은 보통법을 협약상의 권리와 합치되도록 발전시켜야 하고, 필요하면 협약과 합치되도록 하기 위하여 새로운 청구권원을 창조할 수도 있지만, 이는 이러한 발전이 보통법의 점진적 발전일 때에만 그러하다고 한다.[134]

2. 판　례

영국의 판례상 인권법의 수평효는 주로 프라이버시의 보호와 관련하여 논의되었다. 종래 영국의 판례는 독일이나 미국 등 다른 나라와는 달리, 사생활의 침해에 대한 일반적인 프라이버시의 권리를 인정하지 않았고, 다만 의사와 환자, 변호사와 의뢰인, 성직자와 고해자, 은행과 고객 등 특별한 신뢰관계가 전제로 된 경우에 한하여 신뢰의 침해(breach of confidence)를 이유로 하는 구제가 인정되었을 뿐이었다.[135] 그러나 이는 당사자들 사이의 특별한 신뢰관계가 전제되었기

---

134) Phillipson and Williams(주 133), p. 901.
135) 이에 대하여 소개한 국내의 문헌으로는 윤진수(주 4), 24면; 金水晶, "私生活의 自由와 言論의 自由의 衡量", 민사법학 31호, 2006, 294면; 이노홍(주 4), 77면이 있다. 그 역사적 발전 과정에 대하여 상세한 것은 Tanya Alpin et al., Gurry on Breach of Confidence, 2nd ed., Oxford University Press, 2012, pp. 12 ff. 참조.

때문에 그 적용범위가 제한되었다. 그런데 인권법 시행 후에 "모든 사람은 그의 사생활, 가정생활, 주거 및 통신을 존중받을 권리를 가진다"고 규정하고 있는 유럽인권협약 제8조 제1항에 근거하여 일반적인 프라이버시의 권리를 인정하여야 한다는 주장이 제기되었다. 이 문제가 당시의 상고법원인 귀족원(House of Lords)에서 본격적으로 다루어진 것은 2004년의 나오미 캠벨 사건이었다.136) 그러나 이 판결이 있기 전에도 하급심에서 이 문제를 다룬 것으로는 항소법원(Court of Appeal)의 더글라스 대 헬로! 판결137)과 고급법원(High Court Family Division)의 베나블스 판결,138) 그리고 항소법원의 A v B plc 판결139)이 있다.140)

더글라스 대 헬로! 판결에서는 영국의 헬로(Hello!)라는 대중잡지가 유명한 영화배우인 마이클 더글라스와 캐더린 제타-존스의 결혼식 사진을 이들의 의사에 반하여 게재하려는 것을 이들이 금지명령(injunction)에 의하여 막을 수 있는가 하는 점이 문제되었다. 항소법원의 판사 3사람 중 브룩(Brooke) 판사와 세들리(Sedley) 판사는 인권법의 시행에 따라 프라이버시의 권리를 인정하여야 한다고 판시하였다.141)

베나블스 판결에서는 살인죄로 유죄선고를 받고 복역하고 있는 소년들의 신원을 보도할 수 있는가 하는 것이 쟁점이 되었는데, 고급법원 가사부(Family Division)의 원장인 버틀러－슬로스 귀부인(Dame Butler-Sloss)은 보도를 금지하면서, 이 경우에는 인권법의 시행을 고려한 기존의 청구권원인 신뢰의 법리(law of confidence)에 의하면 충분하다고 하였다.

A v B plc 판결에서는 기혼자인 프리미어 리그의 축구 선수인 원고가 다른 여자들과 부정한 관계를 가진 것을 피고 신문사가 보도하려고 하자, 원고가 그 보도를 금지해 달라는 임시적 금지명령(interim injunction)을 청구한 사건이었다. 항소법원은 1심법원이 내렸던 금지명령을 취소하였는데, 울프 수석법관(Lord

---

136) Campbell v. MGN Limited, [2004] 2 AC 457.
137) Michael Douglas, Catherine Zeta-Jones, Northern & Shell Plc v. Hello! Limited, [2001] Q.B. 967.
138) Venables and Thompson v. News Group Newspapers Ltd, Associated Newspapers Limited and MGM Limited, [2001] Fam. 430.
139) A v B & C, [2002] EWCA Civ 337. 당사자들의 프라이버시 보호를 위하여 이름이 이니셜로만 표시되었다.
140) 앞의 두 판결에 대하여 자세한 것은 윤진수(주 4), 23면 이하 참조.
141) 그러나 항소법원은 금지명령은 받아들이지 않았다. 그 후속 사건에서는 결국 비밀의 침해를 근거로 하여 손해배상이 인정되었다. Douglas v Hello! No 2 [2003] EWHC 786 (Ch)(High Court); OBG Ltd v Allan [2007] UKHL 21(House of Lords).

Chief Justice of England and Wales)은 원고의 청구권원에 대하여 다음과 같이 판시하였다. 즉 인권법 제6조에 의하여 법원은 공권력의 주체로서 협약상의 권리와 합치하지 않는 방식으로 행동하지 않으면 안 된다는 요청을 받는데, 법원은 이러한 요청을 사생활 등의 보호에 관한 협약 제8조 및 표현의 자유를 규정하는 제10조가 보호하는 권리를 오랫동안 확립되어 온 신뢰침해의 소송에 흡수시킴으로써 달성할 수 있다고 하였다.

　마지막으로 귀족원의 나오미 캠벨 사건에서는 미러(Mirror)라는 신문사가, 유명한 모델인 나오미 캠벨이 약물중독임을 밝히는 기사를 게재하였는데, 그 기사에서는 캠벨이 약물중독을 극복한 사람들이 다른 약물중독자의 치료를 돕기 위한 모임에 참석하고 있다는 사실, 그 모임에 관한 상세한 사항 및 캠벨이 그 모임장소를 떠나는 사진 등이 실려 있었다. 캠벨은 미러 사를 상대로 손해배상청구 소송을 제기하였는데, 제1심인 고급법원은 신뢰침해를 이유로 하여 원고의 청구를 받아들였으나, 항소법원은 신뢰침해가 아니라고 하여 원고의 청구를 기각하였다. 그러나 귀족원은 항소법원의 판결을 파기하고, 제1심 판결을 회복시켰다. 여기서는 원고의 프라이버시와 피고의 언론의 자유의 형량이 문제되었는데, 대법관들은 미러 지의 보도 자체는 문제가 없다고 보았으나, 사진을 사용한 것이 위법한가에 대하여 3인의 다수의견[142]은 위법하다고 보았고, 2인의 반대의견[143]은 위법하지 않다고 하였다.[144] 이 글에서 중요한 것은 원고가 가지는 청구권원이 무엇인가 하는 점인데, 니콜스 대법관, 호프 대법관, 헤일 대법관 및 카스웰 대법관은 모두 위 울프 수석법관의 견해를 인용하면서, 협약 제8조와 제10조가 보호하는 권리는 신뢰침해에 흡수되므로, 신뢰침해를 판단함에 있어 사생활의 자유와 언론 자유의 적절한 형량이 필요하다는 데 의견을 같이하였다. 호프만 대법관도, 신뢰침해의 청구권원이 옛법뿐만 아니라 새로운 법에도 부합한다고 판시하였다.

　이 판결이 기본권의 수평효 문제에 관하여 어떠한 태도를 취하였는지는 반드시 명백하지 않다. 반대의견에 선 니콜스 대법관은 이 사건에서 수평효 문제 자체에 대하여는 판단할 필요가 없다고 한 것처럼 보인다. 즉 협약 제8조와 제10조에 담겨져 있는 가치는 사인들 사이 또는 사인과 신문과 같은 비정부 기구 사

---

142) 호프 경(Lord Hope), 헤일 여남작(Baroness Hale), 카스웰 경(Lord Carswell).
143) 니콜스 경(Lord Nicholls), 호프만 경(Lord Hoffmann).
144) 상세한 것은 金水晶(주 135) 참조.

이에도 적용될 수 있지만, 이러한 결론을 내리는데 협약 자체가 이러한 광범위한 효과를 가지는지 하는 논란이 많은 문제를 더 따져 볼 필요는 없고, 또 인권법 제6조에 의하여 법원에 부과하는 의무가 관행과 절차와는 구별되는 실체법상의 문제에 관한 것인지를 결정할 필요는 없으며, 다만 협약 제8조와 제10조에 깔려 있는 가치는 개인과 공권력의 주체 사이의 분쟁에 한정되지 않는다는 것을 인정하는 것으로 충분하다고 하였다.145)

반면 헤일 대법관은 강한 간접적 수평효를 인정하는 것으로 이해된다. 그녀는 인권법은 사인들 사이의 새로운 청구권원을 창조하지는 않았지만, 관련되는 청구권원이 적용될 수 있다면, 공권력의 주체인 법원은 양 당사자의 협약상의 권리와 합치되게 행동하여야 하고, 이 사건과 같은 경우에는 관련되는 수단은 신뢰침해의 청구라고 하였다.146)

다른 한편 호프만 대법관은, 인권법 제6조에 따른 프라이버시의 보호는 공권력에만 대한 것이기는 하지만, 어떤 사람이 정당한 사유가 없는 개인적 정보의 보도에 관하여 국가에 대하여보다 개인에 대하여 덜 보호를 받아야 할 논리적 근거를 찾을 수 없다고 보았다.147)

그러므로 이 판결은 수평효 부정설이나 직접적 수평효 인정설은 배제하였지만, 어떤 형태의 간접적 수평효를 인정할 것인가에 관하여는 명확히 하지 않은 것으로 이해된다.148)

---

145) paras. 17, 18. 이에 대하여는 니콜스 대법관이 수평효에 의하여 제기된 문제가 이 사건에서 관련이 없다고 한 것은 매우 의문이라고 하는 비판이 있다. Gavin Phillipson, "Clarity Postponed: horizontal effect after Campbell", in Helen Fenwick et al., ed., Judicial Reasoning under the UK Human Rights Act, Cambridge University Press, 2007, p. 162.

146) Para. 132. Young(주 128), p. 43; Phillipson(주 145), p. 158도 이를 강한 간접적 수평효를 따르는 것으로 이해한다.

147) Paras. 49, 50. Phillipson(주 145), pp. 164 ff.는 인권법이나 협약에 의존하지 않고도 수평효를 받아들인 것으로 본다. 반면 Young(주 128), p. 41은 호프만 대법관이 약한 간접적 수평효를 지지하는 것으로 이해한다.

148) Garvin Phillipson, "Privacy: the development of breach of confidence—the clearest case of horizontal effect?", in Hoffmann ed.(주 128), p. 146.

VII. 결   론

1. 전체적 고찰

이상의 서술로부터 우선 보통법 국가에서도 헌법이 사법관계에 중요한 영향을 미치고 있음을 알 수 있다. 이는 역설적으로 원칙적으로는 기본권의 수평효를 부정하고 있는 미국의 판례가 잘 보여준다. 예컨대 셸리 판결[149]은 특정 인종의 부동산 사용 등을 배제하는 제한적 협약 자체는 유효하다고 하면서도, 법원이 그 집행을 명하는 것은 기본권 침해라고 하였다. 그러나 수평효를 인정한다면, 그러한 제한적 협약 자체가 평등원칙에 어긋나는 것으로서 무효라고 하면 되고, 굳이 법원의 집행을 문제삼을 필요가 없다. 결국 위 판결도 실질적으로는 기본권의 수평효를 인정하면서도, 이를 정부행위 이론에 의하여 설명하고 있을 뿐이다. 그러므로 사법관계에서 헌법을 전혀 고려하지 않는다는 것은 현실적으로 가능하지 않다고 할 수 있다.

그리고 기본권이 법원을 구속하는가 아닌가 하는 점이 논란이 되고 있으나, 과연 이것이 실제에 있어서 차이를 가져오는지는 의문이다. 기본권이 법원을 구속하는 것은 당연하지만, 문제의 핵심은 법원이 재판을 하는 근거가 되는 법률이나 보통법 또는 당사자들 사이의 계약이 헌법에 위반되는가 하는 점을 먼저 따져 보아야 하고, 이는 문제 삼지 않은 채 법원이 기본권에 구속되는지 여부만을 따지는 것은 많은 경우에 부적절하다.

다른 한편 보통법 국가의 법원이 헌법을 근거로 하여 보통법을 수정하는 데 신중한 태도를 보이는 것은, 이들 나라의 법원이 가지는 점진주의(incrementalism) 때문으로 여겨진다.

2. 시 사 점

이러한 고찰이 우리에게 시사해 줄 수 있는 점은 무엇일까? 우선 기본권이 사인들 사이의 법률관계에 영향을 준다는 것은 부정할 수 없는 사실이다. 그런데 이에 대하여는 회의적인 시각이 존재한다. 가령 네덜란드의 스미츠는, 기본권 논

---

149) 주 9).

의가 보충적인 의미만을 가지고, 기본권이 충분한 안내를 제공하지 않으며, 사인은 기본권에 구속되지 않는다고 하여, 기본권 논의는 제한적인 의미만을 가진다고 한다. 다만 그도 기본권이 무엇이 정의로운 사회인가에 대하여 영감을 제공하고, 인간의 존엄이 중요하다는 데 대하여 경고 표시가 될 수 있다고 하여, 결국 간접적 효력설을 지지한다.150) 국내에도 비슷한 취지의 주장이 있는데, 기본권의 수평효에 관한 이론들이 결과등가적이라고 한다면, 기본권은 민사관계에서 전혀 효력을 미치지 아니한다는 이론도 결과등가적이고, 법원이 전혀 기본권의 효력을 의식하지 않고서도 민사법리의 적용 및 적절한 이익형량만으로 동일한 결과에 도달할 수 있음은 거의 부정하기 어렵다고 한다. 그렇지만 그도 기본권의 효력이 사법에서 고려되는 모델로서는 간접적 수평효 즉 간접적용설에서 출발하는 것이 적절하다고 한다.151)

그러나 이러한 주장에는 찬동하기 어렵다. 물론 종전에 민사분쟁에서 기본권이 원용되는 경우에, 이를 원용하지 않고서도 동일한 결론에 이를 수 있었던 경우가 없지는 않을 것이다. 그러나 반대로 기본권을 원용하지 않고서는 도저히 합리적인 결론에 도달할 수 없는 경우가 존재한다.152) 예컨대 종중 구성원의 자격을 성년 남자만으로 제한하는 종래의 관습법의 효력을 부정한 대법원 2005. 7. 21. 선고 2002다1178 전원합의체 판결이나, 서울기독교청년회(서울YMCA)가 여성 회원을 총회원에서 배제한 것은 불법행위가 된다고 한 대법원 2011. 1. 27. 선고 2009다19864 판결을 헌법적인 논의를 배제하고 설명하기는 어려울 것이다.153) 오히려 명시적인 헌법적 근거를 밝히지 않은 채로 신의칙이나 공서양속을 원용하는 것이야말로 법관이 실제로 무엇을 고려하였는지를 숨기는 바람직하지 못한 결과를 가져온다.154)

---

150) Jan Smits, "Private Law and Fundamental Rights: A Skeptical View", in Tom Barkhuysen and Siewert Lindenbergh ed., Constitutionalisation of Private Law, Martinus Nijhoff Publishers, 2006, pp. 9 ff.

151) 김형석, "사적 자치와 기본권의 효력", 비교사법 제26권 1호, 2017, 75면, 78면 이하. 또한 백경일, "헌법규정이 사적 법률관계에서 고려될 수 있는 한계", 안암법학 43권, 2014, 137면 이하 참조.

152) Chantal Mok, Fundamental Rights in European Contract Law, Wolters Kluwer, 2008, p. 170 참조.

153) 윤진수, "변화하는 사회와 종중에 관한 관습", 민법논고 6, 2015(처음 발표 2007), 48면 이하는 앞의 판결을 기본권의 제3자적 효력이라는 관점에서 분석하였다.

154) Chantal Mok(주 152), p. 307. 그는 기본권에 의한 논증이 전통적인 계약법적 판결을 능가할 잠재력을 가지는데, 이는 법관으로 하여금 자신들의 결정의 정치적 측면을 인식하게 하고, 그리하여 자신들의 이데올로기적 견해가 특별한 사례에 관하여 선택된 규칙에 의한 해결에 대해 가지는 영향을 인식할 수 있게 한다고 주장한다. 위 책 p. 308.

또 다른 시사점은, 위 두 플레시스 판결에서 마호메드 재판관이 지적하고 있는 것처럼,[155] 이른바 직접적 수평효와 간접적 수평효가 그것만으로 결과에 있어서 차이를 가져오는 것은 아닌 것으로 보인다는 점이다. 이 점은 근래 여러 사람들에 의하여 지적되고 있다.[156] 그런데 이 점은 어떻게 보면 당연한 것이다. 직접적 수평효를 지지하건, 간접적 수평효를 지지하건, 대립하는 두 당사자의 이익을 다같이 고려하려면 어떤 형태로든 이익을 형량하지 않을 수 없는 것이다. 직접적 효력설에 대한 비판론은 직접적 효력설이 이러한 이익형량을 하지 않는 것을 전제로 하고 있는 것처럼 보이지만, 이는 타당하지 않다.[157]

그러면 이러한 이익형량의 문제를 어떻게 설명할 것인가? 필자로서는 이는 이른바 국가의 기본권 보호의무 이론에 의하여 가장 잘 설명할 수 있다고 본다.[158] 그리고 이는 구체적으로는 한 사인의 기본권을 보호하기 위하여 다른 사인의 기본권을 어떻게 제한할 것인가의 문제로 귀착되므로, 결과적으로는 기본권의 제한에 관한 비례의 원칙에 의하여 충분히 해결할 수 있다고 본다.[159] 이는 여기서 더 이상 상세히 다루기는 어렵고, 차후의 과제로 남기고자 한다.

〈연세대학교 법학연구 제27권 3호, 2017 = 헌법과 사법, 박영사, 2018〉

---

155) 주 117).

156) Kumm and Ferres Comella(주 44), pp. 241 ff.; 김형석(주 151), 73면 이하 등. 또한 로베르트 알렉시, 이준일 역, 기본권이론, 한길사, 2007, 608면 이하도 참조. 쿰과 페레스 코멜라는 독일에서는 이는 학문적 경계에 관한 영역 다툼(turf battle)과 깊이 연관되어 있고, 직접적 수평효는 사법을 다루는 법률가들로부터 저항을 받는다고 지적한다. Kumm and Ferres Comella, 위 글, p. 250.

157) 두 플레시스 판결에서 직접적 수평효를 주장한 크리글러 재판관은, 직접적 수평효는 막강한 국가가 모든 사적인 관계를 통제하는 오웰적(Orwell)인 사회를 초래할 것이라는 오해가 있다고 지적한다. Du Plessis and Others v De Klerk and Another, 1996 (3) SA 850, para. 120.

158) Claus-Wilhelm Canaris, Grundrechte und Privatrecht, De Gruyter, 1999. Johan van der Walt, The Horizontal Effect Revolution and The Question of Sovereignty, Walter de Gruyter, 2014, p. 231; Christoph Busch, "Fundamental Rights and Private Law in the EU Member States", in Christoph Busch, Hans Schulte-Nölke ed., EU Compendium Fundamental Rights and Private Law, Sellier, 2011, pp. 14 ff.는 이러한 카나리스의 이론을 지지한다.

159) Van der Walt(주 158), pp. 361 이하도 종래의 비례의 원칙(proportionality)에 의하여 기본권의 수평효 문제를 해결할 수 있다고 본다.

한국 대법원의 형사사건 성공보수 판결: 일반조항, 사법적극주의 그리고 장래적 판례변경[*]

Ⅰ. 서 론

한국 대법원은 2015. 7. 23. 형사사건 성공보수에 관하여 중요한 전원합의체 판결을 선고하였다.[1] 대법원은 형사 피고인과 변호사 사이의 성공보수 약정은 공서양속에 어긋나므로 무효라고 판시하였다.[2] 이 판결은 커다란 논란을 불러일으켰다. 대한변호사협회는 격렬하게 이를 비판하였고, 헌법재판소에 헌법소원을 제기하였다.[3] 대법원이 이 사건에서 형사사건에서의 성공보수 약정의 효력을 인정하였던 선례를 변경하면서도 동시에 이 판례에 의한 새로운 무효의 규칙은 장래를 향하여만 적용되어야 한다고 판시한 점도 유의할 필요가 있다. 다른 말로

* 이 글은 원래 2016. 6. 30. 독일 프라이부르크 대학에서 개최된 제6차 서울법대-프라이부르크 법대 심포지엄에서 영어로 발표했던 것을 보완하여 Journal of Korean Law Vol. 16, 2016에 "The Decision of the Korean Supreme Court on the Contingent Fee Agreement in Criminal Cases: General Clauses, Judicial Activism, and Prospective Overruling"이라는 제목으로 공간한 것을 번역하여, 2020. 6. 27. 한국법철학회 월례회에서 발표한 것이다. 대체로 원문을 그대로 번역하였지만, 필요에 따라 약간 변경한 부분이 있다. 또한 위 발표는 약간 다른 형태로 위 심포지엄의 결과를 묶은 책인 Jan von Hein et al. (eds.), Relationship between the Legislature and the Judiciary, Nomos, 2017에도 실려 있다. 원래의 글이 쓰인 후의 중요한 변화는 〈추기〉에서 언급하였다.

1) 대법원 2015. 7. 23. 선고 2015다200111 판결.
2) 민법 제103조(반사회질서의 법률행위) 선량한 풍속 기타 사회질서에 위반한 사항을 내용으로 하는 법률행위는 무효로 한다.
3) http://www.koreaherald.com/view.php?ud=20150728000996 (최종 방문: 2016. 5. 27). 그러나 헌법재판소법은 법원의 재판에 대한 헌법소원의 제기를 허용하지 않는다.

한다면, 대법원은 이 사건에서 순수장래적 판례변경의 이론을 채택하여 적용한 것이다.

필자가 보기에는 이 판결은 사법적극주의의 명확한 발현이다. 대법원은 중요한 사회적 중요성을 가지는 문제에 관하여 명시적인 법적 근거 없이 일반조항에 의거하여 새로운 규칙을 수립하였다. 뿐만 아니라, 이 사건에서 대법원이 채택한 장래적 판례변경의 이론은 사법적극주의의 명확한 표지이다. 새로운 규칙의 장래적 적용은 판례 변경을 용이하게 하는데, 왜냐하면 판례변경이 당사자들 사이의 확정된 관계에 충격을 주지 않기 때문이다.[4] 이 글은 이 판결을 사법적극주의라는 관점에서 분석하고자 한다. Ⅱ.에서는 이 판례와 그에 대한 학자들의 반응을 설명한다. Ⅲ.은 해석에서의 사법적극주의를 상세히 살펴본다. Ⅳ.에서는 사법적극주의와 관련 있는 요소들을 확인해 보며, Ⅴ.는 장래적 판례변경의 문제를 다룬다.

Ⅱ. 판   결

1. 이 판결 전의 상황

이 판결 전까지는 성공보수 약정의 효력에 관하여는 논의가 많지 않았다. 판례는 민사사건과 형사사건에서 그러한 약정의 효력을 명시적인 설명 없이 긍정하고 있었다.[5] 때로는 법원이 약정된 성공보수가 과다하다고 판단할 때에는 이를 감액하기도 하였다.[6]

하지만 성공보수 약정에 대하여 의문이 제기되기도 하였다. 한 논자는 민사사건이건 형사사건이건 모든 사건에서 금지되어야 한다고 주장하였다. 왜냐하면 변호사가 성공보수를 받게 되면 그는 법의 실현, 즉 사회정의의 실현을 위하여 노력하는 것이 아니라 의뢰인의 이익만을 대변하게 될 우려가 있기 때문이라는 것이다. 따라서 변호사의 독립성과 객관성을 유지하기 위하여는 원칙적으로 변

---

4) 미국연방대법원의 스칼리아(Scalia) 대법관에 따르면, 장래적 재판은 사법적극주의의 시녀이고, 선례구속(stare decisis)의 태생적인 대적이라고 한다. Harper v. Virginia Department of Taxation, 509 U. S. 86, 105 (1993) (스칼리아 대법관의 별개의견).

5) 민사사건: 대법원 1991. 11. 12. 선고 91다7989 판결 등. 형사사건: 대법원 2009. 7. 9. 선고 2009다21249 판결. 후자의 판결은 이 판결에 의하여 변경되었다.

6) 대법원 1992. 5. 31. 선고 91다29804 판결 등.

호사 성공보수 약정을 허용하지 않는 것이 타당할 것이라고 한다.[7]

다른 논자들은 형사사건에서의 성공보수는 허용되지 않아야 한다고 주장하였다. 그들에 따르면, 성공보수 그 자체는 변호사 보수를 감당할 수 없는 당사자에게 유리하고, 변호사에게 최선의 노력을 다할 인센티브를 줄 수 있다고 한다. 그렇지만 형사사건에서는 예컨대 구속된 피고인이 석방된다는 조건의 성공보수 약정은 공서양속에 어긋나는 것으로 보아야 한다는 것이다. 변호사가 성공보수를 받기 위하여 부적절한 수단을 사용하게 될 우려가 있고, 나아가 이는 형사사법제도에 대한 일반인의 불신을 가져올 우려가 있다.[8]

2. 판결의 사실관계

이 사건 원고의 아버지는 절도 혐의로 구속되었다. 원고는 변호사인 피고를 피고 아버지의 변호인으로 선임하고, 착수금으로 1,000만 원을 지급하였으며, 원고의 아버지가 석방되면 추가적인 금액을 지급하기로 하는 합의도 있었다. 피고가 원고 아버지의 보석 신청을 한 후 아직 석방 결정이 나기 전에, 원고는 피고에게 다시 1억 원을 지급하였다. 제1심에서 원고의 아버지는 징역 3년에 5년의 집행유예를 선고받았다. 항소심에서는 일부 공소사실이 철회된 후 같은 형이 선고되어 그대로 확정되었다. 원고는 피고를 상대로 1억 원의 반환을 청구하는 소송을 제기하였는데 그 이유는 다음과 같았다; (1) 위 1억 원은 담당 판사 등에 대한 청탁 활동비 명목으로 지급한 것으로 수익자인 피고의 불법성이 원고의 불법성보다 훨씬 큰 경우에 해당하고, (2) 설령 성공보수금을 지급한 것이라고 하더라도 사건의 경중, 사건 처리의 경과 및 난이도, 노력의 정도 등을 고려하면 이는 지나치게 과다하여 신의성실의 원칙에 반하여 무효라는 것이다. 이에 대하여 피고는 위 1억 원이 석방에 대한 사례금을 먼저 받은 것이고, 부당하게 과다한 것도 아니어서 반환할 의무가 없다고 주장하였다.

위 사건 원심은 원고가 1억 원을 지급한 것은 성공보수 약정에 기하여 지급된 것으로 인정하였다. 그러나 원심은 그중 6,000만 원을 초과하는 4,000만 원 부분은 신의성실의 원칙이나 형평의 원칙에 반하여 부당하게 과다하므로 무효라고

---

7) 권오승, "변호사의 성공보수", 민사판례연구 16권, 1994, 175면.
8) 예컨대 주석민법/윤진수, 총칙 2, 제3판, 한국사법행정학회, 2001, 445면 이하; 제4판, 한국사법
행정학회, 2010, 425면 등.

하여, 그 반환을 명하였다. 원고는 대법원에 상고를 하였다.

3. 대상판결

대법원 전원합의체는 전원일치의 의견으로 항소심 판결을 확정시켰다. 대법원은 형사사건에서의 성공보수 약정은 무효라고 선언하였으나, 이러한 무효의 규칙은 장래를 향하여만, 즉 대상판결 선고일 후에 체결된 성공보수 약정에 대하여만 적용된다고 하였다. 판결 이유는 다음과 같이 요약할 수 있다.

성공보수의 개입으로 말미암아 변호사가 의뢰인에게 양질의 법률서비스를 제공하는 수준을 넘어 의뢰인과 전적으로 이해관계를 같이 하게 되면, 변호사 직무의 독립성이나 공공성이 훼손될 위험이 있고, 이는 국가형벌권의 적정한 실현에도 장애가 될 수 있다. 변호사로서는 '성공'이란 결과를 얻어내기 위하여 수사나 재판의 담당자에게 직·간접적으로 영향을 행사하려는 유혹에 빠질 위험이 있다. 그리하여 의뢰인으로서도 성공보수를 약정함으로써 변호사가 부적절한 방법을 사용하여서라도 사건의 처리결과를 바꿀 수 있을 것이라는 그릇된 기대를 할 가능성이 없지 않다. 이로 인하여 형사사법 업무에 종사하는 공직자들의 염결성을 의심받거나 심지어는 정당하고 자연스러운 수사·재판의 결과마저도 마치 부당한 영향력의 행사에 따른 왜곡된 성과인 것처럼 잘못 인식하게 만들어 형사사법체계 전반에 대한 신뢰가 실추될 위험이 있다. 이런 사정들로 인하여 의뢰인들의 성공보수약정에 대한 불신과 불만이 누적됨으로써 변호사는 '인신구속이나 형벌을 수단으로 이용하여 쉽게 돈을 버는 사람들'이라는 부정적 인식이 우리 사회에 널리 퍼지게 된다면, 변호사제도의 정당성 자체가 위협받게 되고, 이는 형사재판에 대한 신뢰와 승복을 가로막는 커다란 걸림돌이 될 것이다.

민사사건은 그 결과가 승소와 패소 등으로 나누어지므로 성공보수약정이 허용됨에 아무런 문제가 없고, 의뢰인이 승소하면 변호사보수를 지급할 수 있는 경제적 이익을 얻을 수 있으므로, 당장 가진 돈이 없어 변호사보수를 지급할 형편이 되지 않는 사람도 성공보수를 지급하는 조건으로 변호사의 조력을 받을 수 있게 된다는 점에서 제도의 존재 이유를 찾을 수 있다. 그러나 형사사건의 경우에는 재판결과에 따라 변호사와 나눌 수 있는 경제적 이익을 얻게 되는 것이 아닐 뿐 아니라 법원은 피고인이 빈곤 그 밖의 사유로 변호인을 선임할 수 없는 경우에는 국선변호인을 선정하여야 하므로, 형사사건에서의 성공보수약정을 민사사건의 경우와 같이 볼 수 없다.

형사사건에 관하여 체결된 성공보수약정이 가져오는 이러한 여러 가지 사회적 폐단과 부작용 등을 고려하면, 형사사건에서의 성공보수약정은 수사·재판의 결과를 금전적인 대가와 결부시킴으로써, 기본적 인권의 옹호와 사회정의의 실현을 그 사명으로 하는 변호사 직무의 공공성을 저해하고, 의뢰인과 일반 국민의 사법제도에 대한 신뢰를 현저히 떨어뜨릴 위험이 있으므로, 선량한 풍속 기타 사회질서에 위반되는 것으로 평가할 수 있다.

요컨대 대법원이 형사사건에서의 성공보수 약정을 무효로 한 중요한 이유는 그러한 종류의 약정이 가지는 부정적인 효과 때문이다: 즉 이러한 약정은 사법체계에 대한 불신을 낳을 수 있다. 4인 대법관의 보충의견은, 적지 않은 국민들이 유전무죄·무전유죄 현상이 여전히 존재한다고 믿고 있는 사회적 풍토 아래에서 형사사건에 관한 성공보수약정은 그동안 형사사법의 공정성·염결성에 대한 오해와 불신을 증폭시키는 부정적 역할을 해 왔음을 부인할 수 없다고 하였다.

그러나 대법원은 이러한 법리의 소급 적용은 법적 안정성을 해칠 것을 우려하였기 때문에, 그 장래 적용을 명하였다. 대법원의 논증은 다음과 같았다.

어느 법률행위가 선량한 풍속 기타 사회질서에 위반되어 민법 제103조에 의하여 무효인지 여부는 그 법률행위가 이루어진 때를 기준으로 판단하여야 하는데, 그동안 대법원은 수임한 사건의 종류나 그 특성에 관한 구별 없이 성공보수약정이 원칙적으로 유효하다는 입장을 취해 왔고, 변호사나 의뢰인은 형사사건에서의 성공보수약정이 안고 있는 문제점 내지 그 문제점이 약정의 효력에 미칠 수 있는 영향을 제대로 인식하지 못한 것이 현실이고, 그 결과 당사자 사이에 당연히 지급되어야 할 정상적인 보수까지도 성공보수의 방식으로 약정하는 경우가 많았던 것으로 보인다.

이러한 사정들을 종합하여 보면, 종래 이루어진 보수약정의 경우에는 보수약정이 성공보수라는 명목으로 되어 있다는 이유만으로 민법 제103조에 의하여 무효라고 단정하기는 어렵다. 그러나 대법원이 이 판결을 통하여 형사사건에 관한 성공보수약정이 선량한 풍속 기타 사회질서에 위반되는 것으로 평가할 수 있음을 명확히 밝혔음에도 불구하고 향후에도 성공보수약정이 체결된다면 이는 민법 제103조에 의하여 무효로 보아야 한다.

4. 외국법의 영향

이 판결이 외국법의 영향을 받았음은 명백하다. 보충의견은 미국, 영국, 독일, 프랑스 등 대부분의 법률 선진국에서는 일찍부터 형사사건에서의 성공보수 약정이 변호사 직무의 독립성과 공공성을 침해하거나 사법정의를 훼손할 우려가 있어 공익에 반한다는 이유로 금지하고 있다고 열거하고 있다. 대법원 공보관실이 이 판결이 선고된 날 제공한 보도자료는 이 문제에 관한 다른 나라와 유럽변호사 윤리장전(The Code of Conduct for European Lawyers)의 법적 상황을 상세하게 설명하였다.9)

독일의 판례는 1926년부터 성공보수 약정(Erfolgshonorarvereinbarung)을 공서양속에 반하는 것으로 보아 무효라고 하였다.10) 독일연방대법원의 1960. 12. 15. 판결11)도 이러한 판례를 재확인하였다. 이 판결에 의하면, 변호사는 그 의뢰인에 대하여 독립성을 유지할 의무가 있다. 이러한 독립성은 변호사가 실제의 사실상 및 법적 상황을 고려하지 않고, 부정직한 수단을 쓴다든지 하는 등으로 승소를 위하여 노력하게 되는 것과 같이 변호사 자신의 이익이 분쟁의 결과에 달려 있을 때 위험에 처하게 된다.

1994년의 독일연방변호사법(Bundesrechtsanwaltsordnung)은 성공보수를 포괄적으로 금지하였다. 그러나 2006년 독일 연방헌법재판소(Bundesverfassungsgericht)는 성공보수의 금지가 의뢰인이 그의 권리를 추구할 수 없는 특별한 사정을 변호사가 승소에 근거한 보수 약정에 의하여 고려할 수 있는 경우에도 예외를 허용하지 않는 한 헌법에 합치되지 않는다고 선고하였다.12) 이 판례의 결과로 법률이 바뀌었다; 개정된 변호사보수법((Rechtsanwaltsvergütungsgesetz) 제4조a는 성공보수 약정은 의뢰인이 그의 경제적 상황 때문에 그 약정에 의하여 권리를 추구할 수 있을 때에만 합의될 수 있다고 규정하였다.

---

9) http://www.scourt.go.kr/portal/news/NewsViewAction.work?currentPage=&searchWord=성공보수&searchOption=&seqnum=1055&gubun=6 (last visit: June 3, 2016). 그러나 프랑스가 성공보수를 전면적으로 금지하고 있다는 것은 완전히 정확하지는 않다. 프랑스 법은 성공보수를 금지하고 있지는 않고, 다만 승소액 분할 약정(pactum de quota litis, 변호사가 승소한 액의 일부를 받기로 하는 약정)이 허용되지 않을 뿐이다. 1971. 12. 31.의 71-1130 법률 제10조 참조.

10) Jan Schepke, Das Erfolgshonorar des Rechtsanwalts, Mohr Siebeck, 1998 참조.

11) NJW 1961, 313.

12) BVerfGE 117, 163.

잉글랜드와 웨일즈에서는 오랜 기간 동안의 성공보수 약정 금지 후에,[13] 성공 보수 약정을 포함하는 조건부 보수 약정이 1990년 법원 및 법률 서비스 법(Courts and Legal Services Act 1990) 제58조에 의하여 법적으로 인정되게 되었다.[14] 그러나 형사재판과 가사재판에 관한 조건부 보수 약정은 계속 금지되고 있다.[15] 현재는 인신사고 소송에 관한 조건부 보수 약정만이 허용된다.[16]

미국에서는 성공보수약정이 19세기 동안 민사와 형사사건에서 비윤리적이고 위법한 것으로 간주되었다. 민사 성공보수는 점차 받아들여졌지만, 형사사건에서의 성공보수의 취급은 변하지 않았다.[17] 미국변호사협회의 2004년 직무행위 모범규칙(Model Rules of Professional Conduct)은 변호사는 형사사건 피고인을 변호하는 대가로 성공보수를 약정하여서도 안 되고 이를 청구하거나 받아서도 안 된다고 규정한다.[18] 그러므로 형사사건에서의 공식적인 성공보수 금지는 확실하고 일반적으로 확립되었다고 말할 수 있다.[19] 이러한 금지의 정당화를 위하여 몇 가지 논거가 제기되었다.[20] 그 하나는 성공보수 약정은 변호사와 의뢰인 사이에 이해 충돌을 가져온다는 것이고, 다른 하나는 원고가 승소하는 민사소송은 성공보수를 지급할 수 있는 결과물(res)을 만들어내지만, 성공적인 형사 변호라 하더라도 그러한 결과물이 만들어지지 않는다는 것이다. 또 다른 논거는 성공보수는 성공보수 없이는 변호사를 선임할 수 없을 소송 당사자에게 법률적 조력을 가능하게 하지만, 무자력한 형사 피고인은 공적으로 선임되는 변호사를 가질 보장된 권리가 있다는 것이다. 마지막 논거는 성공보수는 지나치게 열심이고 위태로운(compromised) 변론을 하게 할 위험을 초래한다는 것이다. 변호사는 부도덕한 수단이 변호사의 재정적 이익을 높인다면 이들을 사용할 더 큰 유인을 가질 수 있다.

---

13) Schepke(주 10), pp. 21 ff. 참조.

14) 조건부 보수 약정은 어떤 자의 보수와 비용 또는 그 일부를 특정한 상황에서만 지급받을 수 있는 약정을 의미한다. 원래의 법 제58조 제2항. 이는 성공보소를 포함할 수 있다. 1999년 개정된 현행법 제58조 제2항 (b) 참조.

15) 원래의 법 제58조 제10항; 현행 법 제58조 A (1).

16) 2013년 조건부 보수 약정 명령(Conditional Fee Agreements Order 2013) 제4조.

17) Peter Lushing, "The Fall and Rise of the Criminal Contingent Fee", 82 J. Crim. L. & Criminology 593 ff. (1991); Pamela S. Karlan, "Contingent Fees and Criminal Cases", 93 Colum. L. Rev. 597 ff. (1993).

18) 규칙 1. 5. (d) (2). 이 규칙은 1969년 직무책임모범장전(Model Code of Professional Responsibility)에서 처음 채택되었다.

19) Karlan(주 17), p. 602. 그러나 비판적인 견해도 있다. Lushing(주 17) 및 Karlan(주 17) 참조.

20) Lushing(주 17), pp. 515 ff.; Karlan(주 17), pp. 602 ff. 참조.

5. 판결에 대한 반응

앞에서 설명한 것처럼, 대한변호사협회는 이 판결을 격렬하게 비판하였고, 헌법재판소에 헌법소원을 제기하기까지 하였다.

학자들에 의한 평가는 나누어졌다. 한 논자는 이 재판을 환영하였다. 그는 변호사는 정의와 인권을 수호하는 공적인 지위를 가지고 있다는 점을 강조하면서, 경제적 능력에 따른 변호사선임능력에 따라서 형사사건의 결과가 달라지는 결과가 발생되거나 발생된다고 국민이 믿게 되는 것은 사법에 대한 크나큰 불신을 야기하게 된다고 한다. 다만 그는 대법원이 이러한 규칙의 소급적용을 인정하지 않은 점에 대하여는 비판적이다. 무효의 장래적 적용은 무효 개념과는 조화되지 않는다는 것이다.[21]

다른 논자들은 이 판결이 부당하다고 한다. 한 논자는 성공보수를 금지하는 것은 사법체계에 대한 불신이 발생하는 것을 막는다는 목표를 달성할 수 없다고 하면서, 미국에서 형사사건에서의 성공보수 약정을 금지하는 근거로 주장되는 남소의 우려, 무리한 변론으로 인한 폐해, 과다보수, 이익충돌 등의 문제는 모두 근거가 없다고 한다. 이 견해는 성공보수 약정은 변호사법이나 변호사단체의 윤리규정을 통하여 규율되어야 한다고 주장한다.[22]

또 다른 논자는 형사사건에 성공보수 약정을 무효로 하는 것은 논리적으로 정당화하기 어렵다고 한다. 성공보수는 변호인으로 하여금 적정 수준의 노력을 기울이도록 만들어 주는 기제로서 작동하는 것인데, 사회후생적 관점에서는 이번 판결로 인해 형사사건에서 의뢰인과 변호인의 계약은 이전보다 더 경직적이 되었고, 반면에 이것이 전관 수요를 떨어뜨릴 수 있을지는 불확실하며, 성공보수의 금지로 인해 일시적으로 변호사 수임료는 하락할 수 있을지 몰라도 변호인의 노력을 이끌어 낼 수 있는 기제를 잃어버린 셈이기 때문에 이의 사회후생적 효과는 불분명하다고 비판한다.[23]

---

21) 장윤순, "형사사건에 관한 성공보수금약정의 효력에 관한 연구", 동아법학 제69호, 2015, 297-328면.

22) 김제완, "형사사건 변호사 성공보수약정 무효화에 대한 비판적 고찰", 인권과 정의 457호, 2016, 6면 이하.

23) 이창민·최한수, "형사성공보수 무효 약정 판결에 대한 법경제학적 분석", 법경제학연구 제13권 1호, 2016, 165면 이하.

Ⅲ. 해석에서의 사법적극주의

1. 사법적극주의의 개념

문헌상 사법적극주의의 정의에 관하여는 서로 다른 견해가 존재한다. 예컨대 캐논(Canon)은 사법적극주의의 6가지 차원을 열거한다: 다수주의(majoritarianism), 해석상의 안정성(interpretive stability), 해석상의 충실성(interpretive fidelity), 실체와 민주적 절차의 구별(substance/democratic process distinction), 정책의 한정성(specificity of policy) 그리고 대안적인 정책결정자가 있는가(availability of an alternate policymaker) 하는 것들이다.[24] 크믹(Kmiec)은 사법적극주의의 5가지 핵심적 의미를 구별한다: 다른 부처의 헌법적 행동을 무효화하는 것, 선례를 고수하지 않음, 사법적 "입법", 받아들여지고 있던 해석 방법론에서 벗어나는 것 그리고 결과지향적 재판.[25]

이 글의 맥락에서는 본인은 사법적극주의의 3가지 차원을 구별하고자 한다. 즉 (1) 사법심사(judicial review)에서의 사법적극주의, (2) 해석에서의 사법적극주의, (3) 선례를 얼마나 쉽게 변경하려고 하는가. 사법심사에서의 사법적극주의란 법원이 입법부나 행정부의 행위를 쉽게 무효화하려는 경향이 있음을 의미한다. 해석에서의 사법적극주의란 법원이 선호하는 결론에 도달하기 위하여 법을 넓게 해석하거나 또는 유추를 활용하는 것을 가리킨다. 선례를 쉽게 변경하려고 한다는 것은 법원이 어느 정도나 선례를 존중하는가 하는 점을 나타낸다. 법률문헌의 대다수는 비록 다른 용어를 사용하고는 있지만, 사법적극주의의 개념에서 이러한 세 차원을 포함하고 있다.[26]

특히 사법심사에서의 사법적극주의와 해석에서의 사법적극주의의 구별은 헌법재판소가 입법부가 제정한 법률을 무효화할 독점적인 권한을 가지고 있는 한국이나 독일과 같은 나라에서 중요하다. 이러한 형태의 국가에서는 헌법재판소 아닌 일반 법원은 입법부가 제정한 법률을 사법적으로 심사할 수 없다. 그러

---

24) Bradley C. Canon, "Defining the Dimensions of Judicial Activism", 66 Judicature pp. 239 ff. (1983).

25) Keenan D. Kmiec, "The Origin and Current Meanings of Judicial Activism", 92 Cal. Law Review, pp. 1444 ff. (2004).

26) Stephanie A Lindquist and Frank B Cross, Measuring Judicial Activism, Oxford University Press, 2008, pp. 29 ff. 참조.

나 법원이 적극적으로 법을 해석하는 것은 사법심사에 관하여 함의를 가진다. 법원이 헌법과 저촉되지 않도록 법률을 넓게 해석하면,[27] 헌법재판소가 법률을 무효화할 필요성이 줄어든다.[28]

그러므로 사법심사에 내재하고 있는 반다수주의의 문제(counter-majoritarian problem)는 해석에서의 사법적극주의에서는 문제가 되지 않는다. 그러나 이러한 두 가지 형태의 사법적극주의에 공통된 문제는 입법부와 사법부의 관계를 어떻게 정의할 것인가 하는 점이다. 다른 말로 한다면 권력분립의 원리는 두 경우에 모두 매우 중요하다.

2.와 3.에서는 해석에서의 사법적극주의를 다룬다. 선례를 쉽게 변경하려는 것은 V.에서 장래적 판례변경과 관련하여 다룰 것이다.

2. 해석에서의 사법적극주의

해석에서의 사법적극주의는 해석에서의 사법 자제(judicial restraint in interpretation)라는 개념과 대비하면 더 잘 이해할 수 있다. 자제적인 법원은 어떤 해석이 법률의 명확한 문언에 의하여 지지되지 않을 때에는, 비록 그러한 해석을 법원 스스로가 선호하더라도 이러한 해석을 받아들이지 않는다. 반면 적극적인 법원은 비록 법률의 문언이 문제되는 사안에 관하여 모호하거나 존재하지 않더라도, 스스로 선호하는 결론에 이르기 위하여 법률을 넓게 해석한다. 때로는 그러한 결과가 법률의 문언으로부터 도출될 수 없을 때에는 적극적인 법원은 유추를 활용한다.[29]

---

27) 이른바 헌법합치적 해석.
28) 이러한 사법심사에서의 사법적극주의와 해석에서의 사법적극주의의 관계는 영국의 Bellinger v. Bellinger (2003), 2 W. L. R. 117 (귀족원 2003. 4. 10. 판결)에서 잘 드러난다. 이 사건에서는 귀족원은 1973년 혼인소송법 제11조 (c)의 "여성(female)"에 성전환에 의하여 여성으로 된 사람을 포함시키는 것을 거부하고, 그 대신 위 조항은 유럽인권협약 제8조의 사생활을 존중할 권리와 제12조의 혼인할 권리와 합치하지 않는다고 하여 불합치선언을 하였다. 만일 귀족원이 위 법상의 여성을 성전환에 의하여 여성으로 된 사람을 포함하는 것으로 해석하였다면, 불합치선언을 할 필요는 없었을 것이다. 이 판결에 대하여는 Jinsu Yune, "The Role of the Courts in the Protection of Transsexuals' Human Rights: A Comparison of Korea with Germany and the U. K.", in Helms und Zeppernick (Herausgeber), Lebendiges Familienrecht, Festschrift für Rainer Frank, Verlag für Standesamtswesen, 2008, pp. 415 ff.(우리 말 번역: 김수인 역, "성전환자의 인권 보호에 있어서 법원의 역할", 민법논고 제7권, 2015); Günter Hager, "Der Einfluss des Human Rights Act 1998 auf die Rechtsmethode in England", ibid., pp. 27 ff. 참조.
29) 엄밀히 말하자면, 유추는 원래의 의미에서의 해석과는 구별될 수 있다. 그러나 여기서는 "해석"

독일과 한국의 판례에서 몇 가지 예를 들어본다. 첫 번째는 두 나라에서 성전환자의 법적 대우에 관한 것이다.[30] 1978년 독일 연방헌법재판소 판례[31]는, 성전환수술을 받은 사람은 신분등록법(Personenstandsgesetz)상 바뀐 성으로 대우를 받아야 한다고 판시하였다. 이 사건에서 성전환자는 자신의 출생기록부에 남성으로 기재되어 있는 성을 여성으로 바꾸어 달라고 신청하였다. 베를린 고등법원(Kammergericht)은 유추에 의하여 이 신청을 받아들였다. 법원은 신분등록법상 출생기록부 정정에 관한 규정은 이것이 처음 기재되었을 때 존재하였던 오류에 관한 것이고, 따라서 신청인의 경우를 규율하지는 않지만, 이러한 공백은 유추에 의하여 보충될 수 있다고 하였다. 그러나 독일 연방대법원(Bundesgerichtshof)은 항소심 판결에 동의하지 않았다. 연방대법원은 이러한 유추는 허용될 수 없다고 하였다. 이 두 개의 판례와는 대조적으로, 독일연방헌법재판소는 위 법률상 정정의 개념은 사실과 다른 기재의 사후적 교정도 의미할 수 있다고 보았다. 그러므로 성전환자는 출생기록부에 기재된 성의 정정을 신청할 수 있어야 한다는 것이다. 연방헌법재판소는 이러한 결론을 헌법합치적 해석에 의하여 정당화하였다.

한국 대법원의 다수의견은 독일연방헌법재판소의 논증을 그대로 받아들였다.[32] 반면 반대의견은 다수의견을 당시 호적법의 해석이 아니라 유추로 이해하였다. 반대의견은 이러한 종류의 유추는 입법에 의하여 설정된 한계를 넘어서는 것이고, 법원이 아니라 입법부가 성전환자의 문제를 어떻게 해결할 것인가를 정해야 한다고 하였다. 본인의 의견으로는 독일과 한국 판례에 대한 참된 설명은 각 나라의 법원이 해석이 아니라 유추를 행한 것으로서, 각 나라 법원이 헌법합치적 해석이라는 이름으로 법의 흠결을 메운 것이다. 그러나 각 경우의 결론은 지지될 수 있다.[33] 이러한 판례들은 해석에서의 사법적극주의에 대한 좋은 예이다.[34]

이라는 말을 유추와 나아가서는 법관에 의한 법 창조(richterliche Rechtsschöpfung)를 포함하는 것으로 넓게 쓰고자 한다.

30) Jinsu Yune(주 28) 참조.

31) 독일연방헌법재판소 1978. 9. 11. 판결(BVerfGE 49, 286).

32) 대법원 2006. 6. 22. 2004스42 결정. 다수의견에 대한 보충의견은 독일연방헌법재판소의 위 판례를 인용하였다.

33) Jinsu Yune(주 28), pp. 418 ff. 참조.

34) Jinsu Yune, "Judicial Activism and the Constitutional Reasoning of the Korean Supreme Court in the Field of Civil Law", in Jiunn-rong Yeh (ed.), The Functional Transformation of Courts, Taiwan and Korea in Comparison, V & R unipress ; National Taiwan University Press, 2015, pp. 123-138.

다른 예는 형사소송에서의 재심35)에 관한 것이다. 소송촉진 등에 관한 특례법 제23조는 제1심 공판절차에서 피고인의 소재를 확인할 수 없는 경우에는 피고인의 진술 없이 재판할 수 있다고 규정하고, 제23조의2는 그러한 피고인의 재심에 관하여 규정하는데, 제23조에 따른 재판에 의하여 유죄의 확정판결을 받은 자가 책임을 질 수 없는 사유로 공판절차에 출석할 수 없었던 경우 제1심 법원에 재심을 청구할 수 있다고 규정한다.36)

대법원 2015. 6. 25. 전원합의체 판결37)에서는 피고인이 위 법 제23조의2에 의하여 항소심 판결에 대하여 재심을 청구할 수 있는가에 대하여 대법관들의 의견이 대립하였다. 이 사건에서 피고인은 위 법 제23조에 의하여 제1심에서 불출석한 상태에서 벌금 500만원의 선고를 받았는데, 검사가 항소하자, 항소심은 피고인이 출석하지 않은 상태에서 1심 판결을 파기하고 징역 1년을 선고하였다. 이 판결이 확정되자, 피고인은 위 법 제23조의2에 의한 재심 사유가 있다고 주장하였다.

이 사건의 쟁점은 위 법 제23조의2에 규정된 것처럼 제1심 판결이 아니라 항소심 판결에 대하여도 재심을 청구할 수 있는가 하는 점이었다. 다수의견은 이를 긍정하면서, 위 법 제23조의2는 항소심 판결에 대하여도 유추적용될 수 있다고 하였다. 다수의견은, 헌법의 규정, 특히 공정한 재판을 받을 권리에 비추어 보면, 피고인은 항소심 판결에 대하여도 재심을 청구할 수 있다고 하였다. 반면 대법관 2인의 반대의견은 그러한 유추의 가능성을 부정하면서, 다수의견은 정당한 법률해석의 한계를 벗어났다고 하였다. 반대의견은 피고인에게 재심의 기회를 부여하여 공정한 재판을 받을 권리를 보장해 주어야 한다는 다수의견의 취지에는 충분히 공감하지만, 그러한 규정을 두고 있지 아니한 입법상 불비는 국회의 개선 입법을 통하여 보완하여야지 법원의 법률해석을 통하여 보정할 수 있는 것이 아니라고 하였다. 이러한 다수의견과 반대의견은 각각 사법적극주의와 사법자제의 전형적인 예라고 하겠다.

세 번째 예는 독일 법원이 일반적 인격권(Allgemeines Persönlichkeitsrecht)을 인정한 것이다. 모든 독일 법률가들이 알고 있는 것처럼, 독일 민법 제253조 제1항

---

35) 독일어로 Wiederaufnahme.

36) 헌법재판소 1998. 7. 16. 선고 97헌바22 결정은 종전의 제23조가 위헌이라고 하였다. 그 이유는 이 조문이 적용될 수 있는 범위가 지나치게 넓다는 것이었다. 그 결과 제23조는 적용될 수 있는 범위를 좁히도록 개정되었고, 재심에 관한 제23조의2가 신설되었다.

37) 2014도17252.

은 재산적 손해가 아닌 손해에 대하여 법률에 규정이 있는 경우에만 금전배상을 청구할 수 있다고 규정한다. 그럼에도 불구하고 독일 연방대법원은 일반적 인격권을 보호한다는 명목으로 법률에 규정되어 있지 않은 비재산적 손해에 대하여 금전배상 지급을 명하였다.38) 그러한 판례가 정당한 해석의 범위를 넘어선 것인가는 논란이 되었다. 그러나 독일 연방헌법재판소는 연방대법원의 판례를 확인하면서, 명시적으로 법관의 창조적인 법 발견(schöpferischer Rechtsfindung) 권한을 승인하였다.39) 연방헌법재판소는, 상황에 따라서는 국가권력의 실정화된 법을 넘어서는 그 이상의 법이 있을 수 있는데, 이는 하나의 의미체인 헌법합치적 질서에 그 근원을 가지고 있고, 성문법에 대하여 교정기능을 할 수 있다고 한다. 이를 발견하고 재판에서 실현하는 것은 판례의 임무라는 것이다.40)

3. 사법적극주의의 수단으로서의 일반조항

신의성실의 원칙41)과 공서양속42)과 같은 일반조항은 이 사건이 보여주듯이 적극주의적인 법관을 위하여 편리한 수단이 될 수 있다. 일반조항은 법원에게 그들이 형평에 맞는다고 판단하는 대로 재판을 할 권한을 부여하지만,43) 일반조항이 구체적으로 어떻게 재판하라고 지시하지는 않는다. 일반조항은 인권의 보장과 같은 일반적 법원리가 사법에 들어올 수 있는 통로도 될 수 있다.44) 이와 같은 방식으로 법원은 사법적극주의의 의미에서 적극적인 역할을 할 수 있다. 그렇지만, 일반조항이 법원으로 하여금 공평에 대한 주관적인 평가에 따라 재판할 수 있게 하는 허가증은 아니라는 점은 강조되어야 한다. 오히려 이는 객관적인 법과 부합하여야 한다.

---

38) BGHZ 26, 349 (Herrenreiter); BGHZ 35, 363 (Ginsengwurzel).

39) BVerfGE 34, 269 (Soraya).

40) 독일어 원문: "Gegenüber den positive Satzungen der Staatsgewalt kann unter Umständen ein Mehr an Recht bestehen, das seine Quelle in der verfassungsmäßigen Rechtsordnung als einem Sinnganzen besitzt und dem geschriebenen Gesetz gegenüber als Korrektiv zu wirken vermag; es zu finden und in Entscheidungen zu verwirklichen, ist Aufgabe der Rechtsprechung."

41) 한국 민법 제2조 제1항.

42) 한국 민법 제103조.

43) Jauernig/Mansel, Kommentar zum BGB, 16. Auflage, C. H. Beck, 2015, § 242 Rdnr. 9{수권(授權)기능}.

44) 예컨대 Münchener Kommentar zum BGB/Schubert, 7. Auflage, C, H. Beck, 2016, § 242 Rdnr. 57 ff.

독일 판례에서 일반조항이 사법적극주의의 도구로 쓰여진 두 가지 예를 들고자 한다. 그 하나는 이른바 증액평가 판례(Aufwertungsrechtsprechung)이다.[45] 제1차 대전 후의 초 인플레이션 시기에 당시 독일의 최고법원이었던 제국법원(Reichsgericht)은 1923. 11. 28. 판결에서, 채무자가 채권자에게 부담하는 채무는 인플레이션으로 인한 채무의 가치 감소에 적응하기 위하여 재평가되어야 한다고 선언하였다.[46] 법원은 이 판결의 근거를 독일 민법 제242조의 신의성실 규정에서 찾았다. 그러나 이 판결은 입법부의 영역을 침범한 것이라고 하는 심한 비판을 받았다.[47]

다른 예는 채무자의 가까운 친족이 체결한 보증계약의 무효에 관한 것이다. 전형적인 사례는 개인이 자신의 부모나 배우자가 은행에 대하여 부담하는 채무에 대한 보증인이 되는 것이다. 많은 경우에는 채무액은 너무 많은 반면 보증인의 수입은 너무 적어서 보증인이 파산하게 된다. 이러한 상황에서 독일 연방대법원은 그러한 보증 계약은 공서양속(독일 민법 제138조 제1항)에 위반되므로 무효라는 주장을 받아들이지 않았다. 그러나 독일 연방헌법재판소는 민사법원은 계약의 내용이 두 당사자 중 일방에게 지나치게 부담이 되고, 그것이 구조적으로 동등하지 않은 교섭능력의 결과일 때에는 이를 심사하여야 할 의무가 있다고 판시하였다.[48] 이 판례는 매우 논란의 대상이 되었지만,[49] 독일연방대법원은 이를 받아들였다.[50] 엄밀히 말하자면 이는 입법부와 사법부 사이의 분쟁 예는 아니고, 연방헌법재판소와 일반 법원 사이의 분쟁이다. 그렇지만 이는 해석에서의 사법적극주의의 좋은 예이다.

---

45) 영어로 된 이 사례에 대한 상세한 설명은 Michael L. Hughes, "Private Equity, Social Inequity: German Judges React to Inflation, 1914-24", Central European History, Vol. 16, No. 1, 1983, pp. 76 ff.에서 찾아볼 수 있다. 또한 Dieter Grimm, "Das Reichsgericht in Wendezeiten", NJW 1997, 2719, 2724 f. 참조.

46) RGZ, 107, 78-94. 이 사건에서 채무는 1913년에 성립하였고, 이행기는 1920년이었다. 법원에 따르면 생계비 지수는 1913년에서 1920년 사이에 10배가 증가하였다.

47) Hughes(주 45) 참조.

48) 독일연방헌법재판소 1993. 11. 19. 결정(BVerfGE 89, 214 ff.).

49) 예컨대 Wolfgang Zöllner, "Regelungsspielräume im Schuldvertragsrecht", AcP 196 (1996), 1 ff.

50) Philip Ungan, Sicherheiten durch Angehörige, 2013 참조.

Ⅳ. 사법적극주의와 관련이 있는 요소들

필자는 법원이 적극주의적 재판을 할 때에는 다음과 같은 4가지 요소를 고려하여야 하고, 실제로 법원도 그렇게 한다고 믿는다: (1) 법률의 문언, (2) 현재의 법체계와의 합치성, (3) 입법부와 사법부 사이의 상대적 우위, (4) 법률관계에 주는 충격의 강도.

1. 법률의 문언

법률이 있으면 해석은 언제나 관련 법규의 문언에서 출발하여야 한다. 넓은 해석은 적극주의적 법원이 선호하는 수단이다. 헌법합치적 해석은 그 좋은 예이다. 법률이 법원이 도달하기를 원하는 결과와는 다른 것을 말하는 것처럼 보이더라도, 이것이 언제나 적극주의적 법원이 넘을 수 없는 장애물인 것은 아니다. 법원은 법률을 우회하기 위하여 목적론적 축소, 유추 또는 목적론적 확장을 사용할 수 있다.

극단적인 경우에는 법원은 법률이 명백한 문언에 반하여 재판하기도 한다 (contra legem). 한국 법에서의 한 가지 예는 어음과 수표의 발행지 기재에 관한 판례이다. 1930년 제네바 어음 및 수표에 관한 협약을 그대로 번역한 한국 어음법과 수표법은 어음과 수표는 그 발행지를 적어야 하고, 이를 적지 않으면 어음이나 수표가 무효라고 규정한다. 그러나 대법원이 1998. 4. 23. 선고한 전원합의체 판결[51]의 다수의견은, 한국에서 발행되고 지급되는 국내어음은 발행지의 기재가 없더라도 유효하다고 하였다. 다수의견에 대한 보충의견은, 일반적으로 법률을 합리적으로 해석함으로써 뒤처진 법률을 앞서가는 사회현상에 적응시키는 것은 법원의 임무에 속하고, 그 뒤처진 법규정의 재래적 해석·적용이 부당한 결과를 초래한다는 것을 알면서도 법률 개정이라는 입법기관의 조치가 있을 때까지는 이를 그대로 따를 수밖에 없다고 체념해 버리는 것은 온당치 않은 태도라고 하였다.

그러나 이러한 해석의 정당성은 매우 의심스럽다. 다수의견이 "cessate ratione

---

51) 95다36466.

legis, cessat lex ipsa"("법의 근거가 없어지면, 법도 없어진다")는 격언에 근거한 것임은 명백하다. 그러나 그러한 격언은 원칙적으로는 받아들일 수 없는데, 왜냐하면 사법부는 자신의 판단에만 의존하여 법을 바꿀 권한은 없기 때문이다.52) 문언에 따른 해석이 명백히 모순된 결과를 가져올 때에만 법원은 법률을 수정할 수 있다.53)

성공보수 문제와 같이 관련 법규가 없는 경우에는, 법률의 문언은 고려할 요소가 되지 못한다.

2. 기존 법체계와의 합치성

적극적인 법해석이 결과가 기존 법체계와 합치되지 않거나 모순되기까지 한다면 이는 받아들일 수 없음이 명백하다. 다음 두 개의 한국 판례가 이 점을 잘 보여준다.

첫 번째는 이른바 양심적 병역 거부의 문제에 관한 판례이다. 한국 법은 양심적 병역거부자에게 병역 의무에 대한 면제를 인정하지 않는다. 다만 입영이나 소집 명령에 응하지 않은 자에게 정당한 사유가 있을 때에는 처벌하지 않는다고 규정한다. 그리하여 양심상의 근거에서 병역을 거부한 사람이 정당한 사유가 있는 것으로 볼 것인가에 대하여 다툼이 있다. 2004. 7. 15.의 대법원 전원합의체 판결54)의 다수의견은 이를 부정하였다. 다수의견은 나아가 입법부가 대체복무를 마련하지 않은 채로 양심적 병역 거부자에게 병역의무 부과에 대한 면제를 규정하지 않은 것이 위헌이 아니라고 하였다.

사견으로는 양심을 근거로 하여 병역을 거부하는 것이 정당한 사유에 해당한다고 인정하기는 어렵다. 양심적 병역거부자가 병역 의무에서 면제된다면, 그들은 양심을 근거로 한 병역 거부를 인정하는 다른 나라들처럼 대체복무를 하여

---

52) Ernst A. Kramer, Juristische Methodenlehre, 2. ed., Stämpfli, 2005, p. 200. 그러나 라렌츠 (Larenz)와 카나리스(Canaris)는 약간 다른 의견인 것처럼 보인다. Karl Larenz, Claus-Wilhelm Canaris, Methodenlehre der Rechtswissenschaft, 3. ed., Springer, 1995, p. 171.

53) Kramer(주 52), pp. 201 ff.; Stefan Vogenauer, Die Auslegung von Gesetzen in England und auf dem Kontinent, Bd. 2, Mohr Siebeck, 2001, p. 1267. 미국에서의 모순된 결과 규칙(absurd result rule)에 대하여는 예컨대 William Eskridge, Jr. et al., Legislation and Statutory Interpretation, 2nd ed., Foundation Press, 2006, pp. 207 ff.; Andrew S. Gold, "Absurd Results, Scrivener's Errors, and Statutory Interpretation", 75 U. Cin. L. Rev. 25 ff. (2006) 참조.

54) 대법원 2004. 7. 15. 선고 2004도2965 전원합의체 판결.

야 한다. 다른 말로 한다면, 병역의무 면제의 전제조건은 대체복무의 가능성이어야 한다. 그러한 대안이 부존재하는 한, 해석의 차원에서 양심적 병역 거부자가 정당한 사유를 가졌다고 보는 것은 불가능하다. 그러나 인권의 관점에서는 이러한 상황은 매우 문제가 많다. 대체복무를 제공하지 않은 채로 양심적 병역 거부자에게 병역 의무를 부과하는 것은 양심의 자유를 침해하는 것으로 보아야 한다. 유감스럽게도 한국 헌법재판소 2004. 8. 26. 결정55)은 이것이 위헌이 아니라고 하였다. 그렇지만 헌법재판소는 입법부가 양심적 병역거부자의 인권을 보호하기 위하여 대체복무나 다른 조치를 도입할 것을 고려하여야 한다고 권고하였다.56) 헌법재판소는 이러한 태도를 지금까지 유지하고 있다.57) 사견으로는 대체복무제의 가능성이 없는 한 헌법재판소로서는 관련 법을 위헌이라고 선고하여야 한다고 믿는다.

두 번째 사례는 동성혼인에 관한 최근의 1심 판결이다. 서울서부지방법원은 2020. 5. 25. 동성 커플은 서로 혼인할 수 없다고 판시하였다.58) 이 사건에서 이태종 법원장은, 혼인은 남성과 여성만이 할 수 있고, 이 사건과 같이 남성과 남성 또는 여성과 여성은 할 수 없다고 하였다. 그는 혼인을 남성과 여성의 결합으로 보고 있는 대법원과 헌법재판소의 판례를 인용하는 외에, 헌법 제36조 제1항이 "혼인과 가족생활은 개인의 존엄과 양성(양성)의 평등을 기초로 성립되고 유지되어야 하며, 국가는 이를 보장한다"고 규정하고 있다는 점을 강조하였다. 나아가 민법이 비록 명시적으로 혼인이 남자와 여자의 결합이라고 규정하지는 않았지만, 혼인의 당사자를 남녀의 구별과 남녀의 결합을 전제로 한 부부(夫婦), 부(夫) 또는 처(妻), 남편과 아내와 같은 성구별적 용어를 사용한다고 하는 점을 지적하였다. 이러한 점에 비추어 이태종 원장은 현행법에 규정된 혼인을 폭 넓게 성에 관계없는 두 사람의 결합으로 해석할 수는 없다고 하였다.

3. 입법부와 사법부 사이의 상대적 우위

입법부가 사법부보다 문제를 더 잘 해결할 수 있는 위치에 있을 때에는 사

---

55) 2002헌가1.
56) 반대의견은 대체복무제를 두지 않은 것은 위헌이라고 하였다.
57) 2011. 8. 30. 선고 2007헌가12, 2009헌바103 결정; 같은 날 선고 2008헌가22 등 결정.
58) 서울서부지방법원 2015. 5. 25. 선고 2014호파1842 결정.

법적극주의의 근거는 취약해진다. 반면 입법부가 상대적인 우위를 가지고 있지 못하거나, 행동하려는 의지를 가지고 있지 않다면, 사법적극주의는 더 쉽게 정당화될 수 있다.

문제를 해결하기 위하여 법원이 쉽게 획득할 수 없는 특별한 정보나 지식이 필요할 때에는 입법부가 사법부에 대하여 상대적 우위를 가진다. 이러한 경우에는 입법부는 필요한 정보나 지식을 여러 가지 방법으로 전문가나 그 밖의 관계자로부터 얻을 수 있다. 이러한 상황에서는 사법부의 역할은 제한되어야 한다. 한국 헌법재판소는, 재정지출의 합리성과 타당성 판단은 재정분야의 전문성을 필요로 하는 정책판단의 영역으로서 사법적으로 심사하는 데에 어려움이 있을 수 있다고 판시한 바 있다.[59]

포괄적이고 전면적인 개정이나 자세한 규율이 필요한 다른 경우에는 법원이 적극적인 개입을 삼가야 한다. 예컨대 동성혼인에 관한 서울서부지방법원 결정[60]은 동성 간의 결합을 법률로 보호하게 된다면 다양한 법률영역에서의 규율의 필요성이 예상되는데, 이는 법원이 법률의 해석권한의 범위 내에서 결정할 수 있는 문제가 아니고, 이는 새로운 입법을 통하여 새로운 방식에 따라서 대처해야 한다고 판시하였다.

입법부가 어떤 문제에 대하여 제때에 반응할 것으로 보인다면, 법원으로서는 입법부의 결정을 기다리는 것이 합리적이다. 예컨대 Bellinger v. Bellinger 판결에서 영국 귀족원은 "여성(female)"을 성전환에 의한 여성을 포함하는 것으로 해석하는 것을 거부하고, 대신 관련 법률이 유럽기본권협약과 합치되지 않는다고 선언하였다.[61] 이에 대한 한 가지 가능성이 높은 설명은, 위 판결을 선고할 당시에 영국 의회가 새로운 성(gender)의 등록을 위한 전혀 새로운 계획을 실현하려는 법안(Gender Recognition Bill)[62]을 심의하려고 하고 있었기 때문이라는 것이다.[63]

또 다른 예는 업무상 재해에 관한 대법원 2007. 9. 28. 전원합의체 판결[64]이

---

59) 헌법재판소 2006. 3. 30. 선고 2005헌마598 결정.

60) 주 58).

61) 위 주 28).

62) 이 법안은 결국 법률(Gender Recognition Act 2004)이 되었다.

63) Tom R. Hickman, "Constitutional Dialogue, Constitutional Theories and The Human Rights Act 1998", Public Law 2005, p. 332; Jinsu Yune(주 28), p. 420; Hager(주 28), pp. 27 ff. 참조.

64) 대법원 2007. 9. 28. 선고 2005두12572 전원합의체 판결.

다. 이 사건에서 다수의견은 근로자의 출·퇴근 중에 발생한 재해는 업무상 재해가 아니라고 한 종전의 판례를 유지하였다.[65] 다수의견에 대한 3인 대법관의 보충의견은 다른 논거를 드는 것과 아울러, 이 문제가 '경제사회발전노사정위원회' 등에서의 논의를 거쳐 현재 산재보험법 개정안이 국회 계류중에 있는 이상, 출·퇴근 재해를 업무상 재해로 인정할 것인지, 인정한다면 출·퇴근 재해 중 어느 정도의 범위까지를 업무상 재해에 속한다고 할 것인지 여부는 사회보장적 견지에서 입법에 의하여 그 한계가 설정되는 것이 타당하다고 하였다.

반면 입법부가 가까운 장래에 행동할 것으로 보이지 않는다면, 이는 사법부가 좀더 적극적으로 행동할 기회를 제공하게 된다. 앞에서 언급한 성전환에 관한 판례[66]는 이 점에 관한 좋은 예이다. 위 판결이 선고되던 2006년에는 입법부가 이 문제에 관하여 입법할 것이라는 아무런 조짐이 없었다. 오히려 성전환자에 대한 성별정정을 허용하려는 법안이 2002년 11월 국회에 제출되었으나, 이 법안은 심도 있는 토의 없이 2004년 임기 만료로 인하여 폐기되고 말았다.[67] 뿐만 아니라 위 결정이 선고된 후 10년이 지난 뒤에도 아무런 법률이 통과되지 않았다. 그러므로 대법원의 개입은 더욱 더 정당화될 수 있는 것으로 보인다.[68]

4. 법률관계에 미치는 충격의 크기

마지막으로, 재판의 충격의 크기도 법원으로서는 중요한 관심사일 수밖에 없다. 일반적으로 적극적인 재판의 결과는 과거의 규율을 뒤집는 새로운 규율을 세우는 것일 가능성이 많다. 이러한 새로운 규율은 사람들의 행동의 변화를 요구할 수 있다. 또는 이러한 새로운 규율은 특정 계층의 사람에게 커다란 부담을 새롭게 지우거나, 존재하는 부담을 증가시킬 수 있다. 법원의 판례는 원칙적으로 소급 적용되어야 하므로, 새로운 판례가 초래하는 혼란은 매우 클 수 있다. 이러한 것이 법원으로 하여금 적극적인 태도를 취하는 것을 주저하게 만들 수 있다.

앞에서 언급한 업무상 재해에 관한 판례[69]는 이러한 맥락에서 좋은 예가 될

---

65) 공무원의 경우에는 출퇴근 중에 발생한 재해는 이미 공무상 재해로 다루어지고 있었다.
66) 위 주 32).
67) Jinsu Yune(주 28), p. 410 참조.
68) Jinsu Yune(주 28), pp. 419 ff. 참조.
69) 위 주 64).

수 있다. 다수의견에 대한 3인 대법관의 보충의견은, 출·퇴근 재해가 보상의 범위에 포함됨으로써 부담하게 되는 막대한 재정과 이해관계의 조정에 대한 고려 없이 사법이 적극적으로 이를 유도·개입하는 것은 산재보험 재정의 현저한 악화, 보험강제가입자인 사업주의 부담 증가, 예산의 효율적 배분의 저해, 기준의 해석에 관한 혼란 등과 같은 문제점이 초래될 것이라고 하였다. 그리하여 출·퇴근 재해를 업무상 재해로 인정할 것인지, 인정한다면 출·퇴근 재해 중 어느 정도의 범위까지를 업무상 재해에 속한다고 할 것인지 여부는 입법에 의하여 그 한계가 설정되는 것이 옳다고 보았다.

5. 이 사건에의 적용

그렇다면 성공보수 약정에 관한 대법원 판례는 사법적극주의의 관점에서 정당화될 수 있는가? 본인은 그럴 수 있다고 믿는다.

우선 변호사를 위한 성공보수를 규율하는 성문법은 없다. 그러므로 법원에 대한 문언상의 장애는 존재하지 않는다. 또한 기존 법체계와의 불합치 여부도 문제되지 않는다.

둘째, 일부 한국 학자들이 주장하듯이 입법부가 이 문제를 법원보다 더 잘 다룰 수 있는가 하는 것은 신중하게 검토할 필요가 있다. 입법부가 개입한다면, 상세한 규율을 만들 수 있을 것이다. 예컨대 입법부는 변호사가 형사사건에서 성공보수를 받을 수 있는 정확한 요건을 규정할 수 있을 것이다. 아니면 입법부는 형사사건에서 성공보수의 상한을 규정할 수 있을 것이다. 그러한 규제 체계가 형사 사건에서 성공보수 약정을 완전히 무효화하는 것보다 더 나은 대안이 될 수도 있다는 것은 시인할 수 있다.

그러나 대법원이 판결을 선고할 당시에 국회가 성공보수 약정을 규율하는 법을 만들 가능성은 별로 없었다. 실제로 성공보수를 규율할 입법에 관한 논의가 과거에 있었다. 2000년에 대통령 자문기구로 설치되었던 사법개혁추진위원회에서는 형사사건 외의 다른 영역에서는 성공보수 약정을 허용하더라도 형사사건에서는 이를 금지할 것을 권고하였다. 뿐만 아니라 형사사건에서의 성공보수를 금지하는 법안이 2006년과 2008년 두 번 국회에 제출되었다. 그러나 이러한 법안은 2008년과 2012년 임기 만료로 폐기되고 말았다. 이러한 법안이 좌절되게 된 원인의 하나는 대한변호사협회의 반대 때문이었다. 앞에서 인용한 위 판결에 대한 대법원의 보도자료70)는 이러한 사실들을 강조하였다. 이러한 것들에 비추어 볼 때, 대법관들은 국회에 의한 법의 변경은 이 판결 당시에 기대할 수 없다고 믿었을 것으로 보아도 무방할 것이다.

　　마지막으로, 이 판결이 이 판결 전에 체결된 성공보수 약정에 미칠 충격은 대법관들에게 주된 관심사였음이 분명하다. 특히 이 판결 당시 이미 지급된 성공보수는 반환되어야 하는가? 대법원은 이 판결 선고 전에 체결된 성공보수 약정을 무효라고 선언하는 것이 불공평한 결과를 가져올 수 있다고 우려하였는데, 이는 약정된 성공보수가 성공보수 아닌 형태로 합의될 수 있었는가 아닌가에 따라 다를 수 있다. 대법관들에게는 이미 약정된 보수를 청구할 수 없거나, 지급된 돈을 반환하여야 한다는 것은 공정하지 않은 것으로 보였다. 이 지점에서 대법원은 "순수한 장래적 판례변경"이라는 묘수(tour de force)를 채택하였다. 대법원에 따르면 종래 판례의 변경은 장래효만을 가진다는 것이다. 이는 이 판결 후에 체결된 성공보수 약정만이 무효이고, 이 판결 전에 체결된 약정은 여전히 유효하다는 것을 의미한다. 대법원은 성공보수 약정은 장래에는 허용되지 않지만, 이와 같은 유형의 기존의 약정에 미치는 충격은 최소화되어야 한다는 점을 명확히 하고자 하였다. 이는 1석2조(一石二鳥)를 노린 것이다.

　　이러한 장래적 판례 변경이라는 계책은 정당화될 수 있는가? 이하에서는 이 점을 좀더 자세히 보기로 한다.

V. 장래적 판례변경의 문제점

1. 장래적 판례변경

　　"사법적 재판은 근 1,000년 동안 소급적으로 작용하였다"71)는 것이 종래의 통념적인 지혜였다. 그러나 근래에는 몇 개의 법역에서 장래적 판례변경이 인정되고 있다.72) 장래적 판례변경에는 두 가지 유형이 있다: 선택적 장래적 판례변

---

70) 위 주 9).

71) Kuhn v. Fairmont Coal Co. 215 US 349, 372(1910) (홈즈 대법관의 반대의견).

72) 비교법적인 연구로는 Eva Steiner ed., Comparing the Prospective Effect of Judicial Rulings Across Jurisdictions, Springer, 2015; Rabels Zeitschrift Vol. 79, 2015, pp. 237 ff.에 실린 Jürgen Basedow, Hannes Rösler, Helge Dedek, Felix Maultzsch, Susan Emmenegger와 Bertrand Fages의

경과 순수한 장래적 판례변경. 선택적 장래적 판례변경은 새로운 규칙이 새로운 규칙을 선언하는 사건에 적용되고, 그 외의 제한된 사건에도 적용될 수 있지만, 새 판례 전의 다른 사건에는 소급 적용되지 않는다는 것을 의미한다. 변경된 판례가 이전 사건을 여전히 규율한다. 반면 순수한 장래적 판례변경은 새로운 규칙의 소급효를 전면적으로 부정하며, 새로운 규칙을 선언하는 사건에 관하여도 마찬가지이다.

장래적 판례변경의 장점은 변경된 판례와 관련된 정당한 기대를 보호할 수 있다는 점이다. 변경하는 판례를 그 판례 전의 사건에 소급 적용하는 것은 종전 판례를 신뢰하고 행동한 사람들의 정당한 기대를 침해할 수 있다. 새로운 법의 소급 적용도 마찬가지 문제를 가지고 있다. 한 가지 차이는 사법부 역할의 고전적인 이해는 법관들은 법을 해석하는 것이고, 법을 만드는 것이 아니라는 점이다.

이에 관한 미국의 경험은 잘 알려져 있다.[73] Great Northern Ry. Co. v. Sunburst Oil & Refining Co. 판결[74] 이래로 미국 연방대법원은 한정된 특별한 사례에서 장래적 판례변경도 허용될 수 있다고 하였다. 1960년대에는 장래적 판례변경이 더 자주 활용되었다. 리딩 케이스는 형사사건에서는 Linkletter v. Walker[75]이고, 민사사건에서는 Chevron Oil Co. v. Huson[76]이다. 그러나 1980년대 이래로 이러한 장래적 판례변경에 관한 판례는 형사사건에서는 Griffith v. Kentucky[77]에서, 민사사건에서는 Harper v. Virginia Department of Taxation[78]에서 또다시 변경되었다. 그리하여 연방의 차원에서는 선택적 장래적 판례변경은 더 이상 허용되지 않는다. 그렇지만 선택적 장래적 판례변경 아닌 순수한 장래적 판례변경이 허용될 수 없는지는 아직 명확하지 않다. 뿐만 아니라 주 법원은 자

논문들이 있다. 간단한 설명으로는 Günther Hager, Rechtsmethoden in Europa, 2009, pp. 213 ff. 가 있다.

73) Richard S. Kay, "Retroactivity and Prospectivity of Judgments in American Law", in Eva Steiner ed.(주 72), pp. 209 ff.; Hannes Rösler, "Die Rechtsprechungsänderung im US-amerikanischen Privatrecht", Rabels Zeitschrift Vol. 79, 2015, pp. 250 ff. 필자도 이에 관하여 쓴 바 있다. 윤진수, "미국법상 판례의 소급효", 저스티스 제28권 1호, 1995, 91-121면(= 윤진수, 판례의 무게, 2020, 3-40면).

74) 287 U.S. 358, 53 S.Ct. 145, 77 L.Ed.360 (1932).

75) 381 U.S. 618, 85 S.Ct. 1731 (1965).

76) 404 U.S. 97, 92 S.Ct. 349, 30 L.Ed.2d 296 (1972).

77) 479 U.S. 314 (1987).

78) 509 U.S. 86 (1993).

신들의 주 법의 해석의 소급 적용을 제한할 수 있다.[79]

영국 귀족원의 National Westminster Bank v. Spectrum Plus Ltd.[80] 판결에서는 7인 대법관 중 5인이 장래적 판례변경의 가능성을 전혀 배제할 수는 없다는 데 동의하였지만, 당해 사건에서 장래적 판례변경은 부정되었다.[81] 니콜스 대법관(Lord Nicholls of Birkenhead)은 자신은 장래적 판례변경이 헌법상 사법부가 정당하게 행사하는 기능을 넘어서는 것은 아니라고 본다고 하였다.[82]

독일에도 법원이 판례변경이 장래적이라고 한 사례들이 있다.[83] 근래의 사례로는 연방재정법원(Bundesfinanzhof) 대재판부(Großer Senat)의 2007. 12. 17. 결정이다.[84] 이 판례에서 연방재정법원은 그 사건에서 납세자에게 불리한 판례의 변경은 위 판례가 공간된 후의 사건에 대하여만 적용된다고 하였다. 이 결정은, 실체적 정의의 원리는 법적 안정성과 정당한 기대의 보호의 원리와 동등한 가치를 가지고 있고, 이 두 가지의 법치국가 원리의 하부 원리는 실제적 조화(praktische Konkordanz)의 원리에 따라 형량되어야 한다고 논거를 밝혔다. 이 판례는 소급입법의 원리는 판례변경에 관하여도 유추적용될 수 있고, 연방재정법원 대재판부는 사실상(de facto) 규칙의 제정자로 행동하는 것이라고 하였다.

한국에서는 이 사건 판례 전에 두 개의 선택적 장래적 판례변경을 인정한 판례가 있었다.[85] 하나는 종중 구성원에 관한 판례이다. 종중이란 남성 공동 선조의 후손으로 조직된 집단이다. 관습법에 따르면 공동선조의 후손 중 성년인 남자만이 종중 구성원이 될 수 있었고, 여성인 후손은 종중으로부터 배제되었다. 그러나 대법원 2005. 7. 21. 전원합의체 판결[86]은 여성을 종중으로부터 배제하는 관습법은 더 이상 효력이 없고, 여성도 종중 구성원이 될 수 있다고 하였다. 이 판결은 나아가, 새로운 판례의 소급 적용은 최근에 이르기까지 수십 년 동안 유지되어 왔던 종래 대법원판례를 신뢰하여 형성된 수많은 법률관계의 효력을 일

---

79) Harper v. Virginia Department of Taxation, 509 U.S. 86, 100 (1993).
80) [2005] UKHL 41.
81) Helge Dedek, "Rumblings from Olympus: Das Zeitelement in der (Fort-)Bildung des englischen common law", Rabels Zeitschrift Vol. 79, 2015, pp. 313 ff.
82) 그에 의하면 '결코 아니라고 하면 안 된다(Never say never)'는 것이 현명한 사법적 격언이라고 한다.
83) Felix Maultzsch, "Das Zeitelement in der richterlichen Fortbildung des deutschen Rechts", Rabels Zeitschrift Vol. 79, 2015, pp. 323 ff.
84) BeckRS 2007, 24003227.
85) 이 판례들에 대하여는 Jinsu Yune(주 34) 참조.
86) 대법원 2005. 7. 21. 선고 2002다1178 전원합의체 판결.

시에 좌우하게 되므로, 위와 같이 변경된 대법원의 견해는 이 판결 선고 이후의
종중 구성원의 자격과 이와 관련하여 새로이 성립되는 법률관계에 대하여만 적
용되고, 다만 이 사건 청구에 한하여는 위와 같이 변경된 견해가 소급하여 적용
되어야 한다고 판시하였다.

다른 하나는 제사 주재자의 결정에 관한 것이다. 한국 민법 제1008조의3에
따르면, 제사를 위한 물건의 소유권은 고인의 제사 주재자에게 속한다. 전통적으
로는 고인의 적장자(嫡長子)가 제사 주재자였고, 대법원 판례도 이를 몇 차례에
걸쳐 확인하였다. 그러나 대법원의 2008. 11. 20. 전원합의체 판결[87]은 제사 주재
자의 결정에 간한 관습법은 더 이상 유효하지 않고, 제사 주재자는 상속인들 사
이의 협의에 의하여 결정되어야 한다고 선언하였다. 만일 그러한 협의가 이루어
지지 않는 경우에는 제사주재자의 지위를 유지할 수 없는 특별한 사정이 있지
않은 한 고인의 장남(장남이 이미 사망한 경우에는 장남의 아들, 즉 장손자)이 제사주
재자가 되고, 공동상속인들 중 아들이 없는 경우에는 망인의 장녀가 제사주재자
가 된다고 하였다. 나아가 대법원은 다시 선택적 장래적 판례변경의 방식을 채택
하였다. 대법원은, 만약 위 새로운 법리를 소급하여 적용한다면 종래 대법원판례
를 신뢰하여 형성된 수많은 제사용 재산 승계의 효력을 일시에 좌우하게 됨으로
써 법적 안정성과 신의성실의 원칙에 기초한 당사자의 신뢰 보호에 반하게 되므
로, 위 새로운 법리는 이 판결 선고 이후에 제사용 재산의 승계가 이루어지는 경
우에만 적용되고, 다만 이 사건에 대하여는 새로운 법리가 소급하여 적용되어야
한다고 판시하였다.

성공보수 약정에 대한 대상 판결은 선택적 장래적 판례변경이 아니라 순수
한 장래적 판례변경을 택하였다는 점에서 이러한 종래의 선례와는 차이가 있다.

2. 비   판

사견으로는 이러한 장래적 판례변경의 이론은 유지될 수 없다고 본다. 본인
으로서는 종래의 변경된 판례에 대한 신뢰를 보호할 필요가 있다는 점 외에는
원리에 근거를 둔 이 이론을 지지하는 논거를 찾을 수 없었다. 장래적 판례변경
은 사법부의 기능과는 합치하지 않는다. 법원은 법원 앞에 놓여진 실제 사건을

---

87) 대법원 2008. 11. 20. 선고 2007다27670 전원합의체 판결.

재판하는 것이고, 앞으로의 있을지 모를 사건을 재판하는 것이 아니다. 법원의 임무는 재판의 당사자들에게 그 사건 자체의 시비에 따라 재판을 하는 것이다.[88] 이는 법원으로서는 법이 무엇인지에 대한 법원의 재판 당시의 최선의 이해에 따라 재판을 하여야 한다는 것을 의미한다.[89] 선택적 장래적 판례변경은 판례를 변경하는 사건의 당사자로 하여금 판례 변경의 이득을 얻을 수 있게 함으로써 판례 변경을 주장할 인센티브를 없애지 않는다. 그러나 이는 입법부로서도 할 수 없는 일이다. 그러므로 장래적 판례변경은 사법부를 일종의 초입법부(superlegis-lature)로 만든다.[90] 정당한 신뢰의 보호는 중요한 법익이다. 그러나 이러한 신뢰는 실체법의 규칙들에 의하여 달성될 수 있고, 또 달성되어야 하며, 하나의 법원칙에 의하여 해결될 수는 없다.[91] 예컨대 신의성실의 원칙, 권리남용, 실효(失效) 등이 정당한 이익을 보호하기 위하여 활용될 수 있다. 성공보수 약정 사건의 경우에 대법원이 가장 우려하였던 것은 만일 이전의 성공보수 약정이 전부 무효로 된다고 하는 경우에는 약정된 성공보수가 동일한 금액으로 성공보수가 아닌 형태로는 약정될 수 없었다는 점이었다. 그러나 이러한 결과는 보충적 해석의 이론에 의하여 해결될 수 있다. 이에 따른다면 계약에서 당사자들이 미처 생각하지 못했던 공백이 있다면, 법원은 당사자들이 이러한 공백을 알았더라면 약정하였을 내용을 가지고 보충할 수 있다는 것이다. 대법원은 보충적 해석의 이론을 인정하고 실제로 적용하고 있다.[92] 만일 보충적 해석이 무효인 성공보수 약정에 적용될 수 있다면, 변호사는 당사자들이 성공보수 약정이 무효임을 알았더라면 약정하였을, 성공보수 아닌 방식에 의한 금액을 청구할 수 있게 될 것이다. 또한 의뢰인이 변호사에게 성공보수를 이미 지급하였다면, 이는 불법원인급여에 해당하므로 의뢰인이 그 반환을 청구할 수 없게 될 것이다.[93] 대법원이 이러한 길을 따랐더라면 장래적 판례변경은 불필요하였을 것이다.

---

88) Desist v. United States, 394 U.S. 244, 259 (1969) (할란 대법관의 반대의견).
89) James M. Beam Distilling Co. v. Georgia, 501 U.S. 529, 535 (1991).
90) Danforth v. Minnesota, 552 U.S. 264, 274 (2008) {스티븐스 대법관이 Desist v. United States, 394 U.S. 244, 259 (1969)에서의 할란 대법관의 반대의견을 인용하였다}.
91) American Trucking Associations, Inc., v. Smith, 496 U.S. 167, 210 (1990) (스티븐스 대법관의 반대의견).
92) 대법원 2006. 11. 23. 선고 2005다13288 판결; 2014. 11. 13. 선고 2009다91811 판결.
93) 민법 제746조. 이는 독일 민법 제817조와 비슷하다.

Ⅵ. 결   론

형사사건에서의 성공보수 약정을 공서양속에 반하는 것으로 볼 것인가는 그 자체 중요한 문제이다. 이 문제가 입법부가 아닌 법원에 의하여 해결된 것은 불가피하게 우리를 사법적극주의의 문제로 이끈다. 장래적 판례변경도 관련된 문제이다. 이 판결은 사법적극주의와 장래적 판례변경에 관한 사례 연구의 좋은 기회를 제공하였다.

〈추기〉

1. 형사사건에서의 성공보수 약정의 효력에 관하여

대상판결에 대하여는 이제까지 지지하는 견해보다는 비판하는 견해가 더 많은 것으로 보인다. 이 글에서는 이 문제 자체는 그다지 자세하게 다루지 않았다. 그러나 본인은 여전히 형사사건에서의 성공보수는 원칙적으로 무효로 보아야 한다고 생각한다.

첫째, 형사사건에서 판결, 그 중에서도 형의 양정은 법원의 재량이 많이 작용하고, 이 점에서 법률적으로는 변호인의 역할이 민사사건에서의 변호사의 역할보다 덜 중요하다. 그런데 형사사건 의뢰인은 이에 관한 변호인의 역할에 더욱 기대를 한다. 특히 변호인이 재판부에 대하여 이른바 로비를 할 것을 암묵적으로라도 요구하게 된다. 형사사건에서의 성공보수 약정이 이러한 부당한 기대를 조장하는 역할을 하지 않는다고 단언할 수는 없을 것이다. 이러한 면에서 형사사건의 성공보수 약정은 원칙적으로 허용되어서는 안 된다고 본다. 다만 형사재판에서 변호인이 유죄판결 이외의 결과를 얻어내는 경우에는 그 한도에서 성공보수 약정이 허용될 수도 있을 것이다.

둘째, 많은 논자들은 형사사건에서의 성공보수 규제를 법률에 맡기거나, 아니면 법원이 과다한 성공보수를 감액하는 것이 그러한 약정을 무효로 하는 것보다 낫다고 주장한다. 그러나 입법에 의한 성공보수 규제는 이제까지 모두 실패로 돌아갔고, 가까운 시일 내에도 이루어지리라고 기대하기는 어렵다. 그리고 법원이 변호사의 과다한 보수를 감액하는 것도 그 법적인 근거가 모호할 뿐만 아니라, 현실적으로 잘 작동하리라는 보장이 없다. 대법원 2018. 5. 17. 선고 2016다 35833 전원합의체 판결의 다수의견은, 법원은 변호사가 받기로 한 약정 보수액이 부당하게 과다하여 신의성실의 원칙이나 형평의 관념에 반한다고 볼 만한 특별한 사정이 있는 경우에는 예외적으로 적당하다고 인정되는 범위 내의 보수액만을 청구할 수 있다고 하면서도, 이러한 보수 청구의 제한은 어디까지나 계약자유의 원칙에 대한 예외를 인정하는 것이므로, 법원은 그에 관한 합리적인 근거를 명확히 밝혀야 한다고 하여, 변호사 약정 보수의 감액은 예외적으로만 인정되는 것임을 명확히 하였다. 그리하여 당해 사건에서는 변호사 보수의 감액을 인정한 원심판결이 부당하다고 하여 이를 파기환송하였다. 위 판결의 별개의견은, 신의칙 또는 형평의 관념에 의해서는 당사자가 계약으로 정한 변호사보수금을 감액할 수 없다고 주장하였다.

2. 양심적 병역거부에 관하여

헌법재판소 2018. 6. 28. 선고 2011헌바379 등 결정은, 병역법이 양심적 병역거부자에 대한 대체복무제를 규정하지 아니한 병역종류조항은 과잉금지원칙에 위배하여 양심적 병역거부자의 양심의 자유를 침해한다고 하면서도, 양심적 병역거부자를 처벌하는 것은 처벌조항은 양심의 자유를 침해하는 것이 아니라고 하여 위헌이 아니라고 하였다.

그리고 대법원 2018. 11. 1. 선고 2016도10912 전원합의체 판결은, 진정한 양심에 따른 병역거부라면, 이는 병역을 거부할 수 있는 병역법 제88조 제1항의 '정당한 사유'에 해당하고, 대체복무제가 마련되어 있지 않다거나 향후 대체복무제가 도입될 가능성이 있더라도, 병역법을 위반하였다는 이유로 기소되어 재판을 받고 있는 피고인에게 병역법 제88조 제1항이 정하는 정당한 사유가 인정된다면 처벌할 수 없다고 하였다.

필자는 본문에서 적은 것처럼 양심적 병역거부자를 처벌하는 것은 위헌이라고 보지만, 위 헌법재판소 결정이나 대법원 판결에는 찬성하기 어렵다. 헌법재판소 결정과 같이 대체복무제를 규정하지 않은 것이 위헌이라고 한다면 양심적 병역거부자를 처벌하는 것도 위헌이라고 보아야 할 것이다. 위 결정에서의 4인 재판관의 반대의견은, 병역종류조항에 대하여 헌법불합치 결정을 하는 이상, 처벌조항 중 양심적 병역거부자를 처벌하는 부분에 대하여도 위헌 결정을 하는 것이 자연스럽다고 하였다.

그리고 대법원 판결이 진정한 양심에 따른 병역거부라면, 이는 병역법 제88조 제1항의 '정당한 사유'에 해당한다고 하는 점은 수긍하기 어렵다. 주관적인 신념은 사람마다 다를 수 있는데, 이를 가리켜 정당한 사유로 볼 수는 없다. 양심적 병역거부자들은 자신들만이 병역을 거부할 수 있다고 주장하는 것이 아니라, 모든 사람들이 병역의무를 이행하여서는 안 된다고 주장하는 것이다. 대법원이 이러한 주장 자체가 정당하다고 인정하는 것이 아니라면, 양심적 병역거부가 정당한 사유에 해당한다고 하는 것은 받아들이기 어렵다. 위 판결에서의 대법관 김소영 등의 반대의견은, 병역의무의 이행을 감당할 능력과 관련된 사유가 위 '정당한 사유'에 포함된다고 보더라도, 병역의무의 이행능력과 관련된 객관적·가치중립적인 사정으로 제한된다고 보는 것이 옳고, 종교적 신념 등을 이유로 한 양심적 병역거부와 같이 병역에 관한 개인적 신념이나 가치관, 세계관 등을 포함한 주관적 사정은 그 신념의 정도나 지속성 여부를 불문하고 이에 포함될 수 없다고 하였다.

3. 근로자의 출·퇴근 중에 발생한 재해가 업무상 재해인지 여부

헌법재판소 2016. 9. 29. 선고 2014헌바254 결정은, 근로자가 사업주의 지배관리 아래 출퇴근하던 중 발생한 사고로 부상 등이 발생한 경우만 업무상 재해로 인정하는 산업재해보상보험법의 규정이, 비혜택근로자(도보나 자기 소유 교통수단 또는 대중교통수단 등을 이용하여 출퇴근하는 산업재해보상보험 가입 근로자)를 혜택근로자(사업주가 제공하거나 그에 준하는 교통수단을 이용하여 출퇴근하는 산재보험 가입 근로자)와 차별하므로, 헌법상 평등원칙에 위배된다고 하여 불합치결정을 선고하였다.

한국민법상의 공서양속

1. 공서양속 규정의 존재 이유와 법체계적 지위

가. 민법의 규정

한국 민법 제103조는 "반사회질서의 법률행위"라는 표제 아래 "선양한 풍속 기타 사회질서에 위반한 사항을 내용으로 하는 법률행위는 무효로 한다"고 규정하고 있다. 이러한 공서양속[1] 규정은 신의성실의 원칙(민법 제2조 제1항), 권리남용 금지(민법 제2조 제2항)와 함께 민법상 대표적인 일반조항이라고 할 수 있다. 선량한 풍속과 사회질서의 관계에 대하여는 여러 가지 견해가 대립한다. 그러나 실제에 있어서 대부분의 사회질서위반은 동시에 선량한 풍속위반이기도 할 뿐 아니라, 현대사회에 있어서는 법이 인간의 거의 전 사회활동을 규율하고 있으므로 순수하게 도덕규범에만 근거한 선량한 풍속의 판단도 드물다. 따라서 실제 양자를 구별할 필요성은 크지 않으며 일반적으로 양자를 통틀어 공서양속 또는 사회적 상당성이라고 해도 반드시 잘못이라고 할 수도 없다.[2]

나. 공서양속 규정의 존재 이유

공서양속 규정의 존재이유에 대한 종래의 일반적인 설명은, 이 조항이 그 자체는 실정법 질서에 속하지 않는 도덕규범과 같은 것을 법질서 내로 받아들이는

---

1) 이하에서는 "선량한 풍속 기타 사회질서"를 줄여서 공서양속이라고만 한다.
2) 주석민법 총칙 (2), 제4판, 한국사법행정학회, 2010, 397면 이하(윤진수·이동진) 참조.

데 있다고 설명한다. 그러나 근래에는 공서양속 규정이 이처럼 도덕관념과 같은
전법률적(前法律的) 가치질서를 법률 내지 법질서로 수용하는 기능을 한다고 보
는 것은 문제가 있다는 비판도 제기되고 있다. 그리하여 공서양속의 내용을 이루
고 있는 것은 기본적으로 법질서 내지 그 원칙이고, 공서양속 규정의 목적은 법
질서의 자기존중 내지 자기모순의 방지이며, 그 기능은 전법률적 사회규범을 인
식하고 수용하는 것이 아니라, 법질서 내지 그 원칙을 사법 내지 계약법 영역에
서 계속 형성하는 데 실정법적 근거를 제시하는 데 있다고 한다.[3]

다. 공서양속 규정의 법체계적 지위

공서양속 규정과 사적 자치 원칙과의 관계에 관하여는, 공서양속 규정이 사
적자치 내지 법률행위 자유 원칙보다 상위의 것이라는 주장도 있다. 그러나 이론
적으로 공서양속은 법률행위의 자유에 대한 한계를 의미할 뿐, 그 자체가 법률행
위의 자유보다 상위의 원칙이라고는 할 수 없다. 법률행위는 공서양속에 부합하
여야 효력이 있는 것이 아니고, 공서양속에 위반하는 것만이 무효가 될 뿐이다.[4]

다른 한편 공서양속 규정은 헌법질서를 사법적으로 유지하는 기능도 수행하
고 있다. 일반적으로 헌법규정, 특히 헌법상의 기본권이 사인 간에도 적용되는가
하는 이른바 기본권의 제3자적 효력의 문제에 관하여는, 직접 적용된다는 직접적
용설(직접효력설)과 사인 상호간에는 직접 적용되지 않고, 본조와 같은 사법상의
일반조항을 통하여 간접적으로 적용될 수 있다는 간접적용설(간접효력설)이 대립
하고 있다. 통설은 명문의 규정이 있거나 성질상 직접 적용될 수 있는 것(예컨대
근로3권)을 제외하고는 기본권은 사법상 일반조항을 통하여 간접적으로 적용될
뿐이라고 본다. 이에 따른다면 어느 법률행위가 개인의 기본권을 지나치게 제약
하는 것일 때에는 그 자체가 직접 헌법에 위반되는 것은 아니지만 공서양속에
위반되어 무효로 될 수 있다. 판례도 그러한 태도를 취한다. 즉 "헌법상의 기본권
은 제1차적으로 개인의 자유로운 영역을 공권력의 침해로부터 보호하기 위한 방
어적 권리이지만 다른 한편으로 헌법의 기본적인 결단인 객관적인 가치질서를
구체화한 것으로서, 사법(私法)을 포함한 모든 법영역에 그 영향을 미치는 것이므
로 사인간의 사적인 법률관계도 헌법상의 기본권 규정에 적합하게 규율되어야

---

3) 이동진, "공서양속과 계약 당사자 보호", 서울대학교 대학원 법학박사학위논문, 2011, 207면 이
   하 참조.
4) 윤진수·이동진(주 2), 400-401면 참조.

한다. 다만 기본권규정은 그 성질상 사법관계에 직접 적용될 수 있는 예외적인 것을 제외하고는 사법상의 일반원칙을 규정한 민법 제2조, 제103조, 제750조, 제751조 등의 내용을 형성하고 그 해석기준이 되어 간접적으로 사법관계에 효력을 미치게 된다."[5]

대법원 판례가 공서양속 규정의 적용에 관하여 헌법을 원용한 것으로는 대법원 2010. 3. 11. 선고 2009다82244 판결이 있다. 이 판결은, 사용자와 근로자 사이에 경업금지약정이 존재한다고 하더라도, 그와 같은 약정이 헌법상 보장된 근로자의 직업선택의 자유와 근로권 등을 과도하게 제한하거나 자유로운 경쟁을 지나치게 제한하는 경우에는 민법 제103조에 정한 선량한 풍속 기타 사회질서에 반하는 법률행위로서 무효라고 하였다.

2. 폭리행위 규정과의 관계

한국 민법 제104조는 "당사자의 궁박, 경솔 또는 무경험으로 인하여 현저하게 공정을 잃은 법률행위는 무효로 한다"라고 규정하고 있다. 이러한 폭리행위 규정과 공서양속 규정의 관계에 대하여는, 폭리행위 규정이 공서양속 규정의 특별규정으로 보는 것이 다수설이다.[6] 그리하여 법률행위의 상대방에게 궁박, 경솔 또는 무경험 등을 이용하려는 의도나 인식을 가지지 않아서 제104조에 의하여는 무효라고 할 수 없는 경우에도, 상대방이 급부[7]와 반대급부의 현저한 불균형 사실을 알았고, 또한 당사자가 궁박 등으로 인하여 법률행위를 하게 된 것을 알 수 있었음에도 불구하고 알지 못한 때에는, 폭리 유사의 법률행위(wucherähnliches Geschäft)라고 하여 무효가 될 수 있다. 대법원 2007. 2. 15. 선고 2004다50426 전원합의체 판결은, 금전 소비대차와 함께 이자의 약정을 하는 경우, 양쪽 당사자의 경제력의 차이로 인하여 그 이율이 당시의 경제적·사회적 여건에 비추어 사회통념상 허용되는 한도를 초과하여 현저하게 고율로 정하여졌다면, 그와 같이 허용할 수 있는 한도를 초과하는 부분의 이자약정은 대주가 그의 우월한 지위를

---

5) 대법원 2010. 4. 22. 선고 2008다38288 전원합의체 판결; 2011. 1. 27. 선고 2009다19864 판결; 2011. 9. 2. 선고 2008다42430 전원합의체 판결 등도 참조.
6) 윤진수·이동진(주 2), 445면 참조.
7) 1958년 제정된 한국 민법은 급부를 급여라고 바꾸었으므로 급부라는 용어가 적절하지는 않다. 그러나 종래 판례와 문헌상으로는 급부라는 용어를 쓰는 것이 일반적이므로 이 글에서도 급부라고 한다.

이용하여 부당한 이득을 얻고 차주에게는 과도한 반대급부 또는 기타 부당한 부담을 지우는 것이므로 공서양속에 반한다고 하였다. 이 판결은 급부와 반대급부 사이에 현저한 불균형이 있는 경우에는 원래 불공정행위에 관한 제104조에 의하여 규율되어야 할 것이지만, 제104조의 다른 요건을 갖추지 못한 경우에도 공서양속 규정에 의하여 무효가 될 수 있다고 본 것이다.[8]

3. 공서양속 위반의 요건

가. 객관적 요건

대법원 판례[9]는 민법 제103조에 의하여 무효로 되는 반사회질서 행위는, ① 법률행위의 목적인 권리의무의 내용이 선량한 풍속 기타 사회질서에 위반되는 경우, ② 그 내용 자체는 반사회질서적인 것이 아니라고 하여도 법률적으로 이를 강제함으로써 반사회질서적 성질을 띠게 되는 경우 ③ 그 법률행위에 반사회질서적인 조건 또는 금전적 대가가 결부됨으로써 반사회질서적인 성질을 띠게 되는 경우 ④ 표시되거나 상대방에게 알려진 법률행위의 동기가 반사회질서적인 경우를 포함한다고 한다.

첫째, 법률행위의 목적인 권리의무의 내용이 공서양속에 위반되는 경우. 예컨대 살인·절도 등 범죄행위를 내용으로 하는 계약이 이에 해당한다.

둘째, 법률행위가 법률적으로 강제되는 것이 공서양속에 위반되는 경우. 즉 어떤 행위를 하는 것 자체는 허용되나, 그러한 행위를 할 것인지 여부는 전적으로 당사자의 자유로운 의사에 의하여 결정되어야 하고, 이를 법적으로 강제하는 것은 허용되지 않는 경우이다. 예컨대 결혼하면 퇴직한다고 하는 이른바 독신조항(獨身條項)이나, 어떠한 일이 있어도 이혼하지 않겠다고 하는 약정[10] 등이 이에 해당한다.

셋째, 법률행위가 대가 또는 조건과 결부되는 것이 공서양속에 반하는 경우.

---

8) 서민석, "선량한 풍속 기타 사회질서에 반하여 현저하게 고율로 정해진 이자 약정의 효력 및 이미 지급된 초과이자의 반환청구권", 민사재판의 제문제 제16권, 한국사법행정학회, 2007, 161면 이하는 위 전원합의체 판결에 대한 대법원 재판연구관의 해설인데, 주석민법 총칙 (2), 제3판, 한국사법행정학회, 2001, 435면 이하(윤진수)를 인용하여 이와 같이 설명한다.

9) 대법원 1984. 12. 11. 선고 84다카1402 판결; 2015. 7. 23. 선고 2015다200111 전원합의체 판결 등.

10) 대법원 1969. 8. 19. 선고 69므18 판결.

즉 당사자가 어떠한 행위를 하기로 약정하는 것 자체는 허용되나 그 행위가 금전적 대가와 결부되어서는 안 되는 것이어서 그에 대하여 어떠한 대가를 받기로 하는 것 자체가 공서양속에 반하는 경우, 어떤 행위가 조건과 결부되어 공서양속에 반하는 경우이다. 증언을 하면서 그 대가를 받기로 하는 계약11)이나 부첩관계(夫妾關係)의 해소를 해제조건으로 하는 증여계약12)이 그 예이다.

넷째, 법률행위 자체에는 공서양속 위반의 요소가 없으나, 당사자가 그러한 법률행위를 하는 동기가 공서양속에 반하는 경우(이른바 동기의 불법)에도 그 동기가 표시되거나 상대방에게 알려졌으면 법률행위가 무효가 될 수 있다. 예컨대 살인을 하기 위하여 무기를 매수하거나, 도박을 하기 위하여 금전을 빌린다는 경우이다. 대법원 2007. 9. 20. 선고 2007다16816 판결은, 금융기관이 대출금이 대출받는 사람의 윤락행위를 권유・유인・알선하기 위한 선불금으로 사용된다는 사실을 인식하고도 고율의 이자를 상환받을 목적으로 선불금 지급자력이 부족한 유흥업소 업주들을 대신하여 대출을 하여 준 것은 민법 제103조 또는 구 윤락행위등 방지법 제20조에 위반되어 무효라고 하였다.13)

한편 법률행위의 성립 과정에서 강박 또는 기만과 같은 불법적인 방법이 사용된 경우, 또는 상대방의 열악한 지위를 악용한 경우도 공서양속 위반에 해당하는가는 논란이 있다. 판례는 법률행위의 성립과정에 불법이 있다 하더라도 의사표시의 하자를 이유로 취소할 수 있음은 별론으로 하고, 반사회질서의 법률행위로 당연히 무효가 되는 것은 아니라고 한다.14) 생각건대 법률행위의 성립과정에 불법이 있는 경우 이미 사기나 강박으로 인한 의사표시에 관하여 취소할 수 있게 하는 규정이 있으므로 다시 본조를 적용하여 이를 무효로 한다면 사기나 강박에 관한 규정이 무의미해질 뿐 아니라 본조가 본래 법률행위의 내용을 통제하는 규정이라는 것과도 부합하지 않는다. 따라서 순수한 성립과정의 하자에 대하여 사기 또는 강박을 이유로 취소할 수 있는 외에 따로 본조에 의하여 무효를 주장할 여지는 없다.15) 그러나 이러한 사정도 다른 특별한 사정,

---

11) 대법원 1994. 3. 11. 선고 93다40522 판결; 2016. 10. 27. 선고 2016다25140 판결 등.

12) 대법원 1966. 6. 21, 66다530 판결.

13) 같은 취지, 대법원 2009. 9. 10. 선고 2009다37251 판결.

14) 강요에 의한 경우로는 대법원 1984. 12. 11. 선고 84다카1402 판결; 1992. 11. 27. 선고 92다7719 판결; 2002. 12. 27. 선고 2000다47361 판결 등. 기망에 의한 경우로는 대법원 2002. 9. 10 선고 2002다21509 판결.

15) 윤진수・이동진(주 2), 411면. 그러나 이에 대하여는 반대의 견해도 있다. 서을오, "민법 제103조상의 반사회질서행위의 유형화에 대한 비판적 검토", 민사판례연구 제33권, 박영사, 2011,

가령 법률행위의 내용의 부당성이 부가되면 공서양속판단의 요소가 될 수 있을 것이다.

나. 주관적 요건

법률행위가 공서양속에 반하면 바로 본조에 의하여 무효가 되는 것인지, 나아가 당사자가 이를 인식해야 하는 것인지에 대하여는 학설이 나뉜다. 생각건대 법률행위의 내용 자체가 공서양속에 반하는 경우에는 특별히 당사자의 인식을 문제 삼을 필요가 없으나, 법률행위 당시의 객관적 사정 기타 부가적 사정과 관련하여 공서양속에 반하는 때에는 그러한 사정에 대한 당사자의 인식은 있어야 할 것이다. 반면 공서양속에 반한다는 의식은 원칙적으로 필요하지 않다.[16) 한편 법률행위의 내용 그 자체는 공서양속에 반하지 않으나 당사자의 내심의 사정, 즉 주관적 요건으로 말미암아 공서양속에 반하는 경우에는, 일방 당사자의 공서양속에 반하는 주관적 심리상태, 즉 동기와 타방 당사자의 그러한 심리상태에 대한 인식이 문제가 된다. 판례는 표시되거나 상대방에게 알려진 법률행위의 동기가 반사회질서적인 때에도 법률행위는 무효가 된다고 하여, 대체로 불법의 동기가 상대방에게 인식되면 족한 것으로 보는 듯하다.[17)

4. 공서양속 위반의 유형

종래 우리나라에서는 공서양속에 반하는 행위를, ① 정의관념에 반하는 행위 ② 인륜에 반하는 행위 ③ 개인의 자유의 심한 제한행위 ④ 생존권의 위협행위 ⑤ 사행행위(射倖行爲) 등으로 분류하는 것이 일반적이었다. 그러나 이것이 공서양속에 반하는 행위를 모두 포괄할 수 있는지는 의심스럽다. 근래에는 공서양속 위반의 유형을, 문제되는 공서양속이 누구의 이익을 보호하기 위한 것인가 하는 관점에서 분류하는 견해가 등장하였다. 구체적으로는 공서양속 위반의 유형을 공서양속이 ① 특정인의 이익을 위한 것이 아니라 공공의 이익을 보호하기 위한 것인 경우와 ② 법률행위의 당사자 이외의 특정의 제3자의 이익을 보호하기 위한 것인 경우 및 ③ 법률행위의 당사자(계약의 당사자 또는 단독행위의 표의자)

127면 이하 등.
16) 윤진수·이동진(주 2), 411면 이하.
17) 대법원 1984. 12. 11. 선고 84다카1402 판결 등.

의 이익을 보호하기 위한 경우로 나눈다.[18] 이하에서는 후자의 분류에 따라 설명한다.

가. 공공의 이익을 보호하기 위한 공서양속

(1) 성도덕(性道德)에 관한 것

이러한 유형의 공서양속 위반으로서 대표적인 것은 성적(性的)인 행위의 의무를 부과하는 것이다. 판례는 성적인 의무를 법률상 강제하거나[19] 금전적 거래의 대상으로 하는 계약,[20] 윤락업의 동업계약,[21] 금융기관 또는 사채업자가 성매매를 하려는 여자를 모집·고용하는 자에 협력하여 이른바 선불금을 성매매의 권유 등의 수단으로 한 대여행위[22]는 공서양속에 반한다고 한다.

혼인 외의 성적 관계를 맺고 있는 상대방에 대한 증여나 유증은, 원칙적으로 그러한 증여나 유증 등이 성적 관계를 새로 맺기 위한 것이거나, 그러한 관계를 계속 유지·강화하기 위한 것인 때에 한하여 무효라고 보아야 할 것이고, 그렇지 않은 경우에는 언제나 무효라고 할 것은 아니다.[23] 판례도 부첩관계(夫妾關係)를 해소하기로 하면서 남자가 원고가 그간 자기를 위하여 바친 노력과 비용 등 희생을 배상 내지 위자하고 또 원고가 어려운 생활에서 장래의 생활대책을 마련해 주는 뜻에서 한 금전지급약정은 유효라고 하였다.[24]

(2) 가족질서에 관한 것

혼인과 가족생활은 헌법적으로 보장되고 있는(헌법 제36조 제1항), 가장 기본적인 사회제도라고 할 수 있다. 일부일처(一夫一妻)의 제도에 반하는 법률행위는 무효이다. 따라서 축첩계약(蓄妾契約)이나,[25] 부첩관계의 종료를 해제조건으로 하

---

18) 윤진수·이동진(주 2), 417면 이하.
19) 대법원 1963. 11. 7. 선고 63다587 판결은, 혼인예약을 한 뒤 동거를 거부할 때는 남자가 여자에게 돈을 지급하기로 하는 약정이 공서양속에 반한다고 하였다.
20) 대법원 2004. 9. 3. 선고 2004다27488, 27495 판결 등.
21) 대법원 2013. 8. 14. 선고 2013도321 판결.
22) 대법원 2007. 9. 20. 선고 2007다16816 판결은 금융기관이 대출금이 대출받는 사람의 윤락행위를 권유·유인·알선하기 위한 선불금으로 사용된다는 사실을 인식하고도 고율의 이자를 상환받을 목적으로 선불금 지급자력이 부족한 유흥업소 업주들을 대신하여 대출을 하여 준 것은 민법 제103조 또는 구 윤락행위등 방지법 제20조에 위반되어 무효라고 하였다. 같은 취지, 대법원 2009. 9. 10. 선고 2009다37251 판결.
23) 이동진, "불륜관계의 상대방에 대한 유증과 공서양속", 비교사법 13권 4호, 2006, 7면 이하 참조.
24) 대법원 1980. 6. 24. 선고 80다458 판결; 1981. 7. 28. 선고 80다1295 판결.
25) 대법원 1998. 4. 10. 선고 96므1434 판결 등.

는 증여계약은 무효이며,26) 이는 본처가 장래의 부첩관계를 사전 승인하더라도 마찬가지이다.27) 혼인의 자유를 침해하는 법률행위도 무효이다. 예컨대 혼인이나 재혼을 하지 않겠다는 약정, 이혼청구권을 사전에 포기하거나 이혼의 요건을 법률이 정한 것보다 강화하는 약정도 무효이다.28)

그리고 부모와 자녀의 관계도 사회의 기본적인 단위이므로 이를 침해하는 약정은 공서양속에 어긋난다. 따라서 혼인 외의 자녀의 인지청구권 포기는 효력이 없고, 이를 내용으로 하는 재판상 화해도 무효이다.29) 자녀가 아버지와 이혼한 어머니와 만나거나 동거하지 않겠다고 아버지와 한 약정 등도 무효이다.

(3) 국가질서에 관한 것

공무원에게 그 직무에 관한 담당사무에 관하여 특별한 청탁을 하고 그에 대한 보수로 돈을 지급할 것을 내용으로 하는 계약은 공무원의 공정한 직무집행에 영향을 주어 공무원의 청렴을 해칠 우려가 있으므로 무효이다.30) 또 사법절차의 공정을 해하는 계약은 공서양속에 어긋난다. 예컨대 수사기관에서 허위의 진술을 하거나31) 재판에서 위증을 하기로 하는 내용의 계약이 공서양속에 어긋남은 물론이고, 증언 또는 증언거부에 대하여 대가를 받기로 하는 계약 또한 무효이다.32)

(4) 변호사제도에 관한 것

판례는 변호사 아닌 자가 소송사건을 수임하여 승소시켜 주고 그 대가를 받기로 하는 행위가 공서양속에 반하는 법률행위라고 한다.33) 비슷한 취지에서 공무원에게 청탁하여 택시운송사업 면허를 받아줄 것을 부탁하면서 그 청탁교제비 조로 돈을 교부한 행위는 공서양속에 반하고, 위 금원교부 당시 면허를 취득하지 못하게 될 경우 금원을 반환하여 주기로 하는 약정은 불법원인급여물의 반환을 구하는 것으로 사회질서에 반하여 무효이다.34)

---

26) 대법원 1966. 6. 21. 선고 66다530 판결.
27) 대법원 1998. 4. 10. 선고 96므1434 판결.
28) 대법원 1969. 8. 19. 선고 69므18 판결.
29) 대법원 1982. 3. 10. 선고 81므10 판결 등.
30) 대법원 1971. 10. 11. 선고 71다1645 판결; 1995. 7. 14. 선고 94다51994 판결.
31) 대법원 2001. 4. 24 선고 2000다71999 판결.
32) 대법원 1994. 3. 11. 선고 93다40522 판결; 1999. 4. 13. 선고 98다52483 등.
33) 대법원 1978. 5. 9. 선고 78다213 판결; 1987. 4. 28. 선고 86다카1802 판결; 1990. 5. 11. 선고 89다카10514 판결 등.
34) 대법원 1991. 3. 22. 선고 91다520 판결.

변호사가 수임사건을 승소한 경우에 그에 대한 보수를 지급받기로 하는 이른바 성공보수(Contingent Fee) 약정도 공서양속과 관련하여 문제된다. 이에 대하여는 아래에서 따로 언급한다.

(5) 사행적(射倖的)인 계약

도박과 같은 사행적 행위는 건전한 근로의욕을 해쳐 공서양속에 반한다. 따라서 도박채무를 부담하고 이를 변제하기로 하거나, 도박장에서 도박자금을 대여하거나, 도박자금으로 쓰일 것을 알면서 돈을 대여하는 약정[35]은 무효이다.

(6) 경제질서에 관한 것

판례는, 밀수입의 자금으로 사용하기 위한 대차 또는 그를 목적으로 한 출자는 무효이고,[36] 수입이 금지된 선박을 외국에 편의치적(便宜置籍)하는 방법으로 국내에 들여온 경우 그 매매계약은 무효라고 한다.[37] 그리고 보험사고를 가장하거나 그 정도를 과장하여 보험금을 부당하게 취득할 목적으로 체결한 과다한 보험계약은 합리적인 위험의 분산, 위험발생의 우발성을 파괴하고 다수의 선량한 보험가입자의 희생을 초래하여 보험제도의 근간을 해치므로 무효라고 한다.[38]

독점규제 및 공정거래에 관한 법률에 위반하는 법률행위가 무효인가에 관하여는 학설상 논란이 있다. 그런데 대법원 2017. 9. 7. 선고 2017다229048 판결은, 독점규제 및 공정거래에 관한 법률이 금지하고 있는 사업자의 거래상 지위 남용행위가, 경제력의 차이로 인하여 우월한 지위에 있는 사업자가 그 지위를 이용하여 자기는 부당한 이득을 얻고 상대방에게는 과도한 반대급부 또는 기타의 부당한 부담을 지우는 것으로 평가할 수 있는 경우에는 선량한 풍속 기타 사회질서에 위반한 법률행위로서 무효라고 하였다.

나. 제3자의 이익을 보호하기 위한 공서양속 위반

부동산의 이중매매 또는 이중양도가 여기에 해당하는 전형적인 예이다. 판례는, 부동산 소유자가 제1매수인에게 부동산을 매도하고 다시 제2매수인에게 매도하여 소유권을 이전한 경우에, 제2매수인이 매도인의 제1매수인에 대한 배임행위에 적극 가담한 때에는 두 번째의 양도는 공서양속에 위반되는 반사회

---

35) 대법원 1995. 7. 14. 선고 94다40147 판결; 1989. 9. 29 선고 89다카5994 판결; 1994. 12. 22. 선고 93다55234 판결 등.
36) 대법원 1956. 1. 26 선고 4288민상96 판결.
37) 대법원 1994. 12. 13. 선고 94다31617 판결.
38) 대법원 2000. 2. 11. 선고 99다49064 판결; 2005. 7. 28 선고 2005다23858 판결.

적인 법률행위로서 무효이고, 이때에는 제1매수인이 매도인을 대위하여 제2매수인 명의의 소유권이전등기 말소를 청구할 수 있다고 보고 있다.[39] 그러나 근래 이에 대하여는 여러 가지 비판이 제기되고 있다.[40] 가령 제2매매가 공서양속에 위반되어 무효라고 본다면, 매도인이 제2매수인에게 등기를 이전하여 주는 것은 불법원인급여에 해당하여 매도인은 원칙적으로 제2매수인에게 그 말소를 구할 수 없고 따라서 제1양수인도 양도인을 대위하여 그 말소를 구할 수 없게 된다는 매우 모순되는 결론이 도출된다. 또 제2매매가 공서양속에 위반하면 절대적 무효가 되므로 제2매수인 명의의 등기뿐만 아니라 그의 전득자 명의의 등기도 당연히 무효로 된다고 한다.[41] 그러나 원래 제1매수인도 등기하기 전까지는 양도인에 대하여 채권을 가지고 있는데 불과하고 아직 소유자라고는 할 수 없는데, 제1매수인이 이미 등기까지 갖춘 선의의 전득자에 우선한다면 거래의 안전을 위협할 뿐 아니라 형평에도 어긋난다는 문제가 있다.

이러한 문제점을 해결하려면 제1양수인이 양도인을 대위하지 않고 직접 제2양수인에게 그 등기의 말소를 구할 수 있는 권리를 인정하여야 한다. 그 방법으로 생각할 수 있는 것은 불법행위로 인한 원상회복의무론이다. 즉 부동산의 이중양도에 있어서 제2양수인이 惡意인 때에는, 이는 제1양수인에 대한 불법행위에 해당하고, 따라서 제2양수인은 제1양수인에 대하여 손해배상의무를 부담하는데, 그 손해배상의 방법으로는 금전배상 아닌 원상회복의 의무를 인정하여야 한다는 것이다. 그러나 아직까지 다수의 견해는 민법 제394조가 "다른 의사표시가 없으면 손해는 금전으로 배상한다"고 규정하고 있는 점을 근거로 하여, 다른 의사표시가 없는데도 금전배상 아닌 원상회복의무를 인정할 수 없다고 한다.

다. 법률행위 당사자의 이익을 보호하기 위한 공서양속 위반

법률행위 중에서도 계약이 계약 당사자의 이익에 어긋난다고 하여 무효로 하는 것은, 다른 공서양속 위반으로 인한 무효의 경우보다도 훨씬 더 사적 자치의 원칙 내지 계약 자유의 원칙과 충돌하는 면이 크다고 할 수 있다. 계약 자유의 원칙은 원칙적으로 당사자의 이익은 그 당사자가 가장 잘 판단한다는 것을

---

39) 대법원 1969. 11. 25. 선고 66다1565 판결 이래 확립된 판례이다.
40) 이에 대하여는 윤진수, "부동산의 이중양도에 관한 연구", 서울대학교 법학박사학위논문, 1993 참조.
41) 대법원 1996. 10. 25. 선고 96다29151 판결 등.

전제로 하고 있기 때문이다. 따라서 계약 당사자의 이익 보호를 이유로 그 계약을 무효로 하기 위하여는 그만큼 당사자의 이익 침해가 중대하여야 한다.

인격적 자유의 심한 제한행위는 무효이다. 노예계약, 인신매매, 성매매계약 등이 이에 속한다. 경업금지(競業禁止)나 전직금지(轉職禁止)와 같이 경제활동의 자유를 제한하는 행위는 원칙적으로는 허용되지만, 그 제한이 지나친 경우에는 무효가 된다.[42)]

당사자에게 경제적으로 중대한 부담을 지우는 행위도 공서양속 위반으로 무효가 될 수 있다. 채무불이행이 있을 경우에 대비한 위약벌은 그것이 지나치게 과다한 경우 공서양속에 반하여 무효이다.[43)] 판례가 인정하고 있는 폭리 유사의 법률행위(wucherähnliches Geschäft)도 그 한 예이다.[44)]

라. 형사사건에서의 성공보수 약정

근래 한국에서 크게 논란이 되었던 것이 형사사건에서 변호인이 성공보수를 받기로 하는 약정이 유효한가 하는 점이었다. 종래 대법원은 민사사건이건 형사사건이건 가리지 않고, 성공보수 약정은 원칙적으로 유효하지만, 약정된 보수액이 부당하게 과다하여 신의성실의 원칙이나 형평의 원칙에 반한다고 볼 만한 특별한 사정이 있는 경우에는 예외적으로 상당하다고 인정되는 범위 내의 보수액만을 청구할 수 있다고 보았다. 그런데 대법원 2015. 7. 23. 선고 2015다200111 전원합의체 판결은 대법관 전원의 일치된 의견으로, 형사사건에서의 성공보수약정은 수사·재판의 결과를 금전적인 대가와 결부시킴으로써, 기본적 인권의 옹호와 사회정의의 실현을 그 사명으로 하는 변호사 직무의 공공성을 저해하고, 의뢰인과 일반 국민의 사법제도에 대한 신뢰를 현저히 떨어뜨릴 위험이 있으므로, 선량한 풍속 기타 사회질서에 위반된다고 하였다. 나아가 이 판결은, 종래 이루어진 보수약정의 경우에는 보수약정이 성공보수라는 명목으로 되어 있다는 이유만으로 민법 제103조에 의하여 무효라고 단정하기는 어렵지만, 이 판결 선고 후에 성공보수약정이 체결된다면 이는 민법 제103조에 의하여 무효로 보아야 한다고 하여, 이른바 판례 변경의 순수한 장래효(pure prospectivity)만을 인정하였다. 이 판결에 대하여는 변호사들로부터 반발이 컸고, 대한변호사협회와 다른 변호사들

---

42) 대법원 2010. 3. 11. 선고 2009다82244 판결.
43) 대법원 1993. 3. 23. 선고 92다46905 판결 등.
44) 위 2.에서 언급한 대법원 2007. 2. 15. 선고 2004다50426 전원합의체 판결 참조.

이 이 판결에 대하여 헌법재판소에 헌법소원을 제기하였다.45) 학자들 사이에서
도 찬반의 견해가 대립하였다. 필자는 형사사건에 관한 한 성공보수 약정은 공서
양속에 위반된다고 보지만, 위 판결이 판례를 변경하면서 소급효 아닌 장래효만
을 인정한 것은 부당하다고 생각한다.46)

5. 공서양속 위반의 효과

법률행위가 공서양속에 위반되면 그 행위는 소급적으로 무효이다. 당사자는
공서양속에 위반되는 계약의 이행을 청구할 수 없음은 물론, 그 불이행을 이유로
하는 손해배상을 청구할 수도 없다.47) 이러한 무효의 효과는 누구에게나 대항할
수 있는 이른바 절대적인 무효이므로, 스스로 공서양속에 반하는 행위를 한 당사
자도 무효를 주장할 수 있고, 또 선의의 제3자에 대하여도 그 무효를 주장할 수
있다.

그리고 공서양속 위반으로 인하여 무효인 법률행위라 하더라도 그것이 일단
이행된 경우에는 당사자가 그 무효를 주장하여 부당이득의 반환을 청구하는 것
은 원칙적으로 불법원인급여(민법 제746조)에 해당하여 허용되지 않는다.48) 다만
공서양속의 목적이 법률행위의 당사자 일방을 보호하기 위한 것일 때에는, 반환
청구를 인정하지 않는 것이 법률행위를 무효로 하는 목적과는 모순되므로, 그 반
환청구를 허용하여야 할 것이다.49)

법률행위가 공서양속에 반하는 경우 당해 법률행위 전부가 무효로 되는 것
이 원칙이다.50) 그러나 근래에는 이러한 원칙을 완화하려는 경향이 있다. 일부의
판례는 양적으로 과도하여 공서양속에 반하는 사안에서, 그것이 일부무효의 요
건을 갖추었는지를 묻지 않고, 당해 법률행위의 과도한 양적 일부만이 무효라고

---

45) 그러나 헌법재판소 2018. 8. 21. 선고 2018헌마794 결정(제1지정재판부); 2018. 8. 30. 선고 2015
   헌마784 결정(전원재판부)은 이러한 법원의 재판에 대한 헌법소원은 허용되지 않는다고 하여
   헌법소원을 각하하였다.
46) Jinsu Yune, "The Decision of the Korean Supreme Court on the Contingent Fee Agreement in
   Criminal Cases: General Clauses, Judicial Activism, and Prospective Overruling", 16 Journal of
   Korean Law 161 ff.(2016) 참조.
47) 대법원 1992. 6. 9. 선고 91다29842 판결.
48) 대법원 1983. 11. 22. 선고 83다430 판결 등 확립된 판례이다.
49) 윤진수·이동진(주 2), 442면.
50) 민법 제137조 참조.

한다. 손해배상의 위약벌[51]이나 지체상금,[52] 소비대차의 이자[53] 등이 과다한 경우에는 허용되는 수준을 넘은 일부만을 무효로 하고 있고, 비합리적이거나 영업비밀보호의 목적을 넘어서는 장기간의 경업금지약정은 그 목적을 넘는 한에서만 무효로 하여, 경업금지약정의 기간을 단축한다.[54]

다만 이처럼 양적 일부만의 무효를 인정할 수 있는 근거가 무엇인지에 대하여는 충분한 논의가 없다.

〈추기〉

이 글은 2018년 9월 대만에서 민법상 일반조항을 대주제로 하여 열린 제8회 동아시아 민사법학술대회에서 필자가 한국 민법상의 공서양속을 소개한 글이다. 이 발표 당시에 필자는 한국뿐만 아니라 대만, 일본, 중국 4개국의 발표를 요약하여 보고하는 역할을 맡았다. 이 발표문은 "공서양속에 대한 총괄보고(General Report)"라는 제목으로 이 글과 같이 민사법학 제85호에 실려 있다.

〈민사법학 제85호, 2018〉

---

51) 대법원 1993. 3. 23. 선고 92다46905 판결.
52) 대법원 1997. 6. 24. 선고 97다2221 판결.
53) 대법원 2007. 2. 15 선고 2004다50426 판결.
54) 대법원 2007. 3. 29. 자 2006마1303 결정.

김증한 교수의 소멸시효론

I. 서   론

소멸시효 완성의 효과에 관하여 소멸시효 완성 그 자체만으로 권리소멸의 효과가 생기는가(이른바 절대적 소멸설), 아니면 소멸시효의 완성 외에 당사자의 원용이라는 별개의 요건까지 갖추어야만 비로소 권리소멸의 효과가 생기는가(이른바 상대적 소멸설)에 대하여는 민법 제정 후부터 지금까지 치열하게 논쟁이 계속되고 있다. 이 문제에 관하여 김증한 교수는 처음으로 상대적 소멸설을 제창하였는데,[1] 이는 김증한 교수의 여러 연구 업적 가운데서도 이후의 학설과 판례의 전개에 큰 영향을 준 것 가운데 하나로 꼽을 수 있다. 이 글은 김증한 교수의 소멸시효론이 가지는 학문적 의의와 그것이 이후의 논의에 미친 영향을 살펴보는 것을 목적으로 한다.

이 글의 구성은 다음과 같다. Ⅱ.에서는 김증한 교수의 상대적 소멸설이 주장되기까지의 상황을 살펴보고, Ⅲ.에서는 김증한 교수의 소멸시효론의 요지를 소개한다. Ⅳ.에서는 그 후의 판례의 전개를 살펴보고, Ⅴ.에서는 상대적 소멸설의 합리성을 논증한다. 마지막으로 Ⅵ.에서는 김증한 교수의 소멸시효론이 가지

---

[1] 김증한 교수는 뒤에서 보는 것처럼 상대적 소멸설을 처음에는 교과서와 짧은 논문에서 언급하였으나, 그 후 이를 좀더 발전시켜 별도의 논문에서 상세하게 설명하였다. 김증한, "소멸시효 완성의 효과", 서울대학교 법학 제1권 2호, 1959, 249면 이하; 동, "소멸시효론", 서울대학교 법학박사 학위논문, 1967(동, 민법논집, 1980, 245면 이하에 재수록). 이하에서는 앞의 것은 "김증한(1959)"으로, 뒤의 것은 "김증한(1980)"으로 표기한다. 박사학위 논문 원문은 서울대학교 중앙도서관 홈페이지(http://library.snu.ac.kr)에서 검색할 수 있다.

는 현재의 의의를 정리하여 본다.

Ⅱ. 민법상 소멸시효 규정의 제정과정과 초기의 논의

1. 소멸시효 규정의 제정 과정

민법상 소멸시효 규정이 어떻게 제정되었는가에 관하여는 기존의 연구에서 이미 소개된 바 있으므로,[2) 여기서는 간략하게만 살펴본다.[3)

민법 제정 전의 소멸시효 완성의 효과에 관한 입법자료로는 조선임시민법전편찬요강 및 민법전편찬요강의 두 가지를 들 수 있다. 전자는 1947년 6월 30일의 조선과도정부 행정명령 제3호에 의하여 민사법 등의 기초법전의 초안을 작성하기 위하여 설치된 조선법제편찬위원회에서 마련한 것으로, 그 총칙편 제14항은 "소멸시효 완성의 효과는 권리를 소멸시킬 수 있는 일종의 항변권을 발생하도록 할 것"으로 규정하고 있었다. 그리고 후자는 정부 수립 후인 1948. 9.에 대통령령으로 민법전 등의 편찬을 위하여 설치된 법전편찬위원회가 작성한 것으로, 그 총칙편 제13항은 전자와 같은 내용으로 규정하고 있었다. 위 각 요강의 규정은 "권리의 소멸시효가 완성한 때에는 그 권리의 소멸로 인하여 이익을 받을 당사자는 그 권리의 소멸을 주장할 수 있다"고 규정하고 있는 만주국 민법 제173조를 참조한 것으로 추측된다.

그러나 그 후 주로 김병로 당시 대법원장에 의하여 마련된 민법안은 다른 부분은 대체로 민법전편찬요강을 따랐으면서도, 소멸시효 완성의 효과에 관하여는 위 요강과 같은 규정을 두지 않았고, 이것이 결국 현행 민법으로 확정되었다. 이 점에 관하여 민의원 법제사법위원회 민법안심의소위원회가 편찬한 민법안심의록은, "현행법 제145조 「時效의 援用」에 관한 규정을 삭제한 문제~(中略) 종래 時效의 援用에 관하여 각종의 學說이 발생하였는바 草案은 이를 정리하여 援用에 관한 규정을 삭제함으로써 時效에 관하여는 금후 絕對的 消滅說이 확정되고 따라서 援用은 하나의 抗辯權으로 화하게 한 것이다"라고 설명하고 있

---

2) 양창수, "민법안의 성립과정에 관한 소고", 민법연구 제1권, 1991, 80면(처음 발표: 1989); 양창수, "민법안에 대한 국회의 심의", 민법연구 제3권, 1995, 63면 이하(처음 발표: 1992)가 상세하다. 또한 이홍민, "「민법안의견서」의 학설 편입과정을 통해 본 민법개정에 대한 태도", 법학논총 제19권 1호, 조선대학교 법학연구원, 2012, 318면 이하 참조.
3) 윤진수, "소멸시효 완성의 효과", 민법논고 Ⅰ, 2007, 237-239면(처음 발표: 1999) 참조.

다.4) 민법전 제정과정에서 핵심적인 역할을 담당하였던 장경근 의원도 국회 본
회의에서의 발언에서, "이렇게 학설상 대단히 錯雜한 關係가 있기 때문에 草案은
이것을 한 번 簡素化하자 해서 일응 消滅時效만 완성될 것 같으면 그 자체로서
絕對消滅된다 하는 그런 學說을 취하는 견지에서" 시효의 원용에 관한 규정을
다 없애버린 것이라고 발언하였다.5)

  그런데 이 민법안에 대하여, 학자들로 구성된 민사법연구회가 펴낸 민법안
의견서에서는, 한편으로 "草案이 …現行民法의 消滅時效에 관한 規定을 整序한
점을 贊成한다"고 하면서,6) 다른 한편으로는 초안 제173조 다음에 「권리의 소멸
시효가 완성한 때에는 그 권리의 소멸로 인하여 이익을 받는 당사자는 권리의
소멸을 주장할 수 있다」라는 조문을 신설할 것을 제안하였다.7) 그리고 그 이유
로서는, 현행 민법(依用民法)에 있어서처럼 한편에 있어서는 소멸시효의 완성으로
말미암아 권리 자체가 소멸한다고 규정하고, 다른 한편에 있어서는 원용을 조건
으로 한다고 규정하면 이론적 해명 내지 전개에 일대 난점을 제기하고 있으므로
이것을 고려할 때 독일민법의 태도가 훨씬 논리의 요청에도 적합하고, 따라서 학
설의 분규도 지양할 수 있으므로 우리 신민법도 현행민법보다는 독일민법의 태
도를 참작하여 입법조치를 취하는 편이 현명하고, 다만 독일민법처럼 의무자가
급부를 거절할 수 있다고 하여 항변권이 있다는 취지를 소극적으로 규정하는 것
보다는 권리의 소멸로 인하여 이익을 받는 당사자에게 항변권이 있다는 취지를
적극적으로 규정하는 것이 좋다고 하였다.8)

  그리고 이른바 현석호 수정안9)은 위 민법안의견서의 제안대로, "권리의 소
멸시효가 완성한 때에는 그 권리의 소멸로 인하여 이익을 받는 당사자는 권리의
소멸을 주장할 수 있다"는 규정을 신설하자고 하였다. 위 수정안은 그 취지를 권
리 자체는 절대적으로 소멸하는 것이 아니고, 상대방에게 주창권(主唱權) 또는 항

---

4) 민의원 법제사법위원회 민법안 심의소위원회 편, 민법안심의록 상권, 1957, 103면.
5) 제3대 국회 제26회 국회정기회의 속기록 45호, 1957, 16면 하단 이하.
6) 민사법연구회, 민법안의견서, 1957, 58면 이하(방순원 집필). 여기서는 그 이유로서, "(전략) 초
   안은 이러한 복잡한 견해의 대립이 있을 것을 피하기 위하여 시효원용에 관한 규정을 제외한
   것이 아닌가 한다. 환언하면 초안은 독일민법의 취지에 따라 청구권만이 소멸시효에 걸리며 청
   구권이 소멸시효에 걸린 경우에도 청구권자체는 존속하되 다만 영구적 항변으로 대항된다는
   이론을 채택한 것에 귀착되며 법률관계의 간명한 해결을 위하여 타당한 입법이라 할 수 있다"
   고 설명하고 있다. 그러나 방순원 교수는 뒤에 이러한 견해를 변경하였다. 아래 주 20) 참조.
7) 위 의견서 60면 이하(안이준 집필).
8) 여기서도 만주국 민법 제173조를 참조의 근거로 들고 있다.
9) 이는 현석호 의원 외 19인의 수정안으로 제안되었던 것의 통칭이다.

변권을 주어 소멸시효의 효과를 거두도록 하지는 것이라고 설명하면서, 권리 자
체가 절대적으로 소멸한다면 소멸시효 기간 완성 후에 채무자가 변제를 하려고
하더라도 비채변제가 되어 증여하는 형식으로밖에는 할 수 없다고 주장하였다.
그러나 이 수정안은 1957. 11. 25. 국회 본회의의 표결에 두 차례 붙여져서, 재적
104인 중 1차에는 가 31표, 2차에는 가 32표의 지지밖에 받지 못하여 결국 채택
되지 않았다.10)

2. 초기의 논의

민법이 1958. 2. 22. 공포되자마자 소멸시효 완성의 효과에 관하여는 치열한
논쟁이 벌어지게 되었다. 이 문제에 관하여 처음으로 견해를 밝힌 것은 공포 후 며
칠 뒤인 1958. 2. 25. 발행된 김증한·안이준 교수의 신민법총칙이다.11) 여기서는
소멸시효 완성의 효과가 무엇이냐에 관하여는 아무런 규정이 없으나, 그 효과는
권리 자체를 소멸시키는 것은 아니고, 다만 권리자가 그 권리를 주장하는 때에 이
에 대한 항변권을 발생시킬 따름이라고 해하여야 할 것이라고 설명하였다. 이는
대체로 민법안의견서에서의 방순원 교수의 의견과 같은 취지로 이해된다.12) 위 책
은 그 근거로서 원용 여부를 불문하고 권리가 절대적으로 소멸한다고 하는 입법
례는 없다는 점, 시효의 이익을 받기를 원하지 않고 진실한 권리관계를 인정하려
고 하는 자가 있을 때 그 의사를 전적으로 배척하는 것은 적당하지 않다는 점 및
민법의 다른 규정에서 "시효로 인하여 소멸한다"는 문자를 사용한 것은 민법 각편
의 기초자가 달라서 용어의 불통일을 일으킨 것에 불과하다는 점을 들고 있다.

그러나 위 두 저자는 그 직후인 1958. 4. 발행된 신민법 (Ⅰ)에서는 설명을
달리하여, 소멸시효가 완성하면 권리 그 자체가 소멸하는 것이 아니라, 다만 시
효로 인하여 이익을 받는 당사자에게 권리의 소멸을 주장할 수 있는 권리를 발
생시킬 따름이라고 하여, 처음으로 상대적 소멸설을 주장하였다.13) 그 논거는 위

---

10) 속기록(주 5), 17-18면.
11) 김증한·안이준 편저, 신민법총칙, 단기 4291, 421면. 단기 4291년은 서기 1958년이다. 이하에
    서 발간 당시 발간연도를 단기로 표기한 자료들은 모두 서기로 바꾸어 인용한다. 그리고 편저
    라고 되어 있는 것은 편자들이 그 서문에서 밝히고 있는 것처럼, 일본의 와가쯔마 사카에(我妻
    榮) 교수의 교과서를 토대로 한 것이었기 때문이다.
12) 위 주 6) 참조.
13) 김증한·안이준, 신민법 (Ⅰ), 1958, 193면.

의 신민법총칙에서 열거하고 있던 것 외에, 소멸시효의 완성으로 인하여 권리가 절대적으로 소멸한다는 것은 시효의 이익의 포기를 인정하는 민법의 태도와 상용될 수 없다는 점을 추가로 들었다.

한편 김증한 교수는 위 신민법 (I)과 거의 동시에 발표된 논문에서 마찬가지로 절대적 소멸설을 비판하고 상대적 소멸설을 주장하였다.[14) 위 논문이 절대적 소멸설을 비판하는 근거는 다음과 같은 4가지이다. 첫째, 취득시효에 관하여는 의용민법과 마찬가지로 「취득한다」는 문자를 사용하면서 소멸시효에 관해서만 의용민법과는 달리 「소멸한다」는 문자를 피한 것은 소멸시효의 효과를 취득시효의 경우와는 구별하려는 뜻이다. 둘째, 소멸시효의 이익을 받느냐에 관하여 당사자의 의사를 절대로 배척하는 것은 부당하다. 셋째, 절대적 소멸설은 소멸시효 이익의 포기에 관한 제184조 제1항과 상용될 수 없다. 넷째, 소멸시효의 효과로서 권리가 절대적으로 소멸한다는 것은 소멸시효제도의 연혁에 어긋나고 입법례에 없는 바이다. 이는 기본적으로 그 다음 해에 발표된 김증한 교수의 논문과 같은 취지이지만, 그에 비하면 간략하다.

반면 김기선 교수는 1958년 3월에 발행된 교과서에서 절대적 소멸설을 지지하였다. 즉 시효의 원용에 관하여, 신법은 독일민법과 같이 원용제도를 두지 않고 있고, 소멸시효에 관하여는 구법이 시효의 완성으로 권리가 『소멸한다』고 한 것을 고쳐 다만 『시효가 완성한다』고 규정하고 있는데, 양자의 의의는 동일하지 않을까라고 하면서, 만일 동일하다고 한다면 신법상으로는 채무자가 알지 못하고 시효기간 후에 변제하는 것은 비채변제이므로 당연히 그 반환을 청구할 수 있다고 하였다.[15)

그리고 장경학 교수는 1958년 5월에 발행된 교과서에서 다음과 같이 설명하였다. 즉 소멸시효의 완성으로 권리는 절대적으로 소멸하며, 시효로 권리를 얻게 될 자가 그 이익을 받겠다고 다시 별도의 주장(원용)을 하지 않아도 충분하다고 하였다. 그리고 소멸시효가 완성한 뒤에 권리자가 청구할 때에는 의무자는 권리항변을 갖고 항변할 수 있고, 이는 항변권(Einrede)으로서 그 권리가 소멸했다는 것을 이유로 이행을 거절할 수 있는 의무자의 권리인데, 이러한 항변권은 권리부정의 항변(rechtsvernichtende Einwendung)이고, 항변권은 피고가 이를 원용하지 않

---

14) 김증한, "소멸시효 완성의 효과", 고시계 제3권 3호, 1958, 114면 이하. 위 잡지는 그 해 4월에 발간된 것으로 되어 있다.
15) 김기선, 신민법총칙, 1958, 268면.

는 한 법관은 이를 고려할 수 없는데, 피고가 항변권의 행사·불행사의 자유를 갖기 때문이라고 한다.[16] 그러나 이러한 설명은 나중에 김증한 교수로부터 권리 부정의 항변과 협의의 항변권을 구별하지 못하고 있다는 비판을 받게 된다.[17]

그 후 당시 이화여대 교수이던 이영섭 전 대법원장은 1958년 9월에 발표한 논문에서 절대적 소멸설을 지지하면서, 그 근거를 상세하게 설명하고 있다.[18] 여 기서는 우선 민법 규정이 「소멸시효가 완성한다」 또는 「(소멸)시효가 완성하지 아니한다」라고 말하는 것은 소멸시효의 기간을 규정한 것뿐이고, 그 효과에 대하 여는 손을 대지 않고 있는 것으로 볼 수 있다고 하면서 이 점에 대하여는 김증 한·안이준 교수의 주장에 동조한다. 그리고 두 교수의 절대적 소멸설 비판 근거 를 첫째, 소멸시효제도의 연혁적 이유에 비추어 보거나 또는 절대소멸설을 지지 하는 나라는 없다는 점, 둘째 시효의 이익을 받지 않으려는 사람에게 굳이 이익 을 강요한다는 것은 의사자치의 원칙 내지 개인의 윤리사상에 비추어 부당하다 는 두 가지로 파악하고 이에 대하여 검토한다.

우선 첫째의 점에 대하여는, 저당권의 부종성에 관한 제369조, 손해배상의 소멸시효에 관한 제766조, 시효에 관한 경과규정인 부칙 제8조 제1항 등으로부 터 권리가 시효기간의 경과와 동시에 소멸하는 점에 관하여 전혀 의의(疑義)가 생기지 않는다고 한다. 그 외에 절대적 소멸설의 근거로서 신민법은 현행민법(당 시 시행되고 있던 의용민법을 말한다)상 여러 가지의 해석론상의 난점을 자아내고 있는 시효의 원용에 관한 제도를 두지 않고 있고, 소멸시효와 마찬가지의 법리에 서 인정되는 취득시효에 관하여는 원칙적으로 시효기간완성과 동시에 권리의 취 득이 생기는 것으로 하였다고 하면서, 입법자의 의도를 짐작할 수 있는 자료로서 민법안심의록의 설명을 들고 있다.

그리고 둘째의 점에 대하여는 소멸시효에 걸린 채무를 자진하여 변제한 경 우에 이것이 반드시 비채변제로만 보아야 될 것인가, 소멸시효 이익의 포기를 법 리상 어떻게 볼 것이냐 하는 점을 따져 보아야 하는데, 김증한·안이준 교수의 의견대로라면 시효완성 후의 이익포기를 설명하기는 여간 수월하지 않고 자연스 럽기도 하다고 하면서도, 시효이익의 포기는 신민법이 다른 어떠한 개념유형으 로서도 제대로 설명할 수 없는 고유개념의 유형을 인정하는 것이고, 신민법은 소

---

16) 장경학, 신민법총칙, 1958, 582-584면.
17) 김증한(1980), 290면.
18) 이영섭, "신민법하의 소멸시효의 효과와 그 이익포기", 저스티스 제2권 3호, 1958, 2면 이하.

멸시효의 효과로서 권리의 절대소멸을 인정하면서 한편으로는 그 이익을 받지 않으려는 사람의 자유의사를 존중함으로써 시효제도의 공익적성격과 개인의 의사와의 조화를 꾀하려 한다고 보고 있다.

그리고 이영섭 교수는 그 다음 해에 발행된 교과서에서는 소멸시효 완성 후에 채무자가 시효이익이 발생된 사실을 모르고 변제한 경우에는 법률상 부당이득을 이유로 변제목적물의 반환을 청구할 수 있다 하겠으나, 이 변제는 도의관념에 적합한 경우라고 볼 수 있으므로(민법 제744조) 그 반환청구는 불가능하게 된다고 설명한다.[19]

이 이후의 절대적 소멸설의 논거도 이러한 주장에서 크게 벗어나지 않았고, 이 점에서 이영섭 교수의 주장은 절대적 소멸설의 원형을 이루었다고 할 수 있다.

그리고 당시 서울대학교 교수이던 방순원 전 대법관은 한편으로는 시효의 효과인 권리의 취득 및 상실은 당연히 발생하고, 시효의 이익을 받을 당사자가 이를 받을 의사표시를 함을 필요로 하지 않으며, 민법은 재판상 시효 원용과 같은 규정은 민사소송의 심리원칙에서 오는 당연한 규정으로 특별히 명문을 둘 필요가 없다 하여 이러한 규정을 두지 않았다고 하였다. 그러나 다른 한편으로는 시효에 의한 권리의 득상은 당사자의 의사를 불문하고 발생하지만, 그 발생한 권리를 이용하느냐의 여부는 당사자의 임의에 맡겨야 하고, 시효 완성 후에 당사자가 시효의 이익을 포기하면 시효는 당초부터 완성하지 않은 것으로 볼 것이다(해제조건설)라고 설명하고 있다.[20] 그리고 채무자가 시효완성의 사실을 알지 못하고 변제하였다면 도의관념에 적합한 비채변제로서 채권자에게 그 반환을 청구할 수 없다고 한다.[21] 그러나 아래에서 보는 것처럼 해제조건설은 원용의 근거를 변론주의에서 찾는 확정효과설과는 구분되는 비확정효과설에 속하므로, 이러한 설명은 부정확하다.

---

19) 이영섭, 신민법총칙강의, 1959, 429면.
20) 방순원, 신민법총칙, 1959, 314-315면, 320-321면.
21) 방순원(주 20), 327-328면.

Ⅲ. 김증한 교수의 소멸시효론

이러한 상황에서 김증한 교수의 1959년 논문이 발표되었다. 그리고 1967년의 박사학위 논문은 위 논문에 형성권과 제척기간의 문제를 추가로 덧붙인 것이지만, 소멸시효 완성의 효과에 관한 부분의 주된 내용은 대체로 1959년의 논문과 같다. 이하에서는 나중의 것인 1967년 박사학위 논문을 요약하여 소개한다.

이 논문은 우선 시효제도의 역사와 입법례를 소개하고 있다. 시효제도의 역사에 관하여는 로마법, 중세 이후의 게르만법, 근세의 민법 제정 전의 프랑스법과 독일법, 영법(영국법)을 다루었고, 입법례로서는 프랑스 민법, 독일 민법, 스위스 민법과 채무법, 그리스 민법, 이탈리아 민법, 중화민국 민법, 일본민법 및 만주민법, 필리핀 민법, 영미법을 소개하고 있다. 여기서 강조하고 있는 것은 소멸시효의 만료만으로 당연히 실체권 자체가 소멸한다고 하는 법제는 거의 없다는 점이다.

이어서 소멸시효 완성의 효과에 관한 우리 민법의 해석론을 전개한다. 우선 구민법(의용민법)상의 학설과 판례를 소개하고 있다. 그에 따르면 한때의 판례와 다수설은 시효로 인하여 권리의 득상이 확정적으로 또는 절대적으로 생긴다는 전제에 서서, 당사자가 원용을 하는 것은 소송상의 방어방법이라고 설명하였지만, 그 후의 학설들은 시효완성으로 인하여 권리소멸이라고 하는 실체법상의 효과는 생기지만, 그 효과는 확정적이 아니라고 하는 학설들이 주장되고 있다고 한다. 그 이론구성에 관하여는 시효기간 만료로 인한 권리의 소멸·취득이라는 법적 효과는 시효포기가 있은 때에는 발생하지 않았던 것으로 된다는 해제조건설과, 시효기간 만료로 인한 권리의 소멸·취득이라는 효과는 시효원용이 있으면 확정적으로 된다는 정지조건설이 있다고 한다.

그리고 민법안심의록의 언급을 인용하면서도, 민법안심의록은 민법초안에 관여하지 않았던 분들의 손으로 만들어진 것인만큼 기초자의 취의를 판단할 자료로는 박약하고, 기초자의 의사가 명백하다 하더라도 그것이 법률해석의 결정적인 근거는 될 수 없다고 한다.

이어서 절대적 소멸설의 논거의 취약성을 설명하고 있다.

첫째, 「소멸시효가 완성한다」는 문자를 바로 「소멸한다」는 문자와 동의라고 해석할 수는 없다. 독일, 스위스나 프랑스가 「권리가 소멸한다」고 규정한 예가 없는데, 일본민법이 「소멸한다」라는 문자를 사용하였기 때문에 대륙법의 시스템을 좇고 있는 소멸시효제도의 다른 부분과 조화시키는데 곤란을 느꼈고, 민법이 「소멸한다」는 문자를 쓰지 않은 것은 그러한 곤란을 피하려고 하는 의도에서 나온 것이다.

둘째, 「소멸시효가 완성한다」는 문자는 취득시효의 효력에 관한 제245조, 제246조에 대응하는 규정이기 때문에 사권(私權) 자체가 절대적으로 소멸한다고 보아야 한다는 주장이 있으나, 민법이 모처럼 취득시효와 소멸시효를 별개의 제도로 인정하여 양자를 별개로 규정하였는데, 취득시효에 관한 규정의 문자를 가지고 소멸시효 완성의 효과가 무엇이냐라는 문제에 추리하려고 하는 것은 타당하지 않다.

셋째, 민법이 원용에 관한 규정을 두지 않은 것은 절대적 소멸설의 근거가 되지 못한다. 일본민법에서는 「시효로 인하여 소멸한다」라는 규정이 있기 때문에 불가불 원용에 관한 규정이 필요하였지만, 소멸시효 완성의 효과를 어떻게 규정하느냐에 따라서는 원용에 관한 규정을 두지 않더라도 이것을 둔 경우와 같은 결과로 된다. 원용에 관한 규정이 없다는 것은 절대적 소멸설과도 조화될 수 있지만, 상대적 소멸설과도 조화될 수 있다.

넷째, 절대적 소멸설은 다른 조문에 「시효로 인하여 소멸」이라는 문자가 있는 것을 근거로 하기도 하고, 우리 민법은 소멸시효를 권리의 소멸원인으로 한다는 것을 강조하지만, 소멸시효가 권리의 소멸원인이라는 것은 상대적 소멸설도 이를 부인하지 않으며, 제766조 제2항과 부칙 제8조 제1항은 단순한 용어의 불통일에 불과하다.

이어서 양설의 실제적 차이를 검토하고 있는데, 양설의 차이는 결국 (1) 원용이 없어도 법원이 직권으로 시효를 고려할 수 있느냐, (2) 시효완성 후에 변제하면 어떻게 되느냐, (3) 시효이익의 포기를 이론상 어떻게 설명하느냐의 세 가지 문제에 있다고 한다.

우선 원용이 없어도 법원이 직권으로 시효를 고려할 수 있는가에 관하여, 상대적 소멸설에서는 당사자의 원용이 없는 이상 법원이 직권으로 시효를 고려할 수 없지만, 절대적 소멸설을 취한다면 원용이 필요하지 않고, 당사자가 소멸시효를 주장하고 아니하고를 불문하고 그 권리가 소멸시효에 걸렸느냐 어떠냐를 직권으로 조사하여 걸렸으면 그 권리는 소멸한 것으로 재판하여야 할 것이라고 한다. 그런데 절대적 소멸설에서는 민사소송법이 당사자 변론주의를 채택하고 있는 이상 자기에 유리한 판결을 요구하는 당사자가 유리한 사실을 주장하지 않으면 심리의 대상으로 하지 않으므로 원용에 관한 구민법 제145조는 민사소송의 심리원칙을 규정한 데 불과한 무용의 규정이라고 하는데, 변론주의란 주요사실의 존부 및 그 증거자료 등 사실문제에 관한 것일 뿐이고, 법규의 인식 및 적용은 법관의 직책인데, 소멸시효에 걸렸는가 어떤가는 법률문제임에 틀림없다고 한다. 그리고 시효소멸의 주장은 피고가 주장하지 않더라도 법원이 직권으로 고려하여야 하는 권리부정의 항변(rechtsverneinende Einwendung)이 아니라 항변권자가 주장하지 않는 한 법원이 직권으로 고려하지 못하는 협의의 항변권(Einrede)이라고 한다. 그러므로 절대적 소멸설을 취하는 이상 당사자의 원용이 없어도 법원은 직권으로 이를 고려해야 하지만, 당사자가 시효의 이익을 받기를 원하지 않는데 직권으로 이를 강요해야만 할 필요는 없다고 한다.

다음 채무자가 소멸시효 완성 후에 변제한 경우에, 상대적 소멸설에 의하면 소멸시효 완성의 사실을 알았거나 몰랐거나를 불문하고 원용이 없는 한 채무의 변제로 해석하여야 한다. 반면 절대적 소멸설에 의하면 소멸시효 완성의 사실을 모르고 변제한 경우에는 반환을 청구할 수 있다고 하여야 하지만, 실제로 이를 주장하는 논자들은 이는 시효 이익의 포기라거나 도의관념에 적합한 비채변제이므로 반환을 청구할 수 없다고 한다. 그러나 시효 완성의 사실을 몰랐다면 시효 이익의 포기라고는 할 수 없고, 소멸시효에 걸린 채무라도 갚는 것이 도의관념에 적합한 것이라면, 채무는 소멸시효에 걸리더라도 그것만으로 소멸하는 것이 아니라고 하는 것이 도의관념에 적합한 해석이며, 절대적 소멸설을 취하는 논자들이 유효한 변제를 한 경우와 같은 결론을 이끌어 내려고 하는 경향이 있는 것은 절대적 소멸설이 이끌어 내는 결과가 타당하지 않은 것임을 자인하는 것이라고 한다.

그리고 소멸시효 이익의 포기는 상대적 소멸설에 의하면 일단 발생한 권리부인권의 포기인 반면, 절대적 소멸설은 이를 제대로 설명하지 못한다고 한다. 절대적 소멸설에 의하면 권리소멸이라는 효과는 소멸시효 완성과 더불어 절대적으로 발생한 것이므로, 시효의 이익을 받지 않겠다는 의사표시란 있을 수 없고 어디까지나 이미 받은 이익을 포기하는 것인데, 그 포기의 효력이 소급할 수는 없다고 한다.

그리하여 결론으로서 상대적 소멸설은 모든 문제를 지극히 순탄하게 설명할 수 있을 뿐만 아니라, 그 실제적 결과도 매우 타당함에 반하여, 절대적 소멸설은 이론적 설명에 궁하게 될 뿐만 아니라 실제적 결과도 타당하지 않은 것이 많다고 한다. 또 독일에서는 채무자가 고의로 채권자의 시효의 중단을 방해하였다든가 채권자의 소의 제기가 채무자에게 속하는 어떤 사정 때문에 지연되었다는 경우에는 소멸시효가 완성하더라도 시효항변권은 권리남용의 재항변을 받음으로써 저지된다는 것은 이미 판례법상 확립되어 있는데, 절대적 소멸설에 의하면 그러한 보호를 받을 만한 가치가 없는 채무자도 일률적으로 보호를 받게 되는 반면 상대적 소멸설에 의하면 권리부인권의 남용이라고 하면 간단히 이러한 불합리를 제거할 수 있게 된다고 한다.

그리고 소멸시효 완성의 효과에 대하여는 소멸시효에 걸리는 권리가 청구권 또는 채권에 한한다면 항변권의 발생이라고 하여도 좋지만, 물권도 소멸시효에 걸리는데, 소유자는 이미 소멸시효에 걸린 지상권 또는 지역권의 등기 말소 청구를 할 수 있어야 하므로, 소멸시효가 완성하면 소멸시효의 이익을 받을 자에게 권리의 소멸을 주장할 권리부인권이 생긴다고 해석하여야 하고, 이는 일종의 형성권이라고 한다.

마지막으로 대법원의 판례는 소멸시효 이익을 받는 자의 원용을 필요로 한다는 것으로 확립되어 있는 것으로 판단되므로, 실질적으로 상대적 소멸설을 취한 것이라고 말해도 좋을 것이라고 한다.

IV. 판   례

앞에서도 언급한 것처럼 이 이후의 학설은 대체로 절대적 소멸설을 주장하는 이영섭 전 대법원장의 견해와 상대적 소멸설을 주장하는 김증한 교수가 주장한 내용의 테두리를 벗어나지 못하고 있다.[22][23] 그러므로 그 후의 주장 가운데 새로

---

22) 양창수, "한국 민법학 60년의 성과와 앞으로의 과제", 민사법학 특별호(제36호), 2006, 740면은 다음과 같이 서술한다. "가령 앞서 본 소멸시효완성의 효력에 대하여 보더라도, 약 30여전 전에 김증한이 절대적 소멸설을 비판하고 상대적 소멸설을 옹호하면서 주장한 근거들(이를 論素라고 불러두기로 한다)은 최근의 「교과서」에서 상대적 소멸설을 옹호하는 경우에도 그대로 반복되고 있다"(각주 생략). 그런데 이러한 서술은 상대적 소멸설뿐만 아니라 절대적 소멸설에 대하여도 마찬가지로 적용될 수 있다.

운 것에 대하여는 필요한 한도에서 언급하기로 하고, 여기서는 판례의 동향을 살펴본다. 종전에는 판례는 절대적 소멸설을 따르고 있다고 보는 서술이 많았으나, 실제로 판례가 어느 견해를 따르고 있는가는 반드시 일률적으로 말할 수 없다.[24]

1. 절대적 소멸설을 따르고 있는 것으로 보이는 판례

우선 대법원 1966. 1. 31. 선고 65다2445 판결은, 당사자의 원용이 없어도 시효의 완성으로써 채무는 당연히 소멸하므로 소멸시효가 완성된 채무에 기하여 한 가압류는 불법행위가 되고, 가압류 당시 시효의 원용이 없었더라도 가압류채권자에게 과실이 없었다고는 할 수 없다고 하였는데, 이것이 절대적 소멸설에 따른다는 것을 가장 명확히 한 판례라고 할 수 있다. 또한 대법원 2012. 7. 12. 선고 2010다51192 판결은, 보증채무에 대한 소멸시효가 중단되는 등의 사유로 완성되지 아니하였다고 하더라도 주채무에 대한 소멸시효가 완성된 경우에는 시효완성의 사실로써 주채무가 당연히 소멸되므로 보증채무의 부종성에 따라 보증채무 역시 당연히 소멸된다고 하여, 절대적 소멸설과 같은 표현을 쓰고 있다.

그리고 대법원 1978. 10. 10. 선고 78다910 판결은, 근저당권에 기한 경매개시결정 이전에 그 피담보채권의 소멸시효가 완성된 경우에는 소멸시효의 원용이 경매개시결정 이후에 있었어도 경락인은 경매목적물의 소유권을 취득할 수 없다고 하였다. 이 판결은 경매개시결정 이전에 피담보채권이 소멸됨에 따라 위 근저당권이 소멸된 경우 그 소멸된 근저당권을 바탕으로 하여 이루어진 위 경매개시결정을 비롯한 일련의 절차 및 경락허가의 결정은 모두 무효이지만, 실체상 존재하는 근저당권에 의하여 경매개시결정이 있었다면 그 후에 근저당권설정계약이 해지되어 그 설정등기가 말소된 경우에도 그 경매절차의 진행으로 경락허가결정

---

23) 과거에는 절대적 소멸설이 다수설이고, 상대적 소멸설은 소수설이라고 하는 서술이 많았고, 근래에도 이와 같은 서술을 찾아볼 수 있다. 김용호, "소멸시효 완성의 효과", 법학논총 제37권 4호, 단국대학교 법학연구소, 2013, 118면 등. 그러나 우선 위 논문이 나열하고 있는 자료들을 보더라도 어느 것이 다수설인지 판단하기 어렵다. 학설의 상황에 대하여는 김성수, 소멸시효 완성의 효력, 법무부 연구용역 과제보고서, 2009, 307면 이하도 참조. 뿐만 아니라 이처럼 학설이 팽팽하게 대립하고 있는 상황에서는 다수설과 소수설을 구별하는 것 자체가 별다른 의미를 가지지 않는다고 생각된다.

24) 장석조, "소멸시효 항변의 소송상 취급", 법조 1999. 1, 38면 이하는 종래의 판례를 절대적 소멸설에 따른 판례, 수정된 절대적 소멸설의 판례 및 상대적 소멸설에 근접한 판례로 분류하고 있다.

이 확정되고 경매대금을 완납한 경락인은 경매부동산의 소유권을 적법하게 취득한다고 하는 일련의 대법원 판례[25]를 전제로 한 것이다.[26] 만일 이 사건에서 소멸시효 완성으로 인한 피담보채권의 소멸이 경매개시결정 이후에 원용이 있은 때에 일어난 것이라면 경락인은 유효하게 소유권을 취득하게 된다고 볼 여지도 있다. 그러나 대법원은 원용이 있은 때가 아니라 경매개시 결정 전 소멸시효가 완성된 때에 피담보채권이 소멸하였다고 보아, 경락인이 경매목적물의 소유권을 취득할 수 없다고 하였다.

다른 한편 대법원 1985. 5. 14. 선고 83누655 판결은, 국가의 조세부과권도 그 소멸시효가 완성되면 당연히 소멸하므로, 소멸시효 완성 후에 한 조세부과처분은 납세의무 없는 자에 대하여 부과처분을 한 것으로서 하자가 중대하고 명백하여 그 처분은 당연무효라고 하였다.[27]

그 외에 판례는 소멸시효의 이익을 받을 자가 실제 소송에 있어서 시효소멸의 이익을 받겠다는 항변을 하지 않는 이상 그 의사에 반하여 재판할 수 없음은 변론주의의 원칙상 당연한 것이라고 하여, 절대적 소멸설과 마찬가지로 소멸시효의 원용을 필요로 한다는 근거를 변론주의에서 찾고 있다.[28]

2. 절대적 소멸설과는 모순되는 판례

그러나 근래에는 절대적 소멸설로는 설명하기 어려운 판례들이 계속 나오고 있다.

우선 판례는 아래에서 보는 것처럼 소멸시효를 원용할 수 있는 자는 권리의 소멸에 의하여 직접 이익을 받는 자에 한정된다고 하여 소멸시효를 원용할 수 있는 자를 제한하고 있는데, 절대적 소멸설에 따라 원용이 필요한 근거를 변론주의에서 찾는다면 소멸시효의 원용에 의하여 재판상 이익을 받는 사람은 누구나 원용할 수 있어야 할 것이고,[29] 소멸시효의 원용권자를 제한할 근거를 찾기 어렵

---

25) 대법원 1964. 10. 13. 선고 64다588 전원합의체 판결; 1978. 10. 10. 선고 78다910 판결 등.
26) 현재의 민사집행법 제267조는 위와 같은 판례를 받아들여 명문화한 것으로 이해되고 있다. 주석 민사집행법 Ⅵ, 제3판, 2012, 279-282면(문정일) 참조.
27) 대법원 1988. 3. 22. 선고 87누1018 판결도 같다.
28) 대법원 1964. 9. 15. 선고 64다488 판결; 1968. 8. 30. 선고 68다109 판결; 1979. 2. 13. 선고 78다2157 판결 등.
29) 양창수, "소멸시효 완성의 효과", 고시계 1994. 9, 150면.

다. 오히려 절대적 소멸설에 의하면 소멸시효의 원용권이라는 개념 자체가 성립할 수 없다. 따라서 이러한 판례는 절대적 소멸설로는 설명하기 어렵고, 오히려 상대적 소멸설로만 설명할 수 있다.[30]

먼저 대법원 1979. 6. 26. 선고 79다407 판결은, 채무자의 일반채권자는 시효의 직접 당사자는 아니므로 채무자에 대한 이른바 채권자대위권에 의하여서만 채무자의 채권자에 대한 소멸시효의 원용이 가능하다고 하였다.[31] 만일 소멸시효를 누구나 원용할 수 있다면 구태여 채권자대위권에 기하여 원용할 필요가 없을 뿐만 아니라, 절대적 소멸설과 같이 소송상 소멸시효 완성의 주장이 단순한 공격방어방법에 불과하다면, 개개의 소송행위에 대한 채권자대위권의 행사는 허용되지 않는 점에 비추어 볼 때[32] 이 또한 절대적 소멸설로서는 설명하기 어렵다.[33]

또한 대법원 1991. 7. 26. 선고 91다5631 판결[34]은, "소멸시효에 있어서 그 시효기간이 만료되면 권리는 당연히 소멸하는 것이지만 그 시효의 이익을 받는 자가 소송에서 소멸시효의 주장을 하지 아니하면 그 의사에 반하여 재판할 수 없는 것이고, 그 시효이익을 받는 자는 시효기간 만료로 인하여 소멸하는 권리의 의무자를 말한다"고 하면서, 채권자대위소송의 피고는 원고인 채권자의 채무자에 대한 피보전채권이 시효로 인하여 소멸하였다는 항변을 할 수 없다고 하였다.[35][36] 다만 대법원 2008. 1. 31. 선고 2007다64471 판결은, 채권자대위소송의

---

30) 장석조(주 24), 42면; 윤진수(주 3), 248면 이하 참조.
31) 대법원 1991. 3. 27. 선고 90다17552 판결; 1997. 12. 26. 선고 97다22676 판결도 같은 취지이다.
32) 대법원 1961. 10. 26. 자 4294민재항559 결정은, 경락허가결정에 대한 항고는 이미 경매절차가 개시된 후에 나타나는 개별적인 소송법상의 채권행사로서 소송당사자에게만 부여된 권리이므로 대위가 허용되지 아니한다고 하였다. 그리고 근래의 대법원 2012. 12. 27. 선고 2012다75239 판결은, 채무자와 제3채무자 사이의 소송이 계속된 이후의 소송수행과 관련한 개개의 소송상 행위는 그 권리의 행사를 소송당사자인 채무자의 의사에 맡기는 것이 타당하므로 채권자대위가 허용될 수 없다고 하여, 재심의 소 제기는 채권자대위권의 목적이 될 수 없다고 보았다.
33) 장석조(주 24), 42면 참조.
34) 公 1991, 2244.
35) 이는 확립된 판례라고 할 수 있다. 가장 최근의 판례로는 대법원 2009. 9. 10. 선고 2009다34160 판결이 있다.
36) 다만 대법원 1992. 11. 10. 선고 92다35899 판결; 1997. 7. 22. 선고 97다5749 판결 등은 같은 결론을 내리면서도 채권자대위권에 기한 청구에서 제3채무자는 채무자가 채권자에 대하여 가지는 항변으로 대항할 수 없다는 이유도 아울러 들고 있으나, 일반적으로 채무자가 채권자에 대하여 가지는 항변을 제3채무자가 주장할 수 없다고는 말할 수 없으므로 위와 같은 판시는 의문이다. 예컨대 채무자의 변제로 채권자의 피보전채권이 소멸하였다면 제3채무자가 채권자에 대하여 이러한 주장을 할 수 있음은 당연하다.

제3채무자는 소멸시효의 완성을 원용할 수 없다고 하면서도, 채권자가 채무자에 대한 채권을 보전하기 위하여 제3채무자를 상대로 채무자의 제3채무자에 대한 채권에 기한 이행청구의 소를 제기하는 한편, 채무자를 상대로 피보전채권에 기한 이행청구의 소를 제기한 경우, 채무자가 그 소송절차에서 소멸시효를 원용하는 항변을 하였고, 그러한 사유가 현출된 채권자대위소송에서 심리를 한 결과, 실제로 피보전채권의 소멸시효가 적법하게 완성된 것으로 판단되면, 채권자는 더 이상 채무자를 대위할 권한이 없게 된다고 판시하였다.

그리고 대법원 2007. 3. 30. 선고 2005다11312 판결은, 피공탁자라고 주장하는 자들이 구 토지수용법 제61조 제2항에 의하여 공탁을 한 기업자(토지의 수용 또는 사용을 필요로 하는 공익사업을 행하는 자)에 대하여 자신들이 공탁금출급청구권자임의 확인을 구한 사건에서, 공탁자인 기업자는 공탁금출급청구권의 소멸시효를 원용할 수 없다고 하였다. 판례는 그 이유로서, 채권의 소멸시효가 완성된 경우 이를 원용할 수 있는 자는 시효로 인하여 채무가 소멸되는 결과 직접적인 이익을 받는 자에 한정되는데, 공탁금출급청구권이 시효로 소멸된 경우 공탁자에게 공탁금회수청구권이 인정되지 않는 한 그 공탁금은 국고에 귀속하게 되는 것이어서, 공탁금출급청구권의 소멸시효를 원용할 수 있는 자는 국가이고, 토지수용위원회가 토지수용재결에서 정한 손실보상금의 공탁은 같은 법 제65조에 의해 간접적으로 강제되는 경우에는 공탁금출급청구권의 소멸시효가 완성되었다 할지라도 기업자는 그 공탁금을 회수할 수 없다고 판시하였다.

반면 판례가 소멸시효의 원용권을 인정한 예로는 연대보증인[37], 채권담보의 목적으로 매매예약의 형식을 빌어 소유권이전청구권 보전을 위한 가등기가 경료된 부동산을 양수하여 소유권이전등기를 마친 제3자,[38] 물상보증인,[39] 채권자취소소송의 상대방인 수익자[40]가 있다.

나아가 판례는 일정한 경우에는 소멸시효 항변은 신의성실의 원칙에 반하는 권리남용으로서 허용되지 않는다고 보아야 할 것이라고 하고 있는데,[41] 절대적

---

37) 대법원 2012. 7. 12. 선고 2010다51192 판결.

38) 대법원 1995. 7. 11. 선고 95다12446 판결.

39) 대법원 2004. 1. 16. 선고 2003다30890 판결; 2007. 1. 11. 선고 2006다33364 판결.

40) 대법원 2007. 11. 29. 선고 2007다54849 판결. 이 판결에 대하여 좀더 상세한 것은 윤진수, "2007년도 주요 민법 관련 판례 회고", 서울대학교 법학 제49권 1호, 2008, 339면 이하; 박운삼, "사해행위의 수익자와 취소채권자의 채권의 소멸시효의 원용", 판례연구 제21집, 부산판례연구회, 2010, 243면 이하 이하 참조.

41) 대법원 1997. 12. 12. 선고 95다29895 판결 등 확립된 판례이다. 가장 최근의 것으로는 대법원

소멸설에 의할 때에는 소멸시효의 항변이 권리라고는 할 수 없으므로, 이 또한
절대적 소멸설과는 어울리지 않는다.

　　다른 한편 대법원 1991. 8. 27. 선고 91다17825 판결은, 토지매수인이 토지
를 매수하여 인도를 받지 아니한 관계로 민법부칙 제10조 또는 소멸시효에 의하
여 등기청구권이 소멸되었다 하더라도, 그 후 토지매수인 앞으로 소유권보존등
기가 마쳐졌다면, 특별한 사정이 없는 한 위 등기는 실체관계에 부합하는 유효한
등기라고 하였다. 만일 토지매수인의 등기청구권이 소멸시효기간의 완성에 의하
여 바로 소멸한다면, 토지매수인 앞으로 된 소유권보존등기가 유효한 등기가 될
수는 없을 것이다.

V. 상대적 소멸설의 타당성

　　여기서는 상대적 소멸설이 타당하다는 점을 법학방법론적으로 논증하고, 종
래 절대적 소멸설을 따랐던 것으로 평가되는 판례도 상대적 소멸설에 의하여 충
분히 설명할 수 있음을 보인다. 그리고 앞으로의 입법론에 대하여도 간단히 언급
한다.

1. 법학방법론적 고찰

　　절대적 소멸설과 상대적 소멸설 중 어느 것이 보다 타당한가는 기본적으로
법학방법론의 관점에서 따져 보아야 할 문제이다.

가. 문리해석·역사적 해석의 관점

　　절대적 소멸설은 그 주된 근거로서 민법의 문언과 입법자의 의사를 들고 있
다. 법률 해석은 기본적으로 그 문언으로부터 출발하여야 하고(문리해석), 또 입
법자의 의사가 법률해석의 기준으로서 고려될 수 있다(역사적 해석)는 점도 오늘
날 일반적으로 받아들여지고 있다.[42] 그러므로 상대적 소멸설에서는 이러한 절

　2013. 12. 26. 선고 2011다90194, 90200 판결이 있다.
　42) 주석민법 총칙 (1), 제4판, 2010, 85면 이하(윤진수) 참조.

대적 소멸설의 주장을 극복하지 않으면 안 된다.

(1) 문리해석

절대적 소멸설은 우선 민법의 규정이 소멸시효가 완성하면 바로 권리가 소멸한다고 규정하고 있다는 것을 근거로 내세운다. 이 점에 관하여는 입법의 연혁을 살펴볼 필요가 있다. 원래 우리 민법의 소멸시효 규정은 만주국 민법의 규정을 참고한 것이었다. 대부분의 규정이 만주국 민법의 규정(제154조-제175조)과 거의 같다. 다만 소멸시효 완성의 효과에 관하여 만주국 민법 제173조는 "권리의 소멸시효가 완성한 때에는 그 권리의 소멸로 인하여 이익을 받을 당사자는 그 권리의 소멸을 주장할 수 있다"라고 규정하여 말하자면 상대적 소멸설을 따르고 있었고, 이것이 조선임시민법전편찬요강 및 민법전편찬요강에도 받아들여졌다(위 Ⅱ. 1.).

만주국 민법은 기본적으로 일본 민법을 바탕으로 하면서도 일본 민법의 해석론으로서 다수 학자가 주장하는 바를 거의 남김없이 채용하는 것으로 수정된 것이었다고 평가된다.[43] 그런데 소멸시효에 관하여 일본 민법은 "권리를 일정 기간 행사하지 않으면 소멸한다"라는 형식으로 규정되어 있는데 반하여(제167조-제170조, 제172조-제174조), 만주국 민법은 "권리를 일정 기간 행사하지 않으면 소멸시효가 완성된다"는 형식으로 규정되어 있다(제154조-제157조). 이는 만주국 민법 제173조가 상대적 소멸설을 채택한 데 따른 것이라고 볼 수 있다. 민법도 그 규정 형식은 만주국 민법과 같다(제162조-제164조). 이 점에서 민법은 만주국 민법의 소멸시효 원용 규정은 받아들이지 않았으면서도, 상대적 소멸설을 전제로 하는 만주국 민법의 규정은 그대로 받아들인 것이라고 할 수 있다.[44] 이 점에서 "소멸시효가 완성한다"라는 문언으로부터 절대적 소멸설 또는 상대적 소멸설 중 어느 하나의 결론을 이끌어낼 수는 없다.[45]

그렇지만 민법은 다른 곳에서는 시효가 완성되면 권리가 소멸한다는 것으로 읽힐 수 있는 표현을 쓰고 있다. 즉 제369조는 "저당권으로 담보한 채권이 시효의 완성 기타 사유로 인하여 소멸한 때에는"이라고 규정하고 있고, 제766조 제1항도 "불법행위로 인한 손해배상의 청구권은 … 시효로 인하여 소멸한다"라고

---

43) 이 점에 대하여는 고쿠치 히코타(小口彦太), 임상혁 역, "일본 통치하의 만주국의 법", 법사학연구 제27호, 2003, 93면 이하, 특히 100면 이하 참조.

44) 이홍민(주 2), 319-320면 참조.

45) 절대적 소멸설을 주장하는 이영섭 전 대법원장도 이 점은 시인하고 있다. 이영섭(주 19), 3면.

규정하고 있으며, 민법 부칙 제8조 제1항은 "본법시행당시에 구법의 규정에 의한
시효기간을 경과한 권리는 본법의 규정에 의하여 취득 또는 소멸한 것으로 본
다"고 규정하고 있다. 또 민법 제정 후인 1977년에 만들어진 것이기는 하지만,
유류분반환청구권의 소멸시효에 관한 제1117조도 "시효에 의하여 소멸한다"고
규정한다.46)

확실히 이러한 점은 절대적 소멸설의 유력한 근거가 될 수 있다. 그러나 다
른 한편으로는 이러한 규정들은 소멸시효의 완성이 채권 등 권리의 소멸사유라
는 것을 규정하는 것일 뿐, 소멸시효의 완성으로 원용 없이도 바로 권리가 소멸
하는 것까지 규정하는 것은 아니라고 해석하는 것이 불가능한 것은 아니다. 일본
의 다수설이나 판례는 일본 민법이 소멸시효가 완성하면 바로 권리가 소멸하는
것처럼 규정하고 있음에도 불구하고 민법 제145조가 규정하고 있는 시효의 원용
과 관련하여 우리나라의 상대적 소멸설과 같은 정지조건설을 채택하고 있는 점
을 보아도 알 수 있다. 이에 대하여는 아래에서 다시 살펴본다(아래 2. 가.).

(2) 역사적 해석

절대적 소멸설의 가장 유력한 근거는 입법자가 절대적 소멸설을 채택하려고
하였다는 점이다. 이 점에 관하여 김증한 교수는 입법자의 의사가 그와 같은 것
이었는지는 분명하지 않다고 주장한다.47) 그렇지만 민법의 제정과정에서 원래
원용제도를 규정하려고 하였던 것이 국회의 심의에서 빠졌던 것은, 민법안심의
록이나 심의과정에서의 장경근 의원의 설명에 비추어 본다면 입법자가 절대적
소멸설을 채택하려고 하였던 때문이라고 보인다. 뿐만 아니라, 상대적 소멸설을
채택하려고 하였던 현석호 수정안이 결국 부결된 점48)에 비추어 보면 입법자의
의사가 절대적 소멸설을 채택하려고 하였다는 것은 확실하다고 생각된다.49)

그러나 문제는 과연 이러한 입법자의 의사가 해석자를 절대적으로 구속하는
가 하는 점이다. 입법자의 의사가 해석에서 중요한 참고자료임은 분명하지만, 역
사적 해석과 다른 해석, 특히 목적론적 해석이 충돌할 때에는 어느 것이 우선한
다고 볼 것인지는 결국 선택의 문제이다. 오늘날은 역사적 해석(주관적 해석)과

---

46) 이외에 제421조가 "어느 연대채무자에 대하여 소멸시효가 완성한 때에는 그 부담부분에 한하
　　여 다른 연대채무자도 의무를 면한다"고 규정하는 것도 절대적 소멸설의 근거로 들 수 있을 것
　　이다.
47) 김증한(1980), 275-276면 등.
48) 위 II. 1.
49) 이홍민(주 2), 320면 이하도 같은 취지이다.

목적론적 해석(객관적 해석)을 절충하면서도 목적론적 해석에 좀 더 중점을 두는 것이 다수의 견해로 보인다.50)

나. 체계적·목적론적 해석의 관점

(1) 체계적 해석

현재의 절대적 소멸설 및 이를 따르는 판례는, 소멸시효의 이익을 받을 당사자가 시효의 이익을 받겠다는 주장을 하지 않는 이상 소멸시효가 완성하였다고 판결할 수 없다고 하면서, 그 근거를 민사소송법상의 변론주의에서 찾고 있다. 과연 그러한지는 체계적 해석의 관점에서 따져 볼 필요가 있다. 체계적 해석이란 어느 법규정의 의미를 그 자체로서 파악하려는 것이 아니라, 다른 법규정 내지 전체 법질서와의 체계적 연관 하에서 파악하려는 것을 의미한다.51) 그런데 체계적 해석의 관점에서는 절대적 소멸설이 원용의 근거를 변론주의에서 찾을 수 있는가 하는 점이 문제된다.

이처럼 원용이 필요한 근거를 변론주의에서 찾으려는 것은 우리나라의 절대적 소멸설에 상응하는 일본의 확정효과설에서 유래한다. 확정효과설은 시효기간의 경과에 의하여 확정적으로 권리의 득실변경은 일어나고, 원용은 소송에 있어서의 공격방어방법에 지나지 않으며, 따라서 공격방어방법으로서 제출하지 않으면 민사소송법상의 변론주의의 원칙에 따라 실체법상의 권리관계와 다른 판결이 내려진다고 설명한다. 이 점에서 확정효과설을 공격방어방법설이라고도 부른다. 일본 판례는 1986년에 시효기간 만료로 인한 권리의 소멸·취득이라는 효과는 시효원용이 있으면 확정적으로 된다는 정지조건설을 따른다는 것을 명확히 한 판례52)가 나오기 전까지는 확정효과설에 따르는 것으로 이해되고 있었다.53) 민

---

50) 윤진수(주 42), 102면 참조. 김학태, "법률해석의 한계", 외법논집 제22집, 2006, 188-189면은 역사적·주관적 해석방법은 입법의 역사적 배경이나 입법과정이 비교적 분명할 경우에 복합적 논거의 하나로 활용될 뿐 일반적인 법해석방법론으로 인정될 수는 없고, 역사적·주관적 해석 방법은 문리적 해석에 반하거나 헌법합치성을 잃은 경우에는 한발 물러나야 할 것이며, 입법자의 목적이 분명하게 명확하지 않거나 또한 상충되는 목적들을 함께 실현하려고 했을 경우에는 한계에 부딪히게 된다고 할 수 있다고 서술한다.

51) 윤진수(주 42), 92면 참조.

52) 일본 最高裁判所 1986(昭和 61). 3. 17. 판결(民集 40卷 2號 420頁). 이 판결에 대하여는 윤진수 (주 3), 252면 주 59); 서종희, "소멸시효완성의 효과와 부아소나드(Boissonade)의 시효론", 홍익 법학 제15권 제2호, 2014, 175-176면 참조.

53) 상세한 것은 山本 豊, "民法一四五條", 廣中俊雄·星野英一 編 民法典の百年 Ⅱ, 1998, 268면 이하 등 참조.

법의 입법자가 절대적 소멸설을 채택하려고 하였던 것은 이러한 확정효과설 내지 공격방어방법설을 따른 것이라고 볼 수 있다.[54]

그러나 김증한 교수가 지적한 것처럼, 변론주의로부터는 소멸시효의 이익을 받을 당사자가 시효의 이익을 받겠다는 주장을 하여야 한다는 결론을 이끌어낼 수는 없다.[55] 원래 변론주의하에서는 간접사실 아닌 주요사실은 당사자의 주장을 통하여 소송에 현출되지 않는 한 법원이 이를 판결의 기초로 삼을 수 없지만, 그 주요사실이 반드시 그로 인하여 이익을 받을 당사자에 의하여 주장될 필요는 없고, 그 상대방에 의하여 주장되더라도 법원은 그 사실에 의거하여 재판할 수 있다. 이를 주장공통의 원칙이라고 한다.[56] 대법원 1996. 9. 24. 선고 96다25548 판결도 이러한 주장공통의 원칙을 인정하고 있다. 또 변론주의의 지배는 사실과 증거방법에만 국한되고, 그 주장된 사실관계에 관한 법적 판단과 제출된 증거의 가치평가는 법원의 직책에 속하므로,[57] 당사자가 사실을 주장하면 충분하고 그에 따른 법률효과까지 진술하여야 하는 것은 아니다.[58] 민사소송법 제136조 제4항이 "법원은 당사자가 간과하였음이 분명하다고 인정되는 법률상 사항에 관하여 당사자에게 의견을 진술할 기회를 주어야 한다"고 규정하는 것도 이를 전제로 한 것이다. 가령 취득시효중단사유의 주장·입증책임은 시효완성을 다투는 당사자가 지지만, 그 주장책임의 정도는 취득시효가 중단되었다는 명시적인 주장을 필요로 하는 것은 아니라 중단사유에 속하는 사실만 주장하면 주장책임을 다한 것으로 보아야 한다.[59]

다만 실체법상의 항변권이나 형성권과 같은 권리는 그 권리의 행사 여부를

---

54) 윤진수(주 3), 250면 이하 참조.
55) 민법주해 Ⅲ, 1992, 481면 이하(윤진수); 윤진수(주 3), 255면 이하.
56) 주석 민사소송법 (Ⅱ), 제7판, 2012, 320면(안정호); 이시윤, 신민사소송법, 제7판, 2013, 309면; 송상현·박익환, 민사소송법, 신정7판, 2014, 354면; 강수미, "주장책임에 관한 고찰", 민사소송 제17권 1호, 2013, 67면 이하 등.
57) 우리나라의 민사소송법 교과서는 일반적으로 이와 같이 설명한다. 이시윤(주 56), 313면 등. 황형모, "변론에서 주장이 필요한 여부에 관련한 판례의 검토," 동아법학 제62호, 2014, 335면 주 11)은 이에 관한 문헌을 상세하게 소개하고 있다.
58) 대법원 1997. 11. 28. 선고 95다29390 판결은, 자동차손해배상보장법 제3조는 불법행위에 관한 민법 규정의 특별 규정이라고 할 것이므로 자동차 사고로 인하여 손해를 입은 자가 자동차손해배상보장법에 의하여 손해배상을 주장하지 않았다고 하더라도 법원은 민법에 우선하여 자동차손해배상보장법을 적용하여야 한다고 판시하였다. 같은 취지의 선례로는 대법원 1967. 9. 26. 선고 67다1695 판결 등이 있다.
59) 대법원 1997. 4. 25. 선고 96다46484 판결. 또한 대법원 1983. 3. 8. 선고 82다카172 판결도 참조. 그러나 대법원 1995. 2. 28. 선고 94다18577 판결은 반대 취지로 보인다.

권리자에게 맡겨야 하므로, 권리자의 의사표시 없이는 법원이 직권으로 이를 고려할 수 없다. 예컨대 동시이행의 항변권에 있어서는 쌍방의 채무가 동시이행관계에 있다는 사실이 변론에 현출되더라도, 채무자가 동시이행의 항변을 하지 않는 한, 법원이 직권으로 동시이행을 명할 수는 없다.60) 그러므로 항변권이나 형성권이 아닌 단순한 소송법상의 항변(Einwendung)의 경우에는 그 요건사실이 어느 당사자에 의하여서든지 일단 주장되기만 하면, 법원은 그로 인하여 이익을 받겠다는 당사자의 의사표시가 없어도 위의 항변을 고려하여야 한다.61)

따라서 절대적 소멸설의 논리를 관철한다면, 소멸시효의 요건사실, 즉 어느 시점에서 권리를 행사할 수 있었고, 그 이후 소멸시효기간이 경과하였다는 점이 어느 쪽 당사자에 의하여서든 주장되기만 하면, 법원은 소멸시효로 인하여 권리가 소멸하였다고 판결하여야 할 것이며, 소멸시효의 이익을 받을 당사자가 시효의 이익을 받겠다는 주장이 요구될 이유가 없다.62) 그러나 이러한 결론은 당사자의 의사에 반하고 시효제도의 존재이유에도 어긋나는 것으로서, 절대적 소멸설을 주장하는 학자들도 받아들이지 않고 있다.63) 반면 상대적 소멸설의 입장에서는 소멸시효가 완성하면 그로 인하여 이익을 받을 당사자가 권리의 소멸을 주장할 수 있는 일종의 형성권이 발생한다고 보므로, 그 당사자가 소멸시효 완성으로 인하여 권리가 소멸하였다고 주장하여야만 법원이 이를 인정할 수 있고, 이러한 문제는 생기지 않는다.64)

그리고 소멸시효의 원용이 소송상의 공격방어방법에 불과하다면, 소멸시효의 원용은 변론에서만 가능하고, 변론 외에서 하는 원용은 허용될 수 없을 것이다.65) 그러나 앞에서 살펴본 대법원 2008. 1. 31. 선고 2007다64471 판결은 채권자대위소송의 경우에 당해 소송 외에서 한 채무자의 소멸시효 원용의 효력이 채권자대위소송에도 미치는 것으로 보았다.

근래 일본에서는 주장공통의 원칙에 근거한 위와 같은 비판에 대하여 확정효과설의 입장에서 다음과 같은 주장이 제기되었다. 즉 시효의 원용은 권리항변

---

60) 대법원 2006. 2. 23. 선고 2005다53187 판결.
61) 김상일, "항변(Einwendung)과 항변권(Einrede)", 비교사법 제8권 1호(상), 2001, 149면 이하 참조.
62) 일본의 공격방어방법설에 대하여 같은 취지의 비판으로는 船越隆司, 民法總則, 1997, 299면 참조.
63) 다만 김진우, "서면에 의하지 아니한 증여의 해제", 민사법학 제56호, 2011, 360면은 소멸시효는 제척기간과 마찬가지로 직권조사사항이라고 새겨야 한다고 주장한다.
64) 이러한 비판에 대한 절대적 소멸설의 반론으로는 양창수(주 29), 146-147면. 이에 대한 재반론은 윤진수(주 3), 256-258면 참조.
65) 일본의 확정효과설에 관한 注釋民法 (5), 1967, 45-46면(川井 健)의 설명 참조.

에 해당하는데, 권리항변의 경우에는 권리의 발생·소멸의 주요사실이 변론에 현출되는 것만으로는 부족하고, 권리행사의 의사표시를 기다려 비로소 재판의 기초로 할 수 있다는 것이다.[66) 일본에서 권리항변이라는 개념이 논의되게 된 것은, 일본 최고재판소 1952. 11. 27. 판결[67)이 계기가 되었다. 이 판결은, 유치권과 같은 권리항변과 변제·면제와 같은 사실항변을 구별한다. 그리하여 변제·면제와 같은 사실항변의 경우에는 이를 구성하는 사실관계가 주장된 이상, 그것이 항변에 의하여 이익을 받을 자에 의하여 주장되었는지, 그 상대방에 의하여 주장되었는지를 묻지 않고, 항상 재판소가 이를 참작하지 않으면 안 된다고 하였다. 반면 권리항변의 경우에는 권리는 권리자의 의사에 의해 행사되어 그 권리행사에 의해 권리자는 그 권리의 내용인 이익을 향수하는 것이므로, 항변권 취득의 사실관계가 소송상 주장되었어도 권리자가 권리를 행사한다는 의사를 표명하지 않는 한, 재판소로서는 이를 참작할 수 없다고 하였다. 다시 말하여 이 판결은 사실항변의 경우에는 주장공통의 원칙이 적용되지만, 권리항변의 경우에는 권리자의 권리 행사의 의사가 표명되어야 한다고 본 것이다.

일본에서는 권리항변에는 형성권의 행사, 연기적 항변권의 행사, 대항요건에 관한 항변과 같은 것이 포함된다고 설명한다.[68) 그러나 절대적 소멸설에 따를 때에는 소멸시효가 완성되면 권리의 소멸은 당연히 일어나는 것이므로, 이는 누구나 주장할 수 있고, 당사자의 권리와 같은 것은 논할 여지가 없다.[69) 따라서 권리

---

66) 金山直樹, "時效における民法と訴訟法の交錯", 時效における理論と解釋, 2009, 268-269(처음 발표: 1998).

67) 民集 6권 10호 1062면.

68) 坂田 宏, "權利抗辯", 民事訴訟法判例百選, 別冊 ジュリスト No. 169, 2003, 122-123면 등. 국내에서의 소개로는 김상일(주 61), 140면 이하가 있다. 다만 杉本和士, "時效における實體法と訴訟法", 金山直樹 編 消滅時效法の現狀と課題, 別冊 NBL No. 122, 2008, 65면은 형성권의 경우에는 소송 밖에서라도 일단 형성권이 행사되면 법률관계의 변동을 초래하므로, 실체법상의 항변권이 항변권자의 원용을 요구하고 있는 것과는 그 취지를 달리하는 것이고 따라서 권리항변에는 포함되지 않는 것으로 본다. 강수미(주 56), 74면도 같은 취지이다. 대법원 2008. 1. 31. 선고 2007다64471 판결도 소송 외에서의 소멸시효 항변 원용의 효력이 소송에도 미친다고 보았다.

69) 그런데 김정만, "소멸시효 원용권자의 범위", 사법연수원논문집 제5집, 2008, 51, 52면은 권리항변은 주장공통의 원칙에 대한 예외에 해당하고, 소멸시효 이익 원용의 항변도 권리항변이므로 이 점에 관한 상대적 소멸설의 절대적 소멸설 비판은 타당하지 못하고, 오히려 절대적 소멸설과 대법원 판례가 일치한다고 주장한다. 그러나 절대적 소멸설에 의하는 한 소멸시효의 원용을 권리의 행사라고는 볼 수 없고, 따라서 이를 권리항변이라고 설명할 수는 없다. 加藤雅信·加藤新太郎·金山直樹, "時效とは何か", 加藤雅信·加藤新太郎 編 現代民法學と實務 (上), 2008, 184면 (金山直樹 발언)은 확정효과설의 입장에서, 시효의 원용은 권리항변이고, 시효의 원용을 규정하는 일본 민법 제145조는 변론주의가 아니라 처분권주의의 규정으로 읽어야 한다고 주장한다. 그러나 일본 민법의 입장에서도 소멸시효의 원용을 처분권주의의 발로라고 설명할 수는 없을

항변의 개념에서 소멸시효 원용의 근거를 찾을 수는 없다.[70]

그러므로 절대적 소멸설이 소멸시효 원용의 근거를 변론주의에서 찾는 것은 체계적 해석의 관점에서는 문제가 있다.

(2) 목적론적 해석의 관점에서

(가) 목적론적 해석의 의의

목적론적 해석이란 객관적으로 인정되는 법규의 목적(ratio legis)을 확정하고 그에 따라 해석하는 것을 말한다. 이러한 법규의 목적이란 역사적인 입법자가 가졌던 구체적인 목적이 아니라, 객관적으로 인정되는 합리적인 목적을 말한다. 법규의 목적을 확정하기 위하여는 다른 유사한 법규정이 추구하고 있는 목적을 고려하거나, 일반적인 법원리(Rechtsprinzipien)의 도움을 받을 필요가 있다.[71] 판례는 입법취지라는 관점에서 이러한 목적론적 해석을 즐겨 사용한다. 예컨대 대법원 2014. 2. 27. 선고 2013도15500 판결은, 도로교통법 제54조 제2항 본문에 규정된 신고의무의 입법취지를 교통사고가 발생한 때에 이를 지체 없이 경찰공무원 또는 경찰관서에 알려서 피해자의 구호, 교통질서의 회복 등에 관한 적절한 조치를 취하게 함으로써 도로상의 소통장해를 제거하고 피해의 확대를 방지하여 교통질서의 유지 및 안전을 도모하는 데 있다고 보고, 이러한 입법취지와 헌법상 보장된 진술거부권 및 평등원칙에 비추어 볼 때, 교통사고를 낸 차의 운전자 등의 신고의무는 사고의 규모나 당시의 구체적인 상황에 따라 피해자의 구호 및 교통질서의 회복을 위하여 당사자의 개인적인 조치를 넘어 경찰관의 조직적 조치가 필요하다고 인정되는 경우에만 있는 것이라고 해석하여야 한다고 보았다.

(나) 의무자의 의사 고려

그런데 상대적 소멸설이 절대적 소멸설에 대하여 가장 의문을 제기하는 점은, 소멸시효가 완성하였다고 하더라도 바로 권리가 소멸하는 결과를 가져오는 것은 바람직하지 않고, 소멸시효를 주장할 것인가 하는 점은 의무자의 의사에 맡겨야 하는 것이 기본적인 법의 체계 내지 일반인의 법의식에 부합하는 것이 아닌가 하는 점이다.[72] 다른 말로 한다면, 소멸시효제도는 직접적으로는 의무자의

것이다.

70) 윤진수, "이용훈 대법원의 민법판례", 이용훈대법원장 재임기념 정의로운 사법, 2011, 22면 주 47) 참조. 또한 杉本和士(주 67), 65-66면; 加藤雅信·加藤新太郎·金山直樹(주 68), 183면 이하 (加藤雅信 발언) 참조.

71) 윤진수(주 42), 97면 이하 참조.

72) 김증한(1980), 290-291면; 윤진수(주 3), 259면 등.

법적 안정을 위한 것이기 때문에, 소멸시효 완성의 효과를 해석할 때에는 무엇보다도 당사자인 의무자의 의사를 존중하여야 하고, 따라서 소멸시효 완성의 효과로 권리가 소멸하더라도 그 과정에 의무자의 의사가 개입되도록 하는 것이 필요하다는 것이다.73)

소멸시효 제도의 존재이유에 관하여는 사회질서의 안정, 입증곤란의 구제 및 권리행사의 태만에 대한 제재 등이 열거되어 왔다.74) 필자는 소멸시효 제도의 존재이유를 입증곤란의 구제와 권리자가 더 이상 권리를 행사하지 않을 것으로 믿은 의무자의 신뢰를 보호하여야 한다는 점에서 찾아야 한다고 생각한다.75) 헌법재판소 판례는, 소멸시효제도의 존재이유는 과거사실의 증명의 곤란으로부터 채무자를 구제함으로써 민사분쟁의 적정한 해결을 도모하고, 오랜 기간 동안 자기의 권리를 주장하지 아니한 자는 이른바 권리 위에 잠자는 자로서 법률의 보호를 받을 만한 가치가 없으며 시효제도로 인한 희생도 감수할 수밖에 없는 것이지만, 반대로 장기간에 걸쳐 권리행사를 받지 아니한 채무자의 신뢰는 보호할 필요가 있다는 점 등의 고려에 의하여 민사상의 법률관계의 안정을 도모하고 증거보전의 곤란을 구제함으로써 민사분쟁의 적정한 해결을 위하여 존재하는 제도라고 설명하고 있다.76) 어느 설을 따르든 간에 소멸시효 제도의 중요한 근거가 의무자의 보호를 위한 것이라는 점에는 이견이 없다.

이 점은 제척기간과 비교하면 좀더 명확하다. 종래의 판례나 학설은 제척기간은 권리자로 하여금 당해 권리를 신속하게 행사하도록 함으로써 법률관계를 조속히 확정시키려는 데 그 제도의 취지가 있다고 하고,77) 소멸시효의 존재이유

---

73) 노재호, "소멸시효의 원용", 사법논집 제52집, 2011, 255면.

74) 대법원 1999. 3. 18. 선고 98다32175 전원합의체 판결은, 시효제도는 일정 기간 계속된 사회질서를 유지하고 시간의 경과로 인하여 곤란해지는 증거보전으로부터의 구제를 꾀하며 자기 권리를 행사하지 않고 소위 권리 위에 잠자는 자는 법적 보호에서 이를 제외하기 위하여 규정된 제도라고 설시하였다.

75) 윤진수(주 55), 390-392면. 노재호(주 73), 239면 이하는 소멸시효제도는 이미 변제 등 채무소멸행위를 한 의무자에 대하여는 그 입증의 부담이나 곤란을 덜어주는 기능을 하고(입증곤란 구제), 의무를 자각하고 있으나 권리자가 장기간 그 권리를 행사하지 않아 더는 그 권리가 행사되지 않을 것으로 믿고 있는 의무자에 대하여는 그 신뢰를 보호하여 법적 불안을 제거하는 기능을 하며(의무자의 신뢰 보호), 의무가 존재하지만 현실적으로 이를 인식하지 못하고 있는 의무자 또는 의무를 자각하고 있으나 언제 어떠한 내용의 청구를 받을지 불안정한 입장에 있는 의무자에 대하여는 그러한 법적 불안에서 벗어날 수 있도록 해 준다(장기간 불안정한 상태에 놓인 의무자의 보호)고 보고 있다.

76) 헌법재판소 1997. 2. 20. 선고 96헌바24 결정; 2001. 4. 26. 선고 99헌바37 결정 등.

77) 대법원 1995. 11. 10. 선고 94다22682, 22699 판결; 주석민법 총칙 (3), 제4판, 2010, 498면(이연갑); 김대정, 민법총칙, 2012, 1200-1201면 등.

인 '입증곤란의 구제' 및 '선량한 의무자의 보호'라는 관점은 제척기간에는 없다고 한다.[78] 그러므로 제척기간이 도과하였는지 여부는 당사자의 주장에 관계없이 법원이 당연히 조사하여 고려하여야 할 사항이다.[79]

따라서 소멸시효가 완성하였다고 하더라도, 의무를 이행할 것인지 여부는 제1차적으로는 의무자가 결정할 수 있어야 하고, 소멸시효 완성만으로 권리가 절대적으로 소멸한다고 본다면, 의무자가 의무를 이행하려고 하는 경우에도 이를 인정하지 않고, 보호를 강요하는 것이 된다.

물론 절대적 소멸설에서도 소멸시효 기간이 완성한 후 의무자가 의무를 이행할 수 있다는 것을 인정하고 있다. 즉 의무자가 소멸시효 기간이 완성하였다는 것을 알면서 의무를 이행하였다면 이는 시효이익의 포기이고, 의무자가 이를 모르고 변제하였다면 이는 비채변제이기는 하지만, 도의관념에 적합한 비채변제(민법 제744조)로서 반환을 청구할 수 없다고 한다. 그러나 시효이익의 포기는 절대적 소멸설의 입장에서는 설명하기 어려운 제도라는 것은 절대적 소멸설에서도 시인하고 있다. 또 소멸시효가 완성된 채무를 변제하는 것이 도의관념에 적합한 채무변제라고 한다면, 채무는 소멸시효에 걸리더라도 그것만으로는 소멸하지 않는다고 보는 것이 오히려 도의관념에 적합한 해석이라고 보아야 할 것이다.[80]

(다) 원용권자의 제한

다른 한편 소멸시효를 주장할 것인지 여부는 제1차적으로 의무자에게 맡겨야 한다면, 일반적으로 의무자 아닌 제3자가 소멸시효의 완성을 주장하는 것은 인정될 수 없고, 정당한 이익을 가진 자만이 소멸시효의 완성을 원용할 수 있다고 보아야 할 것이다. 반면 절대적 소멸설을 따를 때에는 누구나 소멸시효의 완성을 주장할 수 있고, 원용권자가 누구인가를 문제삼을 필요가 없다. 그러므로 소멸시효의 원용권자를 제한할 수 있다는 점은 상대적 소멸설의 또 다른 장점이라고 할 수 있다.[81] 종전의 절대적 소멸설과 상대적 소멸설의 논쟁에서는 원용권자를 한정할 필요가 있는가 하는 점은 그다지 논의되지 않았는데, 판례가 원용권

78) 김증한·김학동, 민법총칙, 제9판, 1994, 515면. 그러나 김진우, "소멸시효와 제척기간", 재산법연구 제25권 제3호, 2009, 173면 이하는 청구권의 행사기간을 제한하는 제척기간은 소멸시효와 마찬가지로 의무자를 보호하는 점에서 공통적이라고 한다.
79) 대법원 1994. 9. 9. 선고 94다17536 판결; 1996. 9. 20. 선고 96다25371 판결; 1999. 4. 9. 선고 98다46945 판결.
80) 김증한(1980), 293면. 장석조(주 24), 32면 이하, 43면도 상대적 소멸설을 지지하면서, 도덕의식과 법률적 규율 사이의 갈등관계를 고려하여야 한다고 지적한다.
81) 윤진수(주 3), 259면 이하 참조.

자를 한정하고 있어서 이 문제가 관심의 대상이 되었다.

　　그런데 이와는 정반대로, 우리 민법의 제정과정에서 소위 절대적 소멸설을 취하고 시효의 원용에 관한 규정(의용민법 제145조)을 「삭제」한 것은, 시효의 원용에 관련한 각종의 학설, 특히 원용권자의 범위를 둘러싼 분분한 논의를 종결시키기 위한 것이었다는 주장이 있다.[82] 그러나 과연 그러한지는 의문이다. 앞에서 본 것처럼 민법의 입법자가 소멸시효 원용 규정을 두지 않기로 한 것은 일본 민법상 판례가 확정효과설을 따르고 있었던 것에서 영향을 받은 것으로 생각된다. 그러므로 우리 민법제정 당시 시효의 원용권자에 관한 일본의 판례와 학설은 어떠했는지를 살펴볼 필요가 있다.[83]

　　일본 판례는 앞에서 언급한 것처럼 1986년에 시효 완성의 효과에 관하여 정지조건설을 따른다는 것을 명확히 한 판례가 나오기 전까지는 확정효과설에 따르는 것으로 이해되고 있었다. 그렇지만 다른 한편으로는 당시의 일본 판례는 시효를 원용할 수 있는 자를 시효로 인하여 직접 이익을 받을 자로 한정하고, 시효로 인하여 간접적으로 이익을 받을 자는 시효를 원용할 수 없다고 하였다. 이 점에서는 현재의 우리나라의 판례와 마찬가지라고 할 수 있다. 일본의 다수의 학설도 판례에 찬성하고 있었고, 직접 또는 간접 여부를 묻지 않고, 시효에 의하여 당연히 법률상 이익을 취득하는 자에게는 모두 원용권을 인정하여야 한다는 견해는 소수설에 불과하였다.[84] 현재도 시효의 원용권자를 제한할 필요가 없다는 설은 확정효과설이나, 확정효과설과 거의 차이가 없는 법정증거제출설 내지 소송법설을 지지하는 소수의 학자가 주장하고 있는 정도이다.[85] 그런데 당시의 판례가 한편으로는 확정효과설을 따르면서도 다른 한편으로는 시효의 원용권자를 제한하고 있었던 것은 모순되는 것으로 보이는데도,[86] 당시의 학설상으로는 이 점

---

82) 양창수(주 29), 149-150면; 양창수, "「유럽계약법원칙」의 소멸시효규정", 民法硏究 제8권, 2005, 161면(처음 발표: 2003).

83) 상세한 것은 川井 健(주 65), 44면 이하; 松久三四彦, "時效の援用權者", 時效制度の構造と解釋, 2011, 181면 이하(처음 발표: 1988); 山本 豊(주 53), 276면 이하 등 참조. 제한설과 무제한설에 대하여는 松久三四彦, 위 책 193면 이하가 상세하다.

84) 일본 민법 제정자의 의도가 원용권자를 제한하지 않으려고 했던 것인지, 아니면 제한하려고 했던 것인지에 관하여는 의견이 대립한다. 전설: 松久三四彦(주 83), 182면. 후설: 森田宏樹, "時效援用權者の劃定基準 (二)", 法曹時報 54권 7호, 2002, 29면 이하.

85) 확정효과설: 金山直樹(주 66), 269면. 법정증거제출설: 平野裕之, 民法總則, 제2판, 2006, 494면.

86) 이 점에서 확정효과설을 따르는 柚木 馨, 判例民法總論 下卷, 1952, 352면 이하가 판례를 비판하면서, 시효의 원용권자에 관하여 직접 이익을 받는지 간접 이익을 받는지는 구별할 필요가 없다는 이른바 무제한설을 주장하였던 것은 그 자체로는 논리가 일관된다.

을 별로 의식하지 못하고 있었던 것 같다.[87] 따라서 민법의 입법자가 일본의 판례도 아니고 학설로서도 소수설에 불과하였던, 시효원용권자를 제한할 필요가 없다는 주장을 채택하였을 것으로는 보이지 않는다.

실제로 원용권자의 범위를 정하는 것이 그렇게 어려운 문제는 아니다. 의무자 자신이 소멸시효를 원용할 수 있음은 당연하고, 그 외에도 권리의 소멸에 관하여 정당한 이익을 가지는 자에게 소멸시효의 원용권을 인정하여야 한다고 말할 수 있다. 구체적으로는 의무자의 의무가 소멸함으로써 자신의 법률상 의무도 면하게 되는 자나, 권리자의 권리가 소멸되면 자신의 권리를 상실하지 않게 되는 이익을 얻게 되는 자도 의무자의 소멸시효를 원용할 수 있다고 보아야 한다. 위와 같은 기준에 의하면 원용권자의 범위에 관한 종래의 판례도 충분히 설명할 수 있다.

우선 보증인의 경우에는 주채무자의 채무가 소멸하면 자신의 보증채무도 면하게 되므로, 보증인이 자신의 보증채무의 소멸시효뿐만 아니라 주채무자의 채무의 소멸시효를 원용할 수 있음은 당연하다. 대법원 2012. 7. 12. 선고 2010다51192 판결은, 주채무에 대한 소멸시효가 완성되어 보증채무가 소멸된 상태에서 보증인이 보증채무를 이행하거나 승인하였다고 하더라도, 보증인은 여전히 주채무의 시효소멸을 이유로 보증채무의 소멸을 주장할 수 있다고 보아야 한다고 판시하였다. 또 채권자취소소송의 상대방인 수익자도 채권자의 채무자에 대한 피보전채권이 소멸시효로 인하여 소멸하면 자신의 원상회복의무를 면하게 되므로, 피보전채권의 소멸시효를 원용할 수 있다.[88]

그리고 의무자의 의무가 이행되면 자신의 권리를 상실하게 되는 자도 소멸시효를 원용할 수 있다고 하여야 한다. 권리의 상실은 경제적으로는 의무의 이행과 같은 의미를 가진다고 할 수 있고, 따라서 권리의 상실을 면하는 것도 의무를 면하는 것과 같이 평가될 수 있기 때문이다. 예컨대 담보권이 설정된 부동산의 제3취득자[89]나, 물상보증인[90]과 같은 자이다.[91] 이러한 자들은 담보권자에 대하

---

87) 예컨대 石田文次郎, 現行民法總則, 1930, 491면 이하는 확정효과설을 따르면서도 원용권자의 범위에 관하여는 판례를 지지한다.

88) 대법원 2007. 11. 29. 선고 2007다54849 판결.

89) 대법원 1995. 7. 11. 선고 95다12446 판결.

90) 대법원 2004. 1. 16. 선고 2003다30890 판결; 2007. 1. 11. 선고 2006다33364 판결.

91) 그러나 김병선, "시효원용권자의 범위", 민사법학 제38호, 2007, 267면 이하는 소멸시효원용권자의 범위를 '소멸시효가 완성된 권리의 의무자'에 한정하여 해석하여야 하고, 제3자의 경우에는 법률이 규정하고 있거나 법률의 규정을 유추적용할 수 있는 경우에만 예외적으로 소멸시효

여 직접 의무를 이행하는 지위에 있지는 않지만, 담보권자의 권리가 행사되면 목적물에 대한 권리를 상실하게 되기 때문이다. 가령 담보권이 설정된 부동산의 제3취득자나 물상보증인은 원래의 채무자가 채무를 변제하지 않으면 결국 자신이 채무를 변제하여야 하고, 이 점에서 채무자와 마찬가지의 지위에 있다고 할 수 있다.

반면 채무자의 일반채권자는 채무자가 특정 채권자에 대하여 채무를 이행하게 되면 채무자의 자력이 악화되어 다른 채권자들이 자신의 채권을 만족받지 못하게 되는 불이익을 입을 수는 있으나, 이는 채무자의 채무 이행으로 인한 반사적인 효과에 불과하고, 다른 일반채권자들의 법률상 권리나 의무에 영향을 미치는 것은 아니므로, 이러한 일반채권자는 채무자의 소멸시효를 원용할 수는 없다고 보아야 한다. 필요하면 그러한 일반채권자는 채권자대위권에 의하여 채무자의 소멸시효 원용권을 대위행사할 수는 있을 것이다.[92] 그리고 일반채권자가 채무자의 소멸시효 원용권을 대위행사할 수 있다면, 채무자가 소멸시효 완성 후에 한 소멸시효이익의 포기행위도 채권자취소권의 대상인 사해행위가 되어 일반채권자가 취소할 수도 있다.[93]

또한 채권자대위소송의 상대방은 채권자의 채무자에 대한 피보전채권이 시효로 인하여 소멸하였다는 항변을 할 수 없다고 보아야 한다. 채권자대위권 행사의 상대방에게 소멸시효의 원용을 허용하여 피보전채권의 부존재를 이유로 채권

를 원용할 수 있다고 하는 것이 타당하고, 따라서 물상보증인은 소멸시효를 원용할 수 있지만, 담보권이 설정된 부동산의 제3취득자나 후순위 저당권자는 소멸시효를 원용할 수 없으며, 다만 제3취득자가 채무를 인수하여 인수인과 채무자가 연대채무자의 관계에 있는 경우는 제3취득자가 소멸시효를 원용할 수 있다고 주장한다.

92) 위 대법원 1979. 6. 26. 선고 79다407 판결 등 참조. 프랑스 민법 제2253조(2008년 개정 전 제2225조)는 "채무자가 시효를 포기한 경우에도, 채권자 기타 시효의 완성으로 이익이 있는 자는 누구나 시효로 대항하거나 원용할 수 있다"고 규정하고 있어서 다른 일반채권자는 항상 소멸시효를 원용할 수 있는 것처럼 보인다. 그러나 프랑스의 학설은, 이러한 채권자는 채권자대위권(제1166조)에 기하여 소멸시효를 원용하는 것과 마찬가지라고 이해하고 있다. Ghestin, Billiau et Loisean, Traité de droit civil, Le régime des créances et des dettes, 2005, no. 1206; Flour, Aubert, Savaux, Les obligation, vol. 3, Le rapport d'obligation, 7ᵉ éd., 2011, no. 502 참조.

93) 대법원 2013. 5. 31. 자 2012마712 결정 참조. 이 결정은 "채무자가 소멸시효 완성 후에 한 소멸시효이익의 포기행위는 소멸하였던 채무가 소멸하지 않았던 것으로 되어 결과적으로 채무자가 부담하지 않아도 되는 채무를 새롭게 부담하게 되는 것이므로 채권자취소권의 대상인 사해행위가 될 수 있다"라고 하여 그 문언만으로는 절대적 소멸설을 따른 것으로 보이지만, 상대적 소멸설에 의하더라도 소멸시효 이익의 포기는 곧 소멸시효 원용권의 포기이므로 사해행위가 될 수 있다는 점에는 의문의 여지가 없다. 같은 취지, 박범석, "채무자가 소멸시효 완성 후에 한 소멸시효이익의 포기행위가 채권자취소권의 대상인 사해행위가 될 수 있는지 여부", 대법원판례해설 제95호(2013년 상), 2013, 33면 이하.

자대위소송을 각하한다고 하더라도, 그로 인하여 상대방의 채무자에 대한 실체
법상의 의무가 소멸하는 것은 아니고, 또 상대방이 권리를 상실하게 되는 불이익
을 피할 수 있는 것도 아니다. 오히려 피대위자 자신이 상대방에게 소송을 제기
하면 그 상대방은 또다시 소송에 응하여야 하는데, 이는 소송경제상으로 낭비를
초래하는 결과가 될 뿐만 아니라 상대방 자신에게도 이익이 되지 않기 때문이
다.94) 그리고 공탁자가 공탁금을 회수할 수 없는 경우에는 공탁금출급청구권의
소멸시효가 완성되더라도 그 공탁금을 취득할 수는 없으므로, 소멸시효 완성으
로 인하여 공탁자의 법률상 지위에 무슨 영향이 있는 것은 아니어서, 그러한 공
탁자도 소멸시효를 원용할 수 없다고 보아야 한다.95)

　　그리고 후순위 저당권자가 선순위 저당권자의 채권의 소멸시효가 완성되었
음을 주장할 수 있는가 하는 점에 관하여는 다소 논의가 있다. 일본의 판례는 선
순위 저당권의 피담보채권이 소멸하고 후순위 저당권자의 순위가 승진하여 부동
산의 환가처분이 행하여지는 경우 배당액이 증가하는 이익을 받게 되는 것은 '반
사적 이익'에 불과하기 때문에 후순위 저당권자는 간접적으로 시효이익을 받는
자에 지나지 않고 따라서 소멸시효를 원용할 수 없다고 하였다.96) 과거의 일본
학설 가운데에는 후순위 저당권자에게도 선순위 저당권의 피담보채권의 소멸시
효를 원용할 수 있다고 보아야 한다는 견해도 있었으나, 현재에는 판례와 같이
이를 부정하는 견해가 많은 것으로 보이고,97) 우리나라에서도 원용권을 부정하
는 견해가 있다.98) 생각건대 선순위 저당권이 실행되면 그 매각대금에서 선순위
저당권의 피담보채권이 우선 충당되므로, 후순위 저당권자는 자신의 채권의 만

---

94) 윤진수(주 3), 260-261면 참조.

95) 위 대법원 2007. 3. 30. 선고 2005다11312 판결 참조. 그런데 노재호(주 73), 289면 주 117)은,
2009년 신설된 공탁법 제9조 제3항{제1항 및 제2항의 공탁물이 금전인 경우(제7조에 따른 유
가증권상환금, 배당금과 제11조에 따른 물품을 매각하여 그 대금을 공탁한 경우를 포함한다)
그 원금 또는 이자의 수령, 회수에 대한 권리는 그 권리를 행사할 수 있는 때부터 10년간 행사
하지 아니할 때에는 시효로 인하여 소멸한다}을 근거로 들면서, 공탁금출급청구권의 경우에는
예외적으로 소멸시효가 완성하면 권리가 곧바로 소멸한다고 해석하는 것이 타당하기 때문에
{위 논문 258면 주 47) 참조}, 누구나 필요하면 소멸시효 완성을 주장할 수 있어야 한다고 주
장한다. 그러나 위 조항이 신설된 것은 공탁법에 소멸시효에 관한 명문규정도 없고, 소멸시효
에 관하여 민법을 준용하는 규정도 없어 민법상 소멸시효를 준용하여야 하는지 해석상 논란이
있어 이를 명확하게 하려는 것이었을 뿐, 민법상 일반적인 소멸시효와 다른 내용을 규정하려던
것은 아니었다. 법제사법위원회, 공탁법 일부개정법률안 심사보고서(2009. 12. 7.), 2면 참조.

96) 日本最高裁判所 1999(平成 11). 10. 21. 판결(民集 53권 7호 1190면).

97) 상세한 것은 森田宏樹(주 84), 12면 이하 참조.

98) 박운삼(주 40), 2010, 291면; 노재호(주 73), 300-301면. 또한 김병선(주 91), 286면 이하 참조.

족을 받지 못하게 될 염려가 있기는 하지만, 그렇다고 하여도 후순위 저당권자가 소멸시효를 원용함으로써 자신의 의무를 소멸시키거나, 권리 상실을 막을 수 있게 되는 것은 아니므로, 후순위 저당권자에게 소멸시효 원용권을 인정할 필요는 없다. 후순위 저당권자로서는 선순위 저당권자의 저당권이 실행됨으로써 자신의 채권이 완전히 만족을 받지 못할 수도 있다는 것을 충분히 예상하면서 이를 감수하고 저당권을 취득한다고 볼 수 있다. 금융기관의 실무에서는 이러한 사정을 감안하여 목적물의 담보가치를 파악하고 그에 따라 대출 여부를 결정하는 것이 통례이다. 따라서 그에게 선순위 저당권자의 피담보채권의 시효소멸 원용권을 인정하지 않는다고 하더라도 특별히 부당하다고는 할 수 없다. 이 점에서 후순위 저당권자는 저당부동산의 제3취득자나 물상보증인과는 달리 취급하여야 한다. 다만 후순위 저당권자로서는 저당권 설정자가 선순위 저당권자에 대하여 가지는 소멸시효 원용권을 대위행사할 수는 있을 것이다.[99]

다. 비교법적 관점

외국법 또는 비교법적 고찰이 입법론은 별론으로 하고 국내법의 해석에서 얼마나 유용한 것인지에 대하여는 의문이 있을 수 있다. 그러나 비교법적 연구 결과 어떤 원칙이 다른 나라에서도 일반적으로 승인되고 있다면, 이는 국내법의 해석에서도 고려될 필요가 있다.[100] 법학방법론의 관점에서는 이는 목적론적 해석에 포함시킬 수 있다. 특히 우리나라의 소멸시효 제도는 프랑스 민법의 영향을 많이 받았으므로,[101] 우리나라 민법의 해석에 있어서도 프랑스 민법을 비롯한 대륙법에서의 논의를 살펴보지 않으면 안 된다. 뿐만 아니라 민법의 입법자도 소멸시효 규정을 만들 때 외국의 입법례를 참고하였으므로,[102] 이러한 비교법적 고찰

---

99) 참고로 일본의 구민법 기초자라고 할 수 있는 브아소나드(Boissonade)는 후순위 저당권자도 선순위 저당권자의 피담보채권의 소멸시효를 원용할 수 있다고 보았다고 한다. 山本 豊(주 53), 260면 이하 참조. 그러나 山本 豊 자신은 이에 반대하면서, 후순위 저당권자는 채무자가 무자력인 경우에 원용권을 대위행사함으로써 만족하여야 할 것이라고 주장한다. 위 논문 298면.

100) Jan M. Smits, "Comparative Law and its Influence on National Legal Systems", in Reimann and Zimmermann ed., The Oxford Handbook of Comparative Law, 2006, pp., 527 ff. 참조.

101) 민법상 소멸시효 규정의 원형이라고 할 수 있는 일본 민법의 소멸시효 규정이 프랑스의 학자인 브아소나드가 기초한 일본 구민법을 수정한 것이고, 이 구민법은 프랑스 민법을 바탕으로 한 것임은 잘 알려져 있는 사실이다. 일본 민법의 시효 성립사에 관하여는 예컨대 內池慶四郎, "現行時效法の成立とボアトナード理論", 消滅時效法の原理と歷史的課題, 1993, 83면 이하 참조.

102) 민법안심의록(주 4), 103면 이하는 참고한 입법례로서 독일 민법, 스위스 채무법, 중국 민법, 만주국 민법 등을 열거하고 있다.

은 입법자의 의사를 탐구함에 있어서도 의미를 가진다.

그런데 소멸시효에 관하여는 소멸시효가 완성하면 권리 그 자체가 소멸하는 입법례103)와, 권리 그 자체는 소멸하지 않고, 다만 의무자가 이행을 거절하는 권리(항변권)만을 취득하는 입법례104)가 있다. 독일의 치머만 교수는 전자는 강한 효력(strong effect), 후자는 약한 효력(weak effect)을 인정하는 것이라고 표현한다.105) 후자의 입법례에서는 원칙적으로 의무자가 이행을 거절하는 권리를 행사하여야만 한다는 것은 당연하지만, 전자의 입법례에서도 대체로 의무자의 소멸시효 원용을 필요로 한다고 보고 있다.106) 그런데 치머만 교수는 강한 효력을 인정하는 입법례를 다음과 같이 비판한다. 즉 강한 효력을 인정한다면 채무자가 소멸시효가 완성된 후에 채무를 변제하였다면 이는 부당이득으로서 반환을 청구할 수 있어야 하고, 또 소멸시효를 법원이 직권으로(ex officio) 고려할 수 있어야 한다고 보게 될 것이지만, 이러한 결론은 강한 효과를 인정하는 입법례에서도 인정하고 있지 않다고 한다.107) 따라서 국제적으로는 약한 효과가 더 지지를 받고 있는데, 이것이 시효법의 목적을 고려하면 이는 놀랍지 않다고 한다. 왜냐하면 법이 지급할 의사가 있고, 따라서 자신에게 그러한 의무가 있다는 것을 승인하는 것으로 받아들일 수 있는 채무자에게 보호를 받도록 강요할 이유는 없고, 그것이 공익(public interest)에 어긋나는 것도 아니라고 한다.108)

유럽계약법원칙(PECL) 14:501조와 공통기준참조초안(DCFR) Ⅲ.-7:501은 시효 완성의 효과로서 채무자에게 이행거절권을 인정하고, 채무자가 채무 이행으

---

103) 예컨대 프랑스 민법 제2219조. 이 조문은 2008년에 개정된 것인데, 그 전에는 소멸시효로 인하여 권리(droit)가 소멸하는가, 아니면 소권(action)만이 소멸하는가에 관하여 논쟁이 있었으나, 개정법은 권리가 소멸한다는 점을 명백히 하였다. 김성수(주 23), 65면 이하 참조.

104) 예컨대 독일 민법 제214조 제1항.

105) Reinhard Zimmermann, Comparative Foundations of a European Law of Set-off and Prescription, 2002, pp. 72 ff.

106) 상세한 것은 김성수(주 23), 23면 이하 참조. 이 점은 소멸시효와는 다소 차이가 있는 권리의 기간제한(limitation of actions)을 인정하는 영미법의 경우에도 마찬가지이다. 잉글랜드와 웨일즈에 관하여는 Andrew McGee, Limitation Periods, 1994, p. 343 참조. 다만 특이하게도 북한 민법 제268조는 "재판기관이나 중재기관은 당사자가 민사시효의 리익을 주장하지 않아도 시효를 적용하여야 한다"고 규정하여 소멸시효의 원용이 필요없는 것으로 하고 있다. 김성수(주 23), 242면 참조.

107) 실제로 2008년 신설된 프랑스 민법 제2249조는 "채무를 소멸시키기 위하여 한 변제는 시효의 기간이 경과한 것만을 이유로 반환을 청구할 수 없다"고 규정하여 종래의 판례이론을 명문화하였다. 김상찬, "프랑스의 신시효법에 관한 연구," 법학연구 제38집, 한국법학회, 2010, 36면 이하 참조.

108) Zimmermann(주 105), pp. 72 ff.

로서 변제한 것은 소멸시효의 완성을 이유로 반환청구를 할 수 없다고 규정하고 있으며, 그 이유에 대한 설명은 위와 같은 치머만 교수의 의견과 같다.[109]

그러나 이러한 치머만 교수의 비판은 강한 효과를 인정하는 경우에도 소멸시효 완성을 이유로 권리가 소멸하기 위하여는 당사자의 원용을 필요로 한다는 상대적 소멸설에는 적용될 수 없다. 그렇지만 절대적 소멸설과 같이 소멸시효 완성으로 인하여 원용이 없이도 의무가 당연히 소멸한다고 본다면 위와 같은 비판이 그대로 적용될 수 있다. 이 점에서 민법의 입법자가 다른 입법례와는 다른 결과를 이끌어내려고 하였을지는 매우 의심스럽다.[110] 김증한 교수는 절대적 소멸설에 대하여, 역사에 없고 타국의 어느 입법례에도 찾아볼 수 없는 혁신적인 제도를 우리나라에서 창조하려는 것인가 하는 의문을 제기하면서, 소멸시효제도는 이미 역사와 입법례를 통하여 하나의 유형화된 제도이고, 우리나라에서 마음대로 뜯어 고칠 수 있는 것이 아니라고 지적하였다.[111]

그런데 절대적 소멸설은 위와 같이 비판을 받는 각각의 경우마다 별도의 이론 구성에 의하여 이러한 부당한 결과를 회피하려고 한다. 그러나 그러한 주장이 크게 설득력이 없을 뿐만 아니라, 특히 원용의 근거를 의무자의 의사 존중이 아니라 소송법상의 변론주의에서 구하는 한, 실체법상 원용권자를 제한하는 것과 같은 합리적인 해결은 불가능하다.

결국 우리 민법이 원용제도를 없애버린 것은, 입법자가 소멸시효의 원용이 가지는 실체법적인 의미를 소홀히 한 채 이를 소송상의 공격방어방법으로만 취급해도 충분하다는 잘못된 판단에 기한 것으로서, 입법자도 이와 같은 모순된 결과를 의욕하지는 않았을 것이라고 보는 것이 합리적이고, 체계적·목적론적 해석에 의하여 이러한 모순된 결과가 생기지 않게 하는 것은 법의 해석에서 충분히 가능한 일이다.

---

109) Ole Lando, Eric Clive André Prüm ed., Principles of European Contract Law, Part Ⅲ, 2003, p. 202; Christian von Bar and Eric Clive ed., Principles, Definitions and Model Rules of European Private Law, Draft common Frame of Reference(DCFR), Full Edition, Vol. 2, 2009, pp. 1196 f. 치머만 교수는 PECL의 소멸시효부분(Chapter 14) 제정 책임자였고, DCFR은 PECL의 해당 부분을 그대로 받아들였다.

110) 그러나 이영준, 민법총칙, 개정증보판, 2007, 835면은, 우리 민법상의 소멸시효제도는 원용제도를 소송법상의 항변으로 대체한 보기 드문 입법례가 된 것을 유의하면 족하다고 한다.

111) 김증한(주 14), 120면. 또한 김증한(1959), 273면; 김증한(1980), 283면 참조.

2. 종래의 판례에 대한 재검토

종래의 판례 가운데 절대적 소멸설로는 설명할 수 없고, 상대적 소멸설로만 설명할 수 있는 판례가 있다는 점은 앞에서 살펴 보았다. 뿐만 아니라, 종래 절대적 소멸설을 따랐다고 하는 판례도 상대적 소멸설에 의하여도 설명할 수 있거나, 또는 그 결과에 있어서 상대적 소멸설을 따르더라도 결과에 있어서 차이가 없다고 할 수 있다.

우선 판례가 소멸시효의 이익을 받을 자가 실제 소송에 있어서 시효소멸의 이익을 받겠다는 항변을 하지 않는 이상 그 의사에 반하여 재판할 수 없다고 하는 것은 실제로는 절대적 소멸설과 같이 변론주의에 의하여는 설명할 수 없고, 상대적 소멸설에 의하여만 그러한 결론이 도출될 수 있다는 점은 위에서 살펴보았다.

또한 판례가 절대적 소멸설에 따른다는 것을 가장 명확히 한 것으로 평가되는 대법원 1966. 1. 31. 선고 65다2445 판결은, 소멸시효가 완성된 채무에 기하여 한 가압류는 불법행위가 되고, 가압류 당시 시효의 원용이 없었더라도 가압류채권자에게 과실이 없었다고는 할 수 없다고 하였다. 그러나 과연 절대적 소멸설에 따른다고 하여 소멸시효가 완성된 채무에 기하여 가압류를 한 채권자에게 과실이 있었다고 할 수 있는지는 의문이다. 종래의 판례는 채권이 법정기간의 경과로 인하여 소멸시효로 소멸된다는 것은 보통 일반적으로 아는 것이므로, 채무자가 시효완성 후에 채무의 승인을 한 때에는 일응 시효완성의 사실을 알고 그 이익을 포기한 것이라고 추정할 수 있다고 한다.[112] 그러나 이러한 판례는 당사자가 시효완성 후에 채무를 승인한 경우에는 이는 오히려 시효완성의 사실을 모르고 한 것이 통상적일 것이고 시효완성의 사실을 알면서도 승인한다는 것은 이례적이라고 하는 비판을 받고 있다.[113] 그러므로 채권자의 경우에도 당사자가 당연히 자신의 채권이 소멸시효가 완성되었음을 알았다고 추정할 수는 없고, 따라서 이러한 채권을 보전하기 위하여 가압류를 한 데 과실이 있다고 단정할 수는 없다. 상대적 소멸설에 의하면 이러한 경우에는 원칙적으로 채권자에게 과실이 없다고 보게 될 것이다.

---

112) 대법원 1967. 2. 7. 선고 66다2173 판결. 같은 취지, 대법원 1965. 11. 30. 선고 65다1996 판결; 1992. 5. 22. 선고 92다4796 판결.
113) 윤진수(주 55), 554-555면; 주석민법 총칙 (3), 2010, 668면(김홍엽) 참조.

그리고 대법원 1978. 10. 10. 선고 78다910 판결은, 근저당권에 기한 경매개시결정 이전에 그 피담보채권의 소멸시효가 완성된 경우에는 소멸시효의 원용이 경매개시결정 이후에 있었어도 경락인은 경매목적물의 소유권을 취득할 수 없다고 하였다. 그런데 소멸시효가 완성되면 그 효력은 기산일에 소급하므로(민법 제167조), 상대적 소멸설에 따르더라도 경매개시결정 후에 소멸시효를 원용하면 피담보채권이 경매개시결정 전에 소급하여 소멸한 것으로 볼 수 있다. 따라서 이러한 경우에는 마찬가지로 경락인이 경매목적물의 소유권을 취득할 수 없게 된다. 물론 이는 경락인에게 가혹한 결과가 된다고 생각할 수는 있으나, 소멸시효의 소급효에 대하여는 제3자 보호규정이 없으므로, 이는 불가피한 것이다.

다른 한편 대법원 2012. 7. 12. 선고 2010다51192 판결은, 주채무에 대한 소멸시효가 완성된 경우에는 시효완성의 사실로써 주채무가 당연히 소멸되므로 보증채무의 부종성에 따라 보증채무 역시 당연히 소멸된다고 하여, 절대적 소멸설과 같은 표현을 쓰고 있다. 그러나 이 판결의 주안점은 주채무가 소멸되면 보증채무도 소멸된다는 데 있는 것으로서, 원용이 있어야만 소멸하는가 하는 점이 실제로 문제된 것은 아니었고, 이 점에서 이러한 설시는 단순한 방론에 불과하다.

이 밖에 대법원 1985. 5. 14. 선고 83누655 판결은, 국가의 조세부과권도 그 소멸시효가 완성되면 당연히 소멸하므로, 소멸시효 완성 후에 한 조세부과처분은 납세의무 없는 자에 대하여 부과처분을 한 것으로서 하자가 중대하고 명백하여 그 처분은 당연무효라고 하였다. 그런데 이 문제는 국가의 조세부과권이 과연 소멸시효에 걸릴 수 있는가 하는 점부터 따져 보아야 한다. 국가의 조세부과권은 일종의 공법상 형성권이라고 할 수 있는데, 과연 이러한 형성권이 소멸시효에 걸릴 수 있는가 하는 점이다. 1984. 8. 7 신설된 국세기본법 제26조의2는 국세부과권이 소멸시효가 아니라 제척기간에 걸린다는 것을 명시하였다. 그러나 그 이전의 판례는 국세징수권 아닌 국세부과권은 별도로 소멸시효에 걸리지 않는 것으로 보다가,[114] 대법원 1984. 12. 26. 선고 84누572 전원합의체 판결이 국세의 징수권뿐만 아니라 부과권이 다같이 5년의 소멸시효에 걸리는 것으로 확정지었다. 이러한 점에 비추어 본다면, 위 국세기본법 제26조의2가 신설되기 전에 국세부과권이 소멸시효에 걸린다고 하더라도, 그 소멸시효는 실제로는 제척기간의 성질을 가지는 것이라고 이해할 수 있다. 뿐만 아니라 당시의 국세기본법 제26조는

---

114) 대법원 1973. 10. 23. 선고 72누207 판결; 1980. 9. 30. 선고 80누323 판결.

"국세·가산금 또는 체납처분비를 납부할 의무는 다음 각호의 1에 해당하는 때에는 소멸한다"고 하면서 제2호에서 "제27조의 규정에 의하여 국세징수권의 소멸시효가 완성한 때"라고 규정하고 있었다.[115] 그런데, 이러한 국세징수권과 같은 공법상 채권의 경우에는 평등의 원칙에 의하여 당사자를 평등하게 다룰 필요가 있고, 외국에서도 공법상 채권의 경우에는 일반적인 경우와는 달리 소멸시효의 완성으로 채권이 절대적으로 소멸하는 것으로 하고 있는 예를 찾아볼 수 있으므로, 위 국세기본법의 규정이 적용되는 경우에는 국세징수권은 그 소멸시효가 완성되면 원용 없이도 당연히 소멸되는 것으로 볼 수도 있는 것이다.[116]

3. 입법론적 고찰

소멸시효 완성의 효과에 관하여 이처럼 복잡한 논의가 생기게 된 것은 기본적으로 민법이 소멸시효 원용에 관한 규정을 두지 않았기 때문이다. 그러므로 제1차적으로는 민법에 소멸시효 원용에 관한 규정을 두는 방법을 생각해 볼 수 있다. 실제로 제18대 국회에서 정부가 2011. 6. 22. 제출한 민법 일부개정법률안 제183조 제1항은 "소멸시효가 완성된 때에는 그 권리의 소멸로 인하여 이익을 받을 자는 그 권리의 소멸을 주장할 수 있다"고 규정하고 있었다.[117] 그러나 위 법률안은 제18대 국회의 임기만료로 폐기되어 버렸다.

다른 한편 입법론으로는 소멸시효 완성으로 인하여 권리가 소멸하는 것은 아니고, 약한 효과, 즉 권리는 존속하지만, 의무자에게 그 의무의 이행을 거부할 수 있는 영구적 항변권을 인정하여야 한다는 주장도 있다.[118] 그러나 이처럼 소멸시효 완성으로 인하여 권리가 소멸하는 것이 아니라 영구적 항변권을 인정하는 것은 현재의 소멸시효 규정을 크게 변화시키는 것이 되는데, 앞에서 본 것처럼 상대적 소멸설과 약한 효과 사이에는 실제로 별다른 차이가 없다. 그러므로 위와 같은 개정은 노력에 비하여 얻어지는 실익이 별로 크지 않아서 굳이 그와 같이 개정할 필요성이 크지 않다.

---

115) 현행 국세기본법 제26조 제3호도 마찬가지이다.
116) 윤진수(주 55), 484면.
117) 이에 대하여는 송덕수, "시효에 관한 2011년 민법개정안 연구", 이화여자대학교 법학논집 제15권 제4호, 2011, 38면 참조.
118) 김학동, "소멸시효에 관한 입법론적 고찰", 민사법학 제11호·제12호, 1995, 78면 이하; 김진우(주 78), 179면 주 64); 서종희(주 52), 188면 주 88).

Ⅵ. 김증한 소멸시효론의 의의

결론에 갈음하여 김증한 교수의 소멸시효론이 오늘날 가지는 의의를 생각해
본다.

우선 김증한 교수가 상대적 소멸설을 제창하지 않았더라면 과연 그 후 상대
적 소멸설이 학설로서 주장되었을 것인가는 상당히 의심스럽다.[119] 이 점에서 김
증한 교수의 소멸시효론이 가지는 의의는 아무리 강조해도 모자란다.

나아가 그 내용에서도 생각할 수 있는 거의 대부분의 논점에 대하여 언급하
고 있어서, 이후의 상대적 소멸설도 그 범주에서 크게 벗어나지 못하고 있다. 김
증한 교수가 어떻게 상대적 소멸설을 주장하게 되었는지에 관하여는 명확한 자
료가 없으나, 일단은 정지조건설을 주장한 일본의 와가쯔마 교수의 영향을 받은
것으로 추측된다. 김증한 교수가 안이준 교수와 함께 펴낸 신민법총칙 자체가 와
가쯔마 교수의 민법강의를 토대로 한 것이었을 뿐만 아니라,[120] 공편자인 안이준
교수는 와가쯔마 교수의 민법총칙 교과서를 번역하기도 하였다.[121] 그런데 와가
쯔마 교수의 정지조건설에 대한 설명은 비교적 간단한 데 반하여,[122] 김증한 교
수는 여러 가지의 다양한 논거를 제시하고 있는 점에서 단순히 와가쯔마 교수의
주장을 반복하고 있는 것은 아니다. 특히 그 논증 가운데 오늘날의 관점에서도
주목하여야 할 것은 법학방법론적으로 법의 문언이나 입법자의 의사가 아니라,
의무자의 의사 존중과 같은 목적론적인 요소를 고려하여야 한다는 점을 강조하
고 있다는 것이다. 또 풍부한 역사적 및 비교법적 논의를 펼치고 있는 점도 인상
적이다.

한 가지 더 강조한다면, 절대적 소멸설이 원용의 근거를 변론주의에서 찾고

---

119) 민법 제정 후 초기에는 김증한·안이준 교수를 제외하고는 모두 절대적 소멸설을 따랐다. 처음
   으로 김증한 교수의 이론을 받아들인 것은 확인된 범위 내에서는 1968년에 발표된 최종길 교
   수의 논문이다. 최종길, "소멸시효의 완성과 시효의 원용", 법조 제17권 제7호, 1968, 51면 이
   하. 이 글은 최광준 엮음, 최종길 교수의 민법학 연구, 2005, 633면 이하에 재수록되어 있다.
120) 위 주 11) 참조.
121) 我妻 榮 저, 안이준 역, 민법총칙, 1950. 이 책은 我妻 榮 교수의 1933년 교과서를 번역한 것
   이다.
122) 我妻 榮(주 121), 353면 이하. 이 점은 위 1933년 교과서의 개정판인 我妻 榮, 民法總則, 1951,
   344-345면에서도 별로 달라지지 않았다. 한 가지 덧붙일 것은, 정지조건설을 처음으로 주장한
   것은 와카츠마가 위 책에서 스스로 밝히고 있는 것처럼, 호즈미 시게토(穗積重遠)이다. 穗積重
   遠, (改訂)民法總論, 1931, 457면.

있는 데 대한 김중한 교수의 비판은, 당시까지의 일본의 학설에서는 찾아볼 수 없었던 것이라는 점이다. 당시에 정지조건설이 공격방어방법설의 변론주의 논증에 대하여 비판하였던 이유는, 그에 따르게 되면 실체관계와 재판과의 사이에서 모순을 낳고, 민사소송법상의 원칙인 변론주의를 민법에 규정할 필요가 없다는 점 정도였으며,123) 주장공통의 원칙과 관련시켜 비판하게 된 것은 비교적 최근의 일이었다. 그런데 김중한 교수는 변론주의의 의의 자체를 근거로 하여 절대적 소멸설을 비판하고 있다. 이는 독일의 학설을 참고한 것으로 보이는데,124) 특히 당시의 학문적 상황에 비추어 볼 때에는 김 교수의 이와 같은 논증을 높이 평가하지 않을 수 없다.

그렇지만 다른 한편으로 김중한 교수 주장의 문제점도 지적하지 않을 수 없다. 우선 김중한 교수는 민법의 문언과 입법자의 의사를 다소 가볍게 취급하였다. 민법의 문언과 관련하여서는 민법이 「시효로 인하여 소멸」이라는 문자가 있는 것을 단순한 용어의 불통일이라고 하는데, 그와 같이 보기는 어렵다. 가령 민법 제766조는 滿洲國 民法 제745조를 참고한 것으로 생각되는데, 만주국 민법의 당해 조문은 "소멸시효가 완성한다"라고 규정하고 있는 데 반하여, 민법 제766조 제1항은 "시효로 인하여 소멸한다"고 하여 의도적으로 바꾼 것으로 보인다. 그러나 김중한 교수는 오히려 만주국 민법의 규정과 비교하면서, 제766조에 그러한 문언을 사용한 것이 특별한 이유가 있는 것이 아니라고 하고 있다.125) 또한 입법자의 의사가 절대적 소멸설을 채택하려고 하였던 것임은 오늘날 상대적 소멸설을 주장하는 논자들도 대체로 시인하고 있다.

그리고 김중한 교수는 절대적 소멸설을 따른다면 시효항변에 대하여는 권리남용의 재항변이 불가능하다고 서술하고 있다.126) 그러나 절대적 소멸설을 취한다고 하여 이러한 경우 반드시 소멸시효의 주장을 배척할 수 없다고는 볼 수 없고, 권리남용이 아니라 신의칙을 이유로 하여서는 배척할 수 있다고 보아야 할 것이다.127)

---

123) 我妻 榮(주 121), 353면 외에 松久三四彦(주 83), 579면 이하 등 참조.
124) 김중한(1959), 291면 주 60); 김중한(1980), 289 주 101)은 Ennecerus = Nipperdey, Lehmann, von Tuhr, Köst와 같은 독일 학자들의 글을 인용하고 있다.
125) 김중한(1980), 281-282면.
126) 김중한(1980), 297면.
127) 윤진수(주 55), 412면; 윤진수(주 3), 245면 주 31); 최복규, "민법 제146조 후단 소정의 제척기간과 신의성실의 원칙", 대법원판례해설 제42호, 2003, 127면 이하 참조.

그러나 이러한 문제점은 김증한 교수의 소멸시효론이 가지는 큰 의미에 비하면 사소한 것이다. 김증한 교수의 소멸시효론은 앞으로도 우리 민법학의 역사에서 획기적인 업적으로 남을 것이다.

〈민사법학 제69호, 2014 = 윤철홍 엮음,
한국 민법학의 재정립-청헌 김증한 교수의 생애와 학문세계〉

〈추기〉

1. 이 글은 '청헌 김증한 교수의 생애와 학문세계'라는 주제로 2014. 10. 18. 개최되었던 한국민사법학회 추계 학술대회에서 발표되었던 것으로 그 뒤에 위 학술대회에서 발표되었던 것을 묶은 단행본에 게재되었다. 당시 한국민사법학회 회장으로서 김증한 교수님의 업적을 기리기 위하여 위 학술대회를 개최하고, 단행본을 발간하신 윤철홍 교수님께 감사를 드린다.

2. 대법원 2021. 2. 25. 선고 2016다232597 판결은, 후순위 담보권자는 선순위 담보권의 피담보채권이 소멸하면 담보권의 순위가 상승하고 이에 따라 피담보채권에 대한 배당액이 증가할 수 있지만, 이러한 배당액 증가에 대한 기대는 담보권의 순위 상승에 따른 반사적 이익에 지나지 않고, 후순위 담보권자는 선순위 담보권의 피담보채권 소멸로 직접 이익을 받는 자에 해당하지 않아 선순위 담보권의 피담보채권에 관한 소멸시효가 완성되었다고 주장할 수 없다고 판시하였다.

3. 2017년 개정 전의 일본 민법 제145조는 "시효는 당사자가 원용하지 않으면 법원이 이에 의하여 재판을 할 수 없다"고 규정하고 있었는데, 2017년 개정에 의하여 "시효는 당사자(소멸시효에 있어서는 보증인, 물상보증인, 제3취득자 기타 권리의 소멸에 대해 정당한 이익을 갖는 자를 포함한다)가 원용하지 않으면 법원이 이에 의하여 재판을 할 수 없다"고 바뀌었다.

과거사 정리와 소멸시효[*]
- 형사판결에 의한 인권침해를 중심으로 -

I. 서 론

1990년대 이후에 1980년대의 권위주의적 정부 시절에 이르기까지의 국가의 인권침해를 이유로 하는 국가배상청구소송이 많이 제기되었다. 초기에는 이는 주로 1980년 무렵의 국가보위비상대책위원회 내지 국가보위입법회의가 행했던 인권침해 행위를 대상으로 하였다.[1] 그 후 최근에는 2005년에 제정된 진실·화해를 위한 과거사정리 기본법(이하 "과거사정리법")에 의하여 설치되었던 진실·화해를 위한 과거사정리위원회(이하 "과거사정리위원회")에 의한 진실규명결정이 있으면 그에 기하여 국가를 상대로 손해배상청구를 하는 것이 하나의 정형으로 정착되었다.[2][3] 과거사정리위원회의 진실규명 대상은 여러 가지가 있으나 주로

---

* 이 글을 쓰게 된 계기를 마련하여 주신 법무법인 지평의 조용환 변호사님과, 초고를 검토하고 의견을 제시해 주신 서울대학교 법학전문대학원의 정선주, 권영준, 이동진 교수님 및 2015. 3. 11. 서울대학교 법학전문대학원의 법과 문화 포럼 발표 당시 토론하여 주신 여러 교수님들께 감사의 뜻을 표한다. 이 글 중 일부(특히 Ⅳ. 이하)는 필자가 2014. 3. 서울고등법원과 대법원에 제출하였던 의견서를 기초로 한 것이다.

1) 이에 대하여는 윤진수, "국가 공권력의 위법행위에 대한 민사적 구제와 소멸시효·제척기간의 문제", 한인섭 편, 재심·시효·인권, 2007, 197면 이하 참조.

2) 위 법은 2005. 5. 31. 법률 제7542호로 제정되어 2005. 12. 1.부터 시행되었다. 위 법에 따른 진상조사위원회의 조사기간은 위원회가 구성되어 최초의 진실규명 조사개시 결정일 이후 4년간으로 한정되어 있었다(제25조 제1항). 다만 위원회는 기간 만료일 3월 전에 대통령 및 국회에 보고하고 2년 이내의 범위에서 그 기간을 연장할 수 있도록 규정되어 있었으나(제25조 제2항), 그와 같은 연장은 이루어지지 않아서 2010. 6. 30. 그 활동을 종료하였다.

문제되었던 것은 1945년 8월 15일부터 한국전쟁 전후의 시기에 불법적으로 이루어진 민간인 집단 희생사건(위 법 제2조 제1항 제3호)과, 1945년 8월 15일부터 권위주의 통치시까지 헌정질서 파괴행위 등 위법 또는 현저히 부당한 공권력의 행사로 인하여 발생한 사망·상해·실종사건, 그 밖에 중대한 인권침해사건과 조작의혹사건(위 법 제2조 제1항 제4호)이었다.

그런데 이러한 인권침해 사건도 두 가지 유형으로 나누어 볼 수 있다. 그 하나는 과거사정리법도 들고 있는, 6·25를 전후하여 자행되었던, 재판 없이 행한 불법처형을 비롯한 물리적인 사실행위에 의한 인권침해이다. 다른 하나는 장기간의 불법구금 및 고문 등에 의한 방법으로 허위 자백을 받아낸 후, 그에 기하여 유죄판결을 받은 경우이다. 양자는 아래에서 보는 것처럼 법적으로 달리 취급되고 있다. 이하에서는 앞의 경우를 사실행위형, 뒤의 경우를 유죄판결형이라고 부르기로 한다.

이러한 사건들에는 다음과 같은 특색이 있다고 할 수 있다.[4]

1) 반정부 투쟁 또는 민주화 투쟁을 억압할 목적으로 국가가 그 소속 수사기관들을 이용하여 국민에게 억울한 누명을 씌우고 반인권적, 반민주적 불법행위를 자행한 경우가 많다.

2) 민주헌정국가에서 결코 일어나서는 안 되는 위법행위로 그 인권침해의 불법성이 대단히 중하였다.

3) 국가 공무원들이 조직적으로 관여된 경우가 많았다.

4) 국가가 사건을 조작하거나 은폐하고 진실규명활동을 억압함으로써 오랜 기간 동안 사건의 진상을 밝히기가 사실상 불가능한 경우가 많았다.

5) 위법한 가해행위로부터 수십 년이 경과한 후에 과거사위원회들의 활동 등에 의하여 비로소 사건의 진상이 밝혀지게 되었다.

6) 불법행위의 성립일로부터 장기간이 경과한 후에 손해배상청구소송이 제기됨으로 인하여 일반 불법행위의 법리로는 타당한 결론을 도출하기 어려운 문제들이 다수 발생하였다.

그런데 위와 같은 소송의 대상이 되었던 국가의 인권침해는 소송이 제기되

---

3) 이영창, "민청학련 사건을 통한 과거사 사건의 쟁점들에 대한 검토", 대법원판례해설 91호, 2012, 648-650면은 2012년까지 대법원에서 다루어졌던 소송 사건의 목록을 싣고 있다. 다만 이들 소송 가운데에는 과거사정리위원회뿐만 아니라 국가정보원 과거사건 진실규명을 위한 발전위원회, 국방부 과거사 진상규명위원회 등 다른 위원회의 결정에 따른 소송들도 포함되어 있다.
4) 이영창(주 3), 650-651면 참조.

기 수십년 전에 있었던 일이므로,5) 국가배상청구권의 소멸시효6) 적용 여부가 중
요한 쟁점으로 부각되었다. 대법원은 이러한 경우에 소멸시효 완성의 주장이 신
의칙에 반하여 권리남용에 해당하는가 하는 관점에서 판단하고 있다. 대법원의
이러한 태도는 사실행위의 경우에는 이론적으로 다소 문제가 있기는 하지만, 많
은 경우에는 비교적 타당한 결과를 가져온다.

　　그런데 판례는 유죄판결형의 경우에도 소멸시효 남용의 법리를 적용하면서,
피해자의 권리 행사가 상당한 기간 내에 있었는가 여부에 따라 청구를 받아들이
거나 배척하고 있다. 그러나 필자는 유죄판결형의 경우에는 그 유죄판결이 존속
하고 있었던 한 소멸시효는 처음부터 진행하지 않고, 그 유죄판결이 재심절차에
서 재심판결에 의하여 실효된 때부터 비로소 진행한다고 보아야 하며, 소멸시효
남용의 법리를 적용할 필요는 없다고 생각한다. 이 글에서는 주로 유죄판결형에
서의 소멸시효 문제를 집중적으로 다룬다. 그렇지만 사실행위형에서의 소멸시효
문제도 유죄판결형에서의 소멸시효 문제와 밀접한 관련이 있으므로 이 또한 살
펴보지 않을 수 없다.

　　논의의 순서로서는 우선 판례가 채택하고 있는 소멸시효 남용의 이론 일반
을 소개한 다음, 사실행위형의 인권침해에 관한 판례에 대하여 살펴본다. 그리고
유죄판결형에 관한 판례의 태도를 살펴보고 이에 대한 필자의 의견을 개진하고
자 한다.

Ⅱ. 소멸시효 남용의 법리

　　소멸시효가 일단 완성된 경우라도, 소멸시효 완성으로 인하여 권리가 소멸
하였다는 주장이 신의칙에 어긋날 때에는 그러한 주장은 권리남용으로서 받아들
일 수 없다고 보아야 한다는 소멸시효 남용의 이론은 필자가 국내에 본격적으로
소개하였고,7) 현재에는 이러한 이론은 일반적으로 받아들여지고 있는 것으로 보

---

5) 예컨대 대법원 2011. 9. 8. 선고 2009다66969 판결에서는 1949년에 있었던 이른바 문경사건이
　　문제되었다.
6) 피해자나 그 법정대리인이 그 손해 및 가해자를 안 날로부터 3년, 불법행위를 한 날로부터 5
　　년(민법 제766조, 국가재정법 제96조 제2항. 과거의 예산회계법도 현행 국가재정법과 같은 내
　　용을 규정하고 있었다). 대법원 1979. 12. 26. 선고 77다1894 전원합의체 판결 등 참조.
7) 윤진수, "소멸시효의 남용에 관한 고찰." 서울대학교 법학석사 학위논문, 1984; 민법주해 Ⅲ,

인다.8)

대법원도 1994. 12. 9. 선고 93다27604 판결에서 이러한 이론이 인정될 수 있다고 보았고, 이어서 대법원 1997. 12. 12. 선고 95다29895 판결이 이 이론을 적용하여 소멸시효 완성의 주장을 배척하였다. 그 후에도 같은 취지의 판결이 계속 나와서9) 확립된 판례가 되었다.

어떠한 경우에 소멸시효의 주장이 신의칙에 위반된다고 할 수 있는가? 이에 대하여는 이 이론을 처음으로 인정한 대법원 1994. 12. 9. 선고 93다27604 판결 이래 확립된 판례10)가 소멸시효 완성의 주장이 신의칙에 반하는 경우로서 다음과 같은 4가지 유형을 들고 있다.

제1유형: 채무자가 시효완성 전에 채권자의 권리행사나 시효중단을 불가능 또는 현저히 곤란하게 하거나 그러한 조치가 불필요하다고 믿게 하는 행동을 한 경우.

제2유형: 객관적으로 채권자인 원고가 권리를 행사할 수 없는 장애사유가 있었던 경우.

제3유형: 일단 시효완성 후에 채무자가 시효를 원용하지 아니할 것 같은 태도를 보여 권리자인 원고로 하여금 그와 같이 신뢰하게 한 경우.

제4유형: 채권자보호의 필요성이 크고 같은 조건의 다른 채권자가 채무의

1992, 409-414면(윤진수 집필).

8) 한강현, "소멸시효의 주장이 권리남용에 해당하는가", 민사재판의 제문제 9권, 1997, 205면 이하; 주석민법 총칙 (3), 제3판, 2001, 540-541면(정지형); 민법주해 XIX, 2005, 411-415면(윤진수); 이주현, "채권자의 권리행사가 객관적으로 불가능한 사실상의 장애사유가 있음에 불과한 경우 채무자의 소멸시효항변이 신의칙에 반한다는 이유로 허용하지 않을 수 있는지 여부", 대법원판례해설 42호 (2002 하반기), 569면 이하; 김의환, "장해연금선급금 과소 지급과 소멸시효", 대법원판례해설 45호 (2003 상반기), 97면 이하; 강태성, 신판 민법총칙, 2006, 938면; 강우찬, "국가배상소송에서 국가의 소멸시효 완성주장에 대한 기산점 인정 및 신의칙 위반여부에 관한 검토", 법조 2006. 2, 258면 이하; 이범균,"국가의 소멸시효 완성 주장이 신의칙에 반하여 권리남용에 해당하는지 여부에 관한 판단기준",대법원판례해설 제54호, 2006, 9면 이하; 박찬익, "소멸시효와 신의성실의 원칙", 민사판례연구 29권, 2007, 267면 이하; 박종훈, "소멸시효의 원용과 권리남용", 판례연구 제18집, 부산판례연구회, 2007, 67면 이하; 한삼인·차영민, "국가의 소멸시효항변과 신의성실의 원칙", 경북대학교 법학논고 제43호, 2013, 133면 이하 참조. 다만 이영준, 한국민법론 [총칙편], 수정판, 2004, 684-685면은 소멸시효 남용의 이론을 반대하고, 권영준, "소멸시효와 신의칙", 재산법연구 26권 1호, 2009, 1면 이하는 되도록 소멸시효 제도 내에서 문제를 해결하여야 한다고 하여 판례에 대하여 비판적인 태도를 보이고 있다.

9) 가장 최근의 것으로는 대법원 2014. 5. 29. 선고 2011다95847 판결이 있다.

10) 대법원 2008. 9. 18. 선고 2007두2173 전원합의체 판결; 2013. 5. 16. 선고 2012다202819 전원합의체 판결 등. 이러한 분류는 일본의 학설(예컨대 半田吉信,"消滅時效の援用と信義則",ジュリスト 872號, 1986, 79면 등)을 참고한 것으로 보인다.

변제를 수령하는 등의 사정이 있어 채무이행의 거절을 인정함이 현저히 부당하거나 불공평하게 되는 등의 특별한 사정이 있는 경우.

이러한 분류는 학설상으로도 큰 이의 없이 받아들여지고 있다.

Ⅲ. 사실행위형에 관한 판례 및 그에 대한 검토

1. 판   례

과거사정리위원회의 진상규명결정이 있은 사실행위형에 관하여 대법원이 국가의 소멸시효 주장을 신의칙에 어긋난다고 하여 받아들이지 않은 것으로는 대법원 2011. 6. 30. 선고 2009다72599 판결이 처음이라고 보인다.[11] 이 사건은 1950년 8월에 군인과 경찰들이 경남 울산에서 국민보도연맹원들을 집단처형한 이른바 울산 국민보도연맹 사건에 관한 것이다. 과거사정리위원회는 2007. 11. 27. 1950. 8. 5.경부터 1950. 8. 26.경까지 희생된 울산지역 국민보도연맹 사건 관련 희생자 총 407명을 확정하였고, 그 유족인 원고들은 2008. 6. 17. 대한민국을 상대로 손해배상청구소송을 제기하였다.

대법원은, 전시 중에 경찰이나 군인이 저지른 위법행위는 객관적으로 외부에서 거의 알기 어려워 원고들로서는 사법기관의 판단을 거치지 않고서는 손해배상청구권의 존부를 확정하기 곤란하였고, 따라서 국가 등을 상대로 손해배상을 청구한다는 것은 좀처럼 기대하기 어려웠다고 할 것인 점, 전쟁이나 내란 등

---

11) 이 판결 전에 선고된 대법원 2008. 9. 11. 선고 2006다70189 판결은, 피해자가 6·25 당시 즉결처분에 의하여 총살되었는데, 가해자가 피해자가 육군 고등군법회의에서 사형판결을 선고받은 것처럼 판결문을 위조하고 이에 관한 사형집행 기록 등도 모두 위조하는 등 다양한 방법으로 사건의 진상을 은폐·조작한 경우에 관하여, 국가공무원인 가해자가 그 시효완성 이전에 이 사건 판결문을 위조하는 등의 방법으로 원고들의 인격적인 법익 침해에 관한 국가배상청구권 행사를 불가능 또는 현저히 곤란하게 만들었고, 위조된 위 판결문에 대하여 법원이 2003. 12. 3. 재심판결을 선고하고 그 무렵 위 재심판결이 확정됨으로써 그에 관한 시정조치가 이루어지기 전까지는 객관적으로 원고들이 이에 관한 국가배상청구를 하는 것을 기대하기 어려운 장애 상태가 계속되었으므로 피고 대한민국이 소멸시효 완성을 주장하는 것은 권리남용에 해당하여 허용될 수 없다고 하였다. 반면 대법원 2008. 5. 29. 선고 2004다33469 판결은 1951년에 일어났던 이른바 거창사건에 관하여 국가가 소멸시효 완성의 항변을 하는 것이 신의칙에 반하지 않는다고 하였다. 그러나 이 사건들에서는 과거사정리위원회의 진상규명결정이 선행되지는 않았다. 거창사건의 원심판결에 대한 비판적 의견으로는 임상혁, "거창사건 관련 판례와 소멸시효 항변", 법과 사회 27호, 2004, 157면 이하; 대법원 판결에 대한 비판적 의견으로는 이덕연, "'거창사건'에 대한 대법원판결 (2008. 5. 29. 2004다 33469) 평석", 헌법판례연구 13, 2012, 87면 이하가 있다.

에 의하여 조성된 위난의 시기에 개인에 대하여 국가기관이 조직을 통하여 집단적으로 자행한, 또는 국가권력의 비호나 묵인하에 조직적으로 자행된, 기본권침해에 대한 구제는 통상의 법절차에 의하여서는 사실상 달성하기 어려운 점 등에 비추어, 과거사정리위원회의 이 사건에 대한 진실규명결정이 있었던 2007. 11. 27.까지는 객관적으로 원고들이 권리를 행사할 수 없었다고 보았다. 그리고 여태까지 생사확인을 구하는 유족들에게 그 처형자 명부 등을 3급 비밀로 지정함으로써 진상을 은폐한 피고가 이제 와서 뒤늦게 원고들이 위 집단 학살의 전모를 어림잡아 미리 소를 제기하지 못한 것을 탓하는 취지로 소멸시효의 완성을 주장하여 그 채무이행을 거절하는 것은 현저히 부당하여 신의성실의 원칙에 반하는 것으로서 허용될 수 없다고 하였다. 즉 이 판결은 이 사건에는 위 93다27604 판결이 들고 있는 소멸시효 주장이 신의칙에 어긋나는 제2유형, 즉 객관적으로 채권자인 원고가 권리를 행사할 수 없는 장애사유가 있었다고 본 것이다. 이른바 문경사건에 관한 대법원 2011. 9. 8. 선고 2009다66969 판결도 같은 취지이다.[12)]

그런데 대법원 2013. 5. 16. 선고 2012다202819 전원합의체 판결은 이와는 다른 취지이다. 이 사건은 이른바 진도군 민간인 희생사건에 관한 것인데, 피해자들이 1950. 10.과 11.에 전남 진도에서 적법한 절차 없이 경찰관들에게 사살되었다고 하여 그 유족들이 손해배상을 청구하였다. 이 판결에서는 제1차로 그러한 사실이 있었다고 판단한 2009. 4. 6.자 과거사정리위원회의 진실규명결정에 대하여 어느 정도의 증명력을 인정할 수 있는가가 문제되었고, 위 결정의 다수의견은 그러한 결정이 법률상 '사실의 추정'과 같은 효력을 가지거나 반증을 허용하지 않는 증명력을 가진다고 할 수는 없다고 하였다. 반면 반대의견은 진실규명결정은 그 내용에 중대하고 명백한 오류가 있는 등으로 인하여 그 자체로 증명력이 부족함이 분명한 경우가 아닌 한 매우 유력한 증거로서의 가치를 가진다고 보았다.

그런데 대법원은 이와는 별개로, 그러한 사실이 인정된다면 원심과 마찬가지로 대한민국의 소멸시효 완성 주장은 신의성실의 원칙에 반한다고 보았다. 그러나 그 근거는 원심과는 차이가 있었다. 원심은, 원고들로서는 망인들의 사망에 대한 정리위원회의 진실규명결정이 있었던 때까지는 객관적으로 피고를 상대로

---

12) 대법원 2011. 10. 13. 선고 2011다36091 판결도, 군대 내의 의문사에 관하여 군의문사진상규명위원회의 진상규명결정이 있은 사건에 관하여 진상규명결정이 있기 전까지의 기간 동안에는 피해자의 유족들이 대한민국을 상대로 이 사건 손해배상청구를 할 수 없는 객관적 장애가 있었다고 하였다.

권리를 행사할 수 없는 장애사유가 있었고, 피해를 당한 원고들을 보호할 필요성은 매우 큰 반면 피고가 소멸시효의 완성을 주장하며 그 채무이행을 거절하는 것은 현저히 부당하고 신의성실의 원칙에 반하여 허용될 수 없다고 판단하였다. 다시 말하여 원심은 이 사건이 제2유형에 해당한다고 본 것이다.

　　반면 대법원은, 채권자에게 객관적으로 자신의 권리를 행사할 수 없는 장애사유가 있었다는 사정을 들어 소멸시효 완성의 항변이 신의성실의 원칙에 반하여 허용되지 아니한다고 평가하는 것은, 소멸시효의 기산점에 관하여 변함없이 적용되어 왔던 법률상 장애와 사실상 장애의 기초적인 구분 기준을 일반조항인 신의칙을 통하여 아예 무너뜨릴 위험이 있으므로 매우 신중하여야 하고, 국가에게 국민을 보호할 의무가 있다는 사유만으로 국가가 소멸시효의 완성을 주장하는 것 자체가 신의성실의 원칙에 반하여 권리남용에 해당한다고 할 수는 없는 것이므로 이 역시 국가가 아닌 일반 채무자의 소멸시효 완성에서와 같은 특별한 사정이 인정될 때만 가능하다고 하여 원심의 위와 같은 판단은 잘못이라고 하였다. 그렇지만 대법원은 이 사건이 피고 대한민국이 소멸시효 완성 후 시효를 원용하지 아니할 것 같은 태도를 보여 권리자로 하여금 이를 신뢰하게 하였고, 채무자가 그로부터 권리행사를 기대할 수 있는 상당한 기간 내에 자신의 권리를 행사한 경우여서, 대한민국이 소멸시효 완성을 주장하는 것은 신의성실 원칙에 반하는 권리남용으로 허용될 수 없다고 보았다. 다시 말하여 이러한 사건들은 제3유형에 해당한다는 것이다.

　　구체적으로는 다음과 같이 설시하였다. 즉 피고 대한민국은 한국전쟁 전후 희생사건 등에 대하여 5년의 소멸시효기간이 경과된 때로부터 약 50년이 지난 2005. 5. 31. 과거사정리법을 제정하였는데, 이 법은 그 적용대상 사건 전체에 대하여 단순히 역사적 사실의 진상을 규명함으로써 왜곡되거나 오해가 있는 부분을 바로잡고 희생자들의 명예회복을 도모하는 데 그치는 것이 아니라 개별 피해자를 특정하여 피해 경위 등을 밝히고 그에 대한 피해회복까지를 목적으로 하여 제정된 법률임을 명시하여 밝히고 있다.13) 결국 국가가 과거사정리법의 제정을 통하여 수십 년 전의 역사적 사실관계를 다시 규명하고 피해자 및 유족에 대한

---

13) 위 법 제32조 제4항 제1호는 위원회의 활동이 최종 종료되어 위원회가 대통령과 국회에 보고하여야 할 종합보고서는 진실규명사건 피해자, 희생자의 피해와 명예를 회복하기 위하여 국가가 하여야 할 조치에 대한 권고를 포함하여야 한다고 규정하고 있다. 그리고 제36조 제1항은 정부는 규명된 진실에 따라 희생자, 피해자 및 유가족의 피해 및 명예를 회복시키기 위한 적절한 조치를 취하여야 한다고 규정하고 있다.

피해회복을 위한 조치를 취하겠다고 선언하면서도 그 실행방법에 대해서는 아무런 제한을 두지 아니한 이상, 이는 특별한 사정이 없는 한 그 피해자 등이 국가배상청구의 방법으로 손해배상을 구하는 사법적 구제방법을 취하는 것도 궁극적으로는 수용하겠다는 취지를 담아 선언한 것이라고 볼 수밖에 없고, 거기에서 파생된 법적 의미에는 구체적인 소송사건에서 새삼 소멸시효를 주장함으로써 배상을 거부하지는 않겠다는 의사를 표명한 취지가 내포되어 있다. 이 사건에서 피해자들에 대하여는 과거사정리법에 의한 진실규명신청이 있었고, 피고 산하 정리위원회도 피해자들을 희생자로 확인 또는 추정하는 진실규명결정을 하였으므로, 위 피해자들의 유족인 원고들로서는 그 결정에 기초하여 상당한 기간 내에 권리를 행사할 경우 피고가 적어도 소멸시효의 완성을 들어 권리소멸을 주장하지는 않을 것이라는 데 대한 신뢰를 가질 만한 특별한 사정이 있다고 봄이 상당하다. 그럼에도 불구하고 피고가 원고들에 대하여 소멸시효의 완성을 주장하는 것은 신의성실 원칙에 반하는 권리남용에 해당한다 할 것이어서 이는 허용될 수 없다.

　　다른 한편 위 판결은 채권자가 어느 기간 내에 권리를 행사하여야 하는가에 대하여도 판단하였다. 즉 채무자가 소멸시효의 이익을 원용하지 않을 것 같은 신뢰를 부여한 경우에도 채권자는 그러한 사정이 있은 때로부터 상당한 기간 내에 권리를 행사하여야만 채무자의 소멸시효의 항변을 저지할 수 있는데, '상당한 기간' 내에 권리행사가 있었는지 여부는 채권자와 채무자 사이의 관계, 신뢰를 부여하게 된 채무자의 행위 등의 내용과 동기 및 경위, 채무자가 그 행위 등에 의하여 달성하려고 한 목적과 진정한 의도, 채권자의 권리행사가 지연될 수밖에 없었던 특별한 사정이 있었는지 여부 등을 종합적으로 고려하여 판단하여야 하지만, 신의성실의 원칙을 들어 시효 완성의 효력을 부정하는 것은 소멸시효 제도에 대한 대단히 예외적인 제한에 그쳐야 하므로, 위 권리행사의 '상당한 기간'은 특별한 사정이 없는 한 민법상 시효정지의 경우에 준하여 단기간으로 제한되어야 한다는 것이다. 그러므로 개별 사건에서 매우 특수한 사정이 있어 그 기간을 연장하여 인정하는 것이 부득이한 경우에도 불법행위로 인한 손해배상청구의 경우 그 기간은 아무리 길어도 민법 제766조 제1항이 규정한 단기소멸시효기간인 3년을 넘을 수는 없다고 보아야 한다고 한다. 그런데 이 사건의 경우에는, 과거사 정리위원회는 2009. 8. 21. 국회와 대통령에게 한국전쟁 전후 희생사건에 대한 배·보상 특별법 제정을 건의한 후 2010. 6. 30. 활동을 종료한 다음 2010. 12. 국회와 대통령에게 보고한 종합보고서를 통해서도 같은 내용의 건의의견을 제시하였고, 국회에도 그와 같은 2011. 11. 17. 그와 같은 법안이 발의되었으나, 그 후 당해 국회의 임기만료로 폐기된 바도 있으므로, 이 사건에는 과거사정리법에 의한 진실규명결정을 받은 원고들이 과거사정리법의 규정과 정리위원회의 건의 등에 따라 피고가 그 명예회복과 피해 보상 등을 위한 적절한 조치를 취할 것을 기대하였으나 피고가 아무런 적극적 조치를 취하지 아니하자 비로소 피고를 상대로 개별적으로 손해배상청구 소송을 제기하기에 이른 것으로 보이는 특수한 사정이 있고, 따라서 이 사건 소가 진실규명결정일로부터 2년 10개월이 경과한 2012. 2. 14.에 제기되기는 하였지만, 위에서 본 것처럼 진실규명결정 이후 단기소멸시효의 기간 경과 직전까지 피고의 입법적 조치를 기다린 것이 상당하다고 볼 만한 매우 특수한 사정이 있었으므로, 이를 감안하면 원고들은 피고의 소멸시효 항변을 배제할 만한 상당한 기간 내에 권리행사를 한 것으로 봄이 상당하다고 하였다.

　　이러한 대법원의 판시를 요약한다면, 한국전쟁 중 경찰 등에 의하여 학살된 사람에 대한 과거사 정리위원회의 진실규명결정이 있었다면, 피해자들이 객관적으로 손해배상청구권을 행사할 수 없는 장애사유가 있는 것은 아니지만, 피고 대한민국이 소멸시효 완성 후 시효를 원용하지 아니할 것 같은 태도를 보여 권리자로 하여금 이를 신뢰하게 한 경우이므로, 피해자가 권리행사를 기대할 수 있는 상당한 기간 내에 자신의 권리를 행사하였다면 대한민국이 소멸시효 완성을 주장하는 것은 신의성실 원칙에 반하는 권리남용으로 허용될 수 없다는 것이다. 그리고 위 권리행사의 '상당한 기간'은 특별한 사정이 없는 한 민법상 시효정지의 경우에 준하여 단기간으로 제한되어야 하고, 특별한 사정이 있는 경우에도 단기소멸시효기간인 3년을 넘을 수는 없다는 것이다. 이러한 판시는 그 후의 판례에 의하여도 계속 유지되고 있다.[14)]

　　다른 한편 위 전원합의체 판결은, 과거사정리법의 적용대상이 되는데도 불구하고 그에 근거한 진실규명신청조차 없었던 경우에는 국가가 소멸시효를 주장하더라도 이는 특별한 사정이 없는 한 권리남용에 해당하지 않는다고 하였다. 그러나 대법원 2013. 7. 25. 선고 2013다16602 판결은, 진실규명신청은 없었으나 과

---

14) 대법원 2013. 7. 11. 선고 2012다204747 판결; 2013. 7. 25. 선고 2013다16602 판결; 2014. 5. 29. 선고 2013다217467, 217474 판결 등.

거사정리위원회가 직권으로 진실규명결정을 한 경우에도 진실규명신청에 의하여
진실규명결정이 이루어진 경우와 달리 취급할 이유가 없다고 하였다.[15]

　　그리고 대법원 2013. 12. 12. 선고 2013다210220 판결은, 과거사정리위원회
의 진실규명결정일로부터 소 제기가 3년이 넘은 경우에는 대한민국의 소멸시효
항변이 신의성실 원칙에 반하는 권리남용에 해당된다고 볼 수 없다고 하면서, 위
진실규명결정이 진실규명신청인에게 통지된 날로부터 따지면 3년이 넘지 않은
경우에도 마찬가지라고 하였다.[16]

2. 검　　토

　　여기서 이러한 판례에 대한 소감을 간단히 적어본다. 이와 같이 판례가 사실
행위형에 관하여 소멸시효 남용의 이론을 적용하고 있는 것은, 그러한 인권침해
가 군인이나 경찰관 등에 의하여 조직적으로 벌어진 것일 뿐만 아니라, 피해자의
유족들이 그러한 사실을 밝혀내기 어려웠다는 점에서 긍정적으로 평가할 수 있
다.[17] 그렇지만 몇 가지 짚고 넘어갈 점이 있다.

　　우선 종래의 판례는 이 사건과 별다른 차이가 없는 사실관계에 관하여, 채무
자인 정부의 소멸시효 주장이 신의성실의 원칙에 반하는 제2유형에 해당한다고
보았는데, 이 판결은 제2유형이 아니라 제3유형에 해당한다고 보고 있어서, 실질
적으로 판례를 변경한 결과가 된다. 이 판결은 그 이유로서, 채권자에게 객관적
으로 자신의 권리를 행사할 수 없는 장애사유가 있었다는 사정을 들어 소멸시효
완성의 항변이 신의성실의 원칙에 반하여 허용되지 아니한다고 평가하는 것은,
소멸시효의 기산점에 관하여 변함없이 적용되어 왔던 법률상 장애와 사실상 장
애의 기초적인 구분 기준을 일반조항인 신의칙을 통하여 아예 무너뜨릴 위험이
있으므로 매우 신중하여야 한다고 설명하면서, 같은 취지로 판시한 대법원 2010.
9. 9. 선고 2008다15865 판결을 인용하고 있다.

---

15) 이영창, "과거사 사건의 소멸시효의 특수문제-직권에 의한 진실규명결정, 상당한 기간의 기산
　　점", 대법원판례해설 제97호, 2014, 183면 이하가 이 판결에 대한 대법원 재판연구관의 해설
　　이다.
16) 이미 위 대법원 2013. 5. 16. 선고 2012다202819 전원합의체 판결과 대법원 2013. 7. 25. 선고
　　2013다16602 판결이 상당한 기간의 기산점을 진실규명결정일이라고 하였다.
17) 그러나 최창호, 류진, 전성환, "과거사 사건에 있어 법원의 소멸시효 남용론에 대한 비판적 고
　　찰", 법조 2013. 11, 46면 이하는 이러한 판례에 대하여 비판적이다.

위 판결에 대한 재판연구관의 해설은 소멸시효 남용에 관한 제2유형의 적용 범위를 좁게 보아야 한다는 취지로 주장하면서, 그 이유를 다음과 같이 설명하고 있다. 즉 판례(대법원 2002. 3. 15. 선고 2000다13856 판결)는 법률관계의 한쪽 당사자가 상대방에게 신의를 공여하였거나 객관적으로 보아 상대방이 신의를 가짐이 정당한 상태에 있음에도, 이러한 상대방의 신의에 반하여 권리를 행사하는 것이 정의관념에 비추어 용인될 수 없는 정도의 상태에 이른 경우에는, 신의성실의 원칙 위배를 이유로 그 일방의 권리행사를 부정할 수 있다고 보고 있고, 따라서 채무자의 기여가 전혀 없음에도, 채무자의 언행 또는 태도와 무관한 사정만을 근거로 채무자의 소멸시효 항변을 항변권남용이라고 배척하는 것은 원칙적으로 허용되지 않는다는 것이다.[18]

그리고 이 전원합의체 판결을 지지하는 평석에서는, 채권자의 권리행사가 객관적으로 불가능하다면 '권리를 행사할 수 있는 때'를 시효의 기산점으로 규정한 민법 제166조 제1항의 반대해석상 애당초 소멸시효 자체가 진행되지 않는다는 주장이 있음[19]을 언급하면서, 위 유형 자체의 개념이 모호하고, 그 개념을 구체적으로 풀어 설명한 내용 역시 너무 모호하므로, 이 원칙은 종래 대법원이 취해온 입장처럼 '엄격하고, 매우 신중하게' 적용되는 것이 바람직하고, '소송을 제기할 것을 기대하기 어렵게 된 것이 채무자측에 의하여 유발된 것'의 경우에는 소멸시효의 남용과 관한 제3유형에 포섭이 가능하다고 주장한다.[20]

생각건대 종래 판례나 학설이 채권자의 권리행사가 객관적으로 불가능하였던 경우에 채무자의 소멸시효 주장을 권리남용이라고 하고 있지만, 여기서 권리행사가 객관적으로 불가능하였다는 것이 무슨 의미인지는 명확하지 않다. 또 이를 권리남용의 사유로 인정한다면 소멸시효 개시의 장애 사유로 인정되고 있는 법률상 장애와 그렇지 않은 사실상 장애의 구별을 무의미하게 만들 우려가 없지 않다.[21] 그러나 다른 한편으로는 위 과거사정리법은 그 목적을 항일독립운동, 반

---

18) 이영창, "대법원 과거사 사건의 사실확정 및 소멸시효 문제", 대법원판례해설 제95호, 2013, 443면 이하. 이 글 456면 이하는 과거사 사건에서 제2유형에 해당할 수 있는 것으로는 피고 국가가 불법행위를 한 후 사건을 고의적으로 은폐하거나 왜곡한 경우와, 수사기관이 행한 불법체포 및 고문 등 가혹행위와 증거조작에 의해 원고에 대하여 잘못된 유죄판결(오판)이 확정되어 형이 집행된 경우를 들고 있다.

19) 권영준(주 8), 24면 이하.

20) 한삼인·차영민(주 8), 149면 이하.

21) 권영준(주 8), 17-18면은 권리가 발생하였지만 객관적으로 그 권리를 행사할 것을 기대할 수 없는 장애사유가 있고, 그 장애의 정도가 법률상 장애에 준한다고 평가된다면, 그 장애가 제거될

민주적 또는 반인권적 행위에 의한 인권유린과 폭력·학살·의문사 사건 등을 조사하여 왜곡되거나 은폐된 진실을 밝혀내려는 데 있다고 규정하고 있다(제1조). 이는 위 법률이 피해자 개개인으로서는 그러한 인권침해에 관한 진실을 밝혀내기 어려워서 다른 도움 없이는 사법적으로 피해 구제를 받는 것을 사실상 기대하기 어렵다는 전제에서 출발한 것임을 보여준다. 이 점에 비추어 본다면, 위 법률 자체가 피해자의 권리행사가 객관적으로 불가능하다고 하는 점을 인정한 것이라고 보아야 할 것이다. 실제로 과거에는 이처럼 자신의 친족이 6·25 무렵에 학살되었다고 주장하는 것 자체가 금기시되었고, 그러한 주장을 하면 처벌을 받는 등 불이익이 따르기도 하였던 것으로 보인다.[22] 이러한 사정에 비추어 보면 피해자들이 국가기관의 도움 없이 스스로 진실을 밝히고 입증하는 것은 매우 어려운 일이었을 것이다. 따라서 이러한 경우에는 제3유형이 아니라 제2유형에 해당한다고 보는 것이 타당할 것이다.

　　그런데 위 전원합의체 판결은, 위 법이 제정된 것은 피해자 등이 국가배상청구의 방법으로 손해배상을 구하는 사법적 구제방법을 취하는 것도 궁극적으로는 수용하겠다는 취지를 담아 선언한 것이라고 볼 수밖에 없고, 거기에서 파생된 법적 의미에는 구체적인 소송사건에서 새삼 소멸시효를 주장함으로써 배상을 거부하지는 않겠다는 의사를 표명한 취지가 내포되어 있다고 보았다. 그러나 과연 위 법의 제정 자체에 그러한 취지까지 내포되어 있다고 할 수 있는지는 명확하지 않다.[23] 만일 위 법이 그러한 취지를 내포하였다면, 그 효과에서는 위 판결처럼 시효의 정지를 유추하기보다는 소멸시효 이익의 포기와 같은 효과를 부여하여야

때까지는 '권리를 행사할 수 있는 때'에 이르지 않았다는 해석도 가능하다고 주장한다. 또한 조용환, "역사의 희생자들과 법: 중대한 인권침해에 대한 소멸시효의 적용문제", 법학평론 창간호, 2010, 20면 이하; 남효순, "일제징용시 일본기업의 불법행위로 인한 손해배상청구권의 소멸시효남용에 관한 연구", 서울대학교 법학 제54권 3호, 2013, 423면 이하 참조. 그리고 이재승, "집단살해에서 소멸시효와 신의칙", 민주법학 53호, 2013, 201면 이하, 211면 이하는 권리행사의 가능성은 효과적인 구제가능성을 의미한다고 하여, 집단살해의 피해자들에게 시효기산점인 권리를 행사할 수 있는 때는 울산판결(대법원 2011. 6. 30. 선고 2009다72599 판결)이나 문경판결(법원 2011. 9. 8. 선고 2009다66969 판결)의 선고일이라고 한다.

22) 거창사건에 관한 대법원 2008.5.29. 선고 2004다33469 판결; 울산사건에 관한 대법원 2011. 6. 30. 선고 2009다72599 판결; 문경사건에 관한 대법원 2011. 9. 8. 선고 2009다66969 판결 등 참조. 상세한 것은 조용환(주 21), 50면 이하 참조.

23) 이재승(주 21), 212면 이하는 과거사정리법이 피해자의 권리구제 의도가 강하다는 점에 초점을 맞추어 이를 배상법으로 의제하여 당장 소멸시효 계산에 활용하는 것은 억지이고, 진도판결(위 대법원 2013. 5. 16. 선고 2012다202819 전원합의체 판결을 말한다)은 허약한 가정 위에서 경솔한 시효이론을 구축하였다고 비판한다.

할 것이다.24)

어쨌든 위 전원합의체 판결이 과거사정리법에 소멸시효를 주장하지 않겠다
는 취지가 내포되어 있다는 관점을 중시하고 있는 것은 다른 판결례에서도 확인
할 수 있다. 우선 대법원 2013. 9. 26. 선고 2013다205624 판결은, 원고가 청와대
민정수석실에 불법행위에 관하여 피해보상을 요구하는 탄원서를 제출한 2000. 8.
19.경이나 국군부대로부터 회신을 받은 2000. 11. 30.경 이후에는 피고에 대한 손
해배상청구권을 행사하는 데 객관적인 장애가 있었다고 보기 어렵다고 하였
다.25) 그러나 원고가 과거사정리위원회에 진실규명신청을 하여, 과거사정리위원
회는 2009. 12. 15. 원고를 이 사건 불법행위의 피해자로 확인하는 진실규명결정
을 하였고, 원고가 그로부터 1년 6개월여가 지난 시점에 대한민국을 상대로 이
사건 손해배상청구의 소를 제기하였는데, 과거사정리법에 비추어 피고가 소멸시
효 완성 후 시효를 원용하지 아니할 것 같은 태도를 보여 권리자로 하여금 이를
신뢰하게 하였고, 그로부터 권리행사를 기대할 수 있는 상당한 기간 내에 채권자
가 자신의 권리를 행사하였다면, 채무자가 소멸시효 완성을 주장하는 것은 신의
성실 원칙에 반하는 권리남용으로 허용될 수 없다고 하면서, 위 전원합의체 판결
을 인용하였다. 다시 말하여 권리행사의 객관적인 장애가 소멸된 후에도 과거사
정리위원회의 진실규명결정이 있었다면, 국가의 소멸시효 항변은 신의칙에 어긋
난다는 것이다.

---

24) 실제로 제17대 국회에서 과거사정리법이 시행된 후인 2007. 6. 4. 이은영 의원 대표발의로 반인
   권적 국가범죄의 소멸시효이익 포기에 관한 특별법안이 국회에 제출되었다. 이 법안 제4조 제1
   항은 과거사 정리위원회가 진상규명을 결정한 사건 중 종래 판례나 학설이 말하는 소멸시효
   주장이 권리남용에 해당하는 것과 같은 경우(국가공권력에 의해 국가의 불법행위가 은폐·조
   작되고 피해자 등이 이를 명백히 인식할 수 없었다고 판단되는 경우, 시효도과책임을 피해자
   등에게만 부담시키는 것이 정의와 신의칙에 현저히 위반되는 경우, 시효완성 후 국가가 피해자
   등에게 시효를 원용하지 않고 배상책임을 부담하겠다는 태도를 보여 피해자 등이 이를 신뢰하
   였다고 판단되는 경우)에는 국가가 시효이익을 포기하여야 하고, 다만 이는 피해자 등이 정리
   위원회의 진실규명 결정을 통지받은 날로부터 1년이내에 소를 제기한 경우에 한한다고 규정하
   고 있었다. 그러나 이 법안은 제17대 국회의 임기 만료로 폐기되었다.

25) 이 사건 원고는 1980. 4. 16. 합수부 수사관들에 의하여 강제로 연행되어 구속영장 없이 약 7일
   정도 구금된 상태에서 수사관들로부터 폭행 등 가혹행위를 당한 후 석방되었다. 원고는 2000.
   8. 19. 청와대 민정수석실에 피해보상을 요구하는 탄원서를 제출하였고, 원고의 민원을 이송받
   은 민주화운동관련자 명예회복 및 보상심의위원회는 2000. 9. 22.경 원고에게 원고는 보상 신청
   을 할 수 없지만, 국가배상법 제2조 제1항에 의하면 국가배상청구가 가능할 수 있다고 답변하
   였고, 위 위원회로부터 사실확인 협조를 요청받은 국군 부대로부터, 2000. 11. 30. '합수부에서
   1980. 4. 경 고○○의 내란음모 사건을 수사하면서 원고를 1980. 4. 17.부터 같은 달 19.까지 조
   사한 후 형사 입건 없이 훈방한 것으로 판단되나 그 조사결과 등 내용은 관련 기록이 발견되지
   않아 확인이 불가능하다'는 취지의 회신을 받았다.

그리고 대법원 2013. 9. 26. 선고 2013다206429 판결은 위 전원합의체 판결과는 다소 조화되지 않는다. 이 판결은, 과거사정리위원회 아닌 군의문사 진상규명위원회가 2009. 8. 21. 사병의 사망 원인이 선임병들의 지속적인 가혹행위와 부대 지휘관들의 관리소홀 등의 불법행위로 인해 발생하였다는 진상규명결정을 하였고, 그 상속인인 원고들이 2012. 1. 10. 소송을 제기한 경우에, 원고들로서는 그 사망원인을 이 사건 진상규명결정이 내려짐으로써 비로소 알았거나 알 수 있었으므로, 이를 통지받을 때까지 피고를 상대로 손해배상청구를 할 수 없는 객관적 장애가 있었다고 하면서도, 원고들의 권리행사가 지연될 수밖에 없었던 특별한 사정이 있었는지 여부 등을 심리하여 원고들이 피고의 소멸시효 항변을 저지하면서 손해배상청구권을 행사할 수 있는 상당한 기간을 민법상 시효정지의 경우에 준하여 단기간으로 제한하여야 할 것인지 아니면 그 최장 기간인 3년의 범위에서 연장할 수 있을 것인지를 판단하여야 한다고 판시하였다.26) 이 사건 원심은 원고들이 진상규명결정일로부터 3년의 단기소멸시효기간 이내인 2012. 1. 10. 소를 제기하였으므로, 피고의 소멸시효 항변권 행사는 신의성실의 원칙에 반하여 허용될 수 없다고 판단하였다. 그러나 대법원은 위와 같은 이유로 원심판결을 파기환송한 것이다.

그러나 위 전원합의체 판결에 따른다면 위와 같은 사유는 손해배상청구를 할 수 없는 객관적 장애에는 해당하지 않을 것인데도 위 2013다206429 판결은 그와 같이 보았다. 그리고 과거사정리위원회의 진실규명결정이 있으면 그 날부터 3년 내에 소를 제기하면 되는 반면, 군의문사 진상규명위원회가 진상규명결정을 한 때에는 그보다 짧은 기간 내에 소송을 제기하여야 한다는 것이 된다. 그렇지만 근거법률이 다르다고 하여 이와 같이 다른 결과가 되는 것이 합리적인지는 의문이다.27)

어쨌든 이처럼 판례가 과거사정리법의 입법취지를 중시한다면, 과거사정리위원회가 활동을 종료한 후에 밝혀진 학살 등 사실행위형 인권침해의 경우에는 구제가 어려울 것으로 보인다.28) 나아가 판례는 과거사정리법의 적용대상이 되

---

26) 대법원 2013. 12. 26. 선고 2013다212646 판결도 거의 비슷한 사실관계에 관하여 같은 취지로 판시하였다.

27) 군의문사 진상규명위원회의 설치 근거였던 군의문사 진상규명 등에 관한 특별법 제29조는 위 원회는 진정을 조사한 결과 명예회복 및 보상 등이 필요하다고 인정하는 경우에는 국방부장관에게 그에 필요한 조치를 요청하여야 한다고 규정하고 있었다.

28) 연합뉴스 2015. 2. 23 자 기사 "대전 산내 골령골 유해발굴 개토제…작업 본격 시작" 참조

는데도 불구하고 그에 근거한 진실규명신청조차 없었던 경우에는 국가가 소멸시효를 주장하더라도 이는 특별한 사정이 없는 한 권리남용에 해당하지 않는다고 보고 있다. 그러나 국가의 소멸시효 주장이 제3유형이 아니라 제2유형에 해당한다고 본다면 이 문제도 결론이 달라질 수 있다.

다른 한편 대법원 2013. 12. 12. 선고 2013다210220 판결 등은 진실규명결정이 있은 후 권리를 행사하여야 하는 '상당한 기간'의 기산점을 당사자가 진실규명결정이 있음을 안 날이 아니라 진실규명결정이 있은 날로 보고 있다. 그러나 당사자가 진실규명결정이 있음을 모르고 있었다면, 그 기간 내에 권리를 행사하지 않은 것을 당사자의 불이익으로 돌리는 것은 불합리하다고 하지 않을 수 없다.29)

그리고 위 전원합의체 판결은 소멸시효의 주장이 신의칙에 반하는 제3유형의 경우에, 채권자는 상당한 기간 내에 권리를 행사하여야만 채무자의 소멸시효의 항변을 저지할 수 있는데, '신의성실의 원칙을 들어 시효 완성의 효력을 부정하는 것은 소멸시효 제도에 대한 대단히 예외적인 제한에 그쳐야 하므로, 위 권리행사의 '상당한 기간'은 특별한 사정이 없는 한 민법상 시효정지의 경우에 준하여 단기간으로 제한되어야 한다고 보았다. 아래에서 살펴볼 유죄판결형의 경우에도 판례는 이와 같은 태도를 유지하였다.

이 문제에 관하여 필자는 이전에 다음과 같이 서술하였다. 즉 이에 관하여는 세 가지의 입장을 생각할 수 있는데, 소멸시효 중단과 비슷한 효과를 인정하여야 한다는 입장, 소멸시효의 남용을 이유있게 하는 사정이 해소된 때부터 신의칙상 상당하다고 인정되는 기간 안에 권리를 행사하여야 한다고 보는 입장, 소멸시효의 남용을 이유있게 하는 사정이 계속되고 있는 동안에는 이를 소멸시효 기간에서 제외하는 입장을 생각할 수 있는데, 두 번째가 타당한 것으로 보이지만, 좀더 연구할 문제라고 하였다.30) 그 후에는 둘째의 입장을 지지하는 견해,31) 제1 내지

(http://www.yonhapnews.co.kr/bulletin/2015/02/23/0200000000AKR20150223084400063.HTML. 2015. 3. 12. 최종 방문).

29) 아래 Ⅳ. 5.에서 살펴볼 헌법재판소 2010. 7. 29. 선고 2008헌가4 결정 참조. 이영창(주 18), 201 면 이하는 상당한 기간의 기산점을 진실규명결정일로 보아야 하는 여러 가지 근거를 열거하고 있으나, 별로 설득력이 없다. 특히 진실규명결정을 당사자가 안 날을 기산점으로 본다면, 법원이 상당한 기간의 준수 여부에 관하여 원고마다 언제 이를 알았는지를 심리해야 하므로 법원의 심리에 상당한 부담을 초래하게 될 것이라는 점을 근거로 들고 있으나, 그와 같은 법원의 부담이 과연 당사자의 권리 구제를 거부할 정당한 이유가 될 수 있는지는 매우 의심스럽다.

30) 윤진수, "소멸시효의 남용에 관한 고찰"(주 7), 90-91면.

31) 박찬익(주 8), 300면 이하.

제3유형에 있어서는 채권자가 권리를 행사하지 못한 원인이 된 사정이 소멸하거나 채무자의 채무승인이 있은 때로부터 당해 채권의 소멸시효기간 내에 제소한 경우에는 채무자는 소멸시효를 원용할 수 없고, 제4유형의 경우에는 소멸시효의 주장이 권리남용으로 되는 사정이 있는 이상 기간 경과 여부에 불문하고 다시 소멸시효를 원용할 수는 없다는 견해,[32] 일반조항인 신의칙에 의하여 문제를 해결하는 이상 구체적 사정에 따라 달리 판단해야 하겠지만 신의칙 적용을 가능하게 하는 요인들이 사라지고 실제 권리행사가 가능해진 경우 등 특수한 사유가 새로이 발생한 경우에는 다시 시효기간이 진행된다고 보는 것이 타당하다는 견해[33] 등이 주장되었다.

　　생각건대 일반론으로는 위 전원합의체 판결이 말하는 것처럼, 채무자가 소멸시효의 이익을 원용하지 않을 것 같은 신뢰를 부여한 경우에도 채권자는 그러한 사정이 있은 때로부터 상당한 기간 내에 권리를 행사하여야만 채무자의 소멸시효의 항변을 저지할 수 있고, 여기에서 '상당한 기간' 내에 권리행사가 있었는지는 여러 가지 사정을 종합하여 판단할 수밖에 없을 것이다. 그러나 이 상당한 기간을 위 판결과 같이 원칙적으로 민법상 시효정지의 경우에 준하는 단기간이라고 볼 이유는 없다. 위와 같은 양민학살 사건의 경우에는 객관적으로 권리를 행사할 수 없었던 사유가 사실상의 장애라고 하여도, 실제로는 이를 법률상의 장애와 같이 평가할 수 있고, 따라서 그러한 사실상의 장애가 해소된 후 일반적인 소멸시효의 기간이 진행된다고 보는 것이 합리적이 아닐까?

　　위 전원합의체 판결도 이러한 점이 마음에 걸렸는지, 이러한 유형의 사건에 관하여는 진실규명결정일부터 3년 내에 권리를 행사하면 된다고 하였으나, 그 근거에 대한 설명이 반드시 명쾌하지는 않다.[34]

---

32) 박종훈(주 8), 100면 이하.
33) 강우찬(주 8), 272면 이하.
34) 위 전원합의체 판결의 해설인 이영창(주 18), 470면 이하도 이 점에 관하여는 판결을 인용하고 있을 뿐 특별한 설명을 하고 있지는 않다.

Ⅳ. 유죄판결형에 관한 판례

대법원은 유죄판결형에 대하여는 이는 앞에서 살펴본 제2유형, 즉 객관적으로 채권자가 권리를 행사할 수 없는 장애사유가 있었던 경우에 해당한다고 보아 대한민국의 소멸시효 주장이 신의칙에 어긋난다고 보고 있다.

우선 대법원 2011. 1. 13. 선고 2009다103950 판결의 사실관계는 다음과 같다. 즉 경찰 수사관들은 1975. 2. 13. 원고를 강제 연행한 후 약 1개월간 불법 구금한 채 고문 등 가혹행위를 하여 원고가 간첩방조 등의 행위를 하였다는 허위 자백을 받고, 그에 따라 원고가 구속 기소되어 징역 8년을 선고받았으며, 위 판결이 확정되어 1983. 3. 22. 만기출소하였다. 그 후 과거사정리위원회는 원고의 진실규명 신청에 대하여 2008. 3. 11. "위 사건에서 원고에 대하여 불법구금 및 가혹행위가 이루어진 개연성이 인정되므로 피고는 원고의 피해와 명예회복에 필요한 조치를 취하여야 한다"는 진실규명결정을 내렸다. 원고는 2008. 4. 23. 대한민국을 상대로 손해배상청구를 하고, 아울러 2008. 9. 22. 위 확정판결에 대하여 재심을 청구하였다. 법원은 2009. 1. 21. 위 재심사건에서 원고에 대한 검찰 피의자신문조서는 원고가 경찰 수사관들의 불법구금과 가혹행위로 인하여 임의성이 없는 심리상태가 지속된 상태에서 작성되었다고 보여 그 진술의 임의성이 없으므로 증거능력이 없고 참고인들의 진술을 비롯한 다른 증거들도 증거능력이 없다는 이유로 원고 1에 대한 무죄 판결을 선고하였고, 위 판결은 2009. 1. 29. 확정되었다.

위 사건의 원심과 대법원은, 피고 대한민국의 소멸시효 항변에 대하여, 과거사정리위원회의 진실규명결정이 내려진 2008. 3. 18.까지의 기간 동안에는 원고들에게 손해배상청구를 할 수 없는 '객관적 장애'가 있었고, 채권자보호의 필요성이 크고, 채무이행의 거절을 인정함이 현저히 부당하게 되는 등의 특별한 사정이 있는 경우에 해당한다고 하여 위 항변을 배척하였다.

위 사건에서는 피해자가 진실규명결정이 있은 후 재심을 신청하기 전에 손해배상청구 소송을 제기한 경우였는데, 대법원 2011. 1. 13. 선고 2010다53419 판결은 불법구금 및 고문 등에 의한 허위자백으로 인하여 유죄판결을 받은 자가 진실규명결정을 받고 그에 기하여 재심에서 무죄판결을 받은 후 손해배상을 청구한 사건35)에서 다음과 같이 판결하였다. 즉 재심판결이 확정되기 전까지는 원고 1이 피고에 대하여 손해배상청구권을 행사할 수 없는 객관적인 장애사유가 있었고, 위와 같은 피해를 당한 원고 1을 보호할 필요성은 큰 반면, 피고의 손해배상채무 이행 거절을 소멸시효 제도를 들어 인정하는 것은 현저히 부당한 결과를 초래하게 되는 것이므로, 피고의 소멸시효 완성 항변은 신의성실의 원칙에 반하는 권리남용으로서 허용될 수 없다고 하였다. 이 후의 판례36)도 같은 취지이다.

그런데 대법원 2013. 12. 12. 선고 2013다201844 판결은 이 점에 관하여 다음과 같은 새로운 판시를 하였다.

"국가기관이 수사과정에서 한 위법행위 등으로 수집한 증거 등에 기초하여 공소가 제기되고 유죄의 확정판결까지 받았으나 재심사유의 존재 사실이 뒤늦게 밝혀짐에 따라 재심절차에서 무죄판결이 확정된 후 국가기관의 위법행위 등을 원인으로 국가를 상대로 손해배상을 청구하는 경우, 재심절차에서 무죄판결이 확정될 때까지는 채권자가 손해배상청구를 할 것을 기대할 수 없는 사실상의 장애사유가 있었다고 볼 것이다. 따라서 이러한 경우 채무자인 국가의 소멸시효 완성의 항변은 신의성실의 원칙에 반하는 권리남용으로 허용될 수 없다. 다만 채권자는 특별한 사정이 없는 한 그러한 장애가 해소된 재심무죄판결 확정일로부터 민법상 시효정지의 경우에 준하는 6개월의 기간 내에 권리를 행사하여야 한다.

이때 그 기간 내에 권리행사가 있었는지는 원칙적으로 손해배상을 청구하는 소를 제기하였는지 여부를 기준으로 판단할 것이다. (중략)

따라서 채권자가 재심무죄판결 확정일로부터 6개월 내에 손해배상청구의 소를 제기하지는 아니하였더라도 그 기간 내에 형사보상법에 따른 형사보상청구를 한 경우에는 소멸시효의 항변을 저지할 수 있는 권리행사의 '상당한 기간'은 이를 연장할 특수한 사정이 있다고 할 것이고, 그때는 형사보상결정 확정일로부터 6개월 내에 손해배상청구의 소를 제기하면 상당한 기간 내에 권리를 행사한 것으로 볼 수 있다. 다만 이 경우에도 그 기간은 권리행사의 사실상의 장애사유가 객관적으로 소멸된 재심무죄판결 확정일로부터 3년을 넘을 수는 없다고 보아야

---

35) 구체적으로는 원고가 1991. 5. 25. 가석방되었고, 2007. 11. 27. 정리위원회의 진실규명결정이 있었으며, 2008. 4. 7. 원고가 재심을 청구하였고, 2008. 11. 8. 무죄판결이 확정되었으며, 같은 달 28. 그에 따른 형사보상금을 수령한 다음 2009. 2. 6. 손해배상청구소송을 제기하였다. 김상훈, "재심절차에서 무죄 확정판결을 받은 자의 손해배상 청구에 대한 소멸시효 항변의 허용 여부", 대법원판례해설 제97호, 2014, 21면 주 5) 참조.
36) 대법원 2011. 1. 27. 선고 2010다6680 판결; 대법원 2013. 3. 28. 선고 2010다108494 판결 등.

한다.”

이 사건에서   원고는 1983. 7. 19. 보안부대 소속 수사관들에게 국가보안법 위반 등의 혐의로 연행되어 약 38일간 불법구금된 상태에서 고문 등의 가혹행위를 하여 피의사실을 자백하도록 하였고, 그리하여 원고는 징역 12년과 자격정지 12년의 형을 선고받았으며, 위 유죄판결이 확정되어 복역하다가 1991. 5. 25. 가석방되었다. 그 후 과거사정리위원회는 2009. 1. 19. 원고에 대한 형사사건은 민간인에 대한 수사권이 없는 보안부대에서 원고를 불법연행하고 불법구금, 고문 등 가혹행위를 저지름으로써 허위자백을 받아 처벌한 사건이라는 취지의 진실규명결정을 하였다. 원고는 위 유죄의 확정판결에 대하여 재심을 청구하여, 법원은 2010. 2. 9. 재심판결로써 원고에 대하여 일부 무죄를 선고하였으며[37], 이 판결은 2011. 1. 27. 확정되었다. 원고는 위 재심판결 확정일로부터 6개월 내인 2011. 2. 15. 형사보상청구를 하여, 2011. 12. 13. 형사보상결정을 받았고, 2011. 12. 19. 형사보상결정이 확정되었고, 원고는 형사보상결정 확정일로부터 6개월 내인 2012. 2. 1.에 이 사건 손해배상청구 소송을 제기하였으므로, 결국 피고의 소멸시효 항변은 배척되었다.

위 대법원 2013. 12. 12. 선고 2013다201844 판결에 대한 재판연구관의 해설은 다음과 같이 설명한다. 이 사건은 진실규명 결정이 있었다는 점에서는 소멸시효 주장의 신의칙 위반에 관한 제3유형에 해당하는 것으로 볼 수 있고, 재심무죄판결이 있을 때까지는 소를 제기할 수 없는 객관적 장애사유가 있는 것으로 인정할 수 있다는 점에서는 제2유형에 해당하는 것으로 볼 수 있지만, 원고와 그 가족들의 입장에서는 재심을 통한 법원의 공권적 판단을 받기 전까지는 과거의 유죄확정판결이 고문과 증거조작에 의하여 잘못된 것임을 전제로 국가를 상대로 불법행위에 기한 손해배상을 소로써 구하는 것은 일반인의 관점에서 합리적으로 기대하기 어려우며 객관적 장애의 소멸시기는 재심판결 확정시라고 한다. 그리고 이러한 제2유형의 경우에도 제3유형과 마찬가지로 장애사유가 소멸된 후 상당한 기간 내에 권리를 행사하여야 하고, 그 기간은 원칙적으로 재심무죄판결 확정일로부터 6개월, 부득이한 사정이 있는 경우에만 3년 내로 보아야 하며, 다만 재심무죄판결 확정일로부터 6개월 내에 형사보상법에 따른 형사보상청구를 한 경우에는 소멸시효 항변을 저지할 수 있는 권리행사의 상당한 기간을 연장할 특

---

37) 원래 선고받은 형은 징역 12년이었으나 재심에서는 일부 무죄를 받아 징역 2년이 선고되었다.

수한 사정이 있으므로, 그 때에는 형사보상결정 확정일로부터 6개월 내에 손해배상청구의 소를 제기하면 상당한 기간 내에 권리를 행사한 것으로 보는 것이 타당하다고 한다.[38]

이 후의 판례는 원고가 형사보상을 받은 경우에는 손해배상청구 소송을 제기한 날짜가 형사보상결정 확정일로부터 6월 내인가에 따라, 형사보상을 받지 않은 경우에는 재심판결 확정일로부터 6월 내인가에 따라 소멸시효 항변의 인용여부를 달리하고 있다.[39]

이를 표로 정리하면 다음과 같다.[40]

번호	선고일 및 사건번호	소멸시효항변 인용 여부
1	2013. 12. 26. 2013다208838	×
2	2014. 1. 16. 2011다108057	×
3	2014. 1. 16. 2013다205341	×
4	2014. 1. 16. 2013다209123	○
5	2014. 1. 16. 2013다210213	×
6	2014. 1. 16. 2013다211469	○
7	2014. 1. 23. 2011다59810	○
8	2014. 1. 29. 2013다209916	일부 원고 ○/일부 원고 ×
9	2014. 2. 27. 2013다201660	○
10	2014. 2. 27. 2013다209831	×
11	2014. 4. 10. 2013다215973	○
12	2014. 5. 16. 2013다201486	○
13	2014. 6. 12. 2014다205263	○
14	2014. 6. 12. 2013다208326	○

38) 김상훈(주 35), 24면 이하.
39) 그런데 위 2013다201844 판결과 같은 날 선고된 대법원 2013. 12. 12. 선고 2013다202526 판결은 이와는 다소 다른 취지로 이해될 여지가 있다. 이 사건에서 재심판결은 2011. 6. 3. 선고되었고, 손해배상청구는 2011. 12. 6. 제기되었는데, 재심판결이 언제 확정되었는지는 판결문상으로는 명백하지 않으나, 위 판결은 재심판결이 선고될 무렵 확정되었다고 하였다. 위 판결은 재심판결의 확정과 이 사건 손해배상청구의 소 제기 사이의 시간적 간격을 고려하면, 피고가 소멸시효의 완성을 주장하는 것은 신의성실 원칙에 반하는 권리남용으로 허용될 수 없다고 볼 여지가 충분하다고 하였다. 만일 재심판결이 선고일에 확정되었다면 소 제기는 재심판결 확정일로부터 6개월 경과 후에 제기된 것이 된다. 그러나 재심판결이 선고되더라도 상소기간이 경과하여 판결이 확정되려면 7일이 지나야 하므로, 실제로는 재심판결 확정일로부터 6개월 내에 소가 제기되었을 가능성이 많다. 어쨌든 2013다202526 판결이 선고될 당시에는 2013다201844 판결은 고려되지 못했던 것으로 보인다.
40) 이들 판결 중 소멸시효 항변을 배척한 2, 3 판결을 제외한 나머지는 공간되지 않았고, 법고을 LX에서도 검색할 수 없다.

15	2014. 7. 10. 2014다203717	○
16	2014. 10. 27. 2013다217962	×
17	2014. 12. 11. 2014다210890	×
18	2014. 12. 24. 2013다210428	○
19	2015. 1. 29. 2012다36302	일부 원고 ○/일부 원고 ×
20	2015. 2. 12. 2014다205027	×

예컨대 대법원 2014. 1. 16. 선고 2013다209213 판결(표 4) 사건에서는 재심 절차에서 그 사건 원고들에 대한 재심면소판결이 2009. 10. 2., 2009. 12. 18., 2010. 9. 10., 2010. 8. 28., 각각 별도로 확정되었는데, 원고들은 위 각 재심판결 의 확정일로부터 약 1년 11개월 내지 2년 10개월 지난 2012. 8. 8.에 국가를 상대 로 손해배상청구를 제기하였다. 원고들이 따로 형사보상청구를 하였거나 형사보 상결정 확정일로부터 6개월 내에 소를 제기하지는 않았던 것으로 보인다. 대법원 은 위 대법원 2013. 12. 12. 선고 2013다201844 판결을 인용하면서, 원고들은 특 별한 사정이 없이 위 각 재심판결 확정일로부터 6개월이 지나 이 사건 소를 제기 함으로써 소멸시효의 항변을 저지할 수 없게 되었다고 하였다.

또한 대법원 2014. 1. 29. 선고 2013다209916 판결(표 8) 사건에서는 국가의 소멸시효 항변이 일부 원고들에 대하여는 받아들여졌다. 이 사건에서는 여러 원 고들에 대한 재심무죄판결은 2010. 10. 28. 확정되었고, 원고들은 2010. 11. 3. 형 사보상청구를 하였으며, 그에 따른 형사보상결정은 2011. 8. 8. 내려졌다. 그런데 위 형사보상결정이 한 원고에 대하여는 2011. 8. 18.에, 다른 원고 2명에 대하여 는 2011. 8. 19.에, 또 다른 원고에 2011. 9. 28.에 각 확정되었으며, 원고들은 2012. 3. 13.에 이르러 국가를 상대로 손해배상청구소송을 제기하였다. 대법원은 형사보상결정이 2011. 9. 28. 확정된 원고에 대하여는 국가의 소멸시효 항변이 신의성실의 원칙에 반한다고 하였으나, 나머지 원고들에 대하여는 소의 제기가 형사보상결정 확정일부터 6개월이 경과하였다는 이유로 국가의 소멸시효 항변을 받아들였다.

그리고 대법원 2014. 7. 10. 선고 2014다203717 판결(표 15)에서는 원고들에 대한 재심무죄판결은 2009. 12. 31. 확정되었는데, 그 사건 소송은 2012. 6. 20.에 야 제기되었다. 원고들 중 일부는 재심무죄판결 확정일로부터 6개월 내에 형사보 상청구를 하여 2010. 11. 10. 및 2012. 1. 10. 형사보상결정을 받아 형사보상금을

수령하였고, 한 원고는 2011. 11. 10. 형사보상청구를 하여 2012. 1. 10. 형사보상
결정을 받아 6,040,000원의 형사보상금을 수령하였으며, 나머지 원고들은 형사보
상청구를 하지 않은 채 소송을 제기하였다. 위 대법원 2013. 12. 12. 선고 2013다
201844 판결 후에 선고된 원심판결(서울고등법원 2014. 1. 9. 선고 2013나2015881 판
결)은, '상당한 기간' 내에 권리행사가 있었는지 여부는 채권자와 채무자 사이의
관계, 채권자가 권리를 행사할 수 없었던 객관적 장애사유의 내용 및 경위, 채권
자의 권리행사가 지연될 수밖에 없었던 특별한 사정이 있었는지 여부 등을 종합
적으로 고려하여 판단하여야 한다고 하면서, 여러 가지의 사정을 들어 이 사건
재심판결이 확정된 때로부터 3년 이내에 제기된 이 사건 소는 피고의 소멸시효
항변을 저지할 수 있는 상당한 기간 내에 제기되었다고 판단하였다. 그러나 대법
원은, 일부 원고들은 재심판결 확정일인 2009. 12. 31.부터 6개월 내에 손해배상
청구의 소나 형사보상청구를 한 바 없고, 일부 원고들은 2010. 11. 10. 형사보상
결정을 받고서도 그 확정일부터 6개월 이상 경과한 2012. 6. 20.에야 비로소 이
사건 소를 제기하였으므로, 특별한 사정이 없는 한 원고들은 피고의 소멸시효의
항변을 저지할 수 있는 상당한 기간 내에 권리행사를 하였다고 볼 수 없고, 따라
서 피고의 소멸시효 항변이 권리남용에 해당한다고 단정하기 어렵다고 하여 원
심판결을 파기하였다.[41]

    이외에 위 대법원 2013. 12. 12. 선고 2013다201844 판결이 선고된 후 하급
심에서 위 판결의 취지에 따라 국가의 소멸시효 항변을 받아들여 원고의 청구를
기각하였고, 원고의 상고에 대하여 대법원이 심리불속행 판결로 상고를 기각한
예도 있다. 대법원 2014다205539 사건에서는 원고가 1973년에 강간치사 및 살인
죄로 무기징역형을 선고받고 15년 7개월 8일을 복역하고 출소한 후 2011. 10.
27. 재심무죄판결이 확정되었으며, 그에 대한 형사보상결정은 2012. 5. 18. 확정
되었다. 원고는 형사보상결정 확정일로부터 6개월 10일이 지난 2012. 11. 28. 국
가를 상대로 손해배상청구소송을 제기하였는데, 항소심은 2014. 1. 23. 소멸시효
완성을 이유로 원고의 청구를 기각하였고, 대법원은 2014. 5. 29. 심리불속행 판
결로 원고의 상고를 기각하였다. 원고는 이 사건에 대하여 헌법재판소에 헌법소

---

41) 위 대법원 2013. 12. 12. 선고 2013다201844 판결은 채권자가 재심무죄판결 확정일로부터 6개
   월 내에 형사보상법에 따른 형사보상청구를 한 경우에는 소멸시효의 항변을 저지할 수 있는
   권리행사의 '상당한 기간'은 이를 연장할 특수한 사정이 있다고 한 것으로서, 형사보상청구를
   하지 않거나 형사보상결정 확정일부터 6개월이 지나도 특수한 사정이 있으면 3년 내에 소송을
   제기할 수 있다고 한 것은 아니었다.

원을 제기하여 사건이 현재 헌법재판소에 계속중이다.[42]

한 가지 더 언급할 것은, 이처럼 대법원이 유죄의 확정판결이 재심에 의하여 실효되기 전에도 소멸시효가 진행한다고 보면서도 그 기산점이 언제인가에 대하여는 정확히 밝히고 있지 않다는 점이다. 하급심 판결 가운데에는 징역형을 받은 피고인이 만기출소하거나 가석방된 때를 소멸시효의 기산점으로 본 예가 있다.[43] 대법원 재판연구관의 판례해설에서는, 수사기관의 불법체포 및 감금 및 가혹행위 그리고 자백강요나 증거조작 등으로 인하여 기소가 이루어지고 유죄판결이 선고되었으며 형의 집행이 이루어진 경우에는 검찰 송치 이후 형의 집행 종료 시까지 원고가 받은 신체적, 정신적 고통도 수사기관의 위법한 가해행위로 인한 손해이므로 피고 국가의 불법행위는 형의 집행종료 시까지 계속되었다고 보아야 하고, 소멸시효의 기산일도 이때라고 하는 설명이 있다.[44]

V. 유죄판결형 판례에 대한 비판

1. 유죄확정판결의 존재는 법률상 장애인가, 사실상 장애인가?

그런데 과연 유죄의 확정판결이 있는 경우에, 그 확정판결의 효력이 존속하는 상태에서 피고인들이 그 판결이 잘못되었다고 하여 국가에 대하여 손해배상청구권을 행사하는 것이 가능한가를 따져볼 필요가 있다. 다시 말하여 이러한 손해배상청구가 유죄판결의 기판력에 저촉되는 것이 아닌가 하는 점이다. 이 점이 긍정된다면, 유죄의 확정판결의 존재는 손해배상청구권의 행사에 대한 사실상의 장애에 불과한 것이 아니라 법률상의 장애에 해당하고, 따라서 국가에 대한 손해배상청구권의 소멸시효 기간은 재심에서 무죄판결이 선고되어 확정되기 전까지는 진행하지 않다가, 유죄판결을 파기하고 무죄를 선고한 재심판결이 확정되어야 비로소 소멸시효 기간이 진행된다고 보아야 할 것이다.

그런데 종래의 판례는 이 점에 대하여는 특별히 언급하지 않고, 유죄의 확정판결이 있으면 재심에서 무죄판결이 확정되기 전까지는 손해배상청구권 행사에

---

42) 오마이뉴스 2014. 10. 15 게재 (http://m.ohmynews.com/NWS_Web/Mobile/at_pg.aspx?CNTN_CD=A0002043466. 최종 방문 2015. 3. 12.).

43) 서울고등법원 2014. 1. 23. 선고 2013나2015072 판결(이는 위 대법원 2014다205539 사건의 원심판결이다); 2014. 11. 7. 선고 2014나9870 판결(이는 표 7 판결의 환송후 2심 판결이다) 등.

44) 이영창(주 3), 652면 이하.

대한 객관적인 장애가 존재한다고 보아, 국가가 소멸시효 항변을 하는 것은 신의
칙에 어긋난다는 이유로 받아들이지 않았다.[45) 이는 유죄 확정판결의 존재는 법
률상의 장애가 아니라 사실상의 장애에 불과한 것으로 보았기 때문이다.[46) 이 점
을 명시적으로 긍정하고 있는 거의 유일한 문헌에서는, 피고인이 재심의 소에서
무죄판결을 받기 전까지는 권리를 행사할 수 없는 장애사유가 있었다고 볼 수
있는지가 문제되지만, 재심의 소에서 무죄판결을 선고받기 전이라는 점을 법률
상의 장애사유라고는 할 수 없으므로, 이로 인하여 시효기간이 진행되지 않는다
고는 할 수 없다고 설명하고 있다.[47)

　다른 한편 형사확정판결뿐만 아니라 확정된 재판 일반에 관하여 법관의 과
오가 있는 경우에, 재심 등의 방법에 의하여 그 효력을 다투지 않고, 바로 국가배
상청구를 할 수 있는가에 관하여는 다소 논의가 있는데, 가능하다고 보는 견해가
많은 것처럼 보인다. 즉 이미 확정된 재판과 그 판결의 위법을 이유로 하는 국가
배상소송은 전혀 그 목적과 대상을 달리하는 것이므로, 법관의 불법행위를 이유
로 한 국가배상책임을 인정한다 하여도 확정판결의 기판력을 전적으로 침해하는
것은 아니라는 것이다.[48)

　그런데 필자는 다음과 같이 주장한 바 있다. "유죄의 확정판결이 있는 경우
에 그 판결이 취소되지 않은 상태에서 그 판결 자체에 위법이 있다고 하여 국가

45) 위 대법원 2013. 12. 12. 선고 2013다201844 판결뿐만 아니라 그 전에 선고된 대법원 2011. 1.
　 13. 선고 2009다103950 판결; 같은 날 선고 2010다28833 판결; 같은 날 선고 2010다53419 판결;
　 2013. 3. 28. 선고 2010다108494 판결 등.
46) 그런데 대법원 2015. 1. 22. 선고 2012다204365 전원합의체 판결의 반대의견은 약간 다른 취지
　 인 것처럼 보이기도 한다. 위 반대의견은 민주화운동과 관련하여 수사기관에 의하여 불법체
　 포·구금된 후 고문 등 가혹행위를 당하여 범죄사실을 자백하고 그에 기하여 유죄판결을 받고
　 복역하였다가 그 후 재심절차에서 그 유죄판결이 취소되고 무죄판결이 확정된 경우에, 피해자
　 의 복역 등은 재심판결 전에는 종전의 유죄판결이 유효함을 전제로 적법하게 이루어진 것으로
　 평가되지만, 재심판결 후에는 피해자가 무죄임에도 수사기관의 불법행위로 인하여 위법하게
　 이루어진 것으로서 형사보상, 명예회복 및 국가를 상대로 한 손해배상청구의 대상이 될 수 있
　 으므로, 그에 대한 객관적·법률적인 평가가 완전히 상반되고, 피해자로서도 재심판결 전에는
　 자신의 복역 등이 유효한 유죄판결로 인한 결과라고 받아들일 수밖에 없었고 그 상태에서 보
　 상 또는 배상을 받을 수 있으리라고 평가하는 범위는 한정될 수밖에 없었다고 설시하였다. 다
　 만 이러한 반대의견이 소멸시효와 관련하여 재심판결 전에는 손해배상청구에 법률상 장애가
　 있다고 보는 것인지는 반드시 명백하지 않다.
47) 이영창(주 3), 669면.
48) 李日世, "法官의 不法行爲와 國家賠償責任", 저스티스 제32권 1호, 1999, 66면; 송기춘, "조작간
　 첩사건과 법원의 판결에 대한 국가배상청구 가능성", 世界憲法硏究 제13권 1호, 2007, 106면;
　 전극수, "법관의 재판에서의 불법행위에 대한 국가배상책임", 외법논집 제34권 1호, 2010, 263
　 면 등.

배상책임을 물을 수 있는지는 의문이다. 대법원 2003. 7. 11. 선고 99다24218 판결
은, 재판에 대하여 따로 불복절차 또는 시정절차가 마련되어 있는 경우에는 스스
로 그와 같은 시정을 구하지 아니한 결과 권리 내지 이익을 회복하지 못한 사람은
원칙적으로 국가배상에 의한 권리구제를 받을 수 없다고 봄이 상당하다고 하였다.
다시 말하여 재판의 경우에는 이러한 불복절차가 있으면 불복절차에 의하여 권리
구제를 받아야 하고, 그 절차에 의하지 않은 국가배상청구는 원칙적으로 허용되지
않는다는 의미로 이해할 수 있다. 그러므로 유죄의 확정판결이 있은 경우에도 재
심 등에 의하여 구제절차를 밟지 않고 바로 국가배상을 청구하는 것은 받아들이
기 어려울 것이다. 위 99다24218 판결은 재심도 그러한 시정절차에 해당한다고
보고 있다. 따라서 유죄판결이 취소되기 전에는 국가배상청구를 하는 데 법률상의
장애가 있으므로 소멸시효가 진행되지 않는다고 보아야 할 것이다."[49)

이하에서 이 문제를 좀 더 자세히 살펴보기로 한다.

2. 민사판결의 기판력과 손해배상청구

종전의 판례가, 유죄의 확정판결을 받게 된 것이 수사기관의 위법행위 때문
인 경우에, 확정된 유죄판결의 존재는 위법행위로 인한 손해배상청구권의 행사
에 대한 사실상의 장애에 불과하고, 법률상의 장애는 아니라고 보고 있는 것은,
그러한 손해배상청구는 확정된 유죄판결의 기판력에는 저촉되지 않는다고 본 때
문으로 이해된다.

실제로 종래의 대법원 판례는 당사자가 위법한 방법으로 확정 민사판결을
받은, 이른바 확정판결의 편취가 있는 경우에는, 특별한 사정이 있을 때에는 확
정판결의 기판력에도 불구하고, 확정판결의 변론종결 전의 사유를 내세워서 확
정판결에 기한 강제집행에 대하여 청구이의의 방법으로 그 강제집행을 저지하거
나, 강제집행이 완료되었으면 불법행위를 이유로 손해배상을 청구할 수 있다고

---

49) 윤진수, "李容勳 大法院의 民法判例", 李容勳大法院長在任紀念 正義로운 司法, 2011, 24면. 본인
은 이 이전에도 이와 같이 주장한 바 있다. 윤진수, "2006년도 주요 民法 관련 판례 회고", 서울
대학교 법학 제48권 1호, 2007, 399면. 다만 여기서 유죄판결의 취소라는 용어를 쓴 것은 다소
부정확하다. 형사재심의 경우에는 민사재심과는 달리 재심판결이 있어도 재심대상판결이 따로
취소되거나 파기되는 것은 아니고, 당연히 실효될 뿐이다. 대법원 2011. 1. 20. 선고 2008재도11
전원합의체 판결 참조. 이유정, "사법절차를 통한 과거사 청산의 쟁점", 재심·시효·인권,
2007, 289-290면; 이재승(주 21), 199면 주 26)도 재심판결이 있기 전에는 손해배상을 청구할
수 없다고 본다. 또한 권영준(주 8), 26-27면 참조.

보고 있다. 즉 대법원 1960. 11. 3. 선고 4292민상656 판결; 1977. 1. 11. 선고 76 다81 판결; 2007. 5. 31. 선고 2006다85662 판결 등은 불법행위를 이유로 하는 손해배상의무를 인정하였고, 대법원 1984. 7. 24. 선고 84다카572 판결; 1997. 9. 12. 선고 96다4862 판결; 2001. 11. 13. 선고 99다32899 판결 등은 확정판결에 기한 집행이 권리남용이 되는 경우에는 허용되지 않으므로 집행채무자는 청구이 의의 소에 의하여 그 집행의 배제를 구할 수 있다고 보았다.50)

그러나 이러한 경우에 설령 불법행위로 인한 손해배상이나 청구이의의 소를 인정한다고 하더라도, 이것이 확정판결의 기판력과 저촉되는 것이라는 점은 손 해배상이나 청구이의의 소를 인정하는 측에서도 인정하고 있다. 가령 대법원 1977. 1. 11. 선고 76다81 판결의 원심은, 비록 확정판결 변론종결 이전에 그 소 송에서 그 실제상 채권의 전부 및 일부가 부존재한다는 것을 당사자가 다투었든 다투지 않았든가를 막론하고, 일단 그 판결이 위와 같이 확정된 이상 그 판결이 재심 등의 법정절차에 따라 취소되지 않는 한 가사 피고가 위 판결이 부당한 판 결이라는 것을 알고서 강제집행을 하였다고 해도 민법상의 불법행위가 될 수 없다고 하여 원고의 손해배상청구를 배척하였다. 그러나 대법원은, "원심의 위와 같은 사실인정 자체는 적법하고 또 그 설시이유도 상당한 설득력을 가진 이론이 라고 인정한다. 그러나 이와 같은 법이론은 아직 이와 정반대 취지의 본원판례 (1968. 11. 19 선고 68다1624 판결, 1960. 11. 3선고 4292민상856 판결)가 있고 이 판례 의 정신은 아직도 변경할 단계라고는 볼 수 없으므로 결국 원판결은 위 판례의 정신에 위반한다"고 하여 원심판결을 파기하였다. 다시 말하여 대법원도 확정판 결 변론종결 전의 사유를 이유로 확정판결의 집행을 불법행위라고 하는 것은 확 정판결의 기판력에 저촉된다는 점을 인정하면서도, 종래의 판례를 근거로 하여 불법행위의 성립을 인정한 것이다.

학설상으로는 위와 같은 경우에 확정판결이 재심 등에 의하여 취소되지 않 은 한은 불법행위나 청구이의의 소를 인정하는 것은 확정판결의 기판력에 저촉 되므로, 허용되어서는 안 된다는 부정설을 지지하는 견해가 유력하다. 부정설에 서는 재심을 거치지 않고 직접 부당이득이나 손해배상청구가 가능하다고 보려면

---

50) 이론적으로는 확정판결의 편취와 확정판결의 부정이용을 구별하기도 하지만, 여기서는 이 문 제는 언급하지 않는다. 좀더 자세한 것은 윤진수, "확정판결의 부정이용에 대한 구제의 요건 과 방법", 이십일세기 민사소송법의 전망; 하촌정동윤선생 화갑기념, 1999, 343면 이하 참조. 다만 이 글이 평석 대상 판결의 사건번호를 95다4862라고 한 것은 96다4862의 오기이다.

편취된 판결의 효력이 당연무효임이 전제되어야 할 것인데, 무효설을 따르기가 어렵다고 한다.[51] 반면 판례를 지지하는 의견도 적지 않다. 즉 이론상으로는 부정설의 입장이 수미일관하지만, 재심사유가 없거나 재심제기기간이 도과하여 재심에 의한 구제가 불가능한 경우가 허다할 뿐만 아니라, 명백히 잘못된 것을 바로잡기 위하여 두 번의 소송을 강요하는 것은 부당하고, 부당판결에 의한 집행의 결과를 그대로 시인한다면 이는「부정의에 대하여 정의의 도장을 찍어주는 것」이 되므로, 이 경우에는 실체적 정의를 위하여 기판력제도는 후퇴하여야 하고, 이 경우에 손해배상청구를 허용하는 것이야말로「부당한 판결에 대한 정의의 승리」가 아닐 수 없다는 것이다.[52] 다시 말하여 긍정설의 입장에서도 손해배상이나 청구이의를 인정하는 것이 기판력과 저촉된다는 점은 인정하면서, 구체적인 타당성을 위하여는 이러한 구제책을 인정하여야 한다는 것이다.

　　독일이나 일본의 상황도 대체로 우리나라와 같다. 즉 판례는 긍정설을 택하고 있지만, 학설상으로는 부정설이 많으며, 긍정설도 기판력과의 충돌 문제는 인정하고 있다.[53][54]

3. 형사판결의 기판력과 손해배상청구

　　필자는 민사판결의 기판력에 저촉되는 손해배상청구나 청구이의의 소는 인정될 여지가 있지만,[55] 확정된 유죄판결에 저촉되는 손해배상청구를 허용할 것인가는 이와는 별개의 문제라고 생각한다. 민사확정판결이 있음에도 불구하고, 판례가 손해배상청구나 청구이의의 소를 허용하는 이유는 기본적으로 이러한 손해배상청구나 청구이의의 소가 재심의 소에 대한 대체수단에 해당된다고 보기 때문이라고 할 수 있다. 그러나 민사상의 손해배상청구가 형사 재심의 소에 대한

---

51) 송상현/박익환, 민사소송법, 신정6판, 2011, 469면; 이시윤, 신민사소송법, 제7판, 2013, 641면; 민일영, "청구이의의 소에 관한 실무상 문제점", 재판자료 제35집, 1987, 221면 이하 등.
52) 정동윤, "기판력의 배제를 위한 실체법상의 구제수단에 관하여", 법조 1989. 12, 3면 이하, 특히 23면 이하; 정동윤/유병현, 민사소송법, 제3판 보정판, 2009, 747면. 같은 취지, 김홍엽, 민사소송법, 제3판, 2012, 806-809면; 지원림, "확정판결에 기한 강제집행과 불법행위", 민사판례연구 XⅥ, 1997, 188-189면 등.
53) Münchener Kommentar zur ZPO/Gottwald, 4. Auflage 2013, Rdnr. 217 이하; 越山和廣, 私法判例リマークス 42, 2011, 118면 이하 등 참조.
54) 그 밖에 이 문제에 대하여 상세한 것은 김상일, 확정판결의 편취와 부정이용에 관한 연구 : 불법행위의 성립여부를 중심으로, 서울대학교 대학원 박사학위논문, 1998 참조.
55) 윤진수(주 50), 359-360면 참조.

대체수단이 될 수는 없다.

우선 민사소송법상의 재심은 그 허용되는 범위가 형사소송법상의 재심에 비하여 좁다. 민사소송법 제451조 제1항 제4호에서 제7호까지의 재심사유의 경우에는 처벌받을 행위에 대하여 유죄의 판결이나 과태료부과의 재판이 확정된 때 또는 증거부족 외의 이유로 유죄의 확정판결이나 과태료부과의 확정재판을 할 수 없을 때에만 재심의 소를 제기할 수 있다(제451조 제2항). 독일에서는 판례가 재심사유가 없을 때에도 불법행위로 인한 손해배상청구를 인정하는 이유를, 독일 민사소송법 제580조가 범죄행위로 인한 재심사유의 경우에는 원칙적으로 범죄행위에 대한 유죄의 확정판결이 있을 것을 요구하기 때문이라고 설명한다.[56] 형사소송법도 민사소송법 제451조 제2항과 같은 규정이 있지만(제420조 제1호 내지 제3호), 다른 한편 유죄의 선고를 받은 자에 대하여 무죄 또는 면소를, 형의 선고를 받은 자에 대하여 형의 면제 또는 원판결이 인정한 죄보다 경한 죄를 인정할 명백한 증거가 새로 발견된 때를 재심사유로 인정하므로(제420조 제5호), 민사소송보다는 재심사유가 넓다. 그리고 민사소송에서는 재심 제기의 기간이 제한되어 있지만(제456조), 형사소송에서는 그러한 제한이 없다.

또 다른 이유로서는 손해배상청구와 같은 민사소송에서는 사실 인정에 관하여 변론주의가 지배하지만, 형사소송에서는 직권탐지주의에 따라 실체적 진실을 추구한다는 점을 들 수 있다. 그러므로 동일한 사건에 관하여는 형사소송에서의 사실인정이 민사소송에서의 사실인정보다 실체적 진실에 더 가깝다고 할 수 있다. 판례가 민사재판에서 이미 확정된 관련 형사사건의 판결에서 인정된 사실은 특별한 사정이 없으면 유력한 증거자료가 되므로 막연히 이를 배척할 수는 없다고 하는 것[57]도 이 때문이다. 그러므로 다른 특별한 사정이 없는데도 민사소송에서 형사 유죄판결이 잘못되었음을 증명한다는 것은 불가능하다고까지 말할 수는 없어도, 매우 어려운 것임에는 틀림없다.

보다 근본적으로는 형사소송에서는 국가와 피고인은 대등한 지위에 있다고 할 수 없다. 국가는 수사권을 가진 우월한 지위에서, 필요에 따라서는 피고인을 구속하고 재판받게 할 수도 있으므로, 피고인은 국가에 비하여 절대적으로 불리한 지위에 있다. 따라서 피고인이 확정된 유죄판결의 효력이 그대로 존속하고 있

---

56) Münchener Kommentar zur ZPO/Braun, § 581 Rdnr. 1 참조.
57) 대법원 1983. 9. 13. 선고 81다1166, 81다카897 판결 등.

는 상황에서 재심청구를 하지 않은 채로 민사절차에 의하여 손해배상청구를 하지 않았다는 것이 피고인에게 불리하게 작용한다는 것은 공정하다거나 타당하다고 할 수 없다. 더군다나 이 글에서 다루고 있는 사건들에서는 수사관들이 피해자들을 불법감금하고 가혹행위를 하여 자백을 강요하였는데, 그럼에도 불구하고 피해자들이 재심청구를 하지 않고 손해배상소송을 제기하지 않고 있었다는 이유로 원고들이 불이익을 입게 하는 것은 부당하다.

다른 한편 형사 재심에 의하지 않고 확정된 유죄판결의 효력을 다투도록 하는 것이 불합리하다는 점은 다음과 같은 점에 비추어 보아도 알 수 있다. 앞에서 살펴본 것처럼, 판례는 민사에서 확정판결을 위법하게 취득한 경우에는 손해배상뿐만 아니라 청구이의의 소도 인정하고 있다. 그런데 형사절차에서 피고인이 확정판결에 의하여 복역하고 있는 경우에, 민사사건에서의 청구이의에 상당하는 구제수단이 인정된다면, 피고인에 대한 형의 집행을 종료하고 피고인을 석방하라고 청구할 수 있어야 할 것이다. 그런데 이러한 것이 인정될 수 없음은 명백하다. 인신보호법은 위법한 행정처분 또는 사인(私人)에 의한 시설에의 수용으로 인하여 부당하게 인신의 자유를 제한당하고 있는 개인에 대하여 구제절차를 규정하고 있으나, 형사절차에 따라 체포·구속된 자나 수형자는 그 적용에서 제외된다(제2조 제1항). 이처럼 확정된 유죄판결의 효력이 존속하고 있는 상태에서는 수형자가 석방을 청구할 수 없다면, 확정된 유죄판결의 효력을 다투면서 손해배상을 청구하는 것도 허용될 수 없을 것이다. 이러한 이치는 수형자가 형의 집행을 마치고 석방된 경우에도 달라질 이유가 없다.

그리고 이러한 유형의 사건들에서는 직접 불법감금 및 고문을 받은 피해자들 외에도 그들의 친족들이 원고가 되는 경우가 많다. 그런데 직접 피해자 아닌 그들의 친족에게는 위 확정판결의 기판력이 미치지 않는 것은 아닌가 하는 의문이 제기될 수 있다. 그러나 유죄판결의 기판력이 피고인 외의 제3자에게도 미치는가 하는 점은 별론으로 하더라도,[58] 이 사건과 같이 피해자 이외의 원고들이, 피해자의 친족이라는 지위에서 피해자들과 마찬가지로 피해자들이 수사기관의 위

---

58) 대법원 1965. 2. 23. 선고 64도653 판결; 1970. 3. 24. 선고 70다245 판결 등은 몰수선고의 효력은 유죄판결을 받은 피고인에 대하여서만 발생하고 몰수 대상인 물건의 소유자에게는 미치지 않는다고 보고 있으나, 일본의 판례는 몰수판결의 효력은 제3자에게도 미치는 대세적 효력을 가진다고 보고 있다. 이희태, "제삼자 소유물의 몰수에 관한 고찰", 사법논집 제3집, 1972, 556면 이하; 김용찬, "뇌물의 몰수·추징의 대상자에 대한 고찰", 재판자료 제123집, 2012, 175면 이하 등 참조.

법행위로 인하여 유죄판결을 받음으로써 손해를 입었다는 것을 주장하는 것인 이상, 이들의 주장도 확정된 유죄판결의 기판력과는 충돌된다고 보지 않을 수 없다.

물론 민사사건에서 형사판결에서 인정된 사실 자체의 당부를 다투는 것까지 허용되지 않는 것은 아니다. 민사사건에서도 특별한 사정이 있으면 형사판결에서 인정된 사실과는 달리 인정하는 것은 가능하다. 그러나 형사의 유죄판결 자체가 잘못되었음을 이유로 국가배상을 청구하는 것은 유죄판결의 효력 자체를 다투는 것이므로, 형사판결의 기판력에 저촉된다고 보지 않을 수 없다.

그러므로 이처럼 불법구금이나 고문 등의 위법한 방법에 의하여 자백을 받아내고 유죄판결을 받게 한 것이 불법행위에 해당한다고 하여 손해배상을 청구할 때에는 그 소멸시효는 유죄판결을 실효시키는 재심판결이 확정된 때부터 진행한다고 보아야 한다. 즉 그러한 재심판결이 있음을 안 날부터 3년 또는 재심판결이 확정된 때부터 5년이 경과하여야만 손해배상청구권의 소멸시효가 완성된다.[59]

4. 외국에서의 논의

이 문제에 관한 일본과 미국에서의 논의를 살펴본다.

가. 일   본

일본의 학설상으로는 유죄 확정판결의 존재가 수사기관의 위법한 행위로 인한 국가배상청구권을 묻는 데 법률상 장애가 될 수 있는가 하는 점에 대하여 직접 언급하는 자료를 찾기 어렵지만, 법관의 재판상 과오를 이유로 국가배상책임을 물을 수 있는가 하는 점과 관련하여서는 어느 정도 참고가 될 수 있는 논의가 있다. 즉 손해배상의 대상이 되는 원 재판이 이미 확정된 경우에, 어느 사항이 기

---

59) 대법원 1996. 7. 12. 선고 94다52195 판결은, 헌법재판소에 의하여 면직처분의 근거가 된 법률규정이 위헌으로 결정되어 위헌결정의 소급효로 인하여 면직처분이 당연무효가 되고 그 면직처분이 불법행위에 해당되는 경우라도, 그 손해배상청구권은 위헌결정이 있기 전까지는 법률규정의 존재라는 법률상 장애로 인하여 행사할 수 없었으므로 소멸시효의 기산점은 위헌결정일로부터 진행되고, 따라서 불법행위를 원인으로 한 손해배상청구권은 헌법재판소에 의하여 면직처분의 근거가 된 법률이 위헌이라고 결정된 1989. 12. 18.부터 10년의 장기 소멸시효가 진행된다고 하였다. 다만 이 판결이 당시의 예산회계법상의 5년이 아닌 민법상 10년의 소멸시효가 적용된다고 본 것은 오류이다. 이 판결에 대하여는 윤진수, "위헌인 법률에 근거한 공무원 면직처분이 불법행위로 되는 경우 그로 인한 손해배상청구권 소멸시효의 기산점", 민법논고 Ⅲ, 2008, 659면 이하(처음 발표 1997) 참조.

판력에 의하여 확정되었다고 하여도, 그것과 국가배상청구와는 별개이며, 원재판의 판단 자체가 잘못된 경우에, 국가배상법이 정한 요건에 해당하는 경우에는 배상을 인정하는데 지장이 없다는 것이다.[60] 이와 같이 보는 것이 일본의 지배적인 견해라고 한다.[61]

　　일본 최고재판소 판례 가운데 유죄 확정판결에 관하여 이 점을 직접 판시하고 있는 것은 없는 것으로 보인다. 형사에 관하여 법관이나 검사의 과오를 이유로 하는 손해배상청구가 문제되었던 것은 검사가 기소하였으나 유죄판결 아닌 무죄판결이 선고, 확정된 경우,[62] 또는 확정되었던 유죄판결이 재심에 의하여 실효되고, 무죄판결이 확정된 경우[63] 등이다. 실제로 일본 최고재판소는 그러한 경우에 국가의 손해배상책임을 인정하지는 않았다.

　　다만 민사재판에서의 법관의 과오에 관하여는 최고재판소는 확정판결이 실효되지 않더라도 국가를 상대로 배상을 청구할 수 있다고 보는 것으로 여겨진다. 최고재판소 1982(昭和 57). 3. 12. 판결[64]의 원심은, 전소에서 패소판결을 받은 당사자가 담당재판관의 고의 또는 중과한 과실에 의하여 위법한 판결을 하였음을 이유로 국가배상을 청구한 데 대하여, 재심에 의하여 확정판결을 취소하는 판결이 확정되지 않는 한, 위 판결의 위법에 기한 국가배상청구소송에서 위 판결의 기판력이 생기는 사항에 관하여 담당 재판관의 판결행위 자체의 위법을 주장할 수는 없고, 법원도 위 위법을 판단할 수 없다고 하여 청구를 기각하였다. 그러나 최고재판소는 그러한 원심의 설시를 받아들이지 않고, 다만 재판관이 한 쟁송이 재판에 상소 등의 소송법상의 구제방법에 의하여 시정되어야 할 하자가 존재하더라도, 그에 의하여 당연히 국가배상법 1조 1항의 규정에서 말하는 위법한 행위가 있다고 하여 국가의 손해배상책임의 문제가 생기는 것은 아니며, 위 책임이 긍정되기 위하여는 당해 재판관이 위법 또는 부당한 목적을 가지고 재판을 하였다는 것과 같은, 재판관이 그 부여된 권한의 취지에 명백하게 어긋나게 권한을 행사하였다고 인정될 수 있는 특별한 사정이 있을 것을 필요로 한다고 하여 결국 청구를 받아들이지 않았다.

---

60) 西野喜一, "司法に關する國家賠償", 村重慶一 編輯, 現代裁判法大系 27 國家賠償, 1998, 26면 등.
61) 설민수, "법관의 재판업무와 관련한 손해배상 책임에 대하여", 사법논집 제34집, 2002, 541면 이하 참조.
62) 最高裁判所 1978(昭和 53). 10. 20. 판결(民集 32-7-1367).
63) 最高裁判所 1990(平成 2). 7. 20. 판결(民集 44-5-938).
64) 民集 36-3-329.

나. 미   국

이 문제에 관하여는 미국 연방대법원이 1994. 6. 24. 선고한 헤크 대 험프리 (Heck v. Humphrey) 판결[65]이 참고가 될 수 있다. 이 사건에서는 살인죄로 인디애나 주 지방법원에서 징역 15년을 선고받은 피고인 헤크가 항소하여 사건이 항소심에 계속 중인 상태에서, 사건을 수사한 수사관과 기소한 검사를 상대로 하여, 위법하게 수사를 하고 공소를 제기함으로써 유죄판결을 받게 하였다고 하여 연방법원에 징벌적 손해배상을 포함하는 손해배상청구를 하였다. 원고의 청구는 미국연방법 42권 제1983조(42 U.S.C § 1983)에 근거한 것이었다.[66] 위 사건 당시의 동 조문은 다음과 같이 규정하고 있었다. "어느 주나 해외 영토 또는 콜럼비아 특별구의 법률, 법규명령과 지방자치단체의 조례 및 규칙, 관습, 또는 관행의 외형을 갖추고 미국의 시민이나 미국의 관할권 내에 있는 자의 헌법과 법률에 의하여 보장된 권리, 특권 및 면제를 박탈하거나 박탈되게 한 자는 손해를 입은 사람에게 법률상 소송이나 형평법상 소송 또는 다른 적절한 절차에 의하여 배상을 하여야 할 책임이 있다."

위 손해배상소송이 연방항소법원에 계속 중인 동안에 원고에 대한 유죄의 1심판결은 인디애나 주 대법원에서 그대로 확정되었다.

연방 제7순회법원에서 이 사건의 항소심 판결을 집필한 포즈너(Posner) 판사는 원고의 청구가 이유 없다고 하면서 다음과 같이 판시하였다. 즉 원고는 자신에 대한 유죄판결의 적법성을 다투고 있으므로, 그가 이 소송에서 승소한다면 주는 원고가 직접 청구하고 있지는 않더라도 원고를 석방하여야 하고, 따라서 이 소송은 인신보호영장(habeas corpus)의 청구로 분류되어야 하는데, 이를 위하여는 주 법원에서의 구제절차를 모두 마쳐야 하고, 이를 마치지 않은 이상 원고의 청구는 받아들일 수 없다고 하였다.[67] 만일 유죄판결이 정당하다면 원고의 청구는 기판력(res judicata)에 의하여 차단될 것이라고 하였다. 포즈너 판사는 나아가서,

---

65) 512 U. S. 477, 129 L. Ed. 2d 383.

66) 이러한 소송에 대하여 소개하고 있는 국내의 문헌으로는 이노홍, "미국의 헌법적 불법행위 (Constitutional Tort) 소송에 관한 고찰", 세계헌법연구 제16권 4호, 2010, 251면 이하가 있다.

67) 미국에서는 주 법원의 재판에 의하여 인신구속이 된 경우에는 연방법원에 그 석방을 명하는 인신보호영장을 청구할 수 있으나, 이를 청구할 수 있으려면 주의 절차상 허용되는 구제절차를 모두 시도하였는데도 받아들여지지 않았어야 한다. 이우영, "미국 인신보호영장제도(Habeas Corpus) 분석", 공법연구 제35집 4호, 2007, 469면 참조.

손해배상청구권의 제소기간법(statute of limitations)[68]과 관련하여 이 사건 소송을 정지시킬 것인가, 아니면 원고의 청구를 기각할 것인가를 검토하였다. 원고가 주장하는 피고의 위법행위는 1987년에 일어났는데, 적용될 수 있는 제소기간은 2년에 불과하고, 원고의 수감에 의하여 정지되지 않으므로, 원고의 청구를 기각한다면 원고가 주 법에 따른 구제절차를 마친 후 다시 손해배상청구를 하는 때에는 제소기간이 지날 우려가 있기 때문이다. 포즈너 판사는 그럼에도 불구하고 청구를 기각하여야 한다고 하면서, 원고가 나중에 제기한 소송에서 피고가 제소기간 경과의 항변을 한다면, 원고는 다시 형평정지(equitable tolling)[69]라는 재항변을 할 수 있을 것이라고 하였다. 형평정지란, 어떤 자가 상황에 따라 제소기간 내에 소를 제기할 것을 기대할 수 없는 경우에는 제소기간 내에 소송을 제기하지 않아도 된다는 것이다. 형평정지의 법리에 따른다면 제소기간이 무한정 연장되는 것이 아니고, 그가 필요한 만큼의 추가적 기간만이 주어진다. 그러므로 이러한 형평정지의 법리는 현재 우리나라의 소멸시효 남용의 법리와 유사하다고 할 수 있다.[70]

그런데 연방대법원은 원고의 상고를 기각하기는 하였으나, 그 이유는 항소심 판결과는 달랐다. 스칼리아(Scalia) 대법관이 집필한 다수의견[71]은, 원심과는 달리 제1983조에 의한 청구는 의회가 제정한 것 이상의 사전구제절차 완료(exhaustion) 요건을 필요로 하지는 않는다고 하였다. 문제는 원고와 같은 청구가 제1983조에 의하여 인정될 수 있는가 하는 점인데, 연방대법원은 이를 부정하였다. 제1983조는 불법행위책임의 한 가지 종류를 창설한 것이고, 따라서 이에 대하여는 보통법상의 불법행위 법리를 참조하여야 하는데, 보통법상 악의적 소추(malicious prosecution)의 법리가 이 사건에서 문제되는 청구와 가장 유사하다고 하였다. 악의적 소추의 법리는 법적 절차에 따른 감금에 대한 배상을 인정하는 것

---

68) 미국의 제소기간법은 대체로 한국의 소멸시효 제도와 마찬가지로 일정한 기간이 경과하면 더 이상 청구를 할 수 없다는 것을 규정하고 있다. 민법주해 Ⅲ, 1992, 398면(윤진수) 참조.
69) 박민영, "미국의 'Equitable Tolling'의 법리에 관한 소고", 경희법학 제47권 1호, 2012, 288면 주 9)는 equitable tolling의 역어로서 형평경종(衡平警鐘)이라는 의미가 가장 원어적 개념으로 적당하다고 서술하고 있다. 그러나 wikipedia에 의하면 법에서 tolling이란 제소기간법에 정해진 기간의 진행을 정지시키거나 늦추는 법적 이론을 말한다고 정의하고 있고, Black's Law Dictionary에 의하더라도 Toll을 제소기간을 잠정적으로 정지시키거나 멈추는 것이라고 정의하고 있으므로, tolling은 우리나라에서 말하는 소멸시효의 정지에 상당하는 것으로 이해하여야 한다.
70) 박민영(주 69), 285면 이하는 소멸시효 주장을 권리남용이라는 이유로 배척한 대법원 2011. 10. 13. 선고 2011다36091 판결과 관련하여 equitable tolling의 법리를 소개하고 있다.
71) 이 판결에는 2개의 별개의견이 있었는데, 그 결론에서는 다수의견과 차이가 없다.

으로서, 이에 따른 배상이 인정되려면 형사 절차가 피고인에게 유리하게 종결되었다는 점이 주장되고 증명되어야 한다. 이러한 요건은 청구원인과 유죄의 쟁점에 대하여 평행적인 소송을 방지하고, 원고가 기초가 되는 형사소송에서 유죄판결을 받은 후에 불법행위소송에서 승소하는 가능성을 차단하는데, 위와 같은 사태는 같거나 동일한 사실에 대하여 두 개의 상반되는 결정을 회피하여야 한다는 강력한 사법적 정책에 어긋난다고 설명되고 있다.

스칼리아 대법관은 이러한 악의적 소추의 법리를 원용하면서, 유죄판결을 받은 피고인이 악의적 소추를 청구원인으로 하여 소송을 하는 것을 허용하는 것은, 유죄판결에 대하여 민사소송을 도구로 하는 독립적 이의(collateral attack)[72]를 허용하는 것이 된다고 하였다. 그리하여 민사 불법행위 소송이 계속중인 형사 판결의 효력을 다투는 적절한 수단이 되지 못한다는 오래된 원칙이, 유죄판결이나 구금이 위법하다는 것을 증명할 것을 요구하는 제1983조에 의한 손해배상소송에도 적용되어야 한다고 보았다. 그러므로 위헌적인 판결이나 구금 또는, 그 위법성이 유죄판결이나 선고의 효력을 무효로 만드는 행위로 인하여 다른 손해를 입었다는 이유로 배상을 받기 위하여는, 제1983조에 의한 원고는 그 유죄판결이나 선고가 상소에 의하여 파기되었거나, 행정명령에 의하여 실효되었거나, 이를 무효로 할 권한이 있는 주의 기관에 의하여 무효로 선언되었거나, 아니면 연방법원이 인신보호영장을 발부함으로써 그 효력에 의문을 제기하였어야 하고, 그렇지 않은 청구는 제1983조에 의하여는 인정될 수 없다고 하였다. 그러나 원고의 청구가 받아들여지더라도 계속중인 형사 판결의 무효를 나타내지 않는 것이라면, 그러한 소송은 허용될 수 있다고 하였다.

이 판결은 또한 이 사건의 경우에 제소기간은 문제되지 않는다고 하였다. 즉 제1983조에 의한 위헌적인 유죄판결 또는 선고로 인한 손해에 대한 소송의 원인은 유죄판결이나 선고가 무효로 되기까지는 발생하지 않기 때문이라는 것이다. 따라서 원심판결과 같이 형평정지의 법리가 적용될 수 있는가 하는 점은 따질 필요가 없다고 하였다.

그리고 이 판결은 원심이 기판력의 문제를 언급한 데 대하여, 제1983조 소

---

72) 독립적 이의란 당해 재판 절차 외에서 그 재판의 효력을 다투는 것을 말한다. 형사사건의 경우에 인신보호영장을 청구하는 것도 독립적 이의에 포함되는데, 인신보호영장을 청구하려면 사전적인 구제절차를 모두 거쳐야 하므로, 이는 결국 우리나라에서 재심을 청구하는 것과 같다. 윤진수, "미국법상 판례의 소급효", 저스티스 제28권 1호, 1995, 93면 주 11) 참조.

송에서의 주 법원의 기판력 문제는 주법의 문제이므로 이를 다루지 않겠다고 하였다.[73)]

5. 소   결

이제까지 살펴본 바에 의하면 유죄의 확정판결이 있고, 그것이 재심 절차에서 실효되지 않은 이상은 민사사건에서 그러한 확정판결이 잘못된 오판이라고 하여 손해배상을 청구할 수 없다는 것이 충분히 논증되었다고 생각한다. 그 이론적인 근거는 민사사건에서 그러한 손해배상을 명하는 것이 유죄판결의 기판력에 어긋난다는 점이다. 이를 다른 말로 표현한다면, 민사법원이 유죄판결의 잘잘못을 따질 수는 없고, 형사판결이 잘못되었는지 여부는 형사 재심절차에서 가려져야 한다는 것이다. 이러한 결론은 헤크 판결에서 스칼리아 대법관이 설명하는 것처럼, 원고가 기초가 되는 형사소송에서 유죄판결을 받은 후에 불법행위소송에서 승소하는 가능성을 차단하여야 하고, 같거나 동일한 사실에 대하여 두 개의 상반되는 결정을 회피하여야 한다는 강력한 사법적 정책에 의하여 뒷받침된다.

그리고 이와 같은 판례는 실제에 있어서도 여러 가지 문제점을 드러내고 있다. 우선 판례는 재심판결이 확정되면 그로부터 6개월 내에 형사보상청구를 하여야 한다고 보고 있다. 그러나 형사보상 및 명예회복에 관한 법률 제8조는 보상청구는 무죄재판이 확정된 사실을 안 날부터 3년, 무죄재판이 확정된 때부터 5년 이내에 하여야 한다고 규정하고 있다. 그런데 위 판례는 사실상 형사보상청구를 재심판결 확정일로부터 6개월 내에 하도록 강제하는 결과가 된다. 원래 종전의 형사보상법 제7조는 보상의 청구는 무죄재판이 확정된 때로부터 1년 이내에 하여야 한다고 규정하고 있었는데, 헌법재판소 2010. 7. 29. 선고 2008헌가4 결정은 위 조문에 대하여 헌법불합치결정을 하였다. 위 결정은 우선, 형사보상청구권은 국가의 형사사법작용에 의해 신체의 자유라는 중대한 법익을 침해받은 국민을 구제하기 위하여 헌법상 보장된 국민의 기본권이므로, 일반적인 사법상의 권리보다 더 확실하게 보호되어야 할 권리임에도 불구하고 아무런 합리적인 이유 없이 그 청구기간을 1년이라는 단기간으로 제한한 것은 입법 목적 달성에 필요한 정도를 넘어선 것이라고 하였다. 또한 위 조문은 짧은 제척기간을 규정하고

---

73) 512 U. S. 477, 480 fn. 2).

있음에도 불구하고 형사피고인이 무죄판결의 선고 사실을 알고 있는지 여부와 관계없이 제척기간이 진행되도록 규정하고 있어 형사피고인이 책임질 수 없는 사유에 의하여 제척기간을 도과할 가능성을 더욱 높게 하였는데, 이는 국가의 잘못된 형사사법작용에 의해서 신체의 자유라는 중대한 법익을 침해받은 국민의 기본권을 사법상의 권리보다도 가볍게 보호하는 것으로서 부당하다고 하였다.

물론 위 헌법재판소 결정은 형사보상의 청구기간에 관한 것이므로, 이 사건과 같은 손해배상청구권의 소멸시효에 관하여 직접 적용되지는 않는다. 그러나 손해배상과 형사보상 모두가 동일한 피해에 대한 손해전보 수단으로서의 기능을 같이하는 점[74]에 비추어 볼 때, 위 헌법재판소 결정의 판시 내용은 손해배상청구권의 소멸시효에 관하여도 참고할 필요가 있다. 다시 말하여 손해배상청구권을 행사할 수 있는 기간을 재심무죄판결이 확정된 때부터 6개월로 제한함으로써 달성할 수 있는 법적 안정성의 보장이라는 이익은, 피해자들을 불법감금하고 가혹행위에 의하여 자백을 강요함으로써 유죄판결을 받게 하는, 절대 있어서는 안 될 국가의 중대한 불법행위로 인하여 피해자들이 입은 손해는 배상되어야 한다는, 법적 정의에 비추어 보면 너무나 당연한 요청[75]을 희생시킬 정도로 중요한 것이라고는 할 수 없다. 따라서 원고들이 재심무죄판결 확정일로부터 6개월의 기간 내에 권리를 행사하여야 한다고 보는 것은 형사보상의 청구와 비교하더라도 균형이 맞지 않는다.

그리고 대법원 2014. 1. 29. 선고 2013다209916 판결(표 8)에서는 재심무죄판결, 형사보상결정, 소의 제기가 있은 날짜가 원고들 사이에 차이가 없었는데, 형사보상결정의 확정일만이 당사자에 대한 송달일시의 차이 때문인지 원고들 사이에 다소 차이가 있었다. 대법원은 형사보상결정이 나중에 확정된 원고에 대하여는 국가의 소멸시효 항변이 신의성실의 원칙에 반한다고 하였으나, 나머지 원고들에 대하여는 소의 제기가 형사보상결정 확정일부터 6개월이 경과하였다는 이유로 국가의 소멸시효 항변을 받아들였다. 그러나 형사보상결정의 확정일에 차이가 있다는 이유만으로 결과가 달라진다는 것은 일반인들이 상식적으로 이해하기 어려울 것이다.[76]

---

74) 대법원 2012. 3. 29. 선고 2011다38325 판결 참조.
75) 대법원 2011. 1. 13. 선고 2009다103950 판결 참조.
76) 대법원 2015. 1. 29. 선고 2012다36302 판결(표 19)에서는 원고들이 다같이 2011. 4. 28. 소를 제기하였는데, 일부 원고들에 대하여는 재심무죄판결이 2010. 10. 13. 확정되었고, 다른 원고들에 대하여는 2011. 1. 14. 확정되었다. 뒤의 원고들에 대하여는 국가의 소멸시효 항변이 받아들

다른 한편 판례는 사실행위형의 경우에는 피해자들이 과거사정리위원회의 진실규명결정일부터 3년 내에 손해배상청구소송을 제기하면 된다고 보고 있다. 그런데 유죄판결형의 경우에 국가의 소멸시효항변이 받아들여진 사건들 중 상당수는 과거사정리위원회의 진실규명결정일부터 3년 내에 소가 제기되었다.[77] 그럼에도 불구하고 국가의 소멸시효 항변이 받아들여지는 것은 사실행위형과 비교하여 보아도 형평에 맞지 않는다.

6. 여　론

다른 한편 수사과정에서 불법구금이나 고문 등의 가혹행위가 있었다면, 이는 당사자가 유죄인지 여부에 관계없이 그 자체로 불법행위에 해당한다. 따라서 위법행위에 의하여 유죄판결을 받게 한 것과는 별도로, 그러한 수사과정에서의 위법행위 자체에 대하여는 형사판결의 존재와는 상관없이 손해배상을 청구할 수 있고, 따라서 그러한 위법행위가 있은 때부터 그에 대한 손해배상청구권의 소멸시효는 진행하는 것이 아닌가 생각할 수도 있다.

그러나 이러한 위법행위 자체와 그에 의하여 유죄판결을 받게 한 행위는 각 별개의 불법행위라기보다는 전체적으로 하나의 불법행위라고 보는 것이 타당하고,[78] 따라서 수사과정에서의 위법행위에 대한 손해배상청구권의 소멸시효는 유죄판결을 받게 한 행위와는 별도로 소멸시효가 진행하는 것은 아니며, 전체적으로 유죄판결이 재심에 의하여 실효된 때부터 소멸시효가 진행한다고 보아야 할 것이다. 설령 이러한 경우에 법리상으로는 별도로 소멸시효가 진행한다고 하더라도, 국가가 이러한 주장을 하는 것은 신의성실의 원칙에 반하는 것으로서 권리남용에 해당한다고 보는 것이 타당하다.[79]

여지지 않았으나, 앞의 원고들에 대하여는 재심무죄판결 확정일부터 6개월이 경과하였다는 이유로 소멸시효 항변이 받아들여졌다.

77) 대법원 2014. 5. 16. 선고 2013다201486 판결(표 12); 2014. 12. 24. 선고 2013다210428 판결(표 18) 등. 대법원 2015. 1. 29. 선고 2012다36302 판결(표 19)은 일부 원고들에 대한 관계에서 국가의 소멸시효 항변을 받아들이면서, 그들이 형사보상결정이 확정된 2010. 10. 13.부터 6개월이 지난 후인 2011. 4. 28.에야 비로소 이 사건 소를 제기하였을 뿐 아니라 이는 진실규명결정일인 2007. 7. 9.부터 기산하여 보아도 이미 3년이 지났다고 설시하고 있다.

78) 이영창(주 3), 656면은 불법체포 시부터 형의 집행종료 시까지 불법행위가 성립한 것으로 보아야 한다고 주장한다.

79) 윤진수, "이용훈 대법원의 민법판례"(주 49), 24면 참조.

　참고로 이 점에 관하여 미국연방대법원이 2007년에 선고한 월레스 대 카토 (Wallace v. Kato) 판결[80])을 살펴본다. 이 사건에서 시카고 경찰은 1994. 1. 19. 원고를 영장 없이 구금하여 살인에 대한 자백을 받아냈고, 그에 따라 원고가 기소되어 1심에서 징역 26년을 선고받았다. 그러나 항소심은 2001. 8. 31. 경찰이 원고를 상당한 이유 없이 구속하였으므로 헌법 수정 제4조 위반이라고 하여 1심판결을 파기환송하였고, 검사는 2002. 4. 10. 원고에 대한 공소를 취소하였다. 그러자 원고는 2003. 4. 2. 위 불법구금에 대하여 시카고 시와 그 경찰공무원들을 상대로 연방법원에 제1983조에 기한 소송을 제기하였다. 그러나 제1심과 제2심은 원고의 청구가 제소기간[81])이 경과한 것이라고 하여 이를 기각하였고, 연방대법원도 원고의 상고를 기각하였다. 연방대법원의 다수의견은, 불법구금으로 인한 원고의 제1983조에 의한 청구의 제소기간은 그가 영장 담당 판사에게 출두하여 재판에 넘겨지게 되었을 때부터 진행한다고 하면서, 이는 헤크 판결이 선언한 것과는 차이가 있다고 하였다. 헤크 판결이 이 사건에 적용된다면 이는 장래에 선고될 수 있는 유죄판결과는 저촉될 수 있는 소송은 그 유죄판결이 선고되었다가 실효될 때까지는 제기할 수 없다는 것이 되지만, 그것이 비현실적임은 명백하다고 하였다. 반면 브라이어(Breyer) 대법관이 집필하고 긴스버그(Ginsburg) 대법관이 가담한 반대의견은 이 사건에는 형평정지의 법리가 적용되어야 한다고 주장하였다. 즉 제1983조 소송의 원고가 불법적인 행위가 유죄판결을 위하여 요구되거나 요구될 것이라고 합리적으로 주장할 때에는, 형평정지의 법리가 적용되어야 한다는 것이다. 그렇게 보지 않으면, 모든 잠재적인 형사피고인들은 형사재판이 장기화되는 경우 제1983조의 소송에서 지는 일을 막기 위하여 소송을 제기하여야 하게 할 뿐만 아니라, 연방법원이 그러한 소송이 헤크 법리에 의하여 인정될 수 없는가 아니면 소송을 중지하여야 하는가를 결정하기 위하여 형사재판에서 다루어질 쟁점들을 고려하여야 하고, 이러한 연방법원의 재판은 유죄 여부를 판단할 주 법원의 재판을 구속하게 되므로, 연방법원은 주 법원의 재판을 간섭하지 않기 위하여 결정을 미루게 될 것이라고 하였다.

　다른 한편 피해자가 불법구금되어 고문 등 가혹행위를 당하기는 하였으나 기소되지 않고 그대로 석방된 경우에는 위와 같은 위법행위에 대한 손해배상청

---

80) 549 U.S. 384, 166 L.Ed.2d 973.
81) 일리노이 주의 제소기간법에 따른 제소기간은 2년이고, 미성년인 때에는 성년이 된 후부터 2년. 원고는 구속되었을 때 15세였다.

구권의 소멸시효는 언제부터 진행되는가? 생각건대 이는 사실행위형에 해당하고, 따라서 손해배상청구권 자체는 위법행위가 있는 때에 발생하며, 그 청구권의 소멸시효도 그 때부터 진행하지만, 객관적으로 피해자가 원고가 권리를 행사할 수 없는 장애사유가 있었다면 국가의 소멸시효 주장은 신의칙에 반하는 것으로 평가되어야 하고, 그러한 장애사유가 해소된 후 피해자가 상당한 기간 내에 권리를 행사하면 될 것이다.

    대법원 2013. 9. 26. 선고 2013다205624 판결은, 피해자가 청와대 민정수석실에 탄원서를 제출한 때나 국군부대로부터 회신을 받은 때 이후에는 피해자에 대한 손해배상청구권을 행사하는 데 객관적인 장애가 있었다고 보기 어렵다고 하면서도, 과거사정리위원회가 진실규명결정을 하였고, 원고가 그로부터 1년 6개월여가 지난 시점에 대한민국을 상대로 이 사건 손해배상청구의 소를 제기한 경우에 국가가 소멸시효 완성을 주장하는 것은 신의성실 원칙에 반하는 권리남용으로 허용될 수 없다고 하였다. 그러나 피해자가 손해배상청구권을 행사하는 데 존재하던 객관적 장애가 소멸하였다면 그 때부터 상당한 기간 내에 손해배상청구권을 행사하여야 하는 것이고, 진실규명결정이 있었다고 하여 이 점이 달라질 이유는 없다.

    그리고 위 대법원 2014. 12. 24. 선고 2013다210428 판결(표 18)의 사건에서는 유죄판결을 받은 피해자들의 친족들도 불법구금되어 가혹행위를 받았지만 기소되지는 않았다. 대법원은 기소되지 않았던 피해자들의 손해배상청구에 대하여는, 이들은 과거사정리위원회에 진실규명신청을 하거나 과거사정리위원회로부터 진실규명결정을 받은 적이 없고, 달리 원고들이 피고가 소멸시효의 완성을 들어 권리소멸을 주장하지 아니할 것이라는 신뢰를 가질 만한 특별한 사정이 있다고 보기 어려우며, 위 원고들이 유죄의 확정판결을 받은 적도 없어 다른 원고들에 대한 유죄판결이 재심을 통해 무죄로 확정될 때까지 원고들이 피고를 상대로 손해배상청구를 할 것을 기대할 수 없는 사실상의 장애사유가 있었다고 단정할 수도 없으므로, 피고의 소멸시효의 항변이 권리남용에 해당한다고 볼 수 없다고 하였다. 그러나 과연 이러한 결론이 타당한가? 위 사건에서 대법원은 유죄판결을 받은 원고들도 상당한 기간 내에 권리를 행사하지 않았다고 보아 그들에 대한 국가의 소멸시효 항변도 받아들였다. 그렇지만 만일 이러한 원고들이 판례가 말하는 상당한 기간 내에 손해배상청구권을 행사하였다면 그들에 대하여는 국가의 소멸시효 항변이 받아들여지지 않았을 것이다. 그럼에도 불구하고 판례의 논리에 따른다면 유죄판결을 받지 않은 원고들의 손해배상청구권에 대하여는 국가가 소멸시효 주장을 할 수 있다는 것이 되는데, 이러한 결과를 수긍하기는 쉽지 않다. 유죄판결을 받지 않은 원고들도 다른 원고들에 대한 유죄판결이 재심에 의하여 실효될 때까지는 객관적으로 권리를 행사할 수 없는 장애사유가 있었다고 보는 것이 합리적이다.

VI. 결   론

판례가 유죄판결형의 경우에 유죄확정판결의 존재가 그러한 확정판결을 받게 한 것이 위법함을 이유로 하여 생기는 손해배상청구권의 행사에 대한 법률상의 장애가 아니라 사실상의 장애에 불과한 것으로 보고 있는 것은 이론적으로 부당하여 유지될 수 없다. 실제로 판례가 이 점에 대하여 특별히 검토하였다고 보이지도 않는다. 이는 아마도 민사에서 확정판결의 편취가 있는 경우에는, 확정판결의 기판력에도 불구하고, 그에 기한 강제집행에 대하여 청구이의의 방법으로 그 강제집행을 저지하거나, 불법행위를 이유로 손해배상을 청구할 수 있다고 하는 종전의 판례가 기판력과의 관계에서 문제점이 있다는 점은 의식하지 않은 채, 이러한 판례가 확정된 유죄판결이 있는 경우에도 그대로 적용될 수 있다고 보았기 때문으로 추측된다. 그러나 확정판결의 편취에 관한 종래의 판례가 형사판결에도 그대로 적용될 수는 없다.

이러한 이론적인 문제는 차치하고라도, 과연 국가의 조직적이고 고의적인 불법행위에 대하여 저항하지 못했던 피해자들을 법원이 이처럼 각박하게 대하여야 할 이유가 있을까? 이러한 판례가 혹시 국가의 재정 부담을 고려한 것이라면 매우 실망스럽다. 위 헌법재판소 2010. 7. 29. 선고 2008헌가4 결정은, 국가가 무죄판결을 선고받은 형사피고인에게 넓게 형사보상청구권을 인정함으로써 감수해야 할 공익은 경제적인 것에 불과하고, 그 액수도 국가 전체 예산규모에 비추어 볼 때 미미하며, 형사피고인에게 넓게 형사보상청구권을 인정한다고 하여 법적 혼란이 초래될 염려도 전혀 없다고 하였다. 이러한 정신은 형사보상뿐만 아니라 국가배상에도 타당하다고 보아야 하지 않을까?

〈추기〉

1. 2015. 3. 11. 서울대학교 법학전문대학원의 법과 문화 포럼 발표 당시 천경훈 교수를 비롯한 몇몇 교수는, 권리 행사의 상당한 기간을 6개월로 보는 대법원의 판례는 종전에 없던 새로운 기준을 제시한 것이므로 그 판결 선고 후의 사건에만 적용되어야 하지 않는가 하는 의문을 제기하였다. 이는 판례가 소급적으로 적용되는 것이 아니고, 장래에만 적용되는 이른바 장래효(prospectivity)를 인정할 수 있는가 하는 문제로서, 이러한 문제의식에는 충분히 공감할 수 있다. 실제로 판례(대법원 2005. 7. 21. 선고 2002다1178 전원합의체 판결; 2008. 11. 20. 선고 2007다27670 전원합의체 판결)는 관습법에 관한 판례를 변경하는 경우에는 판례 변경의 선택적 장래효(selective prospectivity)를 인정하고 있다. 그리고 최근의 대법원 2015. 7. 23. 선고 2015다200111 전원합의체 판결은, 형사사건에서의 성공보수약정은 민법 제103조에 의하여 무효라고 하여 판례를 변경하면서도, 이 판결 전에 이루어진 보수약정은 무효라고 단정하기 어렵다고 하여 이른바 순수한 장래효(pure prospectivity)를 인정하였다.[82][83] 그러나 이 사건의 경우에는 판례의 변경이라고는 할 수 없고, 대법원으로서는 그 판결 선고 전의 사건에 대하여도 그 판결의 법리를 적용하겠다는 의도로 그와 같이 6개월이라는 기간을 정한 것이므로, 그러한 주장이 제기되었다고 하더라도 대법원이 이를 받아들이지는 않았을 것이다. 다만 대법원이 그러한 결정을 함에 있어서 공개변론과 같은 이해관계인의 의견을 수렴하는 절차를 거치지 않은 것은 그 자체로 문제라고 할 수 있다.

〈민사재판의 제문제 23, 2015〉

〈추기〉

1. 헌법재판소 2018. 8. 30. 선고 2014헌바148 등 결정은, 민법 제166조 제1

---

82) 판례의 소급효와 장래효에 대하여는 윤진수, "미국법상 판례의 소급효", 저스티스 제28권 1호, 1995, 91면 이하; 윤진수, "상속회복청구권의 소멸시효에 관한 구관습의 위헌 여부 및 판례의 소급효", 비교사법 제11권 2호, 2004, 317-321면 이하; 이동진, "판례변경의 소급효", 민사판례연구 36권, 2014, 1083면 이하 참조.

83) 미국 연방대법원이 1971년에 선고한 Chevron Oil Co. v. Huson 판결(404 US 97, 30 L Ed 2d 296, 92 S Ct 349)은, 종래 일반적으로 제소기간의 적용이 없다고 보고 있던 권리가 제소기간에 걸린다고 한 연방대법원의 판결은, 그 판결이 선고되기 전에 제소된 사건에는 소급적용되지 않는다고 하였다. 그러나 이 판결은 그 후의 판례에 의하여 실질적으로 변경된 것으로 보인다. 윤진수, "美國法上 判例의 遡及效"(주 82), 107면 이하 참조.

항, 제766조 제2항 중 과거사정리법 제2조 제1항 제3호의 '민간인 집단 희생사건', 제4호의 '중대한 인권침해사건·조작의혹사건'에 적용되는 부분은 국가배상청구권을 침해하여 위헌이라고 하였다. 위 헌법재판소 결정에 대하여는 이를 지지하는 평석들이 있는 반면, 위 결정이 대법원이 기속력을 부인하고 있는 한정위헌결정이라는 주장도 있다. 그러나 대법원 2019. 11. 14. 선고 2018다233686 판결; 2020. 4. 9. 선고 2018다238865 판결은 위 결정의 기속력을 인정하면서, 위 위헌결정의 효력이 공무원의 위법한 직무집행으로 입은 손해에 대한 배상을 구하는 소송이 위헌결정 당시까지 법원에 계속되어 있는 경우에도 미치고, 위 손해배상청구권에 대하여 제166조 제1항, 제766조 제2항이나 국가재정법 제96조 제2항에 따른 '객관적 기산점을 기준으로 하는 소멸시효'가 적용되지 않는다고 하였다. 이에 대하여 상세한 것은 이 책에 같이 실려 있는 "소멸시효 남용론의 전개" 참조.

　　2. 2020. 6. 9. 진실·화해를 위한 과거사정리 기본법이 개정되어 같은 해 12. 10.부터 시행되었다. 개정법은 2010. 12. 31. 해산되었던 과거사정리위원회를 다시 구성하는 것을 주된 내용으로 하였다. 위원회의 조사기간은 위원회가 구성되어 최초의 진실규명 조사개시 결정일 이후 3년이고, 기간 만료일 3월 전에 대통령 및 국회에 보고하고 1년 이내의 범위에서 그 기간을 연장할 수 있도록 규정하였다(제25조).

소멸시효 남용론의 전개[*]
- 과거사 정리와 관련된 문제를 포함하여 -

Ⅰ. 서   론

채무자가 소멸시효의 완성을 주장하는 것이 신의성실의 원칙에 반하여 권리
남용으로서 허용될 수 없는 경우가 있을 수 있다는 소멸시효 남용론은 우리나라
에서는 1980년대에 본격적으로 소개되었고, 1990년대에 이르러서는 대법원 판례
가 이를 인정하였으며, 현재는 그 이론 자체에 대하여는 더 이상 그 당부가 문제
되지는 않을 정도로 확립되었다. 그러나 그 구체적인 요건과 효과에 관하여는 판
례상으로도 아직 충분히 정리되지 않았다. 특히 근래에는 이른바 과거사 정리와
관련하여 소멸시효 남용의 문제가 뜨거운 쟁점으로 떠올랐고, 마침내는 헌법재
판소까지 개입하여 위헌결정을 선고하기에 이르렀다.

이 글에서는 우리나라에서의 소멸시효 남용론의 전개를 살펴보는 것을 목적
으로 한다. 이 문제를 외국에서의 논의를 포함하여 망라적으로 살펴본 논문이 있
으나,[1] 여기서는 국내에서의 논의를 중심으로 다룬다. 그리고 과거사 정리와 소

---

 * 이 글은 2020. 11. 7. 고려대학교 신법학관에서 『민법의 해석상 쟁점들 및 현대적 방향』이라는
   대주제로 개최된 한국민사법학회 민법시행 60주년 기념 추계공동학술대회에서 발표한 글을 보
   완한 것이다. 당시 지정토론을 맡아 주신 최광준 교수님, 영문초록 작성을 도와주신 이소은 교
   수님과 익명의 심사위원들께 감사를 드린다.
 1) 정재오, "소멸시효 남용 법리의 전개에 관한 시기적 고찰", 윤진수교수 정년기념 민법논고: 이
   론과 실무, 박영사, 2020, 125면 이하는, 소멸시효 남용론의 전개를 시기적으로 나누어 상세하
   게 소개하고, 외국에서의 논의까지 언급하고 있다.

멸시효의 문제는 현재 중요한 문제일 뿐만 아니라, 이론적으로도 충분히 해명되었다고 보기 어려우므로, 따로 다룬다.

II. 소멸시효 남용론의 도입

1. 학 설

소멸시효 남용론은 원래 우리나라의 자생적인 이론은 아니고, 외국, 특히 독일과 일본의 이론을 국내에 도입한 것이다. 이를 본격적으로 논의한 것은 윤진수의 1984년 논문2)이 처음이다. 그러나 이 이론에 대한 국내의 단편적인 언급은 그 전에도 없지 않았다. 가령 김증한 교수는 1959년의 논문에서, 소멸시효 완성의 효과에 관하여 소멸시효의 원용이 있어야만 권리가 소멸한다는 상대적 소멸설을 주장하면서, 소멸시효 기간이 경과하면 원용이 없더라도 당연히 권리가 소멸한다는 절대적 소멸설을 비판하는 이유의 하나로서 다음과 같은 점을 주장하였다. 즉 독일에서는 채무자가 고의로 채권자의 시효의 중단을 방해하였다든가 채권자의 소의 제기가 채무자에게 속하는 어떤 사정 때문에 지연되었다는 경우에는 소멸시효가 완성하더라도 시효항변권은 권리남용의 재항변을 받음으로써 저지된다는 것은 이미 판례법상 확립되어 있는데, 절대적 소멸설에 의하면 그러한 보호를 받을 만한 가치가 없는 채무자도 일률적으로 보호를 받게 되는 반면 상대적 소멸설에 의하면 권리부인권의 남용이라고 하면 간단히 이러한 불합리를 제거할 수 있게 된다고 하였다.3)4) 또한 1972년에 발표된 한 논문도 "시효원용권의 남용"에 대하여 언급하고 있다. 즉 채무자가 변제할 듯한 태도를 보여 그 때문에 채권자가 제소 기타 시효중단의 조치를 게을리 한 사이에 시효기간이 경과하고 그 후에 채무자가 시효를 원용한 경우, 그 채무자의 태도가 묵시의 채무승

---

2) 윤진수, "소멸시효의 남용에 관한 고찰", 서울대학교 대학원 법학석사학위논문, 1984.
3) 김증한, "소멸시효 완성의 효과", 서울대학교 법학 제1권 2호, 1959, 285면. 이 논문은 그 후 "소멸시효론"이라는 제목으로 김증한 교수의 1967년 서울대학교 법학박사 학위논문이 되었다. 김증한, 민법논집, 진일사, 1978, 245면 이하에 재수록됨.
4) 그러나 절대적 소멸설을 취한다고 하여 이러한 경우 반드시 소멸시효의 주장을 배척할 수 없다고는 볼 수 없고, 권리남용이 아니라 신의칙을 이유로 하여서는 배척할 수 있다고 보아야 할 것이다. 민법주해 3/윤진수, 박영사, 1992, 412면; 윤진수, "소멸시효 완성의 효과", 민법논고 I, 2007, 245면 주 31)(처음 발표: 1999); 최복규, "민법 제146조 후단 소정의 제척기간과 신의성실의 원칙", 대법원판례해설 제42호, 2003, 127면 이하 참조.

인이라고 보이는 경우도 있겠으나 그렇지 않다 하더라도 시효원용이 남용되지만, 이 경우에도 시효항변이 영구히 배척된다고는 할 수 없고 신의칙에 따라 공평상 시효의 주장이 부인되는 것에 지나지 않기 때문에 상당한 기간내에 권리행사를 아니하면 시효에 걸린다고 하였다.5)

우리나라에서 소멸시효 남용론을 본격적으로 논의한 것은 윤진수의 1984년 논문이라고 할 수 있다. 이 논문에서는 먼저 독일과 일본에서의 소멸시효 남용 법리를 소개한 다음, 소멸시효 남용에 해당하는 유형으로는 채무자가 채권자로 하여금 소멸시효기간 내에 권리를 행사할 수 없게 한 경우와, 채권자가 소멸시효 기간을 도과한 데 채무자가 어떤 유인을 제공한 바는 없어도 소멸시효완성 후에 소멸시효의 주장과는 모순되는 행동을 한 경우라고 보았다.6) 그리고 소멸시효 남용의 유형을 어떻게 분류할 것인가에 관계 없이 본질적으로 중요한 점은, 소멸시효 남용 법리가 기본적으로 '선행행위에 모순되는 거동의 금지'라는 원칙에 의하여 근거지워지는 것으로서, 소멸시효 항변이 남용에 해당하여 허용되지 않기 위해서는 소멸시효 항변과 모순되는 것으로 평가될 수 있는 채무자 측의 행위가 있을 것이 요구된다고 주장하였다.7)

그리하여 부동산을 인도받은 매수인의 등기청구권이 소멸시효에 걸리지 않는다고 한 대법원 1976. 11. 26. 선고 76다148 전원합의체 판결과, 국가의 위법한 부동산의 매각조치로 인한 손해배상청구권에 대한 소멸시효는 매수자 명의의 등기가 현실적으로 말소될 것이 확실시된 때부터 그 기간이 개시된다고 한 대법원 1979. 11. 26. 선고 77다1894 전원합의체 판결을 소멸시효 남용의 이론에 의하여 설명하고자 하였다. 먼저 전자에 관하여는, 매수인이 등기청구권의 행사를 게을리한 것은 소멸시효기간이 경과하더라도 매도인이 소멸시효를 주장하여 등기의무의 이행을 거절하지는 않으리라고 믿은 데 그 원인이 있고, 매수인이 위와 같이 믿게 된 것은 매도인이 목적 부동산을 인도하여 준 데 기인한 것이므로, 뒤에 매도인이 소멸시효를 주장하는 것은 위와 같은 부동산의 인도라는 선행행위와는 모순되어 허용될 수 없다는 것이다.8)

---

5) 정현식, "권리남용의 이론과 판례의 경향", 사법논집 제3집, 1972, 31면. 이는 아마도 일본의 谷口知平의 논문{"權利濫用の 效果-財産法を中心とする", 末川博先生古稀記念・ 權利の濫用(上), 1962}을 참조한 것으로 보인다. 정재오(주 1), 135면 참조.
6) 윤진수(주 2), 87-88면.
7) 윤진수(주 2), 90면.
8) 윤진수(주 2), 110면 이하.

그리고 후자에 관하여는, 국가가 자기의 등기말소청구권만을 주장하면서 그
와 불가분의 관계에 있는 손해배상의무에 대하여는 소멸시효가 완성되었다는 점
을 이용하여 이를 면하겠다고 하는 것은 신의칙이나 형평의 원칙에 반하는 것으
로서 소멸시효의 남용이라고 판단해야 한다고 주장하였다.[9]

같은 필자는 1992년 공간된 민법주해의 소멸시효 부분에서도, 이러한 소멸
시효 남용의 이론을 요약하여 서술하였다.[10] 여기서는 그 뒤의 판례에서 채택된
소멸시효 남용의 유형에 관한 일본의 야마자키(山崎敏彦)와 한다(半田吉信)의 논문
을 소개하였다.[11]

2. 판례의 소멸시효 남용론 채택

가. 초기의 판례

대법원의 판례가 소멸시효 남용의 문제를 정면으로 다룬 것은 대법원 1994.
12. 9. 선고 93다27604 판결이 처음이다. 이 사건에서는 과세관청이, 법인의 탈
루소득이 주주 등에게 배당 또는 상여의 형태로 유출되었다고 보아 법인에는 법
인세를, 주주 등에게는 종합소득세를 부과했다. 이에 법인이 부과처분의 무효를
다투는 소송을 제기함으로써 법인의 국가에 대한 국세환급청구권의 소멸시효가
중단되었다. 주주는 그 시효중단의 효력이 자신의 국세환급청구권에도 미친다고
믿고 별도의 불복 절차를 취하지 않은 채, 법인세부과처분 취소소송의 결과를 기
다리다가, 국세환급청구권의 소멸시효기간 5년이 경과한 후 대한민국을 상대로
환급을 청구하는 소를 제기하였고, 대한민국은 소멸시효 완성의 주장을 하였다.

대법원은 일반론으로서 다음과 같이 판시하였다. 즉 채무자인 국가가 시효
완성 전에 채권자인 주주의 권리행사나 시효중단을 불가능 또는 현저히 곤란하
게 하거나 그러한 조치가 불필요하다고 믿게 하는 행동을 하였거나, 객관적으로
채권자인 원고가 권리를 행사할 수 없는 장애사유가 있었거나, 또는 일단 시효완
성 후에 채무자인 국가가 시효를 원용하지 아니할 것 같은 태도를 보여 권리자
인 원고로 하여금 그와 같이 신뢰하게 하였거나, 채권자보호의 필요성이 크고 같

---

9) 윤진수(주 2), 131면 이하.
10) 민법주해 3/윤진수(주 4), 409-413면.
11) 山崎敏彦,, "消滅時效の援用と信義則 · 權利濫用", 判例タイムズ No. 514, 1984, 149면 이하(다
    만 위 글에서는 山崎民彦으로 오기하였다); 半田吉信, "消滅時效の援用と信義則", ジュリスト
    872號, 1986. 11, 79면 이하 등.

은 조건의 다른 채권자가 채무의 변제를 수령하는 등의 사정이 있어 채무이행의 거절을 인정함이 현저히 부당하거나 불공평하게 되는 등의 특별한 사정이 있는 경우에 한하여 채무자인 국가가 소멸시효의 완성을 주장하는 것이 신의성실의 원칙에 반하여 권리남용으로서 허용될 수 없다고 할 수 있다는 것이다. 그러나 이 사건에서는 그러한 특별한 사정이 인정되지 않는다고 하여, 대한민국의 소멸시효 완성 주장을 배척한 원심판결을 파기환송하였다.

이 판결은 비록 결론에서는 피고의 주장이 소멸시효 남용이 아니라고 하였으나, 일반론으로서 소멸시효 완성의 주장이 소멸시효의 남용으로서 받아들여지지 않을 수 있다는 점을 밝힌 점에서 중요한 의미를 가진다. 이 판결이 소멸시효 남용이 인정되기 위한 특별한 사정으로서 ① 채무자가 시효완성 전에 채권자의 권리행사나 시효중단을 불가능 또는 현저히 곤란하게 하거나 그러한 조치가 불필요하다고 믿게 하는 행동을 한 경우, ② 객관적으로 채권자인 원고가 권리를 행사할 수 없는 장애사유가 있은 경우, ③ 일단 시효완성 후에 채무자인 국가가 시효를 원용하지 아니할 것 같은 태도를 보여 권리자인 원고로 하여금 그와 같이 신뢰하게 한 경우, ④ 채권자보호의 필요성이 크고 같은 조건의 다른 채권자가 채무의 변제를 수령하는 등의 사정이 있어 채무이행의 거절을 인정함이 현저히 부당하거나 불공평하게 되는 경우의 4가지 유형을 든 것은 일본의 야마자키와 한다의 주장(위 주 11)을 참고한 것으로 보인다.[12] 나아가 위 판결이 예로 든 4가지 유형은 그 뒤의 판례에서도 계속 인용되고 있다. 이하에서는 이를 제1유형, 제2유형, 제3유형, 제4유형으로 부른다.

한편 대법원 1995. 4. 25. 선고 94재다260 전원합의체판결의 별개의견에서는, 당사자가 국가를 상대로 하여 하천구역에 편입된 토지의 보상금 청구소송을 제기한 경우에, 잘못된 대통령령을 제정함으로써 당사자로 하여금 원래의 소멸시효 기간 내에 제대로 권리를 행사할 수 없게 하는 원인을 제공한 대한민국 자신이 위 보상청구권의 소멸시효가 완성되었음을 주장하는 것은 특별한 사정이 없는 한 신의칙상 허용되지 아니한다고 주장하였다.[13]

---

12) 위 판결에 대한 평석인 한강현, "소멸시효의 주장이 권리남용에 해당하는가", 민사재판의 제문제 제9권, 한국사법행정학회, 1997, 212면 이하. 위 글의 필자는 위 판결 선고 당시 대법원의 재판연구관이었다. 또한 정재오(주 1), 141면 참조.

13) 위 사건에서는 직할하천인 한강의 하천구역에 편입된 토지에 관한 하천법 부칙(1984.12.31. 법률 제3782호) 제2조에 의한 손실보상의무자가 국가인가 아니면 지방자치단체인가 하는 점이 문제되었는데, 다수의견은 하천법의 규정에 의하여는 직할하천의 관리청이 건설부장관이지만,

그리고 대법원 1997. 2. 11. 선고 94다23692 판결은, 대통령이 이른바 삼청 교육과 관련한 사상자에 대하여 신고를 받아 피해보상을 할 것임을 밝히는 내용 의 특별담화를 발표하였고, 이어서 국방부장관이 위 피해자 및 유족들에게 일정 한 기간 내에 신고할 것을 공고한 것만으로는 위 피해자들의 손해배상청구에 대 한 피고 대한민국의 소멸시효 주장이 금반언의 원칙에 위배된다거나 신의성실의 원칙에 반하여 권리남용에 해당된다고 할 수는 없다고 하였다.14)

나. 소멸시효 남용을 인정한 판례

채무자의 소멸시효 주장이 신의칙 위반으로서 권리남용이라고 인정한 최초 의 대법원 판결은 대법원 1997. 12. 12. 선고 95다29895 판결이다. 이 사건에서는 원고는 주한미군으로부터 주한미군 휴양 시설 점포를 임차하고, 계약담당관의 설명, 계약서 기재 내용 등에 근거하여 점포 내의 판매 물품은 한국의 세금이 면

법률제3782호하천법중개정법률부칙제2조의규정에의한하천편입토지의보상에관한규정 (1986.6.12. 대통령령 제11919호)에 의한 보상절차상의 관리청이 서울특별시장·광역시장·도 지사가 되는 경우에는 그 손실보상청구의 소는 하천법에 의하여 국가를 상대로 할 수도 있고, 위 보상규정에 의하여 서울특별시장 등이 속하는 지방자치단체를 상대로 할 수도 있다고 하였 다. 그러나 별개의견은, 위 보상규정 제2조 제2호가 직할하천의 관리청을 하천법 제11조와 달 리 규정하고 있다 하더라도 지방자치단체가 국가와 함께 보상의무를 지게 되는 것이라고는 할 수 없고, 직할하천에 관한 한 위 개정법률 부칙 제2조 소정의 보상의무자는 하천법 제11조의 규정상 국가일 뿐이며, 서울특별시 등의 지방자치단체는 그 보상을 구하는 민사소송에서의 피 고가 될 수 없다고 하였다. 다만 별개의견은 이와 같이 해석할 경우에는, 이제까지 위 보상규정 이 유효한 것이라고 믿고 그에 따라 서울특별시 등 지방자치단체를 피고로 하여 위 개정법률 부칙 제2조 소정의 보상금 청구소송을 제기하였던 당사자들은 패소할 수밖에 없는데, 이러한 당사자가 국가를 상대로 하여 보상금 청구소송을 제기한 경우에 위와 같이 잘못된 대통령령을 제정함으로써 당사자로 하여금 원래의 소멸시효 기간 내에 제대로 권리를 행사할 수 없게 하 는 원인을 제공한 대한민국 자신이 위 보상청구권의 소멸시효가 완성되었음을 주장하는 것은 특별한 사정이 없는 한 신의칙상 허용되지 아니한다고 하였다. 이 판결에 대하여는 윤진수, "직 할하천에 대한 하천법중개정법률 부칙 제2조에 의한 손실보상의무자", 윤관대법원장 퇴임기념 국민과 사법, 박영사, 1999, 621면 이하 참조.

14) 위 판결은 대법원 1996. 12. 19. 선고 94다22927 전원합의체 판결의 다수의견을 따른 것이다. 그러나 위 판결의 반대의견은, 위 대법원 1994. 12. 9. 선고 93다27604 판결을 인용하면서, 소멸 시효가 완성된 후에 채무자가 시효를 원용하지 아니할 것 같은 태도를 보여 권리자로 하여금 이를 신뢰하게 한 경우에는 채무자의 소멸시효의 항변은 신의성실의 원칙에 반하는, 권리남용 으로서 허용될 수 없는데, 대통령과 국방부장관의 담화와 이에 따른 신고의 접수로써 피고 국 가가 시효이익을 주장하지 아니하고 손해배상을 할 것으로 신뢰를 갖게 되었으므로, 피고 국가 의 소멸시효항변은, 결국 신의성실의 원칙에 어긋난 권리남용에 해당하는 것이라고 하였다. 이 판결 및 그 밖의 관련 판례에 대하여는 윤진수, "삼청교육 피해자에 대한 대통령의 담화 발표 가 손해배상청구권의 소멸시효에 미치는 영향", 윤관대법원장 퇴임기념 국민과 사법(주 13), 578면 이하; 윤진수, "국가 공권력의 위법행위에 대한 민사적 구제와 소멸시효·제척기간의 문 제", 민법논고 제2권, 박영사, 2008, 296면 이하(처음 발표: 2007) 참조.

세된다고 믿고 구매자에게 면세가격으로 판매하였다. 그런데도 세금이 부과되자 이를 납부한 다음 미합중국을 상대로 분쟁해결약정에 따라 손해배상을 청구했다가 기각되자, 미군계약소청심사위원회에 이의를 제기하고 이와 별도로 조정신청을 했다. 이때 주한미군 부사령관 특별법률고문은 원고에게 행정적 구제절차로 분쟁이 해결되지 못한 때에는 소송을 제기할 수 있다고 회신했다. 소청심사위원회는 이미 단기소멸시효가 지난 후에 청문을 개시하여 원고 청구의 일부를 받아들였다가, 피고의 재심청구에 기하여 원고의 청구를 기각했다. 이로써 구제절차는 종료했다. 원고는 구제절차 종료 후의 상당한 기간 내에 소를 제기하였고, 피고는 불법행위에 대한 단기소멸시효 완성의 주장을 하였다.

대법원은, 이 사건 불법행위로 인한 손해배상채권의 단기소멸시효기간이 경과하기 전에 채무자인 피고가 적극적으로 채권자인 원고의 소 제기 등 시효 중단 조치가 불필요하다고 믿게 하고 이를 위 소청심사위원회에 의한 구제절차의 종료시까지 미루도록 유인하는 행동을 하였고, 또한 피고와의 약정에 따라 피고 측의 행정적 구제절차를 충실히 밟고 이를 기다린 다음 상당한 기간 내에 이 사건 소를 제기한 원고에 대하여, 위 행정적 구제절차를 오래 끌어오면서 애초에는 원고의 청구를 인용하는 결정을 하였다가 오류가 있는 위 재심결정에 의하여 원고의 청구를 부정한 피고가 이번에는 단기소멸시효를 원용하여 채무 이행을 거절하는 것은 현저히 부당하므로, 피고의 소멸시효 항변은 신의성실의 원칙에 반하는 권리남용으로서 허용되지 않는다고 하였다.

이 판결은 소멸시효 남용에 관한 제1유형에 속하는 전형적인 사례라고 할 수 있다.

Ⅲ. 판례와 학설의 동향

이하에서는 소멸시효의 남용을 인정한 판례와 이를 부정한 판례 중 중요한 것을 살펴보고, 이에 대한 학설의 상황을 알아본다. 다만 과거사와 관련한 소멸시효의 남용 문제는 Ⅳ.에서 따로 다룬다.

1. 판   례

가. 소멸시효의 남용을 인정한 판례

(1) 대법원 1999. 12. 7. 선고 98다42929 판결

이 사건에서는, 증권회사의 지점장이 1983년 이전에 고객에게서 환매채예수금을 교부받아 보관하던 중 이를 횡령하고서도 고객에게는 수시로 입출금확인서 등을 발행하여 원고를 안심시켰고, 그 횡령행위는 그때부터 10년이 지난 후인 1994년 11월경 발각되었다. 고객이 증권회사를 상대로 사용자책임에 기한 손해배상청구를 제기하자, 피고는 10년의 소멸시효 완성을 주장하였다. 대법원은 위 대법원 1994. 12. 9. 선고 93다27604 판결 등을 원용하면서, 위 판결이 들고 있는 4가지 유형의 경우에는 채무자가 소멸시효의 완성을 주장하는 것이 신의성실의 원칙에 반하여 권리남용으로서 허용될 수 없다고 하였다. 그런데 이 사건에서는 환매채거래가 일반 소비대차관계와는 달리 법률상으로나 관례상 사인간에 이루어질 수 없는 특수한 거래로서 일반인에게 널리 알려져 있는 거래가 아니어서 위 원고들로서는 지점장을 믿고 거래할 수밖에 없었고, 지점장은 수시로 입출금확인서 등을 발행하여 안심시킴으로써 그가 지점장으로 있는 지역에 거주하는 원고들로서는 피고의 그 지역 책임자인 지점장을 믿고 거래할 수밖에 없는 실정이므로 그들의 예금청구 또는 손해배상청구 등의 권리행사가 방해될 수밖에 없음이 명백한 점 등에 비추어 피고가 소멸시효를 원용하는 것은 신의성실의 원칙이나 권리남용에 해당되어 허용될 수 없다고 하였다. 대법원은 이 사건을 제1유형에 해당한다고 보았다.

(2) 대법원 2002. 10. 25. 선고 2002다32332 판결

이 판결은 소멸시효 완성 주장이 제2유형에 해당하여 허용되지 않는다고 하였다. 이 사건에서는 사용자가 취업규칙을 근로자에게 불리하게 변경하면서, 기존 근로자들의 기득이익을 보호하기 위하여 부칙에서 1980. 12. 31.까지의 근속기간에 대하여는 개정 전의 퇴직금규정을, 그 이후는 개정 퇴직금규정을 각 적용한다는 취지의 경과규정을 두었다. 그런데 그 후 1993년 무렵부터 기존 근로자들에 대하여 부칙을 적용하지 아니하고, 총 근속기간에 대하여 개정 퇴직금규정을 적용하여 퇴직금을 산정하는 편이 유리하게 되는 역전현상이 나타나기 시작하여,

1995년 무렵에는 대부분의 기존 근로자들에 대하여 위와 같은 역전현상이 나타나게 되었으나, 사용자는 기존 근로자에 대하여 여전히 부칙 규정을 적용하여 퇴직금을 산정하다가 "부칙은 기존 근로자들에게 유리한 경우에 한하여 제한적으로 적용되는 것으로 해석되어야 한다"는 대법원 판결이 나오게 되자, 이미 부칙 규정에 의하여 퇴직금을 지급받았던 퇴직 근로자들이 추가 퇴직금을 청구하였다.

대법원은 사용자인 피고의 소멸시효 주장에 대하여, "피고가 기존 근로자들에게 불리하게 퇴직금규정을 개정하면서 그들의 기득이익을 보호하기 위하여 부칙의 경과규정을 두면서도, 그 적용 범위에 관하여 그들에게 유리한 경우에만 적용한다는 명시적인 규정을 두지 아니하였고, 또한 부칙을 적용하면 오히려 기존 근로자들에게 불리한 결과가 된 것은 위 부칙을 규정한 때로부터 13년여의 세월이 흐른 다음부터여서, 부칙을 적용하여 자신들에 대한 퇴직금을 산정하면 아니 된다는 점을 원고들이 알기 어려웠다고 보여지고, 피고 역시 부칙을 기존 근로자들에게 유리한 경우에만 제한적으로 적용하여야 한다는 사실을 전혀 알지 못하고 계속하여 적용하여 온 것으로 보여지는바, 그렇다면 원고들이 이 사건 추가 퇴직금을 구하는 권리행사를 하지 아니한 것은 다른 퇴직자가 제기한 소송의 대법원 판결이 선고될 때까지는 법규범적 성격을 가지고 있는 취업규칙의 부칙이 정당하다고 신뢰한 때문이라고 보아야 할 것이고, 부칙이 제한적으로 적용되어야 한다는 점을 피고의 고문 변호사나 노무사, 그리고 심지어 다른 퇴직자 등이 제기한 위 소송의 제1심법원조차 알지 못하였다면, 원고들이 위와 같이 신뢰한 것에 어떠한 과실이 있다고도 보기 어렵다 할 것이어서, 이러한 원고들에게 부칙의 적용 범위에 관한 의심을 가지고 소송을 제기하여 추가 퇴직금 청구권을 행사할 것을 기대하기는 어렵다 할 것이다"라고 하였다. 그리하여 위와 같은 상황하에서는 원고들에게는 객관적으로 이 사건 추가 퇴직금 청구권을 행사할 수 없는 사실상의 장애사유가 있었고, 따라서 이러한 경우에까지 이 사건 피고가 주장하는 소멸시효 항변을 받아들이는 것은 이 사건 원고들에게 너무 가혹한 결과가 되어, 신의성실의 원칙에 반하여 허용될 수 없다고 봄이 타당하다고 판시하였다.[15]

---

15) 이 판결에 대한 재판연구관의 해설로는 이주현, "채권자의 권리행사가 객관적으로 불가능한 사실상의 장애사유가 있음에 불과한 경우 채무자의 소멸시효항변이 신의칙에 반한다는 이유로 허용하지 않을 수 있는지 여부", 대법원판례해설 제42호, 2003, 546면 이하가 있다.

(3) 대법원 2003. 7. 25. 선고 2001다60392 판결

이 사건에서는 원심과 대법원이 보호감호소에서 보호감호를 받던 원고가 자신이 받은 부당한 처우에 대한 각종 소송서류 등을 작성하기 위한 집필허가신청을 하였는데 교도관들이 이를 받아들이지 않은 행위와, 교도관들이 원고와 그 어머니가 접견하던 것을 중지시킨 행위 및 원고가 교도관들의 계호 소홀로 말미암아 함께 감호를 받고 있던 사람으로부터 폭행을 당한 것에 대하여 국가배상책임이 있다고 보았다. 그리고 대법원은 소멸시효의 완성을 주장하는 피고 대한민국의 항변에 대하여, 원심이 원고의 권리행사가 피고 소속 교도관들에 의하여 사실상 불가능 혹은 현저히 곤란하게 되었다는 이유로 피고의 소멸시효 주장을 신의성실의 원칙에 반한 권리남용이라고 판단한 것은 정당하다고 하였다.

(4) 대법원 2008. 9. 11. 선고 2006다70189 판결

이 사건에서는 한국전쟁 중인 1950. 8. 경 연대장의 즉결처분에 의하여 총살당한 군인의 유가족이 국가를 상대로 제기한 손해배상청구에서 국가의 소멸시효 주장을 받아들이지 않았다. 이 사건에서 위 연대장은 피해자가 군법회의에서 1950. 8. 17. 사형판결을 선고받은 것처럼 군법회의 판결문을 위조하고 이에 관한 사형집행 기록 등도 모두 위조하는 등 다양한 방법으로 사건의 진상을 은폐·조작하였으며, 원고들은 그 사망경위 등에 관하여 피고로부터 어떠한 공식적인 통지도 받지 못하였다. 그러다가 피해자의 동생이 1999.경 재심을 청구하였으며, 재심법원은 2003. 12. 3. "피해자에 대한 고등군법회의 재판은 열리지 않았고, 이 사건 판결문과 관련 기록 등은 모두 연대장에 의하여 조작되었으며, 그 판결의 전제가 되는 공소제기마저 없었다"는 이유로, 망인에 대한 공소를 기각하는 판결을 선고하였다.

대법원은, 피고 소속 국가공무원인 위 연대장이 그 시효완성 이전에 이 사건 판결문을 위조하는 등의 방법으로 원고들의 인격적인 법익 침해에 관한 국가배상청구권 행사를 불가능 또는 현저히 곤란하게 만들었고, 위조된 위 판결문에 대하여 법원이 재심판결을 선고하고 그 무렵 위 재심판결이 확정됨으로써 그에 관한 시정조치가 이루어지기 전까지는 객관적으로 원고들이 이에 관한 국가배상청구를 하는 것을 기대하기 어려운 장애 상태가 계속 되었다고 하여, 피고가 이 사건에서 소멸시효 완성을 주장하는 것은 권리남용에 해당하여 허용될 수 없다고 판시하였다. 이 사건에서는 대법원은 소멸시효의 주장이 제1유형과 제2유형에

해당하는 것으로 보았다.

(5) 대법원 2008. 9. 18. 선고 2007두2173 전원합의체 판결

이 판결은, 근로복지공단의 요양불승인처분에 대한 취소소송을 제기하여 승소확정판결을 받은 근로자가 요양으로 인하여 취업하지 못한 기간의 휴업급여를 청구한 경우, 그 휴업급여청구권이 시효완성으로 소멸하였다는 근로복지공단의 항변이 신의성실의 원칙에 반하여 허용될 수 없다고 하였다.

위 판결의 다수의견은, 근로자가 입은 부상이나 질병이 업무상 재해에 해당하는지 여부에 따라 요양급여 신청의 승인 여부 및 휴업급여청구권의 발생 여부가 차례로 결정되고, 따라서 근로복지공단의 요양불승인처분의 적법 여부는 사실상 근로자의 휴업급여청구권 발생의 전제가 된다고 볼 수 있는데, 요양급여의 신청이 승인되지 않은 경우에는 휴업급여를 청구하더라도 근로복지공단에 의하여 거절될 것이 명백하여 요양불승인처분을 받은 근로자로서는 근로복지공단을 상대로 휴업급여를 청구하는 것이 무의미한 일이라고 믿을 수밖에 없는 점 등 제반 사정을 종합하여 보면, 이 사건에서 비록 피고가 시효완성 전에 원고의 권리행사나 시효중단을 불가능 또는 현저히 곤란하게 하거나 그러한 조치가 불필요하다고 믿게 하는 행동을 한 바는 없었다고 하더라도, 원고는 요양불승인처분에 대한 취소판결을 받기 전에는 휴업급여를 청구하더라도 휴업급여가 지급되지 않을 것으로 믿고 요양불승인처분 취소소송의 판결확정시까지 별도로 피고에게 휴업급여를 청구하지 않았던 것으로 보이고, 이와 같은 상황은 일반인의 입장에서 보았을 때에도 채권자가 권리행사하는 것을 기대하기 어려운 특별한 사정이 있었던 것으로 평가될 수 있다고 하였다. 즉 대법원은 이 사건이 제2유형에 속한다고 보았다.16)

그러나 이 판결에 대한 양승태 대법관의 반대의견은, 이 사건에서 다수의견이 설시하는 정도의 사유로 피고의 소멸시효 항변권을 박탈한다면 결국 '법의 부지'에 법률상의 장애와 동일한 효과를 인정하는 셈이 되어, 특별히 단기의 소멸시효제도를 두고 있는 산업재해보상보험법의 입법 취지에 맞지 아니하고, 형평의 원칙에도 부합하지 아니하며, 법 해석의 일관성에도 문제가 있을 뿐 아니라, 종국적으로 신의칙과 권리남용금지 원칙의 적용범위를 지나치게 넓힘으로써 실

---

16) 다만 강상욱, "휴업급여청구에 대한 소멸시효 항변이 신의성실의 원칙에 위배되는지 여부", 이용훈대법원장 재임기념 정의로운 사법, 사법발전재단, 2011, 1182면은 이 사건은 제4유형에도 해당된다고 볼 여지가 있다고 한다.

정법이 인정한 제도를 너무나 쉽게 배제하는 결과가 된다고 하였다.[17]

　(6) 대법원 2010. 5. 27. 선고 2009다44327 판결

　이 사건 원고는 1997. 10. 9. 보험회사인 피고와 사이에 운전자상해보험계약을 체결하고 그 보험기간 중인 1998. 6. 27. 자동차를 운전하고 가다가 교통사고를 당하여 그 결과 의식혼탁, 운동마비 등의 식물인간상태에 있어 타인과의 대화나 의사소통이 불가능한 심신상실상태가 계속되고 있었다. 피고는 원고가 위와 같이 심신상실의 상태에 있다는 사실을 알면서 1998. 12. 14. 및 1999. 4. 1. 원고의 후견인 역할을 하던 그 부(父) 등에게 위 보험계약에 의한 보험금 중 일부인 교통의료비 및 임시생활비를 지급하였다. 위 보험계약에 기한 보험금의 청구를 내용으로 하는 이 사건 소는 원고의 이름으로 선임된 소송대리인에 의하여 2006. 7. 20.에 제기되었고, 원고의 처는 이 사건 제1심소송 계속 중 원고에 대한 금치산선고를 청구하여 2008. 1. 25. 원고에 대하여 금치산이 선고되었고, 원고의 처는 같은 해 3. 5. 원고의 후견인으로 취임하였다. 피고는 이 사건 교통사고 발생일로부터 2년이 경과하여 보험금청구권의 소멸시효가 완성되었다는 항변을 하였다.

　대법원은 1, 2심과 마찬가지로 피고의 소멸시효 완성의 주장이 신의칙에 반하여 허용되지 아니한다고 하였다. 위 판결은 우선 채권자에게 객관적으로 자신의 권리를 행사할 수 없는 장애사유가 있었다는 것을 들어 그 채권에 관한 소멸시효 완성의 주장이 신의성실의 원칙에 반하여 권리남용으로서 허용되지 아니한다고 평가하는 것에는 주의를 요하고 이를 신중하게 하여야 하며, 소멸시효의 기산점에 관하여 변함없이 적용되어 왔던 법률상 장애/사실상 장애의 기초적인 구분기준을 내용이 본래적으로 불명확하고 개별 사안의 고유한 요소에 열려 있는 것을 특징으로 하는 일반적인 법원칙으로서의 신의칙을 통하여 아예 무너뜨리는

---

17) 이 판결은 소멸시효 남용의 요건으로서 사실상 권리를 행사할 수 없는 경우를 넓게 인정하였다고 보인다. 그러나 다른 한편 이 판결 선고 전인 2007. 12. 14. 전부 개정되고 2008. 7. 1.부터 시행된 산업재해보상법(법률 제8694호)은 보험급여의 지급청구에 의하여 소멸시효가 중단되고 이러한 청구가 업무상재해 여부의 판단을 필요로 하는 최초의 청구인 경우에는 그 청구로 인한 시효중단의 효력이 다른 보험급여의 청구에도 미치는 것으로 규정하였으며(제113조), 또한 보험급여에 관한 결정에 대한 심사청구 및 재심사청구도 민법 제168조에 따른 재판상의 청구로 보아 시효의 중단사유로 규정하였다(제111조 제1항). 이 판결은 위와 같은 법률의 개정에 영향을 받은 것으로 추측하는 견해가 있다. 김장식, "산재법상 보험급여 청구에 대한 소멸시효 항변과 신의칙", 노동판례비평 제13호, 2009, 257-258면; 조용만, "노동법에서의 신의칙과 권리남용금지의 원칙", 노동법연구 제29호, 2010, 31면 주 62).

오류를 경계하지 아니하면 안 된다고 하였다.

그럼에도 불구하고 이 사건에는 다음과 같은 사정이 있다고 하여 결과에 있어서는 피고의 소멸시효 주장이 신의칙에 반한다고 하였다. 즉 보험금청구권에 대하여 법은 2년이라는 매우 짧은 소멸시효기간을 정하고 있고, 원고는 이 사건 보험금청구권을 발생시키는 보험사고 자체로 인하여 심신상실상태에 빠짐으로써 그 권리를 행사할 수 없게 되었다는 것이다. 그리고 민법 제179조는 금치산자 등 행위무능력자에게 법정대리인이 없어서 그의 권리를 행사할 수 없는 경우에 대하여 소멸시효의 정지를 명문으로 정하여 소멸시효의 완성을 막고 있는데, 이 규정은 법원으로부터 금치산선고 등을 받지 아니한 사람에게 쉽사리 준용 또는 유추적용할 것은 아니라고 하여도, 권리를 행사할 수 없게 하는 여러 장애사유 중 권리자의 심신상실상태에 대하여는 특별한 법적 고려를 베풀 필요가 있다고 한다. 또한 피고는 앞서 본 대로 원고가 위 보험사고로 인하여 의식불명의 상태에 있다는 사실을 그 사고 직후부터 명확하게 알고 있었고, 1998년과 1999년의 두 차례에 걸쳐 원고를 사실상 대리하여 그 후견인 역할을 하던 원고의 부 등에게 이 사건 보험계약에 기한 보험금 중 일부를 지급하기까지 하였는데, 이는 원고의 심신상실상태로 그가 스스로 보험금을 청구할 수 없게 되었지만 원고측이 그 때문에 굳이 법원에 금치산선고를 청구하여 그 선고를 받지 아니하고도 피고로부터 보험금을 수령할 수 있다고 믿게 하는 데 일정한 기여를 하였다고 보았다.

이 판결에서 우선 주목할 것은, 소멸시효 완성의 주장이 신의성실의 원칙에 반하여 권리남용으로서 허용되지 아니한다고 평가하는 것에는 주의를 요한다는 점을 강조한 부분이다. 또한 권리남용이라는 표현을 한 번 쓰기는 하였으나, 판결의 결론 부분에서는 소멸시효 완성의 주장이 신의칙에 반하여 허용되지 아니한다고 하였고, 권리남용이라는 표현은 쓰지 않았다. 이는 이 판결의 주심인 양창수 대법관이 소멸시효 완성의 효과에 관하여 절대적 소멸설을 지지하고 있는 것[18] 때문으로 생각된다.

다만 이 판결에 대하여는, 소멸시효의 남용보다는 위 판결도 언급하고 있는 민법 제179조의 유추적용에 의하여 해결하는 것이 좋다는 지적이 있다.[19]

---

[18] 양창수, "소멸시효 완성의 효과", 고시계 1994. 9, 145면 이하 등.
[19] 노재호, "의사무능력자의 권리의 소멸시효", 민사판례연구 제34권, 2012, 156면 이하.

(7) 대법원 2012. 5. 24. 선고 2009다22549 판결 및 2009다68620
판결

이 판결들은 일제강점기에 국민징용령에 의하여 강제징용되어 일본국 회사
인 미쓰비시 중공업 주식회사('구 미쓰비시')와 일본제철 주식회사('구 일본제철')에
서 강제노동에 종사한 대한민국 국민 갑 등이 위 회사들이 해산된 후 새로이 설
립된 미쓰비시 중공업 주식회사('신 미쓰비시')와 신일본제철 주식회사를 상대로
국제법 위반 및 불법행위를 이유로 한 손해배상금의 지급을 구한 사안에 관한
것이다. 이 사건에는 여러 가지 쟁점이 있으나, 여기서는 소멸시효의 남용에 대
한 대법원의 판단을 살펴본다.

이 사건 1심과 2심은 원고들의 청구권이 소멸시효의 완성으로 소멸하였다고
판단하였다. 그러나 대법원은 원심판결을 파기하면서, 피고가 소멸시효의 완성을
주장하는 것은 현저히 부당하여 신의성실의 원칙에 반하는 권리남용으로서 허용
될 수 없다고 하였다.

대법원은, 1965. 6. 22. 한일 간의 국교가 수립될 때까지는 일본국과 대한민
국 사이의 국교가 단절되어 있었고, 따라서 원고 등이 피고를 상대로 대한민국에
서 판결을 받더라도 이를 집행할 수 없었고, 1965년 한일 간에 국교가 정상화되
었으나, 청구권협정으로 대한민국 국민의 일본국 또는 일본 국민에 대한 개인청
구권이 포괄적으로 해결된 것이라는 견해가 대한민국 내에서 일반적으로 받아들
여져 왔으나, 일본의 국가권력이 관여한 반인도적 불법행위나 식민지배와 직결
된 불법행위로 인한 손해배상청구권은 청구권협정으로 소멸하지 않았다는 견해
가 서서히 부각되었고, 2005. 8. 26. 일본의 국가권력이 관여한 반인도적 불법행
위나 식민지배와 직결된 불법행위로 인한 손해배상청구권은 청구권협정에 의하
여 해결된 것으로 볼 수 없다는 민관공동위원회의 공식적 견해가 표명된 사실
등을 인정하였다. 그리고 구 미쓰비시, 구 일본제철과 피고들의 동일성 여부에
대하여도 의문을 가질 수밖에 없도록 하는 일본에서의 법적 조치가 있었던 점을
더하여 보면, 적어도 원고 등이 이 사건 소를 제기할 시점인 2000. 5. 1.까지는
원고 등이 대한민국에서 객관적으로 권리를 사실상 행사할 수 없는 장애사유가
있었다고 봄이 상당하다고 하였다.[20]

---

[20] 이 판결에 대하여 남효순, "일제징용시 일본기업의 불법행위로 인한 손해배상청구권의 소멸시
     효남용에 관한 연구", 남효순·석광현·이근관·이동진·천경훈, 일제강점기 강제징용사건판
     결의 종합적 연구, 서울대 법학총서 1, 박영사, 2014, 281면 이하, 특히 322면 이하(처음 발표:

위 2009다22549 판결에 의한 파기환송 후 재상고심 판결인 대법원 2018. 11. 29. 선고 2013다67587 판결은 위 판결의 판시를 재확인하였다.[21]

(8) **대법원 2013. 7. 12. 선고 2006다17539 판결 및 2006다17553 판결**

이 판결들은 베트남전에 참전한 한국의 참전군인들이 베트남전에서 살포된 고엽제를 제조한 외국 회사들에 대하여 위 고엽제 때문에 염소성여드름 등 각종 질병이 발생하였다고 하여 제조물책임 등에 따른 손해배상을 청구한 사안에 대한 것이다.

위 판결들은 외국 회사들의 설계상 결함으로 인한 제조물책임을 인정하였는데, 피고들의 소멸시효 완성 주장에 대하여는 다음과 같이 판단하였다. 위 판결들은 우선 피고들이 고엽제에 함유된 독성물질에 의하여 생명·신체에 위해를 발생시킬 위험이 있다는 사정을 예견하거나 예견할 수 있음에도 위험방지조치를 제대로 취하지 아니한 채 고엽제를 제조·판매하여 경제적 이익을 취하였고, 그 결과 베트남전에 참전한 우리나라 군인들이 아무런 잘못 없이 육체적·정신적 고통을 받게 되었으며, 우리나라에서는 1990년대 초반에 이르러서야 고엽제의 후유증에 대한 논의가 본격적으로 이루어진 탓에 그 이전에는 그것이 고엽제로 인하여 생긴 질병이라는 것을 가늠하기 어려웠고, 또한 의료기관에서 그 피부질환이 염소성여드름이라고 진단받고 그 질병이 고엽제와 관련성이 있다고 고지받기 전에는 고엽제에 노출됨으로써 자신이 어떠한 피해를 입었다는 사실을 인식하기가 극히 곤란하였으며, 베트남전 복무 종료 시부터 장기간이 경과한 후 이 사건 소를 제기하였다 하더라도 피고들이 그로 인하여 이 사건 소송에서 증거자료를 상실하는 등 방어권을 행사하는 데 지장을 받게 되었다고 보기 어렵고, 오히려 이 사건은 시간이 경과함에 따라 인과관계 등에 관한 과학적 연구성과물이 축적되어 왔다고 인정하였다.

그리하여 장기소멸시효기간 경과후 피해자들이 고엽제후유증환자로 등록하여 자신의 피부 질환이 염소성여드름에 해당하고 그것이 피고들이 제조·판매한

2013)는 이 판결이 소멸시효 남용의 법리를 적용한 것을 비판하고, 객관적 사실상의 장애사유가 있음을 이유로 소멸시효기간의 진행 자체를 인정하지 않아야 한다고 주장한다. 한편 이 판결을 지지하는 것으로는 이홍렬, "일제강점기에 발생한 불법행위책임에 관한 연구—소멸시효를 중심으로—", 비교사법 제19권 2호, 2012, 521면 이하가 있다.

21) 위 2009다68620 판결에 의한 파기환송 후 재상고심 판결인 대법원 2018. 10. 30. 선고 2013다61381 전원합의체 판결은 소멸시효에 관하여는 판단하지 아니하였다.

고엽제에 노출된 것과 관련이 있다는 점을 알게 됨으로써 피고들에 대한 손해배상청구권의 존재에 관하여 인식할 수 있게 되기까지는 이들에게 객관적으로 피고들을 상대로 고엽제 피해와 관련한 손해배상청구권을 행사할 것을 기대하기 어려운 장애사유가 있었다고 봄이 상당하므로, 피해자들이 고엽제후유증환자로 등록한 후 상당한 기간 내에 자신들의 권리를 행사하였다면, 피고들이 이들에 대하여 소멸시효의 완성을 주장하는 것은 신의성실의 원칙에 반하는 권리남용에 해당하여 허용될 수 없다고 보았다.

다만 이 판결들은 채권자[22])가 그로부터 권리행사를 기대할 수 있는 상당한 기간 내에 자신의 권리를 행사하여야 하는데, 권리행사의 '상당한 기간'은 특별한 사정이 없는 한 민법상 시효정지의 경우에 준하여 단기간으로 제한되어야 하고, 개별 사건에서 매우 특수한 사정이 있어 그 기간을 연장하여 인정하는 것이 부득이한 경우에도 불법행위로 인한 손해배상청구의 경우 그 기간은 아무리 길어도 민법 제766조 제1항이 규정한 단기소멸시효기간인 3년을 넘을 수는 없다고 보아야 한다고 하면서, 아래에서 살펴볼 대법원 2013. 5. 6. 선고 2012다202819 전원합의체 판결을 인용하였다. 그리하여 고엽제후유증환자로 등록한 날부터 3년이 경과한 후에 소를 제기한 피해자들에 대하여는 소멸시효 피고들이 소멸시효의 완성을 주장하는 것은 권리남용에 해당한다고 할 수 없다고 보았다.

(9) 대법원 2017. 12. 5. 선고 2017다252987, 252994 판결

이 사건 피고는 유제품과 음료 등을 제조, 판매하는 회사이고, 원고들은 피고와 대리점 계약을 체결하고 피고로부터 제품을 공급받아 이를 판매하다가 그 대리점 계약을 종료한 자들이다. 원고들은 피고를 상대로 하여 피고가 원고들이 주문하지 않은 제품을 공급한 다음 원고들로 하여금 대금을 결제하게 하는 구입강제를 한 것 등을 원인으로 하는 불법행위로 인한 손해배상청구를 하였다.

원심법원은 손해배상책임을 인정하면서, 그 소멸시효에 관하여는, 피고가 2006. 12. 6. 공정거래위원회로부터 구입강제행위와 관련하여 시정명령을 받았고, 피고는 2007. 1. 15.경 원고들을 포함한 피고의 대리점주들에게 이를 통지하였으므로, 원고들은 위 통지를 받은 무렵 구입강제 행위가 공정거래법에 위반되는 불공정거래행위에 해당한다는 사실을 현실적이고도 구체적으로 알게 되었지만, 피고는 위 시정명령을 받고도 2013년경까지 이 사건 구입강제 행위를 계속한 점

---

22) 판결문들에는 '채무자'라고 되어 있으나 채권자의 오기로 보인다.

및 원고들이 피고에 대하여 밀접한 거래관계에 있었던 점 등을 고려하면, 원고들이 피고의 대리점 영업을 계속한 기간에는 객관적으로 피고를 상대로 손해배상청구 등의 권리 행사를 기대할 수 없는 특별한 사정이 있었고, 이와 같은 사실상의 장애사유는 피고와의 거래관계가 종료된 날 해소되고, 위 거래종료일로부터 소멸시효가 진행된다고 하였다. 그리하여 위 손해배상채권 중 이 사건 소가 제기된 2011. 7. 14.부터 3년 전인 2011. 7. 14. 이전에 발생한 부분은 시효가 완성되어 소멸하였다고 판단하였다.

대법원도 위와 같은 원심의 판단이 정당하다고 하였다. 즉 채권자에게 권리의 행사를 기대할 수 없는 객관적인 사실상의 장애사유가 있었던 경우에도 그러한 장애가 해소된 때에는 그로부터 상당한 기간 내에 권리를 행사하여야만 채무자의 소멸시효의 항변을 저지할 수 있고, 위 권리행사의 '상당한 기간'은 특별한 사정이 없는 한 민법상 시효정지의 경우에 준하여 단기간으로 제한되어야 하고, 특히 불법행위로 인한 손해배상청구 사건에서는 매우 특수한 개별 사정이 있어 그 기간을 연장하여 인정하는 것이 부득이한 경우에도 민법 제766조 제1항이 규정한 단기소멸시효기간인 3년을 넘어서는 아니 된다고 하면서, 피고의 구입강제 행위로 인한 원고들의 손해배상청구권의 소멸시효는 위 거래종료일로부터 진행한다고 보았다.[23]

나. 소멸시효 남용을 부정한 판례

대법원 판례 가운데 소멸시효의 남용을 부정한 판례는 많다. 여기서는 주목할 만한 판례 몇 가지를 소개한다.

(1) 대법원 2005. 5. 13. 선고 2004다71881 판결

이 사건에서 원고는 1950. 11. 학도의용군으로 입대하여 육군 제8사단에서 복무하다가 1953. 7. 제대하였는데, 1956년 징집영장을 받고 학도의용군 참전사실을 들어 징집 면제를 요청하였으나, 학도의용군으로 참전했는지 알 수 없을 뿐만 아니라 학도의용군은 군번이 없고 정식 군인이 아니라는 이유로 거절된 다음, 1956. 9. 11. 육군에 입대하여 복무하다가 1959. 8. 1. 만기제대하였다. 피고 산하

---

23) 이외에 하급심 판결 가운데 소멸시효 남용을 인정한 것으로 언론의 관심을 끌었던 것으로는 이른바 수지 킴 사건(서울지법 2003. 8. 14. 선고 2002가합32467 판결); 최종길 교수 사건(서울고등법원 2006. 2. 14. 선고 2005나27906 판결) 등이 있다. 후자의 판결에 대한 평석으로는 윤준석, "국가의 소멸시효 항변", 인권판례평석, 박영사, 2017, 426면 이하가 있다.

국방부장관은 1999. 3. 11.에야 비로소 원고가 위와 같이 학도의용군으로 복무한 사실을 공식 확인하였다. 한편, 원고가 재복무 중이던 1957. 8. 15.부터 시행된 구 병역법에는 학도의용군는 현역에 복무한 자로 간주하여 제1예비역에 편입한다라는 규정이 신설되었다. 이에 원고는 1999. 12. 1. 서울지방병무청장에게 위와 같은 군복무에 대한 적절한 보상 기타 배상을 해 달라고 진정하였으나 받아들여지지 않자 2002. 12. 12. 국가배상청구의 소를 제기하였다. 원심은, 피고는 1957. 8. 15.부터 당시 군 복무자 가운데 학도의용군으로 복무하였던 자가 있는지 조사하여 이에 해당하는 경우에는 상당한 기간 내에 전역시킬 의무가 있음에도, 피고 산하 국방부가 이를 간과한 잘못으로 복무연한인 1959. 8. 1.에야 원고를 만기전역시켰으므로 피고는 위와 같은 불법행위로 인하여 원고가 입은 손해를 배상할 의무가 있다고 하면서, 피고가 소멸시효의 완성을 주장하는 것은 신의성실의 원칙에 반하여 권리남용으로서 허용될 수 없다고 하였다.

그러나 대법원은 원심판결을 파기하였다. 즉 국가에게 국민을 보호할 의무가 있다는 사유만으로 국가가 소멸시효의 완성을 주장하는 것 자체가 신의성실의 원칙에 반하여 권리남용에 해당한다고 할 수는 없으므로, 국가의 소멸시효 완성 주장이 신의칙에 반하고 권리남용에 해당한다고 하려면 종래의 판례가 들고 있는 것과 같은 특별한 사정이 인정되어야 하는데, 그러한 사정이 있었다고 볼 수 없다는 것이다.[24]

(2) 대법원 2008.5.29. 선고 2004다33469 판결

이 판결은 이른바 거창사건에 관한 것이다. 한국전쟁 중인 1951년 경남 거창군 신원면 일대에서 대한민국 육군 병력이 1951. 2. 9.부터 1951. 2. 11.까지 그 지역주민 수백 명을 사살하였다. 거창사건 희생자의 유족들은 2001. 2. 17. 국가를 상대로 하는 국가배상청구소송을 제기하였다. 이 사건 제1심 판결은 법원은 거창사건 자체로 인한 위자료 청구와, 거창사건 이후의 유족들의 정신적 고통에 대한 위자료 청구로 나누어, 전자에 대해서는 시효의 완성으로 청구권이 소멸하

---

24) 이범균, "국가의 소멸시효 완성 주장이 신의칙에 반하여 권리남용에 해당하는지 여부에 관한 판단 기준", 대법원판례해설 2005년 상반기(통권 제54호), 2006, 9면 이하; 강우찬, "국가배상소송에서 국가의 소멸시효 완성주장에 대한 기산점 인정 및 신의칙 위반여부에 관한 검토", 법조 2006. 2, 259면 이하; 박찬익, "소멸시효에 있어서의 신의성실의 원칙", 민사판례연구 제29권, 2007, 267면 이하는 이 판결을 지지한다. 반면 박종훈, "소멸시효의 원용과 권리남용", 부산판례연구회 판례연구 제18집, 2007, 103-104면은 이 사건이 소멸시효 남용에 관한 제4유형으로 포섭하는 것이 타당하다고 한다.

였다고 보았지만, 후자에 대하여는 소 제기시부터 역산하여 3년 이내의 정신적 고통에 대한 위자료를 지급하라고 판결하였다. 그러나 항소심은 피고 대한민국의 소멸시효 항변을 받아들여 원고들의 청구를 기각하였고, 대법원도 원고들의 상고를 기각하였다.

대법원은 거창사건 자체로 인한 희생자들 및 유족들의 위자료 청구 부분에 관하여, 소멸시효 남용에 관한 종래의 판례를 요약한 후 다음과 같이 판시하였다. 즉 국가에게 국민을 보호할 의무가 있다는 사유만으로 국가가 소멸시효의 완성을 주장하는 것 자체가 신의성실의 원칙에 반하여 권리남용에 해당한다고 할수는 없으므로, 국가의 소멸시효 완성 주장이 신의칙에 반하고 권리남용에 해당한다고 하려면 종래의 판례가 들고 있는 특별한 사정이 인정되어야 하고, 또한 위와 같은 일반적 원칙을 적용하여 법이 두고 있는 구체적인 제도의 운용을 배제하는 것은 법해석에 있어 또 하나의 대원칙인 법적 안정성을 해할 위험이 있으므로 그 적용에는 신중을 기하여야 한다고 하였다. 그런데 피고 국가가 원고들의 권리행사나 시효의 중단을 불가능 또는 현저히 곤란하게 하거나 그런 조치가 불필요하다가 믿게 할 만한 언동을 하였다고 보기 어려울 뿐만 아니라, 객관적으로 원고들이 권리행사를 할 수 없는 장애사유가 있었다거나 권리행사를 기대할 수 없는 상당한 사정이 있었다고 단정하기도 어렵고, 원고들의 국가배상법에 따른 배상청구권의 시효가 완성된 이후에 피고가 그 시효의 이익을 포기하거나 그 시효를 원용하지 아니할 것 같은 태도를 보인 것이라고 평가할 수 없으며, 6·25 사변을 전후하여 발생한 다른 유사사건 희생자들의 경우와 비교하여 볼 때 원고들이 상대적으로 불리한 처우를 받고 있다고 볼 만한 증거도 없다고 보았다.

그리하여 국가배상법의 해석상 피고 국가가 원고들의 위 청구 부분에 대하여 소멸시효 완성을 주장하는 것이 현저히 부당하거나 불공평하게 되는 경우에 해당한다고 보기 어렵고, 입법이 선행되지 아니한 상태에서 법원이 법리적인 문제점을 초월하여 우리 헌법상 권력분립원칙에 위배되는 판단을 할 수는 없다고 하여, 피고 국가의 소멸시효 항변을 받아들인 원심판결은 정당하다고 판시하였다.25)

---

25) 거창사건의 원심판결에 대한 비판적 의견으로는 임상혁, "거창사건 관련 판결과 소멸시효 항변", 법과 사회 27호, 2004, 157면 이하; 김제완, "국가권력에 의한 특수유형 불법행위에 있어서 손해배상청구권의 소멸시효", 인권과 정의 제368호, 2007, 50면 이하. 대법원 판결에 대한 비판적 의견으로는 이덕연, "'거창사건'에 대한 대법원판결 (2008. 5. 29. 2004다 33469) 평석", 저스티스 제129호, 2012, 297면 이하; 이재승, "'피해자 권리장전'에 비추어 본 거창사건", 일감법학

이 사건에서는 아래에서 언급할 과거사정리위원회의 진상규명결정이 선행되지는 않았다. 그런데 이 판결에서 한 가지 주목할 것은, 6·25 사변을 전후하여 발생한 다른 유사사건 희생자들의 경우와 비교하여 볼 때 원고들이 상대적으로 불리한 처우를 받고 있다고 볼 만한 증거도 없다고 한 부분이다. 아래에서 살펴보는 것처럼 그 후에는 다른 유사사건 희생자들이 재판에 의하여 배상을 받았기 때문이다.[26)]

(3) 대법원 2010. 9. 9. 선고 2008다15865 판결

이 사건에서는 대법원이 2004. 4. 22. 선고 2000두7735 전원합의체 판결로 임용기간이 만료된 국공립대학 교원에 대한 재임용거부처분에 대하여 이를 다툴 수 없다는 종전의 견해를 변경한 것이, 국립대학 조교수로 근무하다가 1976. 2. 29. 의원면직 형식으로 재임용이 거부되었으나, 2006. 6. 30. 이 사건 재임용 거부처분이 취소된 원고의 재임용 거부로 인한 손해배상청구권의 소멸시효에 어떤 영향을 미치는가가 문제되었다.

대법원은 우선 변경된 대법원의 종전 견해는 국공립대학 교원에 대한 재임용거부처분이 불법행위임을 원인으로 한 손해배상청구에 대한 법률상 장애사유에 해당하지 아니한다고 보았다. 그리고 소멸시효 남용의 주장에 대하여는 다음과 같이 판단하여 이를 배척하였다. 즉 채무자가 소멸시효의 완성으로 인한 채무의 소멸을 주장하는 것이 신의칙 위반을 이유로 허용되지 아니할 수 있지만, 실정법에 정하여진 개별 법제도의 구체적 내용에 좇아 판단되는 바를 신의칙과 같은 법원칙을 들어 배제 또는 제한하는 것은 법적 안정성을 후퇴시킬 우려가 없지 않고, 특히 소멸시효제도에 있어서는 위와 같은 법적 안정성의 요구는 더욱 선명하게 제기되므로, 소멸시효에 관하여 신의칙을 원용함에는 신중을 기할 필요가 있다고 보았다. 특히 채권자에게 객관적으로 자신의 권리를 행사할 수 없는 장애사유가 있었다는 사정을 들어 그 채권에 관한 소멸시효 완성의 주장이 신의성실의 원칙에 반하여 허용되지 아니한다고 평가하는 것은 소멸시효의 기산점에 관하여 변함없이 적용되어 왔던 법률상 장애/사실상 장애의 기초적인 구분기준을 일반적인 법원칙으로서의 신의칙을 통하여 아예 무너뜨릴 위험이 있으므로 더욱 주의를 요한다고 하였다.

제42호, 2019, 71면 이하.

26) 이재승(주 25), 71-72면은 특히 다른 학살사건의 피해자들이 국가배상을 받았다는 사정을 감안할 때 위 판결은 거창사건 피해자들에 대한 매우 불평등한 처사라고 한다.

　　그리하여 원심이 대법원의 종전 견해의 존재가 객관적으로 채권자가 권리를 행사할 수 없게 한 특별사정에 해당한다는 등의 이유를 들어 이 사건 소멸시효 주장이 신의칙에 반한다거나 또는 국가가 소멸시효 완성을 주장하는 것은 신의칙상 제한되어야 한다는 주장을 배척한 것은 정당한 것으로 수긍할 수 있다고 판시하였다.

　　판례가 변경된 경우에 변경된 종전 판례의 존재가 권리 행사에 장애가 되는 법률상 장애가 아니라는 것은 위 판결이 인용하고 있는 대법원 1993. 4. 13. 선고 93다3622 판결이 이미 판시한 바 있다.[27] 그러나 독일의 판례와 학설은, 권리자의 권리 행사에 장애가 되는 판례가 존재하면 권리의 행사를 기대할 수 없으므로(unzumutbar), 소멸시효가 진행하지 않는다고 보고 있다.[28] 이 점은 별론으로 하더라도, 장애가 되는 판례의 존재가 과연 소멸시효 남용의 요건인 사실상의 장애에 해당하지도 않는다고 할 수 있을까?

2. 학　　설

　　학설상으로는 소멸시효 완성의 주장이 신의성실의 원칙에 어긋날 때에는 허용될 수 없다는 이론을 지지하는 것이 다수설이라고 할 수 있다.[29]

　　그러나 소멸시효 남용의 이론을 인정할 수 없다는 견해도 주장된다. 즉 시효규정 엄격해석의 원칙으로부터 시효에 관하여 선뜻 신의칙을 적용하기는 어렵고, 시효에까지 신의칙을 개방하는 것은 일반규정으로부터의 도피를 남용하게 될 뿐, 얻는 것이 없다는 것이다.[30]

　　그리고 소멸시효에 관하여 신의칙의 적용 범위를 제한하여야 한다는 견해가

---

27) 또한 대법원 1970. 2. 24. 선고 69다1769 전원합의체 판결 참조.

28) beck-online.GROSSKOMMENTAR/Piekenbrock, BGB § 199 Stand: 01.08.2020, Rdnr. 131 ff. 참조. 이러한 취지에서 위 판결을 비판하는 것으로는 장재원, "대법원 판례 변경이 소멸시효에 미치는 영향", 고려대학교 법학석사 학위논문, 2002가 있다.

29) 앞에서 인용한 정재오(주 1); 한강현(주 12); 이주현(주 15); 강상욱(주 16); 이범균(주 24); 강우찬(주 24); 박찬익(주 24); 박종훈(주 24) 외에도 김주수·김상용, 민법총칙, 제7판, 삼영사, 2013, 558-559면; 김증한·김학동, 민법총칙, 제10판, 박영사, 2013, 692-693면; 양창수·김형석, 권리의 보전과 담보, 제3판, 2018, 135면 이하; 권혁재, "소멸시효를 원용하는 소송상 항변권의 행사에 있어서 권리남용의 문제", 민사법의 이론과 실무 제6집, 2003, 279면 이하 등.

30) 이영준, 민법총칙, 개정증보판, 박영사, 2007, 784-785면. 다만 이 견해에서도 청구권을 행사하는 것이 객관적으로 불가능한 사실상의 장애사유가 있는 경우는 차라리 사실상의 장애사유를 재정립하여, 권리자가 그 권리의 존재나 행사 가능성을 과실없이 알지 못한 경우를 법률상의 장애 사유에 준하여 해석하여야 한다고 한다.

있다. 이 견해는, 신의칙이 구체적 사건에서 이해관계인들의 이익을 배려함으로써 도달하고자 하는 '정의와 형평에 부합하는 상태'는 기산점이나 시효기간의 설정, 시효의 중단과 정지, 시효이익의 포기 등 여러 가지 장치들을 통하여 대부분 달성할 수 있다고 하면서,[31] 소멸시효 주장이 신의칙에 위반된다고 하려면 소멸시효 제도가 마련한 기존의 장치들에 의하여서는 구제받을 수 없어야 하는데, 채무자가 자신 또는 자신이 책임져야 할 타인의 적극적이고 비난받을 만한 언동을 통하여 채권자의 권리행사를 곤란하게 만드는 상태를 작출하였어야 하고, 이것이 주된 원인이 되어 채권자가 권리를 행사하지 못하게 되었어야 한다고 한다.[32]

　　다른 한편 권리자에게 권리 행사에 충분한 기간이 부여되었고 그 권리를 소멸시효기간 내에 행사하지 못한 데 대하여 의무자측이 아무런 기여를 한 바 없는데도 시효완성 주장을 배척하는 데에는 보다 신중하여야 할 것이라고 하면서, 특히 판례가 인정하는 소멸시효 남용의 사례 중 제2유형에 대하여 비판하는 견해가 있다. 즉 판례와 통설은 민법 제166조 제1항에 의한 시효의 객관적 기산점인 권리를 행사할 수 있는 때에 관하여 권리 행사에 법률상의 장애사유가 없는 경우를 말하고 사실상 권리의 존재나 권리행사의 가능성을 알지 못하였고 알지 못함에 과실이 없다고 하더라도 이는 법률상 장애사유에 해당하지 않는다고 하므로, 객관적으로 채권자가 권리를 행사할 수 없는 장애사유가 있었던 경우를 권리행사에 사실상 장애가 있었던 경우로 이해하면 이는 일종의 평가모순이고, 권리자가 권리를 행사하지 못한 데 대하여 의무자측의 귀책사유가 없는 경우에는 매우 예외적이고 특수한 사정 아래에서만 시효완성 주장이 권리남용에 해당한다고 주장한다.[33]

---

31) 특히 법률상 장애와 사실상 장애의 구분은 민법에서 명문으로 규정한 것이 아니라 제166조 제1항의 해석론으로 도출된 것이므로, 권리가 발생하였지만 객관적으로 그 권리를 행사할 것을 기대할 수 없는 장애사유가 있고, 그 장애의 정도가 법률상 장애에 준한다고 평가된다면, 그 장애가 제거될 때까지는 '권리를 행사할 수 있는 때'에 이르지 않았다는 해석도 가능하다고 한다. 권영준, "소멸시효와 신의칙", 재산법연구 제26권 1호, 2009, 16-17면.

32) 권영준(주 31), 특히 24-25면.

33) 주석민법 총칙 (3)/이연갑, 제5판, 한국사법행정학회, 2019, 802-804면. 이는 기본적으로 양창수, "이 시대 사법부의 위상과 과제", 민법연구 제10권, 박영사, 2019, 155면 주 40)(처음 발표: 2017)과 대체로 같은 취지이다.

IV. 과거사 정리와 소멸시효 남용론[34)

1. 문제의 상황

1990년대 이후에 1980년대의 권위주의적 정부 시절에 이르기까지의 국가의 인권침해를 이유로 하는 국가배상청구소송이 많이 제기되었다. 최근에는 2005년에 제정된 진실・화해를 위한 과거사정리 기본법(이하 "과거사정리법")에 의하여 설치되었던 진실・화해를 위한 과거사정리위원회(이하 "과거사정리위원회")[35)에 의한 진실규명결정이 있으면 그에 기하여 국가를 상대로 손해배상청구를 하는 것이 하나의 정형으로 정착되었다. 과거사정리위원회의 진실규명 대상은 여러 가지가 있으나 주로 문제되었던 것은 1945년 8월 15일부터 한국전쟁 전후의 시기에 불법적으로 이루어진 민간인 집단 희생사건(위 법 제2조 제1항 제3호)과, 1945년 8월 15일부터 권위주의 통치시까지 헌정질서 파괴행위 등 위법 또는 현저히 부당한 공권력의 행사로 인하여 발생한 사망・상해・실종사건, 그 밖에 중대한 인권침해사건과 조작의혹사건(위 법 제2조 제1항 제4호)이었다.

그런데 이러한 인권침해 사건도 두 가지 유형으로 나누어 볼 수 있다. 그 하나는 과거사정리법도 들고 있는, 6・25를 전후하여 자행되었던, 재판 없이 행한 불법처형을 비롯한 물리적인 사실행위에 의한 인권침해이다. 다른 하나는 장기간의 불법구금 및 고문 등에 의한 방법으로 허위 자백을 받아낸 후, 그에 기하여 유죄판결을 받은 경우이다. 이하에서는 앞의 경우를 사실행위형, 뒤의 경우를 유죄판결형이라고 부르기로 한다.

다른 한편 사실행위형에 관하여는, 과거사정리법 외에도 한센인피해사건의 진상규명 및 피해자생활지원 등에 관한 법률(한센인사건법, 2007. 10. 17. 법률 제8644호)과 군의문사 진상규명 등에 관한 특별법(2005. 7. 29. 법률 제7626호)이 제정

---

34) 이 부분은 윤진수, "과거사 정리와 소멸시효", 민사재판의 제문제 제23권, 사법발전재단, 2015, 819면 이하의 서술을 기초로 하였고, 그 후의 논의를 보충하였다.

35) 위 법은 2005. 5. 31. 법률 제7542호로 제정되어 2005. 12. 1.부터 시행되었다. 위 법에 따른 과거사정리위원회의 조사기간은 위원회가 구성되어 최초의 진실규명 조사개시 결정일 이후 4년간으로 한정되어 있었다(제25조 제1항). 다만 위원회는 기간 만료일 3월 전에 대통령 및 국회에 보고하고 2년 이내의 범위에서 그 기간을 연장할 수 있도록 규정되어 있었으나(제25조 제2항), 그와 같은 연장은 이루어지지 않아서 2010. 6. 30. 그 활동을 종료하였다. 그러나 2020. 6. 9. 위 법이 개정되어, 과거사정리위원회가 새로 구성되고, 위원회는 위원회가 구성되어 최초의 진실규명 조사개시 결정일 이후 3년간 진실규명활동을 하도록 바뀌었다.

되었다. 이들 법도 기본적으로는 과거에 일어난 국가권력이 개입하였다고 의심이 되는 사건들에 대하여 위원회가 진상을 밝히도록 규정하고 있다.

2. 사실행위형에 관한 판례

가. 과거사정리법에 의한 진실규명과 소멸시효

과거사정리위원회의 진상규명결정이 있는 사실행위형에 관하여 대법원이 국가의 소멸시효 주장을 신의칙에 어긋난다고 하여 받아들이지 않은 것은 대법원 2011. 6. 30. 선고 2009다72599 판결이 처음이라고 보인다. 이 사건은 1950년 8월에 군인과 경찰들이 경남 울산에서 국민보도연맹원들을 집단처형한 이른바 울산 국민보도연맹 사건에 관한 것이다. 과거사정리위원회는 2007. 11. 27. 1950. 8. 5.경부터 1950. 8. 26.경까지 희생된 울산지역 국민보도연맹 사건 관련 희생자 총 407명을 확정하였고, 그 유족인 원고들은 2008. 6. 17. 대한민국을 상대로 손해배상청구소송을 제기하였다.

대법원은, 전시 중에 경찰이나 군인이 저지른 위법행위는 객관적으로 외부에서 거의 알기 어려워 원고들로서는 사법기관의 판단을 거치지 않고서는 손해배상청구권의 존부를 확정하기 곤란하였고, 따라서 국가 등을 상대로 손해배상을 청구한다는 것은 좀처럼 기대하기 어려웠다고 할 것인 점, 전쟁이나 내란 등에 의하여 조성된 위난의 시기에 개인에 대하여 국가기관이 조직을 통하여 집단적으로 자행한, 또는 국가권력의 비호나 묵인하에 조직적으로 자행된, 기본권침해에 대한 구제는 통상의 법절차에 의하여서는 사실상 달성하기 어려운 점 등에 비추어, 과거사정리위원회의 이 사건에 대한 진실규명결정이 있었던 2007. 11. 27.까지는 객관적으로 원고들이 권리를 행사할 수 없었다고 보았다. 그리고 여태까지 생사확인을 구하는 유족들에게 그 처형자 명부 등을 3급 비밀로 지정함으로써 진상을 은폐한 피고가 이제 와서 뒤늦게 원고들이 위 집단 학살의 전모를 어림잡아 미리 소를 제기하지 못한 것을 탓하는 취지로 소멸시효의 완성을 주장하여 그 채무이행을 거절하는 것은 현저히 부당하여 신의성실의 원칙에 반하는 것으로서 허용될 수 없다고 하였다. 즉 이 판결은 이 사건에는 소멸시효 주장이 신의칙에 어긋나는 제2유형, 즉 객관적으로 채권자인 원고가 권리를 행사할 수 없는 장애사유가 있었다고 본 것이다. 이른바 문경사건에 관한 대법원 2011. 9.

8. 선고 2009다66969 판결도 같은 취지이다.[36]

그런데 대법원 2013. 5. 16. 선고 2012다202819 전원합의체 판결은 이와는 다른 취지이다. 이 사건은 이른바 진도군 민간인 희생사건에 관한 것인데, 피해자들이 1950. 10.과 11.에 전남 진도에서 적법한 절차 없이 경찰관들에게 사살되었다고 하여 그 유족들이 손해배상을 청구하였다. 이 판결에서는 제1차로 그러한 사실이 있었다고 판단한 2009. 4. 6.자 과거사정리위원회의 진실규명결정에 대하여 어느 정도의 증명력을 인정할 수 있는가가 문제되었지만, 소멸시효에 관하여도 종래의 판례와는 다른 취지이다. 대법원은 원심과 마찬가지로 대한민국의 소멸시효 완성 주장은 신의성실의 원칙에 반한다고 보았다. 그러나 그 근거는 원심과는 차이가 있었다. 원심은, 원고들로서는 망인들의 사망에 대한 정리위원회의 진실규명결정이 있었던 때까지는 객관적으로 피고를 상대로 권리를 행사할 수 없는 장애사유가 있었고, 피해를 당한 원고들을 보호할 필요성은 매우 큰 반면 피고가 소멸시효의 완성을 주장하며 그 채무이행을 거절하는 것은 현저히 부당하고 신의성실의 원칙에 반하여 허용될 수 없다고 판단하였다. 다시 말하여 원심은 이 사건이 제2유형에 해당한다고 본 것이다.

반면 대법원은, 채권자에게 객관적으로 자신의 권리를 행사할 수 없는 장애사유가 있었다는 사정을 들어 소멸시효 완성의 항변이 신의성실의 원칙에 반하여 허용되지 아니한다고 평가하는 것은, 소멸시효의 기산점에 관하여 변함없이 적용되어 왔던 법률상 장애와 사실상 장애의 기초적인 구분 기준을 일반조항인 신의칙을 통하여 아예 무너뜨릴 위험이 있으므로 매우 신중하여야 하고, 국가에게 국민을 보호할 의무가 있다는 사유만으로 국가가 소멸시효의 완성을 주장하는 것 자체가 신의성실의 원칙에 반하여 권리남용에 해당한다고 할 수는 없으므로 이 역시 국가가 아닌 일반 채무자의 소멸시효 완성에서와 같은 특별한 사정이 인정될 때만 가능하다고 하여 원심의 위와 같은 판단은 잘못이라고 하였다. 그렇지만 대법원은 이 사건이 피고 대한민국이 소멸시효 완성 후 시효를 원용하지 아니할 것 같은 태도를 보여 권리자로 하여금 이를 신뢰하게 하였고, 채무자가 그로부터 권리행사를 기대할 수 있는 상당한 기간 내에 자신의 권리를 행사

---

36) 대법원 2011. 10. 13. 선고 2011다36091 판결도, 군대 내의 의문사에 관하여 군의문사진상규명위원회의 진상규명결정이 있은 사건에 관하여 진상규명결정이 있기 전까지의 기간 동안에는 피해자의 유족들이 대한민국을 상대로 이 사건 손해배상청구를 할 수 없는 객관적 장애가 있었다고 하였다.

한 경우여서, 대한민국이 소멸시효 완성을 주장하는 것은 신의성실 원칙에 반하는 권리남용으로 허용될 수 없다고 보았다. 다시 말하여 이러한 사건들은 제3유형에 해당한다는 것이다.

구체적으로는 다음과 같이 설시하였다. 즉 피고 대한민국은 2005. 5. 31. 과거사정리법을 제정하였는데, 이 법은 그 적용대상 사건 전체에 대하여 단순히 역사적 사실의 진상을 규명함으로써 왜곡되거나 오해가 있는 부분을 바로잡고 희생자들의 명예회복을 도모하는 데 그치는 것이 아니라 개별 피해자를 특정하여 피해 경위 등을 밝히고 그에 대한 피해회복까지를 목적으로 하여 제정된 법률임을 명시하여 밝히고 있다. 결국 국가가 과거사정리법의 제정을 통하여 수십 년 전의 역사적 사실관계를 다시 규명하고 피해자 및 유족에 대한 피해회복을 위한 조치를 취하겠다고 선언하면서도 그 실행방법에 대해서는 아무런 제한을 두지 아니한 이상, 이는 특별한 사정이 없는 한 그 피해자 등이 국가배상청구의 방법으로 손해배상을 구하는 사법적 구제방법을 취하는 것도 궁극적으로는 수용하겠다는 취지를 담아 선언한 것이라고 볼 수밖에 없고, 거기에서 파생된 법적 의미에는 구체적인 소송사건에서 새삼 소멸시효를 주장함으로써 배상을 거부하지는 않겠다는 의사를 표명한 취지가 내포되어 있다. 이 사건에서 피해자들에 대하여는 과거사정리법에 의한 진실규명신청이 있었고, 피고 산하 정리위원회도 피해자들을 희생자로 확인 또는 추정하는 진실규명결정을 하였으므로, 위 피해자들의 유족인 원고들로서는 그 결정에 기초하여 상당한 기간 내에 권리를 행사할 경우 피고가 적어도 소멸시효의 완성을 들어 권리소멸을 주장하지는 않을 것이라는 데 대한 신뢰를 가질 만한 특별한 사정이 있다고 봄이 상당하다. 그럼에도 불구하고 피고가 원고들에 대하여 소멸시효의 완성을 주장하는 것은 신의성실 원칙에 반하는 권리남용에 해당한다 할 것이어서 이는 허용될 수 없다.

다른 한편 위 판결은 채권자가 어느 기간 내에 권리를 행사하여야 하는가에 대하여도 판단하였다. 즉 채무자가 소멸시효의 이익을 원용하지 않을 것 같은 신뢰를 부여한 경우에도 채권자는 그러한 사정이 있은 때로부터 상당한 기간 내에 권리를 행사하여야만 채무자의 소멸시효의 항변을 저지할 수 있는데, '상당한 기간' 내에 권리행사가 있었는지 여부는 채권자와 채무자 사이의 관계, 신뢰를 부여하게 된 채무자의 행위 등의 내용과 동기 및 경위, 채무자가 그 행위 등에 의하여 달성하려고 한 목적과 진정한 의도, 채권자의 권리행사가 지연될 수밖에 없

었던 특별한 사정이 있었는지 여부 등을 종합적으로 고려하여 판단하여야 하지
만, 신의성실의 원칙을 들어 시효 완성의 효력을 부정하는 것은 소멸시효 제도에
대한 대단히 예외적인 제한에 그쳐야 하므로, 위 권리행사의 '상당한 기간'은 특
별한 사정이 없는 한 민법상 시효정지의 경우에 준하여 단기간으로 제한되어야
한다는 것이다. 그러므로 개별 사건에서 매우 특수한 사정이 있어 그 기간을 연
장하여 인정하는 것이 부득이한 경우에도 불법행위로 인한 손해배상청구의 경우
그 기간은 아무리 길어도 민법 제766조 제1항이 규정한 단기소멸시효기간인 3년
을 넘을 수는 없다고 보아야 한다고 한다. 그런데 이 사건의 경우에는, 과거사 정
리위원회는 2009. 8. 21. 국회와 대통령에게 한국전쟁 전후 희생사건에 대한
배·보상 특별법 제정을 건의한 후 2010. 6. 30. 활동을 종료한 다음 2010. 12. 국
회와 대통령에게 보고한 종합보고서를 통해서도 같은 내용의 건의의견을 제시하
였고, 국회에도 그와 같은 2011. 11. 17. 그와 같은 법안이 발의되었으나, 그 후
당해 국회의 임기만료로 폐기된 바도 있으므로, 이 사건에는 과거사정리법에 의
한 진실규명결정을 받은 원고들이 과거사정리법의 규정과 정리위원회의 건의 등
에 따라 피고가 그 명예회복과 피해 보상 등을 위한 적절한 조치를 취할 것을 기
대하였으나 피고가 아무런 적극적 조치를 취하지 아니하자 비로소 피고를 상대로
개별적으로 손해배상청구 소송을 제기하기에 이른 것으로 보이는 특수한 사정이
있고, 따라서 이 사건 소가 진실규명결정일로부터 2년 10개월이 경과한 2012. 2.
14.에 제기되기는 하였지만, 위에서 본 것처럼 진실규명결정 이후 단기소멸시효의
기간 경과 직전까지 피고의 입법적 조치를 기다린 것이 상당하다고 볼 만한 매우
특수한 사정이 있었으므로, 이를 감안하면 원고들은 피고의 소멸시효 항변을 배제
할 만한 상당한 기간 내에 권리행사를 한 것으로 봄이 상당하다고 하였다.

　　이러한 대법원의 판시를 요약한다면, 한국전쟁 중 경찰 등에 의하여 학살된
사람에 대하여 과거사 정리위원회의 진실규명결정이 있었다면, 피해자들이 객관
적으로 손해배상청구권을 행사할 수 없는 장애사유가 있는 것은 아니지만, 피고
대한민국이 소멸시효 완성 후 시효를 원용하지 아니할 것 같은 태도를 보여 권
리자로 하여금 이를 신뢰하게 한 경우이므로, 피해자가 권리행사를 기대할 수 있
는 상당한 기간 내에 자신의 권리를 행사하였다면 대한민국이 소멸시효 완성을
주장하는 것은 신의성실 원칙에 반하는 권리남용으로 허용될 수 없다는 것이다.
그리고 위 권리행사의 '상당한 기간'은 특별한 사정이 없는 한 민법상 시효정지

의 경우에 준하여 단기간으로 제한되어야 하고, 특별한 사정이 있는 경우에도 단
기소멸시효기간인 3년을 넘을 수는 없다는 것이다. 이러한 판시는 그 후의 판례
에 의하여도 계속 유지되고 있다.[37]

다른 한편 위 전원합의체 판결은, 과거사정리법의 적용대상이 되는데도 불
구하고 그에 근거한 진실규명신청조차 없었던 경우에는 국가가 소멸시효를 주장
하더라도 이는 특별한 사정이 없는 한 권리남용에 해당하지 않는다고 하였다. 그
러나 대법원 2013. 7. 25. 선고 2013다16602 판결은, 진실규명신청은 없었으나 과
거사정리위원회가 직권으로 진실규명결정을 한 경우에도 진실규명신청에 의하여
진실규명결정이 이루어진 경우와 달리 취급할 이유가 없다고 하였다.[38]

그리고 대법원 2013. 12. 12. 선고 2013다210220 판결은, 과거사정리위원회
의 진실규명결정일로부터 소 제기가 3년이 넘은 경우에는 대한민국의 소멸시효
항변이 신의성실 원칙에 반하는 권리남용에 해당된다고 볼 수 없다고 하면서, 위
진실규명결정이 진실규명신청인에게 통지된 날로부터 따지면 3년이 넘지 않은
경우에도 마찬가지라고 하였다.[39]

나. 한센인사건법에 의한 피해자결정과 소멸시효

한센인사건법은 한센인피해사건 진상규명위원회를 설치하도록 규정하면서,
그 진상규명 대상의 하나로 한센인입소자가 1945년 8월 16일부터 1963년 2월 8
일까지 수용시설에 격리 수용되어 폭행, 부당한 감금 또는 본인의 동의 없이 단
종수술을 당한 사건을 들고 있다.

대법원 2017. 2. 15. 선고 2014다230535 판결은 위 진상규명위원회가 한센
인으로서 단종수술을 받은 피해자를 결정한 사건에 관하여 대체로 위 대법원
2013. 5. 16. 선고 2012다202819 전원합의체 판결과 같은 취지로 판시하였다. 이
사건 원고들은 모두 한센병을 앓은 적이 있는 사람들로서, 피고 대한민국 산하
병원 등에 입원해 있다가 1950년경부터 1978년경까지 사이에 피고 산하 병원 등
에 소속된 의사나 간호사 또는 의료보조원 등으로부터 정관절제수술 또는 임신

---

37) 대법원 2013. 7. 11. 선고 2012다204747 판결; 2013. 7. 25. 선고 2013다16602 판결; 2014. 5.
29. 선고 2013다217467, 217474 판결 등.
38) 이영창, "과거사 사건의 소멸시효의 특수문제―직권에 의한 진실규명결정, 상당한 기간의 기산
점", 대법원판례해설 제97호, 2014, 183면 이하가 이 판결에 대한 대법원 재판연구관의 해설이다.
39) 이미 위 대법원 2013. 5. 16. 선고 2012다202819 전원합의체 판결과 대법원 2013. 7. 25. 선고
2013다16602 판결이 상당한 기간의 기산점을 진실규명결정일이라고 하였다.

중절수술을 받았다. 원고들이 대한민국을 상대로 제기한 국가배상청구소송에서 대법원은, 국가가 한센인들을 상대로 정관절제수술이나 임신중절수술을 시행한 것은 위법한 공권력의 행사로서 민사상 불법행위가 성립한다고 보았다.

그리고 피고의 소멸시효 항변에 관하여는 대체로 대법원 2013. 5. 16. 선고 2012다202819 전원합의체 판결을 인용하면서 그와 같은 취지로 판시하였다. 구체적으로는 한센인피해사건법에 따라 2010. 6. 24.부터 2012. 6. 27.까지 사이에 원고들에 대한 피해자 결정이 이루어졌는데, 원고들에 대한 피해자 결정이 이루어지기 전인 2009. 8. 6. 이미 한센인피해사건법에 보상금 지급규정 등을 포함시키는 내용의 개정 법률안이 발의되어 국회에 계류되어 있다가 제18대 국회 임기 만료로 폐기되었고, 위 법률에 따라 설치된 한센인피해사건 진상규명위원회도 2013년경에 발행한 보고서에서 한센인피해사건법의 개정 등을 통한 한센인피해사건 피해자들에 대한 실질적인 보상을 촉구한 사실 등을 인정한 다음, 원고들에게는 그 결정 시까지 객관적으로 권리를 행사할 수 없는 장애사유가 있었고, 나아가 원고들이 피고의 입법적 조치를 통한 피해보상 등을 기대하였으나 피고가 아무런 적극적 조치를 취하지 아니하자 비로소 피고를 상대로 개별적으로 손해배상청구 소송을 제기하기에 이른 것으로 보이는 특수한 사정이 있으므로, 한센인피해사건 피해자 결정일로부터 3년이 경과하기 전에 이 사건 소를 제기한 원고들은 피고의 소멸시효 항변을 배제할 만한 상당한 기간 내에 권리행사를 한 것으로 보는 것이 타당하다고 한 원심판결이 정당하다고 하였다.[40]

다. 군의문사 진상규명위원회의 진상규명결정과 소멸시효

군의문사 진상규명 등에 관한 특별법은, 군인으로서 복무하는 중 사망한 사람의 사망원인이 명확하지 아니하다고 의심할 만한 상당한 사유가 있는 사고 또는 사건(군의문사) 중에서 1993년 2월 25일부터 이 법 시행일 전일까지의 기간에 발생한 것과 그 전에 발생한 사고 또는 사건으로서 군의문사진상규명위원회에서

---

40) 대법원 2017. 3. 30. 선고 2016다267920 판결; 2017. 5. 31. 선고 2017다202166 판결도 같은 취지이다. 다만 위 판결들의 원심판결이, 정관절제수술과 임신중절수술을 받은 피해자를 구별하지 아니하고 갑 등에 대한 위자료를 일률적으로 2,000만 원으로 정한 것은 잘못이고, 임신중절수술을 받은 피해자에 대하여는 더 많은 위자료를 인정하여야 한다고 보아 원심판결 일부를 파기하였다. 위 판결들은 위 대법원 2017. 2. 15. 선고 2014다230535 판결에서 피고의 상고가 기각됨으로써 한센인피해사건의 위자료를 임신중절수술 피해자는 4,000만 원, 정관절제수술 피해자는 3,000만 원으로 정한 원심판결이 확정되었는데, 이 사건에서 위자료 액수를 그 사건과 달리할 만한 특별한 사정을 찾아보기 어렵다고도 하였다.

그 진상규명이 필요하다고 결정하여 조사대상으로 선정한 것에 관하여 위 위원회가 진상조사를 하여 결정하도록 규정하였다.

그런데 대법원 2013. 9. 26. 선고 2013다206429 판결은 군의문사 진상규명위원회가 진상규명결정을 한 경우에 관하여 과거사정리위원회의 결정이 있은 경우와는 다른 태도를 보이고 있다. 이 판결은, 군의문사 진상규명위원회가 2009. 8. 21. 사병의 사망 원인이 선임병들의 지속적인 가혹행위와 부대 지휘관들의 관리소홀 등의 불법행위로 인해 발생하였다는 진상규명결정을 하였고, 그 상속인인 원고들이 2012. 1. 10. 소송을 제기한 경우에, 원고들로서는 그 사망원인을 이 사건 진상규명결정이 내려짐으로써 비로소 알았거나 알 수 있었으므로, 이를 통지받을 때까지 피고를 상대로 손해배상청구를 할 수 없는 객관적 장애가 있었다고 하면서도, 원고들의 권리행사가 지연될 수밖에 없었던 특별한 사정이 있었는지 여부 등을 심리하여 원고들이 피고의 소멸시효 항변을 저지하면서 손해배상청구권을 행사할 수 있는 상당한 기간을 민법상 시효정지의 경우에 준하여 단기간으로 제한하여야 할 것인지 아니면 그 최장 기간인 3년의 범위에서 연장할 수 있을 것인지를 판단하여야 한다고 판시하였다.[41] 이 사건 원심은 원고들이 진상규명결정일로부터 3년의 단기소멸시효기간 이내인 2012. 1. 10. 소를 제기하였으므로, 피고의 소멸시효 항변권 행사는 신의성실의 원칙에 반하여 허용될 수 없다고 판단하였다. 그러나 대법원은 위와 같은 이유로 원심판결을 파기환송한 것이다.

그러나 위 대법원 2013. 5. 16. 선고 2012다202819 전원합의체 판결에 따른다면 위와 같은 사유는 손해배상청구를 할 수 없는 객관적 장애에는 해당하지 않을 것인데도 위 2013다206429 판결은 그와 같이 보았다. 그리고 과거사정리위원회의 진실규명결정이 있으면 그 날부터 3년 내에 소를 제기하면 되는 반면, 군의문사 진상규명위원회가 진상규명결정을 한 때에는 그보다 짧은 기간 내에 소송을 제기하여야 한다는 것이 된다. 그렇지만 근거법률이 다르다고 하여 이와 같이 다른 결과가 되는 것이 합리적인지는 의문이다.[42][43]

---

41) 대법원 2013. 12. 26. 선고 2013다212646 판결도 거의 비슷한 사실관계에 관하여 같은 취지로 판시하였다.

42) 군의문사 진상규명위원회의 설치 근거였던 군의문사 진상규명 등에 관한 특별법 제29조는 위원회는 진정을 조사한 결과 명예회복 및 보상 등이 필요하다고 인정하는 경우에는 국방부장관에게 그에 필요한 조치를 요청하여야 한다고 규정하고 있었다.

43) 과거사진상조사위원회에 의한 진실규명과 군의문사 진상규명위원회에 의한 진상규명은 중복될 수 있다. 그리하여 군의문사 진상규명 등에 관한 특별법 제2조는 과거사위원회가 조사개시결정을 한 사건은 진상규명의 대상에서 제외하였다.

한편 대법원 2015. 9. 10. 선고 2013다73957 판결은, 의문사진상규명에관한 특별법(2000. 1. 15. 법률 제6170호)에 의하여 설치된 의문사진상규명위원회가 결정을 한 사건에 관하여 위 판례들과는 다른 취지로 선고하였다. 이 사건에서는 1984. 4. 2. 군 부대에서 군인이 의문사를 하였는데, 당시에는 그가 자살한 것으로 발표되었으나, 의문사진상규명위원회는 2004. 6. 28. 그가 타살되었다는 조사결과를 발표하였고, 사망자의 유족들인 원고들은 2007. 4. 16. 대한민국을 상대로 국가배상청구의 소를 제기하였다. 대법원은, 헌병대가 필요한 조치를 취하였다면 이 사건 사고에 관한 실체적 진실을 파악할 수 있었음에도 그 직무상 의무 위반행위로 인하여 현재까지도 소외 1의 사망이 타살에 의한 것인지 또는 자살에 의한 것인지 명확한 결론을 내릴 수 없게 되었다고 하여 국가배상책임을 인정하였다. 그리고 대한민국의 소멸시효 완성 주장에 대하여는 2004. 6. 28. 의문사위의 최종 조사결과가 발표될 때까지 위 원고들에게는 권리의 행사를 기대할 수 없는 객관적인 장애사유가 있었고, 권리행사의 '상당한 기간'은 특별한 사정이 없는 한 민법상 시효정지의 경우에 준하여 단기간으로 제한되어야 하고, 특히 불법행위로 인한 손해배상청구 사건에서는 매우 특수한 개별 사정이 있어 그 기간을 연장하여 인정하는 것이 부득이한 경우에도 민법 제766조 제1항이 규정한 단기소멸시효기간인 3년을 넘어서는 아니 된다고 판시하여 피고의 소멸시효 완성 주장을 받아들이지 않았다.

3. 유죄판결형에 관한 판례

대법원은 유죄판결형에 대하여는 이는 앞에서 살펴본 제2유형, 즉 객관적으로 채권자가 권리를 행사할 수 없는 장애사유가 있었던 경우에 해당한다고 보아 대한민국의 소멸시효 주장이 신의칙에 어긋난다고 보고 있다.

우선 대법원 2011. 1. 13. 선고 2009다103950 판결의 사실관계는 다음과 같다. 즉 경찰 수사관들은 1975. 2. 13. 원고를 강제 연행한 후 약 1개월간 불법 구금한 채 고문 등 가혹행위를 하여 원고가 간첩방조 등의 행위를 하였다는 허위자백을 받고 그에 따라 원고가 구속 기소되어 징역 8년을 선고받고, 위 판결이 확정되어 1983. 3. 22. 만기출소하였다. 그 후 과거사정리위원회는 원고의 진실규명 신청에 대하여 2008. 3. 11. "위 사건에서 원고에 대하여 불법구금 및 가혹행

위가 이루어진 개연성이 인정되므로 피고는 원고의 피해와 명예회복에 필요한
조치를 취하여야 한다"는 진실규명결정을 내렸다. 원고는 2008. 4. 23. 대한민국
을 상대로 손해배상청구를 하고, 아울러 2008. 9. 22. 위 확정판결에 대하여 재심
을 청구하였다. 법원은 2009. 1. 21. 위 재심사건에서 원고에 대한 검찰피의자신
문조서는 원고가 경찰 수사관들의 불법구금과 가혹행위로 인하여 임의성이 없는
심리상태가 지속된 상태에서 작성되었다고 보여 그 진술의 임의성이 없으므로
증거능력이 없고 참고인들의 진술을 비롯한 다른 증거들도 증거능력이 없다는
이유로 원고 1에 대한 무죄 판결을 선고하였고, 위 판결은 2009. 1. 29. 확정되었
다. 위 사건의 원심과 대법원은, 피고 대한민국의 소멸시효 항변에 대하여, 과거
사정리위원회의 진실규명결정이 내려진 2008. 3. 18.까지의 기간 동안에는 원고
들에게 손해배상청구를 할 수 없는 '객관적 장애'가 있었고, 채권자보호의 필요
성이 크고, 채무이행의 거절을 인정함이 현저히 부당하게 되는 등의 특별한 사정
이 있는 경우에 해당한다고 하여 위 항변을 배척하였다.

　　위 사건에서는 피해자가 진실규명결정이 있은 후 재심을 신청하기 전에 손
해배상청구 소송을 제기한 경우였는데, 대법원 2011. 1. 13. 선고 2010다53419 판
결은 불법구금 및 고문 등에 의한 허위자백으로 인하여 유죄판결을 받은 자가
진실규명결정을 받고 그에 기하여 재심에서 무죄판결을 받은 후 손해배상을 청
구한 사건에서 다음과 같이 판결하였다. 즉 재심판결이 확정되기 전까지는 원고
1이 피고에 대하여 손해배상청구권을 행사할 수 없는 객관적인 장애사유가 있었
고, 위와 같은 피해를 당한 원고 1을 보호할 필요성은 큰 반면, 피고의 손해배상
채무 이행 거절을 소멸시효 제도를 들어 인정하는 것은 현저히 부당한 결과를
초래하게 되는 것이므로, 피고의 소멸시효 완성 항변은 신의성실의 원칙에 반하
는 권리남용으로서 허용될 수 없다고 하였다. 이 후의 판례44)도 같은 취지이다.

　　그런데 대법원 2013. 12. 12. 선고 2013다201844 판결은 이 점에 관하여 다
음과 같은 새로운 판시를 하였다.

　　"국가기관이 수사과정에서 한 위법행위 등으로 수집한 증거 등에 기초하여
공소가 제기되고 유죄의 확정판결까지 받았으나 재심사유의 존재 사실이 뒤늦게
밝혀짐에 따라 재심절차에서 무죄판결이 확정된 후 국가기관의 위법행위 등을
원인으로 국가를 상대로 손해배상을 청구하는 경우, 재심절차에서 무죄판결이

---

44) 대법원 2011. 1. 27. 선고 2010다6680 판결; 대법원 2013. 3. 28. 선고 2010다108494 판결 등.

확정될 때까지는 채권자가 손해배상청구를 할 것을 기대할 수 없는 사실상의 장애사유가 있었다고 볼 것이다. 따라서 이러한 경우 채무자인 국가의 소멸시효 완성의 항변은 신의성실의 원칙에 반하는 권리남용으로 허용될 수 없다. 다만 채권자는 특별한 사정이 없는 한 그러한 장애가 해소된 재심무죄판결 확정일로부터 민법상 시효정지의 경우에 준하는 6개월의 기간 내에 권리를 행사하여야 한다.

이때 그 기간 내에 권리행사가 있었는지는 원칙적으로 손해배상을 청구하는 소를 제기하였는지 여부를 기준으로 판단할 것이다. (중략)

따라서 채권자가 재심무죄판결 확정일로부터 6개월 내에 손해배상청구의 소를 제기하지는 아니하였더라도 그 기간 내에 형사보상법에 따른 형사보상청구를 한 경우에는 소멸시효의 항변을 저지할 수 있는 권리행사의 '상당한 기간'은 이를 연장할 특수한 사정이 있다고 할 것이고, 그때는 형사보상결정 확정일로부터 6개월 내에 손해배상청구의 소를 제기하면 상당한 기간 내에 권리를 행사한 것으로 볼 수 있다. 다만 이 경우에도 그 기간은 권리행사의 사실상의 장애사유가 객관적으로 소멸된 재심무죄판결 확정일로부터 3년을 넘을 수는 없다고 보아야 한다."

이 사건에서 원고는 1983. 7. 19. 보안부대 소속 수사관들에게 국가보안법 위반 등의 혐의로 연행되어 약 38일간 불법구금된 상태에서 고문 등의 가혹행위를 받아 피의사실을 자백하였다. 그리하여 원고는 징역 12년과 자격정지 12년의 형을 선고받았으며, 위 유죄판결이 확정되어 복역하다가 1991. 5. 25. 가석방되었다. 그 후 과거사정리위원회는 2009. 1. 19. 원고에 대한 형사사건은 민간인에 대한 수사권이 없는 보안부대에서 원고를 불법연행하고 불법구금, 고문 등 가혹행위를 저지름으로써 허위자백을 받아 처벌한 사건이라는 취지의 진실규명결정을 하였다. 원고는 위 유죄의 확정판결에 대하여 재심을 청구하여, 법원은 2010. 2. 9. 재심판결로써 원고에 대하여 일부 무죄를 선고하였으며, 이 판결은 2011. 1. 27. 확정되었다. 원고는 위 재심판결 확정일로부터 6개월 내인 2011. 2. 15. 형사보상청구를 하여, 2011. 12. 13. 형사보상결정을 받았고, 2011. 12. 19. 형사보상결정이 확정되었고, 원고는 형사보상결정 확정일로부터 6개월 내인 2012. 2. 1.에 이 사건 손해배상청구 소송을 제기하였으므로, 결국 피고의 소멸시효 항변은 배척되었다.

이 후의 판례는 원고가 형사보상을 받은 경우에는 손해배상청구 소송을 제기한 날짜가 형사보상결정 확정일로부터 6월 내인가에 따라, 형사보상을 받지 않은 경우에는 재심판결 확정일로부터 6월 내인가에 따라 소멸시효 항변의 인용 여부를 달리하고 있다.[45] 예컨대 대법원 2014. 1. 16. 선고 2013다209213 판결에서는 재심절차에서 그 사건 원고들에 대한 재심면소판결이 2009. 10. 2., 2009. 12. 18., 2010. 9. 10., 2010. 8. 28., 각각 별도로 확정되었는데, 원고들은 위 각 재심판결의 확정일로부터 약 1년 11개월 내지 2년 10개월 지난 2012. 8. 8.에 국가를 상대로 손해배상청구를 제기하였다. 원고들이 따로 형사보상청구를 하였거나 형사보상결정 확정일로부터 6개월 내에 소를 제기하지는 않았던 것으로 보인다. 대법원은 위 대법원 2013. 12. 12. 선고 2013다201844 판결을 인용하면서, 원고들은 특별한 사정이 없이 위 각 재심판결 확정일로부터 6개월이 지나 이 사건 소를 제기함으로써 소멸시효의 항변을 저지할 수 없게 되었다고 하였다.

또한 대법원 2014. 1. 29. 선고 2013다209916 판결에서는 국가의 소멸시효 항변이 일부 원고들에 대하여는 받아들여졌다. 이 사건에서는 여러 원고들에 대한 재심무죄판결은 2010. 10. 28. 확정되었고, 원고들은 2010. 11. 3. 형사보상청구를 하였으며, 그에 따른 형사보상결정은 2011. 8. 8. 내려졌다. 그런데 위 형사보상결정이 한 원고에 대하여는 2011. 8. 18.에, 다른 원고 2명에 대하여는 2011. 8. 19.에, 또 다른 원고에 2011. 9. 28.에 각 확정되었으며, 원고들은 2012. 3. 13.에 이르러 국가를 상대로 손해배상청구소송을 제기하였다. 대법원은 형사보상결정이 2011. 9. 28. 확정된 원고에 대하여는 국가의 소멸시효 항변이 신의성실의 원칙에 반한다고 하였으나, 나머지 원고들에 대하여는 소의 제기가 형사보상결정 확정일부터 6개월이 경과하였다는 이유로 국가의 소멸시효 항변을 받아들였다.

4. 학설상의 논의

위와 같은 판례에 대하여는 판례를 지지하는 견해도 있으나, 반대로 이러한 경우에 소멸시효 남용론을 적용하는 것 자체를 반대하는 견해도 있다. 그리고 판례가 소멸시효 남용론을 적용하는 것은 긍정하면서도, 판례의 이론 구성이나 결론에는 반대하는 견해가 많이 있다. 다른 한편 소멸시효 남용론에 의하지 않고서도 소멸시효의 적용을 배제하려는 견해도 있다.

---

45) 윤진수(주 34), 840면의 표 참조.

가. 판례를 지지하는 견해

사실행위형에 관한 위 대법원 2013. 5. 16. 선고 2012다202819 전원합의체 판결에 대한 재판연구관의 판례해설은 소멸시효 남용에 관한 제2유형의 적용범위를 좁게 보아야 한다는 취지로 주장하면서, 그 이유를 다음과 같이 설명하고 있다. 즉 판례(대법원 2002. 3. 15. 선고 2000다13856 판결)는 법률관계의 한쪽 당사자가 상대방에게 신의를 공여하였거나 객관적으로 보아 상대방이 신의를 가짐이 정당한 상태에 있음에도, 이러한 상대방의 신의에 반하여 권리를 행사하는 것이 정의관념에 비추어 용인될 수 없는 정도의 상태에 이른 경우에는, 신의성실의 원칙 위배를 이유로 그 일방의 권리행사를 부정할 수 있다고 보고 있고, 따라서 채무자의 기여가 전혀 없음에도, 채무자의 언행 또는 태도와 무관한 사정만을 근거로 채무자의 소멸시효 항변을 항변권남용이라고 배척하는 것은 원칙적으로 허용되지 않는다는 것이다.[46)]

또한 위 전원합의체 판결을 지지하는 평석에서는, 채권자의 권리행사가 객관적으로 불가능하다면 '권리를 행사할 수 있는 때'를 시효의 기산점으로 규정한 민법 제166조 제1항의 반대해석상 애당초 소멸시효 자체가 진행되지 않는다는 주장이 있음[47)]을 언급하면서, 위 유형 자체의 개념이 모호하고, 그 개념을 구체적으로 풀어 설명한 내용 역시 너무 모호하므로, 이 원칙은 종래 대법원이 취해 온 입장처럼 '엄격하고, 매우 신중하게' 적용 되는 것이 바람직하고, '소송을 제기할 것을 기대하기 어렵게 된 것이 채무자측에 의하여 유발된 것'의 경우에는 소멸시효의 남용에 관한 제3유형에 포섭이 가능하다고 주장한다.[48)]

다른 한편 유죄판결형에 관한 위 대법원 2013. 12. 12. 선고 2013다201844 판결에 대한 재판연구관의 판례해설은, 재심무죄판결이 있을 때까지는 소를 제기할 수 없는 객관적 장애사유가 있는 것으로 인정할 수 있다는 점에서는 제2유형에 해당하는 것으로 볼 수 있다고 하면서, 권리 행사의 상당한 기간에 관하여

---

46) 이영창, "대법원 과거사 사건의 사실확정 및 소멸시효 문제", 대법원판례해설 제95호, 2013, 443면 이하. 이 글 456면 이하는 과거사 사건에서 제2유형에 해당할 수 있는 것으로는 피고 국가가 불법행위를 한 후 사건을 고의적으로 은폐하거나 왜곡한 경우와, 수사기관이 행한 불법체포 및 고문 등 가혹행위와 증거조작에 의해 원고에 대하여 잘못된 유죄판결(오판)이 확정되어 형이 집행된 경우를 들고 있다.

47) 권영준(주 31), 24면 이하.

48) 한삼인·차영민, "국가의 소멸시효항변과 신의성실의 원칙", 경북대학교 법학논고 제43집, 2013, 149면 이하.

는, 제3유형에 관하여 위 2012다202819 전원합의체 판결에서 채권자의 권리행사기간에 제한을 둔 이상, 다른 유형의 사유들에도 권리행사기간 제한의 법리를 적용하여야 하고, 제1, 2, 4유형에는 위 법리가 적용되지 않는다고 할 합리적인 근거가 없다고 한다.[49]

나. 소멸시효 남용론의 적용을 부정하는 견해

이 견해는 주요 국가들의 판례나 입법추세에 비추어 보면, 소멸시효 완성 후의 채권자에 대한 신뢰부여를 이유로 권리남용을 비교적 폭넓게 인정하고 있는 우리나라 법원의 태도는 다소 역행적으로 보인다고 하면서, 과거사정리법은 국가가 피해자의 피해 및 명예회복을 위해 노력하고 국민 화해와 통합조치를 취하여야 한다는 책무를 선언한 것이지, 개별 구체적인 손해배상 사건에서 소멸시효 항변을 원용하지 않을 것 같은 태도를 보인 것으로 볼 수 없다고 하여 대법원 판례를 비판한다.[50][51]

다. 소멸시효 남용론을 전제로 하여 판례를 비판하는 견해

이러한 견해가 판례를 비판하는 이유는 주로 두 가지이다. 첫째, 사실행위형에 관하여 이를 제2유형으로 보다가 제3유형으로 바꾼 것은 타당하지 않다. 둘

---

49) 김상훈, "재심절차에서 무죄 확정판결을 받은 자의 손해배상 청구에 대한 소멸시효 항변의 허용 여부", 대법원판례해설 제97호, 2014, 24면 이하.

50) 최창호 · 류진 · 전성환, "과거사 사건에 있어 법원의 소멸시효 남용론에 대한 비판적 고찰", 법조 2013. 11, 46면 이하, 특히 77면 이하. 또한 이소영, "과거사 사건의 소멸시효에 관한 연구", 서울대학교 법학석사 학위논문, 2015, 72면 이하 참조.

51) 이와 관련하여 흥미로운 것이 양창수(주 33), 146면 이하의 진술이다. 양창수 전 대법관은 과거사 문제에 관한 대법원 판례가 나올 때 대법관으로 재직하였는데, 이 문제에 관하여 다음과 같이 서술하였다. 즉 대법원은 과거사 청산에 관한 일정한 사안유형에서 시효 소멸을 주장하는 것이 신의칙상 허용되지 않는다고 판단하고, 상당한 수의 사건에서 그 청구를 인용하는 것으로 귀착되었는데, 본인은 이 부분 판단에 대하여는 마음이 평온하지 못하다고 하면서, 소멸시효는 막연한 '일반 국민의 정의관념'을 들어 그 합리성이 의심될 수 있을 만큼 허술한 제도가 아니고, 법이 정하는 소멸시효 완성의 요건이 모두 충족되었음에도 그로 인한 채권 소멸의 주장을 신의칙에 기하여 배제하는 것을 인정하는 것은 매우 신중하게 이루어지지 않으면 안 된다고 하였다. 그리고 시효소멸 항변이 신의칙에 반하는가 하는 점 일반에 대하여 위와 같이 매우 소극적으로 생각하면서 당신은 어떻게 해서 과거사민사사건에서 그 점을 긍정하는 판단을 적지 않게 내렸느냐고 하는 물음에 대하여는, 국가 내지 정부가 과거사정리법에서 정하여진 자신의 책임에 관하여 전적으로 손을 놓고 있었다는 점을 무겁게 고려하였다는 것만은 밝혀도 좋다고 하면서, 과거사민사사건에서 시효소멸 항변을 신의칙을 내세워 상당한 범위에서 배척한 것은 그것이 과거사민사사건인 한에서만, 또한 그것도 일정한 사안유형에서 일정한 기간 안에 제기된 소송에서만 예외적으로 인정된다고 보아도 좋을 것이라고 하였다.

째, 권리를 행사하여야 하는 상당한 기간을 시효정지에 준하여 6개월로 볼 근거
가 없다.

첫째의 점에 관하여는, 판례가 과거사정리위원회의 진실규명결정이 있으면
국가가 소멸시효의 완성을 들어 권리소멸을 주장하지는 않을 것이라는 신뢰를
가질만한 특별한 사정이 있다고 인정했으나, 이는 사실이 아닌 가정 내지 상상에
기반한 것으로 실체적 진실과 부합하지 않고, 대한민국은 과거사 사건과 관련하
여 한 번도 시효완성 항변을 하지 않을 것이라는 신뢰를 피해자 및 유족에게 부
여한 바 없으며, 피해자나 유족 역시 대한민국이 손해배상소송에서 시효완성 항
변을 하지 않을 것이라고 신뢰한 적이 없고, 이를 기대한 적도 없었다고 보는 것
이 사실에 부합한다고 한다. 그리하여 대법원이 대법원 2012다202819 전원합의
체 판결 이전의 입장으로 돌아가 국가의 소멸시효 완성 주장이 신의칙에 반하는
특별한 사정에 해당하는 4개 유형 중 원칙적으로 '제2유형'과 '제4유형'을 폭넓
게 인정할 필요가 있다고 주장한다.[52]

둘째의 점에 대하여는 많은 비판이 있다. 즉 권리 행사의 상당한 기간을 소
멸시효 정지에 준하여 6개월이라고 볼 근거가 없고, 신의칙에 의한 소멸시효 항
변 배척 사유와 시효정지사유와의 차이점을 간과했다는 것이다. 민법상 시효정
지사유들은 법정대리인의 부재, 의무자와의 신분관계, 권리의 특성, 천재 기타 사
변으로 채권자의 권리 행사가 곤란하거나 불가능한 사정이 야기된 데에 채무자
나 채권자 양측 모두에게 책임이 있다고 보기 어려운 경우임에 반하여, 소멸시효
항변의 신의칙에 따른 허용 한계에 속하는 4개 사유는 모두 일정 정도 채무자에
게 책임이 있는 경우이므로, 그 성격이 달라 시효정지기간을 그대로 채권자의 권
리행사의 '상당한 기간'에 준용하는 것은 적절하지 않다는 것이다.[53] 이러한 비
판론은 대체로 권리 행사의 상당한 기간을 원래의 권리의 행사기간, 즉 불법행위

---

52) 홍관표, "과거사 사건의 소멸시효와 신의성실의 원칙 문제", 법조 2016. 2, 149-151면, 158면 등.
   최광준, "인권침해에 대한 국가의 책임, 소멸시효완성의 항변과 신의칙", 경희법학 제51권 2호,
   2016, 354면 이하는 인권피해자들은 과거사정리위원회에서 밝혀진 진실에 대해서는 피고인 국
   가가 소멸시효를 이유로 항변하지 않을 것이라고 신뢰하지는 않았다고 하면서도, 위 전원합의
   체 판결은 모순행위금지(금반언)의 원칙을 적용한 것으로 이해할 수 있다고 한다.
53) 홍관표(주 52), 154-155면. 같은 취지, 김상훈, "과거사 국가배상사건에서 국가의 소멸시효 항변
   제한법리", 민사법연구 제22집, 2014, 57-58면; 김희송·차혜민, "소멸시효남용에의 시효정지규
   정 유추의 타당성과 소멸시효남용의 유형별 고찰", 서울대 법학평론 제5권, 2015, 338면 이하,
   특히 348면 이하; 박보영, "과거사 사건에서 소멸시효의 적용", 저스티스 제173호, 2019,
   471-472면; 박준용, "진실·화해를 위한 과거사정리 기본법에 따른 진실규명결정과 국가배상소
   송", 판례연구 제25집, 부산판례연구회, 2014, 381면; 최광준(주 52), 361면 이하 등.

로 인한 손해배상청구권에 대한 단기소멸시효(민법 제766조 제1항)와 같은 3년의
기간 내에 행사하면 된다고 본다.

　　이외에 사실행위형의 경우에 판례가 진실규명결정이 있은 후 권리를 행사하
여야 하는 '상당한 기간'의 기산점을 당사자가 진실규명결정이 있음을 안 날이
아니라 진실규명결정이 있은 날로 보고 있는 것에 대하여는, 진실규명결정이 있
었다고 하더라도 피해자나 유족이 이를 알지 못한다면 당연히 신뢰가 형성될 여
지가 없고, 피해자나 유족이 진실규명결정 사실을 알게 되었을 때에야 비로소 보
호할만한 어떤 신뢰가 형성되었는지 여부를 살펴볼 수 있게 된다고 하는 비판이
있다.[54]

라. 소멸시효 남용론에 의하지 않고 소멸시효의 적용을 배제하려는 견해

　　이 중 한 가지 견해는 사실행위형과 유죄판결형을 구별한다. 그리하여 유죄
판결형의 경우에는 유죄의 확정판결의 존재는 손해배상청구권의 행사에 대한 사
실상의 장애에 불과한 것이 아니라 법률상의 장애에 해당하고, 따라서 국가에 대
한 손해배상청구권의 소멸시효 기간은 재심에서 무죄판결이 선고되어 확정되기
전까지는 진행하지 않다가, 유죄판결을 파기하고 무죄를 선고한 재심판결이 확
정되어야 비로소 소멸시효 기간이 진행된다고 한다. 반면 사실행위형의 경우에
는 이는 객관적으로 채권자인 원고가 권리를 행사할 수 없는 장애사유가 있은
제2유형에 해당하고, 이 때에는 법률상 장애가 있는 것과 같이 취급하여야 한다
고 주장한다.[55] 이에 대하여는 아래에서 다시 살펴본다.

　　다른 견해는 반인권 국가범죄에 관한 손해배상청구권의 소멸시효는 당사자
상호간의 특수 관계에 비추어 현실적인 행사를 기대할 수 없어, 단지 관념적이고
부동적인 상태에서 잠재적으로만 존재하고 있었다가 국가기관인 진실화해위원회
를 통해 공식적으로 국가의 위법한 불법행위였음을 진실규명한 날이 '손해가 현
실화'된 날이고, 그 때부터 소멸시효가 진행한다고 주장한다.[56]

---

54) 홍관표(주 52), 151-152면. 같은 취지, 윤진수(주 34), 834면.
55) 윤진수(주 34), 829면 이하, 843면 이하.
56) 이은경, "반인권 국가범죄에 관한 소멸시효 기산점 연구", 서울대학교 법학전문박사 학위논문,
　　2020, 350면 이하. 이미 김제완(주 25), 68면 이하가 이와 같이 주장하였다.

5. 헌법재판소의 판례

위와 같은 대법원의 판례로 인하여 국가배상을 받지 못하게 된 피해자들은 헌법재판소에 헌법소원을 청구하였다. 이 헌법소원 청구인들도 두 부류로 나누어 볼 수 있다. 그 하나는 사실행위형의 경우에 진실규명결정이 진실규명신청인에게 통지된 날로부터 따지면 3년이 넘지 않았지만, 진실규명 결정일로부터는 소 제기가 3년이 넘어서 국가배상을 받지 못한 사람들이다. 다른 하나는 유죄판결형의 경우에 재심무죄판결 확정일로부터 6개월 또는 형사보상 확정일로부터 6개월 후에 소를 제기한 사람들이다. 위 헌법소원 청구인들은 법원에 민법 제166조 제1항,[57] 제766조 제2항[58] 등에 대한 위헌법률심판제청신청을 하였으나 각하되었다. 이에 청구인들은 헌법재판소법 제68조 제2항에 의한 이 사건 헌법소원심판을 청구하였다.

이 사건에서 헌법재판소 2018. 8. 30. 선고 2014헌바148 등 결정은, 민법 제166조 제1항, 제766조 제2항 중 과거사정리법 제2조 제1항 제3호의 '민간인 집단 희생사건', 제4호의 '중대한 인권침해사건·조작의혹사건'에 적용되는 부분은 국가배상청구권을 침해하여 위헌이라고 하였다. 헌법재판소는 다음과 같이 설시하였다. 즉 과거사정리법 제2조 제1항 제3호 및 제4호에 규정된 사건에 제766조 제1항의 주관적 기산점이 적용되도록 하는 것은 합리적 이유가 있으나, 제166조 제1항, 제766조 제2항의 객관적 기산점이 적용되도록 하는 것은 합리적 이유가 인정되지 아니한다는 것이다. 그 이유는, 국가기관의 조직적 은폐와 조작에 의해 피해자들이 그 가해자나 가해행위, 가해행위와 손해와의 인과관계 등을 정확히 알지 못하는 상태에서 오랜 기간 진실이 감추어져 있었다는 특성이 있는 과거사정리법 제2조 제1항 제3호, 제4호 등에 규정된 사건은 사인간 불법행위 내지 일반적인 국가배상 사건과 근본적으로 다른 사건 유형에 해당되므로 일반적인 소멸시효를 그대로 적용하기에 부적합하다는 것이다.

구체적으로는 위와 같은 사건 유형에서는 소멸시효의 입법취지 중 '오랜 기간 계속된 사실상태를 그대로 유지하는 것이 법적 안정성에 부합한다'라는 것만

---

57) 소멸시효는 권리를 행사할 수 있는 때로부터 진행한다.
58) 제766조(손해배상청구권의 소멸시효) ① 불법행위로 인한 손해배상의 청구권은 피해자나 그 법정대리인이 그 손해 및 가해자를 안 날로부터 3년간 이를 행사하지 아니하면 시효로 인하여 소멸한다. ② 불법행위를 한 날로부터 10년을 경과한 때에도 전항과 같다.

남게 되는데, 이것이 과거사정리법이 정한 위와 같은 사건 유형에서 국가배상청구권 제한을 정당화한다고 보기 어렵다고 한다. 즉 헌법상 기본권 보호의무를 지는 국가가 소속 공무원들의 조직적 관여를 통해 불법적으로 민간인을 집단 희생시키거나 국민에 대한 장기간의 불법구금 및 고문 등에 의한 허위자백으로 유죄판결 등을 하고 사후에도 조작·은폐 등을 통해 피해자 및 유족의 진상규명을 저해하여 오랫동안 국가배상청구권을 행사하기 어려운 상황이었음에도, 그에 대한 소멸시효를 불법행위시점 내지 객관적으로 권리를 행사할 수 있는 시점으로부터 기산함으로써 국가배상청구권이 이미 시효로 소멸되었다고 선언하는 것은 헌법 제10조에 반하는 것으로 도저히 받아들일 수 없고, 국가배상청구권의 시효소멸을 통한 법적 안정성의 요청이 헌법 제10조가 선언한 국가의 기본권 보호의무와 헌법 제29조 제1항이 명시한 국가배상청구권 보장 필요성을 완전히 희생시킬 정도로 중요한 것이라고 보기 어려우며, 과거사정리법 제2조 제1항 제3호, 제4호의 사건 유형과 같은 예외적인 상황에서 국가가 초헌법적인 공권력을 행사함으로써 조직적으로 일으킨 중대한 기본권침해를 구분하지 아니한 채, 사인간 불법행위 내지 일반적인 국가배상 사건에 대한 소멸시효 정당화 논리를 그대로 적용하는 것은 '같은 것은 같게, 다른 것은 다르게' 취급해야 한다는 헌법 제11조의 평등원칙에도 부합하지 아니한다는 것이다. 그리하여 민법 제166조 제1항, 제766조 제2항의 객관적 기산점을 과거사정리법 제2조 제1항 제3호 및 제4호에 규정된 민간인 집단 희생사건, 중대한 인권침해사건·조작의혹사건에 적용하도록 규정하는 것은, 청구인들의 국가배상청구권을 침해하므로 헌법에 위반된다고 하였다.

    그러나 위 결정의 반대의견은, 청구인들의 헌법소원심판청구는 법률조항 자체의 위헌 여부를 다투는 것이 아니라 당해사건 재판의 기초가 되는 사실관계의 인정이나 평가 또는 개별적·구체적 사건에서의 법률조항의 단순한 포섭·적용에 관한 법원의 해석·적용이나 재판결과를 다투는 것에 불과하므로, 재판소원을 금지한 헌법재판소법 제68조 제1항의 취지에 비추어 허용될 수 없다고 하였다.[59]

    위 헌법재판소 결정에 대하여는 이를 지지하는 평석들이 있는 반면,[60] 위 결

---

59) 위 결정의 해설로는 승이도, "민법 제166조 제1항 등 위헌소원 등", 2018년 헌법재판소결정 해설집, 헌법재판소, 2019, 549면 이하가 있다. 또한 승이도, "과거사 사건에 있어 국가배상청구와 소멸시효에 관한 위헌심사 연구", 윤진수교수 정년기념 민법논고(주 1), 169면 이하도 참조.

60) 홍관표(주 52); 박보영(주 53), 460면 이하; 이은경, "반인권 국가범죄에 주관적 소멸시효 기산점 적용에 대한 이해", 저스티스 제170-1호, 2019, 62면 이하 등.

정이 대법원이 기속력을 부인하고 있는 한정위헌결정이라는 주장도 있다.[61] 대법원 2019. 11. 14. 선고 2018다233686 판결; 2020. 4. 9. 선고 2018다238865 판결은 위 결정의 기속력을 인정하면서, 위 위헌결정의 효력이 공무원의 위법한 직무집행으로 입은 손해에 대한 배상을 구하는 소송이 위헌결정 당시까지 법원에 계속되어 있는 경우에도 미치고, 위 손해배상청구권에 대하여 제166조 제1항, 제766조 제2항이나 국가재정법 제96조 제2항에 따른 '객관적 기산점을 기준으로 하는 소멸시효'가 적용되지 않는다고 하였다.

Ⅴ. 소멸시효 남용론의 평가

1. 소멸시효 남용론 일반에 대하여

신의성실의 원칙과 권리남용 제도는 사법뿐만 아니라 전체 법질서에 적용되는 원칙이므로, 소멸시효의 주장도 그것이 신의성실의 원칙에 위배되고 권리남용에 해당할 때에는 허용될 수 없음은 당연하다. 현재 소멸시효의 남용을 반대하는 견해도, 청구권을 행사하는 것이 객관적으로 불가능한 사실상의 장애사유가 있는 경우는 차라리 사실상의 장애사유를 재정립하여, 이를 법률상의 장애 사유에 준하여 해석하여야 한다고 하므로,[62] 사실상 소멸시효의 남용론을 제2유형에 관하여는 받아들이고 있는 것과 마찬가지이다.

문제는 이러한 소멸시효 남용론을 구체적으로 어떤 경우에 적용할 것이며, 그 적용의 결과는 어떻게 되는가 하는 점이다. 여기에 대하여는 판례와 학설이 소멸시효의 남용에 관한 4가지 유형을 인정하고 있으므로, 이에 따라서 검토한다. 물론 소멸시효의 남용이 이 4가지 유형에 한정된다고 단정할 수는 없지만, 현재로서는 이것이 검토의 출발점이 될 수 있다.

제1유형은 채무자가 시효완성 전에 채권자의 권리행사나 시효중단을 불가능 또는 현저히 곤란하게 하거나 그러한 조치가 불필요하다고 믿게 하는 행동을 한 경우이다. 종래의 판례 가운데 상당수가 이에 해당한다. 이 경우에 소멸시효의 남용을 인정하는 것에 대하여는 학설상으로도 큰 이견이 없는 것으로 보인다. 참

---

61) 양창수(주 33), 166-167면은, 이 결정은 한정위헌 판단의 우회적 관철에 불과하고 부당하므로, 그에 도저히 찬성할 수 없다고 한다.
62) 위 주 30) 참조.

고로 독일 민법은 2002년에 제203조를 개정하여, 채무자와 채권자 사이에 청구권 또는 청구권을 발생시키는 사정에 대한 교섭이 진행중인 때에는 소멸시효는 일방 또는 다른 일방이 교섭의 계속을 거절할 때까지 정지된다(gehemmt)고 규정한다.[63] 여기서의 정지는 정지된 기간은 소멸시효기간에 산입되지 않는다는 의미이다(독일 민법 제209조). 2017년 개정된 일본 민법 제151조도, 권리에 관한 협의를 진행한다는 합의가 서면으로 이루어진 때에는 소멸시효의 완성유예(完成猶豫)의 효력을 인정한다. 이는 소멸시효 남용의 이론을 성문화한 것이라고 볼 수 있다.

제2유형은 객관적으로 채권자인 원고가 권리를 행사할 수 없는 장애사유가 있는 경우이다. 소멸시효의 남용을 인정한 종래 판례의 상당수가 이에 해당하고, 대법원도 2013. 5. 6. 선고 2012다202819 전원합의체 판결 전까지는 과거사에 관한 사실행위형의 경우를 제2유형에 속하는 것으로 보았다.

그런데 앞에서 본 것처럼 이에 대하여는 신중하여야 한다는 비판이 있다. 즉 권리자에게 권리 행사에 충분한 기간이 부여되었고 그 권리를 소멸시효기간 내에 행사하지 못한 데 대하여 의무자측이 아무런 기여를 한 바 없는데도 시효완성 주장을 배척하는 데에는 보다 신중하여야 하고, 또 사실상의 장애를 이유로 소멸시효의 남용을 인정하는 것은 권리 행사에 법률상의 장애사유가 없는 경우에는 소멸시효의 진행을 인정하는 것과는 평가모순이므로, 권리자가 권리를 행사하지 못한 데 대하여 의무자측의 귀책사유가 없는 매우 예외적이고 특수한 사정 아래에서만 시효완성 주장이 권리남용에 해당한다는 것이다.[64]

이러한 신중론에도 경청할 점이 있다. 특히 이러한 유형을 넓게 인정하면 종래 소멸시효는 법률상 장애가 있어야만 진행하지 않고, 사실상 장애가 있다는 것만으로는 진행에 장애가 되지 않는다는 것과는 조화되지 않을 우려가 있다. 그러나 다른 한편으로는 소멸시효에 관한 법률상 장애/사실상 장애의 구분도 법률상 명문의 규정이 있는 것이 아닐 뿐만 아니라, 그러한 구별에 절대적인 의미를 부여할 이유는 없다. 이 점은 사실상 장애에 불과한데도 이를 법률상 장애와 같이 취급하여 소멸시효가 진행하지 않는다고 본 판례[65]가 있다는 점에 비추어 보아

---

63) 이는 원래 불법행위로 인한 손해배상청구권의 소멸시효에 관하여 독일 민법 제852조 제2항이 규정하고 있던 것인데, 2002년 개정 당시에 소멸시효 전반에 관하여 적용되도록 하였다.

64) 주 32) 및 그 본문 참조. 또한 대법원 2010. 5. 27. 선고 2009다44327 판결도 참조.

65) 보험금청구권의 소멸시효에 관하여 보험사고의 발생을 권리자가 알 수 없었던 경우에 대한 대법원 1993. 7. 13. 선고 92다39822 판결; 2001. 4. 27. 선고 2000다31168 판결; 2015. 9. 24. 선고

도 알 수 있다.

그러므로 법률상 장애가 아닌 사실상 장애라고 하여도, 소멸시효의 진행에 관하여 의미를 부여할 필요가 있는 경우가 있을 수 있다. 그리고 이는 소멸시효의 남용보다는 가령 소멸시효의 정지와 같은 규정을 유추 적용함으로써 해결될 수도 있다. 우선 심신상실의 상태에 있는 사람의 보험금 청구권에 관하여 소멸시효의 남용을 인정한 대법원 2010.5.27. 선고 2009다44327 판결의 경우에는, 제한능력자에게 법정대리인이 없는 경우의 소멸시효 정지에 관한 민법 제179조를 유추하여, 법정대리인이 취임한 때부터 6개월 내에는 소멸시효가 완성되지 아니한다고 보면 된다. 또한 본사의 대리점에 대한 구입강제로 인한 손해배상청구에 관한 대법원 2017. 12. 5. 선고 2017다252987, 252994 판결의 경우에는, 재산을 관리하는 아버지, 어머니 또는 후견인에 대한 제한능력자의 권리나 부부 중 한쪽이 다른 쪽에 대하여 가지는 권리의 소멸시효 정지에 관한 민법 제180조를 유추하여, 대리점과 본사와의 거래관계가 종료한 때부터 6개월 내에는 소멸시효가 완성되지 아니한다고 보아야 할 것이다.

그러나 사실상의 장애에 관하여 일률적으로 소멸시효의 정지 규정을 유추 적용하여 해결할 수는 없다. 가령 고엽제 사건(대법원 2013. 7. 12. 선고 2006다17539 판결 및 2006다17553 판결)의 경우에는 소멸시효의 정지 규정을 유추하기는 어렵다. 그러므로 이와 같은 경우에는 사실상의 장애라 하여도 법률상의 장애와 마찬가지라고 평가하여, 소멸시효 기간이 진행하지 않은 것으로 보아야 할 것이다. 이 점은 과거사 사건과 관련하여 아래(2. 나.)에서 다시 언급한다.[66]

제3유형은 일단 시효완성 후에 채무자인 국가가 시효를 원용하지 아니할 것

2015다30398 판결 및 법인의 이사회결의가 부존재함에 따라 발생하는 제3자의 부당이득반환 청구권의 소멸시효에 관하여 제3자가 이사회결의가 부존재함을 몰랐던 경우에 대한 대법원 2003. 2. 11. 선고 99다66427, 73371 판결; 2003. 4. 8. 선고 2002다64957, 64964 판결 등. 자세한 것은 권영준(주 31), 15면 이하 참조.

[66] 미국에서는 이와 같은 월남전 참전 군인들이 제기한 고엽제 관련 집단소송(class action)이 뉴욕 동부지구 연방지방법원(United States District Court, Eastern District of New York)에 제기되었고, 뉴욕 주는 1981년 이를 위한 제소기간법(statute of limitations)이 만들어졌다. 이 법은 1962. 1. 1.부터 1975. 5. 7.까지 사이에 인도차이나에서 군대의 구성원으로서 페녹시 제초제(phenoxy herbicides)로 인하여 인신손해를 입었음을 이유로 하는 손해배상청구소송은, 손해를 발견한 날 또는 합리적인 주의를 기울였더라면 그 손해의 원인을 알았을 날 중 늦은 날로부터 2년 내에 제기할 수 있다고 하였다. 위 집단소송에서는 1984년 화해가 이루어졌고, 이 화해에 대한 와인스타인(Weinstein) 판사의 허가에서는 위 뉴욕주의 법은 뉴욕 주 주민이 아닌 원고들에게도 적용되지만, 군인들의 처들에게는 적용될 수 없다고 하였다. In re "AGENT ORANGE" PRODUCT LIABILITY LITIGATION, 597 F.Supp. 740 (1984), pp. 800 ff.

같은 태도를 보여 권리자인 원고로 하여금 그와 같이 신뢰하게 한 경우이다. 과거의 판례 가운데에는 이러한 사례가 별로 없었으나, 대법원 2013. 5. 6. 선고 2012다202819 전원합의체 판결 이후에는 판례가 과거사 사건 가운데 사실행위형에 관하여 이를 적용하였다. 이 유형은 소멸시효 이익의 포기와 어떤 관계에 있는가가 문제될 수 있다. 그러나 소멸시효 이익의 포기에는 해당하지 않지만, 제3유형에 해당하는 경우가 있을 수 있다. 판례는 채무자가 소멸시효 완성 후에 채무를 승인한 때에는 시효완성의 사실을 알고 그 이익을 포기한 것이라고 추정할 수 있다고 하여 시효이익 포기의 효력을 인정하고 있다.[67] 그렇지만 당사자가 시효완성 후에 채무를 승인한 경우에는 이는 오히려 시효완성의 사실을 모르고 한 것이 통상적이므로, 이러한 판례는 경험칙에 어긋난다. 이러한 경우에는 제3유형에 해당하는 것으로 보아, 채무를 승인한 당사자가 나중에 소멸시효를 원용하는 것은 신의칙에 어긋난다고 보아야 할 것이다.[68]

　　제4유형은 채권자보호의 필요성이 크고 같은 조건의 다른 채권자가 채무의 변제를 수령하는 등의 사정이 있어 채무이행의 거절을 인정함이 현저히 부당하거나 불공평하게 되는 경우이다. 이제까지의 대법원 판례 가운데 제4유형에 해당함을 이유로 소멸시효의 남용을 인정한 사례는 찾아보기 어렵다. 원래 이러한 유형은 일본 하급심 판례[69]를 토대로 하여 일본의 학자가 유형화한 것이다. 그러나 앞으로 이러한 사례가 나타날 가능성을 배제할 수는 없다.

　　한 가지 생각할 수 있는 것은, 예금채권의 소멸시효에 관한 것이다. 과거에

---

67) 대법원 1965. 11. 30. 선고 65다1996 판결; 1967. 2. 7. 선고 66다2173 판결; 1992. 3. 27. 선고 91다44872 판결; 2012. 5. 10. 선고 2011다109500 판결 등. 다만 근래의 대법원 2013. 2. 28. 선고 2011다21556 판결; 2017. 7. 11. 선고 2014다32458 판결은, 시효완성 후 시효이익의 포기가 인정되려면 시효이익을 받는 채무자가 시효의 완성으로 인한 법적인 이익을 받지 않겠다는 효과의사가 필요하기 때문에 시효완성 후 소멸시효 중단사유에 해당하는 채무의 승인이 있었다 하더라도 그것만으로는 곧바로 소멸시효 이익의 포기라는 의사표시가 있었다고 단정할 수 없다고 한다.

68) 민법주해 3/윤진수(주 3), 554-555면; 주석민법 총칙 (3)/이연갑(주 33), 1041-1042면 등 참조.

69) 東京地方裁判所 1981(昭和 56). 9. 28. 판결(下民集 33卷 5∼8号 1128면; LEX/DB27423750). 이 사건에서는 피고 공장에서 작업 중인 크롬 흡입으로 인해 장애가 발생한 원고들(242명)이 1975년부터 피고에 대해 불법행위 손해배상을 제기하였다. 피고가 원고들 중 4명에 대해 일본 민법 제724조 전단의 3년의 소멸시효를 원용하였는데, 4명이 소속된 '크롬 피해자 모임'과는 다른 단체인 '크롬 퇴직자 모임'과는 피고가 단체 교섭과 1977년 10월 조정도 하고 이후에도 새로운 업무상 질병에 대한 화해 계약을 체결하고 손해금을 지급하였다. 법원은 피고가 4명의 피해자가 있는 '크롬 피해자 모임'에 대해서는 소멸시효를 주장하여 손해금의 지급을 거절하는 것은 현저히 정의 공평의 이념에 반하는 권한의 남용으로 허용되지 않는다고 하였다. 이 판결에 대한 국내의 소개로는 윤진수(주 2), 74-75면; 이은경(주 56), 294면 등이 있다.

금융기관은 예금이 존재하고 변제 등으로 소멸하지 않았다는 것이 확실하면 소멸시효 기간이 경과하였더라도 예금을 반환하는 것이 관행이었다. 1982년에 서울고등법원은 우리나라의 하급심 판결례는 예금채권이 소멸시효에 걸린다고 보아 예금채권의 반환을 구하는 원고의 청구를 기각하였고,[70] 이 판결에 대한 원고 측의 상고허가신청도 기각되었다.[71] 이것이 언론에 보도되자, 당시 모든 금융기관의 연합체인 대한금융단은 각 신문에, 금융기관에서는 법률상 소멸시효가 완성된 채권이라도 예금한 사실이 확인되면 언제든지 지급하여 주겠다고 하는 광고를 낸 일이 있다.[72]

뿐만 아니라 이러한 관행은 법적으로도 승인되었다. 즉 2008년부터 시행된 휴면예금관리재단의 설립 등에 관한 법률은, 소멸시효가 완성된 휴면예금이 재단에 출연된 후 5년이 경과하는 날까지 휴면예금 원권리자의 지급 청구가 있는 경우에는 휴면예금에 갈음하는 금액을 해당 휴면예금 원권리자에게 지급하도록 규정하고 있었고(제29조), 그 후속 법률로서 2016년부터 시행된 서민의 금융생활 지원에 관한 법률은 이러한 5년의 기간 제한도 없애고 소멸시효가 완성된 예금채권은 원권리자의 지급청구가 있으면 언제든지 반환하도록 하였다(제45조). 그러므로 금융기관이 휴면예금 원권리자에게 예금 반환을 거부하는 것은 법률적으로 허용되지 않는다. 그렇다면 휴면예금으로 처리되지 않은 예금이라 하여도 소멸시효가 경과하였다는 이유로 예금의 반환을 거부하는 것은 신의칙상 허용될 수 없다고 보아야 할 것이고, 이는 위 제4유형에 해당한다고 할 수 있다. 물론 예금채권에 대한 변제의 유무 자체 내지 채권의 귀속이 문제되는 등, 적법하게 소멸한 것이라는 증명이 곤란한 경우에는 소멸시효의 주장이 허용될 수 있지만, 소

---

70) 서울고등법원 1982. 4. 2. 선고 81나3237 판결: "채권의 시효기산일에 관하여 보면 이 사건의 위 저축예금채권과 같이 변제기의 정함이 없는 채권은 그 채권 성립후 언제든지 그 이행을 청구할 수 있음에 비추어 그 채권의 시효는 그 이행을 청구할 수 있는 때인 그 채권의 성립시부터 진행한다고 보아야 할 것인데, 한편 위 저축예금채권에 관하여 그 채권성립후 1965. 2. 24자로 금 200,000원이 최종적으로 인출된 것은 앞에서 본 바와 같고 이는 피고은행의 채무승인이라고 보아야 할 것이므로 결국 위 저축예금채권의 시효는 위 채무승인일인 1965. 2. 24부터 진행한다고 할 것이고 다음 그 시효기간에 관하여 보건데 피고은행이 상사법인으로서 원고와의 사이 위 저축예금계약서의 체결이 그 상행위이고 따라서 위 저축예금채권이 피고은행에 관한 한 상사채권인 사실은 당원에 현저한 바 그렇다면 그 시효기간은 상법 제64조의 규정에 의해 5년이라 할 것이며…위 저축예금채권은 결국 1970. 2. 23경 5년의 상사시효가 완성되어 시효로 소멸되었다 하겠다." 김교창, "예금채권의 소멸시효", 상사판례평석집, 대한상사중재원, 1992, 218-219면 참조.

71) 대법원 1982. 12. 28자 82다카693 결정.

72) 이재성, "은행예금과 소멸시효", 이재성판례평석집 Ⅶ, 한국사법행정학회, 1988, 427-428면 참조.

멸시효 완성 여부를 제외하면 채권이 존재하고 있는 사실이 명확함에도 불구하고 소멸시효 완성을 이유로 예금의 반환을 거절하는 것은 신의칙에 반한다고 하지 않을 수 없다.[73]

2. 과거사 관련 대법원 판례에 대하여

이 문제에 관하여는 유죄판결형과 사실행위형을 구분하여 살펴볼 필요가 있다.

가. 유죄판결형[74]

유죄의 확정판결이 있는 경우에, 그 확정판결의 효력이 존속하는 상태에서 피고인들이 그 판결이 잘못되었다고 하여 국가에 대하여 국가배상청구권을 행사하는 것은 위 판결의 기판력에 저촉되므로 불가능하다. 그러므로 유죄의 확정판결의 존재는 손해배상청구권의 행사에 대한 사실상의 장애에 불과한 것이 아니라 법률상의 장애에 해당한다. 따라서 국가에 대한 손해배상청구권의 소멸시효 기간은 재심에서 무죄판결이 선고되어 확정되기 전까지는 진행하지 않다가, 유죄판결을 파기하고 무죄를 선고한 재심판결이 확정되어야 비로소 소멸시효 기간이 진행된다고 보아야 할 것이다.

그런데 종래의 판례는 이 점에 대하여는 특별히 언급하지 않고, 유죄의 확정판결이 있으면 재심에서 무죄판결이 확정되기 전까지는 손해배상청구권 행사에 대한 객관적인 장애가 존재한다고 보아, 국가가 소멸시효 항변을 하는 것은 신의칙에 어긋난다는 이유로 받아들이지 않았다. 이는 유죄 확정판결의 존재는 법률상의 장애가 아니라 사실상의 장애에 불과한 것으로 보았기 때문이다. 재판연구관의 대법원 판례해설에서는, 피고인이 재심의 소에서 무죄판결을 받기 전까지는 권리를 행사할 수 없는 장애사유가 있었다고 볼 수 있는지가 문제되지만, 재심의 소에서 무죄판결을 선고받기 전이라는 점을 법률상의 장애사유라고는 할 수 없으므로, 이로 인하여 시효기간이 진행되지 않는다고는 할 수 없다고 설명하고 있다.[75]

---

73) 결론에 있어서 같은 취지, 이홍렬, "예금채권의 소멸시효에 관한 소고", 비교사법 제18권 3호, 2011, 743면, 765-766면 이하. 그러한 취지의 일본 판례로는 東京高等裁判所 1983. 1. 28. 판결 (判例時報1073号 73면, LEX/DB 27405923).

74) 윤진수(주 34), 843면 이하 참조.

75) 이영창, "민청학련 사건을 통한 과거사 사건의 쟁점들에 대한 검토", 대법원판례해설 제91호,

그러나 이는 사실상의 장애가 아니라 법률상의 장애임이 분명하다. 일반적으로 확정판결의 기판력이 후소에 미치는 것은 첫째 전소와 후소의 소송물이 같은 경우, 둘째 전소의 소송물이 후소의 소송물에 대하여 선결관계인 경우, 셋째 전소의 소송물이 후소의 소송물에 대하여 모순된 반대관계인 경우 등이다.[76] 세 번째의 예로서 예컨대 확정판결에 의하여 소유권이전등기가 마쳐진 경우, 원인무효를 이유로 그 말소등기절차의 이행을 구하는 것은 확정판결과는 모순된 반대청구이기 때문에 기판력에 저촉된다.[77] 그런데 유죄판결형에서는 피고인이 유죄판결을 받은 것 자체가 불법행위이므로 그로 인한 손해배상을 청구한다는 것이므로, 유죄의 확정판결과는 그 자체로 모순되는 주장이고, 따라서 유죄의 확정판결의 기판력과 저촉된다고 하지 않을 수 없다.

이에 대하여는 형사판결의 기판력이 민사재판에 미치지 않는다고 하는 반론이 있을 수 있다. 그러나 형사판결도 판결로서 기판력을 가짐이 분명하고, 이는 다른 법원을 기속한다. 그리고 기속을 받는 법원은 형사법원에 국한되지 않고, 민사법원이나 행정법원도 기속을 받는다.[78]

이와 유사한 문제는, 당사자가 위법한 방법으로 확정 민사판결을 받은, 이른바 확정판결의 편취가 있는 경우에, 당사자가 확정판결의 기판력에도 불구하고, 확정판결의 변론종결 전의 사유를 내세워서 확정판결에 기한 강제집행에 대하여 청구이의의 방법으로 그 강제집행을 저지하거나, 강제집행이 완료되었으면 불법행위를 이유로 손해배상을 청구할 수 있는가 하는 점이다. 종래의 판례는 이를 인정하고 있다. 즉 판례[79]는 이러한 경우 원래의 판결이 취소되거나 하지 않은 경우에도 불법행위를 이유로 하는 손해배상의무를 인정하였고, 또 다른 판례[80]는 확정판결에 기한 집행이 권리남용이 되는 경우에는 허용되지 않으므로 집행

2012, 669면.

76) 대법원 2014. 10. 30. 선고 2013다53939 판결; 이시윤, 신민사소송법, 제14판, 박영사, 2020, 630면 이하; 전원열, 민사소송법강의, 박영사, 2020, 491면 이하 등.

77) 대법원 1996. 2. 9. 선고 94다61649 판결. 같은 취지, 대법원 2002. 12. 6. 선고 2002다44014 판결.

78) 이와는 반대로 형사법원도 민사판결의 기판력을 무시할 수는 없다. Saenger, Zivilprozessordnung, Nomos, 8. Auflage, 2019, ZPO § 322 Rdnr. 18은, 형사법관도 민사판결의 기판력을 무력하게 만들어서는 안 된다고 한다.

79) 대법원 1960. 11. 3. 선고 4292민상656 판결; 1977. 1. 11. 선고 76다81 판결; 2007. 5. 31. 선고 2006다85662 판결 등

80) 대법원 1984. 7. 24. 선고 84다카572 판결; 1997. 9. 12. 선고 96다4862 판결; 2001. 11. 13. 선고 99다32899 판결 등.

채무자는 청구이의의 소에 의하여 그 집행의 배제를 구할 수 있다고 보았다.

그러나 이러한 경우에 설령 불법행위로 인한 손해배상이나 청구이의의 소를 인정한다고 하더라도, 이것이 확정판결의 기판력과 저촉되는 것이라는 점은 손해배상이나 청구이의의 소를 인정하는 측에서도 인정하고 있다. 가령 대법원 1977. 1. 11. 선고 76다81 판결의 원심은, 비록 확정판결 변론종결 이전에 그 소송에서 그 실제상 채권의 전부 및 일부가 부존재한다는 것을 당사자가 다투었든 다투지 않았든가를 막론하고, 일단 그 판결이 위와 같이 확정된 이상 그 판결이 재심 등의 법정절차에 따라 취소되지 않는 한 가사 피고가 위 판결이 부당한 판결이라는 것을 알고서 강제집행을 하였다고 해도 민법상의 불법행위가 될 수 없다고 하여 원고의 손해배상청구를 배척하였다. 그러나 대법원은, "원심의 위와 같은 사실인정 자체는 적법하고 또 그 설시이유도 상당한 설득력을 가진 이론이라고 인정한다. 그러나 이와 같은 법이론은 아직 이와 정반대 취지의 본원판례 (1968. 11. 19 선고 68다1624 판결, 1960. 11. 3 선고 4292민상856 판결)가 있고 이 판례의 정신은 아직도 변경할 단계라고는 볼 수 없으므로 결국 원판결은 위 판례의 정신에 위반한다"고 하여 원심판결을 파기하였다. 다시 말하여 대법원도 확정판결 변론종결 전의 사유를 이유로 확정판결의 집행을 불법행위라고 하는 것은 확정판결의 기판력에 저촉된다는 점을 인정하면서도, 종래의 판례를 근거로 하여 불법행위의 성립을 인정한 것이다.

학설상으로는 위와 같은 경우에 확정판결이 재심 등에 의하여 취소되지 않은 한은 불법행위나 청구이의의 소를 인정하는 것은 확정판결의 기판력에 저촉되므로, 허용되어서는 안 된다는 부정설을 지지하는 견해가 유력하지만, 긍정설도 없지 않다.[81]

필자는 민사판결의 기판력에 저촉되는 손해배상청구나 청구이의의 소는 인정될 여지가 있지만,[82] 확정된 유죄판결에 저촉되는 손해배상청구를 허용할 것인가는 이와는 별개의 문제라고 생각한다. 민사확정판결이 있음에도 불구하고 판례가 손해배상청구나 청구이의의 소를 허용하는 이유는, 기본적으로 이러한 손해배상청구나 청구이의의 소가 재심의 소에 대한 대체수단에 해당된다고 보기

---

[81] 이 문제에 관하여 상세한 것은 윤진수, "확정판결의 부정이용에 대한 구제의 요건과 방법", 판례의 무게, 박영사, 2020, 369면 이하(처음 발표: 1999); 김상일, "확정판결의 편취와 부정이용에 대한 청구이의에 의한 구제론비판", 민사소송 제5권, 2002, 352면 이하 참조.
[82] 윤진수(주 81), 369-371면 참조.

때문이라고 할 수 있다. 그러나 민사상의 손해배상청구가 형사 재심의 소에 대한 대체수단이 될 수는 없다. 손해배상을 받는 것만으로 무고하게 형사처벌을 받은 사람의 피해가 모두 회복되는 것은 아니다. 그리고 민사소송법상의 재심은 그 허용되는 범위가 형사소송법상의 재심에 비하여 좁다.

또 다른 이유로는 손해배상청구와 같은 민사소송에서는 사실 인정에 관하여 변론주의가 지배하지만, 형사소송에서는 직권탐지주의에 따라 실체적 진실을 추구한다는 점을 들 수 있다. 그러므로 동일한 사건에 관하여는 형사소송에서의 사실인정이 민사소송에서의 사실인정보다 실체적 진실에 더 가깝다고 할 수 있다. 판례가 민사재판에서 이미 확정된 관련 형사사건의 판결에서 인정된 사실은 특별한 사정이 없으면 유력한 증거자료가 되므로 막연히 이를 배척할 수는 없다고 하는 것[83]도 이 때문이다. 따라서 다른 특별한 사정이 없는데도 민사소송에서 형사 유죄판결이 잘못되었음을 증명한다는 것은 불가능하다고까지 말할 수는 없어도, 매우 어려운 것임에는 틀림없다.

보다 근본적으로는 형사소송에서는 국가와 피고인은 대등한 지위에 있다고 할 수 없다. 국가는 수사권을 가진 우월한 지위에서, 필요에 따라서는 피고인을 구속하고 재판받게 할 수도 있으므로, 피고인은 국가에 비하여 절대적으로 불리한 지위에 있다. 따라서 피고인이 확정된 유죄판결의 효력이 그대로 존속하고 있는 상황에서 재심청구를 하지 않은 채로 민사절차에 의하여 손해배상청구를 하는 것을 기대할 수는 없다. 더군다나 유죄판결형의 사건들에서는 수사관들이 피해자들을 불법감금하고 가혹행위를 하여 자백을 강요하였는데, 그럼에도 불구하고 피해자들이 재심청구를 하지 않고 손해배상소송을 제기하지 않고 있었다는 이유로 원고들이 불이익을 입게 하는 것은 부당하다.

그런데 왜 종래 이와 같은 기판력의 문제는 소멸시효에 관하여 고려되지 않았을까? 추측건대 그 원인의 하나는 기판력은 원칙적으로 동일 당사자 사이에만 미치는데, 종래 국가 대 개인간의 문제인 형사사건 판결의 기판력이 사인간에서 문제되는 경우는 별로 없었기 때문에, 형사판결의 기판력이 민사사건에도 미친다는 점을 의식하지 못하였던 것이 아닌가 여겨진다. 그러나 유죄판결형의 과거사 사건에서는 형사사건에서 유죄판결을 받았던 사람이 국가를 상대로 손해배상청구를 하는 경우이므로, 기판력은 당연히 이들 사이에 미친다.

---

83) 대법원 1983. 9. 13. 선고 81다1166, 81다카897 판결 등.

또 다른 원인은 형사사건에서 유죄판결을 받았더라도 이는 사실인정의 문제이므로, 민사사건에서는 다르게 판단할 수 있다는 생각 때문이 아닌가 싶다. 판례는, 관련 형사판결에서 인정된 사실은 달리 특별한 사정이 없는 한 민사재판에서도 유력한 증거자료가 되지만, 민사재판에 제출된 다른 증거 내용에 비추어 형사판결의 사실 판단을 그대로 채용하기 어렵다고 인정되는 경우에는 법원이 이를 배척할 수 있다고 보고 있다.84) 그러나 여기서 문제되는 것은 단순한 사실인정의 차원이 아니고, 형사사건에서 유죄라는 확정판결이 있었는데 그 확정판결이 잘못되었다고 하여 말하자면 확정판결의 효력 그 자체를 다투는 것이기 때문에, 이는 기판력에 의하여 차단된다고 보지 않을 수 없다.85)

형사 재심에 의하지 않고 확정된 유죄판결의 효력을 다투도록 하는 것이 불합리하다는 점은 다음과 같은 점에 비추어 보아도 알 수 있다. 앞에서 살펴본 것처럼, 판례는 민사에서 확정판결을 위법하게 취득한 경우에는 손해배상뿐만 아니라 청구이의의 소도 인정하고 있다. 그런데 형사절차에서 피고인이 확정판결에 의하여 복역하고 있는 경우에, 민사사건에서의 청구이의에 상당하는 구제수단이 인정된다면, 피고인에 대한 형의 집행을 종료하고 피고인을 석방하라고 청구할 수 있어야 할 것이다. 그런데 이러한 것이 인정될 수 없음은 명백하다. 인신보호법은 위법한 행정처분 또는 사인(私人)에 의한 시설에의 수용으로 인하여 부당하게 인신의 자유를 제한당하고 있는 개인에 대하여 구제절차를 규정하고 있으나, 형사절차에 따라 체포·구속된 자나 수형자는 그 적용에서 제외된다(제2조 제1항). 이처럼 확정된 유죄판결의 효력이 존속하고 있는 상태에서는 수형자가 석방을 청구할 수 없다면, 확정된 유죄판결의 효력을 다투면서 손해배상을 청구하는 것도 허용될 수 없을 것이다. 이러한 이치는 수형자가 형의 집행을 마치고 석방된 경우에도 달라질 이유가 없다.

결국 유죄판결형의 경우에는 재심에 의하여 유죄판결의 효력이 상실되기까지는 유죄판결을 받게 한 것으로 인한 국가배상청구권의 소멸시효는 진행하지 않는다고 보아야 하고, 따라서 소멸시효 기간이 경과하였음을 전제로 하여 소멸시효 완성의 주장이 신의칙에 반하는 것인지 여부는 문제삼을 필요가 없다.

다만 유죄판결을 받은 경우에도 수사과정에서의 불법구금이나 고문 그 자체

---

84) 대법원 2004. 4. 28. 선고 2004다4386 판결 등.
85) 이와 같은 문제에 관한 미국연방대법원의 Heck v. Humphrey 판결, 512 U. S. 477, 129 L. Ed. 2d 383(1994)에 대한 소개는 윤진수(주 34), 852면 이하 참조.

인 경우에는 유죄판결의 존재가 법률상의 장애라고는 할 수 없다. 그러한 수사과정에서의 위법행위 자체에 대하여는 형사판결의 존재와는 상관없이 손해배상을 청구할 수 있다. 그러나 이러한 위법행위 자체와 그에 의하여 유죄판결을 받게 한 행위는 각 별개의 불법행위라기보다는 전체적으로 하나의 불법행위라고 보는 것이 타당하고, 따라서 수사과정에서의 위법행위에 대한 손해배상청구권의 소멸시효는 유죄판결을 받게 한 행위와는 별도로 소멸시효가 진행하는 것은 아니며, 전체적으로 유죄판결이 재심에 의하여 실효된 때부터 소멸시효가 진행한다고 보아야 할 것이다. 설령 이러한 경우에 법리상으로는 별도로 소멸시효가 진행한다고 하더라도, 국가가 이러한 주장을 하는 것은 신의성실의 원칙에 반하는 것으로서 권리남용에 해당한다고 보는 것이 타당하다.[86]

대법원 2019. 1. 31. 선고 2016다258148 판결은 그와 같이 판시하였다. 이 사건에서 원고는 1981. 10. 13. 북한 공산집단의 사회제도를 은연중 찬양하여 반국가단체를 이롭게 하였다는 이유로 국가보안법 위반으로 기소되어, 집행유예의 확정판결을 받았다. 그 후 원고는 위 확정판결에 대한 재심을 청구하였고, 법원은 원고가 수사관에 의하여 임의동행 형식으로 영장 없이 강제 연행된 이래 구속영장이 발부되어 집행될 때까지 불법 구금된 상태에서 조사를 받았음을 이유로 재심개시결정을 하여 그 재심개시결정이 확정되었다. 위 재심사건에서, 위 법원은 원고가 그와 같이 발언한 사실은 인정되지만 이를 국가보안법 위반으로 볼 수 없다고 하여 무죄를 선고하였고, 위 무죄판결은 확정되었다. 그러자 원고가 2015년 국가배상을 청구하였다. 원심은 재심대상사건에서 무죄판결이 확정되기 전까지 원고들이 권리행사를 할 수 없는 장애가 있었다고 보기는 어렵다고 보아 피고의 소멸시효 완성 주장을 받아들였다.

그러나 대법원은 원심판결을 파기하였다. 즉 수사과정에서 불법구금이나 고문을 당한 사람이 그에 이은 공판절차에서 유죄 확정판결을 받고 수사관들을 직권남용, 감금 등 혐의로 고소하였으나 검찰에서 '혐의 없음' 결정까지 받았다가 나중에 재심절차에서 범죄의 증명이 없는 때에 해당한다는 이유로 형사소송법 제325조 후단에 따라 무죄판결을 선고받은 경우, 이러한 무죄판결이 확정될 때까지는 국가를 상대로 불법구금이나 고문을 원인으로 한 손해배상청구를 할 것을 기대할 수 없는 장애사유가 있었다고 보아야 한다는 것이다. 이 사건에서 대

---

86) 윤진수(주 34), 858-859면 참조.

법원은 유죄판결 또는 재판과정에서의 위법행위로 인한 정신적 손해를 배상할
의무가 있다는 원고의 주장은 받아들이지 않았다.[87]

나. 사실행위형[88]

앞에서 본 것처럼, 위 대법원 2013. 5. 16. 선고 2012다202819 전원합의체 판
결은 사실행위형의 소멸시효 남용에 대하여, 이를 제2유형에 해당한다고 보았던
종래의 판례를 사실상 변경하여, 제3유형에 해당한다고 보았다. 그 이유는 과거
사정리법은 한국전쟁 전후 희생사건을 포함하여 그 적용대상 사건 전체에 대하
여 단순히 역사적 사실의 진상을 규명함으로써 왜곡되거나 오해가 있는 부분을
바로잡고 희생자들의 명예회복을 도모하는 데 그치는 것이 아니라 개별 피해자
를 특정하여 피해 경위 등을 밝히고 그에 대한 피해회복까지를 목적으로 하여
제정된 법률임을 명시하여 밝히고 있고, 여기에는 국가가 구체적인 소송사건에
서 새삼 소멸시효를 주장함으로써 배상을 거부하지는 않겠다는 의사를 표명한
취지가 내포되어 있기 때문이라는 것이다.

그러나 과거사정리법에 이처럼 소멸시효를 주장하지 않겠다는 취지가 포함
되어 있다고 볼 수 있는지는 의문이다. 과거사정리법 제34조는 국가는 진실규명
사건 피해자의 피해 및 명예의 회복을 위하여 노력하여야 한다고 규정하고 있고,
제36조는 정부는 규명된 진실에 따라 희생자, 피해자 및 유가족의 피해 및 명예
를 회복시키기 위한 적절한 조치를 취하여야 한다고 규정하고 있기는 하다. 그러
나 여기서 말하는 피해 회복 조치에 소멸시효를 주장하지 않겠다는 취지가 포함
되어 있다고 보기는 어렵다.[89] 실제로 제17대 국회에서 과거사정리법이 시행된
후인 2007. 6. 4. 이은영 의원 대표발의로 '반인권적 국가범죄의 소멸시효이익 포
기에 관한 특별법안'이 국회에 제출되었다. 이 법안 제4조 제1항은 과거사 정리

---

87) 미국연방대법원이 2007년에 선고한 월레스 대 카토(Wallace v. Kato) 판결(549 U.S. 384, 166
   L.Ed.2d 973)은 반대 취지이다. 그러나 브라이어(Breyer) 대법관이 집필하고 긴스버그(Ginsburg)
   대법관이 가담한 반대의견은 이 사건에는 형평정지(equitable tolling)의 법리가 적용되어야 한다
   고 주장하였다. 형평정지의 법리란 우리나라에서의 소멸시효 남용론에 해당한다. 윤진수(주 34),
   853, 859면 참조.
88) 윤진수(주 34), 829면 이하 참조.
89) 이재승 "집단살해에서 소멸시효와 신의칙", 민주법학 53호, 2013, 212면 이하는 과거사정리법
   이 피해자의 권리구제 의도가 강하다는 점에 초점을 맞추어 이를 배상법으로 의제하여 당장
   소멸시효 계산에 활용하는 것은 억지이고, 진도판결(위 대법원 2013. 5. 16. 선고 2012다202819
   전원합의체 판결을 말한다)은 허약한 가정 위에서 경솔한 시효이론을 구축하였다고 비판한다.

위원회가 진상규명을 결정한 사건 중 종래 판례나 학설이 말하는 소멸시효 주장이 권리남용에 해당하는 것과 같은 경우에는 국가가 시효이익을 포기하여야 하고, 다만 이는 피해자 등이 정리위원회의 진실규명 결정을 통지받은 날로부터 1년 이내에 소를 제기한 경우에 한한다고 규정하고 있었다. 그러나 이 법안은 제17대 국회의 임기 만료로 폐기되었다.[90] 만일 과거사정리법이 그러한 취지를 내포하였다면, 그 효과에서는 위 판결처럼 시효의 정지를 유추하기보다는 소멸시효 이익의 포기와 같은 효과를 부여하여야 할 것이다.

　그러므로 사실행위형도 제2유형에 해당하는 것으로 분류하여야 할 것이다. 과거사정리법은 그 목적을 항일독립운동, 반민주적 또는 반인권적 행위에 의한 인권유린과 폭력·학살·의문사 사건 등을 조사하여 왜곡되거나 은폐된 진실을 밝혀내려는 데 있다고 규정하고 있다(제1조). 이는 위 법률이 피해자 개개인으로서는 그러한 인권침해에 관한 진실을 밝혀내기 어려워서 다른 도움 없이는 사법적으로 피해 구제를 받는 것을 사실상 기대하기 어렵다는 전제에서 출발한 것임을 보여준다. 이 점에 비추어 본다면, 위 법률 자체가 피해자의 권리행사가 객관적으로 불가능하다고 하는 점을 인정한 것이라고 하지 않을 수 없다. 실제로 과거에는 이처럼 자신의 친족이 6·25 무렵에 학살되었다고 주장하는 것 자체가 금기시되었고, 그러한 주장을 하면 처벌을 받는 등 불이익이 따르기도 하였던 것으로 보인다.[91] 이러한 사정에 비추어 보면 피해자들이 국가기관의 도움 없이 스스로 진실을 밝히고 입증하는 것은 매우 어려운 일이었을 것이다. 따라서 이러한 경우에는 제3유형이 아니라 제2유형에 해당한다고 보는 것이 타당할 것이다.

　이러한 사실행위형을 유죄판결형과 비교하여 본다. 사실행위형의 피해자는 그야말로 국가권력의 적나라한 폭력에 의한 희생자이고, 이 점에서 그나마 재판이라는 형식을 갖춘 유죄판결형의 피해자보다 보호를 받을 가치가 덜하다고 할 수는 없다. 그런데 유죄판결형의 경우에 확정판결의 존재가 소멸시효의 진행을 막는 법률상 장애에 해당한다면, 사실행위형의 경우에도 비록 법률상의 장애가 아닌 사실상의 장애라고 하여도, 법률상의 장애와 같이 취급한다고 하여 잘못된

---

90) 국회 홈페이지의 의안정보란 참조. https://likms.assembly.go.kr/bill/billDetail.do?billId=PRC_D0T7D0E6U0Z7H1S7V3L4U4G9K2N1L5 (최종 검색: 2020. 11. 12.)

91) 거창사건에 관한 대법원 2008. 5. 29. 선고 2004다33469 판결; 울산사건에 관한 대법원 2011. 6. 30. 선고 2009다72599 판결; 문경사건에 관한 대법원 2011. 9. 8. 선고 2009다66969 판결 등 참조. 상세한 것은 조용환, "역사의 희생자들과 법: 중대한 인권침해에 대한 소멸시효의 적용문제", 서울대 법학평론 창간호, 2010, 50면 이하 참조.

것일까?

　　다른 한편 판례는 스스로도 일관성을 잃고 있다. 다시 말하여 권리행사의 '상당한 기간'은 특별한 사정이 없는 한 민법상 시효정지의 경우에 준하여 단기간으로 제한되어야 한다고 하면서도, 개별 사건에서 매우 특수한 사정이 있어 그 기간을 연장하여 인정하는 것이 부득이한 경우에도 불법행위로 인한 손해배상청구의 경우 그 기간은 아무리 길어도 민법 제766조 제1항이 규정한 단기소멸시효기간인 3년을 넘을 수는 없다고 하였다. 그러나 왜 시효정지가 아닌 3년의 단기소멸시효기간이 적용되는지에 대하여는 구체적인 설명이 없다.

　　대법원 2013. 9. 26. 선고 2013다206429 판결은 군의문사 진상규명위원회가 진상규명결정을 한 경우에 관하여는 권리행사에 상당한 기간을 3년으로 본 원심판결을 파기하였는데, 왜 이 경우에는 3년이라고 보면 안 되는지 명확하지 않다. 위 위원회의 설립 근거였던 군의문사 진상규명 등에 관한 특별법 제29조는 "위원회는 진정을 조사한 결과 명예회복 및 보상 등이 필요하다고 인정하는 경우에는 국방부장관에게 그에 필요한 조치를 요청하여야 한다"라고 규정하였는데, 이는 과거사정리법이 피해회복을 위하여 노력하여야 한다는 것과는 다른 취지인가?

　　그리고 판례가 진실규명결정이 있은 후 권리를 행사하여야 하는 '상당한 기간'의 기산점을 당사자가 진실규명결정이 있음을 안 날이 아니라 진실규명결정이 있은 날로 보고 있는 것도 수긍하기 어렵다. 당사자가 진실규명결정이 있음을 모르고 있었다면, 그 기간 내에 권리를 행사하지 않은 것을 당사자의 불이익으로 돌리는 것은 불합리하다고 하지 않을 수 없다.[92] 추측건대 이러한 판례는 아래에서 보는 것처럼 피해자에게 지급될 국가배상의 액수를 줄이기 위한 것으로밖에 생각되지 않는다.

　　이처럼 사실행위형이 제3유형이 아니라 제2유형에 해당한다고 본다면, 권리행사의 상당한 기간은 얼마로 보아야 하는가? 이 경우에는 사실상의 장애라고 하여도, 본래의 의미에서의 법률상의 장애와 같이 평가하여야 할 것이므로, 권리의 원래 소멸시효 기간에 따라야 할 것이다.[93]

---

92) 윤진수(주 34), 834면.
93) 윤진수(주 34), 835면.

3. 헌법재판소 판례에 대한 평가

헌법재판소 2018. 8. 30. 선고 2014헌바148 등 결정이, 민법 제166조 제1항, 제766조 제2항이 과거사 사건에 적용되는 부분은 국가배상청구권을 침해하여 위헌이라고 한 것은 어떻게 보아야 할 것인가? 앞에서 설명한 것처럼, 이 문제는 제166조 제1항, 제766조 제2항의 위헌 여부를 문제삼을 필요 없이 민법의 해석에 의하여 소멸시효 적용을 배제할 수 있었다. 따라서 대법원이 이와 같은 해결 방법을 택하였더라면 위헌의 문제는 생기지 않았을 것이다. 그러나 대법원이 그와 같이 판단하지 않았기 때문에, 헌법재판소가 개입할 수밖에 없었다. 그리고 그 결과도 불가피한 것이었다고 판단된다.

위 결정은 다음과 같이 설시하고 있다. 즉 과거사 사건에서는 국가기관이 국민에게 억울한 누명을 씌움으로써 불법행위를 자행하고, 소속 공무원들이 이러한 불법행위에 조직적으로 관여하였으며, 사후에도 조작·은폐 등으로 진실규명 활동을 억압함으로써 오랜 동안 사건의 진상을 밝히는 것이 사실상 불가능한 경우가 많았으므로, 사인간 불법행위 내지 일반적인 국가배상 사건과 근본적으로 다른 사건 유형에 해당된다. 그러므로 '오랜 기간 계속된 사실상태를 그대로 유지하는 것이 법적 안정성에 부합한다'는 소멸시효 제도의 취지만으로는 국가배상청구권 제한을 정당화할 수 없다. 헌법상 기본권 보호의무를 지는 국가가 소속 공무원들의 조직적 관여를 통해 불법적으로 민간인을 집단 희생시키거나 국민에 대한 장기간의 불법구금 및 고문 등에 의한 허위자백으로 유죄판결 등을 하고 사후에도 조작·은폐 등을 통해 피해자 및 유족의 진상규명을 저해하여 오랫동안 국가배상청구권을 행사하기 어려운 상황이었음에도, 그에 대한 소멸시효를 불법행위시점 내지 객관적으로 권리를 행사할 수 있는 시점으로부터 기산함으로써 국가배상청구권이 이미 시효로 소멸되었다고 선언하는 것은 헌법 제10조에 반하는 것으로 도저히 받아들일 수 없는 것이다.

이와 같이 판시한 헌법재판소의 결정은 매우 타당하다. 나아가 이 결정이 재판에 대한 헌법소원을 인정한 것이 아닌가, 사실상의 한정위헌이 아닌가 하는 비판이 있으나, 그러한 비판이 옳다고 보기는 어렵다. 기본적으로 이 문제는 헌법재판소법이 재판에 대한 헌법소원을 제한하고 있기 때문에 생기는 문제이다. 그러나 이에 대하여는 제도적으로 많은 비판이 있고, 헌법재판소로서는 국민의 기본권 보호를 위하여 적극적인 자세를 보일 필요가 있다. 따라서 대법원이 이러한 헌법재판소의 위헌결정의 기속력을 인정한 것은 당연한 조치이다.

Ⅵ. 결 론

소멸시효 완성의 주장이 신의성실의 원칙에 어긋날 때에는 권리남용으로서 허용될 수 없다고 하는 소멸시효 남용론은 이제 판례와 학설상 확립된 법리가 되었다고 할 수 있다. 그러나 그 근거가 신의성실의 원칙과 권리남용이라고 하는 일반조항에 있기 때문에, 그 요건과 효과에서 불명확한 점이 있는 것은 사실이다. 그렇지만 기본 골격에 있어서는 어느 정도 정리가 이루어졌다.

다른 한편 소멸시효 남용론이 주로 문제되었던 것은 과거사 사건인데, 이 점에 관하여는 판례도 혼란을 보이고 있었다. 판례의 이러한 태도는 이론적인 근거에서가 아니라, 피해자에 대한 국가배상의 액수가 지나치게 많을 것이라는 우려에서 비롯된 것이 아닌가 여겨진다. 왜냐하면 판례는 이러한 과거사 문제에 관하여 배상을 허용하면서도, 그 배상의 액수를 줄이려는 경향을 보여왔기 때문이다. 예컨대 과거사 사건에서 불법행위 시와 변론종결 시 사이에 장기간의 세월이 경과되어 통화가치 등에 상당한 변동이 생긴 경우, 불법행위로 인한 위자료배상채무의 지연손해금 기산일은 불법행위 당시가 아니라 사실심 변론종결 당일이라고 하고,[94] 유신헌법상의 대통령 긴급조치가 위헌이지만 국민 개개인에 대한 관계에서 민사상 불법행위를 구성하지는 않는다고 하였다.[95] 그리고 신청인이 민주화운동관련자 명예회복 및 보상 등에 관한 법률에 따른 보상금 지급결정에 동의한 때에는 재판상 화해와 동일한 효력이 있으므로 더 이상 국가배상청구를 할

---

94) 대법원 2011. 1. 13. 선고 2009다103950 판결 등. 대법원 2011. 7. 21. 선고 2011재다199 전원합의체 판결은 이러한 판례를 재확인하였다. 이 판례에 대한 비판으로는 윤진수, "이용훈 대법원의 민법 판례", 민법논고 제7권, 박영사, 2015, 510-512면(처음 발표: 2011) 참조.

95) 대법원 2015. 3. 26. 선고 2012다48824 판결. 이 판결에 대한 비판으로는 윤진수, "위헌인 대통령의 긴급조치 발령이 불법행위를 구성하는지 여부", 민사법학 제81호, 2017, 93면 이하. 이러한 판례들에 대하여도 헌법소원들이 제기되었으나, 모두 각하되었다. 다만 이에 대하여는 반대의견이 있었다. 헌법재판소 2018. 8. 30. 선고 2015헌마861 등 결정; 2019. 2. 28. 선고 2016헌마56 결정. 이에 대하여는 이황희, "재판취소 등—대통령의 긴급조치 발령행위 등에 대하여 국가배상책임을 인정하지 않은 대법원 판결에 대한 헌법소원심판청구가 적법한지 여부 등—" 2018년 헌법재판소 결정해설집(주 59), 631면 이하 참조.

수 없다고 하였다.96)97) 그러나 국가의 조직적이고 고의적인 불법행위에 대하여 저항하지 못했던 피해자들을 법원이 이처럼 각박하게 대하여야 할 이유가 있을 까?98)

다행히 헌법재판소가 위헌결정을 함으로써 적어도 일부 사람들은 구제를 받았다. 그러나 이로써 문제가 모두 해결된 것은 아니다. 이제라도 이러한 과거사 피해자들을 위하여는 국가가 일괄적으로 피해 보상을 위한 특별법을 제정하여야 한다.99) 그러나 그러한 입법이 이루어지지 못하고 있는 상황에서는 사법부가 좀 더 적극적인 태도를 보여야 할 것이다.

〈민사법학 제93호, 2020〉

〈추기〉

과거사 정리와 소멸시효에 관하여는 이 글이 공간되기 직전에 송덕수, "이른 바 과거사 사건에 관한 현재의 법 상태", 이화여대 법학논집 제25권 1호, 2020. 9.가 발간되었으나, 이 글에서는 참고하지 못하였다. 그리고 이 글이 공간된 후 발간된 문헌으로는 조용환, "재판의 논리와 윤리—과거사 소멸시효에 관한 대법원 판례 비평—", 서울대학교 법학평론 제11호, 2021이 있다.

---

96) 대법원 2015. 1. 22. 선고 2012다204365 전원합의체 판결.
97) 그러나 헌법재판소 2018. 8. 30. 선고 2014헌바180 등 결정은, 보상금 등의 지급결정에 동의한 때 "민주화운동과 관련하여 입은 피해"에 대해 재판상 화해의 성립을 간주하는 심판대상조항이 정신적 손해에 대한 국가배상청구권을 침해한다는 일부위헌결정을 하였다. 이 결정의 해설로는 승이도, "민주화운동관련자 명예회복 및 보상 등에 관한 법률 제18조 제2항 위헌소원 등", 2018년 헌법재판소 결정해설집(주 59), 575면 이하가 있다. 대법원 2020. 10. 29. 선고 2019다249589 결정은 이른바 '민청학련' 사건에 관하여, 위 일부위헌결정의 기속력을 인정하고, 이는 헌법재판소법 제75조 제7항에서 정한 재심사유가 된다고 하였다.
98) 윤진수(주 95), 146면.
99) 윤진수(주 95), 146면; 이재승, "국가범죄에 대한 포괄적 배상방안", 민주법학 제30호, 2006, 77면 이하 참조.

황적인 교수의 물권행위론[*]

I. 서   론

물권행위 이론은 민법 제정 후 우리 민법학에서 가장 치열하게 다투어진 문제 중 하나이다. 특히 물권행위의 독자성과 무인성을 인정할 것인가 하는 문제에 관하여는 매우 다양한 견해가 주장되고 있다. 종래의 논의는 대체로 물권행위의 독자성과 무인성은 모두 인정하여야 한다는 견해와, 이를 모두 부정하여야 한다는 견해 및 독자성은 인정하여야 하지만 무인성은 인정할 필요가 없다는 견해로 나누어졌다. 최근에는 물권행위의 개념 자체를 인정할 필요가 없다는 견해도 주장되고 있다.

황적인 교수는 1970년대에 물권행위의 독자성은 인정하여야 하지만, 무인성은 인정할 필요가 없다는 견해를 최초로 주장하였고, 그 후에는 이에 동조하는 설이 점차 유력해지고 있다. 이 점에서 황 교수의 물권행위론은 학설사적으로 중요한 의미를 가진다.

필자도 물권행위의 독자성은 인정하고 무인성은 부정하여야 한다고 보고 있지만, 그 내용은 황적인 교수와는 다소 차이가 있다.[1] 그러나 필자의 주장도 그 기본 방향에 있어서는 황적인 교수와 마찬가지라고 할 수 있다.

이 글에서는 본인의 지도교수이셨던 황적인 교수의 학은을 생각하면서, 황

* 이 글의 초고를 읽고 의견을 주신 김제완, 김진우, 이동진, 최준규, 홍성재 교수님께 감사의 뜻을 표한다. 이 의견들은 이 글의 내용을 개선하는데 많은 도움이 되었다.
[1] 윤진수, "물권행위 개념에 대한 새로운 접근", 민사법학 제28호, 2005, 7면 이하 참조.

적인 교수의 물권행위론이 가지는 의미를 살펴보고자 한다. 먼저 황적인 교수 전
의 논의상황을 소개하고, 황적인 교수의 주장을 살펴본다. 이어서 필자의 주장을
다시 서술하고, 그 후의 학설 전개 상황을 살펴보려고 한다.

본격적으로 논의를 전개하기에 앞서서 물권행위와 그 독자성 및 무인성의
개념을 확인할 필요가 있다. 일반적으로 물권행위란 처분행위의 일종으로서 물
권변동 그 자체를 목적으로 하는 법률행위이고, 발생한 채무의 이행이라는 문제
가 남지 않는다는 점에서 의무부담행위인 채권행위와는 구별된다고 설명한다.
학설상으로는 물권적 의사표시 또는 물권적 합의만을 물권행위로 볼 것인가, 아
니면 그 외에 등기나 인도와 같은 물권변동의 요건까지 포함하여 물권행위로 볼
것인가에 관하여 논쟁이 있으나, 그러한 논쟁이 실제로 어떤 차이를 가져오는 것
은 아니라고 보인다. 뒤에서 보는 것처럼 필자의 주장에 따를 때에는 이러한 점
은 문제되지 않는다. 이하의 논의에서는 단순히 물권적 의사표시 또는 물권적 합
의만을 물권행위라고 한다.

물권행위의 독자성은 보통 물권행위가 원칙적으로 그 원인행위인 채권행위
와는 별개의 행위로 행하여지는가, 아니면 같이 행하여지는가 하는 물권행위의
시기에 관한 문제로 이해되고 있다. 따라서 물권행위의 독자성을 긍정한다는 견
해는 물권행위가 원칙적으로 채권행위와 별개의 행위로 행하여진다고 보는 것이
고, 물권행위의 독자성을 부정한다는 견해는 원칙적으로 물권행위는 채권행위와
함께 하나의 행위로 행하여진다는 견해이다. 그런데 근래에는 물권행위의 독자
성을 물권행위의 시기에 관한 것이 아니라, 우리 민법의 해석상 물권변동에 있어
서 당사자 사이에 물권변동의 의무를 발생시키는 채권행위와는 별도로 물권변동
그 자체를 목적으로 하는 물권행위를 인정할 것인가 하는 문제로 파악하는 견해
가 있다.[2]

물권행위의 무인성이란 물권행위가 그 원인행위인 채권행위와 따로 독립해
서 행하여진 때에 그 원인행위인 채권행위가 존재하지 않거나 무효이거나 취소
또는 해제된 경우에 물권행위도 무효로 되는가의 문제로서, 물권행위의 효력은
그 원인행위의 부존재·무효·취소·해제 등에 의하여 당연히 그 영향을 받는다
는 것이 물권행위의 유인론이고, 반대로 영향을 받지 않는다는 것이 무인론이다.

---

2) 김증한·김학동, 물권법, 제9판, 1996, 43~44면 이영준, 새로운 체계에 의한 한국민법론, 물권편,
  신정2판, 2004, 66면 이하 등. 홍성재, 부동산물권변동론, 1992, 15면 이하 등은 이러한 의미에서
  의 독자성은 물권행위의 존재성이라고 하고, 종래의 독자성은 물권행위의 시기 문제로 본다.

Ⅱ. 초기의 물권행위 논쟁

물권행위를 둘러싼 논쟁은 민법 제정 직후부터 시작되었다. 이 논쟁은 대체로 물권행위의 독자성과 무인성을 인정하여야 한다는 견해, 이를 모두 부정하여야 한다는 견해 및 물권행위 개념은 필요하지 않다는 견해로 나누어 볼 수 있다. 첫 번째 견해의 대표자는 김증한 교수이고, 두 번째 견해를 처음 주장한 것은 곽윤직 교수이며, 세 번째 견해는 이영섭 전 대법원장이 주장하였다.

1. 김증한 교수의 독자성 및 무인성 긍정설

김증한 교수는 1958년에 발표한 논문에서 우리나라에서는 처음으로 물권행위의 독자성과 무인성 문제를 다룬 것으로 생각된다.3) 이 논문에서는 우선 물권변동에 관한 당사자의 의사의 합치는 이른바 채권행위로 족하냐 또는 그와 별개로 이른바 물권행위를 필요로 하느냐에 관하여는 법문 자체에는 말이 없다고 한다. 즉 스위스 민법과 같이 물권행위의 개념을 개입시킬 필요 없이 채권행위와 등기로써 물권변동이 일어난다고 해할 법문상의 근거가 있는 것도 아니고, 독일 민법이 Einigung 또는 Auflassung이라는 용어를 사용함으로써 이를 채권행위와 구별하려는 태도를 신민법이 본받고 있는 것도 아니므로, 물권행위의 독자성 및 무인성을 인정할 것이냐의 여부는 전적으로 해석에 일임되고 있다고 한다. 그러면서 결론으로서는 물권행위의 독자성과 무인성을 긍정하고 싶다고 한다.

물권행위의 독자성을 긍정하는 이유로는 다음과 같은 것을 든다. 우선 개념상 당사자가 채무의 발생을 의욕한 행위와 당사자가 물권의 변동을 의욕한 행위는 이를 구별할 수 있을 뿐만 아니라, 당사자가 채무의 발생을 의욕한 법률행위의 효과로서 물권변동의 효과가 발생한다는 것은 불합리하다. 그리고 신민법의 형식주의는 의사주의로부터의 일대변혁인 만큼 부동산물권의 거래가 있었음에도 불구하고 등기를 엄격히 여행(勵行)하지 않는 경우가 상당히 있으리라고 예상되는데, 이미 대금을 완불하고 부동산을 명도하였으나 아직 등기가 끝나지 않은 상태에 있는 법률관계를 단순히 채권계약이 있었음에 불과한 상태에 있는 법률관

---

3) 김증한, "물권행위의 독자성과 무인성", 법조 제7권 1호, 1958, 11면 이하.

계와 구별하여 취급할 필요가 있으므로, 필연적으로 채권계약과는 별개의 물권적 합의의 개념을 구별하지 않으면 안 된다. 또 신민법에 있어서는 물권행위의 무인성을 인정함이 가하다고 믿어지므로 무인성을 인정하려면 그 전제로서 물권행위의 독자성을 인정하여야 한다.

그리고 물권행위의 무인성을 인정하여야 하는 이유로는 다음과 같은 점을 든다. 우선 물권행위를 채권행위와는 별개의 행위로 생각하면 그 유효성 여부도 채권행위의 그것과는 별개로 정하여지지 않으면 안 된다. 또한 물권적 법률관계는 모든 사람에 대하여 명료함을 이상으로 하므로, 당사자 간에서만 효력을 가지는 원인행위의 유효성 여부 때문에 영향을 받게 하는 것은 적당하지 않다. 그리고 무인성을 인정함으로써 등기의 공신력을 인정하지 않는 신민법의 결함을 보정할 수 있다.

김증한 교수는 그 후에도 이러한 주장을 계속 유지하였고,[4] 당시에는 이러한 견해가 통설로 받아들여졌다고 할 수 있다.[5]

2. 이영섭 전 대법원장의 물권행위 부정설

1960년에 당시 이화여자대학교 교수이던 이영섭 전 대법원장은, 우리 민법상 물권변동의 요건으로서 채권계약과 등기 내지 인도 외에 별도로 물권행위를 인정할 필요가 없다고 주장하였다. 즉 독법식(獨法式)의 기성관념을 깨끗이 떠나서 순진하게 민법 제186조와 제188조 제1항을 읽는다면 물권 자체의 변동만을 목적으로 하는 내용의 합의를 그 원인행위 되는 채권행위와 떼어서 들추어낸다는 것은 그리 쉬운 이론구성은 아니고, 특히 이러한 이론구성은 비법률가에 있어서는 거의 기대할 수 없을 것이며, 독일에서 특히 부동산 소유권이전의 합의를 위시하여 기타의 부동산권 변동의 합의에 관하여 독자성을 법문화한 까닭은 틀림없이 독일이 부동산 등기신청에 관하여 실질적 심사주의를 취하고 있기 때문인 것이지만, 우리 부동산등기법은 형식적 심사주의를 취하고 있기 때문에 등기신청서를 수리하기 이전에 새삼스럽게 당사자에게 물권을 변동시키려는 의사의

---

4) 이를 가장 상세하게 전개한 것은 1978년에 발간된 "물권행위론"이라는 논문이다. 김증한, 민법논집, 1978, 1면 이하. 원래는 고시연구라는 잡지에 1977년 11월호부터 8회에 걸쳐 연재되었던 것이다.

5) 1968년까지의 학설상황에 대하여는 곽윤직, "부동산물권변동의 연구", 1968, 48면, 63면 참조.

유무를 다시 타진하여 볼 필요는 없으므로, 독일식으로 채권행위 이외에 물권변
동의 합의를 의제할 필요는 없다고 한다는 것이다.[6]

　　이러한 주장은 한동안 지지자가 별로 없었는데,[7] 2000년대에 들어와서 다시
물권행위 개념이 필요하지 않다는 부정설이 등장하게 되었다. 이에 대하여는 아
래에서 다시 살펴본다.

3. 곽윤직 교수의 독자성 및 무인성 부정설

　　곽윤직 교수는 1963년에 발표한 논문에서, 물권행위의 독자성과 무인성을
부정하는 주장을 펼쳤다.[8] 먼저 독자성에 관하여는, 물권행위의 독자성을 부정한
다고 하여 물권행위라는 개념 자체를 부정하는 것은 아니라고 하면서, 다음과 같
이 독자성 긍정설을 비판한다. 첫째, 민법이 물권변동에 관하여 독법주의(형식주
의)를 취하고 있기 때문에 독자성을 인정하여야 한다는 견해가 있으나, 같은 독
법주의를 취하고 있는 스위스 민법에서는 물권행위의 독자성이 입법적으로 부정
되어 있다. 둘째, 민법 제186조와 제188조 제1항이 독자성을 인정한 것이 명백하
다는 견해에 대하여는, 제186조는 단순히 「법률행위」라고 하고, 제188조 제1항은
「양도」라고 하고 있을 뿐이어서 그것이 물권행위를 가리키는 것이냐 채권행위를
말하는 것이냐가 문제이므로, 민법이 명문으로 독자성을 인정하고 있다고는 할
수 없다. 셋째, 물권행위의 독자성을 인정하지 않는다면 채권이 발생함과 동시에
이행되는 것이 원칙이라는 결과가 되어 채권의 성질에 반한다는 주장에 대하여
는, 채권행위 속에 물권행위도 포함되어 있다고 해서 채권의 이행이 완전히 끝난
것이 되지는 않는다. 넷째, 부동산 대금은 완급하였으나 아직 등기를 하지 않고
부동산을 명도받은 자를 보호하기 위하여 물권적 합의로부터 물권적 기대권이라
는 일종의 물권에 가까운 권리를 인정하자는 견해에 대하여는, 물권적 기대권이
라는 권리를 인정할 수 있느냐가 문제일 뿐만 아니라, 민법이 법률관계를 명확히

---

6) 이영섭, "물권행위의 독자성", 법조 9권 7호, 1960, 25면 이하.
7) 다만 이호정, "Franz Beyerle의 물권계약론", 상, 하, 법조 1969. 1, 1969. 4; 이호정, "부동산의
　최종매수인(전득자)의 최초매도인에 대한 등기청구권", 고시계 26권 7호 (293호), 1981, 17면
　이하; 정조근, "물권행위론", 동아대 동아법학 8호, 1989, 169면 이하 참조.
8) 곽윤직, "물권행위의 독자성과 무인성", 법조 제12권 3호, 1963, 42면 이하. 이는 그 논문에서도
　밝히고 있는 것처럼 거의 같은 시기에 발간된 물권법 교과서의 내용과도 일치한다. 곽윤직, 물
　권법, 1963, 57면 이하.

하고자 모처럼 독법주의를 채용하였는데 그것에 따르지 않는 자를 특별히 보호할 이유가 없다. 다섯째, 물권행위의 독자성을 인정하지 않는다면, 매수인의 소유권은 소멸시효로 소멸하는 일이 없지만, 매도인의 대금청구권은 일정한 기간의 경과로 소멸하게 되므로 불합리하다는 주장에 대하여는, 현행 민법하에서는 매매에 의하여 당연히 소유권을 취득하지 못하므로 이는 문제가 되지 않는다. 여섯째, 물권행위의 무인성을 인정하는 전제로서 독자성을 인정하여야 한다는 주장에 대하여는, 이는 물권행위의 무인성을 인정할 필요가 없다는 견해에서는 무의미하다.

그리고 무인성에 관하여는 다음과 같이 무인성 인정설을 비판하고 있다. 첫째, 물권행위는 채권행위와는 별개의 행위이므로 물권행위의 유효성은 채권행위의 유효성과는 따로 정하는 것이 당연하다고 하는 데 대하여는, 이는 개인의사자치의 도그마와 개념법학의 결합이고, 출연행위의 원인 또는 출연의 목적이 법률상 존재하지 않는 경우에는 출연행위도 효력을 발생하지 않는다고 하는 것이 당사자의 의사에 합치한다. 둘째, 무인성을 인정함으로써 법률관계를 명료하게 할 수 있다는 데 대하여는, 무인성을 인정한다고 해서 언제나 법률관계가 명료하지는 않으며, 무인성을 인정하더라도 특히 상대적 무인설을 취한다면 법률관계가 불확정한 상태에 있게 되는 경우가 적지 않고, 법률상의 다툼을 감소시킨다는 의미에서의 법적 확실성보다도 정당한 이익을 보호한다는 것이 더 높이 평가되어야 한다. 셋째, 무인성을 인정함으로써 거래의 안전을 보호할 수 있다는 주장에 대하여는, 실제로 무인성을 인정하더라도 그 보호되는 범위는 그렇게 넓은 것이 되지 못한다. 즉 채권행위가 무효이거나 취소되더라도 물권행위의 효력에는 영향이 없는 경우는 예외에 속하고, 유인성을 인정하더라도 이 때에는 선의의 제3자 보호규정에 의하여 제3자가 보호되며, 무인성을 인정하면 악의의 제3자까지 보호하게 된다. 그리고 무인성을 인정하는 학자들은 모두 당사자가 유인으로 하려는 의사를 표시한 때에는 유인이 된다고 하는 상대적 무인설을 취하고 있는데, 거래의 안전을 보호하기 위하여는 상대적 무인설은 무의미하다.

곽윤직 교수는 이러한 주장을 1968년 발행된 단행본에서 좀더 상세하게 펼쳤으나,9) 기본적인 내용은 별로 달라지지 않았다. 현승종 교수도 1965년에 발행

---

9) 주 5)의 책. 이 단행본은 곽윤직 교수가 같은 해 수여받은 같은 제목의 서울대학교 법학박사학위 논문과 동일하다.

한 교과서에서 대체로 같은 취지로 주장하였다.[10] 그러나 1970년대까지는 이러한 주장은 그다지 지지를 받지 못하고 있었던 것으로 보인다.

Ⅲ. 황적인 교수의 물권행위론

황적인 교수가 처음으로 물권행위론을 전개한 것은 1975년에 발표한 논문에서이다.[11] 황적인 교수는 이 논문을 본인의 교과서에도 옮겨 실었는데,[12] 다소 내용이 바뀌었다. 특히 1975년의 논문에서는 물권행위의 독자성은 인정하여야 한다고 주장하면서도 무인성에 대하여는 명확한 태도를 밝히지 않고 있었다. 그런데 1976년의 교과서에서는 무인성은 인정할 필요가 없다고 하였고, 그 후의 교과서에서도 이러한 주장은 마찬가지이지만, 부동산거래의 동적 안전을 확보하기 위한 방안으로서 미국의 권원분석 및 권원보증 제도를 채택하여야 한다고 하는 내용이 추가되어 있다. 여기서는 1975년의 논문과 가장 나중에 나온 1987년의 교과서를 바탕으로 서술한다.

우선 물권행위의 독자성에 관하여는 종래의 논의를 설명하고, 이어서 다음과 같이 독자성을 인정하여야 하는 근거를 밝히고 있다. 즉 채권행위가 있는 때에 원칙적으로 물권행위도 있다고 해석하는 것은 당사자의 통상의 의사에 반할 뿐만 아니라 채권의 성질에도 반한다. 당사자의 통상의 의사에 반한다는 것은, 우리나라의 거래 실제에 있어서 당사자의 의사는 매매계약만이 성립함으로써 곧 부동산 소유권이 이전된다고 할 수는 없고, 중도금을 지급하고 등기서류 중에서 특히 매도증서를 교부하고 대금지급을 하여야 소유권이 이전된 것으로 해석할 수 있기 때문이다. 당사자의 의사는 매매계약과 동시에 소유권이 이전되었다고 새기기보다는 매매계약은 의사 내지 계획확정(Programmfeststellung)이고 물권적 합의는 이행지시(Vollzugsanordnung)라고 보고,[13] 소유권 이전은 시간적 절차적으로

---

10) 현승종, 민법 (총칙·물권), 1965, 180-184면.

11) 황적인, "물권행위의 독자성과 무인성", 법정 1975. 10, 11. 이 논문은 성헌황적인교수정년기념 민법·경제법논집, 1995, 141면 이하에도 실려 있다.

12) 민법강의 (상)—총칙·물권—, 1976, 201-223면; 현대민법론 Ⅱ, 1980, 24-48면; 현대민법론 Ⅱ, 전정판, 1987, 36-68면.

13) 여기서는 Hermann Eichler, Institutionen des Sachenrechts, Bd. 1, 1954, S. 107 ff.을 인용하고 있다(원문에는 Ⅱ.로 표시되어 있으나 Bd. 1의 오기라고 보인다).

진행하는 것으로 해석하는 것이 거래의 실정에 맞고 타당하다. 그럼으로써 당사자에게 신중하게 판단할 기회를 주고(소위 견제기능, Kontrollfunktion), 그것이 당사자의 이해관계에 적합하다.

또한 물권행위의 독자성을 인정하지 않는다면 채권이 발생함과 동시에 이행되는 것이 원칙이라는 결과가 되어 채권의 성질에 반한다는 주장에 대하여, 곽윤직 교수는 현행민법에서는 등기 또는 인도라는 공시방법까지 갖추어야만 완전히 이행된 것이 되며, 물권행위를 한 것만으로는 일부의 이행이 될 뿐이라고 하지만, 역시 일부의 이행이 있는 것은 채권의 성질에 반한다고 한다. 그리고 우리 민법에서는 채권과 물권을 준별하는 체제를 취하고 있어서, 물권행위의 독자성을 부인하면 다른 제도와 부합하지 못한다고 한다.

그리고 1987년의 교과서에는 다음과 같은 설명이 추가되었다. 즉 물권이 이전되는 과정을 채권행위의 단계와 물권행위·등기의 단계로 2단계를 거치는 것으로 하는 것이 타당하다. 당사자가 매매계약을 했을 때에는 매매대금의 1/10밖에 지급하지 않고, 이 단계에서는 매수인은 계약금을 포기하고 매도인은 배액을 상환하고 해약할 수 있는데, 이러한 상태에서 매도인이 매수인에게 "물권의 변동을 목적으로 하는 의사표시"를 과연 하겠는가가 의문이다. 또한 매매계약을 체결하고 계약금을 지급한 매수인의 지위는 중도금을 지급하거나 또는 잔금을 지급하고 등기서류를 교부받은 매수인의 지위와는 같을 수가 없다. 이때에는 당사자는 확고하게 물권이 이전한다는 것을 의식하며, 절차상으로도 단독으로 등기를 할 수 있으므로 이때에 물권행위를 한 것으로 본다는 것이다. 그리고 대금 완급 후 등기서류를 받고도 등기를 하지 않는 매수인이 적지 않기 때문에, 이러한 당사자를 어떤 형태로든 보호하지 않을 수 없으므로, 채권행위와 등기 사이에 물권행위시라는 시기와 지위를 인정하여야 하는 현실적 요청이 있다.

다음 물권행위의 무인성에 관하여는, 우선 비교법적으로 보더라도 무인설은 독일법에 고유한 것이고, 독일에서도 유인설이 주장되고 있으며, 독일 이외의 나라에서 무인설이 통설인 나라는 없다고 한다. 무인설을 취하여 거래의 안전을 보호하는 것도 중요하겠으나, 보다 더 중요한 것은 정당한 권리자를 보호하는 것으로 생각된다는 것이다. 부동산이란 원래 재산적 가치가 막대하기 때문에, 무인설에서 주장하는 것처럼 원인행위는 이행행위에 영향을 미치지 않는다고 하여 양수인이나 전득자를 보호하더라도 양도인은 사실상 양수인으로부터 부당이득의

반환청구가 불가능하므로 양도인의 지위가 극히 불리하여 구체적 타당성을 잃는
다고 한다. 그렇다고 하여 채권행위와 물권행위는 유인이라고 하여 선의의 제3자
의 이익을 무시하면 거래의 안전이 해쳐지므로, 제3자를 무인성의 이론으로 보호
할 것이 아니라, 미국의 권원조사제도와 권원보증제도를 도입하여 전득자를 피
보험자로 하여 원인무효로 권리를 상실하는 자를 구제하여야 할 것으로 생각한
다고 주장한다.

Ⅳ. 물권행위 개념의 재구성

1. 물권행위에 대한 현재의 학설 상황

위와 같은 황적인 교수의 주장 이후에 물권행위 개념에 대하여는 두 가지의
새로운 주장이 제기되었다. 첫째, 필자가 주장한 것으로, 물권행위는 등기신청행
위 또는 점유 이전의 합의라고 본다. 둘째, 물권행위의 개념 그 자체가 우리나라
의 물권변동을 설명하기 위하여 필요하지 않다는, 물권행위 부정설. 정확히 말한
다면 물권행위 부정설은 종전에도 주장된 바 있었는데(위 Ⅱ. 2. 참조), 2000년대
이후의 부정설은 좀더 새로운 내용을 포함하고 있다.[14]

여기서는 우선 물권행위의 개념 내지 독자성에 대하여 살펴본다. 독자성의
개념에 대하여는 앞에서 언급한 것처럼 일단 물권행위의 시기 문제라고 전제하
고, 물권행위의 개념에 대하여는 물권적 합의 또는 물권적 의사표시만을 물권행
위라고 전제하여 서술한다. 물권행위의 독자성에 관하여 현재까지 주장된 견해
는 대체로 다음과 같이 분류할 수 있다.

첫째, 물권행위 독자성 부정설. 이 설은 물권행위와 채권행위가 합체하여 이
루어진다고 주장한다.

둘째, 물권행위 독자성 긍정설. 이 설은 채권행위 외에 별도로 물권행위가
따로 행하여진다고 본다.

---

14) 박영규, "물권행위론 비판", 법률행정논집 제10집, 2003, 1면 이하. 명순구, "'물권행위'와의 작
   별을 준비하다", 고려법학 제49호, 2007, 261면 이하; 김기창, "물권행위 무용론", 민사법학 제
   52호, 2010, 277면 이하; 김제완, "느린 동작 화면으로 본 물권행위", 명순구, 김제완, 김기창,
   박경신, 아듀 물권행위, 2006, 81면 이하. 위 아듀 물권행위에 실린 명순구, 김기창, 박경신 교
   수의 글들도 물권행위 부정론을 담고 있으나, 명순구 교수와 김기창 교수는 그 후 따로 글을
   발표하였고, 박경신 교수는 주로 미국법을 다루고 있으므로 여기서는 별도로 언급하지 않는다.

셋째, 필자의 견해. 필자는 물권행위를 부동산의 경우에는 등기신청행위로, 동산의 경우에는 점유이전의 합의로 보고, 물권행위의 무인성은 인정되지 않는다고 본다. 이는 결과에 있어서는 독자성을 인정하면서 무인성은 부정하는 것과 마찬가지이지만, 물권행위의 개념을 달리 파악한다는 점에서 그때까지 주장되었던 모든 학설과는 다르다.[15] 이하에서는 이를 신독자성설(新獨自性說)이라고 부르기로 한다.

넷째, 물권행위 부정설. 이 설은 물권행위의 개념을 부정하고, 채권행위와 그에 따른 등기 또는 인도가 있으면 물권변동이 일어난다고 본다.[16] 공통참조기준초안(Draft Common Frame of Reference, DCFR)[17]도 기본적으로 그와 같은 취지라고 할 수 있다. DCFR에 대하여는 아래에서 다시 살펴본다(Ⅴ. 1. 마.).

물론 물권행위를 어떻게 파악하든 간에 물권변동 자체는 등기 또는 인도가 있어야만 발생한다는 데에는 변함이 없다. 그리고 등기 또는 인도가 이루어지려면 등기신청행위 또는 점유이전의 합의가 있어야 한다는 것도 당연하다. 다만 종래의 논의에서는 등기신청행위나 점유이전의 합의는 물권변동의 독립한 요건으로 취급하지 않았는데, 필자는 이를 독립한 물권행위라고 본다는 점에서 차이가 있다.

각 설에 따른 물권변동의 요건을 도식으로 설명하면 다음과 같다.

물권행위 독자성 부정설: (채권행위 + 물권행위) + 등기 또는 인도.
물권행위 독자성 긍정설: 채권행위 + 물권행위 + 등기 또는 인도.
신독자성설: 채권행위 + 등기신청 또는 점유이전의 합의(= 물권행위) + 등기
　　　　　또는 인도.
물권행위 부정설: 채권행위 + 등기 또는 인도.

여기서 괄호로 묶은 것은 괄호 안의 것이 합체하여 또는 일체로 이루어진다

---

15) 윤진수(주 1) 참조.
16) 다만 이 설을 주장하는 논자 가운데에는 채권행위가 물권변동의 원인이라는 것도 인정하지 않는 경우도 있다. 박영규 교수는 민법 제186조의 법률행위가 채권행위이건 물권행위이건 다툴 일이 아니라고 하고, 김기창 교수는 매매 등의 채권 계약이 그저 체결되기만 하였다고 해서 양도 원인이 구비되었다고 하기도 어렵다고 한다. 박영규(주 14), 24면; 김기창(주 14). 291면.
17) 이는 유럽위원회(European Commission)가 2005년에 유럽 사법에 관하여 공통참조기준(Common Frame of Reference)을 만들기 위하여 유럽민법전 연구그룹(Study Group on a European Civil Code)과 현재의 유럽공동체사법 연구그룹(Research Group on Existing EC Private Law, acquis group)에게 의뢰하여 만들어진 것이다.

는 것을 나타낸다.

　　여기서는 본인의 견해를 다시 한 번 서술하고, 종래의 물권행위 개념을 유지
하는 입장에서의 비판에 대하여 반박하여 보고자 한다. 그리고 Ⅴ.에서는 물권행
위 부정설에 대하여 따로 살펴본다.

2. 신독자성설의 내용

　　종래의 물권행위 이론에 의하면, 법률행위에 의한 물권변동은 유효한 채권
행위와 그 이행을 위한 등기 또는 인도 외에 그와는 별도로 물권변동 그 자체를
목적으로 하는 물권행위가 없으면 물권변동은 일어나지 않고, 가령 등기상 물권
변동이 있는 것으로 되어도 이는 무효라는 것이 된다. 다만 독자성 부정설은 그
러한 물권행위가 채권행위와 같이 행해진다고 보는 반면, 독자성 긍정설은 채권
행위와 등기 사이, 즉 매도인이 등기에 필요한 서류를 매수인에게 교부할 때 물
권행위가 있는 것으로 본다.

　　그러나 과연 채권행위와 당사자의 의사에 기한 등기 또는 인도 외에 그것과
는 구별되는 물권변동 그 자체를 목적으로 하는 물권행위가 있어야 하고, 이것이
없으면 물권변동은 일어나지 않는 것으로 하여야 할 이유가 있을까? 우선 부동
산 매매계약의 예를 가지고 분석해 본다.

　　부동산 매도인은 매매계약을 체결할 당시에 계약금을 받고, 매수인이 중도
금과 잔금을 지급하면 부동산 소유권을 이전하여 줄 것을, 다시 말하여 소유권이
전등기를 마쳐 줄 것을 약정한다. 이때 매도인의 1차적인 관심은 매매대금을 제
대로 받는 데 있고, 따라서 매매대금을 모두 지급받기 전에는 소유권을 이전하여
주지 않을 것이다. 이러한 매도인의 이익은 소유권이전등기절차에서 매도인의
동의가 있어야 한다는 것으로써 보호될 수 있다. 즉 매도인은 매매대금을 지급받
아야만 소유권이전등기에 동의하여 매수인과 공동으로 소유권이전등기신청을 하
게 된다. 경우에 따라서는 매도인이 매매대금을 모두 지급받지 않더라도 소유권
이전등기를 넘겨줄 수도 있다. 이때에는 매수인이 매매대금을 지급하지 않을 위
험은 매도인이 스스로 부담하게 된다. 결국 중요한 것은 소유권이전등기가 매도
인의 의사에 따라 이루어졌는가 하는 점이다.

　　그런데 부동산등기법상으로는 등기는 등기권리자와 등기의무자의 공동신청

에 의하도록 되어 있고(제23조 제1항 참조), 따라서 매매를 원인으로 하는 소유권이전등기는 등기권리자인 매수인과 등기의무자인 매도인의 공동신청에 의하도록 되어 있는데, 이러한 소유권이전등기의 공동신청은 물권행위의 정의에 그대로 들어맞는다. 즉 그 신청은 그에 따라 등기가 이루어짐으로써 소유권에 관한 물권변동, 즉 소유권 이전이 일어나는 것 자체를 목적으로 하는 것이다. 다른 말로 한다면 매매계약의 당사자는 소유권이전등기신청을 할 때, 그 신청에 따른 등기가 있으면 소유권이 이전된다는 사실을 알 뿐만 아니라, 바로 이러한 효과가 발생될 것을 목적으로 하여 등기신청을 한다. 따라서 소유권이전등기신청은 바로 소유권이 바로 이전되는 것을 목적으로 하는 처분행위이다. 그러므로 부동산의 경우에는 등기신청 외의 다른 물권행위 개념을 생각할 필요가 없다. 다른 말로 한다면, 부동산에 관한 물권변동은 채권행위와 이를 원인으로 하는 당사자의 등기신청이 있고 그 신청에 따라 등기가 이루어지면 일어나는 것이고, 굳이 그 외에 물권변동 그 자체를 목적으로 하는 의사표시 내지 법률행위를 요구할 이유가 없다.

이 점에 관하여 황적인 교수가 인용하고 있는 아이힐러의 설명을 살펴본다. 그는 왜 의무부담행위 외에 물권적 합의라는 별도의 법률행위를 요구하고 있고, 양자는 어떤 관계에 있는가 하는 의문을 스스로 제기하면서, 이에 대하여 다음과 같이 답변한다. 즉 물권적 합의는 당사자들에게 원인행위의 이행 경과를 재고할 수 있는 가능성, 다시 말하여 계약상의 요건, 예컨대 매매대금의 지급이 존재하는지 여부를 일치하는 의사에 의하여 확인할 수 있는 가능성을 부여한다. 이는 기본행위는 계획확정(Programmfestlegung)이고, 물권적 합의는 원인계약에 내포되어 있는 권리 변동을 위한 당사자의 이행지시(Vollzugsanordnung)라고 하는 공식으로 표현할 수 있다. 그런데 부동산법상의 변동에 관하여는 부동산등기부상의 허락 및 신청체제(Bewilligungs- und Antragssystem)가 물권적 합의의 통제기능(Kontroll-funktion)을 떠맡을 수 있지 않는가 하는 점을 생각해 볼 수 있으나, 이는 형식적인 부동산등기법과 실체적인 부동산등기법을 뒤섞어버리는 결과가 될 뿐만 아니라, 이를 부동산등기법 차원의 합의 요건으로 묶어버리는 것이 된다.[18]

이러한 설명으로부터 독일의 물권행위는 기본적으로 이행의 통제 기능을 가진다는 것을 알 수 있다. 다만 부동산등기부상의 등기절차가 통제기능을 맡게 되

---

18) Eichler(주 13), S. 107 f.

면 형식적인 부동산등기법과 실체적인 부동산등기법을 뒤섞어버리는 결과가 된다고 하는 것은 우리나라 법의 입장에서 볼 때 반드시 그러한지 의문이고, 실제로 우리나라의 실무는 부동산등기법상의 등기절차가 이행의 통제기능을 맡고 있다고 볼 수 있다.

그리고 현실인도에 의한 동산 소유권 취득의 경우에는 점유이전 내지 인도의 합의가 부동산에서의 등기 신청과 마찬가지의 기능을 하고 있다.19) 일반적인 점유이전의 경우에 그 합의가 자연적인 의사인가 아니면 법적 효과의사인가에 대하여는 다툼이 있으나, 이 점은 별론으로 하더라도, 동산을 양도하기로 한 당사자가 점유를 이전하는 합의를 할 때에는 그 점유이전에 의하여 소유권이 이전된다는 것을 인식할 뿐만 아니라 그러한 효과를 발생시키려는 법적 의사를 가지고 있다고 보는 것이 자연스럽다.20) 다른 한편 동산의 양도를 위한 인도가 현실인도 아닌 간이인도의 합의(민법 제188조 제2항)나 점유개정의 합의(제189조)에 의하여 이루어지는 경우에는 이러한 합의에 소유권 이전의 물권적 합의가 포함되어 있다고 해석되는 점21)에 비추어 보면, 이와 동일한 기능을 하는 현실인도의 경우에도 인도의 합의에 소유권 이전의 물권적 합의가 포함되어 있다고 보아야 할 것이다.

종래 물권행위의 독자성을 인정하는 논자들은 동산에 관하여는 언제 물권행위가 있는지를 명확히 밝히지 않는 경우가 많으나, 이에 대하여 언급하는 학설은 대체로 점유 이전시에 물권적 합의가 있었다고 본다.22) 이는 결과적으로는 필자의 견해와 마찬가지이지만, 종래의 독자성 긍정설은 점유 이전의 합의와 소유권

---

19) 김기창(주 14), 291면 주 20)은 점유 획득을 설명함에 있어서는 점유의 심소(animus)가 있어야 한다고 함으로써 '합의'라는 표현을 피하는 것이 적절하고, 점유 이전의 합의라는 개념은 사용을 피하는 것이 바람직하다고 주장한다. 그러나 민법 제199조 제1항은 점유자의 승계인은 자기의 점유만을 주장하거나 자기의 점유와 전점유자의 점유를 아울러 주장할 수 있다고 규정하는데, 포괄승계 아닌 특정승계의 경우에는 그 승계가 점유 이전의 합의에 의한 것이라야 한다. 또한 점유 침탈이란 점유자의 의사에 기하지 않은 점유의 상실을 말한다. 주석민법 물권 (1), 제4판, 2011, 307면, 403면(김형석) 등 참조.

20) 윤진수(주 1), 20면 이하 참조.

21) 주석민법 물권 (1)(주 19), 142면(홍성재).

22) 김증한·김학동(주 2), 112면; 김상용, 물권법, 2009, 202면; 이영준(주 2), 256면(주문매매와 같이 인도가 매매로부터 상당한 시간이 경과한 후에 행하여지는 경우); 강태성, "우리나라에서의 물권행위의 시기", 경북대학교 법학논고 제31집, 2009, 266면 이하. 다만 대법원 1991. 3. 22. 선고 91다70 판결은, 민법 제249조가 규정하는 선의 무과실의 기준시점은 물권행위가 완성되는 때이므로 물권적 합의가 동산의 인도보다 먼저 행하여지면 인도된 때를, 인도가 물권적 합의보다 먼저 행하여지면 물권적 합의가 이루어진 때를 기준으로 해야 한다고 판시하고 있어서, 물권적 합의의 시기가 인도 시기와는 다를 수 있다고 보고 있다.

이전의 합의는 별개라고 보는 반면,[23] 필자는 점유이전의 합의에는 소유권 이전의 합의가 포함되어 있다고 보는 점에서 양자는 차이가 있다. 그리고 소유권 이전이 간이인도의 합의나 점유개정의 합의 등에 의하여 이루어지는 경우에는 그 자체가 물권행위라고 볼 수 있다는 점은 앞에서 언급하였다.

스위스에서는 동산 소유권 이전에서 인도(Tradition)는 물권계약(dinglicher Vertrag)이라고 본다. 권리자로부터의 소유권 취득은 기본행위(Grundgeschäft)와 물권계약인 인도의 두 단계 과정으로 이루어지고, 이 점에서 가령 매매, 소유권 이전에 대한 물권적 합의 및 점유 이전에 의한 소유권 이전이라는 3단계를 요구하는 독일 민법과는 다르다고 한다.[24] 그리고 법률행위로 인한 물권변동의 경우에 부동산 소유권의 취득을 위한 종전 소유자의 등기신청(Grundbuchanmeldung)은 등기된 소유권에 대한 실체적인 처분(materielle Verfügung)으로서 단독행위에 해당한다고 보고 있다.[25][26]

오스트리아에서도 민법 제380조는 권원(Titel)과 법적 취득방식(rechtliche Erwerbungsart) 없이는 소유권을 취득할 수 없다고 규정하여 이른바 권원-방식(titulus-modus) 이론을 채택하고 있는데, 부동산의 소유권 이전등기에 필요한 종전 소유자의 등기에 대한 허락의 의사표시(Aufsandungserklärung)는 물권적인 처분의 요소를 이룬다고 한다.[27]

---

23) 강태성(주 22), 266면 이하 참조.

24) Arthur Meier-Heyoz, Schweizerisches Privatrecht, Bd. Ⅴ/1, 1977, S. 319(Peter Liver); Heinz Rey, Die Grundlagen des Sachenrechts und das Eigentum, 2. Aufl., 2000, S. 415. Rey는 인도를 사실행위라고 보는 견해도 있음을 소개하면서, 양 설의 차이는 사실행위설에서는 단순한 판단능력만 있으면 된다고 보는데 반하여 법률행위로 보는 설은 점유가 유효하게 이전되기 위하여는 행위능력이 요구된다고 보는 점에 있다고 설명한다. 또한 이상훈, "스위스법상의 물권변동", 이화여자대학교 법학논집 제14권 제1호, 2009, 17면 이하 참조.

25) 윤진수(주 1), 33-34면의 소개 참조.

26) 그런데 홍성재, "윤진수 교수의 『물권행위 개념에 대한 새로운 접근』에 관한 토론", 민사법학 제28호, 2005, 66-67면은 스위스에서도 통설은 등기신청행위와 물권적 의사표시로서의 등기허락을 구별하고 있다고 하면서, 절차적으로 볼 때 당사자 사이에 등기허락이라고 하는 물권적 의사표시가 있고 그에 기하여 등기신청이 행하여진다고 본다. 그러나 스위스에서는 등기의무자인 종전 소유자의 단독신청에 의하여 소유권이전등기가 이루어지므로, 별도로 등기의무자의 등기허락이 필요하지 않다. 홍 교수가 근거로 인용하고 있는 스위스 연방대법원의 판결(BGE 84 Ⅱ, 363)은 등기부상의 처분은 단독신청에 기하여 이루어지는 반면, 채권양도는 양도인과 양수인 양 당사자 사이의 법률행위라고 하고 있을 뿐이다. 김상용, "물권행위에 관련된 법리의 재검토와 재정립", 민사법연구 (8), 2013(최초 발표: 2010), 25-26면은 이 점에 관한 스위스와 독일의 차이를 설명하고 있다.

27) Eccher in: Kurzkommentar zum ABGB, 3. Aufl., 2010, § 425 Rz. 1.

3. 물권변동의 원인은 물권행위인가?

종래 물권행위 개념을 인정하는 논자들은 대체로 물권행위를 물권변동의 원인으로 보고 있다. 즉 물권변동이 유효하게 일어나려면 물권의 변동에 관한 채무를 부담하는 채권행위와, 그 이행으로서의 등기 또는 인도 외에 물권변동 그 자체를 목적으로 하는 물권행위가 있어야 하고, 따라서 물권변동의 원인은 채권행위 아닌 물권행위이며, 민법 제186조의 '법률행위'나 제188조 제1항의 '양도'는 모두 물권행위로 파악한다.28) 그러나 굳이 물권변동의 '원인'으로서의 물권행위 개념을 인정할 필요는 없다. 종래의 물권행위 긍정론자는 이러한 물권변동의 원인으로서의 물권행위 개념이 필요한 이유를, 우리 민법이 물권과 채권을 준별하고 있으므로, 단순한 채권의 변동을 목적으로 하는 채권행위와는 별개로 물권변동을 목적으로 하는 물권행위라는 개념을 인정하는 것이 민법의 체계와 부합된다고 한다.29) 또 우리 민법은 형식주의를 취하고 있으므로 물권행위가 있다 하더라도 등기·인도가 없으면 물권변동은 생기지 않는데, 등기·인도는 물권의 변동을 직접 목적으로 하는 물권적 합의와 결합할 수 있을 뿐 권리이전청구권을 발생시키는 데 불과한 채권행위와는 결합할 수 없다는 주장도 있다.30)

그러나 성립요건주의를 취하거나 물권과 채권을 준별한다고 하여, 물권변동의 원인으로서 채권행위 외에 물권행위가 필요하다고 하는 결론이 당연히 나오는 것은 아니다. 채권행위와 그 이행으로서의 등기 또는 인도가 있으면 등기 또는 인도와는 독립된 물권변동의 원인으로서의 물권행위가 없더라도 물권변동이 일어난다고 하는 것은 얼마든지 가능하다. 이 점은 우리나라와 마찬가지로 성립요건주의를 취하는 스위스와 오스트리아의 경우를 보아도 알 수 있다. 스위스에서는 부동산 소유권의 취득을 위한 종전 소유자의 등기신청은 등기된 소유권에 대한 실체적인 처분으로서 단독행위에 해당한다고 하면서도(위 2.), 법률행위로 인한 물권변동의 경우에 법률상 원인(Rechtsgrund)은 매매와 같은 의무부담행위라고 본다.31) 오스트리아에서도 부동산의 소유권 이전등기에 필요한 종전 소유자

---

28) 다만 홍성재(주 21), 118면은 제186조 소정의 법률행위는 물권적 의사표시를 포함하는 채권행위로 해석된다고 하고, 현승종(주 10), 182면은 제186조의 법률행위와 제188조 제1항의 양도는 물권행위와 합체되어 있는 채권행위(원문에는 물권행위라고 되어 있으나 오기로 보인다)라고 한다.
29) 김증한·김학동(주 2), 44면.
30) 이영준(주 2), 69면.
31) Basler Kommentar zum Schweizerischen Privatrecht, Zivilgesetzbuch II, 2. Aufl., 2003, Art. 963

의 등기에 대한 허락의 의사표시는 물권적인 처분이지만(위 2.), 소유권을 취득할 수 있는 권원(Titel)은 승계취득의 경우에는 그 권리 취득을 지향하는 계약(의무부담행위)이나 현상광고, 유언과 같은 단독행위 또는 법률 그 자체라고 한다.[32) 이처럼 물권변동의 요건으로서 등기나 인도 등의 요건과는 별도의 물권행위를 물권변동의 원인으로 할 것인가 하는 점은 물권과 채권을 준별하는지, 성립요건주의를 택하는지 하는 것과 직결되는 것은 아니다.[33)

참고로 독일에서도 제1초안 당시에는 부동산에 관한 물권변동에 관하여는 채권계약 외에 별도의 물권적 합의를 요구하면서도, 그 내용은 등기에 관한 것으로 규정하고 있었다. 즉 제828조 제2항은 물권변동에 관한 계약(Vertrag)은 권리자가 등기부상 권리변동의 등기를 허락한다는 것과, 상대방의 그에 대한 동의를 필요로 한다고 규정하고 있었다.[34) 그러나 제2초안에서는 Vertrag이라는 용어를 Einigung이라는 용어로 대체하였고, 그 이론적 구성은 학설에 위임하였으며, 등기에 대한 허락도 부동산등기법상의 형식적인 등기원인으로 하기로 하여, 현행 독일 민법 제873조 제1항[35)이 성립되었다.[36) 독일의 부동산등기법(Grundbuchordnung, GBO)은

Rz. 36 f.; Art. 965 Rz. 9 ff.(Jürg Schmid).

32) Eccher in: Kurzkommentar zum ABGB, 3. Aufl., 2010, § 380 Rz. 2.

33) 최종길, "물권행위에 관한 일고찰", 최광준 엮음, 최종길 교수의 민법학 연구, 2005, 147면 이하 (최초 발표: 1969)는 법률행위에 의한 소유권이전의 법적 규제는 다음과 같이 세 가지의 기본 유형으로 구별할 수 있다고 한다. 즉 소유권이전을 위하여는 단지 채권계약만을 요하는 의사주의 또는 계약주의(Vertragsprinzip) 또는 합의주의(Konsensprinzip), 소유권이전을 위하여 채권계약 및 인도 또는 등기를 요건으로 하고 그 중간단계에 이와는 따로 독립된 의의를 가지는 물권행위의 개재를 명시적으로 요구하지 않는 인도주의(Traditionsprinzip 또는 Übergabeprinzip), 채권계약 이외에 물권계약 및 인도 또는 등기의 3중적인 요건을 필요로 하는 물권적 합의주의 (Einigungsprinzip)이다. 그리고 물권행위의 개념 내지 물권행위의 독자성 또는 무인성의 복잡한 논란을 하지 않고서도 물권변동을 규제하는 합리적인 방법이 다른 입법례에는 얼마든지 있다고 한다. 또한 金相容(주 26), 16면은 물권변동을 목적으로 하는 법률행위는 당해 국가의 법전통에 따라서 물권행위가 되기도 하고 채권행위가 되기도 하였으므로, 물권변동을 위한 법률행위는 논리필연적으로 물권행위가 되어야 한다거나 채권행위가 되어야 하는 것은 아니라고 한다. 그리고 서을오, 물권행위론에 관한 학설사적 연구, 2008, 162면은 제186조에서 말하는 법률행위를 채권행위로 보는 것이 오스트리아 민법전이나 스위스 민법전의 입장이라고 한다면, 우리 법의 해석에 있어서도 마찬가지로 하여도 큰 문제는 없을 것이라고 한다.

34) 계약은 권리자가 부동산등기부상 권리변동의 등기를 허락한다는 의사표시와 상대방의 그 허락의 승낙을 필요로 한다(Der Vertrag erfordert die Erklärung des Berechtigten, daß er die Eintragung der Rechtsänderung in das Grundbuch bewillige, und die Annahme der Bewilligung von Seiten des anderen Theiles).

35) 부동산의 소유권을 양도하거나, 부동산에 권리를 설정하거나 또는 그 권리를 양도하거나 그 권리에 부담을 설정함에는, 법률에 다른 규정이 없는 한, 권리변동에 관한 권리자와 상대방의 합의 및 부동산등기부에의 권리변동의 등기를 요한다(Zur Übertragung des Eigentums an einem Grundstück, zur Belastung eines Grundstücks mit einem Recht sowie zur Übertragung oder

공동신청주의 아닌 단독신청주의를 택하고 있으므로(제13조 이하), 물권적 합의는 등기신청과는 명확하게 구별된다.

그런데 물권행위를 물권변동의 원인이라고 보는 설에서는 채권행위 없이 물권행위만으로 물권변동이 일어나는 경우가 있으므로 물권변동의 원인은 물권행위라고 보아야 한다고 하면서, 그 예로서 지상권·전세권·저당권 등의 제한물권의 설정계약을 예로 들거나,37) 물권의 포기 또는 승역지 소유자의 위기(委棄, 민법 제299조)와 같은 단독행위를 예로 든다.38)

그러나 우선 제한물권의 설정은 예외 없이 그러한 제한물권을 설정하기로 하는 채권계약이 있고, 그에 따라 물권계약으로서의 등기 신청이 행하여진다고 보아야 할 것이다.39) 그리고 제186조 또는 제188조가 물권의 포기나 승역지 소유자의 위기 등에 적용되는 것인지는 의문이다.40) 동산의 경우에는 포기가 제188조 제1항이 규정하고 있는 '양도'에 해당한다고 할 수도 없고, 점유의 포기가 '인도'에 해당하지도 않는다. 그리고 부동산의 경우에는 포기의 등기가 있어야만 포기의 효과가 발생하는지에 관하여부터 견해가 대립한다.41) 그런데 등기가 필요하다고 보더라도, 그 포기의 의사표시는 어떻게 해야 하는지 명확하지 않다. 일반적으로 소유권의 포기는 상대방 없는 단독행위이고, 제한물권의 포기는 그 포기에 의하여 직접 이익을 얻는 자(보통은 소유자)에게 해야 하는 상대방 있는

Belastung eines solchen Rechts ist die Einigung des Berechtigten und des anderen Teils über den Eintritt der Rechtsänderung und die Eintragung der Rechtsänderung in das Grundbuch erforderlich, soweit nicht das Gesetz ein anderes vorschreibt).

36) Staudinger/Gursky, Neubearbeitung 2007, § 873 Rz. 3. 변경 과정에 대하여는 Jakobs/Schubert, Die Beratung des BGB, Sachenrectt Ⅰ, 1985, S. 246 ff. 참조.

37) 김증한·김학동(주 2), 50면.

38) 홍성재(주 21), 92면; 송덕수, 물권법, 제2판, 2014, 66면 등.

39) 이영섭(주 6), 30-31면 이하; 윤진수(주 1), 39면 주 112). 같은 취지, 홍성재(주 21), 92면 주 14). 김상용(주 22), 107면은 물상보증인의 경우에 물상보증인으로 하여금 담보물권을 설정하게 한다는 채권행위는 채무자와 채권자 사이에서 행하여지지만, 담보물권설정의 합의(즉 물권행위)는 물상보증인과 채권자 사이에 행하여지기 때문에 채권행위의 당사자와 물권행위의 당사자가 서로 다르다고 하지만, 이러한 경우에 물상보증인과 채권자 사이의 담보물권 설정의 합의는 물상보증인이 담보물권을 설정하여야 하는 채무부담행위이다. 그렇지 않으면 채권자가 담보물권을 설정하기로 합의한 물상보증인에게 담보물권 설정의 청구를 할 수 있는 근거가 없다. 대법원 2004. 2. 13. 선고 2002다7213 판결은 근저당권설정 약정에 의한 근저당권설정등기 청구권이 그 피담보채권이 될 채권과는 별개로 소멸시효에 걸린다고 하여 근저당권설정계약이 채권계약임을 인정하고 있다.

40) 윤진수(주 1), 39면 이하 참조.

41) 다수설은 등기를 필요로 한다고 보고 있으나, 이영준(주 2), 102면은 포기의 의사표시는 형성권의 행사로서 말소등기 없이 소멸의 효과가 발생한다고 한다.

단독행위라고 설명한다.42) 그러나 적어도 부동산 소유권의 포기의 경우에는 이를 등기공무원에 대한 단독행위라고 보는 것이 합리적이 아닌가 생각된다. 구태여 등기절차 외에서 상대방 없이 포기를 한 다음, 이를 원인으로 하여 등기신청을 하도록 하는 것은 별로 합목적적이라고 할 수 없다.43) 이렇게 본다면 부동산 소유권의 포기는 별도의 원인행위 없이 이루어지는 것이라고 이해할 수도 있다. 기본적으로는 소유권이나 제한물권의 포기는 일반적인 법률행위와는 차이가 있으므로 민법에 별도의 규정을 두어야 하는데, 이러한 규정이 없는 것은 일종의 법률 흠결이라고 여겨진다.44) 독일 민법이나 스위스 민법 및 오스트리아 민법은 모두 일반적인 물권변동에 관한 규정과는 별도로 포기에 관한 규정을 따로 두고 있다.45)

설령 부동산에 관한 물권의 포기에도 제186조가 적용될 수 있다고 보더라도, 이처럼 채권행위 없이 물권행위만에 의하여 물권변동이 이루어지는 것은 매우 예외적인 현상이므로, 제186조의 법률행위는 항상 물권행위라고 일반화하는 것은 문제가 있고, 오히려 이는 별도로 다루어야 할 문제라고 생각된다.46)

4. 신독자성설의 실제적 의의

신독자성설의 기본적인 출발점은 다음과 같다. 즉 물권변동을 위하여 당사자의 채권행위 외에 등기나 인도와 같은 공시방법을 추가로 요구하는 성립요건주의 하에서는 그러한 등기나 인도가 적법하기 위하여 그 등기나 인도가 채권계약 외의 별도의 당사자의 의사에 기하여 이루어져야 하는 것이 반대채무의 이행 없이는 자기 채무를 이행하지 않으려는 당사자의 이익에 부합하는 것이고, 이러한 등기나 인도에 요구되는 당사자의 의사를 물권행위로 파악하는 것은 자연스러운 일이다.47) 다시 말하자면 우리 민법의 해석상 물권행위는 그 자체가 물권변

---

42) 김증한·김학동(주 2), 174면; 곽윤직·김재형, 민법총칙, 제9판, 2013, 175면 등.
43) 스위스에서는 포기의 의사표시는 등기공무원에게 하여야 하는데, 보통은 이는 말소신청에 포함되어 있는 것으로 본다. Heinz Rey(주 24), pp. 405 f. 독일 민법 제875조 제1항은 부동산에 관한 권리의 포기(Aufhebung)는 등기공무원이나 그 포기에 의하여 이익을 얻는 자에 대하여 해야 한다고 규정하고 있다.
44) 2013년 법무부 민법개정위원회에서 실무위원회는 물권의 포기에 관한 규정을 둘 것을 제안하였으나, 이 제안은 위원장단회의에서 받아들여지지 않았다.
45) 독일 민법 제875조, 제959조; 스위스 민법 제666조, 제729조.
46) 윤진수(주 1), 39-40면.
47) 윤진수(주 1), 16-17면 참조.

동의 원인이라고는 할 수 없고, 등기 또는 인도와 같은 물권변동의 과정에서 그 물권변동이 당사자의 의사에 기한 것인가를 확인하는 절차적 의미만을 가진다.[48] 현재 우리나라의 판례나 등기 실무도 모두 부동산 물권변동의 원인을 매매와 같은 채권행위로 보고 있다.[49]

　　종래에는 우리 민법의 물권변동에 관한 규정을 주로 독일 민법을 참조하여 설명하려고 하였다. 그러나 우리 민법의 규정은 독일보다는 스위스 민법의 규정과 가까우므로,[50] 스위스 민법의 해석론이 더 도움이 된다. 물론 우리나라에서는 부동산에 관한 등기를 등기권리자와 등기의무자가 공동으로 신청하여야 한다는 공동신청주의(부동산등기법 23조 제1항)를 택하고 있는 점에서 부동산에 관한 등기를 등기의무자인 종전 소유자가 단독으로 신청하는 단독신청주의를 채택하고 있는 스위스(스위스 민법 제963조 제1항)와는 다르다. 그렇지만 공동신청주의가 우리나라에서 등기 신청을 처분행위로 보는 데 장애가 되는 것은 아니다. 다만 스위스에서는 등기신청의 처분행위가 단독행위인 데 비하여, 우리나라에서는 이를 단독행위 아닌 계약이라고 보아야 할 뿐이다.

　　이처럼 등기가 당사자의 의사에 기하여 이루어져야 한다는 점과 관하여 다음의 대법원의 판결 두 개를 살펴본다. 우선 대법원 1996. 6. 11. 선고 96도233 판결에서는 피고인인 매수인이 매도인과의 사이에 매도인의 토지를 매수하기로 하는 매매계약을 체결하고 계약금과 중도금을 지급하였고, 매도인은 법무사에게 부동산소유권이전등기에 필요한 서류 일체를 법무사에게 맡겨 놓고, 잔금을 지급한 후에 매수인이 위 서류들을 찾아서 소유권이전등기를 마치도록 약정하였다. 그런데 피고인은 법무사에게 매도인에게 잔금을 모두 지급하였다고 거짓말하여 법무사로 하여금 등기공무원에게 위 등기서류들을 제출하게 하여 자신 앞으로 소유권이전등기를 경료하게 하였다. 이때 피고인의 행위가 공정증서원본불실기재죄에 해당하는가에 관하여, 원심은 이를 긍정하였다. 그러나 대법원은, 법무사가 피고인에게 기망당하여 잔금이 모두 지급된 것으로 잘못 알고 등기신청을 하여 그 소유권이전등기를 경료한 것이라면 위 법무사의 등기신청 행위에 하자가 있다고 할 수는 있으나 위 신청이 무효라고는 할 수 없고, 위 소유권이전등기의 원인이 되는 법률관계인 매매 내지는 물권적 합의가 객관적으로 존재하지 아니하

---

48) 윤진수(주 1), 49면.
49) 윤진수(주 1), 38면 참조.
50) 윤진수(주 1), 17면; 이상훈(주 24), 1면 이하.

는 것이라고는 할 수 없으니, 공정증서원본불실기재죄가 되지 않는다고 하였다.

　　다른 한편 대법원 2006. 3. 10. 선고 2005도9402 판결에서는 부동산 매도인이 법무사 사무실 직원에게 피고인인 매수인 앞으로의 소유권이전등기에 필요한 서류를 교부하면서, 자신으로부터 전화연락을 받은 후에야 비로소 소유권이전등기신청을 하도록 함으로써 소유권이전등기를 하려면 자신으로부터 별도의 허락을 얻어야 한다는 점을 분명히 해 두었다. 그런데 피고인이 매도인과 사이에 협의를 하거나 허락을 받은 바가 없음에도 불구하고, 법무사 사무실 직원에게 이 사건 부동산에 관하여 소유권이전등기를 먼저 마치고 위 부동산에 저당권을 설정한 후 대출을 받아 잔금을 지급하도록 매도인이 허락하였다고 거짓말하여, 법무사 사무실 직원으로 하여금 이 사건 부동산에 관한 소유권이전등기절차를 밟도록 하였다. 원심은 매도인과 매수인 사이에 소유권이전에 관한 합의도 객관적으로 존재하고 이를 무효로 볼 사유도 없으므로, 법무사가 비록 피고인의 기망에 의해 소유권이전등기를 신청하였더라도 이를 허위의 신고라고 하거나 그로 인한 등기를 불실의 기재라고 할 수는 없다고 판단하여, 피고인은 무죄라고 하였다. 그러나 대법원은, 매도인과 피고인이 잔금지급에 앞서 부동산을 피고인에게 먼저 이전하겠다는 물권적 합의를 하였다거나 피고인 명의의 소유권이전등기를 신청할 대리권을 법무사에게 수여하였다고 볼 수는 없다고 하여, 피고인 명의의 소유권이전등기는 원인무효의 등기로서 불실기재라고 하였다.

　　앞의 판결은 매도인과 매수인 사이에 물권적 합의는 있었고, 다만 그 등기신청은 하자가 있지만 무효는 아니라고 보았으나, 물권적 합의가 언제 있었는지는 분명히 하지 않았다. 반면 뒤의 판결은 매도인이 법무사에게 등기서류를 맡겨 놓기는 했지만 자신이 전화연락을 해야만 비로소 소유권이전등기신청을 하도록 했다는 점에서, 등기서류를 맡긴 것만으로는 아직 대리권을 수여한 것은 아니고, 매도인이 전화를 할 때 비로소 대리권을 수여하려는 것이었다고 해석하여 법무사의 등기신청은 무권대리행위이므로 당사자 사이에는 물권적 합의가 없었다고 본 것으로 이해된다.

　　그런데 등기신청 자체를 물권행위라고 본다면, 위 두 개의 판결을 모두 쉽게 설명할 수 있다. 즉 앞의 판결에서는 법무사에게 매도인을 대리하여 등기신청을 할 권한이 있었으므로, 법무사가 매수인에게 기망당하여 등기신청을 하였더라도 등기신청이라는 물권적 합의가 무권대리로서 무효라고는 할 수 없고, 다만 기망

이 있었음을 이유로 하여 등기신청행위를 취소할 수 있을 뿐이다. 이 판결도 법
무사의 등기신청 행위에 하자가 있다고 하였으나, 그와는 별개의 물권적 합의에
하자가 있었다고는 하지 않았다. 실제로 등기신청 외에는 취소할 수 있는 물권적
합의를 특정하기도 어렵다. 반면 뒤의 판결에서는 매도인의 승낙을 받기 전에는
법무사에게 등기신청을 할 대리권이 없었기 때문에, 법무사의 매도인을 대리한
등기행위는 무권대리행위이고 따라서 물권적 합의 자체가 없으므로, 그 등기는
무효라고 보아야 하는 것이다.51)

5. 신독자성설에 대한 비판의 검토

필자의 이러한 주장에 대하여 종래의 물권행위 개념을 유지하는 홍성재 교수
와 김상용 교수는 다음과 같이 필자의 주장을 비판하였다. 이에 관하여 살펴본다.

가. 홍성재 교수의 비판

홍성재 교수는 2005. 4. 24. 민사법학회 춘계 학술대회에서 필자의 발표에
대한 지정토론자로서 다음과 같이 필자의 주장에 대하여 비판하였다. 첫째, 동산
소유권 양도의 효력이 발생하기 위하여 요구되는 합의는 소유권 이전에 관한 물
권적 합의이지, 인도의 합의가 아니다. 그리고 점유권의 양도의 효력이 발생하기
위해서는 물건에 대한 사실상의 지배의 이전이 있으면 족하고 특별히 점유권의
양도에 관한 물권적 합의를 요하지 않는다. 둘째, 등기신청행위를 물권행위로 보
게 되면 물권행위는 요식행위라고 보아야 하는데, 이는 특별한 법률의 규정에 의
함이 없이 사적자치를 배제하는 결과가 됨을 유의할 필요가 있다. 셋째, 등기신
청행위를 물권행위로 보게 되면 물권적 합의에 기한 등기청구권의 행사를 배제
하게 될 염려가 있다. 등기청구권은 순수 채권행위만을 행한 단계에서는 행사할
수 없고 당사자 사이에 물권적 합의를 행함으로써 비로소 행사할 수 있다고 새

---

51) 김기창(주 14), 296면 이하는, 등기 '원인의 구비'는 양도 의무가 이행되어야 할 원인거래 상의
   요건이 모두 충족되고, 양도 의무 이행을 거부할 사정이 없을 때 비로소 인정될 수 있다는 전
   제에서, 잔금이 지급되지 않은 상태에서 기망 수단을 동원하거나 매도인의 착오를 빌미로 경료
   된 등기는 이를 '취소'하지 않더라도 당사자 간의 관계에서는 아무 효력도 없는 원인 무효의
   등기라고 하여, 2005도9402 판결은 타당하지만 96도233 판결은 잘못되었다고 비판한다. 그러나
   뒤에서 보는 것처럼 등기 '원인의 구비'는 양도 의무가 이행되어야 할 원인거래 상의 요건이
   모두 충족되는 것이라는 주장은 근거가 없다. 홍성재, "김기창 교수의 "물권행위 무용론"에 대
   한 토론", 민사법학 제52호, 2010, 314면 이하는 위 두 판결 사이에 모순이 없다고 설명한다.

겨야 한다.52)

첫째의 비판에 대하여는 앞의 2.에서 언급한 것처럼 인도의 합의와 소유권 이전의 합의를 별개로 볼 필요가 없다고 답변할 수 있다. 그리고 둘째 점에 대하여는 등기신청 또는 인도의 합의를 물권행위로 본다고 하여 물권행위가 요식행위가 되는 것은 아니다. 요식행위에 있어서 문제되는 방식이란, 그 행위의 효력을 발생시키기 위한 요건(Wirksamkeitsvoraussetzung)일 뿐, 그 행위 자체의 구성요건(Tatbestand)은 아니다. 다른 말로 한다면 요식행위에서 요구되는 방식을 준수하지 않은 법률행위라고 하더라도 그 법률행위 자체가 존재하지 않는 것은 아니고, 따라서 방식을 준수하지 않은 법률행위라고 하더라도 나중에 하자가 치유되면 유효하게 될 수 있다.53) 그런데 등기신청 또는 인도의 합의를 물권행위로 본다면, 등기신청이나 인도의 합의가 없을 때에는 물권행위 그 자체가 존재하지 않는 것이고, 물권행위는 존재하지만 방식을 준수하지 않아서 무효가 되는 것은 아니다. 셋째의 점에 대하여는, 채권행위가 있으면 등기청구권이 발생하고, 이행행위인 물권행위에서는 등기청구권이 나오지 않는다고 보는 것이 일반적인 견해이다.54)

나. 김상용 교수의 비판

물권행위의 독자성을 긍정하는 김상용 교수는, 등기신청시에 물권행위가 행해진다는 견해는 자기계약, 쌍방대리를 금지하는 민법 제124조와 조화를 이루지 못하고 있다고 비판한다.55) 이러한 비판은, 물권행위에는 자기계약, 쌍방대리가 금지되는데, 부동산등기법상의 등기신청에는 이것이 허용된다고 하는 점을 전제로 한 것으로 보인다.56) 그런데 종래 부동산등기신청에서 자기계약이나 쌍방대

---

52) 홍성재(주 26), 57면 이하.
53) Reinhard Bork, Allgemeiner Teil des Bürgerlichen Gesetzbuchs, 3. Aufl., 2011. Rdnr. 405, 1044; Wolf/Neuner, Allgemeiner Teil des Bürgerlichen Rechts, 10. Aful., 2012, S, 312 등. 김진현, "요식행위 규정신설의 필요성 검토를 위한 비교법적 연구(上)", 강원법학 제33권, 2011, 191면은 요식행위에서 그 준수가 요구되는 방식은 그 법률행위 자체의 「의사표시의 수단」(Willenserklärungsmittel)으로서 기능할 뿐만 아니라 동시에 그 법률행위가 완전한 효력을 갖게 되기 위하여 특별히 추가적으로 요구되는 요건 즉 그 법률행위의 추가적 「효력요건」(Wirksamkeitsvoraussetzung)이 되는 법률사실을 가리키는 것이라고 설명한다.
54) 가령 김증한·김학동(주 2), 98면. 다만 여기서는 등기청구권이 물권적 기대권의 효력으로도 생긴다고 한다.
55) 김상용(주 26), 24면.
56) 김상용(주 22), 71면은 등기신청행위는 자기계약, 쌍방대리가 모두 인정되지만, 민법에서는 자기계약, 쌍방대리가 금지되어 있다고 설명한다.

리가 허용된다고 보는 견해는 그 근거를 등기의 신청은 채무의 이행에 해당하기 때문이라고 보고 있다(민법 제124조 단서).[57] 그렇다면 종래의 물권행위론자들이 말하는 물권행위도 채무의 이행행위이므로, 여기서도 자기계약 또는 쌍방대리가 허용되어야 할 것이고, 따라서 이 점에서는 신독자성설과 차이가 없다.

그런데 필자는 등기신청행위가 채무의 이행이므로 자기계약이나 쌍방대리가 허용된다는 점에 대하여는 다소 의문을 가진다. 부동산 매매계약에서 매도인이 매수인 명의의 소유권이전등기를 신청하는 것은 통상 매수인이 매매대금을 지급하는 것을 조건으로 한다고 볼 수 있다. 따라서 매수인이 매매대금을 지급하지 않더라도 등기의 신청이 채무 이행이라는 이유로 자기계약 또는 쌍방대리가 허용된다면 당사자들 사이에 이해의 충돌을 가져올 우려가 있다. 그러므로 등기신청에 관하여 자기계약 또는 쌍방대리가 허용되는 것은 본인의 허락이 있을 때로 한정할 필요가 있다. 현재는 대체로 법무사 1인이 매도인과 매수인 쌍방을 대리하여 등기를 신청하고 있는데, 이는 매도인과 매수인 쌍방의 그에 대한 허락이 있기 때문에(제124조 본문) 허용된다고 설명하여야 할 것이다.[58]

V. 물권행위 부정설

1. 부정설의 내용

여기서는 부정설을 주장하는 각 논자들의 설명을 요약하여 소개한다. 그리고 위 주장들이 타당한가에 대하여는 2.에서 검토하기로 한다.

가. 박영규 교수

박영규 교수는 종래 물권행위 개념을 인정하는 여러 주장들을 검토한 다음, 이는 모두 현행법상 근거가 없다고 본다. 그리하여 채권행위와 물권행위는 이론적으로 구별할 수 있을지 모르지만, 현행 민법이 그 구별을 전제로 규율하고 있다는 흔적은 전혀 발견할 수 없고, 현행법이 모르는 것을 일부러 만들어서 불필요한 논쟁을 하는 것은 법해석론의 온당한 자세가 아니라고 비판한다. 그리하여 민법 제186조의 법률행위는 문자 그대로의 법률행위를 의미하는 것

---

57) 곽윤직 · 김재형(주 42), 349면; 송덕수, 민법총칙, 제2판, 2013, 358면 등.
58) 앞에서 살펴본 대법원 2006. 3. 10. 선고 2005도9402 판결 참조.

으로 보아야 하고, 이 법률행위에는 증여, 매매, 교환 등 계약뿐만 아니라, 재단
법인 설립을 위한 출연, 물권의 포기, 지상권 소멸청구 등 단독행위도 포함한다
고 한다.59)

나. 명순구 교수

명순구 교수는 물권행위 개념을 유지할 필요가 없다고 주장하면서, 종래의
물권행위 인정설에 대하여 다음과 같이 비판한다. 첫째, 물권과 채권을 준별하는
문제와 채권행위와 물권행위를 구별하여야 한다는 문제는 필연적 관계에 있지
않다. 둘째, 입법자 의사가 물권계약과 채권계약을 구별하고 있다는 주장에 대하
여는, 입법 당시 논쟁의 중심은 의사주의를 취할 것인가 형식주의를 취할 것인가
하는 점에 있었으며, 입법과정에서 물권계약과 채권계약의 분리를 언급하였다고
하더라도 그와 같은 관념이 실정법에 반영되었다는 흔적을 찾아볼 수 없다. 셋
째, 채권행위에 대한 이행행위로서 물권행위의 관념을 인정한다면 이는 일반적
법개념을 변형시키는 결과가 된다. 즉 채권행위의 이행행위로서 물권행위의 개
념을 인정한다면, 매매계약의 당사자는 물권행위를 하여야 할 의무를 부담하는
것이 되는데, 이는 매매계약의 본질과 당사자 의사에 합치하지 않는다. 넷째, 필
자의 견해에 대하여는 다음과 같이 비판한다. 즉 등기신청행위를 물권행위라고
보게 되면, 부동산등기법 제40조60)가 정하는 등기서류 어느 것에도 물권행위의
요소는 반영되지 못하게 되는데, 이러한 상황에 대한 평가는 다음 두 가지 중의
어느 하나가 될 수밖에 없다. ① 우리의 부동산등기법이 잘못되었는데, 물권변동
의 유효성을 결정짓는 등기원인을 기재하는 것을 요구하지 않기 때문이다. ② 물
권행위는 등기원인이 될 수 없다. 그런데 물권행위는 물권변동의 원인이기에 물
권행위라는 개념을 인정하는 것인데, 사정이 이러하다면 물권행위를 인정하는
이유가 모호해진다.61)

다. 김제완 교수

김제완 교수는 물권행위와 등기와의 관계에 대하여 다음과 같이 분석한다.
만일 등기가 이루어지지 않았다 하더라도 물권행위를 한 것만으로도 채권행위를

---

59) 박영규(주 14), 11면 이하.
60) 이는 2011. 4. 12. 법률 제10580호로 개정되기 전의 것이다.
61) 명순구(주 14), 277-278면.

행한 단계에 비해 어떤 물권적 효력이 있다면 등기신청과 등기가 서로 별개의 것이라고 인정하는 것에 의미가 있겠지만, 그러한 효력을 인정하기는 어렵다. 물권적 기대권 등의 이론은 일반적으로 받아들여지지 않았다. 우리 민법 체제하에서 등기를 하지 않은 물권행위는 물권법적으로는 의미를 부여할 수 없다. 물권행위란 결국 등기과정에 포함되어 있는 등기 이전의 합의 또는 이와 관련된 의사작용으로서 등기과정의 일환으로 이루어지는 것이라고 보는 설명이 가장 거래 실상에 부합하고, 물권행위란 것을 실체로서 인정하여야 한다면 이는 결국 물권변동을 위한 계약의 이행과정에 포함되어 있는 일종의 의사작용을 지칭하는 것이라고 하면서, 결론에 있어서는 그러한 의사작용을 물권행위라고 볼 필요는 없다고 한다.62)

그리고 등기신청행위 또는 점유 이전의 합의를 물권행위로 보아야 한다는 주장에 대하여는 다음과 같이 비판한다. 우선 부동산에 관하여는, 부동산매매계약을 원인으로 한 이전등기 재판의 경우 상대방의 국가(등기공무원)에 대한 신청을 구하는 성격이 강하므로, 본래적인 의미의 법률행위에 포함시키기에는 어색한 측면이 있고, 판결에 의하여 대용된 매도인의 의사표시가 매수인을 향한 것이 아니라 등기공무원을 향한 것이라면, 이는 물권행위를 지칭하는 것이라고 단정하기는 어렵다. 그리고 동산에 관하여는 매매한 동산을 인도하지 않고 있을 경우에 강제이행의 방법은 민법 제389조 제2항에 의한 의사의 진술을 명하는 판결 내지 대용판결이 아니고 직접강제로서, 매수인은 법원에 "인도하라"는 판결을 구하며, 그 집행은 집행관이 목적물을 채무자로부터 빼앗아 채권자에게 인도하여야 하는 것이므로, 그 강제이행 과정에 매도인과 매수인 간에 "물권을 이전한다는 합의"는 고사하고 그 비슷한 것도 존재하고 있을 것 같지 않다.63)

라. 김기창 교수

김기창 교수는 부동산 물권변동을 물권적 합의라는 개념을 동원하지 않고 등기 '원인의 구비'와 '등기'로 설명할 수 있다고 주장한다. 여기서 등기 '원인의 구비'는 물권 양도 의무를 발생시키는 계약이 체결되기만 하면 당장에 인정될 수 있는 것이 아니라, 양도 의무가 이행되어야 할 원인거래상의 요건이 모두 충족되

---

62) 김제완(주 14), 86면 이하.
63) 김제완(주 14), 90면 이하.

고, 양도 의무 이행을 거부할 사정이 없을 때 비로소 인정될 수 있다고 한다. 그리하여 물건을 양도할 원인이 모두 구비된 상황에서 경료된 등기였다면, 비록 위조, 변조 서류로 경료되건, 사기, 강박, 착오로 경료되건 가리지 않고 유효한 등기이지만, 이행기에 이르지 않았거나 잔금이 아직 지급되지 않은 경우라면 부동산 물권을 양도할 '원인'이 구비되었다고 할 수 없다는 것이다. 원인이 구비되지 않았는데도 양도인이 완전히 자유로운 의사로 등기를 경료해 준다면, 이는 자발적 현실 증여이거나 기한의 이익 또는 동시이행 항변권의 포기이거나 무효 또는 취소 가능한 행위의 추인으로 설명되는 것이지, 물권적 합의로 설명할 사안이 아니고, 반면 양도의 원인이 구비되지 않은 상황에서 양도인의 자유로운 의사에 기하지 않고 이루어진 등기는 원인이 결여된(sine causa) 등기이기 때문에 효력이 없는 것이지, 원인거래와는 개념상 구분되는 물권적 합의가 결여되었다고 설명해야 하는 것은 아니라는 것이다. 다만 비록 원인 무효의 등기이긴 하지만 등기신청 과정에서 양도인의 기여(그 의사에 하자가 있긴 하지만)가 있었던 경우에는 제3자와의 관계에서는 거래 안전 등에 대한 정책적 고려로 인하여 그 효력을 인정해 줄 필요가 있고, 따라서 그 등기가 원인 무효이긴 하지만 그것이 말소되지 않고 있는 동안 이를 신뢰한 선의의 제3자는 유효하게 물권을 취득한다고 주장한다.64)

그리고 동산에 관하여도, 객관적으로 양도 원인의 구비와 점유의 이전이 요구되고, 주관적으로는 매매, 증여 등의 '거래 의사'와 점유 획득에 요구되는 '인식'이 필요하다고 보면 충분한데, 여기서 양도 원인을 채권 계약이라고만 파악하는 것은 올바르지 않고, 이행기가 도래하고, 약정한 대가의 수수 등이 이루어져서 목적물의 이전이 양도인의 의사에 반하지 않는 상황이 마련된 경우에 비로소 양도 원인이 '구비'되었다고 설명할 수 있다고 한다.65)

마. DCFR

2009년에 최종안이 발표된 DCFR은 제8권(Book Ⅷ)에서 동산 소유권의 취득 및 상실(Acquisition and loss of ownership of goods)을 다루고 있다.66) 그 중 Ⅷ.—

---

64) 김기창(주 14), 291면 이하, 특히 296-297면.
65) 김기창(주 14), 278면 이하, 특히 291면.
66) 이에 대한 국내의 소개로는 김진우, "권리자에 의한 동산소유권 이전체계", 저스티스 제145호 (2014. 12), 113면 이하가 있다.

2:101은 동산 소유권 이전의 요건을 규정하고 있는데,[67] 물권적 합의(real agreement)는 그 요건에 포함되어 있지 않다. 그 해설도 이 점을 확인하면서, 다음과 같이 비교적 상세하게 설명하고 있다.[68]

여기서는 물권적 합의를 인정하는 것이 과연 실익이 있는가에 관하여 다음과 같이 설명한다. 우선 물권적 합의 개념을 인정하여, 물권적 합의가 인도시에 있는 것으로 본다면, 당사자 사이의 합의 없이 양도가 일어나는 것을 막을 수 있다고 생각할 수 있다. 그러나 DCFR은 소유권 이전의 시점에 관한 당사자의 합의나 인도가 있을 것을 소유권 이전의 요건으로 규정하고 있으므로, 위와 같은 목적을 위하여 물권적 합의 개념을 인정할 필요는 없다. 인도는 양도인의 의사에 의한 행위 없이는 일어나지 않기 때문이다. 소유권의 유보는 물권적 합의 개념 없이도 인정할 수 있다. 오히려 물권적 합의 개념을 인정하게 되면, 양도인이 일방적으로 소유권을 유보할 수 있게 된다. 즉 처음에는 대금을 지급해야만 소유권이 이전된다는 합의가 없었는데, 인도시에 양도인이 일방적으로 대금을 지급해야만 소유권이 이전된다고 하면 물권적 합의의 불합치(dissensus)로 인하여 소유권 이전이 일어나지 않게 된다. 이를 물권적 합의를 인정하는 이점이라고 할 수도 있으나, 이러한 정책은 여기서는 선호되지 않는다. 대금 지급의 방식과 같은 것은 당사자들이 그 거래의 리스크와 유·불리를 계산에 넣을 수 있도록 원칙적

---

67) Ⅷ. - 2:101: Requirements for the transfer of ownership in general

   (1) The transfer of ownership of goods under this Chapter requires that:

     (a) the goods exist;

     (b) the goods are transferable;

     (c) the transferor has the right or authority to transfer the ownership;

     (d) the transferee is entitled as against the transferor to the transfer of ownership by virtue of a contract or other juridical act, a court order or a rule of law; and

     (e) there is an agreement as to the time ownership is to pass and the conditions of this agreement are met, or, in the absence of such agreement, delivery or an equivalent to delivery.

   (2) For the purposes of paragraph (1)(e) the delivery or equivalent to delivery must be based on, or referable to, the entitlement under the contract or other juridical act, court order or rule of law.

   (3) Where the contract or other juridical act, court order or rule of law defines the goods in generic terms, ownership can pass only when the goods are identified to it. Where goods form part of an identified bulk, Ⅷ.—2:305 (Transfer of goods forming part of a bulk) applies.

   (4) Paragraph (1)(e) does not apply where ownership passes under a court order or rule of law at the time determined in it.

68) Christian von Bar and Eric Clive ed., Principles, Definitions and Model Rules of European Private Law, Draft common Frame of Reference(DCFR), Full Edition, Vol. 5, 2009, pp. 4417 ff.

으로 계약이 체결될 때 결정되어 있어야 한다.[69]

또한 양도가 이루어졌으나 양수인이 수리를 위탁하여 양도인이 점유하고 있는 상태에서 매수인이 매매대금을 제대로 지급하지 않아서 계약이 해제되는 경우에는, 물권적 합의를 필요로 하지 않는다면 점유하고 있는 양도인이 소유권을 바로 취득하게 된다. 이때 양수인과의 사이에 물권적 합의가 있어야 한다면 매매대금을 일부 지급한 양수인을 보호할 수 있겠지만, 이러한 양수인을 보호할 필요는 없다고 한다. 즉 양수인이 매매대금을 지급하지 않음으로써 이러한 상황을 자초했고, 또 매도인이 이행지체를 이유로 해제하려면 사전 최고를 하여야 하는데, 매수인으로서는 그에 대처할 방법이 있을 것이므로 물권적 합의를 요구하더라도 물권적 합의를 요구할 실제적인 필요성은 제한된다. 만일 매매목적물에 하자가 있어서 매수인이 대금을 지급하지 않을 정당한 이유가 있었다면, 매매목적물의 매도인에의 자동 복귀는 부정되어야 하지만, 이는 간이인도에 의한 소유권 취득 {Ⅷ.—2:105 (1)}이 적용되지 않는 것으로 봄으로써 해결될 수 있다. 그리고 매매목적물에 중대한 하자가 있어서 매수인이 매도인에게 수리를 요구하면서 목적물을 넘겨 주었다가 계약을 해제하는 경우에, 매수인을 보호하기 위하여 물권적 합의를 요구하는 것이 바람직한 것처럼 보이기도 하지만, 이는 매매대금의 반환이 있을 때 물권적 합의가 있는 것으로 해석한다는 해석상의 기술이 필요하다. 이 문제도 간이인도에 의한 소유권 취득이 적용되지 않는 것으로 봄으로써 해결될 수 있다.[70]

그리고 양도인이 양수인과 유효한 계약을 체결하였는데 인도 당시에는 무능력이어서 이행을 거절할 수 있음을 모르거나 상황을 판단하지 못하는 경우에는 물권적 합의 개념을 인정하면 법정대리인이 물권적 합의에 대하여 동의를 하여야 하므로, 양수인의 자력에 관한 위험을 평가할 수 있게 된다는 점이 실제적인 이점이 될 수 있지만, 이러한 이점의 적용범위는 제한되어 있을 뿐만 아니라 앞에서 언급한 것처럼 양도인과 그의 채권자를 과보호하는 문제점을 안고 있으므로, 물권적 합의를 양도의 일반요건으로 채택하기는 곤란하다. 또 사해행위의 경우에는 원인인 매매나 증여는 취소할 수 없지만, 물권적 합의는 취소할 수 있다는 것도 물권적 합의 개념의 또 다른 이점이라고 할 수 있다. 그렇지만 이러한

---

69) von Bar and Clive(주 68), pp. 4418 f.
70) von Bar and Clive(주 68), p. 4422-4423.

이유로 물권적 합의 개념을 인정하는 것은 적절하지 않다, 거래를 어느 때, 그리고 어느 기간 내에 취소할 것인지는 도산법이 결정할 문제이며, 어떤 나라들의 도산법은 인도와 같은 사실행위도 취소할 수 있도록 하고 있다.[71]

2. 검　　토

국내의 물권행위 부정설은 물권행위가 물권변동의 원인이 아니라고 본다는 점에서는 필자의 견해와 같다. 특히 김제완 교수가 물권행위란 결국 등기과정에 포함되어 있는 등기 이전의 합의 또는 이와 관련된 의사작용으로서 등기과정의 일환으로 이루어지는 것이라고 보는 설명이 가장 거래 실상에 부합한다고 보는 것은 필자와 문제의식을 같이한다. 그러나 물권행위 부정설은 필자와 같이 등기신청행위 또는 점유이전의 합의를 물권행위로 보지는 않고 있다. 이하에서는 주로 필자에 대한 비판을 중심으로 살펴본다. 또 DCFR의 설명은 종래의 물권행위 개념 부정론보다 훨씬 정치한 것으로서, 이에 대하여도 좀더 상세한 검토가 필요하다.

가. 명순구 교수의 비판

명순구 교수는 등기신청행위를 물권행위라고 보게 되면, 우리의 부동산등기법이 물권변동의 유효성을 결정짓는 등기원인을 기재하는 것을 요구하지 않기 때문에 잘못되었거나, 물권행위는 등기원인이 될 수 없다는 것이 되는데 이는 모두 받아들일 수 없다고 주장한다. 그러나 이러한 비판은 받아들이기 어렵다. 우선 당시의 부동산등기법이나 현재의 부동산등기규칙은 등기원인을 증명하는 서면 또는 정보를 제출할 것을 요구하고 있으므로,[72] 우리 부동산등기법이 잘못되었다는 주장은 성립할 수 없다.

그리고 물권행위가 등기의 원인이 될 수 없다고 하는 주장 자체로 문제가 있다고 하는 것은 타당하지 않다. 위 주장의 진의는 물권행위가 등기원인이 아니라면 왜 물권행위라는 개념을 인정하는가 하는 것으로 보이는데, 이 점에 대하여 필자는 아래와 같이 주장한 바 있다. 즉 채권행위의 효력요건과 물권행위의 효력

---

71) von Bar and Clive(주 68), p. 4423.
72) 당시의 부동산등기법 제40조 제1항 제2호; 현 부동산등기규칙 제46조 제1항 제1호.

요건을 별도로 인정할 필요가 있는데, 물권행위에 관하여는 채권행위와는 달리 그 목적물이 적어도 물권행위의 효력발생시까지 특정되어야 하고, 물권행위가 유효하기 위하여는 행위자가 처분권을 가져야 한다는 등의 특질이 인정된다. 또한 물권행위에는 하자가 있으나 채권행위에는 하자가 없거나 채권행위의 하자와 물권행위의 하자가 다른 경우가 있을 수 있는데 이 경우에는 물권행위의 하자만을 주장할 수 있게 할 필요가 있다. 예컨대 매매계약에서 매수인이 매매대금을 다 지급해야만 매매목적물의 소유권을 이전하기로 하였는데, 매수인이 매매대금을 다 지급하였다고 매도인을 기망하여 인도 내지 소유권이전등기를 마친 경우, 매도인으로서는 매매계약 자체에는 하자가 없으므로 매매계약 자체를 취소할 수는 없지만, 인도 내지 소유권이전등기에 수반되는 물권행위를 취소할 수는 있는 것이다.[73]

위 비판론은 매매계약에서 매수인이 대금을 다 지급하지 않고도 지급했다고 말하는 것은 사기의 문제가 아니라 채무불이행의 문제이고, 이러한 경우에 매도인으로서는 계약위반을 이유로 매매계약을 해제하는 것이 실제에 있어서나 이론적으로 자연스러운 해결책이라고 한다.[74] 그러나 대금을 지급하지 않은 것 자체는 채무불이행의 문제이지만, 지급하지 않고서도 지급했다고 말하는 것은 명백한 사기이고, 경우에 따라서는 공정증서원본불실기재죄에 해당할 수도 있다.[75] 계약의 해제와 취소는 그 요건이나 절차에서 차이가 있을 뿐만 아니라 법률효과에 있어서도 반드시 같지 않으므로, 해제와 취소를 아울러 주장할 수 있는 길을 열어 놓을 필요가 있다.[76]

나. 김제완 교수의 비판

김제완 교수는 부동산매매계약을 원인으로 한 이전등기 재판의 경우 상대방의 등기공무원에 대한 신청을 구하는 성격이 강하므로, 본래적인 의미의 법률행위에 포함시키기에는 어색한 측면이 있다고 한다. 그리고 매매한 동산을 인도하지 않고 있을 경우에 강제이행의 방법은 민법 제389조 제2항에 의한 의사의 진술을 명하는 판결 내지 대용판결이 아니고 직접강제이므로 그 강제이행 과정에

---

73) 윤진수(주 1), 35-36면.
74) 명순구(주 14), 275면.
75) 위 대법원 2006. 3. 10. 선고 2005도9402 판결 참조.
76) 윤진수(주 1), 36면. 홍성재, "물권행위 무용론의 검토", 고상룡교수고희기념 한국민법의 새로운 전개, 2012, 222-223면도 같은 취지이다.

매도인과 매수인 간에 "물권을 이전한다는 합의"는 존재하지 않는다고 한다.

그러나 등기신청의 의사표시는 직접적으로는 등기공무원을 상대방으로 하는 것이지만, 등기 신청에 관한 등기권리자와 등기의무자의 의사가 합치되고 있고, 등기신청서도 하나의 신청서에 의하여 양자가 공동으로 신청을 하고 있으며, 민법은 직접 계약의 상대방에 대한 의사표시 이외의 경우에도 계약의 성립을 인정하고 있으므로(민법 제532조 참조) 이러한 공동의 등기신청시에 계약의 성립을 인정하는데 별다른 문제가 없다.77) 설사 이러한 등기권리자와 등기의무자의 공동신청을 그들 사이의 물권적 합의라고 부르지 않는다고 하더라도, 이것이 물권변동 그 자체를 목적으로 하는 처분행위에 해당하고, 따라서 이를 물권행위라고 보는 것은 충분히 가능하다고 생각된다.

동산의 경우에는 어떠한가? 독일에서는 실제로 동산 소유권 이전의무를 부담하는 자에 대하여 상대방이 재판상 청구를 할 때에는 "동산을 인도하고 양도하라(übergeben und übereignen)"라고 청구하고, 판결도 그와 같이 한다.78) 그러나 판결의 주문이 인도만을 명하는 때에도 해석상 소유권의 양도도 동시에 의미하는 것으로 해석될 수 있다고 한다.79) 우리나라에서도 같은 취지의 주장이 있다. 즉 집행관이 판결에 기하여 채무자로부터 점유를 빼앗아 채권자에게 인도하는 때에, 채권자는 물권적 의사표시를 한 것으로 해석할 수 있다는 것이다.80)

생각건대 동산의 소유권이 이전되기 위하여 인도 외에 그와는 별도의 물권적 합의(Einigung)를 요구하는 독일에서는81) 그와 같은 설명이 필요할 수 있다. 그러나 필자와 같이 점유이전의 합의에 소유권 이전의 물권적 합의가 포함되어 있다고 보는 경우에는 이처럼 점유의 이전 외에 별도로 소유권 이전을 위한 물권적 합의를 요구할 필요가 없다. 즉 인도가 채권계약 외의 별도의 당사자의 의사에 기하여 이루어져야 하는 것은 그래야만 그 인도가 적법할 수 있기 때문이

---

77) 윤진수(주 1), 28-29면. 스위스에서도 소유자의 지위를 가지고 있는 자의 등기신청은 우선 등기공무원에 대하여 등기부상의 변동을 일어나게 해 달라는 형식적인 신청이지만, 절대적 등기주의의 적용영역에서는 이는 또한 부동산 소유권에 대한 실체적 처분이라고 설명한다. Liver(주 24), S. 138; Rey(주 24), S. 352.

78) Beck'sches Prozessformularbuch, 11. Aufl., 2010, S. 513(Zahn); Michael Huber, Das Zivilurteil, 1995, S. 26.

79) Münchener Kommentar zur ZPO, 4. Auflage, 2012, ZPO § 897 Rdnr. 2; Stein/Jonas/Brehm, Kommentar zur Zivilprozessordnung, 22. Aufl., 2004, § 97 RdNr. 2.

80) 강태성, "우리나라에서의 물권행위의 인부", 재산법연구 제28권 2호, 2011, 26면.

81) 독일 민법 제929조 참조.

다. 그런데 법원이 판결에 의하여 인도를 명한다면, 그 인도의 적법성은 더 이상 문제될 여지가 없다. 다시 말하여 이 경우에는 인도를 명하는 법원의 판결 및 그에 따른 강제집행이 당사자의 의사에 기한 인도를 대체하는 것이다.

김제완 교수는 본질적인 것은 실제로 등기나 인도가 이루어지느냐 아니냐가 중요한 것이지, 그 과정 안에 포함되어 있는 의사작용은 이행과정의 효과를 좌우할 만한 본질적인 것이 되지 못한다고 한다.[82] 그러나 그와 같이 말할 수는 없다. 등기나 인도가 적법한가, 그것이 이행의 효과를 낳을 수 있는가 하는 점은 당사자의 의사가 그러한 등기나 인도를 뒷받침하는가 하는 점에 달려 있기 때문이다.

다. 김기창 교수의 주장

김 교수 주장의 요지는 부동산 물권변동을 물권적 합의라는 개념을 동원하는 대신에 등기 '원인의 구비'와 '등기'로 설명할 수 있고, 등기 '원인의 구비'는 양도 의무가 이행되어야 할 원인거래 상의 요건이 모두 충족되고, 양도 의무 이행을 거부할 사정이 없을 때 비로소 인정될 수 있다고 한다.

그러나 김기창 교수는 이러한 주장에 대하여 아무런 근거를 제시하고 있지 않다. 실제로 이러한 주장은 전에는 전혀 찾아볼 수 없었다. 그런데 김 교수의 주장대로라면 우선 현행법상 부동산 거래는 전혀 불안정한 상태에서 이루어지고 있고, 부동산등기법의 규정은 잘못되었다는 것이 된다. 김 교수 자신도, 등기 신청을 접수한 등기공무원은 양도 의무가 이행되어야 할 원인거래 상의 요건이 모두 충족되고, 양도 의무 이행을 거부할 사정이 없는지를 조사할 권한도 없고, 조사하려 시도하지도 않는다고 하면서, 등기절차가 경료되어 등기부에 기재되었다고 해서 당장에 그 등기가 유효한지, 원인 무효인지, 일단 유효하지만 원인 거래가 취소, 해제되면 소급적으로 원인 무효로 되어 말소될 운명의 등기인지를 '미리' 알 방법은 현행 제도하에서는 존재하지 않고, 그 등기의 운명은 분쟁이 발생한 다음에야 비로소 드러날 수 있다고 한다.

그렇지만 현행 부동산등기법상 등기의무자와 등기권리자 사이에 매매계약과 같은 등기원인이 있고, 등기신청이 쌍방의 공동신청에 의하여 이루어졌다면 그 등기는 유효한 것으로 취급되어야 하는 것이지, 김 교수가 말하는 의미에서의 등기원인의 구비가 있어야만 하는 것은 아니다. 원인행위인 채권행위가 있고, 등

---

82) 김제완(주 14), 119면.

기가 양 당사자의 공동신청에 의하여 이루어졌다면 그 등기의 유효성은 추정된
다. 중요한 것은 등기권리자와 등기의무자, 그 중에서도 등기의무자의 등기신청
이 있었는지 여부이지, 매매대금이 모두 지급되었는지 아닌지 여부는 등기의 효
력을 좌우할 사유가 되지 못한다. 또 등기공무원이 이를 심사할 필요도 없다. 매
매대금을 지급받지 않은 상태에서 등기의무자인 매수인이 소유권이전등기신청을
하여 등기를 넘겨주었다면 그로 인한 불이익은 등기의무자가 감수하여야 하고,
다만 채권행위나 등기신청행위에 하자가 있었다면 그 하자를 주장하여 다툴 수
있을 뿐이며, 매매대금의 지급 여부 자체가 등기의 효력에 영향을 줄 수는 없다.

　　김 교수는 원인이 구비되지 않았는데도 양도인이 완전히 자유로운 의사로
등기를 경료해 준다면, 이는 자발적 현실 증여이거나 기한의 이익 또는 동시이행
항변권의 포기이거나 무효 또는 취소 가능한 행위의 추인으로 설명되는 것이지,
물권적 합의로 설명할 사안이 아니라고 주장한다. 그러나 양도인이 자유로운 의
사로 등기를 경료하여 주었다면 그것으로 물권변동은 유효하게 성립하는 것이지,
위와 같은 설명이 필요하지 않다. 부동산 매매계약이 체결되면 매매대금이 전부
지급되지 않더라도 매수인은 소유권이전등기청구권을 가지고, 그 상태에서 매도
인이 동시이행의 항변권을 행사하지 않은 채로 매수인 명의로 소유권이전등기가
이루어지면 그 등기는 유효한 것이지, 매도인의 동시이행의 항변권이 소멸되어
야만 그 등기가 유효한 것이 되지는 않는다.[83]

　　그리고 김 교수는 원인 무효의 등기이긴 하지만 등기신청 과정에서 양도인
의 기여가 있었던 경우에는 제3자와의 관계에서는 거래 안전 등에 대한 정책적
고려로 인하여 그 효력을 인정해 줄 필요가 있으므로 그것이 말소되지 않고 있
는 동안 이를 신뢰한 선의의 제3자는 유효하게 물권을 취득한다고 주장한다. 그
러나 등기의 공신력을 인정하지 않는 현행 민법상으로는 그러한 주장은 성립할
수 없다.[84]

　　김 교수가 이와 같이 주장하는 것은 판례가 매수인과 같은 등기권리자가 매
도인의 협력을 받지 않고 등기서류를 위조하여 자기 명의로 이전등기를 마친 경
우에도 일정한 경우에는 그 등기가 이른바 "실체적 권리관계에 부합하는 등기"
라고 하여 그 유효를 인정하고 있다는 데 착안하여, 이를 일반화한 것으로 보인

---

83) 홍성재(주 51), 318면도 같다.
84) 홍성재(주 51), 325면도 같다.

다. 그러나 이처럼 실체적 권리관계에 부합하는 등기의 유효성을 인정하는 것은
별도의 고려에 기한 것이다. 판례가 위조서류에 의한 등기라도 실체적 권리관계
에 부합하면 유효라고 보는 것은, 매수인이 모든 의무를 다 이행하여 매도인이
동시이행의 항변권과 같은 등기신청을 거부할 사유가 없는 경우에, 매수인이 일
방적으로 등기를 마쳤으므로 그 등기가 무효라고 하여 말소를 명한다면, 매수인
이 다시 매도인을 상대로 하여 소유권이전등기를 청구하면 이전등기를 하여 주
어야 할 것이므로 불필요한 절차를 거치게 할 필요가 없고, 무조건적으로 소유권
이전등기를 넘겨 주어야 할 의무를 부담하는 매도인이 매수인을 상대로 이전등
기의 말소를 청구하는 것은 신의칙에도 어긋나므로("반환하여야 할 것을 소구하는
것은 허용되지 않는다"), 말소청구를 받아들이지 않는 것일 뿐이다.[85]

라. DCFR의 물권적 합의 부정론

DCFR은 여러 가지 이유를 들어 물권적 합의 개념이 불필요하다는 주장을
펴고 있으나, 자세히 살펴보면 이는 오히려 물권적 합의가 필요하다는 주장의 근
거를 제공하고 있다. DCFR도 물권적 합의를 인정한다면 계약이 해제되는 경우
나 양도인이 인도 당시에 무능력인 경우에는 양도인을 보호할 수 있는 이점이
있음을 인정하면서도, 양도인 보호의 필요가 크지 않거나 다른 방법으로 양도인
을 보호할 수 있으며, 또 그러한 이점이 있다는 것만으로는 물권적 합의를 채택
하는 것을 정당화하기에는 충분하지 않다고 한다.

먼저 계약 해제의 경우에는 우리나라의 판례가 해제의 물권적 효과설을 채
택하고 있기 때문에, DCFR이 주장하는 것처럼 양도인이 해제의 결과로 자동적
으로 소유권을 재취득하는 결과가 된다. 따라서 우리나라에서는 이를 이유로 물
권행위 개념을 부정할 필요는 없다. 그렇지만 다른 한편으로 이처럼 양도인의 자
동적인 소유권 재취득을 인정하는 것이 바람직한지는 의문이다. 계약 해제의 소
급효를 부정하는 채권적 효과설 또는 청산관계설도 입법론적으로는 충분한 고려
가치가 있다. 이에 따른다면 DCFR이 지적하는 양도인의 소유권 자동 재취득이
라는 결과는 생기지 않는다.[86]

---

85) 윤진수(주 1), 46면 이하. 홍성재(주 51), 318-319면도 같은 취지이다.
86) 네덜란드 마스트리히트 대학의 반 블리엣(Lars van Vliet)은, 위와 같은 소유권의 자동 재취득
    주장은 DCFR Ⅷ.—2:202(3)이 계약 해제의 소급효를 인정하지 않고, 소유권이 자동으로 복귀하
    지 않는다고 규정하고 있는 것과는 모순된다고 지적한다. Lars van Vliet, "Transfer of Movables
    as a Legal Act", The Edinburgh Law Review Vol. 14, 2010, p. 507.

그리고 물권적 합의를 요구하는 것이 양도인을 과도하게 보호한다는 주장도
문제가 있다. DCFR이 지적하는 것은 물권적 합의의 개념을 인정하면, 소유권 유
보의 약정 없이 매매계약을 체결한 매도인이 인도시에 일방적으로 소유권을 유
보할 수 있게 된다는 점이다. 그러나 당사자에게 소유권을 이전할 의사가 없다면
소유권이 이전되지 않아야 하는 것은 오히려 당연하고, 그러한 의사 없이 단순하
게 점유만 이전한다면 이는 의미가 없다. 인도는 인도자가 소유권 이전을 의도하
는지, 아니면 임대인으로서 임차인에게 인도하는 것인지에 따라 법률적인 효과
가 달라진다.[87] 실제로 DCFR이 우려하는 것과 같은 경우가 얼마나 있을 것인지
는 별론으로 하더라도, 만일 양도인이 인도시에 명시적으로 소유권이 이전되지
않는다고 선언하였는데도 양수인이 인도를 받았다면, 쌍방이 인도가 이루어졌어
도 소유권은 이전되지 않는 것으로 묵시적으로 합의를 하였다고 볼 수 있을 것
이다.[88][89] 반 블리엣은, 인도를 법률행위로 보는 것이 대리인에 의한 인도에서
소유권이 이전되는 것과 같은 여러 가지의 법적 문제를 단순하게 설명하는 방법
이라고 한다.[90]

---

87) van Vliet(주 86), p. 505; Lars van Vliet, "Acquisition and Loss of ownership of Goods—Book Ⅷ
  of the Draft Common Frame of Reference", Zeitschrift für Europäisches Privatrecht, 2011/1, S.
  297.

88) 대법원의 판례(대법원 2002. 5. 10. 선고 2002다12871, 12888 판결 등)는, 비용, 이자, 원본에 대
  한 변제충당에 있어서는 당사자 사이에 특별한 합의가 없는 한 비용, 이자, 원본의 순서로 충당
  하여야 하지만, 당사자의 일방적인 지정에 대하여 상대방이 지체없이 이의를 제기하지 아니함
  으로써 묵시적인 합의가 되었다고 보여지는 경우에는 그 법정충당의 순서와는 달리 충당의 순
  서를 인정할 수 있다고 보고 있다.

89) van Vliet(주 86), p. 504 f.; van Vliet(주 87), S. 296은 매도인이 소유권을 일방적으로 유보할
  수 있다는 문제는 일방적 유보를 금지하는 규정을 둠으로써 해결될 수 있고, 일방적 유보가 인
  정되는 입법례에서도 이는 계약위반에 해당하며, 이러한 사소한 문제를 해결하기 위하여 물권
  적 합의를 인정하지 말자는 제안은 파급효가 큰 결과를 가져오고, 여러 가지 이론적 어려움이
  일어나게 한다고 주장한다.

90) van Vliet(주 86), p. 505 f.; van Vliet(주 87), S. 297 f. 네덜란드에서도 인도를 사실행위로 볼
  것인가, 아니면 물권적 합의(goederenrechtelijke overeenkomst)로 볼 것인가에 관하여 다툼이 있
  으나, 다수설은 물권적 합의로 본다고 한다. von Bar and Clive(주 68), p. 4439; Arthur F.
  Salomons, "National Report on the Transfer of Movables in The Netherlands", in Wolfgang Faber
  and Brigitta Lurger eds. National Reports on the Transfer of Movables in Europe, Vol. 6, 2011,
  pp. 79 ff. 참조.

VI. 물권행위의 무인성 여부

전에는 물권행위의 독자성을 부정하는 견해는 무인성도 부정하고, 독자성을 인정하는 견해는 무인성도 긍정하고 있었다. 그러나 근래에는 황적인 교수와 마찬가지로 물권행위의 독자성은 인정하면서도 무인성은 부정하는 견해가 늘어나고 있고,[91] 물권행위의 독자성과 무인성을 아울러 긍정하는 견해[92]는 많지 않은 것으로 보인다.

그런데 필자의 견해와 같이 등기신청이나 인도의 합의를 물권행위로 보고, 물권변동의 원인을 채권행위로 보게 되면, 물권행위의 무인성은 따로 인정할 여지가 없다. 물권행위의 무인성은 물권행위가 그 자체로서 물권변동의 원인이 된다는 것, 즉 민법 제186조의 "법률행위에 의한 물권변동"을 "물권행위에 의한 물권변동"이라고 해석하고 민법 제188조 제1항의 "양도"를 물권행위에 의한 물권이전이라고 해석할 때에만 가능한 이론이다. 그런데 물권행위 자체는 물권변동의 원인이 아니라면 물권행위의 무인성은 처음부터 문제되지 않는다.

뿐만 아니라 입법정책적으로 보더라도 물권행위의 무인성을 인정하는 것은 바람직하지 않다. 물권행위의 무인성을 인정하는 것은 당사자의 의사에 부합한다고 보기 어렵기 때문이다. 만일 당사자들이 법률행위를 할 때 물권행위의 무인론에 따라 생겨나는 결과를 미리 인식하더라도 이를 받아들일 것으로 볼 수 있다면 무인성을 인정할 수도 있을 것이다. 그런데 무인성을 인정한다면 채권행위가 효력이 없게 된 경우에도 양도인은 양수인에 대하여 소유권이 아니라 부당이득반환청구권이라는 채권적인 청구권만을 가진다는 매우 열악한 지위에 놓이게 되는데, 양도인으로서는 이를 받아들이기 어려울 것이다.[93]

---

91) 김상용(주 22), 91면 이하; 이영준(주 2), 68면 이하; 이상태, 물권법, 7정판, 2011, 52면 이하; 이은영, 물권법, 제4판, 2006, 135면 이하. 또한 서을오(주 33), 158면 이하도 같은 취지이다.

92) 강태성, 물권법, 제3판, 2009, 112면 이하; 김증한·김학동(주 2), 37면 이하(다만 물권행위의 독자성은 물권행위 개념의 인정이라고 이해하고, 종래 논의되는 물권행위의 독자성은 물권행위의 시기 문제라고 본다); 오시영, 물권법, 2009, 62면 이하 등.

93) 윤진수(주 1), 42면 이하. 현행법 해석으로는 무인성을 지지하는 김증한·김학동(주 2), 57면 이하도, 물권행위를 무인적으로 구성하여 이에 의하여 거래안전을 기하는 것은 지나치게 가공적이고 또 제3자가 선의·악의를 불문하고 보호된다는 점에서 적절하다고 할 수 없다고 서술한다. DCFR도 무인적(추상적) 물권변동의 이론을 받아들이지 않는다. von Bar and Clive(주 68), pp. 4424 ff. 참조.

Ⅶ. 결   론

종래 우리나라의 물권행위론은 독일 민법의 그것을 준거로 하여 진행되어
왔다. 그러나 Auflassung이나 Einigung과 같은 물권행위를 법에서 정면으로 인정
하고 있는 독일 민법의 이론을 그와 같은 규정이 없는 우리나라에 들어오려는
것은 처음부터 문제가 있었다. 차라리 우리 민법에 영향을 준 것으로 보이는 스
위스 민법의 해석론을 참조하는 것이 도움이 된다. 그런데 스위스에서도 물권행
위 개념이 처음부터 인정된 것은 아니었고, 나중에 학설상 발전된 것이었다. 스
위스에서 처음에는 폰 투르(von Tuhr)가 우리나라의 독자성 부정설과 같이, 소유
권이전의 의사표시는 기본행위에 포함되어 있고, 등기신청은 단순한 절차법상의
의미만을 가진다고 주장하였으나, 굴(Guhl)이 폰 투르의 주장을 비판하면서 현재
의 통설과 같이 등기 신청이 처분행위라는 견해를 주장하였고, 이것이 학설상 받
아들여지게 되었다고 한다.[94]

이러한 점에서 인도의 합의 내지 등기신청행위를 물권행위로 이해하는 것은
반드시 입법자가 의도하지는 않았던 것으로서, 해석에 의하여 끼워 넣은 것이라
고 볼 수도 있다.[95] 그러나 물권행위를 별도로 인정하는 것은, 그와 같은 물권행
위의 개념을 인정하는 것이 우리 민법과 부동산등기법의 규정과 체계에 근거를
둔 것일 뿐만 아니라, 채권행위의 효력요건과 물권행위의 효력요건을 별도로 인
정할 필요가 있다는 등의 현실적인 필요를 충족해 줄 수 있기 때문이다.[96] 따라
서 민법이 명시적으로 물권행위 개념을 인정하지 않고 있더라도, 성립요건주의

---

94) Liver(주 24), S. 139 f. 참조.
95) 그런데 민법전의 제정에 관여한 법전편찬위원회 위원장이었던 김병로의 발언과, 우리 민법이
만주국 민법의 영향을 받았다는 점 및 현행 민법의 기초단계에서 민법전 편찬요강이 물권행위
개념을 명시적으로 실정화하였다는 점 등을 근거로 하여 우리 민법의 기초자는 채권행위와는
별개 독립된 법률행위인 물권행위의 독자적 존재를 인정하고 있다는 주장이 있다. 홍성재(주
2), 97면; 홍성재(주 21), 204면 이하 등. 그렇지만 이러한 점만으로 입법자가 물권행위의 독자
적인 존재를 인정하였다고 단정하기는 어렵다. 우선 위와 같은 자료를 보더라도 그것이 과연
입법자가 물권행위 개념 자체를 인정하였다고 볼 수 있는지는 명확하지 않다. 다른 한편 우리
민법의 물권변동에 관한 규정은 만주국 민법의 규정을 모범으로 한 것으로 보이므로, 만주국
민법의 입법자의 의사를 확인하여 볼 필요가 있다. 참고로 만주국 민법의 입법에 관여하였던
池田寅二郎이 가지고 있던 滿洲國民法物權編制定要綱과 같은 자료가 일본 東京大學에 소장되어
있다고 하는데, 그 내용을 확인하지는 못하였다. 東京大学法学部近代立法過程研究会, "近代立法
過程研究会収集資料紹介 (三)", 国家学会雑誌 84권 3, 4호, 1971, 228면.
96) 윤진수(주 1), 34면 이하.

를 취하는 이상 그 이행을 위하여 요구되는 등기신청이나 인도의 합의를 물권행
위로 파악하는 것은 충분히 의미 있는 일이다. 앞에서 살펴본 스위스나 오스트리
아에서의 논의가 이 점을 잘 보여준다.

황적인 교수는 물권행위의 독자성을 인정하여야 한다고 하면서, 그 근거로
서 이를 인정하는 것이 당사자에게 신중하게 판단할 기회를 주는 이른바 견제기
능을 가진다는 점을 들었다. 이 점은 거래의 실제에 착안한 탁견이라고 할 수 있
다. 반면 물권행위의 무인성에 관하여는 거래의 안전보다도 정당한 권리자를 보
호하는 것이 더 중요하다고 하여 이를 부정하였다. 이 점 또한 설득력이 있다.

다시 한 번 강조하거니와, 황적인 교수의 물권행위론은 종래 "독자성 부정 =
유인성/독자성 긍정 = 무인성"이라고 하는 도식에서 벗어나서, 독자성은 인정하
되 무인성은 부정하고 유인성을 인정하여야 한다고 본 점에서 독창적이라고 할
수 있다. 지금은 이처럼 독자성은 인정하면서 무인성은 부정하는 견해가 많아진
점에 비추어 보면, 황적인 교수의 물권행위론은 현재도 여전히 의미를 가진다.

〈추모논집간행위원회, 성헌황적인선생님의 학문과 삶의 세계,
화산미디어, 2015〉

공동소유에 관한 민법 개정안[*]

I. 서　론

　　법무부 민법개정위원회는 2014. 2. 17. 제4기 제11차 전체회의를 끝으로 그 임무를 종료하였다. 이 마지막 전체회의에서는 다른 사항 외에도 공유와 합유 및 합유와 관련된 조합에 관한 개정안을 의결하였다. 필자는 개정위원회의 실무위원장으로서 위 개정안 성안과정에 관여하였는데, 여기서는 그 개정안의 성안과정을 보고하려고 한다. 그리고 개정이 논의되었으나 개정이 보류된 것도 함께 보고한다. 특히 공동소유 중 총유에 관한 규정에 대하여는 개정제안이 있었으나, 결국 개정하지 않기로 하였다.

　　개정안의 성안 과정은 다음과 같았다. 먼저 분과위에서 분과위 개정안을 마련하였는데, 공유에 관한 개정안을 작성한 것은 제3기 민법개정위원회 2분과였고,[1] 합유, 조합과 총유에 관한 개정안은 제4기 2분과(물권분과)에서 작성하였다.[2] 이 개정안은 실무위원회의 검토를 거쳐,[3] 위원장단회의에서 전체회의 상정

---

[*] 이 글은 2014. 6. 13. 광주 조선대학교에서 개최된 민사법학회 하계학술대회에서 발표한 원고를 수정한 것이다. 당시 지정토론자였던 제철웅 교수의 토론은 원고의 불명료했던 점을 분명하게 하는 데 도움이 되었다. 이에 대하여 감사의 뜻을 표한다.
　1) 그 구성원은 다음과 같다. 분과위원장: 윤철홍(숭실대 교수). 분과위원: 고원석(법무법인 광장 변호사), 이승한(의정부지법 부장판사), 전경운(경희대 교수), 정병호(서울시립대 교수), 제철웅(한양대 교수).
　2) 그 구성원은 다음과 같다. 분과위원장: 남효순(서울대 교수). 분과위원: 서경환(서울서부지법 부장판사), 전병하(법무법인 태평양 변호사), 정병호(서울시립대 교수), 제철웅(한양대 교수), 최수정(서강대 교수).

안을 결정한 다음,⁴⁾ 전체회의에서 최종 확정되는 순서를 거쳤다.

Ⅱ. 공　　유⁵⁾

1. 제264조

가. 개 정 안

현 행	개 정 안
제264조(공유물의 처분, 변경) 공유자는 다른 공유자의 동의없이 공유물을 처분하거나 변경하지 못한다.	제264조(공유물의 처분, 변경) ① (현행과 같음) ② 일부 공유자는 공유물 전부에 대해서 소유권 이외의 물권을 취득할 수 있다

나. 제2항의 신설

개정안 제1항은 현행과 같고, 제2항이 추가되었다. 제2항에 해당하는 내용은 분과위에서 제안하였는데, 당시의 개정안은 "공유자 중 일부를 위해서도 공유물에 부담을 설정할 수 있다"라는 것이었다.

분과위는 그 필요성을 다음과 같이 설명하였다. 즉 공유 토지의 효율적 이용을 위해 공유자 중 1인을 위한 용익물권의 설정을 용인하는 것이 바람직하다. 그렇게 함으로써 건물이 철거되어 사회경제적 손실이 초래되는 일을 막고, 동시에 관련 당사자가 토지이용을 합리적으로 계획할 수 있다. 그런데 공유자 중 1인을 위한 토지용익물권의 설정이 가능한지에 대해서는 의문이 있기 때문에 이것이 허용된다는 점을 분명히 한다는 것이다.

실무위도 이러한 개정 취지에 찬성하였다. 가령 공유지상에 일부 공유자를

---

3) 제3기와 제4기 실무위 구성원은 다음과 같다. 실무위원장: 윤진수(서울대 교수). 실무위원: 권영준(서울대 교수), 윤용섭(법무법인 율촌 변호사), 이태종(서울고등법원 부장판사).

4) 제4기 위원장단은 다음과 같이 구성되었다. 개정위원회 위원장: 서민(충남대 명예교수). 분과위원장: 남효순(서울대 교수), 백태승(연세대 교수), 송덕수(이화여대 교수), 엄동섭(서강대 교수), 윤진수(서울대 교수), 윤철홍(숭실대 교수), 지원림(고려대 교수).

5) 공유에 관한 분과위, 실무위 및 위원장단회의의 논의 경과에 대하여는 윤철홍·제철웅, "공유에 관한 개정 시안", 민법개정위원회 제4기 제11차 전체회의 자료 (현재 미공간) 참조.

위하여 지상권을 설정하는 것은 현실적으로 필요할 수 있는데, 이러한 규정이 없으면, 자기 소유물에 자신이 지상권을 가지는 것이 되어 혼동의 법리(제191조) 때문에 허용되지 않을 것이기 때문이다. 독일 민법 제1009조도 이와 같은 취지의 규정을 두고 있다.[6]

다만 실무위는 "부담"의 의미가 불분명하다고 보았다. 분과위는 임차권등기를 하는 경우도 부담에 해당하는 것으로 보고 있는데,[7] 자기 소유물을 임차하는 것은 규정이 없더라도 가능하고, 혼동의 법리가 적용되지 않으므로,[8] 임차권에 관하여는 이러한 취지의 규정을 둘 필요는 없다. 이는 등기된 임차권의 경우에도 마찬가지인데, 등기된 임차권이라 하여도 그 본질은 채권이기 때문이다. 이에 대하여는 공유자가 자신을 상대방으로 하여 임대차계약을 체결하는 것은 자기계약 (Selbstkontrahieren)으로서 허용되지 않는다고 하는 주장도 있을 수 있다. 그러나 타인의 이익을 해치지 않는 경우가 아니면 자기계약이라고 하여 허용되지 않을 이유가 없다.[9] 뿐만 아니라 이러한 경우에 꼭 자기계약의 형태로만 임대차계약을 체결하여야 하는 것도 아니다. 즉 한 공유자는 임차인이 되고, 나머지 공유자는 임대인이 되더라도 무방하다.[10] 그러므로 문제되는 것은 소유권 이외의 물권이고, 이를 명백히 하기 위하여 '부담' 대신 '소유권 이외의 물권'이라고 할 것을 제안하였다.[11]

그런데 한 공유자를 위하여 공유물 전체에 지상권이나 지역권과 같은 용익물권을 설정할 필요가 있다는 것은 명백하지만, 저당권과 같은 담보물권의 경우에는 담보물권자 자신의 지분을 제외한 나머지 지분에 관하여만 저당권을 설정

---

6) 독일 민법 제1009조 ① 공유의 물건은 공유자 1인을 위하여도 부담의 목적물이 될 수 있다.
② 공유의 부동산에 다른 부동산의 현재의 소유자를 위하여 물권을 설정하거나 다른 부동산에 공유의 부동산의 현재의 소유자를 위하여 물권을 설정하는 것은 그 다른 부동산이 공유의 부동산의 공유자 중 1인에 속하는 경우에도 배제되지 아니한다.
7) 이 점은 아래에서 살펴볼 부동산등기법 개정 제안에 나타나 있다.
8) 대법원 1992. 6. 26. 선고 92다10425 판결 참조.
9) 대법원 1981. 10. 13. 선고 81다649 판결은, 법정대리인인 친권자가 부동산을 매수하여 이를 그 자에게 증여하는 행위는 미성년자인 자에게 이익만을 주는 행위이므로 친권자와 자 사이의 이해상반행위에 속하지 아니하고, 또 자기계약이지만 유효하다고 하였다.
10) 처분수권에 관한 아래 주 14)의 본문 참조.
11) 독일에서도 제1009조가 규정하는 부담(Belastung)을 부동산담보물권(Grundpfandrecht), 수익권 (Nießbrauch, 독민 제1030조 이하)과 같은 제한물권(beschränkte dingliche Rechte)으로 이해하고 있다. Münchener Kommentar zum BGB/Schmidt, 6. Aufl., 2013, § 1009 Rdnr. 1; Staudinger/ Gursky, Kommentar zum Bürgerlichen Gesetzbuch mit Einführungsgesetz und Nebengesetz, Neubearbeitung 2013, § 1009 Rdnr. 1 등.

할 수 있으므로, 담보물권은 포함시킬 필요가 없지 않은가 하는 의문이 있을 수 있다. 그러나 저당권자 자신의 지분까지 포함하여 저당권을 설정하는 것이 저당권을 실행하는 데 유리할 수 있다.[12] 따라서 용익물권뿐만 아니라 담보물권도 설정할 수 있도록 "일부 공유자를 위해서도 공유물에 소유권 이외의 물권을 설정할 수 있다"라고 규정할 것을 제안하였다.

위원장단회의에서도 실무위의 제안을 받아들였는데, 다만 그 의미를 좀더 명백히 하기 위하여, "일부 공유자는 공유물 전부에 대해서 소유권 이외의 물권을 취득할 수 있다"로 표현을 바꾸기로 하였다. 전체회의에서는 대다수가 위원장단안에 찬성하여, 그와 같이 개정하는 것으로 확정되었다.

다만 합유에 관하여도 이러한 규정을 둘 필요가 있는지도 생각할 수 있는 문제인데, 이 점은 따로 논의되지는 않았다.

다. 개정이 유보된 것

(1) 처분 · 변경의 특정승계인에 대한 효력

분과위는 제264조 제2항으로서 "제1항에 따른 처분이나 변경은 공유 지분의 특정승계인에게도 효력이 있다"라는 규정을 둘 것을 제안하였다. 그 이유는, 전원의 합의에 의한 처분 및 변경은 단체적 구속력을 가지므로, 전원의 합의로 현상변경이 있으면 그 변경된 현상에 대해 지분의 승계인도 거기에 구속된다는 것이다.

그러나 실무위에서는 이러한 규정이 필요하지 않다고 보았다. 동의에 의하여 처분이나 변경이 있었으면 이는 완결된 것이고, 따라서 그 후에 공유지분을 승계한 자는 그 상태 그대로 받아들여야 하는 것은 당연하기 때문이다. 가령 소유자가 부동산에 관하여 변경을 가한 후 이를 타인에게 매도한 때에는 그 매수인은 그 현상을 받아들여야 한다. 그러므로 공유자들의 약정에 의하여 공유 토지에 지상권을 설정하여 주거나 그 위에 건물을 짓게 하였다면, 이러한 것은 공유 지분의 매수인도 그대로 받아들여야 한다.

위원장단회의에서도 이러한 규정을 두지 않기로 하였다.

---

12) Staudinger/Gursky, § 1009 Rdnr. 3은 저당권과 같은 부동산담보물권이 한 공유자를 위하여 공유 부동산에 설정되면, 그 담보물권은 그 공유자의 지분에도 설정된 것으로서, 저당권자는 자신의 지분을 포함하여 전체 부동산을 경매할 수 있다고 설명한다.

(2) 부동산등기법 개정안

분과위는 신설하기로 한 제2항과 관련하여, 현행 부동산등기법 제23조 제1
항[13]을 다음과 같이 개정하자고 제안하였다.

제23조(등기신청인) ① 등기는 법률에 다른 규정이 없는 경우에는 등기권리
자와 등기의무자가 공동으로 신청한다. 공유자 중 일부를 위한 지상권, 전세권,
임차권등기를 할 경우 그 일부를 등기권리자로, 공유자 전원을 등기의무자로 하
여 등기신청할 수 있다.

그러나 실무위는 이러한 개정에 반대하였다. 분과위 안은 공유자 중 일부를
위하여 지상권 등을 설정할 경우에 그 일부 공유자는 등기권리자가 되고, 그 일
부 공유자를 포함한 공유자 전원은 등기의무자가 되어야 한다는 것이다. 그러나
이러한 경우에 누가 등기의무자가 되는가는 해석에 의하여 결정할 수 있는 문제
이다. 분과위 제안도, 위와 같은 규정을 두지 않는다면 지상권 등을 취득하고자
하는 공유자가 등기권리자로, 나머지 공유자가 등기의무자로 등기신청을 할 가
능성이 있기 때문에, 이를 명확히 할 필요가 있다고 한다. 그러나 그와 같이 처리
한다고 하여 특별히 문제가 있을 것으로는 생각되지 않는다. 즉 한 공유자가 등
기권리자가 되고, 나머지 공유자가 등기의무자로 된다면, 이는 등기권리자인 공
유자가 자신의 지분에 관하여 나머지 공유자들에게 처분수권(Verfügungsvollmacht)
을 한 것으로 볼 수 있으므로, 그러한 신청에 의한 등기도 유효하다고 보아야 할
것이다.[14] 물론 해석상 공유자 전원이 등기의무자가 된다고 볼 여지도 있으나,
굳이 한 공유자가 등기권리자 겸 등기의무자가 되어야 할 필요성은 없다.

위원장단회의에서도 이와 같은 개정의 필요성이 없다고 판단하여 개정하지
않기로 하였다.

---

13) 제23조(등기신청인) ① 등기는 법률에 다른 규정이 없는 경우에는 등기권리자(登記權利者)와
　　등기의무자(登記義務者)가 공동으로 신청한다.
14) 이미 확정된 민법개정안 제139조의2 제1항은 처분수권에 관하여 "무권리자가 권리자의 동의를
　　얻어 한 처분은 효력이 있다"고 하는 규정을 두고 있다.

2. 제265조

가. 개 정 안

현 행	개 정 안
제265조(공유물의 관리, 보존) 공유물의 관리에 관한 사항은 공유자의 지분의 과반수로써 결정한다. 그러나 보존행위는 각자가 할 수 있다.	제265조(공유물의 관리, 보존) ① 공유물의 관리에 관한 사항은 공유자의 지분의 과반수로써 결정한다. 그러나 보존행위는 각자가 할 수 있다. ② 제1항에 따른 결정은 공유지분을 취득한 자에게도 효력이 있다. 그러나 그 결정이 그 공유지분권의 본질적 내용을 침해하는 경우에는 그러하지 아니하다.

나. 설 명

신설하기로 한 제265조 제2항은 대법원의 판례를 명문화하려는 것이다. 즉 대법원 2005. 5. 12. 선고 2005다1827 판결은, 공유자 간의 공유물에 대한 사용수익·관리에 관한 특약은 공유자의 특정승계인에 대하여도 당연히 승계된다고 하였다. 다른 한편 대법원 2009. 12. 10. 선고 2009다54294 판결은, 공유자간의 공유물에 대한 사용수익·관리에 관한 특약은 공유자의 특정승계인에 대하여도 당연히 승계되지만, 공유물에 관한 특약이 지분권자로서의 사용수익권을 사실상 포기하는 등으로 공유지분권의 본질적 부분을 침해한다고 볼 수 있는 경우에는 특정승계인이 그러한 사실을 알고도 공유지분권을 취득하였다는 등의 특별한 사정이 없는 한 특정승계인에게 당연히 승계되는 것으로 볼 수는 없다고 하였다.[15]

이러한 판례는 학설상으로도 대체로 지지를 받고 있는 것으로 보인다.[16] 학설은 그 근거로서, 공유자 간의 관계는 느슨하나마 공유물의 소유와 효율적인 관리를 공동의 목적으로 하는 단체적 관계에 있다고 할 수 있는데, 단체는 그 성질

---

15) 대법원 2012. 5. 24. 선고 2010다108210 판결; 2013. 3. 14. 선고 2011다58701 판결도 같다.
16) 민법주해 V, 1992, 566면(민일영); 주석민법 물권 (2), 제4판, 2011, 64면(박삼봉); 136-137; 최윤성, "공유물의 관리에 관한 공유자 간의 특약이 공유지분의 특정승계인에게 승계되는지 여부", 판례연구 18집, 부산판례연구회, 2007, 134-137면; 홍준호, "공유자들 사이의 약정이 공유자의 특정승계인에게 미치는 효과", 민사판례연구 33-1권, 2011, 306면 등.

상 구성원에 변동이 있더라도 종전에 결정된 단체의 의사가 새로 가입한 구성원에게 그대로 적용되는 것이 원칙이고, 지분을 양수하려는 자의 입장에서 보아도 기존 공유자 간에 이루어진 특약이나 과반수지분권자의 결정의 내용을 사전에 파악하는 것이 어렵지 않으며, 만약 공유지분의 양도·양수가 이루어지는 경우마다 다시 합의나 결정을 하게 한다면 공유물의 효율적 관리에 상당한 지장을 초래할 수 있다는 점을 든다.[17]

그리하여 개정위원회는 위와 같은 판례를 입법화하기로 하였다. 그런데 분과위에서 제안한 개정안은 "제1항에 따른 결정은 공유지분의 특정승계인에게도 효력이 있다"는 것으로서, 단서에 해당하는 내용은 없었는데, 실무위에서는 판례를 정확하게 반영하기 위하여 단서를 추가할 것을 제안하였고, 본문의 표현도 일부 바꾸었다. 실무위의 제안은 위원장단회의에서 그대로 채택되었고, 전체회의에서도 반대의견 없이 그대로 채택되었다.

다만 전체회의에서는 공유물의 관리에 관한 사항에 관하여 공유자 지분의 과반수에 의한 결정이 있었더라도, 그에 따라 등기를 한 경우에만 대항력을 인정하는 것을 검토할 필요가 있다는 지적이 있었다.[18] 독일 민법 제1010조 제1항, 대만 민법 제826조의1은 그와 같이 규정하고 있고, 국내에도 입법론으로서 독일 민법과 같이 규정하는 것이 바람직하다는 주장이 있다.[19] 그러나 관리에 관한 사항도 여러 가지 세부적인 것이 있을 수 있는데 꼭 다 등기하게 할 필요가 있는지 의문이고, 등기하지 않아도 승계인에 대한 효력을 인정하는 것이 승계인의 이익을 지나치게 침해하는 것이라고 보기는 어렵다. 승계인의 이익은 제2항 단서의 규정에 의하여 보호될 수 있을 것이다. 스위스 민법 제649조a 제1항은, 공유자가 약정한 수익 및 관리 규정과, 그들이 한 관리의 결의 및 법원의 재판과 처분은 공유자의 승계인과 공유지분에 관한 물권의 취득자에게도 구속력이 있다고 규정하고, 제2항은 이러한 것들은 등기부의 부동산공유지분에 등기될 수 있다고 규정하고 있다. 제2항은 2012. 1. 1.부터 시행되었다. 그런데 위와 같은 구속력은 승계인이 이를 알았는지 여부 또는 등기되었는지 여부를 불문하고 인정된다고 한다.[20]

---

17) 최윤성(주 16), 136-137면.

18) 제4기 법무부 민법개정위원회 제11차 전체회의(2014. 02. 17.) 속기록(미공간), 80면.

19) 홍준호(주 16), 307면; 조해근, "과반수지분권자 임의로 체결한 공유물 임대차계약의 효력", 사법연수원 논문집 제4집, 2007, 91면 등.

20) Basler Kommentar Zivilgesetzbuch/Brunner/Wichtermann, 4. Aufl., 2011, Art. 649a Nr. 6.

3. 제269조(분할의 방법)

가. 개정 안

현 행	개 정 안
제269조(분할의 방법) ① 분할의 방법에 관하여 협의가 성립되지 아니한 때에는 공유자는 법원에 그 분할을 청구할 수 있다. ② 현물로 분할할 수 없거나 분할로 인하여 현저히 그 가액이 감손될 염려가 있는 때에는 법원은 물건의 경매를 명할 수 있다.	제269조(분할의 방법) ① 분할의 방법에 관하여 협의가 성립되지 아니한 때에는 공유자는 법원에 그 분할을 청구할 수 있다.(현행 유지) ② 법원은 공유물을 현물로 분할하거나 경매, 가액보상, 그 밖의 적절한 방법으로 분할할 수 있다.

나. 설 명

(1) 개정의 필요성

현행 제269조는 공유물의 분할 방법으로서 현물분할과 경매분할(대금분할)의 2가지만을 규정하고 있다. 그러나 판례는 그 외에도 여러 가지의 분할 방법을 인정하고 있다.[21]

첫째, 공유지분의 가액 이상의 현물을 취득하는 공유자가 다른 공유자에게 그 초과부분의 대가를 지급하여 과부족을 조정하게 하는 이른바 부분적 가격보상방식이다. 대법원 1990. 8. 28. 선고 90다카7620 판결은 다음과 같이 판시하였다. "현물분할이 가능하고 또 그 필요도 있으며 분할로 인하여 현저히 그 가액이 감손될 염려도 없고 다만 각 공유자가 취득하는 현물의 가격과 지분의 가액에 과부족이 생기지 않도록 하는 합리적인 현물분할 방법이 없고 그렇다고 하여 경매를 명하여 대금분할을 하는 것은 더욱 불합리한 경우와 같은 특별한 사정이 있을 때에는 공유지분의 가액 이상의 현물을 취득하는 공유자는 그 초과부분의 대가를 지급하여 과부족을 조정하게 하여 분할을 하는 것도 현물분할의 한 형태

---

21) 이에 대하여는 백태균, "공유물분할의 소에 있어서 전면적 가격배상의 방법에 의한 분할의 인정여부", 판례연구 제17집, 부산판례연구회, 2006, 52면 이하; 진현민, "재판상 공유물분할에 있어서 전면적 가액보상의 허부", 민사판례연구 28, 2006, 85면 이하 등 참조.

로서 허용된다고 해석하는 것이 상당하다 할 것이다."

둘째, 일부 공유자들에 대하여는 현물분할을 하고, 나머지 공유자는 분할되지 않은 부분에 대하여 공유로 남는 이른바 이탈형 일부분할방식이다. 대법원 1991. 11. 12. 선고 91다27228 판결은, 여러 사람이 공유하는 물건을 현물분할하는 경우에는 분할청구자의 지분한도 안에서 현물분할을 하고 분할을 원하지 않는 나머지 공유자는 공유로 남는 방법도 허용될 수 있다고 하였다.

셋째, 공유물을 일부 공유자를 배제하고, 나머지 공유자 1인의 단독소유 또는 나머지 공유자 수인의 공유로 하되, 배제되는 공유자에 대하여는 현물을 소유하게 되는 공유자가 가격을 보상하게 하는 이른바 전면적 가격보상방식이다. 대법원 2004. 10. 14. 선고 2004다30583 판결은, 공유관계의 발생원인과 공유지분의 비율 및 분할된 경우의 경제적 가치, 분할 방법에 관한 공유자의 희망 등의 사정을 종합적으로 고려하여 당해 공유물을 특정한 자에게 취득시키는 것이 상당하다고 인정되고, 다른 공유자에게는 그 지분의 가격을 취득시키는 것이 공유자 간의 실질적인 공평을 해치지 않는다고 인정되는 특별한 사정이 있는 때에는 공유물을 공유자 중의 1인의 단독소유 또는 수인의 공유로 하되 현물을 소유하게 되는 공유자로 하여금 다른 공유자에 대하여 그 지분의 적정하고도 합리적인 가격을 배상시키는 방법에 의한 분할도 현물분할의 하나로 허용된다고 하였다.

대법원 판례가 인정하는 방식 중 부분적 가격보상방식이나 이탈형 일부분할방식은 현물분할의 한 형태로 보아도 큰 문제가 없을 것이다. 그러나 법원이 전면적 가격보상을 명할 법적인 근거가 있는지에 관하여는 논란이 있다. 종래에는 재판상 분할의 경우에는 전면적 가격보상방식은 허용되지 않는다는 견해도 있었으나,[22] 근래에는 전면적 가격보상을 인정할 수 있다는 견해도 유력하여지고 있다.[23] 일본의 판례도 이를 인정한다.[24]

생각건대 전면적 가격보상도 인정할 필요가 있는 경우가 있다. 위 대법원 2004. 10. 14. 선고 2004다30583 판결의 경우에는 원고가 지분의 약 97%, 피고가 약 3%를 가지고 있었던 경우로서, 현물분할이나 경매분할 어느 것도 적절하지

---

22) 예컨대 이영준, 한국민법론, 물권편, 신정2판, 2004, 570면 등.

23) 주 21)의 문헌 외에 오세율, "전면적 가격보상방법에 의한 공유물의 분할", 재판과 판례 15집, 대구판례연구회, 2007, 185면 이하가 있다. 또한 위 대법원판결에 대한 재판연구관의 해설인 김대원, "전면적 가격배상 방법에 의한 공유분할의 허용 여부", 대법원판례해설 제51호, 2005, 69면 이하 참조.

24) 最高裁 1996(平成 8). 10. 31. 판결(民集 50卷 9號 2563면) 등.

않고, 원고에게 전체를 취득하게 하는 대신 피고에게 보상을 하게 하는 방법이 가장 적절하였을 것이다. 그러나 법적인 근거에 대하여 논란이 있으므로 명문 규정을 둘 필요가 있다.

(2) 분과위안과 실무위안

분과위안은 공유물분할에 관한 규정을 현재의 판례를 반영하여 개정할 필요가 있다고 하면서, 다음과 같이 제2항을 신설하는 개정안을 제시하였다.

제269조(분할의 방법) ① 분할의 방법에 관하여 협의가 성립되지 아니한 때에는 공유자는 법원에 그 분할을 청구할 수 있다.(현행과 같음)
② 법원은 공유물을 현물로 분할하거나 적절하고 합리적인 방법으로 분할할 수 있다. 다른 방법이 없을 때에는 법원은 물건의 경매를 명할 수 있다.

이에 대하여 실무위는 다음과 같이 분과위안을 수정할 것을 제안하였다.

제269조(분할의 방법) ① 분할의 방법에 관하여 협의가 성립되지 아니한 때에는 공유자는 법원에 그 분할을 청구할 수 있다.(현행과 같음)
② 공유물을 현물로 분할하는 경우에는 법원은 일부 공유자가 다른 공유자에게 금전을 아울러 지급할 것을 명할 수 있다.
③ 공유물을 현물로 분할할 수 없거나 분할로 인하여 현저히 그 가액이 감손될 염려가 있는 때에는 법원은 공유물을 경매하여 그 대금을 분배할 것을 명할 수 있다.
④ 법원은 상당한 이유가 있는 경우에는 일부 공유자가 공유물을 전부 취득하고, 나머지 공유자에게 금전을 지급할 것을 명할 수 있다.

실무위가 위와 같이 수정을 제안한 이유는 다음과 같다. 즉 분과위 안에 따를 때에는 현물분할이 원칙이라는 점이 제대로 표현되어 있지 않고, 또 무엇이 적절하고 합리적인 방법인지도 명확하지 않다. 그리고 적절하고 합리적인 방법에 속하는 전면적 가격보상이 경매에 의한 대금분할보다 먼저 고려될 수 있는 것처럼 표현하고 있는데, 이 또한 문제가 있다. 실제로 전면적 가격보상을 명하는 것은 특별한 사정이 있는 경우에 예외적으로만 인정되어야 할 것이다.

그리하여 제2항에서 우선 현물분할을 규정하되, 현물분할의 한 내용으로서 현물과 함께 금전보상을 할 수 있도록 한다. 그리고 제3항에서는 현행 제2항과 같이 경매에 의한 대금분할을 규정한다. 다만 현재는 경매할 수 있다는 것만 규정하고 있는데, 경매하여 그 대금을 분배할 것을 명할 수 있다는 것도 아울러 규정한다. 제4항에서는 전면적 가격보상을 규정한다. 판례는 전면적 가격보상을 명함에 있어 고려하여야 할 사항으로서 "공유관계의 발생원인과 공유지분의 비율 및 분할된 경우의 경제적 가치, 분할 방법에 관한 공유자의 희망 등의 사정을 종합적으로 고려하여 당해 공유물을 특정한 자에게 취득시키는 것이 상당하다고 인정되고, 다른 공유자에게는 그 지분의 가격을 취득시키는 것이 공유자 간의 실질적인 공평을 해치지 않는다고 인정될 것"을 들고 있는데, 이를 모두 법문에 담기에는 어려움이 있으므로, 단순히 "상당한 이유가 있는 경우"라고 하면 될 것이다.

외국의 입법례 가운데 스위스 민법 제651조는, 분할의 방법으로서 현물분할, 임의매매, 경매하여 대금을 분할하는 방법 또는 임의 매매, 경매하여 대금을 분할하는 방법, 또는 물건 전체를 1인 또는 수인의 공유자에게 이전하고 다른 사람에게 보상하는 것을 들고 있다.[25] 대만 민법 제824조는 공유물 분할방법에 관하여 비교적 상세하게 규정하고 있다. 즉 원물분할과 자조매각에 의한 대금분배를 기본으로 하되, 원물의 일부를 각 공유자에게 분배하고 다른 부분은 자조매각하는 방법, 원물로 분배할 때 분배를 받지 못하거나 그 지분에 따라 분배받을 수 없는 공유자에 대한 금전보상, 공유물의 일부분을 공유로 하는 분배, 공유자의 서로 같은 수개의 부동산에 대한 일괄분할 등을 규정한다.

그리고 일본의 민법개정연구회가 제시한 공유물분할에 관한 개정안은 다음과 같다.

> 제172조 ① 공유물의 분할에 관하여 공유자간에 협의가 이루어지지 않은 때에는 그 분할을 재판소에 청구할 수 있다.(현행 258조 1항과 같음)
> ② 전항의 경우에 공유물의 현물을 분할할 수 없는 때 또는 분할에 의하여 그 가격을 현저하게 감소할 우려가 있는 때에는 법원은 그 경매를 명할 수 있다.(현행 258조 2항과 같음)
> ③ 공유물을 1인 또는 수인의 공유자에게 취득시키는 것이 상당하고, 또한 그 1인 또는 수인의 공유자의 지분의 가격을 다른 공유자에게 취득시키는 것이 공유자 간의 공평을 해하지 않는 때에는 재판소는 전항의 경매를 갈음하여 다른 공유자에 대하여 지분의 가격을 변상하게 하고, 공유물을 1인의 공유자에게 취득시키거나 또는 수인의 공유자의 공유로 할 수 있다.

---

25) 다만 물건 전체를 1인 또는 수인의 공유자에게 이전하고 다른 사람에게 보상하는 방법은 협의 분할의 경우에만 허용된다. Basler Kommentar/Wichtermann, Art. 651 Nr. 12.

④ 전항에 기한 공유분할에 의하여 채권을 취득한 자는 공유분할의 목적인 물에 관하여 선취특권을 가진다.[26]

(3) 위원장단회의 및 전체회의

위원장단회의에서는 분과위안을 지지하는 의견과 실무위안을 지지하는 의견이 동수였다. 분과위안을 지지하는 의견은, 분할의 구체적인 방법을 실무위안처럼 한정하는 것이 과연 타당한지, 그리고 실무위안의 현물분할·경매분할·가격보상의 순위가 반드시 옳은 것인지 의문이라고 주장하였다. 반면 실무위안을 지지하는 의견은 실무위원회에서 제안한 분할 방법 외에 다른 것을 상정하기는 어렵고, 위와 같은 분할방법의 순서는 지켜져야 한다고 주장하였다. 그리하여 분과위안과 실무위안을 같이 전체회의에 상정하기로 하였다. 다만 분과위안과 실무위안 모두 표현이 약간 수정되었다.

전체회의에서는 두 안에 대하여 논의한 끝에 결국 다수결에 의하여 수정된 분과위안을 채택하였다.

Ⅲ. 합유와 조합[27]

1. 조합의 사무집행(제706조)

가. 개 정 안

현 행	개 정 안
제706조(사무집행의 방법) ① 조합계약으로 업무집행자를 정하지 아니한 경우에는 조합원의 3분의 2이상의 찬성으로써 이	제706조(사무집행의 방법) ① 조합계약으로 업무집행자를 정하지 아니한 경우에는 조합원의 3분의 2이상의 찬성으로써 이

---

26) 法律時報增刊 民法改正 國民·法曹·學界有志案, 2009, 152면. 민법개정연구회는 제3항에 관하여, 여기서는 상당성 요건과 실질적 공평요건의 2가지가 문제되는데, 전면적 가격배상을 안이하게 인정하면, 난폭한 사적 수용을 인정하는 것에 이어질 수 있고, 지분＝소유권의 보증이라고 하는 헌법적 가치를 고려하면, 상당성요건은 비상하게 중요한 것으로 생각된다고 한다. 民法改正研究会, "民法改正フォ_ラム 一問一答", 위 法律時報增刊, 70면.

27) 합유에 관한 분과위, 실무위 및 위원장단회의의 논의 경과에 대하여는 남효순, "합유·총유의 개정시안", 민법개정위원회 제4기 제11차 전체회의 자료 (현재 미공간) 참조.

를 선임한다. ② 조합의 업무집행은 조합원의 과반수로 써 결정한다. 업무집행자가 수인인 때에 는 그 과반수로써 결정한다. ③ 조합의 통상사무는 전항의 규정에 불 구하고 각 조합원 또는 각 업무집행자가 전행할 수 있다. 그러나 그 사무의 완료 전에 다른 조합원 또는 다른 업무집행자 의 이의가 있는 때에는 즉시 중지하여야 한다.	를 선임한다. ② 조합의 업무집행은 조합원이 공동으로 결정하여야 한다. 그러나 조합계약으로 조합원의 과반수로써 결정하도록 정할 수 있다. 업무집행자가 여러 명인 때에도 이 와 같다. ③ 조합의 통상사무는 제2항에 불구하고 각 조합원 또는 각 업무집행자가 단독으 로 처리할 수 있다. 그러나 그 사무의 완 료전에 다른 조합원 또는 다른 업무집행 자의 이의가 있는 때에는 즉시 중지하여 야 한다.

나. 설 명

(1) 문제의 소재

종래 제272조와 제706조 제2항 사이에는 모순이 있고, 이는 입법의 오류라는 점이 지적되어 왔다. 즉 제272조에 의하면 합유물의 처분 또는 변경을 위하여는 합유자 전원의 동의가 있어야 하는 반면, 제706조 제2항은 조합의 업무집행은 조합원의 과반수로써 결정하고, 업무집행자가 수인인 때에는 그 과반수로써 결정한다고 규정하고 있는데, 조합재산인 합유물의 처분 또는 변경은 조합의 업무집행에 해당할 것이기 때문이다.

이 문제의 해결을 위하여 여러 가지 견해가 주장되고 있다.[28]

첫째, 조합재산의 처분이 조합의 업무집행인 경우에는 제706조 제2항이 적용되고, 그렇지 않은 경우에는 제272조 본문을 적용한다는 견해.

둘째, 업무집행조합원이 없는 경우에는 제272조 본문에 의하고, 업무집행조합원이 있는 경우에는 제706조 제2항 후단에 의한다는 견해.

셋째, 제272조가 정하는 전원의 동의는 합유물 처분의 법률행위를 합유자 전원이 제3자에 대하여 하여야 한다는 의미라는 견해.

넷째, 조합재산의 처분, 변경에 대하여는 제706조 제2항만 적용된다는 견해.

다섯째, 제706조 제2항은 조합의 특별사무에 관한 일반규정이고 조합재산의

---

28) 민법주해 XVI, 1997, 56면 이하(김재형) 참조.

처분은 특별사무이지만, 조합재산의 처분은 조합의 존속 및 그 목적달성과 밀접 불가분의 관계에 있기 때문에 제272조가 그 특별규정으로서 조합원 전원의 동의를 요구한다는 견해.

　　판례는, "민법 제272조에 따르면 합유물을 처분 또는 변경함에는 합유자 전원의 동의가 있어야 하나, 합유물 가운데서도 조합재산의 경우 그 처분·변경에 관한 행위는 조합의 특별사무에 해당하는 업무집행으로서, 이에 대하여는 특별한 사정이 없는 한 민법 제706조 제2항이 민법 제272조에 우선하여 적용되므로, 조합재산의 처분·변경은 업무집행자가 없는 경우에는 조합원의 과반수로 결정하고, 업무집행자가 수인 있는 경우에는 그 업무집행자의 과반수로써 결정하며, 업무집행자가 1인만 있는 경우에는 그 업무집행자가 단독으로 결정한다"고 하여,[29] 넷째 설을 따르고 있다.

(2) 분과위안 및 그 설명

　　분과위안은 이러한 문제점을 해결하기 위하여 제706조 제4항을 신설하여, 조합재산이 합유인 경우에 그 처분, 변경 등에는 제272조가 적용되도록 하고, 제706조의 적용은 배제하고자 하였다.

　　제706조(사무집행의 방법) ① (현행과 동일)

　　② (현행과 동일)

　　③ 조합의 통상사무는 제2항의 규정에 불구하고 각 조합원 또는 각 업무집행자가 단독으로 할 수 있다. 그러나 그 사무의 완료전에 다른 조합원 또는 다른 업무집행자의 이의가 있는 때에는 즉시 중지하여야 한다.

　　④ 조합재산의 처분, 변경, 관리와 보존에 관하여는 제2항 및 제3항 본문에도 불구하고 제264조, 제265조 또는 제272조에 의한다.

　　분과위안은 그 근거를 다음과 같이 설명하고 있다. 즉 두 조문의 충돌 문제를 해결하기 위하여는 합유의 규정에도 불구하고 조합계약에서 달리 정할 수 있음을 명시하는 방안과, 조합재산에 대하여는 물권법의 법리를 관철시키는 방안을 생각해볼 수 있다. 그런데 첫 번째 방안에 의할 경우 합유규정은 민법상 그 적용이 예정된 유일한 계약유형인 조합에 있어서조차 그 적용이 배제되고, 민법

---

29) 대법원 2010. 4. 29. 선고 2007다18911 판결. 이미 대법원 1998. 3. 13. 선고 95다30345 판결; 2000. 10. 10. 선고 2000다28506, 28513 판결이 같은 취지로 판시하였다.

이 정한 물권의 내용을 당사자의 합의에 의하여 변경함으로써 물권법정주의에
반하는 결과를 초래한다. 이러한 문제를 해결하기 위한 것이 두 번째 방안이다.
만약 계약상 조합업무에 관하여 전원의 동의를 요하는 것으로 정하였다면, 조합
재산의 처분 및 변경에 관한 사항을 전원의 일치된 의견에 따라 정하게 될 것이
다. 이는 제264조 및 제272조의 내용과 일치한다. 그러나 조합원의 과반수에 의
하여 정하기로 하였거나 달리 정한 바가 없는 경우에는, 그럼에도 불구하고 조합
재산에 관하여는 물권법 규정이 우선하여 적용된다.

그런데 두 번째 방안에 의할 경우 물권법의 법리를 관철시킬 수 있는 장점
이 있는 반면, 조합의 업무집행 중 중요한 내용인 조합재산의 처분, 변경 등을 곤
란하게 하고 부담을 가중시킨다는 지적이 가능하다. 그러나 민법이 예정한 합수
적 조합의 경우 조합의 업무는 원칙적으로 전원일치에 의하여 공동으로 행해질
것이다. 그리고 조합의 대내적 관계와 대외적 관계는 분리될 수 있는데, 대내적
으로 조합재산의 처분, 변경과 관련한 의사결정을 과반수에 의하기로 한 경우 소
수 조합원은 채권적으로 동의를 해줄 의무가 있다. 그러므로 다수의 조합원은 소
수 조합원에 대하여 동의를 청구한 후 조합재산을 처분할 수 있다. 때문에 물권
법 규정을 적용하더라도 조합재산의 처분, 변경이 불가능하게 되는 것은 아니며
과도한 부담을 강제하는 것도 아니다.[30]

(3) 실무위안 및 그 설명

실무위가 제안한 안은 다음과 같았다.

제706조(사무집행의 방법) ① (현행과 동일)
② 조합의 업무집행은 조합원이 공동으로 결정하여야 한다. 그러나 조합계약으로
조합원의 과반수로써 결정하도록 정할 수 있다. 업무집행자가 여러 명인 때에도
이와 같다.
③ 조합의 통상사무는 제2항에 불구하고 각 조합원 또는 각 업무집행자가 단독으
로 할 수 있다. 그러나 그 사무의 완료전에 다른 조합원 또는 다른 업무집행자의
이의가 있는 때에는 즉시 중지하여야 한다.

여기서 제3항은 현행법 가운데 "전행할 수 있다"는 표현을 "단독으로 할 수

---

[30] 분과위의 개정안 제안이유를 작성한 최수정 교수가 집필한 "조합재산에 관한 민법개정 방향",
민사법학 제62호, 2013, 27면 이하의 서술도 이와 같다.

있다"로 바꾼 것이고, 중요한 것은 제2항이다. 실무위가 위와 같이 제안한 것은 다음과 같은 이유에서이다.

첫째, 분과위안에 의하면 조합의 업무집행 중 중요한 내용인 조합재산의 처분, 변경 등을 곤란하게 하고 부담을 가중시키게 되어 조합의 업무를 마비시킬 수도 있다. 독일이나 스위스에서는 조합의 업무는 원칙적으로 조합원 전원의 동의를 요하지만, 계약에 의하여 다수결로 할 수 있도록 규정하고 있다(독일 민법 제709조; 스위스 민법 제653조, 채무법 제534조). 그러므로 조합 재산의 처분, 변경에 항상 조합원 전원의 동의를 요하는 것은 아니다. 대만 민법도 합유물의 처분 및 기타의 권리행사는 법률에 다른 규정이 있는 경우를 제외하고는 합유자 전원의 동의를 얻어야 한다고 하면서(제828조 제3항), 조합의 결의는 조합원 전원의 동의로 하여야 하지만, 조합계약의 약정으로 조합원 전원 또는 일부의 과반수로 결정할 수 있도록 하였다(제670조). 민법 제706조 제2항이 조합의 업무집행은 조합원의 과반수로써 결정한다고 규정하고 있는 것은 일본 민법 제670조를 참고로 한 것인데, 일본 민법은 합유를 따로 규정하지 않고 있었으므로 규정 자체로는 별다른 문제가 없었다. 그런데 민법은 제706조와는 별도로 물권편에서 합유 규정을 두었으므로 양자 사이에 문제가 생기게 된 것이다.

원래 조합에 관하여는 제272조가 보여주는 것처럼 합수성(合手性)의 원리 (Gesamthandsprinzip)가 적용된다. 합수적(zur gesamten Hand)이라는 표현은, 공동으로 권리의 취득행위, 처분행위 또는 의무부담 행위를 할 때 손들을 모으는 상징적 행동에 의하여 권리주체가 결합되었음을 보이는 고래의 법적 관행에서 유래한 것이다.31) 그러나 제271조는 계약에 의하여 이러한 합수성의 예외를 인정할 수 있음을 규정하고 있다. 그러므로 조합 재산의 처분을 포함하는 조합의 업무집행에 관하여도 같은 법리가 적용되어야만 모순이 생기지 않는다. 그런데 분과위안은 조합의 업무집행은 과반수로 결정하도록 하는 반면, 조합재산의 처분 변경은 조합원 전원의 동의가 있어야 한다고 규정하고 있는데, 이 두 가지는 서로 조화되기 어렵다.

그리하여 실무위는 독일, 스위스, 대만의 입법례를 참조하여, 조합의 업무집행은 전원일치를 원칙으로 하되, 당사자 사이의 약정에 의하여 과반수에 의하도

---

31) Otto von Gierke, Deutsches Privatrecht, Erster Band, 1895, S. 664. 또한 김증한, "공동소유형태의 유형론", 민법논집, 1978, 224면; 윤철홍, "합유제도에 관한 법사적 고찰", 법사학연구 제18호, 1997, 116면 참조.

록 할 수 있도록 할 것을 제안하였다. 그런데 이 경우의 문제점은, 현재의 판례는 과반수를 원칙으로 하고 있는데, 개정안에 따르면 전원일치가 원칙이고 당사자 사이의 약정이 있는 경우에 비로소 과반수의 결정에 의할 수 있도록 하는 것이 되어 현재 상태를 바꾸는 것이 된다는 것이다. 그러나 그로 인하여 생기는 혼란이 그리 크지는 않을 것으로 보인다.

(4) 위원장단회의 및 전체회의

위원장단회의에서는, 현행 조문에 의하면 업무집행은 과반수로 가능하지만 실무위안은 업무집행을 공동으로 하도록 하여 현재에 비해 과도하게 제한하는 것이라는 주장이 있었으나, 다수의견은 실무위안이 합리적이라고 하여 결국 실무위안이 채택되었다. 다만 제3항 가운데 "단독으로 할 수 있다"는 부분을 "단독으로 처리할 수 있다"로 바꾸기로 하였다.

전체회의에서도 대다수가 위원장단안을 지지하여, 위원장단안이 최종 개정안으로 확정되었다.

2. 제274조(합유의 종료)

가. 개 정 안

현 행	개 정 안
제274조(합유의 종료) ① 합유는 조합체의 해산 또는 합유물의 양도로 인하여 종료한다. ② 전항의 경우에 합유물의 분할에 관하여는 공유물의 분할에 관한 규정을 준용한다.	제274조(합유의 종료) ① (현행과 같음) ② 조합체의 해산으로 합유가 종료하는 경우에는 공유물의 분할에 관한 규정을 준용한다.

나. 설 명

제274조의 개정 이유는, 합유물의 분할은 조합체가 해산한 경우에 이루어지고, 합유물이 양도된 경우에는 문제되지 않기 때문에, 이 점을 명확하게 하기 위하여 조합체가 해산하여 합유가 종료하는 경우에만 공유물의 분할에 관한 규정을 준용하기로 한 것이다.[32) 전체회의에서도 이 개정안은 그대로 받아들여졌다.

---

32) 원래 분과위안은 제1항을 삭제하려고 하였다. 이는 아래에서 보는 것처럼 제271조를 개정하여,

3. 조합재산의 합유(제704조)

가. 개 정 안

현 행	개 정 안
제704조(조합재산의 합유) 조합원의 출자 기타 조합재산은 조합원의 합유로 한다.	제704조(조합재산의 합유) 다른 약정이 없으면 조합원의 출자 그 밖의 조합재산은 조합원의 합유로 한다.

나. 설 명

현행 제704조는 조합재산의 귀속방식으로서 합유만을 정하고, 다른 방식은 예정하고 있지 않다. 그러나 실제 조합의 재산은 합유뿐만 아니라 공유나 조합원의 단독소유로도 보유될 수 있다. 대법원 2012. 5. 17. 선고 2009다105406 전원합의체 판결도, 조합의 성질을 가지는 공동이행방식의 공동수급체가 공사를 시행함으로 인하여 도급인에 대하여 가지는 채권은 원칙적으로 공동수급체 구성원에게 합유적으로 귀속하는 것이지만, 공사도급계약의 내용에 따라서는 공사도급계약과 관련하여 도급인에 대하여 가지는 채권이 공동수급체 구성원 각자에게 지분비율에 따라 구분하여 귀속될 수도 있다고 판시하였다.

그러므로 이러한 점을 명시하기 위하여 "다른 약정이 없으면" 조합재산은 조합원의 합유로 한다고 규정하기로 하였다. 물론 채권법에 관한 규정은 원칙적으로 임의규정이므로, "다른 약정이 없으면"이라는 말을 넣지 않아도 해석상 그러한 결론을 이끌어낼 수 있을 것이다.[33] 그러나 종래에는 조합재산은 항상 합유여야 하는 것으로 생각하는 경향이 있었던 것 같다. 판례는, 동업을 목적으로 하는 조합이 조합체로서 또는 조합재산으로서 부동산의 소유권을 취득한 경우에 그 부동산은 조합체의 합유물이고, 그 조합체가 합유등기를 하지 아니하고 조합원들 명의로 각 지분에 관하여 공유등기를 한 경우에는 조합체가 조합원들에게

조합이 아닌 경우에도 약정에 의하여 합유가 성립할 수 있도록 하려고 하였기 때문이다. 그러나 위원장단회의에서 제271조 개정제안이 받아들여지지 않았으므로, 제274조 제1항도 존속되게 되었다.

33) 이동진, "건설공사공동수급체의 법적 성격과 공사대금청구권의 귀속", 민사판례연구 XXXV, 2013, 539면 이하 참조.

각 지분에 관하여 명의신탁한 것이라고 보고 있는데,[34] 판례가 이처럼 보고 있
는 것은 제704조의 규정은 강행규정인 것으로 보았기 때문으로 추측된다.[35] 따
라서 이러한 점을 분명히 하기 위하여는 제704조가 임의규정임을 밝히는 것이
필요하다.

　　그런데 분과위가 제안한 개정안은 제704조에 "그러나 다른 약정이 있는 때
에는 조합원의 공유로 할 수 있다"라는 단서를 추가하려는 것이었다. 그러나 조
합재산의 귀속형태가 반드시 합유와 공유 두 가지로 한정될 이유는 없다. 필요에
따라서는 한 조합원의 단독소유로 하거나 일부 조합원만의 공유로 하는 것도 허
용할 필요가 있다. 그리하여 실무위는 "다른 약정이 없으면 조합원의 출자 그 밖
의 조합재산은 조합원의 합유로 한다"라고 규정할 것을 제안하였다.

　　이와 관련하여 검토하여야 할 것이, 조합재산을 조합원 1인의 명의로 하는
것이 명의신탁에 해당하여 무효로 되는가 하는 점이다. 판례는, 매수인들이 상호
출자하여 공동사업을 경영할 것을 목적으로 하는 조합이 조합재산으로서 부동산
의 소유권을 취득하였다면 민법 제271조 제1항의 규정에 의하여 당연히 그 조합
체의 합유물이 되고, 그 조합체가 합유등기를 하지 아니하고 그 대신 조합원 1인
의 명의로 소유권이전등기를 하였다면 이는 조합체가 그 조합원에게 명의신탁한
것이므로, 부동산 실권리자명의 등기에 관한 법률에 위반되어 무효라고 하였다.[36]

　　그러나 이러한 경우에 일부 조합원 명의로 된 등기를 명의신탁으로 볼 필요
는 없다. 부동산 실권리자명의 등기에 관한 법률(부동산실명법) 제2조는 명의신탁
약정을 다음과 같이 정의하고 있다. 즉 부동산에 관한 소유권이나 그 밖의 물권
을 보유한 자 또는 사실상 취득하거나 취득하려고 하는 자(실권리자)가 타인과의
사이에서 대내적으로는 실권리자가 부동산에 관한 물권을 보유하거나 보유하기
로 하고 그에 관한 등기 또는 가등기는 그 타인의 명의로 하기로 하는 약정을 말
한다는 것이다. 학설상으로는 특정한 목적을 위하여 부동산을 타인에게 신탁적
으로 양도한 경우 그것이 동법의 규제대상인 명의신탁약정에 해당되는지, 아니

---

34) 대법원 2002. 6. 14. 선고 2000다30622 판결. 또한 대법원 2010. 4. 29. 선고 2008다50691 판결
　　참조.
35) 김세준, "민법상 조합계약과 사적자치의 효력", 비교사법 제20권 2호, 2013, 318면도, 현행 규정
　　하에서는 조합재산을 합유가 아닌 다른 형태로 섣불리 정하는 것이 곤란하다고 서술한다.
36) 대법원 2006. 4. 13. 선고 2003다25256 판결. 위 대법원 2002. 6. 14. 선고 2000다30622 판결(주
　　34)은, 조합체가 합유등기를 하지 아니하고 그 대신 조합원들 명의로 각 지분에 관하여 공유등
　　기를 하였다면, 이는 그 조합체가 조합원들에게 각 지분에 관하여 명의신탁한 것으로 보아야
　　한다고 하여, 그 명의신탁 등기는 무효라고 하였다.

면 민법상의 일반 신탁행위로서 유효하다고 볼 것인지 여부는, 그 신탁약정이 당사자들이 달성하려고 하는 특정한 경제적 목적의 달성을 위한 것인지 아니면 단순한 등기명의의 이전에 그 중점이 있는지 여부를 기준으로 판단하여야 할 것이라고 설명하는 견해가 있다.[37)]

　　그런데 일부 조합원 명의로 등기를 하였다면 이러한 등기는 조합의 목적인 공동사업을 위한 것이라고 할 수 있고, 등기명의자인 조합원은 등기된 부동산을 소유자로서 사용, 수익 및 경우에 따라서는 처분할 수 있으며, 다만 다른 조합원을 위한 수탁자의 지위에 있으므로, 그 한도 내에서는 구속을 받는 것으로 보아야 할 것이다. 다른 말로 한다면, 등기명의자인 조합원과 다른 조합원 사이의 관계는 조합계약에 의하여 규율되므로, 다른 조합원이 대내적으로 부동산에 관한 물권을 보유하는 것이 아니라 등기명의자인 조합원에게 신탁을 한 것으로 보아야 할 것이다. 부동산실명법이 명의신탁을 금지하고 있다고 하더라도, 그것이 부동산에 관하여는 종래 인정되어 왔던 신탁행위까지 전혀 허용하지 않는 것이라고는 할 수 없다.

　　독일에서도 조합재산에 관한 제718조는 임의규정이므로, 조합의 재산을 지분적 소유(공유)로 하거나, 한 조합원의 단독소유로 하는 것도 가능하고, 조합원의 단독소유인 때에는 단독소유자가 신탁적으로 구속된다고 보고 있다.[38)]

　　이 문제에 관하여는 이른바 내적 조합(內的 組合)의 경우를 참고할 필요가 있다. 내적 조합이란 당사자 간의 내적 관계에서는 조합관계가 있지만, 대외적 행위는 당사자 전원 내지 조합 자체의 이름으로 하는 것이 아니라 조합원 1인 또는 조합원으로부터 위임을 받은 제3자의 명의로 하는 것으로서, 대외적으로는 조합관계가 나타나지 않는 형태의 법률관계를 말한다.[39)] 이러한 내적 조합에서는 재산이 공유일 수도 있지만, 내적 조합원 1인의 단독소유일 수도 있다.[40)] 그런데 내적 조합에서도 조합원 사이의 내부관계에서는 조합규정이 원칙적으로 적용된다.[41)] 그리고 내적 조합에서 조합원 1인 명의로 한 소유권이전등기를 명의신탁

---

37) 권오창, "계약명의신탁의 법률관계에 관한 고찰(하)", 법조, 1999. 6, 106면; 주석민법(주 16), 492면(권오창).
38) Münchener Kommentar zum BGB/Ulmer/Schäfer, § 705 Rdnr. 266, 267. Staudinger/Habermeier, § 718 Rdnr. 4는 이러한 경우를 비전형적인 내적 조합이라고 본다.
39) 김재형(주 28), 22면.
40) 김재형(주 28), 24면.
41) 김재형(주 28), 23면.

으로 볼 수는 없다. 그렇다면 마찬가지로 일부 조합원 명의로 소유권이전등기가
된 경우에도, 이들과 다른 조합원 사이의 법률관계는 조합계약에 의하여 규율되
는 것으로 보아야 하고, 명의신탁관계로 파악할 수는 없다.[42]

　　원래 조합재산을 합유로 규정한 것은, 조합재산을 대리권 없는 조합원 개인
이 무단으로 처분하거나, 그 조합원의 채권자가 그 재산에 대하여 집행을 하는
것으로부터 보호하기 위한 것이므로, 조합 스스로가 그러한 보호를 포기한다면
이는 허용되어야 할 것이다.[43]

　　이 문제에 관하여는 위원장단회의에서도 의견이 대립하여, 결국 분과위안과
실무위안을 같이 전체회의에 올리기로 하였고, 전체회의에서는 토론 후 투표 결
과 다수의견이 실무위안을 지지하여 실무위안이 최종안으로 채택되었다.

4. 제271조의 개정 유보

가. 제1항

(1) 분과위안

분과위안은 당사자의 약정이 있으면 조합이 아니더라도 합유로 할 수 있도
록 하여야 한다고 보았다. 그리하여 제271조 제1항 중 "법률의 규정 또는 계약에
의하여 수인이 조합체로서 물건을 소유하는 때에는 합유로 한다"는 부분을 "법
률의 규정 또는 계약에 의하여 수인이 합수적으로 물건을 소유하는 때에는 합유
로 한다"로 바꿀 것을 제안하였다.

　　분과위안은 그 근거로서, 합유는 물권편 공동소유관계의 일종이므로 그 소
유관계의 성질(지분의 처분 가능성, 분할 가능성 등)에 따라 합유 여부를 규정하는
것이 체계상 자연스럽고, 현행 민법 규정처럼 소유관계의 성질이 아니라 소유의
주체가 조합체인지 여부에 따라 합유 여부가 결정되는 것은 물권법 체계상 부적
절하다고 한다. 그리고 수인 사이에 물건의 소유 형태는 소유의 방법 내지 내용
에 의하고, 그 주체인 소유자들의 인적 결합과 반드시 결부되어야만 하는 것은

---

42) 그러나 위 대법원 2006. 4. 13. 선고 2003다25256 판결에 대한 재판연구관의 해설인 김학준,
"수인이 부동산을 공동으로 매수하면서 매수인 명의를 그 중 1인으로 한 경우의 법률관계", 대
법원판례해설 62호, 2006, 99면 이하는 양자를 구별하고 있다.
43) Münchener Kommentar zum BGB/Ulmer/Schäfer, § 718 Rdnr. 4. 이동진(주 33), 542면은 이를 인
용하면서, 조합재산을 조합원 단독소유 내지 공유로 하는 것이 조합의 본질에 반한다고 볼 까
닭은 없다고 한다.

아니며, 제271조 제1항에서 정한 '조합체'의 의미가 명확하지 않다는 것이다. 또한 판례도 조합의 실체 없이 당사자의 합의만으로 합유하는 것을 허용하고 있으며, 조합의 실체가 없음에도 불구하고 특별법이 합유를 정하고 있기도 하다고 주장한다.44)

(2) 실무위 의견

그러나 실무위는 분과위와 같이 개정하는 것을 반대하였다. 연혁적으로 합유 제도는 공동상속인이나 농민적 협동공동체 또는 조합과 같은 인적 결합의 소유형태였다.45) 근대의 민법전도 마찬가지이다. 가령 독일 민법은 조합의 재산(제719조), 부부공동재산(제1419조)을 합유로 규정한다. 그리고 스위스 민법 제652조는 법률의 규정 또는 계약에 의하여 공동체(Gemeinschaft)를 이루는 수인이 공동체로서 물건을 소유할 때에는 우리 민법상 합유에 해당하는 공동소유자(Gesamteigentümer)가 된다고 규정하고 있다. 여기서 말하는 공동체에는 부부공동재산(제221조 이하), 친족간의 농업공동체(제336조 이하), 공동상속인(제602조 이하), 조합(스위스채무법 제530조 이하) 등이 있다.46) 대만 민법 제827조 제1항은 법률규정, 관습이나 법률행위에 의하여 하나의 공동관계를 형성한 수인이 그 공동관계에 기초하여 하나의 물건을 공유하는 경우에 합유자(公同共有人)로 한다고 규정한다. 이처럼 합유를 조합과 같은 인적 결합을 전제로 하지 않고, 당사자의 약정만에 의하여 인정하는 입법례는 찾기 어렵다.

다른 한편 당사자의 약정에 의한 합유를 인정할 실익도 찾기 어렵다. 오히려 이를 인정하면 소유자의 채권자의 이익을 해칠 우려가 있다. 조합재산인 경우에는 채권자가 조합원의 지분을 압류하는 방법이 있으나(민법 제714조), 조합이 아닌데도 합유를 인정하게 되면 채권자가 권리를 행사할 수 있는 방법이 막연하다. 이에 대하여는 합유가 채권자를 해하기 위한 수단으로 이용되는 경우에는 채권자취소권과 같은 일반적인 구제수단으로 대처할 수 있다고 하는 주장이 있다.47) 그러나 채권자취소권만으로는 충분하지 않다. 가령 실제로 채권자가 등장하기 전에 미리 재산을 합유로 해 놓는다면 채권자취소권은 인정되기 어렵다.

대법원 2009. 5. 28. 선고 2009다3661 판결은, 수인에게 부동산을 명의신탁

---

44) 또한 최수정(주 30), 4면 이하 참조.
45) 윤철홍(주 31), 113면 이하 참조.
46) Basler Kommentar/Wichtermann, Art. 652 N 19 ff. 참조.
47) 최수정(주 30), 7면 주 14).

한 경우에 수탁자들의 그 부동산에 대한 소유관계는 원칙적으로 공유관계이지만, 수인의 수탁자들 상호간에 특약에 의하여 합유관계를 설정할 수 있다고 하였고,[48] 분과위는 이 판결을 개정안을 뒷받침하는 근거로 들고 있다. 그러나 공동명의수탁자들 사이의 관계를 조합이라고 보지 않는 한, 이 판결과 같이 볼 법적인 근거가 없고, 이 판결의 타당성은 매우 의심스럽다. 이러한 판결을 근거로 하여 민법을 개정하여야 한다고 주장하는 것은 충분한 설득력을 가지지 못한다. 다른 한편 대법원 2001. 4. 10. 선고 2000다69293 판결은, 등기부상 합유로 등기되어 있더라도 그 추정을 번복하여 공유로 인정할 수 있다고 하였다.

종래 조합의 실체가 없음에도 불구하고 합유등기가 이루질 수 있었던 것은, 현행 법령이나 법원의 등기예규상 합유등기를 신청할 때 조합체임을 증명하는 서면을 첨부하도록 규정하고 있지 않기 때문이다.[49] 그러나 이러한 실무례는 잘못이고, 등기예규로라도 조합체임을 증명하는 서면을 첨부하도록 하여야 할 것이다. 그리고 조합체가 아님에도 불구하고 합유로 등기되었다면, 이는 경정등기(부동산등기법 제32조)에 의하여 공유로 경정되어야 할 것이다.

그러므로 조합과 같은 인적 결합을 전제로 하지 않고 당사자의 약정만으로 합유를 인정할 별다른 이유가 없다.

나. 제2항

(1) 분과위안

분과위 개정안은 "합유에 관하여는 전항의 규정 또는 계약에 의하는 외에 다음 3조의 규정에 의한다"는 현행 제271조 제2항을 삭제하여, 합유에 관한 규정을 강행규정으로 하려고 하였다. 그 이유는 다음과 같다. 즉 공유의 경우와 달리 합유에 관하여는 제271조 제2항에서 위와 같은 물권법 규정에 우선하여 조합에 관한 민법규정(제703조 내지 제724조) 또는 계약에 의하여 합유의 성질을 다르게 정할 수 있다고 규정하고 있다. 그러나 물권의 성질, 공시의 원칙, 거래의 안전보호 등에 비추어 볼 때 '합유'의 성질을 물권법 규정에 우선하여 채권법 규정 또는 당사자의 의사(계약)에 의하여 달리 정할 수 있다고 규정하는 것은 문제이다. 예컨대, 등기할 권리가 합유인 때에는 그 뜻을 등기부에 기록하도록 되어 있

---

48) 이 판결은 공간되지 않아서 법원 외부에서는 확인하기 어렵다.
49) 법원행정처, 부동산등기실무 [Ⅱ], 2007, 339면.

는데(부동산등기법 제48조), 제271조 제2항의 규정 때문에 합유의 경우에는 등기부
상 '합유'라고 표시되어 있더라도 그에 우선하는 조합원들 사이의 '계약' 또는
'약정'의 존재 여부를 일일이 조사하여야만 거래 당사자가 불측의 피해를 당하지
않을 수 있다는 결론에 도달하고, 이는 공시 원칙이나 거래의 안전에 반한다.[50]
분과위가 제2항을 삭제하려는 것은 앞에서 본 분과위 개정안 제706조 제4항을
신설하려는 것과 같은 취지로 이해된다.

(2) 실무위 의견

그러나 실무위는 분과위 개정안에 반대하였다. 이처럼 합유에 관한 규정을
강행규정으로 한다면, 조합의 경우에는 조합의 운영에 어려움이 생길 것이다. 이
는 분과위의 제706조 개정안을 반대하는 것과도 연결된다.

독일 민법은 채권편의 조합계약에서만 합유에 관하여 규정하고 있는데(제
718조), 이는 강행규정은 아니다. 물권편에 합유를 규정하고 있는 스위스 민법 제
653조 제1항은 합유자의 권리와 의무는 법률상 또는 계약상 공동체에서 정한 바
에 따름을 선언하고, 다른 정함이 없는 때에는 소유권의 행사와 특히 물건의 처
분에 대해 합유자 전원의 동의를 요구하고 있다. 그리고 대만 민법 제828조도 대
체로 스위스 민법과 같다. 그러므로 제271조 제2항도 개정할 이유가 없다.

다. 위원장단회의

위원장단회의에서는 다수가 분과위 제1항 개정의견에 반대하였다. 그리고
제271조 제2항 삭제안은 이와 관련된 분과위 개정안 제706조 제4항을 신설하지
않기로 하여, 결국 받아들이지 않기로 하였다. 그리하여 제271조는 개정하지 않
기로 하였고, 그에 따라 제271조 개정안은 전체회의에 상정되지 않았다.

다른 한편 분과위는 제272조 제1항에 "합유물의 관리에 관한 사항은 합유자
의 과반수로써 결정한다"라는 규정을 추가하려고 하였다. 그러나 위원장단회의
의 다수의견은, 합유에서 보존행위를 제외한 행위는 원칙적으로 합수적으로 하
는 것이 적절하기 때문에, 관리행위를 과반수로 결정하는 것이 타당한 것인지 의
문이고, 합유에서 '관리'에 대한 규정이 없는 것은, 관리를 처분에 준하여 공동으
로 해야 한다는 것이 입법자의 취지로 보인다는 등의 이유로 이러한 개정에 반
대하여, 제272조도 개정하지 않기로 하였다.

---

50) 또한 최수정(주 30), 8면 참조.

Ⅳ. 총유 규정의 개정 유보[51]

1. 분과위의 제안

가. 분과위 개정안

분과위는 민법의 총유규정(제275조 ~ 제277조)을 삭제하고, 그 대신 제39조의2를 두며, 부동산등기법 제48조를 개정하자고 제안하였다.

(1) 민　　법

현 행	분과위안
제275조(물건의 총유) ① 법인이 아닌 사단의 사원이 집합체로서 물건을 소유할 때에는 총유로 한다. ② 총유에 관하여는 사단의 정관 기타 계약에 의하는 외에 다음 2조의 규정에 의한다.	〈삭제〉
제276조(총유물의 관리, 처분과 사용, 수익) ① 총유물의 관리 및 처분은 사원총회의 결의에 의한다. ② 각 사원은 정관 기타의 규약에 좇아 총유물을 사용, 수익할 수 있다.	〈삭제〉
제277조(총유물에 관한 권리의무의 득상) 총유물에 관한 사원의 권리의무는 사원의 지위를 취득상실함으로써 취득상실된다.	〈삭제〉
* 2011년 개정안 제39조의2(법인 아닌 사단과 재단) ① 법인 아닌 사단과 재단에 대하여는 주무관청의 인가 또는 등기를 전제로 한 규정을 제외하고는 본장의 규정을 준용한다.	제39조의2(법인 아닌 사단과 재단) ① 법인 아닌 사단과 재단에 대하여는 주무관청의 인가 또는 등기를 전제로 한 규정을 제외하고는 본장의 규정을 준용한다.

---

51) 그 논의 경과에 대하여는 남효순(주 27) 참조.

〈신설〉	② 부동산에 관한 대표자의 처분권의 제한은 등기하지 아니하면 제3자에게 대항하지 못한다.
〈신설〉	③ 법인 아닌 사단의 재산은 상당한 이유가 있는 때에는 정관 또는 사원총회의 결의에 따라 사원에게 분배할 수 있다.
〈신설〉	④ 법인 아닌 사단이 해산하는 경우 정관으로 잔여재산의 귀속권리자를 지정하지 아니하거나 이를 지정하는 방법을 정하지 아니한 때에는 사원총회의 결의에 따라 사단의 목적에 유사한 목적을 위하여 그 재산을 처분할 수 있다. 제2항은 해산의 경우에도 준용한다.
② 영리를 목적으로 하는 법인 아닌 사단의 재산으로 사단의 채무를 완제할 수 없는 때에는 각 사원은 연대하여 변제할 책임이 있다.	⑤ 좌동
③ 제2항의 재산에 대한 강제집행이 주효하지 못한 때에도 각 사원은 연대하여 변제할 책임이 있다.	⑥ 좌동
④ 제3항의 규정은 사원이 법인 아닌 사단에 변제의 자력이 있으며 집행이 용이한 것을 증명한 때에는 적용하지 아니한다.	⑦ 좌동

(2) 부동산등기법

현　행	제4기 2분과 개정시안
제48조(등기사항) ③ 제26조에 따라 법인 아닌 사단이나 재단 명의의 등기를 할 때에는 그 대표자나 관리인의 성명, 주소 및 주민등록번호를 함께 기록하여야 한다.	제48조(등기사항) ③ 제26조에 따라 법인 아닌 사단이나 재단 명의의 등기를 할 때에는 그 대표자나 관리인의 성명, 주소, 주민등록번호 및 부동산에 관한 대표자의 처분권의 제한이 있는 경우 이를 함께 기록하여야 한다.

나. 제안 이유

분과위는 다음과 같이 총유규정을 삭제하여야 하는 이유를 설명하고 있다.[52]

첫째, 총유제도는 전근대적 제도이다. 즉 총유제도는 중세 게르만 공동체의 소유제도에서 유래하는 것인데, 이러한 전근대적인 총유제도는 현대사회에 맞지 않는다.

둘째, 거래현실과 괴리되었다. 즉 총유관계로 규율되어야 할 것은 토지의 총유적 이용관계(입회관계)와 권리능력 없는 사단의 소유관계의 틀이 있으나, 전자는 점차로 없어져 가고 앞으로 아주 소멸할 것이고, 후자는 극히 다양성을 띠고 있어 민법의 간단한 총유규정만으로는 충분히 규율할 수 없다.

셋째, 민법의 총유규정은 체계적·논리적 부정합성을 보이고 있다. 즉 구성원의 개성이 인적 결합체에 흡수되지 않은 합유에서는 합유물의 처분·변경은 합유자 전원의 동의를 요하면서, 구성원의 개성이 단체에 완전히 흡수되어 있다는 권리능력 없는 사단에서의 관리·처분은 사원총회의 결의에 의하여 다수결에 의한 총유물 처분이 가능하도록 하는 것은 균형이 맞지 않는다.

넷째, 총유규정은 사문화되었다. 법인 아닌 사단에서의 소유형태는 그 사단 자체의 단독소유가 된다고 해석하는 것이 법인 아닌 사단의 당사자능력을 인정하는 민사소송법과 등기능력을 인정하는 부동산등기법과도 조화를 이루고, 법인 아닌 사단의 물건이 사단의 단독소유라고 하는 경우의 법률관계와 총유로 파악하는 경우의 법률관계는 결과적으로 동일하므로 민법 총유규정의 존재의의는 거의 없다.

다섯째, 민법 개정안 제39조의 2[53]와 조화되지 않는다. 민법개정안 제39조의 2는 제1항에서 법인 아닌 사단에 대해서 원칙적으로 법인에 관한 규정을 적용한다고 규정하는데, 법인 아닌 사단에 준용되는, 법인의 인가나 등기 이외의 규정과 민법 제275조 이하의 총유규정은 근본적으로 조화되기 어렵다. 따라서 개정안 제39조의 2를 전제로 하는 한, 총유에 관한 민법 규정은 근본적으로 재검토하지 않을 수 없다.

여섯째, 거래안전에도 문제가 있다. 종중 등 법인 아닌 사단의 대표자가 총

---

52) 또한 분과위의 개정안 제안이유를 작성한 정병호 교수가 집필한 "법인 아닌 사단의 재산관계 규율에 관한 입법론적 고찰", 홍익법학 제14권 1호, 2013, 1면 이하 참조.
53) 이는 정부가 2011. 6. 22. 제18대 국회에 제출하였던 민법개정안을 말한다.

회결의 없이 부동산을 처분하는 경우 그 상대방은 선의, 악의를 불문하고 부동산 소유권 등을 취득하지 못해 거래안전을 위협하는 문제가 있다는 것이다. 따라서 국민의 편익을 위해서라도 총유제도를 폐지하고, 법인 아닌 사단의 대표자의 대표권 제한을 공시하는 방안을 마련할 필요가 있다.

그리하여 분과위는 총유규정을 삭제하는 대신, 제39조의 2에 제2항에서 제4항까지의 규정을 신설하려고 하였다. 우선 법인 아닌 사단의 대표자의 처분권 제한의 공시와 관련해서는 우선 거래에 있어 중요한 역할을 하는 부동산에 대해서 그 등기부에 대표자의 처분권 제한을 등기할 수 있도록 함으로써 거래안전을 도모하고자 한다. 또한 법인 아닌 사단의 재산 분배 및 법인 아닌 사단이 해산하는 경우 그 재산의 귀속에 관한 규정을 둔다.

그리고 부동산등기법 제48조 제3항을 개정하여 이러한 대표자의 처분권 제한을 부동산등기부에 등기할 수 있는 근거규정을 두고자 한다.

2. 종래의 논의

종래에도 민법의 총유규정에 대하여는 여러 가지 비판론이 있었고, 입법론으로도 이를 삭제하여야 한다는 주장이 있었다. 이러한 주장도 그 근거에서는 다소 차이가 있다. 즉 법인 아닌 사단[54]에게도 권리능력을 인정하여야 하므로, 이와 모순되는 총유규정은 삭제하여야 한다는 것과, 법인 아닌 사단의 권리능력은 인정하지 않더라도 총유규정은 불필요하다는 것이다.

먼저 현행법 해석상으로도 법인 아닌 사단은 권리능력을 가진다는 견해가 있다. 이 견해는 민사소송법이 비법인사단에게도 당사자능력을 인정하고 있고(제52조), 부동산등기법상 비법인사단도 등기를 할 수 있도록 규정하고 있으므로(제26조), 현행법상으로도 비법인사단의 권리능력은 인정되고 있다고 주장한다. 또한 법인의 본질에 관한 학설 중 법인실재설이 타당하므로, 법인 아닌 사단도 권리능력을 가진다고도 한다.[55] 이러한 견해에서는 법인 아닌 사단 자체에게 소유권을 인정하지 않는 총유규정은 당연히 삭제되어야 한다고 본다.

---

54) 민법 제275조는 "법인 아닌 사단"이라는 용어를 사용하고 있는데, 같은 의미로 "비법인사단" 또는 "권리능력 없는 사단"이라는 용어도 아울러 쓰이고 있다. 여기서는 "법인 아닌 사단"이라는 용어를 사용하되, 다른 문헌을 인용할 때에는 그 문헌에서 사용하고 있는 대로 한다.

55) 강태성, "이른바 총유에 관한 비판적 검토", 민사법연구 제15집 1호, 2007, 73면 이하.

그리고 법관의 법형성(Rechtsfortbildung)이라는 방법론에 의해 법인 아닌 사단의 권리능력을 논증하려는 견해도 있다. 이 견해는, 민법의 본래의 설계의도는 법인과 권리능력 없는 단체를 엄격히 구별하면서 전자에 대해서만 권리능력을 인정하려는 것이었지만, 법현실에서 사단법인과 마찬가지의 실체조직을 가지면서 사회생활의 하나의 단위로서 활동하고 있는 권리능력 없는 사단의 발전으로 민법 본래의 설계와는 맞지 않는 규범체계상의 불완전성이 드러나게 되었다고 한다. 이러한 규율흠결은 법관의 법형성에 의하여 보충되어야 한다고 본다. 그리하여 민법이 명시적으로 규정한 법인단체의 경우에는 민법이 정한 절차적 요건에 따라서 법인격은 취득되지만, 민법이 예정하지 않았던 포괄적 권리능력 있는 단체의 경우에는 그 법인격 승인에 다른 형태의 법적 승인도 가능하고, 판례에 의해서 포괄적 권리능력이 승인되어 거래상 권리주체로서 등장한다면 이는 판례의 법형성 또는 관습법상 법인격이 부여된 것으로 민법의 법인법정주의의 요건을 충족했다고 볼 수 있다는 것이다.[56]

이와는 약간 구별되는 것으로서, 재산총유집합체와 비등기사단법인(非登記社團法人)을 구분하는 주장이 있다. 비등기사단법인이란 종래 비법인사단이라고 부르던 것인데, 등기만 하지 않았을 뿐, 등기사단법인과 똑같은 사단으로서의 실체를 갖추고 있는 집단으로서 당연히 권리주체가 된다고 한다. 민사소송법 제52조가 당사자능력을 인정하는 법인이 아닌 사단이나, 부동산등기법 제26조가 등기능력을 인정하는 법인 아닌 사단은 모두 비등기사단법인이라는 것이다. 반면 민법상의 총유규정이 적용되는 것은 비등기사단법인 아닌 단순한 재산총유집합체로서, 이 집합체는 권리주체가 아니므로 집합체 자체로서는 재산을 소유하지 못하고, 구성원들이 총유의 형태로 재산을 공동소유한다고 한다. 이에 비하여 비등기사단법인은 권리주체이므로 재산을 자체로서 소유할 수 있다고 풀이하여야 한다는 것이다.[57]

다른 한편 입법론으로 법인 아닌 사단의 단독소유를 인정하고, 총유규정은 삭제하여야 한다는 주장이 있다.[58] 즉 법인 아닌 사단의 재산은 구성원인 사원의

---

56) 남기윤, "사법상 법인개념의 새로운 구성", 저스티스 제70호, 2002, 200면 이하.
57) 김교창, "비등기사단법인은 비법인사단이 아니다", 저스티스 통권 제140호, 2014, 91면 이하. 이 글 97면, 105면 등은 제275조가 비법인사단이라는 용어를 쓰고 있어서, 우리나라의 판례·학설로 하여금 비등기사단법인을 총유 집합체인 비법인사단으로 오해하게 하는 큰 실수를 유발하였다고 한다.
58) 김대정, "총유에 관한 민법규정의 개정방안", 중앙법학 제14집 4호, 중앙법학회, 2012, 109면

공동소유의 일종인 총유에 속하는 것이 아니라, 법인 아닌 사단 자체에 귀속하는 일종의 단독소유라는 점을 명확하게 규정할 필요가 있다는 것이다. 이 설은 총유 규정을 삭제하는 한편, 법인 아닌 사단의 재산은 구성원인 사원의 공동소유의 일종인 총유가 아니라, 법인 아닌 사단 자체에 속하는 일종의 단독소유로 규정하는 내용을 제39조의3으로 규정하여야 한다고 주장한다.[59]

또한 민법의 총유규정은 비법인사단에 법인에 관한 규정을 준용한다는 개정안 제39조의2와는 양립될 수 없으므로, 총유 규정은 삭제되어야 한다는 주장도 있다.[60]

그리고 제4기 2분과의 개정안 제39조의2가 법인과 비법인사단을 유사하게 취급하려는 데 대하여는 회의를 보이면서도, 총유규정을 삭제하려는 데 대하여는 동의하는 견해도 있다. 여기서는 총유규정의 폐지는 비법인사단의 구성원이 가지는 소유권의 권능을 중심으로 법률관계를 풀어가던 관점에서 벗어나 비법인 사단과 관련한 법률문제를 단체법의 시각에서 새롭게 접근하도록 하는 계기가 된다고 한다.[61]

3. 실무위의 의견

실무위는 분과위 개정안에 대하여 반대하였다.

가. 현행법의 해석론

우선 현행법상 법인 아닌 사단에게도 권리능력이 인정된다는 것은 해석론의 한계를 벗어난 무리한 주장이다. 민법이 권리능력을 가지는 법인의 성립을 위하

이하.

59) 구체적인 개정안은 다음과 같다.
 제39조의3(사단구성원의 권리·의무) ① 법인 아닌 사단에 속하는 재산의 관리 및 처분은 정관에 다른 정함이 없으면 사원총회의 결의에 따라야 한다.
 ② 각 사원은 정관의 규정에 따라서 법인 아닌 사단에 속하는 재산을 사용, 수익할 수 있다.
 ③ 제1항과 제2항의 법인 아닌 사단의 사원의 권리·의무는 사원의 지위를 취득·상실함으로써 취득·상실된다.

60) 명순구, "공동소유제도의 개정방향", 안암법학 제34호, 2011, 349면 이하. 김성욱, "민법상 사단(社團)과 관련한 법적 문제", 법학논총 제21권 1호, 조선대학교 법학연구원, 2014, 276면 이하는 이를 원용하면서, 총유규정을 삭제하려는 분과위 개정안을 지지한다.

61) 송호영, "민법상 법인아닌 단체에 대한 입법론 연구", 법학연구, 전북대학교 법학연구소, 2013, 26면 이하.

여 주무관청의 허가(개정안은 인가)와 등기를 요구하고 있는 이상, 그러한 요건을 갖추지 못하고 있는 법인 아닌 사단에게도 권리능력을 인정한다는 것은 민법 규정 자체로 모순을 초래한다. 위 주장 가운데에는 법인의 본질에 관한 법인실재설을 원용하는 것도 있으나, 법인의 본질론은 법인에 관한 학설상의 논의일 뿐이고, 법인 아닌 사단에 바로 적용될 수는 없다. 법인 아닌 사단에게 권리능력을 인정할 것인지 여부는 학설이 아니라 실정법이 정하는 바에 따라 결정될 문제이다. 근래에는 법인실재설과 법인의제설은 각기 다른 시대적 배경하에 탄생된 것으로서, 어느 학설을 취하느냐에 따라 구체적 해석론에 반드시 차이를 발생시키는 것은 아니라고 보는 설명이 유력하다.[62]

다른 한편 법인 아닌 사단에게 소송상 당사자능력이나 등기능력을 인정하는 민사소송법과 부동산등기법의 규정을 근거로 하여 법인 아닌 사단이 법인과 마찬가지의 권리능력을 가진다고 할 수는 없다. 물론 이러한 규정들이 법인 아닌 사단에게 실제로 어느 정도의 권리능력을 인정하는 것과 마찬가지가 된다는 점은 부정할 수 없다.[63] 그러나 당사자능력은 실체법상의 권리능력과는 구별되는 개념이므로, 법인 아닌 사단이 소송법상 당사자능력이 있다고 하여 바로 실체법상 권리능력이 있다는 결론을 이끌어낼 수는 없다. 독일은 법인 아닌 사단에게 소송상 당사자능력을 인정하고 있지만,[64] 여전히 권리능력과 당사자능력은 구별되고, 당사자능력이 있다고 하여 권리능력이 있는 것은 아니라고 한다.[65]

그리고 법인 아닌 사단의 등기능력을 인정하고 있는 부동산등기법의 규정으로부터 바로 그러한 사단이 권리능력을 가진다는 결론이 도출될 수도 없다. 부동산등기법에 이 규정이 들어오게 된 것은 일제 강점기 때의 특수한 상황을 배경으로 한 것이다. 즉 처음에는 종중 재산을 종중 명의로 등기를 할 수 있는 방법이 없어, 종중이 종중원에게 종중재산을 명의신탁하는 방법이 많이 행해졌고, 그로 인하여 많은 분쟁이 생겼다. 그러자 조선총독부는 이를 막기 위하여 1930. 10.

---

62) 민법주해 Ⅰ, 1992, 462면(이주홍). 또한 주석민법 총칙 (1), 제4판, 2010, 466-468면(송호영)도 같은 취지이다.

63) 이 점에서 법인 아닌 사단은 부분적 권리능력을 가진다고 할 수도 있다. 윤진수, "법인에 관한 민법개정안의 고찰", 민법논고 Ⅰ, 2007, 173면(초출: 2005).

64) 종전의 독일 민사소송법 제50조 제2항은 권리능력 없는 사단이 소 제기의 상대방이 될 수 있다고 규정하고 있었는데, 독일 연방대법원 2007. 7. 2. 판결은 권리능력 없는 사단이 원고도 될 수 있다고 하였다(BGH NJW 2008, 69, 74). 그 후 제50조 제2항은 2009. 9. 24. 권리능력 없는 사단은 소를 제기할 수도 있고, 소 제기의 상대방이 될 수 있다는 것으로 개정되었다.

65) Münchener Kommentar zur ZPO/Lindacher, 4. Aufl., 2013, §50 Rdnr. 3 ff. 참조.

23. 제령 제10호로 조선부동산등기령 제2조의4를 신설하여, 제1항에서 "종중·문중·기타 법인에 속하지 아니하는 사단 또는 재단으로 조선총독이 정하는 것에 속하는 부동산의 등기에 대하여는 그 사단 또는 재단을 등기권리자 또는 등기의무자로 본다"라고 규정하기에 이르렀다.66) 이 규정이 현행 부동산등기법에 그대로 승계된 것이다. 그러므로 당시 입법자의 의사가 종중과 같은 법인 아닌 사단을 권리능력 있는 것으로 인정하여 그와 같은 법을 만들었던 것이라고는 할 수 없다. 독일이나 일본의 경우에는 법인 아닌 사단의 부동산 등기능력을 인정하는 명문의 법규정이 없는데, 학설상으로는 이를 인정하여야 한다는 견해도 유력하다.67) 그러나 독일에서도 법인 아닌 사단의 등기능력을 인정하는 것이 반드시 법인 아닌 사단의 권리능력을 전제로 하는 것은 아니다.68) 그러므로 부동산등기법이 법인 아닌 사단의 등기능력을 인정하는 것이 법인 아닌 사단의 권리능력을 인정할 수 있는 충분한 근거가 되지는 못한다.69)

다른 한편 법관의 법형성이라는 방법론에 의해 법인 아닌 사단의 권리능력을 논증하려는 견해70)는 현재의 법상황을 충분히 파악하고 있으면서도 법학방법론에 기반을 두고 새로운 이론을 제시하고 있다는 점에서 주목할 만한 가치가 있다. 그러나 권리능력을 자연인과 민법이 정한 절차를 거친 법인에게만 인정하고자 하는 것은 민법 입법자의 기본적인 결단이었다. 그러므로 법관의 법형성이라는 이름으로 법인 아닌 사단의 권리능력을 인정하는 것은 법에 반하는 법형성(Rechtsfortbildung contra legem)으로서 허용될 수 있는 법 해석론의 한계를 넘어선다.

그리고 재산총유집합체와 비등기사단법인을 구분하여, 민법상 총유규정은 재산총유집합체에만 적용되고, 비등기사단법인은 당연히 권리능력이 있다는 주장71)은 이해하기 곤란하다. 우선 여기서 말하는 비등기사단법인과 구별되는 재

---

66) 상세한 것은 이승일, "일제 식민지시기 종중재산과 조선부동산등기령", 사학연구 제61호, 2000, 171면 이하 참조.

67) 독일에 관하여는 Staudinger/Weick, Neubearbeitung 2005, Rz. 79 ff.; 일본에 관하여는 新版 注釋民法 (2), 1991, 93면 이하(森泉 章) 참조. 독일연방대법원 2008. 12. 4. 결정(BGH NZG 2009, 137)은 민법상 조합의 등기능력을 인정하였다.

68) 가령 Reuter는 법인 아닌 영리목적의 사단에 대하여는 권리능력을 부정하면서도, 법인 아닌 사단의 등기능력은 일반적으로 인정한다. Münchener Kommentar zum BGB/Reuter, 6. Auflage 2012, § 54 Rdnr. 19, 21 ff.

69) 임상혁, "법인이 아닌 사단의 민사법상 지위에 관한 고찰", 서울대학교 법학 제54권 제3호, 2013, 200면은 공동소유 형태로서 총유를 규정한 이상 부동산의 경우 등기도 할 수 있어야 하겠는데, 부동산등기법 제26조는 그에 관한 규정이라고 설명한다.

70) 남기윤(주 56).

71) 김교창(주 57).

산총유집합체란 무엇인지, 비등기사단법인과 재산총유집합체를 구별하여야 하는
근거가 무엇인지를 전혀 설명하지 않고 있어서 재산총유집합체의 개념을 파악할
수 없다. 이 글은 어떤 것이 재산총유집합체에 해당하는가 하는 구체적인 예를
들고 있지도 않다. 또 이 글은 민사소송법 제52조나 부동산등기법 제26조의 "법
인이 아닌 사단"은 비등기사단법인으로서 권리능력이 있지만, 민법 제275조의
"법인 아닌 사단"은 재산총유집합체로서 특정 재산을 총유의 형태로 공동 소유
하는 집단일 뿐이라고 한다. 그러나 법이 사용하고 있는 같은 용어를 왜 다른 의
미로 이해하여야 하는지에 관하여는 전혀 설명이 없다. 이 글은 비등기사단법인
은 정관을 가지고 있지만, 제275조가 적용되는 재산총유집합체는 총유재산의 관
리를 위한 규약을 가지고 있을 뿐이라고 하는데,72) 제275조 제2항은 법인 아닌
사단도 정관을 가진다는 것을 명시하고 있으므로, 위 주장은 민법의 조문도 제대
로 파악하지 못하고 있다고밖에 볼 수 없다. 위 주장에 따르면 제275조 제1항이
"법인이 아닌 사단의 사원"이라고 규정하고 있는 것도 법인 아닌 사단의 사원이
아니라 재산총유집합체의 구성원을 지칭하는 것에 지나지 않게 된다. 그리고 비
등기사단법인은 등기사단법인과 똑같은 실체를 갖추고 있으므로 어느 때든 설립
등기를 경유하려고 시도하면 바로 설립등기를 경유할 수 있다고 하는데,73) 위 논
자가 말하는 이른바 비등기사단법인이 주무관청의 허가를 받은 바 없다면, 어느
때든 바로 설립등기를 경유할 수 있는 것도 아니다.74)

나. 입 법 론

분과위 안은 법인 아닌 사단의 권리능력이 인정됨을 전제로 하여 총유규정
을 삭제하려는 것으로 이해된다. 그러나 입법론으로 법인 아닌 사단의 권리능력
을 인정하는 것이 바람직한지는 의문이다. 민법상 비영리법인이 성립하기 위하

---

72) 김교창(주 57), 101면.
73) 김교창(주 57), 101면.
74) 김교창(주 57), 101면은 헌법 제21조는 결사의 자유를 기본권의 하나로 규정하면서 결사에 허
    가를 강요하지 못하도록 규정하고 있는데, 주무관청의 허가를 얻고 등기를 경유하지 않았다고
    비등기사단법인의 재산보유 사항에 관하여 등기사단법인과 전혀 다른 법규를 적용하는 것은
    위 헌법의 규정에 위반되고, 헌법상 평등의 원칙에도 위반된다고 한다. 그러나 결사 자체의 성
    립을 위한 허가와 법인격을 취득하기 위한 허가는 같은 것이 아니다. 결사의 성립을 허용하고
    결사의 허가를 인정하지 않는다는 것은 헌법이 보장하고 있지만, 어떤 경우에 단체 내지 결합
    체에 권리능력을 부여할 것인가는 법정책적이고 기술적인 문제로서, 헌법상 결사의 자유로부
    터 바로 결사의 권리능력을 인정하여야 한다는 결론이 나오는 것은 아니다. 윤진수, "사법상의
    단체와 헌법", 비교사법 재15권 4호, 2008, 8면 이하 참조.

여는 주무관청의 허가(개정안에서는 인가)를 받아 등기를 하여야 한다(제32조, 제33조). 그런데 법인 아닌 사단에게도 권리능력을 인정한다면, 구태여 주무관청의 허가를 받을 필요가 없게 되고, 주무관청의 감독도 불가능하게 되므로, 결과적으로 민법이 법인 설립을 위하여 주무관청의 허가를 받도록 하는 것은 거의 의미가 없게 된다.75) 결국 법인의 설립에 관하여 허가주의 또는 인가주의를 버리고 자유설립주의 또는 준칙주의로 나아가지 않는 이상, 법인 아닌 사단의 독자적인 권리능력을 인정하는 것은 법체계적으로 곤란한 문제를 야기한다.

다른 한편 법인 아닌 사단에 대해서 원칙적으로 법인에 관한 규정을 적용한다고 규정하는 민법 개정안 제39조의2와 총유 규정은 조화되지 않는다고 주장하기도 하지만, 양자 사이에 모순이 있다고는 할 수 없다. 민법개정안 제39조의2는 기본적으로 비법인사단의 경우에도 법인에 관한 규정이 유추적용된다고 보고 있는 판례를 입법화한 것인데,76) 판례가 이러한 유추적용을 인정하는 것이 비법인사단의 독자적인 권리능력이 인정됨을 전제로 한 것은 아니다.

위 민법개정안 작성 당시에도 개정안과 총유 규정과의 관계에 관하여 논의가 있었다. 국회에 제출되었던 개정안 제39조의3를 마련하는 과정에서 2010년 실무위원회는, 개정안 제39조의3 제1항77)이 "영리를 목적으로 하는 법인 아닌 사단의 재산으로 사단의 채무를 완제할 수 없는 때"라고 규정하고 있는 것은 법인 아닌 사단에게 독립적인 권리능력이 인정되지 않는다는 점에 비추어 보면 다소 혼란을 일으킬 우려가 있다고 보아, "법인 아닌 사단의 재산"이라는 용어를 "법인 아닌 사단의 사원이 총유하는 재산"으로 바꿀 것을 제안하였다. 그러나 이 제안은 2010. 6. 1. 제2기 분과위원장단 제6차 회의에서 받아들여지지 않았다. 당시 법인에 관한 개정안을 마련하였던 2009년 1기 제3분과의 위원장이었던 김대정 교수는, 물권편에서 법인 아닌 사단의 소유관계를 총유로 규정하고 있는 이상 당연히 본 규정도 총유 관계를 전제로 해석되어야 할 것이라고 설명하였다. 그리

---

75) 전경운, "우리 민법상 총유에 관한 일고찰", 토지법학 제26권 1호, 2010, 169면은, 권리능력 없는 사단·재단의 단독소유를 인정하는 것은 어찌 보면 법인의 자유설립주의를 정면으로 인정하는 효과를 가져올 것이고, 권리능력 없는 사단이 법인설립등기의 필요성을 느끼지 못할 것이라고 한다. 그리고 임상혁, "법인이 아닌 사단의 당사자능력과 권리능력", 민사법학 제39호, 2007, 432면도 민법 제275조에서 제277조까지를 삭제하기만 하면 된다는 주장에 대하여, 그렇게 되면 법인이 아닌 사단과 법인인 사단의 차이가 사실상 없어지게 되므로, 법인에 대한 등기제도를 두는 이유가 무색해지고, 단체들도 등기를 할 필요를 느끼지 못하게 되어 법인등기제도는 실제상 불필요한 제도가 되고 만다고 지적한다.

76) 종전의 판례에 대하여는 윤진수(주 63), 175면 이하 참조.

77) 당시에는 제39조의2 제2항.

고 다른 위원들도 실무위원회의 수정안에 반대하여, 결국 실무위원회의 수정안은 채택되지 않았다. 그 반대 이유는 실무위원회의 수정안대로라면 법인 아닌 사단이 그 재산으로서 채권 등 다른 재산권을 '준총유'하는 경우도 고려를 해야 할 것인데 이 점을 모두 명확하게 표현하자면 법문이 지나치게 복잡해질 것이라는 점 및 물권편에서 법인 아닌 사단의 공동소유에 대한 개정이 이루어질 여지가 있는데, 실무위원회 수정안대로 이를 총유로 확정할 경우 개정상황에 대한 탄력성이 떨어질 우려가 있다는 점 등이 주장되었다.[78]

그러면 법인 아닌 사단의 권리능력을 인정하지 않더라도 총유규정을 삭제하자는 주장은 어떻게 평가할 것인가?[79] 이 또한 찬성하기 어렵다. 현재 법인 아닌 사단이 실재하고 있다는 것은 아무도 부정하지 않고 있는데, 이에 관한 현재의 규정을 삭제한다는 것은 법인 아닌 사단에 관한 민법상의 공백을 초래하는 것이다. 그리고 민법개정안 제39조의2, 제39조의3에서 규정을 두고, 또 그 권리능력을 인정하지 않는다면, 그 소유권의 귀속에 대하여도 어떤 형태로든 규정을 두어야 할 것이다. 다만 법무부는 민법개정위원회의 개정안 작성이 완료된 후인 2014. 6. 16. 법인에 관한 민법개정안을 입법예고하였는데, 입법예고된 개정안은 정부가 2010년 국회에 제출하였던 안과는 달리 법인 아닌 사단에 관한 제39조의2와 제39조의3에 상당하는 규정을 두지 않고 있다.

입법론적으로는 총유규정을 좀더 현대에 맞게 수정하는 것은 고려할 가치가 있지만, 이제까지 이러한 논의는 찾아보기 어려웠으므로 현 단계에서 총유 규정을 삭제하는 것은 적절하지 않다.

다른 한편 2014. 6. 13. 개최되었던 민사법학회 하계학술대회에서 지정토론자였던 제철웅 교수는, 총유규정을 삭제하지 않더라도, 거래의 안전을 위하여는 대표자의 처분권의 제한은 등기하지 아니하면 제3자에게 대항하지 못한다는 분과위개정안 제39조의2 제2항과 같은 규정은 둘 필요가 있다고 주장하였다. 그러나 민법총칙에서 부동산에 관하여만 이러한 규정을 두고 동산이나 다른 재산에 대하여는 규정을 두지 않는다는 것은 매우 부적절하다. 그리고 총유물의 관리 및 처분은 사원총회의 결의에 의한다는 제276조 제1항의 규정은 총유에 관한 기본원칙인데, 이 규정의 적용을 부동산등기부의 기재에 의하여 회피하려는 것도 체계상 문제가 있다. 부동산등기부가 법인등기부의 대용물이 될 수는 없는 것이다.

---

78) 제2기 민법개정위원회 위원장단 회의(제6차) 일지, 5-6면(미공간).
79) 송호영(주 61)은 그러한 취지로 이해된다.

결국 이러한 문제는 총유 규정 자체를 재검토하지 않고는 해결되기 어렵다.

4. 위원장단회의 결과

위원장단회의에서는 법인 아닌 사단의 권리능력을 인정하지는 않더라도 총유 규정은 실효성이 없으므로 이를 삭제하여야 한다는 의견도 있었으나, 다수의 위원장들이 이에 반대하여, 결국 현행 규정을 유지하기로 하였다. 그리고 분과위의 민법 제39조의2와 부동산등기법 제48조 개정안은 총유규정의 삭제를 전제로 하는 것이었는데, 총유 규정을 삭제하지 않는 이상 위 개정안도 받아들이지 않기로 하였다.

V. 결   론

이번 개정안은 그 조문 수가 많지는 않으나, 이론적으로나 실무적으로 중요한 의미를 가지는 내용을 담고 있다. 가령 일부 공유자가 공유물 전부에 대해서 제한물권을 취득할 수 있다는 것은 공유물의 효율적인 활용에 도움이 될 수 있다. 또 종래 입법적인 오류라고 지적되었던, 합유에 관한 제272조와 조합에 관한 제706조의 충돌 문제도 해결될 수 있다. 그리고 현재 판례가 인정하고 있는 공유물의 관리에 관한 약정의 승계인에 대한 구속력이라든지 전면적 가액보상에 의한 공유물 분할에 관하여 법적인 근거를 마련한 것도 의미를 가진다.

그러나 개정안이 충분하지 않다는 지적도 있을 수 있다. 특히 그 동안 논란이 많았던 총유규정의 개정을 유보한 것에 대하여는 아쉬움을 표할 수도 있다. 그러나 이 문제에 대하여는 아직 개정을 위한 충분한 연구가 축적되지 않았다고 생각되므로, 향후의 과제로 미룰 수밖에 없다.

〈민사법학 제68호, 2014〉

〈추기〉

공동소유에 관한 그 후의 입법론으로서는 남효순·이동진·이계정, 공동소유에 관한 연구, 서울법대 법학총서 8, 박영사, 2020이 있다.

담보지상권은 유효한가?

- 대법원 2018. 3. 15. 선고 2015다69907 판결 -

〈사실관계〉

소외 금촌농업협동조합은 2005. 8. 11. 이 사건 토지의 공유자중 1인인 소외 1과 이 사건 토지 중 그의 지분에 관하여 근저당권 설정계약을 체결하고 그 등기를 마치면서, 같은 날 이 사건 토지의 공유자들인 소외 1, 2와 이 사건 토지 전부에 관하여 견고한 건물 및 공작물 또는 수목의 소유를 위한 지상권 설정계약을 체결하고 같은 달 18. 지상권 설정등기를 마쳤다. 원고는 소외 1, 2와 이 사건 토지에 관하여 수목의 소유를 위한 사용대차계약을 체결한 다음 2007. 10.경부터 같은 해 11월경까지 이 사건 토지 지상에 약 300주의 단풍나무를 식재하였다. 그 후 이 사건 토지 중 소외 2의 지분에 관하여 개시된 임의경매절차에서 피고가 위 지분을 매수하고 2011. 7. 15. 그 매각대금을 납부하였다. 원고는 피고가 원고의 소유인 위 단풍나무 중 일부를 임의로 수거하여 제3자에게 매도하였음을 이유로 손해배상을 청구하는 이 사건 소송을 제기하였다.

1심과 2심은 원고의 위 사용대차계약은 민법 제256조 단서에서 정한 '권원'에 해당하지 않고, 이 사건 단풍나무는 이 사건 토지에 부합하여 이 사건 토지의 소유자인 소외 2 등의 소유로 되었다고 하여, 원고의 청구를 기각하였다. 그러나 대상판결은 2심 판결을 파기환송하였다.

〈판결이유〉

민법 제256조는 "부동산의 소유자는 그 부동산에 부합한 물건의 소유권을

취득한다. 그러나 타인의 권원에 의하여 부속된 것은 그러하지 아니하다.”라고
규정하고 있다. 지상권설정등기가 경료되면 그 토지의 사용·수익권은 지상권자
에게 있고, 지상권을 설정한 토지소유자는 지상권이 존속하는 한 그 토지를 사
용·수익할 수 없다. 따라서 지상권을 설정한 토지소유자로부터 그 토지를 이용
할 수 있는 권리를 취득하였다고 하더라도 지상권이 존속하는 한 이와 같은 권
리는 원칙적으로 민법 제256조 단서가 정한 ‘권원’에 해당하지 아니한다.

　　그런데 금융기관이 대출금 채권의 담보를 위하여 토지에 저당권과 함께 지
료 없는 지상권을 설정하면서 채무자 등의 사용·수익권을 배제하지 않은 경우,
토지소유자는 저당 부동산의 담보가치를 하락시킬 우려가 있는 등의 특별한 사
정이 없는 한 그 토지를 사용·수익할 수 있다고 보아야 한다. 따라서 그러한 토
지소유자로부터 그 토지를 사용·수익할 수 있는 권리를 취득하였다면 이러한
권리는 민법 제256조 단서가 정한 ‘권원’에 해당한다고 볼 수 있다.

[평　　석]

1. 담보지상권에 관한 판례의 태도

　　종래 특히 금융기관이 토지에 관하여 저당권을 취득하는 경우에, 그 저당 목
적물에 관하여 제3자가 용익권을 취득하거나 목적 토지의 담보가치를 하락시키
는 침해행위를 하는 것을 배제함으로써 저당목적물의 가치를 유지하기 위하여
저당목적물인 토지에 대하여 지상권을 아울러 취득하는 것이 거래상 많이 행하
여지고 있다. 이를 보통 담보지상권이라고 부른다. 이러한 담보지상권은 유효한
가, 유효하다면 그에 대하여 어떤 효력을 인정할 수 있는가가 문제된다.

　　이에 관한 종래의 판례는 다음과 같다. 첫째, 토지 위에 건물을 신축중인 토
지소유자가 토지에 관한 근저당권 및 지상권설정등기를 경료한 후 제3자에게 위
건물에 대한 건축주 명의를 변경하여 준 경우, 담보지상권자는 제3자에 대하여
방해배제청구로서 목적 토지 위에 건물을 축조하는 것을 중지하도록 요구할 수
있다(대결 2004. 3. 29, 2003마1753 등). 둘째, 담보지상권자는 지상권의 목적 토지를
점유, 사용함으로써 임료 상당의 이익이나 기타 소득을 얻을 수 있었다고 보기

어려우므로, 그 목적 토지의 소유자 또는 제3자가 저당권 및 지상권의 목적 토지를 점유, 사용한다는 사정만으로는 금융기관에게 어떠한 손해가 발생하였다고 볼 수 없다(대판 2008. 1. 17, 2006다586). 셋째, 담보지상권의 피담보채권이 변제나 시효로 인하여 소멸하면 담보지상권은 피담보채권에 부종하여 소멸한다(대판 2011. 4. 14, 2011다6342). 넷째, 담보지상권과 함께 설정된 근저당권설정등기가 말소되고 그 대신 다른 근저당권이 설정되었다가 그 실행에 의하여 토지와 건물의 소유자가 달라진 경우에는 담보지상권은 나중에 설정된 근저당권의 실행으로 소멸되므로 건물을 위한 법정지상권이 성립한다(대판 2014. 7. 24, 2012다97871, 97888). 그리고 대상판결은 담보지상권의 경우에는 보통의 지상권자와는 달리 토지소유자가 토지의 사용・수익권을 가진다고 하였다.

2. 학   설

이러한 담보지상권의 효력에 관하여는 무효설과 유효설이 대립한다. 무효설은 다음과 같이 주장한다. 지상권은 타인의 토지에 건물 기타 공작물이나 수목을 소유하기 위하여 그 토지를 사용하는 것을 내용으로 하는 권리인데, 지상물을 소유할 것을 목적으로 하지 않고, 토지상의 저당권에 대한 침해배제만을 보전하기 위하여 지상권을 설정한다는 것은 지상권의 내용과는 전혀 부합하지 않으므로 물권법정주의에 어긋난다. 나아가 담보지상권은 타인의 토지를 사용하는 것을 내용으로 하지도 않는다. 그리고 지상권설정등기를 신청하는 경우에는 신청서에 지상권 설정의 목적인 공작물 또는 수목을 기재하여야 하고, 등기부에도 그러한 목적이 기재된다. 그런데 실제로는 전혀 공작물이나 수목을 소유할 생각도 없으면서도, 지상권설정계약서나 등기신청서에만 등기를 위하여 공작물 또는 수목의 소유를 목적으로 하는 것이라고 기재하는 것은 허위표시에 해당한다. 나아가 저당목적 토지의 담보가치를 하락시키는 침해를 배제하기 위하여는 저당권에 기한 방해배제청구권을 행사하면 그것으로 충분하므로 별도로 담보지상권을 인정할 필요가 없다(윤진수, 법률신문 2010. 5. 17. 제3841호; 윤진수, 저당권에 대한 침해를 배제하기 위한 담보지상권의 효력, 고상룡교수 고희기념 논문집, 2012).

반면 유효설은, 지상권에서 공작물 등의 소유는 토지를 사용하는 전형적인 내용에 지나지 않고, 공작물 등의 소유 자체가 지상권의 본질적인 요소는 아니며, 지상권은 지상권자에게 현재 또는 장래에 목적토지의 법적 사용가능성을 대세적으로 확보해주는 제도이므로, 담보지상권을 무효라고는 할 수 없다고 한다. 또한 당사자 사이에서는 분명히 지상권을 설정하고자 하는 진의와 표시의 합치가 있으므로 허위표시라고 할 수도 없다고 본다. 그리고 저당권에 기한 방해배제청구보다 담보지상권에 기한 방해배제청구가 더 쉽게 인정될 수 있으므로 담보지상권을 인정할 현실적인 필요성도 있다(최수정, 담보를 위한 지상권의 효력, 민사법학 제56호, 2011 등). 다만 유효설도 담보지상권의 부종성을 인정하는 것은 새로운 유형의 담보물권을 창설하는 것으로 법해석의 한계를 넘는다고 한다.

3. 유효설에 대한 반박

필자는 종전부터 담보지상권은 무효라고 보아야 한다고 주장하였다. 그 논거는 위에서 언급한 바와 같다. 여기서는 유효설이 드는 논거를 반박하여 보고자 한다.

첫째, 유효설은 민법이 "지상권자는 타인의 토지에 건물 기타 공작물이나 수목을 소유하기 위하여 그 토지를 사용하는 권리"라고 규정하고 있는 것(제279조)을 전혀 무시하고 있다. 공작물 등을 소유하지 않는 지상권이란 있을 수 없는 것이다. 그런데 유효설은 독일 민법에서는 공작물의 소유는 지상권의 본질적인 징표이지만, 우리 민법에서는 공작물 등의 소유는 토지를 사용하는 전형적인 내용에 지나지 않으며, 공작물 등의 소유 자체가 지상권의 본질적인 요소는 아니라고 주장한다. 그러나 이러한 주장은 받아들일 수 없다. 독일에서는 건물 등 지상물은 토지와 별개의 부동산이 아니므로, 타인의 토지 위에 지상물을 소유하려면 지상권을 취득할 수밖에 없다. 반면 우리나라에서는 타인의 토지 위에 공작물 등을 소유하기 위하여 지상권 외에 토지임차권을 취득하여도 된다. 그렇지만 이 때문에 우리나라에서 공작물 등의 소유 자체가 지상권의 본질적인 요소는 아니라고 말할 수는 없다. 위 주장은 민법의 지상권 개념 규정을 하나의 예시로 받아들이고 있다고밖에 말할 수 없다. 다른 한편 지상권의 설정에서 건물 등의 소유를 위한다는 목적은 가능한 한 유연하게 파악되어도 좋다고 하여 담보지상권의 효력을 인정할 수 있다는 주장도 있다(양창수·김형석, 권리의 보전과 담보, 제3판, 2018, 739-740면). 그러나 지상물 등의 소유를 위한다는 목적 자체가 존재하지 않는데,

이를 유연하게 파악한다고 하여 없던 목적이 있는 것으로 될 수는 없다. 이 사건과 같이 채권자가 금융기관인 경우에는 금융기관의 업무용 부동산이 아닌 부동산의 소유 자체가 원칙적으로 금지되는데(은행법 제38조 제2호, 상호저축은행법 제18조 제1항 제2호), 어떻게 금융기관이 지상권의 목적인 토지상의 공작물 등을 소유하는 의사를 가진다고 말할 수 있을까?

둘째, 유효설은 당사자 사이에서는 분명히 지상권을 설정하고자 하는 진의와 표시의 합치가 있으므로 허위표시라고 할 수도 없다고 하지만, 공작물 등을 소유하겠다는 의사가 없음에도 불구하고 지상권설정계약서에 공작물 등의 소유를 목적으로 하겠다고 기재하였다면 허위표시가 아니라고 할 수 없다. 이 사건에서도 당사자들은 지상권설정계약에서 견고한 건물 및 공작물 또는 수목의 소유를 위한 것이라고 하였다. 지상권 설정의 목적은 등기사항으로서(부동산등기법 제69조 제1호), 지상권의 최단존속기간을 정하는 기준이 되고, 이러한 목적의 기재가 없는 지상권 설정등기 신청은 각하사유이다.

셋째, 현실적으로 저당권에 대한 방해배제를 위하여 담보지상권을 설정할 필요성도 없다. 유효설은 저당권에 기한 방해배제를 인정하려면 저당권의 실행을 방해할 목적이 있어야 하는데, 지상권에 기한 방해배제는 그러하지 않다는 취지이다. 그러나 물권적 청구권의 행사에 있어서는 행사 상대방의 주관적 요건은 문제되지 않으므로, 저당권에 기한 방해배제의 경우에만 다른 물권적 청구권의 경우에는 요구되지 않는 이러한 주관적 요건을 요구할 근거가 없다. 그리고 담보지상권은 결국 저당권에 대한 방해를 배제하는 것 외의 다른 내용은 없는데, 저당권에 대한 방해가 인정되지 않음에도 불구하고 따로 담보지상권에 대한 방해가 성립한다는 것도 이해하기 어렵다.

현실적으로 담보지상권을 무효라고 보아야 하는 이유는 그 설정과 말소에 드는 비용이 낭비이기 때문이다. 한 통계에 의하면 2013년도 저축은행이 담보지상권을 설정하는 데 든 비용이 78억원으로 대출 한 건당 평균 163만원이었다고 한다. 여기에는 저축은행 아닌 다른 금융기관은 제외되었고, 또 담보지상권 말소 비용은 포함되어 있지 않다. 담보지상권을 무효라고 선언함으로써 금융기관이 담보지상권을 설정하는 관행을 없앤다면, 이러한 비용을 절감할 수 있다.

4. 결　　론

　　종래의 판례가 담보지상권의 유효성을 인정하고 있기는 하지만, 실제로 그 결론은 담보지상권을 무효라고 하는 것과 별 차이가 없다. 이 사건도 마찬가지이다. 그리하여 대법원도 굳이 판례를 변경하면서까지 담보지상권을 무효라고 할 필요를 느끼지는 못하는 것으로 보인다. 그러나 이러한 판례는 지상물 등을 소유할 필요가 없는 지상권을 인정하고, 지상권자의 사용수익권을 부정하며, 담보지상권의 부종성을 긍정하는 등 논리적 곡예(logical acrobatics)를 펼치고 있다고 하지 않을 수 없다. 이러한 논리적 곡예를 멈추고, 형용모순(oxymoron)이라고밖에 할 수 없는 담보지상권이라는 것을 폐기하는 것이 국민경제적으로도 바람직할 것이다.

〈법률신문 2019. 4. 8. 제4689호〉

〈추기〉

　　1. 법률신문에 실린 글은 이 글보다 다소 축약되었다.

　　2. 대상판결에 대한 또 다른 평석으로는 김재남, "담보지상권의 효력", 민사판례연구 42권, 2020이 있다. 이 글도 담보지상권은 물권법정주의에 어긋나고 허위표시에 해당하므로 무효라고 본다.

담보신탁의 도산절연론 비판[*]

I. 서 론

근래 채권 담보의 수단으로서 담보신탁이 많이 활용되면서, 그에 따른 여러 가지 법률적인 문제가 발생하고 있다. 그중에서 일찍부터 문제되었던 것은, 담보신탁이 설정된 후 위탁자에게 도산절차가 개시되더라도 이는 수익자가 가지는 신탁재산에 대한 수익권에는 영향을 미치지 않는가 하는 것이다. 이를 보통 담보신탁의 도산절연 또는 도산격리(bankruptcy remoteness)라고 표현한다. 좀더 정확하게 말한다면 담보신탁의 수익자인 채권자가 채무자회생 및 파산에 관한 법률(이하 '채무자회생법'이라고만 한다)이 규정하는 회생담보권자에 해당하는가 하는 점이다. 판례는 이러한 수익자는 회생담보권자에 해당하지 않는다고 하여 담보신탁의 도산절연 기능을 긍정하고 있고, 종래의 통설도 이를 지지하고 있으나, 근래에는 이에 반대하는 견해도 눈에 뜨인다. 필자는 담보신탁의 수익권을 가지는 채권자도 회생담보권자에 해당한다고 보아야 하고, 담보신탁의 도산절연은 부정되어야 한다고 생각하므로, 이 글에서는 이 점을 논증해 보고자 한다.

이하에서는 문제의 소재 및 판례와 학설의 상황을 살펴보고(아래 II., III.), 외국에서는 이 문제가 어떻게 다루어지고 있는지를 알아본다(아래 IV.). 그리고 필

[*] 이 글은 서울대학교 법학연구소가 2018. 2. 21. "민법과 도산법"을 주제로 하여 개최한 공동연구 학술대회에서 필자가 "담보신탁의 회생절차상 지위"라는 제목으로 발표하였던 글을 보완한 것이다. 당시 지정토론을 맡아 주셨던 이화여대 한 민 교수님과, 사회를 맡아 주시고 평소에도 필자와 이 문제에 대하여 토론하여 주신 서울대 박 준 교수님, 의견을 주신 다른 참석자님들, 그 밖에 조언을 해 주신 여러분들께 감사를 드린다.

자의 견해를 개진하고자 한다(아래 V.).

Ⅱ. 문제의 소재

1. 담보신탁의 개념

담보신탁이라는 용어는 일반적으로 사용되고 있으나, 법령상의 용어는 아니고, 거래계에서도 여러 가지 의미로 사용되고 있다.[1] 그러나 여기서는 채무의 담보를 위하여 위탁자가 채권자를 수익자로 하여 신탁목적물을 수탁자에게 양도하고, 채무자가 채무를 이행하지 않으면 수탁자가 신탁목적물을 매각하여 그 매매대금으로 채권자인 수익자에게 변제하며, 잔여가 있으면 위탁자에게 반환하는 것을 내용으로 하는 신탁을 가리키는 것으로 이해하고자 한다. 대법원 2017. 6. 22. 선고 2014다225809 전원합의체 판결의 다수의견도, 담보신탁을 위탁자가 금전채권을 담보하기 위하여 그 금전채권자를 우선수익자로, 위탁자를 수익자로 하여 위탁자 소유의 부동산을 신탁법에 따라 수탁자에게 이전하면서 채무불이행 시에는 신탁부동산을 처분하여 우선수익자의 채권 변제 등에 충당하고 나머지를 위탁자에게 반환하기로 하는 내용의 신탁이라고 설명하고 있다. 위 판결은 담보신탁의 목적물을 부동산으로 보고 있으나, 반드시 부동산에 국한될 이유는 없다. 다만 실거래에서는 부동산이 담보신탁의 목적물인 경우가 대부분으로 보인다.

한편 종래의 문헌에서는 담보신탁의 개념을 설명함에 있어서 위탁자가 채무자임을 전제로 하는 것들이 있다.[2] 그러나 물상보증과 마찬가지로 채무자 아닌 제3자도 채무를 담보하기 위하여 담보신탁을 설정할 수 있음은 물론이다.[3] 위 판례도 위탁자를 채무자로 한정하고 있지는 않다. 그러나 위탁자가 채무자가 아닐 때에는 당연히 도산절연의 효과가 발생하기 때문에, 이하에서는 위탁자가 채무자인 경우만을 살펴본다.

또한 실무상 담보신탁이라고 부르는 것 중에는 위탁자가 자신의 부동산을 신탁하고 발급받은 수익권증서를 금융기관에 담보로 제공하고, 신탁회사는 위탁

---

1) 임채웅, "담보신탁의 연구", 인권과 정의 2008. 2, 116면 이하; 최수정, "담보를 위한 신탁", 법조 2013. 8, 6면 이하 등.
2) 임채웅(주 1), 115면 이하 등 참조.
3) 최수정, "부동산담보신탁상 우선수익권의 성질과 우선수익권질권의 효력", 인권과 정의 2017. 12, 46면.

자의 채무불이행 시에 부동산을 처분하여 금융기관에 변제해주는 것도 있다. 앞에서 살펴본 담보신탁은 수익자가 위탁자 아닌 채권자라는 점에서 타익신탁인데 반하여 이러한 신탁은 위탁자가 스스로 수익자가 되는 자익신탁이다. 그러나 이러한 신탁의 경우에는 도산절차가 개시되면 위탁자가 가지는 수익권은 당연히 채무자의 재산에 포함되므로 이 경우에도 도산절연의 문제는 생기지 않는다.4)

　　그리고 현행 신탁법 제2조는 위탁자가 수탁자에게 담보권을 설정하여 주는 이른바 담보권 신탁을 인정하고 있다.5) 이 경우에는 담보권자가 채권자 아닌 수탁자여서 채권자와 담보권자가 분리되는 현상이 일어난다. 그러나 이때에는 위탁자인 채무자가 도산하면 담보권이 설정된 재산은 채무자의 재산이기 때문에 도산절차에 영향을 받게 되고, 따라서 도산절연의 문제는 생기지 않는다.6)

　　현재 이러한 담보신탁은 매우 활발하게 이용되고 있다. 금융감독원의 통계에 의하면, 2017년 9월 말 현재 신탁업을 영위하는 금융기관의 총 신탁 수탁고는 770.7조 원인데, 그중 부동산신탁은 213.1조 원이고, 부동산신탁 가운데 담보신탁은 135.3조 원이다.7)

2. 문제의 소재

　　담보신탁에서 수익자인 채권자를 회생담보권자로 보는가 아닌가는 실제에 있어서 큰 차이를 가져온다.

　　우선 회생담보권이란 회생채권이나 회생절차 개시 전의 원인으로 생긴 채무자 외의 자에 대한 재산상의 청구권으로서 회생절차 개시 당시 채무자의 재산상

---

4) 임채웅(주 1), 127면; 최수정(주 3), 46면. 대법원 2002. 12. 26. 선고 2002다49484 판결도, 신탁계약 시에 위탁자인 정리 전 회사가 자신을 수익자로 지정한 후 그 수익권을 담보 목적으로 제3자에게 양도한 경우에는 그 수익권을 양도담보로 제공한 것으로서 당시의 회사정리법에 따른 정리절차 개시 당시 회사 재산에 대한 담보권이 된다고 하였다.

5) 제2조(신탁의 정의): 이 법에서 "신탁"이란 신탁을 설정하는 자(이하 "위탁자"라 한다)와 신탁을 인수하는 자(이하 "수탁자"라 한다) 간의 신임관계에 기하여 위탁자가 수탁자에게 특정의 재산(영업이나 저작재산권의 일부를 포함한다)을 이전하거나 담보권의 설정 또는 그 밖의 처분을 하고 수탁자로 하여금 일정한 자(이하 "수익자"라 한다)의 이익 또는 특정의 목적을 위하여 그 재산의 관리, 처분, 운용, 개발, 그 밖에 신탁 목적의 달성을 위하여 필요한 행위를 하게 하는 법률관계를 말한다.

6) 이중기, "담보신탁과 담보권신탁", 증권법연구 제14권 2호, 2013, 686면.

7) 금융감독원, "2017. 3분기 신탁관련 통계", 금융감독원 홈페이지 [http://acct.fss.or.kr/fss/kr/bbs/view.jsp?url=/fss/kr/1366595458384&bbsid=1366595458384&idx=1513664660274&num=20&stitle=신탁관련 통계(2017년 3분기). 2018. 2. 3. 최종 방문].

에 존재하는 유치권·질권·저당권·양도담보권·가등기담보권·「동산·채권 등의 담보에 관한 법률」에 따른 담보권·전세권 또는 우선특권으로 담보된 범위의 것을 말한다(채무자회생법 제141조 제1항). 채무자회생법은 2005. 3. 31. 공포되어 2006. 4. 1.부터 시행되었는데, 그때까지는 회사정리법이 규정하고 있던 정리담보권이 이에 해당하였고,[8] 그 규율의 내용은 현재의 회생담보권과 큰 차이가 없다. 회생담보권이나 과거의 정리담보권은 유치권 등에 의하여 담보되는 채권이나 재산상의 청구권을 말하고 유치권과 같이 이를 담보하는 권리, 즉 담보권 자체를 의미하는 것은 아니다.[9]

회생절차에서는 회생담보권자는 회생절차 내에서만 권리를 행사할 수 있다. 그리하여 회생절차가 개시되면 회생담보권에 기한 강제집행 등은 중지되고(채무자회생법 제58조 제2항 제2호), 회생절차개시 신청이 있은 후 그 결정 전까지도 법원은 필요하다고 인정하는 때에는 회사재산에 대하여 이미 진행되고 있는 회생담보권 실행을 위한 경매절차의 중지를 명할 수 있다(채무자회생법 제44조 제1항 제2호). 그리고 회생담보권자의 채무자에 대한 상계가 금지되는 것은 아니지만, 제한이 있다(채무자회생법 제144조, 제145조).

또한 회생절차에 참가하고자 하는 회생담보권자는 법원이 정하는 신고기간(채무자회생법 제50조 제1항 제2호) 내에 법원에 신고를 하여야 하고(채무자회생법 제149조 제1항), 신고하지 않으면 회생절차에 참여할 수 없다. 회생담보권자가 신고를 하면 조사 및 확정절차를 거치게 되는데(채무자회생법 제158조 이하), 회생계획에 의하여 정하여진 회생채권자 또는 회생담보권자의 권리는 확정된 회생채권 또는 회생담보권을 가진 자에 대하여만 인정되고(채무자회생법 제253조), 회생계획인가의 결정이 있는 때에는 채무자는 회생계획이나 채무자회생법의 규정에 의하여 인정된 권리가 아니면 모든 회생채권과 회생담보권에 관하여 그 책임을 면한

---

8) 회사정리법 제123조 제1항. 이 규정은 1998. 2. 24. 마지막으로 개정되었는데, 당시의 규정은 다음과 같았다. "정리채권 또는 정리절차개시전의 원인으로 생긴 회사 이외의 자에 대한 재산상의 청구권으로서 정리절차개시당시 회사재산상에 존재하는 유치권, 질권, 저당권, 양도담보권, 가등기담보권, 전세권 또는 우선특권으로 담보된 범위의 것은 정리담보권으로 한다. 다만, 이자 또는 채무불이행으로 인한 손해배상이나 위약금의 청구권에 관하여는 정리절차 개시결정 전일까지 생긴 것에 한한다."

9) 우성만, "회사정리법상 담보권자의 지위", 재판자료 제86집 회사정리법·화의법상의 제문제, 법원도서관, 2000, 281-282면 참조. 그러나 이를 담보권 자체를 가리키는 것으로 사용하는 경우도 있다. 대법원 2009. 12. 10. 선고 2008다78279 판결도 어음의 양도담보가 구 회사정리법 제123조 제1항에 정한 '정리담보권'에 해당한다고 하였다.

다(채무자회생법 제251조).

　　회생계획에서는 회생담보권자는 다른 회생채권자에 비하여는 우선하지만(채무자회생법 제217조 제1항), 항상 채권 전액을 받을 수 있는 것은 아니다. 다만 회생계획에 의한 변제방법은 채무자의 사업을 청산할 때 각 채권자에게 변제하는 것보다 불리하지는 않아야 한다(이른바 청산가치의 보장, 채무자회생법 제243조 제1항 제4호).

　　그러므로 담보신탁에서의 수익자인 채권자가 회생담보권자에 해당한다면 위와 같은 여러 가지의 제약을 받게 되지만, 회생담보권자에 해당하지 않는다면, 수익자는 회생절차와는 관계없이 자신의 수익권을 실현할 수 있게 된다.

　　다만 파산절차에서는 담보신탁의 수익권자를 어떻게 보는가 여부가 그다지 큰 차이를 가져오지는 않는다. 즉 이를 담보권자가 아니라고 보게 되면 수탁자가 환취권을 행사하여 수익자의 수익권을 실현할 수 있지만(채무자회생법 제407조), 담보권자라고 보더라도 파산절차에 의하지 않고 담보권을 행사할 수 있는 별제권이 인정되므로(채무자회생법 제411조), 실제로는 별다른 차이가 없다.

Ⅲ. 종래의 판례와 학설

1. 판　　례

　　종래의 판례는 담보신탁의 수익자는 회생담보권자에 해당하지 않는다고 보고 있다. 이 점에 관한 최초의 판례는 대법원 2001. 7. 13. 선고 2001다9267 판결이다. 이 사건에서는 채무자 회사는 채권자인 피고 1에 대한 채무의 담보를 위하여 1998년 1월 초순경 채무자 소유의 부동산에 대하여 피고 2 신탁회사와의 사이에 담보신탁용 부동산관리·처분신탁계약을 체결하고, 피고 1에게 수익권리금 9억 5,000만 원의 신탁원본 우선수익권을 부여한 다음, 1998. 1. 13. 피고 2 앞으로 위 부동산에 관하여 신탁을 원인으로 한 소유권이전등기를 경료하였는데, 그 후 채무자 회사에 대하여는 회사정리절차가 개시되어 정리계획이 인가되었으나, 피고 1은 정리채권 신고기간에 채무자 회사에 대한 채권을 신고하지 아니함으로써 정리계획에 변제의 대상으로 규정되지 아니하였다.

　　대법원은, 당시의 회사정리법 제240조 제2항에 의하면, "정리계획은 정리채권자 또는 정리담보권자가 회사의 보증인 기타 회사와 함께 채무를 부담하는 자에 대하여 가진 권리와 회사 이외의 자가 정리채권자 또는 정리담보권자를 위하여 제공한 담보에 영향을 미치지 아니한다"고 규정하고 있는데,[10] 위탁자인 채무자의 신탁에 의하여 이 사건 신탁부동산의 소유권은 수탁자인 피고 2에게 귀속되었고, 피고 1이 그 신탁부동산에 대하여 수익권을 가지게 된 원인이 비록 채무자의 신탁행위로 말미암은 것이라 하더라도, 그 수익권은 회사정리법 제240조 제2항에서 말하는 '정리회사 이외의 자가 정리채권자 또는 정리담보권자를 위하여 제공한 담보'에 해당하여 정리계획이 여기에 영향을 미칠 수 없다고 하였다. 따라서 피고 1이 정리채권 신고기간 내에 신고를 하지 아니함으로써 정리계획에 변제의 대상으로 규정되지 않았다 하더라도, 이로써 실권되는 권리는 피고 1이 정리회사인 채무자 회사에 대하여 가지는 정리채권 또는 정리담보권에 한하고, 피고 2에 대하여 가지는 위 신탁부동산에 관한 수익권에는 아무런 영향이 없다고 보았다. 이 사건 원심은, 피고 1이 가지는 수익권은 신탁자인 채무자가 제공한 담보라고는 할 수 있을지언정 이를 가리켜 수탁자인 피고 2가 제공한 담보에 해당하는 것으로 볼 수 없다고 하였으나, 대법원은 위와 같이 판시하여 원심판결을 파기하였다.

　또한 대법원 2003. 5. 30. 선고 2003다18685 판결은, 신탁자가 자기 소유의 부동산에 대하여 수탁자와 부동산관리신탁계약을 체결하고 수탁자 앞으로 신탁을 원인으로 한 소유권이전등기를 경료한 다음 수탁자로 하여금 신탁부동산에 관하여 다시 신탁자의 채권자의 채권을 위하여 근저당권설정등기를 경료하도록 한 경우에 관한 것이었다. 대법원은 위 대법원 2001. 7. 13. 선고 2001다9267 판결을 인용하면서, 수탁자는 결국 신탁자를 위한 물상보증인과 같은 지위를 갖게 되었고, 그 후 신탁자에 대한 회사정리절차가 개시된 경우 채권자가 신탁부동산에 대하여 갖는 근저당권 등 담보권은 회사정리법 제240조 제2항에서 말하는 '정리회사 이외의 자가 정리채권자 또는 정리담보권자를 위하여 제공한 담보'에 해당하여 정리계획이 여기에 영향을 미칠 수 없고, 채권자가 정리채권 신고기간 내에 신고를 하지 아니함으로써 정리계획에 변제의 대상으로 규정되지 않았다 하더라도, 이로써 실권되는 권리는 채권자가 신탁자에 대하여 가지는 정리채권 또는 정리담보권에 한하고, 수탁자에 대하여 가지는 신탁부동산에 관한 담보권

---

10) 현행 채무자회생법 제250조 제2항의 규정도 이와 같은 취지이다.

과 그 피담보채권에는 아무런 영향이 없다고 하였다.

그리고 대법원 2017. 11. 23. 선고 2015다47327 판결에서는 신탁자가 그 소유의 부동산에 자신의 채권자를 위하여 저당권을 설정하고 저당권설정등기를 마친 다음, 그 부동산에 대하여 수탁자와 부동산신탁계약을 체결하고 수탁자 앞으로 신탁을 원인으로 한 소유권이전등기를 해 준 경우에 관하여, 수탁자는 저당부동산의 제3취득자와 같은 지위를 가지므로, 그 후 신탁자에 대한 회생절차가 개시된 경우 채권자가 신탁부동산에 대하여 갖는 저당권은 채무자회생법 제250조 제2항 제2호의 '채무자 외의 자가 회생채권자 또는 회생담보권자를 위하여 제공한 담보'에 해당하여 회생계획이 여기에 영향을 미치지 않고, 회생절차에서 채권자의 권리가 실권되거나 변경되더라도 이로써 실권되거나 변경되는 권리는 채권자가 신탁자에 대하여 가지는 회생채권 또는 회생담보권에 한하고, 수탁자에 대하여 가지는 신탁부동산에 관한 담보권과 그 피담보채권에는 영향이 없다고 하면서, 위 대법원 2003. 5. 30. 선고 2003다18685 판결을 선례로서 인용하였다.

다른 한편 대법원 2002. 12. 26. 선고 2002다49484 판결은 결론적으로는 담보신탁에 의하여 담보되는 권리가 정리담보권이 아니라고 하였으나, 다른 판례와는 그 이유 설시에서 차이가 있다. 이 사건에서는 채무자 회사가 1996. 10. 31. 신탁회사와 분양형 토지(개발)신탁계약을 체결하면서, 피고 회사에 대하여 부담하고 있던 채무를 담보할 목적으로 금 270억 원을 한도로 피고를 제1순위 수익자로, 채무자 회사를 제2순위 수익자로 지정하여 신탁계약을 체결하였는데, 신탁계약에서 채무자가 채무를 불이행할 경우 부동산 자체를 수탁자가 환가할 수 있다는 것은 규정되어 있지 않았다. 그 후 채무자 회사에 대하여 회사정리절차가 개시되어 정리계획이 인가되었는데, 피고 회사는 채무자의 관리인에게 채무자에 대한 채권을 정리채권으로 신고하였을 뿐, 별도의 정리담보권 신고는 하지 않았다.

대법원은, 정리담보권으로 신고하지 아니하였을 때 회사정리법 제241조[11])에 의하여 소멸되는 정리담보권이 되기 위해서는 그 담보권이 정리절차 개시 당시 회사 재산을 대상으로 하는 담보권이어야만 하는데, 신탁계약 시에 위탁자가 제3

---

11) "정리계획인가의 결정이 있은 때에는 계획의 규정 또는 본법의 규정에 의하여 인정된 권리를 제외하고 회사는 모든 정리채권과 정리담보권에 관하여 그 책임을 면하며 주주의 권리와 회사의 재산상에 있던 모든 담보권은 소멸한다. 그러나 제121조 제1항 제5호에 게기하는 청구권은 그러하지 아니하다." 현재의 채무자회생법 제251조와 같은 취지이다.

자를 수익자로 지정한 이상, 비록 그 제3자에 대한 채권담보의 목적으로 그렇게 지정하였다 할지라도 그 수익권은 신탁계약에 의하여 원시적으로 그 제3자에게 귀속하지, 위탁자인 정리 전 회사에게 귀속되어야 할 재산권을 그 제3자에게 담보 목적으로 이전하였다고 볼 수는 없는 것이어서, 그 경우 그 수익권은 정리절차 개시 당시 회사 재산이라고 볼 수 없고, 따라서 그 제3자가 정리절차에서 그 수익권에 대한 권리를 정리담보권으로 신고하지 아니하였다고 하여 회사정리법 제241조에 의하여 소멸된다고 볼 수는 없다고 하였다.

위 판결에 대한 재판연구관의 해설은 이 점에 관하여 다음과 같이 설명한다. 즉, 위 대법원 2001. 7. 13. 선고 2001다9267 판결과 같은 경우에는 채권자는 수탁자에 대하여 신탁 목적 부동산의 환가를 의뢰하고 신탁의 종료를 요구할 권리를 가지는 것이고, 따라서 실질적 의미에서 보았을 때에는 신탁 목적 부동산 자체가 담보 목적물로서의 기능을 하는 것이며, 법률적으로 보아도 수탁자가 보증을 하는 것과 다를 바가 전혀 없으므로, 수익권을 담보로 제공한 것은 정리회사 이외의 자가 보증을 한 것 내지는 정리 회사 이외의 자가 담보를 제공한 것이라고 보는 것이 가능하지만, 대법원 2002. 12. 26. 선고 2002다49484 판결의 경우에는 개발신탁의 신탁 목적은, 채권담보와는 아무런 관련이 없이 오로지 그 부동산을 개발하여 타에 분양, 수익을 올리는 것이고, 다만 그 수익권을 담보의 목적물로 제공하는 것이므로, 채무불이행이 있다고 해도 채권자가 신탁 목적 부동산의 환가를 요구하거나 신탁의 종료를 요구할 권리가 전혀 없고, 다만 개발이 완료되거나 기타 이유로 채권자와는 아무런 관계없이 신탁이 종료된 후 수익이 있을 경우에 한하여 그 수익을 받을 권리를 행사할 수 있을 뿐이다. 따라서 수익권을 담보로 제공한 것이지, 신탁 목적 부동산을 담보로 제공한 것이 아니므로, 신탁에 의하여 부동산의 소유권이 수탁자에게 귀속된다는 이유만으로, 정리회사 이외의 자가 제공한 담보가 될 수는 없다고 한다.[12]

결국 판례는 담보신탁에 의한 수익권자가 회생담보권자에 해당하지 않는다는 이유로서 수탁자가 신탁부동산을 환가할 수 있는 본래의 의미의 담보신탁의 경우에는 담보신탁에 의한 수익권은 정리회사 또는 채무자 이외의 제공한 담보라는 점을 들고 있고, 그러한 환가 규정이 없는 경우에는 수익권은 정리절차개시

---

12) 이주현, "신탁법상의 신탁계약을 체결하면서 담보 목적으로 채권자를 수익자로 지정한 경우 그 수익권이 정리계획에 의하여 소멸되는 정리담보권인지 여부", 대법원판례해설 제42호, 2003, 595면 이하.

내지 회생절차 개시 당시 정리회사 또는 채무자의 재산이 아니라는 점을 들고
있다.

　　다른 한편 대법원 2017. 6. 22. 선고 2014다225809 전원합의체 판결의 다수
의견은, 특별한 사정이 없는 한 담보신탁의 우선수익권은 경제적으로 금전채권
에 대한 담보로 기능할 뿐 금전채권과는 독립한 신탁계약상의 별개의 권리가 되
므로, 이러한 우선수익권과 별도로 금전채권이 제3자에게 양도 또는 전부되었다
고 하더라도 그러한 사정만으로 우선수익권이 금전채권에 수반하여 제3자에게
이전되는 것은 아니고, 금전채권과 우선수익권의 귀속이 달라졌다는 이유만으로
우선수익권이 소멸하는 것도 아니라고 하였다.[13)

　　이에 대하여 위 전원합의체 판결에서의 권순일 대법관의 반대의견은 담보신
탁에 의한 우선수익권에 관하여 다음과 같이 설명하고 있다. 즉 우선수익권은 구
신탁법이나 신탁법에서 규정한 법률 용어는 아니나, 거래계에서는 통상 부동산
담보신탁계약에서 우선수익자로 지정된 채권자가 채무자의 채무불이행 시에 신
탁재산을 처분한 대금에서 자신의 채권을 위탁자인 채무자나 그 밖의 다른 채권
자들에 우선하여 변제받을 수 있는 권리를 지칭하는데, 이러한 우선수익권의 법
적 성질에 관하여 학계에서는 담보신탁은 형식은 신탁이지만 그 실질은 담보이
므로 담보물권의 법리가 함께 적용되며 우선수익권을 변칙담보물권으로 이해하
는 견해와 물권법정주의와의 관계에서 법률에 명문의 규정이 없는 이상 채권자
는 담보신탁을 통하여 담보권을 얻는 것이 아니라 신탁이라는 법적 형식을 통하
여 도산 절연 및 담보적 기능이라는 경제적 효과를 달성하게 되는 것일 뿐이므
로 그 우선수익권은 우선변제적 효과를 채권자에게 귀속시킬 수 있는 신탁계약
상의 권리로 이해하는 견해 등이 대립되고 있고, 판례는 후자의 입장을 취하고
있다고 한다.[14)

2. 학　　설

　　우리나라의 학설상으로는 담보신탁의 수익권자가 회생담보권자에 해당한다

<hr />

13) 같은 취지, 대법원 2017. 9. 21. 선고 2015다52589 판결.
14) 여기서는 대법원 2014. 2. 27. 선고 2011다59797 판결; 2016. 5. 25. 자 2014마1427 결정을 그러
　　한 취지의 선례로 들고 있다. 그러나 최수정(주 3), 49면 이하는 위 판례들이 과연 그러한 취지
　　인가에 대하여 의문을 제기한다.

는 긍정설15)과, 회생담보권자에 해당하지 않는다는 부정설16)이 대립한다. 그러나 부정설이 압도적인 통설이라고 할 수 있다. 실제로 2010년 이전에는 긍정설은 찾아볼 수 없었고, 현재도 긍정설의 존재 자체가 그다지 알려져 있지 않은 것으로 보인다.

(1) 긍 정 설

채무자회생법 제141조 제1항은 회생담보권을 정의함에 있어서 신탁의 수익권으로 담보되는 권리를 회생담보권으로 들고 있지는 않다. 따라서 담보신탁의 수익권자를 회생담보권자라고 하려면 그와 같이 주장하는 자가 논증책임(burden of argumentation, Argumentationslast)을 부담하므로, 그에 대한 근거를 제시하여야 한다.

최초로 긍정설을 주장한 문헌은 다음과 같은 근거를 든다.17) 첫째, 미국의 일부 주에서 인정하는 우리나라의 담보신탁과 동일한 deed of trust는 신탁의 외관을 띠고 있으나, 그 실질은 신탁이 아니라는 이유로 담보신탁의 도산절연을 부

---

15) 함대영, "신탁형 자산유동화에서의 전정양도 판단", BFL 제44호, 2010, 78면 이하; 광장신탁법연구회, 주석 신탁법, 박영사, 2013, 549면 이하; 이은재, "신탁과 도산", 기업법연구 제30권 3호, 2016, 102-103면.

16) 이주현(주 12), 593면 이하; 김상준, "신탁자에 대한 회사정리절차가 개시된 경우 토지신탁회사가 신탁자를 위하여 기존에 제공한 물상담보의 효력", 대법원판례해설 제44호, 2004, 560면 이하; 김재형, "도산절차에서 담보권자의 지위", 인권과 정의 2006. 4, 17면 이하; 한민·박종현, "신탁과 도산법 문제", BFL 제17호, 2006, 31-32면; 이중기, 신탁법, 삼우사, 2007, 611면 이하; 임채웅(주 1), 130-131면; 1000-1001면; 오영준, "신탁재산의 독立성", 민사판례연구 제30권, 박영사, 2008, 862-863면; 김형두, "부동산을 목적물로 하는 신탁의 법률관계", 민사판례연구 제30권, 박영사, 2008, 1000-1001면; 조영희, "파산절연과 자산유동화에 관한 법률 제13조에 관한 소고", BFL 제31호, 2008, 87-88면; 김춘수, "도산절차에서의 신탁부동산의 취급", 고영한·강영호 편, 도산관계소송, 한국사법행정학회, 2009, 131-132면; 고일광, "부동산신탁에 관한 회생절차상 취급—부동산담보신탁의 경우를 중심으로—", 사법 9호, 2009, 92면 이하; 남동희, "부동산신탁의 위탁자에 대한 회생절차의 실무상 쟁점", 사법 15호, 2011, 139면 이하; 양진섭, "부동산담보신탁에 관한 소고", BFL 제52호, 2012, 88면 이하; 최수정(주 1), 13면 이하; 신영수·윤소연, "부동산신탁의 쟁점", BFL 제62호, 2013, 57면; 이혜원, "담보신탁의 도산절연성에 관한 연구", 서울대학교 법학석사학위논문, 2014, 73면 이하; 서울중앙지방법원 파산부 실무연구회, 회생사건실무 (상), 제4판, 박영사, 2014, 433-434면; 한민, "신탁제도 개혁과 자산유동화", 정순섭·노혁준 편저 신탁법의 쟁점(제2권), 소화, 2015, 242-245면; 이정선, "담보신탁의 특징과 법적 쟁점에 관한 연구", 고려대학교 법학박사학위 논문, 2017, 76면 이하; 이계정, "담보신탁과 분양보증신탁에 관한 연구", 사법 41호, 2017, 103면 이하 등. 담보신탁을 다룬 초기의 문헌인 김상용, "부동산담보신탁제도개발의 필요성과 법적 문제점 검토", 경영법률 제5집, 1992, 659면 이하, 특히 680면은 부동산 담보신탁을 일종의 변칙담보로 이해하면서도, 위탁자인 채무자에게 회사정리절차가 개시되었다 하더라도 담보신탁의 목적물은 정리회사의 재산에 속하지 않으므로 담보수익권이 정리담보권으로 전환되지 않고, 담보수익자는 회사정리절차가 개시되어도 담보권의 실행에 아무런 지장을 받지 않는다고 한다.

17) 함대영(주 15), 78면 이하.

인하고 있다. 둘째, 대법원 판례가 담보신탁의 도산절연을 인정하는 주된 근거는 이 경우 수탁자가 물상보증인의 지위에 있다는 것이지만, 물상보증인은 이미 자기가 보유하던 재산을 담보로 제공하는 반면, 담보신탁의 수탁자는 애초 채무자가 소유하던 재산의 소유권을 잠정적으로 이전받음에 불과하다. 셋째, 담보신탁 거래를 양도담보거래와 구분하는 것이 곤란하다. 넷째, 담보신탁에서 신탁재산의 위탁자로부터의 도산절연이 인정되는 것은 회사재산의 주주로부터의 도산절연이 인정되는 것과 마찬가지로 이해될 수 있다는 견해가 있지만,[18) 미국에서는 신탁법상의 위탁자로부터의 도산절연성이 회사법상 회사재산의 주주로부터의 도산절연성보다 약하다고 보고 있고, 설사 양자의 도산절연 정도가 동일하다고 보더라도, 특정한 재산이 회사의 재산으로 기속되기 위해서는 민법상 재산이전의 효력이 발생하여야 하는데, 담보신탁에서 수탁자에게로의 신탁이전의 효력을 민법의 관점에서 고찰하면 양도담보에서의 재산이전과 동일한 효력이 인정되어야 한다는 결론이 도출된다.

　　나아가 위 견해는 미국에서는 신탁재산의 수탁자로부터의 도산절연은 신탁법의 법리에 기하여 인정되지만, 위탁자로부터의 도산절연까지 당연히 인정되는 것은 아니라고 주장한다.

　　긍정설을 취하는 다른 문헌은 다음과 같이 설명한다.[19) 즉 대법원은 타익신탁과 자익신탁을 구별하여 타익신탁 형태의 담보신탁의 경우에는 해당 수익권은 위탁자의 회생절차로부터의 절연을 인정하는 반면, 자익신탁 방식에 의해 위탁자가 일단 수익권을 취득한 이후 이를 채권자에게 담보 목적으로 제공하는 경우에는 위탁자의 회생절차로부터의 절연을 인정하지 않는데, 이와 같은 대법원의 태도는 너무 거래행위의 외관 내지 형식론에 치우친 것으로 보인다고 한다. 위탁자의 회생절차로부터의 절연가능성이 논의되는 근본적인 이유는 회생절차의 주요 원칙 중의 하나인 채권자 평등 원칙의 실질적 구현을 위한 것인데, 신탁설정행위와 담보제공이 상당한 시차를 두고 전혀 별개의 거래행위로 이루어진 경우에는 대법원이 취하고 있는 태도가 타당하나, 처음부터 사실상 하나의 거래를 예정하고 자익신탁의 설정과 거의 동시에 수익권을 담보목적으로 채권자에게 양도한 경우를 타익신탁과 구별하여 전자의 경우에만 위탁자의 회생절차로부터 절연

---

18) 이중기(주 16), 616면을 인용하고 있다.
19) 광장신탁법연구회(주 15), 549면 이하.

되지 않는다고 하는 것은 문제이고, 따라서 단순히 자익신탁과 타익신탁이라는 이분법적인 구분보다 실체관계를 고려한 판단이 필요하다고 한다.

또 다른 문헌은 다음과 같이 설명한다.[20] 즉 미국에서는 담보용 특수목적기구에 해당하는 신탁을 신탁으로 보지 않고 있고, 그 근거는 신탁으로서 실질이 없다거나 그러한 수탁자는 관리권을 갖는 것으로 볼 수 없기 때문이라고 하는데,[21] 이는 단순히 거래의 법률적 형식에 따른 결론이 아니라 신탁이 실질적으로 어떻게 기능하는가를 검토하여 판단한다는 논리로서 상당히 설득력이 있는 것으로 보인다고 한다. 원칙적으로 신탁도 그 실질적 기능에 따라 신탁으로서의 법형식을 존중하여야 하는 것이 타당하다는 것이다.

(2) 부 정 설

부정설의 근거는 다음과 같다.

첫째, 담보신탁의 수익권은 채무자 이외의 자가 제공한 담보이다. 이는 판례가 들고 있는 이유이기는 하나, 문헌상으로는 이를 적극적으로 들고 있는 견해는 많지 않다.[22]

둘째, 담보신탁의 목적물은 위탁자의 소유가 아니라 수탁자의 소유이므로 채무자의 재산이 아니다. 부정설을 취하는 대부분의 문헌이 그와 같이 설명한다. 신탁재산의 독립성을 근거로 들고 있는 것도 같은 취지로 보인다. 부정설은 이러한 도산절연의 효과는 담보신탁의 고유한 특성은 아니고 신탁 특유의 성질로서, 신탁의 도산절연효과는 신탁이기 때문에 발생하는 것이지 담보 목적의 신탁이기 때문에 발생하는 것은 아니라고 한다.[23] 담보신탁이 경제적으로는 담보로서 기능하는 특수성이 있지만, 담보신탁의 기본구조 자체가 수익자신탁과 크게 다르지 않은 이상 담보신탁을 수익자신탁의 한 유형으로 보고 신탁법에 따라 규율하는 것이 논리적이라는 주장[24]도 같은 취지라고 할 수 있다.

셋째, 담보신탁은 양도담보나 저당권과 마찬가지로 채무자에 대한 담보를 제공하므로 회생절차에서 동일하게 취급하여야 한다는 주장에 대하여는 부정설은 다음과 같이 설명한다. 우선 담보신탁과 양도담보를 비교하면, 양도담보와 담보신탁은 그 구조가 다른데, 양도담보의 경우에는 채무자가 채권자 앞으로 직접

---

20) 이은재(주 15), 102-103면.
21) 함대영(주 15), 78-79면을 인용하고 있다.
22) 고일광(주 16), 94면 등.
23) 이중기(주 16), 610면; 이정선(주 16), 80면 등.
24) 이계정(주 16), 105면.

소유권을 이전하는 형식을 취하는 반면, 담보신탁은 채무자가 수탁자 앞으로 소유권을 이전하고 채권자는 신탁재산에 대하여 담보로서 수익권을 취득하는 것이므로 담보인 수익권이 채무자에서 채권자 앞으로 직접 이전되는 구조는 아니다.[25] 그리고 담보신탁과 저당권의 비교에 관하여는, 담보신탁과 비슷한 경우는 저당권을 설정하는 경우가 아니라, '채무자 갑이 그의 부동산의 소유권을 을에게 이전한 다음, 을이 담보제공자가 되어 갑을 위하여 채권자 병에게 저당권을 설정하는 경우'인데, 후자의 경우, 을이 제공한 저당권이 채무자회생법 제250조 제2항 제2호에 의해 회생계획의 영향을 받지 않는, '채무자 외의 자가 회생채권자 또는 회생담보권자를 위하여 제공한 담보'가 되어 회생절차에 복종하지 않는 것이라면 담보신탁의 경우에도 마찬가지의 결론을 내리는 것이 마땅하다고 한다.[26]

Ⅳ. 비교법적 고찰[27]

1. 미   국

미국법상 우리나라의 담보신탁과 가장 유사한 것은 deed of trust이다.[28] deed of trust는 모기지(mortgage)[29]와 마찬가지로 부동산에 대한 물적 담보제도이다. 양자의 차이는 모기지의 경우에는 모기지 설정자(mortgagor)가 채권자인 모기

---

25) 이계정(주 16), 103면. 여기서는 담보신탁을 일종의 담보권으로 파악하는 담보권설은 물권법정주의에 반한다고 한다. 이정선(주 16), 81면은 양도담보의 경우 채무자인 양도담보설정자는 양도담보권자와의 관계에서 자신이 소유자임을 명확히 하지만, 담보신탁에서 채무자인 위탁자는 자신의 재산을 수탁자에게 이전함으로써 해당 신탁재산의 소유권이 대내외적으로 모두 수탁자에게 있음을 처음부터 의욕하였고, 위탁자는 자신의 재산을 이전한다는 의사로 담보신탁을 설정하고 이후 담보신탁관계가 신탁법리로 규율되는 것에 동의하였으므로, 양도담보와 담보신탁이 경제적 실질적으로 유사한 것으로 보일 수도 있으나 회생절차의 목적과 취지를 고려할 때 그리고 양도담보와 담보신탁의 각 당사자들의 의사를 근거로 판단할 때 양자를 회생절차에서 법적으로 달리 취급하는 것은 타당하다고 한다.
26) 임채웅(주 1), 131면.
27) 이계정(주 16), 92면 이하도 참조.
28) 이에 대한 상세한 국내 문헌으로는 가정준, "신탁인 듯 신탁 아닌 '부동산담보신탁'", 전남대학교 법학논총 제36권 1호, 2016, 553면 이하가 있다. deed of trust의 사전적 의미는 '신탁증서'라고 할 수 있고, 또 이를 담보신탁이라고 번역하는 예도 있으나, 아래에서 보듯이 이는 신탁(trust)이 아니므로 그러한 표현은 적절하지 않다. 이하에서는 deed of trust라고만 한다.
29) 모기지에 관한 국내 문헌으로는 이순철, "미국 Mortgage의 법적 구조에 관한 연구", 목원대학논문집 제10집, 1986, 267면 이하가 있다.

지 권리자(mortgagee)에게 직접 권리를 설정해 주는 반면,[30] deed of trust의 경우에는 채무자가 채권자 아닌 제3자(trustee)에게 부동산을 담보를 위하여 이전하고, 채무자가 채무를 이행하지 않을 때에는 이 제3자가 채무의 변제를 위하여 부동산을 처분할 권한을 가지며, 채무자가 채무를 모두 변제하면 소유권이 다시 채무자에게 복귀한다. 모기지와 deed of trust 중 어느 것이 더 많이 이용되는지는 주에 따라 다른데, 캘리포니아 주에서는 deed of trust가 이용되는 비율이 모기지에 비하여 500배 정도 많다고 한다.[31]

이처럼 모기지 외에 deed of trust가 따로 생긴 이유는 다음과 같다. 원래 영국에서는 모기지에 의하여 담보권을 실행하려면 법원에 청구하였어야 했는데, 이 절차가 느리고 복잡하기로 악명이 높았기 때문에, 채무자가 모기지권자 대신 제3자인 trustee에게 부동산의 소유권을 이전하고, 채무불이행이 있으면 trustee가 법원의 개입 없이도 부동산을 매각할 수 있는 권한을 부여한 데서 유래하였다.[32] 그런데 영국에서는 얼마 되지 아니하여 법률가들이 모기지 약정에 모기지권자가 부동산을 매각할 수 있는 권한을 포함시키면 굳이 trustee를 이용할 필요가 없다고 생각하게 되어 그것이 일반화되었고, 현재 영국에서는 법상으로도 모기지권자의 매각권한이 인정되고 있으므로,[33] deed of trust는 역사적인 각주에 불과한데, 미국에서 왜 이처럼 널리 퍼졌는지는 명확하지 않다고 한다.[34]

이처럼 모기지와 deed of trust의 실제상 중요한 차이는, 모기지의 경우에는

---

30) 이 경우에 모기지 권리자가 취득하는 권리가 소유권인지(title theory) 아니면 우선변제권인지 (lien theory)는 주에 따라 차이가 있다. 현재 많은 주는 모기지권자는 우선변제권만을 가진다고 본다. 이순철(주 29), 273면 이하; Joseph William Singer, Introduction to Property, Aspen Law and Business, 2001, p. 531 참조. Grant S. Nelson and Dale A. Whitman, Real Estate Finance Law, 4th ed., West Group, 2001, p. 10은 이 외에 채무불이행이 있을 때까지는 모기지 설정자가 점유할 권리가 있고, 채무불이행이 발생하면 모기지권자가 점유할 권리를 가진다는 절충설이 있다고 한다.

31) Charles J. Jakobs, Real Estate Principles, 9th ed., Thomson/South-Western, 2003, pp. 179 f. 참조.

32) Dale A. Whitman and Drew Milner, "Foreclosing on Nothing: The Curious Problem of the Deed of Trust Foreclosure without Entitlement to Enforce the Note", 66 Arkansas Law Review 21, 32 (2013). 이 논문은 전거로서 John A. Gose & Aleana W. Harris, "Deed of Trust: Its Origin, History and Development in the United States and in the State of Washington", REAL PROP., PROB. & TR., Summer 2005를 인용하고 있는데, 이는 워싱턴 주 변호사회의 Real Property, Probate and Trust Section의 뉴스레터에 실린 글로 보인다. 뒤의 글은 확인하지 못하였다. 또한 A. M Kidd, "Trust Deeds and Mortgages in California", 3 California Law Review, 381, 382 f.(1915)도 참조.

33) Law of Property Act, 1925, 15 Geo. 5, c. 20, §§ 101-107.

34) Whitman and Milner(주 32), p. 33.

채권자가 담보권을 실행하려면 법원에 이를 청구하여야 하는 데 반하여(judicial foreclosure), deed of trust의 경우에는 제3자(trustee)가 법원의 개입 없이 담보권을 실행할 수 있다는 점이다(non-judicial foreclosure).[35]

그런데 이러한 deed of trust는 제3자인 trustee를 개입시킨다는 점에서 일반적인 신탁과 같은 구조를 가지고 있지만, 미국에서는 이러한 deed of trust는 원래의 의미에서의 신탁이 아니라고 보고 있다.[36] 2003년의 미국 제3차 신탁 리스테이트먼트{Restatement (Third) of Trusts} 제5조는 신탁이 아닌 것을 열거하고 있는데, deed of trust는 모기지와 함께 그에 포함되어 있다. 그리하여 deed of trust는 도산법상으로도 모기지와 같이 취급된다. 예컨대 채무자의 파산신청이 있으면 채권자의 권리 행사를 자동적으로 중지시키는 자동중지제도(automatic stay)[37]는 모기지뿐만 아니라 deed of trust에도 적용된다.[38]

그런데 국내의 부정설은 이러한 deed of trust는 우리나라의 담보신탁과는 차이가 있다고 한다. 즉, 영미법에서는 수익자가 형평법상의 소유권을 가지지만, 우리나라에서는 신탁재산에 대하여 실질적인 소유자로서의 지위가 인정되지 않더라도 신탁법상 수익자의 지위가 인정될 수 있으므로 영미신탁과 달리 수익자의 지위를 인정할 수 있는 범위가 넓고, 담보신탁에서의 수탁자는 소유자로서의 권리 행사가 가능한 데 반하여, deed of trust에서 수탁자는 신탁재산의 관리자가 아니라 단순한 보유자에 해당하며, 담보신탁에서의 위탁자는 담보신탁의 설정 이후에 소유자로서 권리를 행사할 수 없고, 다만 신탁계약에 의해 일정한 권리를 가질 수 있을 뿐인데, deed of trust에서는 위탁자가 여전히 소유자로서의 권리를 행사한다는 것이다.[39]

그러나 이러한 주장이 전적으로 타당한 것은 아니다. 우리나라의 담보신탁에 대하여 신탁으로서의 성질을 부정할 수는 없다.[40] 그렇다고 하여 담보신탁이 미국의 deed of trust와 그렇게 차이가 있다고는 할 수 없다. 우선 deed of trust에서 위탁자가 여전히 소유자로서의 권리를 가진다는 것은 반드시 정확하지는 않

---

35) 다만 현재는 많은 주에서 deed of trust뿐만 아니라 모기지에서도 모기지권자가 법원의 개입 없이 담보권을 실행할 수 있도록 허용하고 있다. Nelson and Whitman(주 30), pp. 581 ff. 참조.
36) 이계정(주 16), 92면 이하; 가정준(주 28), 564면 이하 참조.
37) 11 U.S. Code § 362.
38) Steven L. Schwarcz, "Commercial Trusts as Business Organizations: Unraveling the Mystery", 58 Business Lawyer 559, 570(2003).
39) 이계정(주 16), 101-102면.
40) 이혜원(주 16), 46면 이하 참조.

다. 모기지의 경우에 모기지권자가 취득하는 권리가 소유권(title)인 주도 있고 우선변제권(lien)인 주도 있는 것과 마찬가지로, deed of trust에서도 trustee가 취득하는 권리가 소유권일 수도 있고, 우선변제권일 수도 있다.[41] 뿐만 아니라 담보신탁의 핵심적 개념 요소는 채무자가 채무를 이행하지 않으면 수탁자가 신탁 목적물을 매각할 수 있다는 것이다. 우리나라에서 행해지는 담보신탁에는 여러 가지 형태가 있으나, 수탁자가 가지는 권한이 신탁 목적물을 매각하는 것뿐이라면 미국법상의 deed of trust와 실질적인 차이가 있다고는 할 수 없다.

보다 중요한 것은, 미국에서는 우리나라와 같이 위탁자가 도산한 경우에도 도산절연의 효과가 인정되는 담보신탁과 같은 것은 찾아볼 수 없다는 것이다.

2. 프 랑 스

담보신탁에 관하여 법률로 상세하게 규율하고 있는 나라로는 프랑스가 있다. 프랑스는 2007. 2. 19. 민법 제2011조 이하에서 신탁(fiducie)제도를 도입하였다.[42] 그런데 이때에는 담보신탁에 관하여는 별도의 규정이 없었으나, 2009. 1. 30.의 오르도낭스는 담보신탁에 관한 규정을 민법에 도입하였다. 그런데 이에 앞서서 도산절차와 관련하여는 2008. 12. 18.의 오르도낭스에 의하여 상법에 새로운 규정을 두게 되었다.

우선 프랑스 민법 제2011조는 신탁을 다음과 같이 정의한다. "신탁이란 1인 또는 수인의 위탁자가 현재 또는 장래의 재산, 권리 또는 담보권이나 이들의 총체를 1인 또는 수인의 수탁자에게 이전하여, 수탁자가 이를 자신의 고유재산과 분리하여 1인 또는 수인의 수익자의 이익을 위하여 정해진 목적에 따라 행위하는 법률행위이다."[43]

---

41) 캘리포니아 주에서는 모기지에 관하여는 lien theory를 따르는 반면, deed of trust에 관하여는 title theory를 따른다. Bank of Italy Nat. Trust & Savings Ass'n v. Bentley et al., 217 Cal. 644, 654 f.(Supreme Court of California, 1933). Nelson and Whitman(주 30), p. 11 f. 참조.

42) 프랑스의 신탁제도에 관하여는 Francis Lefebvre, La fiducie, mode d'emploi, 2e éd., Edition Francis Lefebvre, 2009; 정태윤, "프랑스 신탁법", 비교사법 제19권 3호, 2012, 941면 이하; 심인숙, "프랑스 제정법상 '신탁' 개념 도입에 관한 소고", 중앙법학 제13집 4호, 2011, 257면 이하 참조.

43) Article 2011: La fiducie est l'opération par laquelle un ou plusieurs constituants transfèrent des biens, des droits ou des sûretés, ou un ensemble de biens, de droits ou de sûretés, présents ou futurs, à un ou plusieurs fiduciaires qui, les tenant séparés de leur patrimoine propre, agissent dans un but déterminé au profit d'un ou plusieurs bénéficiaires.

그리고 담보신탁에 관하여는 동산 및 권리의 담보신탁(제2372조의1 이하)과 부동산의 담보신탁(제2488조의1 이하)에 관하여 따로 규정하고 있는데, 피담보채무 불이행의 경우에 담보신탁의 실행방법은 다음과 같다. 우선 수탁자와 채권자인 수익자가 동일인인 경우에는 신탁계약에 반대의 약정이 없는 한, 채권자인 수탁자가 담보로 양도된 물건 또는 권리에 대하여 자유롭게 처분할 수 있다. 그리고 수탁자가 채권자가 아닌 경우에는, 채권자는 그 물건의 인도를 청구하여 이를 자유로 처분할 수 있고, 신탁계약에서 정한 경우에는, 채권자는 그 물건을 매각하고 그 대금의 전부 또는 일부를 인도할 것을 청구할 수 있다(제2372조의3 제1, 2항, 제2488조의3 제1, 2항).

그런데 채무자가 도산상태에 빠지게 되면 어떠한가?[44] 프랑스 도산법은 기본적으로 채무자가 신탁재산을 사용하거나 그로부터 이익을 얻고 있는가 아닌가에 따라 처리를 달리한다. 우선 채무자에게 보전절차(sauvegarde) 또는 재판상 회생절차(redressement judiciaire)가 개시되면, 미이행 쌍무계약의 경우에 관리인(administrateur)은 계약의 이행 또는 해제를 선택할 수 있는데, 이는 신탁계약에 관하여는 적용되지 않지만, 채무자가 신탁재산을 사용하거나 그로부터 이익을 얻고 있는 경우에는 여전히 이러한 관리인의 선택권이 인정된다(프랑스 상법 L622조의13, 제L631조의14).

그리고 채무자가 신탁재산을 사용하거나 그로부터 이익을 얻고 있는 경우에는 담보신탁의 실행이 제한된다. 즉 프랑스 상법 L622조의23의1은 다음과 같이 규정한다. "신탁재산에 존재하는 물건 또는 권리가 위탁자인 채무자가 그것의 사용 또는 이익을 얻게 하는 합의의 대상인 경우, 절차의 개시, 재건계획의 채택, 또는 절차의 개시 이전에 발생한 채무불이행 등의 사유만으로는 수탁자 또는 제3자의 이익이 되게 이러한 물건 또는 권리가 양도되거나 이전될 수 없다. 이 금지에 위반하는 양도 또는 이전은 무효이다."[45] 다만 이처럼 담보신탁의 실행이 제한되는 것은 신탁재산을 위탁자가 사용하거나 그로부터 이익을 얻는다고 하는

---

44) 프랑스의 도산절차 개관에 대하여는 이지은, "프랑스법상 도산절차의 우선특권", 선진상사법률 제53호, 2011, 166면 이하 참조.

45) Article L622-23-1: Lorsque des biens ou droits présents dans un patrimoine fiduciaire font l'objet d'une convention en exécution de laquelle le débiteur constituant en conserve l'usage ou la jouissance, aucune cession ou aucun transfert de ces biens ou droits ne peut intervenir au profit du fiduciaire ou d'un tiers du seul fait de l'ouverture de la procédure, de l'arrêté du plan ou encore d'un défaut de paiement d'une créance née antérieurement au jugement d'ouverture. Cette interdiction est prévue à peine de nullité de la cession ou du transfert.

합의가 있는 경우에 한한다. 이와 같이 합의가 있는가 아닌가에 따라 구별하는
것은, 그러한 합의가 없으면 그러한 재산이 기업 활동의 계속에 필요하지 않기
때문이라고 한다.46) 그리하여 신탁재산이 금전이나 금융상품인 경우에는 채권자
는 도산절차와는 상관없이 담보신탁을 실행할 수 있으며, 이러한 점에서 담보신
탁은 도산절차가 개시되면 그 실행이 정지되는 다른 전통적 담보물권보다도 채
권자에게 유리하다고 한다.47)

　　반면 담보신탁의 위탁자에 대하여 재판상 청산의 절차가 개시되면, 수익자
인 채권자의 권리는 보전절차나 재판상 회생절차에서와 같은 제한을 받지 않고,
채권자는 자유롭게 담보를 실행할 수 있다.48)

　　이처럼 담보신탁에 관하여 채권자의 권리를 제약하게 된 경위에 관하여는 다
음과 같은 설명이 있다. 즉 과거의 법은 담보권자의 이익을 희생시켰는데, 점차
담보권자의 이익을 위하여 잃어버린 땅을 되찾게 되었고, 2007년의 신탁제도를 도
입하는 법은 담보신탁을 일반화함으로써 이러한 움직임을 완성하였다고 한다. 그
러나 학자들은 담보신탁의 수익자가 도산절차를 우회함으로써 채무자가 자산 부
족으로 인하여 회생계획을 제출할 수 있는 기회를 파괴한다는 가능성을 우려하게
되었고, 2008. 12. 18.의 오르도낭스는 원-원 밸런스(un équilibre «gagnant-gagnant»)
를 도입함으로써 이 문제를 해결하였다고 한다. 즉 담보신탁은 관찰기관과 회생계
획의 집행 기간에는 무력화되지만, 회생계획이 실패하거나 청산절차에 들어가면
담보신탁이 완전히 효력을 가지게 된다는 것이다.49)

---

46) Michel Grimaldi et Reinhard Dammann, "La fiducie sur ordonnances", Recueil Dalloz 2009, p.
　　670 no. 15.
47) 정태윤(주 42), 996면 주 122); Grimaldi et Dammann(주 46), no. 15; Francis Lefebvre(주 42), no
　　3831.
48) Grimaldi et Dammann(주 46), no. 21 et s.; 정태윤(주 42), 996면 이하.
49) Grimaldi et Dammann(주 46), no. 14. 정태윤(주 42), 997면은, 프랑스의 담보신탁제도는 기업의
　　활동에 필요한 재산은 기업으로부터 빼앗지 않음으로써 기업이 회생의 기회를 잃지 않게 하면
　　서, 신탁재산이 기업활동에 필요하지 않거나 기업이 회생의 가능성이 없는 경우에는 채권자로
　　하여금 다른 위탁자의 채권자들이 참가하지 않은 상태에서 보다 간편하게 그 담보를 실행하는
　　것을 가능하게 하는 점에서 적절하게 균형을 취하고 있다는 평가를 받고 있다고 서술한다. 小
　　梁吉章, フランス 信託法, 信山社, 2011, 171-172면은 이 점에 관하여 프랑스에서의 논의를 좀더
　　상세하게 서술하고 있다.

3. 일   본

일본에서는 담보신탁50)이 그다지 많이 활용되고 있지는 않는 것으로 보이고, 담보신탁의 도산절연에 관하여도 충분한 논의가 있는 것 같지는 않으나, 학설상으로는 다음과 같은 견해의 대립이 있는 것을 찾아볼 수 있다. 1설은 도산절연을 부정하면서 다음과 같이 주장한다. 즉 수탁자가 수탁재산의 완전한 소유권을 가지지만, 수익권의 내용이 신탁재산 전체에 대응하지 않고 담보 목적으로 된 경우, 위탁자에 대하여 갱생절차51)가 개시된 때에 수익자를 갱생담보권자로 취급하기 위하여는 관재인으로서는 수익자가 가지는 수익권의 내용이 담보 목적인 것에 지나지 않으며, 신탁재산에 관하여 수익자가 가지는 담보 목적의 이익을 제외한 이익은 위탁자가 수익자 내지 귀속권리자로서 보지하고 있다는 것을 주장하여야 한다고 한다. 신탁이 유효하게 설정되기 위한 요건의 하나로서 신탁재산의 위탁자로부터의 분리를 들지만, 신탁재산의 위탁자로부터의 분리가 달성되어도, 대상재산의 이익은 위탁자에게 귀속되는 경우가 있는데, 자익신탁의 경우가 바로 그러할 뿐만 아니라, 위탁자가 수익자 내지 귀속권리자로서 수익자가 가지는 담보 목적의 이익을 제외한 이익을 보지하고 있는 경우에도 그러하다고 한다. 그리하여 이러한 경우에는 수익자는 갱생담보권자로서 취급되고, 이때의 담보가치는 신탁재산의 가치라고 평가되며, 수익자에의 급부52)가 일정한 사유의 발생에 의하여 개시되는 구조에서는 그 개시는 담보권의 실행 외에 다른 것이 아니라고 한다. 그리하여 신탁재산의 처분이나, 수익자를 위탁자로부터 수익자로의 변경 등이 일정한 사유의 발생에 의해 생기는 경우에는 그러한 효과는 발생하지 않게 된다고 한다.53)

그러나 이 경우에 도산절연을 인정하여야 한다는 견해도 있다. 이 견해는 담보 내지 담보로서의 기능을 가진다는 것과 도산법의 영향을 받는 담보라는 것과는 별개의 문제이고, 도산법의 영향을 받는가 아닌가는 그 재산이 채무자의 책임

---

50) 일본에서는 담보신탁이라는 용어보다는 "담보로서의 신탁(擔保としての信託)" 또는 담보목적 신탁이라는 용어가 쓰이는 것으로 보인다. 鈴木秀昭, "信託の倒産隔離機能", 信託法研究 제28호, 2003, 99면 이하; 道垣內弘人, "擔保としての信託", 金融法務事情 제1811호, 2007, 26면 이하 등.
51) 이는 과거 우리의 회사정리법에 해당하는 會社更生法이 규정하는 것으로서, 과거의 회사정리절차나 현재의 채무자회생법상 회생절차와 마찬가지이다.
52) 우리 민법상으로는 '급여'.
53) 道垣內弘人(주 50), 29-31면.

재산을 구성하는 것인가 하는 점에서 생각해야 한다고 한다. 담보목적신탁에 도산법이 적용되어야 한다는 주장은 채무자가 그 재산에 담보물권을 설정한 것과 동일시할 수 있다는 것인데, 신탁은 수탁자에게 완전하게 권리가 이전되어 채무자의 재산이 아니므로, 담보목적신탁은 물상보증이나 인적 보증과 유사하고, 물상보증이나 인적 보증이 갱생담보권이 되지 않는 것과 마찬가지로, 신탁에 의하여 이행이 보전되는 채권도 갱생담보권으로 취급할 것은 아니라고 한다. 또한 일반채권자와의 이익조정에 관하여는, 위탁자의 일반재산은 신탁재산 분만큼 감소하지만 실질적으로는 채무가 소멸하기 때문에 총재산에는 변동이 없고, 다른 일반재산의 이익을 해치는 것은 아니며, 가령 다른 일반채권자를 해치도록 신탁이 설정된 경우에는 채권자취소권이나 사해신탁의 취소 등에 의하여 빠져나간 재산을 회복시킬 수 있으므로 문제가 없다고 한다. 그리고 도산법의 견지에서 법률관계를 재구성한다고 하여도 사적 자치의 원칙은 존중될 필요가 있는데, 양도담보의 경우에는 채권자에게 우선변제권을 주는 것이 취지임에 대하여, 신탁은 수탁자에게 일정한 목적에 따라 재산을 관리처분하게 하는 것으로서 양자는 다르고, 양도담보의 경우에는 2당사자 간의 관계로서 채무자에게 담보권을 공제한 권리가 남아 있다는 구성에 의하여 갱생담보권으로서 취급하는 것이 가능하지만, 신탁의 경우에는 채무자에게 권리가 남아 있다고 하는 양도담보와 마찬가지의 구성은 불가능하다고 한다. 그리고 담보물권의 경우에는 위탁자의 도산의 영향을 받아 특히 회사갱생법이 적용되면 갱생담보권으로 취급되지만, 담보목적 신탁의 경우에는 그러한 영향을 받지 않는다면 담보물권이 이용되지 않게 되어 담보물권의 의의를 잃어버리게 되지 않는가 하는 점에 대하여는, 담보목적 신탁과 담보물권은 설정의 절차나 비용 등에서 다르므로 필요에 따라 각각 사용되고, 담보물권이 이용되지 않게 되지는 않을 것이라고 한다.[54]

4. 캐나다 퀘벡 주 민법과 유럽 공통참조기준초안

캐나다의 퀘벡 주 민법은 프랑스의 영향을 많이 받고 있는 대륙법계에 속한다. 퀘벡 주는 1994년에 그때까지 적용되던 로어 캐나다 민법전(Civil Code of Lower Canada) 대신 퀘벡 주 민법전(Civil Code of Quebec)을 제정하였는데, 이 민법

---

54) 鈴木秀昭(주 50), 116면 이하.

전에서는 보통법상의 제도인 신탁에 관하여 자세하게 규정하였다.[55] 퀘벡 주 민
법은 신탁의 한 종류로서 채무의 이행을 보장하기 위한 신탁(담보신탁, security
trust)을 인정하고 있는데(제1263조), 여기서는 채무불이행이 있으면 수탁자는 담보
권(hypothecary rights)의 행사에 관한 규정에 따라 규율된다고 규정하고 있다.[56][57]

　　그리고 유럽 공통참조기준초안(Draft Common Frame of Reference, DCFR)[58]은
제10권(Book Ⅹ)에서 신탁(trust)을 다루고 있는데, 그 1:102조는 "담보를 목적으로
하는 신탁에 관하여는 이 권은 제9권(동산의 물적 담보) 규정의 적용을 받는다"라
고 규정하고 있다.[59] 동산의 물적 담보에 관한 제9권(Book Ⅸ) 1:101조도 이 권의
규정은 담보를 목적으로 하는 신탁에 관하여도 준용된다고 규정하고 있다.

　　그러면 이들 규정에 따를 때에는 담보신탁이 도산절차에서도 담보권과 마찬
가지로 취급될 것인가? 그럴 것으로 보이지만,[60] 이를 직접 언급한 문헌은 찾지
못하였다.[61]

---

55) 제1260조 이하. 그 전에도 신탁에 관한 규정이 있었으나, 이는 기본적으로 생전증여 또는 유증
　　에 의한 것에 한정되어 있고, 대가적 관계를 수반하는 신탁은 인정되지 않았다고 한다. 박정기,
　　"캐나다 퀘벡민법전의 역사와 성격", 국제지역연구 제11권 2호, 2007, 789-790면 이하 참조.
56) 제1263조: A trust established by onerous contract may have as its object the guarantee of the
　　performance of an obligation. In that case, to be set up against third persons, the trust must be
　　published in the register of personal and movable real rights or in the land register, according to
　　the movable or immovable nature of the property transferred in trust.
　　Upon the default of the settlor, the trustee is governed by the rules regarding the exercise of
　　hypothecary rights set out in the Book on Prior Claims and Hypothecs.
57) 담보권은 동산 또는 부동산에 관하여 설정되는 채무 이행을 위한 권리로서, 채권자에게 이를
　　점유하거나 변제에 충당하거나 매각하여 그 매각대금에 대하여 우선변제를 받을 권리를 부여
　　한다(제2660조).
58) 이는 유럽위원회(European Commission)가 2005년에 유럽 사법에 관하여 공통참조기준(Com-
　　mon Frame of Reference)를 만들기 위하여 유럽민법전 연구그룹(Study Group on a European
　　Civil Code)과 유럽공동체사법 연구그룹(Research Group on Existing EC Private Law, acquis
　　group)에게 의뢰하여 만들어진 것으로, 법전의 형태를 취하고 있으나, 실정법은 아니며, 아직까
　　지 그에 기하여 법이 만들어지지는 않았다. 이에 대하여는 권영준, "유럽사법(私法)통합의 현황
　　과 시사점", 비교사법 제18권 1호, 2012, 35면 이하 참조.
59) Ⅹ.―1:102: Priority of the law of proprietary securities
　　In relation to trusts for security purposes, this Book is subject to the application of the rules in
　　Book IX (Proprietary security in movable assets).
60) 이계정(주 16), 96면도 DCFR의 규정에 따르면 담보신탁에 대해서 도산절연성을 인정하기 어려
　　울 것이라고 한다.
61) DCFR의 해설서인 Christian von Bar and Eric Clive ed., Principles, Definitions and Model Rules
　　of European Private Law, Draft common Frame of Reference(DCFR), Full Edition, Vol. 6, Sellier,
　　2009, pp. 5677 f.에도 이 조문의 의미만을 설명하고 있을 뿐 도산과 관련하여서는 언급하고 있
　　지 않다.

5. 소　　결

그러므로 이제까지 조사한 바에 의하면, 담보신탁의 경우에 위탁자가 도산하더라도 무조건적으로 도산절연을 인정하는 예는 찾을 수 없었다. 다만 프랑스가 신탁재산을 위탁자가 사용하거나 그로부터 이익을 얻는 경우가 아닌 때에 한하여 도산절연을 인정하고 있는 정도이다.

V. 검　　토

1. 유추에 의한 회생담보권의 인정

여기서 다루고 있는 문제는 다른 말로 바꾸어 말한다면, 담보신탁의 수익자를 유추에 의하여 채무자회생법 제141조 제1항에 의한 회생담보권자로 인정할 수 있는가 하는 점이다. 긍정설은 이러한 유추를 긍정하는 것이고, 부정설은 이를 부정하는 것이다.

좀더 구체적으로는 담보신탁을 채무자회생법 제141조 제1항이 규정하는 저당권 또는 양도담보권과 마찬가지로 볼 수 있는가 하는 점이다. 이중에서도 양도담보가 소유권 이전의 형식에 의한 담보라는 점에서 저당권보다는 담보신탁과 더 유사하다. 담보신탁과 양도담보는 모두 채무의 담보를 목적으로, 재산의 소유권을 다른 자에게 이전하고, 채무가 변제되지 않으면 그 재산을 매각 내지 환가하여 채무를 청산할 수 있다는 권리이전형 담보제도라는 점에서 공통성이 있다. 다만 양도담보는 재산을 직접 채권자에게 이전하는 형식을 취하는 반면, 담보신탁은 권리이전의 상대방이 채권자가 아니라 수탁자로서 제3자라는 점에서 차이가 있다. 그러나 기능적으로는 양자가 동일하다. 부정설도 이 점은 모두 인정한다. 이 점에서 유추를 위한 필요조건은 갖추어졌다고 할 수 있다.

다른 한편 이러한 유추를 인정하는 것이 회생제도의 목적에도 부합한다. 채무자가 도산에 이르게 되었을 때 파산절차에 들어갈 것인가, 아니면 회생절차를 진행할 것인가를 결정하기 위한 기준은, 채무자가 사업을 계속하면서 얻을 수 있는 가치인 계속기업가치와 채무자의 재산을 바로 청산할 때 얻을 수 있는 가치인 청산가치의 비교이다. 전자가 후자보다 클 때에는 회생절차를 진행하여 채무자가 사업을 계속하면서 얻는 수익을 가지고 채무를 변제하게 하는 것이 바로 채무자의 재산을 청산하여 채무를 변제하는 것보다 당사자 모두에게 유리하고, 따라서 이때에는 청산절차가 아니라 회생절차가 진행되어야 한다.62) 채무자회생법이 회생절차가 개시되면 담보권자도 회생절차 내에서만 권리를 행사할 수 있게 하는 것도 그 때문이다. 계속기업가치가 청산가치보다 큼에도 불구하고 담보권자가 담보권을 회생절차와 관련없이 행사할 수 있다고 한다면, 이는 회생의 기회가 있는 기업의 회생기회를 박탈하는 것일 뿐만 아니라, 담보권자에게도 유리한 결과를 가져오지 못한다.

　　그런데 담보신탁의 수익자를 회생담보권자로 보지 않는 것은 이처럼 계속기업가치가 청산가치보다 큼에도 불구하고 수익자인 채권자에게 청산을 할 것인지 여부를 임의로 선택할 수 있는 권한을 주는 것에 다름 아니고, 이는 실제로도 수익자에게 유리한 결과를 가져다주지도 못한다. 예컨대 담보신탁재산이 골프장인 경우에는, 수익자가 골프장 시설을 매각하더라도 골프장 아닌 임야로서만 매각할 수 있기 때문에, 골프장으로서 매각하는 것과는 비교가 되지 않는다. 따라서 이러한 경우에는 골프장도 채무자의 책임재산에 포함시켜 회생절차를 진행하는 것이 합리적이다.

　　그러므로 담보신탁을 양도담보와 유사한 것으로 보아, 수익자를 회생담보권자로 보는 것은 회생제도의 목적에 부합하고, 이를 부정하는 것이야말로 회생제도와는 모순된다.

2. 부정설에 대한 검토

　　부정설의 기본적인 논거는 담보신탁에 제공된 재산은 더 이상 채무자의 책임재산이 아니므로 담보신탁의 수익권은 회생절차 개시 당시 채무자의 재산상에 존재하는 권리가 아니라는 것이다. 판례가 들고 있는, 담보신탁의 수익권은 '채무자 외의 자가 회생채권자 또는 회생담보권자를 위하여 제공한 담보'에 해당한다는 것도 기본적으로는 같은 취지이다. 이하에서는 이를 신탁재산의 독립성과, 형식과 실질 중 어느 것을 우선시킬 것인가라는 두 가지 점에서 검토해 보고자 한다.

---

62) 김경욱, "회생절차에 있어서 청산가치보장의 원칙", 경영법률 제26권 4호, 2016, 306면 등 참조.

(1) 신탁재산의 독립성에 대하여

부정설의 논거는 기본적으로 신탁재산의 독립성을 근거로 한다. 즉 신탁재산은 위탁자와 수탁자의 고유재산으로부터 분리되고, 따라서 위탁자의 채권자도 신탁 전의 원인으로 발생한 권리에 기한 것이 아닌 한 더 이상 위탁자의 재산이 아닌 신탁재산에 대하여 강제집행을 할 수 없으며, 위탁자 파산 시에 수탁자 명의의 신탁재산이 위탁자의 파산재단을 구성하지도 않는다는 것이다.[63]

생각건대 수탁자가 도산한 경우에 수탁자의 채권자는 원칙적으로 신탁재산에 대하여 권리를 행사할 수는 없다. 이 점에서는 신탁의 도산절연기능이 분명히 드러난다.[64] 그러나 위탁자가 도산한 경우에는 이와 차이가 있다. 이때에도 신탁재산은 채무자의 책임재산이 아니므로, 원칙적으로 위탁자의 채권자가 신탁재산에 대하여 권리를 행사할 수는 없다. 그렇지만 위탁자가 신탁재산에 대하여 여전히 이해관계를 가지고 있을 때에도 이처럼 신탁재산의 독립성이 무제한으로 관철될 수는 없다. 이 점은 위탁자가 수익자로서 수익권을 가지는 자익신탁의 경우에는 분명하다. 이때에는 위탁자가 언제든지 신탁을 해지할 수 있고, 그 경우에 신탁재산은 특별한 사정이 없는 한 수익자의 지위를 겸하는 위탁자에게 귀속한다(신탁법 제99조 제2항, 제101조 제1항 본문). 따라서 위탁자의 채권자는 위탁자의 신탁해지권을 대위행사할 수 있고,[65] 그에 의하여 위탁자의 채권자는 위탁자 앞으로 복귀된 신탁재산에 대하여 강제집행을 할 수 있다.[66]

그런데 담보신탁은 원래의 의미에서의 자익신탁은 아니지만, 피담보채무가 변제되면 신탁재산은 위탁자에게 복귀하게 된다. 따라서 신탁재산이 위탁자의 재산으로부터 분리되는 것은 잠정적인 것에 불과하고, 말하자면 피담보채무의 변제를 해제조건으로 하는 것이라고 할 수 있다. 또한 피담보채무가 변제되지 아니하여 수탁자가 신탁재산을 처분하여 피담보채무의 변제에 충당한다고 하는 경우에도, 위탁자는 그로 인하여 피담보채무의 소멸이라는 이익을 얻는 것이고, 이 점에서도 신탁재산에 대하여 여전히 이해관계를 가진다.[67] 그런데도 신탁재산이

---

63) 최수정, 신탁법, 박영사, 2016, 29-30면.
64) 상세한 것은 이계정, 신탁의 기본 법리에 관한 연구, 박영사, 2017, 257면 이하 참조.
65) 대법원 2003. 8. 19. 선고 2001다47467 판결; 2007. 10. 11. 선고 2007다43894 판결 등.
66) 이계정(주 64), 299면.
67) 앞에서 살펴본 것처럼 道垣內弘人(주 50), 29면은 담보로서의 신탁에서 신탁재산이 위탁자로부터 이탈되지만, 위탁자는 수익자 내지 귀속권리자로서 수익자가 가지는 담보목적의 이익을 제외한 이익을 보지한다고 설명한다.

일단 위탁자의 재산으로부터 분리되었다는 이유만으로 완전한 도산절연을 인정하는 것이 합리적일까?[68]

이 점에 관하여는 미국법상 철회가능신탁(revocable trust)에 관한 논의를 살펴볼 필요가 있다. 미국에서는 위탁자가 철회권을 유보한 경우 등에는 신탁을 철회할 수 있다.[69] 그런데 이러한 철회가능한 신탁에서 위탁자의 채권자가 신탁된 재산에 대하여 강제집행할 수 있을까? 종전의 보통법상으로는 이것이 허용되지 않았으나, 근래 미국 각 주의 판례나 주 법률은 이를 허용한다.[70] 모범신탁법 (Uniform Trust Code)[71]과 제3차 신탁 리스테이트먼트(Restatement of Law, Third, Trusts)도 같은 태도이다. 즉 모범신탁법 제505조 (a) (1)과 (3)은 철회가능신탁의 재산은 위탁자가 생존하고 있는 동안뿐만 아니라 사망한 후에도 위탁자의 채권자를 위한 책임재산이 된다고 규정하고 있다.[72] 또 제3차 신탁 리스테이트먼트 (Restatement of Law, Third, Trusts) 제25조 제2항은 철회가능한 신탁의 재산은 위탁자가 통상적으로 소유하고 있었던 것으로 취급된다고 규정한다.[73]

이 점에 관하여 자주 인용되는 매사추세츠 주 항소법원의 판결[74]은, 철회가능신탁의 위탁자가 생존한 경우뿐만 아니라 사망한 경우에도, 위탁자의 채권자는 위탁자의 상속재산으로부터 만족을 얻지 못한 범위 내에서는 신탁재산에 대하여 권리를 행사할 수 있다고 하면서, 다음과 같이 설시하였다. 즉 사람들이 재

---

68) 임채웅(주 1), 131면은 담보신탁과 비슷한 경우는 채무자 갑이 그의 부동산의 소유권을 을에게 이전한 다음, 을이 담보제공자가 되어 갑을 위하여 채권자 병에게 저당권을 설정하는 경우인데, 이 경우에는 을이 제공한 저당권이 채무자회생법 제250조 제2항 제2호에 의해 회생계획의 영향을 받지 않는, '채무자 외의 자가 회생채권자 또는 회생담보권자를 위하여 제공한 담보'가 되어 회생절차에 복종하지 않는 것이므로 담보신탁의 경우에도 마찬가지의 결론을 내려야 한다고 주장한다. 그러나 위의 예에서는 채무가 변제되더라도 부동산이 채무자 갑이 아니라 담보제공자인 을에게 복귀하지만, 담보신탁에서는 신탁재산이 채무자에게 복귀한다는 점에서 양자 사이에는 차이가 있다.

69) 최수정(주 63), 183면 참조. 위 책 183-184면은 우리법상 철회보다는 해지라는 용어가 적절하다고 한다.

70) Clifton B. Kruse, Jr., "Revocable Trusts: Creditors' Rights After Settlor-Debtor's Death", 7 Probate & Property 7-DEC Prob. & Prop. 40 ff.(1993); 이계정(주 63), 213-214면 참조.

71) 이는 미국의 모범법위원회(Uniform Law Commission)가 제정하여 각 주에 입법을 권고하는 모범법의 하나로, 모범신탁법은 많은 주에서 주법으로 받아들여지고 있다.

72) 상세한 것은 Uniform Laws Annotated, Uniform Trust Code (2000) (Refs & Annos), § 505 참조.

73) "… the property of such a trust is ordinarily treated as though it were owned by the settlor." 이는 주로 위탁자의 채권자에 대한 관계에서 신탁재산이 위탁자의 책임재산이 된다는 것을 의미한다. American Law Institute, Restatement (Third) of Trusts (2003), Reporter's Notes on § 25, Comment e. 참조.

74) State St. Bank and Trust Co. v. Reiser, 7 Mass.App.Ct. 633 (1979).

산을 전문적인 관리를 받기 위하여 신탁을 설정하면서 원본을 잠식하고 신탁을 수정하거나 철회할 권한을 가지고 있을 때에는, 그러한 조항 아래 신탁이 설정된 재산에 대하여 채권자가 권리를 행사할 수 없는 것은 형식에 대한 지나친 존중이라고 하였다.[75]

우리나라에서도 철회가능신탁이 설정된 경우에는 위탁자의 채권자가 채권자대위권에 의하여 위탁자의 해지권을 대위행사하여 신탁재산을 위탁자 앞으로 복귀시킨 후 강제집행을 할 수 있을 것이다.[76]

물론 담보신탁은 위탁자가 임의로 철회 내지 해지할 수 있는 것은 아니므로, 철회가능신탁과 동일한 것은 아니다. 그러나 다른 한편으로는 철회가능신탁은 철회 여부가 불확정한 반면, 담보신탁에서는 처음부터 피담보채무가 변제되면 신탁재산은 위탁자에게 복귀하는 것이 예정되어 있으므로, 철회 내지 해지가 전제되어 있다고 할 수 있다. 기본적으로 이러한 철회가능신탁에서 채권자가 신탁재산에 대하여 권리를 행사할 수 있게 하는 것은, 위탁자가 신탁으로부터 이익을 얻으면서, 채권자는 신탁재산에 대하여 권리를 행사하지 못하게 하는 것은 부당하기 때문이다. 다른 말로 한다면 신탁이 위탁자의 채권자를 해하는 수단으로 이용되어서는 안 된다는 것이다.[77]

국내에도 이와 비슷한 취지의 주장이 있다. 즉, 도산격리기능이라는 신탁의 특권적 이익은 이것을 부여하는 데 걸맞은 내실을 갖춘 신탁에 대해서만 인정되어야 하므로, 형식적으로 명의와 권리를 수탁자에게 이전한 것에 지나지 않고, 신탁재산에 대한 실질적인 권한을 모두 위탁자가 유보하고 있는 것과 같은 극히 명목적인 자익신탁의 경우, 이 신탁에 도산격리기능을 인정하는 것은 문제가 있는데, 이런 신탁의 경우 위탁자의 재산은닉만을 위한 편법으로 악용되는 것을 막을 수 없기 때문이라고 한다. 따라서 일정한 조건을 충족하는 신탁에 한정하여 도산격리기능을 인정하여야 하는데, 구체적으로 신탁설정에 의한 재산의 이전이

---

75) 7 Mass.App.Ct. 633, 638.

76) 오영준(주 16), 860-861면. 이계정(주 64), 300면은 철회가능신탁이 자익신탁인 경우에는 위탁자의 채권자는 위탁자가 가지는 해지권을 대위행사하여 신탁재산을 위탁자 앞으로 복귀시킨 후 강제집행을 할 수 있을 것이라고 한다. 그러나 타익신탁의 경우에도 마찬가지일 것이다.

77) 미국연방제4항소법원의 United States v. Ritter 판결에서는 철회가능신탁에서 연방정부가 신탁자의 세금 체납을 이유로 신탁재산을 매각할 수 있는가가 문제되었는데, 위 판결은 이를 허용하였다. 와이드너(Widener) 판사는, 이는 개인이 재산에 의존하여 살면서 이 재산을 가지고 채무를 변제하지 않는 것은 공공질서(public policy)에 반한다는 확립된 원칙에 부합하는 것이라고 하였다. United States v. Ritter, 558 F.2d 1165, 1167 (4th Cir. 1977).

위탁자의 지배로부터 완전히 이탈하는 실질적인 이전이어야 하고, 위탁자가 신
탁재산으로부터의 수익의 내용 등을 통제할 수 있는 지시권 또는 신탁재산을 수
탁자로부터 언제든지 되찾을 수 있는 철회권을 유보하고, 위탁자 자신이 신탁재
산으로부터의 이익을 향수하고 있는 경우에는 실질적으로 볼 때 신탁재산은 여
전히 위탁자의 지배영역 내에 머물러 있다고 해석되므로, 이러한 신탁에 도산격
리기능을 인정할 수는 없다는 것이다.[78]

그러므로 부정설이 담보신탁에서 신탁재산이 위탁자로부터 분리되었다는
이유만으로 위탁자가 도산한 경우에 도산절연을 인정하여야 한다고 보는 것은
지나치게 단순한 논리라고 하지 않을 수 없다.

(2) 도산법에서의 형식과 실질

부정설도 담보신탁이 담보의 기능을 한다는 점에서 양도담보와 마찬가지의
기능을 한다는 점은 부정하지 않으면서도, 담보신탁은 양자관계인 양도담보와는
달리 수탁자라는 제3자가 개입한다는 점에서 양도담보와 같이 취급할 수는 없다
고 한다. 그러나 도산법에서는 이러한 법적 구성 내지 형식보다는 실질을 중시할
필요가 있다.[79] 도산법의 중요한 정책적 목표는 주주, 채권자 등 이해관계인 사이
의 공평한 분배에 있고, 특히 유사한 지위에 있는 채권자들은 공평한 취급을 받아
야 한다.[80] 그런데 채무자와 일부 채권자가 어떤 담보제도를 선택하는가에 따라
다른 채권자의 이익까지 침해된다는 것은 도산제도의 목적에도 부합하지 않는다.

이 점에 대하여는 우선 담보신탁을 소유권유보부 매매와 비교하여 볼 필요
가 있다. 대법원 2014. 4. 10. 선고 2013다61190 판결은, 동산의 소유권유보부
매매에서 매도인이 유보한 소유권은 담보권의 실질을 가지고 있으므로 담보 목
적의 양도와 마찬가지로 매수인에 대한 회생절차에서 회생담보권으로 취급함이
타당하고, 매도인은 매매 목적물인 동산에 대하여 환취권을 행사할 수 없다고 하
였다. 소유권유보부 매매의 경우에 매도인의 지위에 관하여는 담보권설도 있기
는 하지만, 이는 물권법정주의에 위배되므로 받아들이기 어렵다.[81] 그런데 판례

---

78) 안성포, "신탁재산의 권리주체성에 관한 소고", 전북대학교 법학연구 제39집, 2013, 71-72면.

79) 같은 취지, 이은재(주 15), 102면.

80) 정소민, "도산법상 소유권유보부 매매의 매도인의 지위", 민사판례연구 제37권, 2015, 247-248
    면. 오수근, 한민, 김성용, 정영진, 도산법, 한국사법행정학회, 2012, 40면(오수근 집필부분)은,
    도산법은 채권자 전체의 이익을 극대화하는 데 관심이 있고, 채무자와 채권자의 이익을 함께
    도모한다고 한다.

81) 대법원 1999. 9. 7. 선고 99다30534 판결 등은, 목적물이 매수인에게 인도되었다고 하더라도
    특별한 사정이 없는 한 매도인은 대금이 모두 지급될 때까지 매수인뿐만 아니라 제3자에 대하

는 매도인이 소유권자임에도 불구하고 회생담보권과의 관계에서는 실질을 중요
시하여 매도인을 회생담보권자로 본 것이다. 실제로 이 판결 전부터 종래의 실무
례나 다수설은 소유권유보부 매매에서 매도인을 회생담보권자로 보고 있었다.[82]
부정설에서도 이러한 판례는 담보신탁에서 도산절연성을 인정하는 것과는 모순
되는 것은 아닌지 의문이 들 수 있다고 한다.[83]

물론 소유권유보부 매매에서 매도인의 지위를 회생담보권자로 볼 것인가에
대하여는 반대설이 있고,[84] 외국에서도 이 문제에 대하여는 다양한 태도를 볼 수
있다. 예컨대 독일에서는 소유권유보부 매매에서 매수인이 도산에 빠진 경우에,
매도인을 담보권자로 보지 않고, 미이행 쌍무계약으로 보아 관리인의 선택권을
인정한다(독일 도산법 제107조 제2항). 확실히 소유권유보부 매매에서는 매도인이
원래 소유자였으므로, 소유권유보부 매매계약이 체결되었다는 것만으로 그의 지
위가 담보권자로 바뀐다는 것에는 의문이 제기될 수 있다. 그러나 담보신탁의 경
우에는 수익자의 지위는 소유자보다는 양도담보권자와 훨씬 유사하므로, 그를
회생담보권자로 보는 데 큰 어려움이 없다.

다른 한편 양도담보의 경우에도 이것이 회생담보권으로 인정되게 된 경과를
살펴볼 필요가 있다. 양도담보권자가 회생담보권자 내지 종전의 정리담보권자에
해당한다는 것이 명문으로 규정된 것은 1998. 2. 24. 개정된 구 회사정리법(법률
제5517호) 제123조 제1항에서였다. 그러나 그 전에도 판례[85]와 학설은 양도담보
권자를 정리담보권자로 보고 있었다.[86] 현재 가등기담보 등에 관한 법률(가등기
담보법)이 적용되는 부동산 양도담보의 성질은 담보물권으로 보는 것이 일반적이
지만, 가등기담보법이 적용되지 않는 부동산이나 그 외의 동산 또는 채권 등의
양도담보는 여전히 신탁적 소유권 이전으로 보아야 한다.[87] 그러므로 이러한 경
우에도 종전의 판례나 학설은 양도담보의 법적 형식보다는 실질을 중시한 것으

여도 유보된 목적물의 소유권을 주장할 수 있다고 하였다.

82) 상세한 것은 정소민(주 80) 참조.

83) 이계정(주 64), 313면.

84) 양형우, "회생절차에서 소유권유보와 매도인의 지위", 인권과 정의 제447호, 2015, 138면 이하;
김영주, "미이행 쌍무계약에 대한 민법과 채무자회생법의 규율", 민사법학 제70호, 2015, 495면
이하 등.

85) 채권의 양도담보에 관하여 대법원 1990. 2. 13. 선고 89다카10385 판결; 동산의 양도담보에 관
하여 1992. 10. 27. 선고 91다42678 판결.

86) 김영주, "도산절차상 양도담보계약 당사자의 법적 지위", 사법 33호, 2015, 15-16면 참조.

87) 동산 양도담보에 관한 대법원 2008. 11. 27. 선고 2006도4263 판결 등 참조.

로 볼 수 있다.

　이처럼 도산법에서 무엇이 회생담보권에 해당하는가에 관하여는 형식보다
는 실질을 중요하게 고려하여야 한다. 이는 도산법 전반에 관하여 타당하다고 할
수 있다. 다른 나라에서도 이러한 점이 인정되고 있다. 즉 미국에서는 도산법에
관하여 "형식보다는 실질(substance over form)"이라는 원칙[88]이, 독일에서는 "경제
적 관찰법(wirtschaftliche Betrachtungsweise)"이라고 하는 원칙[89]이 인정되고 있는
것이다. 원래 이는 세법의 영역에서 인정되는 이른바 실질과세의 원칙을 가리키
는 말인데, 도산법에도 그와 같은 법리가 인정되고 있는 것이다.

　이를 여기서 자세히 다룰 수는 없으므로, 미국과 독일의 판례 가운데 한 가
지 예를 드는 데 그친다. 즉 회사가 도산한 경우에 회사와 관련 있는 자가 회사
에 대여를 하였다고 주장하면, 법원이 이를 대여 아닌 출자로 인정할 수 있는
가[90] 하는 점이다. 대여채권자에 비하여 회사의 주주는 회생절차에서 후순위가
될 수밖에 없다.[91] 그런데 미국과 독일의 판례는 일정한 경우에 형식적으로 대여
를 한 경우에도 이를 출자로 인정하여 회생채권자의 지위를 인정하지 않고 있
다.[92]

　나아가 미국에서는 이른바 할부토지계약(installment land contract)[93]에 관하여
도 우리나라에서의 담보신탁과 같은 논의가 있다. 할부토지계약이란 부동산 매
수인이 매도인에게 매매대금을 보통 10년 이상의 장기간에 걸쳐서 분할하여 지
급하는데, 그 기간 동안은 매도인이 여전히 소유권을 보유하지만, 매수인은 부동
산을 점유하여 사용수익할 수 있는 형태의 계약이다.[94] 말하자면 부동산에 관한
소유권유보부 매매계약과 같은 것이다. 이에 대하여는 매수인이 도산한 경우에
관하여 "형식보다는 실질(substance over form)"을 강조하여, 매도인이 가지는 권리

---

88) 예컨대 Steven L. Schwarcz, "Collapsing Corporate Structures: Resolving the Tension Between
　Form and Substance", 60 The Business Lawyer 109 ff.(2004) 등.

89) 예컨대 Keller, Insolvenzrecht, Vahlen, 2006, Rdnr. 411.

90) 미국에서는 이를 recharacterization이라고 부른다.

91) 채무자회생법 제217조 참조.

92) 예컨대 미국의 In re Alternate Fuels, Inc., 789 F.3d 1139 (2015); 독일의 BGH NJW 2013, 2282
　등. 이 판례들에 대하여는 예컨대 Paul Wallace, "Simplifying the Muddled Doctrine of Debt
　Recharacterization", 86 Mississippi Law Journal 183 ff.(2017); Dennis Azara, "Die neue
　BGH-Rechtsprechung zur Abtretung von Gesellschafterdarlehensforderungen und ihre praktischen
　Auswirkungen", DStR 2013, 2280 참조.

93) contract for deed라고도 한다.

94) Seong-hee Lee, "Installment Land Contracts in Purchaser Bankruptcy", 29 Emory Bankruptcy
　Developments Journal, 425, 428(2013).

가 소유권이 아닌 모기지라고 하는 주장이 제기되고 있다.[95] 이는 우리나라에서 담보신탁의 수익자를 회생담보권자로 다루어야 한다는 주장과 맥을 같이 한다.

그런데 회생절차는 당사자들의 재산권 처분의 자유를 예외적으로 법이 제한하는 경우이므로 그 절차에 참여하는 당사자들의 이해관계가 첨예한 분야로서 엄격한 해석이 필요하다는 이유로 부정설을 지지하는 견해가 있다.[96] 그러나 도산법의 중요한 목적이 유사한 지위에 있는 채권자들은 공평한 취급을 받아야 한다는 데 있다는 점을 생각한다면, 이것이 부정설에 대한 충분한 근거가 되기에는 부족하다.

기본적으로 도산법이 적용되는 경우에는 당사자의 사적 자치는 제한될 수밖에 없다. 이 점에 관하여는 도산절차가 개시되면 채무자의 계약 상대방이 그 계약을 해제 또는 해지할 수 있다는 이른바 도산해제조항 또는 도산해지조항이 유효한가 하는 문제를 참조할 필요가 있다. 현재의 통설은, 이러한 조항은 채무자회생법이 규정하는 회생절차 관리인 또는 파산관재인의 미이행 쌍무계약에 관한 선택권(제119조, 제335조)을 침해한다는 이유로 원칙적으로 무효라고 보고 있다.[97]

3. 부정설의 실제적 문제점

앞에서도 언급한 것처럼, 담보신탁에서 도산절연을 인정하는 것은 복수의 채권자 가운데 담보신탁의 수익자에게만 다른 회생담보권자보다도 우월한 지위

---

95) Seong-hee Lee(주 94); Juliet M. Moringiello, "A Mortgage by any other Name: A Plea for the Uniform Treatment of Installment Land Contracts and Mortgages under the Bankruptcy Code", 100 Dickinson Law Review 733 ff.(1996); Grant S. Nelson, "The Contract for Deed as a Mortgage: The Case for the Restatement Approach", Brigham Young University Law Review 1111 ff. (1998) 등. 1997년의 Restatement (Third) of Prop. (Mortgages) § 3.4 (b)는 "A contract for deed creates a mortgage"라고 규정한다. 연방법원과 각 주 법원의 판례는 각 적용 주법에 따라 나누어져 있다고 한다.

96) 이혜원(주 16), 133면. 조영희(주 16), 88면도 같은 취지이다.

97) 김영주, "계약상 도산해제조항의 효력", 선진상사법률 제64호, 2013, 1면 이하 참조. 그런데 대법원 2007. 9. 6. 선고 2005다38263 판결은, 도산해지조항이 구 회사정리법에서 규정한 부인권의 대상이 되거나 공서양속에 위배된다는 등의 이유로 효력이 부정되어야 할 경우를 제외하고, 도산해지조항으로 인하여 정리절차개시 후 정리회사에 영향을 미칠 수 있다는 사정만으로는 그 조항이 무효라고 할 수 없다고 하였다. 다만 이 판결도, 쌍방 미이행의 쌍무계약의 경우에는 도산해지조항의 효력을 무효로 보아야 한다거나, 아니면 적어도 정리절차 개시 이후 종료 시까지의 기간 동안에는 도산해지조항의 적용 내지는 그에 따른 해지권의 행사가 제한된다는 등으로 해석할 여지가 없지는 않다고 하였다.

를 부여함으로써, 다른 채권자, 특히 저당권자와 같은 회생담보권자보다도 우대
하는 불평등한 결과를 가져올 뿐만 아니라, 실제로도 채무자의 회생을 어렵게 한
다.[98]

　　이러한 점을 잘 보여주는 대법원 판례가 있다.[99] 대법원 2016. 5. 25. 자
2014마1427 결정에서는 채무자 회사의 회생계획에서 채무자 회사의 골프장시설
등을 신탁재산으로 한 부동산담보신탁계약의 우선수익자인 회생채권자들에 대하
여 다른 회생채권자보다 유리한 변제조건을 정한 것이 공정하고 형평에 맞는가
가 문제되었는데, 대법원은 다음과 같은 이유로 이를 긍정하였다. 즉, 위 우선수
익자들은 채무자 회사에 대한 신탁 관련 대여금 채권이 전액 변제되지 않는 이
상 언제든지 수탁자에게 골프장 영업에 필수적인 골프장시설에 대한 처분을 요
청할 수 있는데, 우선수익자들이 회생계획에서 정해진 변제조건대로 변제받는다
고 하더라도 신탁 관련 대여금 채권이 전액 변제되지 않으면 수탁자에 대하여
가지는 신탁재산인 골프장시설 등에 대한 처분요청권한을 포함한 담보신탁계약
의 수익권에는 아무런 영향을 미칠 수 없으므로, 골프장 영업을 전제로 한 이 사
건 회생계획의 수행을 위해서는 우선수익자들로부터 신탁계약상의 권리포기 또
는 신탁계약의 해지에 대한 동의 등을 받는 것이 반드시 필요하고, 이를 위하여
담보신탁계약의 우선수익자들의 요구를 받아들여 그들의 신탁 관련 회생채권을
다른 회생채권자들의 회생채권보다 우월하게 변제조건을 정한 것이 반드시 부당
하다고 볼 수는 없다고 하였다.

　　이처럼 담보신탁이 설정된 경우에는 지금까지의 판례대로라면 회생계획이
성공적으로 수행되기 위하여는 수익자인 채권자가 수익권을 실행하지 않는 것이
필요하고, 수익자가 수익권을 실행하면 회생계획은 성공적으로 수행될 수 없다.
그리하여 실무상으로는 특히 골프장 회생절차에서는 위 판례와 같이 수익자에게
다른 회생채권자보다 유리하게 회생계획을 정하도록 지도하고 있고, 또 수익권
을 행사하지 않겠다는 확약서를 받아야 회생계획의 수행이 가능하다고 보고 있

---

98) 이계정(주 16), 105-106면은, 담보신탁에서 도산절연성을 인정하는 경우에 실질에 있어서 담보
　　에 해당하는 채권자의 수익권은 도산절차상의 제약을 피할 수 있는데, 채무자의 회생에 상당한
　　차질을 빚는 경우도 발생할 수 있다고 한다. 좌담회, "자산유동화 10년의 회고와 전망", BFL
　　제31호, 2008, 23면(황호석 발언)은, 담보신탁에 대하여 도산법인의 관재인 입장에서는 회계장
　　부를 열어보면 재무제표에는 있는데 신탁으로 다 빠져나가 도산회사에 남아있는 재산이 없는
　　사태가 생겨서 당황스러울 가능성이 있다고 한다.
99) 이 점에 대하여는 2018. 2. 21.의 공동연구 학술대회에 참석하였던 최효종 변호사님의 지적으로
　　부터 도움을 받았다.

다고 한다.[100] 그러나 과연 이처럼 차별적인 회생계획을 정하는 것이 합리적인지, 수익자가 수익권을 행사하지 않겠다는 확약을 따르지 않을 때에도 확약을 강제할 방법이 있는지 하는 점들은 명확하지 않다. 반면 이러한 수익자를 회생담보권자라고 본다면 이러한 문제점은 모두 해소되게 되고, 채무자의 회생이 훨씬 수월하게 된다. 다른 말로 한다면, 담보신탁의 수익자도 회생담보권자에 포함시키는 것은 채무자나 수익자뿐만 아니라 다른 채권자 전체에도 유리한, 윈-윈 게임(win-win game)이 될 수 있다.

그런데 이러한 문제점에도 불구하고 담보신탁에 의하여 담보되는 채권을 회생담보권으로부터 제외해야 한다고 고집할 이유가 있는지 알기 어렵다. 부정설의 주된 논거는 신탁재산은 설정자의 책임재산으로부터 이탈되었다는 것이지만, 이는 형식보다 실질을 중요시하여야 한다는 관점에서는 충분히 극복할 수 있는 논리이다.

그런데 부정설 가운데에는 다음과 같은 주장이 있다. 즉, 대법원판례가 인정하는 담보신탁의 도산절연효과를 그대로 긍정할 것인가의 문제 등 법제도를 설계함에서는 단순히 거래의 성격이나 개념에 집착하기보다는 좀더 법경제학적인 접근이 필요하다고 한다. 그와 같은 제도는 일부채권자들의 배타적이고 우선적인 권리가 다른 채권자들의 희생 위에 향유되는 측면이 있지만, 그러한 사회적 비용은 저렴한 자금조달수단의 제공을 통하여 다른 채권자들에게도 일반적인 이익으로 돌아갈 수 있기 때문에 적정한 선에서 상쇄될 수 있을 것으로 생각되고, 단순히 기존의 법개념과 원칙에 매몰되어 사회적 효용을 전체적으로 증가시킬 수 있는 기회를 상실하지 않도록 하는 노력이 필요하다는 것이다.[101] 그러나 이러한 주장은 설득력이 없다. 이처럼 채권자에게 우선변제권이 있는 자금조달수단을 제공함으로써 대여의 비용을 낮추는 것은 담보신탁뿐만 아니라 저당권과 같은 담보물권 일반에 모두 적용되는 것이기 때문에,[102] 왜 담보신탁에 대하여만

---

100) 나 청, "회원제 골프장 회생절차의 실무상 쟁점에 관한 소고", 사법 36호, 2016, 156면 참조. 또한 김장훈·홍정호, "골프장 회생절차의 실무상 쟁점", BFL 제81호, 2017, 61-62면도 참조. 실제로 수익자도 가령 담보신탁의 목적인 골프장에 대하여 수익권을 행사하여 매각하더라도 임야로서밖에 평가되지 않기 때문에 회생계획에 따라 변제받는 것이 유리한 경우에 이러한 확약서를 제출한다고 한다. 그러한 확약서가 제출된 예로서는 대법원 2017. 4. 7. 선고 2015마1384, 1385 결정(미공간) 참조.

101) 좌담회(주 98), 43면(김용호 발언).

102) 이동진, "물권법의 법경제학", 김일중·김두얼 편, 법경제학 이론과 응용 [Ⅱ], 도서출판 해남, 2013, 215-216면.

도산절연이라는 특혜를 인정하여야 하는지에 대하여는 대답이 되지 못한다. 설령 그처럼 대여의 비용을 낮출 수 있는 가능성이 있다고 하더라도, 그것이 도산에 빠진 채무자의 회생을 어렵게 한다는 문제점을 능가할 수 있는 장점이 되는지는 매우 의심스럽다.

부정설을 지지하는 논자들로서는 담보신탁의 도산절연을 인정하지 않으면 채무자가 금융을 얻기 어렵게 될 것이라는 우려를 제기할 수도 있다. 그러나 이 또한 근거가 있는 것으로는 보이지 않는다. 도산절연이 인정되는 담보신탁이 아닌 다른 담보만으로는 채무자에게 대여를 하지 않겠다는 채권자가 있을 수도 있겠지만, 채무자가 그러한 채권자 외의 다른 채권자로부터 대여를 받는 것은 얼마든지 가능할 것이다. 담보신탁의 도산절연을 인정하지 않는 다른 나라에서 그 때문에 채무자가 금융을 얻지 못한다는 이야기는 들리지 않는다.

참고로 이 문제는 이른바 절대우선원칙에 관한 논의와 관련시켜 살펴보는 것도 도움이 될 수 있다. 도산법상 절대우선원칙이란 정해진 우선순위에 따라 상위의 권리자가 전액 변제받기 전까지는 하위의 권리자는 변제나 배당을 받을 수 없다는 것을 말한다. 반면 상대우선원칙이란 청산가치를 초과하는 몫을 권리의 우선순위에 따라 분배하는 것이 아니라 권리의 우선순위를 고려하되 적절한 차등을 두어 분배한다는 것으로서, 선순위청구권자의 권리감축의 정도보다 후순위자의 그것이 작아서는 아니 된다는 원칙이다. 우리나라 도산법의 회생절차는 절대우선원칙이 아니라 상대우선원칙을 채택하고 있다고 이해되고 있다.[103] 입법론적으로 절대우선원칙을 택할 것인가는 충분히 검토할 가치가 있는 주장이지만,[104] 이는 어디까지나 입법자가 결정할 문제이고,[105] 법원이 판단할 수 있는 영역을 넘어서는 것이다. 그런데 담보신탁에 관하여 도산절연을 인정한다면, 이는 담보신탁의 수익자에게만 절대우선원칙을 인정하고 다른 담보권자나 회생채권자

---

103) 한민, "시스템적으로 중요한 금융기관(SIFI)에 대한 국제적 정리체계", 이화여대 법학논집 제19권 1호, 2014, 271면 등.

104) 절대우선 원칙을 도입하여야 한다는 주장으로는 김성용, "회생절차 관련 도산법 개정 동향", 비교사법 제16권 4호, 2009, 79면 이하 등. 이에 반대하는 주장으로는 윤남근, "회생계획안의 인가", 저스티스 제131호, 2012, 5면 이하.

105) 참고로 정부가 2012. 9. 4. 제19대 국회에 제출한 채무자회생법 개정안은 회생절차에 관하여 절대우선의 원칙을 도입하는 내용을 담고 있었으나, 국회에서의 논의과정에서 정부가 이를 철회하였다. 제19대국회 제323회 법제사법소위제1차(2014년4월17일) 회의록, 31면 참조(대한민국 국회 의안정보시스템, http://likms.assembly.go.kr/bill/billDetail.do?billId=ARC_N1D2H0X9C0L4E1 H6F5C9L1N6U3R8V7. 최종 방문 2018. 2. 11).

에 대하여는 이를 인정하지 않는 것이 되어, 도산법의 체계를 흐트러뜨리는 것이
된다.

이를 다음과 같이 표현할 수도 있다. 현재 담보신탁이 이처럼 널리 활용되게
된 것은, 채무자회생법이 담보권에 대하여 절대우선원칙을 인정하지 않고 있기
때문에 거래에서 사실상 절대우선원칙이 인정되는 결과를 얻기 위하여 담보신탁
을 이용하는 것이라고 할 수도 있다. 그러나 그렇다고 하여 법원이 이를 인정해
야 하는 것은 아니다. 당사자의 계약에 의하여 채무자회생법의 기본 원칙이 깨뜨
려지는 것을 법원이 방관하고 있어서는 안 된다.

설령 당사자의 약정에 의하여 위와 같은 절대우선의 효력이 인정되는 담보
권을 설정하는 것이 인정된다고 하더라도, 채무자에 대하여 회생절차가 개시되
면 그러한 담보권의 실행은 회생절차 내에서 이루어져야 한다. 그런데 현재의 판
례대로라면 담보신탁의 실행은 회생절차와 전혀 무관하게 이루어지게 된다. 이
는 말하자면 파산절차에서만 인정되는 담보권자의 별제권을 판례가 회생절차에
서도 인정하는 셈이 되어, 도산법의 기본 체계에 어긋난다.

4. 판례변경이 가능할 것인가?

그런데 현실적으로 우리나라에서 담보신탁이 많이 이용되는 이유가 이처럼
판례가 담보신탁의 도산절연성을 인정하기 때문이라고 한다면, 이를 전제로 하
여 담보신탁의 거래가 이루어지고 있는 현 상황에서 판례가 종래의 태도를 바꾸
어 도산절연성을 부정할 수 있을 것인가 하는 의문이 제기될 수 있다.106)

실제로 기존의 판례가 이론상 문제가 있다고 하여 바로 판례가 변경되어야
한다고 말할 수는 없다. 판례를 변경할 경우 그로 인한 편익뿐만 아니라 사회적
비용도 발생한다. 판례변경에 따른 편익이 그로 인한 비용보다 크다면 판례변경
은 사회적으로 효율적인 것이라고 평가할 수 있겠지만, 그 반대로 판례변경 자체

---

106) 좌담회(주 98), 21면(김용호 발언)은, 2001년도에 담보신탁의 도산절연에 대한 판례가 나온 후
에는 그 판결에 의존해서 더 많은 거래를 했으므로, 거래의 신뢰 측면에서 대법원에서 그 결정
을 바꿀 수 있을까 하는 회의가 있다고 한다. 담보신탁의 도산절연에 대하여 의문을 제기하는
함대영(주 15), 78면도, 담보신탁의 도산절연을 인정하는 기존의 입장을 대법원이 변경할 경우
특히 신탁시장에서 큰 혼란을 야기할 우려가 있으므로, 이 문제는 단순히 이론적으로만 접근할
수는 없고, 법정책적인 측면도 동시에 고려하여야 한다는 점에서, 신중한 접근이 필요하다고
서술한다.

의 취지가 매우 정당한 것이라 하더라도 그로 인해 많은 비용이 발생하는 경우라면, 종래의 판례법리에 문제가 있다고 해도 판례변경이 반드시 사회적으로 바람직한 결과를 가져온다고 단정할 수는 없다.107) 대법원 2013. 2. 21. 선고 2010도10500 전원합의체 판결에서 이상훈, 김용덕 대법관의 별개의견은, 축적된 판례의 견해를 바꾸기 위해서는 그와 같은 견해가 시대와 상황의 변화에 따라 정의관념에 크게 어긋나게 되었거나 해당 법률 규정의 취지를 현저히 벗어나게 되는 등 이를 바꾸는 것이 그대로 유지하는 것에 비하여 훨씬 우월한 가치를 가짐으로써 그로 인하여 법적 안정성이 희생되는 것이 정당화될 정도의 사정이 있어야 하고, 단순히 새로운 법적 견해가 다소 낫다거나 보다 합리적으로 보인다는 이유만으로 축적된 판례의 견해를 바꾸는 것은 능사가 아니라고 하였다.108)

  확실히 대법원이 담보신탁의 위탁자는 회생담보권자가 아니라고 하다가 이를 바꾼다면, 종래의 판례를 신뢰하여 담보신탁계약을 체결하고 거래를 하였던 채권자들에게는 혼란을 가져올 수 있다. 가령 채권자가 담보신탁에는 도산절연이 인정될 것으로 믿고 담보신탁의 수익자가 되어 채무자에게 낮은 이율로 금전을 대여하여 주었는데, 대법원이 종전의 판례를 변경하여 도산절연을 부정한다면 채권자에게 예상하기 어려웠던 불이익을 주는 것이 된다. 그러나 다른 한편 종전의 판례를 그대로 유지하는 것은 도산에 빠진 채무자의 회생을 어렵게 하는 것이 된다. 양자를 비교한다면, 판례 변경이 있기까지 종전의 판례를 신뢰하고 거래를 한 제한된 숫자의 채권자의 보호보다는 현재뿐만 아니라 장래에도 도산절연을 인정하지 않음으로써 채무자의 회생을 용이하게 한다는 이익이 훨씬 크다고 보인다. 또한 현실적으로 담보신탁이 위탁자의 도산으로부터의 절연이라는 점만을 염두에 두어 행하여지고 있는지도 확실하지 않다.109)

  이 문제에 관하여는 마찬가지로 도산법상의 담보에 관한 영국 귀족원의 National Westminster Bank v. Spectrum Plus Ltd. 판결110)을 참고할 필요가 있다. 이 사건에서는 채권자가 채무자에게 대출을 하면서 채무자의 은행계좌에 대해

---

107) 고학수・최준규, "법경제학적 관점에서 본 판례의 변경", 민사판례연구 제36권, 박영사, 2014, 1019-1020면.

108) 또한 대법원 2013. 5. 16. 선고 2012도14788,2012전도252 전원합의체 판결에서의 이상훈, 김용덕 대법관의 반대의견도 참조. 이 점에 관한 외국에서의 논의에 대하여는 주석민법 총칙 (1), 제4판, 사법행정학회, 2010, 124-125면(윤진수 집필부분) 참조.

109) 이혜원(주 16), 135-136면 참조.

110) [2005] UKHL 41. 이 판결에 대한 국내의 소개로는 제철웅, "영국의 선례 변경", 민사판례연구 제36권(주 107), 1217면 이하가 있다.

담보권을 취득하였다. 담보약정서에는 "특정된 담보(specific charge)"라는 표현을
사용하였지만, 실제로 채무자가 계좌로부터 자유롭게 인출하는 것이 허용되었다.
채무자가 도산절차에 들어가자, 조세채권자와 채권자 사이에 위 은행계좌에 대
하여 조세채권자가 조세채권의 우선권을 주장할 수 있는가가 문제되었다. 영국
의 도산법(Insolvency Act)은 도산절차에서 조세채권과 같은 우선채권은 부동담보
권(floating charge)에 대하여는 우선권을 가지지만 확정담보권(fixed charge)에 대하
여는 우선하지 못하는 것으로 규정하고 있다.[111] 그러므로 채권자의 담보권이 부
동담보권인지 아니면 확정담보권인지가 문제되었다. 그때까지 영국에서는 항소
법원(Court of Appeal)의 판례[112]가 위와 같은 은행계좌에 대한 담보를 확정담보권
으로 보고 있었으므로 거래계에서도 이를 확정담보권으로 이해하고 있었다.[113]

　　그러나 귀족원(House of Lords)은 위와 같은 항소법원의 판례를 변경하여 이
를 부동담보권으로 보았고, 이 자체에 대하여는 귀족원의 대법관들 사이에 별다
른 이견이 없었다. 귀족원에서 대법관들 사이에 의견이 갈라진 것은 이른바 장래
적 판례변경(prospective overruling)을 인정할 수 있는가 하는 점이었다. 장래적 판
례변경이란, 판례변경이 있을 때까지 일어난 사건에 대하여는 변경되기 전의 판
례를 적용하고, 판례변경이 있은 후의 사건에 대하여만 변경된 판례를 적용한다
는 것을 말한다.[114] 이에 관하여 7인의 대법관 중 5인은 장래적 판례변경을 인정
할 수 있다고 하였지만, 2인은 그러한 변경은 인정할 수 없다고 하였다. 그러나
이 사건에서는 5인의 대법관도 장래적 판례변경이 허용되는 것은 아니라고 하여,
결국 장래적 판례변경은 이루어지지 않았다. 이러한 영국의 판례는 우리나라에
서의 담보신탁에 관한 판례변경 여부에 관하여도 참고가 될 수 있을 것이다.

　　다른 한편 이 문제에 대하여는 입법에 맡겨야 한다는 의견도 존재한다.[115]
그러나 현실적으로는 신탁업을 영위하는 금융기관이나 신탁회사와 같은 이익집

---

111) 영국의 부동담보권에 대하여는 한기정, "영국의 부동저당권에 관한 연구", 비교사법 제10권 4
　　호, 2003, 2003, 119면 이하 참조. 위 논문은 floating charge를 부동저당권이라고 번역하였다.
112) Siebe Gorman & Co Ltd v Barclays Bank Ltd [1979] 2 Lloyd's Rep 142 등.
113) 이 사건에서 문제된 금액은 16,136파운드 정도로 많은 금액은 아니었으나, 이 사건은 테스트
　　케이스였고, 당시 수백 건의 청산 사건이 이 문제의 해결을 기다렸다고 한다. Westminster Bank
　　v. Spectrum Plus Ltd., para. 76.
114) 장래적 판례변경에 대하여는 윤진수(주 108), 125면 이하; 이동진, "판례변경의 소급효", 민사
　　판례연구 제36권(주 107), 1083면 이하; Jinsu Yune, "The Decision of the Korean Supreme Court
　　on the Contingent Fee Agreement in Criminal Cases: General Clauses, Judicial Activism, and
　　Prospective Overruling", 16 Journal of Korean Law, 163, 187 ff.(2016) 참조.
115) 이혜원(주 16), 136-137면 참조.

단의 반발 때문에 그러한 입법이 가능할지 의문이다. 오히려 대법원에 의한 판례
변경이 더 쉬울 수 있다.

VI. 결 론

현재의 판례와 같이 담보신탁의 수익자를 회생담보권자로부터 제외하여, 수
익자가 회생절차와는 관계없이 담보신탁의 목적물로부터 독점적으로 이익을 얻을
수 있게 하는 것은, 유사한 지위에 있는 채권자들은 공평한 취급을 받아야 한다는
도산법의 목표에 어긋나는 것으로서, 도산법의 기본적인 체계에 어긋난다. 뿐만
아니라 이것이 신탁법의 원리에 의하여 뒷받침될 수 있는 것도 아니다. 현실적으
로 이러한 판례는 채무자의 회생의 기회를 박탈하는 결과를 가져오게 된다.

현재의 채무자회생법은 이러한 사태를 예견하지 않았기 때문에 담보신탁에
대하여 따로 규율하고 있지는 않다. 이 점에서 입법자의 "계획에 어긋난 불완전"
이 존재하며, 이러한 흠결은 유추에 의하여 보충되어야 한다.116) 다른 말로 한다
면, 담보신탁의 도산절연을 인정하는 현재의 판례는 도산법의 체계와 정합적이
지 못하고, 이러한 부정합성은 담보신탁의 수익자를 회생담보권자로 인정하는
유추에 의하여 해소되어야 한다.117) 드워킨(Dworkin)의 표현을 빌린다면 이러한
유추는 법의 통일성(integrity)를 회복시키는 방법이 될 것이다.118)

사실 담보신탁에 관하여 전면적으로 도산절연을 인정하는 2001년의 판결이
나왔을 때에는 다른 나라에서 담보신탁이 적극적으로 운용되는 예도 거의 없었
고, 국내외를 막론하고 이 문제에 대한 별다른 논의를 찾아볼 수 없었다. 이러한
상황에서 대법원은 신탁법의 기본적인 이론에만 입각하여 결론을 내렸다. 그리

---

116) 유추가 요구되는 법률의 흠결(Gesetzeslücke)은 일반적으로 입법자의 의도나 계획에 따르면 규
   율되었어야 함에도 불구하고 규율이 존재하지 않는 이른바 계획에 어긋난 불완전(planwidrige
   Unvollständigkeit)을 의미한다. 윤진수(주 108), 103면 참조.
117) 유추와 정합성(coherence)의 관계에 대하여는 강일신, "정합적 법해석의 의미와 한계", 법철학
   연구 제17권 1호, 2014, 230면; 권영준, "위약벌과 손해배상액 예정", 저스티스 제155호, 2016,
   217면 참조. 권영준 교수는 손해배상 예정액의 직권감액을 허용하는 민법 제398조 제2항을 위
   약벌에 유추적용하는 것이 법의 정합성을 증진시킨다고 주장한다.
118) 드워킨의 통일성 개념에 대하여는 로널드 드워킨 지음, 장영민 옮김, 법의 제국, 아카넷, 2004;
   김도균, "우리 대법원 법해석론의 전환: 로널드 드워킨의 눈으로 읽기―법의 통일성(Law's
   Integrity)을 향하여―", 법철학연구 제13권 1호, 2010, 95면 이하 등 참조. 장영민 교수는
   integrity를 통합성이라고 옮겼다.

고 이후에도 대법원은 특별한 문제의식 없이 종전의 판례를 답습하고 있다. 그러나 지금은 이 판례의 문제점이 충분히 드러난 만큼, 하루라도 빨리 판례의 변경이 있어야 할 것이다.

〈추기〉

1. 대법원 2018. 10. 18. 선고 2016다220143 전원합의체 판결은, 체육시설업자가 담보 목적으로 체육필수시설을 신탁법에 따라 담보신탁을 하였다가 채무를 갚지 못하여 체육필수시설이 공개경쟁입찰방식에 의한 매각 절차에 따라 처분되거나 공매절차에서 정해진 공매조건에 따라 수의계약으로 처분되는 경우에도 체육시설법 제27조에 따라 회원에 대한 권리·의무가 승계된다고 하였다. 위 판결의 다수의견은, 담보신탁을 근거로 한 공매절차에서 도산격리 효과를 일부 제한하여 체육필수시설의 인수인에 대해 입회금반환채무를 포함한 권리·의무의 승계를 인정하는 것이 이익형량의 관점에서도 타당하다고 하였다. 반면 반대의견은 담보신탁의 특성 등을 고려하면, 다수의견은 신탁재산의 매매를 통해 체육필수시설을 취득한 제3자에게 신탁재산과 절연된 위탁자의 부담을 곧바로 전가해 버리는 결과를 낳으므로 부당하다고 하였다.

2. 이 글의 공간 후에 발표된 정소민, "담보신탁의 법리에 관한 비판적 고찰", 선진상사법률연구, 제85호, 2019, 104면 이하도 담보신탁에 대하여 도산절연을 인정하여서는 안 된다고 주장한다.

3. 판례의 변경에 관하여는 이 글을 공간한 후 필자가 다른 곳에서 별도로 다루었다. 윤진수, "판례의 무게―판례의 변경은 얼마나 어려워야 하는가?―", 법철학연구 제21권 3호, 2018, 131면 이하 = 윤진수, 판례의 무게, 박영사, 2020, 64면 이하.

〈비교사법 제25권 2호, 2018 = 윤진수 외, 민법과 도산법,
서울법대 법학총서 6, 박영사, 2019〉

채권자의 채무자에 대한 승소확정판결이
채권자대위소송에 미치는 영향
- 대법원 2019. 1. 31. 선고 2017다228618 판결 -

〈사실관계〉

원고는 2003. 4. 2. 소외 1 등으로부터 토지거래허가구역 내에 있던 이 사건 토지를 매수하는 제1매매계약을 체결하였으나, 이는 토지거래허가를 배제하거나 잠탈하는 것이어서 무효였고, 원고는 그 명의로 소유권이전등기를 마치지 못하였다. 그러자 원고의 요청에 따라 소외 8은 2003. 11. 29. 소외 1 등과 사이에 위 각 토지를 매수하는 내용의 매매계약서를 작성하였고, 같은 날 토지거래허가를 받은 다음, 소외 8 앞으로 이전등기를 마쳤다. 이 사건 토지는 그 후 토지거래허가구역에서 해제되었다. 그런데 피고는 이 사건 토지를 소외 8로부터 취득하였다. 원고는 2012년 소외 8에 대하여는 이 사건 각 토지에 관한 소유권이전등기 말소등기절차의 이행을 구하고, 소외 1 등에 대하여는 이 사건 각 토지에 관한 소유권이전등기절차의 이행을 구하는 소를 제기하였다. 이 소송에서 2014. 11. 13. '원고에게, 소외 1 등은 각 그 소유지분에 관하여 2014. 11. 13.자 매매를 원인으로 한 소유권이전등기절차를 이행하라'는 것 등을 내용으로 하는 조정(대상판결은 화해라고 표현하였다)이 성립하였고, 소외 8에 대하여는 원고의 청구가 인용되어 확정되었다.

원고는 소외 1 등을 대위하여, 위 제1매매계약이 강행법규 위반으로 무효인 이상 그에 기초하여 마쳐진 소외 8 명의의 소유권이전등기와 그에 기하여 마쳐진 피고 명의의 각 소유권이전등기는 모두 무효라고 하여 피고를 상대로 위 각 등기의 말소를 청구하는 이 사건 소를 제기하였다. 피고로부터 근저당권 및 지상권을 취득한 다른 피고에 대한 부분은 생략한다.

대법원은 원고의 청구를 인용한 원심판결을 파기자판하여 소를 각하하였다.

〈판결이유〉

채권자대위권을 행사하는 경우, 채권자가 채무자를 상대로 그 보전되는 청구권에 기한 이행청구의 소를 제기하여 승소판결을 선고받고 그 판결이 확정되었다면, 특별한 사정이 없는 한 그 청구권의 발생원인이 되는 사실관계가 제3채무자에 대한 관계에서도 증명되었다고 볼 수 있으나, 그 청구권의 취득이 강행법규에 위반되어 무효라고 볼 수 있는 경우 등에는 위 확정판결에도 불구하고 채권자대위소송의 제3채무자에 대한 관계에서는 피보전권리가 존재하지 아니한다고 보아야 한다. 이는 위 확정판결 또는 그와 같은 효력이 있는 재판상 화해조서 등이 재심이나 준재심으로 취소되지 아니하여 채권자와 채무자 사이에서는 그 판결이나 화해가 무효라는 주장을 할 수 없는 경우라 하더라도 마찬가지이다.

그런데 이 사건 화해는 강행법규 위반으로 확정적으로 무효가 된 이 사건 제1매매계약에 따른 법률효과를 발생시키려는 목적에서 단지 재판상 화해의 형식을 취하여 위 매매계약의 이행을 약정한 것에 불과하다고 보이므로, 위 매매계약과 마찬가지로 무효라고 봄이 타당하다.

이처럼 이 사건 화해가 강행법규 위반으로 무효인 이상, 이 사건 화해의 당사자가 아닌 피고들에 대한 관계에서 원고의 소외 1 등에 대한 소유권이전등기청구권이 존재한다고 볼 수는 없다. 이는 이 사건 화해가 준재심절차에 의하여 취소되지 아니하여 그 당사자인 원고와 소외 1 등과 사이에서는 위 소유권이전등기청구권이 존재한다고 하더라도 마찬가지이다.

결국 원고의 이 사건 소는 채권자대위소송의 피보전권리가 존재하지 아니하므로, 당사자적격이 없는 자에 의하여 제기된 소로써 부적법하다.

[평   석]

1. 종래의 판례

원래 채권자대위소송에서 제3채무자는 채권자의 채무자에 대한 권리의 발생 원인이 된 법률행위가 무효라거나 위 권리가 변제 등으로 소멸하였다는 등의 사실을 주장하여 채권자의 채무자에 대한 권리가 인정되는지 여부를 다툴 수 있다 (대판 2015. 9. 10. 선고 2013다55300 판결). 그런데 종래의 판례는 채권자가 채무자에 대하여 피보전권리에 관하여 승소확정판결을 받은 경우에는 이와 달리 보고 있다. 즉 채권자대위소송에서 채권의 발생원인사실 또는 그 채권이 제3채무자인 피고에게 대항할 수 있는 채권이라는 사실까지 입증할 필요는 없고, 채권자가 채무자에 대하여 피보전권리에 관하여 승소확정판결을 받았다면, 제3채무자는 채권자의 피보전권리의 존재를 다툴 수 없다는 것이다(대판 1988. 2. 23. 선고 87다카 961 판결 등).

한편 대상판결이 인용하고 있는 대판 2015. 9. 24, 2014다74919는 위와 같은 판례를 전제로 하면서도, 채권자의 청구권의 취득이 소송행위를 하게 하는 것을 주목적으로 이루어진 것으로서 신탁법 제6조가 유추적용되어 무효인 경우 등에는 제3채무자는 그 존재를 다툴 수 있다고 하였다.

그리고 대판 2003. 7. 11. 선고 2003다19572 판결은, 채권자취소소송에 관하여도 채권자의 채무자에 대한 채무이행청구 승소판결이 확정되면, 수익자나 전득자는 그와 같이 확정된 채권자의 채권의 존부나 범위에 관하여 다툴 수 없다고 하였다.

2. 종래 판례의 문제점

이러한 판례에 대하여 종래 학설은 필자(민법논고 7, 2015, 434-436면 등)를 제외하고는 대체로 별다른 비판 없이 그대로 받아들이고 있었다. 판례를 지지하는 견해는 판결의 반사적 효력을 근거로 제시하고 있다. 판결의 반사적 효력이란, 기판력이 미치는 소송당사자 아닌 제3자가 소송당사자의 일방과 실체법상 특별한 의존관계에 있을 때 그 판결의 효력이 제3자에게 반사적으로 유리 또는 불리하게 법적인 영향을 미치는 것을 말한다. 반사적 효력의 예로는 주채무자가 채권자와의 소송에서 승소판결을 받게 되면 채권자가 다시 보증인에 대하여 보증채무의 이행을 구하는 후소를 제기하였을 때, 보증인도 보증채무의 부종성에 의하여 채권자에 대하여 주채무자 승소의 확정판결을 원용할 수 있다든지, 합명회사·채권자 사이의 소송에서 회사채무의 부존재를 확정하는 판결은 무한책임사원에게 유리하게 영향을 미친다는 것 등이 있다. 반사적 효력이라는 개념을 인정할 것인가에 대하여는 다툼이 있다.

그러나 채권자대위소송의 상대방이 채무자에 대하여 그러한 특별한 의존관계에 있는 것은 아니므로, 채무자가 채권자에 대하여 받은 패소판결이 대위소송의 상대방에 대하여 구속력을 가질 이유가 없다. 따라서 종래의 판례는 이론적인 근거를 결여하고 있다. 그런데 이에 대하여는 채권자가 채무자에게 확정판결에 의해 피보전채권에 대한 집행권원을 가지고 있고 이를 근거로 채권자대위소송을 제기한 이상, 제3채무자가 다시 피보전채권의 존부를 다툴 수 있게 하여 채권자대위소송이 각하되게 하고 채무자가 다시 별소로 제3채무자에게 채권을 행사하게 하는 것보다는 피보전채권의 존재는 위 확정판결에 의해 인정하고 피대위채권에 관해서만 다투게 하는 것이 소송경제에 보다 부합한다는 주장이 있다(원유석, "채권자대위소송에 있어서 피보전권리의 존부에 대한 판단기준", 민사판례연구 22권, 2000; 이재찬, "물권적 청구권이 채권자대위권의 피보전권리가 될 수 있는지 여부", 저스티스 제113호, 2009). 그러나 채권자대위소송에서 피보전권리의 존재는 당사자적격을 갖추기 위한 소송요건인데(대판 1988. 6. 14 선고 87다카2753 판결 등), 소송경제라는 이유만으로 당사자적격의 하자가 치유될 수 있다고 보기는 어려울 것이다.

3. 대상판결에 대하여

대상판결은 피보전권리가 조정이나 화해에 의해 인정되었더라도 대위소송의 상대방은 이를 다툴 수 있다고 하면서 그 근거를 이 사건 화해가 강행법규 위반으로 무효라고 하는 점에서 찾았다. 그러나 재판상 화해나 조정이 기판력을 가지는 이상 강행법규 위반이라는 사실만으로 무효라고 하기는 어려울 것이므로,

이 화해가 소송법상은 무효가 아니라도 실체법상으로는 무효라는 취지로 보인다. 다시 말하여 판결이나 화해가 실체법상 무효인 경우에는 채권자대위소송의 상대방이 피보전권리를 다툴 수 있다는 것이다. 그러나 판례는 화해나 조정에 관하여 소송법상 무효와 실체법상 무효를 구별하지 않고 있으므로(대판 1979. 5. 15. 선고 78다1094 판결 등), 이러한 설시는 설득력이 없다.

그러므로 대법원으로서는 채권자의 채무자에 대한 피보전권리가 판결이나 화해 등에 확정되었더라도 채권자대위소송의 상대방은 이를 다툴 수 있다는 법리를 정면으로 선언하고 판례를 변경하는 것이 문제 해결의 정도였을 것이다. 그런데 대상 판결은 종래 판례가 이른바 판결의 증명효에 근거한 것으로 이해하여, 판례 변경 절차를 거치지 않았다. 그러나 종래 판례는 채권자가 채무자에 대하여 피보전권리에 관하여 승소확정판결을 받았다면 제3채무자는 채권자의 피보전권리의 존재를 다툴 수 없다고 하여, 반대 증거에 의하여 다투는 것을 허용하지 않고 있었으므로 이를 가리켜 단순히 증명효의 문제라고는 할 수 없다. 뿐만 아니라 종래 판례가 여전히 유지되고 있으므로, 하급심이나 당사자들로서는 어느 경우에는 종래 판례에 따르고, 어느 경우에는 대상판결에 따를 것인지가 불명확하여 혼란을 피할 수 없다.

〈법률신문 2020. 1. 20. 제4765호〉

〈추기〉

1. 이 판결에 대한 또 다른 평석으로는 신병동, "판례 평석(대법원 2019. 1. 31. 선고 2017다228618 판결)", 충북대학교 법학연구 제31권 1호, 2020이 있다. 이 논문은 종래의 판례가 판결의 기판력이나 반사적 효력을 인정한 것이 아니고, 확정판결의 증명효를 인정한 것이라고 한다. 그런데 이 글은 필자의 종전의 글(민법논고 7, 2015, 434-436면)이 확정판결의 증명효를 인정한 것이라고 하고 있으나, 필자는 그와 같이 주장한 바 없고, 앞에서 설명한 것처럼 종래의 판례를 판결의 증명효로는 설명할 수 없다고 본다.

2. 대법원 2015. 7. 23. 선고 2014다228099 판결은, "채권자와 주채무자 사이의 소송에서 주채무의 존부나 범위에 관하여 주채무자가 전부 또는 일부 승소하는 판결이 확정된 경우에도 그 판결의 기판력이 보증인에게는 미치지 아니하

므로, 보증채무의 부종성 원칙에도 불구하고 보증인이 주채무자 승소판결을 원용하여 자신의 보증채무의 이행을 거절할 수는 없다"고 하여, 이러한 경우에 반사적 효력을 인정하지 않았다.

채권자취소권에 관한 민법 개정안 연구[*]

I. 서 론

　민법은 1958. 2. 22. 공포되어 1960. 1. 1.부터 시행되었다. 민법은 그 이후 2014년 1월까지 모두 21차례 개정되었다. 하지만 재산법은 54년간 전면개정 없이 대체로 그 모습을 유지하여 왔다. 2013년 7월 1일부터 법률 제10429호로 시행된 개정 민법에 따라 재산법과 가족법에 걸쳐 성년후견제도가 새로 도입된 것을 제외하면 1984년 전세권과 구분지상권의 도입 정도가 특기할 만한 개정이다. 50여년 동안 한국 사회에 일어난 엄청난 변화에 비추어 보면 이러한 재산법의 미미한 변화는 의외이다. 이러한 배경 아래 민법을 현대화, 국제화하기 위한 재산편 전면 개정 필요성이 계속 제기되었다. 주무부처인 법무부는 1999년부터 민법개정위원회를 설치하여 작업을 거친 끝에 2004년에 민법 재산편 개정안을 국회에 제출하기도 하였다.[1] 그러나 개정안에 대한 실질적인 심의도 이루어지지 않은 채 국회의 회기만료로 이 개정안이 폐기되었다. 하지만 법무부는 2009년 2월 4일 다시 민법개정위원회를 설치하여 민법 재산편 전면개정작업을 진행하였고, 2014년 1월경 작업이 종료되어 민법 개정안의 전체 모습이 드러나게 되었다.[2]

---

　* 권영준 교수와 공동집필.
　1) 2004년 민법 재산편 개정안의 내용과 작업경과는 법무부 민법개정자료발간팀 편, 2004년 법무부 민법개정안 총칙·물권편, 2013과 법무부 민법개정자료발간팀 편, 2004년 법무부 민법개정안 채권편·부록, 2013에 나누어 소개되어 있다.
　2) 법무부 민법개정자료발간팀 편, 2013년 법무부 민법개정시안(조문편)이 2013. 7. 1. 발간되어

이번 민법 개정안은 재산법 전 분야를 포괄하고 있는데, 현행 민법과 비교하여 가장 큰 변화가 일어난 분야 중 하나로 채권자취소권 부분을 들 수 있다. 채권자취소권소송은 재판실무상 중요한 사건유형이다. 2012년 사법연감3)에 따르면 2012년에 접수된 305,086건의 민사본안사건 중 채권자취소사건의 숫자는 7,947건이다. 이는 사건유형 중 가장 큰 비중을 차지하는 대여금 사건의 숫자(44,045건)보다는 훨씬 적지만, 임대차보증금 사건의 숫자(6,478건)보다도 많을 정도로 적지 않은 숫자이다. 또한 채권자취소사건은 민법뿐만 아니라 민사집행법이나 도산법의 문제까지 얽혀 어려운 쟁점들을 제기하는 경우가 많다. 그런데 현행 민법은 채권자취소권에 관하여 제406조와 제407조 단 2개의 조항만을 두고 있다. 이처럼 빈약한 법적 규율 하에서는 재판례의 축적만으로 법리를 체계화하는 데에 한계가 있다. 그러므로 채권자취소권에 관한 민법 개정 필요성은 상당히 컸다고 할 수 있다.

이번 민법개정위원회는 이러한 개정수요를 반영하기 위해 논의를 거쳐 채권자취소권에 관해 민법 10개 조항, 민사집행법 1개 조항에 대한 개정안을 제시하였다.4) 이 개정안은 2012년 제4기 민법개정위원회 3분과위원회5)가 마련한 개정시안을 토대로 실무위원회6)가 검토 및 수정제안을 한 뒤 위원장단회의와 전체회의의 추가적인 논의를 거쳐 2013. 11. 4. 제4기 9차 전체회의에서 최종 확정된 것이다.

개정안의 주된 내용을 보면, ① 수익자의 악의는 채권자가 증명하도록 하되(개정안 제406조 제1항), 수익자와 채무자 사이에 특별한 관계가 있으면 그 악의를

그때까지 작업한 민법 개정안의 모습을 어느 정도 알 수 있게 되었으나, 그 이후에 계속된 개정작업에 따른 개정안 부분은 아직 공간되지 않았다. 이 글에서 다루는 채권자취소권 부분에 대한 조문도 이 책자에는 실려 있지 않다. 따라서 이 글에서는 민법개정위원회 미공간 자료를 많이 참조하였다.

3) http://www.scourt.go.kr/portal/justicesta/JusticestaListAction.work?gubun=10 참조.
4) 민법개정위원회는 2010년 제2기부터 2012년 제4기에 이르기까지 매년 새로운 위원회를 구성하여 ① 담당분야별로 나누어진 분과위원회가 해당 분야의 개정시안을 작성한 뒤, ② 실무위원회가 이를 취합하여 분석, 검토하면서 필요한 경우 수정제안을 하고, ③ 민법개정위원회 위원장, 각 분과위원장, 실무위원장으로 구성된 위원장단회의에서 최종 개정시안을 마련한 뒤 ④ 전체 민법개정위원들이 참여한 전체회의에서 이를 확정하는 순서로 작업을 진행하여 왔다.
5) 제4기 민법개정위원회 3분과위원회는 송덕수 이화여대 교수를 위원장으로 하고, 김재형 서울대 교수, 정진명 단국대 교수, 박동진 연세대 교수, 김동훈 국민대 교수, 강승준 서울중앙지법 부장판사, 안태용 법무법인 바른 변호사(이상 당시 직책 기준)를 위원으로 하여 구성되었다.
6) 실무위원회는 윤진수 서울대 교수를 위원장으로 하고 윤용섭 법무법인 율촌 변호사, 이태종 서울고법 부장판사, 권영준 서울대 교수를 위원으로 하여 구성되었다.

추정하고(개정안 제406조 제2항), ② 무상행위나 이와 동일시할 수 있는 유상행위에 대해서는 채무자와 수익자의 악의 요건을 요구하지 않으며(개정안 제406조의2), ③ 취소채권자의 피보전채권액을 넘어서는 취소를 허용하고(개정안 제406조의3), ④ 채권자취소에 따른 원상회복방법인 원물반환과 가액반환 및 그 반환범위를 명시하며(개정안 제407조의2), ⑤ 반환된 재산에 대해 모든 채권자가 집행할 수 있음을 밝히고(개정안 제407조의3), ⑥ 금전 그 밖의 동산은 채권자에게 직접 반환하도록 허용하며(개정안 제407조의4 제1항), ⑦ 채권자가 직접 수령한 금전의 공평하고 합리적인 처리를 위한 상세한 규정들을 두고(개정안 제407조의4 제2항, 민사집행법 개정안 제248조의2), ⑧ 사해행위 취소시 수익자의 지위를 명시하며(개정안 제407조의5), ⑨ 수익자와 전득자에 관한 규율을 분리하여 전득자에 대해서는 별도의 특례조항을 두고 있다(개정안 제407조의6). 채권자취소권을 개정대상에서 제외함으로써 아무런 제안을 하지 않았던 2004년 민법 개정안과 비교하여 보면 큰 차이가 있다.[7]

　　이러한 개정안은 현행 민법으로부터 상당히 변화된 내용인데다가 논의과정도 복잡하여 민법 개정과정에 직접 관여하지 않은 사람들에게 이해가 쉽지 않은 부분도 있다. 그러므로 개정안의 내용과 함께 그 논의과정에서 고려하였던 법리와 정책들을 소개하고 분석하는 것도 의미가 있을 것이다. 이러한 배경 아래 채권자취소권 행사의 요건에 관한 부분(위 ① 내지 ③ 부분)과 효과에 관한 부분(위 ④ 내지 ⑧ 부분), 전득자의 특례에 관한 부분(위 ⑨ 부분)으로 나누어 개정안의 내용을 검토, 분석하고, 필요한 부분에서는 필자들의 의견도 제시하고자 한다.

Ⅱ. 채권자취소권 행사의 요건에 관한 부분

1. 행사요건 일반

현　행	개　정　안
제406조(채권자취소권) ① 채무자가 채권자를 해함을 <u>알고</u> 재산권을 목적으로 한 법률행위를 한 <u>때에는 채권자는 그 취소</u>	제406조(채권자취소권) ① 채무자가 채권자를 해함을 <u>알면서</u> 재산권을 목적으로 한 법률행위를 <u>하고, 그 행위로 이익을</u>

---

7) 법무부 민법개정자료발간팀 編, 2004년 법무부 민법개정안 채권편·부록, 2013, 90면.

및 원상회복을 법원에 청구할 수 있다. 그러나 그 행위로 인하여 이익을 받은 자나 전득한 자가 그 행위 또는 전득 당시에 채권자를 해함을 알지 못한 경우에는 그러하지 아니하다.	받은 자가 그 행위 당시에 채권자를 해함을 안 경우에는 채권자는 그 취소를 법원에 청구할 수 있다. (단서는 삭제)
〈신설〉	② 수익자가 채무자와 친족이나 그 밖의 특별한 관계에 있는 자인 때에는 수익자가 그 행위 당시에 채권자를 해함을 안 것으로 추정한다.
② 전항의 소는 채권자가 취소원인을 안 날로부터 1년, 법률행위있은 날로부터 5년내에 제기하여야 한다.	(제2항은 제406조의 4로 위치를 변경함)
〈신설〉	제406조의2(무상행위에 대한 특례) 채무자의 무상행위 또는 이와 동일시할 수 있는 유상행위가 채권자를 해하는 때에는 채무자나 수익자가 그 행위 당시에 채권자를 해함을 알지 못한 경우에도 그 취소를 청구할 수 있다.

※ 밑줄친 부분은 개정 부분이다. 이하 같다.

현행 민법 제406조는 채권자취소권의 행사요건과 행사기간에 관하여 규정한다. 민법 개정안은 여기에 상당한 변화를 가하였다. 우선 수익자와 전득자에 대해 함께 규정하는 현행 민법의 태도와 달리 전득자에 대한 부분을 분리하여 별도로 규정한다(개정안 제407조의6). 채권자가 수익자의 악의에 대해 증명책임을 부담하는 것으로 규정한다(개정안 제406조 제1항). 그 대신 채무자와 수익자 사이에 특별한 관계가 있는 경우 수익자의 악의를 추정한다(개정안 제406조 제2항). 무상행위에 대해서는 특례를 둔다(개정안 제406조의2). 행사기간에 관한 내용에는 변화가 없지만 그 규정 위치를 옮기고 표현을 수정한다(개정안 제406조의4).

행사기간(개정안 제406조의4)과 전득자에 대한 특례(개정안 제407조의6)는 별도 목차에서 다루기로 하고, 아래에서는 행사요건에 관한 내용을 다루고자 한다.

(1) 수익자의 악의에 대한 증명책임 소재의 변경(개정안 제406조 제1항)

현행 민법 제406조 제1항은 수익자나 전득자가 채권자를 해함을 알지 못한 경우에는 채권자가 채권자취소권을 행사할 수 없다는 내용을 본문이 아닌 단서에서 규정한다. 증명책임의 분배에 관한 통설인 법률요건분류설은 증명책임의 분배를 법규의 구조에서 찾아야 한다는 입장을 취하면서 단서에 규정된 항변사실에 대해서는 권리의 존재를 다투는 피고가 증명책임을 부담한다고 한다.8) 판례와 통설도 이에 따라 수익자가 자신의 선의에 대해 증명책임을 부담한다고 한다.9) 이는 수익자의 악의가 추정되는 것과 마찬가지 결과를 가져온다. 한편 판례는 이러한 악의 추정의 번복에 대해 신중한 태도를 취한다.10) 이러한 증명책임의 부담과 추정번복의 신중함에다가 집행권원 없이도 채권자취소권을 행사할 수 있는 점11)이나 사해행위를 폭넓게 인정하는 우리 재판실무의 태도까지 결합하면 채권자취소소송은 채권자에게 유리하게 편향되기 쉬운 구조로 되어 있다.

그런데 우리나라 학설 중에는 채권자가 수익자나 전득자의 악의를 증명하여야 한다고 보는 견해도 주장되고 있다.12) 수익자 등의 악의는 채권자취소권의 요건이므로 그 권리를 행사하는 자가 증명하는 것이 증명책임의 기본원칙에도 부합할 뿐만 아니라, 이들의 악의를 추정하는 것은 거래안전을 해치게 되어 부당하

---

8) 호문혁, 민사소송법원론, 2012, 268-269면; 이시윤, 신민사소송법, 제7판, 2013, 515-517면.

9) 판례로는 대법원 1962. 2. 8. 선고 61다722 판결 외 다수. 학설로는 우선 오석락, 입증책임론, 신판, 1996, 451면; 곽윤직, 채권총론, 제6판, 2002, 147면; 송덕수, 신민법강의, 제5판, 2013, 1100면 참조. 일본 학설도 마찬가지인데 그 근거로서, 채권자에게 증명책임이 있으면 취소권의 행사가 현저하게 곤란하게 되고, 또 채무자가 악의이면 수익자도 악의인 경우가 많다는 점을 들고 있다. 内田 貴, 民法 Ⅲ, 第3版, 2005, 315면; 中田裕康, 債權總論, 2008, 239-240면 등.

10) 대법원 2006. 4. 14. 선고 2006다5710 판결; 대법원 2006. 7. 4. 선고 2004다61280 판결; 대법원 2009. 5. 28. 선고 2009다11617 판결; 대법원 2010. 4. 29. 선고 2009다104564 판결; 대법원 2010. 7. 22. 선고 2009다60466 판결. 사해행위취소소송에 있어서 수익자가 사해행위임을 몰랐다는 사실은 그 수익자 자신에게 증명책임이 있는 것이고, 이때 그 사해행위 당시 수익자가 선의였음을 인정함에 있어서는 객관적이고도 납득할 만한 증거자료 등이 뒷받침되어야 할 것이고, 채무자의 일방적인 진술이나 제3자의 추측에 불과한 진술 등에만 터 잡아 그 사해행위 당시 수익자가 선의였다고 선뜻 단정하여서는 안된다는 취지이다.

11) 독일 채권자취소권법(Anfechtungsgesetz) 제2조는 집행권원이 있는 채권자에게만 채권자취소권의 행사를 허용한다.

12) 조남대, "채권자취소권의 대상으로서의 사해행위에 관한 고찰", 사법논집 제28집, 1997, 580면 이하; 김욱곤, "채권자취소권의 요건론 재고",, 저스티스 제33권 제4호, 2000, 116면 이하; 한호형, "채권자취소제도 운용에 관한 시론", 사법연수원논문집 제1집, 2004, 102면; 이은영, 채권총론, 제4판, 2009, 472-473면; 오시영, 채권자취소권, 2010, 248면 이하; 최문기, "채권자취소권의 요건론", 사회과학연구, 27권 2호, 2011, 5면; 한삼인·김상헌, "채권자취소권의 요건에 관한 비판적 고찰", 동아법학 제56호, 2012, 268면 등.

다는 이유 때문이다.[13] 절충적 입장으로 수익자의 악의 추정은 현행대로 인정하되, 전득자에 대해서는 무조건 악의 추정을 할 것이 아니라 수익자가 선의이면 전득자도 선의로 추정되어야 한다는 견해도 있다.[14]

그러나 현행 민법 제406조 제1항이 수익자의 선의를 항변사항으로 규정하는 이상 이러한 악의추정을 번복하는 해석론을 관철하는 것은 무리이다. 물론 이러한 조항 자체가 수익자의 일반적 행동의 자유권이나 재산권을 침해하여 위헌이 아닌가 하는 논란이 있을 수 있다. 하지만 헌법재판소는 민법 제406조 제1항의 증명책임 분배에 관해 "채권자보다는 직접적인 거래당사자인 수익자가 스스로의 선의를 입증하는 것이 훨씬 용이한 위치에 있다는 점을 고려한 것으로서 그 합리성을 인정할 수 있다"라는 이유로 그 위헌성을 부정하였다.[15]

그런데 외국의 입법례를 살펴보면 유상행위의 경우에는 채권자가 수익자의 악의를 증명하도록 규정하는 예가 많다.[16] 예컨대 독일 채권자취소권법 제3조는 수익자가 채무자의 고의를 알았을 것을 채권자취소권의 행사요건으로 하여 원칙적으로 채권자에게 수익자의 악의에 대한 증명책임을 지운다.[17] 오스트리아 채권자취소권법(Anfechtungsordnung) 제2조 제1호, 제3호, 스위스 강제집행 및 도산에 관한 법률(Bundesgesetz über Schuldbetreibung und Konkurs) 제288조, 대만 민법 제244조, 중국 합동법(계약법) 제74조도 마찬가지이다. 프랑스 민법 제1167조는 유상행위와 무상행위를 구별하지 않고 있으나, 학설이나 판례는 유상행위의 경우에는 채무자와 수익자의 공모가 필요한 반면, 무상행위의 경우에는 채무자의 사해의사는 필요하지만 수익자의 악의 여부는 문제되지 않으므로 수익자가 선의인 경우에도 취소할 수 있다고 보고 있다.[18] 결국 적어도 유상행위에 있어서는

---

13) 이은영(주 12), 472-473면.

14) 김형배, 채권총론, 제2판, 1998, 409면.

15) 헌법재판소 2007. 10. 25. 선고 2005헌바96 결정.

16) 다만 미국의 모범 사해행위법(Uniform Fraudulent Transfer Act, UFTA) 제8조는 수익자의 선의를 항변(defense)으로 규정하고 있다. SECTION 8. DEFENSES, LIABILITY, AND PROTECTION OF TRANSFEREE 참조. 또한 일본 민법 제424조도 우리 민법과 마찬가지로 수익자나 전득자가 선의의 증명책임을 부담한다. 본래 일본 구민법 제342조는 채무자와 수익자의 통모를 채권자가 증명하도록 규정하고 있었는데, 일본 민법 제정 과정에서 특별한 논의 없이 증명책임이 전환되는 것으로 변경되었다. 高橋 眞, 玉樹智文, 高橋智也 編輯, 史料債權總則, 2010, 151면 이하(吉村良一) 참조.

17) 예외적으로 수익자가 채무자와 밀접한 관련이 있는 사람(도산법 제138조)인 경우에는 수익자가 자신의 선의를 증명하도록 하고 있다. 이에 대해서는 수익자의 악의추정 규정에 대해 살펴볼 때 다시 소개하고자 한다.

18) 오수원, "프랑스 채권자취소권에서의 사해의사", 民事法研究 제10권 1집, 2002, 184면 이하 참조.

우리나라 민법 제406조 제1항처럼 수익자에게 증명책임의 부담을 지우는 것이 과연 합리적인가에 대해 재검토할 필요가 있다.

채권자취소권이 한편으로는 채권자의 책임재산 보전에 기여하지만 다른 한 편으로는 수익자의 거래행위의 자유나 재산권을 침해한다는 면에서 보면, 수익자의 악의를 추정하여 그를 불리한 지위에 놓는 것은 문제가 있다. 스스로 무자력을 초래한 채무자의 악의는 추정하지 않으면서, 채권자와 채무자의 법률관계나 채무자의 자력을 쉽게 알기 어려운 제3자인 수익자의 악의를 추정하는 것은 균형에 맞지 않는 측면도 있다. 또한 채권자는 자기와 거래한 채무자의 무자력위험을 스스로 부담하여야 하고 특별한 사정이 없는 한 이를 제3자에게 전가해서는 안 된다는 법 원리에도 부합하지 않는다.[19)]

결국 증명책임 면에서 애초부터 불리한 지위에 놓이게 되는 수익자는 정상적인 거래에서조차도 거래의 사해성에 대해 조사하는 부담을 떠안거나 이를 일종의 위험으로 감수해야 한다. 채무자와의 거래가 정상적인지 여부를 넘어서서 그 거래가 채무자의 자산상태에 미치는 영향까지 조사할 이유가 없는 수익자의 입장에서 이는 과도한 부담이다. 이는 궁극적으로 거래비용을 높여 거래의 원활화에도 장애를 초래할 수 있다.

본래 분과위원회 개정시안에는 증명책임 전환에 관한 내용이 포함되어 있지 않았지만, 실무위원회는 이에 관한 검토를 거친 끝에 수익자의 악의를 채권자가 증명하도록 하자는 수정제안을 하였고, 그 수정제안이 위원장단회의와 전체회의에서 받아들여졌다. 이에 따라 개정안 제406조 제1항에서는 수익자의 악의를 채권자취소권의 행사요건을 규정한 본문 부분에 포함시킴으로써 채권자에게 그 증명책임을 부담시키기로 하였다. 이러한 민법 개정안이 시행되면 고의부인에 관하여 현행 민법처럼 수익자로 하여금 선의를 증명하게 하는 채무자 회생 및 파산에 관한 법률(이하 "채무자회생법"이라고 한다) 제100조와 제391조, 또한 사해신탁에 관하여 같은 태도를 취하는 신탁법 제8조의 개정도 고려할 필요가 있을 것이다.

(2) 수익자의 악의 추정 규정 신설(개정안 제406조 제2항)

위에서 살펴보았듯이 일반적으로 수익자의 악의를 추정하는 것은 타당하지 않지만, 수익자가 채무자와 특수한 관계에 있어서 채무자의 무자력을 쉽게 알 수

---

19) 전용물소권에 관한 대법원 2002. 8. 23. 선고 99다66564,66571 판결; 대법원 2010. 6. 24. 선고 2010다9269 판결; 대법원 2011. 11. 10. 선고 2011다48568 판결 참조.

있는 경우에까지 악의의 추정을 부인할 이유는 없다. 참고로 채무자회생법 제101
조 제1항과 제392조 제1항에서는 회생절차와 파산절차에서의 위기부인(제100조
제1항 제2호, 제391조 제2호)에 관하여 채무자와 대통령령[20]이 정하는 특수관계에
있는 수익자에 대해서는 악의를 추정하는 규정을 두고 있다.

　　민법 개정안에도 이러한 추정 규정을 둘 것인지에 대해서 이를 해석에 맡겨
도 충분하다는 입장과 명문으로 규정하는 것이 더 명확하다는 입장이 있었는데,
결국 후자의 입장이 채택되었다. 한편 추정 규정을 두더라도 채무자회생법 및 동
법 시행령처럼 악의가 추정되는 특수관계를 상세하게 열거할 것인지, 아니면 이
를 해석에 맡길 것인지가 문제되었는데, 논의 끝에 "친족이나 그 밖에 특별한 관
계에 있는 자"로 하여 친족만을 예시하되 나머지는 해석론에 맡기는 방향으로
정리되었다.

　　수익자의 악의가 추정되는 경우를 규정한 것은 바람직한 입법이다. 다만 악
의가 추정되는 "특별한 관계"가 과연 무엇인가에 대해서는 여전히 불명확성이
남게 되었다. 재판실무에 있어서는 "특별한 관계"의 존재 여부를 결정하여야 수

---

20) 채무자회생법 시행령 제4조(특수관계인) 법 제101조 제1항, 법 제218조 제2항 각 호 및 법 제
　392조 제1항에서 "대통령령이 정하는 범위의 특수관계에 있는 자"라 함은 다음 각 호의 어느
　하나에 해당하는 자를 말한다.
　1. 본인이 개인인 경우에는 다음 각 목의 어느 하나에 해당하는 자
　　가. 배우자(사실상의 혼인관계에 있는 자를 포함한다. 이하 같다)
　　나. 8촌 이내의 혈족이거나 4촌 이내의 인척
　　다. 본인의 금전 그 밖의 재산에 의하여 생계를 유지하는 자이거나 본인과 생계를 함께 하
　　　는 자
　　라. 본인이 단독으로 또는 그와 가목 내지 다목의 관계에 있는 자와 합하여 100분의 30이상
　　　을 출자하거나 임원의 임면 등의 방법으로 법인 그 밖의 단체의 주요 경영사항에 대하
　　　여 사실상 영향력을 행사하고 있는 경우에는 당해 법인 그 밖의 단체와 그 임원
　　마. 본인이 단독으로 또는 그와 가목 내지 라목의 관계에 있는 자와 합하여 100분의 30이상
　　　을 출자하거나 임원의 임면 등의 방법으로 법인 그 밖의 단체의 주요 경영사항에 대하
　　　여 사실상 영향력을 행사하고 있는 경우에는 당해 법인 그 밖의 단체와 그 임원
　2. 본인이 법인 그 밖의 단체인 경우에는 다음 각 목의 어느 하나에 해당하는 자
　　가. 임원
　　나. 계열회사(「독점규제 및 공정거래에 관한 법률」 제2조제3호에 따른 계열회사를 말한다)
　　　및 그 임원
　　다. 단독으로 또는 제1호 각 목의 관계에 있는 자와 합하여 본인에게 100분의 30이상을 출
　　　자하거나 임원의 임면 등의 방법으로 본인의 주요 경영사항에 대하여 사실상 영향력을
　　　행사하고 있는 개인 및 그와 제1호 각 목의 관계에 있는 자와 법인 그 밖의 단체(계열회
　　　사를 제외한다. 이하 이 호에서 같다) 및 그 임원
　　라. 본인이 단독으로 또는 그와 가목 내지 다목의 관계에 있는 자와 합하여 100분의 30이상
　　　을 출자하거나 임원의 임면 등의 방법으로 단체의 주요 경영사항에 대하여 사실상 영향
　　　력을 행사하고 있는 경우에는 당해 법인 그 밖의 단체 및 그 임원

익자의 악의에 대한 주장 및 증명책임을 부담하는가를 결정할 수 있으므로 원활한 소송의 진행을 위해서는 법원이 "특별한 관계"에 대해 사실상 먼저 판단하여야 하는 부담을 떠안게 되었다. 그러나 실제로는 채무자회생법 시행령의 규정을 참조한다면 큰 어려움은 없을 것이다.

(3) 무상행위에 대한 특례 신설(개정안 제406조의2)

사해행위가 무상행위인가 유상행위인가는 다른 의미를 가진다. 무상행위가 유상행위에 비해 사해성의 정도가 현저히 크기 때문이다. 이처럼 양자의 성격이 다르다면 무상행위에 대해서는 특례를 둘 필요가 있다. 실제로 많은 나라들에서는 무상행위와 유상행위를 구별하여, 무상행위의 경우에는 채무자의 사해의사나 수익자의 악의 여부를 묻지 않고 사해행위의 성립을 인정하고 있다. 예컨대 독일 채권자취소권법 제4조에서는 무상행위에 대한 특례를 두어 일반적인 경우와 달리 악의 요건을 요구하고 있지 않다. 오스트리아 채권자취소권법 제3조, 스위스 강제집행 및 도산에 관한 법률 제286조, 대만 민법 제244조 제1항, 중국 합동법(계약법) 제74조도 마찬가지이다. 미국 모범 사해행위법(Uniform Fraudulent Transfer Act, UFTA) 제4조 (a)도 채무자의 사해 의사나 수익자의 인식 등에 관하여 거의 같은 태도를 보이고 있다.[21] 프랑스에서도 해석론으로 무상행위의 경우 채무자의 사해의사는 필요하지만 수익자의 악의 여부는 문제되지 않으므로 수익자가 선의라도 취소할 수 있다고 본다.[22] 이러한 입법례 또는 해석론의 공통점은 무상행위에 대해서는 채권자취소권의 주관적 요건을 완화한다는 것이다.

민법개정위원회에서도 무상행위에 대한 특례를 둘 것인가에 대해 논의를 거쳤다. 분과위원회 개정시안에서는 무상행위 또는 이와 동일시할 수 있는 유상행위의 경우 채무자의 사해의사는 요구하되 수익자의 악의는 요구하지 않는 것으

---

21) SECTION 4. TRANSFERS FRAUDULENT AS TO PRESENT AND FUTURE CREDITORS.
   (a) A transfer made or obligation incurred by a debtor is fraudulent as to a creditor, whether the creditor's claim arose before or after the transfer was made or the obligation was incurred, if the debtor made the transfer or incurred the obligation:
   (1) with actual intent to hinder, delay, or defraud any creditor of the debtor; or
   (2) without receiving a reasonably equivalent value in exchange for the transfer or obligation, and the debtor:
   (i) was engaged or was about to engage in a business or a transaction for which the remaining assets of the debtor were unreasonably small in relation to the business or transaction; or
   (ii) intended to incur, or believed or reasonably should have believed that he [or she] would incur, debts beyond his [or her] ability to pay as they became due.
22) 오수원(주 18), 184-185면.

로 규정하였다. 그러나 실무위원회에서는 채무자회생법 제100조나 제391조도 무상행위 또는 이와 동일시할 수 있는 유상행위에 관하여는 채무자의 사해 인식을 요구하지 않고 있는 점 등을 들어, 채무자의 사해의사도 요구하지 않는 것으로 수정제안을 하였다. 이 수정제안이 받아들여져 결국 채무자의 무상행위 또는 이와 동일시할 수 있는 유상행위가 채권자를 해하는 때에는 채무자나 수익자가 그 행위 당시에 채권자를 해함을 알지 못한 경우에도 그 취소를 청구할 수 있는 것으로 규정하였다.[23] 이로써 현행 민법과 달리 채권자취소권에 있어서도 유상행위와 무상행위의 법적 취급은 현저하게 달라지게 되었다. 이와 관련하여 향후 "이와 동일시할 수 있는 유상행위"를 어떠한 기준으로 판단할 것인가에 관한 해석론의 축적이 요구된다.

(4) 기타 사항

(가) 취소대상

분과위원회 개정시안에서는 제406조의 "법률행위"를 "행위"로 바꿀 것을 제안하였다. 채권자취소권의 대상이 되는 행위는 준법률행위나 소송행위, 집행행위 등도 포함하므로 법률행위에 국한되지 않는다는 이유에서이다.[24] 채무자회생법 제100조 제1항이나 제391조에서도 부인의 대상을 "행위"라고만 규정한다. 실무위원회에서도 이러한 제안에 찬성하였다. 하지만 위원장단회의에서 이를 다시 "법률행위"로 바꾸었고 전체회의에서 그대로 확정되었다.

엄밀히 말하면 법률행위를 행위로 바꾸는 것이 더욱 정확한 입법이었을 것이다. 취소대상이 법률행위에 국한되지 않는다는 것은 이미 학설에서 일반적으로 주장되었던 것이다. 일본 민법 제424조에서도 우리 민법 제406조와 마찬가지로 취소대상을 "법률행위"로 규정하고 있으나, 현재 진행 중인 채권법 개정작업 과정[25]에서는 이를 "행위"로 바꾸는 것을 유력하게 검토하고 있다.[26]

---

23) 독일 채권자취소권법 제4조에서는 무상급여가 취소 전 4년 이전에 행하여진 경우에는 취소할 수 없다고 규정하고 있으나, 우리 개정안에서는 이러한 시간적 제한을 두지 않는다.

24) 가령 판례는 변제도 취소대상으로 파악하고 있는데, 변제는 법률행위에 해당하지 않는다. 대법원 2001. 4. 10. 선고 2000다66034 판결 참조.

25) 일본의 민법(채권법) 개정검토위원회는 민법(채권법)의 근본개정을 위한 준비작업으로서 개정의 기본방침(개정시안)을 작성하는 것을 목적으로 2006년에 정식 발족하여 2009년 3월 말에 채권법 개정의 기본방침을 마련하였다(법무부 역, 일본 채권법 개정의 기본방침, 2009 참조). 그 이후 법제심의회민법(채권관계)부회는 2009. 11.부터 2011. 4.까지 논점정리를 통해 2011. 5. 중간적인 논점정리결과를 정리하였고, 2011. 7.부터 2013. 2.까지 중간시안 심의를 거쳐 2013. 3. 민법(채권관계)의 개정에 관한 중간시안(이하 "중간시안"이라고 한다)을 마련하였다. 현재는 이를 토대로 개정안 요강을 마련하기 위한 추가적인 심의를 계속 진행하고 있다. 이에 관한

참고로 분과위원회에서는 집행행위도 취소할 수 있다는 점을 명확히 하기 위하여 제406조의4로 집행행위의 부인에 관한 채무자회생법 제104조나 제395조와 같이 집행행위의 취소에 관한 조항을 신설하자는 논의가 있었으나 분과위원회 개정시안에 포함되지 않았다.[27] 이러한 조항이 신설되지 않더라도 해석론으로 같은 결론을 도출할 수는 있을 것이다.[28] 독일 채권자취소권법에도 집행행위의 취소에 관한 규정이 있지만,[29] 이는 새로운 채권자취소권의 요건을 포함하거나 취소될 수 있는 범위를 확장하는 것은 아니고 단지 원칙적인 채권자취소권의 요건을 명확하게 하는 것이라고 설명한다.[30]

(나) 사해행위와 편파행위

1) 편파행위 일반

사해행위와 편파행위는 개념상 구별된다. 사해행위는 채무자의 일반재산을 절대적으로 감소시켜 채권자가 채권의 만족을 받을 수 없게 하는 행위인 반면, 편파행위는 일부 채권자에게는 유리하지만 다른 채권자에게는 불리하여 채권자 간의 공평을 저해하는 행위이다. 사해행위에는 재산감소가 요구되지만 편파행위에는 재산감소가 요구되지 않는다. 예컨대 기존 채무의 변제는 적극재산과 소극재산을 동시에 감소시키므로 전체적으로는 재산감소가 일어나지 않는다. 이러한 개념 구별에 따르면 기존 채무의 변제는 엄밀히 말하면 사해행위가 아니고 편파행위에 해당할 수 있을 뿐이다.

채무자회생법 제391조 제2호는 "파산채권자를 해하는 행위"와 "담보의 제공 또는 채무의 소멸에 관한 행위"를 별도로 규정하여 양자를 구별한다.[31] 회생절차

상세한 내용은 http://www.moj.go.jp/shingi1/shingikai_saiken.html 참조.

26) 일본 채권법개정의 기본방침, 【3.1.2.08】; 중간시안 第15. 1. (1).

27) 제4기 민법개정위원회 제15차 3분과위원회 회의(2012. 10. 4.) 회의록(미공간), 7면.

28) 김재형, "채권자취소권의 본질과 효과에 관한 연구", 인권과 정의 통권 제329호, 2004, 120면. 한편 대법원은 약속어음을 발행하면서 이에 대한 집행증서를 작성해 주어 채권자가 이를 이용하여 채무자의 채권을 압류·전부받은 때에는 실질에 있어 채무자가 자신의 채권을 특정채권자에게 양도한 것과 다를 바가 없다고 하여 약속어음 발행행위에 관하여 사해행위가 성립할 수 있다고 한다(대법원 2002. 10. 25. 선고 2000다7783 판결; 대법원 2009. 1. 15. 선고 2007다61618 판결). 이때 취소 대상은 약속어음 발행행위이므로 집행행위 자체를 사해행위로 본 것은 아니지만 강제집행의 형식을 빌리는 경우에도 사해행위로 취소가 가능하다는 점을 대법원이 밝힌 것이다.

29) 독일 채권자취소권법 제10조에서는 "집행권원"이라는 제목 아래 "법적 행위에 관하여 집행권원을 취득하였거나 행위가 강제집행에 의한 것인 때에도 취소가 배제되지 아니한다."라고 규정한다.

30) Michael Huber, Anfechtungsgesetz, 10. Aufl., 2006, §10 Rdnr. 1.

31) 판례는 전자를 "사해행위", 후자를 "편파행위"라고 부른다. 대법원 2002. 8. 23. 선고 2001다

에 대한 제100조 제1항 제2호에서도 마찬가지이다. 반면 민법은 사해행위와 편파행위를 구별하지 않는다. 판례는 편파행위에 속하는 것도 일정한 요건 아래 사해행위로 보아 취소대상으로 삼는다. 편파행위 중 기한 전 변제나 담보 제공의 의무가 없는데도 담보를 제공하는 것과 같은 이른바 비본지행위(非本旨行爲)의 경우에는 쉽게 그 사해성을 인정할 수 있다. 하지만 변제기에 달한 채무를 변제하는 것과 같은 이른바 본지행위의 경우에도 사해행위라 하여 취소를 인정하는 것이 타당한지는 논란이 있을 수 있다. 판례는 본지변제의 경우에는 채무자가 특히 일부의 채권자와 통모하여 다른 채권자를 해할 의사를 가지고 변제를 한 것이 아니라면 원칙적으로 사해행위가 되는 것이 아니라고 한다.[32]

2) 편파행위에 대한 별도의 규율 시도

그러나 사해행위와 편파행위가 개념상 구별된다면 민법에서도 채무자회생법에서처럼 이를 구별할 필요가 있다고 생각할 수 있다.

분과위원회는 담보의 제공이 채무자의 의무에 속하지 아니하거나 그 방법 또는 시기가 채무자의 의무에 속하지 아니한 때에 한하여 취소할 수 있도록 규정하되, 담보의 제공이 의무사항인 경우에는 그와 같은 담보제공을 취소할 수 없도록 하고, 채무의 이행 그 밖의 채무 소멸의 경우에도 이와 같다고 규정한 개정시안을 제안하였다. 이러한 개정시안은 특정 채권자에 대한 채무변제나 담보제공 등 편파행위 중 비본지행위를 취소할 수 있도록 한 것이다. 판례가 본지행위 중 일부 채권자와 통모하여 한 행위는 취소할 수 있도록 허용하는 반면, 분과위원회 개정시안은 본지행위를 취소대상에서 제외시키는 것이 그 특징이었다. 실무위원회도 이러한 개정시안에 찬성하였다.

그러나 위원장단회의에서는 편파행위에 대해 별도의 조항을 두지 않기로 하였다. 본래 분과위원회에서는 채권자취소권의 일반요건에 관한 민법 제406조에 "재산감소"를 추가하여 제406조가 편파행위가 아닌 사해행위에 관한 규정임을 명확하게 하는 한편, 제406조의2를 신설하여 재산감소를 요건으로 하지 않는 편

78898 판결; 대법원 2004. 3. 26. 선고 2003다65049 판결; 대법원 2011. 10. 13. 선고 2011다 56637, 56644 판결 참조.

32) 대법원 2001. 4. 10. 선고 2000다66034 판결; 대법원 2003. 6. 24. 선고 2003다1205 판결. 대법원 2005. 3. 25. 선고 2004다10985, 10992 판결. 독일에서도 이행이나 담보의 제공이 채무의 본지에 따르지 않은 경우(inkongruente Deckung, 비본지이행)뿐만 아니라 채무의 본지에 따른 경우 (kongruente Deckung, 본지이행)도 사해행위로 될 수 있다고 본다. 다만 본지이행의 경우에는 채무자의 사해의사와 수익자의 악의 증명에 있어서 엄격한 기준이 요구된다고 한다. Huber (주 30), §3 Rdnr. 15.

파행위에 대해 규율하고자 하였다. 그런데 실무위원회에서는 "재산감소"라는 요건을 굳이 명시할 필요가 없다고 보아 이를 삭제할 것을 제안하였다. 판례는 반드시 재산을 감소시키는 것이 아닌 매매의 경우에도, 채무자가 그 채무 있음을 알면서 자기의 유일한 재산인 부동산을 매각하여, 소비하기 쉬운 금전으로 바꾸는 행위는, 그 매각이 일부 채권자에 대한 정당한 변제에 충당하기 위하여, 상당한 가격으로 이루어졌다든가 하는 특별한 사정이 없는 한, 항상 채권자에 대하여, 사해행위가 된다고 보고 있기 때문이다.33) 위원장단회의에서도 이러한 실무위원회의 제안을 수용하였다.34) 위원장단회의는 이처럼 재산감소 요건을 삭제한다면 제406조에 의해서 사해행위뿐만 아니라 편파행위도 규율할 수 있다고 보아 편파행위에 대한 별도의 조항을 두지 않기로 한 것이다. 그런데 전체회의에서 편파행위에 대한 규율 필요성이 다시 제기되어 이를 재검토하기로 하였고,35) 이에 따라 위원장단회의의 심의를 다시 거쳤으나,36) 그 이후 전체회의에서 편파행위에 대한 조항을 두지 않기로 하였다.37) 이처럼 편파행위에 대한 독립적인 규율은 논의과정에서 심한 부침(浮沈)을 겪었고 결국 좌절되었다.

　　그러나 제406조에 "재산감소"라는 문언이 추가되는지 여부와는 무관하게 편파행위에 대한 규율을 별도로 하는 것이 더 나았을 것이다. 분과위원회의 개정시안 제406조에서 "재산감소"를 삭제한 것은 재산을 처분하여 소비하거나 은닉하기 쉬운 금전으로 바꾸는 행위도 사해행위에 해당한다는 것이 중요한 이유였으므로, "재산감소"의 요건을 삭제한다고 하여 반드시 편파행위도 제406조에 포섭된다고 말할 수는 없기 때문이다. 사해행위는 기본적으로는 채무자의 재산도피를 막기 위한 것인데 반하여, 편파행위는 채권자평등의 원칙을 관철하기 위한 것이므로, 지향하는 바가 다르다.38) 현행 민법은 부득이하게 사해행위에 관한 조항으로 편파행위도 함께 규율하고 있고 확정된 개정안도 마찬가지 태도를 견지하고 있으나, 이처럼 사해행위와 편파행위가 서로 다른 개념임을 감안하면 입법론으로서는 양자를 구별하는 것이 더 타당하다. 특히 편파행위 중 본지행위를 취소

33) 대법원 1966. 10. 4. 선고 66다1535 판결 등 다수.
34) 제4기 민법개정위원회 제26차 위원장단회의(2013. 7. 1.) 회의록(미공간), 6면.
35) 제4기 민법개정위원회 제8차 전체회의(2013. 9. 9.) 회의일지(결론요약)(미공간), 4-5면.
36) 제4기 민법개정위원회 제33차 위원장단회의(2013. 10. 21.) 회의록(미공간), 2-3면.
37) 제4기 민법개정위원회 제9차 전체회의(2013. 11. 4.) 회의일지(결론요약)(미공간), 2-3면.
38) 지창구, "채권자취소권이라는 틀을 통하여 본 부인권", 저스티스 통권 제135호, 2013, 86-87면 참조.

할 수 있는가 하는 점은 한편에서는 채권실현이나 채무이행에 관한 수익자와 채무자의 이익, 다른 한편에서는 평등하게 채권을 만족받고자 하는 다른 채권자들의 이익이 존재하고 있어 어려운 이익교량 문제를 야기한다. 그러므로 입법으로 이 문제를 명확히 해결하였더라면 더 좋았을 것이다.

　(다) 채권자취소소송의 피고
　1) 현행 민법의 해석론
　현행 민법 제406조는 채권자가 사해행위의 취소 및 원상회복을 법원에 청구할 수 있다고 규정할 뿐 누구를 피고로 삼아 소를 제기하여야 하는지는 규정하지 않는다. 따라서 이는 해석론에 맡겨져 있는 문제이다.[39]

　그런데 판례에 따르면 채권자는 수익자 또는 전득자를 피고로 삼아야 하고, 채무자는 피고로 삼을 수 없다.[40] 만약 채무자를 피고로 삼았다면 이는 당사자적격이 없는 자에 대한 소이므로 부적법하여 각하되어야 한다.[41] 이처럼 채무자인 피고는 소송에 참가할 수 없으므로 채권자취소판결의 기판력은 그 취소권을 행사한 채권자와 그 상대방인 수익자 또는 전득자와의 상대적 관계에서만 미칠 뿐 채권자와 채무자 또는 채무자와 수익자 사이의 법률관계에는 미치지 않는다.[42] 이는 채권자취소권의 효력에 관한 상대적 효력설로도 연결된다. 상대적 효력설에 따르면 채권자취소권의 행사로 인한 사해행위의 취소와 일탈재산의 원상회복은 채권자와 수익자 또는 전득자에 대한 관계에서만 효력이 발생하고 채무자에게는 그 효력이 미치지 않는다.[43]

　2) 문 제 점
　그런데 절차적인 면에서 보면 채무자는 자신의 행위가 취소당하는 당사자이므로 채권자취소소송에 관여할 기회를 가질 필요가 있다.[44] 현재 판례는 채무자

---

39) 학설에 따른 피고적격의 문제 일반에 대해서는 곽윤직 편, 민법주해, 채권(2), 1992, 803-805면 (김능환 집필부분) 참조. 일본에서도 채권자취소권의 성격에 대한 학설에 따라 피고의 범위가 달라지는 모습을 보인다. 가령 형성권설에 따르면 계약의 경우는 채무자와 수익자, 단독행위의 경우에는 채무자가 피고적격을 가진다. 奧田昌道 編, 新版 注錫民法 (10)Ⅱ, 1988, 796면(下森定 집필부분) 참조.
40) 대법원 1961. 11. 9. 선고 60다263 판결; 대법원 1988. 2. 23. 선고 87다카1586 판결; 대법원 2004. 8. 30. 선고 2004다21923 판결; 대법원 2009. 1. 15. 선고 2008다72394 판결 등.
41) 대법원 2009. 1. 15. 선고 2008다72394 판결.
42) 대법원 1988. 2. 23. 선고 87다카1989 판결.
43) 대법원 2000. 12. 8. 선고 98두11458 판결. 같은 취지, 대법원 2002. 5. 10. 자 2002마1156 결정; 대법원 2005. 11. 10. 선고 2004다49532 판결 등.
44) 원래 브와소나드 입법초안 제360조에서도 채무자가 소송에 참가해야 한다고 규정하였다. 이는 채무자가 자신이 한 행위의 유효성을 주장하는데 이해관계가 있기 때문이라고 한다. 김가을,

의 피고적격을 부정함으로써 이러한 기회를 절차적으로 봉쇄하고 있어 문제이다.

　　법리적인 면에서 보더라도 상대적 효력설은 채권자취소의 효력이 모든 채권자에게 미친다는 제407조의 취지와 잘 어울리지 않을 뿐만 아니라, 당사자들 사이의 법률관계를 제대로 설명하지 못한다. 채무자의 행위가 취소되면, 수익자에게 이전되었던 재산은 채무자에게 복귀하고, 채권자가 이를 채무자의 재산인 것으로 보아 강제집행하게 된다. 그런데 취소의 효력이 채무자에게 미치지 않는다면 어떻게 채권자가 채무자에 대한 집행권원으로 채무자 아닌 자의 재산에 대하여 강제집행할 수 있는지 설명하기 어렵다.[45] 독일에서는 이러한 경우 그 재산이 여전히 수익자에게 남아 있되 수익자는 채무자에 대한 집행권원에 의한 강제집행을 수인(Duldung)해야 하는 것으로 설명하지만,[46] 우리나라는 독일과 같은 강제집행인용의 소송(Klage auf Duldung der Zwangsvollstreckung)[47]과 같은 소송 형태가 인정되지 않는다.[48] 부동산물권의 공시와 관련된 문제도 있다. 가령 부동산매매로 인한 소유권이전등기 후 그 매매가 사해행위로 취소되면 등기가 말소되어 외관상 채무자에게 부동산소유권이 복귀한다. 그런데 상대적 효력설에 따르면 부동산 소유권은 채권자와 수익자 사이에서만 채무자에게 복귀한 것일 뿐이고 그 이외의 법률관계에서는 여전히 수익자에게 남아 있다. 이는 현행법상 인정되지 않는 상대적 말소등기의 개념을 인정하는 것이어서 문제이다.[49]

3) 실무위원회의 제안

　　이러한 절차보장과 법리의 문제를 극복하기 위해서는 채무자도 피고로 삼거나 최소한 채무자에게 소송고지를 하게 함으로써 그에게 취소의 효력이 미치게 할 필요가 있다. 분과위원회에서는 이 점에 대해 검토하지 않았지만, 실무위원회에서는 이 점을 검토한 끝에 제406조의4(채권자취소소송의 상대방)로 "채권자취소소송은 채무자와 수익자를 상대로 제기하여야 한다"라는 조항을 신설할 것을 제안하였다.

　　"일본민법제정사에 있어서 채권자취소권에 대한 검토", 홍익법학 제13권 제2호, 2012, 41면 참조.
45) 김능환, "채권자취소권의 행사방법—부동산이 전전양도된 경우를 중심으로", 민사재판의 제문제 6권, 1991, 43면, 51면 등 참조.
46) Huber (주 30), § 11 Rdnr. 17.
47) 독일 민사소송법(ZPO) 제794조에 강제집행인용의 소송이 규정되어 있다.
48) 일본에서도 이러한 상대적 효력설의 난점을 극복하기 위해 독일처럼 수익자나 전득자를 상대로 집행인용판결을 구하면 된다는 책임설이 유력하게 주장되고 있으나, 이러한 소송형태를 인정하기 어렵다는 이유로 여전히 소수설에 머물고 있다. 內田 貴 (주 9), 320-321면 참조.
49) 이러한 문제점을 지적하는 견해로 加藤雅信, 債權總論, 2005, 232면.

참고로 상법 제185조는 합명회사 사원이 채권자를 해할 것을 알고 회사를 설립한 경우 채권자는 그 사원과 회사를 모두 피고로 삼아 회사의 설립취소를 청구하도록 하고, 상법 제552조 제2항은 위 조항을 유한회사의 경우에도 준용한다. 또한 일본의 민법개정 과정에서도 채권자취소소송에 있어서는 채무자 및 수익자를 피고로 하는 방안을 검토하고 있다.[50] 그 이유로는 사해행위 취소에 의하여 일탈재산이 채무자의 책임재산으로 회복되어 강제집행의 대상으로 됨에도 불구하고 사해행위 취소의 효과가 채무자에게 미치지 않는다고 하는 것은 정합적이 아니라는 비판을 받아들인 것이라고 설명한다.[51]

다만 이처럼 채권자취소의 효력이 채무자에게 미친다고 하더라도, 이것이 누구에게나 주장할 수 있는 이른바 절대적 무효라고는 할 수 없다. 취소의 효력은 채무자의 다른 채권자에게도 미치지만, 수익자로부터 다시 목적물을 취득한 전득자에 대하여는 그를 상대로 별도로 사해행위 취소를 청구할 수 있는 요건이 갖추어져 있는 한 취소의 효력이 미치지 않는다.[52]

4) 개정대상 제외

이러한 실무위원회의 제안은 위원장단회의에서 받아들여지지 않아 개정대상에서 제외되었다. 채권자취소권의 상대방에 채무자를 포함하는 입법례가 거의 없다는 점, 채무자까지 반드시 피고로 삼게 하는 것은 소송경제상 바람직하지 않다는 점, 채무자에게도 취소의 효력이 미쳐 채무자에게 원상회복재산이 귀속되면 그 이후 수익자가 잉여 부분을 돌려받는 것이 어려워진다는 점 등이 반대의 주된 근거였다.[53]

실무위원회의 제안이 주로 실체법 또는 절차법적 이론에 기초한 것이었다면, 위원장단회의의 반대의견은 주로 비교법적 또는 현실적 이유에 기초한 것이었다. 한편 이를 개정대상에서 제외한 데에는 오랫동안 유지되어 온 상대적 효력

---

50) 채권법개정의 기본방침 【3.1.2.19】; 중간시안 第15. 1. (3).
51) 民法(債權關係)の改正に関する中間試案のたたき台 (1)(2)(3)(概要付き)【改訂版】, 民法(債權關係) 部会資料 58, 61면.
52) 판례는 수익자의 채권자로서 이미 가지고 있던 채권확보를 위하여 목적부동산을 압류 또는 가압류한 자에게도 사해행위취소판결의 효력이 미치지 않는다고 한다. 대법원 2005. 11. 10. 선고 2004다49532 판결. 같은 취지로 대법원 2009. 6. 11. 선고 2008다7109 판결 등. 그러나 이 문제에 관하여는 논란이 있다. 조용현, "사해행위취소 판결의 효력이 수익자의 고유채권자에게 미치는지 여부", 대법원판례해설 제79호(2009 상반기), 143면 이하; 추신영, "사해행위취소에 있어서 취소채권자와 수익자의 고유채권자 사이의 법률관계", 동아법학 제52호, 2011, 537면 이하 등 참조.
53) 제4기 민법개정위원회 제27차 위원장단회의(2013. 7. 15.) 회의록(미공간), 7-8면.

설을 입법적으로 폐기하는 것이 옳은지, 또한 이를 폐기할 경우에 어떤 현실적인 문제가 생길 수 있는지를 비교적 짧은 기간 사이에 결정하기 어려웠던 면도 존재하였을 것이다.

2. 행사범위와 행사기간

현 행	개 정 안
〈신설〉	제406조의3(취소의 범위) 채권자는 채무자의 재산으로 채무를 완전히 변제할 수 있게 하기 위하여 자기의 채권액을 넘어서도 채무자의 법률행위의 전부 또는 일부를 취소할 수 있다.
제406조(채권자취소권) ① 생략 ② 전항의 소는 채권자가 취소원인을 안 날로부터 1년, 법률행위 있은 날로부터 5년 내에 제기하여야 한다.	제406조의4(채권자취소권의 행사기간) 채권자취소권은 채권자가 취소원인을 안 날부터 1년, 채무자의 법률행위가 있은 날부터 5년 내에 행사하여야 한다.

(1) 취소범위(개정안 제406조의3)

판례는 채권자는 원칙적으로 자기의 채권의 범위 내에서만 취소를 청구할 수 있지만,[54] 다른 채권자가 배당요구를 할 것이 명백하거나 목적물이 불가분인 경우와 같이 특별한 사정이 있는 경우에는 취소채권자의 채권액을 넘어서까지도 취소를 구할 수 있다고 보고 있다.[55] 또한 판례는 사해행위취소로 인한 원상회복으로서 가액배상을 명하는 경우에는, 취소채권자는 직접 자기에게 가액배상금을 지급할 것을 청구할 수 있고, 위 지급받은 가액배상금을 분배하는 방법이나 절차 등에 관한 아무런 규정이 없는 현행법 아래에서 다른 채권자들이 위 가액배상금에 대하여 배당요구를 할 수도 없으므로, 결국 채권자는 자신의 채권액을 초과하여 가액배상을 구할 수는 없다고 한다.[56] 통설도 마찬가지 태도이다.[57]

그런데 개정안 제406조의3은 채권자가 자기의 채권액을 넘어서도 채무자의

---

54) 대법원 2010. 8. 19. 선고 2010다36209 판결.
55) 대법원 1997. 9. 9. 선고 97다10864 판결.
56) 대법원 2008. 11. 13. 선고 2006다1442 판결.
57) 이에 대해서는 우선 민법주해(주 39), 839-840면 참조.

행위를 취소할 수 있도록 규정한다. 채권자취소권의 행사는 민법 제407조 제1항에서 명시하듯이 채권자 모두에게 효력이 있고, 뒤에서 보는 것처럼 채무자의 다른 채권자들에게도 채무자에게로 회복된 재산에 대하여 강제집행할 수 있는 기회를 부여하여야 한다. 이처럼 채권자취소권이 꼭 취소채권자의 만족만을 위하는 것이 아니라 채권자 공동의 책임재산 회복을 도모하기 위한 것임을 고려하면 취소의 범위를 취소채권자의 채권액으로 한정할 필요는 없다.

　　다만 채권자취소권의 행사범위가 무제한인 것은 아니다. 채권자취소권의 목적에 비추어 보면 채무자가 무자력 상태를 벗어나게 하는 책임재산 회복이 이루어지면 충분하고, 그 이상의 회복은 채무자의 재산권 행사자유에 대한 과도한 제한이 되기 때문이다. "채무자의 재산으로 채무를 완전히 변제할 수 있게 하기 위하여"라는 문구는 이처럼 채권자취소권의 행사범위에 그 목적에 따른 제한이 있다는 점을 밝히기 위한 것이다.

(2) 행사기간(개정안 제406조의4)

　　채권자취소권의 행사기간에 대한 규정에는 실질적인 변화가 없다.[58] 다만 현행 민법 제406조 제2항에서 규정하던 것을 개정안 제406조의4로 옮겨 규정하고 있다. 제406조와 제406조의2에서는 행사요건에 대해 집중적으로 규율하고 있으므로 행사기간에 대한 부분은 별도의 조항으로 분리하는 것이 체계적이기 때문이다. 또한 단지 "채권자취소권"이라고 되어 있는 표제를 "채권자취소권의 행사기간"으로 바꾸어 본문과의 정합성을 높이는 한편, 본문의 표현 중 "로부터"를 "부터"로, "제기"를 "행사"로 각각 변경하였다.

　　현행 민법 제406조 제2항의 1년 및 5년의 기간을 그대로 유지한 분과위원회 개정시안에 대해 실무위원회에서는 무상행위의 경우 행사기간을 단축하여야 한다는 견해, 반대로 무상행위의 경우 행사기간을 연장하여야 한다는 견해 등 무상행위에 대해 행사기간을 달리하기 위한 논의도 있었으나, 결국 분과위원회의 개정시안대로 행사기간의 면에서는 유상행위와 무상행위를 달리 취급하지 않기로 하였다.[59]

---

58) 채권자취소권의 행사기간의 성격은 제척기간으로 보는 것이 판례의 태도이다. 대법원 1975. 4. 8, 선고 74다1700 판결 등 다수. 학설 역시 마찬가지이다. 민법주해(주 39), 849면.

59) 제4기 민법개정위원회 제15차 실무위원회 회의(2013. 1. 14.) 회의록(미공간), 12-13면.

Ⅲ. 채권자취소권 행사의 효과에 관한 부분

1. 채권자취소의 효력 일반

현 행	개 정 안
제407조(채권자취소의 효력) <u>전조의 규정에 의한 취소와 원상회복은</u> 모든 채권자의 이익을 위하여 그 효력이 있다.	제407조(채권자취소의 효력) <u>채권자취소</u>는 모든 채권자의 이익을 위하여 그 효력이 있다.

개정안 제407조는 현행 민법 중 "원상회복"을 삭제하였다. 원상회복된 재산이 모든 채권자의 책임재산이 되는 것은 원상회복이 모든 채권자에게 효력이 있기 때문이 아니라 취소가 모든 채권자에게 효력을 미쳐 발생한 결과일 뿐이다. 따라서 분과위원회에서는 취소의 효력이 모든 채권자에게 효력이 있다고 규정하면 충분하다고 보아 "원상회복"의 삭제를 제안하였다. 이러한 제안은 그 이후의 논의절차에서 별다른 이견 없이 받아들여졌다. 개정안에서 실질적인 내용의 변경을 의도한 것은 아니다.

한편 취소의 효력은 채권자의 이익과 불이익을 불문하고 모든 채권자에게 미치므로 "모든 채권자의 이익을 위하여"를 "모든 채권자에 대하여"로 변경하여야 한다는 실무위원회의 제안이 있었으나 현행 민법대로 두더라도 실제로는 별 문제가 생기지 않는다는 이유로 위원장단회의에서 받아들여지지 않았다.

2. 원상회복

현 행	개 정 안
〈신설〉	제407조의2(원물반환과 가액반환 등) ① 채권자가 채권자취소권을 행사하는 경우에 수익자를 상대로 채무자로부터 취득한 재산을 채무자에게 반환할 것을 청구할 수 있다. 그러나 그 재산의 반환이 불가능하거나 현저히 곤란한 때에는 채권자는 그 가액을 채무자에게 반환할 것을 청구할 수 있다.

	② 제1항의 경우에 반환범위에 관해서는 제748조, 제749조를 준용한다.
〈신설〉	제407조의3 (반환된 재산에 대한 집행) 모든 채권자는 제407조의2에 의하여 채무자에게 반환된 재산에 대하여 민사집행법에 따라 집행할 수 있다.

(1) 재산의 반환

개정안 제407조의2는 채권자취소권의 효과로서 발생하는 재산반환의 문제를 다루고 있다.

채권자취소권은 일탈된 책임재산의 반환을 목적으로 하므로 채권자가 채권자취소권을 행사하면서 원상회복을 구하면 수익자는 채무자에게 자신이 취득한 재산을 반환해야 한다. 원물반환이 원칙이지만 원물반환이 불가능하거나 현저히 곤란하면 가액반환을 하여야 한다.[60] 제1항은 이러한 원물반환과 가액반환에 관한 판례의 내용을 조문화한 것이다.

한편 구체적 반환범위를 어떻게 정할 것인지도 문제이다. 분과위원회는 그 반환범위에 관하여 부당이득에 관한 제748조와 제749조를 준용하도록 제안하였다. 제748조는 선의의 수익자는 현존이익을 반환하되, 악의의 수익자는 받은 이익에 이자를 붙여 반환하도록 규정하고 있고, 제749조는 선의의 수익자라도 그 이후 악의가 되거나 패소판결로 악의로 간주된 때에는 그때부터 악의의 수익자로서 반환채무를 부담한다고 규정한다. 선의의 수익자에 관한 제748조도 준용하는 이유는 개정안 제406조의2에 따라 무상행위에 대해서는 수익자의 악의를 요구하지 않음으로써 선의 수익자를 상대로 한 채권자취소권의 행사도 가능해졌기 때문이다.

실무위원회에서는 악의의 수익자가 받은 이익 외에 이자까지 반환하는 것에 대해 반대의견이 있었다. 사해행위나 편파행위는 원래 법률상 원인이 있는 유효한 행위이고 채권자취소권의 행사로 비로소 장래를 향하여 효력을 상실하는 것

---

60) 대법원 1998. 5. 15. 선고 97다58316 판결; 대법원 2003. 12. 12. 선고 2003다40286 판결; 대법원 2006. 12. 7. 선고 2006다43620 판결; 대법원 2007. 7. 26. 선고 2007다29119 판결 등. 나아가 대법원 2012. 6. 28. 선고 2010다71431 판결은 원물반환이 이행불능된 경우 대상청구권을 행사할 수 있다고 한다.

이므로 법률상 원인이 없을 때 발생하는 부당이득의 반환범위와 논리필연적으로 일치할 필요가 없다는 점, 판례는 부동산에 관한 법률행위를 사해행위로 취소한 경우 부동산의 사용이익까지 반환할 필요가 없다는 태도를 취하는 점[61] 등을 고려하면 이자까지 반환하도록 입법으로 확정하기보다 지금처럼 해석론에 맡겨 유연한 해결을 도모하는 것이 좋다는 것이다.

반면, 수익자의 반환범위에 대한 명문 근거규정을 두어 법적 불확실성을 해소할 필요가 있고, 독일채권자취소권법 제11조 제1항이나 오스트리아 채권자취소권법 제13조 제2항에서도 악의의 수익자에 대한 부당이득법의 규정을 준용하고 있는 점에 비추어 분과위원회의 제안을 유지하자는 의견도 있었다. 이에 따라 실무위원회는 선의의 수익자에 대한 제748조 제1항만 준용하는 제1안과 분과위원회 개정안과 같은 제2안을 위원장단회의에 상정하였다.

위원장단회의에서는 그 중 제2안을 받아들였고, 그대로 전체회의에서 통과되었다. 이로써 채권자취소소송에서 수익자는 부당이득에 있어서의 수익자와 같은 반환의무를 부담하게 되었다.

(2) 반환된 재산에 대한 집행

개정안 제407조의3은 모든 채권자는 제407조의2에 의하여 채무자에게 반환된 재산에 대하여 민사집행법에 따라 집행할 수 있다고 규정한다. 이는 채권자취소는 모든 채권자의 이익을 위하여 그 효력이 있다고 규정한 제407조의 연장선상에서 규정된 것이다.

여기에서의 채권자에는 채권을 가지는 수익자도 포함된다. 판례에 의하면 채권자인 수익자는 가액배상을 할 때에 취소채권자에 대하여 총채권액 중 자기의 채권에 대한 안분액의 분배를 청구하거나, 수익자가 취소채권자의 원상회복에 대하여 총채권액 중 자기의 채권에 해당하는 안분액의 배당요구권으로써 원상회복청구와의 상계를 주장하여 그 안분액의 지급을 거절할 수는 없다.[62] 그러

---

61) 대법원 2008. 12. 11. 선고 2007다69162 판결. 그러나 서인겸, "채권자취소권에 관한 몇 가지 쟁점", 인권과 정의 통권 제395호, 2009, 171면 이하는 이 판결과 가액배상의 지연배상금 지급을 구할 수 있다고 한 대법원 2006. 10. 26. 선고 2005다76753 판결이 서로 모순된다고 하면서, 부동산을 반환하는 경우 사용이익도 반환하도록 판례가 변경되어야 한다고 주장한다. 김재형, "채권법", 민사판례연구 33-2권(2011), 84면도 사해행위가 없었더라면 채무자가 부동산을 계속 보유하면서 그 부동산을 사용함으로써 사용이익을 얻었거나 임차인으로부터 임료상당액을 받았을 것이므로, 수익자가 원상회복으로서 당해 부동산뿐만 아니라 그 사용이익이나 임료상당액을 반환해야만 책임재산이 회복된다고 볼 수 있을 것이라고 주장한다.

62) 대법원 2001. 2. 27. 선고 2000다44348 판결.

나 수익자라는 이유만으로 원상회복된 책임재산에 대하여 일반적인 채권자로서 집행할 수 있는 가능성이 사라지는 것은 아니다. 수익자는 다른 채권자들과 함께 민법 제407조에 의하여 그 취소 및 원상회복의 효력을 받게 되는 채권자에 포함되고, 따라서 취소소송을 제기한 채권자 등이 원상회복된 채무자의 재산에 대한 강제집행을 신청하여 그 절차가 개시되면 수익자인 채권자도 그 집행권원을 갖추어 강제집행절차에서 배당을 요구할 권리가 있다.63)

(3) 기타

실무위원회에서는 『취소채권자의 비용상환청구권』이라는 표제 아래 "채권자가 채권자취소권을 행사하기 위하여 지출한 비용은 다른 채권자보다 우선하여 상환을 받을 수 있다."라는 규정을 제407조의4로 신설할 것을 제안하였다. 취소채권자가 취소권을 행사하여 확보한 재산에 대하여 다른 채권자들이 강제집행에 참여하여 채권의 만족을 얻게 되는 것은 취소채권자의 노력 때문이므로, 이를 고려하여 취소채권자를 우대할 필요가 있다는 이유에서였다. 이는 모든 채권자의 이익으로 귀착되는 일탈 책임재산의 회복조치를 누군가 나서서 할 수 있도록 인센티브를 제공하자는 의미도 포함하고 있었다.

그러나 위원장단회의에서는 이 제안이 받아들여지지 않았다. 대부분 소송비용상환이나 가액배상에 따른 사실상 우선변제권으로 해결할 수 있다거나, 채권자취소권을 행사하기 위하여 지출한 비용의 범위가 불명확하다거나 이러한 우대가 채권자취소소송의 증가로 이어질 우려가 있다는 점 등을 이유로 한 반대의견이 다수를 점하였기 때문이다.64)

3. 금전 등에 관한 특례(제407조의4, 민사집행법 제248조의2)

(1) 채권자의 직접 수령과 상계금지기간

현 행	개 정 안
〈신설〉	제407조의4 (금전 그 밖의 동산에 대한 특례) ① 제407조의2에 의하여 금전 그 밖의 동산을 반환하여야 하는 경우에 채

---

63) 대법원 2003. 6. 27. 선고 2003다15907 판결.
64) 제4기 민법개정위원회 제29차 위원장단회의(2013. 8. 19.) 회의록(미공간), 2-3면.

	권자는 수익자에 대하여 자신에게 반환할 것을 청구할 수 있다. 　② 채권자가 제1항에 의하여 금전을 수령한 경우에는 채권자취소판결이 확정된 때와 금전을 수령한 때 중 늦은 때부터 3개월이 경과하기 전에는 자기의 채권으로 채무자에 대한 반환채무와 상계하지 못한다.

　판례는 반환의 목적물이 동산이나 금전인 경우에, 채권자 자신에 대하여 반환할 것을 청구할 수 있다고 보고 있다.[65] 개정안 제407조의4 제1항은 이러한 판례의 태도를 반영한 것이다.

　그런데 채권자가 금전을 수령한 경우에는 채권자는 자신의 채무자에 대한 채권을 자동채권으로 하여 자신의 채무자에 대한 반환채무와 상계함으로써 우선적인 만족을 받을 수 있게 되고,[66] 그 결과 다른 채권자는 이로 인하여 강제집행에 참여하지 못하게 되므로 불공평한 결과가 생기게 된다.[67] 이를 통해 본래 다른 채권자들과 평등하게 강제집행에 참여하여야 할 일반 채권자가 채권자취소권 행사를 통해 우선변제권 있는 채권자처럼 자신의 채권을 현실적으로 만족받는 셈이 되어 채권자평등주의가 위태롭게 된다. 이는 채권자취소권 제도가 취소채권자의 채권을 만족시키는 강제집행제도가 아니라 일반채권자의 책임재산을 회복시키는 제도라는 점에 반한다.

　본래 분과위원회는 채권자 자신에 대한 반환청구권 문제에 대해서는 침묵하면서 채권자에게 그 목적물을 채무자에게 교부하게 하거나 공탁을 청구할 권리

---

65) 대법원 1999. 8. 24. 선고 99다23468,23475 판결. 또한 가액배상인 경우에는 그 이행의 상대방은 채권자라야 한다는 입장이다. 대법원 2008. 4. 24. 선고 2007다84352 판결.
66) 곽윤직(주 9), 149면. 대법원 2008. 6. 12. 선고 2007다37837 판결도 결국은 이러한 상계를 인정하는 취지로 이해된다. 추신영, "채권자취소소송에 있어서 원물반환과 가액배상", 토지법학 제27-2호, 2011, 104면 참조. 하지만 상대적 효력설에 따르면 채무자에게는 채권자취소의 효력이 미치지 않으므로 왜 채권자가 채무자에게 반환채무를 부담하는지 설명하기 어렵다.
67) 대법원 2008. 6. 12. 선고 2007다37837 판결은 채권자가 가액배상금을 수령함으로써 사실상 우선변제를 받는 불공평한 결과를 초래하는 경우가 생기더라도, 이러한 불공평은 채무자에 대한 파산절차 등 도산절차를 통하여 시정하거나 가액배상금의 분배절차에 관한 별도의 법률 규정을 마련하여 개선하는 것은 별론으로 하고, 현행 채권자취소 관련 규정의 해석상으로는 불가피하다고 한다.

를 인정하자고 제안하였다.[68] 종래 해석론으로도 이러한 문제의 해결 방법으로
채권자가 수익자에 대하여 공탁의 청구를 하게 하여야 한다는 주장이 있었는
데,[69] 이에 관한 법적인 근거를 마련한 것이다.

그러나 실무위원회는 다음과 같은 이유로 이러한 분과위원회의 개정시안에
반대하였다. 우선 공탁은 다른 채권자들의 이해관계 조정을 위한 것인데, 다른
채권자가 없는 경우까지 일률적으로 공탁하게 하는 것은 지출하지 않아도 될 비
용을 발생시킨다. 물론 개정시안은 공탁의무가 아니라 공탁청구권을 인정하고
있지만, 공탁하게 하지 않으면 채무자에게 교부하게 하여야 하므로 금전 및 동산
처럼 은닉이나 소비 가능성이 있는 목적물에 대해서는 채권자취소권의 행사목적
이 몰각된다. 한편 이러한 공탁의 성질도 불분명하다. 변제공탁이라면 수익자는
공탁자로서 도중에 공탁금을 회수할 수 있게 되는데, 그렇게 되면 공탁의 목적을
달성하지 못하게 된다. 또한 피공탁자를 채권자로 하여야 하는지, 채무자로 하여
야 하는지도 불확실한데, 어느 경우에나 문제가 있다. 피공탁자를 채권자로 한다
면, 피공탁자가 일방적으로 공탁금을 출급할 수 있게 되고, 채무자로 하여도 마
찬가지이다. 한편 이 공탁이 집행공탁에 해당한다면 그에 따른 절차를 규정하여
야 하는데, 분과위원회의 개정시안에는 이에 관한 아무런 언급이 없다.

이에 따라 실무위원회는 반환 목적물이 금전 그 밖의 동산인 경우에는 채권
자에게 반환하는 것을 인정하되, 금전인 경우에는 반환을 받은 채권자가 일정 기
간(3개월) 동안은 상계하지 못하게 하고, 그 기간 내에 다른 채권자가 압류나 가
압류 또는 배당요구를 하면 민사집행법 제248조에 준하여 취소채권자가 공탁을
하게 하는 방법을 제안하였다. 아래 민사집행법 개정안 제248조의2에서 보게 되
듯이 만약 그 기간 내에 다른 채권자의 압류 등의 요구가 없으면 채권자는 상계
를 함으로써 간단히 채권의 만족을 얻을 수 있다. 결국 일정한 기간 동안은 다른
채권자들이 평등하게 배당에 참가할 기회를 부여하되 그 기간 동안 아무런 요구
가 없으면 채권자취소권을 행사한 채권자가 사실상 우선변제를 받을 수 있도록

---

[68] 분과위원회 개정시안: 제407조의3(공탁의 청구) 제407조의2에 의하여 금전 그 밖의 동산을 반
환하여야 하는 경우에 채권자는 수익자에 대하여 채무자에게로 교부할 것을 청구하거나 또는
그것에 갈음하여 공탁을 청구할 수 있다.

[69] 변제공탁 가능설: 이계정, "민법 제407조(채권자평등주의)의 법률관계에 관한 연구", 사법논집
제47집, 2008, 481면 이하. 집행공탁 가능설: 이우재, "사해행위취소의 효력과 배당절차에서의
취급", 민사집행법연구 제5권, 2009, 195면 이하; 하현국, " 채권자취소로 인한 가액배상과 취소
채권자의 우선변제", 민사재판의 제문제 제19권, 2010, 94면 이하.

허용한 것이다.[70]

제1항에서는 금전 및 동산의 수령에 대해 규정하면서 제2항에서는 금전에 대해서만 상계금지기간을 설정하였다. 채권자취소권의 피보전채권은 금전채권이므로, 반환대상이 동산이면 상계는 가능하지 않기 때문이다. 한편 3개월의 기산점은 채권자취소판결이 확정된 때와 금전을 수령한 때 중 늦은 때이다. 채권자취소판결은 형성판결로서, 그 판결이 확정되어야만 금전을 수령할 수 있는 것이 아닌가 하는 의문도 있었으나,[71] 수익자가 판결 확정 전에 임의로 변제하는 경우도 있을 수 있으므로, 두 가지 중 늦은 때를 3개월 기간의 기산점으로 하였다.[72]

개정안 제407조의4에 관한 실무위원회의 제안은 위원장단회의와 전체회의를 통하여 그대로 확정되었다.

(2) 집행법적 문제

현 행	개 정 안
〈신설〉	민사집행법 제248조의2 (채권자취소권에 의하여 수령한 금전에 대한 압류 등) ① 민법 제407조의4 제1항에 의하여 금전을 수령한 채권자는 자신에 대한 채무자의 반환채권에 관하여 압류명령을 받은 것으로 본다. 그러나 수령한 때에 강제집행 개시의 요건을 갖추지 못한 경우에는 가압류명령을 받은 것으로 본다. ② 모든 채권자는 채무자의 제1항에 의한 반환채권에 대하여 채권자취소판결이 확정된 때와 금전을 수령한 때 중 늦은 때부터 3개월이 경과하기 전에는 추심명령

---

70) 이는 일본 채권법개정의 기본방침과 유사하고, 중간시안과는 다르다. 기본방침 [3.1.2.16] (3), (6), [3.1.2.17] (6)에서는 금전 등은 채권자에게 교부할 것을 청구할 수 있다는 종래의 실무를 그대로 유지하면서, 그와 아울러 공탁도 청구할 수 있게 하였고, 다만 채권자가 교부를 받은 경우에는 취소채권자가 상계할 수 있는 시기를 늦추고 있다. 즉 당해 금전을 교부받은 때부터 3개월, 사해행위취소소송이 확정된 때부터 1개월이 지나야 상계할 수 있다는 것이다. 반면 중간시안 第15. 8. (4)는 이러한 기간을 정하지 않은 채로 채권자는 채무자에 대한 반환채무를 수동채권으로 하여 상계하지 못하도록 하였다.

71) 취소와 원상회복청구를 같이 하는 경우에는 원상회복청구에 대한 가집행이 허용되지 않는다. 윤경, "사해행위취소와 가액배상", 저스티스 제34권 5호, 2001, 127면 참조.

72) 일본 채권법 개정의 기본방침도 마찬가지 태도이다. 【3.1.2.17】 (6) 참조.

	이나 전부명령을 신청할 수 없다.
	③ 다른 채권자가 제2항의 기간이 경과하기 전에 채무자의 반환채권을 압류 또는 가압류하거나 이에 관하여 배당요구를 한 경우에는 채권자는 지체없이 그 금전을 공탁하여야 한다. 이때에는 채권자가 제248조 제2항 또는 제3항에 따른 공탁을 한 것으로 본다.
	④ 제3항에 따른 공탁이 있는 경우 제247조 제1항의 채권자는 같은 항 제1호 또는 제2호에도 불구하고, 위 제2항의 기간이 경과하기 전에는 배당요구를 할 수 있다.

민사집행법 개정안 제248조의2는 채권자취소권 행사에 따라 금전을 수령한 채권자 및 그 이외의 채권자들의 법적 지위와 관련하여 공탁 및 배당절차에 대해 규정하는 신설 조항이다. 실무위원회가 민법 개정안 제407조의4와 함께 제안하였고, 위원장단회의와 전체회의를 거쳐 확정되었다. 민법 개정안 제407조의4와 더불어 이번 개정안 중 가장 특징적인 조항 중 하나이다.

(가) 금전수령 채권자를 압류채권자 등으로 간주(제1항)

제1항은 금전을 수령한 채권자는 채무자의 반환채권에 관하여 압류(강제집행 개시의 요건을 갖추지 못한 때에는 가압류)를 받은 것으로 본다고 규정한다. 채권자가 수령한 금전은 본래 채무자의 책임재산으로 돌아가야 할 성격의 것이다. 따라서 채무자는 채권자에게 그 금전반환채권을 가진다. 이때 채권자는 자신이 채무자에게 가지는 채권을 자동채권으로 하고, 채무자가 자신에게 가지는 금전반환채권을 수동채권으로 하여 상계함으로써 사실상 우선변제를 받는다.[73]

그런데 제1항에 따르면 채권자는 채무자가 자신에게 가지는 금전반환채권을 압류 또는 가압류한 것으로 보게 된다.[74] 이러한 규정은 채무자가 취소채권자에

---

73) 곽윤직(주 9), 149면.
74) 결국 채권자는 압류채권의 제3채무자이기도 하므로 채권자와 제3채무자의 지위를 겸한다. 대법원 1994. 3. 16. 자 93마1822, 1823 결정은, 사용자가 근로자의 급료나 퇴직금 등 임금채권을 수동채권으로 하여 사용자의 근로자에 대한 다른 채권으로 상계할 수 없지만, 사용자가 근로자에 대한 채무명의의 집행을 위하여 근로자의 자신에 대한 전부명령을 받을 수는 있다고 한다.

대하여 반환청구를 하거나,75) 다른 채권자가 채무자의 취소채권자에 대한 반환 채권에 대하여 압류 및 전부명령을 받는 것을 막기 위해서이다.76) 나아가 다른 채권자들의 압류 등이 있는 경우에 집행공탁(민사집행법 제248조)을 할 수 있는 근 거도 된다. 이 경우 취소채권자의 피보전채권액이 수령한 금전보다 적어도 수령 한 금전 전체에 압류의 효력이 미친다.

(나) 상계금지기간 동안 채권자들의 추심명령 내지 전부명령 금지(제2항)

제2항은 취소채권자가 상계할 수 없는 동안에는 취소채권자를 포함하는 모 든 채권자가 반환채권에 대하여 추심명령이나 전부명령을 신청할 수 없도록 하 였다. 우선 이 기간 내에 전부명령이 발령되어 확정되면 곧바로 전부명령을 받은 채권자가 독점적으로 채권의 만족을 얻게 되므로 채권자평등주의를 관철시키기 위하여 취소채권자의 상계를 일정한 기간 동안 금지하는 입법목적이 몰각되고 만다. 또한 이 기간 내에 추심명령을 받은 채권자가 채권을 추심하여 추심신고를 하게 되면(민사집행법 제236조 제1항) 다른 채권자의 배당참가가 봉쇄되므로 (민사 집행법 제247조 제1항 제2호, 제236조 참조) 결과적으로 채권자평등주의를 저해하게 된다.

물론 개정안 제4항은 제2항의 상계금지기간 동안에는 언제든지 배당요구를 할 수 있도록 하여 배당참가의 길을 열어놓고 있으므로 입법정책상 추심명령은 허용해도 무방하다. 그러나 어차피 추심채권자는 굳이 추심명령을 받아 추심과 추심신고까지 하지 않더라도 압류나 배당요구 등 더 간편한 방법으로 개정안 제 3항에 따른 집행공탁에 뒤따르는 배당절차에 참가할 수 있다. 그러므로 개정안 제2항은 그 중 더욱 간편한 방법으로 유도하는 의미를 가진다.

(다) 복수 채권자의 압류 등이 있는 경우 취소채권자의 금전공탁(제3항)

제3항은 다른 채권자가 취소채권자가 상계를 할 수 없는 제2항 소정의 3개 월이 경과하기 전에 채무자의 반환채권을 압류 또는 가압류하거나 배당요구를 한 경우에는 채권자가 지체없이 그 금전을 공탁하도록 하였다. 이처럼 다른 채권 자들의 집행 관련 행위가 있을 때에만 공탁하도록 한 것은 모든 경우에 일률적

---

75) 채무자가 취소채권자에게 금전반환청구를 하게 되면 취소채권자는 이를 수동채권으로 삼아 상 계할 길도 막혀 있으므로(개정안 제407조의4 제2항 참조) 결국 금전을 반환할 수밖에 없다. 그 런데 채무자에게 금전을 반환하게 되면 이를 소비하거나 은닉하기 쉬우므로 책임재산의 회복 이라는 채권자취소권 본래의 목적이 좌절되는 문제가 생긴다.
76) 민사집행법 제229조 제5항에 따르면 다른 채권자의 압류, 가압류 또는 배당요구가 있으면 전부 명령의 효력이 부정된다.

으로 공탁하게 함으로써 발생하게 되는 비용을 줄이기 위한 것이다.

개정안에 따르면 이 공탁의 성질은 민사집행법 제248조 제2항과 제3항에 따른 공탁, 즉 집행공탁이자 의무공탁이다. 집행공탁에 관하여 규정한 민사집행법 제248조에 이어 가지번호로 이 조항을 신설한 것도 이러한 이유 때문이다. 민사집행법 제248조 제2항과 제3항에 따른 공탁으로 보는 결과 여기에 적용되는 민사집행법 제248조 제4항도 적용된다.

참고로 민사집행법 제248조 제2항, 제3항은 금전채권에 관하여 제3채무자가 배당요구서를 송달받은 경우에 채권자의 청구가 있으면 공탁하여야 하고, 중복압류(가압류 포함)가 있는 때에도 압류 또는 가압류채권자의 청구가 있으면 공탁하도록 하였으나, 민사집행법 개정안 제248조의2 제3항에서는 이러한 청구가 없더라도 공탁을 하도록 하였다.

(라) 상계금지기간 동안 자유로운 배당요구의 허용(제4항)

제4항은 제3항에 따른 공탁이 있는 경우 제247조 제1항의 채권자, 즉 민법, 상법, 그 밖의 법률에 의하여 우선변제청구권이 있는 채권자와 집행력 있는 정본을 가진 채권자는 제2항에서 정한 3개월의 상계금지기간 동안에는 민사집행법 제247조 제1항 제1, 2호에도 불구하고 언제든지 배당요구를 할 수 있도록 규정하였다. 민사집행법 제247조 제1항은 채권압류절차에 있어서 배당요구의 종기(終期)를 규정하는데 그 종기의 제한을 받지 않는다는 의미이다.[77)]

(3) 정   리

민법 개정안 제407조의4와 민사집행법 개정안 제248조의2는 상당히 복잡한 내용을 담고 있다. 이를 요약하자면 ① 반환재산이 금전 기타 동산인 경우 채권자 자신에게 반환청구하도록 허용하여 채무자에게 반환되었을 경우 발생할 수 있는 책임재산 일탈을 방지하고(개정안 제407조의4 제1항), ② 일정한 기간 동안 취소채권자의 상계나 취소채권자를 포함한 채권자들의 전부명령이나 추심명령 등 우선적인 채권회수행위를 제한하면서 채무자의 금전반환청구도 배제함으로써 진정한 채권자평등주의의 토대를 마련하며(개정안 제407조의4 제2항, 민사집행법 개정안 제248조의2 제1, 2항), ③ 그 기간 동안에는 채권자들의 압류, 가압류, 배당요구를 자유롭게 허용하고 그러한 행위가 있으면 집행공탁과 그에 따른 배당절차

---

77) 민사집행법 제247조 제1항 제1호는 "제3채무자가 제248조 제4항에 따른 공탁의 신고를 한 때", 제2호는 "채권자가 제236조에 따른 추심의 신고를 한 때"를 배당요구의 종기로 정하고 있다. 이 시기 이후에는 배당요구를 할 수 없다.

를 통해 채권자평등주의를 실현하고(민사집행법 개정안 제248조의2 제3, 4항), ④ 그 기간 동안 다른 채권자의 요구가 없다면 다시 원칙으로 돌아가 채권자의 상계를 허용함으로써 채권자취소권 행사에 대한 인센티브 내지 보상을 부여하는 것이다.

　　현재의 민법, 민사집행법 및 재판실무와 비교하면 취소채권자의 금전수령 후 일정한 기간을 설정하여 그 기간 동안에는 모든 채권자들에게 자신의 채권을 만족받을 기회를 부여하되, 다른 채권자가 없으면 취소채권자가 사실상 우선변 제를 받을 수 있도록 한 점에 특징이 있다.[78]

4. 수익자의 지위(제407조의5)

현　행	개　정　안
〈신설〉	제407조의5(수익자의 지위) ① 채무자의 법률행위가 취소되어 수익자가 받은 급여 또는 그 가액을 반환한 경우에는 수익자는 자기가 이행한 반대급여 또는 그 가액의 반환을 청구할 수 있다. ② 채무자의 법률행위로 인하여 수익자의 채권이 소멸한 경우에 그 행위가 취소되어 수익자가 받은 급여 또는 그 가액을 반환한 때에는 수익자의 채권은 원상으로 회복된다.

　　개정안 제407조의5는 채무자의 행위가 취소된 경우 수익자와 채무자 사이의 법률관계에 관하여 규정한다. 이는 현행 민법에는 없는 내용이지만 채무자회생 법 제108조 제3항, 제109조 제1항(이상 회생절차의 경우), 제398조, 제399조(이상 파 산절차의 경우)에는 이와 유사한 내용이 있는데,[79] 개정안은 이를 주로 참조하였

---

78) 이처럼 일정한 기간 동안 상계를 금지하는 점은 일본 채권법 개정의 기본방침 【3.1.2.17】 (6)을 참조한 것이다.

79) 제398조(상대방의 지위) ① 채무자의 행위가 부인된 경우 그가 받은 반대급부가 파산재단 중 에 현존하는 때에는 상대방은 그 반환을 청구할 수 있으며, 반대급부로 인하여 생긴 이익이 현 존하는 때에는 그 이익의 한도 안에서 재단채권자로서 그 권리를 행사할 수 있다.
② 채무자의 행위가 부인된 경우 반대급부로 인하여 생긴 이익이 현존하지 아니하는 때에는 상 대방은 그 가액의 상환에 관하여 파산채권자로서 권리를 행사할 수 있다. 반대급부의 가액이 현존하는 이익보다 큰 경우 그 차액에 관하여도 또한 같다.

다.[80)

　　개정안 제1항에 따르면 법률행위가 취소되어 원상회복의무의 일환으로 수익자가 자신이 받은 급여 또는 그 가액을 반환하였으면 수익자는 자기가 이행한 반대급여 또는 그 가액의 반환을 청구할 수 있다. 예컨대 채무자와 수익자 사이에 부동산 매매계약이 체결되어 수익자가 채무자로부터 부동산을 이전받았는데 부동산 매매계약이 사해행위로 취소되어 원상회복으로 채무자에게 부동산을 반환하였으면 그 대신 수익자는 채무자에게 부동산 매매대금의 반환을 구할 수 있다는 것이다. 이는 공평하고 합리적인 결론이지만 상대적 효력설에 따를 경우 이론적으로 꼭 명확하게 설명할 수 있는 것은 아니다. 왜냐하면 부동산 매매계약 취소의 효력은 취소채권자와 수익자 사이에만 미치고 채무자와 수익자 사이에는 여전히 부동산 매매계약의 효력이 존속하고 있기 때문이다. 따라서 과연 어떤 근거에 의해 수익자가 채무자에게 부동산 매매대금의 반환을 구할 수 있는지가 명확하지 않다. 개정안은 이에 대한 법률적 근거를 제시한다.

　　참고로 개정안 제1항의 태도에 따르면 수익자가 급여 등을 반환해야 비로소 채무자에게 반대급부를 청구할 수 있다. 즉 양자는 동시이행관계에 있지 않다. 채권자취소권 행사의 목적에 비추어 볼 때 채무자의 반대급부 반환미이행을 들어 책임재산의 회복을 거절하는 사태는 그다지 바람직하지 않기 때문이다. 특히 반대급부가 이루어진 유상거래에 있어서의 사해행위취소는 악의의 수익자에게만 허용된다는 점을 떠올려 보면 선이행관계로 보더라도 가혹하지 않다.

　　개정안 제2항은 법률행위로 수익자의 채권이 소멸된 경우에는 수익자가 급여 또는 가액을 반환한 때 채권이 원상으로 회복된다고 규정한다. 제1항은 수익자가 채권자인 경우에 국한되지 않지만, 제2항은 수익자가 채권자이고 사해행위로 수익자의 채권이 소멸된 경우에 국한하여 적용되는 것이다. 이 조항 역시 채권이 부활하는 법률적 근거를 제시하여 불명확성을 해소하는 의미가 있다. 여기에서는 수익자가 채무자에게 이행한 반대급여가 없으므로 그 반환에 따른 동시이행의 문제도 발생하지 않는다. 수익자의 채권은 수익자의 급여 또는 가액반환이 이루어지자마자 그 범위 내에서 회복된다.

제399조(상대방의 채권의 회복) 채무자의 행위가 부인된 경우 상대방이 그가 받은 급부를 반환하거나 그 가액을 상환한 때에는 상대방의 채권은 원상으로 회복된다.

80) 독일 채권자취소권법 제12조, 오스트리아 채권자취소권법 제15조 및 스위스 강제집행 및 파산법 제291조도 개정안 제407조의5와 같은 내용을 인정한다. 그 이외에도 중간시안 第15. 10‒12 참조.

Ⅳ. 전득자에 대한 특례

현 행	개 정 안
〈신설〉	제407조의6(전득자에 대한 채권자취소권) ① 다음 각호의 어느 하나에 해당하는 경우에는 채권자는 전득자(轉得者)에 대해서도 채권자취소권을 행사할 수 있다. 1. 전득자의 모든 전자(前者)에게 취소의 원인이 있고, 전득자가 전득 당시에 이를 안 때. 다만 전득자가 채무자와 친족이나 그 밖의 특별한 관계에 있는 자인 경우에는 전득 당시에 모든 전자에 대하여 취소의 원인이 있음을 안 것으로 추정한다. 2. 전득자가 무상행위 또는 그와 동일시할 수 있는 유상행위로 인하여 전득한 경우에 모든 전자(前者)에 대하여 취소의 원인이 있는 때 ② 제1항의 경우에 제407조의5를 준용한다.

개정안 제407조의6은 전득자에 대한 채권자취소권 행사의 요건을 별도로 규정한 조항이다.

우선 제1항은 다음과 같은 내용을 담고 있다.

첫째, 전득자가 악의라야 그를 상대로 채권자취소권을 행사할 수 있는 것이 원칙이다(제1항 제1호).

둘째, 전득자의 악의는 채권자가 증명하는 것이 원칙이다(제1항 제1호 본문). 다만 전득자가 채무자와 친족 등 특별한 관계에 있으면 악의를 추정한다(제1항 제1호 단서).

셋째, 무상행위 또는 이와 동일시할 수 있는 유상행위로 전득한 경우에는 전득자의 악의 요건이 필요하지 않다(제1항 제2호).

넷째, 전득자에 대해 채권자취소권을 행사하려면 모든 전자(前者)에게 취소의 원인이 있어야 한다(제1항 제1, 2호).[81]

이 중 첫째부터 셋째 사항까지는 수익자의 경우와 다르지 않다(제406조 제1, 2항, 제406조의2 참조). 특히 수익자의 악의 추정 규정(제406조 제2항)을 둔 것에 대응하여 전득자의 악의 추정 규정도 둘 필요가 있다. 한편 전득자가 채무자와 일정한 관계가 있다는 점만으로 전득자의 악의까지 추정할 수 있는 것인가를 따져볼 필요가 있는데, 이 점은 긍정될 수 있을 것이다. 전득자가 채무자와 밀접한 관계에 있다면, 채무자의 재산 상태는 잘 알고 있을 것으로 추정할 수 있다. 그러한 상태에서는 전득자의 악의를 추정하더라도 부당하지 않다. 그리고 이러한 경우에도 전득자에게 그러한 추정을 깨뜨릴 수 있는 기회를 부여하므로 불공평하다고 할 수는 없다.

다른 한편 전득자가 채무자 아닌 수익자와 밀접한 관계에 있는 경우에는 어떠한가 하는 점인데, 수익자와 밀접한 관계에 있다는 것만으로 전득자가 채무자의 사해의 의사를 알았다고 할 수는 없을 것이다. 채무자회생법도 전득자가 채무자와 특수관계인인 경우만을 규정하고 있다. 독일 채권자취소권법 제3조 제2항, 오스트리아 채권자취소권법 제2조 a) 3도 채무자와 밀접한 관계가 있는 경우만 규정하고 있다.

전득자에 대한 진정한 특례라고 할 수 있는 것은 넷째 사항이다. 모든 전자(前者)에게 있어야 할 취소원인으로서는 채무자의 사해행위와 사해의사, 그리고 수익자 또는 전득자의 악의를 들 수 있다. 채무자의 사해행위와 사해의사는 수익자와 모든 전득자에게 공통적으로 인정되어야 할 요건이므로 별 문제가 없다. 문제는 수익자 또는 전득자의 악의이다. 예컨대 수익자와 전득자 1, 2, 3이 있다면 개정안에 따라 전득자 3에 대해 채권자취소권을 행사하려면 수익자와 전득자 1, 2의 악의까지 인정되어야 한다.

현재 통설은 수익자가 선의여도 전득자가 악의이면 전득자에 대하여 취소권을 행사할 수 있다고 보고 있고,[82] 판례 역시 그와 같다.[83] 그러나 일단 수익자가 선의여서 채무자의 행위를 취소할 수 없게 되었다면, 전득자가 악의라고 하여

---

81) 따라서 전득자의 악의가 필요한 경우 그 악의의 대상은 모든 전자(前者)에게 취소의 원인이 있다는 점이다.

82) 박준서 편, 주석민법 채권총칙 제3판, 2000, 90-91면(이상경 집필부분) 등 참조.

83) 대법원 2006. 7. 4. 선고 2004다61280 판결; 대법원 2012. 8. 17 선고 2010다87672 판결.

취소할 수 없었던 행위가 다시 취소할 수 있게 되는 것은 합리적이 아니다.[84] 상
대적 효력설로부터 당연히 이러한 결론이 도출되는 것도 아니다. 상대적 효력설
은 채권자취소의 효과에 관한 입장이므로 일단 채권자취소권의 행사요건이 갖
추어져야 비로소 논할 수 있는 것인데, 수익자에 대해 채권자취소권의 행사요건
이 갖추어지지 않았다면 수익자의 법적 지위에 기초한 전득자에 대해서도 그 요
건이 갖추어지지 않았다고 해석할 수 있기 때문이다. 채무자회생법 제110조와
제403조 역시 부인권을 행사하기 위해서는 전자(前者)에게 부인의 원인이 있을
것을 요구한다. 개정안은 수익자가 선의이면 악의의 전득자에 대해서도 채권자
취소권을 행사할 수 없도록 함으로써 현재 판례의 태도를 바꾸는 내용을 담고
있다.

한편 제2항은 수익자의 지위에 관한 제407조의5를 전득자에게도 준용하는
조항이다. 따라서 채무자의 법률행위가 취소되어 전득자가 받은 급여 또는 그 가
액을 그 전자(前者)에게 반환한 경우에는 전득자는 자기가 이행한 반대급여 또는
그 가액의 반환을 청구할 수 있다(제407조의5 제1항 준용). 한편 그 이외의 조항들
중에서 채권자취소권 일반에 적용되어야 할 조항들은 명문의 규정 없이도 당연
히 전득자에 대해 적용된다고 보아야 할 것이다.

V. 결 론

이번 민법 개정안에서는 채권자취소권 제도에 관한 큰 변화를 담고 있다. 이
러한 변화는 다음 세 가지 점에서 긍정적인 평가를 받을 수 있다.

첫째, 판례와 학설을 적극적으로 반영하여 법적 불확실성을 제거하였다는
점이다. 조문 숫자가 2개에서 10개로 대폭 늘어난 것이 이를 단적으로 보여준다.
원물반환과 가액반환의 방법과 범위에 관한 규정이나(개정안 제407조의2), 채권자
가 금전 등을 자신에게 반환청구하는 것을 허용한 규정(개정안 제407조의4 제1항)
은 판례를 반영한 예들이다.

둘째, 민법상 채권자취소권과 채무자회생법상 부인권 사이의 정합성을 높였

---

84) 임상민, "수익자 선의와 전득자에 대한 사해행위취소", 저스티스 제136호, 2013, 270면 이하도
   이러한 취지에서 위 판결을 비판한다.

다는 점이다. 채권자취소권과 부인권은 모두 채권자를 해하는 행위의 효력을 부인하여 책임재산(파산재단)의 회복을 도모한다는 공통점을 가지므로 양자의 정합성을 높이는 것이 바람직하다.[85] 사해행위는 채무초과상태를 초래하는 행위인데 이는 곧 파산원인이 될 수 있다는 점을 감안하면 현실적으로 파산절차가 개시되었는지 여부에 따라 채권자의 지위가 현저하게 달라지는 것은 부당하기도 하다.[86] 민법 개정안은 특수관계인인 수익자의 악의를 추정하고(개정안 제406조 제2항), 유상행위와 무상행위를 구별하여 취급하며(개정안 제406조의2), 채권자취소 후 수익자의 지위에 대해 규정하고(개정안 제407조의5), 전득자에 대한 특례를 두는 등(개정안 제407조의6) 양자의 규율내용을 근접시키기 위해 노력하였다.

셋째, 채권자와 수익자, 채권자 상호간의 균형잡힌 규율을 도모하였다는 점이다. 수익자의 악의에 대한 증명책임을 채권자에게 부담시키면서도(개정안 제406조 제1항), 특수관계인인 수익자에 대해서는 악의를 추정한다거나(개정안 제406조 제2항), 무상행위에 있어서 채권자와 수익자의 이익상황이 달라지는 점을 고려하여 무상행위에 대한 특례를 둔 것(개정안 제406조의2)은 채권자와 수익자 상호간의 균형잡힌 미세한 규율을 도모한 결과이다. 한편 채권자취소권의 행사범위를 현재 판례보다 넓혀 책임재산의 회복범위를 확장하고(개정안 제406조의3), 채권자취소의 결과 금전을 수령하는 경우 일정한 기간 동안 모든 채권자들에게 배당에 참가할 기회를 제공하되 그 기간이 지나면 자신의 노력과 비용을 들인 취소채권자의 사실상 우선변제를 허용하는 것(개정안 제407조의4, 민사집행법 개정안 제248조의2)은 채권자평등주의의 토대 위에서 채권자들 사이의 이해관계를 조절하려는 노력의 결과이다.

물론 민법 개정안에 대해서는 다소 어중간한 입법이라는 비판도 가능할 것이다. 가령 채무자회생법상 부인권과의 정합성을 시도한다는 기본방향에도 불구하고, 사해행위 취소대상을 법률행위로 한정하지 않고, 집행행위에 대한 취소를 명시하며, 사해행위와 편파행위나 본지행위와 비본지행위를 구별하여 규율하려는 시도는 논의 과정에서 좌절되었다. 왜 어떤 부분은 채무자회생법의 태도를 따르면서 다른 부분은 그렇지 않았는가에 대한 논리적인 설명이 쉽지 않다. 또한 일본 채권법 개정과정의 논의 과정과 비교해 보면 일본은 이번 기회에 채권자취

---

85) 임채웅, "사해행위와 편파행위에 관한 연구", 저스티스 제94호, 2006, 84-85면.
86) 채무자회생법 제305조 제1항은 채무자가 지급을 할 수 없을 때를 보통파산원인으로, 제306조 제1항은 그 부채의 총액이 자산의 총액을 초과하는 때를 법인의 파산원인으로 각각 규정한다.

소권을 둘러싼 많은 쟁점들을 적극적으로 상세하게 입법하려는 태도를 취하는
반면,[87] 우리 개정안은 논의 과정에서 많은 쟁점들에 대한 개정제안이 현재의 해
석론만으로 가능하다는 이유로 거절됨으로써 다소 소극적인 구체화에 그치게 되
었다. 이미 현행 민법상 제406조와 제407조 두 개 조문의 해석론으로도 채권자취
소권 제도가 그럭저럭 운영되어 왔던 점을 감안하면 왜 어떤 쟁점은 입법화되어
야 하고 어떤 쟁점은 해석론에 맡겨져야 하는지 뚜렷한 기준을 찾기도 어렵다.
다수의 위원들이 최종적으로는 표결에 따라 개별 쟁점을 결정해 나가는 과정으
로부터 불가피하게 비롯된 결과라고 설명할 수밖에 없을 것이다.

　　결국 대부분의 규범이 그러하듯 채권자취소권에 관한 개정안도 빛과 그림자
를 모두 안고 있다. 그러나 전체적으로 보면 현행 민법으로부터 분명히 진일보한
안임에는 틀림없다. 과연 채권자취소권에 관한 부분을 비롯하여 민법 개정안이
국회를 통과하여 시행될 수 있을지는 미지수이다. 그러나 그 시행 여부를 떠나서
민법 개정안은 적어도 중요한 학술적 가치를 지닌다. 두 개의 조항에 의존하여
운영되는 채권자취소권 제도에 관하여 여러 가지 관점에서 비판적인 접근을 시
도하여 해결책을 제시한 결과물이기 때문이다. 이러한 결과물은 현행 민법의 해
석론에도 시사하는 바가 크다. 그 점에서 채권자취소권에 관한 민법 개정안은 그
자체로 연구할 가치가 있다. 이 글이 그러한 연구의 출발점이 되기를 바란다.

〈민사법학 제66호, 2014〉

　　〈추기〉
　　1. 개정안에 대한 또 다른 해설로는 김재형, "채권자취소권에 관한 민법개정
안", 민사법학 제68호, 2014가 있다. 이 글의 필자는 분과위원회 개정안을 주로
작성하였다.
　　2. 채권자취소권에 대한 또 다른 개정 제안으로서 전원열, "채권자취소권의
효력론 비판 및 개선방안", 저스티스 통권 제163호, 2017이 있다. 여기서는 수익
자 앞으로 등기명의를 존치한 채로 취소채권자로 하여금 강제집행을 할 수 있도
록 민법과 민사집행법을 개정하여야 한다고 주장한다.
　　3. 일본 민법은 2017년에 대폭 개정되었는데, 채권자취소권 부분도 많이 바

---

87) 상세한 내용은 일본의 중간시안(http://www.moj.go.jp/content/000112242.pdf) 참조.

꿰었다. 이에 대하여는 신지혜, "사해행위취소권에 관한 일본 개정 민법상 쟁점과 시사점", 민사법학 제83호, 2018 참조.

개정민법상 전자보증 불허의 문제점

1. 서   론

2015. 2. 3. 개정되어 2016. 2. 4.부터 시행될 민법은 보증에 관한 규정을 개정하고, 여행계약에 관한 절을 신설하였다. 이 중 보증에 관한 제428조의2는 보증은 서면에 의하도록 하였다. 종래에도 보증은 서면에 의한 요식행위로 규정하여야 한다는 지적이 많았고, 2008. 3. 21. 제정된 보증인 보호에 관한 특별법(보증인보호법) 제3조 제1항도 그와 같이 규정하고 있었다. 그러나 보증인보호법 제3조는 그 적용범위가 제한되어 있었는데, 개정 민법은 서면보증을 일반화하고, 보증인보호법 제3조는 삭제하였다.

그런데 개정 제428조의 2 제1항 단서는 전자문서에 의한 보증, 즉 전자보증은 허용하지 않는 것으로 하였다. 개정 조항은 다음과 같다.

제428조의2(보증의 방식) ① 보증은 그 의사가 보증인의 기명날인 또는 서명이 있는 서면으로 표시되어야 효력이 발생한다. 다만, 보증의 의사가 전자적 형태로 표시된 경우에는 효력이 없다.

그러나 이처럼 전자보증을 일반적으로 불허하는 것은 이론적인 타당성이 없을 뿐만 아니라, 현실적으로도 전자보증이 많이 행해지고 있기 때문에 혼란을 가져올 우려가 크다. 이 글에서는 이러한 전자보증 불허의 문제점을 살펴보고자 한다.

2. 종래의 법상황과 개정 경과

종래에는 보증계약이 성립하기 위하여 서면과 같은 특별한 형식이 요구되지는 않았다. 그러므로 서면에 의하지 않은 구두 보증도 유효하게 성립할 수 있었고, 또한 서면이나 전자보증도 얼마든지 가능하였다. 서면에 의한 보증을 요구하고 있는 보증인보호법 제3조 제1항도 전자보증을 특별히 불허하고 있지는 않았다. 뿐만 아니라 당시의 전자거래기본법이나 현재의 전자문서 및 전자거래 기본법(전자문서법) 제4조 제1항은 전자문서에도 문서로서의 효력을 인정하고 있다. 그리고 보증인보호법은 신용기금과 같은 기관은 위 법의 적용대상인 보증인에서 배제하고 있다. 그리하여 기술신용보증기금이나 보증보험회사 등 이른바 기관보증을 하는 기관은 전자보증 시스템을 구축하여 전자보증을 이용하고 있다.

　위 민법 개정은 정부의 개정안 제출에 따른 것인데, 정부의 개정안에는 전자보증 불허에 관한 규정이 없었다. 그런데 국회의 심의 과정에서 법원행정처가 보다 신중한 보증계약 체결을 위해 전자문서에 의한 보증은 배제하여야 한다고 하면서, 참고 입법례로 독일 민법 제766조 제2문을 제시하였다. 이러한 법원행정처의 의견이 받아들여져서, 최종 의결된 법안에는 현재와 같이 전자보증을 불허하는 단서 규정이 추가되게 되었다.

3. 유럽의 법상황

　독일 민법 제125조 제3항은 서면방식은 법률에 다른 정함이 없으면 전자적 방식으로써 갈음할 수 있다고 규정하는데, 제776조는 보증계약이 유효하기 위하여는 보증의 의사표시가 서면으로 행하여질 것을 요하지만, 보증의 의사표시를 전자방식으로 하는 것은 배제된다고 규정하고 있다. 그런데 이에 관하여는 두 가지 점을 유의할 필요가 있다. 첫째, 독일 상법 제350조는 보증이 보증인에 대하여는 상행위인 때에는 독일 민법 제766조의 방식규정이 적용되지 않는다고 규정한다. 그러므로 보증인이 상행위로서 보증을 하는 때에는 전자보증을 하더라도 보증의 효력에는 영향이 없다. 둘째, 위 독일 민법 제126조 제3항의 규정은 2000. 6. 8.의 유럽연합 전자상거래 지침(Directive on electronic commerce)을 국내법으로 입법화하기 위하여 신설된 것이다. 위 지침 제9조 제1항은, 유럽연합의 회원국은 그들의 법체계가 계약이 전자적 방식에 의하여 체결되는 것을 허용하는 것을 확실히 하여야 하고, 특히 계약 절차에 관하여 적용되는 법적 요건이 전자적 계약의 사용에 장애가 되거나 또는 그러한 계약이 전자적 방식에 의하여 체결되었다는 이유로 법적 효력이나 유효성이 부정되지 않도록 하여야 한다고 규정하고 있다. 다만 제2항에서는 제1항이 적용되지 않을 수 있는 몇 가지 경우를 (a)에서 (d)까지 들고 있는데, 그 중 (c)는 당사자가 자신들의 영업, 사업 또는 직업(trade, business or profession) 외에서 한 보증이나 담보 제공 계약을 들고 있다. 따라서 당사자가 자신의 영업, 사업 또는 직업의 범위 내에서 하는 보증에 대하여는 전자적 방식이 허용되어야 하는데, 독일 민법 제766조는 상인이 아닌 자가 위와 같은 범위 내에서 전자적 방식에 의하여 한 보증의 효력도 부정하고 있으므로, 위 지침에는 어긋난다는 비판을 받고 있다.

실제로 오스트리아와 프랑스에서는 위 지침을 그대로 국내법으로 입법화하였다. 즉 오스트리아 전자서명법(Bundesgesetz über elektronische Signaturen) 제4조 제2항 제4호는 당사자가 그들의 영업, 사업 또는 직업적 활동 외에서 한 보증에 관하여는 적격의 전자서명이라도 서면으로서의 효력을 발생시키지 못한다고 규정한다. 그리고 프랑스 민법 제1108조의2도 민사이건 상사이건 간에 당사자가 전자적 방식에 의하여 한 보증이나 물적 담보에 관한 증서는 그것이 당사자의 직업을 위한 것이 아닌 한 서면으로서의 효력을 인정할 수 없다고 규정한다. 그러므로 오스트리아와 프랑스에서는 전자적 방식에 의한 보증이라도 그것이 보증을 하는 자의 영업, 사업 또는 직업의 범위 내에서 이루어진 것이라면 유효하게 성립할 수 있다.

4. 개정 조항의 문제점

일반적으로 어떤 법률행위를 요식행위로 하는 경우에는 이는 그러한 법률행위가 있었음을 명확히 하고(증거기능), 당사자로 하여금 그러한 법률행위를 신중하게 하도록 하는 기능(경고기능)을 가지고 있다고 한다. 보증계약을 서면에 의하여 하도록 하는 것도 마찬가지로 그에 의하여 증거기능과 경고기능을 달성하려고 하는 것이다.

그런데 개정 민법은 왜 보증의 의사가 전자적 형태로 표시된 경우에는 효력이 없다고 규정한 것일까? 이는 그러한 경우에는 당사자가 보증을 신중하게 하지 않을 우려가 있다고 보았기 때문이다. 민법개정 당시의 법제사법위원회 법안심사제1소위원회 심의 과정을 보면, 전자문서의 경우에는 일반 종이문서보다는 훨씬 쉽게 의사결정이 되는 경우가 많고, 클릭 하나로 보증을 서게 되는 경우도 생기기 때문에 전자문서는 제외하는 것으로 수정하는 것이 타당하다고 하여 위와 같은 단서가 추가되었다.

그러나 이러한 이유만으로 전자보증을 일체 허용하지 않는다는 것은 합리적이라고 할 수 없다. 보증인이 경솔하게 보증을 하는 것을 막아야 한다는 것에는 이의가 없지만, 보증인이 보증을 영업으로 하는 경우(이른바 기관보증)나 보증이 보증인의 직업 활동과 관련이 있는 경우에는 보증인이 그와 같은 보증을 하여야 할 것인지를 충분히 따져보고 보증을 할 것이라고 보는 것이 합리적이다. 따라서 이러한 보증인에 대하여까지 전자문서에 의하여 보증을 하는 것을 막을 이유는 없다.

다른 한편 전자문서에 의한 보증을 허용하는 것에는 여러 가지 이점이 있다. 우선 전자문서는 종이 문서와 비교할 때 그 작성이나 보관, 유지에 드는 비용이 훨씬 적다. 또 전자문서의 발신과 송신은 거의 동시에 전자적으로 이루어질 수 있기 때문에, 종이 문서의 전달과 비교하여 훨씬 신속하다. 그리고 법령에서 문서 또는 서면에 서명, 서명날인 또는 기명날인을 요하는 경우에는 전자문서에 공인전자서명이 있어야 하므로(전자서명법 제3조 제1항), 그 증명기능도 종이 문서에 비하여 훨씬 뛰어나다. 그러므로 보증인이 경솔하게 보증을 할 위험이 없는 경우라면 전자문서에 의하여 보증을 하는 것을 막을 특별한 이유가 없다.

이보다 한 걸음 더 나아간다면, 이러한 보증인뿐만 아니라 일반적으로 보증 전반을 전자문서에 의하여 하는 것을 허용하는 것도 충분히 생각해 볼 수 있다. 개정 민법 제428조의2 제1항 본문은 보증의 서면에 보증인의 기명날인 또는 서명이 있어야 한다고 규정하고 있다. 만일 보증의 의사를 전자적 형태로 하는 것을 허용한다면 공인전자서명이 기명날인이나 서명을 대체하게 된다(전자서명법 제3조 제1항). 그런데 공인전자서명은 공인인증서에 기초한 전자서명을 말한다(위 법 제2조 제3호). 그러므로 보증인이 공인전자서명을 하려면 공인인증기관으로부터 공인인증서를 발급받아야 하고, 이 공인인증서를 사용하여 전자서명을 하게 된다. 이처럼 번거로운 절차를 거쳐 보증을 하게 되면 종이 문서에 의한 보증보다 더 경솔하게 이루어질 것이라고 말하기는 어려울 것이다. 그러나 현재로서는 일반인이 직업과 관련 없이도 전자문서에 의하여 보증을 하는 일은 별로 없었던 것 같고, 보증인이 채권자를 만나 설명을 듣고 보증서를 작성하는 것이 일반적이

라고 보인다. 따라서 이러한 경우에는 전자문서에 의한 보증을 허용하지 않는다
고 하여 현실적으로 큰 문제는 없을 것이다.

　　그러므로 일정한 범위 내에서는 전자문서에 의한 보증도 허용할 필요가 있
다. 예컨대 민법에 "보증이 보증인의 영업이나 직업과 관련이 없는 경우에는 전
자문서에 의한 보증은 효력이 없다"와 같은 규정을 두는 것이다. 이렇게 하는 것
이 가장 좋다고 보이지만, 만일 아직 시행되지도 않은 민법을 개정하는 것에 현
실적인 어려움이 있다면, 전자문서법에 그러한 취지의 규정을 두면 된다. 상법에
도 그러한 규정을 둘 수 있지만, 가령 신용보증기금과 같은 기관은 상인이 아니
고, 그에 의한 보증도 상행위가 아닐 수 있으므로(대법원 1989. 6. 27. 선고 88다카
16812 판결 참조), 그것만으로는 충분하지 않다.

〈법률신문 2015. 3. 23. 제4304호〉

　　〈추기〉

　　이 글은 법무부의 요청에 의하여 검토한 결과를 바탕으로 쓴 것이다. 그 후
위 개정민법 조항이 시행되기 전인 2016. 1. 19. 전자문서 및 전자거래 기본법 제
4조 제2항이 신설되었다. 이 조항은 "보증인이 자기의 영업 또는 사업으로 작성
한 보증의 의사가 표시된 전자문서는 「민법」 제428조의2제1항 단서에도 불구하
고 같은 항 본문에 따른 서면으로 본다"라고 규정한다. 이 법은 위 민법 조항이
시행되는 2016년 2월 4일부터 같이 시행되었다.

독립적 은행보증의 경제적 합리성과
권리남용의 법리

Ⅰ. 서   론

　근래 특히 국제거래에서는 이른바 독립적 은행보증이 많이 사용되고 있다. 독립적 은행보증이란, 보증계약이 주채무자(보증의뢰인)와 채권자(수익자) 사이의 원인관계와는 독립되어, 그 원인관계에 기한 사유로서는 수익자에게 대항하지 못하고, 수익자의 청구가 있기만 하면 보증인의 무조건적인 지급의무가 발생하게 되는 형태의 보증을 말한다. 다시 말하여 독립적 은행보증은 수익자와 보증의뢰인과의 원인관계와는 단절되는 독립성을 가지고, 이 점에서 독립성의 원칙(independence principle)이 적용된다.

　그런데 이러한 독립성은 수익자인 채권자를 위하여는 대단히 편리하지만, 보증의뢰인인 채무자를 위하여는 매우 불리하게 작용할 위험성을 내포하고 있다. 즉 채무자의 채무불이행이 없었음에도 불구하고 채권자가 일방적으로 보증인에게 지급청구를 하여 보증금을 받아갈 수 있기 때문이다. 물론 아래에서 보는 것처럼 각국에서는 일정한 범위에서는 독립성의 예외를 인정하여, 채권자의 부당한 청구로부터 채무자를 보호하려고 하고 있다. 그러나 그것만으로는 채무자의 보호를 위하여 불충분하므로 독립적 은행보증은 경제적 합리성이 없고, 채무자의 입장에서는 불공정한 것이어서 인정되어서는 안 된다거나, 또는 채무자의 보호를 좀더 강화하여야 하는 것은 아닌가 하는 의문이 제기될 수 있다. 실제로 우리나라 하급심의 판결례를 살펴보면 독립성의 예외를 비교적 넓게 인정하는 경우를 찾아볼 수 있는데, 이는 독립적 은행보증이 채무자에게 불리한 제도라고 보기 때문이라고 생각된다.

이 글의 목적은 이러한 점을 염두에 두면서, 주로 독립적 은행보증이 과연 경제적 합리성을 가지는 제도인가, 독립성의 예외는 어떤 범위에서 인정되어야 하는가에 대하여 따져 보고자 한다. 논의의 순서로서는 우선 독립적 은행보증은 어떤 것인지를 좀더 구체적으로 알아보고, 그 특성인 독립성과 독립성의 예외가 현재 어느 정도로 인정되고 있는지를 살펴본다. 나아가 독립적 은행보증의 합리성이 인정되어야 할 것인지, 그리고 독립성의 예외는 어느 범위에서 인정되어야 하는가 하는 점에 관하여 필자의 생각을 밝힌다.

Ⅱ. 독립적 은행보증의 의의와 기능

1. 독립적 은행보증의 의의와 독립성

독립적 은행보증에서는 보증의뢰인, 보증은행 및 수익자의 3당사자가 존재한다. 보증의뢰인은 은행에 수익자에 대하여 보증하여 줄 것을 의뢰하는 당사자로서, 수익자에 대한 관계에서는 채무자에 해당한다. 수익자는 보증의뢰인의 채무불이행이 있음을 주장하여 은행에 보증금의 지급을 청구할 수 있는 당사자로서, 보증의뢰인에 대한 관계에서는 채권자에 해당한다. 보증은행은 하나인 경우도 있지만, 이른바 간접보증의 경우에는 두 개일 수 있다. 간접보증의 경우에는 수익자에 대하여 직접 보증을 하는 은행은 대체로 수익자의 나라에 있는 은행(제2은행)이고, 위 은행이 지급을 하는 경우에 그 구상권 행사에 대한 보증(구상보증 또는 역보증)을 보증의뢰인의 나라에 있는 은행(제1은행)이 하는 형태를 말한다. 이때에는 보증의뢰인과 직접 보증을 하는 제2은행 사이에는 직접적인 계약관계가 없고, 보증의뢰인이 제1은행에 보증을 의뢰하면 제1은행이 다시 제2은행에게 보증을 의뢰하는 것이 보통이다.[1] 이러한 간접보증의 경우에는 사기 또는 권리남용의 요건이 수익자에게만 있으면 충분한가, 아니면 수익자와 제2은행에게 공

---

1) 윤진수, "독립적 은행보증과 지급금지 가처분 신청금지 약관의 효력", 민법논고 Ⅲ, 2008, 112
   면(처음 발표: 1995); Roeland Bertrams, Bank Guarantees in International Trade, 3rd ed., Kluwer
   Law International, 2004, p. 18 등 참조.

통으로 존재하여야 하는가에 관하여 과거에 논란이 있었으나, 현재는 일반적으로 제2은행도 수익자에게 지급을 할 당시에 사기 또는 권리남용 사실을 알았어야 한다고 보고 있다.[2]

독립적 은행보증의 독립성을 좀더 구체적으로 설명한다면 다음과 같다. 즉 독립적 은행보증은 주채무에 대한 관계에서 부종성을 지니는 통상의 보증과는 달리, 주채무자(보증의뢰인)와 채권자(수익자) 사이의 원인관계와는 독립되어, 그 원인관계에 기한 사유로서는 수익자에게 대항하지 못하고, 수익자의 청구가 있기만 하면 보증인의 무조건적인 지급의무가 발생하게 되는 것을 말한다. 따라서 보증인으로서는 수익자의 청구가 있기만 하면, 실제로 보증의뢰인이 수익자에 대한 관계에 있어서 채무불이행책임을 부담하게 되는지의 여부를 불문하고 그 보증서에 기재된 금액을 지급할 의무가 있다.[3] 용어상으로는 독립성이라는 말 외에 독립·추상성이라고도 하고,[4] 무인성(無因性)이라는 말도 쓰인다.[5]

독립적 은행보증을 나타내는 용어로는 여러 가지가 있다. 독립적 은행보증(independent bank guarantee)이라는 말이 많이 쓰이고 있지만, 보증인이 반드시 은행에 한하는 것은 아니라는 점에서 독립적 보증(independent guarantee)이라고도 하고, 최초 청구보증(first demand guarantee) 또는 청구보증(demand guarantee)이라고도 부른다. 다른 한편 미국에서는 독립적 은행보증 대신 보증신용장(standby letter of guarantee)이 많이 쓰이고 있다. 보증신용장은 과거에 미국에서 은행이 보증을 하

---

2) 윤진수(주 1), 112면; Bertrams(주 1), pp. 423 ff.; Graf von Westphalen und Jud (hrsg.), Die Bankgarantie im internationalen Handelsverkehr, 3. Aufl., Verl. Recht und Wirtschaft, 2004, S. 268 f.(Graf von Westphalen); 서울고등법원 2001. 2. 27. 선고 2000나8863 판결 등.

3) 대법원 1994. 12. 9. 선고 93다43873 판결.

4) 김선국, "독립적 은행보증의 법리", 재산법연구 제25권 제1호, 2008, 308면 이하. 여기서는 추상성이란 독립적 은행보증거래가 서류에 의한 거래라는 것이고, 독립성이란 독립적 은행보증서가 원인거래에 기초하여 발행되지만 독립적 은행보증을 중심으로 한 당사자 간의 법률관계는 그러한 원인거래에 영향을 받지 않는 별개의 거래라는 것을 의미한다고 설명한다. 대법원 1997. 8. 29. 선고 96다43713 판결 등 일련의 판례는 신용장은 독립·추상성을 가진다고 보고 있다.

5) 대법원 1994. 12. 9. 선고 93다43873 판결은 은행보증은 수익자와 보증의뢰인과의 원인관계와는 단절된 추상성 내지 무인성을 가진다고 설시하고 있다. 그러나 김형석, "보증계약과 손해담보계약", 저스티스 제77호, 2004, 53면 이하는, 독립적 은행보증을 포함하는 손해담보계약은 그 비부종성에도 불구하고 일정한 사건의 발생, 특히 일정한 급부의 이행을 담보하는 것을 내용으로 하는 계약이고, 그러한 한에서 전형적인 담보목적을 가지고 있는 유인적(有因的) 채권계약으로 보아야 한다고 주장한다. 다른 한편 박영복, "신용담보수단으로서 손해담보계약", 사법행정 제406호, 1994, 31면은 손해담보계약은 기본계약관계에 "외적 무인성"을 지니나, 급부의 목적으로서 담보원인이 계약내용을 이루므로 "내적 유인성"을 지닌다고 한다.

는 것이 제한되어 있었기 때문에 위와 같이 신용장의 방식을 이용하여 보증을
하게 된 것으로서, 그 실질적인 법률관계는 독립적 은행보증과 크게 다르지 않
다.6)

   아래에서 살펴볼 "독립적 보증과 보증신용장에 관한 유엔협약(United Nations
Convention on Independent Guarantees and Stand-By Letters of Credit)7)은, 이 협약은 국
제적인 보증(international undertaking)에 적용된다고 하면서, 적용되는 대상인 보증
을 대체로 다음과 같이 정의하고 있다. 즉 보증이란 국제실무에서 독립적 보증
(independent guarantee) 또는 보증신용장(stand-by letter of credit)으로 알려져 있는 것
으로서, 은행 또는 다른 기관이나 사람(보증인/발행인)이, 단순히 청구하거나, 또는
보증의 조항과, 보증에 의한 다른 문서 조건에 부합하는, 의무 불이행, 다른 우발
적 사고로 인한, 또는 차용하였거나 선급된 돈 또는 채무자/보증의뢰인이나 다른
사람이 부담한 이행기에 이른 채무의 지급의무가 도래하였다는 점을 나타내거나,
또는 이를 추론할 수 있는 다른 서류와 함께 청구하면, 수익자에게 특정한 또는
확정할 수 있는 금액을 지급하기로 하는 독립적 확약(independent commitment)이라
는 것이다.8) 여기서 중요한 것은, 수익자가 단순히 요구하거나 또는 보증의뢰인
의 지급의무가 있음을 나타내는 다른 서류와 함께 요구하면 보증인이 보증한 금
액을 지급하여야 한다는 것으로서, 보증의뢰인의 의무불이행이 있음을 증명할
것을 요구하지는 않는다는 점이다. 다른 서류 없이 수익자가 단순히 요구하기만
하면 보증 은행이 지급하여야 하는 단순청구보증(simple demand guarantee)은 주로
중동 지방에서 많이 쓰였다. 그러나 현재는 많은 지역에서 수익자가 보증 은행에
게 지급을 청구하기 위하여는 채무자의 채무불이행이 있었다는 진술을 첨부하도
록 하고 있다. 그렇지만 뒤의 경우에도 수익자가 채무자의 채무불이행을 증명하

---

6) 송상현, "보증신용장의 독립성에 관한 소고", 서울대학교 법학 제26권 2/3호, 1985, 175-6면 참
   조. 그러나 현재에는 미국에서도 은행의 보증이 허용되고 있다.

7) 이하 유엔협약이라고만 한다.

8) Article 2 (1): For the purposes of this Convention, an undertaking is an independent commitment,
   known in international practice as an independent guarantee or as a stand-by letter of credit, given
   by a bank or other institution or person ("guarantor/issuer") to pay to the beneficiary a certain or
   determinable amount upon simple demand or upon demand accompanied by other documents, in
   conformity with the terms and any documentary conditions of the undertaking, indicating, or from
   which it is to be inferred, that payment is due because of a default in the performance of an
   obligation, or because of another contingency, or for money borrowed or advanced, or on account
   of any mature indebtedness undertaken by the principal/applicant or another person.

여야 하는 것은 아니다.[9]

실제로 독립적 은행보증임을 나타내기 위해서는 여러 가지 표현이 쓰인다. 보통 "이의 없이(without objection)", "이의에 관계없이(regardless of objection)", "이의에 불구하고(despite any objection)" 등의 문구가 자주 사용된다.[10]

독립적 은행보증이 사용되는 전형적인 예를 든다면 다음과 같다. A 기업이 다른 나라에 있는 B 기업으로부터 그 나라에서 건설공사를 할 것을 도급받은 경우에, B 기업은 A 기업이 계약을 제대로 이행하지 않을 경우에 대비하여 은행으로부터 보증을 받을 것을 요구한다. 이와 같은 은행의 보증이 있으면, B 기업은 은행에 A 기업의 불이행을 증명함이 없이 그 보증 금액의 지급을 청구할 수 있고, 은행은 A 기업의 불이행이 없었다는 등의 이유로 그 지급을 거절할 수는 없다. 독립적 이행보증은 이행보증(performance guarantee)[11] 외에도 입찰 보증(tender guarantee), 유지 또는 담보 보증(maintenance or warranty guarantee),[12] 환급보증(refund guarantee)[13] 등 여러 가지 형태로 이용되고 있다.[14] 그리고 독립적 은행보증은 반드시 국제적 거래에만 이용되고 있는 것은 아니며, 국내 거래에서 사용되기도 한다.

원래 독립적 은행보증은 거래의 필요에 의하여 자연적으로 발생한 것으로서, 초기에는 이에 관한 직접적인 법규범이 없었고, 오늘날도 대부분의 나라에서

---

9) Bertrams(주 1), p. 49 참조.

10) Bertrams(주 1), p. 52 참조. 대법원 1994. 12. 9. 선고 93다43873 판결에서는 보증서에 "수급인이 계약조건의 어느 것이라도 불이행하였다고 귀하가 그 절대적 판단에 따라 결정한 때에는 보증인은 귀하의 서면에 의한 요구가 있으면 수급인의 어떤 반대에도 불구하고 즉시 귀하가 요구하는 금액을 … 지급하겠습니다(On the contractor's failure to fulfill any of the conditions of the contract as determined by you in your absolute judgement, the garantor shall forthwith on demand made by you in writing and notwithstanding any objection by the Contractor pay you such amount or amounts …)"라고 기재되어 있었다. 윤진수(주 1), 101-102면 참조. 서울고등법원 2001. 2. 27.선고 2000나8863 판결에서 문제된 보증서에서는 "귀사의 절대적인 판단에 따른 최초의 서면통지가 있으면, … 귀사가 청구하는 금액을 지급할 것을 무조건적으로 보증합니다(We hereby unconditionally guarantee to put under your disposal an amount … upon receiving your first written notice … according to your absolute judgment)"라는 문구가 사용되었다.

11) 앞에서 예로 든 건설공사에 따르는 보증은 이행보증에 속한다. 서울고등법원 2008. 2. 28. 선고 2007라604 결정의 사안은 교량 상판의 공급 계약의 이행 보증을 위하여 독립적 은행보증이 이루어진 경우였다.

12) 일단 완성한 제품이나 건축물 등에 하자가 있는 경우 이를 담보하기 위한 보증.

13) 예컨대 선박수출거래에서 수입자가 수출자에게 지급한 선수금의 상환을 담보하는 경우. 김상만, "선박수출거래에서 환급보증(Refund Guarantee)의 특성과 문제점에 대한 연구", 서울대학교 법학 제52권 제3호, 2011, 449면 이하 참조.

14) Bertrams(주 1), pp. 37 ff. 참조.

는 판례에 의하여 규율되고 있다. 그러나 이에 관한 성문법도 생겨나고 있다. 현재 독립적 은행보증에 관하여 국제적으로 구속력이 있는 협약으로서는 앞에서 언급한 유엔협약이 있다. 이 협약은 유엔의 국제상거래법위원회(UNCITRAL)에 의하여 마련되었고, 1995년 유엔 총회에서 채택되어 2000년 1월 1일 발효되었지만, 현재 가입국이 8개국에 불과하여 실제로 적용되는 범위가 넓지는 않다.[15] 그리고 국내법에서 규정하고 있는 나라로는 미국과 프랑스가 있다. 미국의 통일상법전(UCC) 제5편(Article 5)은 보증신용장을 포함한 신용장 일반에 관하여 규정하고 있다.[16] 프랑스는 2006년 민법을 개정하면서 제2321조에서 독립적 보증(garantie autonome)을 규정하였다.[17] 그리고 공통참조기준초안(Draft Common Frame of Reference, DCFR)[18]도 독립적 은행보증에 대하여 규정하고 있다. 이들은 모두 언제 독립성 원칙에 대한 예외가 인정되는가 하는 점에 관하여도 규정하고 있다. 이들에 대하여는 아래에서 다시 살펴본다.

그 밖에 독립적 은행보증에 관하여 국제 거래에서 많이 이용되고 있는 것으로는 국제상업회의소(International Chamber of Commerce, ICC)가 제정한 청구보증에 관한 통일규칙(Uniform Rules for Demand Guarantees, URDG)[19]과, 1998년 미국의 국

---

15) 이에 대한 국내의 문헌으로는 김선국, "독립적 보증과 보증신용장에 관한 유엔협약", 비교사법 제3권 2호, 1996, 23면 이하; 박석재, "독립적 보증 및 스탠드바이 신용장에 관한 유엔협약", 상사법연구 제22권 5호, 2004, 329면 이하; 석광현, "국제신용장거래와 사기의 원칙에 관한 소고", 법학논총 제21집, 2004, 104면 이하 등이 있다.

16) 김선국(주 4), 314면 이하 참조. 통일상법전(Uniform Commercial Code, UCC)은 1952년에 "통일주법을 위한 위원들의 전국 회의(National Conference of Commissioners on Uniform State Laws)"와 미국법학원(American Law Institute)가 만든 상사거래에 관한 모범법안이다. 이 통일상법전은 그 자체로는 법률적인 효력을 가지지 않으나 미국의 거의 모든 주가—다소간의 수정은 있지만—이를 자체의 법률로 채택하였다. UCC는 그 후에도 계속적으로 수정되고 있다. 통일상법전 제5편은 1995년 개정되었다. 이에 대하여는 유중원, "미국 통일상법전(UCC) 개정 Article 5에 관한 고찰", 법조 제47권 4호, 1998, 232면 이하 참조.

17) 김성수, "프랑스 민법전의 독립적 채무보증(garantie autonome)에 관한 연구", 민사법학 제49-2호, 2010, 81면 이하 참조.

18) 이는 2005년 유럽위원회(European Commission)가 2005년에 유럽 사법에 관하여 공통참조기준(Common Frame of Reference)을 만들기 위하여 유럽민법전 연구그룹(Study Group on a European Civil Code)과 현재의 유럽공동체사법 연구그룹(Research Group on Existing EC Private Law, acquis group)에게 의뢰하여 만들어진 것이다. 권영준, "유럽사법(私法)통합의 현황과 시사점 : 유럽의 공통참조기준초안(Draft Common Frame of Reference)에 관한 논쟁을 관찰하며", 비교사법 제18권 1호, 2011, 35면 이하 참조. 국내에서는 공통참조요강초안, 공통준거기준안이라고 번역되기도 한다.

19) 1992년에 URDG 458이 처음 제정되었고, 2009년 개정되어 2010년부터 시행되고 있는 것은 URDG 758이다. 채동헌, "URDG 758을 중심으로 한 국제거래에서의 청구보증(demand guarantee)에 관한 해석론", 민사판례연구 35권, 2013, 893면 이하 참조.

제은행법률실무협회(Institute of International Banking Law & Practice)가 만든 보증신용장통일규칙(International Standby Practices, ISP98)[20]이 있다. 이들은 그 자체 구속력이 있는 법규범은 아니지만, 당사자가 이를 계약의 일부로 채택함으로써 적용되는 것이다. 그런데 이들은 독립성의 예외에 대하여는 따로 규정하고 있지 않다. ISP98 1.05는 명시적으로 이 문제는 다루지 않는다고 밝히고 있다.

2. 독립적 은행보증의 기능

가. 독립성의 인정근거

독립적 은행보증의 독립성은 왜 인정되는가? 이 점은 대체로 다음과 같이 설명되고 있다. 즉 독립적 보증을 그 바탕을 이루는 계약관계와는 단절시켜, 수익자에게 계약 위반이 있었는가에 관한 보증의뢰인의 이의에도 불구하고 지급이 이루어질 것이라는 확실한 보장을 제공함으로써, 독립적 보증을 손에 쥐고 있는 현금과 마찬가지로 신뢰할 수 있는 것으로 만든다는 것이다.[21] 만일 채권자가 보증채무의 이행을 청구하기 위하여 채무자의 채무불이행 사실을 증명하도록 한다면, 이를 위한 판결이나 중재판정 등을 받기 위하여 많은 시간이 소요되므로, 특히 국제적인 거래의 경우에는 원활한 거래가 이루어지는데 장애가 된다. 실제로 영국 고급 법원(High Court)의 허스트(Hirst) 판사는, 취소불능 신용장과 은행보증은 거래에서 생명의 피(lifeblood)와 같은 역할을 하는데, 법원이 개입하여 신용장과 은행보증에서 나오는 권리를 손에 쥐고 있는 현금과 마찬가지로 취급하는 상업적인 관행을 교란시킨다면, 혈전(thrombosis)이 생길 것이라고 하였다.[22]

다른 한편으로는 독립성은 보증은행으로 하여금 수익자의 청구가 이유 있는 것인지를 조사할 의무를 면하게 해 준다. 독립성이 인정되기 때문에, 보증의뢰인인 채무자가 수익자인 채권자에 대하여 가지는 항변을 보증인이 원용하지 못하게 되기 때문이다. 여기서 말하는 항변은 주로 채무자의 채무불이행이 없었다는 것을 말한다.

---

20) 박세운, "ISP98의 특성과 UCP600과의 비교연구", 무역상무연구 제41권, 2009, 51면 이하 참조.
21) Nelson Enonchong, The Independence Principle of Letters of Credit and Demand Guarantees, Oxford University Press, 2011, pp. 68 ff.
22) Hong Kong and Shanghai Banking Corp v Kloeckner & Co AG, [1990] 2 Q.B. 514, 523-524.

나. 독립적 은행보증의 기능

이러한 독립성이 인정됨으로 말미암아 독립적 은행보증은 비로소 본래의 기능을 발휘할 수 있다. 독립적 은행보증은 원래 담보적 기능을 수행하기 위하여 만들어졌다. 뿐만 아니라 수익자는 보증의뢰인의 채무불이행을 증명할 필요가 없이 보증은행에게 청구만 하면 지급을 받을 수 있으므로, 독립적 은행보증은 수익자가 마치 현금을 보유하고 있는 것과 같은 기능을 수행한다.[23]

또한 독립적 은행보증은 보증의뢰인과 수익자 사이의 위험을 보증의뢰인이 지도록 한다. 즉 수익자는 보증의뢰인의 의무불이행으로 인하여 손해를 입을 수 있는 위험을 거의 완전히 회피할 수 있는 반면, 보증의뢰인은 자신의 의무불이행이 없음에도 불구하고 보증 은행이 수익자의 청구에 의하여 수익자에게 지급한 후 자신에게 구상하는 위험을 부담하게 된다.[24] 이러한 경우에는 보증의뢰인은 수익자에게 부당이득 등을 이유로 하여 지급받은 금액의 반환을 청구할 수밖에 없으나,[25] 그 청구가 성공할 것인가 하는 위험은 보증의뢰인이 지게 된다. 독일에서는 이를 가리켜 "우선 지급하고 나중에 소송을 한다(Erst zahlen, dann prozessieren)"라고 표현한다.[26]

그리고 독립적 은행보증은 수익자의 보증의뢰인에 대한 계약 이행을 위한 압박 수단으로 쓰일 수도 있다.[27] 그 외에도 수익자를 위험으로부터 보호함으로써 계약 등이 가능하게 하는 금융적 기능을 수행하며, 수익자에게 보증의뢰인의 재정 상황과 이행할 능력을 알려줄 수도 있다.[28][29]

---

23) Bertrams(주 1), p. 14는 유동성 또는 현금 또는 신속한 지급 기능(liquidity (or 'cash' or 'prompt payment') function)이라는 표현을 사용하고 있고, Stefan Arnold, Die Bürgschaft auf erstes Anfordern im deutschen und englischen Recht, Mohr Siebeck, 2008, S. 18도 유동성기능(Liquiditätsfunktion)이라고 부른다. 橋本喜一, 銀行保證狀論, 增補版, 中央公論事業出版, 2010, 39면 이하는 현금예탁적 기능이라는 용어를 사용한다.

24) Bertrams(주 1), p. 13; Arnold(주 23), S. 19 ff..

25) 김형석(주 5), 61면은 채무자의 반환청구는 원칙적으로 부당이득반환 청구권으로 이해함이 타당하다고 한다.

26) Graf von Westphalen(주 2), S. 3. 橋本喜一(주 23), 39면은 이를 분쟁의 치환기능이라고 부른다.

27) Bertrams(주 1), p. 14; Arnold(주 23). S. 20 f.

28) Bertrams(주 1), p. 14; Arnold(주 23). 橋本喜一(주 23), 40면은 이를 신용의 보완적 기능이라고 부른다.

29) 橋本喜一(주 23), 2010, 39면 이하는 은행보증장(Bank Guarantee)의 기능을 현금예탁적 기능, 분쟁의 치환기능, 신용의 보완적 기능, 청산적 기능 등으로 나누어 설명하고 있다.

Ⅲ. 독립성의 예외

1. 각국의 판례

그런데 이처럼 독립적 은행보증의 독립성을 강조하면, 보증의뢰인이 아무런 채무불이행을 하지 않았음에도 불구하고 수익자가 독립성을 악용하여 보증은행으로부터 돈을 지급받을 수 있고, 보증은행은 보증의뢰인에게 구상을 하게 될 것이기 때문에 보증의뢰인이 피해를 볼 위험이 크다. 그리하여 각국의 판례는 사기(fraud) 또는 권리남용의 법리에 의하여 일정한 사유가 있으면 보증은행이 수익자의 지급청구를 거절할 수 있다고 인정하고 있다. 이는 원래 신용장 거래에서 처음 인정된 것이지만, 현재에는 독립적 은행보증에 관하여도 마찬가지로 인정되고 있고, 앞에서 본 독립적 은행보증에 관한 성문법들도 이러한 예외를 인정하고 있다.

가. 미　　국

미국에서 신용장에 관하여 사기가 지급 거절 사유가 될 수 있다는 것은 뉴욕의 주 법원이 1941년 선고한 Sztejn v. J. Henry Schroder Banking Corp. 판결이 효시가 되었는데,[30] 그 후의 미국 판례는 보증신용장에 관하여도 이러한 법리를 적용하고 있다.[31] 여기서 무엇을 사기로 볼 것인가가 문제되는데, Sztejn 판결을 선고한 신탁(Shientag) 판사는 신용장 거래에 관하여, 매도인이 고의적으로(intentionally) 상품을 선적하지 않은 것을 사기로 보았다.[32] 그 후의 판례 가운데에는 터무니없는 사기(egregious fraud)가 있어야만 독립성의 원칙의 예외가 인정될 수 있다고 본 것들이 있는 반면, 추정적인 사기(constructive fraud)만으로 충분하다고 한 판결들도 있었다.[33]

---

30) 177 Misc. 719(Supreme Court, Special Term, New York County).

31) 예컨대 Intraworld Industries, Inc. v. Girard Trust Bank, 461 Pa. 343 (Supreme Court of Pennsylvania, 1975) 등. 영미법상 신용장 및 보증신용장의 독립성의 예외로서 사기 법리가 발전된 과정에 관하여 상세한 것은 Ross P. Buckley & Xiang Gao, "The Development of the Fraud Rule in Letter of Credit Law: The Journey so far and the Road ahead", 23 U. Pa. J. Int'l Econ. L. 663(2002) 참조.

32) Sztejn, 31 N.Y.S.2d at 634-35.

33) Gao Xiang and Ross P. Buckley, "A Comparative Analysis of the Standard of Fraud required under the Fraud Rule in Letter of Credit Law", 13 Duke Journal Of Comparative & International Law 293, 298 ff.(2003) 참조.

이러한 사기의 항변은 보증의뢰인이 보증은행을 상대로 하여 수익자에게 돈을 지급하여서는 안 된다는 금지명령(injunction)을 청구하면서 제기되는 경우가 많은데, 미국의 법원은 1979년 이란 혁명 후 이란측이 수익자였던 사건들에서 금지명령을 인용하기도 하였으나, 그 후에는 거의 금지명령을 인용하지 않고 있다.34)

나. 영　　국

영국의 상황도 대체로 미국과 같다. 즉 사기의 경우에는 독립성의 예외가 인정될 수 있다고 하면서도, 실제로는 사기가 있었다고 인정하는 경우가 거의 없어서, 실제로 보증의뢰인이 보증은행을 상대로 하여 제기하는 지급금지명령은 받아들여지지 않고 있다. 대표적인 판례로는 영국 항소법원(Court of Appeal)이 1977년 선고한 Edward Owen Engineering Ltd. v Barclays Bank International Ltd. and Another 판결35)을 들 수 있다. 이 사건에서는 원고들이 리비아 고객을 위하여 온실을 짓기로 하였는데, 원고들의 채무 이행 보증을 위하여 피고 바클레이즈 은행이 리비아 은행에 대하여 청구가 있으면 증명 또는 조건 없이 50,203파운드를 지급하기로 하는 이행증서(performance bond)36)를 발급하여 주었고, 리비아 은행은 리비아 고객에 대하여 같은 금액의 보증 증서를 발급하여 주었다. 그런데 리비아 고객이 원고들과 계약상 약정된 원고들을 위한 신용장을 개설하여 주지 않자, 원고들은 계약이 해제되었다고 주장하면서 피고 은행을 상대로 보증금의 지급을 금지하여 줄 것을 명하는 금지명령을 신청하였다.37)

항소법원의 데닝 경은, 보증 증서는 신용장과 많은 유사성이 있고, 신용장과 마찬가지로 당사자들 사이의 분쟁에 관계 없이 은행에게 절대적인 지급의무를 부과한다고 하였다. 그러나 이러한 원칙에 대하여는, 은행에게 알려진 확정되거나 명백한 사기의 경우에는 예외가 인정된다고 하면서, 미국의 Sztejn 판결을 인용하였다. 그런데 이 사건에서는 피고 은행이 리비아 은행이 청구하면 증명이나 조건 없이 지급하겠다는 보증을 하였고, 청구가 있었으므로 피고는 이를 지켜야

---

34) 김선국(주 4), 312면 이하 참조.
35) [1978] 1 All E.R. 976.
36) 영국에서는 이행증서(performance bond)가 독립적 은행보증과 같은 의미로 쓰인다. Ali Malek QC and David Quest, Docunebtary Credits, 4th ed., 2009, 12. 2. 참조.
37) 사실관계를 상세하게 소개하고 있는 국내문헌으로는 김정호, "유럽의 독립적 은행보증제도에 대한 법적 연구", 경영법률 제9집, 1999, 370면 이하가 있다.

하며, 법원은 은행의 의무에 개입할 수 없다고 하였다. 브라운 판사는, 리비아의 고객이 신용장 발급에 관한 계약상 의무를 이행하지 않았고, 그 결과 원고들이 계약 해제를 주장할 수 있다고 하더라도, 이는 사기가 있었다고 확인하는 것의 근처에도 가지 못한다고 하였다. 그리고 조프리 래인 판사는, 리비아 고객이 신용장을 개설해 달라는 원고들 청구에 답변하지 않았고, 원고들의 채무불이행을 증명하려고 하지 않았지만, 그것만으로 사기의 증명이 있었다고 할 수 없다고 하였다. 이는 의심스럽고, 교활한 수작일 수도 있지만, 은행에 대하여 사기가 있음이 자명하거나 명백하게 만드는 증거라고 할 수 있는 것은 전혀 없다고 하였다. 래인 판사는, 이것이 가혹한 결과일 수도 있지만, 매도인(원고들)은 그러한 위험을 알았음에 틀림없고, 몰랐다 하더라도 이를 알았어야 하였으며, 그들이 이행증서의 조항을 받아들일 것을 거부하든지, 아니면 현재와 같은 상황이 생길 것에 대비하여 가격을 조정하든지 하였어야 한다고 판시하였다.

　　이 이후에도 영국의 법원은 거의 사기를 인정하지 않아서,[38] 실제로 영국 법원은 사기의 예외를 실제로는 적용될 수 없는 이론적인 원리로만 다루고 있는 것처럼 보인다고 하는 설명도 있다.[39]

다. 프 랑 스

　　프랑스의 판례도 이러한 사기의 예외를 인정하고 있다. 프랑스 파기원은 "사기는 모든 것을 무효화한다(fraus omnia corrumpit)"는 법언을 인용하면서, 명백한 사기(fraude manifeste)가 있으면 최초 청구 보증(la garantie à première demande)의 독립성에 대한 예외를 인정할 수 있다고 하였다.[40] 1986. 6. 10. 판결이 다룬 사건에서는, 원고 회사가 이란의 석유회사와 파이프라인 부식 방지 장치를 공급하여 설치하고 작동시키는 계약을 체결하였다. 원고 회사의 채무 이행 보증을 위하여 원고의 의뢰에 따라 이란의 은행이 이란 석유 회사를 수익자로 하는 보증서를 발행하였고, 프랑스의 파리바 은행은 이란 은행에 대하여 다시 역보증(contre-garantie)을 하였다. 그 후 이란 석유회사의 청구에 따라 이란 은행이 파리바 은행에 대하여 역보증의 이행 청구를 하자, 원고 회사가 은행들을 상대로 하

---

38) 보증의뢰인이 보증은행을 상대로 하여 제기한 지급금지명령의 신청이 받아들여진 거의 유일한 예로는 Kvaerner John Brown v. Midland Bank, Q. B. [1998] C.L.C. 446이 있다.

39) Bertrams(주 1), pp. 345 ff.

40) Cass. com. 10 juin 1986, Bull. civ. IV, n° 117 등. 프랑스의 판례에 대하여는 Bertrams(주 1), pp. 342 ff.; 김성수(주 17), 89면 이하; 김정호(주 37), 382면 이하 참조.

여 보증 및 역보증금의 지급을 하지 말라는 청구를 하였다.

파기원은, 최초 청구 보증은 기본 계약과 독립된 것이기는 하지만, 계약 위반의 항변을 금지하는 것은 명백한 사기의 경우에는 적용되지 않는다고 하였다. 그런데 이 사건의 경우에는 이란 석유 회사가 발급한 공사의 100% 완료 증명서와 주임 기사 및 경리 부서가 승인한 지급 증서에 의하여 지급할 의무가 있음이 확인되는 금액을 지급하지 않았고, 이란 석유 회사가 원고에게 요구하여 행한 추가 공사대금이 지급되지 않았음을 이란 회사가 다투지 않고 있으므로, 항소법원이 보증의 이행청구가 사기적이라고 본 것은 잘못이 없다고 하였다.

한 문헌은, 프랑스에서는 대략 1990년까지는 금지명령이 인용되는 비율이 네덜란드, 독일 및 벨기에보다 상당히 높았고, 하급심 법원은 어느 정도 느슨하게 사기의 증명을 받아들였지만, 현재는 프랑스의 상급심 법원도 사기의 증명에 관하여 엄격한 기준을 세웠고, 사기의 개념에 관하여도 다른 세 나라보다 더 넓게 보지 않는다고 설명하고 있다.[41]

라. 독일과 오스트리아

독일 판례는 신의성실의 원칙 내지 권리남용의 법리에 근거하여 독립성의 예외를 인정한다. 대표적인 판례가 독일연방대법원 1984. 3. 12. 판결[42]이다. 이 사건 원고들은 영국에 사는 이란 사람들인데, 1978. 11. 24. 자신의 대리인을 통하여 소외인에게 테헤란에 있는 자신의 부동산을 임대하면서, 임대차 종료 후 임차인이 목적물 인도의무를 이행하지 않을 경우에 대비하여 자신의 대리인을 수익자로 하는 은행보증을 요구하여, 피고은행은 임차인이 1980. 6. 30.까지 위 부동산을 명도하지 않을 경우에는 그로부터 1개월 내에 대리인의 청구만 있으면 보증서에 기재된 금액을 지급하기로 하는, 대리인을 수익자로 하는 보증서를 발급하였다. 위 임대차의 기간은 원래 1980. 3. 31.까지였는데, 1979. 11. 11. 테헤란 시장이 임대차 목적물인 부동산이 국유화되었다고 하여 임차인에 대하여 그 명도를 요구하여, 1980. 2. 5.에 이르러 테헤란 시장으로부터 위 부동산의 점유를 허가받은 제3자가 종국적으로 위 부동산의 점유를 취득하였다. 그러자 원고들은 대리인으로부터 채권을 양도받았다고 하면서 1980. 7. 10. 피고 은행을 상대로

---

41) Bertrams(주 1), p. 355.
42) BGHZ 90, 287 ff.

보증금액의 지급을 청구하는 소송을 제기하였다.

독일연방대법원은, 무조건적인 보증을 한 보증은행은 수익자의 요구가 있기만 하면 주채무가 발생하지 않았다거나 또는 소멸하였다는 등의 항변을 함이 없이 보증금액을 지급하여야 하는 것이 원칙이지만, 이러한 항변의 배제도 신의성실의 원칙의 지배를 받는 것으로서, 형식적인 요건(형식적 보증사고)의 존재에도 불구하고 수익자와 주채무자 사이의 대가관계에서 실질적인 보증사고가 발생하지 않았다는 것이 명백하거나, 또는 이를 즉시 입수할 수 있는 증거에 의하여 증명할 수 있으면(liquid beweisbar), 보증계약에 기한 지급청구는 권리남용의 항변에 의하여 부정된다고 설시하였다. 그런데 이 사건에서는 테헤란 시장의 편지나 다른 문서에 의하여 이란의 관청이 늦어도 1980년 2월 초까지는 강제로 임대차목적물인 부동산의 점유를 빼앗아갔다는 사실이 밝혀졌으므로, 피고는 임차인이 불가항력에 의하여 점유를 빼앗겼고 그에 의하여 원고에의 인도가 불가능하게 되었다는 것을 증명하였다고 한다. 따라서 임차인이 국가나 혁명의 개입으로 말미암아 부동산을 빼앗기게 되었을 때에는 임차인이 채권자에게 의무를 부담하지 않게 된다는 것은 누구에게나 명백한데, 이러한 경우에 원고가 피고에게 보증금의 지급을 청구하는 것은 명백히 근거가 없고, 원고는 보증계약에 의하여 부여된 형식적인 법률상의 지위를 악용하여 자신이 받아서는 안 될 재산적 이익을 취득하려는 것이 확실하여졌다고 판단하여 결국 원고의 청구를 기각한 원심판결을 확정시켰다.[43]

이 판결에서 주목하여야 할 것은 수익자의 보증인에 대한 청구가 권리남용이라고 인정하기 위하여는 수익자에게 권리가 없음이 명백하거나, 또는 즉시 입수할 수 있는 증거에 의하여 증명할 수 있어야 한다고 판시한 점이다. 이러한 판례는 일반적인 학설의 지지를 받고 있다.[44]

오스트리아의 판례[45]와 학설[46]도 독일과 마찬가지로 수익자의 청구가 권리

---

43) 윤진수(주 1), 110면 이하 참조.

44) Graf von Westphalen(주 2), S. 198 ff.; Münchener Kommentar zum BGB/Habersack, 5. Auflage, C. H. Beck, 2009, Vor § 765, Rdnr. 34; Münchener Kommentar zum Handelsgesetzbuch/Welter, Bd. 5, C. H. Beck, 2009, Recht des Zahlungsverkehr Rdnr. J 70 ff. 등 참조.

45) 예컨대 오스트리아 대법원(OGH) 1981. 12. 16. 판결(Geschäftszahl 1Ob789/81)(http://www.ris.bka.gv.at/Dokument.wxe?Abfrage=Justiz&Dokumentnummer=JJT_19811216_OGH0002_0010OB00789_8100000_000. 2013. 11. 28. 최종 방문) 등.

46) Graf von Westphalen und Jud(주 2), S. 399 ff.(Jud/Spitzer); Apathy/Iro/Koziol, Österreichisches Bankvertragsrecht Band Ⅴ, 2. Aufl., Springer, 2007, 3/62, 3/106 (Koziol/Potyka) 등.

남용에 해당함이 명백할 때에는 보증은행이 수익자의 보증금 지급청구를 거절할
수 있다고 보고 있다. 이에 대하여는 아래에서 다시 살펴본다.

마. 한   국

이 문제에 관하여 우리나라 대법원은 1994. 12. 9. 선고 93다43873 판결에
서, 수익자의 청구가 권리남용에 해당함이 명백할 때에는 보증은행이 지급을 거
절할 수 있다고 하는 태도를 밝혔다. 이 사건에서는 한국의 건설회사(보증의뢰인)
가 사우디아라비아 보건성으로부터 건설공사를 도급받았는데, 한국의 외환은행
이 보증의뢰인을 위하여 사우디아라비아 보건성을 수익자로 하는 독립적 보증을
하였다. 그런데 보증의뢰인과 보증은행인 외환은행 사이의 보증의뢰 약정에는,
보증의뢰인이 보증은행의 보증채무 이행을 저지할 목적으로 가압류, 가처분신청
을 포함한 일체의 이의를 제기하지 않겠으며, 어떠한 사유로도 보증은행의 보증
채무에 대하여 일체의 압류, 보전처분신청 및 본안소송을 제기하지 않겠다는 조
항이 포함되어 있었다. 그 후 사우디 보건성은 위 보증기간이 만료되기 전에 보
증은행에게 보증기간을 연장할 것을 요구하면서, 만일 이에 응할 수 없는 경우에
는 보증금 전액을 지급하여 줄 것을 요청하였다. 그러자 보증의뢰인은 보증은행
을 상대로 하여 수익자에 대한 보증금 지급을 금지하는 가처분을 신청하였다. 그
러나 원심법원은 위 가처분 신청은 위 보증의뢰 약정의 부제소특약에 저촉되므
로 부적법하다고 하여 이를 받아들이지 않았다.

이에 대하여 대법원은, 독립적 은행보증의 보증인으로서는 수익자의 청구가
있기만 하면 보증의뢰인이 수익자에 대한 관계에 있어서 채무불이행책임을 부담
하게 되는지의 여부를 불문하고 그 보증서에 기재된 금액을 지급할 의무가 있지
만(추상성 내지 무인성), 신의성실의 원칙 내지 권리남용금지의 원칙의 적용까지
배제되는 것은 아니라고 하였다. 그리하여 수익자가 실제에 있어서는 보증의뢰
인에게 아무런 권리를 가지고 있지 못함에도 불구하고 위와 같은 은행보증의 추
상성 내지 무인성을 악용하여 보증인에게 청구를 하는 것임이 객관적으로 명백
할 때에는, 이는 권리남용의 경우에 해당하여 허용될 수 없고 이와 같은 경우에
는 보증인으로서도 수익자의 청구에 따른 보증금의 지급을 거절할 수 있다고 판
시하였다.

또한 대법원은, 수익자가 권리남용적인 보증금의 지급청구를 하는 경우에는,

보증의뢰인은 그 보증금의 지급거절을 청구할 수 있는 권리에 기하여 직접 그
의무자인 보증인을 상대방으로 하여 수익자에 대한 보증금의 지급을 금지시키는
가처분을 신청할 수 있다고 하였다. 그리고 보증의뢰인이 보증은행의 보증금 지
급을 저지시키기 위하여 행사할 수 있는 가처분신청권을 포함한 일체 소송절차
에 있어서의 신청을 배제시키는 의미의 부제소특약조항은 약관의 규제에 관한
법률 제14조의 규정에 따라 무효라고 하였다.

　이처럼 수익자의 지급청구가 권리남용에 해당할 때에는 보증인이 수익자의
청구를 거절할 수 있다는 대법원의 판례는 그 후의 하급심 판결에서도 그대로
인용되고 있고,[47] 학설상으로도 지지를 받고 있는 것으로 보인다.[48]

2. 성 문 법

　앞에서 언급한 것처럼, 독립성 원칙에 대한 예외를 규정하고 있는 법률로는
미국 통일상법전, 유엔협약 및 프랑스 민법이 있다. 그 밖에 성문법은 아니지만
DCFR도 이 점에 관한 규정을 두고 있다.

가. 미국 통일상법전

　1995년 개정된 통일상법전 제5편 5-109조 (b)는, 보증의뢰인이 요구된 서류
가 위조되었거나, 중대하게 기망적이거나 또는 지급청구에 응하는 것이 보증신
용장의 발행인(issuer)이나 개설의뢰인에 대한 수익자 측의 중대한 사기(material
fraud)를 조장하게 된다고 주장하는 경우에는, 법원은 일정한 조건이 갖추어진 때
에 한하여 법원은 발행인이 지급청구에 응하는 것을 잠정적으로 또는 영구적으
로 금지하거나, 발행인 또는 다른 사람에 대한 비슷한 구제를 부여할 수 있다고
규정한다. 여기서 금지명령이나 다른 구제수단이 발령될 수 있는 조건 가운데 중
요한 것은, 손해를 입을 수 있는 수익자나 발행인 등이 금지명령 등에 의하여 발
생할 수 있는 손해로부터 충분히 보호될 수 있을 것과, 법원에 제출된 정보에 의

---

47) 서울고등법원 2001. 2. 27. 선고 2000나8863 판결; 서울고등법원 2008. 2. 28. 자 2007라604 결
　　정; 서울중앙지방법원 2012. 9. 28. 선고 2011가합124948 판결 등.
48) 이 판결을 지지하는 평석 내지 해설로는 윤진수(주 1); 김동훈, "독립적 은행보증과 권리남용
　　금지의 원칙", 법조 1995. 4, 141면 이하; 김용균, "은행보증서상 보증의뢰인의 보증은행에 대한
　　보증금지급금지가처분의 허부 및 미리 그 가처분신청권을 배제시킨 보증은행약관조항의 효력
　　유무", 대법원판례해설 제22호, 1995, 120면 이하 등이 있다.

하면 개설의뢰인의 주장이 받아들여질 가능성이 그렇지 않을 가능성보다 더 클 것이다.[49]

이 가운데 서류의 위조는 보증신용장에 관하여는 별 의미가 없는데, 수익자가 보증신용장의 발행인에 대하여 지급을 청구하기 위하여 보증의뢰인의 채무불이행을 증명하는 서류를 제출할 필요는 없기 때문이다.[50]

여기서 "중대한 사기(material fraud)"란 무엇을 말하는가가 문제되는데, 통일상법전의 공식 주석서는, 수익자에 의한 중대한 사기란, 지급의무의 이행을 기대할 외견상의 권리마저도 없고, 지급을 청구할 권리를 뒷받침할 근거도 없는 것을 말한다고 한다.[51] 통일상법전 개정 후 위 규정을 적용한 판례를 분석한 논문에 따르면, 판례들이 사기를 엄격하게 해석하여, 터무니없는 사기(egregious fraud)가 있어야만 독립성의 원칙의 예외가 인정될 수 있다고 보고 있다고 한다.[52]

나. 유엔 협약

유엔 협약 제19조 제2항은 보증인이 지급을 거절할 수 있는 경우에 관하여 다음과 같이 규정하고 있다.[53] 우선 제1항에서 규정하고 있는 지급 거절의 요건은, 다음과 같은 사항이 명백하고 명확한 경우이다.

---

49) U.C.C.—ARTICLE 5—LETTERS OF CREDIT (1995) § 5-109. Fraud and Forgery.
(b) If an applicant claims that a required document is forged or materially fraudulent or that honor of the presentation would facilitate a material fraud by the beneficiary on the issuer or applicant, a court of competent jurisdiction may temporarily or permanently enjoin the issuer from honoring a presentation or grant similar relief against the issuer or other persons only if the court finds that:
(1) the relief is not prohibited under the law applicable to an accepted draft or deferred obligation incurred by the issuer;
(2) a beneficiary, issuer, or nominated person who may be adversely affected is adequately protected against loss that it may suffer because the relief is granted;
(3) all of the conditions to entitle a person to the relief under the law of this State have been met; and
(4) on the basis of the information submitted to the court, the applicant is more likely than not to succeed under its claim of forgery or material fraud and the person demanding honor does not qualify for protection under subsection (a)(1).
50) 위 조항은 주로 통상의 신용장에 관하여 의미를 가질 것이다.
51) "Material fraud by the beneficiary occurs only when the beneficiary has no colorable right to expect honor and where there is no basis in fact to support such a right to honor". Official Comment to Article 5 of the Uniform Commercial Code, § 5-109, para. 3. Xiang and Buckley(주 33), p. 317에서 재인용.
52) Xiang and Buckley(주 33), pp. 319 ff.
53) 석광현(주 15), 104면 이하 참조.

(a) 어떠한 서류가 진정한 것이 아니거나 위조된 경우

(b) 지급청구 및 첨부서류에서 주장된 근거에 의하여 지급할 것이 아닌 경우

(c) 지급 확약의 유형과 목적에 따라 판단할 때 지급청구가 생각할 수 있는 아무런 기초가 없는(no conceivable basis) 경우

이러한 요건에 해당할 때에는 선의로 행동하는 보증인/개설인은 수익자에 대하여 지급을 보류할 권리가 있다.

나아가 제2항은 제1항 (c)의 목적상 다음과 같은 경우가 지급청구가 생각할 수 있는 아무런 기초가 없는 상황의 유형이라고 규정하고 있다.

(a) 수익자를 담보하도록 의도된 확약상의 우발사고 또는 위험이 발생하지 않았음이 의심할 여지가 없는 경우

(b) 본인/개설의뢰인의 기초적인 의무가 법원 또는 중재판정부에 의해 무효로 선언된 경우(다만, 그러한 우발사고가 확약에 의해 담보되는 위험에 포함되는 경우는 제외)

(c) 기초적인 의무(underlying obligation)가 수익자에게 만족스럽게 수행되었음이 의심할 여지가 없는 경우

(d) 기초적인 의무의 수행이 수익자의 고의적인 악행(wilful misconduct)에 의해 방해되었음이 명확한 경우

(e) 역보증에 의한 청구의 경우, 역보증의 수익자가 역보증과 관련된 확약의 보증인/개설인으로서 악의로(in bad faith) 지급한 경우[54]

---

54) Article 19. Exception to payment obligation
(1) If it is manifest and clear that:
(a) Any document is not genuine or has been falsified;
(b) No payment is due on the basis asserted in the demand and the supporting documents; or
(c) Judging by the type and purpose of the undertaking, the demand has no conceivable basis, the guarantor/issuer, acting in good faith, has a right, as against the beneficiary, to withhold payment.
(2) For the purposes of subparagraph (c) of paragraph (1) of this article, the following are types of situations in which a demand has no conceivable basis:
(a) The contingency or risk against which the undertaking was designed to secure the beneficiary has undoubtedly not materialized;
(b) The underlying obligation of the principal/applicant has been declared invalid by a court or arbitral tribunal, unless the undertaking indicates that such contingency falls within the risk to be covered by the undertaking;
(c) The underlying obligation has undoubtedly been fulfilled to the satisfaction of the beneficiary;
(d) Fulfilment of the underlying obligation has clearly been prevented by wilful misconduct of the beneficiary;

독립적 은행보증에서 실제로 많이 문제되는 것은 제19조 제1항 (c)의, "지급청구가 생각할 수 있는 아무런 기초가 없는 경우"이다. 협약을 마련한 작업반 (Working Group)의 보고서에 의하면, 협약은 의도적으로 악의(bad faith), 남용 (abuse) 또는 사기(fraud)와 같은 표현을 피하였는데, 왜냐하면 이러한 용어들은 각국에서 혼란스럽고 일관되지 않은 의미를 가질 뿐만 아니라, 형법상의 해의 (malicious) 개념의 영향을 받고 있기 때문이라고 한다.[55] 다른 한편 이 조항은 부당한 청구를 하는 사람의 의도가 증명될 것을 요구하지는 않고 있어서, 청구의 부당성에 초점을 맞추고 있고, 부당한 청구를 하는 자의 심리적인 상태나 그 자가 누구인지는 문제삼지 않고 있다. 이 점에 대하여 작업반 보고서는 다음과 같이 설명한다. 즉 부정직(dishonesty)이나 가해의사(intent to harm)와 같은 주관적 요소는 증명하기 어려운데다가, 많은 경우에 객관적 기준으로부터 도출할 수 있고, 다만 객관적 기준이 좀더 적절하기는 하지만, 주관적 기준도 관련 있는 대안적인 요소로서 부가될 수 있다고 한다. 그리고 주관적 기준과 객관적 기준의 구별은 불명확할 뿐 아니라 그 유용성이 제한되어 있다고 한다.[56]

나아가 위 조항은 지급청구가 생각할 수 있는 아무런 기초가 없는 경우라는 것이 명백하고 명확하여야(manifest and clear) 한다고 규정하고 있다. 그리고 제2항에서 어느 것이 생각할 수 있는 아무런 기초가 없는 경우인가를 예시하고 있는데, 이는 예시이므로 다른 경우도 있을 수 있는 것을 배제하지는 않는다. 그런데 제2항이 들고 있는 상황은 대체로 의심할 여지가 없거나(undoubtfully), 명확한 경우이므로, 위 협약은 독립성의 예외가 인정되는 범위를 상당히 제한하고 있다고 말할 수 있다.[57]

위 협약의 내용은 상당히 성공적이라고 평가되고 있지만,[58] 아직까지는 가

(e) In the case of a demand under a counter-guarantee, the beneficiary of the counter-guarantee has made payment in bad faith as guarantor/issuer of the undertaking to which the counter-guarantee relates.

55) UN-Doc./A/CN.9/345, paras. 40 ff. 참조. 협약에 관한 작업반의 보고서들은 UNCITRAL 홈페이지에서 찾아볼 수 있다. http://www.uncitral.org/uncitral/en/commission/working_groups/2Contract_Practices.html(최종 방문 2013. 11. 28.) 또한 Irmtraud Lienesch, Internationale Bankgarantien und die UN-Konvention über unabhängiege Garantien und Stand-by Letters of Credit, de Gruyter, 1999, p. 167 등 참조.

56) UN-Doc./A/CN.9/345, para. 50. 또한 Lienesch(주 55), p. 167 참조.

57) Xiang Gao, "The Fraud Rule under the UN Convention on Independent Guarantees and Standby Letters of Credit: A Significant Contribution from an International Perspective", 1 George Mason Journal of International Commercial Law, pp. 70 ff.(2010).

58) Xiang Gao(주 57), p. 71; Filip De Ly, "The UN Convention on Independent Guarantees and

입국이 많지 않아서 그다지 활용되고 있지 못하다.

다. 프랑스 민법

2006년 신설된 프랑스 민법 제2321조는 독립적 보증(garantie autonome)에 관하여 다음과 같이 규정하고 있다.

① 독립적 보증은 제3자가 약정한 채무에 관하여 독립적 청구나 또는 약정된 방법에 따라 일정한 액을 이행하여야 할 의무가 있는 의무부담약정을 말한다.

② 독립적 보증인은 채권자의 명백한 남용이나 사기 또는 채권자와 주채무자와의 공모의 경우에는 의무가 없다.

③ 독립적 보증인은 피담보채무로 인한 어떠한 항변도 대항할 수 없다.

④ 반대의 합의가 없는 한 이 보증은 피담보채무에 수반하지 아니한다.[59]

즉 위 조문 제2항은 독립성의 예외로서, 채권자의 명백한 남용이나 사기 또는 채권자와 주채무자와의 공모의 경우에는 보증인의 지급의무를 부정하고 있다.

남용이나 사기는 제2321조 신설 이전의 판례가 인정하고 있던 것으로서, 보증의 이행청구가 명백하게 남용이 되는 경우는 모든 증거에 비추어 채권자가 주채무자에 대하여 어떠한 권리도 행사할 수 없는 경우로서 논란의 가능성도 전혀 없는 것(absense de discussion possible)을 말한다고 한다. 그리고 사기에 의한 보증의 이행청구는 채권자가 주채무자를 해할 의사를 가지고 그에 대하여 권리가 완전히 박탈되었음에도 보증의 이행청구를 한 것을 말한다.[60] 그리고 제2321조는 이러한 명백한 남용과 사기라는 전통적인 사유 외에도 채권자와 주채무자의 공모라는 새로운 사유를 규정하고 있다.[61]

보증의 이행청구가 명백한 남용이 되기 위하여는 주채무자에 대한 채권자

Stand-By Letters of Credit", 33 International Lawyer, p. 843 (1999).

59) Article 2321 La garantie autonome est l'engagement par lequel le garant s'oblige, en considération d'une obligation souscrite par un tiers, à verser une somme soit à première demande, soit suivant des modalités convenues.

Le garant n'est pas tenu en cas d'abus ou de fraude manifestes du bénéficiaire ou de collusion de celui-ci avec le donneur d'ordre.

Le garant ne peut opposer aucune exception tenant à l'obligation garantie.

Sauf convention contraire, cette sûreté ne suit pas l'obligation garantie

60) 김성수(주 17), 119면 이하 참조.

61) 그러나 이에 대하여는, 독립적 보증인과 채권자 사이에는 항상 사기가 문제되지만 독립적 보증인에게 손해를 가할(또는 가할 것을 알고 있는) 채권자와 주채무자의 공모를 규정한 것은 잘못 상정된 것이라는 비판이 있다고 한다. 김성수(주 17), 121면 주 156) 참조.

권리의 부존재, 채권자의 악의, 남용의 명백성의 3가지 요건이 충족되어야 한다. 여기서 채권자의 악의는 주채무자에 대한 권리의 부존재에 대한 채권자의 인식 (conscience)을 말한다. 그리고 남용이나 사기는 명백하게 공연한 것이어야 한 다.62)

라. DCFR63)

DCFR은 우선 종속적 인적 담보(dependent personal security)와 독립적 인적 담 보(independent personal security)를 구별하고,64) 독립적 인적 담보의 하나로서 최초 청구 독립적 인적 담보(independent personal security on first demand)를 규정한다.65) 그런데 최초 청구 독립적 인적 담보와 그 외의 일반적인 독립적 인적 담보의 차 이는 그다지 크지 않다. 독립적 인적 담보는 명시적 또는 묵시적으로 채권자에 대한 다른 사람의 채무에 종속되지 않는 것으로 표시된 것을 말하고,66) 최초 청 구 독립적 인적 담보는 최초 청구시에 이행기가 도래하는 것으로 표시되어 있거 나 또는 이것이 명백하게 추단될 수 있는 내용으로 되어 있는 것을 가리킨다. 일 반적인 독립적 인적 담보에 관한 규정은 최초 청구 독립적 인적 담보에도 적용 되지만 다음 두 가지의 차이가 있다. 즉 최초 청구 독립적 인적 담보의 경우에는 채권자의 청구가 담보의 이행 기한이 도래하기 위한 조건이 성취되었다는 것을 명시적으로 확인하는 채권자의 문서 형태의 선언에 의하여 뒷받침되는 때에만 담보 제공자(security provider)가 이행할 의무가 있고, 담보제공자가 채권자에 대한 항변을 주장할 수 있다는 일반적인 독립적 인적 담보에 관한 규정은 적용되지 않는다.67)

독립적 인적 담보 제공자는 청구가 명백하게 남용적이거나 사기적임이 현재 의 증거에 의하여 증명되는 경우에는 채권자의 청구에 응할 의무가 없다{Ⅳ. G.— 3:105 (1)}.68) 여기서 남용적이거나 사기적이기 위하여는 청구가 담보의 조항과

---

62) 김성수(주 17), 122면.
63) 이를 소개한 것으로는 위계찬, "공통참조요강초안(Draft Common Frame of Reference)의 인적담 보에 관한 연구", 외법논집 제33권 2호, 2009, 27면 이하가 있다.
64) Ⅳ. G.—1:101 (a), (b).
65) Ⅳ. G.—3:104.
66) Ⅳ. G.—1:101 (b).
67) Ⅳ. G.—3:104.
68) Ⅳ. G.—3:105: Manifestly abusive or fraudulent demand
    (1) A security provider is not obliged to comply with a demand for performance if it is proved

일치하지 않는다는 것이 명백하고, 자명하며, 채무자를 위하여 상업적으로 중요한 것이어야 한다. 나아가 담보 제공자는 현재의 증거(present evidence)를 이용할 수 있는데, 이는 서증에 국한되지 않고, 인증도 포함한다.[69]

IV. 독립적 은행보증의 경제적 합리성

이제까지 살펴본 바에 따르면, 독립적 은행보증에서는 보증의뢰인인 채무자가 매우 큰 위험을 부담하게 된다는 것을 알 수 있다. 즉 보증의뢰인이 수익자에게 지급을 거절할 수 있는 사유가 있다고 하더라도 수익자의 보증은행에 대한 지급청구가 있으면 보증은행은 이를 지급하여야 하고, 그에 따라 보증의뢰인이 보증은행으로부터 상환청구를 받게 된다. 그렇게 되면 보증의뢰인은 보증은행에 대하여 상환을 한 다음, 대개는 수익자가 소재하는 다른 나라의 법정에서 수익자를 상대로 반환청구를 하여야 하지만, 이는 받아들여질지 여부가 불확실하고, 또 많은 노력이 소요된다. 이러한 독립성에도 예외가 있기는 하지만, 그 예외는 매우 엄격한 요건하에서만 인정된다. 그리하여 독립적 은행보증을 속어로 자살신용장(suicide letter of credit)이라고 부르기도 한다.[70]

이러한 점에서 독립적 은행보증의 제도는 합리적이지 못하고 불공정한 것이 아닌가 하는 의문을 제기할 수 있다. 그러므로 과연 독립적 은행보증은 합리적인 제도인가에 대하여 생각해 본다.

이 문제를 검토하기 위하여는 우선 은행보증의 독립성이 당사자들의 이익상황에 어떤 영향을 미치는지를 다시 한 번 살펴볼 필요가 있다. 수익자는 독립적 은행보증을 받음으로써 확실한 담보를 취득하게 된다. 수익자의 보증은행에 대한 청구권은 수익자와 보증의뢰인의 법률관계에 영향을 받지 않기 때문이다. 나아가 수익자는 보증은행에 대하여 지급을 청구함으로써 현금을 맡겨 놓은 것과 같이 지체 없이 돈을 받을 수 있을 것으로 기대한다. 이것이 독립적 은행보증의 주된 기능임은 앞에서 언급하였다.

---

by present evidence that the demand is manifestly abusive or fraudulent.

69) Christian von Bar and Eric Clive ed., Principles, Definitions and Model Rules of European Private Law, Draft common Frame of Reference(DCFR), Full Edition, Vol. 3, Sellier, 2009, p. 2719.

70) Bertrams(주 1), p. 52.

　　그리고 보증은행은 독립성으로 인하여 수익자의 청구가 있으면 의뢰인과 수익자 사이의 법률관계가 어떤지는 물을 필요 없이 보증인에게 바로 지급할 수 있다. 이 점에서 독립성은 보증은행의 부담을 덜어주게 되는 역할도 한다.[71] 만일 보증은행이 보증의뢰인과 수익자 사이의 분쟁이 있음을 이유로 수익자의 청구에 대하여 지급을 지체하면 보증은행 자체의 신용에 부정적인 영향을 미치게 되므로, 보증은행은 보증인의 청구가 있을 때에는 보증의뢰인의 이의가 있더라도 수익자에게 지급할 유인을 가진다.

　　다른 한편 보증의뢰인은 자신이 수익자에게 손해배상 등의 의무가 없음에도 불구하고 수익자의 부당한 청구에 따라 지급을 한 보증은행으로부터 구상을 당하게 될 위험을 부담하는 불리한 위치에 놓이게 된다. 그러나 그렇다고 하여 독립적 은행보증이 보증의뢰인에게 불리하기만 한 제도라고 할 수는 없다. 보증의뢰인은 독립적 은행보증이 있음으로써 수익자와의 거래를 성사시키는 이익을 누렸기 때문이다. 독립적 은행보증이 행해지는 많은 경우에는 수익자로서는 상대방이 독립적 은행보증을 제공하지 않는다면 그와 계약을 하지 않았을 것이다.[72]

　　그러므로 보증의뢰인은 독립적 은행보증을 제공함으로 인하여 얻을 수 있는 이익과 그로 인하여 부담하게 되는 위험을 비교하여 은행에게 독립적 은행보증을 하여 줄 것을 의뢰한다고 말할 수 있다. 만일 보증의뢰인이 이러한 형태의 담보 제공을 기피한다면 다른 위험이 보다 작은 담보를 선택할 수 있었을 것이다. 그럼에도 불구하고 보증의뢰인이 그렇게 하지 않았다면, 수익자의 부당한 청구로 인한 위험은 감수하여야 한다.[73] 만일 독립적 은행보증이 보증의뢰인에게 일방적으로 불리하기만 한 제도라면 시장에서 당사자들이 이를 선택하지 않았을 것이고, 따라서 없어졌어야 할 것이다. 그럼에도 불구하고 독립적 은행보증이 많이 활용되고 있는 것은, 이것이 그렇게 보증의뢰인에게 일방적으로 불리하기만 한 제도는 아니라는 것을 방증하는 것이라고 말할 수 있다.

　　이 점을 잘 보여주는 것이 URCG의 예이다. 국제상업회의소는 1978년에 국제적인 계약의 보증을 규율하기 위하여 '계약보증에 관한 통일규칙'(Uniform Rules for Contract Guarantees, URCG)을 제정하였다. URCG는 수익자에 의한 부당한 청구를 방지하기 위하여, 제9조에서 수익자가 보증은행에 대하여 보증금의 지급을 청

---

71) Graf von Westphalen(주 2), S. 5 f. 참조.
72) Graf von Westphalen (주 2), S. 8 f.
73) Edward Owen 판결(주 35)에서의 래인 판사의 의견 참조.

구하기 위하여는 법원의 판결이나 중재판정과 같이 수익자의 청구권이 있음을 증명하는 서류를 제출하도록 하고 있었다. 그러나 이는 거래 당사자들에 의하여 거의 선택되지 않아서, 실제로는 활용되지 못하였다. 이 때문에 그 뒤에 나온 URDG는 이러한 요건을 요구하지 않게 되었다.[74] 그러므로 독립성이 있는 독립적 은행보증은 거래의 수요에 부합하는 제도라고 할 수 있다.

　　법경제학적으로 표현한다면, 독립적 은행보증은 다른 수단에 의한 담보 제공으로 인한 거래비용(transaction cost)을 줄이는 역할을 하는 것이라고 말할 수 있다. 만일 독립적 담보제공이 인정되지 않는다면, 채권자는 그와 같은 기능을 하는 현금의 예치 또는 그에 준하는 담보의 제공을 요구하게 될 것이다. 그러나 이처럼 현금을 예치하는 것은 채무자에게 많은 부담을 줄 뿐만 아니라, 예치된 돈을 유용하게 활용할 수 있는 기회를 잃어버리게 된다. 따라서 독립적 은행보증은 비경제적인 현금 예치를 대체하는 기능을 한다. 실제로 역사적으로는 이러한 경위로 독립적 은행보증이 현금예치 대신 사용되게 되었다고 한다.[75] 만일 당사자가 현금예치를 할 능력이 없고, 또 독립적 은행보증도 이용할 수 없다면, 결과적으로 담보가 제공된 경우에는 이루어질 수 있었을 거래가 이루어지지 못하게 된다. 담보제도의 기능은 기본적으로 채무자가 도산하는 등 무자력이 되거나, 또는 자신의 재산을 빼돌리는 등의 기회주의적인 행동을 하는 것에 대비하여 자산을 확보하는 것인데, 채무자 입장에서도 담보를 제공하지 않는 경우보다도 유리한 조건에서 거래를 할 수 있으므로 채무자에게도 이익이 된다.[76]

　　다른 한편 독립적 은행보증의 독립성이 남용될 수 있는 위험이 실제로 그렇게 크다고는 볼 수 없다. 수익자가 보증의뢰인의 채무불이행이 없음에도 불구하고 보증금을 청구하는 것은 기회주의적인 행동이라고 할 수 있는데, 그러한 기회주의적인 행동을 하는 것은 자신의 평판(reputation)을 낮추는 결과를 가져온다. 수익자가 보증의뢰인과 하는 것과 같은 거래를 단 한 번만 하는 것이 아니라, 그러한 거래를 여러 차례에 걸쳐 여러 당사자와 하게 되는 상황에서는, 수익자가 기회주의적인 행동을 하는 자라는 평판이 나게 되면, 다른 당사자는 그러한 수익자와의 거래를 회피하거나, 아니면 다른 비용이 드는 보장을 요구하게 될 것이고,

---

74) Bertrams(주 1), p. 28; Michelle Kelly-Louw, "International Measures to prohibit Fraudulent Calls on Demand Guarantees and Standby letters of Credit", 1 George Mason Journal of International Commercial Law 74, 81 ff. (2010). 또한 윤진수(주 1), 109면; 김정호(주 37), 385면 등 참조.

75) Arnold(주 23), S. 11; 김형석(주 5), 51면 등.

76) 이동진, "물권법의 경제학", 김일중 · 김두얼 편, 법경제학 이론과 응용 [II], 2013, 214-216면.

이는 수익자에게도 손해가 되므로, 수익자가 이러한 점을 예측한다면 기회주의 적인 행동을 자제하게 될 것이다.[77)]

V. 독립성의 예외가 인정되어야 하는 범위

1. 권리남용에 의한 예외의 인정

앞에서도 몇 차례 언급한 것처럼, 독립적 은행보증은 보증의뢰인이 수익자 와의 관계에서 발생할 수 있는 위험을 거의 전적으로 부담하기로 하는 것으로서, 보증의뢰인에게 불리한 제도이다. 그런데 이처럼 독립적 은행보증의 독립성을 강조하고 아무런 예외를 인정하지 않는다면, 보증의뢰인이 아무런 채무불이행을 하지 않았음에도 불구하고 수익자가 독립성을 악용하여 보증은행으로부터 돈을 지급받을 수 있고, 보증은행은 보증의뢰인에게 구상을 하게 될 것이기 때문에, 수익자의 기회주의적 행동으로 인하여 보증의뢰인이 피해를 볼 위험이 크다. 그 러므로 독립적 은행보증의 기능을 훼손시키지 않는 범위 내에서는 이와 같은 수 익자의 기회주의적 행동을 막는 방법이 있어야 한다. 각국의 판례나 성문법도 이 러한 필요성을 인정하고 있다.

이러한 독립성의 예외가 인정되기 위하여는 수익자의 청구가 권리남용일 것 과, 이 점이 명백할 것임의 두 가지 요건이 갖추어져야 한다. 위 대법원 1994. 12. 9. 선고 93다43873 판결은, 수익자가 실제에 있어서는 보증의뢰인에게 아무런 권리를 가지고 있지 못함에도 불구하고 은행보증의 추상성 내지 무인성을 악용 하여 보증인에게 청구를 하는 것임이 객관적으로 명백할 때에는 이는 권리남용 의 경우에 해당하여 허용될 수 없고, 이와 같은 경우에는 보증인으로서도 수익자 의 청구에 따른 보증금의 지급을 거절할 수 있다고 판시하였다.

우선 수익자의 청구가 권리남용이라야 한다. 여기서 권리남용이라는 것은 수익자가 실체상 보증의뢰인에게 청구할 권리가 없음에도 보증은행에게 보증금 의 지급을 청구하는 것을 말한다. 이러한 경우에도 법이 수익자의 청구를 받아들

---

77) 비법적 구제수단(non-legal sanction)으로서 평판이 중요하다는 점에 대하여는 예컨대 Stephan Panther, "NON-LEGAL SANCTIONS", in Boudewijn Bouckaert and Gerrit De Geest ed., En-cyclopedia of Law and Economics, Vol. 1, Edward Elgar, 2000, pp. 999 ff.; Hermalin, Benjamin E. et al., "Contract Law," in: Polinsky, A. Mitchel and Shavell, Steven, ed., Handbook of Law and Economics, Elsevier, Vol. 1, 2007, pp. 122 ff. 참조.

이는 것은 수익자의 기회주의적인 행동을 도와주는 것이다.

그런데 이러한 권리남용이 인정되기 위하여 수익자가 자신에게 청구할 권리가 없음을 알아야 한다든지, 또는 보증의뢰인을 해할 의사가 있다는 등의 주관적 요건이 별도로 요구되는가가 문제된다. 영미에서 독립성의 예외가 인정되기 위하여 수익자의 사기(fraud)가 있어야 한다고 말할 때에는 이러한 주관적 요건이 필요하다는 것을 시사한다. 그러나 이러한 주관적 요건을 따로 요구할 필요는 없다. 수익자에게 보증의뢰인에 대한 청구권이 없음이 명백한데도, 그가 이를 몰랐다는 등의 이유로 그 청구권의 실현을 위하여 보증금의 지급을 청구할 것을 허용할 이유는 없기 때문이다. 국제적으로도 이러한 태도가 지배적이다.[78] 유엔 협약의 제정 과정에서는 이 점이 명백히 드러났다.

다른 한편 영국이나 싱가포르 등에서는 기본계약이 비양심적(unconscionable)이거나 위법한(illegal) 경우에는 보증인이 수익자의 청구를 거절할 수 있는가 하는 점이 논의되고 있다.[79] 그러나 권리남용이 성립하기 위하여 수익자의 주관적 요건이 별도로 필요하지 않다고 본다면, 위와 같은 사정은 수익자가 보증의뢰인에 대하여 청구권을 가지지 못하는 사유에 해당하고, 따라서 이러한 점이 명백하다면 마찬가지로 보증은행은 수익자의 청구를 거부할 수 있을 것이다.[80]

2. 권리남용의 명백성

실제로 중요한 것은 어느 경우에 권리남용이 명백하다고 볼 수 있는가 하는 점이다. 앞에서 본 것처럼 수익자의 청구가 권리남용이거나 또는 사기적이라고 하여도, 그것만으로 보증은행이 수익자의 청구를 거절할 수는 없고 그 점이 명백하여야 한다는 것은 여러 나라에서 인정되고 있다.[81]

이러한 명백성의 요건이 필요하다는 것은 독립적 은행보증의 독립성이 원칙적으로 지켜져야 한다는 점에 비추어 보면 당연하다. 만일 수익자의 청구가 권리남용이라는 점이 너무 쉽게 인정되면, 독립성의 원칙은 사실상 유지될 수 없고, 독립적 은행보증이 가지는 담보로서의 가치도 훼손될 것이기 때문이다. 또한

---

78) Bertrams(주 1), pp. 334 ff., 특히 p. 353 참조.
79) Enonchong(주 21), pp. pp. 159 ff.; 한재필, "신용장 및 독립적 보증의 독립추상성 원칙 예외에 관한 고찰", 仲裁研究 제19권 3호, 2009, 179면 이하 등 참조.
80) Bertrams(주 1), pp. 360 ff.는 문제될 수 있는 여러 가지 경우를 나열하여 설명하고 있다.
81) 가령 Bertrams(주 1), pp. 357 ff. 참조.

보증은행 입장에서는 수익자의 청구가 권리남용인지 여부를 판단하기가 어려울 뿐만 아니라, 이를 위하여도 추가로 비용이 지출되어야 하므로 전혀 바람직하지 않다.

　　그러나 명백성의 구체적 의미는 반드시 명확하지 않다. 누구에게 명백한지, 명백성 여부를 판단하는 기준시점은 언제인지, 또 명백성 여부를 판단하기 위하여 이용될 수 있는 증거나 자료는 어떤 것인지 하는 점 등이 불분명한 것이다.

　　우선 증거의 문제에 관하여 따져 본다. 각국에서는 권리남용의 명백성 여부를 판단하기 위한 증거는 즉시 입수할 수 있는, 명백한 것이라야 한다고 보고 있다.[82] 독일에서는 허용될 수 있는 증거는 "liquider Beweis"에 국한된다고 하는데, 이는 대체로 현금과 마찬가지로 현재 존재하는 것이어서 지체없이 입수할 수 있고, 권리남용이라는 사실을 명백하게 보여주는 증거를 말한다고 이해된다.[83] DCFR은 "현재의 증거(present evidence)"라야 한다고 규정한다.[84] 그런데 민사소송에서는 원칙적으로 사용될 수 있는 증거에 제한이 없는 것이 원칙이다. 그러므로 이러한 제한이 정당화되려면 그 근거를 소송법에서 찾을 수는 없고, 실체법상의 근거가 있어야 할 것이다.[85]

　　이러한 의문은 권리남용의 항변을 인정하기 위하여는 보증은행이 보증금 청구를 받은 때에 권리남용이 보증은행에게 명백하여야 한다고 보면 대체로 해소될 수 있다. 권리남용 여부가 문제되는 것은 1차적으로는 보증은행이 보증금을 지급할 것인지 여부를 판단할 때이다. 보증은행으로서는 권리남용이 명백하여야만 보증금의 지급을 거부할 수 있고, 그렇지 않으면 수익자로부터 책임을 추궁당하게 될 우려가 있다. 따라서 보증은행이 보증금청구를 받았을 때 권리남용 여부가 명백하지 않으면, 보증은행으로서는 보증금을 지급하여야 하고, 나중에 권리남용이라는 사실이 밝혀졌다고 하여 보증금의 지급 거부가 정당화될 수는 없다고 보아야 한다.

　　오스트리아에서는 이와 같이 보고 있다. 즉 오스트리아 대법원의 판례는, 수익자에 대하여 권리남용이라는 비난을 할 수 있는가는 보증 청구 당시의 인식

---

82) Bertrams(주 1), p. 358 f.
83) 윤진수(주 1), 111면 참조. Claus-Wilhelm Canaris, Großkomm. HGB, Bankvertragsrecht, 1, 4. Aufl., W. de Gruyter, 2005, Rdnr. 1017은 현재 존재하는 것으로서 결정적인(durchschlagend) 증거를 말한다고 본다.
84) Ⅳ. G.—3:105 (1).
85) Arnold(주 23), S. 210 f. 참조.

상태 내지 증명 상황을 기준으로 하여야 한다고 본다.[86] 오스트리아의 학설도, 보증인은 보증금 청구가 있으면 보증에서 정한 기간 내에 보증금을 지급하여야 하므로, 보증의뢰인은 보증금 청구가 권리남용이라는 자료를 빨리 제출하여야 하고, 그 증거는 보증인이 제소를 당할 우려가 없이 수익자에게 권리남용이라는 주장을 할 수 있어야 하며, 그 증명은 보증인이 지급을 하여야 할 기간 내에 이루어져야 한다고 설명한다.[87]

다만 여기서 보증청구 당시가 정확히 언제를 말하는 것인가를 분명히 할 필요가 있다. 즉 보증청구를 받은 때 그 즉시를 말하는 것이 아니라, 보증은행이 지급청구를 받은 후 지급 여부를 판단하기 위하여 필요한, 합리적인 기간이 지난 때를 말한다.[88] 다른 한편, 보증은행은 수익자의 부당한 청구로부터 보증의뢰인을 보호하기 위하여는 수익자에게 지급하기 전에 보증금 지급청구가 있다는 것을 보증의뢰인에게 통지하여 줄 의무가 있다.[89] 보증의뢰인이 위 통지를 받았을 때 수익자의 청구가 부당하다면, 이를 증명할 수 있는 자료와 함께 보증은행에게 지급을 거절하라는 요구를 하게 될 것이다. 이와 같이 본다면, 권리남용 여부를 인정하기 위하여 사용될 수 있는 증거는 이 당시에 보증의뢰인이 제출한 자료나 그 밖에 보증은행이 입수할 수 있었던 자료에 국한될 것이다. 뿐만 아니라 그러한 자료는 누가 보더라도 수익자에게 권리가 없다는 사실을 명확하게 밝혀 줄 수 있는 것이어야 한다.

---

86) 오스트리아 대법원 1993. 9. 11. 판결(사건번호 8Ob343/97t, ÖBA 1994, 320, http://www.ris.bka. gv.at/Dokument.wxe?Abfrage=Justiz&Dokumentnummer=JJT_19931109_OGH0002_0050OB00540_ 9300000_000) ; 1997. 10. 30. 판결(사건번호 7Ob145/97t http://www.ris.bka.gv.at/Dokument.wxe? Abfrage=Justiz&Dokumentnummer=JJT_19970828_OGH0002_0070OB00145_97T0000_000; 2011.7. 07. 판결(사건번호 5Ob95/11y , ÖBA 2012, 122/1781, http://www.ris.bka.gv.at/Dokument.wxe?Abfra ge=Justiz&Dokumentnummer=JJT_20110707_OGH0002_0050OB00095_11Y0000_000) 등.

87) Koziol/Potyka(주 46), 3/64 f. 또한 Jud/Spitzer(주 46), 402 ff. 참조.

88) Koziol/Potyka(주 46), 3/64. 이 기간은 보증에서 정해진 것이 있으면 그에 따라야 할 것이다. 유엔 협약 제16조 제2항은, 다른 약정이 없으면 보증인/발행인은 청구 및 첨부 서류를 검토하고, 지급을 할 것인지 거절할 것인지 여부를 결정하며, 지급하지 않기로 결정하였다면 이를 수익자에게 통지하기 위한 합리적인 기간을 가질 수 있으나, 늦어도 7거래일을 초과하여서는 안 된다고 규정한다. 그리고 ISP98 5.01(a)는 3거래일 내의 지급거절 통지는 합리적이지만, 7거래일을 넘는 통지는 비합리적이라고 한다.

89) 이 점에 대하여 영국의 판례나 독일의 일부 학설은 그러한 통지의무를 부정하기도 하지만, 다른 나라에서는 일반적으로는 통지의무를 인정한다. Von Bar and Clive(주 69), pp. 2705 f. 참조. 독일에서도 통지의무를 인정하는 것이 다수설이다. Arnold(주 23), p. 213 f. 참조. DCFR IV. G. —3:102는 보증인의 채무자(보증의뢰인)에 대한 통지의무를 인정하면서, 통지의무를 불이행 할 때에는 보증인의 채무자에 대한 권리가 통지 불이행으로 인하여 채무자에게 발생할 손해를 막기 위하여 필요한 범위 내에서 감축된다고 규정한다.

그런데 이러한 주장에 대하여는, 비록 보증은행이 청구를 받을 당시에는 수익자의 청구가 권리남용임이 명백하지 않았더라도, 사후에 증거 조사 등을 통하여 수익자에게 권리가 없음이 밝혀지면 보증은행이 수익자의 청구를 거절할 수 있고, 또 보증의뢰인이 보증은행에 대하여 지급금지가처분을 청구한 경우에는 이러한 청구가 받아들여져야 하는 것이 아닌가 하는 의문이 제기될 수 있다. 그러나 이와 같이 사후적으로 수익자에게 권리가 없음을 밝히기 위하여는 보증은행이 수익자로부터 청구를 받았을 당시에 입수할 수 있었던 자료 외에 별도의 증거조사를 하여야 하는데, 이러한 증거조사는 할 필요도 없고, 또 하여서도 안 될 것이다. 이처럼 별도의 증거조사를 위하여 지급이 지연되는 것은 독립적 은행보증 제도의 목적에 어긋난다. 법률가들의 상투적인 용어로 말한다면, 이 경우에는 법적 안정성의 요구가 구체적 타당성보다 더 중시되는 것이다.

3. 구체적인 예

앞에서 설명한 바에 따르면, 실제로 수익자의 청구가 권리남용임을 밝히기 위하여 사용될 수 있는 증거는 매우 제한될 것이다. 이 점에 관하여는 독일의 논의를 참조할 필요가 있다. 첫째, 대부분의 경우에는 사용될 수 있는 증거는 결국 서증이 된다. 반드시 서증에 한정되어야 하는가에 대하여는 논란이 있으나,[90] 증인의 증언은 대체로 허용될 수 없을 것이다. 왜냐하면 증인신문을 위하여는 상당한 시간이 허용되는데다가, 그 증언의 신빙성에 관하여는 별도로 평가를 필요로 하기 때문이다. 예외적으로는 법원에 의한 감정인의 감정이 고려될 수 있으나, 이 또한 그 신빙성이 문제될 수 있다.[91] 이외에 보증의뢰인이 수익자를 상대로 하여 받은 가처분 결정도 그 자체만으로는 충분한 증명력을 인정하기 어렵기 때문에 원칙적으로 허용될 수 없을 것이다.[92]

둘째, 그러한 증거는 결정적인 것이라야 한다. 다시 말하여 그 증거만으로도 수익자에게 권리가 없음이 의문의 여지없이 명백한 것이라야 한다.[93] 영국 항소법원의 애크너(Ackner) 판사의 표현을 빌린다면, 법원이 그 제출된 자료에 비추어

---

90) Graf von Westphalen(주 2), S. 200 참조.
91) Schimansky/Bunte/Lwowski, Bankrechts-Handbuch, 4. Auflage, C. H. Beck, 2011, § 121 Rdnr. 188(T. Fischer), Rn 188.
92) Fischer(주 91), Rn. 189.
93) Graf von Westphalen(주 2), S. 194 참조.

단 하나의 가능한 추론(the only realistic inference)이 사기가 있었다는 것이라고 판단할 때에만 사기가 인정될 수 있다는 것이다.[94] 그러므로 다소라도 의문의 여지가 있으면 권리남용이 명백하다고 할 수 없다. 독일의 판례는, 보증금 지급의 요건이 되는 실체적 사유가 발생하지 않았다는 항변이 원인관계의 해석에 있어 가능한 하나의 해석이기는 하지만, 다른 해석도 가능할 경우 권리남용이 명백하다고 할 수 없다고 판시하였다.[95]

권리남용의 명백성을 인정한 독일의 대표적인 판례로는 앞에서 언급한 독일 연방대법원 1984. 3. 12. 판결[96]을 들 수 있다. 이 사건에서는 이란의 테헤란에 소재하는 부동산 임차인의 목적물 인도의무를 담보하기 위하여 은행보증이 이루어졌는데, 위 부동산이 이란 정부에 의하여 국유화되어, 임차인이 점유를 상실하였다. 앞에서 살펴본 것처럼 연방대법원은, 이 사건에서는 테헤란 시장의 편지나 다른 문서에 의하여 이란의 관청이 늦어도 1980년 2월 초까지는 강제로 임대차 목적물인 부동산의 점유를 빼앗아갔다는 사실이 밝혀졌으므로, 피고는 임차인이 불가항력에 의하여 점유를 빼앗겼고 그에 의하여 원고에의 인도가 불가능하게 되었다는 것을 증명하였다고 하였다. 이처럼 임차인이 국가나 혁명의 개입으로 말미암아 부동산을 빼앗기게 되었을 때에는 임차인이 채권자에게 의무를 부담하지 않게 된다는 것은 누구에게나 명백하다는 것이다.

반면 이를 부정한 것으로는 독일연방대법원 1988. 4. 21. 판결[97]을 들 수 있다. 이 사건에서 원고는 1983. 8. J 상사에게 건물 신축공사를 도급주었는데, 당시 원고는 J 상사에게 공사 금액의 30%에 해당하는 522,093.90 마르크의 선급금을 지급하였다. 계약에 따르면 위 선급금의 반환에 대하여 금융기관이나 신용보증기관이 보증을 하여야 하였고, 또 위 선급금은 실제로 수행된 공사에 대하여 다음에 이행기가 도래하는 대금으로 처리된다고 규정되어 있었다. 신용보증회사인 피고는 원고에게 선급금의 반환을 보증하였는데, 그에 따르면 원고가 청구하기만 하면 522,093.90마르크까지의 금액을 지급하기로 약정하였다. J 상사는 1984. 1. 11. 원고에게 191,970.53마르크에 달하는 첫 번째 공사대금 분할 청구서를 보냈는데, 계약에 따르면 위 공사대금의 이행기는 같은 달 25일이었다. 그런데 J 상사는 같은 달 18일 위 공사를 중지하고 화의절차를 신청하였고, 원고는 1984. 2.

---

94) United Trading Corp SA v Allied Arab Bank Ltd, [1985] WL 311451.
95) 독일 연방대법원 1986. 9. 29. 판결(NJW-RR 1987, 115).
96) 주 42).
97) NJW 1988, 2610.

22. J. 상사와의 계약을 해지하고, 피고에게 선급금의 반환을 청구하였는데, 피고는 원고에게 330,083.37마르크만을 지급하고, J 상사가 원고에게 청구하였던 공사대금인 191,970.53마르크의 지급은 거절하였다. 그리하여 원고가 피고에게 위금액의 지급을 구하는 소송을 제기하였다.

원심은 위 선급금은 191,970.53마르크까지는 공사대금으로 처리되므로 원고는 그 반환을 청구할 수 없고, 따라서 피고의 보증채무는 위 금액만큼은 존재하지 않는다고 하여 원고의 청구를 받아들이지 않았다. 그러나 대법원은 1, 2심 판결을 파기, 자판하여 피고에게 원고의 청구금액을 지급할 것을 명하였다. 대법원은, 위 보증은 청구가 있기만 하면 지급하여야 하지만, 부종성이 인정되는 민법상의 보증(Bürgschaft)이고, 부종성이 없는 독립적 보증(Garantie auf erstes Anfordern)은 아니지만, 이처럼 청구가 있기만 하면 지급하여야 하는 민법상 보증의 경우에도 수익자의 보증인에 대한 청구가 권리남용이라고 인정하기 위하여는 수익자에게 권리가 없음이 명백하거나, 또는 명확한 증거에 의하여 증명할 수 있어야 한다는 독립적 보증에 관한 법리가 적용될 수 있다고 하였다. 그 해답이 자명하지 않은 모든 사실상 또는 법률상의 분쟁은 일단 지급한 후 반환청구 소송에서 해결되어야 한다는 것이다. 그런데 원고의 선급금은 다음에 이행기가 도래하는 대금으로 처리되고, 위 대금의 이행기는 1984. 1. 25.인데, 그 1주일 전에 J 상사가 공사를 중지하고 화의 절차의 개시를 신청하였으므로 이러한 경우에 J 상사가 공사대금을 청구할 수 있는지, 위 공사대금의 이행기가 1984. 1. 25.에 도래하는지는 의문이라는 것이다. 다른 사건에서 프랑크푸르트 고등법원의 판결은 지급능력이 없고, 청산회사로서만 존속하는 건축공사 수급인은 이미 수행한 공사에 대하여도 약정된 분할대금의 지급을 청구할 수 없다고 하였는데, 이러한 견해가 타당한지 아닌지는 이 사건에서 판단할 필요가 없고, 원고가 J 상사는 분할대금의 지급을 청구할 수 없다고 주장하는데 상당한 이유가 있으면, 원고의 주장을 권리남용이라고 볼 수는 없다는 것이다.

이 판결은 그 해답이 자명하지 않은 모든 사실상 또는 법률상의 분쟁은 일단 지급한 후 반환청구 소송에서 해결되어야 한다고 보았는데, 이러한 판시는 이미 위 독일연방대법원 1984. 3. 12. 판결에서도 언급되었고, 이후의 판례도 이 점을 재확인하고 있다.98)

─────────

98) 독일연방대법원 1993. 10. 28. 판결(NJW 1994, 380); 2000. 2. 10. 판결(NJW 2001, 282) 등.

4. 소송 형태에 따른 차이의 유무

당사자가 독립성의 예외를 주장하는 상황에는 크게 보아 두 가지가 있다. 그 하나는 보증의뢰인이 보증은행에 대하여, 수익자에게 보증금을 지급하지 말라고 청구하는 것이다. 이 경우는 대개 보증의뢰인이 보증은행을 상대로 지급금지가 처분을 청구한다. 영미에서는 이에 해당하는 것이 임시적 금지명령(interlocutory injunction, interim injunction)이다. 보증의뢰인이 보증은행뿐만 아니라 수익자를 상 대로 하여 가처분을 청구하는 경우도 있을 수 있다. 다른 하나는 보증은행이 보 증금의 지급을 거부하는 경우에 수익자가 보증은행을 상대로 보증금의 지급을 청구하는 것이다.

수익자가 보증은행을 상대로 보증금의 지급을 청구하는 것이 허용됨은 명백 하다. 문제는 보증의뢰인이 보증은행을 상대로 하여 지급금지가처분을 신청할 수 있는가 하는 점인데, 이에 관하여는 특히 독일에서 논란이 있다. 독일의 일부 학설이나 하급심 판례는 이러한 가처분이 허용되지 않는다고 보고 있지만, 독일 의 다른 하급심 판례나 다수의 학설은 이러한 가처분을 허용한다.[99] 국제적으로 는 일반적으로 이러한 가처분이 허용된다고 보고 있다.[100] 가령 통일상법전 제5 편 5-109조 (b); 유엔협약 제20조는 명문으로 이러한 가처분이 허용됨을 밝히고 있다.

이 점에 관하여 앞에서 언급한 대법원 1994. 12. 9. 선고 93다43873 판결도 보증의뢰인이 보증인을 상대방으로 하여 수익자에 대한 보증금의 지급을 금지시 키는 가처분을 신청할 수 있다고 하였다. 보증인이 수익자의 그러한 권리남용적 인 보증금청구에 응하여 보증금을 지급하여 버리게 되면, 보증인의 보증의뢰인 에 대한 상환청구가 당연히 수반될 것이고, 나아가 보증의뢰인이 상환을 거절하 는 경우에는 보증인으로부터 각종 금융상의 제재조치를 받게 되는 등의 사실상 경제적인 불이익을 감수할 수밖에 없게 되므로 위와 같은 보증금의 지급거절을 둘러싼 권리관계의 분쟁으로부터 생길 수 있는 현저한 손해를 방지한다는 측면 에서 그 보전의 필요성도 충분히 인정될 여지가 있다는 것이다.

이러한 가처분 절차에서는 피신청인(채무자)인 보증은행이 권리남용이 명백

---

99) 윤진수(주 1), 116면 이하 참조. 상세한 것은 Graf von Westphalen(주 2), S. 277 f. 등.
100) Bertrams(주 1), pp. 405 ff. 참조.

하지 않다는 것을 주장하여, 지급금지가처분이 내려져서는 안 된다고 주장할 수 있을 것이다. 그런데 보증인이 수익자에게 지급하는 것을 거절하여, 수익자가 보증인에게 보증금 지급청구를 하는 경우에도 마찬가지로 볼 것인가? 다시 말하여 이 경우에는 보증금 지급청구를 받을 당시에는 권리남용이 명백하지 않았더라도, 보증금 청구의 사실심 변론종결시까지 보증은행이 수익자에게 보증의뢰인에 대한 권리가 없음을 증명하면 지급을 거절할 수 있다고 보아야 하는 것이 아닌가 하는 의문이 제기될 수 있다. 그러나 이 경우도 가처분의 경우와 달리 볼 이유는 없다. 앞에서 본 것처럼 독립적 은행보증은 수익자가 마치 현금을 보유하고 있는 것과 같은 기능을 수행하는데, 수익자와 보증은행 사이의 본안소송이라고 하여 이 경우에는 사실심 변론종결시까지 수익자의 권리 없음이 밝혀지기만 하면 된다는 것은 위와 같은 독립적 은행보증의 기능에 어긋난다.101)

독일 연방대법원은 앞에서 본 것처럼 독립성의 예외가 인정되기 위하여는 수익자의 청구가 권리남용임이 명백하여야 한다고 보고 있는데, 이러한 판례들은 거의 모두 수익자가 보증인에 대하여 청구한 사건에 관한 것이다.102) 왜냐하면 독일에서는 가처분에 대한 하급법원의 판결에 대하여는 원칙적으로 연방대법원에 상고할 수 없기 때문이다.103)

Ⅵ. 우리나라의 판례

우리나라에서 이제까지 판례상 독립적 보증이 문제된 경우가 많지는 않았으나, 그래도 몇 개의 판례를 찾아볼 수 있다.

1. 대법원 1994. 12. 9. 선고 93다43873 판결

앞에서도 몇 차례 언급한 대법원 1994. 12. 9. 선고 93다43873 판결은, 수익자가 실제에 있어서는 보증의뢰인에게 아무런 권리를 가지고 있지 못함에도 불구하고 위와 같은 은행보증의 추상성 내지 무인성을 악용하여 보증인에게 청구

---

101) Bertrams(주 1), p. 393.
102) 예컨대 독일연방대법원 1993. 10. 28. 판결(NJW 1994, 380).
103) Arnold(주 23), S. 220 참조.

를 하는 것임이 객관적으로 명백할 때에는 이는 권리남용의 경우에 해당하여 허용될 수 없고, 이와 같은 경우에는 보증인으로서도 수익자의 청구에 따른 보증금의 지급을 거절할 수 있다고 판시하였다. 나아가 이러한 경우에 보증의뢰인은 그 보증금의 지급거절을 청구할 수 있는 권리에 기하여, 직접 그 의무자인 보증인을 상대방으로 하여 수익자에 대한 보증금의 지급을 금지시키는 가처분을 신청할 수 있다고 하였다. 이 판결은 이처럼 수익자의 청구가 권리남용임이 명백할 때에는 보증인으로서도 수익자에 대하여 보증금의 지급을 거절할 수 있다는 원칙만을 밝혔을 뿐, 구체적으로 어느 경우에 수익자의 청구가 권리남용임이 명백하다고 볼 것인가에 대하여는 언급하지 않고 있다.

그런데 이 판결에 대하여는, 대법원은 독립적 은행보증의 국제적인 관행인 이른바 "pay or extend"의 요구를 별다른 논평 없이 수익자의 청구를 권리남용적인 청구라고 인정하고 있는데, "pay or extend"의 요구를 당연히 권리남용적인 청구로 보는 것은 대단히 위험한 발상이라 아니할 수 없다고 하는 비판이 있다.[104] 그러나 이 판결은 지급금지명령을 청구하지 않기로 한 부제소특약이 무효이므로 그러한 가처분신청이 부적법한 것이라고는 할 수 없다고 한 것일 뿐, 그 사건에서 수익자의 청구가 권리남용임이 명백하여 가처분신청을 받아들여야 하는 것인가는 전혀 판단 대상이 아니었으므로 위와 같은 비판은 정당하지 않다.

참고로 "pay or extend" 또는 "extend or pay"란 수익자가 보증의 유효기간 연장을 요구하면서, 연장되지 않으면 지급할 것을 요구하는 것을 말한다. 이러한 요구에 의한 기간 연장은 그 요구의 이유도 여러 가지가 있을 수 있고, 연장을 하는 것이 보증의뢰인과 수익자 모두에게 유리한 경우도 많으므로 그 자체가 권리남용이 명백한 것이라고 말할 수는 없다.[105]

2. 서울고등법원 1993. 7. 13. 선고 91나44225 판결

그리고 위 대법원 판결이 있기 전에 선고된 서울고등법원 1993. 7. 13. 선고 91나44225 판결[106]에서는 간접보증을 한 제1은행의 제2은행에 대한 구상보증금

---

104) 김선국, "독립적 은행보증의 독립성", 경남법학 11집, 1996, 292면; 김선국, "독립적 은행보증에 있어서의 지급금지가처분", 상사판례연구 7집, 1996, 228면.
105) Bertrams(주 1), pp. 236 ff.
106) 이 판결은 공간되지 않았는데, 여기서는 김기창, "보증채무의 부종성과 독립성", 민사법학 제29호, 2005, 88면 이하에 소개되어 있는 것을 참조하였다. 서울민사지법 1995. 2. 17. 선고 94가단

의 지급을 금지하는 가처분이 내려졌다. 이 사건에서 보증의뢰인은 예멘의 수익자로부터 도로건설계약을 도급받았고, 수익자를 위하여 예멘 소재 제2은행이 독립적 은행보증을 하였으며, 한국 소재 제1은행이 제2은행이 수익자에게 지급하거나 지급요구를 받은 다음 피신청은행에게 구상금의 지급을 요구하면 이를 즉시 지불하기로 하는 역보증(counter-guarantee)을 제2은행에게 제공하였다. 그 후 수익자가 제2은행에게 지급청구를 하였고, 제2은행은 제1은행에게 지급요구를 하였다. 그러자 보증의뢰인은 제1은행에 대하여 제2은행에게 구상보증금을 지급하지 말라는 지급금지가처분을 신청하였다. 항소심인 서울고등법원은, 보증의뢰인의 수익자에 대한 채무는 미화 259, 601.95달러만이 존재한다고 하여 이를 초과하는 부분의 지급을 금지한다는 취지의 판결이 선고되었다. 이 판결에 대하여 제1은행이 상고하였으나, 대법원 1993. 12. 14. 선고 93다44524 판결은, 원심판결에 위법이 없다고 하여 상고를 기각하였다.

그런데 서울고등법원이 보증의뢰인의 수익자에 대한 채무가 얼마나 존재하는지를 밝히기 위하여 실체적인 심리를 한 것은 독립적 은행보증의 특성에는 부합하지 않는다. 특히 법원은 이러한 자료는 수익자의 지급요구가 있었던 1991. 5. 14.에는 드러나지 않았더라도 이제는 이 사건 가처분 신청절차에서 모두 현출되었고, 예멘에 소재하는 제2은행 역시 한국에 있는 제1은행을 통하여 이 자료를 모두 알 수 있게 되었으므로 제2은행이 수익자에게 지급하는 것은 수익자의 청구가 기망적임을 객관적인 자료에 의하여 명확히 알면서도 지급하는 것이 되고, 따라서 제2은행이 제1은행에게 역보증계약에 따른 지급요구를 하는 것도 기망적인 요구라고 판단하였는데, 이는 앞에서 살펴본 바에 의하면 잘못된 것임이 명백하다.107)

3. 서울고등법원 2001. 2. 27. 선고 2000나8863 판결

이 판결에서는 간접보증의 경우에 제2은행도 수익자의 권리남용을 알았어야 하는가가 정면으로 문제되었다. 이 사건에서는 보증의뢰인이 사우디아라비아의 회사인 수익자와 강관을 생산할 수 있는 조관기 설비를 납품하는 계약을 체결하

59637 판결(하집 1995-1, 110)에도 사실관계의 일부가 나와 있다.
107) 같은 취지, 김기창(주 106), 88면 이하.

였고, 그 하자 보증을 위하여 사우디아라비아 소재 제2은행이 수익자를 위한 보증서를 발급하였으며, 국내의 제1은행이 제2은행이 위 보증서에 따라 책임을 부담하는 경우 피고가 이를 지급하여 준다는 면책보증서를 발급하였다. 그 후 수익자가 제2은행을 상대로 보증금 지급청구를 하자 제2은행이 그 지급을 거절하였으나, 수익자의 제소에 의하여 사우디아라비아의 금융분쟁조정위원회가 제2은행에 대하여 수익자에게 보증금을 지급할 것을 명하였다. 그에 따라 제2은행은 수익자에게 지급한 다음 제1은행에게 구상청구를 하였다. 위 소송에서 피고인 제1은행과 피고보조참가인인 보증의뢰인은 수익자의 청구가 사위에 기한 청구 또는 권리남용의 청구로써 허용될 수 없는 것이라고 다투었으나, 법원은 이 주장을 받아들이지 않았다.

　법원은 우선 간접보증에 있어서는 권리남용의 요건이 수익자와 제2은행에 공통적으로 존재하여야 제1은행이 제2은행의 구상권 행사에 대항할 수 있다고 한다. 즉 수익자가 권리남용의 보증금청구를 하였고, 제2은행이 그 청구가 권리남용에 해당한다는 사실을 알면서 수익자의 권리남용적 청구에 가담하였거나, 적어도 그렇게 의심할 충분한 이유가 있었음에도 만연히 수익자의 청구에 응하여 보증금을 지급한 경우에는 제1은행은 제2은행의 구상금지급청구를 거절할 수 있다는 것이다.

　그런데 이 사건에서는 수익자가 보증서 유효기간 내에 조관기 설비로 약정한 제품을 생산하지 못하였고, 다만 그것이 수익자의 귀책사유로 인한 것이어서 보조참가인의 채무불이행사유에 해당하지 아니하는지 여부는 수익자와 보증의뢰인 사이에 다툼이 있었던 것으로 보이므로, 수익자의 청구가 보증서의 성질을 악용한 청구임이 객관적으로 명백하다고 보기는 어렵다고 하였다. 뿐만 아니라 제2은행이 수익자의 청구가 권리남용에 해당한다는 사실을 알면서 거기에 가담하였거나 적어도 그렇게 의심할 충분한 이유가 있었음에도 만연히 그 청구에 응하여 위 보증금을 지급하였다는 점을 인정할 증거가 없다고 하여 결국 권리남용의 주장은 받아들이지 않았다.

　이러한 판시는 대체로 앞에서 살펴본 것에 부합한다. 즉 수익자와 보증의뢰인 사이에 권리의 존부에 관하여 다툼이 있다는 것만으로는 수익자의 청구가 권리남용임이 명백하다고는 할 수 없을 뿐만 아니라, 간접보증의 경우에는 권리남용의 요건은 수익자 외에도 제2은행에게도 갖추어져야 한다는 것이다.

4. 서울고등법원 2008. 2. 28. 자 2007라604 결정[108]

이 결정은 교량 상판의 공급 계약 이행 보증을 위하여 독립적 은행보증이 이루어진 경우였다. 이 사건의 사실관계를 간단히 요약한다면, 수익자가 미국 워싱턴 주의 교량 설치 공사를 도급받은 회사로부터 다른 회사를 통하여 교량상판의 제작 및 배달 공사를 재하도급받은 다음, 다시 보증의뢰인에게 교량상판의 제작 및 선적을 또다시 재하도급주었는데, 보증의뢰인의 계약 이행 보증을 위하여 보증 은행이 수익자를 위한 이행보증서를 발급하여 주었다. 그 후 수익자와 보증의뢰인 사이에 분쟁이 생겨 수익자가 보증은행에게 이행보증금의 지급을 청구하자, 보증의뢰인이 보증은행을 상대로 이행보증금 지급의 금지를 구하는 가처분을 신청하였다.

제1심 법원은 일단 그와 같은 가처분 결정을 내렸다가, 보증은행의 이의에 따라 가처분 결정을 취소하였다. 그 이유의 요지는, 보증의뢰인이 제출한 자료만으로는 수익자의 이행보증금 지급청구가 부적법하다거나 권리남용임이 명백하다는 점을 소명하기에 부족하고, 달리 이를 소명할 만한 자료도 없다는 것이었다.[109] 그러나 항고심인 서울고등법원은 제1심 결정을 취소하고, 원래의 가처분 결정을 인가하였다. 그 이유의 요지는 요컨대 보증의뢰인이 수익자의 장부 등 열람요구를 거부한 것은 의무위반이지만 이는 부수적인 것에 불과하고 다른 의무위반은 없으며, 수익자에게 손해가 발생하였다고도 볼 수 없고, 수익자의 이행보증금 청구는 이행보증서의 성질을 악용한 것임이 객관적으로 명백하다는 것이다.

그런데 위 결정은 단지 수익자의 청구가 권리남용임이 명백한가 여부를 판단하는 것에 그치지 않고, 더 나아가 과연 수익자가 과연 보증의뢰인에게 권리를 가지는가 하는 점에 관한 실체적인 심리를 한 것으로 보여서, 독립적 은행보증의 법리에는 부합하지 않는다. 가령 위 판결은 보증의뢰인이 수익자의 장부 등 열람요구를 거부한 것은 부수적 의무위반일 뿐이라고 하였다. 그러나 그것이 부수적 의무위반인지 아닌지는 보증의뢰인과 수익자 사이의 소송에서 판단될 성질의 것이고, 보증의뢰인과 보증은행 사이의 재판에서 수익자의 청구가 권리남용임이 명백한지 여부만을 판단하여야 하는 단계에서 다루어질 수 있는 문제는 아니다.

---

108) 미공간. 김선국, "독립적 은행보증의 독립성과 지급금지가처분", 경영법률 제19권 4호, 2009, 451면 이하가 이 결정을 분석하고 있다.
109) 서울남부지방법원 2007. 2. 5. 선고 2006카합3097 결정(미공간).

또 위 판결은, 당사자 사이의 계약에서 보증의뢰인에게 이행을 연기하거나 지체
할 권리를 부여하지 아니한다고 한 것이 보증의뢰인이 위 구매계약에 정한 기간
내에 일시적으로라도 야간 및 주말 작업을 비롯한 모든 작업을 중단하여서는 아
니 되는 의무를 부담한다는 취지로 해석되지는 않는다고 하였다. 그러나 계약의
해석을 둘러싸고 당사자 사이에 다툼이 있다면, 어느 일방의 해석이 부당하다는
것이 그야말로 명백하지 않은 한, 권리남용의 명백성을 인정하여서는 안 될 것이
다. 보증은행이 수익자로부터 지급청구를 받았을 때 이와 같이 계약을 해석하여
지급청구를 거절할 것을 기대할 수는 없다. 나아가 위 판결은 여러 가지 이유를
들어 수익자에게 손해가 발생하지도 않았다고 하였으나, 이것도 위 법원이 판단
하여서는 안 되는 문제였다고 보인다. 이 또한 보증은행이 판단할 수 있는 범위
를 넘어서기 때문이다.[110]

5. 서울중앙지방법원 2012. 9. 28. 선고 2011가합124948 판결 및 서울고등법원 2013. 11. 29. 선고 2012나90216 판결[111]

이 사건에서는 선박수출거래에서의 환급보증(Refund Guarantee)이 문제되었
다. 소외 A 해운회사는 2007. 8. 9. 조선회사인 B 회사와 B 회사가 선박 2척을
건조하여 A 회사에게 인도하기로 하는 계약을 체결하였고, A 회사가 B 회사에
게 지급하는 선수금의 환급 보증을 위하여 피고 은행이 수익자를 A 회사로 하는
선수금환급보증서라는 이름의 독립적 은행보증서를 발급하였다. 그 후 A 회사,
B 회사 및 원고들의 3면 합의에 의하여 두 선박의 매수인 지위가 A 회사에서 원
고 회사들로 바뀌었다. 원고들은 2011. 8. 26. B 회사에게 B 회사의 채무불이행
을 이유로 계약을 해제하고 지급한 선수금을 환급할 것을 요구하였으나, B 회사
가 선수금을 반환하지 않자, 원고들이 피고 은행을 상대로 선수금 환급보증금의
지급을 청구하는 소송을 제기하였다. 이에 대하여 피고 은행은, 원고들이 약정된
선수금을 제때에 지급하지 않았으므로 B 회사가 2009. 10. 16. 계약을 해제하였
고, 따라서 원고들은 선수금 반환청구를 할 수 없다고 다투었다.

제1심인 서울중앙지방법원 2012. 9. 28. 선고 2011가합124948 판결은, 선박

---

110) 김선국(주 108)은 위 판결을 위와 같은 관점에서 비판하고 있다.
111) 모두 미공간.

건조계약서에 건조자와 매수인 사이의 어떠한 분쟁이나 불일치를 이유로 하여
이 조항에 따른 모든 지급을 지체하거나 유보할 수 없음에 합의한다는 조항이
있음을 근거로 하여, 위 계약은 A 회사의 선수금 지급의무 불이행을 이유로 해
제되었으므로 원고들은 선수금 반환청구권을 가지지 않는다고 판단하였다. 그리
고 원고들의 주장, 즉 B 회사의 선수금 지급청구는 실제로 선박을 건조할 의사나
능력이 없는 상태였음에도, 선수금을 유용하기 위한 목적에서 형식적으로 건조
공사를 강행하고 선수금지급청구를 한 것은 권리남용에 해당하므로, 원고들의
선수금지급의무가 발생하지 아니하였거나, B 회사의 선박건조의무의 이행이 곤
란할 현저한 사유에 해당하여 민법 제536조 제2항의 불안의 항변권을 행사한 것
이라는 주장에 대하여는, 여러 가지 서증 및 증인의 증언을 바탕으로 하여, B 회
사의 선수금 지급청구가 권리남용에 해당된다고 할 수도 없고, 원고들이 불안의
항변권을 행사할 수도 없다고 하여 이를 배척한 다음, 원고들의 청구는 권리남용
이라고 하여 청구를 기각하였다. 서울고등법원 2013. 11. 29. 선고 2012나90216
판결도 대체로 같은 취지로 판단하여 원고들의 항소를 기각하였다.

　　그러나 앞에서 여러 번 언급한 것처럼, 수익자의 보증금 청구가 권리남용이
라고 하여 이를 받아들이지 않으려면, 수익자의 청구가 즉시 입수할 수 있는 결
정적인 증거에 의하여 권리남용임이 명백하여야 한다. 그런데 제1심과 항소심 판
결 자체에 비추어 보더라도, 과연 B 회사의 선수금 지급청구가 권리남용이 아니
라고 할 수 있는지, 원고들이 불안의 항변권을 행사할 수 있는지 여부가 명백한
것이라고 하기는 어려운 것으로 보인다. 법원은 그러한 결론을 내기 위하여 증인
을 심문하는 등 상당 기간 증거조사를 한 끝에, 여러 가지 사정을 종합하여 판단
하였으나, 이 자체가 독립적 은행보증의 성질과는 맞지 않는다. 보증금 지급의
요건이 되는 실체적 사유가 발생하지 않았다는 항변이 원인관계의 해석에 있어
가능한 하나의 해석이기는 하지만, 다른 해석도 가능할 경우 권리남용이 명백하
다고는 할 수 없는 것이다.112)

---

112) 위 주 94)의 본문 참조.

Ⅶ. 결   론

처음에 언급한 것처럼, 독립적 은행보증에 익숙하지 않은 사람에게는 그것이 보증의뢰인에게 일방적으로 위험을 전가하는 불합리한 제도로 보일 수 있다. 그러나 독립적 은행보증은 거래상 필요에 의하여 생겨난 제도로서, 그 독립성 때문에 수익자뿐만 아니라 보증의뢰인도 이익을 얻을 수 있기 때문에 불합리하다거나 불공정하다고 말할 수는 없다. 그리고 독립적 은행보증이 제대로 기능을 발휘할 수 있으려면, 독립성의 예외는 권리남용이 그야말로 명백한 경우에 한하여 인정되어야 할 것이다.

〈법조 2014. 5.(692호)〉

〈추기〉

1. 이 글은 필자가 앞에서 언급한 서울고등법원 2012나90216 사건(주 111)이 서울고등법원에 계속 중일 때 법원에 제출한 의견서를 바탕으로 한 것이다. 당시 서울고등법원은 필자의 의견을 받아들이지 않았지만, 아래 2. 나.에서 보는 것처럼 대법원은 서울고등법원의 판결을 파기환송하였다.

2. 이 논문이 발표된 후 독립적 은행보증에 관한 대법원 판결이 몇 개 선고되었다.

가. 대법원 2014. 8. 26. 선고 2013다53700 판결

(1) 사실관계

이 사건에서는 이란에 소재하는 자동차부품 생산회사인 원고는 2007. 12. 31. 국내에 있는 소외 회사로부터 자동차용 플레이트형 CNG 실린더 5,000개를 1,075,000유로에 수입하는 계약을 체결하였고, 피고는 2008. 3. 18. 소외 회사의 요청에 따라 수익자를 원고로 하여 이 사건 수입계약에 관한 독립적 은행보증서를 발행하였다. 소외 회사는 2008. 5. 원고에게 이 사건 실린더 1차 공급분 2,400개를 선적하여 발송하였다. 그런데 2008. 5. 4. 소외 회사가 이란의 다른 업체에게 공급한 파이프형 CNG 실린더가 폭발하는 사고가 발생하였다. 이에 소외 회사와 원고 사이에 2008. 6. 15. 소외 회사가 이 사건 실린더의 품질을 보장하고, 원고가 위 실린더를 사용할 수 없게 되는 경우 그와 관련된 모든 비용을 소외 회사가 책임지기로 하는 내용의 합의가 이루어졌다. 이란 국영업체인 가스 호드로 컴퍼니(IGKCO)는 2008. 7. 27.경 위 사고의 원인이 규명될 때까지 소외 회사가 제작한 CNG 실린더의 수입을 승인하지 않을 것이며, 위 실린더가 관련기준에 부합한다는 것이 확인될 때까지 위 실린더의 이란 내 사용 및 판매를 금지한다는 취지의 공문을 발송하였다. 이에 원고는 2008. 11. 25. 피고에게, 이 사건 사고로 소외 회사가 제작한 실린더의 이란 내 사용·판매가 금지되어 손해를 입었다는 취지의 확인서를 제출하면서 이 사건 보증서에 기한 보증금(이하 '이 사건 보증금'이라 한다)의 지급을 청구하였다. 원고와 소외 회사는 2009. 5. 17.에 이르러 원고가 이미 공급받은 실린더 2,400개에 대한 원고의 손해액을 342,000유로로 정하고, 그중 142,000유로는 소외 회사가 원고의 청구를 받은 날부터 3일 이내에 지급하고, 나머지 200,000유로는 원고가 추가구매하기로 한 실린더 대금에서 공제하기로 합의하였다. 그 후 IGKCO는 2009. 8. 26. 플레이트형 실린더의 경우에는 제조자가 품질을 보증하면 이란에서 사용할 수 있음을 고지하였고, 원고는 2009. 9. 7.경 소외 회사로부터 수입한 플레이트형 실린더 2,400개를 사용하였으나 아무런 문제가 발생하지 않았다. 원고가 2008. 11. 25.경 피고에게 이 사건 보증금을 청구하였다.

  (2) 원심판결

　　원심은, 이 사건 보증금청구 당시 원고는 ① 소외 회사로부터 수입한 플레이트형 실린더가 이 사건 사고와 무관하다는 점, ② 이란 내 수입·사용이 금지된 실린더는 파이프형 실린더에 한정되고 플레이트형 실린더는 재검사를 통하여 쉽게 이란 내 판매가 가능하다는 점, ③ 이러한 수입·사용금지는 소외 회사의 귀책사유와는 무관한 것이므로 소외 회사에게 이 사건 수입계약상 채무불이행책임을 묻기 어렵다는 점, ④ 소외 회사가 원고에게 공급한 플레이트형 실린더 2,400개에 대한 원고의 손해와 관련하여 342,000유로를 지급하기로 합의한 것은 원고가 입은 손해를 342,000유로로 정하여 이를 소외 회사가 확정적으로 배상하겠다는 취지라기보다는 원고의 추가주문을 조건으로 원고에게 342,000유로를 지급하기로 하는 정지조건부 합의의 성질을 가진다는 점 등을 알고 있었으므로, 원고의 이 사건 청구는 원고가 보증의뢰인에게 아무런 권리를 가지고 있지 않음에도 독립적 은행보증의 추상성과 무인성을 악용하여 한 청구임이 객관적으로 명백하므로 권리남용에 해당한다고 판단하였다.

(3) 대법원 판결

그러나 대법원은 원심판결을 파기환송하였다.

대법원은 우선 일반적인 법리로서 다음과 같이 판시하였다.

"은행이 보증을 함에 있어서, 보증금 지급조건과 일치하는 청구서 및 보증서에서 명시적으로 요구하고 있는 서류가 제시되는 경우에는 그 보증이 기초하고 있는 계약이나 그 이행제공의 조건과 상관없이 그에 의하여 어떠한 구속도 받지 않고 즉시 수익자가 청구하는 보증금을 지급하겠다고 약정하였다면, 이는 주채무에 대한 관계에서 부종성을 지니는 통상의 보증이 아니라, 주채무자인 보증의뢰인과 채권자인 수익자 사이의 원인관계와는 독립되어 그 원인관계에 기한 사유로는 수익자에게 대항하지 못하고 수익자의 청구가 있기만 하면 은행의 무조건적인 지급의무가 발생하게 되는 이른바 독립적 은행보증(first demand bank guarantee)이라고 할 것이다. 이러한 독립적 은행보증의 보증인으로서는 수익자의 청구가 있기만 하면 보증의뢰인이 수익자에 대한 관계에서 채무불이행책임을 부담하게 되는지 여부를 불문하고 그 보증서에 기재된 금액을 지급할 의무가 있으며, 이 점에서 독립적 은행보증에서는 수익자와 보증의뢰인 사이의 원인관계와는 단절되는 추상성 및 무인성이 있다.

다만 독립적 은행보증의 경우에도 신의성실의 원칙이나 권리남용금지의 원칙의 적용까지 완전히 배제되는 것은 아니라고 할 것이므로, 수익자가 실제로는 보증의뢰인에게 아무런 권리를 가지고 있지 못함에도 불구하고 위와 같은 은행보증의 추상성과 무인성을 악용하여 보증인에게 청구를 하는 것임이 객관적으로 명백할 때에는 권리남용에 해당하여 허용될 수 없는 것이고, 이와 같은 경우에는 보증인으로서도 수익자의 청구에 따른 보증금의 지급을 거절할 수 있다고 할 것이나(대법원 1994. 12. 9. 선고 93다43873 판결 참조), 앞서 본 원인관계와 단절된 추상성 및 무인성이라는 독립적 은행보증의 본질적 특성을 고려하면, 수익자가 보증금을 청구할 당시 보증의뢰인에게 아무런 권리가 없음이 객관적으로 명백하여 수익자의 형식적인 법적 지위의 남용이 별다른 의심 없이 인정될 수 있는 경우가 아닌 한 권리남용을 쉽게 인정하여서는 아니 될 것이다."

그리고 구체적으로는 원고가 실제로 이 사건 실린더를 사용한 결과 아무런 문제가 발생하지 아니하였다고 하더라도, IGKCO의 사용 및 판매금지조치로 말미암아 원고가 이 사건 실린더를 사용하지 못한 이상 원고에게 그로 인한 손해가 발생하였을 것으로 보이는 점, 소외 회사 역시 이 사건 사고 이후 2008. 6. 15.과 2009. 5. 17. 두 차례에 걸쳐 원고와 피해보상에 관하여 합의한 점 등에 비추어 보면, 원고가 피고에게 이 사건 보증금을 청구할 2008. 11. 25.경에는 소외 회사가 제작한 CNG 실린더에 대한 IGKCO의 사용·판매금지조치가 아직 해제되지 않은 상태였고, IGKCO가 소외 회사의 품질보증만으로 플레이트형 실린더의 사용이 가능하다고 통보한 시점은 그 이후인 2009. 8. 26.이므로, 원심이 들고 있는 사정을 모두 고려하더라도 원고가 소외 회사에 대하여 아무런 권리가 없음을 잘 알면서 독립적 은행보증의 추상성과 무인성을 악용하여 보증금을 청구하였음이 객관적으로 명백하다고 보기는 어렵다고 하였다.

파기환송심은 피고의 보증금 지급을 명하였고(서울고등법원 2014. 12. 23. 선고 2014나44538 판결), 이에 대한 피고의 상고는 심리불속행 판결에 의하여 기각되었다(대법원 2015. 5. 14. 선고 2015다5064 판결).

(4) 이 판결의 의미

이 판결은 보증인이 수익자의 청구에 따른 보증금의 지급을 권리남용임을 이유로 거절할 수 있으려면 수익자가 보증금을 청구할 당시 보증의뢰인에게 아무런 권리가 없음이 객관적으로 명백하여 수익자의 형식적인 법적 지위의 남용이 별다른 의심 없이 인정될 수 있어야 한다고 판시하여, 이 문제에 관한 대법원의 태도를 명확히 한 것으로 판단된다. 특히 이 사건에서는 원고가 2010. 7. 23. 소외 회사를 상대로 손해배상청구소송을 제기하였으나, 이 사건 원심판결 선고 후인 2013. 9. 12.에 결국 패소판결이 확정되었다. 그럼에도 불구하고 대법원이 위와 같이 판시한 것은, 사실심 법원이 수익자의 보증금 청구를 권리남용이라고 판단하는 것은 극히 예외적으로만 인정될 수 있다는 취지라고 이해된다. 그리고 이 판결이 보증의뢰인에게 아무런 권리가 없음이 객관적으로 명백한지 여부를 판단하는 시점을 수익자가 보증금을 청구할 당시라고 한 것은 필자의 견해를 참고한 것으로 보인다.113)

---

113) 이 사건에 관한 대법원 재판연구관의 해설인 김진오, "독립적 은행보증에 있어서 권리남용 법리의 적용 범위와 한계", 사법 33호, 2015, 355면 참조.

나. 대법원 2015. 7. 9. 선고 2014다6442 판결

이 판결은 앞에서 소개한 서울고등법원 2013. 11. 29. 선고 2012나90216 판결의 상고심 판결이다. 이 판결도 위 2013다53700 판결을 인용하면서, 수익자의 보증금 청구가 권리남용이라고 한 원심판결을 파기하였다. 그런데 이 판결에는 다소 문제가 있다. 즉 이 판결은 권리남용임이 명백한지 여부를 판단하는 시점을 이 사건 소 제기 당시로 보았는데, 이는 위 2013다53700 판결과는 어긋난다.114)

다. 대법원 2021. 7. 8. 선고 2017다218895 판결

이 사건에서는 독립적 은행보증에서 만기 전에 수익자가 보증인에 대하여 '해당 보증서의 보증기간을 연장하거나 그렇지 않을 경우 만기 시에 그 청구를 적법한 청구로 보고 해당 보증금을 지급하라'는 취지로 한 연장지급선택부(extend or pay) 청구가 문제되었다. 이 사건 지급보증서에서는 적용규칙을 URDG 458로 정하였는데, URDG 458 제20조 a항은 독립적 은행보증에서 수익자가 보증금의 지급을 청구할 때 보증의뢰인이 보증의 원인관계에 따른 의무를 위반하였다는 내용을 지급청구서에 포함하거나 그러한 내용의 진술서를 첨부하도록 규정하고 있다. 대법원은, 연장지급선택부 청구가 만기 연장이 합의되지 않아 보증금의 지급을 구하는 적법한 지급청구로 인정되기 위해서는 그 청구가 보증의 유효기간 내에 이루어져야 하고 보증서와 청구보증 통일규칙에서 정한 지급청구의 요건을 충족하여야 한다고 하면서, 이 사건 연장지급선택부 청구는 URDG 458 제20조의 지급청구의 요건을 갖추지 않아 지급청구로서 적법하지 않다고 하였다.

---

114) 같은 취지, 김인현, "독립적 보증으로서의 선수금 환급보증과 권리남용", 국제거래법연구 제24집 2호, 2016, 161면. 권창영, "선박건조에 관한 선수금환급보증금지급청구와 권리남용", 해양한국 2016. 2, 154면 이하는 이 판결을 지지하면서 이 점을 특별히 문제삼고 있지는 않다.

부당이득법의 경제적 분석[*]

I. 서 론

　　민법 가운데 불법행위법이나 계약법 또는 소유권법에 대한 법경제학적 연구는 상당히 많으나,[1] 부당이득법에 대한 법경제학적 연구는 쉽게 찾기 어렵다.[2] 그 이유 중 한 가지는, 법경제학이 시작된 미국에서는 아직까지도 부당이득법(law of unjust enrichment)이 충분히 독립된 분야로 인정되지 않은 반면, 부당이득법이 독립된 분야로 인정되고 있는 다른 나라들에서는 미국만큼 법경제학이 연구되고 있지 않기 때문이다.[3] 또 다른 설명으로는, 법경제학은 주로 손해의 방지를 위한 법의 개입에 대하여 관심을 기울이는데, 부당이득법은 이익에 촛점을 맞추고 있기 때문이라고 한다. 여기서는 부당이득법은 하나의 단일체가 아니라, 몇

　* 이 글은 2013. 12. 23. 서울대학교 법학연구소에서 개최한 "경제학적 법학 방법론의 유용성에 관한 실험적 논의"를 주제로 한 학술회의에서 발표한 것을 토대로 보완한 것이다. 특히 지정토론자였던 김형석 교수의 지적은 이 논문을 보완하는 데 많은 도움이 되었다.

1) 다음의 책들이 국내의 최근 연구 상황을 아는 데 도움이 될 수 있다. 김일중·김두얼 편, 법경제학 이론과 응용, 2011; 김일중·김두얼 편, 법경제학 이론과 응용 [II], 2013. 앞의 책에는 김일중, "재산권의 법경제학", 고학수·허성욱, "불법행위법의 법경제학", 윤진수·이동진, "계약법의 법경제학"이 실려 있고, 뒤의 책에는 이동진, "물권법의 법경제학", 윤진수, "가족법의 법경제학"이 실려 있다.

2) Niva Elkin-Koren, Eli M. Salzberger, "Towards an economic theory of unjust enrichment law", *International Review of Law and Economics* 20 (2000), p. 569 참조.

3) Dan Priel, "The Law and Politics of Unjust Enrichment", 63 *University of Toronto Law Journal* pp. 539 ff.(2013)은 미국에서는 법경제학이 발전하였으나 부당이득법은 큰 관심의 대상이 되지 못하고 있는 반면, 영국에서는 부당이득법이 근래에 집중적인 연구의 대상이지만 법경제학(law and economics)은 그다지 큰 영향을 주지 못하고 있다고 지적한다.

가지의 다른 개념을 하나로 취급하는 것이라고 보고 있다.[4]

그러나 필자는 부당이득법을 경제적인 효율의 증진이라는 관점에서 분석하는 것이 부당이득법을 잘 이해할 수 있는 방법이라고 믿는다. 그리하여 이하에서는 부당이득법을 경제적인 효율의 관점에서 분석하여 본다. 그런데 실제로 부당이득에는 아래에서 보는 것처럼 여러 가지 유형이 존재한다는 것은 오늘날 일반적으로 인정되고 있고, 또 법경제학적인 관점에서도 각 부당이득의 유형에 따라 그 설명이 달라져야 한다. 여기서는 주로 급여부당이득, 그 가운데에도 급여부당의 성립이 배제되는 경우를 경제학적으로 설명하고자 한다.

그런데 우선 급여부당이득이라는 용어의 문제를 짚고 넘어가려고 한다. 이 말은 일반적으로 급부부당이득이라고 표현하는 개념을 지칭하는 것이다. 급부부당이득은 재산의 이동이 급부에 의하여 이루어졌으나, 그 이동에 법률상의 원인이 없는 경우를 가리킨다고 한다.[5] 그리고 급부(Leistung)란 의식적이고 일정한 목적을 지향하는 타인 재산의 증가행위라고 한다.[6] 그런데 우리 민법에는 급부라는 용어는 사용되고 있지 않다. 급부(給付)라는 용어는 일본민법에서 사용되고 있지만, 민법은 급부 대신 급여(給與)라는 용어를 사용한다.[7] 단적으로 일본민법 제708조의 표제는 "不法原因給付"이지만, 그에 대응하는 민법 제746조의 표제는 "不法原因給與"이다. 따라서 이하에서는 종래 쓰이던 급부부당이득 대신 급여부당이득이라는 용어를 사용하기로 한다.

이 글에서 주로 다루려고 하는 것은 민법이 명문으로 급여부당이득의 성립을 배제하고 있는 비채변제(제742조)와 불법원인급여(제746조), 그리고 학설상 문제되는 다수당사자 사이의 부당이득과 전용물소권의 문제이다. 위와 같은 경우에 왜 급여부당이득의 성립이 왜 배제되는가는 경제적인 효율의 관점에서 가장 잘 설명할 수 있다고 여겨진다.

다른 한편 이 글은 부당이득을 경제적 효율의 관점에서만 설명할 수 있다고 주장하는 것도 아니다. 다만 법경제학적인 분석방법이 민법, 더 나아가서는 법 일반의 이해에 도움이 될 수 있음을 보여 줄 수 있는 한 예로서 이 주제를 채택

---

4) Christopher T. Wonnell, "Unjust Enrichment and Quasi-Contracts", in Gerrit de Geest ed., *Contract Law and Economics*, 2011, pp. 454 ff.

5) 김형배, 사무관리·부당이득, 2003, 82-83면 이하; 김증한·김학동, 채권각론, 제7판, 2006, 695면도 같은 취지이다.

6) 김형배(주 5), 91면.

7) 예컨대 제451조 제1항, 제466조, 제478조 등.

한 것이다.[8]

이 글의 서술 순서는 다음과 같다. 우선 급여부당이득의 개념을 명확히 하기 위하여 그 전제가 되는 부당이득의 유형론을 살펴본다. 그리고 각 부당이익의 유형이 어떤 경제적인 기능을 하고 있는지를 간단히 따져 본다. 이어서 이 글의 주된 관심 대상인 비채변제, 다수당사자 사이의 부당이득과 전용물소권 및 불법원인급여에 대하여 분석하여 보고자 한다.

Ⅱ. 부당이득의 유형론

1. 통일설과 유형론

여기서 말하는 부당이득의 유형론은 기본적으로 독일의 이론이 우리나라에 도입된 것이다. 독일 민법 제812조 제1항 제1문은, "타인의 급여로 인하여 또는 그 밖의 방법에 의하여 그의 손실로 법률상 원인 없이 어떤 것을 취득한 자는, 그 타인에 대하여 반환의 의무를 진다"고 규정하고 있다.[9] 이처럼 부당이득에 관하여 포괄적인 일반규정을 두고 있는 것은, "법률상 원인없이 타인의 재산 또는 노무로 인하여 이익을 얻고 이로 인하여 타인에게 손해를 가한 자는 그 이익을 반환하여야 한다"라고 규정하는 민법 제741조와 유사하다.

독일 민법 제정 후 초기의 학설과 판례는 부당이득을 공평(Billigkeit)을 근거로 하는 하나의 통일적인 제도로 파악하였다.[10] 이러한 학설은 우리나라에도 받아들여져서, 과거의 대부분의 교과서는 부당이득제도를 공평을 이념으로 하는 통일적인 것으로 이해하고 있었다(통일설).[11] 그런데 독일에서는 이러한 통일설

---

8) 경제적 효율이 법의 해석과 적용에서 의미를 가진다는 점에 대하여는 윤진수, "법의 해석과 적용에서 경제적 효율의 고려는 가능한가", 법경제학 이론과 응용(주 1), 3면 이하 참조.

9) Wer durch die Leistung eines anderen oder in sonstiger Weise auf dessen Kosten etwas ohne rechtlichen Grund erlangt, ist ihm zur Herausgabe verpflichtet.

10) 자세한 것은 예컨대 Dieter Reuter/Michael Martinek, *Ungerechtfertigte Bereicherung, Handbuch des Schuldrechts* Bd. 4, 1983, S. 22 f.; Frank L. Schäfer, *Das Bereicherungsrecht in Europa*, 2000, S. 323 f. 민법주해 ⅩⅦ, 2005, 165-166면(양창수)은, 독일 민법은 부당이득의 기초로서 공평의 원리를 내세우는 입장을 부정하는 보통법의 학설을 이어받아 법문화한 것으로서, 부당이득의 기초를 공평의 이상에서 찾는 것은 이와 같은 보통법학설 이전으로 돌아가는 것이라고 주장한다. 그러나 적어도 독일 민법 제정 후 초기의 학설은 공평의 원리를 부당이득법의 기초로 삼고 있었다.

11) 예컨대 김증한, 채권각론, 1988, 404-405면; 곽윤직, 채권각론, 제6판, 2005, 345-346면 등.

에 대하여, 그것만으로는 부당이득을 제대로 설명할 수 없다고 하는 비판이 대두되었고, 빌부르크(Wilburg)와 폰 케머러(von Caemmerer)가 부당이득을 몇 가지로 나누어 설명하여야 한다고 하는 유형론[12]을 주장하였으며,[13] 이러한 유형론이 현재 독일의 통설이 되었다.[14]

근래 우리나라에서도 이러한 유형론이 받아들여져서, 유력한 견해가 되었다.[15] 유형론이 종래의 통일설을 비판하는 근거는, 공평이라는 이념만으로는 부당이득의 다양한 유형을 제대로 설명할 수 없고, 부당이득의 성립 여부는 개별 유형에 따라 나누어 판단하여야 한다는 것이다.[16]

2. 유형론에 의한 부당이득의 분류

유형론에서는 일반적으로는 부당이득을 우선 급여부당이득(Leistungskondiktion)과 그 밖의 부당이득, 즉 비급여부당이득(Nichtleistungskondiktion)으로 나누고, 비급여부당이득을 다시 몇 가지로 세분한다. 그리고 이른바 침해부당이득(Eingriffskondiktion)이 비급여부당이득에 속한다는 것은 일반적으로 인정되지만, 다른 비급여부당이득에 어떤 것이 있는지는 반드시 의견이 일치하지 않는다. 그러나 일반적으로 비용지출부당이득(Aufwendungskondiktion, Verwendungskondiktion)[17]과 구상부당이득(Rückgriffskondiktion)을 비급여부당이득으로 분류한다.[18]

급여부당이득은 일단 급여가 이루어졌으나 급여를 정당화할 수 있는 법률상 원인이 처음부터 없었거나, 또는 나중에 소멸한 경우에 그 반환을 청구할 수 있

---

12) 독일에서는 일반적으로 유형론을 분리설(Trennungslehre)이라고 부르고 있다. 통일설은 Einheitslehre 라고 부른다.

13) Walter Wilburg, *Die Lehre von der ungerechtfertigten Bereicherung nach österreichischem und deutschem Recht*, 1934; Ernst von Caemmerer, Bereicherung und unerlaubte Handlung, *Festschrift für Ernst Rabel*, 1954. 후자의 논문은 Ernst von Caemmerer, *Gesammelte Schriften* Bd. 1, 1968 에도 실려 있다.

14) 자세한 것은 Schäfer(주 10), S. 366 ff. 참조.

15) 김형배(주 5), 77면 이하; 양창수(주 10), 161면 이하; 김증한·김학동(주 5), 695면 이하.

16) 양창수(주 10), 162면 이하 참조.

17) Aufwendung과 Verwendung이라는 용어의 사용법은 독일에서도 통일되어 있지 않은 것으로 보인다. 논자에 따라서는 Aufwendung을 모든 자발적인 비용 지출을 가리키는 상위개념이고, Verwendung을 특정 목적물에 관한 비용지출에 한하는 것으로 이해하기도 한다. Günter Christian Schwarz/Manfred Wandt, *Gesetzliches Schuldverhältnisse*, 2. Aufl., 2006, S. 211 참조.

18) 김형배(주 5), 80면; 김증한·김학동(주 5), 698면(여기서는 구상부당이득을 상환부당이득이라고 부른다) 등. 독일의 학설로는 *MünchKommBGB*/Schwab, 6. Aufl., 2013, §812; Schwarz/Wendt (주 17), S. 132 ff. 등.

는 부당이득이다. 급여부당이득을 부당이득의 독자적인 유형으로 분류하는 학설
은, 부당이득의 일반적인 요건인 수익자의 이익, 손실자의 손실, 수익과 손실의
인과관계 등은 급여부당이득에서는 따로 따질 필요가 없고, 이는 급여의 내용과
급여의 실현을 확인하는 것만으로 충분하다고 한다.19)

대법원의 판례도 이러한 독자적인 급여부당이득의 개념을 인정하고 있다.
즉 계약상 채무의 이행으로 당사자가 상대방에게 급부를 행하였는데 그 계약이
무효이거나 취소되는 등으로 효력을 가지지 못하는 경우에 당사자들은 각기 상
대방에 대하여 계약이 없었던 상태의 회복으로 자신이 행한 급부의 반환을 청구
할 수 있는데, 이 경우의 부당이득반환의무에서는, 상대방이 얻은 계약상 급부는
다른 특별한 사정이 없는 한 당연히 부당이득으로 반환되어야 한다고 보았다. 다
시 말하면 이 경우의 부당이득반환의무에서 민법 제741조가 정하는 '이익' 또는
'그로 인한 손해'의 요건은 계약상 급부의 실행이라는 하나의 사실에 해소되는
것이라는 것이다.20)

침해부당이득이란 다른 사람에게 배타적으로 귀속되는 재화를 권한 없이 사
용, 수익 또는 처분함으로써 이익을 얻고, 그로 인하여 다른 사람에게 손해를 입
히는 경우에 그 이익을 반환하게 하는 것이다.21) 이는 기본적으로 불법행위와 유
사하지만, 이익을 얻은 자의 고의나 과실과 같은 귀책사유를 요건으로 하지 않
고, 그 반환 범위가 이익과 손실 중 작은 것에 국한된다는 점에서 차이가 있다.

비용지출부당이득이란 손실자가 비용을 지출하였고 그 결과 다른 사람이 이
익을 얻은 경우에, 그 다른 사람에 대하여 이익의 반환을 청구하는 것이다. 민법
에는 비용 지출로 인하여 타인 재산의 가치가 유지되거나(필요비), 또는 그 가액
이 증가된 경우(유익비)에 그 상환을 청구할 수 있다는 규정이 여러 군데 있는데,
그 중 일부는 비용상환의 근거가 부당이득이 아닌 경우도 있지만,22) 부당이득이
그 근거가 되는 경우도 여럿 있다.23)

---

19) 김형배(주 5), 87면; 양창수(주 10), 175면; 안춘수, "부당이득관계의 당사자확정의 구조", 연세
    대 법학연구 제21권 3호, 2011, 91면 이하 등.
20) 대법원 2010. 3. 11. 선고 2009다98706 판결. 부당이득의 유형론을 지지하는 양창수 대법관이
    이 판결의 주심이었다. 이 판결에 대한 평석으로는 이병준·정신동, "부당이득에서 급부, 침해
    그리고 단순한 이익의 귀속", 재산법연구 제27권 1호, 2010, 27면 이하 참조.
21) 양창수(주 10), 243면.
22) 예컨대 수임인의 비용상환청구권(제688조) 등.
23) 예컨대 점유자의 회복자에 대한 상환청구권(제203조); 유치권자의 소유자에 대한 상환청구권
    (제325조) 등.

구상부당이득이란 타인의 채무(그 채무가 동시에 자신의 채무일 수도 있다)를 변제한 경우에 그 채무자에 대하여 변제한 금액을 구상하는 것이다. 다만 구상부당이득을 독립된 부당이득의 유형으로 분류할 것인가에 관하여는 다소 논란이 있다.24) 실제로는 구상이 부당이득에 근거하여 인정되는 경우는 별로 많지 않고, 많은 경우에는 법률이 그 구상의 근거를 규정하고 있기 때문이다. 예컨대 연대채무자의 다른 연대채무자에 대한 구상권(민법 제425조), 보증인의 주채무자나 공동보증인에 대한 구상권(제441조, 제444조, 제448조) 등. 그러나 그러한 법률의 규정이 없는 경우에도 구상이 인정되는 경우가 있는데,25) 그 근거는 결국 부당이득에서 찾아야 할 것이다.26) 물론 이를 연대채무자 상호간의 구상(제425조)을 유추한다고 설명할 수도 있겠으나, 그 유추의 실질적인 근거는 부당이득의 이념일 것이다.27)

3. 평　　가

이러한 유형론 내지 급여부당이득의 독자성을 주장하는 견해에 대하여는 어떻게 보아야 할 것인가? 사실 이러한 부당이득의 유형론은 주로 독일에서 발전되었고, 다른 나라에서 일반적으로 인정되고 있는 것은 아니다.28) 2007년에 발표

---

24) 상세한 것은 최명구, "구상부당이득의 성질에 대한 비교법적 검토", 비교사법 제17권 1호, 2010, 221면 이하 참조.

25) 예컨대 공동불법행위자 상호간의 구상(대법원 1971. 2. 9. 선고 70다2508 판결 등). 나아가 판례는 일반적으로 부진정연대채무자 상호간의 구상을 인정하고 있다. 대법원 2006. 1. 27. 선고 2005다19378 판결; 2009. 8. 20. 선고 2007다7959 판결.

26) 종래 공동불법행위자 상호간의 구상, 더 나아가 부진정연대채무자 상호간의 구상 근거에 관하여 명확한 근거를 제시하는 경우는 많지 않았다. 예컨대 강봉석, "부진정연대채무자들이 부담하는 구상채무의 법적 성질", 민사판례연구 26, 2004, 144면은 그 근거를 형평에서 찾으면서 더 이상 구체적인 설명을 하지 않고 있다. 반면 구남수, "민법상 구상권의 구조 및 체계에 관한 연구", 동아대학교 법학박사 학위논문, 2009는 여러 경우에 관하여 구상권의 근거를 부당이득에서 찾고 있다. 또한 김형석, "제삼자의 변제 · 구상 · 부당이득", 서울대학교 법학 제46권 1호, 2005, 353면 이하는 제3자의 변제가 사무관리의 요건을 충족하지 않을 때 채무자에게 구상할 수 있는 근거는 부당이득이라고 한다.

27) 대법원 1976. 7. 13. 선고 74다746 판결 등 일련의 판례는, 부진정연대채무인 공동불법 행위로 인한 손해배상 채무에서는 채무자 상호간에 연대채무자 상호간의 구상요건으로서의 통지에 관한 민법의 위 규정을 유추 적용할 수는 없다고 하였다.

28) Christiane Wendehorst, "Die Leistungskondiktion und ihre Binnenstruktur in rechtsvergleichender Perspektive", in Reinhard Zimmermann (Hrsg.), Grundstruktur eines Europäischen Bereicherungs—recht, 2005, S. 58, 64; Daniel Visser, "Unjustified Enrichment in Comparative Perspective", Mathias Reimann and Reinhard Zimmermann ed., The Oxford Handbook of Comparative Law, 2006, pp. 994 ff.

된 공통참조기준초안(Draft Common Frame of Reference, DCFR)[29] 제7권(Book Ⅶ)은
부당이득(Unjustified Enrichment)을 다루고 있는데, 그 기본 조항인 Ⅶ.―1:101의 제
1항은 "타인의 불이익에 의하여 부당한 이익을 얻는 사람은 그 이익을 반환할 의
무가 있다"고 규정하고 있을 뿐,[30] 따로 유형에 따른 분류는 하지 않고 있다.[31]
다만 인과관계(귀속, attribution)을 다루는 Ⅶ.―4:101에서 인과관계가 인정되는 유
형으로서 다음의 5가지를 들고 있다. 즉 (a) 손실자의 자산이 손실자에 의하여 수
익자에게 이전되는 것, (b) 손실자가 수익자를 위하여 용역을 수행하거나 작업을
하는 것, (c) 수익자가 손실자의 자산을 사용하는 것, 특히 수익자가 손실자의 권
리나 법적으로 보호되는 이익을 침해하는 것, (d) 수익자 자산의 가치가 손실자
에 의하여 증가되는 것 및 (e) 수익자가 손실자에 의하여 채무를 면하는 것이
다.[32] 이들 중 (a)와 (b)는 급여부당이득에 해당하고, (c)는 침해부당이득에 대응
하며, (d)는 비용지출부당이득에, (e)는 구상부당이득에 각 대응한다.

영국법에서는 부당이득이 성립하기 위하여는 단순히 이득의 근거 부존재
(absence of basis)만으로는 충분하지 않고, 착오(mistake)나 강박(duress)과 같은 여

---

29) 이는 2005년 유럽위원회(European Commission)가 2005년에 유럽 사법에 관하여 공통참조기준
   (Common Frame of Reference)을 만들기 위하여 유럽민법전 연구그룹(Study Group on a
   European Civil Code)과 현재의 유럽공동체사법 연구그룹(Research Group on Existing EC
   Private Law, acquis group)에게 의뢰하여 만들어진 것이다. 그 내용은 유럽민법전 연구그룹이
   만든 Principles of European Law on Unjustified Enrichment와 같다. 박희호, "DCFR 부당이득편
   에 관한 고찰", 외법논집 제33권 2호, 2009, 90-92면 참조. 국내에서는 공통참조요강초안 또는
   공통준거기준안이라고 번역되기도 한다.

30) Ⅶ.―1:101: Basic rule
   (1) A person who obtains an unjustified enrichment which is attributable to another's disadvantage
   is obliged to that other to reverse the enrichment.

31) Christian von Bar and Eric Clive ed., Principles, Definitions and Model Rules of European Private
   Law, Draft common Frame of Reference(DCFR), Full Edition, Vol. 4, 2009, p. 3843; Christian
   von Bar and Stephen Swann, Principles of European Law on Unjustified Enrichment, 2009, p.
   179; 박희호(주 29), 93-94면. Detlev W. Belling, "European Trends in the Law on Unjustified
   Enrichment―From the German Perspective", *Korea University Law Review* Vol 44, 2013, p. 59는
   DCFR 및 같은 내용인 Principles of European Law on Unjustified Enrichment가 유형론을 채택하
   지 않은 것은 독일 법률가들에게는 실망스럽다고 한다.

32) Ⅶ.―4:101: Instances of attribution
   An enrichment is attributable to another's disadvantage in particular where:
   (a) an asset of that other is transferred to the enriched person by that other;
   (b) a service is rendered to or work is done for the enriched person by that other;
   (c) the enriched person uses that other's asset, especially where the enriched person infringes the
   disadvantaged person's rights or legally protected interests;
   (d) an asset of the enriched person is improved by that other; or
   (e) the enriched person is discharged from a liability by that other.

러 종류의 부당요소(unjust factor)가 있어야만 한다고 보아 왔다.[33]

　　독일에서도 근래에는 유형론에 대하여 비판하면서 부당이득을 단일한 것으로 이해하는 이른바 신통일설(Die neue Einheitslehren)이 등장하였고,[34] 또한 통일설과 유형론 논쟁이 고도로 추상적인 차원에 머무르는 한, 실제 법적용을 위하여 직접적인 결론을 이끌어낼 수 없다고 하는 주장도 있다.[35]

　　그렇지만 부당이득법의 경제적 분석을 목적으로 하는 이 글을 위해서는 유형론이 의미 있는 분석틀을 제공한다. 특히 부당이득이 손실을 입는 자의 행위로 인하여 생기는가, 그렇지 않은가는 경제적인 관점에서 볼 때 중요한 차이가 있다. 급여부당이득에서는 부당이득이 손실자의 급여로 인하여 발생하므로, 급여를 한 자는 급여를 하기 전에 어느 정도 부당이득이 발생할 수 있는 위험을 예측하는 것이 가능하다. 따라서 이러한 경우에는 급여를 한 자에게 부당이득의 발생에 대한 위험을 부담시키는 것이 합리적일 수 있다. 이러한 점에서 본다면 급여부당이득에서는 부당이득 자체는 존재함에도 불구하고 부당이득반환청구권의 성립이 부정되는 사례가 자주 생기는 것이 우연은 아니다. 가령 부당이득의 성립을 규정하고 있는 민법 제741조에서 제746조까지의 규정 가운데 일반조항인 제741조를 제외하면 나머지 조항들은 모두 급여부당이득 반환청구권의 성립을 부정하는 것들이다. 다른 한편 독일에서는 급여부당이득이 성립하는 경우에는 다른 비급여 부당이득은 배제된다는 논의가 있는데,[36] 이를 그대로 받아들일 수는 없지만, 급여부당이득에서는 급여를 한 자가 급여를 하기 전에 어느 정도 위험을 예측할 수 있고, 따라서 급여부당이득에 의한 규율이 그러한 위험 예측을 고려하지 않는 비급여부당이득보다는 당사자들의 이해관계를 보다 합리적으로 규율할 수 있다는 점에서 의미가 없지 않다.[37]

---

33) Goff & Jones, The Law of Restitution, 8th ed., 2011, 1-18 ff. 이를 소개한 국내의 문헌으로는 박세민, "영국 부당이득법의 부당요소(Unjust Factor)", 이화여자대학교 법학논집 제18권 제3호, 2014, 53면 이하가 있다.

34) 상세한 소개는 Schäfer(주 10), S. 402 ff. 참조.

35) MünchKommBGB/Schwab, § 812, Rdnr. 39. Visser(주 28), pp. 994 ff.는 독일법과 영미법의 부당이득 분류가 서로 다르기는 하지만, 겉보기보다는 그 차이가 크지 않은 것으로 생각한다고 주장한다.

36) Staudinger/Lorenz, Neubearbeitung 2007, § 812 Rdnr. 62 참조.

37) 이와는 다소 다르지만 비슷한 맥락에서 관찰할 수 있는 것이, 계약상의 비용상환청구권과 비용지출부당이득의 관계이다. 대법원 2003. 7. 25. 선고 2001다64752 판결; 2009. 3. 26. 선고 2008다34828 판결은, 점유자가 유익비를 지출할 당시 계약관계 등 적법한 점유의 권원을 가진 경우에 점유자는 그 계약관계 등의 상대방에 대하여 해당 법조항이나 법리에 따른 비용상환청구권을 행사할 수 있을 뿐 계약관계 등의 상대방이 아닌 점유회복 당시의 소유자에 대하여 민법 제

　　마찬가지 맥락에서 부당이득법의 경제적 기능 자체도 부당이득의 각 유형에
따라 차이가 있다. 이 점에 관하여는 아래에서 살펴본다.

Ⅲ. 부당이득법의 경제적 기능

1. 부당이득법이 추구하여야 할 경제적 효율

　　일반적으로 효율이라고 할 때에는 두 가지를 생각할 수 있다.[38] 우선 배분적
효율(allocative efficiency)이란 한정된 자원의 효용을 극대화한다는 의미의 효율을
말한다. 만일 자원이 더 큰 효용을 가져올 수 있게 사용될 수 있음에도 불구하고
그렇게 사용되지 못한다면, 자원을 낭비하는 것이다. 법경제학에서는 법제도를
설계하고 운영할 때 이처럼 한정된 자원의 효용을 극대화하는 것 내지 자원의
낭비를 막는 것이 목적이 되어야 한다고 주장한다.

　　다른 한편 생산적 효율(productive efficiency)이란 특정의 목적을 달성함에 있
어서 어떻게 하면 그에 소요되는 자원을 최소한으로 절약할 수 있는가, 또는 일
정한 자원을 투입하여 어떻게 최대한의 목적을 달성할 수 있는가 하는 것을 말
한다. 대개 특정의 재화를 생산함에 있어서 어떻게 생산하는 것이 효율적인가를
따지기 때문에 생산적 효율이라고 한다. 그러나 그러한 목적의 달성 내지 재화의
생산이 사회 전체적으로 보아 효율적인가, 즉 배분적으로 효율적인가 하는 점은
별개의 문제이다.

　　우선 배분적 효율의 문제를 따져 본다. 부당이득이 문제되는 것은 원래 일어
나서는 안 될 재화의 이동이 일어났을 때이다. 그런데 많은 경우에는 그 재화가
누구에게 귀속되는 것이 더 효율적인지는 알기 어렵다. 예컨대 채무가 존재하지
않음에도 불구하고 존재하는 것으로 오신하여 변제를 한 경우에, 그 돈의 가치는
원칙적으로 손실자(변제자)나 수익자(수령자)에게 같다고 보아야 할 것이다.[39]

　　그러므로 여기서는 부당이득의 발생을 막기 위하여 필요한 비용에 주목할
필요가 있다. 부당이득이 발생한 경우에는 그 반환 여부를 둘러싸고 분쟁이 생기

　　203조 제2항에 따른 지출비용의 상환을 구할 수는 없다고 판시하였는데, 이는 계약에 의한 규
　　율이 비용지출부당이득에 우선한다는 것을 보여주고 있다.
38) 윤진수(주 8), 3-4면 및 그곳에 소개된 문헌 참조.
39) Peter K. Huber, "Mistaken Transfers and Profitable Infringement on Property Rights: An
　　Economic Analysis", 49 *Louisiana Law Review* 71, 76(1988).

게 된다. 따라서 그러한 분쟁으로 인하여 생길 수 있는 비용을 최소화하는 것이 경제적인 관점에서는 합리적이다. 이를 좀더 자세히 살펴본다. 부당이득은 불필요한 재화의 이동으로 인하여 생기는 것인데, 그러한 재화의 이동을 없는 것으로 하기 위하여는 두 가지 방법을 생각할 수 있다. 그 하나는 사후적으로 일단 일어난 재화의 이동을 그 전으로 복귀시키는 것이고, 다른 하나는, 사전에 그러한 재화의 이동이 일어나지 않도록 막는 것이다. 그런데 어느 방법이나 비용이 소요된다. 사후에 일단 일어난 재화의 이동을 복귀시키기 위하여는 재판이나 집행 등의 비용이 소요된다. 반면 사전에 그러한 이동이 일어나지 않도록 하려면 당사자들이 이를 위하여 주의를 기울여야 하고, 이 또한 비용을 필요로 한다. 이러한 거래비용(transaction cost)은 지출되지 않았더라면 다른 유용한 용도에 사용될 수 있기 때문에, 거래비용을 줄이는 것이 배분적 효율이라는 면에서 바람직하다. 그러므로 위와 같은 사전적 비용과 사후적 비용, 더 정확하게 말한다면 위 두 비용의 합계를 줄이는 것이 효율의 관점에서는 요청된다. 사실 사법상의 많은 문제는 이와 같이 거래비용을 줄인다는 관점에서 분석될 수 있다.[40]

　　다만 구상부당이득의 경우에는 다소 사정이 다르다. 여기서는 구상의 근거가 되는 타인의 채무 변제 자체가 바람직한 것이 아니라거나, 그러한 변제를 억제하려는 것이 목적이 될 수는 없다. 오히려 부당이득에 기한 구상을 인정하는 것은 그러한 변제를 하도록 권장하는 것이 된다. 따라서 이 경우에는 그러한 변제를 하게 하는 것이 바람직하고 경제적으로 효율적인가가 문제된다.

　　다른 한편 부당이득 중에서 불법원인급여의 문제는 생산적 효율의 관점에서 살펴볼 수 있다. 여기서는 제1차적인 목적이 불법적인 거래 자체가 일어나지 않게 하려는 데 있다. 이를 위하여는 불법적인 원인으로 인하여 이루어진 급여 자체의 반환을 허용하지 않는 것이 가장 효율적일 수 있는 것이다. 이때에는 어떤 것을 불법적인 거래라고 하여 금지하는 것이 효율적인가를 따지는 것이 아니라, 그러한 금지를 위하여는 어떤 방법이 가장 효율적인가를 문제삼는 것이므로, 이는 일종의 생산적 효율을 고려하는 것으로 이해할 수 있다.

---

40) 윤진수(주 8), 5면 참조.

2. 침해부당이득

　부당이득법의 경제적 기능을 살펴봄에 있어서는 침해부당이득부터 시작하
는 편이 이해하기 쉽다. 만일 침해부당이득이 존재하지 않는다면 어떤 일이 일어
날까? 예컨대 다른 사람이 나의 토지를 불법으로 점유하고 있다고 하자. 이때 나
는 소유권을 행사하여 그 사람을 나의 토지로부터 쫓아낼 수 있을 것이다. 그런
데 침해부당이득의 반환이 인정되지 않는다면, 나는 다른 사람이 점유하고 있던
동안 그 토지를 사용하지 못하는 손해를 본 반면, 그 사람은 이익을 얻었는데도
불구하고 이를 그대로 보유할 수 있게 된다. 물론 이 경우에는 불법행위를 이유
로 하는 손해배상을 청구하면 되므로 큰 문제는 없을 수 있다. 그러나 침해부당
이득이라고 하여 항상 불법행위가 성립하는 것은 아니다. 예컨대 임차인이 임대
인에게 보증금을 지급한 경우에는 임대차가 종료하여도 임차인의 임대차목적물
반환의무와 임대인의 보증금 반환의무는 동시이행관계에 있고,[41] 따라서 임대차
보증금을 지급받지 못한 임차인은 임대차목적물을 계속 점유할 권리를 가지게
되므로, 임차인의 점유는 불법행위가 아니다. 그렇지만 이러한 경우에도 임차인
이 임대차목적물을 사용수익하는 것은 임대인에 대하여는 부당이득이 되므로,
임대인에게 이를 반환하여야 한다.[42]

　만일 손실자가 수익자에 대하여 이익의 반환을 청구할 수 없도록 한다면 어
떤 일이 생길까? 쉽게 생각할 수 있는 것은, 손실을 입을 위험이 있는 자가 그러
한 손실이 생기는 것을 방지하기 위하여 많은 비용을 지출할 것이라는 점이다.
물론 이익의 반환을 청구할 수 있다고 하여 손실을 입을 위험이 있는 자가 비용
을 지출하지 않게 되는 것은 아니다. 법적으로는 반환을 청구할 수 있다고 하더
라도, 현실적으로는 반환을 받기 위하여 시간과 비용이 소요될 뿐만 아니라, 가
령 상대방이 무자력이 되는 경우에는 현실적으로 반환을 받을 수 없게 되기 때
문이다. 그러나 법이 처음부터 반환을 허용하지 않는다면 손실을 회복할 수 있는
방법이 완전히 봉쇄되는 것이므로, 손실을 입을 수 있는 자가 부담하여야 하는
위험이 훨씬 커지게 되고, 따라서 그 자가 이러한 결과를 방지하기 위하여 들여
야 하는 비용은 커질 수밖에 없다.

---

41) 대법원 1977. 9. 28. 선고 77다1241, 1242 전원합의체 판결.
42) 대법원 1981. 1. 13. 선고 80다1201 판결; 1989. 2. 28. 선고 87다카2114, 2115, 2116 판결 등.

　　이러한 설명은 일반적으로 소유권과 같은 배타적 재산권을 인정하여야 한다
는 법경제학적 논의와 같은 것이다. 배타적 재산권이 인정되지 않는다면, 각자는
현실적으로 자기가 지배하고 있는 것을 지키기 위하여 많은 노력과 비용을 들여
야 할 것이다. 그런데 배타적 재산권이 인정되어, 다른 사람의 권리 침해 침해에
대하여 법이 개입하여 소유권을 지켜준다면, 개인이 들여야 하는 비용은, 비록
법의 집행에 드는 비용을 충당하기 위하여 세금을 내야 하는 것을 감안하더라도
훨씬 줄어들 것이다. 나아가 그가 재산을 유지하고 보존하여야 할 인센티브도 감
소된다. 이것이 소유권과 같은 배타적 재산권을 인정하는 근거에 관한 법경제학
의 일반적인 설명이다.[43]

　　이러한 설명은 침해부당이득에 관하여 그대로 적용될 수 있다. 침해부당이
득의 경우에는 일단 배타적인 재산권이 이미 설정된 것을 전제로 하는데, 그러한
배타적인 재산권의 침해가 있더라도 그로 인한 이익의 반환을 청구할 수 없다면,
이미 설정된 재산권의 보호는 공허하게 되고 만다. 그러므로 재산권을 보유하고
있는 사람은 재산권의 침해를 막기 위하여 많은 비용을 쓸 인센티브를 가지게
된다. 예컨대 자신의 부동산에 대한 다른 사람의 침입을 막기 위하여 높은 담장
을 설치하고, 경비원을 고용하여 계속 순시하게 하여야 하는 것이다. 그렇지만
법이 개입하여 다른 사람이 소유권을 침해함으로써 얻은 이익을 반환하게 하면,
소유자는 좀더 적은 비용을 지출하게 될 것이다.[44]

　　다른 한편 여기서 생각해 보아야 할 것은, 침해부당이득이 성립하는 경우에
왜 수익자가 받은 이익의 한도 내에서만 반환하여야 하는가 하는 점이다. 손실자
가 입은 손실이 수익자가 얻은 이익보다 큰 사례도 얼마든지 있을 수 있는 것이
다. 이에 대한 한 가지 설명은, 부당이득에서는 수익자가 이득을 얻게 된 데 고의
나 과실이 있었을 것을 반환책임의 성립요건으로 하고 있지 않다는 점에서 찾을
수 있을 것이다. 고의나 과실이 없는데도 이익을 넘는 손해를 배상하게 한다면
이는 위험책임을 부담하게 하는 것으로서 체계상 맞지 않는다. 그런데 이러한 설
명만으로는 불충분하다. 그러면 왜 법은 이익은—비록 손실자의 손실을 한도로

---

43) Richard A. Posner, *Economic Analysis of Law*, 6th ed., 2003, pp. 32 ff.; Steven Shavell,
　　Foundations of Economic Analysis of Law, 2004. pp. 11 ff.; Robert Cooter and Thomas S. Ulen,
　　Law & economics, 5th ed., 2008, p. 80 ff.; 윤진수(주 8), 15면 등 참조.

44) Schäfer(주 10), S. 711도 같은 취지이다. 다른 한편 Reinhard Ellger, *Bereicherung durch
　　Eingriff*, 2002, S. 248 ff.는 배타적인 재산권의 보장이 효율적인 거래를 가능하게 한다는 관점
　　에서 침해부당이득을 분석한다.

하기는 하지만—반환하게 하는가?

침해부당이득의 경우에는 수익자가 자신이 얻은 이익만을 반환한다면, 그는 재화의 이동이 생기기 전의 상태로 돌아가게 되고, 이 상태보다 더 불리하게 되는 것은 아니다. 따라서 이러한 경우에는 수익자는 적어도 사전적으로는(ex ante) 자기가 얻은 이익을 그대로 보유하기 위하여 특별한 조치를 취할 이유가 없다. 이 경우에 수익자가 이익을 얻으려고 적극적인 행동을 취한다면, 이는 대체로 불법행위에 해당할 것이다. 예컨대 사기나 강박 등. 그렇지만 만일 수익자가 자신의 이익 범위를 넘는 손실자의 손실까지 보상하여야 한다면, 수익자는 재화의 이동이 생기기 전보다 불리하게 되고, 따라서 이를 방지하기 위한 조치를 취하게 될 것이다.

다른 말로 한다면, 손실자의 손실 범위 안에서 수익자의 이익을 반환하게 하는 것은 수익자에게 따로 손해를 입히는 것은 아니므로, 수익자의 추가적인 비용을 지출하게 만들지는 않는다. 그러므로 수익자의 이익을 반환하게 하는 것은, 반환하지 않게 하는 것보다 손실자에게 유리한 반면, 수익자에게는 특별히 불리한 것은 아니므로 효율의 관점에서도 합리적이라고 할 수 있다.

3. 급여부당이득

급여부당이득의 경우에도 사정은 기본적으로는 침해부당이득과 마찬가지이지만, 다소 차이가 있다. 여기서는 손실과 그에 따르는 이익이 손실자가 급여를 함으로써 발생하고, 손실자가 급여를 하지 않았다면 손실이 생겨나지 않았을 것이다. 그러므로 손실의 발생 여부는 제1차적으로 손실자의 행동에 달려 있다. 이 점에서 손실의 발생이 손실자의 행위로 인한 것이 아닌 침해부당이득과는 다르다.

급여부당이득이 생긴 경우에 부당이득의 반환을 인정하지 않으면 어떻게 될까? 이때에는 급여를 하려는 자가 매우 주의를 기울이지 않으면 안 된다. 급여를 하였으나 그 목적이 달성되지 않은 경우에도, 급여를 한 것은 그대로 급여자의 손실로 돌아가게 될 것이기 때문이다. 그와 같은 경우에는 급여를 하려는 자가 손실을 입지 않도록 주의를 기울이기 위하여 지출하여야 하는 비용은 상대적으로 클 것이다. 그러나 급여부당이득의 반환을 받을 수 있다면, 그가 지출하게 되는 비용

은 줄어들게 된다. 따라서 그만큼의 거래비용 절감을 가져올 수 있고, 이 점에서
효율을 증진시킨다.[45] 물론 급여자가 이러한 위험을 예상하고, 급여를 반환받지
못할 가능성을 계산에 넣어서 상대방에게 요구할 반대급여에 반영할 수도 있다.
그러나 많은 경우에는 그러한 위험을 정확하게 파악하기는 어렵다. 뿐만 아니라
일반적으로 사람들은 위험회피적(risk-averse)이므로, 그가 상대방에게 요구하는 반
대급여의 액수는 실제의 위험보다 더 커지게 되며, 이 또한 비효율적이다.

　　그런데 급여부당이득의 경우에는 손실자가 급여를 할 것인지 여부는 1차적
으로 자신이 결정하므로, 손실을 방지하기 위하여 필요한 비용이 침해부당이득
의 경우보다는 작을 것이다. 따라서 만일 손실을 방지하기 위한 비용이 일단 발
생한 부당이득을 반환하게 하는 비용보다 적다면, 급여자로 하여금 그 손실을 감
수하게 하는 것이 경제적으로 효율적일 수 있다. 이 점은 아래에서 비채변제의
문제를 살펴볼 때 다시 언급한다.

4. 비용지출부당이득

　　민법은 비교적 넓은 범위에서 다른 사람을 위하여 지출한 비용의 상환을 인
정하고 있다. 그런데 효율의 관점에서 본다면 이러한 비용상환청구권을 폭넓게 인
정하는 것에는 문제가 있다. 비용 상환을 인정하는 것은, 쉽게 말한다면 수익자의
의사에 관계없이 수익자와 비용지출자 사이에 계약을 성립하게 하여 수익자에게
비용을 지출하도록 하는 것이 되기 때문이다. 예컨대 점유자가 집을 수리하고, 나
아가 유익비까지 지출하였으나, 소유자는 그 집을 철거하려고 하는 경우에는, 소
유자가 비용을 상환하여야 한다는 것은 소유자의 처지에서는 받아들이기 어렵다.

　　점유자가 선의, 즉 자신이 점유할 권리가 없음을 몰랐던 경우에는 비용 상환
을 인정하는 것이 어느 정도 합리화될 수 있다. 만일 그것이 인정되지 않는다면,
점유자는 어느 부동산이 자신의 것이라고 믿고 그 가치를 증가시키기 위하여 많
은 돈을 들여 공사를 하였는데, 나중에 그것이 타인의 소유라고 밝혀지면 점유자
는 손해를 입게 된다. 이를 막기 위하여는 점유자는 그 부동산이 자신의 소유임
을 확인하기 위하여 과도한 비용을 들이게 될 우려가 있다.[46]

---

45) Huber(주 39), p. 80; Wonnell(주 4), p. 801.
46) Huber(주 39), p. 99는 착오로 인한 가치 증가의 경우에 이득의 반환을 거부하게 되면 착오로
　　인한 개선을 피하기 위한 과다한 유인이 주어진다고 주장하면서, Levmore가 이러한 경우에 반

특히 비용지출자가 악의인 경우에는 이러한 점이 두드러진다. 민법상으로는 타인의 물건을 점유하는 자가 자신에게 점유할 권리가 없음을 알면서도 비용을 지출한 때에도, 회복자에 대하여 필요비의 상환을 청구할 수 있고, 유익비는 그 가액의 증가가 현존한 경우에 한하여 회복자의 선택에 따라 그 지출금액이나 증가액의 상환을 청구할 수 있다(제203조). 그러나 악의의 점유자가 유익비의 상환까지 청구할 수 있도록 하는 것은 지나치다. 악의의 점유자가 비용 지출에 관하여 소유자의 동의를 얻는 데는 특별히 정보비용이 드는 것은 아니며, 소유자의 동의를 얻지 못한 경우에는 비용을 지출하여서는 안 될 것이다. 독일 민법은 악의의 점유자에 대하여는 유익비상환청구권을 인정하지 않고 있다(제996조).47) 뿐만 아니라 지출한 비용이 객관적으로는 이익이라고 평가될 수 있어도, 수익자의 주관적인 의사에는 부합하지 않는, 이른바 강요된 이익(aufgedrängte Bereicherung)의 경우를 어떻게 해결할 것인가에 관하여는 여러 가지의 주장이 있다.48)

미국 법의 전통적인 태도는 가치증가(improvement)를 한 자에게 부당이득 반환청구권을 인정하지 않았으나, 그 후 각 주는 이른바 가치증가 법률(betterment acts) 또는 점유 원고 법률(occupying claimant acts)이라는 성문법을 제정하여, 선의로 부동산의 가치를 증가시킨 자에 대하여 제한된 범위에서 비용상환청구권을 인정하기에 이르렀다.49) 2010년 미국법학원(The American Law Institute)이 발간한 제3차 부당이득 리스테이트먼트50)는 이에 관하여 다음과 같은 규정을 두었다. 즉 타인의 부동산이나 동산의 가치를 착오로 증가시킨 사람은 부당이득을 방지하기 위하여 반환청구권을 가지는데, 소유자에게 강요된 교환을 하게 하는 착오로 인한 가치증가에 대한 구제는, 소유자에 대한 부당한 손해를 막기 위하여 제

환을 인정하는 것에 대하여 더 많은 착오를 범하려는 도덕적 해이를 가져온다고 반대하는 것 {Saul Levmore, "Explaining Restitution", 71 *Virginia Law Review* 65, 87(1985)}은, 반환을 인정하지 않는 것이 착오를 회피할 필요가 없는데도 회피하게 하는 결과를 가져온다는 것을 고려하지 않고 있다고 비판한다.

47) 이준현, "점유자-회복자 관계에 관한 민법개정 제안", 민사법학 제53호, 2011, 219면은 선의의 점유자에게만 유익비상환청구권을 인정하고, 악의의 점유자에게는 이를 인정하지 않는 것으로 제203조를 개정하자고 제안한다.

48) *MünchKomm*BGB/Schwab, § 812 Rdnr. 194 ff. 또한 양창수(주 10), 377-378면 참조.

49) The American Law Institute, *Restatement of the Law Third, Restitution and Unjust Enrichment*, Vol. 1, 2011, § 10 comment a, b(pp. 111 ff.); Andrew Kull, "Mistaken improvements and the restitution calculus", in David Johnston and Reinhard Zimmermann ed., *Unjustified Enrichment: Key Issues in Comparative Perspective*, 2002, pp. 376 ff.

50) 정확한 명칭은 Restatement of the Law Third, Restitution and Unjust Enrichment이다. 그 보고자는 Andrew Kull 교수이다.

한되거나 부정될 수 있다는 것이다.[51)](#)

　DCFR은 이 점에 관하여 명문 규정을 두지는 않았으나, 목적물을 반환하여 야 할 의무가 있음을 알면서도 가치를 증가시킨 사람은 그 손실에 대하여 임의 로 착오 없이 동의를 한 것과 마찬가지이므로, 부당이득의 반환 청구를 할 수 없 다고 설명한다.[52)](#)

5. 구상부당이득

　타인의 채무를 변제하는 데 정당한 이익을 가진 자가 변제를 한 경우에, 일 반적으로는 변제자에게 채무자에 대한 구상을 인정하는 것이 합리적이다. 그러 한 자는 변제를 할 권한을 가진다고 말할 수 있는데, 구상을 인정하지 않으면 그 러한 권한에 장애가 된다. 뿐만 아니라 가령 어느 채무자가 채무를 변제하면 다 른 채무자의 채무도 소멸하는 부진정연대채무와 같은 경우에, 먼저 변제를 한 채 무자가 다른 채무자에게 구상하지 못한다면, 채무를 먼저 이행한 쪽이 종국적으 로 모든 책임을 지는 결과가 되어, 채무자들이 서로 채무의 이행을 상대방에게 미루고 종국적인 책임을 지지 않으려고 하게 되므로 채무의 신속한 이행을 통한 분쟁해결을 어렵게 하는 결과가 될 것이다.[53)](#)

　그런데 문제는 변제에 정당한 이익을 가지지 않은 제3자가 채무자의 요구가 없거나 나아가 채무자의 의사에 반하여서까지 변제를 하려고 하는 경우에도 변 제자의 구상을 인정할 것인가 하는 점이다. 대륙법에서는 전통적으로 그러한 제3 자에게도 구상을 인정하고 있었다. 반면 영미법에서는 그러한 제3자는 쓸데 없이

---

51) § 10. Mistaken Improvements

A person who improves the real or personal property of another, acting by mistake, has a claim in restitution as necessary to prevent unjust enrichment. A remedy for mistaken improvement that subjects the owner to a forced exchange will be qualified or limited to avoid undue prejudice to the owner. 뿐만 아니라 리스테이트먼트 제2조 제4항은 일반적으로 부당이득을 제한하는 원리(limiting principle)로서, 이득 반환의 책임이 선량한 수익자로 하여금 강요된 교환(forced exchange)에 복속 시키게 해서는 안 된다고 규정한다.

52) von Bar and Swann(주 31), Article 6:101 notes 17(p. 490). DCFR VII.—2:101 (1) (b)는 손실자 가 손실에 자발적으로 착오 없이 동의하였을 때에는 그 손실은 정당화되는 것으로 규정하고 있다.

53) 건설공제조합원의 하자보수의무를 보증한 건설공제조합과 주계약상 보증인 중 어느 일방이 자 기의 출재로 채무를 소멸시킨 경우 상대방에게 구상권을 행사할 수 있다고 한 대법원 2008. 6. 19. 선고 2005다37154 전원합의체 판결의 다수의견 및 다수의견에 대한 보충의견 참조.

간섭하는 것으로 보아, 구상을 인정하지 않고 있었다.[54] 그런데 미국의 제3차 부당이득 리스테이트먼트 제22조는 채무자로부터 요구받지 않은 제3자도 변제를 하고 채무자에게 구상을 할 수 있는 경우를 몇 가지 열거하고 있다. 즉 원래 채무 대신 부당이득채무로 바뀌더라도 채무자에게 손해가 없는 경우, 채무자가 생활 필수품을 제공하여야 하는 제3자의 이익에 대한 절박한 손해를 막기 위한 경우 및 채무자가 공공을 위한 의무를 부담하고 있는데 그 이행이 공공의 건강, 안전 또는 일반적인 복리를 위하여 긴급히 요청되는 경우이다. 다만 이러한 경우에도 긴급성이 있어야 하고, 사전에 채무자와 합의하는 데 어느 정도의 장애가 있어야 한다.[55]

　　민법은 채무의 변제는 제삼자도 할 수 있지만, 채무의 성질 또는 당사자의 의사표시로 제삼자의 변제를 허용하지 아니하는 때에는 할 수 없고, 또 이해관계 없는 제삼자는 채무자의 의사에 반하여 변제하지 못한다고 규정한다(제469조). 따라서 이해관계 없는 제3자라도 당사자가 이를 금지하는 의사표시를 하지 않은 한 변제할 수 있고, 또 구상도 할 수 있다. 다만 제480조는 이러한 제3자가 채권자를 대위하려면 채권자의 승낙을 얻도록 규정하고 있다. 반면 이해관계 없는 제3자가 채무자의 의사에 반하여 변제한 경우에는 그 제3자는 채무자에게 구상할 수 없다고 보아야 할 것이다.[56]

　　생각건대 일반적으로 제3자의 변제에 의하여 채무자가 손해를 입는 일은 쉽게 생각하기 어려우므로 이해관계 없는 제3자의 변제도 허용하지 않을 적극적인 이유는 없을 것이다. 다만 제3자의 변제가 채무자의 의사에 반하는 경우에는 변제에 의한 대위까지 허용할 필요는 없을 것이다.

　　이와 관련하여 공동불법행위자 상호간의 구상 문제에 대하여 간단히 살펴본다. 우리나라에서는 공동불법행위자 상호간에 구상이 인정된다는 데 대해 이제까지 별다른 의문이 제기되지 않았다. 그런데 영미법에서는 원래 공동불법행위자 상호간의 구상은 인정되지 않았다. 그러나 20세기에 들어서서는 각 주의 입법

---

54) Nilli Cohen and Daniel Friedmann, "Payment of Another's Debt", *International Encyclopedia of Comparative Law* Ⅹ, 2007, ch. 10 ss. 12 ff.

55) The American Law Institute(주 49), §22 comment b, f.(pp. 310, ff.).

56) 그러나 김형석(주 26), 354-355면은 사무관리자가 본인의 의사에 반하여 관리한 때에는 본인의 현존이익의 한도에서 필요비 또는 유익비의 상환을 청구할 수 있다는 민법 제739조 제3항이 부당이득반환을 규정한 것으로 보아, 제3는 부당이득 반환청구권에 의하여 본인에게 상환을 청구할 수 있다고 본다.

또는 판례에 의하여 고의의 공동불법행위를 제외하고는 피해자에게 손해를 배상한 공동불법행위자가 다른 공동불법행위자에게 구상하는 것을 인정하기에 이르렀다.[57] 그런데 이에 대하여 미국의 법경제학자들 상당수는 구상을 인정하는 것이 경제적으로 효율적이 아니라고 비판한다. 구상을 인정하든 인정하지 않든, 공동불법행위자 각자가 사고 예방을 위하여 얼마나 주의를 기울이는지에 관하여는 영향이 없고, 오히려 구상 청구를 인정함으로 인한 소송비용 등의 비용만을 증가시키므로 효율적이 아니라는 것이다.[58] 이는 대체로 불법행위 발생에 피해자의 과실도 기여하였을 때, 기여과실 규칙(contributory negligence rule)을 채택하여 피해자의 과실이 있으면 손해배상청구를 전부 기각하는 것과 비교과실 규칙(comparative negligence)을 채택하여 손해배상액을 일부 감액하는 것 중 어느 것이 더 효율적인가 하는 논쟁과도 맥락을 같이 한다. 공동불법행위자 사이의 구상을 부정하는 견해는 비교과실 규칙보다는 기여과실 규칙이 더 효율적이라고 주장한다.[59] 그러나 이에 대하여는 구상을 인정하는 것이 각 공동불법행위자의 주의의무 수준에 영향을 준다는 반론도 있다.[60]

Ⅳ. 비채변제의 경제적 분석

1. 법률과 판례

민법 제742조는 채무없음을 알고 이를 변제한 때에는 그 반환을 청구하지 못한다고 규정하고 있다. 이처럼 채무자가 채무 없음을 알면서 변제한 때에는 원칙적으로 반환을 청구하지 못한다는 것, 또는 채무자가 착오로 변제한 경우에 비로소 반환을 청구할 수 있다는 것은 많은 나라에서 일반적으로 인정되고 있다.[61] DCFR은 일반적으로 손실자가 손실에 임의로 착오 없이 동의한 때에는 이익이

---

57) 권영준, "미국법상 공동불법행위자 상호간 구상관계", 민사법학 제64호, 2013, 323면 이하 참조.

58) William M. Landes and Richard A. Posner, "Joint and Multiple Tortfeasors: An Economic Analysis", *Journal of Legal Studies*, 9 Journal of Legal Studies, 517, 529-530 (1980); A. Mitchell Polinsky & Steven Shavell, "Contribution and Claim Reduction Among Antitrust Defendants: An Economic Analysis", 33 *Stanford Law Review* 447 (1981) 등.

59) Posner(주 43), pp. 172 ff. 등.

60) 이동진, "공동불법행위, 구상, 과실상계의 경제적 분석", 법경제학연구 제9권 1호, 2012, 73면 이하 등.

61) 독일 민법 제814조; 스위스 채무법 제63조 제1항; 오스트리아 민법 제1431조 등.

정당화된다고 규정한다.[62)

그런데 프랑스 법계의 나라들에서는 약간 다른 것처럼 보이기도 한다. 예컨대 프랑스의 판례는 주관적 비채변제(l'indu subjectif)와 객관적 비채변제를 구별하여, 후자의 경우에는 변제자의 착오가 반환청구의 요건이 아니라고 보았다. 주관적 비채변제란 진정한 채무자가 그의 채무의 이행을 채권자 아닌 제3자에게 하는 경우, 또는 거꾸로 진정한 채권자가 그의 채무자가 아닌 제3자로부터 이행을 받는 경우를 말하고, 객관적 비채변제란 변제에 대응하는 채무가 존재하지 않는, 즉 채무가 전혀 존재하지 않았거나, 또는 채무가 이미 변제되었거나 그 근거가 되는 권원이 무효이거나 해제되었기 때문에 더 이상 존재하지 않는 경우를 말한다.[63) 그러나 이러한 경우에는 손실자가 적극적으로 착오를 주장 증명할 필요는 없지만, 상대방이 손실자가 임의로 변제를 하였음을 증명하면 반환청구는 배제된다는 설명도 있다.[64)

현재 대법원의 판례는, 민법 제742조 소정의 비채변제는 지급자가 채무없음을 알면서도 임의로 지급한 경우에만 성립하고, 채무없음을 알고 있었어도 변제를 강제당한 경우나 변제거절로 인한 사실상의 손해를 피하기 위하여 부득이 변제하게 된 경우 등 그 변제가 자기의 자유로운 의사에 반하여 이루어진 것으로 볼 수 있는 사정이 있는 때에는 지급자가 그 반환청구권을 상실하지 않는다고 보고 있다.[65) 그리하여 원고가 공장을 매수하였는데, 피고 한국전력공사가 독점공급하고 있는 전기공급을 받기 위하여서 인수하지 않은 매도인의 체납전기요금 채무를 부득이 변제하게 된 경우[66)나, 대한주택공사로부터 토지를 매수하였으나 토지를 그 지정용도대로 사용할 수 없어서 분할매매대금 납입을 거절할 수 있었음에도 대한주택공사가 계약을 해제하겠다고 하여 납입할 의무가 없는 분할매매대금 지급 연체료를 지급한 경우[67)에는 모두 반환을 청구할 수 있다고 하였다.

---

62) Ⅶ.—2:101 (1) (b).

63) Cass. ass. plén., 2 avril 1993, D. 1993.373 등. Philippe MALAURIE, Laurent AYNÈS, Philippe STOFFEL-MUNCK, *LES OBLIGATIONS*, 5e édition, 2011, nº. 1043; 정태윤, "프랑스의 부당이득법", 재산법연구 제29권 2호, 2012, 73-75면 참조.

64) Peter Schlechtriem, *Restitution und Bereicherungsausgleich in Europa*, Bd. Ⅰ, 2000, S. 115; *Staudinger*/Lorenz, § 812 Rdnr. 1 등.

65) 대법원 1988. 2. 9. 선고 87다432 판결; 1996. 12. 20. 선고 95다52222, 52239 판결 등.

66) 위 대법원 1988. 2. 9. 선고 87다432 판결; 1992. 2. 14. 선고 91다17917 판결 등.

67) 대법원 1997. 7. 25. 선고 97다5541 판결.

2. 분   석

얼핏 생각하기에는 이러한 민법의 규정은 불합리한 것처럼 보인다. 채무가 없음에도 불구하고 변제를 하였다면, 그 변제는 법률상 원인이 없는 것이므로 반환되어야 하고, 변제 당시 채무 없음을 알았다는 이유만으로 반환청구를 하지 못하게 할 이유는 없지 않은가 하는 의문이 제기될 수 있는 것이다.

이 규정의 근거에 대하여 일반적인 설명은 대체로 다음과 같다. 즉 그러한 자는 공평의 이상에서 보아 보호할 필요가 없고,[68] 반환청구권을 인정하면 금반언의 원칙에 반한다는 것이다.[69] 민법 제742조와 거의 같은 내용을 규정하고 있는 독일 민법 제814조에 대한 독일 학설의 설명도 대체로 반환청구권이 배제되는 근거를 신의성실의 원칙 내지 선행행위에 모순되는 거동의 금지에서 찾고 있다.[70] 그러나 이러한 설명이 반드시 충분한 것은 아니다. 금반언 또는 선행행위에 모순되는 거동의 금지는 1차적으로는 상대방의 신뢰를 보호하기 위한 것인데, 제742조는 변제를 받는 상대방이 채무 없음을 안 경우에도 적용되기 때문이다.

그러므로 채무 없음을 알면서 채무를 변제한 자의 반환청구가 부정되는 것은, 그러한 청구가 거래비용을 증가시키기 때문이라고 설명하여야 할 것이다. 즉 그러한 자가 일단 변제를 한 후 다시 반환청구를 하는 것은, 처음부터 채무 변제를 거부하였더라면 지출할 필요가 없었을, 소송비용과 같은 불필요한 거래비용을 발생시키는 것이다. 따라서 민법이 그러한 반환청구를 부정하는 것은, 채무자가 일단 변제하고 반환청구를 하는 것보다는 처음부터 채무 변제를 거부하는 것을 선택하게 함으로써 거래 비용을 줄이려는 것이라고 설명하여야 할 것이다. 독일의 카나리스는 비채변제 반환 금지의 근거를 선행행위에 모순되는 거동의 금지에서 찾으면서도, 이는 신뢰보호에 근거하는 것이 아니고, 의무 없음을 알면서도 급여를 한 자는 이행의 거부라는 자기 보호를 위한 쉬운 가능성을 스스로 포기하고, 비용이 많이 들고 희소한 자원인 법원에 의한 보호를 받으려고 한다는 데 있다고 설명한다.[71]

---

68) 곽윤직(주 11), 361면.
69) 김형배(주 5), 120면.
70) *MünchKomm*BGB/Schwab, § 812 Rdnr. 2; Reuter/Michael Martinek(주 10), S. 183 f. 등.
71) Karl Larenz/Claus-Wilhelm Canaris, *Lehrbuch des Schuldrechts*, Bd. Ⅱ Halbband 2, 1994, S. 160 f. 양창수(주 10), 386면도 이를 인용하면서 지지하고 있다.

이렇게 볼 때 판례가 일정한 범위에서는 변제자가 비록 변제 당시에 채무 없음을 알았더라도 변제를 강제당한 경우나, 변제거절로 인한 사실상의 손해를 피하기 위하여 부득이 변제하게 된 경우에는 반환청구를 인정하고 있는 이유도 설명할 수 있다. 이러한 경우에는 변제자 입장에서 볼 때 일단 변제를 하였다가 나중에 반환청구를 하는 것이 변제를 거절하는 것보다 손해가 적다고 판단하였을 것이고, 이러한 판단은 경제적인 측면에서도 합리적일 수 있기 때문이다.[72]

반대로 변제자가 변제 당시에 채무 없음을 몰랐다고 하더라도 반환청구를 할 수 없는 경우도 있다. 예컨대 변제자가 채무의 존부가 불명확한 상태에서 분쟁을 종료시키기 위하여 상대방이 주장하는 채무의 이행을 하였다면, 그 경우에는 반환을 청구할 수 없다는 것은 여러 나라에서 인정되고 있다.[73] 이 경우에는 변제자는 청구에 응하지 않음으로써 생기는 비용이 요구하는 금액보다 크다는 의식적인 결정을 하였을 것이기 때문이다.[74]

결국 채무 없음을 알면서도 변제한 자의 반환청구가 허용되지 않는 이유는 이처럼 거래비용을 줄여야 한다는 정책적 판단에 근거한 것이라고 설명할 수 있다. 또 이와 같이 보아야만 반환청구가 인정되는 경우와 그렇지 않은 경우를 합리적으로 구분할 수 있는 것이다.

V. 3각관계에서의 부당이득

1. 판례와 학설

대법원 2003. 12. 26. 선고 2001다46730 판결은 다음과 같은 사실관계에 관한 것이다. 즉 가인유통이라는 회사는 피고 재개발조합으로부터 상가건물을 매수한 다음, 이를 호수별로 분할하여 분양하여, 원고들이 가인유통으로부터 상가

---

72) 양창수(주 10), 394면도 이렇게 설명하면서, 그러한 의미에서는 「임의성」이 없다기보다는 「합리적 사정」이라는 표현이 보다 적절하다고 한다. 독일의 판례도, 강제집행이 임박한 경우와 같이 압박을 받은 경우나, 자신의 자동차를 반환받기 위하여 지급할 의무가 없는 견인비용을 지급한 경우에는 반환청구의 금지가 적용되지 않는다고 한다. *MünchKommBGB*/Schwab, § 812 Rdnr. 10 참조.

73) 국내의 학설로는 양창수(주 10), 392-393면; 독일에 관하여는 *Staudinger*/Lorenz, § 814 Rdnr. 6; 미국에 관하여는 American Law Institute(주 49), § 6 comm. e 등. 또한 von Bar and Swann(주 31), Article 2: 101 note 77 참조.

74) American Law Institute(주 49), § 6 comm. e.

를 분양받았다. 원고들은 그 분양대금 중 일부를 가인유통에 지급하거나 가인유통의 지시에 따라 피고가 개설한 계좌에 송금하였다. 그 후 가인유통이 피고에 대한 매매대금을 제대로 지급하지 못하여 원고들이 상가를 분양받지 못하게 되자, 원고들이 피고를 상대로 하여 피고가 송금을 받은 돈이 부당이득이 된다고 하여 그 반환을 청구하였다.

원심은 원고들의 부당이득 반환청구를 받아들였으나, 대법원은 다음과 같은 이유로 원심판결을 파기하였다. 즉 계약의 일방 당사자가 계약상대방의 지시 등으로 급부과정을 단축하여 계약상대방과 또 다른 계약관계를 맺고 있는 제3자에게 직접 급부한 경우, 그 급부로써 급부를 한 계약당사자의 상대방에 대한 급부가 이루어질 뿐 아니라 그 상대방의 제3자에 대한 급부로도 이루어지는 것이므로, 계약의 일방 당사자는 제3자를 상대로 법률상 원인 없이 급부를 수령하였다는 이유로 부당이득반환청구를 할 수 없다는 것이다. 위 판결은, 이 사건에서 사실상의 급부관계는 원고들과 피고 사이에 발생하였지만, 그것은 원고들의 가인유통에 대한 급부와 가인유통의 피고에 대한 급부가 아울러 이루어진 것으로 볼 수 있으므로, 피고가 원고들로부터 분양대금을 수령한 것은 가인유통과의 계약관계에 의한 것으로서 정당하게 수령한 것이 되고, 따라서 원고들은 피고에게 부당이득반환청구를 할 수 없다고 하였다.

또 원고들과 가인유통 사이의 분양계약이 적법하게 해제되었다고 하더라도 그 계약관계의 청산은 계약의 상대방인 가인유통과 사이에 이루어져야 하고, 피고를 상대로 분양대금을 지급한 것이 부당이득이라는 이유로 그 반환을 구할 수 없는데, 왜냐하면, 원고들이 제3자인 피고에 대하여 직접 부당이득반환청구를 할 수 있다면, 자기 책임하에 체결된 계약에 따른 위험부담을 제3자에게 전가시키는 것이 되어 계약법의 기본원리에 반하는 결과를 초래할 뿐만 아니라 수익자인 제3자가 계약 상대방에 대하여 가지는 항변권 등을 침해하게 되어 부당하기 때문이라고 한다.

이 판결이 다루고 있는 것이 이른바 3각관계의 부당이득 문제이다. 즉 재화의 이동에 3인이 관여한 경우에 누가 누구를 상대로 하여 부당이득 반환청구를 할 수 있는가 하는 점이다. 위 대법원 판결은 위 사건을 3각관계 중 한 유형인 지시(Anweisung)에 의한 단축급여(gekürzte Leistung)의 문제로 파악하여, 급여는 피지시자인 원고가 지시자인 가양유통에게, 지시자인 가양유통은 제3자인 피고에

게 한 것이지 피지시자인 원고가 직접 피고에게 급여를 한 것은 아니라고 보았
다. 이는 대체로 독일의 판례와 같다.[75] 그러나 이처럼 누구와 누구 사이에 급여
가 있는가 하는 기준에 의한 해결에는 문제점이 있다.[76] 첫째, 위와 같은 경우에
왜 원고와 가양유통, 가양유통과 피고 사이에만 급여관계가 존재하고, 원고와 피
고 사이에는 급여관계가 존재한다고 볼 수 없는가 하는 점이 우선 설명되어야
한다. 둘째, 이러한 근거로는 이른바 제3자를 위한 계약의 경우를 설명하기 어렵
다. 아래에서 살펴볼 대법원 2005. 7. 22. 선고 2005다7566, 7573 판결은, 제3자
를 위한 계약관계에서 낙약자와 요약자 사이의 법률관계(이른바 기본관계)를 이루
는 계약이 해제된 경우, 그 계약관계의 청산은 계약의 당사자인 낙약자와 요약자
사이에 이루어져야 하므로, 특별한 사정이 없는 한 낙약자가 이미 제3자에게 급
부한 것이 있더라도 낙약자는 계약해제에 기한 원상회복 또는 부당이득을 원인
으로 제3자를 상대로 그 반환을 구할 수 없다고 하였다.[77] 그런데 이 경우에는
제3자가 낙약자에 대하여 이행을 청구할 수 있고, 낙약자는 그 이행을 위하여 제
3자에게 급여를 한 것이므로 낙약자와 제3자 사이의 급여관계를 부정할 수는 없
는데, 그럼에도 불구하고 판례는 낙약자의 제3자에 대한 부당이득 반환청구를 부
정한 것이다.[78]

2. 경제적 분석

그러므로 위 2001다46730 판결의 주된 논거는 결국 피지시자인 원고들이
제3자인 피고에 대하여 직접 부당이득반환청구를 할 수 있다면, 자기 책임하에
체결된 계약에 따른 위험부담을 제3자에게 전가시키는 것이 되어 계약법의 기본
원리에 반하는 결과를 초래할 뿐만 아니라, 수익자인 제3자가 계약 상대방에 대
하여 가지는 항변권 등을 침해하게 되어 부당하다는 점에 있다. 이러한 설명은

---

75) BGHZ 40, 272 등.

76) 양창수(주 10), 208면 이하 참조.

77) 배호근, "제3자를 위한 계약관계에서 낙약자와 요약자 사이의 법률관계(이른바 기본관계)를 이
    루는 계약이 해제된 경우, 낙약자가 이미 제3자에게 급부한 것에 대해 계약해제에 기한 원상회
    복 또는 부당이득을 원인으로 제3자를 상대로 그 반환을 구할 수 있는지 여부(소극)", 대법원
    판례해설 제57호, 2006, 309면 이하는 이 판결을 대법원 2003. 12. 26. 선고 2001다46730 판결
    과 같이 단축된 급부이론을 적용한 것이라고 설명한다. 위 판결과 같은 취지, 대법원 2010. 8.
    19. 선고 2010다31860, 31877 판결.

78) 이 문제에 관한 독일에서의 논의상황에 대하여는 양창수(주 10), 209면 이하 참조.

독일의 카나리스의 주장에 영향을 받은 것으로 보인다.[79]

　카나리스는 다음과 같이 주장한다. 첫째, 하자 있는 원인관계(계약관계)에서
의 당사자들이 취득하는 대항사유를 상대방 당사자에게 주장할 수 있어야 하며,
제3자가 부당이득관계의 상대방이 됨으로써 그것을 주장할 수 있는 기회를 박탈
하여서는 안 된다. 둘째, 원인관계의 각 당사자는 상대방 당사자가 제3자의 관계
에서 취득하는 대항사유로부터 보호받아야 한다. 셋째, 무자력의 위험은 정당하
게 분배되어야 한다. 즉, 계약당사자는 스스로 상대방을 선택하였고, 그에 있어서
상대방의 자력을 신뢰한 것이다. 따라서 그가 원칙적으로 신뢰한 결과, 즉 상대
방의 무자력 위험을 부담하여야 하며, 이를 제3자에게 전가하여서는 안 된다.[80]
이러한 주장은 결국 각 당사자는 자신의 계약 상대방과의 사이에서 생기는 위험
을 자신이 부담하여야 하고, 이를 제3자에게 전가하여서는 안 된다는 것으로 요
약할 수 있다. 3각관계에서의 부당이득 문제를 비교법적으로 분석한 남아프리카
의 학자인 비서도, 3당사자 사이의 부당이득 문제를 해결함에 있어서 위험부담의
문제를 중요시하고 있다. 즉 계약 당사자는 계약 체결에 따르는 거래상 위험을
부담하여야 하고, 채무를 2중으로 변제하여야 하는 위험을 부담하지 않아야 하
며, 동일한 채권을 두 번 주장할 수 있어서는 안 되고, 계약의 한 당사자가 상대
방에 대하여 주장할 수 있는 계약상의 항변은 정당한 이유 없이 박탈되어서는
안 된다는 것이다.[81]

　이러한 위험 부담 분배의 문제는 법경제학적인 관점에서는 매우 중요한 논
점이다. 기본적으로 어떤 위험을 예상하여 이에 대비하는 조치를 하는 것에는 비
용이 소요된다. 따라서 어떤 위험을 어느 당사자에게 부담시킬 것인가는 누가 그
위험을 가장 작은 비용으로 대비할 수 있는 자인가(the superior risk bearer) 하는
기준에 따라 결정하는 것이 비용 절감의 면에서 효율적이다. 예컨대 어떤 사람이
자신의 예금통장의 비밀번호를 자기의 전화번호 끝 네자리로 하였는데, 다른 사

---

79) 위 판결에 대한 대법원 재판연구관의 해설인 金大元, "재개발조합으로부터 상가건물을 매수한
　　자로부터 상가를 분양받고 그의 지시에 따라 상가분양대금을 재개발조합에 납부한 자가 재개
　　발조합을 상대로 직접 분양대금의 반환을 부당이득반환청구로 할 수 있는지 여부(소극)", 대법
　　원판례해설 제47호, 2004, 91-92면 참조.

80) Claus-Wilhelm Canaris, "Der Bereicherungsausgleich im Dreipersonenverhältnis", in *Gesammelte
　　Schriften*, Bd. 3, 2012, S. 719 ff. 원래의 출전은 *Festschrift für Karl Larenz zum 70. Geburtstag*,
　　1973이다. 또한 Larenz/Canaris(주 71), § 70 Ⅵ 1. (S. 246 ff.).

81) Daniel Visser, "Searches for silver bullets: enrichment in three-party situations", in David Johnston
　　and Reinhard Zimmermann ed.(주 49), pp. 530 ff.

람이 예금주 집에 들어가서 예금통장을 훔친 후 비밀번호가 그와 같다는 것을 알아내고 은행에 가서 예금주를 가장하여 예금을 인출한 경우에, 은행은 그 도둑에 대한 예금 지급이 채권의 준점유자에 대한 선의·무과실에 의한 변제로서 유효하다고 할 수 있을까? 대법원 2007. 10. 25. 선고 2006다44791 판결의 원심판결은, 이러한 경우에 은행이 단순히 인감대조 및 비밀번호의 확인 등의 통상적인 조사에만 그칠 것이 아니라, 당해 청구자의 신원을 확인하는 등의 방법으로 그 청구자가 정당한 변제수령권한을 가지는지 여부를 조사하여야 한다고 보아 예금 지급이 유효하지 않다고 보았다. 그러나 대법원은 원심판결을 파기하였는데, 그 이유 중의 하나로서, 금융기관에게 추가적인 확인의무를 부과하는 것보다는 예금자에게 비밀번호 등의 관리를 철저히 하도록 요구하는 것이 사회 전체적인 거래비용을 줄일 수 있다는 점을 들고 있다.[82] 즉 이 판결은, 예금통장이 절취되어 부당인출되는 위험을 비밀번호를 제대로 관리할 수 있는 예금주가 은행보다는 더 작은 비용으로 예방할 수 있다고 보고, 그러한 위험은 비밀번호를 제대로 관리하지 않은 예금주에게 부담시키는 것이 사회 전체적인 거래비용을 줄일 수 있는 방법이라고 한 것이다.[83]

　　여기서 살펴보는 3각관계에서의 부당이득에 관하여도 누가 위험을 가장 작은 비용으로 부담할 수 있는가 하는 점이 판단 기준이 되어야 한다. 그런데 위와 같은 지시에 의한 단축된 급여 사례에서는, 일반적으로 지시에 따라 제3자에게 급여를 한 피지시자가 현실적으로 급여를 받은 제3자보다 중간자인 지시자의 무자력 위험에 더 잘 대비할 수 있다고 볼 수 있다. 이러한 경우에 피지시자가 결과적으로 손실을 보게 되는 것은, 대개 자신의 채무를 상대방의 채무와 동시에 이행하거나 하지 않고, 먼저 이행하였기 때문이다. 이러한 경우에 피지시자는 상대방이 채무를 이행하지 않을 경우에 대비하여 담보를 요구하거나 그 밖의 다른 방법으로 손실을 예방할 수 있는 조치를 취하는 것이 충분히 가능하다. 반면 제3자로서는 피지시자보다 더 용이하게 그러한 예방조치를 취할 수 있다고 보기는

---

82) 같은 취지, 대법원 2013. 1. 24. 선고 2012다91224 판결.
83) 그런데 서희석, "훔친 통장과 인장을 이용한 예금인출의 유효성", 소비자문제연구 제35호, 2009, 41면 이하, 특히 53면 이하는 예금자에게 비밀번호의 관리의무를 부여하는 것이 금융기관에게 본인확인의무를 부여하는 것보다 사회적 거래비용을 줄이는 길이 아니라고 하여 이 판결을 비판한다. 그렇지만 예금자가 비밀번호를 다른 사람이 쉽게 알기 어려운 것으로 정하는 것은 한 번이면 충분한데 비하여, 은행이 본인확인의무를 겨야 한다면 예금을 지급할 때마다 매번 확인하여야 하므로, 어느 쪽이 비용을 증가시키는 것인가 하는 점은 판단하기 어렵지 않다.

어렵다. 설령 급여를 한 사람과 현실적으로 급여를 받은 사람이 위험에 대비할 능력에 차이가 없다고 하더라도, 그것만으로는 급여를 한 사람이 급여를 받은 사람에게 지시자의 무자력 위험을 전가하는 것은 비효율적이다. 왜냐하면 위험 전가를 위한 소송비용 등이 추가로 소요되기 때문이다. 따라서 이러한 경우에는 특별한 사정이 없는 한 지시에 따라 제3자에게 급여를 한 사람은 지시자에 대하여 청구를 하여야 하고, 제3자에 대하여 부당이득 반환청구를 하도록 인정하여서는 안 된다.

DCFR은 손실자가 제3자에 대한 채무 또는 존재하였다고 생각된 채무를 이행함으로써 수익자가 이익을 얻었더라도, 손실자가 채무를 자발적으로 이행하였으면 이익에는 정당한 근거가 있다고 규정하고 있다(VII.—2:102). 그 근거는, 다른 사람에 대하여 (진정한 또는 외관상의) 채무를 부담한 사람은 그 채권자를 상대로 구제를 청구하여야 하는 것이 원칙이라는 것이다. 계약의 당사자는 계약의 상대방으로부터 반대급여를 기대하였을 것이고, 제3자에 대하여 부당이득 반환을 청구할 수 있게 하는 것은 그 당사자에게 거래에 포함되지 않았던 망외의 이익을 얻게 하는 것이며, 원래 당사자가 부담하기로 하였던 계약 상대방의 도산 위험을 회피하는 기회를 주게 된다는 것이다.[84]

다른 한편, 이러한 경우에 피지시자가 제3자에 대하여 부당이득반환 청구를 할 수 있다고 한다면, 제3자는 원래보다 더 불리한 처지에 놓이게 된다. 그는 지시자에 대하여 반대급여를 하였을 것인데, 제3자가 피지시자에게 부당이득을 반환하여야 한다면, 그는 지시자에게 한 반대급여의 반환을 청구하여야 하지만, 그러한 청구가 실효성이 있을지는 알 수 없다. 따라서 제3자는 지시자와 피지시자의 관계에 신경을 써야 하는데, 이는 제3자의 부당이득 반환책임을 인정하지 않으면 생기지 않는 비용이다.

3. 제3자가 악의이거나 무상으로 이익을 얻은 경우

그런데 제3자가 악의이거나 무상으로 이익을 얻은 경우에는 이러한 원칙에 대하여 예외를 인정할 수 있을까? 우선 제3자가 악의인 경우에 관하여 본다.

대법원 2008. 9. 11. 선고 2006다46278 판결에서는 재건축조합의 총회에서

---

84) von Bar and Swann(주 31), Article 2:102 comments B. 5(pp. 304 f.).

조합원들이 추가부담금을 납부하기로 하는 결의를 하였고, 그 결의에 따라 조합원들이 추가부담금을 직접 재건축공사를 시행하는 회사에게 납부하였는데, 위 추가부담금 납부 결의가 무효인 경우에, 조합원들이 공사 시행 회사에 대하여 부당이득 반환청구를 할 수 있는가가 문제되었다.

원심은 원고들의 부당이득 반환청구를 받아들였으나, 대법원은 원심판결을 파기하였다. 대법원은 그 이유에서 위 대법원 2003. 12. 26. 선고 2001다46730 판결을 인용하면서, 원고들이 제3자인 피고에 대하여 한 급부는 원고들의 재건축조합에 대한 추가부담금 등의 납부의무의 이행으로서 이루어진 것임과 동시에 재건축조합의 피고에 대한 공사대금 등 지급채무의 이행으로서도 이루어진 것이고, 다만 재건축조합의 지시 등으로 그 급부과정을 단축하여 원고들이 피고에게 직접 급부한 것으로 평가할 수 있으므로, 피고는 재건축조합과 사이의 재건축사업공사계약에 따른 공사대금 등의 변제로서 원고들로부터 추가납부금 등을 수령한 것이므로 피고가 그 급부의 수령에 대한 유효한 법률상 원인을 보유하고 있다고 보았다. 그리고 피고가 원고들로부터 급부를 수령함에 있어, 원고들이 재건축조합에게 추가부담금 등을 납부한 법률상 원인이 된 임시총회와 정산총회의 결의가 부존재하거나 무효인 사실을 알고 있었다 할지라도 원고들은 피고를 상대로 법률상 원인 없이 급부를 수령하였다는 이유로 부당이득반환청구를 할 수 없다고 하였다. 이 판결은, 이득자가 손실자의 부당한 출연 과정을 알고 있었거나 잘 알 수 있었을 경우에는 그 이득이 손실자에 대한 관계에서 법률상 원인이 없는 것으로 보아야 한다는 대법원 2003. 6. 13. 선고 2003다8862 판결은 침해부당이득관계에 관하여 적용되는 것으로서, 손실자가 스스로 이행한 급부의 청산을 구하는 급부부당이득관계에 관련된 이 사건에는 원용될 수 없다고도 하였다.

그러나 이처럼 조합원이 피고에게 추가부담금을 납부하게 된 원인인 추가부담금 납부결의가 무효였고, 피고가 이를 알고 있었다면, 이때에는 예외적으로 조합원들의 피고에 대한 부당이득 반환청구를 허용하는 것이 합리적이라고 생각된다. 이러한 경우에는 그 결의가 무효임을 몰랐던 조합원들보다는 그 무효 사실을 알고 있었던 시공회사가 그 결의가 무효이기 때문에 생기는 위험을 더 쉽게 대비할 수 있었을 것이기 때문이다. 독일연방대법원 1983. 6. 16. 판결은, 수표를 발행한 자가 그 지급지시를 철회하였고, 수취인이 이를 알았는데도 은행이 착오로 수취인에게 수표금액을 지급하였다면, 은행은 수취인에 대하여 그 지급된 돈의 반환을 청구할 수 있다고 하였다. 이러한 경우에는 수취인이 신뢰보호를 받을 필요가 없기 때문이라는 것이다.[85] 이러한 독일의 판례는 위와 같이 급여자와 지시자 사이의 급여를 하게 된 원인관계(보상관계)가 무효임을 제3자가 안 경우에도 적용되어야 할 것이다.[86]

또 다른 경우로는 제3자가 무상으로 이익을 얻은 경우이다. 이때에는 제3자에게 부당이득 반환을 명한다고 하더라도, 제3자로서는 그 이익을 얻기 전보다 더 불리하게 되는 것은 아니므로, 그러한 위험을 회피하기 위하여 추가로 비용을 지출할 이유는 없고, 따라서 그 점에서는 사회적 손실이 발생하지 않는다. 물론 제3자에 대한 부당이득 반환을 청구함으로써 생기는 비용은 발생하지만, 그러한 손실은 손실자가 주의를 기울어야 하는 비용을 절감함으로써 얻는 이익과 상계될 수 있을 것이다. 예컨대 무권대리인의 무권대리행위로 인하여 본인이 이익을 얻은 경우에는 계약 상대방이 그 이익의 반환청구를 할 수 있다고 해석되고 있다.[87] 그 근거로는 민법 제472조가 변제받을 권한 없는 자에 대한 변제도 채권자가 이익을 받은 한도에서 효력이 있다는 점을 든다.[88] 이러한 설명은 법률적인 근거는 될 수 있지만, 보다 실질적인 이유는 그러한 경우에 본인이 무상으로 그러한 이익을 얻었다는 점에서 찾을 수 있을 것이다. 이 문제는 아래 전용물소권에 관하여 살펴볼 때 다시 언급한다.

참고로 영국 고급법원(High Court)이 2012. 3. 2. 선고한 Investment Trust Companies (In Liquidation) v Revenue and Customs Commissioners 판결을 살펴본다. 이 사건에서는 용역을 공급한 자가 공급받는 자로부터 징수한 부가가치세를 영국 국세청(HMRC)에 납부하였으나, 그 부가가치세 납부의무가 유럽사법재판소의 판결에 의하여 부정된 경우에, 부가가치세를 징수당하였던 원고가 직접 국세청을 피고로 하여 부당이득 반환을 청구할 수 있는가 하는 점이 문제되었다. 헨더

---

85) BGHZ 87, 393 = NJW 1983, 2499. 독일의 학설은 대체로 이 판결을 지지하고 있는 것으로 보인다. *MünchKommBGB*/Schwab, § 812 Rdnr. 110 ff.; *Staudinger*/Lorenz, § 812 Rdnr. 51(S. 144 ff.); Larenz/Canaris(주 71), § 70 Ⅳ 3.(S. 229 ff.) 등. 또한 김형배(주 5), 300-301면 참조.

86) Christian-Michael Kaehler, *Bereicherungsrecht und Vindikation*, 1972, S. 105 f.; 201 ff.는 아래에서 설명할 독일 민법 제822조는 제3자가 무상으로 이익을 얻은 경우에만 제3자에 대한 반환청구를 인정하지만, 제3자가 악의인 경우와 무상으로 이익을 얻은 경우는 같이 취급되어야 한다고 하면서, 제3자가 악의인 경우에도 무상으로 이익을 얻은 경우의 규정을 유추적용하여야 한다고 주장한다.

87) 양창수(주 10), 194면; Staudinger/Lorenz, § 812 Rdnr. 34 등.

88) 양창수(주 10), 194-195면.

슨 판사는 이 사건에서 직접적 이익(direct benefit)의 요건이 갖추어졌는가가 문제
라고 하면서, 관련 판례와 문헌을 상세히 인용한 다음, 간접적 수익자(indirect
recipients)에 대하여 자동적으로 부당이득 반환청구를 배제하는 명확한 요건은 존
재하지 않으며, 일반적으로는 직접적 이득(direct enrichment)의 요건이 갖추어져
있어야 하지만, 제한적인 예외를 인정하는 것이 바람직하다고 한다. 어느 경우에
그러한 예외를 인정할 것인가에 대하여는 다음과 같은 요소들이 고려될 수 있다
고 하였다. 즉 원고의 지급과 간접적 수익자의 이득 사이에 밀접한 인과관계가
존재하여야 한다는 필요성; 이중으로 보상받을 위험을 피하여야 한다는 필요성;
당사자 사이의 계약들과의 충돌을 회피할 필요성, 특히 계약과 저촉되는 방식으
로 직접적인 계약의 상대방을 건너뛰는 것을 방지할 필요성; 구제수단을 부당한
이득을 반환하는 것으로 한정하고, 보상 또는 손해배상의 영역을 침범하는 것을
허용하지 않을 필요성. 그리하여 이 사건에서는 원고가 국세청으로부터 직접 부
당이득 반환을 청구할 수 있다고 하였다.[89]

4. 제3자를 위한 계약, 채권양도

이러한 문제는 제3자를 위한 계약에서 제3자에게 이행을 한 낙약자가 제3자
에 대하여 부당이득 반환을 청구할 수 있는가, 또는 채무자가 채권을 양도받은
양수인에게 변제를 하였으나, 양도인과 채무자 사이의 법률관계가 무효이거나
효력을 상실한 경우에도 나타난다.

제3자를 위한 계약의 경우에는 앞에서 본 것처럼 판례가 낙약자와 요약자
사이의 법률관계(이른바 기본관계)를 이루는 계약이 해제된 경우, 그 계약관계의
청산은 계약의 당사자인 낙약자와 요약자 사이에 이루어져야 하므로, 특별한 사
정이 없는 한 낙약자가 이미 제3자에게 급부한 것이 있더라도 낙약자는 계약해
제에 기한 원상회복 또는 부당이득을 원인으로 제3자를 상대로 그 반환을 구할
수 없다고 하였다.[90] 이 문제에 관하여는 찬반 양론이 있으나,[91] 판례의 결론은
지지될 수 있다. 제3자가 낙약자에 대하여 청구권을 가지는 것은 제3자의 지위를

---

89) [2012] EWHC 458 (Ch), paras. 47-73.
90) 대법원 2005. 7. 22. 선고 2005다7566,7573 판결; 2010. 8. 19. 선고 2010다31860, 31877 판결.
91) 판례지지: 배호근(주 77). 판례반대: 김병선, "제3자를 위한 계약의 실효와 부당이득반환관계",
    홍익법학 제13권 제2호, 2012, 409면 이하.

강화하기 위함인데, 이것이 부당이득에 관하여는 제3자에게 불리하게 작용한다는 것은 합리적이 아니기 때문이다.[92]

그리고 채권이 양도되어, 채무자가 양수인에게 변제를 하였는데, 그 후 채권 발생의 원인이 된 법률관계가 무효이거나 취소 또는 해제된 경우에, 채무자는 양수인에게 부당이득 반환을 청구할 수 있는가, 아니면 양도인에게 반환을 청구하여야 하는가 하는 점도 역시 3각관계 문제의 하나로 파악할 수 있다. 대법원 2003. 1. 24. 선고 2000다22850 판결은 해제로 인하여 소멸되는 채권을 계약해제 이전에 양수한 자는 특단의 사정이 없는 한 채무자로부터 이행받은 급부를 원상 회복하여야 할 의무가 있다고 하였다.

이 판결에 대하여는 이를 지지하는 견해(양수인반환설)도 있으나,[93] 반대하는 견해(양도인반환설)도 있다.[94] 반대하는 견해는 이 문제를 지시사례와 마찬가지로 다루어야 한다고 본다. 즉 양수인에 대한 반환청구는 양수인이 무자력이 되거나 이득의 소멸로 반환의무를 면하게 되는 위험을 채무자에게 돌리지만, 이는 계약의 일방당사자의 무자력위험은 그를 계약상대방으로 선택한 타방당사자가 부담하여야 하고 제3자에게 전가해서는 안된다고 하는 계약법 일반원칙에 반하고, 채무자보호라고 하는 채권양도법의 원칙에도 반하며, 원계약의 해소로 인한 반환은 당해 계약의 당사자들인 양도인과 채무자간에 이루어져야 한다는 것이다. 나아가 양수인을 부당이득반환의무자로 해석함으로써 원계약상 채무들간의 쌍무성을 부인하거나, 채무자와 양도인 그리고 양도인과 양수인간의 대항사유를 부당하게 박탈하여서도 안된다고 한다.[95]

---

92) *MünchKommBGB*/Schwab, § 812 Rdnr. 194; von Bar and Swann(주 31), Article 2:102 Comm. B. 8.

93) 양창수, "매매대금채권 일부의 양수인이 대금을 수령한 후에 매매계약이 해제된 경우 그 금전 반환의무는 매수인의 목적물인도의무와 동시이행관계에 있는가?", 민법연구 제7권, 2003, 371면; 김동훈, "채권양도와 계약해제", 고시연구 2003. 6, 290면; 박세민, 삼각관계상의 부당이득, 2009, 394면 이하 등.

94) 최수정, "지명채권양도에 있어서 다수인 사이의 부당이득반환", 민사법학 제30호, 2005, 301면 이하; 정태윤, "독일에서의 부당이득의 삼각관계에 대한 논의가 우리 민법에도 그대로 타당한가?", 비교사법 제14권 4호, 2007, 205면 이하; 전재우, "매수인이 매매잔대금 채권 양수인에게 일부 변제 후 당해 매매계약을 해제한 경우 원상회복 청구의 상대방", 법률신문 제3686호(2008. 10. 2.) 14면; 김창희, "지명채권양도 후 기본관계가 해제된 경우 부당이득반환", 원광법학 제27권 3호, 2011, 249면 이하; 배성호, "채권이 양도된 후 보상관계가 해제된 경우 부당이득반환청구의 상대방", 전북대학교 법학연구소 법학연구 제37집, 2012, 267면 이하. 또한 김형배(주 5), 327면 이하(채권이 부존재하는 경우에 관하여).

95) 최수정(주 94), 314면. 같은 취지, 김형배(주 5), 327면; 전재우(주 94), 14면; 김창희(주 94), 259면 이하; 배성호(주 94), 284면 등.

다른 한편 채무자로부터 변제를 받은 채권양수인은 민법 제548조 제1항 단
서의 제3자에 해당하므로 채무자는 양수인에게는 청구하지 못하고, 양도인에게
청구하여야 한다는 견해도 있다.[96]

이 문제에 관하여는 독일에서도 견해가 갈린다. 판례와 다수설은 채무자는
양도인에게 청구하여야 한다고 주장하지만, 양수인에게 청구하여야 한다는 설도
적지 않다.[97] 양수인청구설은, 채권양도의 경우는 지시사례나 제3자를 위한 계약
의 경우와는 달리, 채무자가 제3자에게 이행할 것을 선택할 수 있었던 것이 아니
고, 자신의 의사와는 관계없이 양수인에게 이행하여야 하였으므로, 자신이 정당
하게 변제할 수 있다고 믿은 사람으로부터 반환청구를 할 수 있어야 하고, 자신
이 양수인에게 변제할 때에는 양수인의 무자력 위험도 인수한 것이라고 주장한
다.[98]

생각건대 순수하게 경제적인 관점에서만 본다면, 채권양도의 경우도 지시사
례나 제3자를 위한 계약의 경우와 달리 취급할 필요는 없다. 채권양도의 경우에
도 채무자는 일단 채권자와 계약관계를 맺음으로써 채권자에 대한 위험을 부담
하기로 한 것이다. 따라서 양도인인 채권자가 무자력이 되었다고 하여 채무자가
그로 인한 위험을 양수인에게 전가하는 것을 인정할 필요는 없다. 반대로 양수인
이 무자력이 되었다고 하더라도 그 위험을 채무자가 부담할 이유도 없다. 채권양
도로 인하여 채무자가 불리하여져서는 안 되지만, 그렇다고 하여 유리하게 될 이
유도 없기 때문이다.[99] 양도인이 무자력이라면 채무자는 양수인에게 청구하려고
하겠지만, 양수인이 이러한 상황에 대비하여 양도인의 무자력까지 인수하였다고
볼 수는 없다. 그리고 채무자가 양수인에게 반환을 청구할 수 있다면, 양수인은
다시 양도인에게 구상을 하게 될 것이지만, 그것보다는 채무자가 직접 양도인에
게 반환청구를 하는 것이 거래비용을 줄이는 방법이 될 것이다.

그러나 법해석학적인 관점에서 이러한 생각을 관철할 수 있는지는 확실하지
않다. 제일 큰 문제는, 양도인이 현실적으로 변제를 받은 것은 아니므로 양도인
에게는 반환의 대상이 될 수 있는 이득이 존재하지 않는 것은 아닌가 하는 의문

---

96) 정태윤, "민법 제548조 제1항 단서의 제3자의 범위", 민사판례연구 XXXI, 2009, 325면 이하.
    김창희(주 94), 270면도 양도인 청구설의 근거로서 이 점을 들고 있다.
97) 독일 판례와 학설의 상황에 대하여는 *MünchKommBGB*/Schwab, § 812 Rdnr. 202 ff; *Staudinger*/
    Lorenz, § 812 Rdnr. 41; 정태윤(주 94), 212면 이하 등 참조.
98) *MünchKommBGB*/Schwab, § 812 Rdnr. 208 ff.
99) 전재우(주 94), 14면도 이 점을 지적하고 있다.

이다. 지시사례나 제3자를 위한 계약의 경우에는 채무자가 제3자에게 이행을 하더라도 그것이 동시에 채권자에 대한 이행이 되므로 이러한 문제는 생기지 않지만, 채권이 양도되면 채무자와 양도인 사이에는 더 이상 변제 또는 이행의 문제가 남지 않으므로, 채무자가 양수인에게 변제하는 것이 곧 양도인에게 이행하는 것이라고는 할 수 없기 때문이다. 종래의 급여 개념을 전제로 하는 한, 이 점이 양도인반환설의 가장 문제점이라고 할 수 있다. 이에 대하여 양도인의 반환의무를 긍정하는 설은, 양도인은 양수인에 대한 채무가 소멸하는 이익을 얻는다거나,[100] 양도인은 양수인에 대한 채무자의 출연 자체를 이득하였고, 따라서 이를 반환할 의무를 부담한다고 주장하기도 하지만,[101] 이는 말하자면 양도인에게 이익이 있었다고 의제하는 것에 가깝다.[102]

다른 한편 양도된 채권의 발생근거가 된 계약이 해제된 경우에 양수인이 제548조 제1항 단서의 제3자에 해당하므로 보호되어야 한다는 것은 그대로 받아들이기 어렵다. 쌍무계약상의 채권을 양수한 사람은 양도인과 채무자 사이의 계약이 해제될 수도 있다는 점을 충분히 예상할 수 있다. 따라서 양수인은 그러한 부담을 안고서 채권을 양수한 것으로 보아야 하고, 채무자는 계약 해제의 항변을 양수인에 대하여도 할 수 있다. 가령 채권이 양도되었으나 채무자가 양수인에게 채무를 이행하기 전에 계약이 해제되었다면, 채무자는 해제의 해방효에 따라 양수인의 이행청구를 거절할 수 있다. 이 점에서 채무자가 채권이 통정허위표시에 기한 것임을 주장하여 선의의 양수인의 이행청구를 거부할 수 없는 것[103]과는 구별된다. 그러므로 양수인이 양도인과 채무자 사이의 계약이 해제되기 전에 채무의 변제를 받았어도, 양수인이 부담하고 있던 계약 해제의 위험이 소멸되는 것은 아니고, 따라서 그 후 계약이 해제되면 양수인은 채무자에게 변제받았던 것을 반환하여야 한다고 봄이 타당할 것이다.

---

100) Larenz/Canaris(주 71), S. 238.

101) 최수정(주 94), 327면.

102) Kupisch, *Gesetzespositivismus im Bereicherungsrecht-Zur Leistungskondiktion im Drei-Personen-Verhältnis*, 1978, S. 84{최수정(주 94), 318면 주 43)에서 재인용}. 양도인반환설을 지지하는 Stephan Lorenz는, 확립된 급여개념에 의하여 부당이득관계를 확정하는 것에서 벗어나서, 양도된 채권을 발생시키는 원인관계에 청산을 지탱하는 기능을 승인하여야 한다고 설명한다. *Staudinger*/Lorenz, § 812 Rdnr. 41.

103) 대법원 2011. 4. 28. 선고 2010다100315 판결 참조.

VI. 전용물소권

1. 판례와 학설

전용물소권(轉用物訴權, actio de in rem verso)이란, 계약상의 급여가 계약상대방에 대해서뿐만 아니라 제3자의 이익이 된 경우에 급여를 행한 계약당사자가 그 제3자에 대해서 부당이득의 반환을 청구하는 권리를 말한다.104) 예컨대 어떤 물건의 소유자 아닌 사람이 다른 사람에게 그 물건의 수리를 맡겨 그 물건의 가액이 증가한 경우에, 수리한 수급인(급여자)이 도급인(중간자) 아닌 소유자(수익자)에게 부당이득 반환을 청구할 수 있는가 하는 점이다. 엄밀하게 본다면 이는 부당이득 반환을 청구하는 자가 소유자에게 급여를 한 것은 아니므로, 급여부당이득이라기보다는 비용지출부당이득에 해당하겠지만, 그 이익이 청구자의 급여에 의하여 발생한 것이므로 급여부당이득과 밀접한 관련이 있다.

대법원 2002. 8. 23. 선고 99다66564, 66571 판결은, 건물 공유자의 1인이 다른 공유자인 원고의 동의를 받지 않고서 피고에게 건물의 수리를 맡겨, 건물의 가치가 증가한 경우에, 피고가 건물 소유자인 원고에게 건물의 가치가 증가한 부분 중 원고 지분에 상응하는 만큼의 부당이득을 청구할 수 있는가 하는 점에 관하여 다음과 같은 이유로 이를 부정하였다. 즉 계약상의 급부가 계약의 상대방뿐만 아니라 제3자의 이익으로 된 경우에 급부를 한 계약당사자가 계약 상대방에 대하여 계약상의 반대급부를 청구할 수 있는 이외에 그 제3자에 대하여 직접 부당이득반환청구를 할 수 있다고 보면, 자기 책임하에 체결된 계약에 따른 위험부담을 제3자에게 전가시키는 것이 되어 계약법의 기본원리에 반하는 결과를 초래할 뿐만 아니라, 채권자인 계약당사자가 채무자인 계약 상대방의 일반채권자에 비하여 우대받는 결과가 되어 일반채권자의 이익을 해치게 되고, 수익자인 제3자가 계약 상대방에 대하여 가지는 항변권 등을 침해하게 되어 부당하므로, 위와 같은 경우 계약상의 급부를 한 계약당사자는 이익의 귀속 주체인 제3자에 대하여 직접 부당이득반환을 청구할 수는 없다는 것이다.105)

---

104) 김형배, "부당이득과 다수당사자", 고시연구 2004. 12, 35면 등. 문자 그대로는 이익에(in rem) 전용된 것(verso)에 대한(de) 소권(actio)을 의미한다. 위 같은 면. 최병조, 로마법강의, 1999, 280면은 이익전용소권(利益轉用訴權)이라고 번역한다.

105) 대법원 2005. 4. 15. 선고 2004다49976 판결; 2010. 6. 24. 선고 2010다9269 판결; 2011. 11. 10. 선고 2011다48568 판결; 2013. 6. 27. 선고 2011다17106 판결도 같은 취지이다.

학설상으로는 전용물소권은 원칙적으로 인정될 수 없다는 견해,[106] 제한적으로만 인정하려는 견해,[107] 전면적으로 인정하려는 견해[108] 등으로 나누어 볼 수 있다. 원칙적으로 인정할 수 없다는 견해는, 급여자가 수익자를 상대로 전용물소권을 주장할 수 있다고 하면, 중간자의 다른 일반채권자에 비하여 급여자에게 계약상의 '우월적 지위'를 인정하는 결과가 되고, 이러한 우월적 지위는 극히 복잡한 관계를 낳게 되며, 급여자가 스스로 부담한 위험이 현실화함으로써 발생한 불이익을 제3자에게 전가해서는 안 되고, 급여자는 수익자가 중간자에 대하여 주장할 수 있는 항변사유를 대항받지 않고 수익자에게 청구할 수 있다고 한다. 또한 급여자는 중간자가 수익자에 대하여 가지는 청구권을 채권자대위권에 기하여 대위행사하면 그것으로 충분하고, 굳이 전용물소권을 인정할 필요가 없으며, 전용물소권을 인정하는 민법상의 명문규정이 없고, 외국에서도 서구의 입법례가 전용물소권의 인정에 매우 소극적이라는 점도 부정설의 근거로 들고 있다.[109] 또한 중간자가 수익자에게 무상으로 출연한 경우에는 부당이득을 인정할 수 있다는 견해에 대하여는, 부당이득반환채무자가 반환할 것을 무상으로 양도한 경우에도 양수인이 악의자일 경우에만 그 양수인으로 하여금 직접 부당이득반환의무를 부담하도록 하고 있는 민법 제747조 제2항의 가치평가에 반한다고도 지적한다.[110] 다만 이 설에서도 무권대리인이 본인이 이름으로 체결한 계약으로부터 이익을 얻은 본인에 대하여 계약 상대방은 부당이득 반환을 청구할 수 있다고 하는 예외를 인정한다. 그 근거로는 변제받을 권한 없는 자에 대한 변제도 채권자가 이익을 받은 한도에서 효력이 있다는 민법 제472조 등에서 행하여진 평가를 이러한 경우에 연장하여 적용하는 것이 타당하다고 하는 점을 든다.[111]

그리고 제한적으로 인정할 수 있다는 설은 프랑스의 판례와 학설을 인용하면서, 중간자가 무자력이고, 중간자와 수익자 사이에는 수익자의 이득이 정당화될 수

---

106) 양창수(주 10), 231면 이하; 김형배(주 104), 36면 이하; 제철웅, "3자관계에서의 부당이득: 특히 전용물소권의 사안을 중심으로", 저스티스 제67호, 2002, 54면 이하; 홍성주, "전용물소권과 민법 제203조 소정의 비용상환청구권", 부산판례연구회 판례연구 제14집, 2003, 74면 이하 등.

107) 정태윤, "전용물소권에 관한 일고찰", 비교사법 제9권 1호, 2002, 214면 이하; 김판기, "전용물소권", 법조 2006. 10, 152면 이하.

108) 정상현·이승현, "전용물소권의 인정여부에 대한 법리 재검토", 성균관법학 제24권 3호, 2012, 379면 이하.

109) 양창수(주 10), 231면 이하.

110) 제철웅(주 106), 72면.

111) 양창수(주 10), 194-195면. 제철웅(주 106), 75면도 이러한 경우에는 부당이득의 성립을 인정한다.

있는 법률행위나 법률규정이 없는 경우에 한하여 전용물소권이 인정된다고 본다.
이러한 경우에는 부정설이 주장하는 것과 같은 불합리한 점이 없다는 것이다.[112]

반면 전면적 인정설은, 급부자의 중간자에 대한 급부가 법률상 원인 없이 제
3자인 수익자에게 전용되어 이득으로 귀속되는 반면, 중간자의 반대급부는 실현
되기 곤란하여 급부자에게 손실이 발생한 경우, 이러한 이득과 손실 사이에 사회
통념상의 인과관계가 인정될 수 있다면, 급부자가 수익자에 대하여 부당이득반
환청구권의 행사로서 전용물소권을 주장하는 것 자체를 논리적으로 부정할 이유
는 없다고 한다.[113]

2. 검   토

앞에서 3각관계의 지시사례에서 일반적으로 피지시자의 수익자에 대한 부당
이득반환청구권을 인정할 수 없다고 본 이유는 전용물소권에 대하여도 그대로
적용될 수 있다. 급여자는 중간자와 거래를 한 이상, 그로 인하여 생기는 위험은
스스로 부담하여야 하고, 따라서 이를 수익자에게 전가할 수 있는 근거는 없다.
이를 인정하는 것은 지시사례와 마찬가지로 거래비용을 증가시키는 것이 되어
비효율적이다.[114][115]

그러나 수익자가 무상으로 이익을 얻은 경우에는 이러한 원칙에 대하여 예
외를 인정할 필요가 있다. 비교법적으로 보더라도, 많은 나라에서 수익자가 무상
으로 이익을 얻은 경우에는 전용물소권을 인정하고 있다.[116]

독일 민법은 제822조에서, 무상의 제3취득자에 대한 부당이득반환청구권을

---

112) 정태윤(주 104), 214면 이하. 김판기(주 107), 153면 이하는, 급여자가 중간자에 대하여 이행한
    급부가 중간자–수익자간의 무상관계에 의해 수익자에게 귀속하여, 중간자는 수익자에게 아무
    런 반대채권을 가지고 있지 않은 경우에 한하여 부당이득을 인정하여야 한다고 주장한다.
113) 정상현·이승현(주 108), 379면 이하.
114) DCFR Ⅶ.—2:102 (b)도 이익이 손실자의 제3자에 대한 의무 이행의 부수적인 결과에 불과할
    때에는 이득은 정당화된다고 규정하고 있는데, 이는 전용물소권과 같은 경우를 배제하려고 하
    는 취지이다. von Bar and Swann(주 31), 2:102 Comments C. 11(p. 308) 참조.
115) Levmore(주 45), p. 88은, 하수급인의 원수급인에 대한 부당이득 반환청구를 부정하는 보통법
    의 원칙은 신용의 위험을 하수급인에게 돌림으로써, 하수급인이 원수급인의 신용을 조사하여
    보도록 할 뿐만 아니라, 원수급인과의 거래에서 위험 수수료를 포함시키도록 한다고 설명한다.
    그리고 영국의 버크스는 손실자는 자기가 선택한 계약 상대방과 거래하는 위험을 감수하여야
    하고, 손실자가 무자력한 중간자를 건너뛰는 방법을 찾아낼 수 있다면 도산법 체제가 파괴된다
    고 지적한다. Peter Birks "At the Expense of the Claimant: Direct and Indirect Enrichment in
    English Law" (2000) *Oxford U Comparative L Forum* 1 at ouclf.iuscomp.org, Ⅲ (3) (d).
116) Wendehorst(주 28), S. 110 f. 참조.

인정하고 있다.117) 이 규정은 일반적으로 전용물소권을 부정하면서도, 예외적으로 이러한 경우에는 예외를 인정하고 있는 것으로 이해되고 있다.118) 프랑스의 판례는 1892년 이른바 부디에(Boudier) 판결 이래로 전용물소권을 인정하고 있었으나, 근래의 판례는 제3취득자에게 중간자와의 사이에 계약과 같은 이익의 원인이 없어야 하고,119) 어느 자의 재산이 정당한 원인 없이 타인의 재산의 희생하에 증가되었을 경우에 그 타인이 자신에게 지급되어야 할 것을 취득하기 위하여 "계약이나 준계약, 또는 고의나 과실에 의한 불법행위로부터 발생하는 어떠한 소권"도 가지지 못할 경우에만 부당이득반환소권이 인정되어야 한다고 보고 있다.120)

미국의 제3차 부당이득 리스테이트먼트 제25조는 다음과 같이 규정한다. 즉 청구인이 제3자에게 계약상의 이행을 하였는데 그에 대한 약정 보상을 받지 못하였고, 청구인의 보상되지 않은 이행이 피고에게 이익을 주었다면, 몇 가지 조건이 갖추어졌을 때에는 청구인이 피고에게 부당이득 반환을 청구할 수 있다고 규정하는데, 그 중 중요한 것이, 부당이득 반환이 없다면 청구인이 이행에 대하여 보상을 받을 수 없고, 피고가 청구인의 이행으로 인한 이익을 지급할 책임 없이 무상으로 보유할 수 있다는 것이다.121) 일본의 판례는 처음에는 전용물소권에 기한 부당이득 반환청구를 특별한 제한 없이 인정하다가,122) 나중에는 수익자가 대가관계 없이 이익을 받은 때에 한하여 인정된다고 보고 있다.123)124)

수익자가 중간자로부터 무상으로 이익을 얻는 경우에는 전용물소권을 원칙적

---

117) 제822조: 수령자가 취득한 것을 무상으로 제3자에게 출연한 때에는, 이로 인하여 수령자의 부당이득반환의무가 배제되는 한도에서, 제3자는 부당이득반환청구권자로부터 법적 원인 없이 출연을 받은 경우에 준하여 반환의 의무를 진다(Wendet der Empfänger das Erlangte unentgeltlich einem Dritten zu, so ist, soweit infolgedessen die Verpflichtung des Empfängers zur Herausgabe der Bereicherung ausgeschlossen ist, der Dritte zur Herausgabe verpflichtet, wie wenn er die Zuwendung von dem Gläubiger ohne rechtlichen Grund erhalten hätte). 이 규정은 선의의 수익자가 물건을 제3자에게 양도함으로써 현존이익을 상실하여 반환의무가 소멸된 경우에 적용된다. 중화민국 민법 제183조, 이탈리아 민법 제2038조 제1항도 같은 취지이다.

118) Staudinger/Lorenz, § 822 Rdnr. 1; Hans Josef Wieling, Bereicherungsrecht, 4. Aufl., 2007, S. 84 등.

119) 무상의 계약도 포함되는지에 관하여는 논란이 있으나, 학설이나 하급심 판례는 포함되는 것으로 보고 있다고 한다.

120) MALAURIE, AYNÈS, STOFFEL-MUNCK(주 63), nos. 1056 et s.; 정태윤(주 63), 85면 이하 참조.

121) § 25 (2) (b): Absent liability in restitution, the claimant will not be compensated for the performance in question, and the defendant will retain the benefit of the claimant's performance free of any liability to pay for it. 이에 대하여는

122) 일본 最高裁判所 1970(昭和 45). 7. 16.(民集 24- 7, 909면 이하).

123) 일본 最高裁判所 1995(平成 7). 9. 19.(民集 49-8, 2805면 이하).

124) 일본의 판례와 학설에 대하여 상세한 것은 김판기(주 107), 132면 이하 참조.

으로 부정하는 학설이 지적하는 문제점, 즉 채권자인 계약당사자가 채무자인 계약
상대방의 일반채권자에 비하여 우대받는 결과가 되어 일반채권자의 이익을 해치
게 되고, 수익자인 제3자가 계약 상대방에 대하여 가지는 항변권 등을 침해하게
되어 부당하다는 등의 사태는 발생하지 않는다.125) 나아가 이러한 경우에 수익
자로서는 중간자에게 대가를 지급하지 않았으므로, 부당이득 반환책임을 부담하
는 것을 회피하기 위하여 사전에 특별히 비용을 지출하려고 하지 않을 것이다.

    이러한 점을 뒷받침하는 예로서 대법원 1999. 3. 9. 선고 98다46877 판결을
살펴볼 필요가 있다. 여기서는 공무원인 피고의 처가 원고로부터 아파트 분양대
금 납부 및 피고의 진급 준비를 위한 경비 명목 등으로 합계 금 60,000,000원을
차용하였는데, 실제로 그 차용금이 피고 명의의 아파트 분양금이나 피고의 진급
시험 준비를 위하여 절에 가서 공부하는데 드는 비용으로 사용된 경우에, 피고가
원고에 대하여 차용금을 변제할 책임이 있는가가 문제되었다. 원심은 피고의 처
가 아파트분양금을 납부하기 위하여 타인으로부터 금전을 차용하는 행위는 일상
가사의 범위에 속한다고 할 수 없다고 하였으나, 대법원은 금전차용행위도 금액,
차용 목적, 실제의 지출용도, 기타의 사정 등을 고려하여 그것이 부부의 공동생
활에 필요한 자금조달을 목적으로 하는 것이라면 일상가사에 속하므로, 아파트
구입비용 명목으로 차용한 경우 그와 같은 비용의 지출이 부부공동체를 유지하
기 위하여 필수적인 주거 공간을 마련하기 위한 것이라면 일상의 가사에 속한다
고 볼 여지가 있다고 하여 원심판결을 파기하였다.

    그러나 과연 60,000,000원이라는 큰 돈을 차용하는 것이 과연 일상가사에 속
한다고 할 수 있는지는 의심스럽다. 부부 사이의 일상가사로 인한 연대채무(민법
제832조) 또는 일상가사에 관한 대리권은, 상대방이 그러한 행위가 일상가사에
관한 것인지를 통상 확인할 필요가 없을 만큼 명백한 경우에 한정되어야 하지,
아파트를 분양받기 위하여 큰 돈을 차용하는 것이 일상가사에 속한다고 말하기
는 어려울 것이다.126) 이 판결이 그러한 결론을 내리게 된 데에는, 이러한 차용행

---

125) Doug Rendleman, "Quantum Meruit for the Subcontractor: Has Restitution Jumped Off Dawson's
    Dock?", 79 *Texas Law Review* 2055, 2075 f.(2001)는, 수익자가 중간자에게 대가를 지급하기로
    하였으나 결과적으로 공짜로 이익을 얻게 된 경우에도 손실자가 위험을 부담하기로 하였다는
    이유로 구제받지 못한다는 것은 가혹하다고 하면서, 법원은 손실자가 부담하기로 한 중간자의
    채무불이행이나 도산의 위험을 회피하는 것을 방지하는 관련 계약법 원리를 손상시키지 않으
    면서 구제를 허용하고 보상을 정할 수 있는지를 탐구하여야 한다고 주장한다.
126) 홍춘의, "일상가사의 범위", 판례월보 355호(2000. 4), 8면 이하는 이 판결에 대하여, 일상가사
    의 예외에 해당하는 금전차용에 있어서 공동생활에 필요한 자금조달이라는 판단기준은 지나치

위가 일상가사에 속하는가 아닌가 하는 점보다는, 피고의 처가 원고로부터 차용한 돈이 종국적으로는 피고의 이익으로 귀착되었고, 그에 대하여 피고가 피고에게 어떠한 대가를 지급하지는 않았을 것이라는 점을 중시한 것이 아닌가 생각된다. 가령 처가 차용한 돈이 남편의 이익으로 귀착되었지만, 이를 일상가사에 속하는 것으로 볼 수 없다고 하는 경우에는, 판례의 기준에 따른다면 남편에게 책임이 없다고 보아야 할 것이나,[127] 그러한 결론이 타당한지는 의문이다.

한편 앞에서 본 것처럼 전용물소권을 원칙적으로 부정하는 설도 무권대리인이 본인이 이름으로 체결한 계약으로부터 이익을 얻은 본인에 대하여 계약 상대방은 부당이득 반환을 청구할 수 있다고 하는 예외를 인정하고 있다.[128] 그런데 위 사건에서 피고의 처가 피고의 이름으로 돈을 차용하였다면, 그 차용이 일상가사에 속하는지 여부에 관계 없이 피고의 책임이 인정되었을 것이다. 기본적으로 무권대리인이 본인이 이름으로 체결한 계약으로부터 이익을 얻은 본인에게 부당이득 반환책임이 인정되는 것은, 본인이 무상으로 이익을 얻었다는 점에 근거가 있다고 보아야 할 것이다.

그런데 이에 대하여는, 민법 제747조 제2항이 부당이득반환채무자가 반환할 것을 무상으로 양도한 경우에도 양수인이 악의자일 경우에만 그 양수인으로 하여금 직접 부당이득반환의무를 부담하도록 하고 있는 점에 비추어 보면, 무상출연 일반에 전용물소권을 인정하는 것은 우리 법의 가치평가에 반한다고 하는 반론이 있다.[129] 논리적으로는 그러한 주장이 성립할 수 있다. 그러나 과연 그러한 이유만으로 무상수익자에 대하여는 그가 악의가 아닌 한 부당이득반환청구를 할 수 없다고 보아야 할 것인지는 의문이다. 제747조 제2항과 같이 수익자로부터 그 이익의 목적물을 양수한 제3자가 무상으로 취득하였다는 것만으로는 부족하고, 그가 악의였어야만 반환할 책임이 있다고 하는 입법례는 찾기 어렵다.[130] 민법상

게 넓은 개념이고, 공동생활의 필요에 필수적인 자금조달인지 여부에 의하여 판단하여야 하며, 금전차용의 일상가사성의 구체적인 판단기준을 지출용도를 기준으로 하고 있는 점에도 문제가 있고, 차용금액의 규모를 고려하지 않고 있는 점에도 문제가 있다고 비판하고 있다.

127) 대법원 1997. 11. 28. 선고 97다31229 판결은, 주택 구입 비용이나 꿈마을아파트의 구입 비용의 지출이 부부가 부부공동체를 유지하기 위하여 필수적인 주거 공간을 마련하기 위한 것이라면 일상의 가사에 속한다고 볼 여지가 있을 수 있지만, 대규모의 주택이나 아파트의 구입을 일상의 가사에 속하는 것이라고 보기는 어렵다고 하였다.

128) *Staudinger*/Lorenz, § 812 Rdnr. 34에 의하면 독일 민법 제정 당시에도 이 점이 인정되었다고 한다.

129) 주 110)의 본문 참조.

130) 양창수(주 10), 571면 참조.

으로도 악의자 또는 무상취득자는 선의의 유상취득자보다 덜 보호를 받지만, 무상취득일 뿐만 아니라 악의여야만 보호를 받지 못하는 다른 경우는 없다. 이러한 점에서 제747조 제2항은 민법상 이질적인 규정으로서, 목적론적 확장(teleologische Extension)이 필요하다고 생각된다.

VII. 불법원인급여

1. 종래의 이론

민법 제746조 본문은 불법의 원인으로 인하여 재산을 급여하거나 노무를 제공한 때에는 그 이익의 반환을 청구하지 못한다고 규정하고 있는데, 이 규정의 존재 이유에 대하여 과거부터 논란이 많았다. 즉 불법원인급여의 반환을 청구하지 못하게 하면, 반사적으로 그러한 불법원인급여를 수령한 사람은 그 급여를 여전히 보유할 수 있게 되는데, 이는 마찬가지로 불법을 저지른 수익자를 보호하는 것이 되어 부당하지 않은가 하는 점이다.

이 문제에 관하여는 국내에서 몇 가지의 학설이 주장되고 있다.[131) 우선 제재설 또는 형벌설은 위 규정은 불법한 행위를 하고도 이것을 이유로 법률의 구제를 구하는 급여자의 비난받을 심정과 성격에 대하여 제재 내지 민사적 형벌을 가하는 것이라고 본다. 또한 법적 보호거절설은 위 규정은 사회적 타당성이 없는 행위를 한 자가 그 행위로 인한 결과를 복구하려고 꾀하는 자에 대해서 협력을 거절하는 것이라고 한다. 그리고 균형사상설은 양 당사자가 비난받을 행동을 한 경우에는 기존의 점유상태가 그대로 유지되어야 한다고 주장한다.[132)

그러나 제재설 또는 형벌설은 제재나 형벌이 민사법상으로는 일반적으로 고려되지 않는 것일 뿐만 아니라, 왜 급여를 한 자만이 제재나 형벌을 받아야 하는지 불분명하다는 비판을 받고 있다.[133) 또한 법적 보호거절설은 반환청구를 부정하는 것이 법적으로 보호를 거절하는 것임에는 틀림없지만, 왜 보호를 거절하여

---

131) 학설의 소개는 민법주해 XVII(주 10), 444면 이하(박병대); 송덕수, "불법원인급여", 후암 곽윤직 선생 고희기념 민법학논총·제이, 1995, 426면 이하; 엄동섭, "불법원인급여의 임의반환약정", 민사판례연구 XIX, 1997, 240면 이하 등 참조.
132) 이를 지지하는 것으로는 엄동섭(주 131), 246면 이하가 있다.
133) 대법원 2010. 9. 30. 선고 2010다50922 판결은 규범위반자에 대한 처벌 내지 제재는 사법(私法)에서 일반적으로 추구되지 아니하는 법목적이라고 한다.

야 하는가에 대한 이유는 제시하지 않고 있다. 그리고 균형사상설이 기존의 상태를 그대로 유지하여야 한다고 보는 것은 거래비용을 발생시키지 않는다는 점에서는 나름대로 의미가 있지만, 구체적으로 어떠한 경우에 기존의 상태를 그대로 유지시켜야 하고, 어떤 경우에는 그렇지 않은지에 대하여 별다른 기준을 제시하지 못하고 있다.

불법원인급여제도의 존재이유에 관하여는 일반예방 또는 억지(抑止) 이론이 가장 설득력을 가진다고 보인다.[134] 가령 도지사에게 청탁하여 택시운송사업면허를 받아줄 것을 부탁하면서 도지사에 대한 청탁교제비조로 돈을 주었다가, 그 면허를 받지 못하게 되었다고 하여 준 돈의 반환을 청구할 수 있다고 한다면,[135] 돈을 주었던 사람은 별로 손해를 보지 않은 것이 되므로, 돈을 주는 데 큰 위험을 부담하지 않게 되고, 따라서 반환을 청구할 수 없는 경우와 비교한다면 더 쉽게 돈을 주는 불법적인 행위를 하게 될 것이다. 그러므로 이러한 경우에 돈의 반환을 청구하지 못하게 하는 것이 그러한 행위를 하는 것을 억지하는데 도움이 된다.[136] 이 점에서는 불법행위법의 목적을 불법행위의 억지에서 찾는 것[137]과 공통점이 있다.[138]

이에 대하여는 급여를 받은 자가 여전히 급여를 보유할 수 있게 된다면, 불법적인 행위의 억지라는 목적을 달성할 수 없게 된다는 비판이 있을지 모른다. 그러나 일단 급여를 하여야만 급여를 받을 수 있게 되므로, 급여를 하지 못하게 하는 것이 행위의 억지를 위하여는 효과적인 방법이 될 수 있다.

뇌물수수와 같은 경우에는 국가가 뇌물을 받은 사람으로부터 몰수하거나 그 대가를 추징할 수 있고, 그렇게 된다면 급여를 한 사람은 물론이고 받은 사람도 이익을 보유할 수 없게 되므로, 그것이 가장 좋은 방법일 수 있다. 그러나 뇌물이 수수되었다고 하여 모든 경우에 몰수 또는 추징이 이루어지는 것은 아니다. 또

---

134) Claus-Wilhelm Canaris, Gesamtunwirksamkeit und Teilgültigkeit rechtsgeschäftlicher Regelungen, in: *FS. f. Ernst Steindorff zum 70. Geburtstag*, 1990, S. 523 ff.; Larenz/Canaris(주 71), § 68 Ⅲ 3 a); *Staudinger*/Lorenz, § 817 Rdnr. 5; *MünchKommBGB*/Schwab, § 817 Rdnr. 9; 최봉경, "불법원인급여", 비교사법 제13권 3호, 2006, 169면 이하 등. 박병대(주 131), 448면은 불법원인급여 제도의 입법취지를, 불법원인급여를 한 자에 대하여 법적 보호막을 제공하는 것은 규범체계와 재판제도를 유지하는 근본목적에 배치되는 것이므로 허용되어서는 안 된다는 점과 함께, 불법원인의 억제라고 하는 입법목적을 가진다고 서술한다.
135) 대법원 1991. 3. 22. 선고 91다520 판결의 사실관계 참조.
136) 박병대, "불법원인급여의 판단기준에 관한 구조분석", 저스티스 제76호, 2003, 86-87면 참조.
137) 권영준, "불법행위법의 사상적 기초와 그 시사점", 저스티스 통권 제109호, 2009 참조.
138) Larenz/Canaris(주 71), § 68 Ⅲ 3 a).

위법한 행위에 대하여 항상 몰수나 추징이 인정되는 것도 아니다. 이러한 점에서 불법원인급여의 반환을 금지하는 것은 여전히 의미가 있다.

이처럼 불법원인급여의 반환 금지를 불법한 행위의 억지를 위한 것이라고 보는 것은 불법원인급여 반환금지의 적용범위를 확정하는데 매우 유용한 출발점이 된다. 즉 불법원인급여의 반환 금지로 얻을 수 있는 불법한 행위의 억지라는 이익을 그로 인하여 생길 수 있는 손실과 비교하여 볼 필요가 있고, 그 손실이 이익보다 크다면, 반환 금지를 고수할 이유가 없는 것이다.[139] 다른 한편 불법원인급여의 반환을 금지하는 것이 오히려 불법한 행위를 조장하는 것이 되는 경우에는 그 반환을 인정할 필요가 있다.

2. 구체적인 적용

먼저 우선 불법원인급여의 반환 허용 여부를 결정함에 있어서는 어떠한 행위를 불법적인 것이라고 하여 금지하는 법규범의 목적을 따져 볼 필요가 있다. 만일 반환을 불허하는 것이 결과적으로 금지규범의 목적에 어긋나는 것이라면, 반환을 불허함으로써 얻는 이익이 그로 인한 손실보다 작은 것이 되므로, 반환을 불허할 필요가 없다.[140] 근래 다른 나라에서도 불법원인급여의 반환 여부를 정함에 있어서 1차적으로 당해 법규범의 목적을 따져야 한다는 것이 일반적인 경향이라고 할 수 있다.[141]

DCFR Ⅶ.—6:103은, 이익 취득의 근거가 된 계약이나 다른 법률행위가 근본적 원칙의 침해나 강행적 법규정에 위반되어 무효 또는 취소된 경우에는 이익의 반환이 원칙이나 규정의 목적에 어긋날 때에는 수익자가 이익을 반환할 필요가 없다고 규정하고 있다.[142] 그리고 미국의 제3차 부당이득 리스테이트먼트 제32

---

139) 이는 배분적 효율에 관한 이른바 Kaldor-Hicks 기준을 충족시킨다. 비례의 원칙 가운데 이른바 법익의 균형성을 Kaldor-Hicks 기준에 의하여 설명할 수 있다는 점에 대하여는 윤진수(주 8), 39-40면 참조. Larenz/Canaris(주 71), § 68 Ⅲ 3 a); 최봉경(주 134), 203면 이하는 비례의 원칙에 의하여 불법원인급여 반환금지의 적용범위를 제한하려고 한다.

140) 윤진수, "부동산의 이중양도에 관한 연구", 서울대학교 박사학위 논문, 1993, 95면 참조. 박병대(주 136), 91면 이하도 규범목적론에 관하여 언급하고 있다.

141) 독일에 관하여는 *Staudinger*/Lorenz, § 817 Rdnr. 2; *MünchKommBGB*/Schwab, § 817 Rdnr. 20 참조.

142) Ⅶ.—6:103: Illegality
Where a contract or other juridical act under which an enrichment is obtained is void or avoided because of an infringement of a fundamental principle (II.—7:301 (Contracts infringing funda-

조는 위법하거나 공공정책의 이유로 효력이 없는 약정에 따라 급여를 한 사람은
다음과 같은 경우에 반환청구를 할 수 있다고 한다. 첫째, 반환이 금지의 정책
(policy)에 의하여 요청될 때. 둘째, 반환의 인정이 금지의 정책을 좌절시키지 않
을 때. 그러나 청구인이 효력이 없는 약정에 따른 반대급여를 받았을 때에는 부
당이득이 존재하지 않고, 또 청구인의 부정한 행위(inequitable)가 있으면 배제된다
고 규정한다.[143]

　　종래 판례와 학설상 제746조의 "불법원인"의 의미에 관하여는 의견이 분분
하였다.[144] 판례는 이는 민법 제103조가 규정하는 선량한 풍속 기타 사회질서에
위반하는 경우를 말하는 것이라고 보고 있고,[145] 다수설도 이를 지지한다. 반면
강행법규 위반도 포함한다는 설도 있고, 선량한 풍속 위반만을 말하고, 사회질서
위반은 제외된다는 견해[146]도 있다.

　　그러나 이러한 추상적인 기준은 실제 문제의 해결에는 별로 도움이 되지 않
고, 부당이득 반환을 허용하지 않는 것이 그러한 행위를 금지하는 목적에 부합하
는가 아닌가 하는 기준에 따라 불법원인 해당 여부를 정하면 된다. 예컨대 대법
원 1988. 11. 22. 선고 88다카7306 판결은, 건설업 면허의 대여를 금지하는 구
건설업법의 규정을 위반하는 건설업면허 대여계약이나 건설업면허대여의 방편으
로 체결되는 건설업양도양수계약은 무효이지만, 위 계약 자체가 선량한 풍속 기
타 사회질서에 어긋나는 반윤리적인 것은 아니어서 건설업양도양수계약의 형식
으로 이루어진 건설업면허의 대여가 불법원인급여에 해당하는 것은 아니므로 건
설업양도양수계약 형식으로 건설업면허를 대여받은 자가 이를 반환할 의무를 지
는 것은 당연하고, 따라서 위와 같은 형식으로 대여된 건설업면허의 반환에 대한
약정까지 그 효력이 부인될 수는 없다고 하였다. 만일 이와 같은 경우에 건설업
면허의 양도가 불법원인급여에 해당한다고 하여 반환을 청구할 수 없다고 본다
면, 이는 결과적으로 법에 어긋나는 건설업 면허의 대여를 인정하는 것이 되므
로, 건설업 면허의 대여를 금지하는 법의 목적에 어긋나게 된다. 또한 판례는 강

---

　　mental principles)) or mandatory rule of law, the enriched person is not liable to reverse the
　　enrichment to the extent that the reversal would contravene the policy underlying the principle or
　　rule.
143) 제63조는 선량한 청구인이라면 허용되었을 이득의 반환은 청구된 책임의 원인인 거래에 관한
　　청구인의 부정한 행위로 인하여 제한되거나 부정될 수 있다고 규정한다.
144) 박병대(주 131), 470면 이하 참조.
145) 대법원 1983. 11. 22. 선고 83다430 판결 등.
146) 후설: 송덕수(주 131), 432면 등.

제집행을 면탈할 목적으로 신탁한 재산의 반환청구를 하는 것은 허용된다고 하는데,[147] 만일 그러한 재산의 신탁이 불법원인급여에 해당한다고 하여 반환청구를 할 수 없다고 하면, 이는 결과적으로 강제집행하려는 채권자에게도 손해를 끼치는 일이므로 반환청구를 허용하여야 한다.[148]

다른 한편 행위를 금지하는 목적이 일방 당사자를 보호하려는 데 있다면, 그러한 일방 당사자가 한 급여의 반환 청구를 금지하는 것은 금지의 목적에 어긋난다. 대법원 2007. 2. 15. 선고 2004다50426 전원합의체 판결의 다수의견은, 선량한 풍속 기타 사회질서에 위반하여 무효인 고율의 이자 약정을 원인으로 차주가 대주에게 임의로 이자를 지급하는 것은 불법원인급여에 해당하지만, 대주가 사회통념상 허용되는 한도를 초과하는 이율의 이자를 약정하여 지급받은 것은 그의 우월한 지위를 이용하여 부당한 이득을 얻고 차주에게는 과도한 반대급부 또는 기타의 부당한 부담을 지우는 것으로서 그 불법의 원인이 수익자인 대주에게만 있거나 또는 적어도 대주의 불법성이 차주의 불법성에 비하여 현저히 크다고 할 것이어서 차주는 그 이자의 반환을 청구할 수 있다고 하였다. 이 판결의 결론은 타당하지만, 여기서 불법성비교 이론을 끌어들일 필요는 없었다. 즉 이러한 고율의 이자 지급을 무효로 하는 것은, 차주를 보호하기 위한 취지이므로, 그 차주의 반환청구를 불법원인급여라고 하여 거부하는 것은 그 보호의 목적에 어긋나고, 따라서 이 경우에는 불법원인이 수익자에게만 있다고 보아야 하는 것이다.[149]

그리고 이른바 불법성 비교론도 이러한 억지의 관점에서 설명할 수 있다. 만일 불법원인급여라고 하여 반환을 언제나 인정하지 않아서 수익자가 이익을 그대로 보유할 수 있도록 한다면, 경우에 따라서는 수익자가 급여자로 하여금 적극적으로 불법적인 행위를 하도록 유인하는 동기를 제공하여, 오히려 불법적인 행위를 하도록 하는 것을 조장할 우려가 있는 것이다. 예컨대 사기적인 방법으로 내기바둑을 하여 도박 채무를 변제받은 경우에, 도박채무의 변제는 불법원인급여라고 하여 반환을 부정한다면, 수익자는 오히려 적극적으로 도박을 하여 도박채무를 변제받으려고 할 것이다.[150] 이처럼 수익자가 적극적으로 불법원인급여

---

147) 대법원 1980. 4. 8. 선고 80다1 판결 등.
148) 박병대(주 136), 93-94면도 같은 취지이다.
149) 윤진수, "2007년도 주요 민법 관련 판례 회고", 서울대학교 법학 제49권 1호, 2008, 333면 참조.
150) 대법원 1997. 10. 24. 선고 95다49530, 49547 판결 참조.

를 하도록 유도한 경우에는, 불법원인급여의 반환을 인정하는 것이 수익자가 그 처럼 행동하도록 하는 유인을 감소시키는 것이 된다.

판례[151]는 수익자의 불법성이 급여자의 그것보다 현저히 크고, 그에 비하면 급여자의 불법성은 미약한 경우에도 급여자의 반환청구가 허용되지 않는다고 하는 것은 공평에 반하고 신의성실의 원칙에도 어긋나므로, 이러한 경우에는 민법 제746조 본문의 적용이 배제되어 급여자의 반환청구는 허용된다고 해석함이 상당하다고 하는 불법성 비교론을 인정하고 있다. 과연 어떠한 경우에 수익자보다 급여자의 불법성이 미약한가 하는 점은 종래의 논의에서는 명백히 밝히고 있지 않으나, 억지라는 관점에서 본다면 불법원인급여가 이루어진 데 수익자가 주도적인 역할을 한 경우에는 불법성 비교론을 적용하여 반환청구를 인정하는 것이 합목적적이다.[152]

이러한 점에 비추어 본다면 대법원 1997. 10. 24. 선고 95다49530, 49547 판결이 사기도박의 경우에 급여자의 반환청구를 인정한 것은 타당하다. 또 대법원 1999. 9. 17. 선고 98도2036 판결은, 포주인 피고인이 피해자에게 적극적으로 성매매를 하도록 권유하고, 피해자가 손님을 상대로 성매매를 할 수 있도록 업소를 제공하였으며, 피해자가 성매매의 상대방으로부터 받은 화대를 피고인에게 보관하도록 하였다가 이를 분배하기로 약정한 경우에, 피해자가 그 약정에 기하여 피고인에게 화대를 교부한 것은 불법의 원인으로 인하여 급여를 한 경우로 보아야 하지만, 이는 수익자인 포주의 불법성이 급여자인 피해자의 그것보다 현저히 큰 데 반하여 급여자의 불법성은 미약한 경우라고 하여 반환청구를 허용한 것도 설득력이 있다.

그러나 이 이론을 처음으로 인정한 대법원 1993. 12. 10. 선고 93다12947 판결에서 불법성 비교론을 적용하여 반환청구를 인정한 것은 수긍하기 어렵다. 이 사건에서는 원고인 서울특별시가 부동산을 종중으로부터 매수하려다가 매수

---

151) 위 대법원 1997. 10. 24. 선고 95다49530, 49547 판결 외에도 대법원 1993. 12. 10. 선고 93다12947 판결; 1999. 9. 17. 선고 98도2036 판결; 대법원 2007. 2. 15. 선고 2004다50426 전원합의체 판결 등.

152) 그런데 박병대(주 136), 99-100면은 불법성 비교론을 원칙적으로는 지지하면서도, 불법성의 정도만으로 보면 급부자가 수익자보다 약하더라도 불법성의 내용이 매우 중대한 반도덕성이나 사회적 악성을 반영하고 있는 경우에는 반환청구가 부정되어야 할 경우가 있는 반면, 급부에 이른 경위에 있어 수익자의 기망, 유인 등이 개재되어 있거나 급부의 목적이나 동기 등 여러 정황에 비추어 급부자의 불법성이 큰 경우에도 반환청구가 인정되어야 할 경우는 얼마든지 있을 수 있다고 한다.

하지 못하게 되자, 위 재산을 명의수탁받은 등기명의자인 피고들에게 이를 매도
하라고 권유하여 매수하였는데, 종중의 제소에 의하여 위 매매는 반사회적인 행
위로서 무효라고 하여 원고 명의의 등기가 말소되었다. 그러자 원고는 피고들을
상대로 하여 피고들이 지급받았던 매매대금의 반환을 청구하였다. 원심은, 위
종중으로부터 명의신탁해지를 원인으로 이 사건 토지에 관하여 소유권이전등기
청구의 소를 제기당하여 그 패소판결을 선고받은 바 있는 제1심 피고들로서는
원고측의 권유가 있다고 하더라도 이에 절대로 응하지 말았어야 할 것이므로,
제1심 피고들의 위와 같은 불법성은 명의신탁된 토지임을 알면서 명의수탁자인
제1심 피고들을 권유하여 매매계약을 체결한 원고측의 불법성보다 더욱 크고,
원고가 이를 반환받지 못하면 원고로서는 실제 소유자인 위 종중으로부터 이 사
건 토지를 추탈당한 데 반하여 그 대금은 반환받을 수 없게 되어 심히 부당한
결과가 된다고 하여 원고의 청구를 받아들였고, 대법원도 이러한 판단을 수긍하
였다.

　　그러나 위와 같은 사실관계 하에서는 명의신탁된 재산임을 알면서도 명의수
탁자에게 적극적으로 매도할 것을 권유한 서울특별시의 불법성이 명의수탁자보
다 더 크다고 보아야 할 것인데도, 대법원이 반대로 보았음은 수긍하기 어렵
다.[153)

　　마지막으로 언급할 것은 불법원인급여 반환 약정의 유효 여부이다. 우선 급
여를 하기 전에 미리 반환하기로 약정하는 것은 무효라는 것에 대하여는 학설이
나 판례상 다툼이 없다.[154) 문제는 급여를 한 다음 비로소 반환하기로 약정하는

---

153) 김문수, "민법 제746조 본문의 적용제한에 관하여", 부산판례연구회 판례연구 제6집, 1996, 203
　　면 이하; 윤진수, "점유를 상실한 부동산 매수인의 등기청구권의 소멸시효·부동산의 이중양도
　　와 불법원인급여", 민사재판의 제문제 제10권, 2000, 59면 주 49). 다른 한편 송덕수, "민법 제
　　746조에 있어서 불법성의 비교", 민사판례연구 제18권, 1996, 316면 이하는 불법성 비교 이론
　　을 거부하고, 또 이 사건의 경우에는 수익자의 불법성이 급여자의 불법성에 비하여 현저히 큰
　　것이 아니라고 하면서도, 이 사건의 경우에는 사회질서 위반만이 문제일 뿐 선량한 풍속 위반
　　이 아니라는 이유로 결론에는 찬성한다. 반면 문홍수, "불법원인급여규정의 의의 및 적용범위",
　　법조 1996, 12, 138면은 판례를 지지한다. 또한 박병대(주 136), 89면은 매수인이 명의수탁자에
　　비하여 불법성에서 현저하게 약하다고 할 수 없다고 하면서도, 대금의 반환을 긍정하게 되면
　　명의수탁자로서는 그러한 불법적 처분을 감행할 경우에는 장차 대금반환의 위험을 감내하여야
　　하는 부담을 가지게 되므로 불법처분의 유인은 감소되지만, 만일 대금반환을 부정하게 되면 명
　　의수탁자로서는 종중이 재산의 환원을 주장하든 아니하든 매매대금 취득의 이득은 누릴 수 있
　　는 지위가 보장되므로 불법자행의 억제라는 측면에서는 반환을 인정하여야 한다고 주장한다.
　　그러나 역시 대금반환을 부정하는 것이 매수인의 불법원인급여를 적극 권유하는 것을 막을 수
　　있는 방법이 될 것이다.
154) 박병대(주 131), 520; 대법원 1991. 3. 22. 선고 91다520 판결 등.

경우이다. 이에 관하여 판례는 사후의 반환약정도 무효라고 한 것155)과 유효하다고 한 것156)이 있다. 후자의 판결은, 불법원인급여 후 급부를 이행받은 자가 급부의 원인행위와 별도의 약정으로 급부 그 자체 또는 그에 갈음한 대가물의 반환을 특약하는 것은 불법원인급여를 한 자가 그 부당이득의 반환을 청구하는 경우와는 달리 그 반환약정 자체가 사회질서에 반하여 무효가 되지 않는 한 유효하고, 반환약정 자체의 무효 여부는 반환약정 그 자체의 목적뿐만 아니라 당초의 불법원인급여가 이루어진 경위, 쌍방당사자의 불법성의 정도, 반환약정의 체결과정 등 민법 제103조 위반 여부를 판단하기 위한 제반 요소를 종합적으로 고려하여 결정하여야 하며, 한편 반환약정이 사회질서에 반하여 무효라는 점은 수익자가 이를 입증하여야 한다고 본다.

학설로는 사후의 반환약정은 유효하다고 보는 것이 다수설로 보이지만,157) 경우를 나누어 보아야 한다는 설도 있다. 즉 반환약정이 무효인지 여부를 판단함에 있어서는 민법 제103조에서와 마찬가지로 불법한 행위를 하지 않게 하는 목적의 것인가의 관점에서 결정하여야 하는데, 예컨대 범죄를 행하는 대가를 먼저 수수한 당사자가 그것을 하지 않고 반환하기로 약정하는 경우에는, 그 계약이 유효하지만, 이미 불법한 목적이 달성되었거나 목적달성이 불가능하기 때문에 어쩔 수 없이 반환하기로 한 경우에는, 반환계약이 사회질서에 반하여 무효라는 것이다.158)

얼핏 생각하기에는 사전의 반환약정은 무효이지만, 사후의 반환약정을 무효로 할 이유는 없을 것처럼 보인다. 사전의 반환약정은 불법원인급여를 하려는 사람의 위험부담을 덜어줄 수 있기 때문에, 불법적인 행위를 하는 것을 조장한다. 따라서 사전의 반환약정은 무효라고 하여야 한다. 반면 사후의 반환약정은 그처럼 불법적인 행위를 조장할 위험이 없을 것으로 여겨지기 때문이다.

그러나 사후의 반환약정도 원칙적으로 효력이 없다고 보아야 한다. 그러한 약정이 효력이 있다고 본다면, 불법원인급여를 하는 자는 급여를 하기 전에도, 급여를 한 목적이 이루어지지 않으면 나중에라도 수익자에게 압력을 가하여 도

---

155) 대법원 1995. 7. 14. 선고 94다51994 판결.
156) 대법원 2010. 5. 27. 선고 2009다12580 판결.
157) 김형배(주 5), 149면; 엄동섭(주 131), 246면 이하.
158) 송덕수(주 131), 452-454면; 박병대(주 131), 521-522면; 주석민법 제3판, 채권각칙 5, 1999, 531면(박기동). 대법원 2010. 5. 27. 선고 2009다12580 판결은 박병대(주 131), 521-522면의 서술을 따른 것으로 보인다.

로 반환을 받을 수 있을 것이라는 기대를 할 수 있고, 이는 급여자의 위험부담을 줄여서 결과적으로 불법적인 행위를 할 가능성을 높일 우려가 있기 때문이다. 따라서 사후의 반환약정도 원칙적으로 무효이고, 사후의 반환약정을 인정하는 것이 불법적인 거래를 조장하지 않는다고 판단될 수 있는 예외적인 경우에 한하여 사후반환약정의 효력을 인정하는 것이 옳을 것이다.

Ⅷ. 결 론

이 글에서는 부당이득법은 경제적인 효율의 증진이라는 관점에서 잘 설명할 수 있다는 점을 급여부당이득을 예로 들어 서술하였다. 경제적인 관점에서는 부당이득법의 목적은 배분적 효율 또는 생산적 효율의 극대화라고 할 수 있다. 배분적 효율의 관점에서는 부당이득의 반환을 둘러싼 분쟁으로 인하여 발생할 수 있는 거래비용을 줄이는 것이 바람직하다. 이를 위하여는 누가 그러한 분쟁의 발생을 더 잘 예방할 수 있는가를 따져 보아야 하고, 이는 누가 부당이득의 발생으로 인한 위험을 더 쉽게 부담할 수 있는가 하는 점으로 귀착된다. 비채변제의 문제나 3각관계에서의 부당이득 또는 전용물소권과 같은 문제는 이러한 견지에서 쉽게 설명할 수 있다.

그리고 불법원인급여의 문제는 생산적 효율의 관점에서 설명할 수 있다. 즉 불법적인 거래가 일어나는 것을 막는다는 목적을 달성하기 위하여는 불법원인급여의 반환청구를 허용하지 않는 것이 효율적인 수단이 될 수 있는 것이다.

부당이득에 관하여 경제적 효율의 관점에서 설명할 수 있는 것은 이외에도 여러 가지가 있을 수 있다. 가령 선의수익자의 부당이득 반환책임이 현존이익에 한정되는 이유라든지,[159] 쌍무계약의 효력이 없게 된 경우에 일방의 부당이득 반환의무가 불능으로 되면 다른 일방은 어떤 범위에서 반환의무를 지게 되는가[160] 하는 점들도 흥미 있는 분석 대상이 될 수 있다. 이러한 점에서 부당이득법의 경제적 분석은 아직 탐구하여야 할 것이 많은, 미개척의 분야라고 할

---

159) 영미법에서는 이 문제를 change of position이라고 부르고 있다. 이에 대한 국내 문헌으로는 최준규, "영국부당이득법상 Change of position에 대한 연구", 서울대학교 대학원 석사학위논문, 2007이 있다.

160) 이른바 2청구권독립설과 차액설의 대립. 김형배(주 5), 253면 이하 참조.

수 있다.

〈서울대학교 법학 제55권 3호, 2014〉

〈추기〉

대법원 2017. 7. 11. 선고 2013다55447 판결은 A 주식회사가 B 등과 상가 분양계약을 체결할 당시 C 주식회사와 체결한 분양관리신탁계약 및 대리사무계약에 따라 분양대금채권을 C 회사에 양도하였고, B 등이 이를 승낙하여 분양대금을 전부 C 회사의 계좌로 납입하였는데, 그 후 B 등이 A 회사와 C 회사를 상대로 분양계약 해제로 인한 원상회복 또는 분양계약 취소로 인한 부당이득반환으로 납부한 분양대금 등의 지급을 구한 사안에서, B 등이 C 회사를 상대로 원상회복청구나 부당이득반환청구를 할 수 없다고 하였다. 이 판결은 선례로서 이른바 지시사례에서 피지시자의 수익자에 대한 부당이득 반환청구를 부정한 대법원 2003. 12. 26. 선고 2001다46730 판결(위 V. 1.)을 들면서, 원심이 인용한 대법원 2003. 1. 24. 선고 2000다22850 판결(위 V. 4.)은 이 사건에 원용할 수 있는 것이 아니라고 하였다. 그러나 대상판결과 위 사건 사이에 어떤 차이가 있는지는 밝히지 않았다. 이 판결에 대하여는 예컨대 윤지영, "채권양도와 부당이득", 민사판례연구 제41권, 2019, 609면 이하; 장보은, "계약의 해소와 부당이득반환의 문제", 저스티스 제171호, 2019, 278면 이하 참조.

위헌인 대통령의 긴급조치 발령이 불법행위를
구성하는지 여부[*]
— 대법원 2015. 3. 26. 선고 2012다48824 판결 —

Ⅰ. 서   론

이 글의 대상판결인 대법원 2015. 3. 26. 선고 2012다48824 판결은, 1975. 5. 13. 유신헌법 제53조에 근거하여 발령된 국가안전과 공공질서의 수호를 위한 대통령긴급조치 제9호(이하 '긴급조치 제9호'라고만 한다)는 위헌·무효이기는 하지만, 대통령은 국가긴급권의 행사에 관하여 원칙적으로 국민 전체에 대한 관계에서 정치적 책임을 질 뿐 국민 개개인의 권리에 대응하여 법적 의무를 지는 것은 아니므로, 대통령의 이러한 권력행사가 국민 개개인에 대한 관계에서 민사상 불법행위를 구성한다고는 볼 수 없다고 하여, 위 긴급조치에 따라 수사를 받았던 사람의 국가에 대한 국가배상청구를 기각하였다. 이 판결은 그 후 많은 비판을 받았는데, 비판의 초점은 주로 대법원이 종전에 위 긴급조치는 위헌이라고 하였던 것과 모순된다는 것이었다.

---

[*] 이 글은 2017. 10. 21. 민사법학회 추계학술대회에서 발표하였던 것을 기초로 하여 내용을 보완한 것이다. 민사법학회에서 지정토론을 맡아 주신 연세대학교 박동진 교수님과 강원대학교 문병효 교수님께 감사드린다. 또한 이 글은 2017. 12. 6. 서울대학교 법학전문대학원의 법과 문화 포럼에서도 발표하였는데, 당시 헌법재판소의 결정 배경에 대하여 설명해 주신 박한철 전 헌법재판소장님(당시 서울대 초빙교수)과, 라드브루흐 공식의 서술에 대하여 보완할 점을 지적해 주신 김도균 교수님께 감사드린다. 그리고 논문의 심사 과정에서 수정하여야 할 내용을 지적하여 주신 심사위원들께도 감사드린다.

필자도 위 판결은 부당하고, 법원으로서는 국가의 불법행위책임을 인정하였어야 한다고 생각한다. 그러나 그러한 결론에 이르기 위하여는 여러 가지 따져보아야 할 문제가 많다. 이하에서는 구체적으로 대상판결의 부당성을 논하여 보고자 한다.

이 글은 기본적으로 판례평석이라고 할 수 있으나, 실제로는 대상 판결의 사실관계 등은 그다지 중요하지 않고, 관련된 여러 가지 쟁점이 많으므로 전통적인 판례평석의 형식은 취하지 않았고, 실질은 독립된 논문에 가깝다.

Ⅱ. 대상판결의 배경과 대상판결 및 그 후의 경과[1]

1. 유신헌법의 긴급조치 규정

박정희 대통령은 1972. 10. 17. 전국에 비상계엄을 선포하고, 국회를 해산하고, 정당 및 정치 활동의 중지 등 현행 헌법의 일부 조항 효력을 정지시키는 대통령 특별선언을 발표하였다. 이를 같은 달 27일부터는 10월유신이라고 불렀다. 그리고 새로운 개헌안을 공고하고, 같은 해 11. 21. 이를 국민투표에 붙여, 이를 통과시킴으로써 이른바 유신헌법이 제정되었다. 이 헌법은 같은 해 12. 27.부터 시행되었다.

유신헌법 제53조는 대통령의 긴급조치권에 관하여 다음과 같이 규정하고 있다.

"① 대통령은 천재·지변 또는 중대한 재정·경제상의 위기에 처하거나, 국가의 안전보장 또는 공공의 안녕질서가 중대한 위협을 받거나 받을 우려가 있어, 신속한 조치를 할 필요가 있다고 판단할 때에는 내정·외교·국방·경제·재정·사법등 국정전반에 걸쳐 필요한 긴급조치를 할 수 있다.

② 대통령은 제1항의 경우에 필요하다고 인정할 때에는 이 헌법에 규정되어 있는 국민의 자유와 권리를 잠정적으로 정지하는 긴급조치를 할 수 있고, 정부나 법원의 권한에 관하여 긴급조치를 할 수 있다.

③ 제1항과 제2항의 긴급조치를 한 때에는 대통령은 지체없이 국회에 통고하여야 한다.

---

1) 김세용, "위헌인 형벌법규와 국가의 손해배상책임 : 유신헌법하의 대통령 긴급조치에 대하여", 민사판례연구 38권, 박영사, 2016, 601면 이하 등 참조.

④ 제1항과 제2항의 긴급조치는 사법적 심사의 대상이 되지 아니한다.

⑤ 긴급조치의 원인이 소멸한 때에는 대통령은 지체없이 이를 해제하여야 한다.

⑥ 국회는 재적의원 과반수의 찬성으로 긴급조치의 해제를 대통령에게 건의할 수 있으며, 대통령은 특별한 사유가 없는 한 이에 응하여야 한다.”

이러한 대통령의 긴급권 자체는 새로운 것은 아니다. 유신헌법 전의 제3공화국 헌법 제73조도 대통령의 긴급명령권과 긴급재정명령권을 인정하였고, 현행헌법 제76조도 대통령의 긴급명령권과 긴급재정명령권을 인정하고 있다. 그러나 유신헌법상의 긴급조치는 이와는 다르다. 즉 천재·지변 또는 중대한 재정·경제상의 위기에 처하거나, 국가의 안전보장 또는 공공의 안녕질서가 중대한 위협을 받을 경우뿐만 아니라, 그와 같은 우려가 있는 경우에도 긴급조치를 발령할 수 있다. 또 그 내용도 국민의 자유와 권리를 잠정적으로 정지하는 긴급조치를 할 수 있고, 정부나 법원의 권한에 관하여 긴급조치를 할 수 있다는 강력한 것이다. 그리고 국회는 대통령에게 긴급조치의 해제를 건의할 수 있을 뿐이고, 대통령은 특별한 사유가 있으면 이에 응하지 않을 수 있어서, 대통령의 긴급명령이 국회의 승인을 받지 못하면 효력을 상실하는 이 이전의 헌법이나 현행헌법과는 차이가 있다. 무엇보다도 유신헌법상의 긴급조치는 사법적 심사의 대상이 되지 아니하였다.

2. 긴급조치의 발령

유신헌법에 기한 대통령 긴급조치는 총 9차례 발령되었는데, 그 중 일부는 긴급조치를 해제하는 것이었다. 위헌 여부에 관하여 많이 논란되었던 것은 처벌규정을 담고 있던 긴급조치 제1호, 제4호 및 제9호이다.

긴급조치 제1호는 1974. 1. 8. 공포되었는데, 이는 대한민국 헌법을 부정, 반대, 왜곡 또는 비방하는 일체의 행위와 그 개정 또는 폐지를 주장, 발의, 제안, 또는 청원하는 일체의 행위 및 유언비어를 날조, 유포하는 일체의 행위를 금하고, 그 금지된 행위를 권유, 선동, 선전하거나, 방송, 보도, 출판 기타 방법으로 이를 타인에게 알리는 일체의 언동도 금하며, 이 조치에 위반한 자와 이 조치를 비방한 자는 법관의 영장없이 체포, 구속, 압수, 수색하며 15년 이하의 징역에 처하고, 15년 이하의 자격정지를 병과할 수 있다고 규정하였다. 한편 같은 날 공포된 긴급조치 제2호는 긴급조치 제1호 위반자를 심판하기 위하여 비상군법회의를 두 기로 하는 것이었다.

긴급조치 제4호는 1974. 4. 3. 공포되었다. 그 주된 내용은 전국민주청년학생 총연맹(이른바 민청학련)을 조직하거나 가입하는 행위, 그 활동을 찬양, 고무하는 행위 등을 금지하고, 이에 위반한 자는 사형, 무기 또는 5년 이상의 유기징역에 처한다는 것이었다.

그리고 긴급조치 제9호는 1975. 5. 13. 공포되었다. 여기서는 유언비어를 날 조, 유포하거나 사실을 왜곡하여 전파하는 행위, 대한민국 헌법을 부정·반대· 왜곡 또는 비방하거나 그 개정 또는 폐지를 주장·청원·선동 또는 선전하는 행 위 등을 금지하고, 그에 위반한 자는 1년 이상의 유기징역에 처하도록 하였다.

위와 같은 긴급조치 위반으로 인하여 처벌받은 사람의 숫자는 1,000명이 넘 는 것으로 보인다.[2]

3. 긴급조치의 위헌성에 관한 대법원과 헌법재판소의 판례

(1) 대법원 판례

종래 대법원의 판례는, 긴급조치는 유신헌법에 근거한 것으로서 사법적 심 사의 대상이 되지 아니하므로 그 위헌 여부를 다툴 수 없다고 하였다.[3] 그러나 근래 대법원은 이러한 판례를 변경하여, 긴급조치는 위헌이라고 하였다.

그 첫 번째는 대법원 2010. 12. 16. 선고 2010도5986 전원합의체 판결이다. 이 사건은 긴급조치 제1호 위반으로 처벌받았던 피고인들이 위 긴급조치가 위헌 이라고 하여 재심을 청구한 것인데, 대법원은 긴급조치 제1호가 위헌이라고 하여 무죄를 선고하였다. 그 요지는 다음과 같다.

(가) 국가긴급권은 국가가 중대한 위기에 처하였을 때 그 위기의 직접적 원 인을 제거하는 데 필수불가결한 최소의 한도 내에서 행사되어야 하는 것으로서,

---

2) 진실·화해를 위한 과거사정리위원회가 분석한 자료에 따르면 긴급조치 위반으로 처벌받은 피 해자는 1140명, 사건수는 585건에 이른다고 한다. 진실·화해를 위한 과거사정리위원회, 2006 년 하반기 조사보고서, 2007, 291-296면. 그 재판의 실태에 대하여는 사법발전재단, 역사 속의 사법부, 2009, 419-432면 참조.

3) 대법원 1975. 4. 8. 선고 74도3323 판결; 대법원 1977. 3. 22. 선고 74도3510 전원합의체 판결; 대법원 1977. 5. 13.자 77모19 전원합의체 결정 등.

국가긴급권을 규정한 헌법상의 발동 요건 및 한계에 부합하여야 하고, 이 점에서 유신헌법 제53조에 규정된 긴급조치권 역시 예외가 될 수는 없다.

(나) 긴급조치 제1호의 내용은 유신헌법 등에 대한 논의 자체를 전면금지함으로써 이른바 유신체제에 대한 국민적 저항을 탄압하기 위한 것임이 분명하여 긴급조치권의 목적상의 한계를 벗어난 것일 뿐만 아니라, 위 긴급조치가 발령될 당시의 국내외 정치상황 및 사회상황이 긴급조치권 발동의 대상이 되는 비상사태로서 국가의 중대한 위기상황 내지 국가적 안위에 직접 영향을 주는 중대한 위협을 받을 우려가 있는 상황에 해당한다고 할 수 없으므로, 그러한 상황에서 발령된 긴급조치 제1호는 유신헌법 제53조가 규정하고 있는 요건을 결여한 것이다.

(다) 한편 긴급조치 제1호의 내용은 민주주의의 본질적 요소인 표현의 자유 내지 신체의 자유와 헌법상 보장된 청원권을 심각하게 제한하는 것으로서, 국가가 국민의 기본적 인권을 최대한으로 보장하도록 한 유신헌법 제8조(현행 헌법 제10조)의 규정에도 불구하고, 유신헌법 제18조(현행 헌법 제21조)가 규정한 표현의 자유를 제한하고, 영장주의를 전면 배제함으로써 법치국가원리를 부인하여 유신헌법 제10조(현행 헌법 제12조)가 규정하는 신체의 자유를 제한하며, 명시적으로 유신헌법을 부정하거나 폐지를 청원하는 행위를 금지시킴으로써 유신헌법 제23조(현행 헌법 제26조)가 규정한 청원권 등을 제한한 것이다.

(라) 이와 같이 긴급조치 제1호는 그 발동 요건을 갖추지 못한 채 목적상 한계를 벗어나 국민의 자유와 권리를 지나치게 제한함으로써 헌법상 보장된 국민의 기본권을 침해한 것이므로, 긴급조치 제1호가 해제 내지 실효되기 이전부터 유신헌법에 위배되어 위헌이고, 나아가 긴급조치 제1호에 의하여 침해된 위 각 기본권의 보장 규정을 두고 있는 현행 헌법에 비추어 보더라도 위헌이다.

한편 위 판결은, 긴급조치를 사법적 심사의 대상에서 배제하고 있는 유신헌법 제53조 제4항에 대하여, 재심소송에서 적용될 절차에 관한 법령은 재심판결 당시의 법령이므로, 사법적 심사의 대상이 되는지 여부는 현행 헌법에 기하여 판단하여야 하고, 현행 헌법 제76조는 대통령의 긴급명령·긴급재정경제명령 등 국가긴급권의 행사에 대하여 사법심사배제 규정을 두고 있지 아니하며, 유신헌법 자체에 의하더라도 그 제8조가 기본권 보장의무를 규정하고, 제9조 내지 제32조에서 개별 기본권 보장 규정을 두고 있었으므로, 유신헌법 제53조 제4항이 사법심사를 배제할 것을 규정하고 있다고 하더라도 이는 사법심사권을 절차적으로 제한하는 것일 뿐 이러한 기본권 보장 규정과 충돌되는 긴급조치의 합헌성 내지 정당성까지 담보한다고 할 수 없다고 하였다. 따라서 이 사건 재심절차를 진행함에 있어, 모든 국민은 유신헌법에 따른 절차적 제한을 받음이 없이 법이 정한 절차에 의해서 긴급조치의 위헌성 유무를 따지는 것이 가능하다고 하였다.

그리고 위 판결은, 헌법재판소에 의한 위헌심사의 대상이 되는 '법률'이라 함은 '국회의 의결을 거친 이른바 형식적 의미의 법률'을 의미하고, 형식적 의미의 법률이 아닌 때에는 그와 동일한 효력을 갖는 데에 국회의 승인이나 동의를 요하는 등 국회의 입법권 행사라고 평가할 수 있는 실질을 갖춘 것이어야 하는데, 유신헌법에 근거한 긴급조치는 국회의 입법권 행사라는 실질을 전혀 가지지 못한 것으로서, 헌법재판소의 위헌심판대상이 되는 '법률'에 해당한다고 할 수 없고, 긴급조치의 위헌 여부에 대한 심사권은 최종적으로 대법원에 속한다고 하였다.

그 후 대법원 2013. 4. 18. 자 2011초기689 전원합의체 결정은 긴급조치 제9호에 대하여, 대법원 2013. 5. 16. 선고 2011도2631 전원합의체 판결은 긴급조치 제4호에 대하여 위 2010도5986 결정과 대체로 같은 취지에서 위헌이라고 하였다.[4]

(2) 헌법재판소의 판례

그런데 헌법재판소 2013. 3. 21. 선고 2010헌바70, 132, 170 결정은, 대법원과는 별도로 긴급조치 제1호, 제2호 및 제9호가 위헌이라고 하였다. 이 결정은 우선, 일정한 규범이 위헌법률심판 또는 헌법재판소법 제68조 제2항에 의한 헌법소원심판의 대상이 되는 '법률'인지 여부는 그 제정 형식이나 명칭이 아니라 그 규범의 효력을 기준으로 판단하여야 하는데, 이 사건 긴급조치들은 최소한 법률과 동일한 효력을 가지는 것으로 보아야 하고, 따라서 그 위헌 여부 심사권한도 헌법재판소에 전속한다고 하였다.

그리고 이 사건 긴급조치들의 위헌 여부를 심사하는 기준은 유신헌법이 아니라 현행헌법이라고 보았다. 즉 이미 폐기된 유신헌법에 따라 이 사건 긴급조치들의 위헌 여부를 판단하는 것은, 유신헌법 일부 조항과 긴급조치 등이 기본권을 지나치게 침해하고 자유민주적 기본질서를 훼손하는 데에 대한 반성에 기초하여

---

4) 위 2011초기689 전원합의체 결정에 대하여는 아래 주 90)의 본문 참조.

헌법 개정을 결단한 주권자인 국민의 의사와 기본권 강화와 확대라는 헌법의 역
사성에 반하는 것으로 허용할 수 없고, 또 헌법재판소의 헌법 해석은 헌법이 내
포하고 있는 특정한 가치를 탐색·확인하고 이를 규범적으로 관철하는 작업이므
로, 헌법재판소가 행하는 구체적 규범통제의 심사기준은 원칙적으로 헌법재판을
할 당시에 규범적 효력을 가지는 헌법이라는 것이다.

　　그리고 긴급조치를 사법심사에서 배제하는 유신헌법 제53조 제4항에 대하여
는, 이러한 사법심사 배제조항은 근대입헌주의에 대한 중대한 예외가 될 뿐 아니
라 기본권보장 규정이나 위헌법률심판제도에 관한 규정 등 다른 헌법 조항들과
정면으로 모순·충돌되는 점, 현행헌법에서는 그 반성적 견지에서 긴급재정경제
명령·긴급명령에 관한 규정(제76조)에서 사법심사 배제 규정을 삭제하여 제소금
지조항을 승계하지 아니한 점 및 긴급조치의 위헌 여부는 원칙적으로 현행헌법
을 기준으로 판단하여야 하는 점에 비추어 보면, 이 사건에서 유신헌법 제53조
제4항 규정의 적용은 배제되고, 모든 국민은 현행헌법에 따라 이 사건 긴급조치
들의 위헌성을 다툴 수 있다고 보아야 한다고 설시하였다.

　　이러한 점을 전제로 하여, 헌법재판소는 긴급조치 제1호, 제2호 및 제9호가
모두 위헌이라고 하였다. 구체적으로는 긴급조치 제1호, 제2호는 입법목적의 정
당성이나 방법의 적절성을 갖추지 못하였을 뿐 아니라 죄형법정주의에 위배되고,
헌법개정권력의 행사와 관련한 참정권, 표현의 자유, 영장주의 및 신체의 자유,
법관에 의한 재판을 받을 권리 등 국민의 기본권을 지나치게 제한하거나 침해하
므로 헌법에 위반되며, 긴급조치 제9호는 입법목적의 정당성과 방법의 적절성을
갖추지 못하였을 뿐 아니라 죄형법정주의에 위배되고, 헌법개정권력의 행사와
관련한 참정권, 표현의 자유, 집회·시위의 자유, 영장주의 및 신체의 자유, 학문
의 자유 등 국민의 기본권을 지나치게 제한하거나 침해하므로 헌법에 위반된다
고 하였다.

　　위와 같은 대법원과 헌법재판소의 판례를 비교하여 보면, 대법원은 긴급조
치의 위헌 여부에 대한 심사권은 최종적으로 대법원에 속한다고 본 반면, 헌법재
판소는 그 심사 권한은 헌법재판소에 전속한다고 하였다. 그리고 대법원은 위헌
여부의 심사 기준을 유신헌법으로 보면서도, 현행 헌법에 비추어 보더라도 위헌
이라고 하였으나, 헌법재판소는 그 심사 기준을 유신헌법 아닌 현행 헌법이라고
하였다.

4. 피해자들의 국가배상청구

이처럼 긴급조치가 위헌으로 선고되자, 그에 의하여 처벌받았거나 수사를 받았던 사람들은 형사보상을 청구하는 외에 국가를 상대로 국가배상을 청구하였다. 그러나 대법원은 이러한 청구를 받아들이지 않았다.

(1) 대법원 2014. 10. 27. 선고 2013다217962 판결

이 판결은, 긴급조치 제9호에 의하여 수사를 진행하고 공소를 제기한 수사기관의 직무행위나 유죄판결을 선고한 법관의 재판상 직무행위는 공무원의 고의 또는 과실에 의한 불법행위에 해당하지 않는다고 하였다. 즉 형벌에 관한 법령이 헌법재판소의 위헌결정으로 소급하여 효력을 상실하였거나 법원에서 위헌·무효로 선언된 경우, 그 법령이 위헌으로 선언되기 전에 그 법령에 기초하여 수사가 개시되어 공소가 제기되고 유죄판결이 선고되었더라도, 그러한 사정만으로 수사기관의 직무행위나 법관의 재판상 직무행위가 국가배상법 제2조 제1항에서 말하는 공무원의 고의 또는 과실에 의한 불법행위에 해당하여 국가의 손해배상책임이 발생한다고 볼 수는 없고, 긴급조치 제9호 위반의 유죄판결에 대한 재심절차에서 피고인에게 적용된 형벌에 관한 법령인 긴급조치 제9호가 위헌·무효라는 이유로 형사소송법 제325조 전단에 의한 무죄판결이 확정된 경우에는 다른 특별한 사정이 없는 한 수사과정에서 있었던 국가기관의 위법행위로 인하여 재심대상판결에서 유죄가 선고된 경우라고 볼 수 없으므로, 그와 같은 내용의 재심무죄판결이 확정되었다는 사정만으로는 유죄판결에 의한 복역 등이 곧바로 국가의 불법행위에 해당한다고 볼 수 없다고 하였다. 다만 이 판결도, 당해 사건에서는 수사관이 고문 등 가혹행위를 하여 당사자들이 유죄판결을 받은 것으로 인정하여 국가의 손해배상책임을 인정하였다.

(2) 대상판결

이 사건의 사실관계는 다음과 같다. 이 사건 원고는 서울대학교에 재학 중이던 1978. 6.경 중앙정보부 소속 공무원들에 의해 당시 서울 남산에 소재하고 있는 중앙정보부 건물로 끌려가서, 약 20여 일 간 그 친구에게 유신 체제에 대한 비판적인 내용의 편지를 보낸 것 등에 대한 이유에 대해 조사를 받으면서, 법관의 영장 없이 구금되어 있었다. 원고는 피고 대한민국에 대하여 이를 이유로 국가배상을 청구하였다.

원심은, 위와 같이 중앙정보부 직원이 강제 연행한 것은 불법체포이고, 영장 없이 구금한 것은 불법구금이라고 하였다. 이에 대하여 피고는, 원고는 긴급조치 위반을 이유로 중앙정보부에서 수사를 받은 것으로 보이는데, 당시 긴급조치를 집행하는 공무원으로서 긴급조치가 헌법에 위반되는지 여부를 심사할 권한이 없어서, 당해 공무원에게 고의 또는 과실이 있다 할 수 없으므로, 국가의 원고에 대한 손해배상책임은 성립되지 않는다는 취지로 주장하였다. 그러나 원심은 긴급조치 제9호는 그 발동 요건을 갖추지 못한 채 목적상 한계를 벗어나 국민의 자유와 권리를 지나치게 제한함으로써 헌법상 보장된 국민의 기본권을 침해하고, 헌법상의 기본원리인 자유민주적 기본질서에도 반하는 것이므로, 긴급조치 제9호가 해제 내지 실효되기 이전부터 유신헌법에 위배되어 위헌이고, 대통령이 긴급조치 제9호를 발령한 행위는 대통령의 헌법수호의무를 위반한 것으로서, 긴급조치 제9호를 발령한 대통령에게 고의 내지 과실이 인정되며, 유신헌법에 기초하더라도 명백히 위헌적인 내용의 긴급조치를 발령한 대통령의 행위에 대하여는, 법원이 그 긴급조치의 위헌성과 대통령의 행위에 대한 위법성을 인정하여 위헌적인 긴급조치로 인하여 피해를 받은 국민들의 국가에 대한 국가배상청구권을 인정하는 것은 가능하다고 하여 원고의 손해배상청구를 인용하였다.5)

그러나 대상판결은, 긴급조치 제9호가 사후적으로 법원에서 위헌·무효로 선언되었다고 하더라도, 유신헌법에 근거한 대통령의 긴급조치권 행사는 고도의 정치성을 띤 국가행위로서 대통령은 국가긴급권의 행사에 관하여 원칙적으로 국민 전체에 대한 관계에서 정치적 책임을 질 뿐 국민 개개인의 권리에 대응하여 법적 의무를 지는 것은 아니므로, 대통령의 이러한 권력행사가 국민 개개인에 대한 관계에서 민사상 불법행위를 구성한다고는 볼 수 없다고 하여 원심판결을 파기하였다.6)

---

5) 대전지방법원 2012. 5. 3. 선고 2012나974 판결.
6) 한편 대상판결은, 중앙정보부 소속 공무원이 수사권이 없음에도 불구하고 원고가 대통령의 긴급조치를 위반하였다는 혐의로 체포·구금한 행위는 불법행위에 해당하지만, 원고의 체포·구금상태가 종료된 후 이 사건 소 제기 시까지 30년 이상이 경과한 점 등에 비추어 보면, 원심이 들고 있는 사유만으로는 원고가 피고에 대하여 이 사건 손해배상청구권을 행사할 수 없는 객관적 장애사유가 있었다고 보기 어렵다고 하여, 원심이 피고의 소멸시효 완성 주장이 권리남용에 해당한다고 한 것도 잘못이라고 하였다. 장병일, "국가배상청구 사건에 있어서 손해와 가해행위 그리고 소멸시효", 동아법학 제69호, 2015, 265면 이하는 이러한 판시를 지지하고 있다. 과거사 정리와 소멸시효의 문제 일반에 대하여는 윤진수, "과거사 정리와 소멸시효", 민사재판의 제문제 제23권, 사법발전재단, 2015, 819면 이하 참조.

5. 대상판결 이후의 경과

(1) 헌법소원

대상판결 후에도 대법원은 위와 같이 긴급조치의 발령 자체가 불법행위가 된다는 점을 근거로 하는 국가배상청구를 기각하였고, 이에 대하여 패소한 당사자들은 위와 같은 판결들이 그들의 기본권을 침해한다는 이유로 헌법소원을 제기하였으나, 헌법재판소의 지정재판부는 위와 같은 대법원 판결은 헌법소원의 대상이 되는 법원의 재판에 해당하는 경우가 아니므로, 이를 대상으로 한 이 사건 심판청구는 부적법하다고 하여 헌법소원을 각하하였다.[7]

(2) 하급심 판결

한편 대상판결에도 불구하고 대통령의 긴급조치 발령 자체가 불법행위가 된다고 하여 국가배상을 인정한 하급심 판결들도 있었다.

우선 서울중앙지방법원 2015. 9. 11. 선고 2013가합544225 판결은, 대통령의 긴급조치 제9호 발령행위는 대통령의 헌법수호의무를 위반한 것으로서, 긴급조치 제9호의 내용이 헌법의 문언에 명백히 위반됨에도 불구하고 대통령이 당해 국가긴급권을 행사한 것과 같은 특수한 경우에 해당하므로, 대통령의 긴급조치 제9호 발령행위는 고의 내지 과실에 의한 위법행위에 해당한다고 봄이 상당하다고 하였다.

그리고 광주지방법원 2016. 2. 4. 선고 2013가합11470 판결도, 대통령의 긴급조치 발령이 불법행위가 된다고 하였다. 이 판결은 대상판결이 대통령은 국가긴급권의 행사에 관하여 원칙적으로 국민 전체에 대한 관계에서 정치적 책임을 질 뿐 국민 개개인의 권리에 대응하여 법적 의무를 지는 것은 아니므로, 대통령의 이러한 권력행사가 국민 개개인에 대한 관계에서 민사상 불법행위를 구성한다고는 볼 수 없다고 하는 점에 대하여 다음과 같은 이유로 유신헌법 제8조와 제53조에서 긴급조치 제9호의 발령과 관련하여 대통령에게 부과한 직무상 의무는

---

7) 헌법재판소 제2지정재판부 2015. 7. 31. 자 2015헌마732 결정; 헌법재판소 제1지정재판부 2015. 11. 10. 자 2015헌마1021 결정. 이들 결정은, 헌법재판소가 위헌으로 결정한 법률을 적용함으로써 국민의 기본권을 침해한 재판에 대하여만 헌법재판소법 제68조 제1항에 의한 헌법소원심판을 청구할 수 있는데, 헌법소원의 대상인 판결들은 모두 긴급조치 제1호와 제9호가 위헌임을 전제로, 긴급조치에 대한 대통령의 발령 행위와 위헌 결정 이전에 수사기관이나 법관이 긴급조치를 적용하여 수사하거나 재판한 직무행위가 위법행위에 해당하지 않거나 해당 공무원의 고의·과실이 인정되지 않아 국가배상책임이 성립하지 않는다고 판단하였을 뿐, 헌법재판소가 위헌으로 결정한 긴급조치가 유효하다고 보아 이를 당해사건에 적용한 것이 아니라고 하였다.

오로지 공공 일반의 전체적인 이익을 도모하기 위한 것에 불과한 것으로 볼 수 없고, 국민 개개인의 안전과 이익을 보호하기 위하여 설정된 것으로 봄이 타당하다고 판시하였다. 즉 긴급조치 제9호의 발령과 관련하여 유신헌법 제8조의 기본권보장의무에 관한 조항과 제53조의 긴급조치권의 발령 요건과 한계를 규정한 조항에 의하여 국민의 기본권에 대응한 대통령의 직무상 의무를 인정할 수 있는데, 헌법에 의하여 인정되는 국민의 기본권은 위 직무상 의무의 사익보호성에 관한 법리에서 말하는 '국민 개개인의 안전과 이익'에 포함되고, 이는 긴급조치에 의하여 침해될 우려가 있는 기본권을 보호하기 위한 것이므로, 위 조항 또한 국민의 기본권을 보호함으로써 국민 개개인의 안전과 이익을 보호하기 위한 조항이라는 것이다.

그러나 이들 판결들의 항소심 판결들은 대상판결과 같은 취지에서 불법행위의 성립을 부정하였고,8) 대법원은 심리불속행 판결에 의하여 원고들의 상고를 기각하였다.9)

Ⅲ. 쟁점의 소재

이 판결에 대하여는 부정적인 평가가 많다. 즉 대상판결은 긴급조치가 위헌이라고 한 대법원 2010. 12. 16. 선고 2010도5986 전원합의체 판결 등과는 모순되고, 국가의 기본권 보호의무와도 모순된다는 것이다.10) 또한 대상판결에 대하

---

8) 서울고등법원 2015. 12. 24. 선고 2015나2053047 판결; 광주고등법원 2016. 11. 18. 선고 2016나11294 판결.

9) 대법원 2016. 5. 12. 자 2016다203711 판결; 2017. 3. 9. 자 2016다272687 판결.

10) 논문으로서 김세용(주 1), 591면 이하; 문병효, "대법원의 긴급조치 및 국가배상 관련 판결들에 대한 비판적 고찰", 민주법학 제59호, 2015, 41면 이하; 서동근, 김문석, 이정화, 이준석, 정한결, "긴급조치 제9호에 따른 위법행위에 대한 국가배상청구 인용을 부인한 대법원판례(대법원 2015. 3. 26. 선고 2012다48824)의 문제점", 전남대학교 인권법평론 제15호, 2015, 119면; 이덕연, "긴급조치와 국가배상책임", 헌법판례연구 17권, 박영사, 2016, 121면 이하; 한상희, "통치행위와 긴급조치: 그 사법심사의 문제", 민주법학 제59호, 2015, 11면 이하 등. 또한 민주사회를 위한 변호사모임, "대법원, 민주주의의 무덤이 되다", 토론회 자료집, 2015. 6. 22.(http://minbyun.or.kr/?p=29051); 민주사회를 위한 변호사모임 긴급조치 변호단 논평, "사법부 또한 긴급조치로 인한 국가배상 책임을 져야 할 당사자이다", 2015. 9. 16. (http://minbyun.or.kr/?p=29807); 민주사회를 위한 변호사모임 긴급조치 변호단 논평, "국가배상 책임을 인정한 판결에 관한 논평—긴급조치 발령행위는 입법행위와 달리 국가배상 책임을 져야할 불법행위다", 2016. 2. 15. (http://minbyun.or.kr/?p=31196) 등 참조.

여 긴급조치 발령을 통치행위라고 하여 책임을 부정한 것은 부당하다는 비판도 있다.[11]

그런데 우선 대상판결을 긴급조치 발령이 통치행위라는 이유로 국가배상책임을 부정한 것으로 이해하는 것은 타당하지 않다. 대법원은 대통령의 긴급조치 발령을 통치행위로 본 것은 아니고, 국회와 같은 입법기관의 입법행위에 대하여 국가배상책임이 성립할 수 있는가 하는 문제와 같이 보아, 후자에 관한 이론을 전자에도 적용한 것이다.[12] 이 점은 아래 Ⅳ. 1. (1) (가)에서 다시 살펴본다.

필자가 파악하는 이 사건의 쟁점은 다음과 같다. 첫째, 과연 대상판결과 같이 대통령은 국가긴급권의 행사에 관하여 원칙적으로 국민 전체에 대한 관계에서 정치적 책임을 질 뿐 국민 개개인의 권리에 대응하여 법적 의무를 지는 것은 아니므로 국가배상책임을 지지 않는다고 할 수 있을까? 이를 좀더 일반화한다면, 대통령뿐만 아니라 국회와 같은 입법기구의 입법작용으로 인한 국가배상책임은 어느 경우에 인정될 수 있는가? 둘째, 일반적으로는 입법작용으로 인한 국가배상책임을 인정할 수 있다고 하더라도, 유신헌법 제53조 제4항은 긴급조치는 사법적 심사의 대상이 되지 아니한다고 규정하고 있으므로, 이 점이 긴급조치 자체의 위헌성을 인정하는데 장애가 되지는 않는가? 셋째, 긴급조치의 위헌성이 인정되면, 국가배상책임은 인정될 수 있는가?

그리하여 이하에서는 다음과 같은 순서로 논의를 진행하고자 한다. 첫째, 긴급조치를 포함한 입법작용이 위헌으로 밝혀진 경우 국가가 배상책임을 지기 위한 요건은 무엇인가(아래 Ⅳ.)? 둘째, 대법원과 헌법재판소는 긴급조치는 사법적 심사의 대상이 되지 아니한다는 유신헌법 제53조 제4항의 적용을 배제하였는데, 이는 타당한가(아래 Ⅴ.)? 셋째, 긴급조치가 위헌이라면 국가배상책임을 인정할 수 있는가(아래 Ⅵ.)? 그리고 여론으로서, 긴급조치에 따른 수사기관 또는 법관의 위법행위로 인한 국가배상책임이 성립할 수 있는가에 대하여도 언급한다(아래 Ⅶ).

아래의 논의에서는 대통령의 긴급조치는 국회가 제정한 법률과 마찬가지로 취급하여야 한다는 것을 전제로 한다. 헌법재판소 2013. 3. 21. 선고 2010헌바 70·132·170 결정은 대통령의 긴급조치가 법률과 동일한 효력이 있는 것으로

---

11) 문병효(주 10), 57면 이하; 서동근 등(주 10), 124면 이하; 이덕연(주 10), 121면 이하; 한상희(주 10), 11면 이하.

12) 김세용(주 1), 640면 주 113)도 같은 취지이다.

본 반면, 대법원 2010. 12. 16. 선고 2010도5986 전원합의체 판결은, 유신헌법에 근거한 긴급조치는 국회의 입법권 행사라는 실질을 전혀 가지지 못한 것으로서, 헌법재판소의 위헌심판대상이 되는 '법률'에 해당한다고 할 수 없다고 하였다. 그러나 대통령 긴급조치가 그 효력 면에서는 법률과 동일한 효력을 가진다는 것은 부정할 수 없다.13) 필자는 이 점에서 긴급조치의 위헌 여부의 심판권은 대법원 아닌 헌법재판소가 가진다고 본다. 그러나 이 글에서는 이 점은 더 이상 다루지 않는다.

Ⅳ. 위헌인 법률로 인한 국가배상책임의 성립요건

1. 국내의 논의

(1) 판   례
이 점에 관한 판례로는 다음과 같은 것들을 들 수 있다.
(가) 대법원 1996. 7. 12. 선고 94다52195 판결
이 사건에서는 국회공무원이던 원고들이 "이 법 시행당시의 국회사무처와 국회도서관은 이 법에 의한 사무처 및 도서관으로 보며, 그 소속 공무원은 이 법에 의한 후임자가 임명될 때까지 그 직을 가진다"라고 규정하고 있는 국가보위입법회의법(1980. 10. 28. 법률 제3260호) 부칙 제4항 후단의 규정에 의하여 면직되었는데, 헌법재판소 1989. 12. 18. 선고 89헌마32, 33 결정은 위 조항이 위헌이라고 하였다. 그러자 원고들이 국가를 상대로 국가배상청구를 하였는데, 대법원은 헌법재판소에 의하여 면직처분의 근거가 된 법률 규정이 위헌으로 결정되어 위헌결정의 소급효로 인하여 면직처분이 당연무효가 되고 그 면직처분이 불법행위에 해당한다고 판시하였다.14) 다만 이 판결은 어느 경우에 위헌인 법률로 인하여 불법행위가 성립하는지에 관하여는 구체적으로 설시하지 않고 있다.

이 판결에 대하여는, 다음과 같이 이를 지지하는 평석이 있다. 즉 일반론으로서는 입법자가 헌법에 어긋나지 않는다고 믿고 법률을 제정하였는데 사후에

---

13) 같은 취지, 김세용(주 1), 607-608면. 논자에 따라서는 긴급조치가 법률적 효력을 가지는 것 외에 헌법적 효력이 있는 것도 있다고 한다. 김철수, 헌법학개론, 증보판, 법문사, 1973, 431면 참조.
14) 대법원 1996. 4. 23. 선고 94다446 판결도 거의 동일한 사안에 관한 것이지만, 여기서는 불법행위의 성립을 전제로 하여 손해배상의 범위만이 문제되었다.

헌법재판소가 그 법률을 위헌으로 결정하였다고 하더라도 그것만으로 바로 입법자에게 과실이 있다고 하기는 어려울 것이나, 입법자가 위헌성이 명백함에도 불구하고 위헌인 내용의 법률을 제정하였다고 하는 예외적인 경우에까지 국가배상책임을 부정할 수는 없다는 것이다.[15)16)]

(나) 대법원 1997. 6. 13. 선고 96다56115 판결

이 사건에서는 보안처분을 규정하고 있던 구 사회안전법 규정이 위헌인가가 문제되었는데, 대법원은 위 규정이 위헌이 아니라고 하면서, 그에 덧붙여서 다음과 같이 판시하였다.

"우리 헌법이 채택하고 있는 의회민주주의하에서 국회는 다원적 의견이나 각가지 이익을 반영시킨 토론과정을 거쳐 다수결의 원리에 따라 통일적인 국가의사를 형성하는 역할을 담당하는 국가기관으로서 그 과정에 참여한 국회의원은 입법에 관하여 원칙적으로 국민 전체에 대한 관계에서 정치적 책임을 질 뿐 국민 개개인의 권리에 대응하여 법적 의무를 지는 것은 아니므로 국회의원의 입법행위는 그 입법 내용이 헌법의 문언에 명백히 위반됨에도 불구하고 국회가 굳이 당해 입법을 한 것과 같은 특수한 경우가 아닌 한 국가배상법 제2조 제1항 소정

---

15) 윤진수, "위헌인 법률에 근거한 공무원 면직처분이 불법행위로 되는 경우 그로 인한 손해배상청구권 소멸시효의 기산점", 민법논고 3, 2009, 667면(처음 발표: 1997). 정하중, "입법상의 불법에 대한 국가책임의 문제(특히 서울민사지법 42부 판결 91가합84035에 관련하여)", 사법행정 1993.3 (제387호)은, 위 국가보위입법회의법 부칙 제4항은 헌법상 보장된 공무원의 신분보장을 본질적으로 침해하는 명백한 위헌인 법률로서 입법에 종사한 입법회의 의원들에게는 그 위헌성을 식별하는 데 아무런 어려움이 없었고 따라서 당시 국가보위입법회의법을 의결한 의원들의 과실은 쉽게 인정할 수 있다고 하였다.

16) 한편 위 대법원 1996. 4. 23. 선고 94다446 판결(주 14)의 원심판결인 서울고등법원 1993. 11. 9. 선고 92나62725 판결 및 그 제1심 판결인 서울민사지방법원 1992. 10. 2. 선고 91가합84035 판결에 대하여, 위헌판결을 받은 국가보위입법회의법 부칙 제4항에 근거하여 면직당한 국회사무처 및 국회도서관직원의 국가배상청구를 인정한 것은 위 부칙 제4항에 의하여 직접 원고의 권리가 침해당한 것이 아니라 헌법재판소에 의해 위헌판결을 받은 법률에 근거하여 발급된 무효인 면직처분으로 인하여 면직원고들의 취로(就勞)가 거부당해 원고의 권익침해가 발생하였고, 따라서 법률에 근거한 행정청의 처분에 의하여 손해가 발생한 경우라고 하는 주장이 있다. 정남철, "규범상 불법에 대한 국가책임", 공법연구 제33집 1호, 2004, 553-554면; 서기석, "국회의 입법행위 또는 입법부작위로 인한 국가배상책임", 행정판례연구 제14집 2호, 2009, 239면. 그러나 위 부칙 조항이 위헌이 아니라면 면직처분이 따로 불법행위가 될 근거는 없고, 반대로 위 부칙조항이 위헌이라면 따로 면직처분 자체가 불법행위가 되는지를 따질 필요도 없다. 아래 Ⅶ. 참조. 박균성, 행정법론 (상), 제15판, 박영사, 2016, 750면은 입법작용으로 인한 국가배상책임은 위헌인 법률에 근거한 행정처분에 의해 발생한 경우도 포함하는데, 공무원에게는 위헌법률심사권이 없으므로 위헌인 법률을 집행한 공무원에게 과실이 있다고 보기 어렵고, 위헌인 법률의 집행으로 인하여 발생한 손해는 위헌인 법률에 의하여 발생한 것으로 보아야 한다고 하면서 위 서울민사지방법원 1992. 10. 2. 선고 91가합84035 판결을 들고 있다.

의 위법행위에 해당된다고 볼 수 없다 할 것이다."

그러나 대법원이 위 사회안전법 규정이 위헌이 아니라고 한다면 굳이 사회안전법의 입법이 위법행위인지 여부를 따져 볼 필요도 없었을 것이므로, 이 부분 판시는 방론이라고 할 수 있다.

(다) 대법원 2008. 5. 29. 선고 2004다33469 판결

이 사건에서는 국군이 1951년 경남 거창 신원면 일대에서 지역주민 수백 명을 사살한 이른바 거창양민학살사건에 관하여 국가가 피해보상을 위한 특별법을 제정하지 않은 것이 부작위로 인한 불법행위에 해당하는가가 문제되었다. 대법원은 다음과 같이 판시하여 이를 부정하였다.

"우리 헌법이 채택하고 있는 의회민주주의하에서 국회는 다원적 의견이나 각가지 이익을 반영시킨 토론과정을 거쳐 다수결의 원리에 따라 통일적인 국가 의사를 형성하는 역할을 담당하는 국가기관으로서 그 과정에 참여한 국회의원은 입법에 관하여 원칙적으로 국민 전체에 대한 관계에서 정치적 책임을 질 뿐 국민 개개인의 권리에 대응하여 법적 의무를 지는 것은 아니므로 국회의원의 입법행위는 그 입법 내용이 헌법의 문언에 명백히 위반됨에도 불구하고 국회가 굳이 당해 입법을 한 것과 같은 특수한 경우가 아닌 한 국가배상법 제2조 제1항 소정의 위법행위에 해당된다고 볼 수 없고(대법원 1997. 6. 13. 선고 96다56115 판결 등 참조), 같은 맥락에서 국가가 일정한 사항에 관하여 헌법에 의하여 부과되는 구체적인 입법의무를 부담하고 있음에도 불구하고 그 입법에 필요한 상당한 기간이 경과하도록 고의 또는 과실로 이러한 입법의무를 이행하지 아니하는 등 극히 예외적인 사정이 인정되는 사안에 한정하여 국가배상법 소정의 배상책임이 인정될 수 있으며, 위와 같은 구체적인 입법의무 자체가 인정되지 않는 경우에는 애당초 부작위로 인한 불법행위가 성립될 여지가 없다."

그런데 위 사건에서는 입법의 부작위가 위법한가가 문제되었고, 이때에는 이 판결도 설시하고 있는 것처럼 입법의무 자체가 인정되는가가 선결문제이며, 입법의무 자체가 인정되지 않는다면 불법행위의 성립 여부를 논할 여지가 없다.17)

___

17) 이 판결에 대한 재판연구관의 해설인 김시철, "국가배상청구에 대한 소멸시효 항변에 관한 신의성실의 원칙과 입법부작위 내지 입법과정에 의한 국가배상책임의 성립요건 등에 대하여", 대법원판례해설 제75호, 2008, 299면도 구체적인 입법의무 자체가 인정되지 않는 경우에는 애당초 부작위로 인한 불법행위가 성립될 여지가 없다고 한다. 한상희(주 10), 33면도 이 사건에서는 입법부작위의 불법행위 그 자체가 존재하지 않는 상황이었다고 한다.

(라) 대상판결

대상판결은 긴급조치 발령으로 인한 국가배상책임을 부정하는 이유를 다음과 같이 설시하였다. 즉 유신헌법에 근거한 대통령의 긴급조치권 행사는 고도의 정치성을 띤 국가행위로서 대통령은 국가긴급권의 행사에 관하여 원칙적으로 국민 전체에 대한 관계에서 정치적 책임을 질 뿐 국민 개개인의 권리에 대응하여 법적 의무를 지는 것은 아니므로, 대통령의 이러한 권력행사가 국민 개개인에 대한 관계에서 민사상 불법행위를 구성한다고는 볼 수 없다는 것이다.

여기서 대통령이 국가긴급권의 행사에 관하여 원칙적으로 국민 전체에 대한 관계에서 정치적 책임을 질 뿐 국민 개개인의 권리에 대응하여 법적 의무를 지는 것은 아니라고 한 것은, 대상판결이 대법원 2008. 5. 29. 선고 2004다33469 판결을 선례로서 인용하고 있는 점에 비추어도 알 수 있듯이 국회의원의 입법행위에 관한 종래 판례를 원용한 것이다.

그런데 앞에서도 언급한 것처럼, 대상판결에 대하여는, 대법원이 대통령의 긴급조치권 행사를 통치행위로 보았기 때문에 국가배상책임을 부정한 것이라는 주장이 있다.[18] 그러나 이러한 주장은 타당하지 않다. 원래 통치행위라는 개념을 인정할 것인가에 대하여도 다툼이 있으나, 일반적으로는 고도의 정치성을 띤 국가행위에 대하여는 법원 스스로 사법심사권의 행사를 억제하여 그 심사대상에서 제외하는 경우에 그러한 국가행위를 통치행위라고 부른다.[19] 그리고 유신헌법 제53조 제4항이 긴급조치를 사법적 심사의 대상에서 배제한 것은 헌법에 의하여 긴급조치를 통치행위로 인정한 것이다.[20] 그러나 긴급조치가 위헌이라고 하였던 위 대법원 2010. 12. 16. 선고 2010도5986 전원합의체 판결은, 긴급조치가 통치행위라 하더라도 사법심사의 대상이 된다고 하였다. 그러므로 대상판결은 긴급조치가 통치행위임을 이유로 국가배상책임을 부정한 것은 아니고, 아래에서 보는 것처럼 일본 또는 독일의 판례를 참조하여 입법행위에 대한 국가배상책임 자체에 대한 일반론을 편 것이다.

다만 대상판결은 "유신헌법에 근거한 대통령의 긴급조치권 행사는 고도의 정치성을 띤 국가행위"라고 하는 표현을 쓰고 있어서, 통치행위이므로 불법행위가 되지 않는다고 한 것이라고 받아들일 여지도 있으나, 대법원이 국민 개개인에

---

18) 위 주 11)의 각 문헌 참조.
19) 대법원 2004. 3. 26. 선고 2003도7878 판결.
20) 아래 주 84) 및 그 본문 참조.

대한 관계에서 민사상 불법행위를 구성하는 것은 아니라고 하는 법률적인 근거
는 대통령은 국가긴급권의 행사에 관하여 원칙적으로 국민 개개인의 권리에 대
응하여 법적 의무를 지는 것은 아니라는 점에 있으므로, "고도의 정치성을 띤 국
가행위"라는 말에 그다지 의미를 부여할 필요는 없다.

　　또한 논자에 따라서는 긴급조치의 발령행위를 일반적인 입법 또는 입법부작
위와 다르게 보아서, 국회의원의 입법행위에 관한 기존 법리를 그대로 원용하는
것은 문제가 있고, 불법행위의 성립을 좀더 쉽게 인정하여야 한다는 주장도 있
다.21) 그러나 양자는 입법작용이라는 점에서 기본적으로 차이가 없다. 대통령의
긴급권 행사나 국회의 입법행위가 불법행위가 될 수 있는지는 그때그때 구체적인
사정을 살펴야 하는 것이고, 일반론으로서 어느 경우에 더 쉽게 불법행위를 인정
하여야 한다고 말할 수는 없다. 다만 종래의 판례는, 국회의원의 입법행위는 그
입법 내용이 헌법의 문언에 명백히 위반됨에도 불구하고 국회가 굳이 당해 입법
을 한 것과 같은 특수한 경우에는 불법행위가 될 수 있다고 하였음에 반하여, 대
상판결은 이 점은 언급하지 않고 있어서, 오히려 국회의원의 입법행위보다 더 엄
격하게 불법행위의 성립을 제한하려는 것이 아닌가 하는 의문을 불러일으킨다.

　　(2) 학　　　설22)

　　이제까지 국내의 논의는 주로 입법기관의 과실을 인정할 수 있는가 하는 점
에 집중되어 있었다. 종래의 학설은 제한된 범위에서만 불법행위를 인정하려고
한다. 즉 입법자가 입법을 함에 있어서 통상적으로 요구되는 직무상 의무를 이행
하지 않는 경우, 예컨대 일견하여 위헌의 가능성이 매우 높아 보이거나 입법과정
에서 위헌성의 문제가 강력하게 제기되었음에도 불구하고 이에 관한 충분한 검
토 없이 입법을 강행한 경우 또는 변칙적인 방법에 의해 법률을 제정한 경우에
는 입법행위가 국가배상법상의 위법행위에 해당하지만, 입법자는 광범한 형성의
자유를 가지며, 또한 법률의 위헌성 여부는 법률전문가라도 쉽게 판단하기 곤란
한 경우가 많음을 생각할 때, 국회에서 제정한 법률이 사후에 위헌결정을 받았다
하여 법률의 제정에 참여한 국회의원에게 과실이 있다고 보는 것은 옳지 않다고
한다.23) 입법작용으로 인한 국가배상책임에 있어서는 국회의원 개개인의 입법활

21) 김세용(주 1), 651면; 문병효(주 10), 64-65면; 광주지방법원 2016. 2. 4. 선고 2013가합11470 판
　　결 등.
22) 상세한 것은 김세용(주 1), 647면 이하 참조.
23) 이일세, "입법상의 불법에 대한 국가의 배상책임", 행정법논단, 강원대학교 출판부, 2007, 204면
　　이하(처음 발표: 1997).

동상의 위법 및 과실이 아니라 합의체로서의 국회의 입법활동상의 위법 및 과실이 문제되는데, 국회 및 국회의원의 입법권 내지 입법형성의 자유를 고려할 때 국회의원의 과실을 인정하는 것에는 어려움이 있다는 주장24)도 같은 취지로 보인다.25)

이와는 다소 뉘앙스가 다른 설명으로 다음과 같은 주장이 있다. 즉 기본권 보호의무를 지는 입법자는 기본권 주체로서의 시민에 대하여 개별적 관계에서 직무상 의무를 부담하고, 어떤 법률이 사후에 위헌으로 확정된 것만으로 국회의원의 과실을 인정할 수는 없다고 하더라도, 입법과정 중에 그 위헌성이 여론 또는 법안에 반대하는 국회의원에 의하여 강하게 지적된 경우, 중대한 하자 때문에 위헌법률이 제정되었음이 추후 판명된 경우 혹은 유사 규율 영역에서 헌법재판소의 확고한 입장에 반하는 입법행위를 한 경우 등에는 과실의 추정을 인정하여야 한다는 것이다.26)

2. 외국에서의 논의

여기서는 독일과 유럽연합 그리고 일본에서의 논의를 살펴보고, 그 외의 다른 나라에 관하여는 간단히 언급한다.

---

24) 박균성(주 16), 751면.

25) 그런데 김동희, 행정법 Ⅰ, 제21판, 2015, 박영사, 562-563면은 다음과 같이 설명한다. 즉 이를 법률에 의거한 행정청의 구체적 처분에 의하여 개인의 권익이 침해된 경우와, 법률에 의하여 직접적으로 개인의 권익이 침해된 경우로 나누어, 전자의 경우에는 공무원에게는 법률의 위헌 여부를 심사할 권한은 없으므로, 당해 처분이 결과적으로는 위법한 처분이 될지라도, 그에 이르는 과정에서는 공무원의 과실은 없다고 한다. 그리고 후자의 경우는 이른바 처분법규(Massnahme-gesetz)에 의한 침해인데, 그러한 처분법규의 입법과정상에 과실을 인정하는 데는 여러 가지 난점이 있다고 하면서, 국회의원은 입법에 관하여 원칙적으로 국민 전체에 대한 관계에서 정치적 책임을 질 뿐 국민 개개인의 권리에 대응하여 법적 의무를 지는 것은 아니므로, 국회의원의 입법행위는 그 입법 내용이 헌법의 문언에 명백히 위반됨에도 불구하고 국회가 굳이 당해 입법을 한 것과 같은 특수한 경우가 아닌 한 국가배상법 제2조 제1항 소정의 위법행위에 해당된다고 볼 수 없다고 한 위 대법원 1997. 6. 13. 선고 96다56115 판결을 인용하고 있다. 이러한 설명에 의하면 처분법규가 아니라 법률에 의거한 행정청의 구체적 처분에 의하여 개인의 권익이 침해된 경우에는 국가배상책임이 인정될 여지가 없는 것으로 되지만, 그러한 설명이 타당한지는 의문이다. 박균성(주 16), 750면은 입법작용으로 인한 국가배상책임은 위헌인 법률에 근거한 행정처분에 의하여 발생한 경우도 포함한다고 하면서, 위헌인 법률의 집행으로 인하여 발생한 손해는 위헌인 법률에 의해 발생한 것으로 보는 것이 타당하다고 한다.

26) 김병기, "입법적 불법에 대한 국가배상책임 소고", 행정법연구 제11호, 2004, 230면 이하. 또한 정남철(주 16), 555-556면도 대체로 같은 취지이다.

(1) 독   일[27]

독일에서는 입법기관의 입법행위에 의한 국가배상책임의 문제를 일반적으로 입법적 불법(legislatives Unrecht)이라고 부른다. 그런데 독일의 판례는 원칙적으로 이를 부정한다. 이 점에 관한 대표적인 판례는 독일연방대법원 1971. 3. 29. 판결[28]이다. 이 사건에서 연방대법원은, 불법행위로 인한 손해배상법에서는 불법행위에 의하여 간접적으로라도 손해를 입은 누구라도 손해배상을 청구할 수 있는 것이 아니고, 직접적인 피해자만이 손해배상을 청구할 수 있는데, 이러한 배상청구권자의 범위 제한은 공무원의 직무상 의무 위반을 이유로 하는 손해배상에 관한 독일 민법 제839조의 경우에도 마찬가지라고 하였다. 이 규정에 따르면 직접적인 피해자는 위반된 직무상 의무가 그에 대하여 존재하는 "제3자(Dritte)라는 것이다.[29] 개별적인 경우에 피해자가 이러한 의미에서의 제3자에 해당하는가는 그 직무상 의무가 바로 이 피해자의 이익을 위한다는 목적을 가지고 있는지에 의하여 결정되는데, 직무상 의무를 발생시키고 이를 개관하는 규정 및 직무의 특별한 성격으로부터 피해자가 직무의 목적과 법규정에 따를 때 피해자의 이익이 보호되거나 촉진되어야 하는 집단에 속할 때에만, 그에 대한 배상의무가 존재한다고 하였다. 반면 그 외의 자에 대하여는, 비록 직무상 의무 위반이 그에 대하여 다소간 손해를 가져왔다고 하더라도 배상의무가 존재하지 않는다는 것이다. 그러므로 위반된 직무상 의무와 피해를 입은 제3자 사이에는 특별한 관계가 존재하여야 한다고 하였다. 그런데 공무상 직무 수행자의 모든 직무상 의무는 제1차적으로는 공공의 이익을 위한 것이고, 직무상 의무와 특정인 사이에 그러한 특

---

27) 국내에도 독일의 상황은 많이 소개되어 있다. 이일세(주 23), 188면 이하; 정남철(주 16), 547면 이하; 강구철, "입법·사법상의 불법과 국가배상에 관한 연구", 국민대학교 법학논총 제16집, 2004, 63면 이하 등 참조.

28) BGHZ 54, 40 = NJW 1971, 1172.

29) 독일 민법 제839조 제1항: 공무원이 고의 또는 과실로 제3자에 대하여 부담하는 직무상 의무를 위반한 때에는 그는 제3자에게 이로 인하여 발생하는 손해를 배상하여야 한다. 공무원이 과실을 범한 데 그치는 경우에는, 피해자가 다른 방법으로 배상을 받을 수 없는 때에만, 공무원에게 대하여 배상이 청구될 수 있다(Verletzt ein Beamter vorsätzlich oder fahrlässig die ihm einem Dritten gegenüber obliegende Amtspflicht, so hat er dem Dritten den daraus entstehenden Schaden zu ersetzen. Fällt dem Beamten nur Fahrlässigkeit zur Last, so kann er nur dann in Anspruch genommen werden, wenn der Verletzte nicht auf andere Weise Ersatz zu erlangen vermag). 독일 민법 제839조 제1항은 공무원의 직무상 의무 위반으로 인한 공무원의 개인책임을 규정하고 있는데, 그 후 독일 기본법 제34조에 의하여 공무원의 개인책임은 배제되고, 공무원이 근무하는 국가나 단체만이 책임을 지고, 공무원은 구상의무만을 부담하는 것으로 바뀌었다. 그러나 국가배상책임의 기본 요건은 위 제839조 제1항에 의하여 규율된다. 이일세, "독일 국가배상책임의 법적 구조와 그 요건에 관한 연구", 강원법학 제5호, 1993, 94면 이하 참조.

별한 관계가 존재하지 않는다면 그들을 위한 직무상 의무 위반으로 인한 손해배상청구권은 문제되지 않는다고 하였다. 특히 입법작업에 관여하는 자의 의무는 일반적으로 그러하다는 것이다. 법률과 명령은 일반적이고 추상적인 규율을 담고 있으며, 입법자는 원칙적으로 일반을 위한 임무만을 수행하며, 그 임무에는 특정인이나 특정인의 집단에 대한 것이라는 지향성은 결여되어 있다고 한다. 다만 예외적으로 가령 처분법률이나 개별사례법률(Maßnahme- oder Einzelfallgesetzen)의 경우에는 특정한 개인들의 이익이 관련될 수 있으므로, 이들이 민법 제839조의 제3자에 해당할 수 있다고 하였다.

이 판결의 취지를 요약한다면, 국가배상책임이 성립하기 위하여는 단순히 공무원이 직무의무를 위반하였다는 것만으로는 부족하고, 그 직무의무가 제3자 보호를 목적으로 하는 것이라야 하는데, 입법작업에 관여하는 자의 의무는 원칙적으로는 일반적인 공익을 위한 것이며, 특정 제3자 보호를 위한 것은 아니어서 제3자관련성(Drittbezogenheit)이 결여되었으므로, 입법자의 의무 위반으로 인한 국가배상은 인정될 수 없다는 것이다. 독일 연방대법원은 이 이후에도 이러한 판례를 계속 유지하고 있다.30)

이 문제에 관한 독일의 학설은 나누어져 있다. 판례의 결론을 지지하는 학설도 그 이유에서는 반드시 일치하지는 않는다. 예컨대 1설은, 직무상 의무의 제3자관련성은 국가배상책임의 구성요건으로서 중요한 책임 제한의 기능을 가지는데, 이 기능은 국가배상책임의 요건을, 공권력 행사자와 피해자가 특별한, 개별화되거나 개별화될 수 있는 접촉을 한 손해의 사안으로 제한한다고 한다. 그런데 이러한 개별화된 관계는 입법자와 법률의 수범자 사이에는 원칙적으로 존재하지 않으며, 법률은 일반적으로 일반적, 추상적 규율을 포함하고 있고, 특정한 수범자가 없으므로, 입법자는 원칙적으로 공공에 대하여만 임무를 수행하고, 특정인이나 특정인의 집단에 대한 임무를 수행하지는 않는다고 한다.31)

다른 설은, 연방대법원의 논증은 결론에 있어서는 동의할 수 있지만, 그 근거에 관하여는 그렇지 않다고 한다. 우선 기본권의 개인적 권리라는 성질을 상기

---

30) BGHZ 56, 40 [46] = NJW 1971, 1172 [1174]; BGHZ 84, 292 [300] = NJW 1983, 215; BGHZ 87, 321 [335] = NJW 1988, 478 [482]; BGH NJW 1989, 101; BGHZ 100, 136 = NJW 1987, 1875; BGHZ 102, 350 = NJW 1988, 478; BGHZ 125, 27 [38] = NJW 1994, 858; BGH BeckRS 2015, 08777 Rn. 32 등. 판례의 소개는 예컨대 BeckOK BGB/Bamberger/Roth, 42. Edition, 2017, BGB § 839 Rn. 64 ff. 참조.

31) Fritz Ossenbühl/Matthias Cornils, Staatshaftungsrecht, 6. Aufl., C. H. Beck, 2013, S. 105 f.

할 필요가 있는데, 이러한 성질은 모든 시민의 기본권을 보호할 국가의 법적 의무를 발생시킨다고 한다. 그렇지만 기본권의 추상성 때문에 이로부터 직접적으로 민법 제839조의 의미에서의 모든 공무원에 대하여 그에 상응하는 직무상 의무가 나오지는 않으며, 법률이나 행정규칙과 같이, 개별적으로 상급자(Dienstherr)에 의한 구체화가 선행되어야 한다고 한다.32)

반면 입법상의 불법으로 인한 국가배상책임을 인정하여야 한다는 견해도 유력하다. 한 논자는, 정의사상을 지향하는 법치국가는 행정부나 사법부의 위법한 조치뿐만 아니라, 위헌적인 입법행위에 대하여도 국가가 보상하여야 할 의무를 요구하며, 이로 인하여 국가의 재정파탄이 일어나거나, 입법자의 결정의 자유가 침해된다는 두려움은 과대평가되어서는 안 된다고 한다.33) 특히 판례가 국가배상책임의 주된 근거로 드는 제3자관련성의 결여에 대하여는, 직무상 의무의 제3자관련성 기준으로서는 직무상 의무를 발생시키고, 이를 요약하는 규정을 기준으로 하면서도, 입법상 불법으로 인한 배상책임에 관하여는 입법하는 법규범 그 자체를 기준으로 하는 것은 모순이라고 한다. 국회의원들에게는 기본법, 유럽공동체의 법규정 및 유럽인권협약의 규정들이 직무상 의무를 발생시키는 규정이라는 것이다. 주관적 공권의 보유자는 그의 법적 지위에 대한 위법한 침해의 중지에 관한 고유한 개별적인 청구권을 가지고 있으므로, 국회의원들이 입법 활동에서 부담하는 직무상 의무는 개별 기본권 보유자의 이익을 위한 것이고, 단순히 일반의 이익만을 위한 것이라고는 할 수 없다는 것이다.34)

다른 논자는, 입법자는 입법에 있어서 직무상 감독을 받지 않으므로, 한 공무원이 하나 또는 복수의 시민에게 잘못을 저지른 것에 맞추어진 공무원책임이 입법적 불법에는 잘 들어맞지 않지만, 입법자가 이 점에 대하여 입법을 하지 않고 있으므로, 법원이 이 분야에 관하여 법형성(Rechtsfortbildung)을 할 권한을 가져야 하고, 기본권의 보유자에게 기본권의 침해로부터 생기는 손해의 배상을 해야 한다는 것은 기본권의 불가결한 요청이라고 한다.35)

---

32) Martin Morlok, "Einstandspflichten für rechtswidriges Staatshandeln", in: Hoffmann_Riem/Schmidt-Aßmann/Voßkuhle(Hrsg.), Grundlagen des Verwaltungsrechts, Bd. Ⅲ, C. H. Beck, 2009, § 52 Rdnr. 97(S. 1051).

33) Rhona Fetzer, Die Haftung des Staates für legislatives Unrecht, Duncker & Humboldt, 1993, S. 42 ff.

34) Fetzer(주 33), S. 88 ff.

35) Friederike Valerie Lange, Grundrechtsbindung des Gesetzgebers, Mohr Siebeck, 2010, S. 365 ff.

독일연방헌법재판소장이었던 파피어와 쉬르바니도, 국가배상책임을 부정하는 판례와 같은 견해는 따를 수 없고, 입법자 등이 개인의 자유권을 부당하게 침해하는 법규를 제정하였다면, 단순히 객관적인 헌법의 규범만이 아니라 동시에 자유권으로부터 나오는 개인의 공법상의 중지청구권이 침해된 것이며, 시민의 주관적인 공권에는 항상 해당 기관 담당자의 직무상 의무가 대응하고, 본질적인 것은 개인의 주관적인 권리 관련성이지, 침해하는 공권적 행위의 법적 성질이 아니라고 한다.[36)]

(2) 유럽연합

유럽연합[37)]에서도 유럽연합의 회원국이 상위인 유럽연합의 법이나 지침을 위반하였을 때 회원국이 배상책임을 지는가 하는 점이 문제되고 있는데, 유럽연합의 유럽사법재판소(European Court of Justice, Court of Justice of the European Union)는 이 점을 긍정하고 있다.[38)] 이를 처음으로 긍정한 것은 1991년의 Frankovich and Others v. Italy 판결이다[39)] 이 사건에서는 유럽연합의 지침(directive)을 국내법으로 전환하지 않은 이탈리아에게 배상책임이 있다고 하였다.[40)]

그리고 그 요건을 상세하게 판시한 것은 1996. 3. 5. 선고된 Brasserie du Pêcheur/Factortame 판결이었다.[41)42)] 이 판결은 두 병합된 사건에 대한 것이었다.

---

36) Münchener Kommentar zum BGB/Papier/Shirvani, 7. Auflage, C. H. Beck, 2017, BGB § 839 Rn. 261. 같은 취지, Maunz/Dürig/Papier, Grundgesetz-Kommentar, 79. EL Dezember 2016, C. H. Beck, GG Art. 34 Rn. 195.

37) 유럽연합(European Union)은 1993년에 성립하였고, 그 전신은 유럽공동체(European Communities)였으나, 이하에서는 이를 구별하지 않고 유럽연합이라고 한다.

38) 이에 대하여는 Ossenbühl/Cornils(주 31), 15. Teil(S. 592 ff.); Björn-Peter Säuberlich, Legislatives Unrecht und EU-Amtshaftungsanspruch, Peter Lang, 2005; Pekka Aalto, Public Liability in EU Law : Brasserie, Bergaderm and Beyond, Hart Publishing. 2011; Julia Iliopoulos-Strangas, Stanislaw Biernat, Michael Potacs (eds.), Verantwortung, Haftung und Kontrolle des Verfassungsstaates und der Europäischen Union im Wandel der Zeit = Responsibility, accountability and control of the constitutional state and the European Union in changing times = Responsabilités et contrôle de l'État constitutionnel et de l'Union européenne au fil du temps, Nomos, 2014; Michael Haba, The Case of State Liability, Springer Gabler, 2015 등 참조.

39) Case numbers C-6/90 and C-9/90.http://curia.europa.eu/juris/showPdf.jsf?text=&docid=97140&pageIndex=0&doclang=en&mode=lst&dir=&occ=first&part=1&cid=911189.

40) 이에 대한 국내 문헌으로는 김두수, "EU법상 개인에 대한 국가배상책임", 외법논집 제24집, 2006, 255면 이하가 있다.

41) Cases C-46, 48/93, Brasserie du Pêcheur v. Germany; The Queen and Secretary of State for Transport, ex parte Factortame Ltd and others. http://curia.europa.eu/juris/showPdf.jsf?text=&docid=81389&pageIndex=0&doclang=en&mode=lst&dir=&occ=first&part=1&cid=912901.

42) 이에 대한 국내 문헌으로는 김대순, "EU 준칙(Directives)의 회원국 내에서의 효력에 관한 연구", 유럽연구 제29권 2호, 2011, 21면 이하가 있다.

한 사건(Brasserie du Pêcheur v. Germany)에서는 프랑스의 맥주회사인 원고가 맥주를 만드는데 일정 첨가물을 사용하지 못하게 하는 독일의 법률로 인하여 독일에 프랑스맥주를 수출할 수 없게 되었는데, 유럽사법재판소는 1987년에 위 법률이 유럽연합 조약에 위반된다고 선고하였다. 이에 원고는 자신이 독일에 맥주를 수출할 수 없었던 기간에 대한 배상을 구하기 위해 독일정부를 상대로 독일 법원에 소를 제기하였다. 독일 연방대법원은, 독일 국내법상으로는 앞에서 살펴본 제3자관련성이 존재하지 않으므로 원고가 손해배상을 청구할 권원이 존재하지 않는다고 보았지만, 유럽법 위반으로 인한 배상책임이 있는지에 관하여 유럽사법재판소의 의견을 구하였다.

다른 사건(The Queen and Secretary of State for Transport, ex parte Factortame Ltd and others)에서는 영국이 1988년에 법률을 제정하여 새로운 어선 등기제도를 도입하고, 기존에 등기되어 있던 어선도 포함하여 등기되기 위하여는 소유자의 국적, 주소지 및 거소에 따른 제한을 부과하고, 등기되지 않은 어선은 어업을 할 권리를 박탈하였다. 그러나 유럽사법재판소는 1991년에 이러한 제한이 유럽연합조약에 위반된다고 선고하였다. 그러자 영국의 고급법원(High Court)은 위 법률로 인하여 조업을 하지 못하게 되었던 자들이 영국을 상대로 손해배상을 청구할 수 있는지에 관하여 유럽사법재판소에 의견을 구하였다.

유럽사법재판소는, 문제되는 유럽연합 조약의 규정은 개인이 각국의 법원에 소를 제기할 수 있는 근거가 된다는 의미에서 직접적 효력이 있고, 이를 위반하면 배상을 하여야 한다고 하면서, 국제법상 국제적 약속을 위반한 자의 책임은 그 위반이 입법부나 사법부 또는 행정부인가와 관계없으며, 문제된 위반이 입법자의 행위로 인한 것인지는 유럽연합의 법에 의존하는 개인의 권리 보호의 고유한 요건에 영향을 주지 못한다고 하였다.

나아가 유럽사법재판소는 다음과 같은 조건이 충족된 경우에 유럽연합의 법은 배상청구권을 부여한다고 하였다: 첫째, 위반된 법의 규정이 개인에게 권리를 부여하려는 것이었어야 한다; 둘째, 위반은 "충분히 중대한"(sufficiently serious) 것이어야 한다; 셋째, 회원국의 의무 위반과 피해를 입은 당사자들의 손해 사이에 직접적인 인과관계가 있어야 한다.[43]

유럽사법재판소는 이 사건에서 첫 번째 조건은 충족되었다고 하면서, 두 번

---

43) paras. 51 ff.

째 조건에 대하여는 다음과 같이 설시하였다. 즉 위반이 충분히 중대한지 여부의 결정적인 기준은 회원국이 그 재량의 한계를 명백하고 중대하게(manifestly and gravely) 무시하였는가 하는 점이다. 그리고 권한을 가진 법원이 고려할 수 있는 요소는 위반된 규칙의 명확성과 정밀성, 국내 또는 유럽연합의 재량에 맡겨진 정도, 침해와 발생한 손해가 고의적이었는가 아니면 비자발적이었는가, 법의 착오가 용서될 수 있는 것인지 아닌지, 유럽연합의 기관이 취한 태도가 부작위(omission)에 기여하였는지, 그리고 유럽연합법에 반하는 각국의 조치나 관행을 채택하거나 유지하였는가 하는 점이다.

한편 유럽사법재판소는, 이러한 배상책임이 성립하기 위하여 과실(fault)이 요구되는가에 관하여는, 배상의무는 충분히 중대한 유럽연합법 위반이 있다는 것 이상의 과실 요건에 달려 있지는 않다고 하였다.

유럽사법재판소는 이 이후에도 이러한 판례를 유지하고 있다.44)

이 판결 후 독일과 영국의 법원은 서로 다른 결론을 내렸다. 독일연방대법원은 당해 사건에서 독일의 유럽연합법 위반이 충분히 중대하지 않다(nicht hinreichend qualifiziert)고 하여 원고의 배상청구를 기각하였다.45) 반면 영국 귀족원(House of Lords)은 영국 정부의 배상책임을 인정하였다.46)

(3) 일   본47)

일본 최고재판소 1985(昭和 60). 11. 21. 판결48)은, 보행이 현저히 불편한 자를 위한 재택투표제도(在宅投票制度)가 존재하였다가 공직선거법 개정으로 재택투표제도가 폐지되고 재입법되지 아니한 것이 위법한 입법부작위임을 주장하며 국가배상을 구한 사건에서, 다음과 같이 판결하여 국가배상책임을 부정하였다.

즉 국회의원의 입법 행위나 입법부작위가 국가배상법 제1조 제1항49)의 적용

---

44) Säuberlich(주 38); Pekka Aalto(주 38) 참조.

45) BGH NJW 1997, 123. 여기서 주목할 것은, 이 판결은 독일 국내법적인 관점에서는 여전히 원고에게 제3자 관련성이 인정되지 않으므로 독일 민법 및 기본법에 따른 책임은 인정되지 않는다고 하였다는 점이다. 독일 연방대법원은 그 후에도 독일 법이 유럽연합 법과 저촉된 것으로 판단된 다른 사건에서도 여전히 위반이 충분히 중대하지 않다고 하여, 손해배상청구를 받아들이지 않고 있다. BGH NJW 2013, 168; BGH BeckRS 2015, 08777 등.

46) R v. Secretary of State for Transport, Ex parte Factortame Ltd. and Others (No. 5), [2000] 1 A.C. 524 (1999).

47) 일본의 상황에 관한 최근 문헌으로는 戸部真澄, "再婚禁止期間の改廃に係る立法不作為が国家賠償法上違法でないとされた事例", 新・判例解説Watch, vol. 19, 2016, 33면 이하가 있다.

48) 民集 39권 7호 1512면.

49) 이는 우리나라 국가배상법 제2조 제1항 본문과 같은 내용이다.

상 위법으로 되는가 아닌가는 국회의원의 입법 과정에서의 행동이 개별 국민에게 대하여 부담하는 직무상의 법적 의무에 위배되었는가 아닌가의 문제로서, 당해 입법의 내용의 위헌성의 문제와는 구별되어야 하고, 가령 당해 입법의 내용이 헌법의 규정에 위반된다는 혐의가 있다고 하더라도, 그 때문에 국회의원의 입법행위가 바로 위법의 평가를 받는 것은 아니라고 하였다. 국회의원의 입법행위는 본질적으로 정치적인 것이고, 그 성질상 법적 규제의 대상으로 되지 않으며, 특정 개인에 대한 손해배상책임의 유무라고 하는 관점에서 있어야 할 입법행위를 전제하여 구체적 입법행위의 적부를 법적으로 평가한다고 하는 것은 원칙적으로 허용되지 않는다는 것이다. 그리하여 국회의원은 입법에 관하여 원칙적으로 국민 전체에 대한 관계에서 정치적 책임을 지는 것에 그치고, 개별 국민의 권리에 대응하는 관계에서의 법적 의무를 부담하는 것은 아니며, 국회의원의 입법행위는 입법의 내용이 헌법의 일의적(一義的) 문언에 위반되었음에도 불구하고 국회가 감히 당해 입법을 행하였다고 하는 것과 같이 쉽게 상정하기 어려운 예외적인 경우가 아닌 한, 국가배상법 제1조 제1항의 규정의 적용상 위법하다는 평가를 받지 않는다고 하지 않으면 안 된다고 하였다.[50]

　　또한 최고재판소 1995(平成 7). 12. 5. 판결[51]은, 여성의 혼인 해소 후 6개월의 재혼금지기간을 규정하고 있던 당시의 일본 민법 제733조 때문에 혼인신고의 수리가 거부된 당사자들이, 일본의 국회 내지 내각이 위 규정을 폐지 내지 삭제하지 않고 있는 것은 위법한 공권력의 행사에 해당한다고 하여 손해배상을 청구한 사건에 관하여, 위 판결을 인용하면서, 위 규정의 원래의 입법취지가 부성(父性) 추정의 중복을 회피하고, 부자관계를 둘러싼 분쟁의 발생을 미연에 방지하는 데 있다고 해석되는 이상, 국회가 위 조문을 개폐하지 않은 것이 바로 위와 같은 예외적인 경우에 해당한다고 할 수 없다고 하여, 그 청구를 배척하였다.

　　그러나 일본 최고재판소 2005(平成 17). 9. 14. 대법정 판결[52]은, 국외에 거주하고 있던 일본 국민들이, 당시의 공직선거법이 국외에 거주하고 있던 국민들에게 선거권을 인정하지 않았던 것이 위법이라는 것의 확인과, 예비적으로 앞으로의 선거에 관하여 선거권을 행사하는 권리를 가진다는 것의 확인을 구함과 아울

---

50) 이 판결은 독일의 판례와 통설을 참고하였을 것이라고 추측하는 견해가 있다. 毛利 透, "選擧權制約의 合憲性審査と立法行爲の國家賠償法上の違法性判斷", 論究 ジュリスト No. 1, 2012, 85면.
51) 判例時報 1563호 81면.
52) 民集 59권 7호 2087면.

러, 재외국민에게 선거권을 인정하는 입법을 하지 않은 입법부작위를 이유로 정신적 손해를 입었다고 하여 국가배상을 청구한 데 대하여, 위 공직선거법이 위헌이라고 하면서, 다음과 같이 판시하여 국가배상을 인정하였다.

우선 입법의 내용 또는 입법부작위가 국민에게 헌법상 보장되는 권리를 위법하게 침해하였다는 것이 명백한 경우나, 국민에게 헌법상 보장되어 있는 권리행사의 기회를 확보하기 위하여 필요한 입법조치를 하는 것이 필요불가결하고, 이것이 명백함에도 불구하고 국회가 정당한 이유 없이 장기에 걸쳐서 이를 태만히 하는 경우 등에는 예외적으로 국회의원의 입법행위 또는 입법부작위는 국가배상법 제1조 제1항의 규정의 적용상 위법의 평가를 받는다고 하여야 한다고 하면서, 위 최고재판소 1985(昭和 60). 11. 21. 판결[53])도 이와 다른 취지는 아니라고 하였다. 그리하여 이 사건의 경우에는 10년 이상의 장기간에 걸쳐 아무런 입법조치를 취하지 않았으므로 그러한 현저한 부작위는 위의 예외적인 경우에 해당하고, 이러한 경우에 과실의 존재를 부정할 수는 없으며, 그러한 입법부작위의 결과 원고들이 이 사건 선거에서 투표를 할 수 없었고, 그로 인하여 정신적 고통을 입었다고 하여야 하므로, 이러한 입법부작위를 이유로 하는 국가배상청구는 인용하여야 한다고 판시하였다.[54])

그러나 최고재판소 2015(平成 27). 12. 16. 대법정 판결[55])은, 여성의 6개월의 재혼금지기간 중 100일을 초과하는 부분은 위헌이라고 하면서도, 그로 인한 국가배상청구에 대하여는, 위 최고재판소 1985. 11. 21. 판결[56])과 2005. 9. 14. 대법정 판결[57]) 등을 인용하면서, 다음과 같이 판단하여 이를 배척하였다. 즉 법률의 규정이 헌법상 보장되었거나 보호되고 있는 권리이익을 합리적인 이유 없이 제약하고 있어 헌법의 규정에 위반됨이 명백함에도 불구하고, 국회가 정당한 이유 없이 장기에 걸쳐서 그 개폐 등의 입법조치를 게을리하는 경우 등에 있었는 국회의원의 입법과정에서이 행동이 직무상의 법적 의무에 위반하였다고 하여, 예외적으로 그 입법부작위가 국가배상법 제1조 제1항의 규정의 적용상 위법하다는

---

53) 위 주 48).
54) 이 판결에 대한 국내 문헌으로는 손형섭, "일본 재외선거제도와 그 시사점에 대한 연구", 공법연구 제39집 3호, 2011, 199면 이하가 있다. 또한 서기석(주 16), 224면은, 위 판결의 태도는 매우 시사하는 바가 크며, 우리 대법원도 적어도 위 판결에서 제시하고 있는 기준 정도는 받아들여야 한다고 주장한다.
55) 民集 69권 8호 2427면.
56) 위 주 49).
57) 위 주 52).

평가를 받는다고 하여야 하지만, 이 사건의 경우에는 그러한 경우라고 평가할 수 없으므로 입법부작위가 국가배상법 제1조 제1항의 적용상 위법의 평가를 받는 것은 아니라고 하였다.

요컨대 일본의 판례는, 국회의원은 입법에 관하여 원칙적으로 국민 전체에 대한 관계에서 정치적 책임을 지는 것에 그치고, 개별 국민의 권리에 대응하는 관계에서의 법적 의무를 부담하는 것은 아니지만, 예외적으로 입법의 내용 또는 입법부작위가 국민에게 헌법상 보장되는 권리를 위법하게 침해하였다는 것이 명백한 경우나, 국민에게 헌법상 보장되어 있는 권리행사의 기회를 확보하기 위하여 필요한 입법조치를 하는 것이 필요불가결함이 명백함에도 불구하고 국회가 정당한 이유 없이 장기에 걸쳐서 이를 태만히 하는 경우에 한하여 국가배상법상 위법이 된다고 보고 있다.[58]

(4) 다른 나라

미국에서는 판례는 연방이나 주는 제소될 수 없다는 이른바 주권면책(sove-reign immunity) 이론에 의하여, 연방이나 주는 위헌인 법률을 제정하더라도 그에 대한 손해배상책임을 지지는 않으며, 다만 공무원들의 개인책임은 문제될 수 있다고 본다. 다만 1946년의 Federal Tort Claims Act는 제한된 범위에서 연방에 대하여도 소송을 제기할 수 있도록 하였으나, 위헌입법으로 인한 책임은 이에 포함되지 않는다.[59] 그러나 많은 학자들은 이러한 주권면책 이론에 헌법적인 근거가 없다고 비판한다.[60] 그렇지만 공무원의 개인책임이 인정되고, 주가 공무원에 대하여 그로 인한 배상을 전보하여 주므로, 실제로는 주의 책임을 인정하는 것과 다름이 없다는 주장도 있다.[61][62]

---

58) 강구철(주 27), 69면 이하는 일본에서의 학설을 어떠한 입법 또는 입법의 부작위가 내용적으로 위헌이라면 곧 국가배상법상 위법한 직무행위에 해당한다는 위헌즉위법설, 입법행위에 대해 국가배상책임이 성립하기 위해서는 입법에 관한 국회의원의 의무가 개별 국민에 대한 법적 의무라고 보아야 하는 특별한 이유가 있다든지, 아니면 당해 국민이 받은 손해가 통상의 위헌입법이나 부작위에 의한 손해와는 구별되는 특수한 것이라든지 하는 특별한 요건을 필요로 한다는 위헌요건가중설 및 입법이 국민의 인권에 관계되는 것인지의 여부에 따라 나누어 살펴보는 절충설로 나누어 설명한다. 서기석(주 16), 211-213면도 참조.

59) Fred L. Morrison, "The Liability of Governments for Legislative Acts in the United States of America", 46 American Journal of Comparative Law, Supplement 531, 540 f. (1998).

60) Alfred Hill, "In Defense of Our Law of Sovereign Immunity", 42 Boston College Law. Review. 485 ff.(2001)의 소개 참조.

61) Daniel J. Meltzer, "Member State Liability in Europe and the United States", 4 International Journal of Constitutional Law 39, 46(2006).

62) 미국의 주권면책 이론에 대한 국내 문헌으로는 김치환, "미국에서의 주권면책특권에 관한 고

한편 프랑스에서는 입법작용에 대하여는 법률에 특별한 규정이 없는 한 원칙적으로 국가배상이 인정되지 않는다.[63][64]

3. 검 토

(1) 입법행위로 인한 불법행위 책임의 성립 여부에 관한 일반론

대상판결이 대통령은 국가긴급권의 행사에 관하여 원칙적으로 국민 전체에 대한 관계에서 정치적 책임을 질 뿐 국민 개개인의 권리에 대응하여 법적 의무를 지는 것은 아니므로, 대통령의 국가긴급권의 행사가 국민 개개인에 대한 관계에서 민사상 불법행위를 구성한다고는 볼 수 없다고 한 것은 받아들일 수 없다.[65] 이는 국회의 입법에 관하여도 마찬가지이다. 앞에서 보았듯이 이러한 판시는 일본의 판례를 참고한 것이고, 또 일본의 판례는 독일의 판례에 영향을 받은 것으로 보인다. 그러나 이러한 일본이나 독일의 판례 자체에 문제가 있다.

우선 독일의 판례가 말하고 있는, 공무원의 위법행위로 인하여 피해를 입은 자가 공무원의 직무상 의무가 피해자의 이익을 보호하기 위한 것일 때에만 그에 대한 배상의무가 존재한다고 하는 주장은 그 자체로서는 타당하다. 이는 국가배상법뿐만 아니라 일반적인 불법행위법에서도 인정되는, 이른바 규범의 보호목적(Schutzzweck des Norms) 이론 내지 규범목적(Normzweck) 이론이다. 이에 따르면 법령을 위반하는 행위가 있는 경우에, 위반자는 그 위반으로 인하여 발생한 모든 손해가 아니라, 그 법령이 보호하고자 하는 특정한 법익의 침해로 인한 손해만을 배상하면 되고, 그 외의 법익침해는 배상할 필요가 없다는 것이다.[66]

이러한 규범목적설은 원래 불법행위로 인한 손해배상의 범위를 한정하기 위

찰", 미국헌법연구 제26권 1호, 2015, 229면 이하가 있다.

63) 권세훈, "입법작용에 대한 국가손해배상제도", 비교법학 제24집, 2013, 21면 이하 참조.

64) 미국과 프랑스의 상황에 대하여는 또한 Lange(주 35), S. 372 ff. 참조.

65) 한편 대법원 2010. 12. 16. 선고 2010도5986 전원합의체 판결은, 유신헌법에 근거한 긴급조치는 헌법재판소의 위헌심판대상이 되는 '법률'에 해당한다고 할 수 없으므로, 긴급조치의 위헌 여부에 대한 심사권은 최종적으로 대법원에 속한다고 하였는데, 대상판결이 대통령은 국가긴급권의 행사에 관하여 원칙적으로 국민 전체에 대한 관계에서 정치적 책임을 질 뿐 국민 개개인의 권리에 대응하여 법적 의무를 지는 것은 아니라고 하면서, 국회의 입법에 관한 대법원 2008. 5. 29. 선고 2004다33469 판결을 인용하고 있는 것은 다소 어색하다.

66) 이에 대하여는 예컨대 박희호, "책임법에 있어서 인과관계의 구체적 척도에 관한 연구", 동아법학 56호, 2012, 297면 이하; 위계찬, "독일민법상 인과관계 및 손해의 귀속", 재산법연구 제31권 2호, 2014, 89면 이하 등 참조.

한 요건으로 종래 인정되어 왔던 상당인과관계설을 대체하기 위한 것이었다. 상당인과관계설에서는 어느 행위로 인한 결과가 발생한 모든 경우에 인과관계가 있는 것은 아니고, 그 행위로 인하여 결과가 발생할 개연성이 높은 경우에만 상당인과관계가 있고, 그렇지 않으면 상당인과관계가 없다고 본다. 반면 규범목적설은 그러한 개연성뿐만 아니라 규범의 목적을 중요시한다. 다시 말하여 어느 행위로 인한 결과 발생의 개연성이 높은 경우에도 항상 손해배상책임을 인정하여야 하는 것은 아니며, 그 손해가 위반된 규범이 보호하려는 특정한 법익의 침해로 인한 것이라야 한다는 것이다.[67] 근래 독일에서는 상당인과관계설이나 규범목적설 어느 한 가지만으로 인과관계 내지 배상범위 제한의 문제를 해결할 수는 없고, 양자는 병존적으로 인정되어야 한다는 주장이 다수의 지지를 받고 있다.[68]

　　대법원의 판례도 손해배상의 범위를 정함에 있어서 이러한 규범목적을 상당인과관계의 유무를 판단하는 한 고려 요소로 들고 있다. 즉 상호신용금고의 대표이사가 상호신용금고법 제12조 등 법령에 위배하여 추가대출을 한 것을 계기로 하여 제3자가 손해를 입었다고 하더라도, 상호신용금고 및 그 대표이사가 그 제3자에게 손해배상책임을 지기 위하여는 위 법령에 위배된 행위와 제3자의 손해 사이에 상당인과관계가 있어야 하는데, 상당인과관계 유무를 판단함에 있어서는 결과발생의 개연성은 물론 같은 법조의 입법목적과 보호법익, 위 법령위배행위의 태양 및 피침해이익의 성질 등을 종합적으로 고려하여 판단하여야 한다는 것이다.[69]

　　판례가 이처럼 규범목적을 고려하기 시작한 것은 원래 국가배상에 관한 것에서 비롯되었다. 즉 대법원 1993. 2. 12. 선고 91다43466 판결은, "공무원에게 부과된 직무상 의무의 내용이 단순히 공공 일반의 이익을 위한 것이거나 행정기관 내부의 질서를 규율하기 위한 것이 아니고, 전적으로 또는 부수적으로 사회구성원 개인의 안전과 이익을 보호하기 위하여 설정된 것이라면, 공무원이 그와 같은 직무상 의무를 위반함으로 인하여 피해자가 입은 손해에 대하여는 상당인과관계가 인정되는 범위 내에서 국가가 배상책임을 지는 것이고, 이때 상당인과관계의 유무를 판단함에 있어서는 일반적인 결과발생의 개연성은 물론 직무상 의

---

67) 민법주해 9/지원림, 박영사, 1995, 504면 이하; 윤진수, 민법기본판례, 홍문사, 2016, 460면 이하 등.
68) 예컨대 Münchener Kommentar zum BGB/Oetker, 7. Aufl., 2016, § 249 Rdnr. 109 ff. 등.
69) 대법원 1995. 1. 12. 선고 94다21320 판결.

무를 부과하는 법령 기타 행동규범의 목적이나 가해행위의 태양 및 피해의 정도 등을 종합적으로 고려하여야 할 것이다"라고 판시하였고, 이러한 판례는 현재까지 여전히 유지되고 있다.[70] 이는 국가배상법에서는 공무원의 직무상 의무를 분석하여 제3자 보호성이 있는지 여부에 따라 국가배상책임의 유무를 결정하여야 한다는 이른바 직무상 의무의 제3자 보호성 이론을 의미한다.[71]

예컨대 대법원 1994. 6. 10. 선고 93다30877 판결은, 재임 중의 노태우 대통령이, 지방자치법에서 규정된 자치단체장 선거를 실시하지 않자 유권자가 불법행위를 이유로 위자료를 청구한 데 대하여, 대통령에게 지방자치단체장 선거일을 공고하는 의무를 부과한 목적은 지방자치행정의 민주성을 도모하고 지방자치와 민주정치의 발전에 기여한다는 공공일반의 이익을 보호하기 위한 것이며 국민 개인의 인격권을 보호하기 위한 것이 아니므로, 대통령의 직무상 의무 위반과 유권자의 정신적 손해 사이에는 상당인과관계가 없다고 하였다.[72]

다만 이러한 규범목적설이 반드시 손해배상책임을 부정하는 근거로만 사용되는 것은 아니며, 행위로 인한 결과 발생의 개연성이 어느 정도인지 불분명한 경우에도, 법령이 어떤 행위로 인한 손해 발생을 막기 위하여 그러한 행위를 금지하고 있다면, 법령 자체가 금지된 행위와 손해 발생과의 개연성이 있다는 것을 전제로 한 것으로 보아 따로 개연성 여부를 심사할 필요가 없이 손해배상책임이 인정되기도 한다.[73]

그렇다면 이러한 규범목적이론이 위헌인 법률로 인한 국가배상책임을 부정하기 위한 일반적인 근거가 될 수 있는가? 이 점은 부정하여야 한다. 논의를 법률이 위헌인 이유가 기본권을 침해한 데 있는 경우로 한정한다면, 기본권은 국민을 보호하기 위한 것이므로, 기본권을 침해하는 법률을 만든 것은 국민 개개인을 보호하기 위한 헌법 규정을 위반한 것임이 명백하다. 헌법은 국가의 기본권보호의무를 규정하고 있는데(제10조), 이러한 기본권보호의무는 행정부나 사법부뿐만 아니라 입법부도 부담한다. 그러므로 입법부가 위헌인 법률을 제정함으로써 국

70) 근래의 것으로는 대법원 2010. 7. 22. 선고 2010다13527 판결; 2012. 5. 24. 선고 2012다11297 판결 등이 있다.
71) 이규진, "등기관의 과실과 국가배상책임", 특별법연구 제10권, 사법발전재단, 2012, 910면 이하 참조. 이 글 913면 이하는 이에 관한 판례를 상세히 소개하고 있다.
72) 이와 같이 규범목적을 근거로 하여 국가배상책임을 부정한 예로는 대법원 2001. 4. 13. 선고 2000다34891 판결; 2010. 7. 22. 선고 2010다13527 판결 등이 있다.
73) 위 대법원 1993. 2. 12. 선고 91다43466 판결 등. 윤진수(주 67), 462면 이하 참조.

민의 기본권을 침해하였다면, 그에 따른 책임도 부담하여야 한다는 것은 이러한 헌법규정으로부터 당연히 도출되는 결론이다.

그렇지만 입법부가 국민의 기본권을 침해하는 위헌인 법률을 제정하였다고 하여 언제나 국가배상책임이 인정된다고 할 수는 없다. 종래 독일이나 일본의 판례가 입법행위에 의한 국가배상책임의 인정에 소극적이었던 것은, 그렇게 되면 입법자의 입법 형성의 자유를 침해할 것이라는 우려 때문이었다. 그런데 입법부가 국민의 기본권을 침해하는 법률을 제정한 것이 항상 국가배상책임을 초래한다면, 입법부는 이러한 책임을 회피하기 위하여, 위헌일 가능성이 조금이라도 있다면 입법을 주저하게 될 수 있고, 이러한 입법자에 대한 위축효과(chilling effect)는 입법자의 입법 형성의 자유를 해치는 것이 될 것이다.

다른 한편 입법행위로 인한 국가배상책임을 인정하지 않으려는 것은, 그로 인한 재정 부담을 우려한 때문일 수도 있다. 그러나 이 자체는 국가배상책임을 부정할 수 있는 충분한 근거가 되지 못한다. 문제는 국가배상책임을 인정하는 것이 정당한가 아닌가에 있는 것이고, 법리상 국가배상책임을 인정하여야 함에도 불구하고 국가 재정을 우려하여 입법행위로 인한 국가배상책임의 성립 가능성 자체를 부정하는 것은 올바르다고 할 수 없다.

그러면 어떻게 해야만 입법자의 입법 형성의 자유를 침해하지 않으면서도 국민의 기본권 보호의무를 소홀히 하지 않을 수 있을까? 이 점에 대하여는 앞에서 살펴본 유럽사법재판소의 판례가 좋은 시사점을 제공한다. 유럽사법재판소는 회원국의 입법이 유럽연합의 법령을 위반한 것이 충분히 중대한(sufficiently serious) 것이어야만 회원국이 손해배상책임을 부담하는데, 위반이 충분히 중대한지 여부의 결정적인 기준은 회원국이 그 재량의 한계를 명백하고 중대하게(manifestly and gravely) 무시하였는가 하는 점이라고 보고 있다. 일본 최고재판소가 입법의 내용 또는 입법부작위가 국민에게 헌법상 보장되는 권리를 위법하게 침해하였다는 것이 명백한 경우나, 국민에게 헌법상 보장되어 있는 권리행사의 기회를 확보하기 위하여 필요한 입법조치를 하는 것이 필요불가결하고, 이것이 명백함에도 불구하고. 국회가 정당한 이유 없이 장기에 걸쳐서 이를 태만히 하는 경우 등에는 예외적으로 국회의원의 입법행위 또는 입법부작위는 위법하다는 평가를 받는다고 한 것도, 뉘앙스의 차이는 있지만 같은 취지로 볼 수 있다.

원래 어느 법률이 사후적으로 위헌이라고 선언되었다고 하더라도, 이를 제정할 당시에 이러한 결과를 예측하기란 쉽지 않다. 헌법의 규정 자체가 추상적이어서, 어느 법률이 위헌인지 여부에 대하여는 의견이 갈리거나, 그 해석이나 적용에서 의견이 대립하는 경우가 많다. 따라서 법률이 사후적으로 위헌이라고 판정되었다고 하여, 그것만으로 국가가 배상책임을 져야 한다는 것은 합리적이라고 할 수 없다. 물론 공무원의 직무집행행위로 인하여 국가배상책임이 성립하기 위하여는 공무원에게 고의 또는 과실이 있어야 하지만(국가배상법 제2조 제1항 본문), 법률을 제정할 당시에 위헌으로 판단될 가능성을 전혀 예견할 수 없었던 것이 아니라면, 통상적인 의미에서의 과실이 없었다고 하기는 어려울 것이다. 그러므로 위헌인 법률을 제정하였다는 이유로 국가배상책임을 묻기 위하여는, 그 법률의 위헌성이 제정 당시에 이미 명백하였음에도 불구하고 입법을 강행하였다는 것과 같은 특별한 사정이 있어야 할 것이다.74)

    이 문제는 법관의 재판에 대한 국가배상책임이 인정되기 위한 요건과 비교하여 볼 필요도 있다. 판례75)는 "법관이 행하는 재판사무의 특수성과 그 재판과정의 잘못에 대하여는 따로 불복절차에 의하여 시정될 수 있는 제도적 장치가 마련되어 있는 점 등에 비추어 보면, 법관의 재판에 법령의 규정을 따르지 아니한 잘못이 있다 하더라도 이로써 바로 그 재판상 직무행위가 국가배상법 제2조 제1항에서 말하는 위법한 행위로 되어 국가의 손해배상책임이 발생하는 것은 아니고, 그 국가배상책임이 인정되려면 당해 법관이 위법 또는 부당한 목적을 가지고 재판을 하는 등 법관이 그에게 부여된 권한의 취지에 명백히 어긋나게 이를 행사하였다고 인정할 만한 특별한 사정이 있어야 한다"고 보고 있다.76) 이 문제도 논란이 많으나, 다른 나라에서도 법관의 재판에 대한 국가배상책임은 매우 제한적으로만 인정하고 있는 것은, 법관의 오판을 다른 공무원의 경우와 마찬가지로 취급하여, 단순한 과실이 있을 때에는 국가배상책임이 성립한다면, 법관은 그로 인한 부담 때문에 위축되어 소신껏 재판을 할 수 없을 것이라는 우려에 근거한 것이다.77) 이는 위헌인 법률로 인한 국가배상책임에도 마찬가지로 적용될 수 있다. 어느 법률이 위헌이라고 선언되었고, 그 법률 제정 당시에 그러한 사태를 어느 정도는 예견할 수 있었다고 하더라도, 그것만으로는 국가배상책임을 인정

---

74) 윤진수(주 15), 667면 참조.
75) 대법원 2001. 4. 24. 선고 2000다16114 판결.
76) 같은 취지, 대법원 2003. 7. 11. 선고 99다24218 판결.
77) 김세용(주 1), 629면 이하; 김재형, "법관의 오판과 책임", 법조 2001. 9, 72면 이하 등 참조.

하기에 충분하지 않고, 위헌성이 명백함에도 불구하고 입법을 강행하였다는 것과 같은 특별한 사정이 있어야 하는 것이다.

이처럼 위헌성이 명백하다는 것이 국가배상책임이 인정되기 위한 필수적인 요건이라고 한다면, 이는 국가배상법의 체계 내에서는 어떻게 설명할 수 있을까? 이는 1차적으로는 입법부의 과실이라는 관점에서 파악할 수 있다. 즉 제정하려는 법률의 위헌성이 명백함에도 불구하고 입법을 강행하였다면 이는 입법부에게 적어도 과실이 있었다고 보아야 할 것이다. 그런데 종래 입법행위로 인한 국가배상책임의 인정에 소극적인 논자들은, 국회 및 국회의원의 입법권 내지 입법형성의 자유를 고려할 때 국회의원의 과실을 인정하는 것에는 어려움이 있다고 주장한다. 그러나 제정하려는 법률의 위헌성이 명백한 경우에는 입법부의 과실을 인정하는 데 별다른 문제점이 없다. 여기서는 과실 유무를 입법에 참여한 개별 국회의원의 주관적인 심리상태에 따라 판단하는 것이 아니고(주관적 과실개념의 배척), 국회의원이 합리적인 국회의원에게 기대되는 충분한 판단능력을 가지고 있음을 전제로 하여, 입법의 위헌성이 명백하였음에도 불구하고 이를 인식하지 못하였는지를 따져보는 것이다(객관적 과실개념의 채택).[78] 뿐만 아니라 국가배상법상의 과실을 인정하기 위하여 개별 공무원을 특정할 필요가 없고, 조직 내지 기관 자체가 제대로 기능을 수행하지 않았으면 과실이 인정된다고 하는 이른바 조직과실(Organisationsverschulden)이라는 개념을 인정한다면,[79] 입법행위로 인한 국가배상책임을 인정하기 위하여 개별 국회의원의 과실 여부를 따질 필요가 없고, 입법부 자체의 과실을 충분히 인정할 수 있다.[80]

다른 한편 이 문제는 입법행위의 위법성 관점에서도 접근할 여지가 있다. 앞에서 본 것처럼 일본의 판례는, 어느 법률이 위헌이라는 것만으로 바로 국가배상법상으로 위법이 되는 것은 아니고, 예외적으로 입법의 내용 또는 입법부작위가 국민에게 헌법상 보장되는 권리를 위법하게 침해하였다는 것이 명백한 경우 등에 한하여 국가배상법상 위법이 된다고 하여, 위헌의 명백성을 위법성의 판단요

---

78) 김동희(주 25), 570면은 국가배상법상의 과실을 주관적 심리상태로 보지 않고 고도화된 객관적 주의의무 위반으로 파악하는 입장이 학설·판례의 일반적인 경향이라고 하면서, 이러한 의미의 과실 판단에 있어서는 당해 공무원의 주의력이 아닌 동일 직종의 평균적 공무원의 주의력이 그 표준이 된다고 한다. 또한 Ossenbühl/Cornils(주 31), S. 78 참조.
79) 김동희(주 25), 570-571면; Ossenbühl/Cornils(주 31), S. 79; beck-online.GROSSKOMMENTAR zum Zivilrecht/Dörr, C. H. Beck, BGB § 839 Rdnr. 471 ff. (2017. 7. 1.).
80) 김병기(주 26), 233면 등.

소로 보고 있다. 일반적으로 국가배상법상의 위법성을 어떻게 파악할 것인가, 항고소송에서의 위법성과 국가배상청구소송에서의 위법성을 동일한 차원에서 파악할 것인가에 대하여는 여러 가지 논의가 있다.[81] 그러나 여기서는 일단 어느 법률이 위헌이라고 선언되었다면, 이는 국가배상법에서도 위법한 것으로 보아야 하고, 그 위헌성이 명백하였음에도 불구하고 이를 인식하지 못하였거나 또는 인식하였음에도 불구하고 입법을 강행한 것은 책임요건으로서의 고의 또는 과실에 해당한다고 보고자 한다. 이 문제는 체계상의 문제일 뿐 결과에 있어 어떤 차이를 가져오는 것은 아니라고 생각된다.

(2) 대상판결의 경우

그렇다면 대상판결에서 문제된 대통령 긴급조치는 어떻게 보아야 할 것인가? 여기서 위헌 여부 판단의 준거가 되는 헌법이 긴급조치 당시의 유신헌법인지, 아니면 현행헌법인지 하는 것은 문제가 있고, 이는 아래에서 다시 살펴본다. 그러나 문제되는 기본권 자체는 유신헌법과 현행헌법이 다같이 보장하고 있다. 그러므로 유신헌법이나 현행 헌법의 기본권 규정에 비추어 본다면 위 긴급조치의 위헌성은 그야말로 명백한 것이라고 하지 않을 수 없다. 헌법재판소와 대법원의 판례가 설시하고 있듯이, 위 대통령 긴급조치는 유신헌법이 규정하고 있는 긴급조치 발령의 요건을 결여하였을 뿐만 아니라, 그 내용을 보더라도 긴급조치 제1호와 제9호의 경우에는 유신헌법에 대한 비판을 금지하고, 이를 위반하는 자는 처벌하도록 규정하고 있으며, 법관의 영장 없이 체포·구속 등을 할 수 있도록 허용하고 있고, 민간인을 군법회의에서 재판하도록 하여, 죄형법정주의에 위배되며, 참정권, 표현의 자유, 영장주의 및 신체의 자유, 법관에 의한 재판을 받을 권리 등 국민의 기본권을 침해하고 있음이 명백하다.[82] 이처럼 유신헌법에 대한 비판 자체를 금지한 것이 위헌임은 그 당시 상황에서도 명백하였다고 하지 않을 수 없다. 또 긴급조치 제4호도 오로지 유신체제를 유지하고 그에 대한 국민적 저항을 탄압하기 위한 것임이 분명하여,[83] 위헌임이 명백하다고 하지 않을 수 없다.

실제로 당시 박정희 대통령은 긴급조치를 사법적 심사의 대상에서 배제하고 있는 유신헌법 제53조 제4항이 없었더라면 긴급조치를 발령할 엄두를 내지 못했을 것이다. 다시 말하여 박정희 대통령 자신도 위 긴급조치가 당시의 유신헌법의

---

81) 김동희(주 25), 565면 이하 참조.
82) 같은 취지, 김세용(주 1), 652-653면.
83) 대법원 2013. 5. 16. 선고 2011도2631 전원합의체 판결 참조.

기본권 규정에는 어긋난다는 점을 충분히 인식하고 있었을 것이다.

V. 유신헌법 제53조 제4항 적용 배제의 근거

1. 문제의 소재

그런데 앞에서의 분석은 대통령의 긴급조치에 대하여 사법적 심사를 배제하고 있던 유신헌법 제53조 제4항을 논외로 하고 이루어졌다. 그러나 위 조항은 명문으로 긴급조치를 사법적 심사의 대상이 되지 아니한다고 규정하고 있었으므로, 위 조항이 적용되는 한 긴급조치의 발령을 불법행위로 인정하는 것은 불가능하다. 이는 불법행위의 성립에만 한정되는 것이 아니고, 기본적으로 당시의 유신헌법에 근거하여 이루어졌던 긴급조치가 어떻게 위헌이 될 수 있는가 하는 점부터 문제가 된다. 이 점에 관하여는 대법원과 헌법재판소도 서로 다른 태도를 보이고 있다.

2. 대법원의 판례에 대하여

이 문제에 대하여 대법원 2010. 12. 16. 선고 2010도5986 전원합의체 판결은 대통령 긴급조치위반 사건의 재심 절차에서 다음과 같이 판시하였다. 즉 재심소송에서 적용될 절차에 관한 법령은 재심판결 당시의 법령이므로, 사법적 심사의 대상이 되는지 여부는 현행 헌법에 기하여 판단하여야 하는데, 현행 헌법 제76조는 국가긴급권의 행사에 대하여 사법심사배제 규정을 두고 있지 아니하고, 유신헌법 자체에 의하더라도 제8조가 "모든 국민은 인간으로서의 존엄과 가치를 가지며, 이를 위하여 국가는 국민의 기본적 인권을 최대한으로 보장할 의무를 진다."고 규정하고 제9조 내지 제32조에서 개별 기본권 보장 규정을 두고 있었으므로, 유신헌법 제53조 제4항이 사법심사를 배제할 것을 규정하고 있다고 하더라도 이는 사법심사권을 절차적으로 제한하는 것일 뿐 이러한 기본권 보장 규정과 충돌되는 긴급조치의 합헌성 내지 정당성까지 담보한다고 할 수 없다는 것이다. 따라서 이 사건 재심절차를 진행함에 있어, 모든 국민은 유신헌법에 따른 절차적 제한을 받음이 없이 법이 정한 절차에 의해서 긴급조치의 위헌성 유무를 따지는 것이 가능하므로, 유신헌법 제53조 제4항에 근거하여 이루어진 긴급조치에 대한 사법심사가 불가능하다고는 할 수 없다고 하였다. 나아가 위 판결은 긴급조치의 위헌 여부를 판단함에 있어서는 제1차적으로 유신헌법을 판단 근거로 들고 있다.

그러나 이러한 판시는 의문이다. 우선 형사절차법은 행위 후에 변경된 것이라도 재심절차에서 적용될 수 있는 여지가 있다. 그러나 유신헌법 제53조 제4항은 단순히 사법심사권을 절차적으로 제한하는 것이라고는 할 수 없다. 유신헌법 당시의 헌법 교과서들은, 유신헌법 제53조 제4항이 이른바 통치행위의 이론을 성문화한 것으로 이해하고 있었다.[84] 그런데 위 유신헌법의 조항은 이러한 통치행위의 이론에 헌법적인 근거를 부여하여, 유신헌법이 당시 법원이나 헌법위원회에 긴급조치에 관한 사법심사권한을 부여하지 않음을 규정한 것이다. 따라서 위 조항이 단순한 절차적 제한에 불과하다고는 할 수 없다.[85]

그런데 이 사건에 관하여 재판연구관으로 보고한 것으로 보이는 한 판사의 위 전원합의체 판례 해설은 다음과 같이 설명하고 있다. 즉 헌법재판소 1989. 12. 18. 선고 89헌마32, 33 전원판부 결정은 1980. 10. 27. 공포된 제5공화국 헌법 부칙 제6조 제3항의 제소금지 규정[86]을 절차법규로 파악한 후, 구체적 사건 당시의 헌법 및 법률상태를 기준으로 할 것이 아니고 현행 헌법이 정한 법정절차에 의하여 위헌성 유무를 따지는 것이 가능하다고 판시하고 있는데, 이러한 법리는 이 사건에도 적용될 여지가 있다고 한다. 다시 말하여 국가긴급권에 대한 통제로서 사법적 심사를 배제한 유신헌법 제53조 제4항의 규정은 유신헌법의 기본권보장 규정과도 모순, 충돌되고, 현행 헌법에서는 국가긴급권의 또 다른 형태인 긴급명령·긴급재정경제명령에 관한 규정에서 사법적 심사 배제 규정을 삭제하는 등 반성적 견지에서 제소금지 조항을 승계하지 아니하였으므로, 긴급조치와 관련하여서 유신헌법 제53조 제4항의 규정의 적용은 배제되고, 모든 국민은 아무런 제약이 따르지 않는 기본권에 의하여 긴급조치에 대해 위헌성 유무를 따지는 것이

---

84) 김철수(주 13), 433면; 갈봉근, 유신헌법론, 한국헌법학회출판부, 1976, 309면.

85) 김경제, "대법원의 긴급조치 위헌판결이 가지는 문제점", 공법연구 제42집 1호, 2013, 206-207면; 정태호, "유신헌법에 의한 긴급조치의 위헌제청적격성에 관한 관견", 헌법학연구 제17권 4호, 2011, 420면; 이재희, "유신헌법 제53조와 긴급조치의 위헌심사에 대한 검토", 헌법재판연구 제2권 1호, 2015, 322면 참조. 또한 박찬주, "대통령긴급조치와 위헌선언", 인권과 정의 2011년 11월, 41면 이하도 대체로 같은 취지이다.

86) 1980. 10. 27. 공포된 제5공화국 헌법 부칙 제6조 제3항: 국가보위입법회의가 제정한 법률과 이에 따라 행하여진 재판 및 예산 기타 처분 등은 그 효력을 지속하며, 이 헌법 기타의 이유로 제소하거나 이의를 할 수 없다.

가능하다는 것이다.87)

　　그러나 위 헌법재판소 결정에서 문제되었던 제5공화국 헌법 부칙 제6조 제3
항과 유신헌법 제53조 제4항을 동일하게 취급할 수는 없다. 위 헌법재판소 결정
은 위 제소금지 규정은 국가보위입법회의라는 비상기관에서 비상절차에 의하여
제정한 각종 법률에 대하여 헌법적 근거를 부여함과 동시에 그 제정절차, 즉 성
립의 하자를 문제삼는 것을 예방하기 위한 비상제동장치를 마련하는데 있었다고
사료되며 그 내용의 합헌성 여부를 다투는 것을 봉쇄하는데 그 의도가 있었던
것이라고는 보여지지 않는다고 설시하였다. 그런데 유신헌법에 의한 대통령 긴
급조치에서는 대통령의 발령 권한이 문제될 여지는 처음부터 없었으므로, 제53
조 제4항은 제정절차의 문제만이 아니라, 내용의 합헌성 여부를 다투는 것 자체
를 처음부터 봉쇄하려는 것으로 이해할 수밖에 없다. 결국 위 대법원 판결은 실
질적으로 긴급명령 등에 대한 사법심사를 배제하지 않고 있는 현행 헌법의 규정
을 유신헌법에 근거한 긴급조치에 관하여 소급하여 적용한 것으로 보지 않을 수
없다.

　　그리고 형사실체법의 경우에는, 재심절차에서도 그 적용될 법령은 1차적으
로는 행위 당시의 법령이어야 하고, 다만 범죄후 법률의 변경에 의하여 그 행위
가 범죄를 구성하지 아니하거나 형이 구법보다 경한 때에는 신법에 의한다고 규
정하고 있는 형법 제1조 제2항이 적용될 수 있는 경우에 비로소 신법이 적용될
수 있을 뿐이다.88) 그러나 유신헌법 제53조 제4항이 이러한 의미에서의 형사실
체법이라고 할 수는 없다.

　　뿐만 아니라, 위 유신헌법 제53조 제4항은 재심절차가 개시된 후에만 문제
되는 것이 아니라, 재심을 개시할 것인지 여부의 단계에서도 문제된다. 위 조항
은 그 자체로서 재심 개시 결정에 장애 사유가 되기 때문이다. 위 대법원 2010.
12. 16. 선고 2010도5986 전원합의체 판결의 원심 판결인 서울고등법원 2010. 4.
30. 선고 2009재노19 판결에 의하면, 그 사건에서는 담당 수사관들이 수사 과정

---

87) 박순영, "유신헌법에 기한 대통령긴급조치의 위헌성", 형사실무연구회 편, 형사재판의 제문제,
　　제7권, 2014, 828-829면. 권순일, "유신헌법에 기한 대통령긴급조치의 위헌 여부 및 위헌심판기
　　관", 사법발전재단, 2011, 965면도 같은 취지이다. 참고로 권순일 당시 법원행정처 기획조정실
　　장은 위 대법원 2010. 12. 16. 선고 2010도5986 전원합의체 판결이 선고될 당시 대법원의 수석
　　재판연구관이었고, 그 후 대법관이 되어 대상판결의 주심을 맡았다.
88) 김경제(주 85), 200면 이하 참조. 독일의 학설도 이와 같다. Satzger · Schluckebier · Widmaier/
　　Kaspar, Strafprozessordnung, 2. Aufl., Carl Heymanns Verlag, 2016, StPO § 373 Rdnr. 5.

에서 피고인에 대하여 가혹행위를 함으로써 직무상 범죄를 저질렀다는 점이 증명되었다고 보아 재심개시결정이 있었다. 또 긴급조치 제4호가 위헌이라고 한 대법원 2013. 5. 16. 선고 2011도2631 전원합의체 판결도 마찬가지이다.[89] 그러나 그와 같은 별도의 재심 사유가 없는 경우에, 위 긴급조치 자체의 위헌을 이유로 하는 재심개시결정이 가능할 것인가?

　헌법재판소 2013. 3. 21. 2010헌바70·132·170 결정에서 병합된 2010헌바132 사건과 2010헌바170 사건의 헌법소원 청구인들은 긴급조치 제9호 위반을 이유로 형을 선고받았는데, 그 후 법원에 위 확정판결에 대하여 긴급조치 제9호가 위헌이라는 이유로 재심청구를 하면서 긴급조치 제9호에 대하여 위헌제청신청을 하였으나, 법원은 긴급조치 제9호에 대해서는 재판의 전제성이 인정되지 않는다는 이유로 위헌제청신청을 각하하고, 위 청구인의 주장은 재심사유가 되지 않는다고 하여 재심청구를 기각하자, 청구인들이 긴급조치 제9호에 대하여 헌법재판소법 제68조 제2항에 의한 헌법소원심판을 청구하였다. 이에 관하여 헌법재판소는, 재심의 대상이 된 유죄판결의 처벌 근거 조항인 긴급조치 제9호의 위헌 여부가 당해 사건에서 재판의 전제성이 인정된다고 하면서 다음과 같이 판시하였다. 즉 확정된 유죄판결에서 처벌의 근거가 된 법률조항을 재심의 개시 여부를 결정하는 재판에서 재판의 전제성을 인정하지 않는 주된 이유는, 재심대상사건의 재판절차에서 처벌조항의 위헌성을 다툴 수 있었던 피고인이 이를 다투지 않고 유죄 판결이 확정된 뒤에야 비로소 형사소송법에 정한 재심사유가 없는데도 처벌조항의 위헌성을 들어 재심을 통하여 확정된 유죄판결을 다투는 것을 재판의 전제성이 없다고 차단함으로써 형사재판절차의 법적 안정성을 추구하자는 데 있는데, 만약 피고인이 재심대상사건의 재판절차에서 그 처벌조항의 위헌성을 다툴 수 없는 규범적 장애가 있는 특수한 상황이었다면, 그에게 그 재판절차에서 처벌의 근거 조항에 대한 위헌 여부를 다투라고 요구하는 것은 규범상 불가능한 것을 요구하는 노릇이므로 이러한 경우에는 예외적으로 유죄판결이 확정된 후에라도 재판의 전제성을 인정하여 위헌성을 다툴 수 있는 길을 열어줄 필요가 있다

---

[89] 그런데 이 사건에서 서울고등법원은 수사관들이 피고인을 불법적으로 체포, 감금한 상태에서 고문 및 가혹행위를 가하였다는 이유로 재심개시결정을 하였는데, 재심의 본안판결에서는 피고인이 위 수사관들로부터 고문 또는 가혹행위를 당하였다는 점은 인정할 뚜렷한 자료가 없다고 하였다. 서울고등법원 2011. 2. 11. 선고 2009재노53 판결. 검사는 상고이유에서 이 점을 다투었으나, 대법원은 설령 재심개시결정이 부당하더라도 이미 확정되었다면 법원은 더 이상 재심사유의 존부에 대하여 살펴볼 필요가 없다고 하였다.

고 한다. 그런데 유신헌법 당시 긴급조치 위반으로 처벌을 받게 된 사람은 재심
대상사건 재판절차에서 긴급조치의 위헌성을 다툴 수조차 없는 유신헌법 제53조
제4항이라는 규범적 장애가 있었으므로, 그 재심청구에 대한 재판절차에서 긴급
조치의 위헌성을 비로소 다툴 수밖에 없기 때문에, 일반 형사재판에 대한 재심사
건과는 달리 긴급조치 위반에 대한 재심사건에서는 예외적으로 형사재판 재심절
차의 이원적 구조를 완화하여 재심 개시 여부에 관한 재판과 본안에 관한 재판
전체를 당해 사건으로 보아 재판의 전제성을 인정함이 타당하다고 하였다.

위와 같은 헌재 결정의 결론은 타당하지만, 이는 재심개시 여부를 결정하는
단계에서도 유신헌법 제53조 제4항이 적용되지 않는다는 것을 전제로 하여야만
가능하다. 따라서 재심소송에서 적용될 절차에 관한 법령은 재심판결 당시의 법
령이라는 것만으로는 이와 같은 경우를 해결할 수 없다. 실제로 대법원은, 위 헌
재 결정이 있은 후에 그 본안 사건인 2013. 4. 18. 자 2010모363 결정에서, 같은
날 고지된 대법원 2013. 4. 18. 결정 2011초기689 전원합의체 결정이 긴급조치
제9호가 위헌이라고 선언하였음을 원용하여, 재심사유가 있다고 하였다. 그런데
위 2011초기689 사건의 내용은 긴급조치 제9호 위반을 이유로 기소된 사람이
'긴급조치 제9호가 1979. 12. 8. 해제되었음을 이유로 대법원으로부터 1980. 5.
13. 면소판결을 받았는데(대법원 1980. 5. 13. 선고 79도2149 판결), 그 상속인이 형
사보상을 청구한 것이다. 대법원은, 긴급조치 제9호는 헌법에 위배되어 당초부터
무효이고, 이와 같이 위헌·무효인 긴급조치 제9호를 적용하여 공소가 제기된 경
우에는 법원은 무죄를 선고하였어야 하였다고 하여 형사보상청구를 받아들였으
나, 유신헌법 제53조 제4항이 왜 적용되지 않는지에 관하여는 아무런 설명이 없
다.[90]

한편 "이 헌법시행 당시의 법령과 조약은 이 헌법에 위배되지 않는 한 그 효
력을 지속한다"고 규정하고 있는 현행헌법 부칙 제5조를 근거로 하여, 유신헌법
상의 사법심사배제규정을 우회하는 것을 가능하게 한다는 주장도 있다.[91] 그러
나 대통령 긴급조치는 현행헌법 시행 당시 이미 실효되었으므로, 이 헌법 시행
당시의 법령과 조약에 해당하지 아니하고, 따라서 헌법 부칙 제5조는 처음부터

---

90) 위 전원합의체 결정에 대한 재판연구관의 해설인 박진환, "긴급조치 제9가 해제됨으로써 면소
　　판결을 받은 자가 '형사보상 및 명예회복에 관한 법률'에 따라 형사보상을 받을 수 있는지 여
　　부", 대법원판례해설 제96호 (2013 상), 2013, 1100면 이하도 이 점에 대하여는 언급하고 있지
　　않다.
91) 정태호(주 85), 423면.

적용될 여지가 없다.

그리고 위 대법원 판결은 위 판결은 긴급조치의 위헌 여부를 판단함에 있어서는 제1차적으로 유신헌법을 판단 근거로 들고 있으면서, 현행 헌법에 비추어 보더라도 위헌이라고 하였다. 그러나 이에 대하여는 비판이 있다. 즉 기본권을 광범위하게 제한하고 대통령에 권력을 독점시키며 민주적 기본질서를 침해하는 헌법으로서 내용적 정당성을 확보할 수 없고, 성립절차에 있어서도 정당성을 확보할 수 없는 유신헌법을, 현재의 위헌심사에서 준거규범으로 삼아 논증하는 것은 유신헌법을 오히려 현재에 와서 사후적으로 정당화해주는 것이 된다는 문제가 있으며, 이는 불법적 과거사 청산의 역사적 흐름에 오히려 역행하는 것이 될 수 있다는 것이다.[92] 위 헌법재판소 2013. 3. 21. 선고 2010헌바70 · 132 · 170 결정도, 이미 폐기된 유신헌법에 따라 이 사건 긴급조치들의 위헌 여부를 판단하는 것은, 유신헌법 일부 조항과 긴급조치 등이 기본권을 지나치게 침해하고 자유민주적 기본질서를 훼손하는 데에 대한 반성에 기초하여 헌법 개정을 결단한 주권자인 국민의 의사와 기본권 강화와 확대라는 헌법의 역사성에 반하는 것으로 허용할 수 없다고 하여, 긴급조치들의 위헌성을 심사하는 준거규범은 유신헌법이 아니라 현행헌법이라고 하였다.

이러한 비판은 유신헌법의 성립과정 등을 고려할 때 심정적으로는 충분히 이해될 수 있는 것이다. 아래에서 보는 것처럼 이와 같은 이유로 유신헌법 자체가 위헌이라는 주장도 있다. 그러나 유신헌법도 문제되고 있는 기본권을 모두 보장하고 있다. 물론 이것이 명목적인 것이었다고 할 수는 있지만, 유신헌법을 배제한다면 헌법재판소와 마찬가지로 결국 현행헌법이 소급적용된다고 보아야 할 것인데, 내용에 차이가 없어서 결과가 달라지지 않음에도 불구하고 법령불소급의 원칙에 어긋나게 현행헌법의 소급적용을 인정할 필요가 있는지는 의문이다. 특히 긴급조치의 발령으로 인한 국가배상책임이 성립하기 위하여 위헌임이 명백할 것임이 요구된다면, 이는 긴급조치 발령 당시를 기준으로 하여야 할 것이고, 따라서 위헌 여부도 그 때의 헌법에 비추어 판단하여야 할 것이다.

아래에서 보는 것처럼 필자는 유신헌법 가운데 긴급조치에 대하여 사법심사를 배제하는 제53조 제4항은 현행 헌법에 의하여 적용이 배제되어야 하지만, 그 나머지의 기본권 조항은 긴급조치의 위헌성을 판단하는 규범이 될 수 있다고 본다.

---

92) 이재희(주 85), 325면.

3. 헌법재판소의 결정

반면 헌법재판소 2013. 3. 21. 선고 2010헌바70 · 132 · 170 결정은, 헌법재판소의 헌법 해석은 헌법이 내포하고 있는 특정한 가치를 탐색 · 확인하고 이를 규범적으로 관철하는 작업이므로, 헌법재판소가 행하는 구체적 규범통제의 심사기준은 원칙적으로 헌법재판을 할 당시에 규범적 효력을 가지는 헌법이라고 하여, 현행 헌법을 기준으로 하여 긴급조치가 위헌이라고 하였다. 그리고 그에 따라 유신헌법 제53조 제4항 규정의 적용은 배제된다고 하였다.

이와 같은 판시는 이 사건에서 처음 나온 것은 아니다. 헌법재판소 1994. 6. 30. 선고 92헌가18 결정도, 1971년에 제정된 국가보위에 관한 특별조치법[93] 제5조 제4항에 근거하여 1977년에 이루어진 수용처분이 문제된 사건에서, 위 규정이 위헌이라고 하면서 그 근거로서 현행 헌법 제76조와 제77조를 들었다. 그러나 위 결정은 왜 현행 헌법이 현행 헌법 시행 전에 이미 폐지된 법률의 위헌 여부를 판단하는 근거가 될 수 있는지에 대하여는 밝히고 있지 않다. 그리고 위 2010헌바70 · 132 · 170 결정 이후에 선고된 헌법재판소 2015. 3. 26. 선고 2014헌가5 결정도, 위 특별조치법 제11조 제2항 중 제9조 제1항에 관한 부분은 헌법에 위반된다고 하면서, 근거가 되는 헌법조항으로서 현행 헌법 제33조 제1, 2항을 들고 있다. 나아가 헌법재판소 2016. 4. 28. 선고 2013헌바396, 2014헌바394 결정에서의 이정미, 안창호 재판관의 반대의견은 위 헌법재판소 2013. 3. 21. 선고 2010헌바70 · 132 · 170 결정을 인용하면서, 구체적 규범통제의 심사기준은 원칙적으로 헌법재판을 할 당시에 규범적 효력을 가지는 헌법이라고 하여, 1958. 2. 22. 제정된 민법 시행 이전의 구 관습법 중 "여호주가 사망하거나 출가하여 호주상속인 없이 절가된 경우, 유산은 그 절가된 가(家)의 가족이 승계하고 가족이 없을 때는 출가녀(出家女)가 승계한다"는 부분은 현행 헌법 하에서 용인될 수 없다고 하였다.

그러나 현행 헌법이 시행되기 전에 적용되었고, 현행 헌법 당시에는 이미 규범으로서의 효력을 상실한 법률이나 관습법에 대하여 일반적으로 현행 헌법이 위헌 여부의 판단 기준이 될 수 있는 근거가 무엇인지 명확하지 않다. 이는 현행 헌법을 소급적용하는 것이 되는데, 이러한 소급적용은 원칙적으로 허용되지 않

---

93) 위 법은 1981. 12. 17. 폐지되었다.

는 것이기 때문이다.[94] 헌법재판소의 판례는, 과거의 사실관계 또는 법률관계를 규율하기 위한 소급입법을 이미 과거에 완성된 사실 또는 법률관계를 규율의 대상으로 하는 이른바 '진정소급효'의 입법과, 이미 과거에 시작하였으나 아직 완성되지 아니하고 진행과정에 있는 사실 또는 법률관계를 규율의 대상으로 하는 이른바 '부진정소급효'의 입법을 구별하여, 전자의 경우에는 입법권자의 입법형성권보다도 당사자가 구법질서에 기대했던 신뢰보호와 법적안정성을 위하여 특단의 사정이 없는 한 구법에 의하여 이미 얻은 자격 또는 권리를 그대로 존중할 의무가 있다고 보고 있다.[95] 이는 헌법의 소급 적용에 대하여도 마찬가지라고 보아야 할 것이다.[96] 독일연방헌법재판소의 판례도, 독일 기본법 제정 또는 개정 전에 발생한 사안에 대하여는 독일 기본법이 적용되지 않는다고 보고 있다.[97]

가령 이 사건과 같은 경우를 일반화한다면, 유죄판결이 선고되어 확정될 당시에는 그 당시의 헌법에 비추어 볼 때 유죄의 근거가 된 법률이 위헌이 아니었는데, 나중에 개정된 헌법에 의하면 그 법률이 위헌으로 보이는 경우라고 하여도, 위 확정판결에 대하여 재심을 청구할 수는 없는 것이 원칙이라고 보아야 할 것이다.[98] 헌법재판소법 제47조 제3항은, 위헌으로 결정된 법률 또는 법률의 조항에 근거한 유죄의 확정판결에 대하여는 재심을 청구할 수 있다고 규정하고 있지만, 이는 유죄판결 당시에도 근거 법률이 위헌이었던 경우를 가리키는 것이지, 유죄판결 당시에는 위헌이 아니었으나 그 후의 개정 헌법에 비추어보면 위헌인 경우까지를 포함한다고 할 수는 없다.

그런데 위 헌법재판소 결정에 대하여, 다음과 같이 이를 옹호하는 견해가 있다. 즉 재심이 개시된 사건에서 범죄사실에 대하여 적용하여야 할 법령은 재심판

---

94) 같은 취지, 김경제, "긴급조치에 대한 헌법재판소 결정의 문제점", 헌법학연구 제19권 3호, 2013, 337면 이하; 승이도, "초헌법적 국가긴급권에 대한 위헌심사 연구", 공법연구 제45집 1호, 2016, 152면; 윤진수, "상속관습법의 헌법적 통제", 헌법학연구 제23권 2호, 2017, 175면 이하.
95) 헌법재판소 1989. 12. 18. 선고 89헌마32, 33 결정 등.
96) Burkhard Hess, Intertemporales Privatrecht, Mohr Siebeck, 1998, S. 316은 시제헌법(時際憲法, das intertemporale Verfassungsrecht)은 법기술적으로는 다른 저촉법(Kollisionsrecht)과 구별되지 않는다고 한다. Sachs, in: Sachs (Hrsg.), Grundgesetz, 7. Aufl., C. H. Beck, 2014, Einführung, Rdnr. 29도 위 책을 인용하면서, 독일 기본법은 시간적으로는 기본법이 시행된 후에만 효력이 있고, 소급효는 없으며, 기본법 시행 전의 국가의 고권행위나 다른 종국적으로 유효하게 된 법률효과가 종전의 헌법적 근거가 상실된 것에 관계없이 여전히 존속하는 것은 그것이 나중에 발효되었더라면 헌법에 침해되었을 것인 경우에도 헌법에 위반됨이 없이 여전히 효력을 가진다고 한다.
97) BVerfGE 2, 237; BVerfGE 84, 90 등.
98) 박찬주(주 85), 35면 참조.

결 당시의 법령이라고 하는 위 대법원 2010. 12. 16. 선고 2010도5986 전원합의
체 판결을 원용하면서, 재심에서 적용할 법률은 재심판결 당시의 법률이고, 이는
재심판결 당시의 '합헌적' 법률이며, 이때 합헌적이라 함은 재심판결 당시의 헌
법에 부합하는 법률임을 의미한다는 것이다. 그리고 우리 사회가 헌법개정을 통
해 긴급조치 발령권을 삭제하고 다른 내용의 완화된 국가긴급권으로 대체하는
등 유신헌법의 문제점들을 해소해 나간 것은 더 이상 우리 사회에서 유신헌법의
문제적 조항들로 인한 폐해가 반복되지 않도록 하겠다는 주권자의 결의, 문화사
적 인식을 읽을 수 있고, 만약, 헌법개정에도 불구하고 유신헌법에서 발생했던
문제적 행위들의 효력을 존치시키고자 했다면 이는 부칙으로 규정해 둘 수 있었
고, 또한 두어야 했으므로, 유신헌법이 아닌 현행헌법을 적용한 것은 헌법개정권
자들의 의사와 인식에 부합한다고 한다.[99]

그러나 앞에서 본 것처럼 재심사건에서 범죄사실에 대하여 적용하여야 할
법령이 재심판결 당시의 법령이라고 하는 주장을 일반적으로 받아들일 수는 없
다. 또 유신헌법에서 발생했던 문제적 행위들의 효력을 존치시키고자 했다면 이
는 부칙으로 규정해 두었어야 한다고 하는 것은 거꾸로 된 논리이다. 오히려 유
신헌법상 효력을 발생했던 행위의 효력을 현행헌법하에서 부인하려면 부칙에서
이를 규정하였어야 하고, 그러한 규정이 없는 이상 유신헌법상 유효했던 행위는
현행헌법에서도 그대로 유효하다고 보아야 한다.

다만 이러한 원칙에 전혀 예외가 인정될 수 없는 것은 아니다. 필자로서는
아래에서 보는 것처럼, 적어도 대통령 긴급조치의 사법심사 배제에 관하여는 예
외적으로 현행 헌법의 규정이 소급적용되는 것이 옳다고 생각하지만, 헌법재판
소의 판례와 같이 현행 헌법 시행 전의 사안에 대하여도 무조건 현행 헌법이 소
급적용되어야 한다고 보는 것에는 찬성할 수 없다.

4. 유신헌법 제53조 제4항 또는 유신헌법 자체가 위헌이라는 주장에 대하여

학설 가운데에는 유신헌법 제53조 또는 유신헌법 전체가 위헌이므로, 헌법
재판소가 이에 대하여도 위헌선언을 했어야 한다는 주장이 있다. 즉 유신헌법으

---

99) 이황희, "구 헌법 제53조 등 위헌소원", 헌법재판소결정해설집(2013년), 2014, 17-18면.

로의 개정 절차가 당시의 제3공화국 헌법상 규정된 헌법개정 절차에 어긋나고, 또 그 내용에 있어서도 대통령의 종신집권을 제도적으로 보장하고 있으며, 대통령의 절대적 대권을 부여하고 있으며, 기본권보장이라는 헌법의 기본적 사명을 포기하였다는 것 등이다. 특히 유신헌법 제53조에 대하여는, 헌법이 권력통제의 사명을 포기하고 오히려 무한권력을 허용하는 '수권헌법'으로 전락하였다고 한다.[100]

유신헌법이나 그 중 제53조에 대한 위와 같은 비판 자체는 정당하다. 그러나 문제는 헌법재판소가 헌법 규정 자체에 대하여 위헌이라는 판단을 할 수 있는가 하는 점이다. 이 점에 대하여 헌법재판소 1995. 12. 28. 선고 95헌바3 결정은, 군인·공무원·경찰공무원 등의 국가배상청구를 제한하는 헌법 제29조 제2항에 대한 헌법소원을 다음과 같은 이유로 부적법하다고 보아 각하하였다. 즉 이른바 헌법제정권력과 헌법개정권력을 준별하고, 헌법의 개별규정 상호간의 효력의 차이를 인정하는 전제하에서 헌법제정규범에 위반한 헌법개정에 의한 규정, 상위의 헌법규정에 위배되는 하위의 헌법규정은 위헌으로 위헌심사의 대상이 된다거나, 혹은 헌법규정도 입법작용이라는 공권력 행사의 결과이므로 헌법재판소법 제68조 제1항에 의한 헌법소원의 대상이 된다는 견해가 있을 수는 있지만, 우리 헌법의 각 개별규정 가운데 무엇이 헌법제정규정이고 무엇이 헌법개정규정인지를 구분하는 것이 가능하지 아니할 뿐 아니라, 각 개별규정에 그 효력상의 차이를 인정하여야 할 형식적인 이유를 찾을 수 없고, 현행 헌법 및 헌법재판소법의 명문의 규정취지에 비추어, 헌법제정권과 헌법개정권의 구별론이나 헌법개정한계론은 그 자체로서의 이론적 타당성 여부와 상관없이 우리 헌법재판소가 헌법의 개별규정에 대하여 위헌심사를 할 수 있다는 논거로 원용될 수 있는 것이 아니라는 것이다. 헌법재판소는 그 후에도 이와 같은 판례를 유지하고 있다.[101]

과연 법률이 아닌 헌법의 개별 규정에 대하여도 위헌이라고 할 수 있는가 하는 점은 이론적으로는 논의해 볼 수 있는 문제이나, 현실적으로는 헌법과 헌법

---

100) 김선택, "참고인 의견서", 헌법연구 제2권 1호, 2015, 189면 이하(이는 헌법재판소 2010헌바70, 132, 170 사건에서 헌법재판소에 제출한 의견서이다). 또한 김경제(주 94), 345면 이하; 이재희(주 85), 326면 이하; 정연주, "긴급조치에 대한 심사 관할권과 유신헌법 제53조의 위헌성", 헌법학연구 제20권 3호, 2014, 253면 이하 등도 같은 취지이다.

101) 헌법재판소 2001. 2. 22. 선고 2000헌바38 결정; 2007. 11. 29. 선고 2007헌바30 결정. 다만 2000헌바38 결정에는 헌법의 개별조항도 법률의 개념에 포함되는 것으로 해석하여 헌법재판소가 그 위헌성을 확인할 수 있으며, 헌법 제29조 제2항은 위헌이라는 하경철 재판관의 반대의견이 있다.

재판소법의 명문 규정을 뛰어넘어서 헌법재판소가 헌법의 규정에 대하여 위헌 판단을 할 수 있는 권한을 가지고 있다고 보기는 어렵다. 뿐만 아니라 여기서 문제되고 있는 유신헌법 제53조 제4항은 이미 실효된 규정이므로, 이 자체에 대하여 위헌선언을 하는 것이 큰 실익을 가지는 것도 아니다. 다시 말하여 다른 방법에 의하여 위 조항의 적용을 배제할 수 있다면, 구태여 위 조항 자체가 위헌인지 여부에 대하여 판단할 필요가 없다. 그런데 아래에서 보는 것처럼, 긴급조치의 위헌 여부에 대하여 현행 헌법이 소급적용될 수 있다고 본다면, 굳이 이론적으로나 현실적으로 어려운 헌법 규정에 대한 위헌판단의 문제를 제기할 필요가 없다.

헌법재판소 2013. 3. 21. 선고 2010헌바70·132·170 결정도, 위 긴급조치의 위헌 여부는 유신헌법이 아닌 현행헌법에 의해 판단되어야 하므로, 유신헌법 제53조는 이 사건 심판의 대상에서 제외하기로 한다고 판시하여 이 문제에 대한 판단을 회피하였다.

5. 유신헌법 제53조 제4항의 적용 배제와 라드브루흐 공식

그러면 대통령 긴급조치의 위헌 여부를 따짐에 있어서 현행 헌법을 소급적용할 여지는 전혀 없는 것인가?

이 점과 관련하여서는 다음과 같은 주장이 있다. 즉 긴급조치에 대한 위헌심사 기준을 현행헌법으로 명시한 헌재 2010헌바70등 결정은 한시법의 추급효 인정 여부에 관한 형법 제1조 제2항의 해석론과 유사한 맥락에 있는 것으로 보인다고 한다. 즉 유신헌법 제53조는 이후의 헌법개정 과정에서 그 권한범위 및 사법심사배제가 부당하였다는 반성적 고려에서 폐지되었다고 봄이 상당하므로, 긴급조치에 대한 위헌심사 준거규범을 헌법재판 당시의 규범인 현행헌법으로 판단한 헌재 2010헌바70등 결정은 타당하다는 것이다.[102]

그런데 예외적인 상황에서는 현행 헌법을 적용할 수 있다는 생각 자체는 긍정적으로 평가할 수 있지만, 단순한 반성적 고려의 유무는 이 문제를 해결하기 위하여 적절한 기준이라고 할 수 없다. 헌법 조항이 개정되었다면, 대부분의 경우에는 구 조항에 문제가 있기 때문에 더 나은 조항으로 대체하여야 한다는 반

---

102) 승이도(주 94), 152-153면.

성적 고려에 기한 것일 텐데, 그렇다면 대부분의 경우에는 결국 현행 헌법의 조항이 소급적용되어야 한다는 결론에 이르게 된다.

이 점에 관하여는 남아프리카 공화국 헌법재판소가 1996년에 선고한 두 플레시 판결103)을 참고할 필요가 있다. 이 사건에서의 논점의 하나는, 1994. 4. 27.부터 시행된 과도헌법(Interim Constitution) 시행 전에 있었던 언론 보도가 당시에는 위법한 명예훼손이었던 것이 언론의 자유를 보장한 과도헌법 제15조의 시행으로 적법한 것이 되는가 하는 점이었다. 이에 대하여 남아프리카 공화국 헌법재판소는, 제15조를 포함하는 과도헌법 제3장(Chapter 3)은 소급하여 적용되지 않고, 따라서 과도헌법 시행 전에 위법하였던 것이 시행 후에 합법적인 것이 되지는 않는다고 하였다.104) 다만 이 판결은, 이전에 취득한 권리의 집행이 현재의 헌법적 가치에 비추어 볼 때 매우 부당하고 혐오스러워서 묵인할 수 없는 경우가 있을 수 있다고 하여 예외의 여지가 있음을 인정하였다.105)106)

그러므로 과거의 헌법 조항이 현재의 헌법이나 그 이념에 비추어 볼 때 참을 수 없을 정도로 매우 부당한 경우에는, 과거의 헌법 조항의 적용을 배제하고, 현재의 헌법에 따라 재판할 수 있어야 할 것이다. 이 점에 관하여는 이른바 라드브루흐 공식(Radbruchsche Formel)을 참고할 필요가 있다. 독일의 라드부르흐(Gustav Radbruch)는 다음과 같이 주장하였다. "정의와 법적 안정성 사이의 갈등은 다음과 같이 해결될 수 있다. 즉 규정과 권력에 의해 확보된 실정법은 비록 그 내용이 부정의하고 합목적적이지 못하다 하더라도 일단 우선권을 갖는다. 그러나 실정법의 정의에 대한 위반이 참을 수 없는(unerträglich) 정도에 이르면 부정의한 법인 이 법률은 정의에 자리를 내주어야 한다. 법률적인 불법과 부정의한 내용을 가졌지만 여전히 효력이 있는 법률 사이에 더 분명한 경계선을 긋는 것은 불가능하지만, 다음과 같은 경우에는 더 분명하게 경계를 그을 수 있다: 정의를 전혀 추구하지 않은 경우, 정의의 핵심을 이루는 평등이 실정법을 정립함에 있어서 알면서 부인된(bewußt verleugnet wurde) 경우에는 법률이 단지 부정의한 법이 아니라, 법으로서의 성질을 가지지 못한다. 왜냐하면 법은 실정법이라도 그 의미상 정의에

---

103) Du Plessis and Others v De Klerk and Another, 1996 (3) SA 850.
104) Paras. 12 ff.
105) Para. 20.
106) 이 판결에 대하여 좀더 상세한 것은 윤진수, "보통법 국가에서의 기본권의 수평효", 연세대학교 법학연구 제27권 3호, 2017, 185면 이하 참조.

봉사하도록 정해진 질서와 규정이라고 정의할 수밖에 없기 때문이다."107)108)

독일의 법원은 이러한 라드브루흐 공식을 원용하여, 나치스 시대의 법의 효력을 부정하였다. 예컨대 독일연방헌법재판소의 판례는, 외국에 주소를 둔 유태인의 독일 국적을 박탈하고 그 재산을 국가에 귀속시키는 내용의 제국국민법(Reichsbürgergesetz)에 의한 1941. 11. 25.의 행정명령은 정의와의 모순이 참을 수 없을 정도여서, 처음부터 무효로 보아야 한다고 판시하였다.109)

물론 이러한 라드브루흐 공식에 대하여도, 법률의 정의에 대한 위반이 어느 정도에 이르러야 동 실정법이 효력을 상실하게 되는가에 대한 명확한 기준이 없고, 라드브루흐 공식에서 제시하는 정의개념이 불확실하다는 등의 비판이 있다.110) 그러나 유신헌법, 그 중에서도 긴급조치에 대한 사법심사를 배제하는 제53조 제4항에 대하여는 이러한 라드브루흐 공식이 충분히 적용될 수 있다.111) 위 조항에 따른다면, 대통령의 긴급조치는 어느 국가기관으로부터도 통제를 받지

---

107) 원문은 다음과 같다. "Der Konflikt zwischen der Gerechtigkeit und der Rechtssicherheit dürfte dahin zu lösen sein, daß das positive, durch Satzung und Macht gesicherte Recht auch dann den Vorrang hat, wenn es inhaltlich ungerecht und unzweckmäßig ist, es sei denn, daß der Widerspruch des positiven Gesetzes zur Gerechtigkeit ein so unerträgliches Maß erreicht, daß das Gesetz als ,unrichtiges Recht' der Gerechtigkeit zu weichen hat. Es ist unmöglich, eine schärfere Linie zu ziehen zwischen den Fällen des gesetzlichen Unrechts und den trotz unrichtigen Inhalts dennoch geltenden Gesetzen; eine andere Grenzziehung aber kann mit aller Schärfe vorgenommen werden: wo Gerechtigkeit nicht einmal erstrebt wird, wo die Gleichheit, die den Kern der Gerechtigkeit ausmacht, bei der Setzung positiven Rechts bewußt verleugnet wurde, da ist das Gesetz nicht etwa nur ,unrichtiges' Recht, vielmehr entbehrt es überhaupt der Rechtsnatur. Denn man kann Recht, auch positives Recht, gar nicht anders definieren als eine Ordnung und Satzung, die ihrem Sinne nach bestimmt ist, der Gerechtigkeit zu dienen." Gustav Radbruch, "Gesetzliches Unrecht und übergesetzliches Recht", SJZ(Süddeutschen Juristenzeitung) 1946, S. 107. 인용은 Ralf Dreier/Stanley Paulson (Hrsg.), Gustav Radbruch Rechtsphilosophie, Studienausgabe, 2. Aufl., C. F. Müller, 2003, S. 216에서. 이 논문의 한국어 번역으로는 프랑크 잘리거 지음, 윤재왕 옮김, 라드브루흐공식과 법치국가, 제2판, 세창출판사, 2011, 138면 이하와 이재승, 국가범죄, 앨피, 2010, 636면 이하가 있다. 본문의 번역은 필자가 한 것이다.
108) 다만 이 공식을 어떻게 파악할 것인가에 대하여, 특히 인용한 글 중 앞 부분의 참을 수 없음 테제(Unerträglichkeitsthese)와 뒷 부분의 부정테제(Verleugnungsthese)의 관계에 대하여는 의견이 나누어지고 있다. 잘리거(주 107), 5면 이하와 이재승, "라드브루흐 공식", 법철학연구 제7권 1호, 2004, 102-103면을 비교할 것.
109) 독일연방헌법재판소 1968. 2. 14. 결정(BVerfGE 23, 98 = VerwRspr 1969, 261). 다만 이 결정에는 라드브루흐의 이름은 직접 언급되어 있지 않다. 이 결정은 이재승, 국가범죄(주 107), 489-490면에도 소개되어 있으나, 결정 아닌 판결이라고 하였고, 출전도 BVerfGE 6, 99 ff.로 잘못 표기되어 있다.
110) 김동률, "체제범죄의 형법적 청산에 있어 형벌불소급원칙의 극복원리", 형사정책 제25권 제2호, 2013, 163면; 김학태, "법을 통한 과거청산", 외법논집 제18집, 2005, 15면 등의 소개 참조.
111) 김선택(주 100), 212면은 유신헌법이 위헌이라고 하면서 라드브루흐 공식을 원용하고 있다.

않는 것이 되어,112) 그야말로 헌법으로부터 자유로운 영역이 된다. 이는 모든 국가권력은 헌법에 의하여 통제되어야 한다는 근대 입헌주의에 정면으로 충돌된다. 대통령의 긴급권은 제헌헌법 제57조에서부터 인정되었는데, 유신헌법을 제외하고는 긴급권 행사를 사법심사에서 제외한 예가 없었다. 그러므로 이러한 조항은 입헌주의의 이념을 의도적으로 부인한 것이므로 그 부정의의 정도가 그야말로 참을 수 없을 정도에 이르렀다고 하지 않을 수 없다. 그러므로 이와 같은 유신헌법 제53조 제4항을 근거로 하여, 현행헌법 하에서도 긴급조치의 위헌심사를 부정하는 것은 정의의 관념에 현저하게 어긋난다.

따라서 유신헌법 제53조 제4항은 더 이상 적용될 수 없고, 이때에는 입헌주의의 기본원칙에 돌아가, 긴급조치도 사법심사의 대상이 된다고 보아야 할 것이다. 그렇게 되면 결국 대통령의 긴급권 행사에 대하여 사법심사를 배제하지 않는 현행 헌법이 소급적용되는 것과 마찬가지가 된다.

헌법재판소 2013. 3. 21. 선고 2010헌바70, 132, 170 결정도 유신헌법 제53조 제4항의 적용을 배제하는 근거로서, 이러한 사법심사 배제조항은 근대입헌주의에 대한 중대한 예외가 될 뿐 아니라 기본권보장 규정이나 위헌법률심판제도에 관한 규정 등 다른 헌법 조항들과 정면으로 모순·충돌되는 점 및 현행헌법에서는 그 반성적 견지에서 긴급재정경제명령·긴급명령에 관한 규정(제76조)에서 사법심사 배제 규정을 삭제하여 제소금지조항을 승계하지 아니한 점을 들고 있어, 기본적으로는 같은 생각이 바탕에 깔려 있었다고 할 수 있다.

다른 한편 이러한 라드브루흐 공식, 그 중에서도 부정 테제를 끝까지 관철할 경우에는, 위와 같은 유신헌법 제53조 제4항은 처음부터 법으로서의 효력을 가지지 못하였다고 주장할 수도 있을 것이다. 그러나 이는 앞에서도 언급한 것처럼 현재의 해석론으로는 무리한 것으로서, 현행 헌법 시행 후에는 더 이상 위 조항을 내세워 긴급조치의 사법심사 가능성을 부정할 수 없다고 하는 것만으로도 충분히 문제를 해결할 수 있다.

그러므로 유신헌법 제53조 제4항을 이유로 하여 긴급조치에 대한 사법심사를 부정할 수는 없고, 따라서 위 긴급조치는 위헌이라고 하여 당시 긴급조치 위반을 이유로 처벌받았던 사람들에 대한 재심을 허용한 대법원의 판결은 결과적

---

112) 유신헌법 제53조 제6항은 "국회는 재적의원 과반수의 찬성으로 긴급조치의 해제를 대통령에게 건의할 수 있으며, 대통령은 특별한 사유가 없는 한 이에 응하여야 한다"고 규정하여, 국회의 건의에 실질적인 구속력을 인정하지 않고 있다.

으로 매우 타당한 결론에 이르렀다고 말할 수 있다. 그러나 긴급조치가 실제로 위헌인지 여부를 판단함에 있어서 그 근거가 되는 헌법은 현행 헌법이 아닌 유신헌법이라고 보아야 한다.

Ⅵ. 긴급조치의 위헌으로 인한 국가배상책임의 성부

이처럼 유신헌법 제53조 제4항의 적용이 배제되어, 대통령 긴급조치가 위헌인 것이라면, 그로부터 바로 대통령의 긴급조치 발령이 불법행위가 되어 국가배상책임이 성립하는가? 이 문제는 좀더 따져 볼 필요가 있다. 앞에서 살펴본 것처럼, 어느 법률이 위헌이라는 것과, 그로 인한 국가배상책임의 문제와는 구별된다. 대통령 긴급조치가 위헌이라고 하여 그에 의하여 처벌받은 사람을 형사 재심절차에서 무죄로 하고, 형사보상을 허용하는 것은 기본권을 침해당한 사람에 대한 구제(remedy)로서 허용될 수 있지만, 그에 대한 불법행위책임을 인정하는 것은 피해자에 대한 구제뿐만 아니라 국가에 대한 제재(sanction)도 부과하는 것이 된다.

그런데 이 사건에서는 적어도 대통령의 긴급조치가 발령될 당시에는 유신헌법 제53조 제4항 때문에 그 긴급조치의 위법성 자체를 법원이 판단할 수 없었고, 따라서 불법행위가 된다고 할 수도 없었다. 그러므로 현행 헌법이 사후적으로 소급 적용된다고 하여 국가배상책임이 인정된다고 하는 것은 진정소급입법에 해당하여 허용되지 않는 것이 아닌가 하는 의문이 제기될 수 있다.

이는 위와 같은 라드브루흐 공식이 소급적인 형사처벌의 근거로 원용되는 경우에는 매우 심각한 문제가 된다. 독일연방대법원 1992. 11. 3. 판결[113]과 독일연방헌법재판소 1996. 10. 24. 결정[114]은, 독일 통일 전에 동독을 탈출하려던 사람을 사살한 동독 국경경비대원의 행위나, 이에 대한 책임이 있는 당시의 동독 국방위원회(Nationaler Verteidigungsrat)의 위원들의 행위가 비록 당시 동독의 법상으로는 정당화되었던 행위였지만, 이를 통일된 독일의 법원에서 처벌하는 것이 독일 기본법 제103조 제2항이 규정하는 소급형벌 금지의 원칙에 어긋나지 않는

---

113) BGHSt 39, 1 = NJW 1993, 141.
114) BVerfGE 95, 96 = NJW 1997, 929. 이에 대하여는 당사자들이 유럽인권재판소에 소원을 제기하였으나, 유럽인권재판소는 2001. 3. 22. 이 소원을 기각하였다. European Court of Human Rights, CASE OF STRELETZ, KESSLER AND KRENZ v. GERMANY. (https://hudoc.echr. coe.int/eng#{"fulltext":["STRELETZ"],"itemid":["001-59353"]}).

다고 하면서, 라드브루흐 공식을 원용하였다. 그러나 이에 대하여는 독일 내에서
도 많은 비판이 있었다.[115]

　그러나 국가에게 소급적으로 민사상 손해배상책임을 부과하는 것은 이와는
다른 문제이다. 헌법은 소급입법에 의한 재산권의 박탈을 금지하고 있는데(제13
조 제2항), 소급입법에 의한 손해배상책임의 부과도 여기에 해당된다고 볼 여지가
있다. 그러나 여기서 문제되는 것은 위헌적인 법률에 의하여 국가가 국가배상책
임을 부담하여야 하는가 하는 점인데, 그것이 헌법의 소급 적용에 의하여 이루어
진다고 하여, 위 조항에 의하여 금지된다고는 볼 수 없을 것이다. 국가는 국민의
기본권을 보호 내지 실현해야 할 책임과 의무를 지니고 있는 지위에 있을 뿐이
므로, 기본권의 주체가 될 수 없다.[116]

　다른 한편 헌법재판소의 판례는 진정소급효를 가지는 입법은 원칙적으로 허
용되지 않는다고 보고 있으므로,[117] 이 점에서 국가의 국가배상의무를 인정하는
것은 위헌이 아닌가 하는 점도 생각해 볼 필요가 있다. 그러나 헌법재판소의 판
례는 신뢰보호의 요청에 우선하는 심히 중대한 공익상의 사유가 소급입법을 정
당화하는 경우에는 예외적으로 진정소급입법이 허용된다고 본다.[118] 그런데 이
사건에서는 국가가 명백히 헌법에 어긋나는 방법으로 기본권을 침해한 경우이므
로, 국가의 신뢰 보호를 운위할 수 있는 경우가 아니고, 국가의 국민에 대한 기본
권 침해로 인한 손해를 배상하여야 한다는 것은 심히 중대한 공익에 해당하므로,
진정소급입법이라 하여도 허용되는 것으로 보아야 할 것이다. 가령 특별법을 제
정하여 국가에게 긴급조치로 인하여 처벌을 받은 사람에 대한 배상의무를 부과
한다고 하더라도, 이것이 소급입법이므로 위헌이라고 할 수는 없을 것이다.

　다만 이러한 경우에 법원이 국가의 손해배상책임을 인정한다면, 결국 법원
이 이러한 입법을 하는 것과 마찬가지가 되는데, 법원이 이러한 권한을 가지는지
에 대하여 의문을 제기할 수는 있다. 그러나 이는 현행 헌법이 소급적용된다는
것을 전제로 하여 국가배상법을 해석한 결과이므로, 법원에게 주어진 권한을 넘
어서는 것이라고는 할 수 없다.

　한 가지 더 따져 보아야 할 것은, 긴급조치가 위헌인 근거를 현행 헌법의 기

---

115) 김동률(주 110), 163면 참조.
116) 헌법재판소 1994. 12. 29. 선고 93헌마120 결정; 2006. 2. 23. 선고 2004헌바50 결정 등.
117) 헌법재판소 1989. 12. 18. 선고 89헌마32, 33 결정 등.
118) 헌법재판소 1998. 9. 30. 선고 97헌바38 결정.

본권 규정에서 찾는다면, 이는 현행 헌법의 소급적용이고, 따라서 당시에는 긴급조치가 위헌이라는 점이 명백하지 않았으므로 불법행위책임이 성립하지 않는다는 주장이 있을 수 있다. 그러나 앞에서 본 것처럼, 유신헌법 당시의 기본권 규정에 의하여도 위 긴급조치는 위헌이었다고 보아야 하므로, 이러한 주장은 타당하지 않다. 설령 긴급조치가 위헌이라는 근거를 현행 헌법에서 찾는다고 하더라도, 현행 헌법과 유신헌법 사이에 내용상의 차이가 있었던 것은 아니므로, 이를 이유로 불법행위의 성립을 부정할 수는 없다.

Ⅶ. 여론─긴급조치에 따른 수사기관 또는 법관의 위법행위로 인한 국가배상책임의 성립 여부

위 대법원 2014. 10. 27. 선고 2013다217962 판결은, 긴급조치가 위헌으로 선언되기 전에 그에 기초하여 수사가 개시되어 공소가 제기되고 유죄판결이 선고되었더라도, 그러한 사정만으로 수사기관의 직무행위나 법관의 재판상 직무행위가 국가배상법 제2조 제1항에서 말하는 공무원의 고의 또는 과실에 의한 불법행위에 해당하여 국가의 손해배상책임이 발생한다고 볼 수는 없다고 하였다. 이러한 판시에 대하여도 비판하는 견해가 있다. 즉 긴급조치의 위헌성이 명백하게 인정되는 특별한 사정을 고려하여, 긴급조치에 터잡은 수사기관이나 법관의 직무행위에 대해서는 과실의 입증책임을 전환시키거나, 이를 아래에서 볼 긴급조치의 입법상 불법행위와 연결된 일련의 국가작용으로 보아 과실을 인정하는 것도 충분히 가능하다는 것이다.[119] 그리고 명백히 정당한 절차가 없었고 위헌적 내용을 포함한 법을 준수하여야 하는 경우라면 공무원의 법령준수의무 자체가 발생하지 않는다고 보아야 한다는 이유로 위 판결을 비판하기도 한다.[120][121]

우선 실제로는 대통령의 긴급조치 발령 자체가 불법행위에 해당한다면 따로 수사기관이나 법관의 직무집행행위가 불법행위가 되는지 여부를 따져 볼 실익이 없다. 이론적으로도 수사기관이나 법관의 직무집행행위가 따로 불법행위가 될

---

119) 김세용(주 1), 628면, 637면 이하.
120) 문병효(주 10), 67면 이하.
121) 또한 김중권, "국가배상책임상 주관적 책임요소와 법치국가원리적 문제점", 법률신문 제4357호 (2015. 10. 12.), 11면은 주관적 책임요소의 존재를 법치국가원리적 차원에서 심각하게 문제 삼아야 한다는 이유에서 위 판결을 비판하고 있고, 이덕연(주 10), 128면 이하도 이에 동조한다.

수는 없다. 공무원에게는 위헌법률심사권이 없으므로, 긴급조치가 위헌이라는 결정이 있기 전에는 긴급조치의 위헌성을 이유로 그 집행을 거부할 권한이 있다고는 볼 수 없다.122) 이는 법관도 마찬가지이다. 비록 유신헌법상으로도 법원이 헌법위원회에 법률의 위헌 여부 제청을 할 수는 있었으나(제105조 제1항), 제53조 제4항이 긴급조치에 대한 사법적 심사를 배제하고 있었던 점에 비추어 보면, 법원이 긴급조치의 적용을 거부할 수는 없었을 것이다. 만일 유신헌법의 규정 자체가 그 당시에도 무효였다고 본다면 결론이 달라질 수도 있겠으나, 그러한 주장을 받아들이기는 어렵다는 것은 앞에서도 언급하였다. 과연 이제 와서 당시의 수사기관이나 법관에게 유신헌법의 규정이 무효라는 전제에서 행동하였어야 한다고 말할 수 있을까?

그리고 대통령의 긴급조치 발령은 불법행위가 아니라고 한다면, 수사기관과 법관의 직무집행이 별도로 불법행위가 될 수는 없다.

VIII. 결   론

이 글의 결론은 다음과 같다. 첫째, 국회가 국민 일반에 대하여 정치적 책임을 질 뿐 국민 개개인의 권리에 대응하여 법적 의무를 지는 것은 아니라는 것은 받아들일 수 없고, 국회도 국민의 기본권을 보호하여야 할 법적 의무를 부담하며, 이는 대통령의 긴급조치에 관하여도 마찬가지이다. 둘째, 유신헌법 제53조 제4항은 모든 국가권력은 헌법에 의하여 통제되어야 한다는 근대 입헌주의에 정면으로 충돌되므로 이를 이유로 긴급조치에 의한 사법심사를 배제할 수는 없다. 그러나 긴급조치의 위헌 여부를 따지는 기준은 현행 헌법 아닌 유신헌법의 기본권 규정이 되어야 한다. 셋째, 긴급조치의 위헌을 이유로 하여 국가배상책임을 인정하는 것이 소급입법이라는 이유로 허용될 수 없다고는 할 수 없다.

우리나라에서 과거에 행하여졌던 국가 권력에 의한 기본권 침해를 시정하는 것은 쉬운 문제는 아니다. 그렇지만 근래에 법원과 헌법재판소는 이러한 시정 노력을 보이고 있다. 그런데 대법원은 최근에 이르러서는 국가권력에 의한 기본권 침해로 인한 국가배상책임의 범위를 줄이려는 태도를 보이고 있다. 가령 판례123)

---

122) 박균성(주 16), 750면 등 참조.
123) 대법원 2011. 1. 13. 선고 2009다103950 판결; 2011. 7. 21. 선고 2011재다199 전원합의체 판결 등.

는 공무원들에 의하여 불법구금되어 유죄의 확정판결까지 받았다가 오랜 시일이 경과된 후에 재심을 통하여 무죄가 확정된 경우 그로 인한 위자료 지급채무의 지연손해금의 기산점은 사실심 변론종결일이라고 하였다. 또 다른 판례[124]는, 국가기관이 수사과정에서 한 위법행위 등으로 수집한 증거 등에 기초하여 공소가 제기되고 유죄의 확정판결까지 받았으나 재심절차에서 무죄판결이 확정된 후 국가기관의 위법행위 등을 원인으로 국가를 상대로 손해배상을 청구하는 경우, 재심절차에서 무죄판결이 확정될 때까지는 채권자가 손해배상청구를 할 것을 기대할 수 없는 사실상의 장애사유가 있었지만, 채권자는 특별한 사정이 없는 한 그러한 장애가 해소된 재심무죄판결 확정일로부터 민법상 시효정지의 경우에 준하는 6개월의 기간 내에 권리를 행사하여야 한다고 하여, 6개월이 지난 후에 국가배상청구의 소를 제기하면 소멸시효 완성을 이유로 이를 받아들이지 않고 있다.

대상판결도 그와 같은 흐름의 연장선상에 있는 것으로 보인다. 그러나 국가의 조직적이고 고의적인 불법행위에 대하여 저항하지 못했던 피해자들을 법원이 이처럼 각박하게 대하여야 할 이유가 있을까? 이러한 판례가 혹시 국가의 재정부담을 고려한 것이라면 매우 실망스럽다.[125]

현재 이처럼 국가배상책임을 부정한 법원의 재판에 대한 헌법소원이 헌법재판소에 여러 건 계류되어 있다고 한다. 그러나 헌법재판소에서 이에 대하여 어떤 결론을 내릴지는 예측하기 어렵다. 그러므로 이러한 경우에 대하여 일괄적으로 보상을 하는 법률을 제정하여야 하는 것은 아닐까?[126] 이는 별도의 논문으로 다루어야 할 성질의 것이고, 분량의 제약상 이 글에서 이 이상의 자세한 설명을 하기는 어렵다.

〈민사법학 제81호, 2017 = 동당 성낙인총장 퇴임기념 국가와 헌법 Ⅰ,
법문사, 2018〉

〈추기〉

1. 헌법재판소 2018. 8. 30. 선고 2015헌마861 등 결정은, 위와 같이 대통령의 긴급조치 발령행위 등에 대하여 국가배상책임을 인정하지 않은 대법원 판결

---

124) 대법원 2013. 12. 12. 선고 2013다201844 판결 등.
125) 윤진수(주 6), 861면 참조.
126) 이재승, "국가범죄에 대한 포괄적 배상방안", 민주법학 제30호, 2006, 77면 이하 참조.

들에 대한 헌법소원심판청구가 부적법하다고 하였으나, 여기에는 2인의 반대의견이 있었다. 이 결정은 54개의 헌법소원 사건을 병합한 것이다. 같은 취지, 헌법재판소 2019. 2. 28. 선고 2016헌마56 결정; 2019. 2. 28. 선고 2017헌마1056 결정; 2019. 7. 25. 선고 2018헌마827 결정. 이에 대하여는 이황희, "재판취소 등", 헌법재판소 결정해설집(2018), 2019, 헌법재판소, 631면 이하; 이황희, "재판취소 등", 헌법재판소 결정해설집(2019), 2020, 헌법재판소, 39면 이하 참조.

   2. 헌법재판소 2020. 3. 26. 선고 2016헌바55 등 결정은, 긴급조치에 근거한 수사와 재판이 공무원의 고의 또는 과실에 의한 불법행위에 해당하는지가 문제된 사건들에서, 국가배상법이 국가배상청구권의 성립요건으로서 공무원의 고의 또는 과실을 규정한 것이 위헌이 아니라고 하였다. 그러나 이에 대하여 3인의 재판관은 이는 원칙적으로 합헌이지만, 긴급조치 제1호, 제9호의 발령·적용·집행을 통한 국가의 의도적·적극적 불법행위에 대해서도 직무행위를 수행한 개별 공무원의 고의 또는 과실을 요구하는 것은 위헌이라는 반대의견을 냈다.

   3. 대법원은 2020. 12. 긴급조치의 발령이 불법행위에 해당하지 않는다는 종래의 판례를 변경할 것인가를 논의하기 위하여 사건을 전원합의체에 회부하였다고 한다. 이 사건은 2021년 10월 현재 아직 선고되지 않았다. 한겨레신문 2020. 12. 11. 기사 등록. http://www.hani.co.kr/arti/society/society_general/973757.html.

장애를 가지고 태어난 삶은 손해인가?[*]
− Wrongful Life의 딜레마 −

"드디어 욥이 말문을 열고, 자기 생일을 저주하면서 울부짖었다. 내가 태어나던 날이 차라리 사라져 버렸더라면, '남자 아이를 배었다'고 좋아하던 그 밤도 망해 버렸더라면", (욥기 3장 1-3절, 새번역)

1. 머 리 말

심한 장애를 가지고 태어난 삶은 아예 태어나지 않은 것보다 더 나쁘다고 할 수 있는가? 이러한 철학적인 질문에 대하여 여러 나라의 많은 법원과 법률가들이 서로 다른 답변을 내놓았다. 나라에 따라서는 매우 뜨거운 논쟁이 벌어지기도 했다. 그러나 법적으로나 철학적으로 누구나가 수긍하는 해답은 없는 것 같다.

이 문제를 좀더 구체적으로 설명하면 다음과 같다. 아이를 낳으려는 사람이, 그 아이에게 심한 장애가 있을 수 있다는 의심을 할 만한 이유가 있어서 의료인 (또는 다른 태아의 검사 업무를 담당하는 전문가)에게 이를 물었으나, 의료인은 장애가 없을 것이라고 답변하여, 그 아이를 낳게 되었다. 그런데 태어난 아이에게 심한 장애가 있었고, 아이를 낳은 사람은 이를 알았더라면 아이를 낳지 않았을 것

* 이 글은 필자가 종전에 쓴 아래에서 인용하는 논문들을 기초로 하고, 그 후의 자료를 보완한 것이다. 원고를 읽고 적절한 지적을 하여 주신 서울대학교 철학과 김현섭 교수님께 감사의 뜻을 표한다.

임이 틀림없었다. 이 경우에 아이를 낳은 사람은 의료인에게 손해배상책임을 물을 수 있다는 것은 여러 나라에서 인정하고 있다. 그런데 태어난 아이 자신이 자신의 장애를 이유로 의료인에게 손해배상청구를 할 수 있을까? 이를 이른바 wrongful life[1]라고 부르는 것이 일반적이다.

이러한 손해배상청구를 반대하는 사람들은, 이를 인정하면 생명의 신성함을 부정하는 것이 된다고 주장한다. 반면 이를 인정하여야 한다는 논자들은 배상을 부정하는 것은 아이가 배상을 받아야 할 필요성에 대하여 눈을 감는 것이라고 비판한다.

이하에서는 이 문제를 둘러싼 지금까지의 여러 나라에서의 논의를 살펴보고, 필자 나름대로의 답변을 하려고 한다.

2. 관련 문제―원치 않은 임신과 원치 않은 출산

이 문제는 원하지 않았던 자녀의 출생에 관한 여러 문제 중의 한 가지이다. 여기서는 이러한 관련 문제에 대하여 먼저 살펴본다.

원하지 않았던 자녀의 출생에 관한 문제는 세분하면 다음과 같은 3가지 경우로 나누어 볼 수 있다.

첫째, 자녀를 낳지 않으려고 하였는데 의료인의 잘못으로 자녀가 출생하였으나 그 자녀가 정상아인 경우에, 그 부모가 의료인에게 어떠한 책임을 물을 수 있는가?

둘째, 부모가 장차 낳게 될 자녀가 정상아이면 낳고, 장애아이면 낳지 않으려고 하였는데, 의사가 그 판단을 그르쳐서 정상아를 낳을 것으로 생각하고 출산하였으나 장애아가 출생한 경우에는, 그 부모는 의료인에게 어떠한 책임을 물을 수 있는가?

셋째, 위 둘째의 경우에, 장애아로 출생한 자녀 자신은 의료인에게 어떠한 책임을 물을 수 있는가?

외국에서는 첫째의 경우를 wrongful conception 또는 wrongful pregnancy, 둘째의 경우를 wrongful birth, 셋째의 경우를 wrongful life라고 부르는 것이 일반적

---

1) 이 용어는 미국 일리노이 주 항소법원이 1963년 선고한 Zepeda v. Zepeda, 41 Ill. App.2d 240 (1963)에서 처음 사용되었다. 이 사건은 혼외자로 출생한 자녀가 자신의 생부를 상대로 자신이 혼외자로 낳게 되었음을 이유로 손해배상을 청구한 것인데, 법원은 이 청구를 기각하였다.

이다. 이를 우리 말로는 원치 않은 임신, 원치 않은 출산, 원치 않은 삶과 같이
부르기도 한다. 여기서는 편의상 첫째의 경우를 정상아형, 둘째의 경우를 장애아
부모형, 셋째의 경우를 장애아 자신형이라고 불러 구별하기로 한다.

가. 정상아형

이때에는 부모가 자녀 양육에 필요한 비용을 청구할 수 있는가가 주로 문제
된다. 독일에서는 이를 인정하지만, 미국의 많은 주에서는 이를 부정하며(no
recovery rule), 영국도 마찬가지이다.[2] 다만 양육비를 인정하지 않는 미국의 주들
이나 영국에서도 임신과 출산에 관련된 비용의 배상은 인정한다. 그리고 미국의
주 가운데 양육비 배상을 인정하되 자녀의 양육으로 얻는 이익을 공제하는 주도
상당수 있고(benefit rule), 비교적 소수의 주는 별다른 제한 없이 양육비의 배상을
인정한다(full recovery rule).

여기서는 이 문제에 관한 독일에서의 논쟁을 간단히 소개한다.[3] 독일 연방
대법원(Bundesgerichshof, BGH)의 판례는 출생한 자녀가 정상아이건 장애아이건
가리지 않고 양육비 상당의 손해배상청구를 인정하여 왔다. 그런데 독일연방헌
법재판소 제2재판부(Zweiter Senat)가 1993. 5. 28. 선고한 판결(BVerfGE 88, 203)이,
낙태를 일정한 범위에서 허용하는 독일 형법 제218조a 이하의 규정이 위헌이라
고 하면서, 그에 부가하여, 위와 같이 원치 않은 자녀의 출생에 관하여 손해배상
을 명할 수 있는가 하는 점에 대하여도 의견을 표명하였다. 이는 판결의 판시 요
지 제14항에 다음과 같이 요약되었다.

"법률적으로 자녀의 존재를 손해의 원천으로 특징짓는 것은 헌법(기본법 제1
조 제1항)상 고려될 수 없다. 그러므로 자녀를 위한 양육의무를 손해로 파악하는
것은 금지된다."

그러나 연방대법원은 위와 같은 연방헌법재판소의 설시는 주된 이유 아닌
방론(傍論)에 불과하다고 보아 기속력이 없다고 하면서 종래의 판례를 고수하였
다. 이에 대하여 당사자가 연방헌법재판소에 헌법소원을 제기하였는데, 이 사건
은 연방헌법재판소 제1재판부가 담당하게 되었다. 그러자 이 사건을 직접 담당하
고 있지 않은 제2재판부가, 1997. 10. 22. 위 사건에 관하여 제1재판부가 제2재판

---

2) 상세한 것은 윤진수, "자녀의 출생으로 인한 손해배상책임", 민법논고 3, 2008, 473면 이하.
3) 상세한 것은 윤진수, "의사의 과실에 의한 자녀의 출생으로 인한 손해배상책임", 민법논고 3(주
   2), 423면 이하(처음 공간: 1999).

부의 견해를 따르지 않으려면 판례변경을 위하여 사건을 제1재판부와 제2재판부로 구성된 전원합의체(Plenum)에 회부하여야 한다고 요구하였다. 그러나 제1재판부는 위 1993. 5. 28. 판결에서, 자녀를 위한 양육의무를 손해로 파악하는 것은 금지된다고 한 부분은 단순한 방론에 불과하여, 이를 따르지 않기 위하여 전원합의체를 소집할 필요가 없다고 하면서, 연방대법원의 판례에는 문제가 없다고 하였다.

우리나라에는 이 문제에 관하여 직접적인 대법원 판례는 없고, 하급심 판례는 갈라져 있다. 서울고등법원 1996. 10. 17. 선고 96나10449 판결은 제왕절개수술과 함께 불임수술을 의뢰받은 병원측의 과오로 제왕절개수술만을 실시하고 불임수술은 시행되지 않아서 원고 부부가 아이를 출산하자, 병원을 경영하는 학교법인을 상대로 아이 출산으로 인한 분만비용과, 원고와 선정자인 처의 위자료 및 셋째 아이가 성년이 될 때까지의 양육비와 유치원부터 대학졸업시까지의 교육비 상당의 손해배상을 청구하였다. 그에 대하여 서울고등법원은 분만비용과 위자료 청구는 인용하였으나, 그 외의 양육비 및 교육비 상당의 손해배상청구에 대하여는, 이를 손해로 볼 수 없다고 하여 기각하였다. 이 판결은 자녀의 생명권을 강조하면서, 제3자가 채무불이행으로 인하여 아이의 생명을 탄생시키게 함을 법적 비난의 대상으로 삼아 그 제3자에게 손해배상의 형식으로 제재를 가한다면 이는 실질적으로 우리 헌법정신에 반하는 것이 될 것이고, 부모의 친권에 기한 미성년의 자(子)에 대한 부양의무는 원칙적으로 이를 면제받거나 제3자에게 전가할 수 있는 성질이 아니므로 비록 원치 않은 임신에 의하여 출생한 자(子)라고 할지라도 부모는 일단 출생한 자에 대하여는 부양의무를 면할 수 없다고 하여, 자의 출생 및 그로 인한 부양의무를 '손해'로 파악할 수는 없다고 설시하였다.

반면 서울고등법원 2016. 12. 22. 선고 2016나2010894 판결은 마찬가지로 제왕절개수술과 함께 불임수술을 의뢰받은 병원측의 과오로 제왕절개수술만을 실시하고 불임수술은 시행되지 않아서 원고 부부가 아이를 출산한 경우에 대하여, 진료비 및 분만 수술비와 90일의 출산전후휴가 동안의 산모의 일실수입 배상을 인정하였을 뿐만 아니라, 출생한 자녀가 성년이 될 때까지의 양육비 상당 손해배상도 명하였다. 이 판결은, 태어난 아이의 존재 자체를 손해로 보는 것은 아니므로 아이의 존엄성이 침해된다고 볼 수 없고, 부모의 부양의무를 계약을 불이행한 의사들에게 전가하는 것으로 볼 수도 없다고 강조하였다.

나. 장애아 부모형

이 경우에는 여러 나라에서 장애아 부모에게 자녀의 양육비 상당 손해배상을 인정하고 있다.4) 다만 그 범위에 관하여는 차이가 있다. 독일에서는 자녀의 양육비 전체를 인정하고, 미국의 일부 주도 마찬가지이다. 반면 미국의 많은 주는 장애아에게 소요되는 양육비용 중 정상아의 경우에도 소요되는 통상적인 양육비용(ordinary costs)을 제외한 추가비용(extraordinary costs)만의 배상을 인정한다.

통상적인 양육비용의 배상을 인정하지 않는 판례의 근거는 주로 그 부모는 자녀를 원했고 부양할 것을 계획하였기 때문에, 이러한 통상의 비용은 배상에서 제외되어야 한다는 것과, 정상아형의 경우에 양육비 배상을 인정하지 않는 것과 균형이 맞는다는 것 등이다. 반면 전체 양육비용의 배상을 인정하는 판례는 불법행위법의 기본원칙은 과실 있는 불법행위자는 자신의 과실과 인과관계 있는 결과(proximate result)에 대하여 책임을 져야 한다는 점을 근거로 든다.

그리고 이러한 양육비용의 배상의무가 자녀가 성년에 달할 때까지의 양육비용에 대하여만 배상의무가 있는가, 아니면 성년 이후의 기간에 대하여도 배상하여야 하는가에 대하여는 판례가 통일되어 있지 않다.

우리나라의 하급심 판결례 가운데에는 서울서부지방법원 2006. 12. 6. 선고 2005가합4819 판결이, 의료기관이 태아에게 척추성근위축증이 있음을 발견하지 못하여 그러한 태아가 출생한 데 대하여 손해배상책임을 인정하면서도, 그 재산상 손해배상의 범위를 장애아를 양육하는 데 추가적으로 소요되는 비용인 치료비, 보조구 구입비, 개호비 상당으로 한정하였다.

한편 대법원 2002. 6. 25. 선고 2001다66321 판결은, 병원에서 태아의 염색체 검사를 실시하였으나, 7번 염색체의 장완 중 일부가 결실되어 있음을 발견하지 못한 과실이 있는 사안에 대하여, 이러한 염색체 장완결실은 모자보건법에 의한 적법한 임신중절사유가 될 수 없다고 하여 양육비와 같은 재산상 손해배상청구는 받아들이지 않았으나, 자녀가 정상아로 태어나리라고 믿고 있던 원고들이 기형아를 출산하는 예기치 않은 결과로 인하여 정신적 고통(원고들의 낙태결정권 침해로 인한 정신적 고통은 제외)을 당하게 되었으므로, 피고들은 연대하여 원고들이 입은 정신적 고통으로 인한 손해를 배상할 책임이 있다고 하였다.5)

---

4) 상세한 것은 윤진수(주 2) 참조.
5) 이에 대하여는 윤진수, "임신중절이 허용되지 않는 태아의 장애를 발견하지 못한 의사의 손해

3. 장애아 자신의 손해배상청구

가장 뜨거운 논쟁이 벌어지는 것은 wrongful life, 즉 장애아 자신이 장애를 가지고 태어난 것을 이유로 손해배상을 청구할 수 있는가 하는 점이다.

가. 부정하는 견해

거의 대부분의 나라에서는 장애아 자신의 손해배상청구는 허용되지 않는다고 본다.[6]

대표적으로 영국 항소법원의 McKay and Another v. Essex Area Health Authority and Another[7]을 살펴본다. 이 사건에서는 원고의 어머니가 원고를 임신하고 있을 때 풍진(風疹)에 걸렸는데, 의사와 실험실을 운영하던 피고들이 원고의 어머니가 풍진에 걸리지 않았다고 답변하였고, 그 결과 원고가 장애를 가지고 태어나게 되었다.[8]

스티븐슨(Stephenson) 판사가 선고한 판결 이유의 요지는 대체로 다음과 같다. 첫째, 원고(장애아)는 피고들의 행위로 인하여 장애를 입은 것이 아니며, 원고가 주장할 수 있는 권리란 장애를 가지고서는 태어나지 않을 권리, 즉 낙태를 당할 권리일 뿐인데, 의사는 어머니에 대하여 의무를 부담할지는 몰라도 태아에 대하여 낙태를 할 법적인 의무를 부담하거나, 태아가 스스로 죽을 법적인 권리를 가지지는 않는다고 한다. 태아에 대한 관계에서 그러한 의무를 부담시키는 것은 인간 생명의 신성함에 대한 또 다른 침입을 허용하는 것이 되어 공공 질서(public policy)에 반하고, 장애아의 생명이 정상아의 생명보다도 가치가 없을 뿐만 아니라 그 생명을 유지할 가치가 없다는 것을 의미하게 된다고 한다.

배상책임", 민법논고 3(주 2), 570면 이하(처음 공간: 2006).

6) Albert Ruda, "I Didn't Ask to Be Born: Wrongful Life from a Comparative Perspective", 1 Journal of European Tort Law 204, 205 f. (2010)는 당시를 기준으로 장애아 자신의 손해배상청구를 부정하는 나라로서 오스트레일리아, 오스트리아, 캐나다, 덴마크, 프랑스, 독일, 그리스, 헝가리, 이탈리아, 포르투갈, 남아프리카, 스페인, 영국을 들고 있다. 또한 Ivo Giesen, "The Use and Influence of Comparative Law in 'Wrongful Life' Cases", Utrecht Law Review Vol. 8, Issue 2, 2012; 남아프리카 헌법재판소가 2014. 8. 28. 선고한 H v Fetal Assessment Centre [2014] ZACC 34, paras. 34 ff.도 참조.

7) Court of Appeal, [1982] Q.B. 1166. 이에 대하여는 윤진수, "Wrongful Life로 인한 장애아 자신의 의사에 대한 손해배상청구", 의료법학 제2권 1호, 2001, 100면 이하 참조.

8) 임신 초기에 母가 풍진에 걸리면 장애아를 낳을 확률이 매우 높다. 모자보건법 제14조 제1항 제2호, 시행령 제15조 제3항도 풍진을 인공임신중절수술이 허용되는 전염성질환으로 열거하고 있다.

둘째, 장애아 자신의 손해를 측정할 방법이 없다고 한다. 자녀에게 상해를 입히지 않은 사람이 책임을 져야 할 손해란 장애를 가지고 태어나게 한 상황과, 태아의 생명이 종료된 상태와의 차이일 것인데, 법원으로서는 위 두 번째의 상황을 평가할 방법이 없다고 한다. 즉 사망의 기대로 인한 손해를 평가한다는 것은 인간 지식의 영역 밖에 있는 결정적인 요소를 포함하는 도덕적 판단을 요구하는 것으로서, 손해산정의 어려움은 이러한 임무를 거부하기에 좋은 이유가 아니지만, 그러한 손해 산정이 불가능하다는 것은 이러한 임무를 거부하기에 충분한 이유라고 한다.

독일 연방대법원 1983. 1. 18. 판결[9])도 장애아 자신의 손해배상청구를 기각하면서, 이 판결을 인용하였다.

이외에도 미국의 많은 주,[10]) 오스트리아,[11]) 오스트레일리아[12]) 등이 장애아 자신의 손해배상청구를 인정하지 않는다.

우리나라에서는 대법원 1999. 6. 11. 선고 98다22857 판결이 장애아 자신의 손해배상청구를 부정하였다. 이 사건에서 임신부는 자신의 태아가 장애아가 아닌가 염려하여 의사에게 기형아 검사를 의뢰하였으나 병원측이 기형아가 아니라고 판단하였는데, 그 후 다운증후군을 가진 아이가 태어났다. 그리하여 장애아 자신이 치료비 및 부양료 상당 손해배상을 청구하였다.

대법원은 우선 다운증후군은 모자보건법 소정의 인공임신중절사유에 해당하지 않기 때문에, 원고의 부모가 원고가 다운증후군에 걸려 있음을 알았다고 하더라도 원고를 적법하게 낙태할 결정권을 가지고 있었다고 보기 어려우므로, 원고의 부모의 적법한 낙태결정권이 침해되었음을 전제로 하는 원고의 이 사건 청구는 이 점에 있어서 이미 받아들이기 어렵다고 하였다.

나아가 대법원은 "원고는 자신이 출생하지 않았어야 함에도 장애를 가지고 출생한 것이 손해라는 점도 이 사건 청구원인 사실로 삼고 있으나, 인간 생명의 존엄성과 그 가치의 무한함(헌법 제10조)에 비추어 볼 때, 어떠한 인간 또는 인간

---

9) BGHZ 86, 240 = JZ 1983, 447 mit Anm. Deutsch.

10) 최초의 선례는 New Jersy 주 대법원이 1967. 3. 6. 선고한 Gleitman v. Cosgrove 판결, 49 N.J. 22, 227 A.2d 689 (1967)이다.

11) 오스트리아 최고법원(Oberster Gerichtshof, OGH) 1999. 5. 25. 판결(1 Ob 91/99k). 이에 대하여는 이동진, "이른바 '원치 않은 아이의 출생으로 인한 손해배상'에 대한 오스트리아 최고법원의 판례", 인권과 정의 2009년 4월, 110-112면 참조.

12) 오스트리아 고급법원(High Court) Harriton v Stephens [2006] HCA 15; (2006) 226 CLR 52; (2006) 226 ALR 391.)

이 되려고 하는 존재가 타인에 대하여 자신의 출생을 막아 줄 것을 요구할 권리를 가진다고 보기 어렵고, 장애를 갖고 출생한 것 자체를 인공임신중절로 출생하지 않은 것과 비교해서 법률적으로 손해라고 단정할 수도 없으며, 그로 인하여 치료비 등 여러 가지 비용이 정상인에 비하여 더 소요된다고 하더라도 그 장애 자체가 의사나 다른 누구의 과실로 말미암은 것이 아닌 이상 이를 선천적으로 장애를 지닌 채 태어난 아이 자신이 청구할 수 있는 손해라고 할 수는 없다"고 판단하여 원고의 청구는 이유없다고 하였다.

이 사건에서 대법원이 태아가 다운증후군이라는 것이 적법한 임신중절사유가 되지 않는다고 보았으므로, 그것만으로도 이 사건 원고의 청구를 배척하기에 충분하고, 따라서 장애를 갖고 출생한 것 자체를 이유로 손해배상을 청구할 수 없다고 하는 판단은 반드시 필요한 것이 아니라고도 할 수 있다. 그럼에도 불구하고 대법원이 이와 같은 판단을 설시한 것은, 이러한 문제가 앞으로도 계속 생길 것으로 예상되므로 그러한 경우에 대비한 것으로 여겨진다.

흥미있는 것은 판례가 처음에는 장애아 자신의 손해배상청구를 인정하였다가, 나중에 이를 부정하는 것으로 변경한 나라도 있다는 것이다. 이스라엘 대법원은 1986년에는 이를 인정하였다가, 2012년에는 판례를 변경하여 이를 부정하였다.[13] 이탈리아 파기원(Corte di Cassazione)은 2012년에는 이를 인정하였다가, 2015년에 이를 변경하여 이를 부정하였다.[14] 이외에도 스페인과 헝가리 대법원도 장애아 자신의 손해배상청구를 인정한 일이 있었으나, 그 후 이를 부정하는 것으로 판례를 바꾸었다.[15]

나. 긍정하는 견해

각국의 법원이 장애아 자신의 손해배상청구를 인정한 예로는 미국의 일부 주, 프랑스, 네덜란드가 있고, 남아프리카 헌법재판소도 이를 인정할 여지가 있다는 취지의 판시를 한 바 있다.

---

13) 이에 대하여는 Nili Karako-Eyal, "A critical disability theory analysis of wrongful life/birth actions in Israel", International Journal of Private Law, Vol. 6, No. 3, 2013, pp. 289 ff. 참조.

14) 이에 대하여는 G. Montanari et al, 'The Italian Supreme Court Has Dismissed Wrongful Life Claims' 30(1) The Journal of Maternal-Fetal & Neonatal Medicine, 60 (2017) 참조.

15) Ruda(주 6), pp. 218, 238. 헝가리 대법원의 2008. 3. 12. 결정에 대하여는 A. Menyhárd in: B Winiger/H Koziol/BA Koch/R Zimmermann (eds), Digest of European Tort Law, vol 2: Essential Cases on Damage, De Gruyter, 2011, p. 955 도 참조.

(1) 미   국

미국 캘리포니아 주 대법원의 Turpin v. Sortini 판결16)은, 심각한 장애가 있는 아동에게 손해배상을 명하는 것이 어떻게 생명의 가치를 부인하거나 또는 다른 사회의 구성원에게는 인정되는 법적, 비법적 권리와 특권을 아동이 누릴 권리가 없다는 것을 시사하는 것인지 이해할 수 없고, 모든 경우에 장애가 있는 삶이 비생존(nonlife)에 비하여 더 가치가 있는 것이라고 말할 수는 없다고 하였다. 다만 이러한 경우에 태아의 고통이나 기타의 손해에 대한 배상을 명하는 것은, 아동이 실제로 태어나지 않았을 경우보다 장애를 가지고 태어난 것이 과연 손해인지를 합리적으로 결정하기가 어렵고, 설령 손해라고 하더라도 그 손해를 공정하게 평가하기 어렵기 때문에 허용될 수 없지만, 그 장애로 인하여 특별한 교육, 훈련 및 청취 장비에 드는 특별한 비용은 다른 wrongful birth 소송에서와 마찬가지로 배상청구가 가능하다고 하였다. 워싱턴 주17) 및 뉴저지 주18) 대법원도 wrongful life를 이유로 하는 자녀 자신의 손해배상청구를 인정하였다.

(2) 프 랑 스

이 문제가 가장 뜨거운 국가적 논쟁으로 등장한 것은 프랑스였다.19) 프랑스 파기원은 wrongful life에 관하여 1996. 3. 26.의 판결에 의하여 처음으로 이를 인정한다는 것을 밝혔고, 다시 2000. 11. 17.의 충원합의부 판결(l'Assemblée plénière)에 의하여 이를 재확인하였다.

이 사건의 원고 X는 임신 중에 풍진에 걸렸는데, 혈액 검사기관의 잘못으로 의사가 모가 풍진에 면역되었다고 잘못 판단하여 그 결과 모가 출산한 원고는 위 풍진 때문에 신경장애, 녹내장, 난청, 심장병 등의 증세가 나타났다. 그리하여 X 부부는 자신들과 아이{뻬뤼쉬(Perruche)}의 이름으로 의사 Y와 검사기관 등을 상대로 소송을 제기하였다.

원심은 부모들의 청구는 인정하였으나, 자녀의 청구는 인정하지 않았다. 그에 대하여 파기원 민사1부의 판결은, "풍진에 감염되었을 경우 임신중절을 하겠다고 하는 의사를 부모가 밝혔다고 하는 사실, 그리고 그 부모가 (의사와 연구소의) 과실로 인하여 모가 풍진에 면역되었다고 잘못 믿게 되었으며, 그리하여 그

---

16) 643 P.2d 954 (1982).
17) Harbeson v. Parke-Davis, Inc., 98 Wn.2d 460, 656 P.2d 483 (1983).
18) Procanik by Procanik v. Cillo, 478 A.2d 755(1984).
19) 이에 대하여는 윤진수 · 정태윤, "Wrongful Life에 관한 프랑스의 최근 판례와 입법", 민법논고 3(주 2), 530면 이하(최초 공간: 2002).

과실이 모의 풍진으로 인하여 아이가 입은 손해를 발생시켰다고 하는 사실 등이 확인되었음에도 불구하고, 항소법원은 이와 같이 판결함으로써 위 규정(즉 프랑스 민법 제1147조)을 위배하였”으며,[20] 따라서 두 번째 상고이유는 살펴 볼 필요도 없이 원심판결을 파기한다고 하였다.

그러나 사건을 환송받은 오를레앙 항소법원은 1999. 2. 5. 환송판결과는 달리 “아이 N은 연구소와 의사 Y의 과실과 인과관계 있는 배상가능한 손해를 입지 않았다”고 하는 이른바 저항판결을 내렸다.[21]

그에 대하여 2000. 11. 17.의 파기원 충원합의부 판결은 다음과 같은 이유로 위 판결을 파기하였다. 즉 충원합의부는, “민법 제1165조[22]와 제1382조[23]에 비추어 보건대 … 환송받은 법원의 대상판결은, 아이가 겪는 후유증의 유일한 원인은 그 과실이 아니라 모로부터 전염된 풍진이라고 하는 점, 아이는 임신중절에 관한 그의 부모의 결정을 주장할 수 없다고 하는 점 등의 상황으로부터 이유를 이끌어 내어, 《아이 N은 과실과 인과관계 있는 배상가능한 손해를 입지 않았다》고 하고 있으나, X 부인과 체결한 계약을 이행함에 있어서 의사와 연구소가 범한 과실로 인하여 X 부인이 장애아의 출생을 피하기 위한 임신중절의 선택을 할 수 없게 된 이상, 이 아이는 장애로부터 유래되었고 과실에 의하여 야기된 손해의 배상을 요구할 수 있”다고 판시하였고, 이러한 이유로 다른 상고이유에 관해서는 판단할 필요없이 환송법원의 판결을 파기한다고 하였다.

이 판결은 프랑스 민법이 제정된 이래 그 어느 판결도 이 판결만큼 많은 평석을 낳게 하지는 않았다고 말할 정도로 많은 논란을 제기하였다. 대부분의 학자

---

20) 프랑스 민법 제1147조: “채무자는, 필요한 경우에는, 자기측에 악의가 없다고 하더라도, 그 불이행이 자기에게 귀책될 수 없는 외적 원인에 기인한다고 하는 것을 입증하지 아니하는 한, 채무의 불이행 또는 이행지체를 이유로 손해배상을 지급하도록 판결받게 된다.”

21) 프랑스에서는 파기원에 일차로 상고가 제기되면 원칙적으로 각 부에서 심판하게 되며, 여기서 상고가 기각되면 그것으로 소송은 종결되지만, 상고가 받아들여져 원심판결이 파기되면 원칙적으로 파기된 판결과 동일심급의 법원에 환송된다. 이때 파기원의 판단은 환송받은 법원에 대하여 기속력을 갖지 않으며, 따라서 환송받은 법원과 파기원의 견해가 일치하지 않을 수가 있다. 이처럼 환송받은 법원이 파기원의 견해에 따르지 않은 판결을 하는 것을 저항판결(arrêt de rébellion)이라고 부른다. 이러한 저항판결에 불복하여 다시 2차로 상고하게 되면, 이번에는 파기원의 충원합의부(l'Assemblée pléniere)에서 심판한다. 이때 상고가 기각되면 소송은 종결되지만, 다시 파기환송되면 충원합의부가 내린 법률적 판단은 환송법원에 대하여 기속력을 가진다.

22) 프랑스 민법 제1165조: “계약은 당사자 사이에서만 효력을 가진다. 그것은 제3자를 해치지 못하며, 민법 제1121조에 규정된 경우에만 제3자에게 이익을 준다.”

23) 프랑스 민법상의 일반불법행위에 관한 규정으로서, 그 내용은 다음과 같다. “타인에게 손해를 가한 인간의 모든 행위는, 그의 잘못으로 인하여 손해가 발생한 그 자로 하여금 그 손해를 배상할 의무를 지운다.”

들은 이 판결의 결론에 대하여 반대하였고, 학자들뿐만 아니라 장애인, 장애인 단체 및 일반 여론도 이 판결에 대하여 비판적이었다. 즉 이 판결은 장애를 가지고 태어나는 것보다는 태어나지 않는 것이 좋다고 하는 것이 된다는 것이다.

그럼에도 불구하고 파기원은 그 후에도 이러한 판례를 고수하였다. 그러자 프랑스 의회는 이러한 판례를 봉쇄하기 위하여 2002. 3. 4. 이른바 "반뻬뤼쉬 법률"을 제정하였다. 이 법률 제1조는 "어느 누구도 자신의 출생이라고 하는 사실만으로부터 손해를 주장할 수 없다"고 규정하여 wrongful life로 인한 소송을 금지하고 있는 것이다.[24]

(3) 네덜란드

네덜란드 대법원(Hoge Raad) 2005. 3. 18. 판결도 장애아 자신의 손해배상청구 소송을 받아들였다.[25] 이 사건에서 임신한 여성이 레이덴 대학 병원에 근무하고 있던 조산사에게 자신의 남편의 가족 가운데 두 건의 염색체 이상으로 인한 장애아가 있었으므로 태아를 검사하여 줄 것을 요구하였으나, 조산사는 검사의 필요가 없다고 보았다. 만일 태아에게 그러한 유전자 이상이 있음을 알았더라면 제1원고는 아이를 낳지 않았을 것이었다. 그 후 제1원고는 1993년 켈리(Kelly)라는 이름의 아이를 낳았는데, 켈리는 남편의 가족과 같은 염색체 이상으로 인한 심한 장애를 가지고 있었다. 그리하여 이 여성과 그녀의 남편(제2원고) 및 켈리(제3원고)는 조산사와 레이덴 대학병원을 상대로 손해배상을 청구하였다. 네덜란드 대법원은 항소심 판결과 마찬가지로 부모의 재산상 손해 및 정신적 손해의 배상을 인정하였을 뿐만 아니라, 켈리의 21세 이후의 생활비 상당 손해배상과 정신적 손해로 인한 위자료의 지급도 명하였다.

이 사건에서 피고측은 우선 켈리의 손해 확정이 불가능하다고 주장하였다. 즉 켈리가 손해가 있다고 하려면 그가 생존하는 것을 생존하지 않는 것과 비교하여야 하는데, 생존의 가치는 생존하지 않는 것보다 작다고 할 수 없다는 것이다. 그러나 네덜란드 대법원은 이러한 주장을 받아들이지 않았다. 즉 켈리의 손해를 정확하게 확정할 수 없다는 것은 타당하지만, 그렇다고 하여 켈리가 주장하는 손해가 배상 가능하지 않다고 할 수는 없다는 것이다. 네덜란드 민법 6:97조

---

24) 나아가 위 법률은 부모의 청구 중 재산적 손해는 인정하지 않고 정신적 손해만을 인정하고 있다.

25) 판결 원문은 https://uitspraken.rechtspraak.nl/inziendocument?id=ECLI:NL:HR:2005:AR5213. 이하에서는 구글 번역기를 이용한 영어와 독일어 번역을 참고하였다. 또한 S Lindenbergh in: B Winiger/H Koziol/BA Koch/R Zimmermann (eds)(주 15), p. 228의 요약도 참조.

에 따르면 손해는 그의 성질에 가장 부합하는 방법으로 평가하여야 하는데, 켈리의 교육과 양육 및 장애에 대처하기 위하여 필요한 비용은 배상 가능하고, 그와 같은 방법에 의하여만 저질러진 과오의 결과를 배상할 수 있으며, 그 손해의 성질은 켈리의 교육과 양육 및 장애의 결과에 대처하기 위한 비용을 배상받을 수 있다는 것에 부합한다고 한다. 법관이 그러한 권한을 행사하는 것이 장애아의 인간 존엄을 부정하는 것은 아니며, 피고측이 켈리에 대하여 손해배상할 의무가 있다는 것이 켈리의 인간 존엄을 침해하는 것이 아니라, 오히려 금전의 지급이 그에게 존엄한 삶을 유지할 수 있도록 하는 능력을 부여하는 것이라고 한다(판결문 4. 15).

그리고 위 판결은 켈리는 비재산적 손해에 대한 배상청구권도 가지는데, 그 배상액은 장애의 성질과 정도에만 근거하여 정해져서는 안 되고, 켈리의 발달 상태, 장애로 인하여 정상적인 생활을 누릴 수 없는 정도와 같은 모든 관련된 사정을 고려하여야 한다고 판시하였다(판결문 4. 18). 나아가 조산사의 과실과 켈리의 손해 사이에 인과관계가 없다고 하는 피고측의 주장도 받아들이지 않았다(판결문 4.20).

이처럼 네덜란드 대법원이 장애아 자신의 손해배상청구를 받아들인 데 대하여는, 프랑스에서와 같은 격렬한 비판이 있었던 것은 아니라고 한다.[26]

(4) 남아프리카 공화국

그리고 남아프리카 헌법재판소가 2014. 12. 11. 선고한 H v Fetal Assessment Centre 판결[27]은 장애아 자신의 손해배상청구를 받아들이지 않은 고급법원(High Court)의 판결을 파기하였다. 이 사건에서 고급법원은 남아프리카 대법원(Supreme Court of Appeal)이 2008년 장애아 자신의 손해배상청구를 부정한 Stewart v Botha 판결[28]에 근거하여, 다운 증후군을 가지고 태어난 장애아의 손해배상청구를 무변론기각하였다.[29]

이에 대하여 헌법재판소는, 헌법 제39조 제2항이 법원은 보통법을 발전시킬 때 권리장전의 정신, 취지와 목적을 촉진시켜야 한다고 규정하고 있는 점을 강조

---

26) Ruda(주 6), p. 240; S Lindenbergh(주 25), p. 229 참조.
27) [2014] ZACC 34.
28) [2008] ZASCA 84.
29) 남아프리카에서 무변론기각(exception)은 원고의 소장이 유효한 청구권원(a cause of action)을 제시하지 못하고 있거나, 모호하고 당혹스러울 때 피고의 신청에 의하여 법원이 변론 없이 청구를 기각하는 것을 말한다. UNIFORM RULES OF COURT 23 (1).

하였다. 그리고 Stewart 판결에서 남아프리카 대법원은, 장애아의 청구가 받아들여지려면 법원은 아동의 존재를 존재하지 않는 것과 비교하여야 하지만, 이는 인간이라는 존재의 핵심에 관한 것이어서 그러한 질문은 제기되어서는 안 된다고 하였는데, 이러한 역설의 논리를 승인하여야 하는 것은 맞지만, 문제를 이와 같이 규정하는 것은 가치 선택의 문제를 부주의하게 숨기는 것이고, 진정한 이슈는 우리의 헌법적 가치와 권리가 아동에게 장애를 가진 삶에 대하여 보상을 청구하는 것을 허용할 것인가 하는 점인데, 결론이 이를 허용하지 않는다고 나올 수도 있지만, 그러한 결정이 법 밖에 있는 것은 아니라고 한다.

그리하여 이러한 헌법재판소에의 상소가 이유 있는지를 살펴보는데, 먼저 외국에서는 어떻게 하는지를 살펴보고, 장애아 자신의 손해배상청구를 인정하는 나라가 많지는 않다고 하면서도,[30] 여러 가지 논증에 대해 부여되는 무게는 각국의 헌법적, 정치적 및 사회적 문맥, 즉 법적 문화(legal culture)에 따라 결정되는 예가 많고, 이 점에서 이러한 청구가 인정될 수 있는가 하는 문제의 해결에 관하여는 헌법과 권리장전의 일반적인 규범적 체제, 아동의 최선의 이익에 대하여 주어지는 중요성, 위법성 문제에 관한 어프로치의 공개적인 규범적 성격이 지침을 제공하여야 한다고 하였다. 그러면서 남아프리카 헌법 제28조는 아동의 이익을 명시적으로 보호한다는 것과, 남아프리카 헌법이 보통법을 포함한 모든 법이 헌법적 가치와 권리를 반영하거나 조화되어야 한다는 것을 요구한다는 점을 강조하였다.[31]

그리고 남아프리카 대법원의 스튜어트 판결에 나타난 보통법은 장애아의 청구를 인정하는 것이 아동의 최선의 이익에 부합하는지를 고려하지 않았으나, 헌법에 비추어 보면 이러한 청구를 인정하는 것을 상상할 수 없는 것은 아니라고 하였다.

결국 이 판결은 장애아 자신의 손해배상청구가 가능할 수 있다는 것이고, 정말 인정되는지, 인정된다면 어느 범위에서 인정될 것인지는 고급법원이 결정할 문제라고 하였다.

---

30) 그런데 이 판결은 오스트리아가 장애아 자신의 손해배상청구를 인정한다고 하였는데{para. 44 fn. 55); appendix table A}, 이는 부정확하다.

31) 이 점에 대하여는 윤진수, "보통법 국가에서의 기본권의 수평효", 윤진수 외, 헌법과 사법, 서울대 법학총서 3, 박영사, 2018, 33면 이하 참조.

4. 짧은 소감

이 문제는 법의 딜레마를 보여주는 좋은 소재이다. 논리적으로는 장애아 자신의 손해배상청구를 인정하는 것이 불가능해 보인다. 장애아의 장애 자체가 출산에 관련된 의료인의 책임은 아니다. 의료인으로서는 장애아를 태어나지 않게 하거나, 아니면 장애를 가진 채로 태어나게 하거나 두 가지 중 하나만 선택할 수 있을 뿐이지, 장애를 가지지 않고 태어나게 할 수는 없었다. 그러므로 장애아의 손해배상청구는 결국 자기를 태어나지 않게 했어야 한다는 데 귀착한다. 그러나 이는 장애를 가진 삶이라고 하여도 태어나지 않은 것보다 나쁘다고 말해서는 안 된다는 비판을 받게 된다.

그에 대하여 장애아 자신의 손해배상청구를 인정하여야 한다는 측의 반론은 주로 다음의 두 가지이다. 첫째, 그러한 청구를 인정하기 위하여 반드시 그와 같은 비교를 하여야 하는 것은 아니라는 것이다. 일부의 철학자는 손해의 개념에 대하여 다르게 파악하고자 한다. 즉 상태 손해(status-harm)라는 개념을 도입하여, 어떤 사람의 복리가 최소한의 정상적 상태에 미치지 못한다면 이는 손해이고, 손해는 상태의 불충분성이라는 사실에 기인하며, 인과관계의 서술과는 독립된 것이라고 한다.[32] 손해를 그와 같이 파악한다면 장애를 가지고 태어난 상태가 정상아에 비하여 손해라고 파악할 수 있을 것이다. 네덜란드 대법원은 이를 손해의 산정 문제로 보면서, 비교의 문제에 대하여는 언급하지 않았다. 그러나 이는 그 주장 자체로서 인과관계의 문제를 회피하는 것이다.

또 다른 논자는 정면으로 장애를 가지고 태어난 삶이 태어나지 않은 것보다 나쁠 수 있다고 주장한다. 즉 일반인은 물론이고 법학자나 법관은 드물게 안락사에 따른 연명치료중단이나 뇌사판정에 따른 장기이식 등을 허용하는 판단을 내리며, 만일 인간존엄이 언제나 존재가 비존재보다 우월하다는 것을 의미한다면, 소극적 안락사와 뇌사판정에 따른 장기이식은 허용되어서는 안 되는데, 소극적 안락사와 장기이식의 허용은 어찌되었든 존재와 비존재를 비교평가하고 그 상태로 존재하는 인간의 삶이 비존재보다 못하다는 것을 인정하는 것이라고 한다.[33]

---

32) E. Haave Morreim, "The concept of harm reconceived: a different look at wrongful life", Law and Philospohy 7 (1988), p. 25. 같은 취지, Paul Mũtuanyingĩ Mũrĩithi, "Does the rejection of wrongful life claims rely on a conceptual error?", Journal of Medical Ethics, Vol. 37, No. 7 (July 2011), pp. 435 f.

33) 예컨대 이은영, "원치 않은 아이에 따른 손해배상에 관한 연구", 중앙대학교 법학박사 학위논

그러나 처음부터 태어나서는 안 된다고 하는 것이 일단 태어난 삶을 더 이상 유지할 필요가 없다고 하는 것과 같은 의미일 수는 없다. 한 논자는, 극도로 심한 장애로 고통스럽기만 한 삶은 태어나지 않는 것만도 못하다는 사실은 그렇게 믿을 인식적 이유(epistemic, evidential reason)34)를 제공하지만, 장애아의 출생 후에는 그가 애초에 태어나지 않았으면 좋았을 것이라 생각하는 것의 심리적 고통과 여러 부작용은 그의 삶이 비존재만도 못하다고 생각하지 않을 실천적 이유(practical, pragmatic reason)35)를 제공한다고 한다.36)

　　이러한 문제점에도 불구하고 장애아 자신의 손해배상청구를 인정하여야 한다는 주장이 어느 정도의 설득력을 가지는 것은, 장애아의 상태가 현실적인 지원을 필요로 한다는 점과, 출산에 관하여 과실이 있는 의료인의 잘못에 대하여 제재가 주어지는 것이 옳다는 믿음 때문이다. 이러한 주장을 전혀 부정할 수 없다는 점에서 딜레마가 존재한다. 오스트레일리아의 한 학자는, 오스트레일리아의 고급법원(High Court)이 장애아 자신의 손해배상청구를 부정한 데 대하여,37) 논리(logic)는 고급법원이 도달한 결과를 요구하였을 수 있지만, 공정(fairness)은 다른 것을 요구한다고 평하였다.38)

　　결국 이 문제는 우리로 하여금 쉽게 해결할 수 없는 딜레마에 빠뜨린다.

〈윤진수 · 한상훈 · 안성조, 법의 딜레마, 법문사, 2020〉

　　문, 2008, 175-176면.

34) 이는 그 믿음의 내용이 사실인가 아닌가에 달려 있는 이유를 말한다.

35) 이는 그 믿음의 내용이 사실인가가 아니라 그러한 믿음을 가지는 상태가 좋은 결과를 낳는가에 달려 있는 이유를 말한다.

36) Hyunseop Kim, "The uncomfortable truth about wrongful life cases", Philos Stud (2013) 164, pp. 623 ff.

37) 주 12) 참조.

38) Alice Grey, "Harriton v Stephens: Life, Logic and Legal Fictions", (2006) 28 Sydney Law Review 545, 560.

공작물책임의 경제적 분석[*]
- 하자 개념과 핸드 공식(Hand Formula) -

Ⅰ. 서   론

민법 제758조 제1항은 공작물책임에 관하여 다음과 같이 규정하고 있다. "공작물의 설치 또는 보존의 하자로 인하여 타인에게 손해를 가한 때에는 공작물점유자가 손해를 배상할 책임이 있다. 그러나 점유자가 손해의 방지에 필요한 주의를 해태하지 아니한 때에는 그 소유자가 손해를 배상할 책임이 있다."

실제로 공작물책임의 성립 여부에 관하여 가장 많이 다투어지는 것은 공작물 책임의 요건인 '공작물의 설치 또는 보존의 하자'는 무엇을 의미하는가 하는 점이다. 이 문제에 관하여는 학설상 대립이 있고, 판례도 반드시 통일적이라고 할 수 없다. 그런데 최근에 선고된 대법원 2019. 11. 28. 선고 2017다14895 판결은 이 점에 관하여 매우 주목할 만한 판시를 하였다. 즉 이때에는 법경제학에서 많이 거론되는 이른바 핸드 공식 또는 핸드 룰[1]을 참고하여, 사고 방지를 위한 사전조치를 하는 데 드는 비용(B)과 사고가 발생할 확률(P) 및 사고가 발생할 경우 피해의 정도(L)를 살펴, 'B < P · L'인 경우에는 공작물의 위험성에 비하여 사

---

* 이 글은 2020. 2. 7. "민법의 경제적 분석"을 주제로 하여 개최된 서울대학교 법학연구소 공동 연구 학술대회에서 발표하였던 것을 보완한 것이다. 학술대회의 지정토론자였던 서울대 교수 님과, 초고를 읽고 의견을 주신 권영준 교수님, 박설아 재판연구관님, 이소은 교수님께 감사의 뜻을 표한다.
1) 이 판결은 이를 'Hand Rule'이라고 표현하였다.

회통념상 요구되는 위험방지조치를 다하지 않은 것으로 보아 공작물의 점유자에게 불법행위책임을 인정하는 접근 방식도 고려할 수 있다고 한 것이다.

이 글에서는 이 판결을 계기로 하여, 공작물책임에서 하자의 개념을 법경제학적으로 분석하여 보고자 한다. 나아가 이러한 핸드 공식은 공작물책임에서만 문제되는 것이 아니고 불법행위에서 일반적으로 과실의 유무를 판단할 때도 적용될 수 있으므로, 불법행위법 일반과 관련하여 살펴보고자 한다.

Ⅱ. 공작물책임에서의 하자 개념에 관한 전통적 설명

1. 공작물책임의 법적 성질

민법 제758조[2])는 공작물 하자에 대하여 제1차적으로 공작물 점유자에게 손해배상의무를 부과하고, 다만 점유자가 손해의 방지에 필요한 주의를 해태하지 아니한 때에는 제2차적으로 소유자가 손해를 배상할 책임이 있다고 규정한다. 여기서 점유자는 면책사유를 증명하면 손해배상책임을 면할 수 있으므로, 순수한 무과실책임은 아니고 증명책임이 전환된 과실책임으로 보아야 하지만, 소유자의 책임은 순수한 무과실책임으로서 위험책임이라고 보는 것이 일반적인 견해이다.[3]) 다만 입법론적으로는 소유자에게 무과실책임을 부담시키는 것은 부당하다고 하는 비판이 많다.[4])

2. 하자의 개념

가. 학   설

이처럼 적어도 공작물의 소유자가 부담하는 책임이 무과실책임이라고 한다

---

2) 이하에서 민법 조문을 인용할 때에는 민법을 생략한다.

3) 곽윤직 편집대표, 민법주해 19, 박영사, 2005, 11면(유원규); 김용담 편집대표, 주석민법 채권각칙 8, 제4판, 사법행정학회, 2016(김승표) 참조. 대법원 1971. 3. 30. 선고 70다2967 판결은, "공작물의 하자로 인하여 손해가 발생하였을 경우에 그 공작물의 점유자 겸 소유자는 과실유무에 불구하고 손해배상책임이 있는 법리"라고 하였다.

4) 곽윤직 편집대표(주 3), 12면 참조. 2009. 2. 4. 법무부에 설치된 민법개정위원회의 개정안은, 공작물책임에 관하여는 점유자만을 책임 주체로 규정하였고, 소유자를 별도의 책임주체로 인정하지 않고 있다. 그러므로 소유자는 점유자(경우에 따라서는 간접점유자)일 때에만 책임을 지며, 손해의 방지에 필요한 주의를 다하였거나 주의를 다하였어도 손해가 발생하였을 때에는 책임을 지지 않는다. 엄동섭, "불법행위법의 개정", 민사법학 제60호, 2012, 117면 이하 참조.

면, 그는 공작물로 인하여 발생하는 손해에 대하여 고의나 과실과 같은 귀책사유가 없어도 손해배상책임을 부담하는가? 얼핏 생각하기에는 그럴 것처럼 보이지만, 그렇게 단순하게 말할 수 없다. 이는 공작물책임의 요건인 "공작물의 설치 또는 보존의 하자"를 어떻게 파악하는가에 달려 있다. 이에 관하여는 객관설과 의무위반설이 대립한다. 객관설은 공작물이 통상 갖추어야 할 성질 또는 설비를 결하여 본래 있어야 할 안전성을 객관적으로 결한 상태를 하자로 보고, 하자의 존재에 관하여 점유자에게 고의나 과실이 있는지 여부를 묻지 않는다. 이에 반하여 의무위반설은 공작물의 설치·관리의 하자는 손해방지조치의 해태·방치에 기하는 손해회피의무 위반이라고 한다.5)

　　이러한 논의는 영조물의 하자로 인한 국가배상책임을 규정하고 있는 국가배상법 제5조에서도 마찬가지이다.6) 국가배상법 제5조 제1항 제1문은 다음과 같이 규정한다. "도로·하천, 그 밖의 공공의 영조물의 설치나 관리에 하자가 있기 때문에 타인에게 손해를 발생하게 하였을 때에는 국가나 지방자치단체는 그 손해를 배상하여야 한다". 이 규정은 민법과 마찬가지로 국가배상책임의 근거를 영조물의 설치나 관리에서 찾고 있으므로, 구조적으로 제758조의 영조물책임과 같다. 다만 민법과는 달리 점유자가 손해의 방지에 필요한 주의를 해태하지 아니한 때에는 면책된다는 규정은 없다. 이하에서도 민법상의 공작물책임과 국가배상법상의 영조물책임을 특별히 구별하지 않고 논의한다.

나. 판　　례

　　판례는 어떠한가? 판례의 태도는 반드시 통일되어 있지 않다. 일부의 판례는 공작물의 설치 또는 보존의 하자라 함은 그 축조나 보존에 불완전한 점이 있기 때문에 공작물 자체가 통상 갖추어야 할 안전성에 결함이 있는 상태를 말하는 것이라고 하면서, 손해회피의무 위반에 대하여는 언급하지 않고 있어서, 객관설을 따르는 것으로 보인다.7) 반면 근래에는 공작물의 설치·보존상의 하자라 함은 공작물이 그 용도에 따라 통상 갖추어야 할 안전성을 갖추지 못한 상태에 있음을 말하는 것이라고 하면서도, 이와 같은 안전성의 구비여부를 판단함에 있어

---

5) 이인재, "공작물책임에서의 하자", 민사재판의 제문제 제7권, 한국사법행정학회, 1993, 159면 참조.
6) 김동희, "국가배상법 제5조상의 영조물의 설치·관리상 하자의 관념", 서울대학교 법학 제43권 1호, 2002, 113면 이하 참조.
7) 대법원 1976. 3. 9. 선고 75다1472 판결; 1979. 7. 10. 선고 79다714 판결.

서는 당해 공작물의 설치보존자가 그 공작물의 위험성에 비례하여 사회통념상
일반적으로 요구되는 정도의 방호조치의무를 다하였는지의 여부를 기준으로 삼
아야 한다고 하는 판례가 많다.[8] 그리하여 공작물의 설치보존자에게 부과되는
방호조치 의무의 정도는 그 공작물의 위험성의 정도에 비례하여 사회통념상 일
반으로 요구되는 정도의 것을 말하고, 예상되는 모든 위험에 대비한 것이 아니면
당해 공작물에 하자가 있다고 할 수는 없다고 한다.[9]

   판례는 국가배상법 제5조 제1항의 하자에 관하여도, '영조물 설치 관리상의
하자'라 함은 공공의 목적에 공여된 영조물이 그 용도에 따라 통상 갖추어야 할
안전성을 갖추지 못한 상태에 있음을 말하고, 영조물의 설치 및 관리에 있어서
항상 완전무결한 상태를 유지할 정도의 고도의 안전성을 갖추지 아니하였다고
하여 영조물의 설치 또는 관리에 하자가 있는 것으로는 할 수 없는 것으로서, 영
조물의 설치자 또는 관리자에게 부과되는 방호조치의무의 정도는 영조물의 위험
성에 비례하여 사회통념상 일반적으로 요구되는 정도의 것을 말하므로, 영조물
인 도로의 경우도 다른 생활필수시설과의 관계나 그것을 설치하고 관리하는 주
체의 재정적, 인적, 물적 제약 등을 고려하여, 그것을 이용하는 자의 상식적이고
질서 있는 이용 방법을 기대한 상대적인 안전성을 갖추는 것으로 족하다고 하였
다.[10]

   그러면 이러한 판례들은 표현의 차이만을 보이고 있는가, 아니면 결과에도
차이가 있는가? 이 점도 정확하게 말하기는 어려우나, 결과에도 차이가 있는 것
처럼 보인다. 예컨대 대법원 1988. 11. 8. 선고 86다카775 판결과, 대법원 1992.
9. 14. 선고 92다3243 판결 및 대법원 1996. 10. 11. 선고 95다56552 판결에서는
모두 고속도로를 달리던 자동차가 고속도로에 떨어져 있던 장애물과 부딪쳐서
사고가 난 것이 고속도로의 보존상의 하자에 해당하는가가 문제되었다. 그런데
1988년 판결은, 민법 제758조 제1항에 규정된 공작물의 설치 또는 보존의 하자
라 함은 그 공작물이 본래 갖추어야 할 안전성을 갖추지 못한 상태를 말하는 것
이라고 하면서, 경부고속도로는 시속 100킬로미터의 속도로 차량이 빈번히 통행

---

8) 대법원 1994. 10. 28. 선고 94다16328 판결; 2010. 2. 11. 선고 2008다61615 판결; 2018. 8. 1. 선
   고 2015다246810 판결.

9) 대법원 1984. 7. 24. 선고 83다카1962 판결; 1986. 2. 11. 선고 85다카2336 판결; 1987. 5. 12.
   선고 86다카2773 판결; 1992. 4. 24. 선고 91다37652 판결 등.

10) 대법원 2000. 4. 25. 선고 99다54998 판결. 같은 취지, 대법원 2007. 10. 25. 선고 2005다62235
   판결; 2008. 9. 25. 선고 2007다88903 판결 등.

하는 도로로서 도로상에 통행에 방해가 되는 어떠한 장애물의 존재도 허용될 수 없다는 점에서 그 도로의 추월선상에 원심이 인정한 바와 같은 크기의 차단블록이 밀려나와 있었다는 사실 자체가 일단은 고속도로가 본래 갖추어야 할 안전성을 갖추지 못한 상태에 있는 것이어서 고속도로의 보존상의 하자가 있는 경우에 해당한다고 하였다.11)

반면 1992년 판결은, 도로의 설치 후 제3자의 행위에 의하여 그 본래의 목적인 통행상의 안전에 결함이 발생된 경우에는 도로에 그와 같은 결함이 있다는 것만으로 성급하게 도로의 보존상 하자를 인정하여서는 안 되고, 당해 도로의 구조, 장소적 환경과 이용상황 등 제반의 사정을 종합하여 그와 같은 결함을 제거하여 원상으로 복구할 수 있는데도 이를 방치한 것인지 여부를 개별적, 구체적으로 심리하여 하자의 유무를 판단하여야 한다고 하였다. 그리하여 도로의 보존상 하자로 인한 손해배상책임을 인정하기 위하여는 도로에 타이어가 떨어져 있어 고속으로 주행하는 차량의 통행에 안전상의 결함이 있다는 것만으로 족하지 아니하고, 관리자인 피고가 사고 발생전 다른 차량 등 제3자의 행위에 의하여 야기된 도로의 안전상의 결함을 미리 발견하고 이를 제거하여 차량의 안전한 통행상태로 회복하도록 하는 방호조치를 취할 수 있음에도 이를 취하지 아니하고 방치한 경우에 한하여 책임이 인정된다고 하였다.

그런데 1996년 판결은, 고속도로의 추월선에 각목이 방치되어 있었던 것은 공작물 보존의 하자에 해당하고, 또한 피고가 손해의 방지에 필요한 주의를 해태하지 아니하였다고 보기는 어렵다고 하여 책임을 인정하였다.12)

다. 검 토

생각건대 제758조가 점유자에 대하여는 손해의 방지에 필요한 주의를 해태

---

11) 이 사건의 원심판결은 보존상의 하자를 부정하였으나, 대법원은 원심판결을 파기하였다.

12) 이 사건 원심판결인 대구고등법원 1995. 11. 9. 선고 95나1348 판결은 피고의 책임을 인정하는 이유로서, 피고의 순찰직원이 이 사건 사고발생 약 1시간 전인 21:40경 사고장소를 순찰한 점, 고속도로변에 물건이 떨어진 것을 신고할 수 있는 긴급전화기를 설치하지 아니한 점, 고속도로의 순찰을 규정한 안전관리규정이 개정된 이래 차량의 통행대수가 약 2.7배 이상 증가하였음에도 불구하고 이에 상응하여 안전관리규정을 개정하여 순찰횟수를 늘리거나 순찰방법을 개선하는 등 안전관리체계를 개선하기 위한 조치를 취하지 아니한 점, 위 고속도로가 유료도로인 점 등에 비추어 피고가 안전관리체계를 개선하는 방법으로 도로상의 장애물을 미리 발견하거나 통행차량의 운전자들로부터 신고를 받고 제거할 수도 있었음에도 그러한 사고방지조치를 취하지 아니하였으므로, 피고에게 사고예견가능성이나 사고회피가능성이 없었음을 전제로 도로 보존상의 하자에 해당되지 아니한다는 피고의 주장은 이유없다고 하였다.

하지 아니한 때에는 면책을 인정하고 있는 점에 비추어 본다면, 하자의 개념은 일단 공작물 자체가 통상 갖추어야 할 안전성에 결함이 있는 상태를 말하는 것이고, 점유자가 방호조치를 취하였는가 하는 점은 면책사유 유무를 따짐에 있어서 고려하여야 한다고 볼 수도 있다.[13] 그러나 그렇게 되면 이러한 면책이 허용되지 않는 소유자나, 국가배상책임의 경우에는 가혹한 결과가 될 수 있다. 그러므로 공작물이나 영조물의 하자란 통상 갖추어야 할 안전성을 갖추지 못한 것이라고 보더라도, 이것이 항상 완전무결한 상태를 유지할 정도의 고도의 안전성을 갖추지 않으면 하자가 있다고 말할 수는 없고, 당해 공작물의 설치보존자가 그 공작물의 위험성에 비례하여 사회통념상 일반적으로 요구되는 정도의 방호조치 의무를 다하였는지를 따져보아야 한다.

　　이 점은 제조물책임과도 비교하여 볼 수 있다.[14] 제조물책임법은 제조물책임의 성립요건으로서 제조물의 결함이 있을 것을 요구하고 있다. 그런데 제조물의 결함을 어떻게 파악할 것인가에 관하여는 위험-효용 기준과 소비자 기대 기준이 있다. 여기서 소비자 기대 기준이란 소비자가 고려할 수 없었던 위험성이 있는 경우에는 결함이 있다고 보는 것이다. 반면 위험-효용 기준은, 특정한 위험을 제거하는 비용이 그로 인하여 얻게 되는 안전상의 이익보다 작을 때에는 그렇지 못한 제품은 결함이 있다고 보는 것이다. 우리 제조물책임법 제3조는 설계상의 결함과 표시상의 결함에 관하여는 위험-효용 기준을 채택하였다고 할 수 있다. 이를 공작물책임과 비교한다면, 소비자 기대 기준은 공작물책임에 관한 객관설에 대응하고, 위험-효용 기준은 의무위반설에 대응한다고 할 수 있다. 그러나 소비자 기대 기준에서도 보호되는 것은 합리적(reasonable)인 소비자의 기대라고 보아야 한다. 그렇다면 무엇이 합리적인가 하는 점은 위험과 효용을 비교함으로써 결정될 수 있을 것이다. 소비자 기대기준을 채택한 EC 지침을 따라서 제정된 독일 제조물책임법의 해석상으로도, 설계상의 결함을 정함에 있어서는 미국 제조물책임법상 인정되고 있는 비용-효용 분석이 필요하다는 견해가 있다.[15]

　　그러므로 공작물의 하자를 통상의 하자를 결여한 것으로 보더라도, 무엇이 통상의 하자인가 하는 점은 점유자나 소유자가 어느 정도의 방호조치의무를 다

---

13) 제758조에 대응하는 독일 민법 제836조에 관한 독일의 해석론이 그러하다. *Münchener Kommentar zum BGB*/Wagner, 7. Aufl., C. H. Beck, 2017, BGB § 836 Rn. 13 참조.

14) 이하에 대하여는 윤진수, "제조물책임의 주요 쟁점", 민법논고 제6권, 박영사, 2015, 408면 이하 (처음 발표: 2011) 참조.

15) *Münchener Kommentar zum BGB*/Wagner(주 13), ProdHaftG § 3 Rdnr. 7.

하였는가 하는 점에 의하여 결정되어야 할 것이고, 판례가 말하는 것처럼 항상 완전무결한 상태를 유지할 정도의 고도의 안전성을 갖추지 아니하였다고 하여 영조물의 설치 또는 관리에 하자가 있다고는 할 수 없으며, 이러한 방호조치의무의 정도는 공작물의 위험성에 비례하여 사회통념상 일반적으로 요구되는 정도의 것이어야 할 것이다.

　　그러면 이러한 방호조치의무의 내용은 구체적으로 어떤 것이라야 하는가? 이 점에 대하여 머리말에서 언급한 대법원 2019. 11. 28. 선고 2017다14895 판결은 핸드 공식 또는 핸드 룰을 제시하였다.

Ⅲ. 핸드 공식에 대하여

1. 러니드 핸드 판사와 United States v. Carroll Towing Co. 판결

　　이른바 핸드 공식(Hand Formula)은 미국 연방제2항소법원의 러니드 핸드(Billings Learned Hand) 판사가 1947년에 선고한 United States v. Carroll Towing Co. 판결16)에서 처음 정식화한 것이다. 핸드 판사는 1872년에 태어나 변호사가 되었다가 1909년에 뉴욕의 연방지방법원 판사로 임명되었고, 1924년에 연방제2항소법원 판사가 되었으며, 1961년에 사망하였다. 그는 연방대법원 대법관을 제외하고는 법학자와 연방대법원에 의하여 가장 많이 인용된 판사라고 한다.17)

　　위 판결은 1944. 1. 4. 뉴욕 항구에서 Anna C라는 바지선이 침몰한 사고에 관한 것이다. 이 바지선은 부두에 묶여 있었는데, Carroll이라는 예인선이 와서 이 바지선과 함께 묶여 있던 다른 바지선을 끌고 가려고 하였다. 그 과정에서 예인선의 선원들은 Anna C가 부두에 잘 묶여 있는지를 확인하였는데, 예인선이 떠난 직후에 Anna C가 부두에서 풀려나와 다른 배와 충돌하였다. 이때 Carroll과 다른 예인선이 구조하러 왔었는데, Anna C가 물이 새는 것을 알았다면 펌프를 이용하여 배가 가라앉는 것을 막을 수 있었으나, 바지선에 선원이 없었기 때문에 배의 상태를 알지 못하여 결국 가라앉고 말았다. 그리하여 예인선 소유자가 선박 소유자에 대하여 배상책임의 제한을 주장할 수 있는가가 문제되었는데, 특히 바

---

16) 159 F.2d 169.
17) 핸드 판사의 전기로는 Gunther, Gerald, *Learned Hand : the man and the judge*, Harvard University Press, 1994가 있다.

지선의 선원이 그 전날 배를 떠나서 배에 없었던 것이 예인선 소유자의 책임 제
한 사유가 되는가가 쟁점이 되었다.

핸드 판사는 선원이 바지선에 없었던 것이 그 바지선이 부두를 벗어나서 다
른 배에 손해를 가한 손해에 대해 바지선 소유자가 책임을 지는가에 대하여는
일반적인 규칙이 없지만, 손해가 소유자의 배 자체에 관한 것이라면 그 손해는
감액되어야 한다고 하였다. 이러한 선박소유자의 의무는 3가지 변수의 함수인데,
(1) 배가 부두를 벗어날 확률, (2) 부두를 벗어나면 발생할 손해의 중대성, (3) 충
분한 주의를 기울이는 것의 부담이다. 확률(probability)을 P, 손해(injury)를 L 그리
고 부담(burden)을 B라고 한다면, 책임은 B가 L 곱하기 P보다 작은가 여부
(whether B less than PL)에 달려 있다고 하였다. 그런데 이 사건에서는 바지선의
선원이 전날 오후 5시에 배를 떠났고, 배가 부두를 벗어난 것은 그 다음날 오후
2시였는데 선원은 그 동안 없었다고 하면서, 그 시간에 1월의 짧은 낮에, 전쟁 활
동으로 인한 분주함 속에서 배들이 끊임없이 견인되는 상황에서, 견인작업은 충
분히 주의를 기울이지 않고 행해질 수 있다는 것은 합리적인 예상을 벗어나지
않는다고 보았다. 그러한 상황에서는 선박 소유자는 낮의 작업 시간에는 선원을
배에 태우고 있어야 된다고 판시하였다.

2. 핸드 공식의 수용

이러한 핸드 공식은 과실(negligence) 유무의 판단을 경제학적인 개념으로 정
식화한 것으로서, 미국에서는 일반적으로 받아들여지게 되었다. 이를 비교적 일
찍 강조한 사람은 리차드 포즈너(Richard Posner)였고,[18] 현재에는 여러 법경제학
교과서나 불법행위법 교과서 등에서 인용되고 있다.[19]

불법행위 제3차 리스테이트먼트도 핸드 공식을 채택하였다. 즉 2010년에 공
포된 신체적 및 정신적 손해에 대한 불법행위 제3차 리스테이트먼트{Restatement

---

18) Posner, Richard A., "A Theory of Negligence", 1 *Journal of Legal Studies*, (1972), 29, 32 ff.
19) Dobbs, Dan B., Paul T. Hayden and Ellen M. Bublick, *Hornbook on Torts*, West Academic
    Publishing, 2016, pp. 271 ff.; Posner, Richard A., *Economic Analysis of Law*, 6th ed., Aspen,
    2003, pp. 167 ff.; Miceli, Thomas J., *The Economic Approach to Law*, 3rd ed., Stanford
    University Press, 2017, pp. 26 f. Shavell, Stephen, *Foundations of Economic Analysis of Law*,
    Belknap Press of Harvard University Press, 2004, pp. 178 f.는 핸드 공식을 언급하지는 않으나,
    내용은 같다.

(Third) of Torts: Phys. & Emot. Harm} 제3조는 과실에 대하여 다음과 같이 정의하였다. "어떤 자가 모든 사정에 비추어 합리적 주의를 기울이지 않으면 그 자는 과실로 행동하는 것이다. 그 자의 행위가 합리적인 주의를 기울였는지 여부를 확인하기 위하여 고려하여야 할 주요한 요소는 그 자의 행위가 손해를 일으킬 예견할 수 있는 가능성, 그로 인하여 발생할 수 있는 예견되는 손해의 심각성 그리고 손해의 위험을 제거하거나 감소시키기 위한 예방책의 부담이다."[20] 이에 대한 보고자의 노우트는 이러한 방식을 균형 접근(balancing approach)이라고 부르면서, 러니드 핸드 판사의 Carroll Towing Co. 판결(주 16)을 언급하고 있다.[21][22] 우리나라에도 핸드 공식은 많이 소개되어 있다.[23]

그런데 여기서 주의하여야 할 점은, 이러한 과실의 개념은 한계개념으로 파악하여야 한다는 것이다.[24] 이를 구체적인 예를 들어 살펴본다. 예컨대 고속도로를 달리는 차에서 짐이 떨어져서 뒤에 오던 차가 피해를 입는 일이 자주 있다. 이러한 피해는 도로공사가 고속도로를 자주 순찰하면 막을 수 있다. 그런데 이러한 순찰의 횟수를 늘리는 데에도 비용이 든다. 이때 다음과 같은 관계가 성립한다고 하자.

---

20) A person acts negligently if the person does not exercise reasonable care under all the circumstances. Primary factors to consider in ascertaining whether the person's conduct lacks reasonable care are the foreseeable likelihood that the person's conduct will result in harm, the foreseeable severity of any harm that may ensue, and the burden of precautions to eliminate or reduce the risk of harm.

21) *Restatement*(2010), (*Third*) *of Torts: Phys. & Emot. Harm* § 3, Reporters' Note, comment d. 여기서는 핸드 공식을 지지하는 많은 문헌과 판례를 열거하고 있다.

22) 이에 대하여는 Simons, Kenneth W., "The Hand Formula in the Draft Restatement (Third) of Torts: Encompassing Fairness as Well as Efficiency Values", 54 *Vanderbilt Law Review*, 2001, 901 ff. 참조.

23) 김건식, "불법행위법과 법경제학", 민사판례연구 15권, 박영사, 1993, 403면 이하; 고학수·허성욱, "불법행위법의 법경제학", 김일중·김두열 편, 법경제학 이론과 응용, 해남, 2011, 166면 이하; 권순일, "불법행위법상 주의의무의 기준", 법조 1997. 3, 86면 이하; 박세일 외, 법경제학, 재개정판, 박영사, 2019, 314면 이하; 윤진수(주 14), 412면; 이종인, 불법행위법의 경제분석, 한울 아카데미, 2006, 96면 이하; 김용담 편집대표, 주석민법 채권각칙 6, 제4판, 사법행정학회, 2016, 117면(박동진) 등. 권순일 대법관은 위 대법원 2019. 11. 28. 선고 2017다14895 판결의 주심 대법관이었다. 한편 윤진수, 민법기본판례, 홍문사, 2016, 474-475면은 공작물책임에서의 방호조치의무에 관하여도 핸드 공식을 적용할 수 있다고 설명한다.

24) Posner(주 19), p. 168; 윤진수(주 23), 475면 등 참조.

〈표〉 순찰 횟수에 따른 기대손해액 및 순찰비용 예시 (단위: 만원)

순찰 횟수	기대 손해액(A)	순찰비용(B)	총비용(A + B)
0	2000	0	2000
1	1000	100	1100
2	700	200	900
3	500	300	800
4	450	400	850

얼핏 생각하기에는 순찰비용을 400만원을 지출하면 손해액이 가장 작은 450
만원이 되므로, 이것이 최선일 것처럼 생각된다. 그러나 그것이 합리적이 아님은
쉽게 알 수 있다. 이때에는 400만원의 비용이 지출되므로, 기대 손해액과 순찰비
용을 합한 총비용은 850만원이 되고, 따라서 300만원의 순찰비용을 지출하여
500만원의 손해가 나는 것을 감수하는 것이 합리적이다. 따라서 300만원 미만의
순찰비용을 지출하면 과실이 있다고 할 수 있지만, 300만원의 순찰비용을 지출
한다면 과실이 없는 것이 될 것이고, 300만원 이상의 순찰비용을 지출하여 기대
손해액을 더 줄일 수 있다고 하더라도, 그렇게 하지 않은 것을 가리켜 과실이 있
다고 할 수는 없는 것이다. 법경제학의 고전으로 꼽히는 칼라브레시의 책은, 자
신은 사고법(accident law)의 주된 기능이, 사고로 인한 비용과, 사고의 방지를 위
한 비용의 합계를 감소시키는 데 있다는 것을 공리(axiom)로서 받아들인다고 하
였다.[25]

앞에서 언급한 대법원 1992. 9. 14. 선고 92다3243 판결은, 새벽 03:25경에
고속도로에 타이어가 떨어져 있어서 자동차 앞바퀴가 그에 걸려 중앙선을 넘어
들어가 반대편 차량과 부딪쳐 운전자가 사망한 경우에 관한 것이었다. 원심은 도
로의 하자 내지 한국도로공사의 사고 발생을 방지하기 위한 주의의무 위반을 인
정하였으나, 대법원은 원심판결을 파기하였다. 즉 피고의 보안원이 사고 직전 약
10분 내지 15분 전에 사고 지점을 통과하였으나 그때에는 그러한 타이어가 없었
고, 달리 피고의 순찰체제에 특별한 이상이 없었다면, 피고가 이 사건 사고지점
의 도로에 떨어진 타이어를 발견하고 이를 제거하여 사고방지 조치를 취한다는

---

25) Calabresi, Guido, *The Costs of Accidents*, Yale University Press, 1970, p. 26.

것은 시간적으로 거의 불가능한 일이 아닌가 생각되고, 따라서 피고의 손해배상 책임을 인정한 원심의 조치는 수긍하기 어렵다는 것이다.[26]

이 사건에서 한국도로공사는 Y는 야간 4회, 주간 2회의 왕복도로순찰을 하였다는 것인데, 이 횟수를 늘린다면 사고 발생의 확률은 줄어들겠지만, 그만큼 사고 방지를 위한 비용이 늘어나게 된다. 이 경우에 비용과 사고 발생의 확률을 정확하게 비교하기는 어렵지만, 대법원으로서는 이러한 상황에서 왕복도로순찰의 횟수를 늘린다는 것은 그다지 효율적이 아니라고 판단하였을 수 있다.

IV. 핸드 공식에 대한 찬반 논의

1. 미국에서의 논의

이러한 핸드 공식에 대하여는 찬성론만 있는 것이 아니고, 비판론도 있다. 여기서는 먼저 미국에서의 논의에 대하여 돕스와 그 공저자가 요약한 것을 중심으로 살펴본다.[27] 여기서는 핸드 공식을 위험-효용 형량(risk-utility weighing)으로 보면서, 그 정당화 주장과 비판론을 소개하고 핸드 공식을 옹호하고 있다. 우선 정당화 근거로서는, 이것이 행위자에게 안전에 관하여 적절한 양을 투자하도록 하는 인센티브를 부여하는 책임 규칙을 만들어낼 수 있다고 한다. 또한 경제적 정당화 외에도 이는 단순한 직관적인 접근보다도 각자의 권리와 자유를 더 잘 보호할 수 있고, 그러한 권리의 한계를 설정하며, 어떤 종류의 증거를 제출해야 하는지에 관하여 변호사들에게 가이드를 제공하고, 법관들이 과실에 관한 자신들의 결론을 단지 불가해한 재량권의 행사가 아니라, 그 분야의 전문가들이 평가할 수 있는 용어로 설명하도록 제약한다고 한다.

반면 비판론의 한 가지는, 불법행위법이 인센티브를 제공한다는 것을 부정하고, 핸드 공식은 그것이 다른 목적에 봉사하지 않는 한 부적절하다고 한다.[28]

---

26) 최세모, "공작물의 설치, 보존상의 하자", 대법원 판례해설 18호, 1993, 319면 이하가 이 판결에 대한 대법원 재판연구관의 해설이다.

27) Dobbs et al.(주 19), pp. 275 ff. 김천수, "영미 불법행위법상 책임요건에 관한 연구", 성균관법학 제22권 1호, 2010, 59면 이하는 이 책의 초판인 Dobbs, Dan B., *The Law of Torts*, Volume 1, West Group, 2001에 의거하여 이를 소개하고 있다.

28) 여기서는 Shuman, Daniel W., "The Psychology of Deterrence in Tort Law", 42 *University of Kansas Law Review*, 1993을 인용하고 있다. 이 글은 불법행위법의 억지(deterrence) 기능을 심리학적으로 분석하였는데, 결론적으로 금전적인 제재에 의존하는 불법행위법은 안전하지 않은

다른 비판은, 이 공식이 필요로 하는 자료는 구할 수 없거나, 변호사들이 수학자가 될 수는 없다고 하는데, 이는 오해에 기인한 것이고, 이 공식이 법률수학적 용어로 표현된 확률에 관한 증거나 안전을 위한 조치의 금전적 비용에 관한 증거를 요구하는 것이 아니며, Carroll Towing 판결과 마찬가지로 대다수의 사건에서는 실제적인 일상적 증거로부터 도출될 수 있는 대충의 추정(rough estimate)이면 적용될 수 있다고 한다. 예컨대 원고의 변호사는 정확한 비용을 제시하지 않고서도 피고가 안전한 조치를 쉽게 취할 수 있었다거나, 사고가 비슷한 상황에서 자주 발생했기 때문에 손해의 가능성이 높다고 확률을 퍼센트로 표시하지 않고서도 주장할 수 있으며, 이 공식은 법관이 확률, 비용 및 이익에 관한 추정을 사용하더라도, 법관에 의한 분석을 위한 의미 있는 모델을 제공한다고 한다.

그리고 핸드 공식에 대한 가장 근본적인 비판의 하나는, 이것이 사회적 이익을 지나치게 강조하고, 개별적 정의나 도덕적 선택을 지나치게 경시한다는 것이다. 또한 핸드 공식은 양 당사자의 효용을 공통된 달러라는 저울로 환원할 것을 요구하는데, 사람의 생명은 안전한 행동의 금전적 가치와는 통약가능하지 않으므로(incommensurable), 이러한 공통의 저울은 잘못된 저울이라고 한다.[29] 그러나 이러한 비판은, 배심원이 고통이나 쾌락의 상실과 같은 무형적인 것의 가치를 결정할 수 있도록 하거나, 질적인 가치를 순수한 금전적 저울의 사용을 제한하기 위하여 고려하는 하이브리드적 접근에 의하여 개선될 수 있다고 한다.

그리고 또 다른 비판은 어떤 종류의 사례들은 엄밀한 위험-효용 분석에 적합하지 않다고 한다. 예컨대 순간적인 부주의나 안전을 위하여 필요한 사항을 과실로 잊어버리는 경우에, 더 나은 안전을 얻기 위하여 필요한 비용을 분석하는 것이 어렵다고 한다. 그리고 어떤 경우에는 피고가 어떤 종류의 위험이 있는 것은 알지만, 그 위험의 정도라든지 무엇이 그 위험을 줄일 수 있는지를 모르는 경우에도 이러한 작동불능(unworkability argument)이 적용될 수 있다고 한다. 예컨대 신약의 제조자와 같은 경우이다.

행동을 억지하는데 성공적이지 못할 것이라고 한다. pp. 165 ff.

29) 이 책은 그러한 주장의 예로서 Barbara Ann White, "Risk-Utility Analysis and the Learned Hand Formula: A Hand That Helps or a Hand That Hides", 32 *Arizona Law Review* 77, 111 n. 192 (1990); Michael D. Green, "The Schizophrenia of Risk-Benefit Analysis in Design Defect Litigation", 48 *Vanderbilt. Law Review* 609 (1995); Richard Wright, "The Standard of Care in Negligence Law", in *Philosophical Foundations of Tort Law* 249(David G. Owen, ed. 1995)를 든다.

이에 대하여 위 책은 다음과 같이 답변한다. 첫째, 핸드 공식은 보통 경제적인 용어로 분석되지만, 이는 다른 사람을 당신 자신을 대접하는 것과 똑같이 대접하라는 도덕적 명제로 볼 수도 있다고 한다. 당신이 200달러를 씀으로써 100달러를 저축할 수 있다면 그렇게 하지 않을 것인데, 피고가 원고를 오도하지 않았고, 원고와 특별한 관계가 없으며, 관행이나 스스로의 약속에 의하여 더 높은 주의의무를 부담하지 않는다면, 핸드 공식은 경제적인 용어가 아니라 도덕적인 용어로 이해될 수 있고, 효용은 경제적인 용어로 표현되든 아니든 간에 도덕적 성격을 가진다고 한다. 둘째, 핸드 공식에 대한 정당화와 비판은 다같이 과장되어 있다고 합리적으로 생각할 수 있다고 한다. 이 공식은 과실 여부를 판단함에 있어서 분명히 쓸모가 있지만, 어떤 경우에는 다른 경우보다 더 쓸모가 있고, 성문법은 많은 경우에 이 공식을 배제하며, 다른 경우에는 당사자들 사이의 관계가 의무나 항변을 지시하기도 하고, 또 다른 경우에는 관습이 특별히 중요하기도 하다고 한다. 그러므로 이 공식은 다른 더 중요한 것에 의하여 배제되지 않는 한 사용될 수 있는 초기 공식(default formula)이라고 한다.

셋째, 법관들은 실제로 위험-효용 분석을 수행하는데, 반드시 그러한 이름으로 하거나 경제적 분석이 제시하는 것과 같이 엄밀하게 하지는 않는다고 한다. 대부분의 핸드 공식에 대한 반대는 어떤 종류의 비용과 편익 분석이 필요하다는 기본적인 아이디어보다는 금전적 가치의 비교에 대한 것이라고 한다.

넷째, 모든 비용과 편익, 위험과 효용의 형량이 포기된다면, 법원은 과실을 분석할 수 있는, 일반적으로 적용될 수 있는 다른 방식을 찾으라는 압력을 받게 될 것이고, 피고가 합리적으로 행동했다거나 행동하지 않았다고 하는 법관의 결론은 만족스럽지 못할 것이며, 우리가 법이라고 부르는 것과는 별로 닮지 않을 것이라고 한다. 그러나 금전적 가치 외의 것도 고려하는 합리적 인간이라는 이념에 호소함으로써 비용과 편익, 위험과 효용을 형량하는 것이 가능할 것이라고 한다.

2. 독일에서의 논의

독일에서도 핸드 공식이 소개되어 있는데,[30] 독일에서 법경제학을 소개한

---

30) 예컨대 Schäfer, Hans-Bernd · Claus Ott, *Lehrbuch der ökonomischen Analyse des Zivilrechts*, 5. Aufl., Springer, 2012 182 f.; Kötz, Hein · Gerhard Wagner, *Deliktsrecht*, 10. Aufl., Luchterhand, 2006, S. 30 등.

선구자들인 쾨츠 교수와 쉐퍼 교수가 독일의 한 판례를 핸드 공식에 비추어 비
판한 것을 살펴본다.[31)

가. 판 결

여기서 다룬 판결은 독일연방대법원(Bundesgerichtshof) 1989. 7. 13. 판결[32)이
다. 이 판결의 사실관계는 다음과 같다. 이 사건 원고는 1985년 자신의 스쿠터를
타고 헤센 주의 뫼르펠덴-발도르프(Mörfelden-Walldorf)라는 도시의 오크리프텔러
로(Okrifteler Straße)의 숲을 지나다가 넘어져서 다쳤다. 원고는 자신이 사슴과 부
딪쳐서 다쳤는데, 도로를 관리하는 피고 헤센 주가 도로 변의 숲을 따라서 야생
동물을 보호하는 울타리를 설치하였더라면 사고가 나지 않았을 것이라고 하여
피고를 상대로 손해배상을 청구하였으나, 1, 2심과 연방대법원은 모두 원고의 청
구를 기각하였다.

연방대법원은, 피고 주는 사고가 난 도로에 대하여 거래안전의무(Vekehrs-
sicherungspflicht)를 부담하고, 그 의무 위반으로 인한 책임의 성립 여부는 독일 민
법 제823조에 의하여 판단된다고 하였다.[33) 그런데 도로에 대한 거래안전의무가
인정된다고 하더라도, 도로가 실제로 완전히 위험이 없을 수는 없는데, 이는 기
대할 수 있는 수단에 의하여 달성될 수 없고, 따라서 거래안전의무를 부담하는
자에게 기대할 수 없다는 것이다. 거래안전의무를 부담하는 자는 적절하고 객관
적으로 기대할 수 있는 방법으로 필요한 주의를 다하는 이용자가 인식할 수 없
어서 대응할 수 없는 위험만을 제거하고 필요한 경우에는 이를 경고하여야 하며,
도로가 정상적인 교통의 수요에 상응하는 상태인지 여부는 구체적으로는 일반적
인 거래관념에 따라 정해져야 하는데, 도로 이용의 종류와 빈도 및 그 의미도 고

---

31) Kötz, Hein · Hans-Bernd Schäfer, *Judex oeconimicus*, Mohr Siebeck, 2003, S. 1 ff.(Wildschutzzaun).
   원래 이 글은 필자들이 "Judex, calcula"라는 제목으로 *JZ(Juristenzeitung)* 1992, S. 355 이하에
   게재했던 것을 보완한 것이다.
32) *NJW* 1989, 2808.
33) 독일 민법 제823조 제1항은 "고의 또는 과실로 타인의 생명, 신체, 건강, 자유, 소유권 또는 기
   타의 권리를 위법하게 침해한 자는 그 타인에 대하여 이로 인하여 발생하는 손해를 배상할 의
   무를 진다"고 규정하고 있다. 이러한 사안이 우리나라에서 일어난다면 이는 제758조에 의한 공
   작물책임의 성부가 문제될 것이다. 대법원 1992. 10. 27. 선고 92다27164 판결은, 고속도로상에
   들어온 개를 피하려다 사고가 난 경우 한국도로공사의 공작물책임을 인정하였다. 그러나 우리
   제758조에 대응하는 독일 민법 제836-838조는 건물이나 토지에 결합된 공작물의 붕괴나 박리
   (Ablösung)에 대하여만 공작물책임을 인정하기 때문에, 이러한 경우에는 공작물책임이 성립하
   지 않는다.

려하여야 한다고 한다.

　도로교통이 야생동물로 인하여 직면하는 위험에 대한 거래안전의무에 관하여는, 야생동물이 다닐 수 있는 모든 구간을 울타리로 보호하는 것이 거래안전의무 부담자의 의무는 아니며, 교통 참여자는 그러한 위험에 대응하여야 하고, 야생동물이 나타날 우려가 있으면 주의 깊은 운전자는 속도를 줄이는 등 운전방식을 위험에 맞추어 조절하여야 한다고 한다. 물론 거래안전 의무 부담자는 특별히 위험한 장소에는 "야생동물 출몰"이라고 위험 표시를 세워 경고하여야 하지만, 이처럼 경고판이 세워졌다면 거래안전 의무자는 충분한 일을 한 것이고, 동물 보호 울타리는 원칙적으로 필요하지 않다고 한다.

　그러므로 특별히 위험한 장소에 "야생동물 출몰"이라는 위험 표지를 세움으로써 야생동물로 인한 사고로부터 교통을 보호하는 의무는 충족된 것이고, 연방고속도로와 같은 경우에는 야생동물 보호 울타리를 세워야 한다는 예외를 인정하는 것도 생각해 볼 수는 있으나, 이 문제는 여기서 더 다룰 필요가 없다고 한다.

　원고가 사고를 당한 도로는 군 도로(Kreisstraße)로서, 광역의 신속한 교통을 위한 것이 아니며, 도로의 종류와 의미 및 이용은 야생동물로 인한 사고를 막기 위하여 야생동물 보호를 위한 울타리를 세울 의무를 정당화할 수 없다고 한다. 원고가 주장하는 것처럼, 이 도로가 다른 군 도로보다 많은 교통량을 보이고, 붙어 있는 숲에 특별히 많은 사슴이 살아서 1984년과 1985년에 야생동물로 인한 교통사고가 50건에서 60건에 이르렀다고 하여도 마찬가지인데, 이러한 위험은 피고 주가 "야생동물 출몰"이라는 위험 표지를 세움으로써 충분히 고려하였다고 한다. 야생동물이 특별히 자주 출현하는 특정 장소에는 야생동물 보호 울타리를 세우는 것도 생각할 수 있지만, 이 경우는 그렇지 않다고 한다.

나. 비　　판

　이 판결에 대하여 필자들은 이 판결이 손해배상법의 임무는 상응하는 유인(Anreiz)을 줌으로써 손해 예방 비용이 이를 지출하지 않으면 발생할 손해보다 적은 지출을 가져오기 때문에 예방할 의미가 있는 손해 발생을 예방하기 위하여 노력하도록 시민들의 행동에 영향을 주는 것이라는 것을 오해하고 있다고 한다. 현행 손해배상법의 규율들이 특히 과실 개념을 법관이 구체화하는 것을 통하여 이러한 조종의 목적(Steuerungsziel)을 지향한다고 하는 것은 문헌상으로도 설명되어 있다고 하면서, 핸드 공식에 대하여 언급하고 있다. 이러한 효용-비용-형량이 많이 행해지지 않고, 오히려 법관의 직관에 근거한다는 것은 맞지만, 이는 효용과 비용을 대비하여 계산하기 위한 정확한 숫자가 결여되었거나 얻기가 힘들어서인데, 이 사건의 경우에는 필요한 사실이 일부는 원고에 의하여 명시적으로 주장되었고, 일부는 쉽게 찾을 수 있는데도 연방대법원은 이러한 사정을 간과하였을 뿐만 아니라, 그로 인하여 잘못된 결론에 도달한 것은 유감이라고 한다.

만일 야생동물 출몰을 경고하는 교통표지판을 세움으로써 운전자와 야생동물과의 충돌을 막을 수 있다면 위 판결은 타당하겠지만, 그러한 효과는 미약하다는 것이 경험상 또는 원고가 주장하는 사고의 숫자에 비추어 알 수 있다고 한다. 그렇지만 울타리를 설치함으로써 드는 비용이 울타리가 막을 수 있는 손해보다 적을 때에만 헤센 주가 울타리를 설치하지 않은 것이 독일 민법 제823조 제1항의 의미에서의 과실이라고 한다.

필자들이 해당 지역을 관할하는 경찰서에 문의한 바에 의하면, 위 도로의 길이는 6킬로미터이고, 2미터 높이로 양쪽 12킬로미터의 울타리를 세우는 데 필요한 돈은 문의한 바에 따르면 30만 마르크인데, 이 울타리의 수명을 10년으로 보고, 그 외의 조달비용과 연 2회의 수리비 등을 합하면 헤센 주가 부담하게 되는 총 지출은 연 5만 마르크가 된다고 한다. 반면 보험회사에 따르면 야생동물로 인한 물적 손해는 평균 2,005 마르크이므로, 원고 주장에 따른 야생동물로 인한 손해는 연 10만 내지 12만 마르크로서, 이것만으로도 5만 마르크의 울타리를 세움으로써 그 배 이상의 손해를 막을 수 있다는 것이 분명하고, 따라서 울타리를 세우지 않은 것이 과실이라는 결론을 이끌어낼 수 있을 것이라고 한다. 실제로는 이로 인한 손해액은 더 많은데, 야생동물의 사망이나 부상으로 인한 손해, 사람의 신체가 다침으로 인한 손해 등이 고려되지 않았다고 한다.

이어서 필자들은 이러한 주장에 대한 아이덴뮐러(Horst Eidenmüller)와 타우피츠(Jochen Taupitz)의 비판을 소개하고, 이에 대하여 재반박하였다.

우선 아이덴뮐러[34]는 법관이 이러한 고려를 적용하려면 신뢰할 수 있고, 정확한 가해자의 대체적 주의조치 비용에 관한 자료가 필요한데, 그에 대한 증명책

---

34) 아이덴뮐러는 법 해석에서 효율은 제한적으로만 고려할 수 있다고 주장한다. 이에 대하여는 윤진수, "법의 해석과 적용에서 경제적 효율의 고려는 가능한가?", 민법논고 제6권, 박영사, 2015, 4면 이하(처음 공간: 2009) 참조.

임을 부담하는 원고가 경제학적으로 숙련되게 재판하는 법관을 만날 수 있을지 알 수 있을까, 그가 피고가 한 행동뿐만 아니라 피고가 무엇을 할 수 있었는지, 부가적인 비용은 얼마인지, 피고가 할 수 있었던 것이 사전적으로(ex ante) 사고 발생의 확률과 손해의 크기에 어떻게 영향을 미치는지를 알 수 있을까 하고 질문한다.[35]

이에 대하여 필자들은, 바로 이 사건이 아이덴뮐러의 반론은 과장되었다는 것을 보여준다고 지적한다. 원고는 1984년과 1985년에 이 거리에서 야생동물로 인한 사고가 50-60건 발생하였다고 주장하였고, 몇 번 전화 통화만 해 보면 야생동물의 출몰로 위험이 있는 구간의 길이가 얼마인지, 야생동물로 인한 평균적인 손해가 얼마가 되는지, 그리고 울타리의 설치로 인한 비용이 얼마인지를 알 수 있다고 한다. 법관은 독일 민사소송법 제139조에 의하여 당사자가 모든 중요한 사실에 대하여 완전히 진술할 것을 석명할 수 있고, 법관이 효용−비용 형량이 필요한 사실이 중요하다고 여기기만 한다면 원고를 석명에 의하여 제 길에 올려 놓을 수 있다고 한다.

그리고 타우피츠는 필자들의 비판이 야생동물 보호 울타리 외에도 사고를 예방할 수 있지만, 더 작은 비용이 드는 다른 조치를 검토하지 않았다고 비판한다. 즉 피고 주가 큰 경고판을 세우는 것이나, 자동차 운전자가 야생동물 출입이라는 표지판의 경고를 받아 더 느리고 주의깊게 운전하거나, 덜 위험한 길을 택하거나 철도를 이용하거나 아니면 집에 머물러 있는 것 등이다.[36] 그러나 필자들은 이러한 비판이 설득력이 없다고 반론한다. 우선 피고인 주의 사고방지 조치에 대하여는, 울타리 외의 방지조치가 사고를 줄일 수 있을지는 몰라도 사고를 완전히 막지는 못할 뿐만 아니라, 피고가 할 수 있는 단 하나의 손해방지조치가 증명되었으면 청구를 받아들여야 한다고 한다. 그리고 운전자가 사고방지조치를 할 수 있다는 것은 명백하지만, 운전자가 속도를 줄이거나, 다른 교통수단을 이용하는 등의 다른 사고방지조치를 하지 않는 것은 합리적인데, 왜냐하면 수십만 명이 문제의 도로 구간을 통과하지만, 1년에 50-60건의 사고가 발생하고, 이는 보통

---

35) Eidenmüller, Horst, *Effizienz als Rechtsprinzip*, Mohr Siebeck, 1995, S. 429 f. 이 책은 2015년에 제4판이 나왔으나, 내용은 별로 달라지지 않았다.

36) Taupitz, Jochen, "Ökonomische Analyse und Haftungsrecht—Eine Zwischenbilanz", *AcP(Archiv für die civilistische Praxis)* 196, 1996, S. 155 ff. 여기서 그는 칼라브레시의 최소 비용 회피자 (cheapest cost avoider) 개념에 대하여 언급하고 있다. 이에 대하여는 Calabresi(주 25), pp. 135 ff. 등 참조.

물적 손해만을 발생시키기 때문이며, 울타리를 세우는 것이 운전자가 다른 조치를 취하는 것보다 더 적은 비용이 든다는 것이 명백하다고 한다.[37]

나아가 필자들은 이 판결이 법의 경제적 분석은 확립된 과실책임의 원리와 부합하지 않는다는 추측을 낳을 수도 있지만, 실제로는 판례 가운데에는 공개적으로 또는 암암리에 이러한 효용－비용 계산에 근거한 것을 볼 수 있다고 하면서, 독일연방대법원의 판례[38]를 예로 들고 있다.

그리고 필자들은, 공공기관의 공공 교통도로의 눈과 얼음 제거와 제설제 살포 의무에 관하여는 재정을 고려하여 이를 낮출 권리가 있다고 하는 주장에 대하여, 이는 경제적인 관점에서 필요한 안전조치를 하지 않고, 손해방지 비용보다 더 큰 손해를 초래해도 된다는 것이라고 비판한다.

3. 소   결

핸드 공식에 대한 비판은 크게 보아 다음 두 가지로 나눌 수 있다. 첫째, 근본적인 비판으로서, 핸드 공식이 말하는 비교는 불가능하거나 부정의하다는 것이다. 둘째, 핸드 공식은 실제로 법원이 적용하기 어렵다는 것이다.

첫째 비판에 대하여 본다. 이는 핸드 공식은 중요한 가치를 고려하지 않고 있고, 또 많은 경우에는 이러한 가치는 경제적으로 환산하거나 비교할 수 없다는 것이다.[39] 그러나 법적 판단에서 많은 경우에 이러한 평가와 선택은 불기피하다. 예컨대 사람의 생명을 경제적으로 환산할 수 있는가? 법원은 일상적으로 이러한 일을 하고 있다. 불법행위로 사람이 사망한 경우에, 가해자에게 사람의 생명을 경제적으로 평가하여 그에 대한 손해배상을 명하고 있는 것이다. 이러한 평가는

---

37) 한편 이 필자들은 문제의 구간에 울타리가 세워졌는데, 이는 숲 관리청이 야생동물이 해마다 주는 것을 안타깝게 여겼기 때문이라고 한다.

38) BGH *NJW* 1984, 801. 이 사건에서는 아이스하키 경기장의 측면에서 구경하던 원고가 날아온 아이스하키 퍽에 맞아 다쳤는데, 연방대법원은 측면 관중석에 80센티미터 높이의 플렉시 유리벽을 세우지 않은 것이 과실이라고 하였다. 이러한 유리벽을 세우는 것은 사고 당시인 1980년에 11만 마르크에서 15만 마르크 정도의 비용이 들지만, 관중의 위험이 얼마나 잦은가가 요구되는 주의의 정도를 결정하는데, 유리벽을 세운다고 하여 퍽이 관중석으로 날아오는 것을 완전히 피할 수는 없지만(1,000 게임당 1-2회), 유리벽이 없으면 그런 일이 훨씬 자주 일어나고, 벽을 세우는 비용도 기대가능성이 있다고 하였다. 피고는 관중의 보호를 위하여 필요한 조치를 경제적인 고려에서 취하지 않아도 되는 것은 아닌데, 비용이라는 요소는 재정적인 부담이 위험의 예방과 전혀 비례하지 않는 등의 경우에만 고려될 수 있다고 하였다. 그러나 이 판결이 비용 요소를 예외적으로만 고려한 것은 핸드 공식과는 다소 부합하지 않는다.

39) 주 27)에서 인용한 문헌 외에도 예컨대 Simons(주 22), pp. 52, 68 ff. 참조.

회피할 수 없는 일이다.

　　그리고 핸드 공식에 대한 비판은 금전을 사람의 생명보다 더 중요한 것으로 여긴다고 본다. 그러나 과연 그러한 비판이 정당한 것인가? 사람이 생명을 잃을 수 있는 어떤 사고를 예방하기 위하여 비용을 지출할 수도 있지만, 그러한 지출이 핸드 공식에 비추어 본다면 가치가 없다고 판단될 때에는 이를 지출하지 않을 수 있고, 이처럼 지출되지 않아서 절약된 비용은 다른 사람들의 더 많은 생명을 살릴 수도 있다. 비용이 얼마나 들든지를 불문하고 사람이 죽지 않도록 해야 한다는 것은 타당하지 않다. 그렇다면 사고 방지를 위한 비용을 지출할 것인가 아닌가를 따져 보는 것이 합리적이 아니거나, 비도덕적이라고 할 수는 없고, 오히려 이러한 결과가 더 정의에 부합할 것이다.

　　한편 핸드 공식에 대한 비판 중에는 오해에 기인한 것으로 보이는 것도 있다. 예컨대 넬슨(William E. Nelson)은 핸드 공식은 부당한(perverse) 결과를 가져온다고 하면서 다음과 같은 예를 들고 있다. 즉 기차가 역에 들어오고 있는데, 선로가 구부러져 있고, 벽이 있어서 역에 있는 승객들은 기차의 소리는 들을 수 있지만, 기차를 볼 수는 없고, 기차 운전사도 마찬가지로 승객을 볼 수 없다. 그렇지만 기차에는 기차가 철도상에 있는 물건과 부딪치게 되면 자동적으로 즉각 멈추는 브레이크가 달려 있다. 그런데 법학전문대학원 학생인 A가 기차를 기다리고 있는데, 강도가 동료 학생인 B를 밀어 B가 선로에 의식을 잃고 쓰러져 있다. 기차 운전사는 B를 보지 못하므로 B는 기차에 치여 죽을 것이다. 그렇지만 A 옆에는 노숙자 C가 서 있는데, A가 C를 선로로 밀면, 기차는 C를 치고, C는 죽겠지만, 기차는 멈춰 서서 B는 살 수 있다. 위 논자는, 이러한 경우에 핸드 공식에 의하면 A는 C를 밀더라도 책임을 지지 않을 것이라고 한다. 왜냐하면 법학전문대학원 학생인 B는 노숙자인 C보다 더 취업 전망이 좋으므로, 노숙자보다 더 가치가 있기 때문이라는 것이다.[40]

　　그러나 이러한 주장은 받아들이기 어렵다. 우선 위와 같은 사례는 과실의 문제가 아니라 고의의 불법행위에 대하여 책임을 면책시키는 긴급피난(necessity)의 문제이다. 뿐만 아니라 여기서 사람의 생명을 단순히 그 사람의 취업 전망에 의하여 평가하는 것도 받아들일 수 없다. 핸드 공식을 지지하는 사람도 그러한 주

---

40) Nelson, "The Moral Perversity of the Hand Calculus", 45 *Saint Louis University Law Journal* 759 f.(2001).

장에 동조하지는 않을 것이다. 비교의 기준을 어떻게 세울 것인가 하는 것은 쉽지 않은 문제이지만, 사람의 생명을 단순히 그가 장래에 얼마나 벌 수 있는가 하는 것에 의하여 결정할 수는 없다.[41]

다만 특히 사람의 생명・신체 침해의 경우에, 일반적으로 그 손해액이 저평가되는 현상이 있음에 유의할 필요가 있다. 이는 모든 손해배상에서 마찬가지이지만, 생명・신체 침해의 경우에는 상당 기간 장래의 일을 현재 예측하여야 하는데, 현재의 판례는 매우 엄격한 태도를 보이고 있다. 예컨대 장래의 소득 증가 가능성을 쉽게 인정하지 않는다. 또한 장래의 손해를 일시금으로 지급을 명하는 경우에 중간이자 공제율을 법정이자율인 연 5푼으로 하고 있으며, 정신적 손해에 대한 위자료 지급에도 인색하다. 이러한 점을 고려한다면, 핸드 공식을 적용할 때 손해의 기댓값은 좀더 너그럽게 인정할 필요가 있다.

핸드 공식에 관하여 실제로 더 중요한 것은, 법원이 핸드 공식을 적용하기가 쉽지 않다는 것이다. 개별 불법행위 사건을 재판할 때 법원이 손해의 발생 확률과 손해의 크기 및 손해를 방지하기 위한 비용을 어떻게 알 수 있는가 하는 점이다. 그런데 현실적으로는 법원이 반드시 정확한 숫자를 알아야만 핸드 공식을 적용할 수 있는 것은 아니다. 돕스나 쾨츠・쉐퍼가 지적하듯이, 대다수의 사건에서는 실제적인 일상적 증거로부터 도출될 수 있는 대충의 추정(rough estimate)이면 충분하다. 실제로 법원은 그와 같이 재판하고 있는 것으로 여겨진다. 이 점에 대하여는 아래 Ⅵ.에서 살펴본다.

Ⅴ. 실제 사례

여기서는 미국과 독일 그리고 한국의 법원이 실제로 핸드 공식을 활용했다고 보이는 대표적인 사례들을 살펴본다.

---

41) Simons(주 22), 80은 가치 판단과 같은 질적인 내용을 포함하는 약한 형태의 통약성(weaker forms of commensurability)은 위험한 대안에 대한 결정과 같은 대부분의 도덕적 결정에 관하여 더욱 그럴 듯하다고 한다. 또한 Dobbs et al.(주 19), p. 277 참조.

1. 미   국

미국의 법원이 핸드 공식을 얼마나 많이 활용하는가에 대하여는 평가가 엇갈린다. 한 논자는 영미의 법원이 핸드 공식을 인용하는 예는 많지 않다고 하는 반면,[42] 다른 논자는 이러한 주장은 과장되었고, 법원은 통상적으로 주의의 비용과 예상되는 손해를 비교하며, 핸드 공식이 발명되기 전에도 수십년간 그러하였다고 비판한다.[43] 어쨌거나 미국의 판례 가운데 핸드 공식을 명시적으로 인용하는 것이 드물지는 않다.

여기서는 루이지애나 주 대법원이 1989년 선고한 판결[44]을 살펴본다. 이 사건의 사실관계는 다음과 같았다. 피고 전기회사가 관리하는 14,400볼트의 절연되지 않은 고압전선이 유전지대 내의 한 유정(油井)으로부터 40.5피트 높이에 설치되어, 유정에 접근하는 길의 25.7피트 높이에 걸쳐져 있었는데, 원고는 높이가 34피트인 기중기 팔(mast 또는 boom)이 달린 트럭을 운전하다가 기중기 팔이 고압전선에 접촉되거나 또는 가까이 가서 원고가 감전되는 사고가 일어났다. 1심과 2심은 피고가 주의의무를 위반하지 않았다고 보았으나, 루이지애나 주 대법원은 피고에게 과실이 있다고 보았다.

법정의견을 쓴 데니스(Dennis) 대법관은, 핸드 공식과 Carroll Towing Co. 판결 등을 인용하면서 다음과 같이 서술하였다. 고압전류가 절연되지 않은 송전선으로부터 빠져나오는 경우가 있고, 그렇게 되면 이는 위협이 되기 때문에, 전기회사의 그로 인한 손해를 배상할 의무는 다음과 같은 3가지 변수의 함수에 달려 있다. (1) 전기가 빠져나갈 위험의 가능성; (2) 그로 인한 손해의 중대성; (3) 그러한 불운을 피하기 위하여 충분한 조치를 하는 것의 부담. 전 2자의 곱이 충분한 조치를 하는 것의 부담을 능가하면, 이러한 조치를 취하지 않은 것은 과실이다. 러니드 핸드 판사를 포함하여 아무도 합리적 주의는 수학적 정확성을 가지고 측정될 수 있다고 생각하지는 않았지만, 핸드 공식은 합리적 주의와 관련된 증거의 종류와 이를 어떻게 측정하는가에 대하여 제시하는 바가 있다.

노동자의 부주의나 장비의 오작동으로 인하여 기중기 팔이 절연되지 않은

---

42) Wright, Richard W., "Hand, Posner, and the Myth of the Hand Formula", 4 *Theoretical Inquiries in Law*, 145, 148 (2003).

43) Stein, Alex, "The Domain of Torts", 117 *Columbia Law Review*., 2017, 535, 565 f. (2017).

44) Levi v. Southwest Louisiana Elec. Membership Co-op. 542 So.2d 1081 (Supreme Court of Louisiana. 1989).

전선에 접근하여 전기가 빠져나갈 가능성은 유전의 장소에 따라 다른데, 이 위험은 사고가 난 유정에서 제일 컸다. 이 유정은 전기회사가 피고 회사가 절연되지 않은 전선을 기중기 팔이 달린 트럭 운전사가 이용하는 길 위에 늘어뜨린 유일한 곳이고, 이 전선이 유정으로부터 2트럭 길이만큼 떨어져서, 트럭이 안전하게 움직이기에는 공간이 부족하였으며, 전기회사가 유전 다른 곳에서는 이러한 위험을 체계적으로 회피한 사실은 근로자들이 주의를 덜 기울이게 했을 것이다.

그리고 법이 각자의 생명과 물리적 침해로부터의 자유에 부여하는 사회적 가치는 가장 높은 순위에 속하고, 고압 전류 사고로 인하여 이러한 이익에 치명적이거나 재난이 생길 수 있다. 원고측의 전문가는 이러한 위험을 막기 위하여 송전선의 배치를 달리 하거나, 송전선을 더 높이 올리거나, 송전선을 절연되게 하거나, 경고를 붙이거나, 송전선을 지하에 설치하는 등의 방법이 있을 수 있는데, 마지막 방법을 제외하고는 이러한 조치는 비용이 비싸지 않고, 위험의 중대성보다 더 부담이 되는 것도 아니라고 하였다.

이러한 증거들을 고려하면, 합리적인 사람은 충분한 조치의 최소한의 부담이 손해의 확률과 중대성의 곱을 능가한다는 데 동의할 것이므로, 피고 회사는 원고의 손해에 대하여 과실이 있다.

2. 독   일

여기서는 독일 연방대법원이 2004년 선고한 판결[45]을 살펴본다. 사실관계는 다음과 같다. 피고가 운영하는 야외수영장에는 90미터 길이의 커브가 있는 미끄럼대가 설치되어 있었는데, 2001년 당시 8살이던 원고가 이 미끄럼대를 타던 중, 앞에 있던 다른 소녀를 피하려다가 미끄럼대 벽에 부딪쳐서 이를 다쳤다. 미끄럼대의 입구에는 이용 및 주의사항이 쓰여 있었는데, 7세 미만의 아동은 미끄럼대를 쓰지 못하고, 등을 바닥에 대고, 시선을 앞으로 두며, 적어도 30초 동안 기다리라는 등의 이용 및 주의사항이 기재되어 있었다.

항소심 판결은 피고의 책임을 부정하였는데, 다음과 같이 설시하였다. 이용자가 계산할 수 있는 위험을 완전히 회피하는 것은 필요하지 않은데, 그러한 놀이시설은 사회적으로 받아들여지고 있고, 수영장의 매력을 높이는데 바람직하다.

---

45) BGH *NJW-RR* 2005, 251.

수영장 운영자는 위험방지조치를 함에 있어 예견할 수 있는 잘못된 사용을 고려
하여야 하지만, 사고를 완전히 예방하기 위하여 각자에게 미끄럼대 이용을 예약
하게 하는 것은 비용과 이용의 불편을 고려할 때 필요하지 않고, 감시원이 미끄
럼대 입구에서 계속 감시하는 것은 비용상 이유로 요구할 수 없다. 때때로 이용
을 제한하는 것도 이용 빈도를 필요없이 줄이고, 대기시간이 길면 미끄럼대의 매
력이 현저히 줄어든다. 그러므로 이용자 사이의 시간적 간격을 두는 것만으로도
충분하며, 미끄럼틀 이용자 사이의 충돌에 의한 피해는 크지 않을 것이다.

연방대법원도 이러한 항소심의 판단을 수긍하였다. 규칙을 따라 이용하면
사소한 손해만이 발생하는 체육시설이나 오락시설에서 비용이 많이 드는 조치로
안전을 확보할 필요는 없다고 하는 항소심의 견해에는 의문이 없다는 것이다.

이러한 항소심과 연방대법원의 판시는 비록 핸드 공식을 언급하지는 않았지
만, 대체로 그와 부합하는 판단을 보여주고 있다. 즉 이용자가 규칙에 따라 이용
하면 사고가 발생할 가능성은 크지 않고, 사고로 인한 손해도 크지 않은데 반하
여, 추가적인 안전조치를 취하려면 많은 비용이 들 때에는 그러한 안전조치가 필
요하지 않다는 것이다.[46]

3. 한   국

가. 대법원 1992. 10. 27. 선고 92다27164 판결

이 사건의 사실관계는 다음과 같다. 이 사건 제1심 공동피고는 1989. 5. 14.
자신의 차에 소외 A를 태우고 경부고속도로를 언양방면에서 부산 방면으로 진행
하던 중 서울 기점 405.85킬로미터 지점에서 좌측에서 우측으로 개 한 마리가 지
나가는 것을 피하려다가 중앙분리대를 넘어 마주 오던 승용차와 충돌하여 A가
사망하였다. 그리하여 A의 유족들이 제1심 공동피고와 한국도로공사를 상대로
손해배상을 청구하였다. 제1심은 제1심 공동피고에 대한 청구는 받아들였으나,

---

46) *beck—online.GROSSKOMMENTAR*/Schaub, BGB, C.H. Beck(Stand: 01.12.2019), BGB § 276 Rdnr.
85 Fn. 361은 이 판결 외에도 독일연방대법원 2006. 10. 31. 판결(*NJW* 2007, 762)도 핸드 공식
을 채택한 예로 들고 있다. 이 사건에서는 피고가 운영하는 가게에 원고가 음료를 구입하러 들
어갔는데, 레모네이드 병이 폭발하여 원고가 다쳤다. 원고는 피고가 음료를 냉장 보관하지 않
아서 레모네이드 병이 폭발하였으므로 피고에게 책임이 있다고 주장하였으나, 법원은 이를 받
아들이지 않았다. 주된 이유는 냉장 보관하더라도 폭발의 가능성을 크게 낮출 수 없다는 것이
었다.

한국도로공사에 대한 청구는 기각하였다.[47] 기각 이유는 한국도로공사로서는 특히 동물들이 자주 출몰하는 지역이 아닌 한 고속도로상으로 개 등이 들어오는 것을 방지하기 위하여 철망 등으로 도로변을 모두 봉쇄하여야 할 관리의무가 있다고 보기는 어렵다는 것이다.

　　그러나 항소심은 한국도로공사의 손해배상책임을 인정하였다.[48] 항소심이 인정한 바에 따르면 위 승용차가 진행하는 방향에서 보아 도로 우측으로는 약 80미터 및 300미터 떨어진 지점과 좌측으로는 약 100미터 떨어진 지점에 부락이 있고, 도로 우측 가장자리에는 노선버스 정류장이 있으며, 이 사건 사고지점의 도로 양측 가장자리에는 가드레일 등의 시설은 설치되어 있지 않았다(고속도로 개설 당시에는 설치되어 있었으나 그 후 철거하고 나무를 심었다). 그리고 이 사건 사고지점에는 중앙분리벽 사이에 중앙분리벽이 설치되어 있지 않은 오픈구간이 있고, 그 오픈구간에는 20미터 정도 철주 등이 설치되어 있지 않은 공간이 있었는데, 원심공동피고가 운전하는 차는 개를 피하려다가 위 공간 사이를 통하여 반대차선으로 넘어들어가게 되어 이 사건 사고가 일어났다.

　　원심법원이 특히 강조한 것은, 이 사건 사고지점이 위치한 부산과 언양간 고속도로 58.5킬로미터 사이에서 1984년부터 1991년까지 가축 또는 야생동물의 출현으로 인하여 일어난 교통사고는 이 사건 사고를 제외하고도 합계 29건이고, 위 기간 동안 이 사건 사고지점을 기준으로 남북 약 4킬로미터 구간에서 일어난 사고건수는 3건(1986년 7월 및 10월과 이 사건 사고가 일어난 바로 다음날인 1989. 5. 15. 01: 00경)이었다는 점이었다.

　　그리하여 원심법원은 고속도로를 점유, 관리하는 피고로서는 이 사건 사고지점과 같이 도로주변에 마을들이 가까이 있고, 버스정류장이 설치되어 있어 사람의 내왕이 많은 곳에서는 자연히 그에 따라서 인근 마을에 있는 개 등의 동물들이 도로상에 출몰할 위험성이 많을 뿐만 아니라 이 사건 사고지점 부근에서 가축 또는 야생동물의 출현으로 인하여 발생한 교통사고가 적지 아니한 이상, 가축 또는 야생동물의 출현으로 인한 사고 발생을 방지하기 위하여 보호 방책 등 적절한 시설을 하거나 또는 이 사건 사고지점과 같은 곳에서는 중앙분리벽으로 중앙을 완전히 차단하고 오픈구간(특히 그중에서도 철판으로 막혀 있지 아니한 채 트

---

47) 부산지방법원 1991. 7. 24. 선고 90가합10335 판결.
48) 부산고등법원 1002. 6. 4. 선고 91나11438 판결.

여겨 있는 구간)은 그 주위에 마을이 없어 개 등의 동물들이 출몰할 위험성이 없는 곳에 설치함으로써 고속도로상의 안전운행에 지장이 없도록 필요한 시설을 하고 필요한 조치를 취하였어야 한다고 하여 고속도로 보존상의 하자가 있다고 하였다.

대법원도, 원심이 피고의 이 사건 고속도로의 보존상의 하자로 인하여 이 사건 사고가 발생하였다고 인정한 조처를 수긍할 수 있다고 하여 한국도로공사의 상고를 기각하였다.

이 판결을 본다면, 특히 원심은 이 사건 사고와 유사한 사고가 많이 발생하였다는 점을 중시한 것으로 보인다. 이는 핸드 공식에서 말하는 사고 발생의 확률에 해당한다. 다만 사고 방지를 위한 비용이나 손해의 크기 등에 관하여 따져 본 것 같지는 않다.

참고로 일본 최고재판소 2010(平成 22). 3. 2. 판결[49])에서는 이와 마찬가지로 홋카이도의 고속도로에 여우가 뛰어들어와 이를 피하려던 운전자가 미끄러져 중앙분리대에 부딪친 후 차도상에 정지하였는데 그 직후 다른 승용차에 치여 사망한 경우에 관하여 고속도로 관리자의 책임을 인정하지 않았다. 최고재판소는, 이 도로에는 가시철선의 울타리와 철망이 설치되어 있지만, 가시철선 울타리에는 20센티미터의 간격이 있고, 철망과 지면 사이에는 약 10센티미터의 간격이 있어서, 울타리를 통하여 여우 등의 작은 동물이 이 사건 도로에 침입하는 것을 방지할 수는 없지만, 여우 등의 작은 동물이 이 사건 도로에 침입하였다고 하여도, 주행 중의 자동차가 작은 동물에 접촉하는 것 자체에 의하여 자동차의 운전자가 죽거나 다치는 사고가 발생할 위험성이 높지는 않고, 통상은 자동차의 운전자가 적절한 운전 조작을 행함으로써 죽거나 다치는 사고를 회피하는 것을 기대할 수 있다고 한다. 이 사고 이전에 이 사건 구간에서 도로에 침입한 여우가 주행 중의 자동차에 접촉하여 죽는 사고가 연간 수십 건 발생하지만 그 사고로 인하여 자동차 운전자가 죽거나 다치는 사고가 발생하였다고는 말할 수 없고, 홋카이도 종관 자동차 하코다테-나요로시 선(北海道縱貫自動車道函館名寄線) 전체를 보더라도 도로에 침입한 여우와의 충돌을 피하려던 것에 기인한 사망사고는 1994년(平成 6년)에 1건에 그쳤으며, 이러한 대책을 전국이나 홋카이도 내의 고속도로에 강구하기 위하여는 다액의 비용을 요하고, 이 사건 도로에는 동물주의의 표지가 설

---

49) 民集 233호 181頁.

치되어 있으므로, 자동차 운전자에 대하여 도로에 침입한 동물에 대하여 적절한 주의 환기가 이루어졌다고 하여, 이 사건 도로에 설치 또는 관리의 하자가 있다고 볼 수는 없다고 하였다.

이 판결에 대하여 일본의 한 학자는, 이 판결이 경제적 합리성을 그 판단기준으로 명시하고 있는데, 핸드 공식에 비추어 보면 도로 관리자의 과실을 부정할 수 있고, 최고재판소의 판단은 타당한 것으로 생각되지만, 인명 존중의 관점에서 보면, 사고가 발생한 경우의 손실을 불법행위에서 피해자에 대한 손해배상액 상당으로 하여 판단할 것인가는 별개의 문제이고, 이 사건이 사망사고가 발생한 것으로는 두 번째이며, 앞으로도 사망사고의 발생이 일정한 빈도로 생길 것이 예상된다면, 이를 방치하면서 무과실이라고 판단하는 것은 곤란하지 않을까 하고 비판한다.[50]

나. 대법원 1995. 8. 25. 선고 94다47803 판결

이 사건에서는 수혈 또는 혈액 제제의 제조에 필요한 혈액을 채혈·조작·보존 또는 공급하는 혈액원인 대한적십자사가 공급한 혈액에 인간면역결핍바이러스(HIV)가 있어서 이를 수혈받은 사람이 에이즈에 감염되어 이를 비관하여 자살하였다. 여기서 문제가 된 것은 대한적십자사가 채혈한 혈액에 대하여 에이즈 검사를 실시하지 않은 것이 과실인가 하는 점이었다.

대법원은, 혈액원의 업무를 수행하는 자는 수혈 또는 혈액 제제의 제조를 위한 혈액의 순결과 공혈자 및 수혈자를 보호하고 혈액 관리의 적정을 기하기 위하여 최선의 조치를 다하여야 할 고도의 주의의무가 있고, 이러한 주의의무의 구체적 내용과 그 위반 여부를 논함에 있어서는 문제로 된 행위 당시의 일반적인 의학의 수준과 그 행위로부터 생기는 결과발생의 가능성의 정도, 피침해법익의 중대성, 결과회피의무를 부담함에 의해서 희생되는 이익 등이 함께 고려되어야 한다고 보았다.

그리하여 위 채혈일로부터 피해자가 수혈을 받은 1987. 1. 7. 사이에 에이즈에 감염된 것으로 판명된 내국인의 수는 5명 정도에 불과하여 수혈로 인한 에이즈 감염의 확률은 극히 낮은 것으로 보여지는 반면, 헌혈 혈액 전부에 대한 에이

---

50) 日野一成, "「小動物の飛び出し事故」に関わる道路管理者及び飼主の過失責任 ―ハンドの公式と 条件公式の適用事例として―", 鹿児島経済論集 第59巻 第3·4号, 2019, 263면 이하, 특히 275면 참조.

즈 검사를 실시하는 데 적지 않은 비용이 소요된다는 점을 감안한다고 하더라도, 수혈로 인한 에이즈 감염이라는 결과와 그로 인한 피침해이익의 중대성에 비추어 볼 때, 피고로서는 헌혈 혈액 전부에 대하여 당시 실행 가능했던 최선의 조치로 판단되는 에이즈 검사를 실시함으로써 이 사건과 같은 에이즈 감염의 결과발생을 회피할 주의의무가 있었다고 하였다.

이 판결이 주의의무 위반여부를 판단함에 있어서 고려할 요소로 든 결과발생의 가능성의 정도, 피침해법익의 중대성, 결과회피의무를 부담함에 의해서 희생되는 이익은 핸드 공식이 제시하는 요소와 동일하다.

다. 기   타

이외에도 우리 대법원 판례 가운데 핸드 공식과 같은 사고방식을 나타내는 것도 있다. 앞에서 언급한 대법원 1992. 9. 14. 선고 92다3243 판결(주 26의 본문)도 한 예이고, 또 다른 예로는 대법원 2001. 11. 9. 선고 2001다54045 판결을 들수 있다. 이 사건에서는 국립공원 입장객이 계곡에서 물놀이를 하던 중 수심 2.5m 정도 되는 지점에 빠져 사망한 사고가 일어났는데, 이 계곡에는 수영금지라는 안내판이 있었다.

원심[51]은 피고인 국립공원 관리공단으로서는 이용객들의 물놀이 관련 안전사고를 예방하기 위해서는 '수영금지'라는 단순한 문구가 기재된 안내판 외에 이용객들에게 이 사건 사고 장소의 특이한 지형 구조와 수심을 알리고 각별한 주의를 촉구하는 내용의 경고판을 추가로 설치하는 등 안전관리를 철저히 하여 사고를 예방할 주의의무가 있음에도 불구하고 이를 게을리 한 잘못이 있다고 하여 사망자 및 그 가족들에 대하여 손해를 배상할 책임이 있다고 하였다.

그러나 대법원은 원심판결을 파기하였다. 즉 국립공원은 우리나라의 풍경을 대표할 만한 수려한 자연풍경지로서 국가 차원에서 이를 보전·관리하기 위하여 자연공원법에 의하여 공원으로 지정한 곳인데, 이러한 국립공원은 자연풍경지 그대로를 보호하는 것이 가장 좋은 보전·관리 방법이므로, 비록 그 곳에 위험한 곳이 있다 하여도 특별한 사정이 없는 한 피고로서는 자연공원법 제36조의2 등에 의하여 이용자의 출입을 제한하거나 일정한 행위를 금지시킴으로써 자연풍경지를 보호하고 이용자의 안전도 도모함이 상당한데, 위 계곡을 관리하는 피고로

---

51) 서울고등법원 2001. 7. 25. 선고 2001나13237 판결.

서는 그 곳이 위험하다면 이용자들을 보호하기 위하여 그 곳에서의 수영을 금지
시킴으로써 족한 것이며 그것으로 이용자들의 안전을 보호하기 위하여 통상 갖
추어야 할 시설을 갖추었다고 보아야 하고, 다른 특별한 사정이 없는 한 이러한
수영금지 경고판을 무시하고 그 곳에서 수영하는 이용자들을 제지하기 위하여
이 사건 사고 장소의 특이한 지형 구조와 수심을 알리고 각별한 주의를 촉구하
는 내용의 경고판을 추가로 설치하여야 할 의무까지는 없다고 하였다. 그리고 위
망인은 사고 당시 나이가 만 21세 남짓 된 대학생으로 경험과 사리의 분별력을
갖춘 자로 보여지므로, 통상의 주의를 가지고 확인하였더라면 국립공원에 위치
한 계곡 부근에 설치된 수영금지 안내표지판의 의미를 쉽게 알 수 있었을 것인
바, 망인이 이를 무시하고 위험을 무릅쓰고 사고 장소에서 금지된 수영을 하다가
익사한 것이라면, 이는 거의 망인의 잘못으로 인하여 발생한 사고라고 볼 여지가
크다고 하였다.

　　이 판결에 대하여는, 대법원은 국립공원에 경고판을 추가로 설치함에 의하
여 희생되는 이익(국립공원의 자연풍경 보호)을 과실 판단의 중요한 요소로 고려하
고 있으나, 생명과 같이 중대한 피침해이익을 두고 이익형량을 논하는 것이 타당
한가에 대해서는 의문이 생길 수 있고, 그러한 이익형량이 법적으로 허용된다고
하더라도, 피침해이익이 생명과 같이 중대한 것일 때에는 보다 신중한 접근이 필
요하다고 하는 논평이 있다.[52]

Ⅵ. 대법원 2019. 11. 28. 선고 2017다14895 판결에 대하여

1. 사실관계

　　피고는 지방공기업법에 따라 설립된 법인으로, 야외 수영장을 관리·운영하
고 있다. 피고는 매년 하절기에 이 사건 수영장을 개장하는데, 2013년도에는 6월
22일부터 8월 25일까지 운영하였다.

　　이 사건 수영장의 수영조는 바닥면적이 882㎡인데, 그 중 절반은 1.2m 깊이
의 성인용 구역(이하 '성인용 구역'이라 한다)이고, 나머지 절반은 0.8m 깊이의 어
린이용 구역(이하 '어린이용 구역'이라 한다)이다. 수영조의 성인용 구역과 어린이

---

52) 김용담 편집대표(주 23), 175-176면(이연갑).

용 구역은 수면 위에 떠있는 코스로프(course rope)로 구분되어 있고, 코스로프의 양쪽 끝 부분에는 감시탑이 하나씩 세워져 있다.

원고 4는 2013. 7. 6. 15:30경 어머니인 원고 1과 누나인 원고 2, 그리고 이모와 함께 이 사건 수영장에 입장하였다. 원고 4는 당시 만 6세 7개월 남짓 되었고, 키는 113㎝ 정도였다. 원고 4는 어린이용 구역에서 물놀이를 하다가 16:45경 수영조 밖으로 나와 쉰 다음, 17:00경 다시 물놀이를 하기 위해 혼자서 수영조 쪽으로 뛰어갔다. 성명불상의 이용객은 17:05경 튜브 없이 성인용 구역에 빠져 의식을 잃은 원고 4를 발견하여 원고 4를 안고 수영조 밖으로 나왔고, 이를 본 다른 이용객이 곧바로 원고 4에게 심폐소생술을 실시하였다. 이후 원고 4는 17:22경 대학병원 응급실로 이송되었다. 원고 4는 이로 인하여 무산소성 뇌손상을 입어 사지마비, 양안실명 등의 상태에 이르렀다.

이에 원고들은 피고를 상대로 손해배상청구소송을 제기하였다. 제1심에서는 피고에게는 안전관리의무위반으로 인한 불법행위책임과 안전요원들의 주의의무 위반으로 인한 사용자책임이 있다고 주장하였고, 원심에서는 제758조에 기한 공작물의 설치·보존상의 하자책임을 선택적으로 추가하였다. 제1심과 원심은 모두 원고들의 청구를 기각하였다. 그러나 대법원은 원심판결을 파기하였다.

2. 원심판결 중 공작물책임에 관한 부분

원심판결이 공작물책임을 부정한 이유는 대체로 다음과 같다.

가. 이 사건 수영장의 성인용 구역 앞에 '어린이 진입금지 표지판'이 설치되지 않았다 하더라도 그와 유사한 효과를 가질 수 있는 조치, 즉 수영장 테두리 부분에 수심 표시를 하였으며, 안전수칙 표지판 및 키 재기 판을 설치한 점 등에 비추어 보면, 위와 같은 사실만으로 이 사건 수영장이 사회통념상 그 용도에 따라 통상 갖추어야 할 안전성을 갖추지 못하였다고 보기 어렵다.

나. 어린이용 구역(0.8m)과 성인용 구역(1.2m)의 높이 차이는 40cm 정도로 아주 큰 차이는 아니고, 성인용 구역과 어린이용 구역을 반드시 물리적으로 구분하여 설치하여야 한다는 관련 규정도 없는 점 등에 비추어 구분 설치를 하지 않은 것이 이 사건 수영장의 설치·보존상의 하자라고 볼 수 없다.

다. 이 사건 수영장에 어린이용 구역과 성인용 구역을 같은 수영조에 설치하면서도 수면 위에 코스로프로 성인용 구역과 어린이용 구역을 구분하고 그 경계 부근 바닥에 성인용 구역 쪽으로 길이 약 5m의 경사로만 두었을 뿐 어린이들이 어린이용 구역에서 성인용 구역으로 쉽게 넘나들거나 경사로에 미끄러지는 것을 방지하기 위한 적절한 안전시설을 설치하지 않았다 하더라도, 원고 4가 어린이용 구역에 들어갔다가 성인용 구역으로 넘어가게 되어 이 사건 사고가 발생하였다는 점을 인정할 증거가 없는 이상 이를 전제로 한 원고들의 주장은 받아들일 수 없다.

라. 이 사건 수영장은 순수 성인용으로 설치된 것이 아니라 성인용 구역과 어린이용 구역이 같은 수영조에 설치되었고, 체육시설 설치·이용에 관한 법률 시행규칙에 의한 수심기준은 어린이용 수영조에는 해당되지 않는 점, 성인용 구역과 어린이용 구역을 같은 수영조에 설치하는 것을 금지하는 규정도 없는 점 등에 비추어 같은 수영조에 성인용 구역과 수심 0.8m의 어린이용 구역을 두었다는 사정만으로 이 사건 수영장에 위 별표의 기준을 위반한 설치·보존상의 하자가 있다고 볼 수 없다.

마. 이 사건 수영조의 벽면에 체육시설법 시행규칙 [별표 4]에서 요구하는 수심 표시가 되어 있지 않았다 하더라도 원고 4가 입수한 곳이 어린이용 구역인지, 성인용 구역인지 여부, 입수 시 상태 및 사고경위 등을 구체적으로 알 수 없는 이 사건에서 이 사건 수영조의 벽면에 수심 표시가 되어 있지 않다는 것과 이 사건 사고 발생과 사이에 상당인과관계가 있다고 보기도 어렵다.

3. 대법원의 판결이유

가. 법리부분

민법 제758조 제1항의 입법취지는 공작물의 관리자는 위험의 방지에 필요한 주의를 다하여야 하고, 만일에 위험이 현실화하여 손해가 발생한 경우에는 그들에게 배상책임을 부담시키는 것이 공평하다는 데 있다. 따라서 '공작물의 설치·보존상의 하자'란 공작물이 그 용도에 따라 통상 갖추어야 할 안전성을 갖추지 못한 상태에 있음을 말하고, 위와 같은 안전성의 구비 여부를 판단할 때에는 그 공작물을 설치·보존하는 자가 그 공작물의 위험성에 비례하여 사회통념상 일반적으로 요구되는 정도로 위험방지조치를 다하였는지 여부를 기준으로 판단하여야 한다. 하자의 존재에 관한 증명책임은 피해자에게 있으나, 일단 하자가 있음이 인정되고 그 하자가 사고의 공동원인이 되는 이상, 그 사고가 위와 같은 하자가 없었더라도 불가피한 것이었다는 점이 공작물의 소유자나 점유자에 의하여 증명되지 않는다면 그 손해는 공작물의 설치 또는 보존의 하자에 의하여 발생한 것으로 해석함이 타당하다.

이 경우 하자 여부를 판단할 때에는 위험의 현실화 가능성의 정도, 위험이 현실화하여 사고가 발생하였을 때 침해되는 법익의 중대성과 피해의 정도, 사고방지를 위한 사전조치에 드는 비용이나 위험방지조치를 함으로써 희생되는 이익 등을 종합적으로 고려하여야 한다.

이러한 법리는 '불합리한 손해의 위험'을 최소화하기 위한 조치로서 위험으로 인한 손해를 위험을 회피하기 위한 부담과 비교할 것을 요구한다는 측면에서 법경제학에서의 비용·편익 분석임과 동시에 균형접근법에 해당한다. 법관이 법을 만들어나가는 속성을 지닌 불법행위법에서 법관이 수행해야 할 균형 설정의 역할이 중요함에도 불구하고, 이러한 균형 설정은 구체적 사안과의 관련성 속에서 비로소 실질적인 내용을 가지는 것이므로, 미리 세세한 기준을 작성하여 제시하기는 어려운 것이 현실이다. 이때는 이른바 'Hand Rule'을 참고하여, 사고 방지를 위한 사전조치를 하는 데 드는 비용(B)과 사고가 발생할 확률(P) 및 사고가 발생할 경우 피해의 정도(L)를 살펴, 'B < P·L'인 경우에는 공작물의 위험성에 비하여 사회통념상 요구되는 위험방지조치를 다하지 않은 것으로 보아 공작물의 점유자에게 불법행위책임을 인정하는 접근 방식도 고려할 수 있다.

나. 원심의 판단에 대하여

(1) 체육시설 관련 법령에서 성인용 구역과 어린이용 구역을 같은 수영조에 설치하는 것을 금지하는 규정이 없다는 이유로, 설치·보존상의 하자를 당연히 부정할 수는 없다. 이 사건 수영장의 시설이 체육시설법상 시설 기준 등 안전 관련 법령을 위반하지 않았다고 하여 공작물이 그 용도에 따라 통상 갖추어야 할 안전성을 갖추어 불법행위법상 공작물 설치·보존상의 하자 등이 없다고 단정할 수 있는 것은 아니다(대법원 2007. 6. 28. 선고 2007다10139 판결 참조). 체육시설 법령 어디에도 운동시설인 수영장과 편의시설인 어린이용 수영조를 함께 설치할 수 있다고 규정하고 있지 않다. 오히려 관련 규정의 내용 및 체계를 살펴보면, 운

동시설인 수영장과 편의시설인 물 미끄럼대, 유아 및 어린이용 수영조는 구분하여 설치하는 것을 전제로 하고 있음을 알 수 있다.

하나의 수영조에 깊이를 달리하는 성인용 구역과 어린이용 구역이 함께 있는 경우 성인용 수영조와 어린이용 수영조가 분리되어 있는 수영장에 비해서 어린이가 보다 쉽게 성인용 구역에 접근할 수 있게 되고, 이로 인하여 성인용 구역에 어린이가 혼자 들어가 물에 빠지는 사고가 발생할 가능성은 더욱 높아지게 된다. 어린이는 성인에 비해 사리분별능력이나 주의능력이 미약하여 수심을 잘 살피지 않고 들뜬 마음에 사고 발생의 위험성을 깊이 인식하지 못한 채 성인용 구역에 혼자 들어가는 등 충동적으로 행동하기 쉽기 때문이다. 이러한 점을 감안하면 성인용 수영조와 어린이용 수영조를 물리적으로 분리함으로써 성인용 수영조에 어린이 혼자 들어감으로 인하여 발생할 사고 위험을 차단할 필요가 있다.

(2) 최근 질병관리본부에서 발표한 자료에 따르면, 2010년~2016년까지 물에 빠지는 사고로 응급실에 내원한 환자들의 사고 발생장소 중 수영장 시설에서의 사고 발생 확률은 12세 이하 어린이의 경우 32.5%, 성인의 경우 12.9%로 어린이 사고의 비중이 성인 사고의 2.5배 이상이다(2018. 7. 19 발표). 2012년~2017년까지 물에 빠지는 사고로 응급실에 내원한 전체 환자 958명 중 9세 이하의 어린이는 287명으로 전체 환자 수의 30%에 해당하여 다른 연령대에 비하여 높은 비중을 차지한다(2019. 6. 20. 발표). 이러한 자료에 의하면, 수영장을 관리·운영하는 자는 수영장에서의 물놀이 사고, 특히 어린이가 물에 빠지는 사고가 발생하지 않도록 적절한 안전기준을 갖추고 위험방지조치를 취하는 데에 최대한의 노력을 기울여야 함은 물론이다.

위와 같은 사정을 기초로 살펴볼 때, 수영장 시설에서 성인용 구역과 어린이용 구역을 분리하지 아니함으로 인하여 어린이가 물에 빠지는 사고가 발생할 가능성과 그와 같은 사고로 인하여 예상되는 피해의 정도를 성인용 구역과 어린이용 구역을 분리하여 설치하는 데 추가로 소요되는 비용 내지 이미 설치된 기존 시설을 위와 같이 분리하는 데 소요되는 비용과 비교하면, 전자가 훨씬 더 클 것임을 충분히 예상할 수 있다. 이러한 관점에서도 이 사건 수영장에는 설치·보존상의 하자가 있다고 볼 수 있어, 수영장 관리자로서 위와 같은 조치를 취하지 아니한 피고에게 공작물 관리자로서의 책임이 없다고 할 수는 없다.

(3) 다음으로, 원심은 이 사건 수영조의 벽면에 수심표시가 되어 있지 않았

더라도 원고 4가 수영조에 들어간 곳이 어느 지점인지를 비롯하여 사고경위 등을 구체적으로 알 수 없는 이상 그러한 잘못과 이 사건 사고 발생과 사이에 상당인과관계가 있다고 보기도 어렵다고 보았다. 그러나 이 부분 역시 수긍하기 어렵다. 원심 판결이유에 의하더라도, 이 사건 수영장에는 체육시설업의 시설 기준을 위반한 하자가 있다는 것인데, 수심표시를 수영조의 벽면에 제대로 하지 않은 잘못 등을 인정하면서도 수영장에서 키 113cm 정도의 어린이가 1.2m 깊이의 성인용 구역에서 물에 빠진 사고를 심리하면서 위와 같은 하자가 없었더라도 그러한 사고가 발생하는 것은 불가피한 것이었다는 점이 밝혀지지 않았는데도, 하자와 이 사건 사고 사이에 상당인과관계가 없다고 판단한 것은 옳지 않다.

결국 이 사건 수영장은 성인용 구역과 어린이용 구역을 동일한 수영조에 두었다는 점과 수심표시를 제대로 하지 않은 점 등의 하자가 있고, 이러한 하자로 인하여 이 사건 사고가 발생하였다고 볼 수 있는 이상 피고에게 책임이 없다고 볼 수 없다.

다. 결   론

그런데도 원심은 피고의 공작물책임에 관한 원고의 주장을 배척하였으니, 이러한 원심 판단에는 이 사건 수영장의 설치·보존상 하자에 관하여 필요한 심리를 다하지 않은 채 논리와 경험의 법칙에 반하여 자유심증주의의 한계를 벗어나거나 공작물책임에 관한 법리를 오해하여 판결에 영향을 미친 잘못이 있다.

4. 검   토

살피건대 우선 성인용 수영조와 어린이용 수영조를 물리적으로 분리하면 성인용 수영조에 어린이 혼자 들어감으로 인하여 발생할 사고 위험을 예방할 수 있음은 당연하다. 그리고 12세 이하 어린이의 수영장 시설에서의 사고 발생 확률이 높다는 것을 지적한 것도 의미가 있다. 그러나 수영장 시설에서 성인용 구역과 어린이용 구역을 분리하지 아니함으로 인하여 어린이가 물에 빠지는 사고가 발생할 가능성과 그와 같은 사고로 인하여 예상되는 피해의 정도를 성인용 구역과 어린이용 구역을 분리하여 설치하는 데 추가로 소요되는 비용 내지 이미 설치된 기존시설을 위와 같이 분리하는 데 소요되는 비용과 비교하면, 전자가 훨썬 더 클 것임을 충분히 예상할 수 있다고 한 근거는 정확하게 제시되어 있지 않다. 이 점에 대하여도 근거를 제시하였더라면 판결의 설득력을 높일 수 있었을 것이다.

　이 사건을 환송받은 서울고등법원에서는 이 점에 대하여 추가로 심리할 필요가 있을 것이다.

VII. 결　　론

　불법행위에서 과실 유무를 판단함에 있어 전통적으로는 예견가능성과 회피가능성을 전제로 하여, 어떠한 결과발생을 예견할 수 있음에도 불구하고 그 결과발생을 예견하지 못하였고, 그 결과발생을 회피할 수 있었음에도 불구하고 그 결과발생을 회피하지 못한 것을 과실이라고 하였다.[53] 그러나 문제는 어느 경우에 예견가능성과 회피가능성이 있는가 하는 점을 구체적으로 판단하기 어렵다는 점이다. 이는 공작물책임의 요건인 하자 여부의 판단에서도 마찬가지이다. 공작물의 설치·보존상의 하자 여부는 당해 공작물의 설치보존자가 그 공작물의 위험성에 비례하여 사회통념상 일반적으로 요구되는 정도의 방호조치의무를 다하였는지의 여부를 기준으로 삼아야 한다고 하지만, 사회통념상 일반적으로 요구되는 정도의 방호조치의무를 다하였는지는 어떻게 정해야 할 것인가?

　이러한 문제점에 대하여 핸드 공식은 하나의 해결책을 제시하고 있다. 물론 핸드 공식만으로 모든 문제를 해결할 수는 없다. 원리론적인 비판은 제쳐놓더라도 현실적으로 핸드 공식을 적용하기 위하여 필요한 정보를 법원이 알 수 있는 경우는 제한될 수밖에 없다. 그러나 핸드 공식은 법원이 재판을 함에 있어서 무엇을 지향해야 하는가를 제시하는 역할을 할 수 있고, 실제로 법원은 핸드 공식을 모르는 상태에서도 이러한 방식으로 재판하였던 것으로 보인다. 앞으로 이 문제에 대한 논의가 진전되면, 불법행위법의 발전에 많은 도움이 될 것으로 여겨진다.

---

53) 대법원 1987. 1. 20. 선고 86다카1469 판결 등.

〈추기〉

이 글이 공간된 후 대법원 재판연구관의 대법원 2019. 11. 28. 선고 2017다 14895 판결에 대한 판례해설이 나왔다. 박설아, "공작물 설치·보존의 하자에 대한 판단 기준과 핸드공식", 대법원판례해설 제121호, 2020, 83면 이하.

〈법경제학연구 제17권 1호, 2020 = 윤진수 외, 민법의 경제적 분석,
서울법대 법학총서 9, 박영사, 2021〉

미성년 자녀를 둔 성전환자의 성별정정* **

Ⅰ. 서   론

대법원 2006. 6. 22. 자 2004스42 전원합의체 결정은, 성전환자에 해당함이 명백한 사람에 대하여는 그의 인간으로서의 존엄과 가치를 향유하며 행복을 추구할 권리와 인간다운 생활을 할 권리를 보장하기 위하여, 호적정정에 관한 당시의 호적법 제120조1)의 절차에 따라 호적의 성별란 기재의 성을 전환된 성에 부합하도록 수정할 수 있도록 허용함이 상당하다고 판시하였다. 위 결정은 성전환자의 인권 보호라는 점에서 획기적인 의의를 가진다.

그러나 위 결정의 이론적인 근거에 대하여는 논란이 없지 않다. 위 결정은 성전환자의 성별을 정정하는 것이 호적정정의 대상이 된다고 하였으나, 원래 호적의 정정은 신고 당시의 착오나 오인으로 인하여 잘못 기재된 것을 바로잡는 것이므로, 출생신고 당시에는 출생 당시의 성별에 맞게 기재되었으나, 후에 성전환수술에 의하여 성별이 달라진 경우에도 정정의 대상이 된다고 할 수 있는가 하는 점이다. 위 결정의 반대의견은 이와 같이 주장하였다.

위 결정은 이것이 당시의 호적법 제120조의 해석상 가능하다고 하였는데, 이는 독일 연방헌법재판소의 판례2)를 참조한 것으로 보인다. 실제로 위 결정의

---

* 이 글은 필자가 대법원 2020스616 사건에 관하여 대법원에 제출한 의견서를 바탕으로 한 것이다. 이 사건은 2020. 9. 11. 현재 대법원에 계속 중이다. 이 연구의 계기를 마련하여 주고, 일부 자료를 제공하여 준 박한희 변호사님께 감사의 뜻을 표한다.
** 여기서 인용한 인터넷 자료는 모두 2020. 7. 1. 최종 확인한 것이다.
1) 현행 가족관계의 등록 등에 관한 법률 제104조에 해당한다.
2) 독일연방헌법재판소 1978. 9. 11. 판결(BVerfGE 49, 286).

다수의견에 대한 김지형 대법관의 보충의견은 이러한 다수의견을 헌법합치적 해석을 한 것으로 설명하면서, 위 독일의 판례에 대하여도 언급하였다. 그러나 이는 헌법합치적 해석이라기보다는 호적법 제120조의 유추에 의하여 법적 공백을 보충한 것으로 이해하는 것이 정당할 것이다. 나아가 이러한 유추는 기본권 보호라는 측면에서 정당화될 수 있을 것이다.[3] 현재 학자들도 대체로 위 결정을 긍정적으로 평가하고 있으며, 반대하는 견해는 찾아보기 어렵다.[4]

성전환자에 대하여는 입법으로 규율하는 것이 필요함은 더 말할 필요가 없지만, 현재 그러한 입법이 이루어지지 않고 있는 상황에서는 위 대법원 결정을 전제로 하여, 어느 경우에 성전환자의 성별정정을 허용할 것인가를 따져 보는 것이 중요하다. 그런데 대법원 2011. 9. 2. 자 2009스117 전원합의체 결정은, 성전환자에게 미성년자인 자녀가 있는 경우에는 성별정정을 허가할 수 없다고 하였다. 이 글에서는 이 결정이 과연 타당한 것인지를 살펴보고자 한다.

성전환자의 성별정정 허가의 요건에 관하여는 이 이외에도 생식능력이 없어야 하는가, 혼인 중인 성전환자의 성별정정도 허용할 것인가 하는 것들도 중요한 쟁점이다. 그러나 이들 문제점은 별도의 고찰을 필요로 하는 것이므로, 이 글에서 자세하게 다루기는 어렵다. 다만 보론에서 문제의 상황을 간단히 서술한다.

II. 판례와 그에 대한 국내의 논의

1. 대법원 2011. 9. 2. 자 2009스117 전원합의체 결정

위 2004스42 결정에 따라 성전환자의 성별정정허가신청사건 등 사무처리지침(제정 2007. 12. 10. 가족관계등록예규 제256호)이 만들어졌는데, 이 지침에서는 성별정정 허가의 기준으로 ① 혼인한 사실이 없을 것, ② 자녀가 없을 것 등을 들고 있었다.

그런데 대법원 2011. 9. 2. 자 2009스117 전원합의체 결정(이하에서는 '대상결정'이라고만 한다)은, 성전환자에게 미성년자인 자녀가 있는 경우에는, 그러한 성

---

3) 윤진수 (김수인 역), "성전환자의 인권 보호에 있어서 법원의 역할", 민법논고 제7권, 박영사, 2015, 99-100면(처음 영문 발표: 2008) 참조.

4) 위 주 3) 외에도 예컨대 김민규, "성전환(중)자에 대한 법학과 의학의 가교", 법과 사회 31호, 2006 참조.

전환자의 성별정정은 허용되지 않는다고 판시하였다. 위 사건에서 성별정정 허가를 신청한 성전환자는 1973년에 출생한 남자인데, 1992. 10. 21. 혼인을 하여 부인과의 사이에 1994. 11. 8. 아들을 낳았으나, 혼인한 지 4년 남짓하여 이혼을 하였고, 그 후 32세가 되어 태국에서 성전환 수술을 받은 후 가족관계등록부상의 성을 남성에서 여성으로 정정하여 달라고 하였다.5)

　　대법원은, 현재 혼인 중에 있거나 미성년자인 자녀를 둔 성전환자의 성별정정은 허용되지 않는다고 하면서, 다만 현재 혼인 중이 아니라면 과거 혼인한 사실이 있다고 하더라도 성별정정을 불허할 사유가 되지 않지만, 이 사건에서는 신청인에게 미성년자인 자녀가 있으므로 결국 성별정정은 허가할 수 없다고 하였다.

　　이 중 미성년자인 자녀를 둔 성전환자에 관한 판시 부분은 다음과 같다.

　　"우리 민법에 부모는 미성년자인 자의 친권자가 되고(제909조 제1항), 친권자는 자를 보호하고 교양할 권리의무가 있으며(제913조), 친권을 행사함에 있어서는 자의 복리를 우선적으로 고려하여야 한다(제912조)라고 규정하고 있는바, 미성년자인 자녀가 있는 경우에는 친권자의 성(性)을 법률적으로 평가함에 있어서도 미성년자인 자녀의 복리를 우선적으로 고려하지 않으면 안 된다. 그런데 성전환자에게 미성년자인 자녀가 있음에도 성별정정을 허용한다면 미성년자인 자녀의 입장에서는 법률적인 평가라는 이유로 부(父)가 남성에서 여성으로, 또는 모(母)가 여성에서 남성으로 뒤바뀌는 상황을 일방적으로 감내해야 하므로, 이로 인한 정신적 혼란과 충격에 노출될 수 있음을 쉽게 짐작할 수 있다. 그리고 성별정정을 허용하게 되면 가족관계증명서의 '부(父)'란에 기재된 사람의 성별이 '여(女)'로, 또는 '모(母)'란에 기재된 사람의 성별이 '남(男)'으로 표시됨으로써 동성혼의 외관이 현출될 수밖에 없고, 미성년자인 자녀는 취학 등을 위해 가족관계증명서가 요구될 때마다 동성혼의 외관이 현출된 가족관계증명서를 제출할 수밖에 없다. 동성혼에 대한 찬반양론을 떠나 이에 대한 사회적 차별과 편견은 엄연한 현실이고, 이러한 현실에 대한 적응능력이 성숙되지 아니하고 감수성이 예민한 미성년자인 자녀를 이러한 사회적 차별과 편견에 무방비하게 노출되도록 방치하는 것은 친권자로서 또는 사회구성원으로서의 기본적인 책무를 도외시하는 것이다. 그와 같은 친권자와 미성년자인 자녀 사이의 특별한 신분관계와 미성년자인 자

---

5) 김선일, "미성년자인 자녀를 둔 성전환자의 성별정정신청을 허용할 것인지 여부", 사법 제19호, 2012, 163면 참조.

녀의 복리에 미치는 현저한 부정적인 영향, 그리고 가족관계등록부상 성별란 정
정의 효과가 '기존의' 친자관계 등 법률관계에 영향을 미치지 않는다는 것만으로
는 그 이후 새롭게 생겨나는 미성년 자녀의 생활관계상의 곤란이 다 해결된다고
보기는 어려운 점 등을 고려하면, 성전환자에게 미성년자인 자녀가 있는 경우에
는 성별정정이 허용되지 않는다고 할 것이다. 나아가 가족 간의 유대와 배려를
특별히 중요하게 생각하는 우리 사회의 가족관에 비추어 볼 때, 미성년자인 자녀
의 복리를 위하여 친권자의 성별정정을 허용하지 않는 것은, 현재의 우리 사회
가, 스스로의 선택에 의하여 이성과 혼인하고 자녀를 출생시켜 가족을 이룬 사람
에게 요구할 수 있는 최소한의 배려요청이다."

　　다만 여기에는 이러한 경우에도 성별정정을 허가할 수 있다는 대법관 5인의
반대의견이 있었다. 다른 한편 대법관 3인의 반대의견은, 현재 혼인 중에 있다는
사정을 성별정정의 독자적인 소극적 요건으로 보는 데에는 찬성할 수 없다고 하
였다. 이들 반대의견에 대하여는 아래에서 다시 언급한다.

　　그리하여 현행 성전환자의 성별정정허가신청사건 등 사무처리지침(개정 2020.
2. 21. 가족관계등록예규 제550호) 제6조는 "법원은 성별정정허가신청사건의 심리를
위하여 신청인에 대한 다음 각 호의 사유를 조사할 수 있다"라고 하면서, 제1호
에서 "신청인이 대한민국 국적자로서 19세 이상의 행위능력자인지, 현재 혼인 중
인지, 신청인에게 미성년인 자녀가 있는지 여부"를 들고 있다.

2. 국내의 논의

　　국내에서 이 문제가 그다지 많이 논의되지는 않았다.

　　우선 대상결정에 대한 당시 대법원 재판연구관의 해설은 다음과 같이 서술
한다. 즉 대상결정 당시에 가족관계등록예규가 규정하고 있던 성별정정의 요건
인 "자녀가 없을 것"에 대하여 이를 소극적 요건으로 보는 견해(제1안), 소극적
요건이 될 수 없다는 견해(제2안), 미성년의 자녀가 없다면 허용할 수 있다는 견
해(제3안), 미성년의 자녀가 있는 경우에도 제반 사정을 고려하여 개별적으로 허
용할 수 있다는 견해(제4안)를 생각할 수 있는데, 제1안은 채택하기 어렵고, 자녀
가 있음에도 전적으로 허용할 수 있다는 제2안 견해는 지나치게 극단적이어서
수용하기 어렵다고 한다. 제2안을 수용할 수 없는 근거로서는, 신체적으로 전환

된 성을 법률적으로도 그렇게 평가할 수 있으려면 그로 인해 다른 사람들과의 신분관계에 중대한 변동을 초래하거나 사회에 부정적 영향을 주지 아니하여 사회적으로 허용되어야 하는 것이고, 자가 있는 경우에는 혼인의 경우에 비해 신분관계에 더 큰 혼란을 주며, 자녀에게 미치는 영향도 고려하지 않을 수 없으며, 기존의 제도에 편입되어 자녀까지 출산하였다면 혼인과 가족관계에 따르는 책임이나 그로 인한 어느 정도의 불이익은 본인이 스스로 감내하여야 하고, 무엇보다도 제2안은 사회통념설을 취하는 기존 판례와 정합하기 어려운 점이 있다는 것이다. 그리하여 일응 이론적으로는 제4안이 합당하지만, 3안도 충분히 채택할 수 있다고 하면서, 그 이유를 다음과 같이 설명한다. 즉 미성년자인 자녀를 둔 성전환자의 경우에는 성별정정으로 배우자나 자녀와의 신분관계에 중대한 변경을 초래하거나 사회에 미치는 부정적 영향이 현저하다고 봄이 상당하다고 보지 않을 수 없으며, 사회통념설에 의하더라도 현재의 사회통념상 미성년자인 자녀를 둔 성전환자의 경우나 혼인 중에 있는 성전환자의 경우에는 성별정정을 허용하기 어렵다고 볼 여지도 있는 것이고, 이와 관련된 명백한 기준을 선언함으로써 사회의 혼란을 막을 수 있는 것이며, 이러한 입장이 사회통념설과 정합되지 아니한다고 단정할 수도 없고, 별다른 입법이 없는 한 미성년자의 경우 동성의 부모가 현출될 우려가 있게 되므로 그러한 점에서도 미성년자를 둔 성전환자에 대하여는 성별정정을 불허함이 상당하다는 것이다.[6)]

그리고 대상결정이 미성년인 자가 없을 것을 소극적 요건으로 한 것에 대하여는 현재로서는 어쩔 수 없는 요건이라고 하면서도, 다음과 같이 지적하는 견해가 있다. 즉 미성년 자녀의 사회로부터의 차별과 편견의 문제를 차단할 수 있도록 하면 이 요건은 필요하지 않다는 것이 된다고 하면서, 대법원이 자녀의 복리를 우선적으로 고려하여 부 또는 모의 성별이 뒤바뀌는 상황을 일방적으로 감내하여야 하는 것에 대한 충격으로부터 보호하여야 한다는 점에 대하여는, 성별정정을 신청하기 전에 이미 외관이나 사회적 인식이 전환된 성으로 확립된 이후이기 때문에 등록부상에 성별이 정정되었는지 여부는 미성년 자녀에게는 알 수 없는 일일 뿐만 아니라, 충격을 받았다면 외모의 변화과정 등에서 이미 일어난 일일 것이고, 오히려 신체상의 변화에 익숙해진 상황이라면 미성년 자녀로서는 부모의 성별정정에 충격을 받지 않을 것이라고 한다. 그리고 미성년 자녀의 취학

---

6) 김선일(주 5), 162면 이하, 특히 213면 이하, 226면 이하.

등의 경우에 가족관계 등록부에서 부 또는 모의 성별정정이 현출되는 것을 막아야 한다는 점에 대하여는, 우선 가족관계등록부 형식에 나타나 있는 부·모의 성별란을 없애는 것을 생각해 보아야 하고, 또 성전환자의 성별정정허가신청사건 등 사무처리지침 제9조 중에서 등록부 정정사유를 기본증명서 「일반등록사항란」에 기재하도록 되어 있는 부분을 고쳐, 성전환자의 사생활 보호 등을 위하여 기본증명서에 기입을 하지 않고 혼인관계증명서에만 기재하도록 하는 것이 옳다고 하면서, 위와 같은 작은 입법적 배려만 있었다면 미성년 자녀를 둔 성전환자의 성별전환도 허가할 수 있을 것이라고 한다.[7]

반면 대상결정을 비판하는 한 견해는, 성별정정 허가를 신청하는 사람에게 미성년인 자녀가 있다는 이유만으로는 성별정정을 불허할 사유가 될 수는 없다고 한다. 즉 다수의견은 성별정정 허가로 인한 미성년자인 자녀의 정신적 혼란과 충격을 염려하고 있으나, 반드시 그러한 정신적 혼란과 충격이 뒤따를 것인지는 구체적인 상황에 따라 얼마든지 다를 수 있고, 또한 정신적 혼란과 충격은 성별정정 허가 이전에 부 또는 모가 성전환수술을 받아 성전환이 더 이상 돌이킬 수 없는 기정사실(fait accompli)이 되었을 때 이미 발생하는 것이며, 성별정정 허가로 인하여 추가적으로 생길 정신적 혼란과 충격이 있다고 하더라도, 그것이 성별정정 자체를 불허할 정도로 중요한 의미가 있다고는 생각되지 않는다는 것이다. 따라서 미성년인 자녀가 있다는 사정만으로 성별정정을 불허할 이유는 없고, 다만 성별정정으로 인하여 미성년자인 자녀가 특별히 중대한 정신적 혼란과 충격을 겪게 된다는 등의 특별한 사정이 있는 경우에만 예외적으로 성별정정을 불허하는 것이 합리적이라고 한다.[8]

대상결정을 비판하는 또 다른 견해는, 미성년인 자녀가 있다는 사정을 당연히 성별정정을 허용하지 않는 절대적인 소극적 요건으로 설정하는 것에는 반대한다고 한다. 즉 미성년 자녀를 둔 성전환자의 성별정정은 성전환에 대한 법적 승인으로 인한 성전환자의 이익과 그 미성년자인 자녀의 구체적인 불이익 사이의 형량 문제이며, 미성년 자녀의 불이익보다 성전환에 대한 법적 승인으로 인한 성전환자의 이익이 현저히 큰 경우도 있을 수 있다고 한다. 또 진정한 '자의 복

---

7) 최성경, "성전환자의 성별정정 허가기준과 그 입법적 제안", 가족법연구 제27권 1호, 2013, 400면 이하.

8) 윤진수, "이용훈 대법원의 민법판례", 민법논고 제7권, 박영사, 2015, 559-560면(처음 공간: 2011).

리'란 무엇을 의미하는 것인지에 대하여도 더 깊이 고민할 필요가 있다고 하면서, 대상결정은 사실상 '자의 복리' 자체를 자의 입장에서가 아니라 기존 사회의 편견을 바탕으로 판단하여 버린 것이 아닌가 한다고 지적하고 있다.9)

그리고 다음과 같은 지적도 있다. 대상결정은 일본에서의 법률의 제·개정의 궤적을 그대로 따라가고 있고, 입법례로서 자녀 유무를 성전환자의 성별변경의 요건으로 명시하고 있는 경우는 일본뿐이라고 알려져 있다고 하면서, 자녀 유무에 대한 요건이 한국과 일본에서만 나타나는 것은 유교적 가족관계를 중시하는 사회적 관념에 기반한 것일 수 있으나, 이는 성전환자 개인에 대한 기본권 침해의 정도가 클 뿐만 아니라, 미성년자를 그 부모가 겪고 있는 사회적 편견과 차별에 무방비하게 노출시키는 것으로서 오히려 자녀의 복리에 반한다고 한다.10)

Ⅲ. 외국의 논의

실제로 성전환자의 성별정정을 허가함에 있어서 미성년 자녀를 포함한 자녀의 존재 여부를 고려하는 나라는 일본을 제외하고는 거의 찾기 어렵다.11) 그리하여 다른 나라에서 이 문제를 언급하는 자료도 많지 않다. 다만 홍콩에서 입법론적으로 이와 같이 규정할 것인가가 논의되고 있다.

1. 일   본

일본은 2003년 제정된 "성동일성장해자의 성별의 취급 특례에 관한 법률(性同一性障害者の性別の取扱いの特例に関する法律)"(이하 '성동일성특례법'이라고만 한다)에 의하여 성전환자의 성별변경을 규율하고 있다. 그런데 당시의 법 제3조는, 가정재판소는 성동일성장해자(성전환자)로서 다음 각호의 하나에도 해당하는 경우

---

9) 안소영, "성전환자의 가족관계등록부상 성별정정 방법 및 그 기준에 대한 고찰", 이화젠더법학 제4권 2호, 2012, 178-179면.

10) 이승현, "성전환자의 법적 지위에 대한 국내 논의 동향 및 제언", 법과 사회 제44호, 2013, 264-265면.

11) 홍콩에서 발행된 Inter-Departmental Working Group on Gender Recognition("IWG"), Annex B, "Summary Table of Gender Recognition Schemes in other Countries and Territories", 2017 참조. 이 자료에 대하여는 아래 주 25)의 설명 참조.

에는 그 자의 청구에 의하여 성별의 취급 변경의 심판을 할 수 있다고 규정하면서, 제3호에서 "현재 자녀가 없을 것"이라고 하였다가, 2008년 이 규정을 개정하여, "현재 미성년인 자녀가 없을 것"으로 바꾸었다.

가. 2008년 개정 전의 논의

성동일성특례법이 제정되기 전부터 "현재 자녀가 없을 것"이라는 요건을 규정하려는 데 대하여 강력한 비판이 있었다. 이 법의 제정에 관한 자민당의 연구회에서 법무성은 자녀의 복지, 자녀의 이익을 위하여 자녀가 없을 것을 요건으로 해야 하고, 자녀의 이익을 위하여는 아버지의 성별은 남성인 채로 두어야 한다고 주장하였는데, 이에 대하여 이 문제에 관하여 오래 연구한 오오시마 도시유키(大島俊之) 교수는 다음과 같이 비판하였다. 즉 그러한 자녀의 아버지는 수술을 받아 여성으로서의 생활을 하게 되었고, 호적상의 성별이 여성으로 변화하는 것에 의하여 생활실태에 합치하게 되고, 조금이라도 행복해지게 되어, 자녀의 이익, 자녀의 복지에 적합하게 되는데, 법무성의 방안대로라면 자녀를 가진 당사자의 호적 변경은 인정되지 않더라도, 그 아버지는 남성으로서의 생활로 돌아갈 수 없게 되고, 자녀의 이익을 이유로 하는 법무성의 주장은 설득적이 아니라는 것이다. 법이론적으로도 자녀 없음의 요건은 중대한 난점이 있다고 하면서, 예컨대 남성에게 혼인 외의 자녀가 있는데, 아직 인지를 하지 않은 상태에서 호적상의 성별을 남성으로부터 여성으로 변경한 후 자녀를 인지하였다면, 성별취급 변경의 심판은 효력을 잃게 되는가 하는 의문을 제기하였다.[12)]

그러나 위와 같은 법무성의 안이 결국 입법으로 받아들여졌다. 입법자의 의사는, 현재 자녀가 없을 것이라고 하는 요건은 성전환자의 성별정정이라는 제도가 부모 자녀 관계와 같은 가족질서에 혼란을 가져오거나, 또는 자녀의 복지에 영향을 주게 되는 것을 우려한 것이었다고 한다.[13)]

그리고 2007년(平成 19) 10월에 내려진 일본 최고재판소의 두 판례[14)]는 이것이 헌법에 위반된다고 할 수 없다고 하였다. 즉 "성동일성장해자에 대하여 성별취급의 변경 심판이 인정되기 위한 요건으로서 「현재 자녀가 없을 것」을 규정하

12) 大島俊之, "性同一性障害に關する法的な諸問題", 南野知惠子 監修 [解說] 性同一性障害者性別取扱特例法, 日本加除出版, 2004, 43면.
13) "性同一性障害者性別取扱特例法逐條解說", 南野知惠子 監修(주 12), 89면.
14) 최고재판소 2007(平成 19). 10. 19. 결정; 2007. 10. 22. 결정(家庭裁判月報 60卷 3号 36頁, 37頁).

는 성동일성특례법 3조 1항 3호의 규정은, 현재 자녀가 있는 자에 대하여 성별취급의 변경을 인정하는 경우에 가족질서에 혼란을 가져오고, 자녀의 복지의 관점에서도 문제를 일으키지 않으려는 등의 배려에 기한 것으로서 합리성을 결여하였다고는 할 수 없으므로, 국회의 재량권의 범위를 일탈하였다고 할 수는 없고, 헌법 13조, 14조 1항에 위반된다고 할 수는 없다"는 것이다.

그러나 이에 대하여는 여러 비판이 있다. 우선 니노미야 슈헤이(二宮周平) 교수는 위 최고재판소 결정이 나오기 전에 쓴, 최고재판소 결정과 같은 취지의 도쿄 고등재판소 결정15)에 대하여 다음과 같이 서술하였다.16)

우선 입법자의 의사에 관하여, '성동일성특례법'의 법안 성립의 견인자였던 노오노 치에코(南野知惠子) 전 참의원 의원의 설명을 인용하여, 「현재 자녀가 없을 것」이라는 요건은 당시의 정치적 상황 속에서 당사자 단체도 납득하여, 성동일성특례법 자체의 조기성립을 우선한 결과인 「고삽(苦澁)의 선택」이었다는 점을 알 수 있다고 한다. 분명히 입법은 타협을 통해 이루어졌지만, 사법이라면 정치적 상황 속에서 이루어진 타협에 관해 입법자의 의사라고 해서 그대로 받아들일 것이 아니라 입법목적과의 정합성이나 헌법상 원칙에서 검토하여 당사자가 처한 문제의 해결에 맞닿은 판단을 내려야 하는데, 동경고등재판소 판례의 각하이유는 입법자 측 설명에서 가장 형식적이고 추상적인 모두(冒頭)의 두 행을 인용하는데 머무르고 있다는 것이다.

판례가 의거했던 입법자 측의 설명은 ① 친자관계 등의 가족질서에 혼란을 발생시킨다는 점, ② 자녀(子)의 복지에 영향을 미칠지도 모른다는 우려인데, 우선 ②에 대하여 본다면, 자녀가 처음 직면하게 되는 것은 호적의 성별취급이, 예를 들면, 남성으로부터 여성으로 변경된다는 것이 아니라, 자신의 부모가 성별적합수술을 받는다든지, 그 전 단계에서의 치료로 남성에서 여성으로, 혹은 여성에서 남성으로 변하고 있다는 사실을 통해 자녀는 처음으로 문제에 직면하게 되며, 자녀는 이 단계에서 부모의 고뇌나 감정에 직면하여, 이를 받아들일 준비를 시작하거나 혹은 거부하는 행동을 하게 되는 것이고, 호적 취급이 변경됨으로써 이러한 행동이 나타나는 것은 아니며, 호적의 성별취급의 변경은 외관상 변경되어 있

---

15) 東京高等裁判所 2005(平成 17). 5. 17. 결정(家庭裁判月報 57卷 10号 99頁).
16) 二宮周平, "性同一性障害者の性別取扱いの變更申立てを却下した事例", 判例タイムズ No. 1204, 48면 이하. 二宮周平, "일본에 있어서의 성적 소수자의 권리옹호", 공익과 인권 제3권 2호, 2006, 156면 이하도 대체로 같은 취지이다.

는 성별과 호적의 기재를 합치시킬 뿐이고, 외관상 변화로 이미 문제에 직면하고 있는 자녀에게 있어서는 어떠한 영향도 없다고 한다.

그리고 친자관계 등 가족질서의 혼란에 대하여는, 이는 지금까지 당연한 전제로 되어왔던 아버지 = 남자, 어머니 = 여자라는 도식이 붕괴되어 버리는, 남녀라는 성별과 부모라는 속성 사이의 불일치가 발생하게 되는 것을 의미하는데, 이러한 불일치로 인해 구체적으로 어떻게 친자관계 등 가족관계에 혼란이 발생하는 것인지 증명될 필요가 있다고 한다. 현실에서는 부모가 MTF(남자에서 여자로 성전환)한 경우에는 자녀는 어머니라고 부르고 있고, 어머니 = 여자의 도식과 일치하며, FTM(여성에서 남성으로의 변경)의 경우에도 마찬가지로 외형적으로는 아버지이고, 아버지 = 남자의 도식과 일치하며, 자녀에게 혼란은 없고, 이 외형상의 도식과 호적상의 성별이 일치하지 않는 경우에, 사회는 어머니라고 생각하고 있지만 실제로는 남성이었다고 해서 오히려 혼란이 발생하는 것이기 때문에, 외형에 호적상의 성별을 합치시키는 편이 오히려 사회적으로는 좋다고 한다. 또 성별취급의 변경은 과거의 신분관계나 권리의무에 영향을 미치지 않기 때문에 부모란은 정정되지 않고, 사회적 혼란은 발생하지 않는다고 한다. 출생등록 등의 성별기재의 변경에 관하여 입법적 해결을 하고 있는 나라들에서「현재 자녀가 없을 것」을 요건으로 하고 있는 입법례는 없는데, 이러한 조항이 없어도 이들 국가에서 친자관계 등의 가족질서가 혼란스럽게 되었다는 이야기는 들을 수 없다는 것이다.

그리고 현재 자녀가 없을 것이라는 요건은 이미 자녀가 있는 GID(성동일성장해자)인 사람과 없는 사람이나 없게 된 사람 사이에 성별취급의 변경거부에 관한 불평등을 초래하며, 현시점에서는 본인이 어떻게 할 수 없는 사정에 의해 가부가 좌우되는 것은 불합리한 차별이고, 법아래 평등원칙에 위반된다고 한다.

또한 김양완 교수도 위 최고재판소 결정에 대하여 다음과 같이 비판하였다. 즉 입법자가 우려하는 것과 같은 문제가 생길 가능성을 모두 부정할 수는 없지만, 성별취급의 변경은 성동일성장해자의 인격적 생존에 깊이 관계된 것이고, 자녀가 충분한 이해를 보이는 경우에까지 성별취급변경의 심판을 인정하지 않는 것은 당사자를 괴롭게 하는 것이며, 남녀라고 하는 성별(性別)과 부모라고 하는 속성의 일치가 항상 자녀의 복지에 적합하다고 할 수는 없다는 점 등에 비추어, 자녀가 없을 것의 요건에는 자녀의 이익의 판단에 있어 개별 구체적인 사정을

일체 고려하지 않는 점에 문제가 있다는 것이다.[17]

나. 2008년 개정 후의 논의

2008년 성동일성특례법은 "현재 자녀가 없을 것"에서 "현재 미성년 자녀가 없을 것"으로 바뀌었다. 그러나 이러한 개정에 대하여도 이는 일보 전진이라고 평가할 수 있지만, 개별적인 사정을 고려하지 않고, 자녀가 성년에 달하기까지의 이른바 '대기기간'을 일률적으로 부과하고 있는 점에 대하여는 앞으로 검토의 필요가 있다고 하는 의견,[18] 개정법은 근본적인 비판에 응하지 않고, 자녀가 없어야 한다는 요건을 필요로 하는 입장과 불필요하다는 입장의 안이한 타협을 도모하는 데 지나지 않으며, 미성년자가 아버지의 성별의 취급 변경에 이해를 보이고, 이를 바람에도 불구하고 자녀의 복지를 이유로 이를 인정하지 않는다고 하는 개정법에 기한 결론은 커다란 모순을 안고 있다고 하는 비판[19]이 있다.

보다 근본적으로는 이러한 요건의 문제점은 규정의 목적이 가지는 자의성(恣意性)이라고 하면서, 상정하고 있는 가족질서의 혼란은 성별의 변경이 가족에게 받아들여지지 않을 것을 전제로 하고 있으며, 자녀의 주위에 성별을 변경하는 자가 있는 것은 나쁘다고 하는 망상(妄想)으로부터 출발하고 있다는 비판도 있다. 부모의 성별변경에 이해를 보이는 자녀로서는, 스스로의 존재가 성별변경을 거부하는 원인이 된다는 것에 고뇌하게 되며, 생활의 실정이나 관계자의 의사와는 관계없이 자녀가 있다는 것으로 일률적으로 제한을 가할 필요성이 없다는 것이다.[20]

이 저자는 영어로 쓴 논문에서, 자녀가 없을 것이라는 요건은 성전환을 한 부모를 두었다는 것이 그 자체 자녀를 위해 부정적인 요소라는 전제에 서 있는데, 이는 성전환을 한 개인에 대한 혐오 내지 적대성(transphobia)을 나타내고, 자녀는 부모가 생물학적인 성에 맞는 가정에서 자라나야 하거나, 아니면 적어도 성전환한 개인으로부터는 떨어져서 살아야 한다는 생각을 강화한다고 한다. 자녀

---

17) 金亮完, "性同一性障害者の性別の取扱いの特例に関する法律3條1項3號の規定は,憲法13條および14條1項に違反しないとされた2つの事例", 法学セミナ―増刊 速報判例解説 Vol. 3 (2008. 10. 25), 100면 . 그 외에 찬반의 문헌 소개는 위 글 99면 참조.

18) 金亮完(주 17), 100면.

19) 田中通裕, "性別の取扱いの變更申立が申立權を濫用したものとして却下された事例", 法学セミナ―増刊 速報判例解説 Vol. 6 (2010.4), 116면.

20) 谷口洋幸, "性自認と人權", 法学セミナ― 753号 (2017. 10), 52면.

가 학교에서 성전환을 한 부모 때문에 괴롭힘을 당한다면, 그 원인은 성전환을 한 부모에게 있는 것이 아니라, 사회 자체가 성별변경에 대하여 관용을 하지 못하고 있기 때문이라는 것이다.[21]

외국의 학자도 이러한 일본의 법을 비판하고 있다. 영국 케임브리지 대학교의 쉐르페(Jens M. Scherpe) 교수는 이러한 미성년 자녀가 없을 것이라는 요건은 인권법(human rights law)과 합치하지 않고, 이 요건을 지지하는 논거는 설득력이 없다고 한다. 관계인이 법적인 승인 없이도 사회적으로 성을 변경할 수 있고, 또 변경하고자 한다면, 연장된 기간 동안 원하는 성의 인정을 막는 것이 어떻게 가족 질서를 유지하거나 자녀를 위한 해악을 막을 수 있는지 불분명하다는 것이다. 가족 질서의 혼란이나 자녀에 대한 해악(그러한 것들이 있다는 것에 대하여도 심각한 의문 이상이 있지만)은 법적 승인 그 자체가 아니고, 부 또는 모의 사회적 변화에서 유래한다고 한다. 그뿐만 아니라 원하는 성을 법적으로 승인받지 못하는 것은 관계인에게 심각한 부정적인 충격을 줄 것이며, 이는 다시 부모–자녀 관계를 포함하는 현존하는 가족관계에 충격을 주고, 따라서 그러한 요건으로부터 얻을 수 있는 것은 관계인의 불필요한 고통 외에 아무 것도 없다고 한다.[22]

한편 뉴스에 의하면, 지난 2020년 2월에 고베 가정재판소 아마가사키 지부(神戸家裁尼崎支部)는 9살짜리 딸이 있는 52세 된 남자가 호적상의 성별을 여성으로 변경할 것을 청구하는 심판에서 이를 각하하였다고 한다. 재판부는, 미성년 자녀가 없을 것을 성별변경의 요건으로 하는 성동일성특례법에 대해 신청인의 권리가 일정한 한도로 제한된다 하더라도 입법부의 재량의 범위 내이며, 헌법에 위반하지 않는다고 하였다는 것이다. 신청인은 오사카 고등재판소에 항고할 것이라고 하였다.[23]

---

21) Hiroyuki Taniguchi, "Japan's 2003 Gender Identity Disorder Act: The Sex Reassignment Surgery, No Marriage, and No Child Requirements as Perpetuations of Gender Norms in Japan", 14 Asian-Pacific Law & Policy Journal 108, 115 (2013).

22) Jens M. Scherpe, "The Legal Status of Transsexual and Transgender Persons—Comparative Analysis and Recommendations", in Jens M. Scherpe ed., *The Legal Status of Transsexual and Transgender Persons*, Intersentia, 2015, p. 638.

23) 朝日新聞 2020. 2. 14. 기사. https://www.asahi.com/articles/ASN2G5VL7N2GPLZB007.html.

2. 홍   콩

홍콩에서도 이에 관한 논의가 있다. 이러한 논의가 이루어지게 된 배경은 다음과 같다. 즉 홍콩 대법원(The Court of Final Appeal of Hong Kong Special Administrative Region)은 2013. 5. 13. W v Registrar of Marriages 판결24)에서, 홍콩법상 남성에서 여성으로 성전환수술을 받은 사람은 다른 남성과 혼인할 수 없다고 해석되지만, 이는 홍콩 헌법(The Basic Law of the Hong Kong Special Administrative Region of the People's Republic of China)의 규정에 어긋나서 위헌이고, 이 사람은 남성과 혼인할 수 있다고 하면서도, 입법자가 입법을 할 수 있도록 이 판결의 효력은 판결이 선고된 날부터 12개월이 경과하기 전까지는 발생하지 않는다고 하였다.

이 판결에 따라 2014년 홍콩에서 부처 간 성전환에 대한 작업반(The Inter-departmental Working Group on Gender Recognition, "IWG")이 구성되어, 성전환에 관한 입법을 위한 조사를 시작하였다. 위 작업반은 2017년 6월에 성전환에 관한 입법을 위한 의견조회서(Consultation Paper)를 발표하여 입법에 관한 각계의 의견을 물었다.25) 이 의견조회서에서는 성전환을 신청하는 사람에게 자녀가 없어야 하는지, 또는 미성년 자녀가 없어야 하는지를 묻는 부분이 포함되어 있다.26)

여기서는 신청인에게 자녀가 없어야 하는 것을 요구하는 나라는 드물다고 하면서, 터키와 한국이 그러한 나라라고 하였다.27) 그리고 2008년 개정 전의 일본이 이를 요구하고 있었는데, 입법자들은 가족관계의 혼란과 자녀의 최선의 이익 침해를 막으려고 하였으며, 입법자들은 일본이 독특한 관습과 전통, 가족 모

---

24) [2013] 3 HKLRD 90.

25) Inter-Departmental Working Group On Gender Recognition, "Consultation Paper: Part 1 Gender Recognition", 2017. 이 의견조회서 및 그 부록들은 위 작업반 홈페이지에서 확인할 수 있다. https://www.iwggr.gov.hk/eng/publications.html.

26) "Consultation Paper"(주 25), pp. 210 ff.

27) 그러나 이는 부정확한 것으로 보인다. 한국의 경우에는 대상결정 이전인 2010년 가족관계 등록예규를 인용하고 있고, 터키의 경우에는 성전환 수술 허가(터키에서는 이에 대한 법원의 허가를 요구하고 있다)를 받기 전에 생식능력이 없을 것을 요구하고 있었는데, 이를 자녀가 없을 것을 요건으로 하고 있는 것으로 오해한 것으로 보인다. 이 자료는 Jens M. Scherpe ed.(주 33), p. 319를 인용하고 있는데, 여기{Yeşim M. Atamer, "The Legal Status of Transsexual and Transgender Persons in Turkey"}에는 그러한 설명이 없고, 오히려 성전환 수술 신청을 한 사람이 이미 자녀를 가지고 있으면, 그 사람은 부모로 남는다고 설명한다. 위 책 p. 328 참조. 참고로 유럽인권재판소는 2015년 Y. Y. v. Turkey 판결(application no. 14793/08)에서 터키의 위 규정은 유럽인권협약 제8조를 위반하였다고 하였다.

델 및 그 외의 특수성이 있어서 국내법상 무자녀 요건을 부과하는 것을 정당화
할 수 있다고 생각하였다고 소개하고 있다. 그렇지만 이에 대하여는 비판이 있었
다고 하면서 타니구치의 글[28] 등을 언급하고 있다.

그리고 성전환 신청자가 일정 연령 미만인 자녀의 부 또는 모가 아닐 것을
요건으로 할 것인가에 대하여도 언급하고 있다.[29] 즉 일본이 그러한 나라인데,
이에 대하여는 비판이 있다고 소개하고 있다.

이 의견조회에 대하여 여러 기관들이 의견을 제출하였는데, 대체로 자녀 없음
또는 일정한 연령 미만의 자녀 없음을 성별정정의 요건으로 하는데 반대하였다.

홍콩의 법정변호사(Barrister)로 구성된 홍콩 변호사협회(Hong Kong Bar Asso-
ciation)는, 그러한 요건은 성전환자는 자녀를 가지거나 길러서는 안 된다는 정당
화될 수 없는 관점을 영속화할 것이라고 하면서, 자녀의 의견을 확인하고 이를
고려하는 절차가 있어야 할 것인지 하는 문제를 고려하여야 한다고 주장하였
다.[30]

홍콩의 사무변호사(Solicitor)로 구성된 홍콩 법률가회(Law Society of Hong
Kong)도 그러한 요건은 필요하지 않다고 하였다.[31] 그리고 홍콩 대학의 비교공법
센터(Center for Comparative and Public Law)는 그러한 것을 요구하는 것은 인권과
모순되므로 도입되어서는 안 된다고 하였다.[32]

홍콩의 법에 의하여 설립된 기구인 평등기회위원회(The Equal Opportunities
Commission)도 그러한 요건을 도입하는 것은 국제법과 홍콩법상의 인권에 따른
의무를 위반하는 것이라는 이유로 반대하였다.[33]

현재까지 홍콩에서 이에 관한 입법이 이루어지지는 않았다.

---

28) 위 주 21).
29) "Consultation Paper"(주 25), pp. 213 ff.
30) Hong Kong Bar Association, "Submission of the Hong Kong Bar Association", p. 9. 이는 다음에
서 확인할 수 있다. https://www.hkba.org/sites/default/files/Inter-departmental%20Working%20
Group%20on%20Gender%20Recognition_2Cttes%20-Final.pdf.
31) Law Society of Hong Kong, "Consultation Paper: Part 1 Gender Recognition, Submission", p. 18.
이는 다음에서 확인할 수 있다. http://www.hklawsoc.org.hk/pub_e/news/submissions/20171229.pdf.
32) Center for Comparative and Public Law, "Submission to the Hong Kong Government's
Inter-departmental Working Group on Gender Recognition", p. 2. 이는 다음에서 확인할 수 있다.
http://www.law.hku.hk/ccpl/wp-content/uploads/2018/03/CCPL%20Submission%20to%20the%20IW
G.pdf.
33) The Equal Opportunities Commission, "Response of the Equal Opportunities Commission", p. 52.
이는 다음에서 확인할 수 있다. https://www.eoc.org.hk/eoc/upload/2018121622321114772.pdf.

IV. 검   토

사견으로는 성전환자의 가족관계등록부상 성별정정을 허가하기 위한 요건으로서, 성별정정을 희망하는 자에게 미성년 자녀가 있는지 여부는 원칙적으로 고려할 필요가 없다고 생각한다. 그 이유는 이러한 성전환자의 성별정정을 허용한다고 하여 그 미성년 자녀의 복리를 해친다고 볼 수 없고, 설사 미성년 자녀의 복리를 해치는 면이 있다고 하더라도, 그것만으로는 성전환자의 행복추구권을 실현하기 위하여 성별정정을 허용하는 것을 반대할 근거는 될 수 없다는 것이다. 이하에서는 위 대상결정에 나타난 논거를 중심으로 하여 살펴본다.

1. 미성년 자녀에게 충격을 준다는 점에 대하여

대상결정 다수의견의 주된 근거는 여기에 있다. 즉 "성전환자에게 미성년자인 자녀가 있음에도 성별정정을 허용한다면 미성년자인 자녀의 입장에서는 법률적인 평가라는 이유로 부(父)가 남성에서 여성으로, 또는 모(母)가 여성에서 남성으로 뒤바뀌는 상황을 일방적으로 감내해야 하므로, 이로 인한 정신적 혼란과 충격에 노출될 수 있음을 쉽게 짐작할 수 있다"라는 것이다.

생각건대 부 또는 모의 성전환(성별정정 허가가 아니다)이 자녀에게 정신적 혼란과 충격을 준다는 것은 어느 정도 수긍할 수 있다. 다만 이것도 자세히 따져볼 필요가 있다. 성전환이 자녀에게 어떤 심리적인 충격을 주는가에 대하여는 외국에서도 연구가 많지는 않으나 어느 정도 찾아볼 수 있다. 종래의 연구를 포괄적으로 검토한 한 자료에 의하면, 성전환을 한 부모와 그 자녀 사이의 관계에서 부정적인 충격이 있다고 보고되기도 하였지만, 대부분의 성전환 부모에게는 그 관계가 긍정적이거나 변화가 없었다고 한다.[34]

중요한 문제는, 자녀들이 충격을 받는다고 하더라도 이는 성별정정 허가 자체에 의한 것이 아니고, 그 전의 부 또는 모의 변화에 의한 것이라는 점이다. 그러므로 성별정정 허가 자체가 자녀에게 심리적인 충격을 주는 것은 아니다. 이

---

34) Stotzer, Rebecca L; Herman, Jody L; Hasenbush, Amira, "Transgender Parenting: A Review of Existing Research", UCLA School of Law, Williams Institute, 2014, p. 9. 이 자료는 https://escholarship.org/uc/item/3rp0v7qv에서 확인할 수 있다.

점은 국내외의 여러 논자들에 의하여 지적되고 있다.35) 이를 헌법적인 용어로 표현한다면, 기본권 제한에 관한 비례의 원칙 가운데 방법의 적정성이 결여된 것이라고 할 수 있다. 방법의 적정성이란, 국민의 기본권을 제한하려는 입법의 목적이 헌법 및 법률의 체제상 그 정당성이 인정되더라도(목적의 정당성), 그 목적의 달성을 위하여 그 방법이 효과적이고 적절하여야 한다는 것을 의미한다.36)

성전환자의 성별정정을 허가하는 것은 성전환자의 헌법상 인간으로서의 존엄과 가치를 향유하며 행복을 추구할 권리와 인간다운 생활을 할 권리를 실현하기 위한 것이고(대법원 2006. 6. 22. 자 2004스42 전원합의체 결정 참조), 따라서 성전환자의 성별정정을 불허하는 것은 이러한 권리를 제한하는 것이다. 그러므로 이를 제한하려면 비례의 원칙을 준수하여야 한다. 그런데 미성년 자녀의 복리를 위하여 성별정정을 불허한다는 것은 목적의 정당성은 인정되더라도, 방법의 적정성이 갖추어졌다고 할 수 없다. 성별정정을 허용한다고 하여 자녀가 새롭고 추가적인 심리적 충격을 받는다고 할 수는 없기 때문이다. 따라서 이 점에 관한 대상결정의 판시는 설득력이 없고, 이는 성별정정을 희망하는 사람의 기본권을 침해하는 것이다.

2. 동성혼의 외관이 현출된다는 점에 대하여

대상결정은 미성년 자녀를 둔 사람의 성별정정을 허용할 수 없는 이유의 하나로서, 성별정정을 허용하게 되면 가족관계증명서의 '부(父)'란에 기재된 사람의 성별이 '여(女)'로, 또는 '모(母)'란에 기재된 사람의 성별이 '남(男)'으로 표시됨으로써 동성혼의 외관이 현출될 수밖에 없다고 한다. 그러나 이는 그 주장 자체로 받아들일 수 없다.

동성혼을 허용할지 여부는 그 자체가 어려운 문제이고, 또 혼인 중에 있는 성전환자의 성별정정을 허용할 것인지 여부도 의견이 갈릴 수 있는 문제이다.37)

---

35) 윤진수(주 8), 559-560면; 二宮周平(주 16의 判例タイムズ), 50면; 二宮周平(주 16의 공익과 인권), 161면; Scherpe(주 22), p. 638 등.

36) 헌법재판소 1992. 12. 24. 선고 92헌가8 결정; 2002. 4. 25. 선고 2001헌마614 결정 등.

37) 대상결정의 다수의견은 현재 혼인 중에 있는 성전환자에 대하여는 성별정정을 허용할 수 없다고 하였으나, 대법관 3인의 반대의견은, 성별정정을 필요로 하는 다른 사정은 고려하지 않은 채 혼인 중에 있다는 사정만을 내세워 성별정정을 불가능하게 하는 것은 합리적인 접근방식이라고 볼 수 없다고 하였다. 이에 대하여는 아래 VI. 2. 참조.

그러나 현행법상 동성혼이 허용되고 있지 않음은 명백하므로, 가족관계등록부의 기재로 인한 '동성혼의 외관'은 애초 성립할 여지가 없다. 대상결정에서 대법관 2인(양창수, 이인복 대법관)의 반대의견도 이 점을 지적하고 있다. 가족관계등록부의 기재 등을 통하여 이러한 사정을 알 수 있다고 하더라도, 이는 성전환에 따른 성별정정의 결과임을 쉽게 알 수 있는 것이고, 이를 동성혼과 연결시킬 이유는 없다.

추측건대 대상결정의 진의는 성별정정 허가에 의하여 동성혼의 외관이 현출된다는 점보다는, 가족관계증명서의 기재에 의하여 부나 모가 성전환을 하였다는 사실이 다른 사람에게 알려짐으로써 자녀가 고통을 받을 것임을 우려하는 것으로 보인다. 대상결정이 "동성혼에 대한 찬반양론을 떠나 이에 대한 사회적 차별과 편견은 엄연한 현실이고, 이러한 현실에 대한 적응능력이 성숙되지 아니하고 감수성이 예민한 미성년자인 자녀를 이러한 사회적 차별과 편견에 무방비하게 노출되도록 방치하는 것은 친권자로서 또는 사회구성원으로서의 기본적인 책무를 도외시하는 것이다"라고 하는 것은 이러한 의미로 이해할 여지가 있다.

그렇지만 이는 성전환자에 대한 사회적 차별과 편견을 기정사실로 하여, 미성년 자녀가 이에 노출되어서는 안 된다는 것으로서, 문제가 있는 논증이다. 달리 말한다면 대상결정 자체가 성전환 자체를 부정적인 것으로 보면서, 은혜적으로 성별정정을 허가하는 것이라고 보일 소지가 있고, 대상결정이 그러한 사회적 차별과 편견을 묵인 내지 조장하는 것이라는 비판을 받을 수 있다.[38] 따라서 대상결정이 이와 같은 논거를 드는 것은 매우 부적절하다. 대상결정의 3인 반대의견(박시환, 김지형, 전수안 대법관)이, "다수의견의 견해는, 성별정정을 통해 인간으로서의 최소한의 기본적 권리를 보호받고자 하는 성전환자들에게, 사회 구성원 다수의 인식에 비추어 관용하고 수용할 만한 경우에만 성별정정을 허용하겠다는 것과 다르지 않으며, 우리 사회 구성원의 다수가 성적 소수자를 충분히 이해하거나 포용하는 입장으로 돌아서지 않는 한, 성전환자로 하여금 법률적으로 성전환 전의 다른 성으로 살아가도록 강요하는 것에 지나지 않는다"라고 한 것은 다수의견에 대한 적절한 비판이다.

---

38) 외국의 논자들이 미성년 자녀가 없어야 한다는 것은 자녀의 주위에 성별을 변경하는 자가 있는 것은 나쁘다고 하는 망상으로부터 출발하고 있다고 비판하고{谷口洋幸, 위 주 20), 52면}, 자녀가 전혀 없거나 일정한 연령 미만의 자녀가 없을 것을 요구하는 것은 성전환자는 자녀를 가지거나 길러서는 안 된다는 정당화될 수 없는 관점을 영속화할 것이라고 비판하는 것(주 30)도 그러한 취지로 이해된다.

이를 부모의 이혼과 비교하여 본다. 미성년 자녀의 부모가 이혼하였다는 사실이 다른 사람에게 알려지면, 그 자녀가 놀림의 대상이 되거나 괴롭힘을 당하는 일이 있을 수 있다. 그러나 그렇다고 하여 미성년 자녀를 둔 사람은 자녀의 복리를 위하여 이혼하면 안 된다고 말할 수는 없을 것이다. 그런데 대상결정은 말하자면 그와 같이 말하고 있는 셈이다.

3. 미성년 자녀의 복리와 성전환자의 기본권의 형량

설령 미성년 자녀를 둔 성전환자의 성별정정 허가로 인하여 자녀의 복리에 부정적인 영향이 있다고 하더라도, 이를 이유로 하여 성별정정을 허가하여서는 안 된다고 말하기는 어렵다. 앞에서 언급한 것처럼, 성전환자의 성별정정을 허가하는 것은 성전환자의 헌법상 인간으로서의 존엄과 가치를 향유하며 행복을 추구할 권리와 인간다운 생활을 할 권리를 실현하기 위한 것이다. 그렇다면 성전환자의 성별정정 허가에 의하여 미성년 자녀의 복리가 침해된다고 하더라도, 이를 성별정정을 불허함으로써 성전환자의 기본권이 실현되지 못하는 불이익과 비교하여, 전자가 후자보다 더 클 때에만 성별정정의 불허가 정당화될 수 있을 것이다(비례의 원칙 가운데 법익의 균형성).

그런데 이미 성전환 수술까지 받아 사회적으로 반대 성의 외관을 가진 사람이 법적으로 반대 성으로 승인받지 못하여 겪게 되는 괴로움은 그 자체로는 어떻게 해결할 수 없는 것이다. 비록 이는 미성년 자녀가 성년이 될 때까지의 한시적인 것이기는 하지만, 그렇다고 하여 그것이 현재의 괴로움을 없애 줄 수는 없다. 반면 미성년 자녀가 성별정정 허가에 의하여 복리상 불이익이 있을 수 있다고 하더라도, 이는 본인이나 부모 또는 주위의 노력에 의하여 충분히 해소될 수 있는 성질의 것이다.[39]

그러므로 양자를 비교하여 본다면, 미성년 자녀를 둔 성전환자의 성별정정을 불허하는 것이 성전환자에게 주는 불이익이 성별정정 허가에 의하여 미성년 자녀가 입는 불이익보다 훨씬 크므로, 미성년 자녀가 있다는 것만으로 성별정정

---

39) 외국의 문헌도 가족 간의 융화나 사회적 지원 등이 자녀가 부모의 성전환으로 인하여 겪게 되는 어려움을 완화시킬 수 있다고 지적하고 있다. Stotzer et al.(주 34), pp. 12 ff.; Amanda Veldorale-Griffin (2014), "Transgender Parents and Their Adult Children's Experiences of Disclosure and Transition, Journal of GLBT Family Studies, 10:5, pp. 489 ff. DOI: 10.1080/1550428X.2013.866063.

을 불허하여서는 안 될 것이다.

대상결정의 다수의견은, "가족 간의 유대와 배려를 특별히 중요하게 생각하는 우리 사회의 가족관에 비추어 볼 때, 미성년자인 자녀의 복리를 위하여 친권자의 성별정정을 허용하지 않는 것은, 현재의 우리 사회가, 스스로의 선택에 의하여 이성과 혼인하고 자녀를 출생시켜 가족을 이룬 사람에게 요구할 수 있는 최소한의 배려요청"이라고 한다. 그러나 이렇게 성전환자인 부모에게 희생을 요구할 이유가 있는지 의심스럽다. 대상결정에서 2인의 반대의견은, "성적 정체성의 혼란을 겪다가 자녀를 둔 후에 비로소 명백한 성전환자가 된 경우 그 시점에 미성년 자녀가 있다는 이유만으로 스스로 어찌할 수 없는 상태에서 자녀가 성년에 이를 때까지 종전의 성에 따른 삶을 살도록 강요하는 것이 이러한 제약이 없는 성전환자와 비교하여 그 차별을 정당화할 만한 이유가 있다고 볼 수 없다."라고 설시하고 있다.

나아가 일본을 제외한 다른 나라에서는 이처럼 미성년 자녀가 있다는 것을 법적인 성별정정의 요건으로 삼지 않고 있으며, 미성년 자녀가 있는 성전환자의 성별정정을 허용하는 것이 미성년자의 복리를 해치므로 허용되어서는 안 된다는 주장을 찾기 어렵다. 그런데 왜 우리나라에서만 이것이 특별히 문제가 되는지를 알 수 없다. 대상결정의 다수의견은 우리 사회의 가족관이 가족 간의 유대와 배려를 특별히 중요하게 생각한다고 강조하고 있으나, 과연 우리나라가 다른 나라보다 특별히 가족 간의 유대와 배려를 중요하게 생각하고 있는지 알기 어려울 뿐만 아니라, 설령 그렇다고 하더라도 그것이 왜 미성년 자녀가 있는 성전환자의 성별정정을 불허할 이유가 되는지 알기 어렵다. 이처럼 검증하기 어렵고 추상적인 이유로 국제적인 흐름에서 동떨어진 판례를 정당화하는 것은 문제가 있다고 하지 않을 수 없다.

4. 미성년 자녀가 있다는 사정이 성별정정 허가를 할 것인지 여부를 결정함에 있어 고려할 사정인지 여부

이처럼 미성년 자녀가 있다는 사정을 성별정정 허가 여부의 결정을 함에 있어서 절대적인 소극적 요건으로 볼 수는 없다고 하더라도, 이를 하나의 고려사항 내지 참고사항으로 취급할 수는 없는가 하는 점은 검토해 볼 필요가 있다.

대상결정에서 2인의 반대의견은 미성년자인 자녀가 있다는 사정은 그 성전
환자가 사회통념상 전환된 성을 가진 자로서 인식될 수 있는지 여부를 결정하는
여러 가지 요소들의 일부로 포섭하여 법원이 구체적 사안에 따라 성별정정의 허
가 여부를 결정하면 충분하다고 하였다.

필자도 종전에는 미성년인 자녀가 있다는 사정만으로 성별정정을 불허할 이
유는 없고, 다만 성별정정으로 인하여 미성년자인 자녀가 특별히 중대한 정신적
혼란과 충격을 겪게 된다는 등의 특별한 사정이 있는 경우에만 예외적으로 성별
정정을 불허하는 것이 합리적이라고 주장한 바 있었다.[40]

그러나 미성년 자녀가 있다는 사정은 성별정정 허가 여부를 결정할 때 기본
적으로 고려할 필요가 없다. 얼핏 생각하기에는 가령 미성년인 자녀가 부모의 성
전환을 이유로 자살할 위험이 있다고 할 때에는 성별정정을 허용하여서는 안 될
것처럼 보이기도 한다. 그러나 앞에서 설명한 것처럼, 자녀가 정신적 충격을 받
는 것은 성별정정 허가로 인한 것이 아니라 그 전 단계의 부모의 성적 변화 때문
이므로, 이러한 자녀의 정신적 충격을 이유로 성별정정 허가를 거부하는 것은 논
리적으로 맞지 않다. 자녀가 그러한 정신적인 충격을 받는다면 이는 심리적인 상
담이나 치료에 의하여 해결할 문제이지, 성별정정 허가를 거부하는 것은 해결방
법이 될 수 없다. 이 점에 관하여는 견해를 바꾼다.

다만 미성년 자녀가 있는 사람이 성별정정 허가를 신청한 때에는 법원은 미
성년 자녀의 복리를 위하여 성별정정을 허가하기 전에 미성년 자녀의 의견을 청
취할 필요가 있다.[41] 나아가 필요하다면 법원이 미성년 자녀의 심리상담이나 심
리치료 등을 명할 수도 있을 것이다.

V. 결 론

결론적으로는 미성년 자녀가 있다는 이유만으로 성전환자의 성별정정을 허
용하지 않는 대법원의 판례는 변경되어야 한다. 이러한 판례는 미성년자의 복리

---

40) 윤진수(주 8), 560면.
41) 아동이 본인에게 영향을 미치는 문제에 관하여 사법절차에서 청문을 받을 기회가 주어져야 한
다는 점에 대하여는 윤진수, "아동의 사법절차상 청문", 민법논고 4권, 2009, 349면 이하 참조
(처음 발표: 2003). 또한 안문희, "프랑스법상 미성년자의 의견개진권", 부산대학교법학연구 제
54권 4호, 2013, 289면 이하 참조.

를 위하여 도움이 되는 것도 아닌데도 불필요하게 성전환자의 행복추구권을 제 약하고 있다.

성전환자의 성별정정 문제를 다룸에 있어서는 기본적으로 성전환자 자신에 대한 연민(compassion)에서 출발해야 한다. 이 점에 관하여 1990년에 선고된 유럽 인권재판소의 *Cossey v. United Kingdom* 판결42)에서의 마르텐스{Sibrand Karel (Siep) Martens} 재판관43)의 반대의견을 인용하고자 한다. 1990년 당시까지만 해도 영국 에서는 성전환자의 법적 성별변경을 인정하지 않았고, 위 판결의 다수의견도 영 국에서 성전환자의 지위를 법적으로 인정하지 않은 것이 유럽인권협약을 위반하 는 것이 아니라고 하였다. 그러나 마르텐스 재판관은 반대의견에서 다수의견을 다음과 같이 신랄하게 비판하였다(제2.7문단).

"인간의 권리의 근간이 되고 협약에 명시되어 있는 다양한 구체적 권리의 기초가 되는 원칙은 인간의 존엄성과 자유에 대한 존중이다. 인간의 존엄성과 자 유는, 개인은 자신의 인격에 가장 적합하다고 판단되는 방향으로 그 자아와 운명 을 형성할 수 있어야 한다는 것을 내포한다. 성전환자 역시 이러한 매우 근본적 인 권리를 행사하여 자신의 자아와 운명을 개척한 것이다. 그 과정에서 그는 자 신이 귀속된다고 믿는 성에 부합하는 생식 기관을 갖추기 위하여 인간적으로 가 능한 한계 내에서 길고 위험하며 고통스러운 의학적 시술을 거쳤다. 이러한 시련 후에 성전환자는 비로소, 그가 만든 기성 사실(fait accompli)을 인정해 줄 것을 법 에 호소하는 것이다. 이는 자신을 그가 획득한 성의 일원으로서 법적으로 인정하 고 취급해 달라는 요청이며, 아무런 차별 없이 다른 여성 또는 남성과 동등하게 대우해 달라는 요청이다. 법은 진정으로 강력한 이유가 있는 경우가 아니면 이러 한 요청을 거부할 수 없다. 위의 제2.2문단과 제2.4문단에서 밝힌 바와 같이 이를 거부하는 것은 잔인한 일이기 때문이다. 그러나 이와 같은 강력한 이유를 찾아볼 수 없다."

실제로 유럽인권재판소는 2002년 *Goodwin v. United Kingdom* 및 *I. v. United Kingdom* 사건 판결에서 종래의 판례를 변경하여, 성전환자의 성별변경을 인정하 지 않는 영국법은 유럽인권협약 위반이라고 하였다.44)

---

42) (1990) 13 EHRR 622.
43) 그는 1996년에 네덜란드 대법원장이 되었다.
44) 윤진수(주 3); 현소혜, "성전환자의 민사상 법적 지위", 가족법연구 제16권 2호, 2002 참조.

VI. 보　　론

1. 생식능력의 결여를 필요로 하는지 여부

위 2004스42 결정은, 성전환자가 출생시와는 달리 전환된 성이 법률적으로도 그 성전환자의 성이라고 평가받을 수 있기 위하여는 성전환수술을 받고 반대성으로서의 외부 성기를 비롯한 신체를 갖추어야 한다고 보았고, 대상결정인 2009스117 결정도 마찬가지이다.

그리고 현행 성전환자의 성별정정허가신청사건 등 사무처리지침 제3조는 성별정정을 신청한 사람에게 신청인이 성전환수술을 받아 현재 생물학적인 성과 반대되는 성에 관한 신체의 성기와 흡사한 외관을 구비하고 있음을 확인하는 성전환시술 의사의 소견서와, 신청인에게 현재 생식능력이 없고, 향후에도 생식능력이 발생하거나 회복될 가능성이 없음을 확인하는 전문의사 명의의 진단서나 감정서를 제출할 것을 요구하고 있고, 제6조는 법원이 조사하여야 할 사항으로서 "자격있는 의사의 판단과 책임 아래 성전환수술을 받아 외부성기를 포함한 신체 외관이 반대의 성으로 바뀌었는지 여부"를 들고 있다.

그러나 하급심 판례 가운데에는 성전환 수술을 받지 않은 경우에도 성별정정 허가를 한 사례가 있다. 서울서부지법 2013. 11. 19.자 2013호파1406 결정은 외부성기의 형성이 없어도 여성에서 남성으로 성별정정 허가를 할 수 있다고 하였고, 청주지법 영동지원 2017. 2. 14. 자 2015호기302 결정은, 남성에서 여성으로의 성별정정도 외부성기의 형성 없이도 허용된다고 하였다. 현재 여성에서 남성으로 성별정정을 하는 경우에는 성전환수술을 요구하지 않는 사례들이 여럿 있으나,[45] 남성에서 여성으로의 성별정정에서 외부성기의 형성을 요구하지 않는 사례는 위 영동지원 결정 외에는 알려진 바 없다.

해외에서도 초기에는 성별정정의 요건으로서 일반적으로 성전환증 내지 성별위화감이 존재한다는 정신과 진단뿐만 아니라 성전환수술과 같은 방법에 의한 불임(생식능력 결여)이 요구되어 왔다. 그러나 근래에는 생식능력 결여를 요구하는 것이 현실적·의료적 견지에서 불합리하며 인권 침해적이라는 비판이 지속적

---

45) 이 경우(FTM)는 그 반대의 경우, 즉 남성에서 여성으로 성전환하는 경우(MTF)보다 비용이 더 많이 들 뿐만 아니라 위험성이 더 크다고 한다.

으로 제기됨에 따라 불임 요건이 점차 철폐되고 있다.46) 예컨대 영국의 2004년
성별승인법(Gender Recognition Act 2004)은 성별정정의 요건으로서 정신과적 진단
이외에 생식능력 제거를 포함한 외과적 조치를 요구하고 있지 않다. 그리고 독일
연방헌법재판소 2011. 1. 11. 결정47)은 동성애적 성향을 가진 성전환자가 변경하
려고 하는 성(性)과 같은 성을 가진 사람과 동성애자에게 허용되는 생활동반자관
계(Lebenspartnerschaft)를 맺기 위하여는 성전환수술을 받아 생식능력이 없어야 할
것을 요구하는 성전환자법(Transsexuellengesetz)의 규정은 헌법에 합치되지 않는다
고 하였다. 위 결정은 이 점에 관한 유럽 각국의 입법례를 열거하고 있는데, 성전
환수술을 요구하는 나라는 소수(프랑스, 터키)이고, 생식능력 결여를 요구하는 나
라는 그보다 많다고 한다.

　　　유럽인권재판소(European Court of Human Rights)는 2017. 4. 6. Case of A.P.,
Garçon and Nicot v. France 판결48)에서, 성별정정의 요건으로서 불가역(不可逆)적
인 외관의 변화, 즉 불임수술이나 불임의 가능성이 높은 의학적 치료를 요구하는
것은 유럽인권협약 제8조의 사생활의 존중(respect for the private life)에 위배된다
고 하였다.

　　　반면 일본의 성동일성특례법 3조는 성별변경의 요건으로서 생식선(生殖腺)이
없거나 그 기능을 영속적으로 결여한 상태에 있을 것을 요구하고 있는데, 일본
최고재판소 2019(平成 31). 1. 23. 결정49)은 이러한 규정의 헌법적합성에 관하여
는 부단한 검토를 요하지만, 본 규정의 목적, 제약의 태양, 현재의 사회적 상황
등을 종합적으로 교량(較量)하면 본 규정은 현재 위헌이라고는 할 수 없다고 하
였다.50)

　　　이 문제는 좀 더 심도 있는 검토를 필요로 하지만, 기본적으로는 성별정정의
요건으로서 성전환수술이나 생식능력의 결여와 같은 것을 요구하지 않는 방향으
로 나아가는 것이 바람직할 것이다. 그러나 가령 성별정정 허가를 받은 사람이

---

46) 홍성필・이승현, "성전환자의 법적 성별변경허용시 의료조치 강제에 대한 국제법적 평가", 국
　　제법학회논총 제58권 2호, 2013, 133면 등.
47) BVerfGE 128, 109.
48) https://hudoc.echr.coe.int/eng#{"languageisocode":["ENG"],"appno":["79885/12","52471/13","52596/
　　13"],"documentcollectionid2":["CHAMBER"],"itemid":["001-172913"]}.
49) 最高裁判所裁判集民事261号1頁.
50) 渡邉泰彦, "性別の変更と生殖不能要件―家族法の視点から", 法学セミナー増刊　速報判例解説 vol.25
　　新・判例解説Watch, 2019, 107면 이하; 木村草太, "性同一性障害特例法の生殖能力要件の合憲
　　性", 法律時報 91巻 5号, 2019, 4면 이하는 이 결정에 반대한다.

나중에 자녀를 낳는다든지 하는 일이 생기면 어떻게 처리할 것인가?[51]   결국 이는 현재와 같은 판례에 의한 규율의 한계를 보여주는 한 사례이다.

2. 혼인 중이 아닐 것이 요구되는지 여부

대상결정의 다수의견은, 현재 혼인 중에 있는 성전환자에 대하여 성별정정을 허용할 경우 법이 허용하지 않는 동성혼의 외관을 현출시켜 결과적으로 동성혼을 인정하는 셈이 되고, 이는 상대방 배우자의 신분관계 등 법적·사회적 지위에 중대한 영향을 미치게 되므로, 현재 혼인 중에 있는 성전환자는 전환된 성을 법률적으로 그 사람의 성이라고 평가할 수 없고, 그 결과 가족관계등록부의 성별정정도 허용되지 아니한다고 하였다.

반면 3인 대법관의 반대의견은, 혼인 중에 있다고 하더라도 사실상 별거를 하고 있거나 이혼 소송 중에 있는 등 성별정정을 허용하더라도 배우자와의 신분관계에 실질적인 변동을 초래할 우려가 크지 않은 경우도 있을 터인데, 성별정정을 필요로 하는 다른 사정은 고려하지 않은 채 혼인 중에 있다는 사정만을 내세워 성별정정을 불가능하게 하는 것은 합리적인 접근방식이라고 볼 수 없다고 하면서, 혼인 중에 있다고 하더라도, 성별정정신청 당시 그 혼인관계의 실질적 해소 여부와 그 사유, 혼인관계의 실질적 해소로부터 경과한 기간, 실질적으로 해소된 혼인관계의 부활가능성 등 제반사정을 종합적으로 고려하여 가족관계등록부상의 성별란 정정이 신분관계에 혼란을 줄 염려가 있는지를 가리고 그에 따라 성별정정 여부를 결정하면 충분하다고 하였다.

이 문제는 동성혼인(same-sex marriage)을 인정하는지 여부와 관련이 있다. 근래에는 동성혼인을 인정하는 국가가 늘어나고 있는데, 동성혼인을 인정한다면 굳이 성별정정의 요건으로서 혼인 중이 아닐 것을 요구할 필요는 없을 것이다. 반면 우리나라와 같이 동성혼인을 인정하지 않는 경우에도 그렇게 볼 수 있을까 하는 것은 논란이 될 수 있다. 영국에서는 2004년 성전환자의 성별변경을 인정하는 성별승인법이 통과되고 2013년에 동성혼인을 허용하기 전까지는 성별정정의

---

51) 독일연방대법원 2017. 9. 6. 결정(NJW 2017, 3379)은 여성에서 남성으로 성별정정을 한 사람이 그 후 호르몬 치료를 중단하고 제3자의 정자를 제공받아 아들을 낳았는데, 출생기록부상 자신을 아버지로 기재하여 줄 것을 신청한 사안이다. 연방대법원은 이 경우에 출생기록부에 낳은 사람을 어머니로 기재하고, 어머니의 이름도 성별정정 전의 여성의 이름으로 하여야 한다고 판시하였다.

요건으로서 혼인 중이 아닐 것이 요구되었다.[52] 또 일본 최고재판소 2020(令和 2). 3. 11. 결정[53]은, 성동일성특례법이 성별취급 변경 심판의 요건으로서 "현재 혼인하고 있지 않을 것"을 요구하는 것은, 이성(異性) 사이에서만 혼인을 인정하고 있는 현재의 혼인질서에 혼란을 가져오지 않으려는 등의 배려에 기한 것으로서, 합리성을 결여하였다고 할 수 없으므로, 국회의 재량권의 범위를 일탈한다고는 할 수 없어서 헌법에 위반되지 않는다고 하였다.

그러나 독일연방헌법재판소 2008. 5. 27. 결정[54]은 당시에 아직 동성혼인을 인정하지 않고,[55] 동성 간의 생활동반자관계(Lebenspartnerschaft)만을 인정하고 있을 때인데, 혼인 중인 사람의 성별정정을 인정하기 위하여는 그가 이혼하여야만 한다고 규정한 성전환법은 위헌이라고 하였다. 이 문제에 대하여도 좀 더 깊이 있는 검토를 필요로 한다.[56]

〈서울대학교 법학 제61권 3호, 2020〉

---

52) Inter-Departmental Working Group On Gender Recognition(주 25), p. 202.
53) https://www.courts.go.jp/app/files/hanrei_jp/311/089311_hanrei.pdf.
54) NJW 2008, 3117.
55) 독일에서는 동성혼인이 2017년에 인정되었다.
56) 渡邉泰彦, "性別変更における非婚要件の要否等", 新・判例解説Watch Web版[2020/5/1], 2면은, 동성혼인을 인정하지 않는 상황에서도 비혼요건(非婚要件)이 필수적이라고는 할 수 없다고한다.

민법상 금혼규정의 헌법적 고찰[*]

Ⅰ. 서 론

헌법재판소 1997. 7. 16. 선고 95헌가6내지13 결정은, 민법의 동성동본 금혼 규정이 헌법에 위반된다고 하는 역사적인 결정을 선고하였다. 이 결정이 가지는 중요성은 아무리 강조해도 지나치지 않다. 그러나 다른 한편 이 결정 이후에는 우리 민법의 금혼 규정이 헌법적으로 타당한가에 대하여는 그다지 논의가 이루 어지지 않고 있다. 그러나 우리 민법상의 금혼규정은 지나치게 혼인 상대방 선택 의 자유를 침해하고 있어서 위헌적인 요소가 많다. 이 글에서는 이 문제를 다루 어 보고자 한다.

글의 순서는 우선 동성동본 금혼규정에 대한 위 헌법재판소 결정을 살펴본 다. 이어서 민법의 금혼 규정 중 자연혈족 사이의 혼인 금지, 인척 사이의 혼인 금지 및 입양에 의한 법정혈족 사이의 혼인 금지에 대하여 차례로 살핀다.

* 이 논문은 윤 진수 외 대표편집, 법학에서의 위험한 생각들, 법문사, 2018에 수록된 필자의 논문 "인척 사이의 혼인은 금지되어야 하는가?"를 발전시킨 것으로, 2018. 10. 12. 연세대학교 법학전 문대학원과 2018. 10. 18. 한국법률가대회에서 발표한 것을 보완한 것이다. 한국법률가대회의 지정토론자였던 성균관대학교 현소혜 교수님과 조선대학교 정구태 교수님, 그리고 토론에 참여 해 주신 다른 분들과, 원고를 읽고 의견을 준 서울대학교 인류학과 오명석 교수님께 감사의 뜻 을 표한다. 이 분들의 의견은 논문의 내용을 개선하는 데 많은 도움이 되었다.

II. 동성동본 금혼에 대한 헌법불합치 결정

서론에서 언급한 위 헌법재판소 결정에 대하여는 많은 논의가 있었다. 그러므로 여기서는 위 결정에 이르게 된 경위와, 위 결정의 내용 및 그 의의에 대하여 간단히 언급하고자 한다.

1. 위 결정의 경위와 내용

1958. 2. 22. 공포된 제정 민법 제809조 제1항은 "동성동본인 혈족 사이에서는 혼인하지 못한다"라고 규정하고 있었다. 이 규정은 제정 당시부터 논란이 많았다. 원래 정부가 제출한 민법안에는 이 규정이 포함되어 있었는데,[1] 법제사법위원회 수정안은 이 규정을 삭제하여 버렸다. 그러나 당시의 이승만 대통령은 동성동본 금혼의 존치를 주장하는 담화를 발표하였다. 그리하여 국회에서는 많은 논란 끝에 위와 같은 동성동본 금혼 규정을 두게 되었다.[2]

그렇지만 민법이 공포된 후 위 동성동본 금혼 규정은 많은 비판을 받았고, 두 차례에 걸쳐 국회에 이를 삭제하려는 개정안이 제출되기도 하였으나, 유림 등의 반대로 인하여 개정은 성공하지 못하였다. 다만 세 차례에 걸쳐 한시법(限時法)으로서 동성동본 관계에 있는 사람들의 혼인신고를 허용하는 혼인에 관한 특례법이 제정되었을 뿐이다.[3]

이러한 상황에서 위 헌법재판소 결정이 선고되었다. 위 결정에서 5인의 재판관의 단순위헌 의견은 동성동본 금혼 제도가 위헌이라고 하는 이유를 다음과 같이 설시하였다. 즉 동성동본 금혼제가 생성하여 정착할 수 있었던 시대와 비교하면 현대사회는 너무나 많은 사회환경의 변화가 있어 그 존립기반이 더 이상 지탱할 수 없을 정도로 근본적인 동요를 하고 있을 뿐만 아니라, 동성동본인 혈족 사이의 혼인을 그 촌수의 원근에 관계없이 일률적으로 모두 금지하여 혼인에 있어 상대방을 결정할 수 있는 자유를 제한하고 있는 동시에 그 제한의 범위를

---

1) 제802조: "동성동본인 혈족사이에는 혼인하지 못한다. 그러나 조선(祖先)의 계통이 분명하지 아니한 경우에는 그러하지 아니하다." 제정 민법과 다른 점은 단서가 있었다는 점이다.
2) 이에 대하여는 명순구, "1958년 민법 제809조의 역정", 안암법학 제26호(2008), 76면 이하; 소현숙, "부계혈통주의와 '건전한' 국민 사이의 균열", 법과 사회 51호(2016), 201면 이하 등 참조.
3) 소현숙, 앞의 논문(주 2), 209면 이하 참조.

동성동본인 혈족, 즉 남계혈족에만 한정함으로써 성별(性別)에 의한 차별을 하고 있으므로, 위 조항은 금혼규정으로서의 사회적 타당성 내지 합리성을 상실하고 있음과 아울러 "인간으로서의 존엄과 가치를 규정한 헌법이념" 및 "개인의 존엄과 양성의 평등"에 기초한 혼인과 가족생활의 성립·유지라는 헌법규정에 정면으로 배치되고, 또 그 금혼의 범위를 남계혈족에만 한정하여 성별에 의한 차별을 하고 있는데 이를 시인할 만한 합리적인 이유를 찾아볼 수 없으므로 헌법상의 평등원칙에도 위반된다고 하였다.

　　반면 2인의 재판관은 위 법률조항이 헌법에 위반되기는 하지만, 곧바로 위헌결정을 할 것이 아니라 헌법불합치결정을 하여야 한다고 주장하였다. 그리고 또 다른 2인의 재판관은 위 법률조항이 합헌이라고 하였다.

　　그리하여 결과적으로는 단순위헌 의견이 6인에 이르지 못하여, 헌법재판소는 제809조 제1항에 대하여 단순위헌 아닌 헌법불합치결정을 선고하면서, 위 조항은 입법자가 1998. 12. 31.까지 개정하지 아니하면 1999. 1. 1. 그 효력을 상실하고, 법원 기타 국가기관 및 지방자치단체는 입법자가 개정할 때까지 위 법률조항의 적용을 중지하여야 한다고 명하였다.

2. 위 결정의 의의

　　위 결정은 중대한 의의를 가진다. 첫째, 위 결정은 혼인의 자유와 혼인의 상대방을 결정할 수 있는 자유가 헌법 제10조가 보장하는 개인의 인격권과 행복추구권에 포함되어 있다고 하였으며, 또 동성동본 금혼 규정은 혼인과 가족생활에 관한 헌법 제36조 제1항에도 위반된다고 하였다. 학설상으로는 사생활의 자유를 규정하고 있는 헌법 제17조에서도 혼인의 자유의 근거를 발견할 수 있다고 하는 견해도 있다.4) 필자는 혼인의 자유의 근거를 헌법 제10조에서 찾는 것에 별다른 문제점이 없다고 본다.5)

　　둘째, 위 결정은 위 규정의 입법목적이 혼인에 관한 국민의 자유와 권리를 제한할 "사회질서"나 "공공복리"에 해당될 수 없다고 하여, 이른바 비례의 원칙 또는 과잉금지의 원칙에서 말하는 목적의 정당성 자체를 인정하지 않았다. 헌법

---

　4) 임지봉, "동성동본금혼규정에 대한 헌법재판소결정과 행복추구조항", 공법연구 제29집 1호 (2000), 126면 이하 등.
　5) 윤진수, "혼인의 자유", 민법논고 제4권, 박영사(2009), 181면(처음 발표: 1998).

재판소가 법률을 위헌이라고 하는 경우에도 목적의 정당성 자체를 부정하는 경우는 별로 없는데, 이 결정이 그 드문 예에 속한다.6)

　　다만 이 결정에 문제가 없는 것은 아니다. 첫째, 위 결정의 다수의견은 동성동본금혼 규정이 우리나라의 전통적인 제도임을 시인하면서도, 이제는 더 이상 헌법 제9조의 정신에 따라 우리가 진정으로 계승·발전시켜야 할 전통문화는 아니라고 하였다. 그러나 어떤 법제도가 그 자체로서는 합리성이 인정되지 않을 뿐만 아니라 기본권을 침해하는 것임에도 불구하고 그것이 전통적인 제도라는 이유만으로 합헌이라고 할 수는 없다. 그렇게 된다면 법이 사람을 위해 존재하는 것이 아니라 사람이 법을 위해 존재하는 것이 되어 버린다. 따라서 어떤 법제도가 전통적인 근거를 가지고 있다고 하여 그 제도가 합헌이 되는 것은 아니다.7)

　　둘째, 위 결정에서는 5인의 재판관이 동성동본 금혼 규정에 대하여 단순위헌을 선고하여야 한다고 주장하였으나, 2인의 재판관은 헌법불합치결정을 선고하여야 한다고 주장하여, 결국 헌법불합치결정이 선고되었다. 그러나 이와 같이 헌법불합치를 선언하여야 할 이론적인 근거가 박약할 뿐만 아니라, 위와 같이 혼인신고를 금지하는 규정에 대하여 헌법불합치결정을 하면서, 법원 기타 국가기관 및 지방자치단체는 입법자가 개정할 때까지 위 법률조항의 적용을 중지하여야 한다고 한다면, 이는 사실상 단순위헌결정과 아무런 차이가 없게 되어, 결국 민법 제809조 제1항이 1998. 12. 31.까지는 존속된다는 것은 단순한 수사(修辭)에 불과하다.8)

Ⅲ. 민법의 규정과 우리나라 전통법상의 금혼범위

1. 민법의 규정

현행 민법의 금혼 규정은 다음과 같다.

제809조(근친혼 등의 금지) ① 8촌 이내의 혈족(친양자의 입양 전의 혈족을 포함

---

6) 이에 반대하는 견해로는 정종섭, "동성동본금혼규정에 대한 헌법불합치결정", 헌법판례연구 Ⅰ, 박영사(1999), 44면 이하가 있다.

7) 윤진수, "헌법·가족법·전통", 민법논고 제4권, 박영사(2009), 69면 이하(처음 발표: 2004); 윤진수, "전통적 가족제도와 헌법", 같은 책, 113면 이하(처음 발표: 2006).

8) 윤진수, 앞의 논문(주 5), 192면.

한다) 사이에서는 혼인하지 못한다.

② 6촌 이내의 혈족의 배우자, 배우자의 6촌 이내의 혈족, 배우자의 4촌 이내의 혈족의 배우자인 인척이거나 이러한 인척이었던 자 사이에서는 혼인하지 못한다.

③ 6촌 이내의 양부모계(養父母系)의 혈족이었던 자와 4촌 이내의 양부모계의 인척이었던 자 사이에서는 혼인하지 못한다.

이에 따르면 첫째, 출생에 의하여 맺어지는 자연혈족은 8촌 이내에서는 혼인하지 못한다(제1항). 이는 친양자의 입양에 의하여 친족관계가 소멸하는 자연혈족 사이에도 마찬가지이다. 둘째, 입양에 의하여 맺어지는 법정혈족도 마찬가지이지만(제1항), 파양 또는 입양의 취소에 의하여 입양관계가 해소되면 6촌 내의 법정혈족이었던 자 사이의 혼인도 금지된다(제3항). 셋째, 인척 사이의 혼인은 6촌의 범위 내에서 금지된다(제2항). 다만 입양에 의하여 맺어진 인척 사이에서는 입양관계가 해소된 때에는 4촌 이내의 인척이었던 자 사이의 혼인은 금지된다(제3항).

2. 전통법상의 금혼범위

이처럼 우리 민법상의 금혼범위는 매우 넓다. 이는 우리나라의 전통법상 금혼범위가 넓었던 데 기인한 것으로 보인다. 그러므로 여기서 우리나라의 전통법, 그 중에서도 조선 시대의 금혼범위가 어떠했는지를 살펴본다.[9]

원래 조선시대에는 원칙적으로는 명나라의 법전인 대명률(大明律)의 금혼 규정이 적용되어야 하였다. 그러나 실제로 적용된 것은 이와는 다소 차이가 있었다.[10] 일반적으로는 다음과 같이 설명한다.[11]

첫째, 동성불취(同姓不娶). 즉 성이 같으면 혼인하지 못한다.[12]

둘째, 종처불혼(宗妻不婚). 즉 성이 같은 본종(本宗)의 처나 첩이었던 사람과

---

9) 고려 시대의 금혼 범위에 관하여는 이종서, "11세기 이후 금혼 범위의 변동과 그 의미", 사회와 역사 64권(2003), 48-53면 참조.

10) 한복룡, 한국 혼인법론, 하낙도서, 1988, 70면 이하; 김성숙, "조선시대 혼인법의 친족간 금혼범위에 관한 연구", 전남대 법학논총 제31집 2호(2011), 256면 이하 참조.

11) 이희봉, 한국가족법상의 제문제, 일신사, 1976, 273면 이하.

12) 속대전에서는 동성동본뿐만 아니라 동성이본 사이의 혼인도 금지하였으나, 실제로는 동성이본 사이의 혼인은 많이 행해졌던 것으로 보인다. 김경란, "조선후기 동성혼의 실태와 성관의식", 사학연구 제126호, 2017, 246면 이하 참조.

는 혼인하지 못한다. 따라서 예컨대 자신의 남동생의 처(弟嫂)와는 혼인하지 못한다.13)

　　셋째, 척족불혼(戚族不婚). 즉 모계혈족과의 혼인은 금지된다. 구체적으로는 4촌 이내의 척족(戚族) 사이의 혼인은 금지되었고, 또 그 범위 내의 척족의 처 또는 유처(遺妻)와도 혼인하지 못하였다.14)

　　넷째, 사위와 장모 사이의 혼인 금지. 조선에서는 처와 남편의 친족(夫族) 사이에는 친족으로 인정하지만, 부와 처의 친족(妻族) 사이는 친족으로 인정하지 않으므로, 부와 처의 친족 사이에는 혼인이 금지되지 않았다. 따라서 자신의 처였던 사람의 자매와는 혼인할 수 있었다. 대법원 2010. 11. 25. 선고 2010두14091 판결도, 형부와 처제의 혼인은 구관습법상으로 금지되는 것이 아니었다고 하였다.15) 다만 사위와 장모 사이의 혼인은 금지되었다.

Ⅳ. 자연혈족 사이의 금혼

　　자연혈족 사이의 혼인 금지는 이른바 근친상간의 금지(incest taboo)에 따른 것이다. 이처럼 근친상간이 금지되는 근거에 대하여는 과거부터 여러 가지 주장이 있었다.16) 웨스터마크(Westermarck)는 형제자매와 같이 어릴 때부터 같이 자란 사람들은 성적인 매력을 느끼지 않는다고 하였다(웨스터마크 효과, Westermarck effect). 프로이트(Freud)는 인간은 근친간의 성관계―어머니와 아들 사이, 아버지

---

13) 이희봉, 앞의 책(주 11), 273면은 이 원칙은 광범위하게 금지가 여행(勵行)된 것 같지는 않고, 유복친(有服親, 어떤 사람이 사망했을 때 상복을 입는 친족)인 본종(本宗)의 처 또는 유처(遺妻)를 취처(娶妻)하지 아니함에 그친 듯하다고 한다.

14) 그러나 박병호, 한국법제사고, 법문사, 1974, 346-347면에 의하면 성종 2년(1471) 이래 6촌까지 혼인이 금지되었다고 한다.

15) 그런데 박병호, 앞의 책(주 14), 351면 이하는, 척족(妻族)과의 금혼은 모족금혼만큼 논의되지 않은 것 같다고 하면서도, 처제와의 간통을 금수와 같다고 하면서 중한 처벌을 강청함은 혼인을 금하는 취지로도 볼 수 있다고 하였다. 한복룡, "근친혼의 금지―역사적 배경을 중심으로―", 민법학의 회고와 전망, 한국민사법학회(1993), 857면; 현소혜, "「근친혼적 사실혼」 관계의 보호", 민사판례연구 제34권(2012), 583면도 같은 취지이다. 그러나 처제와의 간통 또는 강간을 다른 경우보다 엄벌하였다는 것이 형부와 처제간의 혼인 자체를 금지하였다고 하는 근거로는 부족하다.

16) 한상복 외, 문화인류학개론, 서울대학교 출판부, 1997, 107면 이하; 노길명 외, 문화인류학의 이해, 일신사, 1998, 154면 이하 참조. 다만 여기서 말하는 근친상간의 금지는 주로 직계존비속 사이, 그리고 형제자매 사이를 주로 염두에 두었던 것이라고 할 수 있다. 문화에 따라서는 4촌 사이의 혼인은 오히려 선호되는 경우도 있기 때문이다.

와 딸 사이—를 가지고 싶은 의식에 대한 반작용, 즉 아들은 아버지에 대한, 그리고 딸은 어머니에 대한 보복의 두려움으로 성감정을 억제하게 되었다고 주장하였다. 말리노프스키(Malinowski)와 타일러(Tyler)는 가족 사이의 성적인 경쟁관계는 가족 사이의 긴장과 분열을 가져오고 협동을 저해하기 때문에 근친간 성관계를 금지시키게 되었다고 하였다. 레비-스트로스(Levi-Strauss)는 여성은 다른 친족집단과 교환되어야 하는 것이기 때문에 근친상간이 금지되었다고 보았다. 그리고 근친 사이에 혼인하면 유전적으로 해로운 결과를 가져오기 때문에 근친상간이 금지된다는 주장도 있다.[17]

근래에는 웨스터마크의 이론을 발전시켜, 근친상간의 금지가 진화론적인 근거를 가지고 있다고 하는 주장이 있다. 즉 근친상간의 금지는 사람뿐만 아니라 다른 동물에서 찾아볼 수 있고, 웨스터마크의 이론은 이스라엘의 키부츠에서 어릴 때부터 함께 자라난 남녀는 혼인하는 경우가 거의 없으며, 대만의 여자를 어릴 때부터 시댁에 데려와 어린 아들과 기르다가 혼인시키는 민며느리제도인 동양식(童養媳)[18]이라는 관습에서도 이들 남녀가 원만하게 혼인을 이루거나 자녀를 낳는 데 어려움이 있다는 것 등에서 확인할 수 있다고 한다. 이는 어릴 때부터 같이 자라난 사람들 사이에는 가족적 유대(familial bond)가 생기고, 이는 어린아이들뿐만 아니라 어린아이를 양육한 성인과의 사이에서도 형성되는데, 이는 보통 친족 사이에서 쉽게 찾아볼 수 있으므로, 웨스터마크 효과는 친족 사이의 성관계를 기피하기 위하여 유전적으로 형성되었다는 것이다.[19]

일반적으로 부모와 자녀와 같은 직계혈족 사이의 혼인이나 남매 사이의 혼인은 보편적으로 금지되고 있다.[20] 이러한 근친상간을 형사적으로 처벌하는 나

---

17) 중국 춘추 시대의 역사가인 좌구명(左丘明)이 쓴 것으로 알려져 있는 국어 진어 4(國語 晉語四)에는 "동성끼리 혼인하지 않는 것은 자손이 번성하지 않을 것을 두려워하기 때문이다(同姓不婚, 懼不殖也)"라고 하는 설명이 있고, 역시 같은 사람이 쓴 것이라고 하는 좌씨춘추(左氏春秋) 희공이십삼년(僖公二十三年)에도 "남녀가 동성이면 그 후손이 번성하지 않는다(男女同姓, 其生不蕃)"고 하는 서술이 있다.

18) 대만 등에서 사용되는 민남(閩南) 방언에서는 新婦仔라고 하는데, 국제적으로는 이를 영어식으로 표기한 Sim-pua라는 말이 많이 쓰인다.

19) Mark T. Erickson, "The Evolution of Incest Avoidance", in, Gilbert and Bailey, *Genes on the Couch : Explorations in Evolutionary Psychotherapy*, Routledge (2014), pp. 211 ff.

20) 다만 과거에는 예외적으로 남매 사이에 혼인한 사례도 찾아볼 수 있었다. 우리나라에서는 고려 광종(光宗)이 자기의 이복누이인 대목황후 황보씨(大穆王后 皇甫氏)와 혼인한 일이 있었고, 고대 이집트의 왕실에서도 남매끼리 혼인한 사례가 있다. Alan H. Battis, *Consanguinity in Context*, Cambridge University Press, 2012, pp. 181 ff. 참조. 또한 스웨덴 혼인법(Äktenskapsbalken) 제1장 제2절 제3조는 부모 중 일방이 다른 형제자매는 허가를 얻어 혼인할 수 있다고 규정한다.

라도 있다.[21] 독일 형법 제173조는 직계혈족 및 남매 사이의 성교를 처벌하고 있는데, 독일연방헌법재판소는 남매 사이의 성교를 처벌하는 것이 헌법에 위반되지 않는다고 하였고,[22] 유럽인권재판소도 이러한 독일연방헌법재판소의 결정을 지지하였다.[23]

그러나 이 범위를 넘어서는 혼인에 관하여는 나라마다 많은 차이가 있다. 미국에서는 주에 따라 다른데, 일반적으로 직계혈족이나 형제자매 그리고 3촌간인 조카와 숙백부 또는 숙백모 사이의 혼인은 금지되지만, 방계 4촌 이상의 혈족 사이의 혼인은 허용된다.[24] 영국에서도 직계혈족이나 형제자매 그리고 3촌간인 조카와 백숙부 또는 백숙모 사이의 혼인은 금지되지만, 방계 4촌 이상의 혈족 사이의 혼인은 허용된다.[25]

프랑스에서는 직계혈족 및 형제자매, 백숙부 또는 백숙모와 조카 사이의 혼인은 금지된다. 다만 대통령은 백숙부 또는 백숙모와 조카 사이의 혼인 금지를 해제할 수 있다.[26]

독일에서는 직계혈족 및 남매 사이의 혼인만이 금지된다.[27] 따라서 방계 4촌 사이의 혈족뿐만 아니라, 백숙부 또는 백숙모와 조카 사이의 혼인도 허용된다. 스위스와 오스트리아도 독일과 같다.[28]

이탈리아에서는 직계혈족 및 남매, 백숙부 또는 백숙모와 조카 사이의 혼인

Dagmar Coester-Waltjen and Michael Coester, *Formation of Marriage*, in Mary Ann Glendon, Chief Editor, *International Encyclopedia of Comparative Law*, Vo. Ⅳ, *Persons and Family*, Ch. 3, Mohr Siebeck (1997), p. 58 참조.

21) 비교법적인 소개는 Max-Planck-Institut für ausländisches und internationales Strafrecht, Vorgelegt von Hans-Jörg Albrecht und Ulrich Sieber, "Stellungnahme zu dem Fragenkatalog des Bundes-verfassungsgerichts in dem Verfahren 2 BvR 392/07 zu § 173 Abs. 2 S. 2 StGB—Beischlaf zwischen Geschwistern—", (2007), S. 26 ff. 참조. 이는 바로 아래에서 소개할 사건에 관하여 독일연방헌법재판소에 제출한 보고서이다.

22) 독일연방헌법재판소(Bundesverfassungsgericht) 2008. 2. 26. 결정(BVerfGE 120, 224 = NJW 2008, 1137 = BeckRS 2008, 33171).

23) 유럽인권재판소(European Court of Human Rights) 2012. 4. 12. 판결(Case of Stubing v. Germany), [2013] 1 FCR 107.

24) 모델 법인 모범 혼인 및 이혼법(Uniform Marriage and Divorce Act, UMDA) § 207 참조. 그렇지만 이 모델 법을 받아들인 주는 많지 않다. 그리고 4촌 사이의 혼인을 금지하는 주도 여럿 있다. Sanford N. Katz, *Family Law in America*, 2nd ed., Oxford University Press, 2015, pp. 43 ff. 참조.

25) Marriage Act 1949, s. 1 (1).

26) 프랑스 민법 제161-164조.

27) 독일 민법 제1307조.

28) 스위스 민법 제95조; 오스트리아 혼인법(Ehegesetz) 제6조.

은 금지된다.29)30)

동아시아의 경우를 본다. 일본에서는 직계혈족 및 3촌 이내의 방계혈족 사이의 혼인은 금지된다.31) 중국에서는 직계혈족 및 3대 이내의 방계혈족 사이의 혼인은 금지된다.32) 대만에서는 직계혈족 및 6촌 이내의 방계혈족 사이의 혼인은 금지된다.33)

이처럼 혈족 사이의 혼인이 금지되는 것은 유전학적인 이유 때문이다. 즉 근친 사이에서는 유전적인 질병의 열성 유전자를 공유할 확률이 남남 사이에 비하여 높고, 따라서 근친이 혼인하여 출생한 자녀가 이러한 유전적인 질병을 나타낼 확률이 높다. 예컨대 일본에서는 선천성 농아자는 전혀 타인 사이에서 출생한 경우에는 1만명 중 한 명이지만, 4촌 사이에서 출생한 경우에는 그 비율이 7배로 높아지고, 선천성 백피증은 전혀 타인 사이에서 출생한 경우에는 4만명 중 한 사람이지만, 4촌 사이에서 출생한 경우에는 그 비율이 13배로 높아진다고 한다.34)

그러므로 이러한 근친 사이의 혼인을 금지하는 것에는 합리적인 이유가 있다.35) 그러나 4촌을 벗어나면 그러한 확률은 매우 낮아진다.36) 우리 민법은 8촌

---

29) 다만 법원은 백숙부 또는 백숙모와 조카 사이의 혼인을 허가할 수 있다. 이탈리아 민법 제87조.

30) 유럽의 다른 나라에 관하여는 Rembert Süß / Gerhard Ring, *Eherecht in Europa*, 3. Aufl., DeutscherNotarVerlag, 2017 참조.

31) 민법 제734조.

32) 중국 혼인법 제7조 제1항. 그런데 여기서 3대 이내의 방계혈족은 3촌 이내의 방계혈족과는 다르다. 중국에서는 촌수의 계산방법으로서 우리나라와 같은 로마 방식을 택하지 않고, 교회법 (Canon Law)에서 유래하는 세대계산법을 따른다. 그리하여 방계친족의 경우에는 본인과 방계친족의 공통 조상에 이르기까지의 세대 수를 비교하여 그 중 많은 쪽으로 한다. 따라서 형제자매는 1대, 백숙부와 조카는 2대, 종형제자매도 2대가 된다. 그러므로 우리 촌수 계산에 의하면 방계 6촌 혈족까지 사이의 혼인이 금지되는 셈이다. 전대규, 중국민법 (하), 법률정보센터, 2010, 653-656면, 669-670면 참조.

33) 대만 민법 제983조 제1항 제1, 2호.

34) 최행식, "동성동본불혼 및 근친혼금지를 둘러싼 제문제", 원광대 법학연구 제14집(1997), 135면 참조. 미국의 아미시(Amish) 교도들은 자기들끼리만 혼인하여 그들 사이의 근친 비율이 높은데, 이들은 상염색체 열성 질환(autosomal recessive diseases)인 Ellis van Creveld syndrome, Mast syndrome, Troyer syndrome 그리고 glutaric aciduria type 1 등이 많이 나타난다고 한다. 미국의 후터파(Hutterites)도 이와 비슷하다. Lutfi Jaber and Gabrielle J. Halpern, "Definition, Background, History, and Legal, Religious and Biological Aspects", in Lutfi Jaber and Gabrielle J. Halpern ed., *Consanguinity − Its Impact, Consequences and Management*, Bentham Science Publishers (2014), p. 22.

35) 그러나 남매 사이의 성교를 처벌하는 것이 헌법에 위반되지 않는다고 한 위 독일연방헌법재판소 2008. 2. 26. 결정(주 22)에 대한 하세머(Hassemer) 부소장의 반대의견은, 이러한 우생학적인 관점의 고려는 형벌규정의 헌법상 유지될 수 있는 목적이 될 수 없다고 하였다. 위 결정 [82]. 이를 지지하는 것으로 안수길, "독일 연방헌법재판소의 '근친상간죄 판결' 비평", 한양대학교 법학논총 제34집 1호(2017), 105면 이하가 있다. 또한 Carolyn S. Bratt, "Incest Statutes and the

까지의 방계혈족 사이의 혼인을 금지하고 있으나, 다른 나라에서는 이처럼 광범
위하게 혼인을 금지하는 예를 찾기 어렵고, 중국이나 대만에서는 6촌까지의 혼인
을 금지한다. 그러므로 현행법의 규정을 바로 위헌이라고 하기는 어렵겠지만, 입
법론으로는 그 범위를 더 좁힐 필요가 있다.[37]

V. 인척 사이의 금혼

1. 외국의 입법례

과거에는 다른 나라에서도 인척 사이의 혼인은 상당히 넓은 범위에서 제한
되었다. 가령 중세 가톨릭의 교회법(Canon Law)에서는 인척 사이의 혼인을 금지
하였다. 그런데 이것이 중대한 결과를 가져왔던 예도 있었다. 영국의 헨리 8세
(Henry Ⅷ, 1491 - 1547, 재위 1509-1547)의 첫 부인은 스페인의 공주인 캐더린
(Catherine of Aragon)이었는데, 원래 캐더린은 헨리 7세의 장남으로 헨리 8세의 형
인 아더(Arthur)와 혼인하였다. 그러나 아더가 1502년 병으로 사망하자, 헨리 8세
는 왕으로 즉위한 1509년에 캐더린과 혼인하였다. 그러나 당시 교회 법(Canon
Law)에 따르면 이는 허용될 수 없었는데, 캐더린은 자신이 아더와 동침한 일이
없었으므로 이 혼인은 완성(consummation)되지 않았다고 주장하였고, 교황도 이를
승인하였다. 그러나 그 후 헨리 8세는 캐더린의 시녀인 앤 볼레인(Anne Boleyn)과
사랑에 빠지자, 캐더린이 자신의 형과 혼인하였으므로 자신과 캐더린의 혼인은
무효라고 주장하였고, 교황이 이를 반대하자 카톨릭에서 독립하여 1535년 잉글
랜드 성공회(Church of England)를 창립하였다.[38]

Fundamental Right of Marriage: Is Oedipus Free to Marry", 18 *Family Law Quarterly* 257, 267
ff. (1984) 참조.

36) 형제자매가 유전자를 공유할 확률은 1/2이고, 그들의 자녀인 4촌 남매가 유전자를 공유할 확률
은 1/8(12.5%)이며, 이 4촌 남매 사이에서 출생한 자녀가 유전자를 공유할 확률은 1/16(6.25%)
이다. 6촌 남매 사이에서 출생한 자녀가 유전자를 공유할 확률은 1/64이고, 8촌 남매 사이에서
출생한 자녀가 유전자를 공유할 확률은 1/256이다. 崔幸植, 앞의 논문(주 34), 135면; Jaber and
Halpern(주 34), pp. 23 f. 참조.

37) 양수산, "친족관계를 사유로 하는 금혼범위에 관한 입법론적 고찰", 외법논집 제3집(1996), 12
면은 어느 정도 기간이 경과한 후에는 방계혈족의 경우에는 4촌 정도로 금혼범위를 축소하는
것이 좋을 것이라고 한다.

38) Saskia Lettmaier, "Marriage Law and the Reformation", 35 *Law & History Review* 461, 489 ff.
(2017) 참조.

그러나 현재 일반적으로 인척 사이의 혼인은 널리 허용되는 추세에 있고, 제한되는 경우에도 그 범위는 매우 좁다. 미국에서는 일반적으로 인척 사이의 혼인은 직계인척이건 방계인척이건간에 금지되지 않는다.[39] 그러나 일부 주에서는 계부모(stepparent)와 계자녀(stepchild) 또는 계조부모(stepgrandparent)와 계손자녀(stepgrandchildren)의 혼인을 금지하기도 한다.[40] 영국에서도 인척 사이의 혼인은 직계이건 방계이건 금지되지 않는다.[41]

프랑스에서는 직계인척 사이의 혼인은 금지되지만, 대통령은 직계인척 사이의 혼인에서는 인척관계를 발생하게 한 자가 사망한 때에는 혼인금지를 해제할 수 있다.[42] 독일에서는 인척 사이의 혼인을 금지하는 규정은 없다.[43] 스위스 민법도 인척 사이의 혼인을 금지하지 않는다.[44] 오스트리아 혼인법도 마찬가지이다.[45] 이탈리아에서는 직계인척과 2촌 이내의 방계인척 사이의 혼인이 금지되지만, 법원은 방계인척 사이의 혼인을 허가할 수 있다.[46]

동아시아의 입법례를 살펴본다. 일본에서는 직계인척 사이의 혼인은 이혼이나 특별양자(친양자)의 성립에 의하여 인척관계가 종료된 후에도 금지된다.[47] 중국에는 인척 사이의 금혼규정은 존재하지 않는다.[48] 대만에서는 직계인척, 5촌 이내의 방계인척으로 항렬이 다른 자 사이의 혼인은 금지된다.[49] 따라서 5촌 이내의 방계인척이라도 형부와 처제 사이와 같이 항렬이 같은 경우에는 혼인할 수

---

39) UMDA는 인척 사이의 혼인을 금지하는 규정을 두지 않고 있다.

40) Lindsey Dennis et al., "Marriage and Divorce", 19 *Georgetown Journal of Gender and Law* 397, 424 f.(2018)의 표 참조.

41) 다만 직계인척인 경우에는, 양 당사자가 혼인 당시 21세에 달해야 하고, 또 당사자 중 어린 쪽이 18세가 될 때까지 상대방 가정의 자녀로서 양육되지 않았어야 한다. Marriage (Prohibited Degrees of Relationship) Act 1986 s. 1; Jonathan Herring, *Family Law*, 8th ed., Pearson, 2017, p. 85 참조. 다른 한편 2007년까지는 직계인척 사이의 혼인은 원칙적으로 금지되었다. 이에 대하여는 아래 3. 참조.

42) 프랑스 민법 제161, 제164조.

43) 1998년까지는 직계인척 사이의 혼인이 금지되었다. 윤진수, "혼인 성립에 관한 독일민법의 개정에 관한 고찰", 민법논고 제4권, 박영사(2009), 204면 참조(처음 발표: 1999).

44) 스위스 민법 제95조 참조.

45) Ehegesetz 제6조 참조.

46) 이탈리아 민법 제87조.

47) 일본 민법 제734, 735조.

48) 다만 직계인척인 경우에는 직계혈연이라는 법률적 지위는 없지만, 윤리적인 이유로 제한하는 것이 마땅하다고 한다. 國務院中法制辦公室, 中華人民共和國 婚姻法, 中國法制出版社, 2017, 12면. 우병창, 중국가족법, 유원북스, 2018, 92면 주 8)에서 재인용.

49) 대만 민법 제983조 제1항 제1, 3호. 직계인척 사이의 혼인 제한은 인척관계가 소멸한 후에도 적용된다. 제983조 제2항.

있다.

이상을 요약한다면, 인척 사이의 혼인이 금지되는 경우는 많지 않고, 인척 사이의 혼인이 금지되는 경우에도 직계인척이거나 계부모자녀 사이의 혼인이 금지되는 정도이다. 방계인척의 경우에는 이탈리아가 2촌 이내의 방계인척 사이의 혼인을 금지하지만, 법원은 그 혼인을 허가할 수 있고, 대만에서는 5촌 이내의 방계인척의 혼인을 금지하면서도, 항렬이 같은 경우에는 이를 허용한다.

2. 방계인척 사이의 혼인 금지의 문제점

여기서는 방계인척 사이의 혼인 금지와 직계인척 사이의 혼인 금지를 나누어 살펴본다.

(1) 현행 민법에 이르기까지의 경과

1990년 민법 개정 전에는 특히 형부와 처제 사이의 혼인이 금지되는가에 관하여 논란이 있었다. 제정민법 제809조 제2항은 "남계혈족의 배우자, 부의 혈족 및 기타 8촌 이내의 인척이거나 이러한 인척이었던 자 사이에서는 혼인하지 못한다"라고 규정하고, 제815조 제2호는 당사자 간에 직계혈족, 8촌 이내 방계혈족 및 그 배우자인 친족관계가 있거나 있었던 때에는 혼인이 무효라고 규정하고 있었다. 이 조문을 그대로 해석한다면 형부와 처제 사이의 혼인은 금지되는 것으로 보아야 할 것이다.[50]

그런데 학설상 형부와 처제 사이의 혼인은 금지되지 않는다는 주장도 있었다. 그 근거는 제정민법 제777조에 따르면 처의 혈족 중에서는 처의 부모와의 사이에서만 친족관계가 인정되었으므로, 처제는 인척이기는 하나 소위 "좁은 의미의 친족"에는 해당하지 아니하였다는 점이었다.[51]

그 후 1990년에 민법이 개정되면서, 제777조가 인척의 범위를 처의 부모로부터 4촌 이내의 인척으로 확대하는 것으로 개정되었기 때문에, 기존의 유효설은 더 이상 주장될 수 없게 되었고, 형부와 처제간의 혼인이 무효라는 것에는 더 이상 다툼의 여지가 없게 되었다. 그리고 2005년 개정된 민법 제815조는 직계인척

---

50) 현소혜, 앞의 논문(주 15), 586면 참조.
51) 상세한 것은 현소혜, 앞의 논문(주 15), 584면 이하 참조. 대법원 2010. 11. 25. 선고 2010두14091 판결도, 1960년 시행의 원시 민법 아래에서도 관련 규정상 형부와 처제의 혼인이 금지되는지 여부 및 금지되는 경우 그 혼인이 무효인지 취소사유인지에 관하여 견해의 대립이 있었고, 유력한 학설은 오히려 그 혼인이 애초 금지되지 아니한다는 견해를 취하였었다고 설시하였다.

사이의 혼인만을 혼인무효사유로 하고, 방계인척 사이의 혼인은 혼인 취소사유로 규정하였다.[52)

한 가지 흥미 있는 것은, 민법 제정 후 1990년까지 형부와 처제 사이의 혼인이 금지되는가만 논란이 되었고, 그에 대응한다고 할 수 있는, 시숙과 제수(또는 형수) 사이의 혼인이 금지된다는 데 대하여는 아무런 논란이 없었다는 점이다. 이는 우리나라의 전통 법이 이러한 혼인을 금지하였기 때문에 당연한 것으로 받아들여졌던 것으로 보인다.

(2) 방계 인척 사이의 혼인 금지의 위헌성

그러나 이처럼 방계인척 사이의 혼인을 금지하는 데 헌법상 문제가 없을 것인가? 필자로서는 이러한 금지는 비례의 원칙에 어긋나서 위헌이라고 생각한다.[53) 비례의 원칙 또는 과잉금지의 원칙이란, 기본권을 제한하는 입법을 할 때에는 입법목적의 정당성과 그 목적달성을 위한 방법의 적정성, 피해의 최소성, 그리고 법익의 균형성을 모두 갖추어야 하며, 이를 준수하지 않은 법률 내지 법률조항은 기본권제한의 입법한계를 벗어난 것으로서 헌법에 어긋난다는 것을 의미한다. 여기서 목적의 정당성이란 국민의 기본권을 제한하려는 입법의 목적이 헌법 및 법률의 체제상 그 정당성이 인정되어야 한다는 것을 의미하고, 방법의 적정성이란 그 목적의 달성을 위하여 그 방법이 효과적이고 적절하여야 한다는 것을 의미한다. 그리고 피해의 최소성이란 입법자가 선택한 기본권 제한의 조치가 입법목적 달성을 위하여 적절하다 할지라도, 가능한 한 보다 완화된 형태나 방법을 모색함으로써 기본권의 제한은 필요한 최소한도에 그치도록 하여야 한다는 의미이고, 법익의 균형성이란 보호하려는 공익과 침해되는 사익을 비교형량할 때 보호되는 공익이 더 커야 한다는 것을 의미한다.[54)

---

52) 김상용, "형부와 처제간의 사실혼은 법률상 보호받을 수 있는가?", 법률신문(2011. 9. 15), 13면은, 1990년 민법개정 과정에서는 제777조를 부부평등하게 개정하면서 동시에 제809조와 제815조는 인척의 경우에는 직계인척만 혼인할 수 없도록 하였는데, 당시 국회에서 개정안 전체의 체계를 고려하지 않고 개정안 중 일부 조문만을 선별하여 통과시킴으로써 형부와 처제간의 혼인은 무효사유로 되고 말았으며, 이는 1990년의 개정안이 본래 의도했던 바와는 완전히 배치되는 것으로, 국회에서 개정안을 처리하는 과정에서 발생한 예상치 못한 오류라고 보는 것이 정확하다고 한다. 그러나 그러한 사정만으로 이를 입법의 오류라고 할 수는 없다. 뿐만 아니라 2005년의 민법개정에서도 방계인척 사이의 혼인 금지는 여전히 유지하면서, 다만 이를 혼인무효 사유 아닌 혼인취소 사유로 변경한 점에 비추어 보면, 1990년의 개정을 입법의 오류라고 단정하는 것은 무리가 있다.
53) 같은 취지, 윤진수, 앞의 논문(주 5), 195-196면; 양수산, 앞의 논문(주 37), 16-17면; 현소혜, 앞의 논문(주 15), 593-594면.
54) 헌법재판소 1992. 12. 24. 선고 92헌가8 결정 등 참조.

일반적으로 특정인과 친족관계가 있음을 이유로 혼인을 금지하는 데에는 다음과 같은 3가지의 근거가 있다고 한다.[55] 첫째, 친족 사이의 혼인은 유전적 질병의 발현 위험을 높인다. 둘째, 가까운 친족 사이의 혼인은 가정의 안전을 해칠수 있다. 셋째, 친족 사이의 혼인 금지는 그에 대한 본능적인 도덕적 거부에 기인한다. 이 중 첫째의 사유는 일반적으로 혈족 사이의 혼인을 금지할 때 적용될 수있다. 그리고 둘째의 사유는 예컨대 아동은 그 가족의 구성원과 사후에 공인된성적 관계를 맺을 수 있다는 가능성이 배제된 상태에서 양육되어야 한다는 주장이라고 할 수 있다. 그러나 세 번째의 사유가 혼인을 금지할 수 있는 충분한 근거가 되는지에 대해서는 논란이 있다.[56]

우선 유전적 질병의 발현 위험은 방계인척 사이의 혼인에서는 전혀 문제되지 않는다. 그러므로 다른 두 가지, 즉 가정의 안전 유지와, 도덕적 거부가 혼인을 금지할 타당한 사유인지를 따져 볼 필요가 있다.

우선 방계인척 사이의 혼인을 허용하는 것이 가족 사이의 성적 경쟁으로 인하여 가정의 안전을 해칠 우려가 있으므로 금지되어야 하는가? 먼저 인척관계를발생시킨 기존의 혼인이 사망에 의하여 해소된 때에는 방계인척 사이의 혼인이특별히 가정의 안전을 해칠 우려가 있다고 볼 수 없다. 따라서 이러한 경우에는방계인척 사이의 혼인을 금지할 아무런 이유가 없다. 반면 예컨대 남편이 처의동생과 불륜의 관계를 맺고, 그 결과 처와 이혼하고 그 동생과 혼인하겠다고 하는 경우에는 그러한 혼인을 허용하는 것은 가정의 안전을 해칠 우려가 있고, 따라서 이 경우에 이러한 사람들의 혼인을 금지하는 것은 목적의 정당성을 인정할수 있다.

다음으로 이러한 혼인의 금지가 목적 달성에 적절한 수단인가? 아래에서 살펴볼 유럽인권재판소가 2005. 9. 13. 선고한 Case of B. and L. v. The United Kingdom 판결[57]은, 직계인척 사이의 혼인을 금지하고 있던 당시의 영국 법이 유럽인권협약 위반이라고 하면서, 혼인의 금지는 직계인척 사이의 성적 관계가 발생하는 것을 막지 못한다고 하였다. 이는 말하자면 방법의 적정성을 갖추지 못하였다는 취지라고 할 수 있다. 그러나 가족법이 가지는 상징적 내지 표현적 기능

---

55) Herring(주 41), p. 85 참조.
56) Herring(주 41), p. 85는, 이러한 혐오 요소(yuck factor)가 사랑하는 두 사람의 혼인을 막는 것을 정당화할 수 있는지는 논란의 여지가 있다고 한다.
57) [2006] 42 E.H.R.R. 11.

을 고려한다면,[58] 이처럼 단순하게 이를 부정할 수는 없다.[59] 혼인이 금지되어 있다면, 자연히 당사자들도 성적 관계를 맺는 것을 주저하게 될 것이다.

피해의 최소성에 관하여는, 이러한 관계를 맺는 것을 막을 수 있는, 기본권의 제한을 최소화할 수 있는 다른 방법을 쉽게 생각하기 어려우므로, 이 또한 갖추어졌다고 할 수 있다. 문제는 법익의 균형성이다. 이처럼 가정의 안전을 지킨다는 법익이, 당사자 사이의 혼인의 자유를 제한함으로써 침해되는 이익보다 크다고 할 수 있는가? 이 점은 부정되어야 한다. 이와 같이 비난받을 만한 사정은 간통죄를 범한 상간자들이 서로 혼인하는 경우와 공통되는데, 우리나라에서도 과거에는 이러한 상간자의 혼인을 허용하지 않았으나,[60] 현행민법은 이러한 규정을 두지 않고 있으며, 다른 나라에서도 현재에는 이러한 것을 찾기 어렵다.[61] 그런데 상간자가 방계인척인 경우에만 혼인을 금지하는 것은 헌법상 평등의 원칙에도 어긋나는 것이다. 이러한 방계인척 사이에 부정행위의 위험이 특별히 더 높다고 볼 수도 없다.

그리고 방계인척 사이의 혼인에 대하여 특별히 도덕적인 거부감이 존재한다고 보기도 어렵다. 우리나라에서도 민법 시행 전에는 형부와 처제 사이의 혼인이 허용되었었고, 그에 대하여 특별히 거부감이 있었다고 알려진 바도 없다. 물론 남자가 자신의 제수와 혼인하는 것은 허용되지 않았으나, 이제 와서 형부와 처제 사이의 혼인은 허용하면서, 시숙과 제수와의 혼인을 금지하는 것은 평등의 원칙에도 어긋난다.

3. 직계인척 사이의 혼인 금지

그러면 직계인척 사이의 혼인 금지도 위헌이라고 보아야 할까? 이 점은 쉽지 않은 문제이다.

---

58) 이에 대하여는 윤진수 대표편집, 주해친족법, 박영사, 2015, 10-11면(윤진수 집필부분); 윤진수, 친족상속법강의, 제2판, 박영사, 2018, 6면 참조.

59) S.M. Cretney, "Marriage, mothers in law, and human rights", *Law Quarterly Review* (2006), pp. 9 f. 참조. 이에 대하여는 아래 (3)에서 다시 언급한다.

60) 정긍식 편역, 관습조사보고서, 개역판, 한국법제연구원, 2000, 313면.

61) 정광현, 한국친족상속법(상권), 위성문화사, 1955, 137면. 종전의 일본 민법 768조는 상간자의 혼인을 금지하였으나, 이는 1947년 폐지되었다. 또 과거의 대만 민법 제986조는 간통으로 인하여 이혼판결을 받거나 형의 선고를 받은 경우에는 상간자와 혼인할 수 없다고 규정하고 있었으나, 1996년 이 규정은 삭제되었다.

앞에서 보았듯이, 방계 인척 사이의 혼인을 금지하는 것은 매우 예외적이다. 그러나 직계인척 사이의 혼인을 금지하는 나라는 그보다 많고, 영국이나 미국에서도 계부모-계자녀 사이의 혼인은 제한적으로만 인정된다.

이 점에 관하여 유럽인권재판소가 2005. 9. 13. 선고한 Case of B. and L. v. The United Kingdom 판결62)을 본다. 이 사건 당시의 영국 법은 직계인척 사이의 혼인을 금지하면서, 다만 쌍방이 21세에 달하였고, 각자의 본래 배우자가 모두 사망한 경우에만 예외적으로 허용하고 있었다.63) 이 외에도 의회가 재량으로 특별법으로 특정 당사자를 위하여 혼인을 허용하는 방법이 있는데, 1985년에도 그러한 특별법이 제정된 일이 있었다.64) 위의 유럽인권재판소 판결은 시아버지와 며느리 사이에 있던 사람들이 혼인을 하지 못하게 되자, 유럽인권재판소에 위와 같은 금지는 유럽인권협약 제12조가 규정하는 혼인할 권리를 침해하는 것이라고 하여 소원을 제기한 결과 선고된 것이다.65)

유럽인권재판소의 판결 내용은 다음과 같다. 우선 혼인할 권리는 체약국의 각국 법에 의하여 규율되지만, 그 권리의 본질이 침해되는 방법이나 침해될 정도로 그 권리를 제한하거나 축소하여서는 안 된다고 하면서, 당사자의 전 배우자들이 모두 사망한다는 것은 예견할 수 없는 일이고, 의회에 입법을 청원하는 가능성도 마찬가지라고 하였다. 이러한 혼인의 제한은 가족의 온전성(부모와 자식 사이의 성적인 경쟁을 막는 것)과, 자녀들 주위의 성인들의 관계가 변함으로 인하여 자녀가 피해를 입는 것을 막는 데 있고, 이는 정당한 목적이라고 하였다. 그러나 혼인의 금지는 이러한 관계가 발생하는 것을 막지 못하고, 따라서 며느리의 아들이 입을 수 있는 혼란과 감정적 불안을 막을 수 없다고 하였다. 그리고 가족을 해로운 영향으로부터 보호할 필요가 있다는 점에 대하여는, 1986년에 영국에서 법을 개정할 때66) 귀족원에 제출된 보고서의 다수의견은 이러한 혼인 금지가 전통에 입각하고 있으며, 아무런 정당화 사유가 존재한다고 증명되지 않았다고 하

---

62) [2006] 42 E.H.R.R. 11.

63) Marriage(Prohibited Degrees of Relationship) Act 1986 s 1 (3), (4).

64) Valerie Mary Hill and Alan Monk (Marriage Enabling) Act 1985.

65) 유럽인권협약 제12조: 혼인할 수 있는 나이의 남자와 여자는 혼인하고 가족을 이룰 권리를 규율하는 각국의 법에 따라 그러한 권리를 가진다(Men and women of marriageable age have the right to marry and to found a family, according to the national laws governing the exercise of this right).

66) 이 개정 전에는 시아버지와 며느리 사이의 혼인은 절대적으로 금지되었고, 당사자의 전 배우자들이 사망하면 가능하다는 예외가 없었다.

여 그 폐지를 주장하였다는 점67)에 비추어 의견이 갈리고 있다고 하였다.

그리고 영국에서는 직계인척 사이의 혼인이 절대적으로 금지되는 것이 아니라, 의회의 특정인을 위한 법에 의하여 허용되기도 하는데, 이러한 부정합성은 혼인 금지 조치의 합리성과 논리를 손상시킨다고 하였다.68) 그리하여 인권재판소는 이 사건에서 유럽인권협약 제12조 위반이 있다고 하였다.

이 판결에 대하여는 영국에서 찬성론뿐만 아니라 반대론도 있었다. 한 논자는, 직계인척간의 금혼을 없애고자 한 교회와 유럽인권재판소는 올바르다고 하면서, 혼인 금지는 이러한 당사자가 함께 사는 것이나, 성적 경쟁(sexual rivalry)을 예방하지 못하고, 이는 자녀의 보호에 관하여도 마찬가지라고 하였다. 물론 이러한 관계가 금지된다는 것은 메시지를 보내는 것으로 볼 수도 있겠지만, 이는 실제 행동에는 거의 영향을 주지 못하는 것으로 보이고, 이 메시지는 명확하지도 못하다고 한다. 그리고 인척 사이의 혼인을 금지하지만, 법무부의 부서에서 그 금지의 면제(dispension)를 허가하는 덴마크의 예를 소개하면서, 금혼을 원리의 문제로서 유지한다면, 덴마크와 같이 더 간편한 절차가 채택되어야 한다고 주장하였다.69)

반면 다른 논자는, 유럽인권재판소가 직계인척 사이의 혼인을 허용하는 것은 아버지와 아들 사이의 성적 경쟁을 용납하는 것이라는 주장을 혼인의 금지가 그러한 관계의 발생을 막지 못하고, 이를 금지하는 형법 조항이 없다는 이유로 일축한 데 대하여 다음과 같은 이유로 이를 비판하였다. 즉 이러한 주장은 특정한 관계를 막자는 것이 아니라, 혼인을 인정함으로써 그러한 관계를 용납하는 법

---

67) 1984년에 캔터베리 대주교가 인척 사이의 혼인 금지 문제에 관하여 조사하도록 귀족원 의원들을 포함한 위원회를 결성하였는데, 이 위원회의 다수의견은 본문에서 들고 있는 이유로 직계인척 사이의 금혼을 폐지할 것을 주장하였다. 반면 소수의견은, 아들이 아내를 아버지의 집으로 데려올 때에는 며느리가 시아버지에 대한 관계에서 성적인 기대의 대상이 되지 않는다는 것을 전제로 하는데, 시부모와 사위 또는 며느리 사이에 장래 혼인할 수도 있다는 가능성을 인정하는 것은 그러한 전제를 손상시킨다고 하여 직계인척 사이의 금혼을 유지할 것을 주장하였다. 법 개정에서는 위와 같은 다수의견은 채택되지 않았다. 위 판결 paras. 17-19 참조.

68) 영국 정부는 위 사건에서, 의회의 입법절차는 아무런 피해가 발생하지 않을 때 예외를 인정할 수 있는 수단이라고 주장하였으나, 인권재판소는 그러한 과정에서 가족 상황에 대하여 상세한 조사가 있었다는 언급이 없었다고 지적하였다. 뿐만 아니라 이는 개인이 자신의 권리를 방어할 실제적으로 이용할 수 있거나 효과적인 방법이 아니며, 또 정신능력이 온전한 성인으로 하여금 그들이 혼인하기에 적합한지 여부를 확인하기 위한, 잠재적으로 침습적일 수 있는 조사를 받으라고 하는 것에 대하여도 재판소는 유보적이라고 하여 이러한 주장을 배척하였다. 위 판결문 para. 40.

69) Jens M. Scherpe, "Should there be degrees in prohibited degrees?", [2006] *Cambridge Law Journal*, p. 34.

의 본보기적인 효과에 관한 것이고, 처벌규정이 없다고 하여 그러한 관계를 허용하여야 한다는 근거가 되는 것은 아니라는 것이다. 그리고 많은 수의 유럽인권협약 체약국이 영국과 비슷한 제한을 두고 있다는 사실도 유럽인권재판소는 제대로 다루지 않았고, 유럽인권재판소가 이러한 문제에 관하여 이러한 방식으로 결정을 내릴 수 있는 적절한 기구인지는 매우 의심스럽다고 하였다.[70]

이 문제를 방계인척 사이의 혼인 금지와 마찬가지로 본다면 직계인척 사이의 혼인 금지도 위헌이라고 볼 수도 있을 것이다. 그러나 이러한 결론을 내리기에는 상당히 주저된다.

우선 가족들 사이에 성적인 경쟁을 막기 위하여 직계인척 사이의 혼인을 금지할 수 있는가를 살펴본다. 이것이 정당한 목적이 될 수 있다는 점은 유럽인권재판소도 긍정하였다.[71] 또한 방법의 적정성, 피해의 최소성도 방계인척 사이의 금혼과 마찬가지로 인정될 수 있을 것이다. 문제는 법익의 균형성이다. 관점에 따라서는 이 또한 방계인척 사이의 금혼과 마찬가지로 법익의 균형성을 갖추지 못하였다고 볼 여지도 있다. 그러나 이는 달리 봄이 옳을 것이다. 왜냐하면 가령 시아버지와 며느리 사이의 부정행위는 형부와 처제 사이의 부정행위보다 배우자에 대한 충격이 훨씬 클 것이기 때문이다. 따라서 이러한 행위는 막을 필요성이 크고, 이는 혼인의 자유를 제한함으로써 생길 수 있는 손실보다도 더 크다고 보아야 할 것이다.

이 문제는 이러한 사람들의 혼인에 대한 본능적인 도덕적 거부와도 연관된다. 이러한 도덕적 거부가 정당한 목적이 될 수 있는가 하는 점은 논란의 여지가 있다. 그러나 현실적으로는 이러한 거부가 크게 존재한다고 여겨진다. 이는 방계인척 사이의 혼인은 허용하면서도, 직계인척 사이의 혼인을 금지하는 나라들이 여럿 있다는 점에서도 알 수 있다. 물론 우리나라에서 과연 그러한지는 실증적인 조사에 의하여 확인하여 볼 필요가 있겠지만, 우리나라에서도 전통적으로 직계인척 사이의 혼인은 허용되지 않았던 점에 비추어 보면, 크게 사정은 다를 것으

---

70) S.M. Cretney, 앞의 논문(주 59), pp. 9 f.

71) 1998년에 독일 민법이 직계인척 사이의 혼인 금지 규정을 없애 버린 데 대하여도 이러한 관점에서 비판이 있었다. 즉 직계인척 사이의 혼인을 금지하여야 하는 이유는, 계부로부터 계자녀(Stiefkinder)를 보호할 필요가 있고, 또 시아버지가 며느리에게 접근하기 위하여 아들의 혼인관계를 파탄시키는 것과 같이 가족관계 내에서 성적인 경쟁을 막을 필요가 있기 때문이므로, 이러한 직계인척 사이의 혼인은 여전히 금지되어야 한다는 것이다. F. W. Bosch, "Neuordnung oder nur Teilreform des Eheschließungsrechts?", *NJW* (1998), S. 2010. 또한 Karlheinz Muscheler, "Der Entwurf eines Gesetzes zur Neuordnung des Eheschließungsrechts", *JZ* (1997), S. 1145 f. 참조.

로 생각되지 않는다. 따라서 직계인척 사이의 혼인을 금지하는 것을 위헌이라고
까지 할 수는 없을 것이다.

다만 혼인의 금지를 유지할 필요가 없는 사정이 있다면, 법원이 그 금지를
해제하도록 하면 될 것이다. 예컨대 종전의 혼인 당사자 일방이 이미 사망하였다
든지, 이들이 혼인에 반대하지 않는 경우 등을 생각해 볼 수 있다. 이것이 법익의
균형성 면에서도 적절한 방법일 것이다.[72]

Ⅵ. 법정혈족 사이의 금혼

1. 외국의 입법례

입양으로 인한 혼인 제한에 관하여는 입법례 사이에 차이가 많다.

미국의 모범 혼인 및 이혼법(Uniform Marriage and Divorce Act, UMDA) 제207
조 (a) (2), (3)은 입양으로 인하여 성립한 직계혈족 및 남매 사이의 혼인을 금지
한다. 그런데 입양으로 인하여 성립한 남매 사이의 혼인을 금지하는 것이 위헌인
가에 관하여는 미국에서 상반된 판례가 있다.

콜로라도주 대법원이 1978. 4. 24. 선고한 Israel v. Allen 판결[73]은, 입양으로
인한 남매 사이의 혼인을 금지하는 것은 최소한의 합리성 원칙도 충족하지 못하
였기 때문에 위헌이라고 하였다. 그리고 이러한 혼인의 금지는 가족의 조화를 위
한 정당한 주의 이익을 촉진시킨다는 주장에 대하여는, 이러한 금지가 오히려 가
족간의 불화를 가져올 수도 있고,[74] 인척 사이의 혼인을 금지하여야 할 아무런
논리적 근거가 없는 것과 마찬가지로, 입양으로 인하여 성립한 남매 사이의 혼인
을 금지하는 것은 비논리적이라고 하였다.

반면 펜실베니아주의 지방법원[75]이 1977, 4. 12. 선고한 In re Marriage of
MEW and MLB 판결[76]에서는 펜실베니아 주 법상 입양으로 성립한 남매 사이의

---

72) 위 주 66)의 본문 참조. 독일에서도.1998년 개정 전까지는 법원이 인척임을 이유로 하는 혼인
   금지에 대하여 면제를 선언할 수 있다고 규정하고 있었다. 윤진수, 앞의 논문(주 43), 204면 주
   11) 참조.
73) 577 P.2d 762, 195 Colo. 263 (1978).
74) 이 사건에서는 당사자의 부모들이 혼인을 지지하였다. 구체적인 가족관계는 남자의 아버지가
   여자의 어머니와 결혼하면서 여자를 입양한 것이었다.
75) Court of Common Pleas of Pennsylvania, Allegheny County, Orphans' Court Division.
76) 4 Pa. D. & C.3d 51 (1977).

혼인이 금지되는지 여부에 대하여 명확한 규정을 두고 있지 않음에도 이는 금지
된다고 판시하였다. 이 판결은, 펜실베니아 주 법의 정책은, 입양된 자녀에 대하
여 양부모의 친생자가 가지는 모든 권리와 의무를 부여하는 것이고, 따라서 입양
된 자녀에게는 자신에게 부모 자녀 관계에 수반되는 모든 의무와 장애가 부과된
다고 하였다. 이 사건에서 고려하여야 할 것은 법이 보호할 의무가 있는 가족의
고결성(integrity)인데, 입양으로 인한 남매 사이의 혼인을 허용하는 것은 가족생활
의 구조를 손상시키고, 입양 절차가 달성하려고 하는 사회적 목적에 반대된다고
하였다.

영국에서는 입양된 자녀와 양부모 일방의 혼인은, 입양이 해소된 후에도 허
용되지 않는다.[77] 그러나 입양된 자녀와 양부모 사이에서 출생한 자녀 사이의 혼
인은, 특별히 금지하는 규정이 없으므로 허용된다.[78]

프랑스에는 우리나라와 마찬가지로 보통양자(Adoption simple)와 완전양자
(Adoption plèniére)가 다같이 인정된다. 보통양자일 때에는 다음과 같은 경우에 혼
인이 금지된다. (1) 양부모와 양자녀 및 양자녀의 직계비속 사이. (2) 양자와 양부
모의 배우자 사이 및 양부모와 양자의 배우자 사이. (3) 동일한 양부모의 양자 사
이. (4) 양자와 양부모의 자녀 사이. 그러나 (3)과 (4)의 경우에는 중대한 사유가
있으면 대통령의 금혼 해제 결정에 의하여 혼인이 가능하다. 그리고 위 (2)의 경
우에는 인척관계를 형성하게 한 자가 사망한 때에도 대통령에 의한 금혼해제가
가능하다.[79] 완전양자의 경우에는 이 점에 관한 별도의 규정이 없으나, 양자는
친생자와 동일한 권리의무가 있다는 프랑스 민법 제358조와 마찬가지로 이 점에
서는 친생자와 마찬가지로 취급되는 것으로 해석된다.[80]

독일에서는 입양에 의하여 부모 자녀 관계 또는 형제자매관계가 성립한 때
에도 그들 사이의 혼인을 금지한다.[81] 다만 입양이 해소된 때에는 그러하지 아니

---

77) Marriage Act 1949, First Schedule Part 1은 혼인이 금지되는 혈족을 열거하고 있는데, 양부모와
   과거의 양부모(Adoptive mother or former adoptive mother, Adoptive father or former adoptive
   father), 양자녀와 과거의 양자녀(Adoptive daughter or former adoptive daughter, Adoptive son or
   former adoptive son)를 이에 포함시키고 있다. 이 부분은 1975년의 Children Act 1975에 의하여
   삽입된 것이다.
78) Herring, 앞의 책(주 41), p. 85.
79) 프랑스 민법 제366조 제2항 - 제4항.
80) François Terré, Dominique Fenouillet, *Droit civil La Famille*, 8e édition, Dalloz, 2011, p. 111. 여
   기서는 양자가 혼인 중의 자녀(적출자, enfant légitimes)와 마찬가지로 취급되는 것이라고 한다.
81) 독일 민법 제1308조.

하다. 따라서 가령 양부모와 양자 사이라도, 입양관계가 해소되면 혼인할 수 있다. 나아가 입양관계가 아직 존속하는 때라도, 가정법원은 입양에 의한 남매 사이의 혼인 금지를 해제할 수 있고, 이 해제는 혼인에 부정적인 사유가 있을 때에는 거부되어야 한다.[82]

　　스위스에서도 입양에 의하여 부모 자녀 관계 또는 형제자매관계가 성립한 때에도 그들 사이의 혼인을 금지한다.[83] 다만 입양이 해소된 때에도 그러한지는 규정이 없다. 또 독일과 같은, 입양 존속 중의 남매 사이의 혼인금지 해제와 같은 규정은 없다.

　　오스트리아 혼인법 제10조는 입양된 자녀 및 그 직계비속과 양부모 사이의 혼인을 입양관계가 존속하는 한 금지한다. 따라서 입양관계가 존속하더라도 입양에 의한 남매 사이의 혼인은 가능하고, 입양이 해소되면 양부모와 양자 사이의 혼인도 허용된다.

　　이탈리아에서는 양부모와 양자 및 양자의 직계비속 사이, 동일인에 의하여 입양된 양자들 사이, 양자와 양부모의 자녀, 양자와 양부모의 배우자, 양부모와 양자의 배우자 사이의 혼인이 금지된다. 다만 법원은 이들 사이의 혼인을 허가할 수 있다.[84]

　　일본 민법 제734조 제1항은 직계혈족 또는 3촌 이내의 방계혈족 사이의 혼인을 금지하지만, 양자와 양부모 측의 방계혈족 사이의 혼인은 금지하지 않는다. 따라서 입양에 의하여 성립한 직계혈족 사이의 혼인은 금지되지만, 양자와 양부모의 친생자 사이의 혼인은 금지되지 않는다.[85]

　　중국에서는 앞에서 본 것처럼 직계혈족 및 3대 이내의 방계혈족 사이의 혼인이 금지되는데,[86] 여기의 직계혈족 및 방계혈족에는 법정혈족(양친과 양자, 계부모와 계자녀)도 포함되는 것으로 해석된다.[87]

　　대만 민법 제983조 제1항 제2호는 입양으로 성립한 4촌 및 6촌의 방계혈족 사이의 혼인을 금지하면서도, 항렬(輩分)이 같은 경우에는 그러하지 아니하다고

---

82) *Münchener Kommentar zum BGB* / Wellenhofer, C. H. Beck, 7. Auflage, 2017, § 1308 Rdnr. 3은 이러한 입양에 의한 남매 사이의 혼인 금지를 해제할 가능성이 있기 때문에 이러한 혼인 금지에 대한 중대한 헌법적 의문은 존재하지 않는다고 한다.
83) 스위스 민법 제95조 제1항.
84) 이탈리아 민법 제87조 제1항, 제3항.
85) 이 때문에 사위를 양자로 하는 서양자(婿養子)가 가능하다.
86) 중국 혼인법 제7조 제1항.
87) 우병창, 앞의 책(주 48), 79면.

규정하고, 제3항은 직계혈족 사이의 혼인의 제한은 입양으로 인하여 성립된 직계친족 사이에서 입양관계가 종료한 후에도 적용된다고 규정한다. 그러므로 입양에 의한 방계혈족 사이의 혼인은 6촌 이내이고 그들 사이의 항렬이 다를 경우에만 금지되지만, 입양이 해소된 후에는 더 이상 금지되지 않고, 입양에 의한 직계혈족 사이의 혼인은 입양이 해소된 후에도 여전히 금지된다.

2. 검   토

우선 입양관계가 해소된 때에 관하여 본다. 이때에는 입양에 의한 방계혈족 사이의 혼인을 금지할 특별한 이유가 없다. 이는 입양에 의한 남매 사이라도 마찬가지이다. 이는 대체로 방계인척 사이의 혼인 금지와 마찬가지라고 볼 수 있다. 반면 입양에 의한 직계혈족 사이, 즉 양부모와 양자와 같은 경우에는 입양이 해소되더라도 여전히 혼인을 금지하여야 할 것이다. 이때에도 가족 내에서 성적 경쟁(sexual rivalry)의 문제가 생길 수 있을 뿐만 아니라. 특히 양자의 경우에는 혼인 여부의 결정이 과연 자유롭게 이루어진 것인가에 대하여 의문이 있을 수 있다.

그렇다면 입양관계가 존속하는 경우는 어떻게 보아야 할 것인가? 우선 입양으로 인한 직계혈족 사이의 혼인이 금지되어야 함은 더 말할 필요가 없다. 문제는 입양으로 인한 방계혈족 사이의 혼인도 금지되어야 하는가 하는 점이다. 이에 대하여는 앞에서 살펴본 미국의 Israel v. Allen 판결과 In re Marriage of MEW and MLB 판결이 잘 보여주고 있는 것처럼, 견해가 대립할 수 있다. 즉 이들 사이에는 자연적인 혈연관계는 없으므로, 혼인을 허용하더라도 문제가 없다는 견해가 있을 수 있고, 반면 이는 가족 내의 평화를 해치고 갈등을 가져온다고 볼 수도 있는 것이다. 그러나 양자도 일단 친생자와 법률상 지위가 동일하다고 본다면, 혼인의 허용 여부에 관하여도 친생자와 동일하게 다루는 것이 균형이 맞을 것이다. 그렇지만, 이는 사정에 따라 이들의 혼인의 자유를 심각하게 제한하는 결과가 될 수도 있다. 특히 많은 경우에는 입양은 자녀들의 의사와는 관계없이 이루어질 수 있기 때문에 더욱 그러하다. 그러므로 이러한 때에는 독일의 입법례에서와 같이 원칙적으로는 혼인을 금지하되, 법원이 금지를 해제함으로써 혼인할 수 있는 길을 열어주는 것이 필요할 것이다.

Ⅶ. 결　　론

이제까지 금혼 범위에 관한 논의는 주로 동성동본 금혼이 타당한가에 집중되어 있었고, 그로 인하여 다른 경우의 금혼이 타당한가 하는 점에 대하여는 상대적으로 관심이 소홀하였다고 할 수 있다. 그러나 우리 민법상의 금혼 범위는 세계적으로 유례를 찾아볼 수 없을 정도로 넓고, 헌법적으로도 문제가 있다. 그러므로 이에 대하여 재검토가 필요할 것이다. 물론 구체적으로는 모든 점에 관하여 견해가 일치할 수는 없다. 그러나 특히 방계인척 사이의 혼인 금지나, 입양이 해소된 후의 입양으로 인하여 성립한 방계혈족 사이의 혼인 금지는 위헌임이 명백하므로 하루 빨리 시정되어야 할 것이다.

〈저스티스 통권 제170-2호(2019. 2.)〉

〈추기〉

현재 헌법재판소에는 8촌 이내 혈족 사이에서의 혼인을 금지하고 이를 혼인의 무효 사유로 규정한 민법 제809조 제1항이 위헌이라는 헌법소원 사건(2018헌바115)이 계속중이다. 헌법재판소는 2020. 11. 12. 이 사건에 관하여 공개변론을 열었다. https://ecourt.ccourt.go.kr/coelec/websquare/websquare.html?w2xPath=/ui/coelec/dta/casesrch/EP4100_M01.xml&eventno=2018%ED%97%8C%EB%B0%94115 (2021. 4. 28. 검색). 현소혜, "현행 민법상 근친혼 제도의 위헌성", 가족법연구 제34권 3호, 2020 참조.

친생추정에 관한 민법개정안[*]

I. 서   론

헌법재판소 2015. 4. 30. 선고 2013헌마623 결정은, 민법 제844조 제2항 중 "혼인관계종료의 날로부터 300일 내에 출생한 자"에 관한 부분은 헌법에 합치되지 아니하지만, 위 법률조항 부분은 입법자가 개정할 때까지 계속 적용된다고 하는 결정을 선고하였다. 이에 따라 위 조항의 개정이 불가피하게 되었다. 이에 법무부는 2016년 7월에 개정을 위한 위원회를 구성하여[1] 개정안을 마련하였고, 위 개정안은 법무부의 내부 심의 과정에서 다소 달라졌으나, 그 주된 골격은 유지되어 2017. 1. 17. 입법예고되었다.[2] 필자는 이 글에서 입법예고된 위 개정안이 만들어지게 된 경위에 대하여 보고하고자 한다. 그러나 이하의 서술은 기본적으로 본인의 견해이고, 위원회나 법무부의 공식적인 견해라고는 할 수 없다.

---

[*] 이 논문은 2016. 12. 23. 개최된 한국가족법학회 동계학술대회에서 발표했던 것을 바탕으로, 그 후에 있었던 법무부의 입법예고안을 반영하여 완성되었다.

[1] 이 위원회의 구성원은 다음과 같다. 위원장 윤진수(서울대학교 법학전문대학원 교수), 위원 박상길(변호사), 양정숙(변호사), 전경근(아주대학교 법학전문대학원 교수), 현소혜(성균관대학교 법학전문대학원 교수).

[2] http://www.moj.go.kr/HP/COM/bbs_04/ShowData.do (마지막 방문 2017. 2. 17.) 참조.

Ⅱ. 헌법재판소 결정의 배경과 내용

1. 결정의 배경

이 사건 청구인(여성)은 2005. 4. 25. 유○술과 혼인하였다가 2011. 12. 19. 서울가정법원으로부터 협의이혼의사 확인을 받은 다음 2012. 2. 28. 관할 구청에 이혼신고를 하였다. 이후 청구인은 송○민과 동거하면서 2012. 10. 22. 딸을 출산하였다. 청구인은 2013. 5. 6. 관할 구청을 방문하여 송○윤이라는 이름으로 딸의 출생신고를 하려고 하였는데, 담당 공무원으로부터 민법 제844조에 따라 혼인관계종료의 날로부터 300일 내에 출생한 자녀는 전남편의 친생자로 가족관계등록부에 기재되므로 전남편의 성(姓)에 따라 유○윤으로 기재되며, 이를 해소하기 위하여는 친생부인의 소를 제기하여야 한다는 말을 듣고 출생신고를 보류하였다. 한편, 2013. 5. 8. 서울대 의대 법의학교실의 유전자검사 결과 송○윤은 송○민의 친생자로 확인되었고, 송○민은 송○윤을 자신의 친생자로 인지하려고 한다. 이에 청구인은 2013. 9. 5. 헌법재판소에 민법 제844조 및 제845조에 대하여 헌법소원을 청구하였다.

2. 헌법재판소의 결정[3]

헌법재판소는 이 사건 심판대상을 민법 제844조 제2항 중 "혼인관계종료의 날로부터 300일 내에 출생한 자"에 관한 부분으로 한정하였다.

제844조 제2항의 규정은 다음과 같다. "혼인성립의 날로부터 200일 후 또는 혼인관계종료의 날로부터 300일 내에 출생한 자는 혼인중에 포태한 것으로 추정한다."

헌법재판소의 다수의견은, 심판대상조항이 혼인 종료 후 300일 이내 출생 여부를 친생추정의 기준으로 삼고 있는 것은 합리적이라고 하면서도, "혼인관계종료의 날로부터 300일 내에 출생한 자" 부분은 헌법에 합치되지 않는다고 하였다. 헌법재판소판례집에 실려 있는 위 다수의견의 요지는 다음과 같다.[4]

"오늘날 이혼 및 재혼이 크게 증가하였고, 여성의 재혼금지기간이 2005년

---

3) 이하 "위 헌법불합치결정"이라고만 한다.
4) 헌법재판소 판례집 27-1하, 107면.

민법개정으로 삭제되었으며, 이혼숙려기간 및 조정전치주의가 도입됨에 따라 혼인 파탄으로부터 법률상 이혼까지의 시간간격이 크게 늘어나게 됨에 따라, 여성이 전남편 아닌 생부의 자를 포태하여 혼인 종료일로부터 300일 이내에 그 자를 출산할 가능성이 과거에 비하여 크게 증가하게 되었으며, 유전자검사 기술의 발달로 부자관계를 의학적으로 확인하는 것이 쉽게 되었다.

그런데 심판대상조항에 따르면, 혼인 종료 후 300일 내에 출생한 자녀가 전남편의 친생자가 아님이 명백하고, 전남편이 친생추정을 원하지도 않으며, 생부가 그 자를 인지하려는 경우에도, 그 자녀는 전남편의 친생자로 추정되어 가족관계등록부에 전남편의 친생자로 등록되고, 이는 엄격한 친생부인의 소를 통해서만 번복될 수 있다. 그 결과 심판대상조항은 이혼한 모와 전남편이 새로운 가정을 꾸리는 데 부담이 되고, 자녀와 생부가 진실한 혈연관계를 회복하는 데 장애가 되고 있다.

이와 같이 민법 제정 이후의 사회적·법률적·의학적 사정변경을 전혀 반영하지 아니한 채, 이미 혼인관계가 해소된 이후에 자가 출생하고 생부가 출생한 자를 인지하려는 경우마저도, 아무런 예외 없이 그 자를 전남편의 친생자로 추정함으로써 친생부인의 소를 거치도록 하는 심판대상조항은 입법형성의 한계를 벗어나 모가 가정생활과 신분관계에서 누려야 할 인격권, 혼인과 가족생활에 관한 기본권을 침해한다."

다만 헌법재판소는 위 심판대상조항을 위헌으로 선언하면 친생추정의 효력이 즉시 상실되어 혼인 종료 후 300일 이내에 출생한 자의 법적 지위에 공백이 발생할 우려가 있고, 심판대상조항의 위헌상태를 어떤 기준과 요건에 따라 개선할 것인지는 원칙적으로 입법자의 형성재량에 속하므로, 헌법불합치결정을 선고하되 입법자의 개선입법이 있을 때까지 계속적용을 명한다고 하였다.

그런데 위 결정의 반대의견은, 심판대상조항은 자녀의 출생과 동시에 안정된 법적 지위를 갖추게 함으로써 법적 보호의 공백을 방지하는 기능을 수행한다는 점에서 합리성이 인정되므로, 입법재량의 한계를 준수한 것으로서 모의 기본권을 침해하지 아니한다고 하였다. 그리고 친생추정은 친생부인의 소와 유기적으로 작용하는 것이므로, 다수의견이 지적하는 문제점을 해결하는 길은 친생부인의 소를 규정한 민법 제846조 및 제847조로 심판대상을 확장하여, 그 규정들이 추정을 번복할 보다 합리적인 방법을 규정하지 아니한 부진정입법부작위가 위헌인지 여부를 논하는 것이 타당하다고 주장하였다.

Ⅲ. 종래의 논의

1. 위 헌법불합치 결정 전의 논의

　친생추정에 관하여는 종래부터 많은 논의가 있었다.[5] 즉 민법 제844조는 처가 혼인 중에 포태한 자(子)는 부(夫)의 자로 추정하고, 혼인성립의 날로부터 200일 후 또는 혼인관계종료의 날로부터 300일 내에 출생한 자는 혼인중에 포태한 것으로 추정한다고 규정하고 있으므로, 법의 문언에 따른다면 결과적으로 혼인성립의 날부터 200일 후 또는 혼인관계 종료의 날부터 300일 내에 출생한 자는 예외 없이 남편의 자녀[6]로 추정되고, 이를 깨뜨리려면 친생부인의 소를 제기하여야 하기 때문이다. 대법원 1983. 7. 12. 선고 82므59 전원합의체 판결은 이 문제에 관하여, 부부의 한쪽이 장기간에 걸쳐 해외에 나가 있거나 사실상 이혼으로 부부가 별거하고 있는 경우 등 동서(同棲)의 결여로 처가 부(夫)의 자를 포태할 수 없음이 외관상 명백한 경우에는 그러한 추정이 미치지 않고, 따라서 이때에는 친자관계부존재확인의 소를 제기할 수 있다고 하였다. 이러한 판례와 같은 견해를 외관설이라고 부른다.

　학설상으로는 이러한 외관설 외에도 친생추정이 미치는 범위를 제한하려는 이론들이 여러 가지로 주장되고 있다. 즉 객관적·과학적으로 부자관계가 있을 수 없음이 증명된 경우에는 추정이 미치지 않는다는 혈연설,[7] 이미 지켜져야 할 가정이 붕괴되고 있는 경우에 한하여 혈연주의를 우선시켜 추정이 미치지 않는다는 가정파괴설,[8] 당사자나 관계인의 동의가 있는 경우에만 추정이 미치지 않

5) 이에 대한 간단한 설명은 주해친족법 Ⅰ, 2015, 560면 이하(권재문) 참조.
6) 제844조는 부(夫)라고 하는 용어를 쓰고 있으나, 2011. 3. 7. 개정된 제848조 제1항은 부(夫)와 처 대신 남편과 아내라고 바꾸었다. 자(子)라는 용어도 근래에는 자녀로 바뀌고 있다. 제843조, 제870조 제2항 제1호 등. 다만 2016. 12.2 신설된, 조부모의 면접교섭권에 관한 민법 제847조 제2항은 여전히 자(子)라는 용어를 사용하고 있다.
7) 박동섭, 친족상속법, 제4판, 2013, 233-244면 등. 위 헌법불합치 결정 선고 후의 것으로는 홍남희, "과학적 증거가 있는 경우 민법 제844조의 친생추정에 대한 소고(小考)", 아주법학 제9권 3호, 2015, 419면 이하가 있다.
8) 김주수·김상용, 친족·상속법, 제13판, 2016, 301면 등. 김주수·김상용, 주석민법 친족 (3), 제5판, 2016, 50면 주 6)은 위 헌법불합치결정도 이러한 입장을 따른 것으로 보인다고 하지만, 그와 같이 말하기는 어렵다.

는다는 동의설,9) 외관설을 전제로 하면서도 유전자 배치와 같이 夫와 子 간에 혈
연관계가 존재하지 않음이 과학적으로 증명되었고, 夫와 子 간에 사회적 친자관
계도 소멸한 경우에는 친생추정이 미치지 않는다고 보는 사회적 친자관계설10)
등이다.

다만 이러한 논의는 일반적인 친생추정에 관한 것이었고, 여기서 문제되고
있는, 혼인종료 후 300일 내에 출생한 자녀에 한정하여 논의하고 있는 것은 별로
없었다. 그런데 위 헌법재판소 결정이 선고되기 직전인 2015년 3월에 헌법재판
소 연구관이 이 문제를 직접 다룬 글을 발표하였다.11) 이 글은 대체로 위 헌법재
판소 결정과 같은 이유로 "혼인관계종료의 날로부터 300일 내에 출생한 자" 부
분이 불합리하다고 하였다. 그리하여 생부가 그 자를 인지한 경우에 표현부(表見
父, Scheinvater)에 대한 친생추정을 제한하는 독일 민법의 예가 좋은 시사점이 될
수 있다고 하면서 다음과 같은 입법안을 제안하였다. 즉, 현행 민법 제844조 제2
항에 "다만, 妻가 혼인 중 포태한 子가 夫의 子 아님이 명백하고, 生父가 그 子를
인지한 경우에는 그러하지 아니하다"라는 단서를 추가하여야 한다는 것이다.

2. 위 헌법불합치 결정 후의 입법론

가. 국회에 제출된 개정안

(1) 이찬열 의원안

이찬열 의원은 제19대 국회 때인 2015. 5. 15. 다음과 같은 친생추정에 관한
제844조 제2항의 개정안을 대표발의하였다. 이 개정안은 기본적으로 혈연설을
입법적으로 채택하려는 것으로 볼 수 있다.12)

---

9) 송덕수, 친족상속법, 제2판, 2016, 135-137면 등.
10) 정구태, "친생추정의 한계 및 친생부인의 소의 원고적격", 충북대학교 법학연구 제26권 1호,
   2015, 131면 이하.
11) 승이도, "'혼인종료 후 300일 이내에 출생한 子'의 친생추정에 관한 연구", 가족법연구 제29권
   1호, 2015, 265면 이하.
12) http://likms.assembly.go.kr/bill/billDetail.do?billId=PRC_D1C5E0A5S1W5G1Q7B2V1V2O1W9G1T5
   (마지막 방문 2017. 2. 17.).

현행	개정안
第844條(夫의 親生子의 推定) ① (생 략) ② 婚姻成立의 날로부터 2百日後 또는 婚姻關係終了의 날로부터 3百日內에 出生한 子는 婚姻中에 胞胎한 것으로 推定한다. 〈단서 신설〉	제844조(<u>남편의</u> 친생자의 추정) ① (현행과 같음) ② --- --- --- ------ <u>다만, 혼인관계 종료의 날로부터 300일 내에 출생한 자라도 유전자검사에 의하여 친생자가 아님이 증명된 경우에는 그러하지 아니하다.</u>

그런데 위 개정안은 제19대 국회의 임기 만료로 폐기되었다. 그러자 이찬열 의원은 20대 국회가 개회된 2016. 5. 30. 다시 동일한 안을 대표발의하였다.[13]

(2) 김도읍 의원안

김도읍 의원도 2016. 8. 19. 다음과 같은 민법 제844조 제2항 개정안을 대표 발의하였다.[14]

현행	개정안
第844條(夫의 親生子의 推定) ① (생 략) ② 婚姻成立의 날로부터 2百日後 또는 婚姻關係終了의 날로부터 3百日內에 出生한 子는 婚姻中에 胞胎한 것으로 推定한다. 〈단서 신설〉	第844條(夫의 親生子의 推定) ① (현행과 같음) ② --- --- --- ----- 다만, 혼인관계 종료의 날로부터 300일 내에 출생한 자라도 「생명윤리 및 안전에 관한 법률」 제2조 제15호의 유전자검사에 따라 친생자가 아님이 증명된 경우에는 그러하지 아니하다.

---

13) http://likms.assembly.go.kr/bill/billDetail.do?billId=PRC_E1H6Z0E5M3A0H0K9Q2B4C0V3Y4G7B6 (마지막 방문 2017. 2. 17.).

14) http://likms.assembly.go.kr/bill/billDetail.do?billId=PRC_V1V6B0L8Q1M9I1U7U3H7S2S4A7O0S6 (마지막 방문 2017. 2. 17.).

이 또한 이찬열 의원안과 같은 취지이지만, 유전자검사가 어떤 것인지를 명확히 하였다.

나. 그 밖의 개정안

(1) 현소혜 교수의 개정안

현소혜 교수는 다음과 같은 개정안을 제시하였다. 이 개정안은 혈연설을 바탕으로 하면서도 친생추정을 배제하기 위하여 가정법원의 확인이라는 절차를 도입하고 있다.[15)]

현 행	개 정 안
민법 제844조 [부의 친생자의 추정] ① 처가 혼인 중에 포태한 자는 부의 자로 추정한다. ② 혼인성립의 날로부터 2백일후 또는 혼인관계종료의 날로부터 3백일내에 출생한 자는 혼인중에 포태한 것으로 추정한다.	민법 제844조 [부의 친생자의 추정] ① 처가 혼인 중에 포태한 자녀는 부(夫)의 자녀로 추정한다. ② 혼인성립의 날로부터 200일후 또는 혼인관계 종료의 날로부터 300일 내에 출생한 자녀는 혼인 중에 포태한 것으로 추정한다. ③ 제2항에 따라 혼인 중에 포태한 것으로 추정되는 자녀라도 夫의 자가 아님이 혈액형, 유전자검사 그 밖의 사정에 비추어 명백한 경우에는 가정법원의 확인을 받아 제1항의 추정을 배제할 수 있다. (신설)
민법 제846조 [자의 친생부인] 부부의 일방은 제844조의 경우에 그 자가 친생자임을 부인하는 소를 제기할 수 있다.	민법 제846조 [자녀의 친생부인 등] 제844조 제1항의 경우 부부의 일방은 그 자녀가 친생자임을 부인하는 소를 제기할 수 있다. (개정)
가족관계등록법 제47조 [친생부인의 소를 제기한 때] 친생부인의 소를 제기한 때에도 출생신고를 하여야 한다.	가족관계등록법 제47조 [친생부인의 소를 제기한 때] 친생부인의 소를 제기한 때에도 출생신고를 하여야 한다.

---

15) 현소혜, "친생자 추정: 헌법불합치결정에 따른 개정방안", 성균관법학 제27권 4호, 2015, 86-87면.

가족관계등록법 제47조[16] [친생자출생의 신고에 의한 인지] ①-③ (생략) ④ 다음 각 호의 어느 하나에 해당하는 경우에는 신고의무자가 1개월 이내에 출생의 신고를 하고 등록부의 정정을 신청하여야 한다. 이 경우 시·읍·면의 장이 확인하여야 한다. 1. 출생자가 제3자로부터 「민법」 제844조의 친생자 추정을 받고 있음이 밝혀진 경우 2. 그 밖에 대법원규칙으로 정하는 사유에 해당하는 경우 ⑤ (생략)	가족관계등록법 제47조 [친생자출생의 신고에 의한 인지] ①-③ (생략) ④ 다음 각 호의 어느 하나에 해당하는 경우에는 신고의무자가 1개월 이내에 출생의 신고를 하고 등록부의 정정을 신청하여야 한다. 이 경우 시·읍·면의 장이 확인하여야 한다. 1. 출생자가 제3자로부터 「민법」 제844조 제1항의 친생자 추정을 받고 있음이 밝혀진 경우 2. 그 밖에 대법원규칙으로 정하는 사유에 해당하는 경우 ⑤ (생략)

(2) 전경근 교수 등의 개정안

전경근 교수, 최성경 교수, 홍윤선 강사는 2015년 법무부에 제출한 용역보고서에서, 5가지 개정안을 제시하였다.[17]

제1안은 외관설에 따라 민법 제844조 제2항 단서를 신설하는 것이다.[18]

제2안은 혈연설에 따라 민법 제844조 제2항 단서를 신설하는 것이다.[19]

제3안은 친생부인의 소의 제소권자를 확대하는 것이다. 즉 자(子)에게도 친생부인의 소의 제소권을 인정하고, 제844조 제2항의 경우에는 생부도 그 자가 친생자임을 부인하는 소를 제기할 수 있다는 것이다.[20][21]

---

16) 제57조의 오기이다.

17) 사단법인 한국가족법학회, "친생자추정조항의 문제점 및 개정방향", 2015년 법무부 용역보고서 (용역수행자 전경근, 최성경, 홍윤선). 이 글 작성 당시인 2017년 2월 당시에는 정부의 정책연구관리시스템 홈페이지(https://www.prism.go.kr/homepage/)에는 올라와 있지 않다.

18) 민법 제844조 (부의 친생자 추정) ② 혼인성립의 날로부터 2백일 후 또는 혼인관계종료의 날로부터 3백일 내에 출생한 子는 혼인 중에 포태한 것으로 추정한다. 다만, 妻가 夫의 子를 포태할 수 없음이 외관상 명백한 경우에는 그러하지 아니하다.
제846조 개정안은 생략함.

19) 제844조(夫의 親生子 推定) ② 혼인성립의 날로부터 2백일 후 또는 혼인관계종료의 날로부터 3백일 내에 출생한 子는 혼인 중에 포태한 것으로 추정한다. 다만, 처가 혼인 중에 포태한 자가 부의 자가 아님이 명백한 경우에는 그러하지 아니하다.
제846조 개정안은 생략함.

20) 제846조(자의 친생부인) ① 부부의 일방 및 자는 제844조의 경우에 그 자가 친생자임을 부인하는 소를 제기할 수 있다.
② 제844조 제2항의 경우에는 생부도 그 자가 친생자임을 부인하는 소를 제기할 수 있다.

제4안은 제844조 제2항을 삭제하고, 夫가 사고 등으로 사망한 경우에 관한 예외조항을 제1항에 두는 것이다.[22]

제5안은 포태시주의를 출생시주의로 개정하면서, 외관설에 따라 부성추정을 배제하는 단서조항을 두는 것이다.[23]

(3) 정구태 교수의 개정안

정구태 교수는 자신이 주장하는 사회적 친자관계설의 입장에 서서, 다음과 같은 개정안을 제시하였다.

민법 제847조의2(가정법원의 확인에 의한 친생부인) 제844조에 따라 夫의 子로 추정되는 경우에도 부부 간에 동거의 결여로 처가 夫의 子를 포태할 수 없음이 외관상 명백한 사유가 있거나, 그러한 사유가 없더라도 혈액형이나 유전자검사 결과 夫가 子의 父가 아님이 명백하고 夫와 子 사이에 사회적 친자관계도 존재 하지 않는 경우에는 夫나 처는 가정법원의 확인을 받아 夫의 친생자의 추정을 배제할 수 있다.[24]

(4) 김주수·김상용 교수의 개정안

김주수·김상용 교수는 다음과 같은 개정안을 제시하였다.

민법 제844조 제2항: 혼인성립의 날로부터 200일 후 또는 혼인관계 종료의 날로부터 300일 내에 출생한 자는 혼인중에 포태한 것으로 추정한다. 다만 혼인 관계 종료의 날로부터 300일 내에 출생한 자의 경우에 유전자검사를 통하여 확 인된 생부가 그 자를 인지할 의사가 있는 때에는 그러하지 아니하다.[25]

제847조 개정안은 생략함.

21) 또한 여기서는 민법 제844조 제2항의 경우, 생부는 가정법원에 인지의 허가를 청구할 수 있다 는 규정을 두자는 제안도 하고 있다.

22) 제844조(부의 친생자의 추정) ① 처가 혼인 중에 포태한 자는 부의 자로 추정한다. 부의 사망으 로 인하여 혼인관계가 종료된 날로부터 3백일 내에 출생한 경우에도 같다.
② 삭제.

23) 민법 제844조(부의 친생자 추정) ① 妻가 혼인 중에 출생한 子는 夫의 子로 추정한다.
② 혼인관계종료의 날로부터 3백일 내에 출생한 子는 夫의 자로 추정한다. 다만, 妻가 夫의 子 를 포태할 수 없음이 외관상 명백한 경우에는 그러하지 아니하다.
③ 제2항 분문에도 불구하고 전혼의 해소 후 다시 혼인을 한 母가 子를 출산한 경우에는 子는 후혼의 夫의 子로 추정한다.

24) 정구태, "2015년 친자법 관련 주요 판례 회고", 조선대학교 법학논총 제23권 1호, 2016, 20-21 면.

25) 김주수·김상용, 친족·상속법(주 8), 297면. 여기서는 이러한 경우에는 전남편의 자로 출생신 고를 하지 않고도 위와 같은 사정을 들어 이해관계인(예컨대 생부)이 전남편과 자를 피고로 친 생자관계부존재확인의 소를 제기할 수 있다는 해석이 가능하다고 한다.

Ⅳ. 이론적 검토

1. 제한설의 문제점

앞에서 본 것처럼, 친생추정이 미치는 범위에 대하여는 여러 가지 제한설이 주장되고 있고, 위 헌법불합치 결정이 선고된 후에 제시된 입법론도 상당수는 위와 같은 제한설을 전제로 하고 있다. 그러나 이러한 제한설은 이론적으로 문제가 있다.[26]

우선 친생추정이 되는가 아닌가는 자녀의 출생시를 기준으로 하여야 한다. 민법 제844조에 의하면 처가 혼인 중에 포태한 자는 부의 자로 추정하고, 혼인성립의 날로부터 2백일후 또는 혼인관계종료의 날로부터 3백일내에 출생한 자는 혼인중에 포태한 것으로 추정되기 때문이다. 다시 말하여 친생추정이 미치는지 여부는 출생 당시를 기준으로 하여, 부모가 언제 혼인하였는가에 따라 결정될 뿐이다. 따라서 출생 이후의 사정이나 출생 후 밝혀진 사정을 이유로 하여 친생추정이 미치는지 여부가 달라질 수는 없다. 그러한 사정이 친생추정에 영향을 미친다면, 이는 일단 성립한 친생추정이 친생부인 등의 절차에 의하여 소급하여 깨어지는 것이고, 그러한 사정이 있다고 하여 출생 당시부터 친생추정의 성립 자체가 부정되는 것은 아니다.

실제로는 친생추정을 받는 자녀가 출생신고된 경우에는 가족관계등록공무원이 어머니의 남편을 그 자녀의 아버지로 기재하여야 하므로, 친생추정이 미치는지 여부는 그 공무원의 입장에서 판단하여야 한다. 그런데 현행 가족관계의 등록 등에 관한 법률(가족관계등록법)상의 신고에 대한 가족관계등록공무원의 심사는 이른바 형식적 심사주의에 따르고 있으므로, 신고인이 제출하는 법정의 첨부서류만에 의하여 법정의 요건을 구비하고 있는지, 절차에 부합하는지의 여부를 형식적으로만 심사하는 것이고, 그 신고사항의 실체적 진실과의 부합여부를 탐지하여 심사하여야 하는 것은 아니다.[27]

---

26) 윤진수, 친족상속법강의, 2016, 148-149면 참조.

27) 종전의 호적법상 호적공무원의 호적신고에 대한 심사에 관한 대법원 1987. 9. 22. 선고 87다카 1164 판결. 가족관계등록예규 제35호(2007. 12. 10)도, 가족관계등록공무원은 가족관계등록부에 기록을 함에 있어서 그 신고가 형식상 요건을 갖추고 있는 경우에는 그에 따른 기록절차를 밟고, 신고사항이 허위임을 공적으로 확인할 수 있거나 허위인 것이 명백한 경우에는 그 기록을 거부할 수 있다고 규정한다.

　　그런데 제한설 중 혈연설이나 가정파탄설, 사회적 친자관계설은 출생신고 이후의 사정 또는 출생 후에 밝혀진 사정에 따라 친생추정이 미치는지 여부를 결정하려는 것이므로, 처음부터 성립할 수 없는 주장이다. 동의설도 그 동의의 시점이 출생 후일 것이므로 역시 마찬가지이다.[28] 외관설은 일단 그 판단시점이 출생시이기는 하지만, 동서(同棲)의 결여로 처가 부(夫)의 자를 포태할 수 없음이 외관상 명백한 경우를 가족관계등록공무원이 형식적 심사에 의하여 가려낼 수 있는 방법이 없으므로, 역시 이론적으로 문제가 있다.

　　그럼에도 불구하고 종래 제한설이 주장되었던 것은, 과거에는 친생부인의 제소권자나 제소기간이 제한되어 있어, 실제로는 친생부인의 소가 인정되는 범위가 지나치게 제한되어 있었기 때문이다. 2005. 3. 31. 개정 전의 민법 제846조는 친생부인의 소의 제소권자를 부(夫)로 한정하였고, 제847조는 그 제소기간을 부(夫)가 그 출생을 안 날로부터 1년 내로 규정하고 있었다. 그리하여 제한설은 이에 해당하지 않는 경우에도 친생자관계존부확인의 소에 의하여 친생자관계를 다툴 수 있는 방법을 모색하려고 하였다.

　　그런데 헌법재판소 1997. 3. 27. 선고 95헌가14, 96헌가7 결정은, 위 제847조 제1항 중 '그 출생을 안 날로부터 1년내' 부분은 헌법에 합치되지 아니한다고 결정하였고, 그에 따라 2005. 3. 31. 개정된 민법 제846조는 제소권자를 부뿐만 아니라 처도 될 수 있도록 하였으며, 제847조 제1항은 그 제소기간을 친생부인 (親生否認)의 소(訴)는 부(夫) 또는 처(妻)가 다른 일방 또는 자(子)를 상대로 하여 "그 사유가 있음을 안 날부터 2년 내"로 바꾸었다. 이러한 점에서 종래 제한설이 주장될 수 있었던 실제적 근거도 상당 부분 설득력이 없게 되었다.[29] 다만 아직까지 친생부인의 소의 제소권자가 부부로 제한되어 있어서 자녀 본인이나 생부는 친생부인의 소를 제기할 수 없기는 하지만,[30] 이 문제는 입법에 의하여 결정되어야 하고, 해석에 의하여 해결할 수 있는 문제는 아니다.[31]

---

28) 출생 전에 그러한 동의가 있다는 것은 생각하기 어려울 뿐만 아니라, 그러한 동의에 법적 효력을 인정할 수도 없다.
29) 권재문(주 5), 562면 이하 참조.
30) 이는 위헌이 아닌가 하는 의문이 있다. Rainer Frank, 윤진수 역, "자녀의 생부에 의한 친생부인에 관한 비교법적 고찰", 가족법연구 제20권 1호, 2005, 487면 이하 참조.
31) 대법원 2014. 12. 11. 선고 2013므4591 판결은, 민법 제846조, 제847조 제1항에서 정한 친생부인의 소의 원고적격이 있는 '처(妻)'는 자의 생모에 한정되고, 여기에 '재혼한 처'는 포함되지 않는다고 해석하는 것이 옳다고 하였다.

2. 위 헌법불합치결정에 대하여

위 헌법불합치결정의 타당성에 대하여도 의문이 있다. 즉 위 결정이 위헌 여부의 판단 대상을 민법 제844조 제2항으로 잡은 것이 타당한가, 그리고 위 결정이 이 조항에 위헌성이 있다고 본 것이 합리적인가 하는 점이다.[32]

첫째, 위 헌법불합치결정은 민법 제844조 제2항 중 "혼인관계종료의 날로부터 300일 내에 출생한 자"에 관한 부분은 헌법에 합치되지 아니한다고 하였다. 그런데 위 헌법불합치결정도 심판대상조항이 혼인 종료 후 300일 이내 출생 여부를 친생추정의 기준으로 삼고 있는 것 자체는 합리적이라고 하였다. 그러므로 위 결정은 앞뒤가 맞지 않는다. 실제로 위 결정의 진의는, 친생추정에 아무런 예외를 허용하지 아니한 채 오직 친생부인의 소를 통해서만 친생추정을 번복할 수 있도록 한 것이 문제라는 것으로 보인다. 그렇다면 위 결정의 반대의견이 지적하고 있듯이, 위 조항의 위헌 여부를 문제삼을 것이 아니라, 친생부인의 소만으로 추정을 번복할 수 있게 하고 있는 민법 제846조나 제847조로 이 사건의 심판대상을 확장하여 그 규정들이 추정을 번복할 수 있는 보다 합리적이고 간편한 방법을 규정하지 아니한 부진정 입법부작위가 위헌인지 여부를 따져 보았어야 할 것이다.

둘째, 위 결정은 오직 친생부인의 소를 통해서만 친생추정을 번복할 수 있도록 한 것이 위헌이라고 보았다. 그러나 과연 이를 위헌이라고 할 수 있는지 의문이다. 친생부인의 소를 제기하도록 하는 것이 당사자에게 지나친 부담이라고 할 수 있어야만 위헌 여부가 문제될 것인데, 어떤 점에서 친생부인의 소를 제기하도록 하는 것이 지나친 부담인지 명확하지 않다. 추측건대 대상결정은 모가 전 남편을 상대로 친생부인의 소를 제기하려는 경우에도 일단 가족관계등록부에 전남편의 자녀로 기재되어야 하므로, 이것이 모에게 지나친 부담이 된다고 본 것으로 여겨진다.[33]

---

32) 윤진수(주 26), 146-147면 참조.

33) 대상결정은 구체적으로는 다음과 같이 설시하였다. "출생신고는 자의 출생 후 1개월 이내에 해야 하고 신고기간 내에 신고를 해태하면 과태료의 제재를 받는다(가족관계의 등록 등에 관한 법률 제44조 제1항, 제46조 제2항, 제122조). 따라서 혼인 종료 후 300일 내에 출생한 자가 전남편의 친생자가 아님이 명백하고 전남편이 친생추정을 원하지도 않으며 생부가 그 자를 인지하려는 경우에도, 가족관계등록부에는 일단 전남편인 부(夫)의 친생자로 등록될 수밖에 없다. 그로 인하여 모의 경우, 전남편과 이혼하고 새로운 가정을 꾸려 출산한 생부의 자가 가족관계등록부에 전남편의 자로 기재되고 이를 해소하기 위해서는 제소기간 내에 전남편을 상대로 친

실제로 학설상으로는 이와 같은 점을 근거로 하여 친생추정규정의 위헌성을 주장하는 견해가 있다. 즉 가족관계등록법 제47조는 "친생부인의 소를 제기한 때에도 출생신고를 하여야 한다"고 규정하고 있으므로, 제3자의 자녀임이 명백한 경우에도 일단 법률상 배우자의 자녀로 출생신고하도록 하는 것은 허위 신고를 강제하는 것으로서 모의 양심의 자유에 반한다는 것이다.[34)]

그러나 가족관계등록법 제47조는 친생부인의 소를 제기하더라도 출생신고 의무는 면제되지 않는다는 의미이고, 이로부터 출생신고를 하여야만 친생부인의 소를 제기할 수 있는 것이라는 결론이 당연히 도출되는 것은 아니다.[35)] 현재 하급심의 판례도 일반적으로 이와 같이 보아서, 출생신고가 되지 않은 자녀에 대하여도 친생부인의 판결을 선고하고 있다.[36)]

위 결정에 위와 같은 문제점이 있기는 하지만, 일단 헌법불합치결정이 있은 이상 그 기속력을 부정할 수는 없으므로,[37)] 위 헌법불합치결정에 따라 개선입법을 모색하지 않을 수 없다.

V. 법무부의 개정안

1. 개정안의 개관

위 헌법불합치결정은, 친생추정에 일정한 예외를 인정하거나, 친생부인의 소보다 절차가 간단하고 비용도 적게 드는 비송사건절차를 통하여 친생추정을 번복할 수 있는 길을 열어주어야 한다고 하였다. 개정위원회에서는 종래 판례가 인정하고 있는 외관설이나 또는 혈연설과 같은 친생추정의 예외를 인정하는 방법

생부인의 소를 제기해야 하는데, 이러한 사정은 모가 이혼 후 새로운 가정을 꾸리는 데 부담이 될 수밖에 없다."

34) 현소혜, "친생자 추정과 가족관계등록절차의 개선방안", 경북대학교 법학논고 제49집, 2015, 267면 이하. 정구태(주 24), 19-20면도 이를 지지한다.

35) 안구환, "친생자 추정과 호적", 사법논집 제38집, 2004, 542-543면 참조.

36) 전주지방법원 2016. 8. 12. 선고 2016드단3365 판결; 수원지방법원 안양지원 2016. 8. 19. 선고 2016드단101630 판결 등. 이 경우 사건본인인 자녀의 특정방법이 문제되는데, "2016. 1. 1. 12:39 경 ○○병원에서 체중 3.5 킬로그램으로 출생한 여아" 등과 같이 표시한다. 이 판결들은 모두 공간되지 않은 것으로, 법무부와 법원행정처가 제공한 것이다. 또한 이러한 실무례를 보고하고 있는 블로그도 있다. http://m.blog.naver.com/oklaw64/220427495717 ; http://blog.naver.com/PostView.nhn?blogId=icanfly0213&logNo=220156993481 (마지막 방문 2017. 2. 17.).

37) 대법원 2011. 6. 23. 선고 2008도7562 전원합의체 판결 참조.

에 대하여도 검토를 하였으나, 이는 이론적으로 문제가 있다고 보아 이 방법은 채택하지 않고, 가사비송사건절차에서 법원의 허가를 받아 친생추정을 번복하는 방법을 택하였다. 또한 개정의 범위는 헌법재판소가 위헌성이 있다고 지적한, 혼인 해소 후 300일 내에 출생한 자녀만을 대상으로 하였다.

구체적으로는 혼인관계가 종료한 날부터 3백일 내에 출생한 자녀에 대하여 모의 전 남편이 아닌 사람은 법원의 허가를 얻어 인지할 수 있도록 하고, 또 그러한 사람이 없는 경우에도 모는 가정법원의 허가를 얻어 친생부인을 할 수 있도록 하였다. 그리고 그에 따라 가족관계등록법과 가사소송법도 개정하였다.

원래 헌법재판소가 주로 염두에 두고 있던 것은, 혼인관계가 해소된 이후 자가 출생하였고 생부가 그 자를 인지하려는 경우에도 친생부인의 소에 의하여서만 다툴 수 있게 하는 것은 불합리하다는 것으로 보인다. 그리하여 유전자검사를 통해 생부로 확인된 사람이 자신의 친자를 인지할 적극적 의사가 있는 경우에는 자의 법적 지위에 공백이 발생할 여지도 없다고 하면서, 독일에서는 부(夫)와의 혼인 중에 출생한 자라도 그 출생일이 이혼소송 계속 이후이고 생부가 그 자를 인지한 경우라면 부(夫)의 친생추정을 제한하는 예외규정을 두고 있다는 점까지 언급하였다. 그러므로 이처럼 생부가 혼인관계가 해소된 후 출생한 자녀를 인지하려는 경우에만 특례규정을 두면 위 헌법불합치결정의 기속력을 존중하는 것이 되고, 그 외의 경우에까지 규정할 필요는 없다고 볼 수도 있다.[38]

그러나 위 헌법불합치결정이 지적하는 것처럼, 법률적으로 여성의 재혼금지기간도 폐지되었고 협의상 및 재판상 이혼에 필요한 시간이 상당히 늘어난 이상, 혼인 종료 후 300일 이내에 출생한 자가 부(夫)의 친자일 개연성은 과거에 비하여 크게 줄어들었고, 과거에는 존재하지 않던 유전자검사 기술의 발달로 부자관계도 과학적으로 정확하게 확인할 수 있게 된 이상, 생부가 인지하려고 하는 경우가 아니더라도 굳이 친생부인의 소에 의하여만 다투어야 한다는 것이 꼭 필연적으로 요청되는 것은 아니다. 이러한 점에서 개정안은 인지하려는 생부가 없는 경우에도 모가 가정법원의 허가를 받아 친생부인을 할 수 있도록 하였다.

---

38) 승이도(주 11), 287-288면은, 처가 유전자검사결과만으로 친생부인의 소라는 절차 없이도 간편하게 부(夫)의 친생추정을 배제할 수 있다면, 자(子)의 입장에서는 아직 생부가 인지하지 않은 상황에서 표현부(表見父)에 대한 친생추정마저 쉽게 배제됨으로써, 결국 법률상 부(父)가 존재하지 아니하는 상황에 장기간 처해질 우려가 있다고 주장한다.

2. 민법 개정안 및 그 해설

가. 제844조

(1) 조 문 안

현 행	개 정 안
第844條(夫의 親生子의 推定) ①妻가 婚姻 中에 胞胎한 子는 夫의 子로 推定한다. ②婚姻成立의 날로부터 2百日後 또는 婚姻關係終了의 날로부터 3百日內에 出生한 子는 婚姻中에 胞胎한 것으로 推定한다.	제844조 [남편의 친생자 추정] ① 아내가 혼인 중에 포태한 자녀는 남편의 자녀로 추정한다. ② 혼인이 성립한 날부터 2백일 후에 출생한 자녀는 혼인 중에 포태한 것으로 추정한다. ③ 혼인관계가 종료한 날부터 3백일 내에 출생한 자녀는 혼인 중에 포태한 것으로 추정한다. 다만, 혈액형검사, 유전자검사 등 과학적 방법에 의한 검사결과나 장기간의 별거 등 그 밖의 사정에 비추어 전(前)남편의 자녀가 아님이 명백한 경우에는 제854조의2 또는 제855조의2에 따른 법원의 허가를 받아 추정을 배제할 수 있다.

(2) 해   설

우선 현재의 제2항은 혼인성립의 날부터 200일 후에 출생한 자녀와 혼인관계가 종료한 날부터 300일 내에 출생한 자녀를 아울러 규정하고 있는데, 이를 나누어 전자만 제2항에서 규정하고, 후자는 제3항에서 혼인 중에 포태[39]한 것으로 추정하도록 규정하였다. 그리고 제3항 단서를 추가하여, 제854조의2(모에 의한 친생부인) 또는 제855조의2(생부의 인지)의 경우에 법원의 허가가 있으면 그 추정을

---

39) 포태(胞胎)라는 단어는 임신을 뜻하는 것이나, 일반적으로는 잘 쓰이지 않는다. 현행 법령 가운데 포태라는 용어를 사용하고 있는 것은 민법 외에는 가족관계의 등록 등에 관한 규칙 제73조 제4항 정도가 있을 뿐이다. 정부가 2015. 10. 8. 국회에 제출하였으나 제19대 국회의 임기 만료로 폐기된 민법개정안은 제820조의 '포태'를 '임신'으로 바꾸었지만, 제844조는 개정하지 않았는데, 헌법재판소의 위헌결정을 고려하여 개정을 유보한 것으로 보인다. 개정위원회의 개정안은 포태를 임신으로 바꾸었으나, 입법예고된 개정안이 포태라는 용어를 유지한 것은 오히려 임신이 일본식 표현이라는 주장에 영향을 받은 때문으로 보인다.

배제할 수 있도록 하였다. 그 요건은 "혈액형검사, 유전자검사 등 과학적 방법에 의한 검사결과나 장기간의 별거 등 그 밖의 사정에 비추어 전(前) 남편의 자녀가 아님이 명백"할 것이다. 그러므로 혼인관계가 종료한 날부터 300일 내에 출생한 자녀는 일단 전 남편의 자녀로 추정되지만, 법원의 허가에 의한 친생부인 또는 생부의 인지가 있으면 그 추정이 소급하여 깨어지는 것으로 이해되어야 할 것이다.

다만 과학적 방법에 의한 검사결과에 근거하지 않고, 장기간의 별거 등 그 밖의 사정에 비추어 전(前) 남편의 자녀가 아님이 명백한 경우에도 간이하게 친생부인의 추정을 배제하도록 한 것은 논란이 될 소지가 있다. 종래의 판례는 이러한 경우에 처음부터 친생추정이 미치지 않는 것으로 보았기 때문에, 종래의 판례와는 저촉된다. 또 어느 경우가 전(前) 남편의 자녀가 아님이 명백한 경우인지에 관하여 다툼이 생길 소지가 있다. 이 부분은 개정위원회의 개정안에는 포함되어 있지 않았는데, 나중에 추가된 것이다.

그리고 현행법상의 "자"는 "자녀"로, "부(夫)"는 "남편"으로, "처"는 "아내"로 바꾸었다.

나. 제854조의2

(1) 개 정 안

현 행	개 정 안
〈신설〉	제854조의2(친생부인의 허가 청구) 제844조 제3항 단서에 따라 친생추정을 배제하려는 어머니 또는 어머니의 전(前) 남편은 법원에 친생부인의 허가를 청구할 수 있다. 다만, 혼인 중의 자녀로 출생신고가 된 경우에는 그러하지 아니하다.

(2) 해 설

현행법상으로는 친생부인은 나류 가사소송사항이다(제2조 제1항 1. 나. 6)). 그러나 혈액형검사나 유전자검사 결과 등에 비추어 남편의 자녀가 아님이 명백한 경우에까지 굳이 소송의 방법에 의하여만 친생부인을 할 수 있도록 하게 할 필요는 없으므로, 가사비송절차에서 법원의 허가만으로 간편하게 친생부인을 할 수 있도록 하려는 것이다. 이는 라류 가사비송 사건이 된다. 상세한 것은 아래 3. 참조. 이 경우에 친생부인의 효력이 언제 발생하는가에 관하여는 직접 규정이 없으나, 법원의 허가가 있은 때로 보아야 할 것이다.

그리고 개정위원회의 개정안은 이러한 경우에 어머니만이 친생부인의 허가를 청구할 수 있도록 하였으나, 나중에 전 남편도 청구권자로 추가되었다.

다만 개정안은 이를 혼인중의 자녀로, 즉 전 남편의 자녀로 출생신고가 된 경우에는 더 이상 허가에 의한 친생부인을 하지 못하는 것으로 규정하였다. 이처럼 출생신고가 된 때에는 출생신고 의무자인 전 남편이나 모의 의사가 개입된 것이므로, 이를 바로잡기 위하여는 역시 원칙으로 돌아가서 친생부인의 소를 제기할 수밖에 없을 것이다.

다른 한편 민법 제852조는 "자의 출생 후에 친생자(親生子)임을 승인한 자는 다시 친생부인의 소를 제기하지 못한다"고 규정하고 있는데, 이 규정이 허가에 의한 친생부인의 경우에도 유추적용될 수 있는가? 개정위원회에서는 이 점은 따로 논의하지 않았는데, 굳이 이를 부정할 이유는 없을 것이다.[40]

다. 제855조의2

(1) 개 정 안

현 행	개 정 안
〈신설〉	제855조의2(허가에 따른 인지) ① 제844조제3항 단서에 따라 친생추정을 배제하려는 생부(生父)는 법원에 인지의 허가를 청구할 수 있다. 다만, 혼인 중의 자녀로 출생신고가 된 경우에는 그러하지 아니하다. ② 생부(生父)는 제1항에 따른 허가를 받아 자녀를 인지할 수 있다.

(2) 해 설

현행법상으로는 친생추정을 받는 자녀에 대하여는 생부가 인지를 할 수 없

---

40) 그러나 제852조에 대하여 입법론적으로 비판적인 견해도 있다. 권재문(주 5), 606-607면 참조.

다.[41] 그러나 개정안은 혼인관계가 종료한 날부터 300일 내에 출생한 자녀에 대하여는 생부가 인지를 할 수 있게 하였다.

이는 헌법재판소가 독일 민법을 인용하면서 제시한 것이기도 하다. 독일 민법 제1599조 제2항은 자녀가 이혼청구가 계속된 후 태어났고, 제3자가 이혼판결 확정 후 1년 내에 인지를 한 경우에는 친생추정이 되지 않는 것으로 규정하고 있다. 그런데 이에 대하여는 이처럼 법원의 통제 없이도 자녀의 신분에 대하여 결정할 수 있게 하는 것은 당사자들이 합의에 의하여 임의로 자녀의 신분을 바꿀 수 있게 하는 위험이 있다는 비판이 있다.[42] 그리하여 개정안은 생부가 법원의 허가를 받아서 인지를 할 수 있도록 하였다. 이러한 인지의 법적 성질은 강제인지는 아니고 임의인지이다. 친생추정이 깨어지는 시점은 인지신고가 된 때로 보아야 할 것이다.

그리고 전 남편의 혼인중의 자녀로 출생신고가 된 경우에는 더 이상 법원의 허가에 의한 생부의 인지가 허용되지 않는 것은 허가에 의한 모의 친생부인과 마찬가지이다.

3. 가사소송법 개정안

가. 개 정 안

현 행	개 정 안
제2조(가정법원의 관장 사항) ① 다음 각 호의 사항(이하 "가사사건"이라 한다)에 대한 심리(審理)와 재판은 가정법원의 전속관할(專屬管轄)로 한다.	제2조(가정법원의 관장 사항) ① --.
1. (생 략)	1. (현행과 같음)
2. 가사비송사건	2. -----------
가. 라류(類) 사건	가. -----------
1) ~ 7) (생 략)	1) ~ 7) (현행과 같음)

---

41) 대법원 1968. 2. 27. 선고 67므34 판결; 1978. 10. 10. 선고 78므29 판결 등.
42) Münchener Kommentar zum BGB/Wellenhofer, 6. Auflage, 2012, BGB § 1599 Rdnr. 57 참조.

〈신　설〉	7)의2 「민법」 제854조의2에 따른 친생부인의 허가
〈신　설〉	7)의3 「민법」 제855조의2제1항에 따른 인지의 허가
8) ~ 48) (생　략)	8) ~ 48) (현행과 같음)
나. (생　략)	나. (현행과 같음)
② · ③ (생　략)	② · ③ (현행과 같음)
제44조(관할) 라류 가사비송사건은 다음 각 호의 가정법원이 관할한다.	제44조(관할) ---.
1. ~ 3. (생　략)	1. ~ 3. (현행과 같음)
〈신　설〉	3의2. 친생부인의 허가와 인지의 허가에 관한 사건은 자녀의 주소지의 가정법원
4. ~ 8. (생　략)	4. ~ 8. (현행과 같음)
〈신　설〉	제45조의8(친생부인의 허가, 인지의 허가 절차에서의 진술청취) 가정법원은 「민법」 제854조의2에 따른 친생부인의 허가나 「민법」 제855조의2제1항에 따른 인지의 허가 심판을 하는 경우에 전(前) 남편과 그 후견인(후견인이 있는 경우에 한한다)의 의견을 들어야 한다. 다만, 그 사람이 의식불명, 그 밖의 사유로 자신의 의사를 표명할 수 없는 경우에는 그러하지 아니하다.
제45조의8 (생　략)	제45조의9 (현행 제45조의8과 같음)

나. 해　설

　개정안은 친생부인의 허가 및 생부의 인지허가를 모두 라류 가사비송사건으로 규정하였고, 그 관할법원은 자녀의 주소지의 가정법원으로 하였다. 이에 대하여는 친생부인의 소는 친부로 추정되는 자의 지위를 박탈하는 것으로서, 상대방이 있는 소송사건이므로, 친생부인의 허가도 상대방이 있는 마류 가사비송사건으로 해야만 균형이 맞는다는 주장이 있을 수 있다.

　　이론적으로는 마류 사건으로 하는 것이 체계적으로 맞을 것이나, 라류 사건으로 하더라도 증거가 명확하기 때문에 오류가 생길 가능성은 별로 없을 것이다.

　　한편 개정안은 전 남편의 절차적 이익을 보장하기 위하여 원칙적으로 허가절차에서 전 남편의 의견을 듣도록 하였다.

4. 가족관계의 등록 등에 관한 법률

가. 개 정 안

현 행	개 정 안
제55조(인지신고의 기재사항) ① 인지의 신고서에는 다음 사항을 기재하여야 한다.	제55조(인지신고의 기재사항) ① --.
1. 자녀의 성명·성별·출생연월일·주민등록번호 및 등록기준지(자가 외국인인 때에는 그 성명·성별·출생연월일·국적 및 외국인등록번호)	1. --- 자녀--- ---
2. ~ 5. (생 략)	2. ~ 5. (현행과 같음)
② (생 략)	② (현행과 같음)
〈신 설〉	③ 민법 제855조의2에 따른 인지의 신고서에는 가정법원의 인지 허가서의 등본을 첨부하여야 하고, 자녀의 주민등록번호 및 등록기준지(자녀가 외국인인 때에는 그 외국인등록번호)는 기재하지 아니할 수 있다.

나. 해　　설

　　현행법상 자녀를 인지할 때에는 자녀의 주민등록번호 및 등록기준지를 기재하여야 하고, 자녀가 외국인인 때에는 외국인등록번호를 기재하여야 한다. 그러나 출생신고가 되지 않은 자녀를 인지하는 경우에는 주민등록번호나 등록기준지

가 부여될 수 없으므로, 민법 제855조의2에 의한 인지의 신고서에는 자녀의 주민
등록번호 및 등록기준지(자녀가 외국인인 때에는 그 외국인등록번호)를 기재하지 아
니하고, 다만 이 경우에는 가정법원의 인지 허가서의 등본을 첨부하도록 하였다.

Ⅵ. 여   론

1. 친생추정이 중복되는 경우의 처리

민법은 후혼이 성립한 날부터 2백일 후에 출생하였지만, 전혼이 종료한 날
부터는 300일 내에 출생한 자녀가 있는 경우에는 친생추정이 중복되므로, 부를
정하는 소(제845조)에 의하여 아버지를 정하도록 하였다.

그러나 독일 민법 제1593조는 혼인이 사망에 의하여 해소되었고, 자녀가 혼
인 해소 후 300일 내에 출생한 경우에도 자녀는 전 남편의 자녀로 추정되지만,
아내가 새로 혼인을 하여 전남편의 자녀와 새 남편의 자녀로 동시에 추정되게
되는 경우에는 새 남편의 자녀로만 추정한다. 이는 모의 빠른 재혼은 사망한 전
남편과의 혼인관계가 문제 없이 존속하였던 것으로는 보기 어렵고, 오히려 현재
의 남편에 의하여 수태되었다고 보는 것이 경험칙(Lebenserfahrung)에 맞는다는 고
려에서 나온 것이다.[43] 독일 민법에서는 앞에서 본 것처럼 혼인이 이혼에 의하여
해소된 경우에 관하여는 별도의 규정(제1599조 제2항)을 두고 있다.

우리나라에서는 주로 전혼이 이혼에 의하여 해소된 경우가 문제되는데, 이
때에도 태어난 자녀가 전 남편보다는 새 남편의 소생일 가능성이 높다고 할 수
있다. 따라서 이러한 경우에는 새 남편의 자녀로 추정하고, 그것이 사실과 다를
경우에만 친생부인의 소를 제기하도록 하는 것이 합리적이다.[44] 만일 이렇게 된
다면, 법원의 허가에 의한 친생부인이나 인지의 필요성은 상당히 감소되게 될 것
이다. 그리하여 위원회는 그와 같은 취지의 개정안을 마련하였다.[45] 그러나 법무

---

43) Münchener Kommentar zum BGB/Wellenhofer(주 42), BGB § 1593 Rdnr. 15 참조.
44) 윤진수(주 23), 157면; 윤진수, "婚姻 成立에 관한 民法의 改正方向", 民法論攷 Ⅳ, 2009, 234면
    참조 (처음 공간: 가족법연구 제15권 1호, 2001).
45) 다만 부를 정하는 소는 폐지하지 않았는데, 이는 중혼과 같은 경우에는 어차피 친생추정의 중
    복 문제가 생기기 때문이다. 권재문(주 5), 567-568면은 이 경우에는 제845조를 유추적용하여야
    한다고 주장한다. 독일에서는 이 경우에도 새 남편의 자녀로 추정하여야 한다는 견해가 유력하
    다. Münchener Kommentar zum BGB/Wellenhofer(주 42), BGB § 1593 Rdnr. 16 참조.

부의 심의 과정에서, 이에 대하여는 반발하는 여론이 있을 것이라는 우려가 제기
되어, 결국 이 안은 채택되지 않았다.

2. 허가에 의한 친생부인을 다툴 수 있는 규정의 필요 여부

위원회의 논의 과정에서, 법원의 허가에 의하여 친생부인이 이루어졌으나
그것이 사실과 다른 경우, 다시 말하여 자녀와 전 남편 사이에 친생자관계가 존
재하는 경우에는 이러한 친생부인의 효력을 다툴 수 있는 절차에 관한 규정을
별도로 두어야 한다는 주장이 있었다. 그러나 위원회의 다수 의견은 그러한 경우
에는 친생자관계존부확인의 소에 의하여 바로잡을 수 있으므로 굳이 그러한 규
정을 두지 않아도 된다고 하여, 결국 이러한 규정은 채택되지 않았다.

Ⅶ. 결   론

이처럼 법무부의 개정안은 혼인관계 종료 후 300일 내에 출생한 자녀에 대
하여는 쉽게 친생추정을 깨뜨릴 수 있도록 하였다. 실제로는 이러한 자녀들이 전
혀 출생신고를 하지 못하여 어려움을 겪는 일이 많았던 것으로 보인다. 법무부의
개정안이 받아들여진다면, 이러한 당사자들에게는 도움이 될 것이다.

〈가족법연구 제31권 1호, 2017〉

〈추기〉
2017. 10. 31. 민법과 가사소송법의 관련 규정은 다음과 같이 개정되어,
2018. 2. 1.부터 시행되었다. 그리고 가족관계의 등록 등에 관한 법률은 민법 제
855조의2 제3항이 있는 이상 개정 필요가 없다고 하여 개정되지 않았다.

민법
제844조(남편의 친생자의 추정) ① 아내가 혼인 중에 임신한 자녀는 남편의 자녀로
추정한다.
② 혼인이 성립한 날부터 200일 후에 출생한 자녀는 혼인 중에 임신한 것으로 추

정한다.

③ 혼인관계가 종료된 날부터 300일 이내에 출생한 자녀는 혼인 중에 임신한 것으로 추정한다.

제854조의2(친생부인의 허가 청구) ① 어머니 또는 어머니의 전(前) 남편은 제844조제3항의 경우에 가정법원에 친생부인의 허가를 청구할 수 있다. 다만, 혼인 중의 자녀로 출생신고가 된 경우에는 그러하지 아니하다.

② 제1항의 청구가 있는 경우에 가정법원은 혈액채취에 의한 혈액형 검사, 유전인자의 검사 등 과학적 방법에 따른 검사결과 또는 장기간의 별거 등 그 밖의 사정을 고려하여 허가 여부를 정한다.

③ 제1항 및 제2항에 따른 허가를 받은 경우에는 제844조 제1항 및 제3항의 추정이 미치지 아니한다.

제855조의2(인지의 허가 청구) ① 생부(生父)는 제844조 제3항의 경우에 가정법원에 인지의 허가를 청구할 수 있다. 다만, 혼인 중의 자녀로 출생신고가 된 경우에는 그러하지 아니하다.

② 제1항의 청구가 있는 경우에 가정법원은 혈액채취에 의한 혈액형 검사, 유전인자의 검사 등 과학적 방법에 따른 검사결과 또는 장기간의 별거 등 그 밖의 사정을 고려하여 허가 여부를 정한다.

③ 제1항 및 제2항에 따라 허가를 받은 생부가 「가족관계의 등록 등에 관한 법률」 제57조 제1항에 따른 신고를 하는 경우에는 제844조 제1항 및 제3항의 추정이 미치지 아니한다.

가사소송법

제45조의8(친생부인의 허가 및 인지의 허가 관련 심판에서의 진술 청취) ① 가정법원은 다음 각 호의 어느 하나에 해당하는 심판을 하는 경우에는 어머니의 전 배우자와 그 성년후견인(성년후견인이 있는 경우에 한정한다)에게 의견을 진술할 기회를 줄 수 있다.

1. 「민법」 제854조의2에 따른 친생부인의 허가 심판
2. 「민법」 제855조의2 제1항 및 제2항에 따른 인지의 허가 심판

② 제1항의 진술을 들을 때에는 심문하는 방법 외에도 가사조사관을 통한 조사나 서면조회 등의 방법으로 진술을 들을 수 있다.

이는 입법예고된 개정안과 내용상 큰 차이는 없다. 다만 국회의 심의 과정에서 어머니의 전 배우자와 그 성년후견인의 의견을 듣는 것이 필요적이 아니라 임의적인 것으로 바뀌었다. 그리고 개정 전의 '포태'는 '임신'으로 바뀌었다.

친생자관계부존재확인 사건 의견서
－ 대법원 2016므2510 사건 －

본인은 2019. 5. 22. 공개변론이 열릴 예정인 위 사건에 관하여 다음과 같이 의견을 개진합니다.

Ⅰ. 사건의 개요

1. 사실관계

원고(남)는 A(여)와 1985년경 혼인신고를 마친 법률상 부부로서 무정자증으로 자녀가 생기지 않자 제3자로부터 정자를 제공받아 시험관시술을 통해 자녀를 갖기로 하였음. 위 방법으로 A는 1993년경 피고 1.을 출산하였고, 원고는 자신과 A의 자녀로 피고 1.의 출생신고를 마쳤음

이후 A는 1997년경 혼외 관계를 통해 피고 2.를 출산하였고, 원고는 자신과 A의 자녀로 피고 2.의 출생신고를 마쳤음

원고와 A는 2013년경 부부갈등으로 협의이혼신청을 하였고, 피고들은 원고와 A가 다투면서 자신들이 원고의 친자가 아니라고 말하는 것을 듣고 비로소 위와 같은 사실을 알게 되었음

원고는 2013년경 피고들을 상대로 친생자관계부존재확인을 구하는 이 사건 소를 제기하였음

협의이혼신청은 취하되었으나, 원고와 A는 이혼소송 중 2015년 10월경 이혼

하는 내용으로 조정이 성립되었음

2. 변론의 쟁점

▶ 피고 1.과 관련하여, 제3자의 정자를 사용한 인공수정(AID, Artificial Insemination by Donor)에 배우자인 남편이 동의하여 출생한 자녀의 경우 민법 제844조 제1항에 따라 그 남편의 친생자로 추정되는지 아니면 친생자 추정의 예외가 인정되는지 (대법원에서 처음 다루어지는 사안)

▶ 피고 2.와 관련하여, 부부 사이의 동서(同棲)의 결여뿐만 아니라 유전자형 배치의 경우에도 친생자 추정의 예외가 인정되는지 (친생추정의 예외에 관한 기존 판례의 재검토)

▶ 그 밖에 다른 쟁점들은 공개변론에서 다루지 않음

3. 본인의 의견 요지

첫째, 유전자형 배치의 경우에 민법 제844조가 규정하는 친생자 추정의 예외를 인정할 필요가 없다. 그리고 현재 판례가 채택하는 외관설도 더 이상 유지할 필요가 없다.

둘째, 제3자의 정자를 사용한 인공수정에 배우자인 남편이 동의하여 출생한 자녀의 경우에도 민법 제844조 제1항에 따라 그 남편의 친생자로 추정될 뿐만 아니라, 설령 남편이 친생부인의 소 제기 기간 내에 친생부인의 소를 제기하더라도 이러한 소송은 신의칙에 위반되므로 허용되어서는 안 된다.

Ⅱ. 친생추정 규정에 대한 예외 인정 여부

1. 친생추정규정의 기능과 친생자 추정의 판단시점

이 사건 자녀들의 출생 당시에 적용되었던, 2017년 개정 전의 민법 제844조는 다음과 같이 친생자의 추정에 관하여 규정하고 있다.

"① 아내가 혼인 중에 임신한 자녀는 남편의 자녀로 추정한다.

② 혼인성립의 날로부터 2백일후 또는 혼인관계 종료의 날로부터 3백일내에 출생한 자는 혼인중에 포태한 것으로 추정한다.”

2017년 개정된 제844조도 개정 전의 제2항을 다음과 같이 제2항과 제3항으로 나누었을 뿐, 내용에는 차이가 없다.

“② 혼인이 성립한 날부터 200일 후에 출생한 자녀는 혼인 중에 임신한 것으로 추정한다.

③ 혼인관계가 종료된 날부터 300일 이내에 출생한 자녀는 혼인 중에 임신한 것으로 추정한다.”

이러한 친생자 추정 규정의 기능은, 위 규정에 의한 친생자 추정의 요건에 부합하는 자녀가 출생하였을 때 그의 법적인 아버지를 출산한 여자의 남편으로 확정하는 것이다. 따라서 친생자로 추정되는지 아닌지의 여부는 자녀의 출생시를 기준으로 하여야 한다.

종래 친생추정의 적용범위 제한에 관한 논의에서는 이 점이 중시되지 않았던 것으로 보인다. 즉 친생추정이 미치는지 여부는 일단 출생한 자녀의 어머니의 남편이 가족관계등록부상 아버지로 기재된 후에, 아버지로 기재된 사람과 자녀 사이의 친생자관계를 다투는 방법이 친생부인의 소여야 하는가 아니면 친생자관계부존재확인의 소여야 하는가의 기준인 것으로 인식하고 있었던 것이다. 그러나 친생추정 여부는 그보다 앞서서 자녀가 출생하면 그 때 그 아버지를 누구로 정하여야 하는가 하는 문제의 기준인 것이다.

그러므로 친생추정이 미치는지 여부는 출생 당시를 기준으로 하여, 부모가 언제 혼인하였는가, 아내가 자녀를 언제 임신하였는가에 따라 결정된다.[1] 따라서 출생 이후의 사정을 이유로 하여 친생추정이 미치는지 여부가 달라질 수는 없다. 그러한 사정이 친생추정에 영향을 미친다면, 이는 일단 성립한 친생추정이 친생부인 등의 절차에 의하여 소급하여 깨어지는 것이고, 그러한 사정이 있다고 하여 출생 당시부터 친생추정이 미치지 않는 것은 아니다.[2]

이 점에서 종래 제844조의 적용 범위를 규정보다 제한하여 적용하려는 제한설 중 가정파탄설,[3] 동의설[4] 및 사회적 친자관계설[5]은 출생신고 이후의 사정에

---

1) 혼인성립 후 200일 이전에 출생하더라도 아내가 혼인 중에 임신하였음을 증명하면 제844조 제1항에 따라 부의 친생자로 추정된다.

2) 윤진수, “친생추정에 관한 민법개정안”, 가족법연구 제31권 1호, 2017, 11면.

3) 이미 지켜져야 할 가정이 붕괴되고 있는 경우에 한하여 혈연주의를 우선시켜 추정이 미치지 않는다는 설.

따라 친생추정이 미치는지 여부를 결정하려는 것이므로, 처음부터 성립할 수 없
는 주장이다.

2. 혈연설의 문제점

대법원이 이 사건을 전원합의체에 회부하면서 밝힌 쟁점은 부부 사이의 동
서(同棲)의 결여뿐만 아니라 유전자형 배치의 경우에도 친생자 추정의 예외가 인
정되는지 여부이다. 이는 객관적·과학적으로 부자관계가 있을 수 없음이 증명
된 경우에는 추정이 미치지 않는다는 혈연설을 채택하여야 하는가라는 문제로
이해할 수 있다.

이러한 혈연설은 일단은 자녀의 출생 당시를 기준으로 하여 친생추정 여부
를 결정하는 것이라고 말할 수 있다. 그러나 이는 현행 민법상 친생추정제도를
형해화(形骸化) 내지 공동화(空洞化)하는 것으로서, 받아들이기 어렵다. 친생부인
의 소의 제기기간은 친생부인의 사유가 있음을 안 날부터 2년이다(민법 제847조
제1항). 그런데 혈연설에 의하면 유전자형 배치가 있다는 것을 확인할 수 있으면
위 2년의 제소기간이 경과한 후에도 언제나 친생부인의 소 아닌 친생자관계부존
재확인의 소를 제기할 수 있다는 것이 되어, 실제로는 제소기간의 제한을 받는
친생부인의 소를 제기할 필요가 있는 경우는 없게 된다.

다른 한편 친생추정을 받는 자녀가 출생신고된 경우에는 출생신고를 받은
가족관계등록공무원이 어머니의 남편을 그 자녀의 아버지로 기재하여야 하므로,
친생추정이 미치는지 여부는 그 공무원의 입장에서 판단하여야 한다. 그런데 현
행 가족관계의 등록 등에 관한 법률상의 신고에 대한 가족관계등록공무원의 심
사는 이른바 형식적 심사주의에 따르고 있으므로, 신고인이 제출하는 법정의 첨
부서류만에 의하여 법정의 요건을 구비하고 있는지, 절차에 부합하는지의 여부
를 형식적으로만 심사하는 것이고, 그 신고사항의 실체적 진실과의 부합여부를
탐지하여 심사하여야 하는 것은 아니다. 그런데 가족관계등록공무원이 자녀가
유전자 검사 결과에 따라 그 어머니의 남편의 친생자인지 아닌지를 심사하는 것

---

4) 당사자나 관계인의 친생자가 아니라는 점에 대한 동의가 있는 경우에는 추정이 미치지 않는다
는 설.

5) 유전자 배치와 같이 夫와 子 간에 혈연관계가 존재하지 않음이 과학적으로 증명되었고, 夫와
子 간에 사회적 친자관계도 소멸한 경우에는 친생추정이 미치지 않는다고 보는 설.

은 가족관계등록공무원의 심사권한을 초과하는 것이다.

3. 민법 제846조, 제847조의 개정과 관련하여

　종래 제한설이 주장되었던 배경은, 과거에는 친생부인의 제소권자나 제소기간이 제한되어 있어, 실제로는 친생부인의 소가 인정되는 범위가 지나치게 제한되어 있었기 때문이다. 2005. 3. 31. 개정 전의 민법 제846조는 친생부인의 소의 제소권자를 부(夫)로 한정하였고, 제847조는 그 제소기간을 부(夫)가 그 출생을 안 날로부터 1년 내로 규정하고 있었다. 그러므로 종전의 제소권자인 부(夫)라 하여도 자녀의 출생을 알기는 하였으나 안 날부터 1년이 지나서야 그 자녀가 자신의 친생자가 아니라는 사실을 안 때에는 친생부인의 소를 제기할 수 없었고, 또 그가 친생부인의 소를 제기하지 않으면 다른 사람도 친생자관계를 다툴 수 없었다. 그리하여 제한설은 민법의 문언으로는 친생자로 추정되는 경우에도 친생부인의 소가 아니라 친생자관계존부확인의 소에 의하여 친생자관계를 다툴 수 있는 방법을 모색하려고 하였다.

　그런데 헌법재판소 1997. 3. 27. 선고 95헌가14, 96헌가7 결정은, 위 제847조 제1항 중 '그 출생을 안 날로부터 1년 내' 부분은 헌법에 합치되지 아니한다고 결정하였고, 그에 따라 2005. 3. 31. 개정된 민법 제846조는 제소권자를 부뿐만 아니라 처도 될 수 있도록 하였으며, 제847조 제1항은 그 제소기간을 친생부인(親生否認)의 소(訴)는 부(夫) 또는 처(妻)가 다른 일방 또는 자(子)를 상대로 하여 "그 사유가 있음을 안 날부터 2년 내"로 바꾸었다. 그러므로 종래 친생부인제도가 가지고 있던 문제점은 대부분 해소되게 되었고, 따라서 제한설이 주장될 수 있었던 실질적 근거도 사라지게 되었다.[6]

　이 사건에서도 원고는 1997년경 출생한 피고 2가 자신의 아이가 아니라는 것을 2013년경 알았다고 하므로, 그 때 친생부인의 소를 제기하였다면 친생부인의 판결을 받을 수 있었을 것인데, 원고는 친생부인의 소가 아닌 친생자관계부존재확인의 소를 제기하였다. 따라서 이러한 경우에 원고의 청구를 받아들이지 않는다고 하더라도 구체적인 타당성이 결여되었다고 할 수는 없을 것이다.

---

6) 윤진수(주 2), 12면. 같은 취지, 윤진수 편, 주해친족법 제1권, 박영사, 2015, 562-565면(권재문) 참조.

4. 개정된 민법 제854조의2, 제855조의2와 관련하여

2017년 개정된 민법 제854조의2는, 혼인관계가 종료된 날부터 300일 이내에 출생하여 제844조 제3항에 의하여 혼인 중에 임신한 것으로 추정되는 자녀에 대하여, 어머니 또는 어머니의 전(前) 남편은 가정법원에 친생부인의 허가를 청구할 수 있다는 새로운 제도를 창설하였다. 그런데 동조 제2항은 "제1항의 청구가 있는 경우에 가정법원은 혈액채취에 의한 혈액형 검사, 유전인자의 검사 등 과학적 방법에 따른 검사결과 또는 장기간의 별거 등 그 밖의 사정을 고려하여 허가 여부를 정한다"고 규정하여, 가정법원이 혈액형 검사, 유전인자의 검사 등 과학적 방법에 의하여 전 남편의 친생자가 아닌 것으로 밝혀진 경우에는 친생부인의 허가를 할 수 있도록 하였다. 이는 과학적 방법에 의하여 전 남편의 친생자가 아닌 것으로 밝혀진 경우에도 일단 친생추정이 미치는 것을 전제로 하여, 다만 가정법원이 친생부인의 허가를 할 수 있도록 한 것이다. 따라서 이는 이러한 경우에는 친생추정이 미치지 않는다는 혈연설과는 상충된다.

또 같이 개정된 제855조의2도 그러한 경우에 생부(生父)가 가정법원에 인지의 허가를 청구할 수 있다고 규정하고 있고, 그 요건은 제854조의2와 마찬가지이다.

이러한 점에서도 혈연설은 민법의 해석론상 받아들여질 수 없다.

5. 일본에서의 논의 상황

친생추정에 관한 제한설은 원래 일본에서 주장되었던 것이 우리나라에도 도입된 것이다. 일본 민법의 친생추정 및 친생부인에 관한 규정은 2005년 개정 전의 우리나라와 대체로 같은데, 일본의 현재 판례는 외관설을 택하고 있고,[7] 혈연설이나 그 밖의 제한설을 따르지는 않고 있다. 특히 2013년과 2014년에는 최고재판소가 혈연설을 택하지 않음을 분명히 하였다.

우선 최고재판소 2013(平成 25). 12. 10. 자 결정[8]은, 여성에서 남성으로 성별의 취급 변경의 심판을 받은 사람이, 다른 여성과 혼인하였고, 그 여성이 남편의

---

7) 最高裁判所 1969(昭和44年). 5. 29. 판결(民集 23권 6호 1064면) 등.

8) 民集 67권 9호 1847면,

동의하에 다른 남성의 정자를 제공받아 인공수정에 의하여 자녀를 출산한 경우에, 이 자녀도 어머니의 남편의 자녀로 추정된다고 하였다.9)10)

　　그리고 일본 최고재판소가 2014(平成 26). 7. 17. 선고한 두 판결11)은, 남편과 자녀 사이에 생물학상의 부자관계가 과학적 증거에 의해 명백하고, 또 자녀가 현시점에 남편으로부터 감호되지 않고, 처 및 생물학상의 아버지 아래에서 순조롭게 성장하고 있다는 사정이 있어도, 자녀의 신분관계의 법적 안정성을 유지할 필요가 당연히 없어지는 것은 아니므로, 위와 같은 사정이 존재한다고 하여 친생의 추정이 미치지 않게 되는 것이라고는 할 수 없다고 하였다.12)

6. 외관설에 대한 재검토 필요성

　　대상사건에서 직접 문제되는 것은 아니지만, 현재의 판례가 친생추정에 대하여 따르고 있는 외관설에 대하여도 이번 기회에 다시 검토할 필요가 있다. 대법원은 대법원 1983. 7.12. 선고 82므59 전원합의체 판결 이래, 부부의 한쪽이 장기간에 걸쳐 해외에 나가 있거나 사실상 이혼으로 부부가 별거하고 있는 경우 등 동서(同棲)의 결여로 처가 부(夫)의 자를 포태할 수 없음이 외관상 명백한 경우에는 그러한 추정이 미치지 않고, 따라서 이때에는 친자관계부존재확인의 소를 제기할 수 있다고 하였다. 그러나 이러한 외관설도 가족관계등록공무원이 형식적 심사에 의하여 동서(同棲)의 결여로 처가 부(夫)의 자를 포태할 수 없음이 외관상 명백한 경우를 가려낼 수 있는 방법이 없다는 점에서 역시 이론적으로 문제가 있다.

　　뿐만 아니라 2005년 민법이 개정된 후에는 이와 같이 볼 현실적 필요성이 사실상 소멸되게 되었다. 2005년 개정 전에도, 이처럼 처가 부(夫)의 자를 포태할

---

9) 다만 이 사건에서 岡部喜代子 재판관의 반대의견은, 종래의 판례인 외관설에 따르더라도 이 부부 사이에는 성적 관계를 가질 기회가 없음이 명백하다고 하여 친생추정이 미치지 않는다고 하였다.

10) 이 결정에 대한 국내의 문헌으로는 김상헌, "성전환자의 부자관계에 관한 소고", 아주법학 제8권 1호, 2014, 255면 이하; 김민규, "성정체성장애(GID)로 인한 성별변경과 비배우자간의 인공수정(AID) 자녀에 대한 친자추정 법리", 한국의료법학회지 제26권 제1호, 2018, 133면 이하 참조.

11) 民集 68권 6호 547면; 判例時報 2235호 14면.

12) 상세한 것은 류일현, "친생자 추정이 미치는 범위와 그 한계", 비교사법 제22권 3호, 2015, 1011면 이하 참조.

수 없음이 외관상 명백한 경우에는, 부(夫)가 자신의 처가 자녀를 출산하였다면 그 때 이 자녀가 자신의 자녀가 아님을 알았을 것이고, 따라서 당시의 민법 하에서도 1년의 제소기간 내에 친생부인의 소를 제기하는 것이 얼마든지 가능하였다. 다만 당시에는 친생부인권자가 부(夫)뿐이었으므로, 부(夫)가 친생부인의 소를 제기하지 않는다면 처라 하여도 친생자관계를 다툴 방법이 없었다. 그러나 2005년 민법 개정에 따라 처도 친생부인권자로 추가되었으므로, 이러한 불합리는 상당 부분 사라지게 되었다. 따라서 민법의 명문 규정상 인정되지 않는 이러한 외관설을 계속 유지할 필요가 있는지는 의문이다.13)

다른 한편 앞에서 언급한 것처럼 2017년 개정된 민법 제854조의2와 제855조의2는 가정법원의 허가에 의한 친생부인과 생부에 의한 인지를 허가할 때 고려할 사항으로서 장기간의 별거를 들고 있는데, 이 또한 외관설이 더 이상 유지될 수 없다는 근거가 된다.

7. 제한설의 기본적인 문제점

친생추정이 미치는 범위에 관하여 종래 이를 좁히려는 제한설은, 기본적으로 생물학적으로 친생자관계가 아님에도 불구하고 친생부인의 소 제소기간을 제한함으로써 진실에 부합하지 않는 친생자관계를 유지하는 것을 부정적으로 보아, 민법 규정에 대한 예외를 인정하려는 것이다. 이러한 태도를 이른바 혈연진실주의라고 한다.

그러나 이러한 제소기간의 제한은 법적 안정성을 위한 것이고, 자녀의 보호를 위하여 필요한 것이다.14) 입법론적으로 이러한 제소기간을 늘리는 등의 방법은 검토할 가치가 있겠지만, 해석론에 의하여 법의 명문규정을 무력화시키는 것은 허용될 수 없을 것이다.

---

13) 윤진수(주 2), 11-12면. 또한 권재문(주 6), 562면 이하도 같은 취지이다.
14) 우리 민법과 같이 관련자가 친생부인의 사유를 안 날부터 2년의 제소기간을 규정하고 있는 독일 민법 제1600b조의 규범목적에 관한 독일의 설명도 이와 같다. Münchener Kommentar zum BGB/Wellenhofer, 7. Auflage, 2017, Rdnr. 3; beck-online.GROSSKOMMENTAR/Reuß, BGB § 1600b (Stand: 01.03.2017), Rdnr. 2 참조.

Ⅲ. 제3자의 정자를 사용한 인공수정(AID, Artificial Insemination by Donor)에 동의한 배우자인 남편이 출생한 자녀가 친생자가 아니라고 주장할 수 있는지 여부

이 문제에 관하여는 대법원의 판례는 아직 없고, 하급심 판결례는 갈리고 있다.[15] 그러나 현재의 학설은 대체로 인공수정에 동의하였던 남편이 나중에 와서 친생부인을 주장하는 것은 자신의 선행행위에 모순되는 것으로서 허용될 수 없고{이 자(子)는 남편의 동의가 없었으면 출생하지 않았을 것이다}, 이러한 동의는 친생자임의 승인(852조)과 마찬가지이므로 친생부인의 소를 제기할 수 없다고 보고 있으며, 이 견해가 타당하다고 보인다.[16]

대상사건의 원심판결인 서울가정법원 2016. 9. 21. 선고 2015르1490 판결도 이와 같이 보았다. 즉 피고 1은 민법 제844조 제1항에 의하여 원고의 친생자로 추정되므로, 민법 제865조 소정의 친생자관계부존재확인의 소에 의하여 그 친생자관계의 부존재확인을 구하는 것은 부적법하고, 설령 피고 1에 대한 이 사건 소를 친생부인을 구하는 취지로 선해하더라도, 원고가 제3자의 정자를 사용한 피고 1의 인공수정에 동의하였으므로 금반언의 원칙에 따라 친생부인권을 행사할 수 없다고 하였다.

〈가족법연구 제33권 2호, 2019〉

〈추기〉
1. 이 의견서는 대법원에서 가족법학회 등에 의견을 요청함에 따라 작성되었다. 그런데 당시에는 당해 사건번호가 "대법원 2016므0000"로만 표시되어, 의견서를 작성할 때에도 그와 같이 표기하였다. 나중에 사건번호가 대법원 2016므2510인 것으로 확인되어 여기에는 그와 같이 표기하였다. 이 의견서가 게재된 가

---

15) 대구지방법원 가정지원 2007. 8. 23. 선고 2006드단22397 판결은 이러한 경우에 남편에 의한 친생부인은 신의칙에 반하여 허용되지 않는다고 하였다. 반면 서울가정법원 2002. 11. 19. 선고 2002드단53028 판결은, 남편이 생식불능인 이상 친생추정이 미치지 아니한다고 하여 친생자관계부존재확인청구를 인정하였다.

16) 윤진수, "補助生殖技術의 家族法的 爭點에 대한 근래의 動向", 民法論攷 제7권, 2015, 215면 이하; 윤진수, 친족상속법강의, 제2판, 2018, 189면 참조.

족법연구 제33권 2호에는 본인 외에도 김천수 교수, 김상훈 변호사, 한국가정법률상담소의 의견서가 같이 실려 있다.

2. 위 사건에 관하여 대법원 2019. 10. 23. 선고 2016므2510 전원합의체 판결의 다수의견은 대체로 다음과 같이 판시하였다.

가. 아내가 혼인 중 남편이 아닌 제3자의 정자를 제공받아 인공수정으로 자녀를 출산한 경우에도 친생추정 규정을 적용하여 인공수정으로 출생한 자녀가 남편의 자녀로 추정된다고 보는 것이 타당하고, 남편이 인공수정에 동의하였다가 나중에 이를 번복하고 친생부인의 소를 제기하는 것은 허용되지 않는다.

나. 혼인 중 아내가 임신하여 출산한 자녀가 남편과 혈연관계가 없다는 점이 밝혀졌더라도 친생추정이 미치지 않는다고 볼 수 없다.

이러한 결론은 타당하다. 다만 이 판결은 이른바 외관설을 따르는 종전 판례를 유지할 것인지는 밝히지 않았다. 이 판결에 대한 재판연구관의 판례해설로는 장재용, "친생추정의 예외 인정 여부와 인공수정 자녀에 대한 친생추정 여부", 사법 제52호, 2020, 771면 이하가 있다.

3. 대법원 2021. 9. 9. 선고 2021므13293 판결은 종래의 판례와 같이 외관설을 유지하면서, 위 대법원 2019. 10. 23. 선고 2016므2510 전원합의체 판결에서도 이러한 입장이 변경되지 아니하였다고 하였다.

상속법의 변화와 앞으로의 과제

I. 들어가는 말

민법 시행 후 상속에 관하여는 여러 가지 변화가 있었다. 법 자체의 개정도 여러 차례 있었을 뿐만 아니라, 상속을 둘러싼 법적 분쟁도 크게 늘어나고 있고, 그 분쟁의 양상도 달라지고 있다. 이는 기본적으로 우리 사회가 큰 변화를 겪고 있기 때문이다.

이 글에서는 상속법의 변화 과정을 소개하고, 상속법상 어떤 것이 주된 쟁점이 되었는가 하는 것들을 살펴본 다음, 앞으로의 상속법의 과제는 무엇인가 하는 점을 검토하고자 한다. 이 글의 목적상 지나치게 상세한 설명은 자제하고자 하였고, 참고문헌의 인용도 최소한으로 줄였다.

II. 상속법의 변화[1]

1. 민법 제정 전의 상속법

민법 제정 전에는 1912년의 조선민사령(朝鮮民事令)에 따라 친족상속에 관하여는 일본 민법이 의용(依用)되지 않고, 관습에 의하도록 규정하였으므로(제11조), 당시의 법원은 관습을 조사하고, 그에 따라 재판을 하였다.[2]

---

1) 전경근, "한국 상속법의 변천과 전망", 아세아여성법학 제17호, 2014도 참조.
2) 관습조사의 결과를 모은 것으로는 통감부 시절에 조사되어 1913년까지 간행된 관습조사보고서

그러나 일본의 법원이 실제로 적용한 관습은 반드시 종래의 관습과 일치하지 않았다. 예컨대 일제 강점기 초기에는 관습상 제사상속이 인정된다고 보았으나, 조선고등법원 1933(소화 8). 3. 3. 판결은, 제사상속은 법률적으로는 더 이상 인정되지 않는다고 하였다.3) 또 우리나라에는 상속회복청구권의 소멸시효는 존재하지 않았는데, 조선고등법원 1935(소화 10). 7. 30. 연합부 판결은 종래의 판례를 변경하여, 상속회복청구권은 상속인 또는 그 법정대리인이 상속권을 침해당한 사실을 안 때에는 상속개시의 때로부터 각각 상당한 기간 내에 한하여 행사할 수 있고 그 기간을 경과한 때에는 위 청구권이 소멸하는 것으로 되는 것 역시 조선의 관습상 시인된다고 판시하였다.4)

어쨌든 광복 후 대법원도 민법 시행 전의 상속에 관하여는 일제가 인정한 관습을 그대로 따랐다. 현재에도 이러한 상속관습법은 재판에서 적용되기 때문에, 이를 아는 것은 실무적으로도 중요하다. 예컨대 최근의 대법원 2015. 1. 29. 선고 2014다205683 판결은, 현행 민법이 시행되기 전에 호주 아닌 기혼의 장남이 직계비속 없이 사망한 경우 그 재산은 처가 상속하는 것이 우리나라의 관습이었다고 하여 원심판결을 파기하였다.

반면 대법원 2003. 7. 24. 선고 2001다48781 전원합의체 판결은, "상속회복청구권은 상속이 개시된 날부터 20년이 경과하면 소멸한다"는 내용의 관습은 소유권은 원래 소멸시효의 적용을 받지 않는다는 권리의 속성에 반할 뿐 아니라 진정상속인으로 하여금 참칭상속인에 의한 재산권침해를 사실상 방어할 수 없게 만드는 결과로 되어 불합리하고, 헌법을 최상위 규범으로 하는 법질서 전체의 이념에 부합하지 아니하여 정당성이 없으므로, 위 관습에 법적 규범인 관습법으로서의 효력을 인정할 수 없다고 하였다.5) 이 밖에도 종전의 상속관습법의 위헌 여부가 문제되는 경우가 있다. 이에 대하여는 아래 Ⅲ. 9. 참조.

(慣習調査報告書)와 중추원(中樞院)이 조회에 대하여 회답한 민사관습회답휘집(民事慣習回答彙集)이 있다.

3) 윤진수, "고씨 문중의 송사를 통해 본 전통 상속법의 변천", 민법논고 5, 박영사, 2011, 48면 이하 참조.

4) 윤진수, "상속회복청구권의 소멸시효에 관한 구관습의 위헌 여부 및 판례의 소급효", 민법논고 5(주 3), 165-167면 참조.

5) 이에 대하여는 윤진수(주 4) 참조.

2. 제정 민법

가. 제정 경위

1948년에 법률 제정을 위하여 법전편찬위원회가 구성되었는데, 여기서 친족상속법을 담당한 사람은 장경근(張暻根)이었고, 장경근의 사안(私案)[6]을 토대로 하여 친족상속편 원요강이 작성되었다.[7] 장경근의 안은 기본적으로 종래의 관습을 존중하면서도 점진적으로 개혁을 꾀하려는 이른바 점진적 개혁론의 입장이라고 할 수 있다. 그런데 실제로 1954년 국회에 제출된 민법안[8]은 친족상속편 원요강과는 많은 차이가 있었다. 이 민법안의 기초를 주도한 것은 당시 대법원장이었던 김병로(金炳魯)였다. 이 민법안은 기본적으로 종래의 관습을 존중하여야 한다는 관습존중론이었다. 이 민법안에 대하여 국회 법제사법위원회는 1956년 9월에 정부안을 수정하는 요강을 만들었다.[9] 당시 장경근은 법제사법위원회 민법안 심의소위원회 위원장으로서 위 요강의 작성에 주된 역할을 하였고, 본회의에서의 민법안 심의에서도 법제사법위원회 위원장 대리로서 심의를 주도하였는데, 장경근 의원은 이른바 점진적 개혁론을 표방하였다. 다른 한편 정일형 의원 외 33인은 친족상속편 수정안을 제출하였는데, 이는 당시 서울대학교 법과대학의 정광현 교수가 주장하고 있던 헌법존중론[10]에 입각한 것이었다.[11]

그러나 최종적으로 1957. 12. 17. 의결된 민법안에서는 정일형 의원의 수정안은 그다지 반영되지 못하였고, 정부안을 수정한 법사위 안이 거의 대부분 채택되었다. 의결된 민법은 1958. 2. 22. 공포되어 1960. 1. 1.부터 시행되게 되었다. 제정 민법 중 상속편은 기본적으로 일본 민법의 영향을 많이 받았음은 부정할 수 없는 사실이다. 나아가 일본민법은 프랑스 민법의 영향을 받았으므로, 우리 상속법에는 프랑스 민법적인 요소가 적지 않다. 예컨대 공동상속재산을 공유로 규정하고(제1006조), 상속의 한정승인제도를 인정하며(제1028조 이하), 유언에 의

---

6) 장경근, "친족상속법 입법방침 급 친족상속법기초요강사안", 정광현, 한국가족법연구, 1967, 부록편 1면 이하 게재.

7) 장경근, "민법친족상속편 원요강해설", 정광현(주 6), 부록편 12면 이하 게재.

8) 정광현(주 6), 부록편 46면 이하.

9) 정광현(주 6), 부록편 87 이하.

10) "친족상속편의 요강과 초안에 대한 분석과 관견", 정광현(주 6), 330 이하.

11) 정일형 수정안에 대하여는 윤진수, "한국민법학에 대한 서울대학교의 기여", 서울대학교 법학 58권 1호, 2017, 97면 이하 참조.

한 상속인 지정 대신 포괄적 유증(제1078조)을 인정하는 것 등이다.[12]

그러나 제정민법에는 다른 나라와는 다른 이질적인 규정도 많았다. 즉 호주
상속을 인정하고, 부와 처의 상속법상 지위를 달리 규정하였으며, 또 상속인이
호주상속인인지 여부, 남자인지 여자인지 여부에 따라 달라지는 등 남녀평등에
어긋나는 내용을 담고 있었다.

나. 중요한 내용

이하에서는 그 후 달라진 부분을 중심으로 서술한다.

(1) 호주상속의 인정

친족법에 호주를 규정함에 따라 상속법에서는 호주상속을 인정하였다(제980-
996조).

(2) 부(夫)와 처의 상속순위

부와 처는 서로간에 상속인이 될 수 있었지만, 그 내용에 있어서 차이가 있
다. 즉 처가 피상속인인 경우에 부는 그 직계비속과 동순위로 공동상속인이 되었
고 그 직계비속이 없는 때에는 단독상속인이 되었던 반면, 부가 피상속인인 경우
에는 처는 피상속인의 직계비속 또는 직계존속과 공동상속인이 되었고, 직계비
속이나 직계존속이 없는 때에 단독상속인이 되었다(제1002조, 제1003조 제1항). 그
리고 처는 부를 대습상속할 수 있었으나, 부는 처를 대습상속하지 못하였다(제
1003조 제2항).

(3) 법정상속분

법정상속분은 균분을 원칙으로 하면서도, 호주상속인의 상속분은 5할이 가
산되고, 여자의 상속분은 남자의 상속분의 2분의 1이었으며, 동일가적 내에 없는
여자의 상속분은 남자의 상속분의 4분의 1이었다. 그리고 피상속인의 처의 상속
분은 직계비속과 공동으로 상속하는 때에는 남자의 상속분의 2분의 1이고, 직계
존속과 공동으로 상속하는 때에는 남자의 상속분과 균분이었다(제1009조).

3. 상속법의 개정

민법이 제정된 후 얼마 되지 않아서 가족법 개정운동이 벌어지게 되었다.[13]

---

12) 김형석, "우리 상속법의 비교법적 위치", 가족법연구 제23권 2호, 2009 참조.
13) 가족법 개정운동에 대하여는 가령 이태영, 가족법 개정운동 37년사, 1992 참조.

민법 제정 후 상속법의 중요한 개정은 1977년, 1990년, 2002년 및 2005년 4차례였다.[14)]

가. 1977년 개정[15)]

1977. 12. 31. 법률 제3051호에 의하여 개정된 민법은 법정상속분의 조정 및 유류분제도의 도입이 주된 내용이었다. 우선 동일가적 내에 있는 여자의 상속분이 종전에는 남자의 1/2이던 것을 남자와 동일하게 하였고,[16)] 피상속인의 처의 상속분은 직계비속과 공동으로 상속하는 때에는 직계비속의 상속분의 5할을 가산하며, 직계존속과 공동으로 상속하는 때에는 직계존속의 상속분의 5할을 가산하는 것으로 늘어났다(제1009조). 또한 유류분제도가 새로이 도입되었다(제1112-1118조).

나. 1990년 개정[17)]

1990. 1. 13. 법률 제4199호에 의하여 개정된 민법은 비교적 큰 폭의 개정이었다. 우선 호주상속제도가 호주승계제도로 바뀌어 상속법에서 친족법으로 옮겨졌다. 또한 종전에는 피상속인의 8촌 이내의 방계혈족은 상속인이 될 수 있었으나 개정법에 의하여 4촌 이내의 방계혈족이 상속인이 될 수 있는 것으로 제한되었다(제1000조 제1항 제4호). 그리고 부와 처의 상속법상의 지위가 동일하게 되었다(제1003조). 다른 한편 법정상속분도 상속인이 호주승계인이건 아니건, 남자이건 여자이건 불문하고 모두 균분으로 되었으며, 다만 피상속인의 배우자의 상속분은 다른 공동상속인보다 5할을 더 받게 되었다(제1009조). 이외에도 기여분제도(제1008조의2)와 특별연고자에 대한 분여제도(제1057조의2)가 신설되었다.

다. 2002년 개정

2002. 1. 14. 법률 제6591호에 의한 개정은 헌법재판소의 상속법 중 두 조문에 대한 헌법불합치결정을 반영하기 위한 것이었다. 우선 상속회복청구권은 상

---

14) 그 외에도 상속법의 개정이 있었지만, 주로 다른 법이 개정되면서 그에 따라 상속법도 개정되거나, 용어가 바뀐 정도이다.

15) 이 개정의 경위에 관하여는 가령 김주수, "가족법 반세기의 회고와 과제", 가족법연구 제23권 1호, 2009, 4면 이하 참조.

16) 그러나 동일가적이 아닌 여자의 상속분은 1/4로 유지되었다.

17) 이 개정의 경위에 관하여는 가령 김주수(주 15), 6면 이하 참조.

속이 개시된 날부터 10년을 경과하면 소멸된다고 규정하고 있던 것이 위헌이라고 하여 헌법불합치결정을 선고한 헌법재판소 2001. 7. 19. 선고 99헌바9 등 결정을 반영하여, 제999조 제2항이 상속회복청구권은 상속권의 침해행위가 있은 날부터 10년을 경과하면 소멸된다고 개정되었다. 그리고 법정단순승인 의제를 규정한 제1026조 제2호에 대하여 헌법불합치결정을 선고한 헌법재판소 1998. 8. 27. 선고 96헌가22 등 결정을 반영하여, 특별한정승인제도(제1019조 제3항)를 신설하고, 헌법불합치결정되었던 제1026조 제2호를 되살렸다.

라. 2005년 개정

2005. 3. 31. 법률 제7427호에 의한 개정은 상속에 관하여는 주로 2002년 개정 당시에 특별한정승인에 관한 규정을 불완전하게 만들었던 것을 보완하였다 (제1030조, 제1034조, 제1038조).

Ⅲ. 학설과 판례상의 주된 쟁점

1. 상속법의 본질

상속법의 본질이 재산법인가 가족법인가 하는 점에 관하여는 근래 논쟁이 있다. 종래에는 상속법이 친족법과 함께 가족법에 속한다는 데 별다른 의문이 제기되지 않았으나. 특히 1990년의 상속법 개정 후에는 상속법이 가족법이 아니라 재산법에 속한다는 견해가 유력하게 주장되고 있다. 그 근거는 1990년 개정에 의하여 상속법상의 호주상속이 친족법상의 호주승계로 바뀌었고, 상속법의 효과는 재산의 승계이기 때문이라는 것이다.[18]

생각건대 상속법이 재산법이라고 하는 주장에도 일리가 있는 것처럼 보인다. 민법 제1005조는 상속의 대상을 피상속인의 재산에 관한 권리의무라고 규정하고 있기 때문이다. 그리고 일본을 제외한 다른 나라에서는 상속법을 가족법의 일부로 보는 경우는 별로 없다. 일본에서 상속법을 가족법의 일부로 보게 된 것은 1947년 개정 전의 일본 민법이 가(家)제도를 인정하여 친족법상의 지위인 호

---

18) 곽윤직, "상속의 근거와 상속법의 본질", 민사판례연구 제18권, 1996, 650면 이하; 곽윤직, 상속법, 개정판, 2004, 24면 이하. 같은 취지, 송덕수, 친족상속법, 제3판, 2017, 2면 이하; 최금숙, "상속법―가족법인가 재산법인가", 가족법연구 제19권 1호, 2005, 425-426면 등.

주의 상속을 인정하고 있었기 때문이다. 그러나 실질적으로 관찰한다면 상속법과 친족법은 깊은 연관이 있다. 우선 유언이 없는 법정상속에서는 배우자, 직계존비속, 형제자매 등 일정한 범위 내의 친족이 상속인이 된다. 이 점에서 상속법과 친족법 사이에는 밀접한 관련이 있다. 반면 유언에 의한 재산의 사후승계는 친족법과는 관련이 없는 것처럼 보일 수도 있지만, 반드시 그렇지는 않다. 우선 유언의 자유도 친족의 보호를 위한 유류분제도에 의하여 제한된다. 그리고 유언에 의하여 유증을 받는 사람은 대부분 배우자나 혈족과 같은 친족이고, 친족 이외의 사람들이 유증의 상대방이 되는 경우는 오히려 예외적이라고 할 수 있다.

　　그러므로 상속법은 적어도 그 요건, 즉 상속재산이 누구에게 귀속되는가 하는 면에서는 친족법과 밀접한 연관이 있다고 하지 않을 수 없다.19) 그러나 논의의 실익은 크지 않다. 종래 신분행위라는 개념을 인정하는 견해는 친족법뿐만 아니라 상속의 승인이나 포기 등 상속법상의 법률행위도 신분행위에 포함되므로 재산법의 규정이 전반적으로 적용되지 않는다고 보았으나, 이러한 신분행위라는 개념을 인정할 필요는 없다. 민법총칙의 규정이 친족법이나 상속법에 그대로 적용될 수 있는가 하는 점은 개별적으로 따져야 할 문제이고, 상속법의 본질을 무엇으로 볼 것인가에 따라 좌우될 문제는 아니다. 다만 대법원 2011. 6. 9. 선고 2011다29307 판결은 상속의 포기는 제406조 제1항에서 정하는 "재산권에 관한 법률행위"에 해당하지 아니하므로 채권자가 채권자취소권을 행사할 수 없다고 하였는데, 어떤 의미에서 상속의 포기가 재산권에 관한 법률행위가 아닌지는 이 판결의 설시만으로는 알기 어렵다.20)

2. 상속회복청구권

　　민법이 시행된 이래 상속법 중 가장 많은 대법원 판례가 나온 부분은 상속회복청구권에 관한 것이다. 그에 상응하여 많은 쟁점이 제기되었고, 또 헌법재판소도 상속회복청구권 규정에 대하여 두 차례에 걸쳐 헌법불합치결정을 선고하였으며, 그에 따라 앞에서 언급한 것처럼 민법이 개정되었다.

---

19) 윤진수, "재산법과 비교한 가족법의 특성", 민법논고 7, 2015, 25-27면 참조.
20) 이에 대하여는 윤진수, 친족상속법강의, 제2판, 2018, 488면 참조.

가. 상속회복청구권의 성질

상속회복청구권의 성질에 관하여는 종래부터 독립권리설과 집합권리설이 대립하고 있다. 독립권리설은, 상속회복청구권은 상속인의 소유권 기타의 권리에 기한 개별적 청구권과는 별개의 독립한 권리로서, 상속권 그 자체에 대한 침해를 포괄적으로 회복하는 것을 목적으로 하는 독립된 권리라고 한다.[21] 이 설에 의하면 상속회복청구권은 개별적 청구권과는 청구권 경합의 관계에 있는 것으로서, 진정상속인은 목적물을 개별적으로 특정하지 않고 포괄적으로 반환청구를 할 수 있다는 데 독자적 의의가 인정되고, 상속인은 자기에게 상속권이 있다는 사실과 청구의 목적물이 상속개시 당시 피상속인의 점유에 속하였던 사실만을 증명하면 되며, 나아가 소유권 기타 권리의 존재를 증명할 필요는 없으므로 이와 같은 상속회복의 소에 있어서의 증명책임의 전환에 그 독자적인 의의가 있다고 한다. 다만 독립권리설을 따르면서도 개별적 청구권과의 경합을 부정하는 견해도 있고,[22] 경합을 인정하지만, 개별적 청구권을 행사하더라도 상속회복청구권의 제척기간의 적용을 받는다는 견해도 있다.[23]

반면 집합권리설은, 상속회복청구권은 상속재산을 구성하는 개개의 재산에 관하여 생기는 개별적 청구권의 집합에 불과한 것이라고 이해한다.[24] 따라서 상속을 이유로 하여 상속재산의 반환을 청구하는 소는 그것이 포괄적으로 행하여지든, 상속재산 중의 특정재산에 대하여 개별적으로 행하여지든, 또는 참칭상속인에 대하여 행하여지든, 제3취득자에 대하여 행하여지든, 상속을 원인으로 하여 행하여지면 상속회복청구권의 행사로 보며, 물권적 반환청구권과의 경합을 인정하지 않는다.

대법원의 판례는 초기에는 독립권리설의 입장에서 상속회복청구권이 개별적 청구권과는 별개의 권리라고 본 것과, 집합권리설의 입장을 택한 것이 섞여 있었다.[25] 그런데 대법원 1981. 1. 27. 선고 79다854 전원합의체 판결은, 재산상속에 관하여 진정한 상속인임을 전제로 그 상속으로 인한 소유권 또는 지분권

---

21) 김용한, 친족상속법론, 보정판, 2003, 293-294면 등.
22) 곽윤직, 상속법(주 18), 164-165면.
23) 송덕수(주 18), 359면.
24) 김주수·김상용, 친족·상속법, 제14판, 2017, 616-617면 등.
25) 전자: 대법원 1977. 11. 22. 선고 77다1744 판결. 후자: 대법원 1978. 12. 13. 선고 78다1811 판결; 1980. 4. 22. 선고 79다2141 판결

등 재산권의 귀속을 주장하고 참칭상속인 또는 자기들만이 재산상속을 하였다는 일부 공동 상속인들을 상대로 상속재산인 부동산에 관한 등기의 말소 등을 청구하는 경우에도 그 소유권 또는 지분권이 귀속되었다는 주장이 상속을 원인으로 하는 것인 이상, 그 청구원인 여하에 불구하고 이는 상속회복청구의 소라고 해석함이 상당하므로, 이와 같은 경우에도 당시의 제999조에 의하여 준용되는 제982조 제2항 소정의 제척기간의 적용이 있는 것이라고 하여 집합권리설을 따름을 명백히 하였다. 그 후 대법원 1991. 12. 24. 선고 90다5740 전원합의체 판결의 다수의견도 이러한 태도를 유지하고 있고, 이는 현재에도 계속 유지되고 있다.

　　독립권리설과 집합권리설의 차이는 실제로는 상속회복청구권과, 상속인이 상속에 의하여 취득한 상속재산의 권리자로서 가지는 물권적 청구권이나 손해배상청구권 등의 관계를 어떻게 파악할 것인가 하는 점에 있다. 집합권리설에 따를 때에는 상속회복청구권은 이러한 권리들의 집합 외에 다른 것이 아니므로, 상속회복청구권과는 별도로 이러한 권리들을 행사하는 것이 배제된다. 반면 독립권리설에 따른다면 상속회복청구권 외에 이러한 권리들을 별도로 행사할 수 있게 된다.

　　연혁적으로 볼 때 상속회복청구권은 상속인의 보호를 위하여 개별적 청구권 외에 특별히 인정되었던 것이므로, 상속회복청구권은 개별적 청구권과는 별개의 권리로서 직접 상속재산의 반환을 청구하는 권리라고 보아야 할 것처럼 생각되기도 한다. 그러나 이처럼 상속회복청구권을 개별적 청구권과 별개의 독립적 권리로 인정한다면 그 권리의 내용이 별로 없는 공허한 권리가 되고 만다. 독립권리설에서는 진정상속인은 목적물을 개별적으로 특정하지 않고 포괄적으로 반환청구를 할 수 있으며, 상속인은 자신의 소유권 기타 권리의 존재를 증명할 필요는 없다고 주장한다. 그러나 현행 소송법상 목적물을 특정하지 않은 채 포괄적 반환을 명하는 집행권원을 얻을 수 있는 방법은 없다. 또 피상속인의 점유는 상속인에게로 이전되는데(제193조), 점유자가 점유물에 대하여 행사하는 권리는 적법한 것으로 추정되고(제200조), 피상속인 명의로 등기된 부동산의 경우에는 상속인에게 등기의 추정력이 인정되므로, 소유물반환청구권의 행사가 상속회복청구권과 비교하여 증명책임 면에서 불리하다고 하기는 어렵다. 그러므로 현행법의 해석론으로는 집합권리설을 따르지 않을 수 없다.

　　집합권리설에 대하여는, 왜 참칭상속인이 일반의 불법점유자와는 달리 제척기간이 경과함으로써 보호를 받게 되는 것인가, 소유권에 기한 물권적 반환청구권이 소멸시효에 걸리지 않는 것과는 균형이 맞지 않는다는 비판이 있다. 이러한 비판에 수긍할 점이 없지 않으나, 이는 현행법의 해석상 부득이한 결과라고 하지 않을 수 없다.

따라서 상속회복청구권과 상속인이 상속인의 지위에서 가지는 상속재산에 관한 물권적 청구권이나 다른 권리와는 청구권경합의 관계에 있는 것은 아니며, 법조경합 관계에 있다고 보아야 한다. 그러므로 상속인이 참칭상속인이나 그로부터의 전득자 등에 대하여 상속재산에 관한 권리자임을 주장하여 상속재산의 회복을 주장하는 경우에는 이는 항상 상속회복청구에 해당하고, 따라서 그 청구는 제척기간의 적용을 받게 되며, 이는 상속인이 상속회복청구라고 주장하지 않는다고 하여도 마찬가지이다.

다만 입법론적으로는 과연 개별 권리 외에 상속회복청구권이라는 별개의 권리를 인정할 필요가 있는가 하는 점을 재검토할 필요가 있다. 그리고 상속회복청구권 제도를 유지한다면, 다른 나라의 입법례와 같이 진정한 상속인의 보호를 위한 장치를 보완할 필요가 있을 것이다.[26]

나. 상속회복청구권의 제척기간의 기산점

2002년 개정 전의 민법 제999조 제2항은 "제1항의 상속회복청구권은 그 침해를 안 날부터 3년, 상속이 개시된 날부터 10년을 경과하면 소멸된다"라고 규정하여 10년의 제척기간의 기산점을 상속이 개시된 날로 규정하고 있었다. 그런데 위 규정을 문언 그대로 해석한다면 예컨대 참칭상속인에 대한 상속권의 침해행위가 상속이 개시된 날로부터 10년을 경과한 후에 이루어진 경우에는 상속회복청구권은 처음부터 행사할 수 없는 것이 된다. 실제로 대법원 1989. 1. 17. 선고 87다카2311 판결은 상속개시일로부터 10년을 경과한 후에 상속권의 침해가 있었다고 하더라도 10년의 제척기간 경과로 인하여 상속권회복청구권은 소멸하였다고 판시하였다.

그러나 대법원 1991. 12. 24. 선고 90다5740 전원합의체 판결에서의 이재성, 배만운 대법관의 반대의견에 덧붙이는 의견은, 상속회복청구권의 제척기간은 참칭상속이 개시된 날, 다시 말하면 상속권의 침해가 있었을 때부터 기산하는 것으

---

26) 윤진수, "상속회복청구권의 성질과 그 제척기간의 기산점", 민법논고 5(주 3), 96면 이하 참조.

로 해석하여야 한다고 주장하였다. 제척기간은 권리를 행사할 수 있음을 전제로
하고, 권리를 행사할 수 있을 때부터 기산되어야 하는 것이며, 권리가 침해되지
도 아니한 때부터 그 권리의 회복청구권의 행사기간이 경과한다는 것은 모순이
라는 것이다. 그렇지만 위 전원합의체 판결의 다수의견은 이러한 주장을 받아들
이지 않았다.

그런데 헌법재판소 2001. 7. 19. 선고 99헌바9 등 결정은, 이 규정[27] 중 "상
속이 개시된 날부터 10년" 부분은 위헌이라고 하였다. 그 주된 이유는 진정상속
인의 귀책사유의 유무나 참칭상속인의 침해행위가 언제 있었는지를 묻지 않고
일률적으로 상속개시일부터 10년의 제척기간으로 규정하고 있다는 점 및 상속에
의하여 재산권을 취득한 자와 그 밖의 원인에 의하여 재산권을 취득한 자를 합
리적인 근거 없이 다르게 취급하고 있다는 점의 두 가지라고 할 수 있다.

그리하여 2002년 개정된 제999조 제2항은 "제1항의 상속회복청구권은 그 침
해를 안 날부터 3년, 상속권의 침해행위가 있은 날부터 10년을 경과하면 소멸된
다"는 것으로 바뀌었다. 위 개정된 조항에 대하여 헌법재판소 2002. 11. 28. 선고
2002헌마134 결정은 헌법에 어긋나지 않는다고 하였다.

확실히 종전의 민법 규정에 따르면, 상속 개시 후 10년이 지난 후에 참칭상
속인에 의한 상속권의 침해가 있으면 더 이상 상속회복청구권은 행사할 여지가
없으므로 불합리하다고 하지 않을 수 없다.[28] 이 점에서 위와 같은 헌법재판소의
결정과 개정 민법은 수긍할 수 있다.[29] 다만 이러한 법 개정이 있기 전에도, 해석
론상 참칭상속인이 자신이 진정한 상속인이 아니라는 것을 알면서 상속권을 침
해한 때에는, 그러한 참칭상속인이 10년의 제척기간 경과를 이유로 상속회복청
구권의 소멸을 주장하는 것은 신의칙에 어긋나므로 받아들일 수 없다고 볼 수
있고, 그렇게 본다면 대부분의 상속회복청구에 관한 분쟁은 진정한 상속인에게
유리한 방향으로 해결될 수 있었을 것이다.[30]

27) 정확히 말하면 2002년 개정 전의 제999조 제2항뿐만 아니라 1990년 개정 전의 제999조에 의하
　여 준용되는 제982조 제2항.
28) 이재성, 배만운 대법관은 위 90다5740 전원합의체 판결의 반대의견에 덧붙이는 의견에서, "법
　은 권리가 침해될 때에 이를 구제하는 길을 열어 주어야 그 존재의의가 있는 것이지 권리의 침
　해는 있었으나 처음부터 그 회복을 청구할 기회를 갖지 못하게 하는 것은 용인될 수 없다"고
　하였다.
29) 윤진수(주 4), 178면 이하 참조.
30) 윤진수(주 26), 108면 이하 참조.

다. 남북주민 사이의 상속회복청구

2012. 5. 10. 남북 주민 사이의 가족관계와 상속 등에 관한 특례법이 제정되었다. 이 법에서는 남한주민과 북한주민 사이의 가족관계와 상속·유증 및 이와 관련된 사항에 관하여 민법에 대한 특례를 규정하고 있다. 그중 제11조 제1항은 남북주민 사시의 상속회복청구에 관하여 규정을 하고 있다. 그 내용은 다음과 같다.

"남북이산으로 인하여 피상속인인 남한주민으로부터 상속을 받지 못한 북한주민(북한주민이었던 사람을 포함한다) 또는 그 법정대리인은 「민법」 제999조 제1항에 따라 상속회복청구를 할 수 있다. 이 경우 다른 공동상속인이 이미 분할, 그 밖의 처분을 한 경우에는 그 상속분에 상당한 가액으로 지급할 것을 청구할 수 있다."

그런데 위 특례법은 민법 제999조 제2항이 규정하는 상속회복청구권이 제척기간이 이 경우에도 적용되는지에 관하여는 침묵을 지키고 있어서 논란이 생겼다. 이 점에 관하여 대법원 2016. 10. 19. 선고 2014다46648 전원합의체 판결의 다수의견은, 상속회복청구의 경우에도 친생자관계존재확인이나 인지청구의 경우와 마찬가지로 남북 분단의 장기화·고착화로 인하여 북한주민의 권리행사에 상당한 장애가 있음을 충분히 예측할 수 있음에도, 이들 법률관계를 구분하여 상속회복청구에 관하여 제척기간의 특례를 인정하지 아니한 것은 입법적인 선택이고, 상속회복청구의 제척기간이 훨씬 지났음에도 그 특례를 인정하는 것은 법률해석의 한계를 넘는다고 하였다.

학설상으로는 대법원 판례와 같은 긍정설과, 민법이 규정하는 제척기간은 남북주민 사이에는 적용되지 않는다는 부정설[31] 외에 북한 주민의 상속회복청구권은 '상속권 침해 사실을 안 때'로부터 3년의 제척기간에 걸리고, 10년의 제척기간 규정은 적용되지 않는다는 견해도 주장되었다. 위 전원합의체 판결의 반대의견은 남북이산으로 인하여 피상속인인 남한주민으로부터 상속을 받지 못한 북한주민이었던 사람은 남한의 참칭상속인에 의하여 상속권이 침해되어 10년이 경과한 경우에도 민법상 상속회복청구권의 제척기간이 연장되어 남한에 입국한 때부터 3년 내에 상속회복청구를 할 수 있다고 하였다.

---

31) 제1심 판결이 이와 같이 보았다.

　　생각건대 이 문제는 매우 어려운 정책적 판단을 필요로 하는데, 입법 과정에서 특례를 둘 것인가를 논의하였으나, 반대에 부딪쳐 그러한 특례를 두지 않기로 한 점에 비추어 보면, 본조의 제척기간 규정은 그대로 적용될 수밖에 없고, 해석에 의하여 특례를 인정할 수는 없다고 보아야 할 것이다.[32] 다만 입법론으로는 특례를 인정하는 개정안을 두는 것을 신중하게 검토할 필요가 있다.

3. 배우자의 대습상속

　　민법 제1003조 제2항은 상속인이 될 자가 사망하거나 상속결격된 경우에, 그 배우자가 대습상속을 할 수 있는 것으로 규정한다. 이처럼 배우자의 대습상속을 인정하는 것은 외국의 입법례에서는 찾아볼 수 없는 것인데, 이 점이 사회적으로 주목을 끌게 된 것은 1997년에 일어난 한 항공기 사고 때문이었다. 이 사건에서는 피상속인이 그 처와 아들, 딸 및 그 자녀와 함께 비행기 사고로 모두 사망하였고, 그에게 다른 직계비속이나 직계존속은 없었다. 위 피상속인의 상속재산을 둘러싸고 피상속인의 사위(딸의 배우자)와 피상속인의 형제자매 사이에 다툼이 생겼는데, 대법원 2001. 3. 9. 선고 99다13157 판결은 피상속인의 사위가 피상속인의 형제자매보다 우선하여 단독으로 대습상속한다고 하였다.

　　이 사건에서 우선 문제되었던 것은, 피상속인과 상속인이 될 자가 동시에 사망한 경우에도 대습상속이 인정되는가 하는 점이었다. 즉 피상속인과 상속인이 될 피상속인의 딸은 동일한 위난으로 사망하였으므로 민법 제30조에 의하여 동시에 사망한 것으로 추정된다. 그런데 민법 제1001조 제1항은 "상속인이 될 직계비속 또는 형제자매가 상속개시전에 사망하거나 결격자가 된 경우에 그 직계비속이 있는 때에는 그 직계비속이 사망하거나 결격된 자의 순위에 가름하여 상속인이 된다"고 규정하여, 그 법문에만 따른다면 상속인이 될 자가 상속개시 전에 사망하여야만 대습상속이 가능하고, 피상속인과 상속인이 될 자가 동시에 사망하거나 또는 민법 제30조에 의하여 동시사망한 것으로 추정되는 경우에는 대습상속이 인정되지 않는 것처럼 해석될 여지가 있다. 그러나 위 대법원 판결은 동시사망의 경우에도 대습상속이 인정된다고 하였다. 위 판결은 그 이유로서, 상속인이 될 직계비속이나 형제자매의 직계비속 또는 배우자는 피대습자가 상속개시

---

32) 윤진수(주 20), 342면 참조.

전에 사망한 경우에는 대습상속을 하고, 피대습자가 상속개시 후에 사망한 경우
에는 피대습자를 거쳐 피상속인의 재산을 본위상속을 하므로 두 경우 모두 상속
을 하는데, 만일 피대습자가 피상속인의 사망, 즉 상속개시와 동시에 사망한 것
으로 추정되는 경우에만 그 직계비속 또는 배우자가 본위상속과 대습상속의 어
느 쪽도 하지 못하게 된다면 동시사망 추정 이외의 경우에 비하여 현저히 불공
평하고 불합리하고 대습상속제도 및 동시사망 추정규정의 입법 취지에도 반하므
로, '상속인이 될 직계비속이 상속개시 전에 사망한 경우'에는 '상속인이 될 직계
비속이 상속개시와 동시에 사망한 것으로 추정되는 경우'도 포함하는 것으로 합
목적적으로 해석함이 상당하다고 하였다. 학설도 대체로 이러한 대법원의 판시
를 지지하고 있다.33)

　　다른 한편 위 판결은 배우자의 대습상속이 헌법에 위반된다는 주장은 배척
하였다. 그 이유는, 배우자의 대습상속은 혈족상속과 배우자상속이 충돌하는 부
분인데 이와 관련한 상속순위와 상속분은 입법자가 입법정책적으로 결정할 사항
으로서 원칙적으로 입법자의 입법형성의 재량에 속하고, 상속순위와 상속분은
그 나라 고유의 전통과 문화에 따라 결정될 사항이지 다른 나라의 입법례에 크
게 좌우될 것은 아니며, 피상속인의 방계혈족에 불과한 피상속인의 형제자매가
피상속인의 재산을 상속받을 것을 기대하는 지위는 피상속인의 직계혈족의 그러
한 지위만큼 입법적으로 보호하여야 할 당위성이 강하지 않다는 것이다. 다만 이
판결도 외국에서 사위의 대습상속권을 인정한 입법례를 찾기 어렵고, 피상속인
의 사위가 피상속인의 형제자매보다 우선하여 단독으로 대습상속하는 것이 반드
시 공평한 것인지 의문을 가져볼 수는 있다고 하였다.

　　생각건대 배우자의 대습상속을 인정하는 것이 입법론적으로 타당한지는 의
문이다. 배우자의 대습상속을 인정하는 것은 혈족상속과 배우자상속을 결합시킨
것인데, 혈족상속의 근거로서 거론되는 혈연대가설(血緣代價說)이나 공유설, 사후
부양설 등은 배우자의 대습상속의 근거가 될 수 없다. 또 피상속인의 의사가 자
신의 혈족의 배우자에게까지 자신의 재산을 상속시키려는 것이었다고 추정할 수
도 없다. 이 점은 피상속인의 형제자매의 배우자가 대습상속하는 경우에 두드러
진다. 다른 한편 배우자상속의 근거인 부부관계에서의 상속재산 형성과 자녀의

---

33) 이를 이론적으로 설명한다면, 법은 불합리한 결과를 회피하도록 해석하여야 하므로(absurd
　　result rule), 상속개시 전이라는 문구를 목적론적으로 확장한 것(목적론적 확장, teleologische
　　Extension)이다.

출산·양육 등에 협력한 대가나 자녀 양육을 위한 배려 및 사후부양 등도 배우자의 대습상속을 설명할 수 없다. 특히 직계비속의 배우자가 대습상속을 받은 다음 재혼하여 자녀를 낳는다면, 피상속인의 재산이 전혀 혈족관계가 없는 위와 같은 자녀에게 넘어가는 것이 되는데, 이는 피상속인의 의사나 일반인의 관념에 부합하지 않는다. 민법 제정자는 처의 상속권을 인정하므로 대습상속할 권리가 인정되는 것이 입법의 균형상으로도 합당하다고 하여, 일반적인 대습상속의 근거라고 하는 형평의 원칙이 이 경우에도 타당하다고 판단한 것으로 이해되지만, 이것만으로는 충분하지 못하다. 또 배우자가 부양을 필요로 한다는 것도 남편과 사별한 며느리의 재혼이 많지 않고, 며느리가 남편 사망 후에도 시부모와 동거하는 일이 드물지 않았던 민법 제정 당시에는 어느 정도 타당하였을지 몰라도, 재혼이 일반화되어 있고, 또 사망한 자녀의 배우자가 그 자녀의 부모와 동거하는 것을 찾아보기 어려운 오늘날은 더 이상 설득력이 없다.

그렇지만 누구를 상속인으로 할 것인가는 제1차적으로는 입법자가 정할 수 있는 문제이므로, 배우자의 대습상속을 인정하는 것이 헌법에 위반된다고 말하기는 어려울 것이다. 그러나 입법론적으로는 배우자의 대습상속권은 인정할 필요가 없을 것이다.34)

4. 상속결격

대법원 1992. 5. 22. 선고 92다2127 판결은, 호주상속의 선순위 또는 재산상속의 선순위나 동순위에 있는 태아를 낙태하면 이는 고의로 상속의 선순위나 동순위에 있는 자를 살해한 것에 해당하여, 1990년 개정 전 민법 제992조 제1호 및 제1004조 제1호 소정의 상속결격사유에 해당한다고 하였다. 위 개정 전 민법 제992조 제1호는 호주상속에 관하여, 고의로 직계존속, 피상속인, 그 배우자 또는 호주상속의 선순위자를 살해하거나 살해하려 한 자는 상속인이 되지 못한다고 규정하고 있었고, 제1004조 제1호는 고의로 직계존속, 피상속인, 그 배우자 또는

---

34) 한편 위 대법원 판결은, 우리나라에서는 전통적으로 오랫동안 며느리의 대습상속이 인정되어 왔다고 하였으나, 이는 의문이다. 조선 시대에는 피대습인의 직계비속이 대습상속을 할 수 있었고, 피대습인의 배우자의 대습상속은 인정되지 아니하였지만, 피상속인보다 먼저 사망한 자에게 자녀가 없는 경우에 한하여 수신(守信, 개가하지 않는 것)을 조건으로 하여 그 유처의 대습권이 인정되었고, 다만 종국적인 소유권의 귀속이 인정되는 것은 아니며 개가하거나 종신할 때까지의 용익권이 부여될 뿐이었다.

재산상속의 선순위나 동순위에 있는 자를 살해하거나 살해하려한 자는 상속인이 되지 못한다고 규정하고 있었다. 현행 민법 제1004조 제1호도 그와 같다.

위 판결은 우선 태아가 호주상속의 선순위 또는 재산상속의 선순위나 동순위에 있는 경우에 그를 낙태하는 것은 상속결격사유에 해당한다고 하였다. 이 점에서는 원심판결과 같은 취지였다. 그러나 대법원은 원심판결을 파기하였는데, 이는 상속인이 될 자에게 상속결격사유에 해당하는 행위를 하려는 고의 이외에 "상속에 유리하다는 인식"이 있어야만 상속결격이 되는가 하는 점에 관하여 원심과 달리 보았기 때문이다. 위 사건의 원심에서는 이를 긍정하여, 낙태를 한 태아의 모가 상속인이 될 수 있다고 하였으나, 대법원은 이를 부정하였다. 즉 민법이 '상속에 유리하다는 인식'이 있어야 한다고는 규정하고 있지 않고, 또한 민법은 가해자보다 상속순위가 후순위일 수 있는 '직계존속'도 피해자에 포함하고 있는 이유는 상속결격요건으로서 '살해의 고의' 이외에 '상속에 유리하다는 인식'을 요구하지 아니한다는 데에 있다고 해석할 수밖에 없으며, 민법이 '상해를 가하여 사망에 이르게 한 자'도 상속결격자로 규정하고 있는데, 이 경우에는 '상해의 고의'만 있으면 되므로, 이 '고의'에 '상속에 유리하다는 인식'이 필요없음은 당연하므로, '살해의 고의' 이외에 '상속에 유리하다는 인식'은 필요로 하지 않는다는 것이다.

우선 제1004조 제1호와 제2호의 경우에는 상속결격이 되기 위하여 상속에 유리하다는 인식까지 필요로 하는 것은 아니라고 보아야 할 것이다. 위 판결이 말하는 것처럼 제1호는 상속의 순위와는 관계없는 직계존속을 피해자로 규정하고 있고, 제2호는 상속에 유리하다는 인식이 있을 수 없는 상해치사를 상속결격사유로 규정하고 있기 때문이다.[35]

그러나 낙태는 상속결격사유에 해당한다고 볼 수 없다. 우선 상속결격제도의 해석은 엄격하게 하여야 하는데, 형법상으로는 낙태죄(제269조)는 살인죄와는 별도의 장에 규정되어 있어서 살인죄와 동일하게 취급할 수 없다. 뿐만 아니라 태아가 상속에 관하여 출생한 것으로 본다는 것은 어디까지나 살아서 출생한 것을 전제로 하는데, 정지조건설에 의하면 낙태된 경우는 조건이 성취되지 않았으므로 태아가 동순위나 선순위의 상속인은 되지 않으며, 해제조건설에 의하더라

---

[35] 그러나 피상속인의 상속에 대한 유언행위에 대한 위법한 간섭을 상속결격사유로 규정하고 있는 제1004조 제3, 4, 5호의 경우에는 상속에 유리하다는 인식이 있어야 할 것이다(이른바 이원설). 윤진수(주 20), 319-320면 참조.

도 낙태에 의하여 해제조건이 성취되었으므로 태아는 소급하여 권리능력 내지 상속능력을 취득하지 못하게 되고, 따라서 태아가 동순위나 선순위의 상속인이 될 수는 없다.[36]

5. 제사용 재산의 승계

대법원 2008. 11. 20. 선고 2007다27670 전원합의체 판결에서는 민법 제1008조의3에서 말하는, 제사용 재산을 승계하는 "제사를 주재하는 자"를 어떻게 결정하는가가 문제되었다. 이 사건에서는 소외 A가 처 및 처와의 사이에서 낳은 장남인 원고 등의 자녀와는 별거하고 다른 여자와 동거하면서 그 사이에서 피고들을 낳았고, 그 후 A가 사망하자 피고들이 A를 매장하였는데, 원고가 피고들을 상대로 하여 A의 유체를 인도할 것을 청구하였다.

위 판결은, 제사를 주재하는 자는 통상 종손이라고 하는 종래의 관습은, 헌법을 최상위 규범으로 하는 전체 법질서에 반하여 정당성과 합리성이 없으므로, 더 이상 효력을 인정할 수 없고, 제사를 주재하는 자는 조리에 의하여 정해져야 하는데, 제사주재자는 우선적으로 망인의 공동상속인들 사이의 협의에 의해 정해져야 하되, 협의가 이루어지지 않는 경우에는 특별한 사정이 있지 않은 한 망인의 장남(장남이 이미 사망한 경우에는 장손자)이 제사주재자가 되고, 공동상속인들 중 아들이 없는 경우에는 망인의 장녀가 제사주재자가 된다고 판시하였다.

그러나 이 판결에는 3개의 반대의견이 있었다. 제1반대의견(대법관 박시환, 전수안)은 공동상속인들 사이에 협의가 이루어지지 않는 경우에는 다수결에 의해 제사주재자를 결정하여야 한다고 보았다. 그리고 제2반대의견(대법관 안대희, 양창수)은 이 사건에서 누구를 제사주재자로 볼 것인가와 관계없이, 망인이 유체를 처리하는 것에 관하여 생전에 종국적인 의사를 명시적으로 표명한 경우에는 상응하는 법적 효력을 가져야 한다고 하였다. 마지막으로 제3반대의견(대법관 김영란, 김지형)은, 민법 제1008조의3에 정한 제사주재자란 제사용 재산을 승계받아 제사를 주재하기에 가장 적합한 공동상속인을 의미하고, 이에 관하여 공동상속인들 사이에 협의가 이루어지지 아니할 경우에는 법원이 여러 가지 사정을 병렬

---

36) 윤진수, "1990년대 친족상속법 판례의 동향", 민법논고 5(주 3), 495-496면; 윤진수(주 20), 321-322면 등 참조.

적·포괄적·종합적으로 고려하여 제사주재자를 정하여야 한다고 주장하였다.

생각건대 종손(嫡長子)이 원칙적으로 제사주재자가 된다고 하는 종래의 관습은 위 판결의 다수의견이 지적하는 것처럼 적서차별(嫡庶差別)의 요소가 있기 때문에 오늘날에도 그 효력을 인정하기는 어려울 것이다. 나아가 공동상속인들 사이에 협의가 이루어지면 그에 따라 제사주재자를 결정하면 된다. 그러나 그러한 협의가 이루어지지 않을 때에 관하여, 다수의견은 적서를 불문하고 망인의 장남(장남이 이미 사망한 경우에는 장남의 아들, 즉 장손자)이 제사주재자가 되고, 공동상속인들 중 아들이 없는 경우에는 망인의 장녀가 제사주재자가 된다고 하지만, 이는 반대의견이 지적하는 것처럼 남녀차별적인 요소를 그대로 유지하는 것이라는 비판을 면하기 어렵다. 그렇다고 하여 제1반대의견처럼 공동상속인들 사이의 다수결에 의하여 결정한다는 것도 지지하기 어렵다. 과연 이러한 문제가 다수결로 결정하기에 적절한가 하는 점도 문제이지만, 제1반대의견도 인정하는 것처럼 가부동수와 같은 경우에는 다수결의 원칙만으로는 해결될 수 없기 때문이다.

결국 이때에는 법원이 여러 사정을 종합하여 결정하여야 한다고 볼 수밖에 없다.37) 만일 법에 제사주재자를 결정할 기준이 없다는 이유로 법원이 결정할 수 없다고 한다면 이는 법원이 그 책무에 속하는 사항에 대하여 재판을 거부하는 것이 된다. 제사주재자의 결정이 가사소송사항으로 규정되어 있지 않다고 하더라도, 법원이 누가 제사주재자가 되어야 하는가를 일반 민사 또는 가사사건의 재판상 필요한 한도 내에서 부수적으로 심사하는 것(Inzidentprüfung)이 허용되지 않는다고 볼 이유가 없다.

6. 상속의 단순승인과 한정승인 및 포기

가. 상속의 법정단순승인

2002년 개정 전의 민법 제1026조 제2호는 "상속인이 제1019조 제1항의 기간내에 한정승인 또는 포기를 하지 아니한 때"에는 상속인이 단순승인을 한 것으로 본다고 규정하고 있었다. 그리고 제1019조 제1항은 "상속인은 상속개시 있음을 안 날로부터 3월내에 단순승인이나 한정승인 또는 포기를 할 수 있다. 그러

---

37) 윤진수, "이용훈 대법원의 민법판례", 민법논고 7(주 19), 567면 이하. 전효숙, "제사주재자의 결정방법", 이화여자대학교 법학논집 제14권 3호, 2010, 322면 이하; 정구태, "제사주재자의 결정방법에 관한 소고", 경희법학 제45권 4호, 2010, 85면 이하도 같은 취지이다.

나 그 기간은 이해관계인 또는 검사의 청구에 의하여 가정법원이 이를 연장할 수 있다"고 규정한다. 그러므로 상속인은 원칙적으로 상속개시가 있었음을 안 날로부터 3개월의 이른바 숙려기간 내에 한정승인 또는 포기의 의사를 표시하여야 하고, 그렇지 않으면 단순승인한 것으로 간주된다. 그런데 상속인이 상속이 개시된 사실은 알았으나, 상속채무가 있는 줄은 몰라서 숙려기간 내에 한정승인 또는 포기를 하지 않다가, 뒤늦게 상속채무가 있다는 사실을 알게 되는 경우가 많이 있다.

이 점에 관하여 종전의 판례는, 상속개시 있음을 안 날이란 상속개시의 원인되는 사실의 발생을 알고 또 이로써 자기가 상속인이 되었음을 안 날을 말하고, 상속재산 또는 상속채무 있음을 안 날 또는 상속포기제도를 안 날을 의미하는 것은 아니라고 보았다(대법원 1969. 4. 22. 선고 69다232 판결; 1974. 11. 26. 선고 74다163 판결 등). 따라서 상속인들이 피상속인에게 아무런 상속재산이 없다고 생각하여 상속개시의 사실을 안 날로부터 3월이 지나도록 상속의 한정승인이나 포기를 하지 않고 있었는데, 그 후 피상속인의 채권자가 그 채무의 이행을 청구하는 경우에는 상속인에게 가혹한 결과를 가져오게 된다. 그리하여 숙려기간은 일반적으로 상속인이 적극재산 또는 소극재산의 존재를 안 때로부터 기산한다고 해석하여야 한다는 설이 주장되었다.[38]

이러한 상황에서 헌법재판소 1998. 8. 27. 선고 96헌가22 등 결정은, 민법 제1026조 제2호에 대하여 헌법불합치선고를 하면서, 위 법률조항은 입법자가 1999. 12. 31.까지 개정하지 아니하면 2000. 1. 1.부터 그 효력을 상실하고, 법원 기타 국가기관 및 지방자치단체는 입법자가 개정할 때까지 위 법률조항의 적용을 중지하여야 한다고 명하였다. 헌법재판소는, 상속인이 아무런 귀책사유 없이 고려기간 내에 한정승인이나 포기를 하지 못한 경우에 구제받을 수 있는 아무런 수단도 마련하지 아니한 채 고려기간 내에 한정승인이나 포기를 하지 아니하면 그 이유여하를 묻지 않고 일률적으로 단순승인을 한 것으로 보아 그 의사와 관계없이 상속채무를 전부 부담하게 한 것은 기본권제한의 입법한계를 일탈한 것으로 재산권을 보장한 헌법 제23조 제1항, 사적자치권을 보장한 헌법 제10조 제1항에 위반된다고 보았다.

---

38) 당시의 상황에 대하여는 윤진수, "상속채무를 뒤늦게 발견한 상속인의 보호", 민법논고 5(주 3), 300면 이하 참조.

위 헌법재판소 결정에 따라, 2002. 1. 14. 민법이 개정되었다. 개정의 내용은, 헌법재판소가 헌법불합치를 선고한 제1026조 2호는 다시 되살리고, 그 대신 제1019조 제3항을 신설하여 이른바 특별한정승인제도를 창설하였다. 신설된 조항은 다음과 같다.

"제1항의 규정에 불구하고 상속인은 상속채무가 상속재산을 초과하는 사실을 중대한 과실없이 제1항의 기간내에 알지 못하고 단순승인(제1026조 제1호 및 제2호의 규정에 의하여 단순승인한 것으로 보는 경우를 포함한다)을 한 경우에는 그 사실을 안 날부터 3월내에 한정승인을 할 수 있다."

그리고 2005. 3. 3.에는 위 제1019조 제3항의 신설에 따라 한정승인에 관한 규정을 보완하였다.

생각건대 상속채무 초과 사실을 알지 못하여 숙려기간 내에 한정승인이나 포기를 하지 못한 상속인에 대한 구제를 할 필요성은 충분히 인정할 수 있다. 그러나 위 헌법재판소 결정은 민법의 관점에서 볼 때 몇 가지 문제점이 있다.

첫째, 민법에 대하여 위헌판단을 하기 전에, 민법의 해석론에 의하여 이러한 상속인을 구제할 수 있는 가능성이 있는지를 따져 보았어야 한다. 구체적으로는 민법 제1026조 제2호에 의하여 단순승인의 의사표시가 있는 것으로 의제되는 경우에도, 상속재산을 초과하는 사실을 중대한 과실없이 몰랐던 경우에는 착오를 이유로 하여 위 법정단순승인을 취소할 수 있다고 볼 수 있는 것이다.[39] 이에 대하여는 당사자의 실제의 의사표시가 아니라 의제된 의사표시에 대하여는 취소를 인정할 수 없다고 하는 비판이 있으나, 의사표시의 취소에서 그 취소의 대상이 되는 것은 의사표시 그 자체라기보다는 그 의사표시에 의하여 발생한 효과이고, 취소의 목적은 의사표시 자체를 없는 것으로 하려는 것이라기보다는, 그 의사표시에 의하여 발생한 효과를 발생하지 않은 것으로 하려는 데 있는 것이다. 따라서 의제된 의사표시라고 하여 취소를 배제할 근거가 없다.[40] 이와 같이 보았다면 굳이 헌법재판소의 개입을 필요로 하지 않았을 것이다.

둘째, 헌법재판소가 민법 제1026조 제2호가 위헌이라고 한 것은 상속법의

---

39) 윤진수(주 38), 319면 이하 참조. 김주수·김상용(주 24), 748-749면은 이러한 주장이 상속인을 보호하기 위하여 타당한 해석이라고 생각되지만, 2002년 민법일부개정에 의하여 제1019조 제3항이 신설되었으므로, 굳이 이러한 해석을 할 필요가 없다고 한다.

40) 독일의 학설도 의제된 의사표시에 대한 취소가능성은 원칙적으로 인정되어야 한다고 본다. Münchener Kommentar zum BGB/Armbrüster, 7. Auflage 2015, Vorbemerkung (Vor § 116), Rdnr. 12 참조.

체계를 오해한 것이다. 원래 상속인이 피상속인의 채무를 승계하는 것은 상속인이 상속을 승인하였기 때문은 아니다. 상속이 개시되면 상속인은 당연히 피상속인의 권리와 의무를 승계하고(민법 제1005조), 다만 상속인이 제1019조 제1항의 기간 내에 상속을 포기하면 상속채무를 면하게 되며, 상속의 한정승인을 하게 되면 상속재산을 한도로 하는 유한책임을 지게 되지만, 민법 제1019조 제1항의 기간이 경과하여 버리면 상속인은 더 이상 상속의 한정승인이나 포기를 할 수 없게 되어 상속채무를 면할 수 없게 되는 것이다. 그러므로 상속인의 단순승인은 그 자체가 채무의 승계라는 법률효과를 가져오는 것이라기보다는, 다만 더 이상 포기나 한정승인을 할 수 없게 된다는 의미를 가질 뿐이다. 민법 제1025조가 "상속인이 단순승인을 한 때에는 제한없이 피상속인의 권리의무를 승계한다"고 규정하고 있는 것도, 제1005조와 대비하여 볼 때에는 결국 한정승인이나 포기의 가능성이 있어서 잠정적이었던 상속의 효과가 확정적으로 된다는 의미라고 해석된다. 그렇다면 상속인이 상속채무를 확정적으로 승계하게 되는 것은 민법 제1019조 제1항에 의하여 상속의 포기 내지 한정승인을 할 수 있는 기간이 경과하여 버린 때문이지, 민법 제1026조 제2호에 의하여 단순승인을 한 것으로 의제되는 때문이라고는 할 수 없다. 그러므로 민법 제1026조 제2호가 위헌으로 결정된다고 하여도, 고려기간이 경과함으로써 채무를 확정적으로 승계하게 된 상속인의 지위에는 어떤 변화가 있을 수 없는 것이다. 이렇게 본다면 위 제1026조 제2호가 위헌인지의 여부는 상속채권자가 상속인을 상대로 하여 상속채무의 이행을 구하는 소송에서 재판의 전제가 될 여지가 별로 없다.[41)

　실제로 헌법재판소는 제1026조 제2호는 입법자가 1999. 12. 31.까지 개정하지 아니하면 2000. 1. 1.부터 그 효력을 상실한다고 하였는데, 입법자는 위 기간 내에 위 조항을 개정하지 아니하여, 결국 위 조항은 효력을 상실하였는데, 그 때부터 실제로 위 조항이 개정될 때까지 법원은 피상속인의 채권자가 실제로 현재 법원에 위와 같은 상속채무의 승계가 문제된 사건들에서 어떻게 재판을 하여야 할지를 알 수 없어서 재판을 진행하지 못하고 있었다.

　그리고 앞에서도 언급하였지만 국회는 위 헌법불합치결정에 따라서 민법을 개정하면서 헌법재판소가 위헌이라고 한 제1026조 제2호를 되살리고, 제1019조

---

41) 윤진수, "상속의 단순승인 의제규정에 대한 헌법불합치 결정의 문제점", 민법논고 5(주 3), 341면 이하 참조.

제3항을 신설하여 이른바 특별한정승인제도를 창설하였다. 그러나 형식적으로만 본다면 국회가 위헌이라고 한 제1026조 제2호를 되살린 것 자체가 위헌이라는 의문이 제기될 수 있는 것이다.

한편 위 2002년 개정 민법 부칙 제3항에서는 위 개정 민법 시행 전에 개시된 상속 중에서 제1019조 제3항이 어느 범위까지 소급적용될 수 있는가에 관하여 규정을 두었는데, 위 헌법불합치결정이 있은 날로부터 3개월 전인 1998. 5. 27.부터 위 법 시행 전까지 상속개시가 있음을 안 자만이 특별한정승인을 할 수 있다고 제한하였다. 그러나 위 규정에 대하여는 1998. 5. 27. 전에 상속개시가 있었음을 알았지만, 상속채무 초과사실을 그 후에 안 상속인은 특별한정승인을 하지 못하게 한 것은 위헌이라는 비판이 있었다.[42] 결국 헌법재판소 2004. 1. 29. 선고 2002헌가22 등 결정은, 1998. 5. 27. 전에 상속개시 있음을 알고 위 일자 이후 상속채무초과사실을 안 상속인이 특별한정승인을 하지 못하게 하는 것은 위헌이라고 하여 헌법불합치결정을 선고하였다.[43] 그에 따라 국회는 2005. 12. 29. 위 부칙 제3항 외에 제4항을 추가하여, 이러한 상속인도 특별한정승인을 할 수 있도록 하였다.

나. 상속의 한정승인

한정승인이 있는 경우 상속재산에 관하여 상속채권자(피상속인의 채권자)와 한정승인을 한 상속인의 채권자 사이에서는 누가 우선하는가?

판례는 한정승인을 한 상속인의 채권자가 우선변제권을 가지는가 아닌가에 따라 달리 본다. 대법원 2010. 3. 18. 선고 2007다77781 전원합의체 판결은, 한정승인이 있는 경우 상속채권자는 상속재산에 관하여 한정승인자로부터 근저당권을 취득한 한정승인자의 채권자에 대하여 우선적 지위를 주장할 수 없다고 하였다. 반면 대법원 2016. 5. 24. 선고 2015다250574 판결은, 상속재산에 관하여 담보권을 취득하지 못한 한정승인자의 고유채권자는 상속채권자가 상속재산으로부터 그 채권의 만족을 받지 못한 상태에서 상속재산을 고유채권에 대한 책임재산으로 삼아 이에 대하여 강제집행을 할 수는 없고, 이는 한정승인자의 고유채무가 조세채무인 경우에도 마찬가지라고 하였다. 다만 이 판결은 조세채무가 상속

---

42) 윤진수, "상속의 단순승인 의제규정에 대한 헌법불합치 결정의 소급효가 미치는 범위", 민법논고 5(주 3) 참조.

43) 윤진수, "특별한정승인의 규정이 소급적용되어야 하는 범위", 민법논고 5(주 3) 참조.

재산 자체에 대하여 부과된 조세나 가산금, 즉 당해세에 관한 것이라면 우선권이 있으므로 상속채권자에게 우선하게 된다고 보았다.

생각건대 한정승인이 있으면 상속채권자는 상속인의 고유재산에 대하여는 강제집행을 할 수 없으므로, 그와 형평을 맞추기 위하여는 상속인의 채권자도 상속재산에 대하여 강제집행을 할 수 없다고 보아야 할 것이다. 다만 한정승인이 있은 후 상속인의 채권자가 상속인의 행위에 의하여 우선변제권을 취득하였거나, 조세우선특권이 있는 경우에 어떻게 볼 것인가가 문제되는데, 이 경우에도 재산분리(민법 제1045조 이하)에 관한 규정을 유추하여, 피상속인의 채권자가 상속인의 채권자보다 우선한다는 주장도 있다.44) 그러나 재산분리의 경우에도 제1049조는 "재산의 분리는 상속재산인 부동산에 관하여는 이를 등기하지 아니하면 제삼자에게 대항하지 못한다"고 규정하고 있으므로, 설령 한정승인에 재산분리의 효과를 유추하더라도, 상속재산이 부동산인 경우에는 상속채권자가 저당권을 취득한 상속인의 채권자에게 우선하지 못한다. 그러므로 위 제1049조를 한정승인에도 유추할 수 있다고 전제하지 않는다면, 일반론으로 위와 같은 주장을 따를 수는 없다. 현재 다수설도 위와 같은 판례를 지지하고 있다.

다. 상속의 포기

상속의 포기가 채권자취소권의 대상인 사해행위가 될 수 있는지가 문제된다. 이 점에 관하여는 종전부터 견해가 대립되었다. 한 견해는 피상속인의 채권자가 상속 포기를 채권자취소권에 의하여 취소하는 것은 상속 포기 제도의 목적에 반하므로 허용되지 않지만, 상속인의 채권자가 채권자취소권을 행사하는 것은 허용된다고 본다. 반면 피상속인의 채권자뿐만 아니라 상속인의 채권자에 의한 채권자취소권 행사도 허용되지 않는다는 견해도 있다.45)

그런데 대법원 2011. 6. 9. 선고 2011다29307 판결은, 일반적으로 상속의 포기는 채권자취소권의 행사에 의한 사해행위취소의 대상이 되지 못한다고 판시하였다. 그 이유는 상속의 포기는 제406조 제1항에서 정하는 "재산권에 관한 법률행위"에 해당하지 아니하고, '인적 결단'으로서의 성질을 가지며, 채권자취소권의 적용이 있다면 법률관계가 상속인 확정의 단계에서부터 복잡하게 얽히고, 상

---

44) 김형석, "한정승인의 효과로서 발생하는 재산분리의 의미", 가족법연구 제22권 3호, 2008 참조.
45) 상세한 것은 윤진수, "상속포기의 사해행위 취소와 부인", 가족법연구 제30권 3호, 2016, 187면 이하 참조.

속의 포기가 채무자인 상속인의 재산을 현재의 상태보다 악화시키는 것은 아니라는 등의 이유로 채권자취소권의 대상이 될 수 없다는 것이다. 이는 이 판결의 주심 대법관이었던 양창수 대법관이 이전에 발표하였던 글에서 주장한 것과 대체로 궤를 같이한다.46)

　그러나 피상속인의 채권자는 상속의 포기가 사해행위라 하여 취소할 수 없지만, 상속인의 채권자는 이를 사해행위라고 주장하여 취소할 수 있다고 보아야 한다. 상속 포기는 재산권에 관한 법률행위임이 분명하다. 또한 상속인은 상속개시된 때로부터 피상속인의 재산에 관한 권리의무를 승계하므로, 상속을 포기하면 소급적으로 상속재산을 상실하게 된다. 그리고 채무자가 채무를 변제하기 위한 책임재산은 반드시 채권 성립 당시의 그것에 국한되는 것은 아니다. 한편 상속 포기의 자유도 채권자를 위하여 제한될 수 있다. 채무자회생 및 파산에 관한 법률 제386조 제1항은, 파산선고 전에 파산자를 위하여 상속개시가 있은 경우에 파산자가 파산선고 후에 상속의 포기를 한 때라도 파산재단에 대하여는 한정승인의 효력을 가진다고 규정하고 있고, 따라서 상속의 포기가 있더라도 상속재산은 상속인의 채권자에 의한 집행의 대상이 될 수 있는데, 부정설에 의하면 파산선고가 있기 전에 상속을 포기하면 이는 상속인의 채권자에 의한 집행의 대상이 될 수 없다는 불균형이 생긴다. 마지막으로 상속 포기를 취소할 수 없다고 보는 것은 상속포기와 마찬가지로 소급효가 있는 상속재산분할의 경우에는 사해행위가 된다는 것(대법원 2001. 2. 9. 선고 2000다51797 판결)과는 조화되지 않는다.47)

7. 자필증서 유언의 방식

　자필증서에 의한 유언의 요건은 유언자가 그 전문(全文)과 연월일, 주소, 성명을 자서(自書)하고 날인하는 것이다(민법 제1066조 제1항). 그런데 주소의 자서 또는 날인이 누락된 자필증서 유언의 효력을 어떻게 볼 것인가에 관하여 논란이 있다.

　우선 주소의 자서에 관하여는, 주소는 제1차적으로는 유언자의 동일성 확인

---

46) 양창수, "「가족법」상의 법률행위의 특성", 민법연구 제8권, 2005, 329면 이하.
47) 윤진수(주 45), 213면 이하 참조.

에 필요하고, 그 외에 큰 의미를 가지지 않으므로, 유언에 주소가 누락되었더라도 유언자의 동일성 확인에 문제가 없는 한 이를 유효한 것으로 보아야 할 것이라는 학설이 있고, 같은 취지의 하급심 판례도 있다.[48] 그리고 날인에 관하여도, 날인을 요구하는 목적은 유언자의 동일성과 유언이 그의 진의에 의한 것임을 밝히기 위하여서이지만, 이러한 목적은 유언서 전문의 자서와 성명의 자서에 의하여 충분히 달성되므로 그 밖에 날인을 요구하는 것은 불필요하고, 따라서 날인이 없더라도 자필증서에 의한 유언은 유효하게 성립한다고 하는 주장이 있다.[49]

그러나 대법원의 판례는 주소의 자서나 날인이 누락된 자필증서 유언은 무효로 보고 있다.[50] 대법원 2014. 9. 26. 선고 2012다71688 판결은, 유언자가 자필증서유언에 '암사동에서'라고 기재한 경우에, 유언자가 암사동 주소지에서 거주하였다고 볼 수 있다 하더라도, 그가 '암사동에서'라는 부분을 다른 주소와 구별되는 정도의 표시를 갖춘 생활의 근거되는 곳을 기재한 것으로 보기는 어렵다고 하여 유언이 무효라고 하였다. 그리고 서울고법 2014. 11. 21. 선고 2014나2011213 판결은, 유언자가 자필증서에 자신의 주소지인 건물의 주소를 명시하여 이를 유증하겠다고 하였어도, 따로 주소라는 표시가 없으면 무효라고 하였다. 해석론으로서 주소의 자서나 날인이 누락된 자필증서 유언을 유효하고 하는 것은 무리일 것이다.

그런데 위와 같이 자필증서 유언의 요건으로서 주소나 날인을 요구하는 것은 위헌이라는 주장도 있다. 그러나 헌법재판소는 이것들이 위헌이 아니라고 하였다.

우선 날인에 관하여는 헌법재판소 2008. 3. 27. 선고 2006헌바82 결정의 다수의견은 자필증서의 요건으로서 날인을 요구하는 것이 유언자의 재산권과 일반적 행동자유권을 침해하는 것이 아니므로 위헌이 아니라고 하였다. 즉 동양문화권인 우리나라에는 법률행위에 있어서 인장을 사용하는 오랜 법의식 내지 관행이 존재하는바, 사문서에 있어서 인장은 의사표시의 진정성을 확보하고 문서가 문서작성자에 의하여 작성되었다는 것을 징표하는 기능을 하며, 특히 의사의 최종성을 표현하고 문서의 완결을 담보하는 수단으로 관행적으로 사용되어 왔다고

---

48) 윤진수, "법률해석의 한계와 위헌법률심사", 민법논고 7(주 19), 325면 이하의 소개 참조.
49) 곽윤직, 상속법(주 18), 230면 등.
50) 유언에 관하여는 대법원 2007. 10. 25. 선고 2006다12848 판결; 2014. 10. 6. 선고 2012다29564 판결; 날인에 관하여는 대법원 2006. 9. 8. 선고 2006다25103, 25110 판결 등.

하면서, 자필증서 유언에 날인을 요구하는 것이 기본권침해의 최소성 원칙이나 법익의 균형성에 위반되지 않는다고 하였다. 그러나 이에 대하여는, 자필증서에 의한 유언에서 날인을 요구하는 목적은 유언장 작성자와 유언장 명의자의 동일성을 확보하고 유언이 그의 진의에 의한 것임을 밝히기 위한 것인데, 이는 유언장의 전문의 자서와 성명의 자서에 의해서 충분히 달성되므로 그 밖에 날인을 요구하는 것은 위헌이라는 재판관 1인의 반대의견이 있었다. 헌법재판소 2008. 12. 26. 선고 2007헌바128 결정도 마찬가지이다.

다음 주소의 자서에 대하여는, 헌법재판소 2008. 12. 26. 선고 2007헌바128 결정의 다수의견은 주소의 자서를 요구하는 것은 유언자의 재산권과 일반적 행동자유권을 침해하지 아니하므로 위헌이 아니라고 하였다. 이는 유언자의 인적 동일성을 명확히 하기 위한 것이므로 그 입법목적의 정당성이 인정되고, 특히 동명이인의 경우에는 유언자의 주소가 그 인적 동일성을 확인할 수 있는 간편한 수단이 되므로 방법의 적절성도 인정된다고 하였다. 그리고 유언자가 '주소의 자서' 요건을 충족하는 것은 그다지 어려운 것이 아니므로 기본권침해의 최소성원칙에 위반된다고 할 수 없고, 사익인 유언자의 유언의 자유가 제한되는 정도와 종합적으로 비교하였을 때 그 달성하고자 하는 공익이 더욱 크므로 법익의 균형성을 갖추었다고 하였다. 그러나 이에 대하여는 유언자필증서에 유언자의 주민등록번호 기타 유언자를 특정할 수 있는 기재가 있는 경우에도 민법 제1066조 제1항 중 '주소' 부분을 적용하여 유언자필증서의 효력을 부인하는 것은 헌법에 위반된다는 재판관 1인의 반대의견과, 주소의 자서를 요구하는 것은 방법의 적절성, 침해의 최소성 및 법익의 균형성 원칙에 위반되어 위헌이라는 재판관 3인의 반대의견이 있었다. 헌법재판소 2011. 9. 29. 선고 2010헌바250, 456 결정도 같은 취지이지만, 여기서는 위헌의견과 합헌의견이 4 : 4로 갈렸다.

생각건대 우선 주소의 자서에 관하여는, 유언에 주소의 기재가 없다고 하더라도 유언자의 서명이 있음에도 유언의 내용 등에 비추어 유언자의 동일성을 확인하기 어려운 경우란 거의 생각할 수 없으므로, 이 규정은 유언자의 재산권과 일반적 행동자유권을 제한함에 있어서 방법의 적절성, 피해의 최소성 또는 법익의 균형성을 갖추지 못하여 위헌이라고 보아야 할 것이다. 뿐만 아니라 앞에서 언급한 것처럼 자필증서유언의 요건으로서 주소의 기재를 요구하는 다른 나라의 입법례를 찾아볼 수 없다는 점도 주소의 기재가 인적 동일성의 확인을 위하여 필요한 것은 아니라는 점을 뒷받침한다.51)52) 이에 대하여는, 자필증서를 유언방식으로 인정하지 않는 국가가 다수 존재한다는 사정을 살펴볼 때 자필증서에 날인이나 주소의 자서를 요구한다고 하여 이를 위헌이라고 볼 수는 없다는 결론은 쉽게 납득할 수 있다고 하면서, 여러 다양한 방식에 의한 유언을 가능하게 한 이상 입법자가 자필증서 유언의 요건을 비교적 엄격하게 한다고 하더라도 입법형성권의 한계를 일탈한다고 할 수 없기 때문이라고 하는 견해가 있다.53) 그러나 자필증서 유언을 인정하지 않는 나라들이 있다는 것으로부터 주소의 자서를 요구하는 것이 위헌이 아니라는 결론이 어떻게 도출되는지 알기 어렵다. 비교법적인 고찰을 한다면, 자필증서 유언을 인정하는 나라들에서 주소의 기재를 요구하는 경우를 찾을 수 없다는 것54)에 비추어 볼 때 주소의 자서를 요구하지 않더라도 아무런 문제가 없고, 따라서 불필요한 주소의 자서를 요구하는 것은 위헌이라는 결론을 이끌어내야 하지 않을까?

　　반면 날인을 요구하는 것은 주소의 자서와는 달리 위헌이라고는 할 수 없을 것이다. 이는 날인이 문서가 유언의 초안에 불과한 것이 아니라 확정적인 유언임을 담보하는 의미를 가지기 때문이다.55) 그러나 날인을 요구하는 것은 위헌이라는 견해도 있다. 이 견해는, 민법은 날인이 유언의 말미에 있을 것을 요구하지 않으므로, 날인이 문서의 완결성을 담보하기 위한 것은 아니라고 한다.56)

---

51) 윤진수(주 48), 340면 이하 참조. 위 헌법재판소 2007헌바128 결정과 2010헌바250, 456 결정의 반대의견은 공간되기 전의 위 논문을 참고한 것으로 보인다. 위 두 결정에 대한 헌법재판소 연구관의 해설은 위 미공간 논문을 인용하고 있다. 조혜수, "민법 제1066조 제1항 위헌소원", 헌법재판소결정해설집(2008년), 2009, 107면 이하 등.

52) 같은 취지, 현소혜, "유언방식의 개선방향에 관한 연구", 가족법연구 제23권 2호, 2009, 16면 이하; 조인섭, "자필증서유언의 개선방안", 가족법연구 제30권 3호, 2016, 297-298면 등. '주소' 부분은 원칙적으로 위헌이지만, 성명 및 전문의 자서와 유언의 내용만으로는 유언자의 인적 동일성을 확보할 수 없는 경우에 적용되는 한 예외적으로 헌법에 위반되지 아니한다고 하는 한정합헌 의견도 있다. 정구태, "헌법합치적 법률해석의 관점에서 바라본 주소가 누락된 자필증서 유언의 효력", 강원법학 제43권, 2014, 622면 이하.

53) 김형석(주 12), 98면 주 71). 김형석, "유언의 성립과 효력에 관한 몇 가지 문제", 민사판례연구 제38권, 2016, 1050-1051면도 같은 취지이다.

54) 2002년 제정된 북한 상속법도 자필증서 유언(서면유언)을 인정하고 있으나(제38조 제1호), 주소의 자서는 요건이 아니다.

55) 윤진수(주 20), 507면. 위 헌법재판소 2008. 3. 27. 선고 2006헌바82 결정도, 우리나라에는 인장은 의사의 최종성을 표현하고 문서의 완결을 담보하는 수단으로 관행적으로 사용되어 왔다고 설시하였다.

56) 현소혜(주 52), 19면 이하; 조인섭(주 52), 312-313면.

8. 유류분반환청구권의 성질

1977년 유류분제도가 도입되어 1979년부터 시행된 이래 유류분에 관한 분쟁이 많이 발생하였다. 그런데 이론적으로 중요한 문제는 유류분반환청구권의 성질을 어떻게 볼 것인가 하는 점이었다. 이에 관하여는 형성권설과 청구권설이 대립하고 있다.

형성권설에 따르면, 유류분을 침해하는 유증 또는 증여는 유류분권리자의 반환청구에 의하여 효력을 상실하고, 반환의 목적물 위의 권리는 당연히 유류분권리자에게 이전한다고 한다.[57] 반면 청구권설은, 유류분반환을 청구하여도 증여나 유증의 효력 자체에는 영향이 없고, 유류분권리자는 수증자에 대해 유류분을 침해하는 증여나 유증으로 인해 수증자가 취득한 개별적 권리를 이전해 줄 것을 요구하는 채권을 가질 뿐이며, 아직 이행되지 않은 부분에 대하여는 이행거절권을 가진다고 본다.[58]

대법원 2013. 3. 14. 선고 2010다42624, 42631 판결은, 유류분권리자가 반환의무자를 상대로 유류분반환청구권을 행사하는 경우 그의 유류분을 침해하는 증여 또는 유증은 소급적으로 효력을 상실한다고 하여, 유류분반환청구권을 형성권으로 보고 있음을 명확히 하였다. 다른 한편 대법원 2005. 6. 23. 선고 2004다51887 판결 등은 원물반환을 원칙으로 보고 있다.

학설의 차이는 주로 반환청구의 목적물에 대하여 제3자가 이해관계를 가지게 되었을 때 나타난다. 즉 유증 또는 증여의 목적물에 대하여 제3자가 강제집행을 한 경우에, 형성권설에 의하면 유류분권리자는 목적물이 자신의 소유임을 주장하여 제3자 이의의 소를 제기할 수 있고, 또 수유자 또는 수증자가 파산한 경우에 유류분권리자에게는 소유자로서 환취권을 행사할 수 있으나, 유류분반환청구권을 청구권으로 본다면 이러한 권리는 인정되지 않는다. 그리고 반환의 목적물이 수유자나 수증자로부터 제3자에게로 양도되었거나, 수유자나 수증자가 제3자를 위해 용익물권 또는 담보물권을 설정하였을 때에는, 형성권설을 관철한다면 유류분권리자는 위와 같은 제3자에 대하여도 권리를 주장할 수 있다고 하여야 할 것이다. 그러나 형성권설을 주장하는 학설은, 거래의 안전을 위하여 제3자

---

57) 김주수·김상용(주 24), 863-864면 등.
58) 곽윤직, 상속법(주 18), 292-294면 등.

가 선의인 경우에는 그 제3자에 대하여 목적물의 반환을 청구할 수 없고, 유류분을 침해한 수유자 또는 수증자에 대하여 그 가액의 반환을 청구할 수 있을 뿐이라고 한다.

판례(대법원 2002. 4. 26. 선고 2000다8878 판결; 2015. 11. 12. 선고 2010다104768 판결; 2016. 1. 28. 선고 2013다75281 판결)는, 유류분반환청구권의 행사에 의하여 반환하여야 할 유증 또는 증여의 목적이 된 재산이 타인에게 양도된 경우 그 양수인이 양도 당시 유류분권리자를 해함을 안 때에는 양수인에 대하여도 그 재산의 반환을 청구할 수 있다고 하였으나, 그 근거에 관하여는 명확한 설명이 없다.

과연 우리 민법상은 어떤 설이 타당한가? 민법 제1115조는 "그 재산의 반환을 청구할 수 있다"라고만 규정하고 있을 뿐이어서, 이 규정만으로는 기존의 증여 또는 유증의 효력이 상실된다고 볼 근거가 없다. 그리고 민법에는 유류분반환청구의 목적물이 제3자에게 양도된 경우에 관하여도 아무런 법률 규정이 없다. 이 경우에 형성권설에 의한다면 유류분권리자가 선의의 제3자에 대하여도 유류분반환청구권을 주장할 수 있어야 하나, 이는 거래의 안전을 해친다. 이 점에 대하여 형성권설에서는 제1014조를 유추한다거나, 선의의 제3자 보호에 관한 민법 규정을 전체유추하면 된다고 하지만, 민법의 입법자가 악의의 양수인에 대하여는 반환청구를 할 수 있다는 일본 민법과 같은 규정을 두지 않은 것은 의도적인 것으로 보이므로, 그와 같은 유추를 필요로 하는 흠결이 있다고 할 수 없다. 그리고 제1117조는 유류분반환청구권을 제척기간 아닌 소멸시효에 걸리도록 하였는데, 형성권은 원칙적으로 소멸시효에 걸리지 않는다. 결국 우리 민법의 해석상으로는 형성권설을 뒷받침할 만한 근거가 없다. 기본적으로 프랑스 민법과 일본 민법은 상속재산 가운데 유류분과 자유분을 구별하여, 피상속인은 자유분의 범위 내에서만 증여나 유증을 할 수 있다는 전제에 서 있으나, 우리 민법은 유류분과 자유분을 구별하지 않으므로, 피상속인은 자신의 재산을 자유롭게 증여하거나 유증할 수 있고, 따라서 그러한 증여나 유증의 효력을 상실시킬 수 있는 근거가 없다.

원래 상속법의 기본원칙인 유언의 자유와 친족상속의 원리를 비교한다면, 유언의 자유가 좀더 중요하고 친족상속의 원리는 그에 대한 제한에 불과하다. 대법원 2014. 5. 29. 선고 2012다31802 판결도, 유류분제도가 피상속인의 자유의사에 기한 자기 재산의 처분을 그의 의사에 반하여 제한하는 것인만큼, 그 인정범위를 가능한 한 필요최소한으로 그치는 것이 피상속인의 의사를 존중한다는 의미에서 바람직하다고 하였다. 그러므로 유류분을 침해하는 증여나 유증도 그 자체로는 유효하고, 유류분반환청구에 의하여 그 효력을 상실하는 것은 아니며, 다만 유류분권리자의 보호를 위하여 그에게 반환청구권을 인정하는 것이라고 보아야 할 것이다.

결국 해석론으로서는 청구권설이 타당하다.[59] 그리고 반환의 방법에 관하여는, 가액을 반환하여야 한다는 특별한 규정이 없으므로 원물을 반환하여야 한다고 해석하는 것이 1115조의 "그 재산의 반환을 청구할 수 있다"는 규정의 문언에 부합할 것이나, 여기에는 폭넓은 예외가 인정되어야 할 것이다.[60]

9. 상속관습법의 위헌 심사

민법 시행 전에 적용되었던 상속관습법은 당시의 문화를 반영하여 가부장적이고 남녀차별적인 내용이 많았다. 그리하여 근래에는 이것이 헌법에 위반되는지 여부가 문제되고 있다.

가. 상속관습법상 상속회복청구권의 소멸시효

앞에서도 언급한 것처럼, 우리나라에는 원래 상속회복청구권의 소멸시효는 존재하지 않았는데, 조선고등법원의 판례는 1935(소화 10). 7. 30. 연합부 판결 이래 상속회복청구권은 상속인 또는 그 법정대리인이 상속권을 침해당한 사실을 안 때에는 상속개시의 때로부터 각각 상당한 기간 내에 한하여 행사할 수 있다고 하였고, 광복 후 대법원도 이를 따르고 있었다.

그런데 대법원 2003. 7. 24. 선고 2001다48781 전원합의체 판결은, 제정민법이 시행되기 전에 존재하던, "상속회복청구권은 상속이 개시된 날부터 20년이 경과하면 소멸한다"는 내용의 관습은 소유권은 원래 소멸시효의 적용을 받지 않는다는 권리의 속성에 반할 뿐 아니라 진정상속인으로 하여금 참칭상속인에 의한 재산권침해를 사실상 방어할 수 없게 만드는 결과로 되어 불합리하고, 헌법을 최상위 규범으로 하는 법질서 전체의 이념에 부합하지 아니하여 정당성이 없으므

---

59) 윤진수(주 20), 573-578면; 윤진수, "유류분반환청구권의 성질과 양수인에 대한 유류분반환청구", 전남대학교 법학논총 제36권 2호, 2016, 119면 이하 참조.
60) 윤진수, "유류분의 반환방법", 민법논고 7(주 19), 336면 이하 참조.

로, 위 관습에 법적 규범인 관습법으로서의 효력을 인정할 수 없다고 하였다.[61]

나. 여성의 분재청구권

종래의 판례는, 민법 시행 이전의 재산상속에 관한 관습법에 의하면 호주가 사망하여 그 장남이 호주상속을 하고 차남 이하 중자가 수인 있는 경우에, 그 장남은 호주상속과 동시에 일단 전호주의 유산전부를 승계한 다음 그 약 2분의 1은 자기가 취득하고 나머지는 차남 이하의 중자(衆子)[62]들에게 원칙적으로 평등하게 분재하여 줄 의무가 있다고 보았다.[63] 그리고 아들 아닌 딸들에게는 장남에 대한 분재청구권을 인정하지 않았다.

그런데 대법원 2009. 5. 28. 선고 2007다41874 판결에서는 원고들이 이처럼 딸들에게 분재청구권을 인정하지 않는 관습이 위헌이라고 주장하였다. 그러나 위 판결은, 이 점에 대하여는 직접 판단하지 않고, 구 관습법상의 분재청구권은 일반적인 민사채권과 같이 권리자가 분가한 날부터 10년이 경과하면 소멸시효가 완성되는데, 이 사건에서는 딸들인 원고들이 혼인하여 분가한 때로부터 10년이 경과하여 소를 제기하였으므로 소멸시효가 완성되었다고 하여 원고들의 청구를 받아들이지 않았다. 그리고 위 관습법에 대한 위헌제청신청에 대하여는, 헌법과 헌법재판소법에서 규정하는 위헌심사의 대상이 되는 법률은 국회의 의결을 거친 이른바 형식적 의미의 법률을 의미하고, 관습법이 헌법에 위반되는 경우 법원이 그 관습법의 효력을 부인할 수 있으므로, 결국 관습법은 헌법재판소의 위헌법률심판의 대상이 아니라고 하여 이를 각하하였다.[64]

그러나 이 사건에 대하여 원고들이 제기한 헌법소원심판 사건에서 헌법재판소 2013. 2. 28. 선고 2009헌바129 결정은, 관습법도 헌법재판소에 의한 위헌심판의 대상인 '법률'에 해당한다고 보았다. 즉 이 사건 관습법은 비록 형식적 의미의 법률은 아니지만 실질적으로는 법률과 같은 효력을 갖는데, 헌법 제111조 제1항 제1호, 제5호 및 헌법재판소법 제41조 제1항, 제68조 제2항에 의한 위헌심판의 대상인 법률에는 국회의 의결을 거친 이른바 형식적 의미의 법률뿐만 아니라 법률과 동일한 효력을 갖는 관습법도 포함된다고 하였다. 그러나 헌법재판소는, 이

---

61) 이에 대하여는 윤진수(주 4) 참조.
62) 맏아들 이외의 아들.
63) 대법원 1969. 11. 25. 선고 67므25 판결 등.
64) 대법원 2009. 5. 28. 자 2007카기134 결정.

사건에서 대법원은 청구인들이 분재청구권을 가진다고 하더라도 소 제기 이전에 이미 소멸시효 10년이 완성되었다고 판단하여 원고(청구인)들의 상고를 기각하여 그 판결이 확정된 이상, 이 사건에서 문제되는 소멸시효의 완성 여부에 관하여 당해사건에서는 더 이상 다툴 수 없게 되었다고 하여 위 관습법이 헌법에 위반되는지 여부는, 당해사건에서 재판의 전제가 되지 아니한다는 이유로 결국 헌법소원 심판청구를 각하하였다.

생각건대 딸들의 분재청구권을 부정한 종래의 관습법은 그 실재 여부 자체가 불분명하다. 그리고 분재청구권에 관한 종래의 관습을 인정한다고 하더라도, 이는 실질적으로는 상속재산의 분할에 해당하므로 분재청구권이 따로 소멸시효에 걸린다고 볼 수는 없다. 한편 종래의 관습법이 딸들의 분재청구권을 부정하였다고 한다면, 이는 성별에 의한 차별로서, 명백히 헌법에 어긋난다. 그렇다면 설령 분재청구권의 소멸시효를 긍정한다고 하더라도, 이러한 위헌인 관습법의 존재는 분재청구권의 행사에 대한 법률상 장애에 해당하므로, 위 관습법이 위헌이라는 법원의 확정적인 선언이 있기 전에는 소멸시효가 진행하지 않는다고 보아야 한다.65) 그렇지만 이처럼 원고들이 분재청구권을 행사하지 않은 것이 여자들에게는 분재청구권이 없다는 관습법 때문이었다면, 그러한 관습법의 존재를 신뢰하였던 다른 상속인들의 보호를 위하여는 실효(失效) 원칙의 적용을 검토하여 볼 수 있다. 즉 상당한 기간이 경과하도록 권리를 행사하지 아니하여, 의무자인 상대방으로서도 이제는 권리자가 권리를 행사하지 아니할 것으로 신뢰할 만한 정당한 기대를 가지게 된 다음에, 새삼스럽게 그 권리를 행사하는 것이 법질서 전체를 지배하는 신의성실의 원칙에 위반하는 것으로 인정되는 결과가 될 때에는, 권리의 행사가 인정되지 않는다는 것이다.

다른 한편 관습법이 헌법과 헌법재판소법이 규정하는 위헌법률의 심판대상인 법률에 해당하는 것은 아니라고 보아야 한다. 관습법이 형식적 의미의 법률과 동등한 효력을 가진다고 할 수는 없을 뿐만 아니라, 관습법에 대하여는 헌법이 전혀 규정하고 있지 않아서, 관습법에 대한 위헌심사는 헌법이 예정하고 있는 것이 아니었다.66)

---

65) 위 헌법재판소 2013. 2. 28. 선고 2009헌바129 결정에서의 이정미 재판관의 반대의견은 그러한 취지이다.
66) 이상에 대하여는 윤진수, "관습상 분재청구권에 대한 역사적, 민법적 및 헌법적 고찰", 민사재판의 제문제 제22권, 2013, 242면 이하 참조.

다. 여호주가 사망한 경우 상속재산의 귀속

종래의 판례는, 상속관습법상 여호주가 사망 또는 출가한 때로부터 상당한 기간 내에 사후양자가 선정되지 않으면 그때에 비로소 절가가 되고, 절가된 경우의 유산은 그 절가된 가(家)의 가족이 이를 승계하고 가족이 없을 때 비로소 출가녀가 이를 승계한다고 보고 있었다. 그런데 사망한 여호주의 재산을 동일한 가적 내에 남아 있던 가족이 승계하자, 여호주의 출가녀의 후손이 이러한 관습법은 위헌이라고 주장하였다.

이에 대하여 헌법재판소 2016. 4. 28. 선고 2013헌바396, 2014헌바394 결정은 결과적으로 위헌이 아니라고 하였으나, 여기에는 관습법은 헌법소원심판의 대상이 되지 않는다는 3인의 반대의견 및 위와 같은 관습법은 위헌이라는 2인의 반대의견이 있었다.

앞에서 말한 것처럼 관습법은 헌법재판소에 의한 위헌법률심사의 대상이 될 수 없다. 그렇지만 위와 같은 관습법은 이정미, 안창호 두 재판관의 의견과 같이, 절가된 가의 재산을 청산함에 있어서 합리적인 이유없이 남성과 여성을 달리 취급하므로, 혼인과 가족생활에 있어 양성의 평등을 보장하는 헌법 제36조 제1항에 위반된다고 보아야 할 것이다.[67)]

IV. 향후의 과제

상속법은 친족법에 비하면 개정의 횟수가 많지 않았고, 또 그 개정도 그다지 광범위한 것은 아니었다. 그러나 민법이 제정된 이래 한국 사회에는 매우 많은 변화가 있었다. 우선 경제 성장으로 인하여 상속될 수 있는 재산이 엄청나게 늘어났다. 이는 필연적으로 상속을 둘러싼 분쟁이 많아지는 결과를 초래하였다. 그리고 과거에는 농지와 같은 토지가 주된 상속재산이었으나, 현재는 금전이나 주식과 같은 재산도 상속재산의 상당부분을 이루게 되었다. 다른 한편 국민들의 평

---

67) 윤진수, "상속관습법의 헌법적 통제", 헌법학연구 제23권 2호, 2017, 149면 이하 참조. 이 경우에도 실효의 원칙 적용을 따져볼 수는 있으나, 이 사건은 출가한 딸 또는 그 후손과 다른 상속인들 사이의 분쟁이 아니라, 상속인이나 그 승계인 아닌 제3자와의 분쟁이었으므로, 실효의 원칙은 적용될 여지가 없을 것이다.

균수명이 크게 늘어나서, 상속이 개시될 때에는 자녀인 상속인이 이미 자신의 생활을 유지할 수 있는 재산을 가지고 있고, 따라서 상속재산이 피상속인의 자녀들의 생존을 위하여 가지게 되는 중요성은 감소하였다. 반면 피상속인을 위한 생활비용이나 의료비용 등은 평균수명 증가에 따라 늘어나게 되고, 또 피상속인의 배우자에 대한 부양 필요성도 상대적으로 증가하였다. 아래에서 중요한 점을 들어본다.

1. 피상속인의 의사에 의한 상속권 박탈제도의 도입

민법은 일정한 사유가 있는 경우에는 당연히 상속권을 상실하는 상속결격제도 외에, 이에 해당하지 않더라도 다른 중대한 사유가 있는 경우에는 피상속인의 의사에 의하여 상속권을 박탈하는 제도를 인정하고 있지 않다. 그러나 유류분제도를 인정하고 있는 나라들에서는 피상속인의 의사에 기한 상속권 박탈을 인정하는 것이 일반적이다. 유류분제도를 인정하지 않는 경우에는 피상속인이 유언 등에 의하여 임의로 특정 상속인의 상속을 배제할 수 있지만, 유류분제도가 있으면 피상속인이 특정 상속인의 상속을 배제하려고 하여도 유류분까지 배제할 수는 없다. 우리나라는 1977년에 유류분제도를 도입하였으나, 피상속인의 의사에 기한 상속권 박탈제도는 도입하지 않았으므로, 입법상 흠결이 있다고 보인다. 2010년 구성된 법무부의 제3기 가족법개정특별분과위원회는 상속권 상실이라는 명칭으로 상속권 박탈제도를 두는 개정안을 제안하였으나,[68] 입법에 이르지 못하였다.

2. 배우자의 상속법상 지위 강화

배우자의 상속분은 1990년에 다른 상속인의 상속분보다 5할을 가산하도록 개정된 후 변동이 없었다. 그러나 근래에는 상속이 개시되면 피상속인의 배우자는 상속재산 외에 다른 생계를 유지할 수단이 없는 반면, 다른 공동상속인인 직계비속은 이미 상당한 재산을 가지고 있어서 부양의 필요가 없는 경우가 많아서 배우자의 부양을 위하여는 배우자의 상속분을 더 늘릴 필요가 있다. 그동안 이에

---

68) 법무부, 제3기 가족법개정 특별분과위원회 회의록, 2011 참조.

관하여 개정 논의가 없었던 것은 아니었다. 2006년에 제17대 국회에 제출되었던 여러 개의 가족법 개정안은 배우자의 상속법상 지위를 강화하는 내용을 담고 있었으나, 2008년 제17대 국회의 임기 만료로 인하여 폐기되었다. 그리고 2014년에는 법무부 민법(상속편) 개정특별분과위원회에서 배우자에게 선취분을 인정하는 내용의 개정안을 마련하였으나, 반발에 부딪쳐 입법예고절차에도 이르지 못하였다.69) 나아가 외국의 입법례와 같이 배우자의 주거에 관한 권리를 우선적으로 보호하는 것도 고려할 필요가 있다. 지난 2018. 7. 13. 개정 공포된 일본 민법은 상속인인 배우자의 주거권에 관한 규정을 신설하였다.70)

3. 한정승인제도의 개선

현재 한정승인이 있으면 그 후의 상속채권자에 대한 변제 등의 절차 진행은 한정승인을 한 상속인에게 맡겨져 있다. 그러나 이러한 상속인이 적극적으로 변제를 진행할 유인은 크지 않다. 경우에 따라서는 상속채권자에 대한 변제에 충당하여야 할 상속재산을 한정승인을 한 상속인이 임의로 처분하는 일도 생긴다. 그런데 한정승인제도는 실제로는 채무자 회생 및 파산에 관한 법률이 규정하는 상속재산의 파산과 거의 유사한 기능을 한다. 그러나 한정승인의 경우에는 파산과는 달리 파산관재인이 존재하지 않고, 한정승인의 사실이 따로 공시되지도 않으며, 채권자집회도 개최되지 않고, 부인권 규정도 없는 등 상속채권자를 위하여 상속재산을 공평하게 분배하는 역할을 하기 위하여는 충분하지 못하다. 따라서 입법론으로는 한정승인 제도를 폐지하고, 상속재산의 파산 제도를 보완하는 것이 바람직하다.71)

4. 유언 방식의 개선

현재 민법이 인정하고 있는 유언 방식은 개선의 여지가 많다. 우선 장애인은 현행의 유언 방식을 이용하여 유언하는 데 어려움이 있다. 특히 대화능력과 필기

---

69) 김상용, "사망으로 혼인이 해소된 경우 생존 배우자의 재산권 보호", 중앙법학 제17권 2호, 2015, 223면 이하 참조.
70) 이에 대하여는 곽민희, "일본의 배우자 상속법제 개정 작업 관견(管見)", 경상대학교 법학연구 제26권 1호, 2018, 18면 이하 참조.
71) 윤진수(주 20), 471면 참조.

능력이 모두 없는 자는 어떻게 유언을 할 수 있는가 하는 점이다. 자필증서에 의
한 유언은 유언자의 자서(自書)를, 녹음증서에 의한 유언은 유언자의 구술을 요구
하고 있으므로, 대화능력과 필기능력을 모두 갖추지 못한 사람은 이를 이용할 수
없다. 공정증서에 의한 유언과 구수증서에 의한 유언도 모두 유언자의 구수를 요
구하고 있으므로, 이러한 장애인은 이용할 수 없다. 비밀증서에 의한 유언도 가능
한지 의심스럽다. 그러므로 이러한 사람들도 유언을 할 수 있도록 법을 개정할 필
요가 있다.[72] 법무부 제3기 가족법개정특별위원회에서 2011년에 마련한 개정안은
장애인의 유언에 관하여 특별규정을 두었으나,[73] 입법이 진행되지는 않았다.

그리고 자필증서 유언의 요건으로서 주소의 자서와 날인을 요구하는 것이
위헌이라는 논란이 있는데, 이 또한 재검토하여야 할 것이다. 법무부 제3기 가족
법개정특별위원회에서 2011년에 마련한 개정안은 이를 모두 삭제하는 것으로 하
였다.[74]

5. 유 류 분

현행 유류분에 관한 민법 규정은 조문이 간략하여 여러 가지 문제점을 충분
히 규율하지 못하고 있다. 그러므로 이에 관하여 개선이 필요하다.[75] 우선 유류
분의 반환방법으로서 원물반환 아닌 가액반환을 원칙으로 하는 것을 검토하여
볼 필요가 있다. 원물반환을 원칙으로 하는 것은 목적물을 사업에 이용하거나,
주거로 사용하는 반환의무자에게 큰 불이익을 준다. 반면 가액반환을 원칙으로
한다면, 이것이 피상속인의 의사에 더 부합할 수 있을 뿐만 아니라 유류분권리자
에게도 큰 불이익을 주지 않는다.[76] 2018년 개정된 일본 민법은 원물반환에서 가
액반환으로 유류분 반환 방법을 변경하였다.

그리고 민법 제1114조는 유류분 반환의 대상이 되는 증여는 원칙적으로 상
속개시전의 1년간에 행한 것으로 제한하고 있다. 그러나 대법원의 판례(대법원
1995. 6. 30. 선고 93다11715 판결 등)는 민법 제1118조가 특별수익에 관한 제1008조

---

72) 윤진수(주 20), 504면 참조.
73) 법무부(주 60) 참조.
74) 법무부(주 60) 참조.
75) 최준규, "유류분과 기업승계 : 우리 유류분 제도의 비판적 고찰", 사법 37호, 2016, 353면 이하
    참조.
76) 윤진수(주 60), 386면 이하 참조.

를 유류분에 준용하고 있음을 이유로, 공동상속인에 대한 증여는 그 시기를 불문하고 유류분산정의 기초재산에 산입된다고 보고 있고, 헌법재판소의 판례(헌법재판소 2010. 4. 29. 선고 2007헌바144 결정)도 그것이 헌법에 위반되지 않는다고 하였다.

　　그러나 이것이 반드시 해석상 명백한 것도 아닐 뿐만 아니라,[77] 설령 해석상 그와 같은 결론이 나온다고 하더라도, 입법론상 바람직하다고 할 수 없다. 상속개시보다 훨씬 이전에 행하여진 증여까지 공동상속인에 대한 증여라 하여 유류분 산정에서 고려하는 것은 수증자에게 가혹한 결과를 가져올 수 있다. 그러므로 공동상속인에 대한 증여를 유류분 산정의 기초재산에 포함시키는 것에는 시기적인 제한을 둘 필요가 있다.[78]

V. 결　　론

　　앞에서도 말한 것처럼 상속법은 많은 변화를 겪고 있고, 이러한 변화는 앞으로도 계속 이어질 것이다. 그런데 이는 잘 알려져 있지 않고, 많은 사람들의 관심을 끌고 있지도 않다. 이 글이 이러한 점에 대한 관심을 환기하는 데 도움이 되기를 바란다.

〈청헌 김증한 교수 30주기 추모논문집 간행위원회,
우리 법 70년 변화와 전망, 법문사, 2018〉

---

77) 필자는 다음과 같이 판례를 비판하였다. 즉 제1114조는 제1008조에 대한 특별규정이므로, 상속개시 전 1년 전의 것은 손해를 가할 것을 안 때에만 유류분산정의 기초재산에 해당한다고 보아야 하고, 제1118조가 특별수익에 관한 제1008조를 준용하고 있는 것은 유류분권리자의 유류분 부족액을 산정함에 있어서 그가 받은 특별수익을 공제하여야 한다는 의미일 뿐, 시간적 제한이 없다는 의미를 포함하고 있는 것이라고는 할 수 없다는 것이다. 윤진수(주 20), 565-566면. 참고로 대법원 2018. 7. 12. 선고 2017다278422 판결은, 유류분 반환청구자가 개정 민법 시행 전에 피상속인으로부터 증여받아 이미 이행이 완료된 경우에는 그 재산은 유류분산정을 위한 기초재산에 포함되지 않지만(대법원 2012. 12. 13. 선고 2010 다78722 판결 참조), 위 재산은 당해 유류분 반환청구자의 유류분 부족액 산정시에는 특별수익으로 공제되어야 한다고 하였다.
78) 2018년 개정된 일본 민법은, 상속인 외의 증여에 관하여는 종전과 마찬가지로 상속개시 전 1년간에 행해진 것으로 제한하지만, 공동상속인에 대한 증여는 상속개시 전 10년간에 행해진 것으로 제한하고(제1044조), 다만 유류분권리자가 받은 특별수익은 시기의 제한 없이 유류분침해액에서 공제하는 것으로 하였다(제1046조).

〈추기〉

1. 윤진수, 김형석, 이동진, 최준규, "상속법 개정론", 박영사, 2020에는 배우자의 상속법상 지위, 유언 방식, 유류분, 한정승인 등에 관한 개정론이 실려 있다.

2. 이른바 구하라 법이라고 불리는, 상속권 상실에 관한 민법개정안이 현재여러 개 국회에 제출되어 있다. 이에 대하여는 윤진수, "상속권 상실에 관한 정부의 민법개정안", 비교사법 제28권 3호, 2021, 241면 이하 참조.

배우자의 상속법상 지위 개선 방안에 관한 연구^{* **}

Ⅰ. 서 론

근래 여러 나라에서는 배우자, 그 중에서도 처의 상속법상 지위가 강화되는 경향을 보이고 있다.[1] 과거에는 배우자의 상속권은 인정되지 않았거나, 인정되더라도 사용권만이 인정되었지만, 근래에는 오히려 다른 공동상속인보다 더 우대받는 경우가 많다. 우리나라에서도 이러한 상황은 마찬가지이다. 1960년에 시행된 제정민법과 현행 민법을 비교하면 이 점은 확연하다. 제정민법에서는 피상속인의 처의 상속분은 직계비속과 공동으로 상속하는 때에는 남자의 상속분의 2분의 1로 하고 직계존속과 공동으로 상속하는 때에는 남자의 상속분과 균분으로 하였으나, 현행 민법은 부와 처를 막론하고 모두 공동상속인인 직계비속 또는 직

* 이 글은 2019. 2. 15. "상속법의 개정"을 주제로 하여 개최된 서울대학교 법학연구소 공동연구 학술대회에서 발표하였던 것을 보완한 것이다. 이 글을 쓰는 데 자료를 제공하여 주신 한양대학교 이준형 교수님, 싱가포르 경영대학교(현재 서울대학교 법학전문대학원)의 오영걸 교수님과 원고를 검토해 주신 조선대학교 정구태 교수님, 학술대회의 지정토론자였던 김상훈 변호사님, 그리고 가족법연구의 논문심사과정에서 심사하여 주신 익명의 심사위원 3분께 감사의 뜻을 표한다.

** 이 글에서 인용한 인터넷 자료는 모두 2019. 2. 18. 최종 확인하였다.

1) Sjef van Erp, "New Developments in Succession Law", Electronic Journal of Comparative Law, vol. 11.3 (December 2007), pp. 1 ff., (https://www.ejcl.org// 113/article113-5.pdf); Kenneth G C Reid, Marius J de Waal, and Reinhard Zimmermann, "Intestate Succession in Historical and Comparative Perspectivie", in Kenneth G C Reid, Marius J de Waal, and Reinhard Zimmermann ed., Intestate Succession, Oxford University Press, 2015, pp. 489 f.; R. Zimmermann, "Das Ehegattenerbrecht in historisch-vergleichender Perspektive", Rabels Zeitschrift für ausländisches und internationales Privatrecht, Vol. 80, Nr.1, 2016, S. 39 ff.

계존속의 상속분의 5할을 가산하는 것으로 하고 있다(제1009조 제2항).

그러나 우리나라의 배우자의 상속법상 지위 강화는 다른 나라들과 비교할 때 아직도 충분하다고 할 수 없다. 그리하여 입법적으로 이를 개선하여야 한다는 논의가 많고, 이를 위한 개정안도 국회에 몇 차례 제출된 바 있으나, 실현되지 못하였다. 이처럼 개선이 이루어지지 못한 것은 변화 자체에 반대하는 주장이 있었던 것뿐만 아니라, 어떻게 개선하여야 하는가에 대하여도 의견이 모아지지 않았기 때문으로 여겨진다.

이 글에서는 어떤 방법으로 배우자의 상속법상 지위를 개선할 것인가를 다루고자 한다. 그리하여 Ⅱ.에서는 현재까지의 경과와 개선의 필요성을 살펴보고, Ⅲ.에서는 이제까지 우리나라에서 논의되었던 개선방안을 소개한다. Ⅳ.에서는 다른 나라의 입법례를 살펴보고, Ⅴ.에서는 필자가 생각하는 방안을 서술한다.

Ⅱ. 현재까지의 경과와 개선의 필요성

1. 현재까지의 경과

조선시대에는 생존배우자는 제1순위의 상속인인 피상속인의 자녀가 없는 경우에 한하여 피상속인의 재산을 상속받을 수 있었지만, 처가 개가하면 남편의 본족에게로 상속재산이 귀속되게 되었다. 그리고 처의 상속재산 처분(區處)도 제한되었다.2) 일제 강점기 이후 민법 시행 전까지 적용되는 것으로 법원이 인정하였던 관습법에 의하면 호주가 사망한 때에는 호주상속인이 재산도 상속하는데, 처는 원칙적으로 호주상속인이 될 수 없었고, 다만 호주를 상속할 남자가 없는 경우에 그 가에 조모, 모, 처가 모두 존재하는 때에는 남자의 상속인이 있게 될 때까지 조모, 모, 처의 순서로 호주권을 상속하였으며, 이 또한 사후양자가 선정될 때까지 일시적인 것이어서 사후양자가 선정되면 사후양자가 상속재산을 승계하였다.3)

제정 민법은 처가 피상속인인 경우와 부(夫)가 피상속인인 경우를 다르게 규정하였다. 즉 처가 피상속인인 경우에 부는 1순위의 상속인인 직계비속과 동순위

---

2) 신영호, 공동상속론, 나남, 1987, 200-202면 참조.
3) 김은아, "재산상속상 배우자의 지위에 관한 고찰", 한양대학교 대학원 법학박사학위논문, 2005, 81-82면; 대법원 1991. 11. 26. 선고 91다32350 판결 등.

로 공동상속인이 되었고, 그 직계비속이 없는 때에는 단독상속인이 되었다(제
1002조). 반면 부가 피상속인인 경우에는 처는 1순위의 상속인인 직계비속 또는
2순위의 상속인인 직계존속과 공동상속인이 되었고, 직계비속 또는 직계존속이
없는 경우에 비로소 단독상속인이 되었다(제1003조 제1항). 피상속인의 처의 상속
분은 직계비속과 공동으로 상속하는 때에는 남자의 상속분의 2분의 1로 하고 직
계존속과 공동으로 상속하는 때에는 남자의 상속분과 균분으로 하였으며, 피상
속인의 부의 상속분은 다른 남자의 상속분과 같았다(제1009조 제3항, 제1항). 1977
년 개정민법은 피상속인의 처의 상속분은 직계비속과 공동으로 상속하는 때에는
동일가적내에 있는 직계비속의 상속분의 5할을 가산하고 직계존속과 공동으로
상속하는 때에는 직계존속의 상속분의 5할을 가산하는 것으로 바꾸었다(제1009조
제3항). 그리고 1990년 개정된 제1003조는 부와 처를 동일하게 취급하여, 부 또는
처는 1순위의 상속인인 직계비속 또는 2순위의 상속인인 직계존속과 공동상속인
이 되고, 직계비속 또는 직계존속이 없는 경우에는 단독상속인이 되는 것으로 바
꾸었고, 상속분도 부와 처를 막론하고 모두 공동상속인인 직계비속 또는 직계존
속의 상속분의 5할을 가산하는 것으로 하여(제1009조 제2항), 현재에 이르렀다.

2. 개정의 필요성

그런데 이러한 현행법의 규정에 대하여는 개선의 필요성이 있다는 주장이
많다. 그 이유는 크게 두 가지로 나누어 볼 수 있다. 그 하나는, 현행법은 생존
배우자 외에 다른 공동상속인이 많을수록 배우자의 상속분은 줄어들게 되어 배
우자의 지위가 약화된다는 것이다. 다른 하나는 생존 배우자의 상속분이 쌍방 배
우자의 생존 중에 이혼 등으로 혼인이 해소되는 경우에 인정되는 배우자의 재산
분할과 차이가 있게 되어 균형이 맞지 않는다는 것이다.[4]

이 중 첫 번째의 문제는 생존 배우자의 부양과 관련이 있다. 근래에는 민법
이 제정될 당시와 비교하면 평균수명이 대폭 증가하여, 상속이 개시될 무렵 피상

---

4) 박종용, "배우자상속권의 강화에 관한 연구", 가족법연구 제16권 2호, 2002, 234면 이하; 윤진
 수, "민법개정안 중 부부재산제에 관한 연구", 민법논고 제4권, 박영사, 2009, 257면(처음 발
 표: 2007); 정구태, "2014년 법무부 민법개정위원회의 상속법 개정시안에 대한 비판적 단상",
 강원법학 제41권, 2014, 989면; 김상용, "사망으로 혼인이 해소된 경우 생존 배우자의 재산권
 보호", 중앙법학 제17권 2호, 2015, 223면 이하 등. 이 밖에도 많은 문헌이 이러한 점을 지적하
 고 있다.

속인의 자녀는 대체로 이미 성년이 되어 독자적으로 생활할 능력이 있는 반면, 피상속인의 배우자는 상속재산에 의존하여 생활할 필요가 있는데, 생존 배우자의 상속분이 작다면, 그 생계에 어려움이 있게 된다. 따라서 생존 배우자가 상속을 받을 수 있는 크기를 늘릴 필요가 있다.[5)]

다른 한편 부부 쌍방 생존 중에 이혼 등으로 혼인이 해소되는 경우에도 재산분할이 이루어지는데, 상속과 재산분할 사이에 불균형이 있으면 문제가 생기게 된다. 가령 이혼으로 인한 재산분할이 상속보다 유리하다면, 당사자는 상속을 기다리기보다는 이혼을 요구하기 쉬울 수 있다.

이 문제를 배우자 상속의 근거라는 관점에서 살펴본다. 배우자 상속의 근거는, 혈족 상속에서도 인정되는 사후부양이라는 측면 외에도, 부부관계에서 상속재산 형성과 자녀의 출산·양육 등에 협력한 대가라든지, 앞으로의 자녀 양육을 위한 배려로 설명할 수 있다.[6)] 따라서 배우자의 상속분은 이러한 사후부양과 상속재산 형성의 청산이라는 기능에 충실하여야 하는데, 현재의 규정은 이에 미치지 못한다.

배우자의 상속법상 지위를 역사적 및 비교법적으로 고찰한 문헌도, 이처럼 배우자의 상속법상 지위가 개선되는 이유는 피상속인의 추정적 의사, 부양 의무 및 사회 질서 등의 무유언 상속(intestate succession)의 전통적인 근거를 재해석하는 데에서 답변을 찾을 수 있다고 한다. 그리하여 배우자의 부양의 필요(Need), 과거의 기여에 대한 인정과 보상(Recognition and Reward) 그리고 배우자가 가장 자격이 있는 친족(The spouse as the most eligible relative)이라는 근거를 들고 있다. 마지막 근거에 대하여는, 배우자가 더 많이 받게 되면 자녀와 그 후손은 덜 받게 되는데, 동등한 파트너 관계에서의 배우자의 역할은 혈족이 아니라는 데에서 오는 전통적인 불이익을 보완하였고, 또 기대 수명이 대폭 증가함으로 인하여 어리거나 갓 성년이 된 자녀가 상속재산에 생계를 의존하여야 하였던 과거와는 달리 현재에는 중년이 된 자녀는 통상 자신의 부모 중 먼저 죽는 사람이 있기 전에 이

---

5) 이를 강조하는 것으로 강형구·이창민, "각국 상속법 비교 연구 및 국내 상속법에의 함의", 법경제학연구 제11권 1호, 2014, 특히 48면 이하. 이창민 외, "상속법 개정의 경제적 영향 분석", 법무부 용역보고서, 2013은 배우자 상속분을 증가시킬 경우의 경제적 영향을 추계하고 있다. 이 보고서는 행정안전부의 온-나라 정책연구 프리즘(PRISM)에서 검색할 수 있다. http://www.prism.go.kr/homepage/origin/retrieveOriginDetail.do?pageIndex=32&research_id=1270000-201300066&cond_organ_id=1270000&leftMenuLevel=120&cond_research_name=&cond_research_start_date=&cond_research_end_date=&pageUnit=10&cond_order=3

6) 윤진수, 친족상속법강의, 제2판, 박영사, 2018, 299면.

미 자신의 삶을 꾸리고 있을 것이므로, 생존한 부모가 상속재산에 대하여 더 강력한 권리가 있다고 한다. 그리고 상속재산의 성격도 변화하였는데, 상속재산이 토지와 건물로 이루어졌을 때에는 이것이 배우자에게 이전되어 잠재적으로는 가족 밖으로 빠져나가는 데 대한 주저가 있었지만, 현재에는 조상의 땅(ancestral land)은 해체되어 팔려버렸고, 그 대신 주택과 은행 예금, 투자가 이를 대체하게 되었다고 한다.[7]

III. 개정에 관한 종래의 논의

1. 개정의 입법적 시도

종래 이 문제에 대하여는 국회에 개정안이 제출되기도 하였고, 또 법무부에서 개정 시안을 마련하기도 하였으나, 실제 개정에는 이르지 못하였다. 그리고 현재 국회에도 개정안이 계류되어 있다.

우선 2006. 11. 7. 정부가 제17대 국회에 제출한 민법개정안은 제1009조 제2항을 개정하여, 피상속인의 배우자의 상속분은 상속재산의 5할로 하도록 규정하였다.[8] 그러나 이 개정안은 2008년 제17대 국회의 임기 만료로 폐기되었다.[9][10]

또한 법무부는 2013. 10. 민법(상속편) 개정특별위원회를 구성하였고, 위원회는 2014. 1. 개정안을 작성하였다. 그 골자는 피상속인의 배우자는 혼인기간 동안 증가한 피상속인의 재산 중 상속개시 당시 현존하는 재산에서 채무를 공제한 액수의 2분의 1을 다른 공동상속인에 우선하여 선취분으로 취득할 권리가 있고, 다만 그러한 선취분의 취득이 현저히 공정에 반하는 경우에는 공동상속인의 협의

---

7) Reid, de Waal, and Zimmermann(주 1), pp. 490 ff.

8) 대한민국 국회 홈페이지, http://likms.assembly.go.kr/bms_svc/bill/doc_10/17/pdf/ 175283_100.HWP. PDF 참조. 다만 여기서는 혼인 중 재산분할제도의 신설을 전제로 하여, 혼인중 재산분할을 받은 경우에는 동순위의 공동상속인과 균분하여 상속하는 것으로 하였다.

9) 상세한 것은 윤진수(주 4), 241면 이하 참조.

10) 또한 2005. 7. 19. 이계경 의원이 대표발의한 민법개정안 제1009조 제2항은 피상속인의 배우자는 상속재산에서 피상속인이 혼인중 취득한 재산에 대하여 균등한 비율로 기여분청구를 할 수 있도록 하였고, 2006. 2. 7. 최순영 의원이 대표발의한 민법개정안 제1009조 제2항은 피상속인의 배우자는 부부의 공유로 추정되는 재산의 선취분으로 청구할 수 있다고 규정하였으나, 이들 또한 제17대 국회의 임기 만료로 폐기되었다. 대한민국 국회 홈페이지, http://likms.assembly. go.kr/bms_svc/bill/doc_10/17/pdf/172 278_100.HWP.PDF; http://likms.assembly.go.kr/bms_svc/bill/ doc_10/17/pdf/1738 63_100.HWP.PDF 참조.

나 가정법원이 선취분을 감액할 수 있으며(제1008조의4), 나머지 재산을 공동상속인과 더불어 분배한다는 것이다. 그러나 이러한 방향으로 배우자의 상속분을 늘리는 개정안이 통과되면 이른바 '기업상속'에 방해가 될 것이라는 우려가 일부에서 제기되면서, 개정안은 입법예고절차에도 나아가지 못하였다.[11]

그리고 제20대 국회에는 2018. 7. 4. 정춘숙 의원이 대표발의한 민법 일부개정법률안이 계류되어 있다. 이 안은 부부 일방의 고유재산을 기반으로 발생한 재산 증가분과 혼인 중 취득한 재산 및 그 증가분은 부부의 공유로 추정하고(제830조 제2항), 피상속인의 배우자는 부부의 공유재산으로 추정되는 재산의 100분의 50을 선취분으로 청구할 수 있으며, 부부의 공유재산으로 추정되는 재산이 없는 경우 직계비속과 공동으로 상속하는 때에는 직계비속의 상속분의 5할을 가산하고, 직계존속과 공동으로 상속하는 때에는 직계존속의 상속분의 5할을 가산한다(제1009조 제2항)고 규정한다.[12]

2. 학설상의 논의

이에 관한 입법론적인 제안은 크게 두 가지로 나누어 볼 수 있다. 그 하나는 배우자 일방이 사망한 경우에 부부재산관계를 청산한 다음 나머지를 상속재산으로 한다는 것이고, 다른 하나는 부부재산의 청산은 하지 않고, 대신 배우자의 상속분을 공동상속인의 수와는 관계 없이 일정한 비율로 고정하자는 것이다. 이외에도 생존배우자 보호를 위한 다른 제안들이 있다.

가. 부부재산관계의 청산 후에 상속재산을 분배하는 방안

학설상으로는 일방 배우자의 사망으로 인하여 혼인이 해소된 경우에도 재산분할청구를 허용하여야 한다는 주장이 유력하게 주장되었다.[13] 예컨대 한 논자

---

11) 김상용(주 4), 229면 이하 참조.
12) 국회 홈페이지, http://likms.assembly.go.kr/bill/billDetail.do?billId=PRC_S1B8F0U 7D0P4M1F4Z1N 7G2M5V6B2J2. 다만 원문에는 "직계비속과 공동으로 상속하는 때에는 직계존속의 상속분의 5할을 가산한다"고 되어 있는데, 직계비속은 직계존속의 오기로 보인다.
13) 박종용(주 4), 249면 이하; 오시영, "배우자를 중심으로 한 상속분에 대한 재검토", 인권과 정의 2008.5, 37면 이하; 조은희, "배우자 법정상속의 강화에 대한 재검토", 가족법연구 제23권 3호, 2009, 155면 이하, 특히 158-159면; 김나래, "초고령사회에 대비한 노인부양제도에 관한 연구", 숙명여자대학교 법학박사학위논문, 2017, 280-282면; 정다영, "배우자 상속의 강화방안", 가족법연구 제31권 3호, 2017, 301면 이하; 최원호, "배우자의 상속지분권 확대에 관한 연구", 동의

는 다음과 같은 개정안을 제안하였다. 즉 민법에 사망으로 혼인이 해소되는 경우
에는 생존배우자는 공동상속인 또는 포괄적 수증자에 대하여 재산분할을 청구할
수 있으며, 이 경우 다른 정함이 없는 경우 대통령령에 따른다고 규정하고, 대통
령령에서는 피상속인의 배우자는 피상속인 고유재산의 증가분과 혼인 중 취득한
재산 및 그 증가분의 2분의 1에 대하여 재산분할을 청구할 수 있으며, ③ 상속개
시 당시의 피상속인의 재산가액에서 제1항 및 제2항에 따른 재산분할청구의 가
액을 공제한 것을 상속재산으로 보며, 생존배우자나 다른 공동상속인이 생존배
우자의 상속재산 형성에 대한 기여도가 위 재산분할청구의 범위와 다름을 입증
한 경우에는 이 규정은 적용하지 아니한다는 것이다.[14]

　　다른 한편 2014년 법무부 민법(상속편) 개정특별위원회의 위원장이었던 김상
용 교수는 위 위원회가 제시하였던 안을 옹호하였다. 즉 피상속인의 배우자는 혼
인기간 동안 증가한 피상속인의 재산 중 상속개시 당시 현존하는 재산에서 채무
를 공제한 액수의 2분의 1을 다른 공동상속인에 우선하여 선취분으로 취득할 권
리가 있고, 상속재산 중 이를 공제한 나머지 재산을 공동상속인과 더불어 분배한
다는 것이다.[15]　그런데 원래 재산분할 대상은 부부 쌍방의 재산이므로, 피상속
인의 재산만을 대상으로 하는 위 안은 원래의 의미에서의 부부재산의 청산과는
거리가 있다.

　　그런데 논자 가운데에는 이처럼 부부재산의 청산이 필요하다고 하면서도,

대학교 법학박사학위논문, 2018, 168면 이하 등. 강명구, "현행법상 배우자 재산상속제도의 개
선방안에 관하여", 가족법연구 제28권 3호, 2014, 333면 이하도 같은 취지로 이해되지만, 위 글
334면 이하에서는 위 개정특별위원회 개정시안에 대하여 선취분의 불명확성으로 인하여 공동
상속인 간에 상속분쟁이 증가할 가능성이 커지고 상속관계의 명확성 및 법적 안정성을 크게
해한다는 문제점이 드러나게 된다는 등의 이유로, 배우자에게 허용되는 선취분을 인정하기보
다는 배우자의 상속분을 확정적으로 보장하는 방법이 보다 타당한 입법안이라고 보여진다고
한다.

14) 정다영(주 13), 305-306면. 박종용(주 4), 249면 이하는 협의이혼의 경우에 부부 일방이 다른 일
방에 대하여 혼인 중 취득한 잉여재산에 대하여 동등한 비율로 분할을 청구할 수 있도록 하고,
상속의 경우에는 피상속인의 특유재산에 이혼의 경우에 정하여진 잉여재산의 분할분을 가감한
것을 상속재산으로 보도록 규정하자고 제안한다.

15) 김상용(주 4) 참조. 홍순기, "배우자상속권 강화에 관한 법무부 개정시안 검토", 국민대 법학논
총 제27권 2호, 2014, 58면 이하; 서종희, "상속에 의한 배우자 부양", 가족법연구 제30권 2호,
2016, 121면 이하는 위 법무부 민법(상속편) 개정특별위원회의 개정안을 지지하고 있다. 한편
김나래(주 13), 277-280면은 이러한 선취분을 인정하여야 하지만, 다만 선취분의 대상이 되는
재산을 생존배우자의 협력이 반영되지 않은 상속, 유증, 증여받은 재산을 제외하고 '혼인기간
동안 배우자의 협력으로 증가한 피상속인의 재산'이라고 명시하여야 하며, 혼인 기간에 따라
선취분의 비율을 달리하여야 한다고 주장한다. 그런데 이 필자는 상속의 경우에도 재산분할을
인정하여야 한다고도 주장하고 있어(위 주 13), 양자의 관계가 불분명하다.

그 청산의 대상은 혼인 후에 취득하거나 증가된 재산이 아니라 피상속인의 전재산이어야 한다고 주장하기도 하는데,[16] 이렇게 한다면 청산의 의미는 약화되고, 아래에서 볼 배우자의 상속분을 상속재산의 일정 비율로 하는 것과 차이가 별로 없게 된다.

나. 배우자의 상속분을 상속재산의 일정 비율로 하는 방안

그러나 다른 논자들은 이처럼 부부재산의 청산 후에 상속재산을 분배하는 방법에 대하여 반대한다. 그 이유는, 청산의 대상이 되는 혼인 중에 취득한 재산이 무엇인지가 명확하지 않아서, 공동상속인 사이에 다툼이 생기고 분쟁이 증가될 우려가 많다는 점이다. 이혼에 따르는 재산분할의 경우에는 쌍방이 모두 생존하고 있으므로, 분할대상재산을 파악하기가 비교적 용이하지만, 피상속인인 배우자가 사망한 경우에는 상속인들 간에 이해가 대립하는 상황에서 실제로 이를 밝혀내는 것은 쉽지 않다는 것이다.[17]

그리하여 이 논자들은 생존 배우자의 상속분을 공동상속인의 수와 관계 없이 일정한 비율로 정하여야 한다고 주장한다. 다만 그 비율은 주장자에 따라 다르다. 상속재산의 1/2로 정하여야 한다는 것[18]과 상속재산의 2/3로 정하여야 한다는 것[19]이 있다.

다. 기   타

이 밖에도 생존 배우자의 보호를 위한 다른 제안들이 있다. 그 하나는 생존배우자로 하여금 상속재산 전부에 대한 상속을 하도록 하되, 상속재산에 대한 이용권만 부여한 후 생존배우자가 사망한 때에 다른 상속인이 남은 재산을 상속하

---

16) 배인구, "고령화 사회와 배우자 상속분에 관한 단상", 가족법연구 제29권 1호, 2015, 194면 이하; 김상현, "배우자 상속분의 재고", 법이론실무연구 제5권 3호, 2017, 205면 등.

17) 윤진수(주 4), 126면; 정구태(주 4), 997-998면, 1004면 이하 등. 최성경, "배우자 상속분 입법론에 관한 소고", 단국대 법학논총 제38권 2호, 2014, 140-141면도 같은 취지로 보인다. 또한 배인구(주 16), 192면도, 상속과 이혼은 서로 다른 제도로서, 재산분할청구권과 관련해서는 배우자가 모두 생존한 상황이어서 서로 재산분할을 하는 과정에서 자신의 의사를 피력할 수 있고, 조정할 수 있지만, 상속 분쟁에서는 피상속인인 배우자가 사망하였기 때문에 피상속인은 자신의 입장을 명확히 밝힐 가능성이 거의 없고, 상속의 대상이 되는 재산인지 여부에 전혀 관여를 못하여 생존배우자 일방의 주장에 좌우될 가능성이 높다고 한다.

18) 윤진수(주 4), 124면 이하; 김성동, "생존배우자의 상속권강화에 관한 연구", 계명대학교 대학원 법학박사학위 논문, 2013, 212면 이하; 김상식 · 김상찬, "배우자 상속분 확대에 관한 입법론적 연구", 일감법학 제28호, 2014, 165면 이하.

19) 정구태(주 4), 1007-1008면.

게 하자는 주장이다. 다만 상속재산 전부를 상속받은 생존배우자가 재혼을 하는
경우에는 상속받은 재산에 대한 권리를 상실하게 할 필요가 있다고 한다.[20]

　　다른 주장은 생존 배우자에게 주택에 대한 권리를 인정하자는 것이다. 즉 일
정기간 이상 혼인관계를 계속한 부부에 대해서는 혼인주택이 상속재산에 포함되
었을 경우에는 그 분할을 일시적으로 유보하여 생존배우자의 생활을 보호해 줄
필요가 있다는 것이다.[21]

Ⅳ. 다른 나라의 입법례

　　종래의 우리나라에서의 입법론 논의는 다른 나라의 입법례를 주로 참고하였
고, 특히 일본, 미국, 독일, 프랑스 등의 입법례는 많이 소개되었다. 여기서는 다
음과 같은 점을 중심으로 하여 다른 나라의 입법례를 살펴본다. 첫째, 각국의 부
부재산제도는 어떻게 되어 있는가? 부부재산제도가 어떤 것인가에 따라 배우자
의 상속권도 달라지는 나라들이 많이 있다. 둘째, 배우자의 상속권. 여기서는 생
존 배우자가 주거와 혼인용 가재도구에 대하여 특별한 보호를 받는지도 아울러
살펴본다. 셋째, 이러한 배우자의 상속권은 얼마나 보호를 받는가? 다시 말하여
피상속인이 일방적으로 배우자의 상속권을 배제한 경우에, 배우자에게는 어떠한
구제수단, 구체적으로는 유류분이 인정되는가 하는 점이다. 넷째, 이러한 배우자
의 상속권을 피상속인과 배우자가 사전에 합의에 의하여 배제 또는 제한하는 것
이 가능한가? 이 중 셋째와 넷째는 이제까지 국내에서 별로 소개되지 않았다. 다
루고자 하는 나라는 독일, 스위스, 오스트리아, 프랑스, 네덜란드, 영국, 미국, 일
본 및 대만이다.

　　한 가지 언급할 것은 동성혼인 또는 동성결합의 문제이다. 여기서 살펴보는
나라들 중 스위스와 일본을 제외하고는 모두 이성 아닌 동성 사이의 혼인과, 혼
인은 아니지만 혼인에 준하는 동성 사이의 동반자제도를 인정하고 있고,[22][23] 스

---

20) 전경근, "배우자상속분의 현황과 전망", 아주법학 제7권 3호, 2013, 213면 이하.
21) 정다영(주 13), 309-310면; 김은아, "배우자의 재산상속상 지위와 그 강화", 민사법학 제30호,
　　2005, 173면.
22) 대만 사법원(司法院)은 2017. 5. 24. 司法院釋字第748號解釋에 의하여 동성혼인을 허용하지 않는
　　것은 헌법에 위반되므로 2년 내에 법을 개정하여야 하고, 그때까지 법이 개정되지 않으면 동성
　　당사자들은 혼인신고를 할 수 있다고 판시하였다. 대만 사법원 홈페이지(http://jirs.judicial.gov.tw/

위스는 동성혼인은 인정하지 않지만 동성의 등록된 동반자제도를 인정한다.[24) 동성혼인의 당사자는 부부재산관계나 상속에 관하여 이성 혼인 당사자와 마찬가지로 취급되고 있고, 혼인 아닌 동성의 동반자도 큰 차이가 없다. 이하에서는 이 점에 대하여 따로 설명하지 않는다.

1. 독   일[25)

가. 부부재산제도

독일의 부부재산제도에는 부가이익공동제(Zugewinngemeinschaft),[26) 별산제(Gütertrennung), 공동재산제(Gütergemeinschaft)의 3가지가 있다. 부부가 혼인계약에 의하여 별산제나 공동재산제를 따로 약정하지 않으면 부가이익공동제가 적용되므로(독일 민법 제1373조 제1항), 부가이익공동제가 법정재산제가 된다. 부가이익공동제에 따르면 부부 각자의 재산은 그것이 혼인 성립 후에 취득한 것이라도 부

GNNWS/NNWSS002.asp?id=267570). 이에 대하여는 王馨梓·鄭求兌, "臺灣地區同性婚姻合法化動向", 제주대 국제법무 제9집 2호, 2017, 297면 이하; 강승묵, "동성혼의 합법화 여부와 입법모델에 관한 연구", 한양법학 제29권 3집, 2018, 302-303면 참조. 그리하여 2019. 5. 22. 司法院釋字第七四八號解釋施行法이라는 이름의 특별법이 제정되었다. 오스트리아에서는 원래 혼인은 이성 사이에만 가능하였고(오스트리아 민법 제44조), 동성 사이에서는 2009년 제정된 등록 동반자법(Bundesgesetz über die eingetragene Partnerschaft, Eingetragene Partnerschaft-Gesetz―EPG)에 의하여 등록 동반자로서 혼인에 준하는 보호를 받았다. 그런데 오스트리아 헌법재판소(Verfassungsgerichtshof)는 2017. 12. 4. 이성 사이에만 혼인이 가능하고, 동성 사이에만 등록 동반자관계가 가능하다고 하는 것은 헌법에 위반되며, 위헌인 법률들은 2018. 12. 31. 효력을 상실한다고 선고하였다(사건번호 G 258-259/2017-9. 오스트리아 헌법재판소 홈페이지 https://www.vfgh.gv.at/downloads/VfGH_Entscheidung_G_258-2017_ua_Ehe_gleichgeschlechtl_Paare.pdf 참조). 그러나 법 개정은 이루어지지 않았고, 2019. 1. 1.부터는 동성 사이의 혼인과 이성 사이의 등록 동반자관계도 모두 허용된다.

23) 독일에서는 2001년 제정된 생활동반자법(Gesetz über die Eingetragene Lebenspartnerschaft, Lebenspartnerschaftsgesetz―LPartG)에 의하여 동성 간에도 혼인에 준하는 생활동반자로서의 보호가 주어진다. 그러나 2017년 독일 민법이 동성 사이의 혼인도 허용하면서, 더 이상 생활동반자관계의 설정은 허용되지 않게 되었고, 다만 종전에 성립한 생활동반자관계는 효력이 유지되며, 이는 혼인으로 변환될 수 있다. 동성혼인도입법(Gesetz zur Einführung des Rechts auf Eheschließung für Personen gleichen Geschlechts) 제3조 제3항; 생활동반자법 제20조a.

24) 동성동반자법(Bundesgesetz über die eingetragene Partnerschaft gleichgeschlechtlicher Paare, Partnerschaftsgesetz). 동성의 등록된 동반자에게도 혼인 배우자와 같은 지위가 인정되지만, 부부재산제에 관하여는 별산제가 원칙이고, 다만 소득참여제를 약정할 수 있다(위 법 제25조). 그러나 공동재산제는 허용되지 않는 것으로 해석된다. Stephan Wolf und Gian Sandro Genna, Schweizerisches Privatrecht Ⅳ/1, Erbrecht, Bd. 1, Helbing Lichtenhahn, 2012, p. 61 참조.

25) 독일의 배우자 상속권에 대한 단행 논문으로는 조미경, "독일법상의 배우자상속분", 가족법연구 제14호, 2000, 245면 이하가 있다.

26) 잉여공동제(剩餘共同制)라고도 번역한다.

부의 공동재산으로 되지는 않으나(혼인 중 별산제), 이혼 등의 사유로 부가이익공동제가 종료되면 청산을 하여야 한다(독일 민법 제1373조 제2항). 그 청산은 각 부부의 부부재산제 성립 당시의 재산(당초재산, Anfangsvermögen)과 부부재산제 종료 당시의 재산(종국재산, Endvermögen)의 차이인 부가이익(Zugewinn)을 비교하여, 부가이익이 많은 당사자가 적은 당사자에 대하여 양 당사자의 부가이익의 차액(Überschuss)의 1/2을 지급하는 방법에 의하여 이루어진다.27)

한편 부부가 별산제를 약정하면, 이 부부의 재산관계는 혼인에 의하여 아무런 영향을 받지 않는다(독일 민법 제1414조). 혼인이 해소되는 경우에도 재산 분할은 이루어지지 않는다. 그리고 부부가 공동재산제를 약정하면, 부부의 재산은 혼인 당시에 가지고 있던 것을 포함하여 공동재산이 되고, 이 공동재산은 합유(Gesamthand)가 된다. 다만 법률행위로 이전할 수 없는 특별재산(Sondergut)과, 당사자가 혼인계약에서 유보하거나 제3자로부터 유증 또는 증여받은 것으로서 제3자가 지정한 유보재산(Vorbehaltsgut)은 공동재산에서 제외된다(독일 민법 제1415-1419조).

나. 배우자의 상속분

배우자의 기본적인 법정상속분은 독일 민법 제1931조가 규정하고 있다. 그에 따르면 배우자가 제1순위 상속인인 피상속인의 직계비속과 공동상속할 때에는 상속재산의 1/4이고, 제2순위 상속인인 피상속인의 부모와 피상속인의 형제와 공동상속하거나 피상속인의 조부모와 공동상속할 때에는 상속재산의 1/2이며,28) 그 외에는 피상속인의 친족이 있더라도 생존 배우자가 단독상속한다. 그러나 부부재산제가 어떤 것인가에 따라 구체적인 배우자의 법정상속분은 달라진다. 우선 부가이익공동제인 경우에는 상속재산의 1/4이 가산된다(제1371조 제1항). 따라서 생존 배우자가 피상속인의 직계비속과 공동상속할 때에는 그는 상속재산의 1/2을 상속하고, 피상속인의 다른 친족과 공동상속할 때에는 상속분은 상속재산의 3/4이 된다. 별산제인 경우에는 제1931조가 그대로 적용된다. 다만 상속 개시

---

27) 독일 민법 제1373-제1378조. 예컨대 남편의 당초 재산이 100,000유로이고, 종국 재산이 200,000유로이며, 아내의 당초 재산은 40,000유로이고 종국 재산은 100,000유로이면 남편의 부가이익은 100,000유로이고 아내의 부가이익은 60,000유로이므로, 100,000유로와 60,000유로의 차액인 40,000유로의 반인 20,000유로를 남편이 아내에게 지급하여야 한다.

28) 그러나 조부모 중 사망한 사람이 있으면, 그 사망한 조부모를 대습상속할 수 있었을 그 직계비속의 상속분도 생존 배우자에게로 간다.

당시에 법정상속인으로 생존 배우자 외에 피상속인의 자녀가 하나 또는 둘 있으면, 생존 배우자와 자녀의 상속분은 동일하다(제1371조 제4항). 반면 공동재산제인 경우에는 공동재산 중 피상속인의 지분만이 상속재산이 되고(제1482조), 이것이 제1931조의 규정에 따라 상속되게 된다. 따라서 공동상속재산 중 배우자의 지분은 그대로 배우자의 것으로 남게 된다.[29]

한편 독일 민법은 이와는 별도로 생존 배우자의 선취물(Voraus)에 대한 권리를 인정한다. 즉 생존 배우자는 위와 같은 법정상속분 외에 혼인공동생활에 필요한 물건(부동산의 종물은 제외된다)[30]과 혼인 예물에 대한 권리를 가진다. 다만 생존 배우자가 제1순위의 상속인인 피상속인의 직계비속과 공동상속인일 때에는 그러한 물건들이 생존 배우자의 적정한 생활에 필요한 것인 때에 한하여 권리를 가진다.[31] 선취물에 대하여는 유증에 관한 규정이 적용된다(제1932조). 이러한 생존 배우자의 권리는 혼인공동체의 연장효(Folgewirkung)라고 할 수 있는데, 배우자 일방의 사망으로 인하여 다른 배우자가 외적인 생활환경을 급격하게 바꾸어야 하는 것을 방지하고, 생존 배우자의 감정세계(Gefühlswelt)와 인격적 영역에의 개입을 방지하기 위한 것이라고 한다.[32]

다. 배우자의 유류분

독일민법상 배우자도 유류분 권리자이고(제2303조 제2항), 유류분은 원래의 법정상속분 가액의 1/2이다(제2303조 제2항). 생존배우자가 피상속인에 의해 상속인 지정에서 제외된 경우, 생존배우자는 부가이익청산청구권과 유류분청구권을 갖게 되는데, 여기서 유류분청구권은 증가된 상속분이 아닌 배우자의 기본적 상속분(제1931조)에 따라 산정되고, 따라서 상속인으로 자녀와 배우자가 있는 경우, 생존배우자의 유류분은 1/8이 된다(이른바 작은 유류분- 제1371조 제2항, 제2303조).[33]

---

29) 다만 상속계약에서 공동재산제가 피상속인의 직계비속과의 사이에서도 유지된다고 정할 수 있는데, 이때에는 피상속인의 지분은 상속되지 않으며, 생존배우자와 직계비속 사이에 공동재산제가 계속 유지되게 된다. 그 밖에 배우자의 상속분에 관하여 상세한 것은 조미경(주 25), 257면 이하.

30) 가구, 그릇, 침구, 식탁보, 주방기구, 세탁기 등이 이에 속한다. Münchener Kommentar zum BGB/Leipold, 7. Auflage, C. H. Beck, 2017, BGB § 1932 Rdnr. 10 참조.

31) 이는 직계비속이 이러한 물건에 대하여 가지는 이익도 고려해야 하기 때문이다. Münchener Kommentar zum BGB/Leipold(주 30), BGB § 1932 Rdnr. 15 참조.

32) Münchener Kommentar zum BGB/Leipold(주 30), BGB § 1932 Rdnr. 1.

33) 여기서 생존배우자가 부가이익청산청구권과 작은 유류분권 대신에 제1371조 제1항에 따라 증가된 상속분에 근거한 유류분(큰 유류분)을 청구할 수 있는지에 대하여(즉 위의 사례에서 상속

생존배우자가 상속을 포기한 경우에도 마찬가지이지만, 상속을 포기하지 않은 경우에 상속이나 유증 액수가 유류분 액수보다 적으면 생존 배우자는 부가적 유류분청구권(Zusatzpflichtteil)을 가지게 되는데, 이때에는 제1371조 제1항에 따라 증가된 상속분에 근거한 유류분(큰 유류분)을 청구할 수 있다.[34]

라. 상속 및 유류분의 사전 포기

독일 민법은 피상속인과 상속인 사이의 계약에 의하여 상속인이 상속을 상속 개시 전에 미리 포기하는 것을 인정하고 있다.[35] 상속인은 유류분만을 포기할 수도 있다. 이는 공증인에 의한 공증 방식을 필요로 하는 요식행위이다(제2346조, 제2348조). 이러한 상속이나 유류분 포기계약이 체결되는 이유는 다양한데, 가령 농장이나 기업과 같은 가장 중요한 상속대상 재산을 특정한 사람에게만 승계시키고, 나머지 상속인들에게는 보상을 지급하고 상속을 포기시키거나, 종의처분(終意處分, letztwillige Verfügung)에 의하여 기업이나 회사의 지분을 특정인에게만 승계시키기 위하여 행해지기도 한다. 또 재혼의 경우에 전혼에서 출생한 자녀들에게 보상을 지급하고 상속에서 배제시키거나, 반대로 전혼 자녀를 보호하기 위하여 재혼 배우자를 배제시키기 위하여 행해질 수도 있다. 그리고 부부가 공동유언을 하면서 생존 배우자가 단독 상속인이 된다는 이른바 베를린 유언(Berliner Testament)과 같은 경우에 자녀들의 유류분청구를 막기 위하여 행해지기도 한다.[36] 특히 기업 승계에서는 유류분의 포기계약이 황금의 길(goldener Weg)이라고 하는데, 이는 유류분 포기계약에 의하여 다른 유류분권자의 유류분이 증가되지 않는다는 점에서 상속 포기보다도 유리하다고 한다.[37]

이러한 상속 포기와 유류분 포기 계약에 대하여 법원이 어느 정도로 내용 통제를 할 수 있는가? 독일의 판례는 이혼 후 부양청구권이나 양육비청구권을 포기하기로 하는 내용의 혼인계약에 대하여는 내용 통제를 하고 있으나, 이러한 판례는 상속 포기나 유류분 포기에 대하여는 그대로 적용될 수 없고, 상속 포기

재산의 1/4을 청구할 수 있는지), 판례는 부정하고 있다. 최준규, "독일의 유류분 제도", 가족법연구 제22권 1호, 2008, 269면.

34) 최준규(주 33), 269-270면.

35) 이에 대하여는 고상현, "독일 민법상 상속 및 유류분의 사전포기제도", 가족법연구 제29권 1호, 2015, 335면 이하 참조.

36) Karlheinz Muscheler, Erbrecht, Bd. 1, Mohr Siebeck, 2010, Rdnr. 2336.

37) Peter Kindler und Daniel Gubitz, in Rainer Hausmann und Gerhard Hohloch hrsg., Handbuch des Erbrechts, Erich Schmidt Verlag, 2008, Kapitel 22 Rdnr. 63(S. 1584).

와 유류분 포기에 대한 법원의 내용 통제는 제한적으로만 인정되어야 한다는 견
해가 유력한 것으로 보인다.[38]

마. 입법론적 논의

이처럼 독일 민법이 배우자 사망의 경우에 부부재산제도에 따른 청산을 하
지 않고, 가령 부가이익공동제를 택한 부부라면 배우자의 상속분을 포괄적으로
증가시키는 방식을 택한 이유는, 부가이익을 산정함에 따르는 복잡함을 회피하
기 위한 것이다.[39] 그러나 이에 대하여는 가령 부가이익이 없더라도 생존배우자
가 상속을 받게 된다는 등의 비판이 많았다.[40]

여기서는 2010년 베를린에서 열렸던 제68회 독일 법률가대회(Deutscher Juris-
tentag)에서 뢰텔이 발표한 의견서 및 그에 대한 토론 내용을 소개한다. 뢰텔은,
현행법처럼 부가이익공동제하에서 생존배우자의 상속분을 증가시키는 것은 부부
재산법으로 설명하기는 어려운데, 왜냐하면 별산제하에서 살던 생존 배우자는
자녀가 한 사람만 있으면 상속재산의 반을 상속하게 되고, 내용상으로도 독일 민
법 제1371조 제1항의 규정은 부가이익공동제의 관심사와는 거리가 있으며, 생존
배우자가 유일한 배우자가 아니어서, 재산 형성에 중요한 취득 단계에 참여하지
않았을 경우가 늘고 있다고 한다. 그리하여 한 사람 또는 복수의 자녀들이 있는
경우에는 부부재산제와 관계없이 생존 배우자나 등록된 생활동반자의 법정 상속
분을 1/2로 올려야 한다는 주장이 이미 1972년 독일 법률가대회에서 제기된 바
있다고 하였다. 그녀는 더 나아가, 법정 부부재산제가 배우자 사망의 경우에도
부부재산제에 의한 청산이 이루어질 수 있도록 변경되어야 한다고 주장하였다.
이에 대하여 분쟁의 가능성이라는 실용적인 고려 때문에 반대할 수 있겠지만, 부
부재산법적인 참여의 정의(Teilhabegerechtigkeit)의 손실은 다른 방법으로는 보상할
수 없다고 하였다.[41]

그러나 이 발표에 대한 지정토론자인 랑에와 프리저는 배우자의 법정상속분

---

38) Karlheinz Muscheler, "Inhaltskontrolle im Erbrecht", 숭실대학교 법학논총 제24집, 2010, 215면
    이하; Münchener Kommentar zum BGB/Wegerhoff, BGB § 2346 Rdnr. 35 ff. 등 참조. 이 문제
    에 대하여 상세한 것은 Johannes Burkhardt, Eheliche Vermögensausgestaltung in Korestt des
    Grundgesetzes, Duncker und Humboldt, 2016 참조.
39) Münchener Kommentar zum BGB/Koch, BGB § 1371 Rdnr. 1 등 참조.
40) Koch(주 39), BGB § 1371 Rdnr. 2 등.
41) Anne Röthel, Ist unser Erbrecht noch zeitgemäß? Gutachten A zum 68. Deutschen Juristentag, C.
    H. Beck, 2010, A 53 ff.

을 부부재산제와 관계없이 인상하는 데에는 찬성하였지만, 부가이익의 청산을 상속의 경우에도 실현하여야 한다는 데에는 반대하였다. 랑에는, 부가이익공동제가 법정재산제로 채택된 1957년 이래로 국민의 의식 가운데 제1931조의 배우자 상속분이 녹아들어 와서 배우자가 상속재산의 반을 받는 것은 적절하다고 생각되고 있으므로, 입법적으로도 이를 고려하여야 한다고 하면서, 배우자의 법정상속분은 제1순위의 상속인과 함께 공동상속할 때에는 상속재산의 1/2로, 제2순위의 상속인과 공동상속할 때에는 상속재산의 3/4으로 올려야 한다고 하였다. 그렇지만 부가이익의 청산을 사망시에도 실현하여야 한다는 데에는 반대하였는데, 그렇게 되면 상속재산의 분할이 매우 복잡해지고, 분쟁의 가능성을 염려해야 한다는 것이다. 쌍방의 당초재산을 수십 년 후에 파악하고 평가하는 데 드는 비용은 이혼의 경우에는 기대할 수 있지만, 이러한 원칙을 일방 배우자의 사망으로 인한 혼인 해소시에도 들여오는 것은 필요하지 않다고 한다. 이렇게 하는 것은 실질적으로 직계비속을 참여시키는 이혼의 후속절차를 가져오게 된다는 것이다.[42] 프리저도 배우자 상속분을 인상하여야 한다는 랑에의 주장에 동조하면서, 상속법에 의한 승계와 부가이익의 청산은 구별하여야 한다고 주장하였다. 뢰텔의 제안은 장기간 혼인이 지속되었을 때 나타나는 상당한 조사 문제를 상속재산 분할의 경우에까지 연장하는 것이 된다고 한다.[43]

　　이 문제에 대한 토론 후에 제안에 대한 참석자들의 투표가 있었는데, 부부재산제와 관계없이 생존배우자의 법정상속분을 1/2 또는 3/4으로 올리자는 제안은 받아들여졌으나(찬성 50, 반대 15, 기권 6), 배우자 사망시에 부가이익의 청산을 실행해야 한다는 제안은 압도적으로 거부되었다(찬성 2, 반대 66, 기권 4).[44][45]

---

42) Knut W. Lange, Referat, in Verhandlungen des 68. Deutschen Juristentages, Bd. II/1, Berlin 2010, C. H. Beck, 2010, L 31 ff.

43) Andreas Frieser, Referat, in Verhandlungen(주 42), L 52 ff.

44) Verhandlungen des 68. Deutschen Juristentages Berlin 2010, Bd. II/2, C. H. Beck 2010, L 300.

45) 또한 beckonline. GROSSKOMMENTAR/Tegelkamp, BGB § 1931, Stand: 01.05. 2018, Rdnr. 8-15도 대체로 같은 취지이다.,

2. 스 위 스[46]

가. 부부재산제

스위스에서는 부부재산제가 법정재산제인 소득참여제(Errungenschaftsbeteili-gung)나 공동재산제(Gütergemeinschaft)인 경우에는 배우자 일방의 사망으로 혼인이 해소된 경우에도 부부재산의 청산절차에 따라 청산이 이루어진다. 별산제(Gütertrennung)인 경우에만 상속은 부부재산의 청산 없이 이루어진다.[47]

배우자 사이에 다른 특약이 없으면 적용되는 법정재산제인 소득참여제에서는 부부의 재산은 소득(Errungenschaft)과 고유재산(Eigengut)으로 이루어진다(스위스 민법 제196조). 소득이란 부부재산제가 유지되고 있는 동안 부부 일방이 유상으로 취득한 재산의 가치를 말한다(제197조 제1항). 고유재산이란 전적으로 부부 일방의 개인적 사용을 위한 물건, 부부재산제가 개시될 당시에 부부 일방에게 속하였던 재산 또는 사후에 상속이나 그 밖에 무상으로 취득한 재산 등을 말한다(제198조). 혼인이 유지되고 있는 동안에는 부부 일방이 법령의 제한 내에서 소득과 고유재산을 단독으로 관리, 수익 및 처분할 수 있지만(제201조 제1항), 혼인이 이혼이나 사망으로 해소되면 소득의 청산이 이루어져야 한다. 즉 혼인이 해소되면 우선 소득과 고유재산을 분리하여야 하고(제207조), 소득 가운데 채무를 공제한 잉여(Vorschlag, 제210조)에 대하여는 각 배우자가 각각 절반의 권리를 가진다(제215조).

공동재산제에서는 각 배우자의 재산 가운데 고유재산이 아닌 것은 공동재산(Gesamtgut)을 이루는데(제221조 이하), 이 공동재산은 배우자의 합유(Gesamtei-gentum)에 속한다.[48] 공동재산제가 일방 배우자의 사망이나 다른 사유로 해소되면 다른 약정이 없는 한 각 배우자에게는 이 공동재산의 절반이 귀속된다(제241조).

별산제의 경우에는 혼인이 해소되더라도 부부재산의 청산은 이루어지지 않는다.

---

46) 스위스의 배우자 상속에 관한 국내의 단행 논문으로는 조미경, "스위스법상　배우자상속분", 가족법연구 제15권 1호, 2001, 279면 이하가 있다.

47) 스위스에서의 상속법과 부부재산제의 관계에 관하여는 Wolf und Genna(주 24), §3 Erbrecht und Güterrecht 참조.

48) Wolf und Genna(주 24), S. 55.

나. 배우자의 상속권

소득참여제하에서는 배우자 일방이 사망하면 생존 배우자는 우선 잉여의 절반에 대하여 권리를 가지고, 이를 제외한 나머지와 피상속인의 고유재산이 상속재산이 된다. 공동재산제 하에서는 배우자 일방이 사망하면 공동재산을 분할하고 그 나머지 공동재산과 고유재산이 상속재산이 된다. 별산제 하에서는 피상속인의 재산이 그대로 상속재산이 된다.

상속재산에 대한 생존 배우자 또는 등록된 동반자의 법정상속분은 직계비속과 공동상속할 때에는 상속재산의 1/2이고, 피상속인의 부모계의 상속인49)과 공동상속할 때에는 상속재산의 3/4이며, 피상속인의 부모계의 상속인이 없으면 상속재산의 전부를 상속한다(제462조).

다. 배우자의 유류분과 상속포기

피상속인의 생존 배우자 또는 등록된 동반자는 직계비속 및 부모와 함께 유류분권자인데, 생존 배우자의 유류분은 그 상속분의 1/2이다(제471조).50)

생존 배우자는 다른 상속인과 마찬가지로 피상속인과의 사이에 상속포기계약을 체결할 수 있다(제495조 제1항). 이 상속포기는 무상일 수도 있고, 유상일 수도 있다. 유상인 경우에는 이를 상속분매매계약(Erbauskauf)이라고 한다. 실제로는 유상의 상속분매매계약이 상당한 의미를 가지고, 특히 기업의 승계에서는 중요한 역할을 한다.51) 상속포기계약도 상속계약(제494조)의 일종으로서, 상속계약과 마찬가지로 공정증서유언의 방식(제512조)에 따라야 한다.52)

3. 오스트리아53)

가. 부부재산제

오스트리아의 법정부부재산제는 별산제(Gütertrennung)이다(오스트리아 민법 제

---

49) 피상속인의 직계존속 또는 그들의 직계비속을 가리킨다.
50) 제471조. 직계비속의 유류분은 상속분의 3/4이고, 부모의 유류분은 상속분의 1/2이다.
51) Wolf und Genna(주 24), S. 214 f.
52) Basler Kommentar Zivilgesetzbuch Ⅱ= Ruf/Jeitziner, 4. Aufl., Helbing Lichtenhahn, 2011, Art. 512 Rdnr. 1 참조.
53) 오스트리아의 배우자 상속의 변천 과정에 대하여는 Kurt Berek, Ehegattenerbrecht, Entstehung und Entwicklung in Österreich, Verlag Österreich, 2017 참조.

1237조). 그러나 혼인이 이혼에 의하여 종료되거나 또는 혼인 취소 또는 혼인 무효로 되면 재산을 분할하여야 한다. 분할의 대상은 혼인에 사용되는 재산(eheliche Gebrauchsvermögen)과 혼인 중의 저축(ehelichen Ersparnisse)이다. 이 분할은 형평에 따라 이루어져야 하며, 고정된 비율이 있는 것은 아니다[오스트리아 혼인법(Ehegesetz) 제81조, 제83조].[54]

다만 부부는 혼인계약에 의하여 공동재산제(Gütergemeinschaft)를 약정할 수 있다. 그러나 이는 원칙적으로 혼인이 사망에 의하여 종료한 때에만 적용되는 것으로 보며, 이때에는 생존 배우자가 공동재산의 절반에 관하여 권리를 가진다(민법 제1233조, 제1234조).[55]

나. 배우자의 상속권

피상속인의 배우자나 등록된 동반자(eingetragene Partner)의 법정상속분은 피상속인의 자녀 및 그 직계비속과 공동상속할 때에는 상속재산의 1/3이 되고, 피상속인의 부모와 공동상속할 때에는 상속재산의 2/3가 되며, 나머지 경우에는 그 전부가 된다. 만일 부모 일방이 사망하였으면 그 사망한 부모의 상속분은 피상속인의 배우자 또는 등록된 동반자에게 귀속된다(민법 제744조). 이 규정은 2015년 개정되어 2017. 1. 1.부터 시행되었는데, 개정 전에는 피상속인의 부모의 직계비속과 공동상속하거나 피상속인의 조부모와 공동상속할 때에도 그 법정상속분이 2/3였다(개정 전 민법 제757조). 개정 법은 이러한 경우에는 피상속인의 배우자나 등록된 동반자가 단독상속인이 되는 것으로 하여 피상속인의 배우자의 지위를 강화하였다.

또한 생존 배우자는 혼인 주택에 계속 거주할 권리 및 혼인 생활에 필요한 가재도구에 속하는 동산(이것이 종전의 생활관계를 유지하는 데 필요한 경우에 한한다)에 대한 권리를 가진다(민법 제745조). 그러나 이러한 권리는 상속채무에 우선하는 것은 아니므로, 피상속인의 채권자는 이들에 대하여 채권을 행사할 수 있다.[56]

---

54) 혼인에 사용되는 재산이란 혼인 공동생활 동안 부부의 사용에 제공된 동산 또는 부동산(가재도구와 혼인 주거를 포함한다)을 말하고, 혼인 저축이란 혼인 공동생활 동안 모은 것으로서 통상적으로 사용을 위한 것을 말한다. 제81조 제2, 3항.

55) 그러나 이처럼 사망시에 적용되는 공동재산제는 쉽게 찾아보기 어렵고, 오히려 생존시에 적용되는 공동재산제가 더 많다고 한다. Ferrari/Koch-Hipp, Länderbeitrag Österreich, in Süß/Ring, Eherecht in Europa, 3. Aufl., DeutscherNotarVerlag, 2017, Rdnr. 52, 53(S. 943).

56) Kurzkommentar zum ABGB/Apathy/Musger 5. Aufl., Verlag Österreich, 2017, § 745 Rdnr. 2.

그리고 피상속인의 배우자나 등록된 동반자는 상속재산의 한도에서 부양청구권을 가진다. 다만 이 부양청구권은 그가 재혼하거나 다른 등록된 동반자관계를 맺으면 상실된다(민법 제747조).

다. 배우자의 유류분

생존 배우자는 등록된 동반자 및 피상속인의 직계비속과 함께 유류분권을 가진다(민법 제757조).[57] 유류분은 법정상속분의 1/2이다(민법 제759조). 다만 유류분권자라 하여도, 그와 피상속인이 전혀 또는 오랜 기간 동안 통상 가족 사이에 존재하는 친밀한 관계에 있지 않았을 때에는 피상속인은 종의처분(終意處分)에 의하여 유류분을 반까지 감액할 수 있다(민법 제776조 제1항). 종전에는 이러한 감액은 유류분권자가 피상속인의 혈족인 경우에 한정되었고, 따라서 배우자에게는 적용되지 않았으나(개정 전 제773조a), 2015년 개정에 의하여 배우자에게도 적용되게 된 것이다.[58]

라. 상속 및 유류분의 사전 포기

상속인은 피상속인과의 계약에 의하여 상속권 또는 유류분권을 사전 포기할 수 있다. 이를 위하여는 공정증서 또는 법원의 조서에 기재될 것을 요한다(민법 제551조). 보상을 지급하고 이루어지는 상속포기계약은 합의에 의한 상속의 결과를 규율하기 위한 적절한 수단이며, 실제로 중요한 의미를 가진다고 한다.[59]

마. 입법론적 논의

오스트리아에서 이혼시의 재산분할제도가 도입된 것은 1978년이었는데, 당시에 일방 배우자의 사망시에 재산분할을 규정하지 않은 이유를 오스트리아 정부의 개정제안이유서는 다음과 같이 설명하였다. 즉 사망으로 인한 혼인의 해소와 이혼으로 인한 해소는 사실관계에 차이가 있는데, 전자의 경우에는 부부 사이의 관계가 원만하였다고 추정할 수 있으므로, 재산관계의 변동에 대한 상세한 조

---

57) 따라서 그 외의 사람들, 예컨대 피상속인의 부모나 형제자매 등은 유류분권자가 아니다.

58) 그러나 여기서 말하는 오랜 기간은 통상 20년 정도라고 하므로, 실제 의미는 크지 않다고 한다. Constanze Fischer-Czarmak, "Ehegattenerbrecht, Rechte des Lebensgefährten und Abgeltung von Pflegegleistungen" in Rabl/Zöchling-Jud hrsg., Das neue Erbrecht, Manz, 2015, S. 31.

59) Apathy/Musger(주 56), § 551 Rdnr. 1; Franz Haunschmidt, Länderbericht Österreich, in: Süß (hrsg.), Erbrecht in Europa, 3. Aufl., Zerb Verlag, 2015, Rdnr. 78(S. 973).

사를 하지 않아도 된다는 것이다. 이때에는 법정상속권과 유류분청구권의 단순하고 명확한 해결책이 가지는 이익이, 그러한 해결책이 재산관계의 변동에 관한 사실관계에 항상 부합하지 않는다는 이익을 능가한다고 한다. 반면 이혼의 경우에는 구체적인 사정, 특히 배우자의 재산관계 변동에 대한 구체적인 기여가 고려되어야 한다는 것이 공평의 요청이라고 한다. 뿐만 아니라 이혼의 경우와 같이 부부 쌍방이 생존하고 있을 때에는 재산의 변동을 조사하는 것이 쉬운 반면, 배우자 일방이 사망한 경우에는 이것이 어렵다는 점도 고려되어야 한다고 한다.[60]

　이 문제는 2009년에 열렸던 제17차 오스트리아 법률가대회에서도 다루어졌다. 당시 오스트리아 상속법의 개혁에 대하여 발제를 한 벨저는, 사망으로 인하여 혼인이 해소된 때에도 이혼시와 마찬가지로 재산분할을 하여야 한다는 주장이 있음을 소개하면서도 이에 대하여 반대하였다. 그는 이혼시의 재산분할은 형평(Billigkeit)에 의하여 이루어져야 하는데, 이때에는 기여의 무게와 중요성, 자녀의 복리 등이 고려되어야 하지만, 이는 사망으로 인한 재산분할의 경우에 직접 적용될 수 없는 기준이라고 한다. 그리고 재산분할을 상속에 앞서서 시행해야 한다는 주장에 대하여도, 상속법은 포괄적인 재산승계의 질서(Vermögensweitergabe-ordnung)로서, 공동 취득의 보상이 아니라 그 승계가 문제되는데, 이때에는 피상속인이 배우자와 공동으로 취득한 것만이 아니라 그가 가져오거나 상속한 것의 가치 보상도 문제된다고 한다. 그러므로 재산분할의 질서와 재산승계의 질서를 상속법의 체계를 파괴하거나 침해하지 않은 채로 조화시키는 것은 불가능하다고 하였다.[61]

　반면 그에 대한 지정토론자인 페라리는 이를 비판하면서, 두 질서의 조화는 가능하고 필요하며, 다른 나라에서도 이는 이루어졌고, 재산분할은 상속재산분할에 앞서서 이루어져야 한다고 주장하였다.[62]

　2015년 개정법은 종래와 마찬가지로 상속에서는 이혼시와 같은 재산분할절차를 도입하지 않았다. 그 이유는 리히텐슈타인 정부가 2012년 상속법 개정 당시

---

60) 136 der Beilagen zu den stenographischen Protokollen des Nationalrates XIV. GP, 1976 03 10, S. 13. (https://www.parlament.gv.at/PAKT/VHG/XIV/I/I_00916/ imfname_316155.pdf).

61) Rudolf Welser, Die Reform des österreichischen Erbrechts, Verhandlungen des Siebzehnten Österreichischen Juristentages Ⅱ/1, Manz, 2009, S. 58 f.

62) Susanne Ferrari, "Die Reform des österreichischen Erbrechts", Verhandlungen des Siebzehnten Österreichischen Juristentages Ⅱ/2, Manz, 2009, S. 74 ff. Helmut Ofner, "Ehegüterrechtlicher Ausgleich bei Tod eines Ehegatten?", in Constanze Fischer-Czermak et al., hrsg., Festschrift 200 Jahre ABGB, Manz, 2011, S. 520 ff.도 같은 취지이다.

에 리히텐슈타인 의회에 제출한 의견서에서 찾아볼 수 있다.[63] 리히텐슈타인은 원래 오스트리아 민법을 받아들여 적용하고 있었는데, 2012년에 상속법을 개정 하였다.[64] 개정 전에는 배우자의 상속분이 제1순위의 상속인과 같이 공동상속할 때에는 상속재산의 1/3이고 제2순위나 제3순위의 상속인과 같이 공동상속할 때 에는 상속재산의 2/3였는데, 개정에 의하여 제1순위의 상속인과 같이 공동상속할 때에는 상속분이 상속재산의 1/2이 되었다.

당시 리히텐슈타인 정부가 의회에 제출한 개정안에는 배우자 상속에 관한 내 용이 포함되어 있지 않았는데, 당시 의회의 제1독회에서는 스위스 민법과 같이 배 우자 상속의 경우에도 부부재산의 청산이 이루어져야 한다는 주장이 제기되었다 고 한다. 그리하여 리히텐슈타인 정부가 오스트리아 법무부에 문의를 하였는데, 오스트리아 법무부에서는 상속법의 개정작업을 하고 있지만, 배우자 상속에 관하 여 스위스와 같은 규정을 들여오는 것은 계획되어 있지 않고, 정당도 이를 개혁하 려는 의지가 없다고 답변하였다. 공평의 고려에서 부부재산제에 따른 보상이 필요 하다는 의견이 많지만, 이에 반대하는 학설이 유력하다고 하면서, 위 1978년 부부 재산분할제도 도입 당시의 정부의 개정제안 이유 설명을 되풀이하였다.[65]

4. 프 랑 스[66]

가. 부부재산제[67]

프랑스에서는 부부가 따로 약정하지 않는 한 법정부부재산제로서 공동재산 제(la communauté)가 적용된다. 부부의 공동재산은 적극적으로 혼인 기간 중 부부

---

63) STELLUNGNAHME DER REGIERUNG AN DEN LANDTAG DES FÜRSTENTUMS LIE-CHTENSTEIN ZU DEN ANLÄSSLICH DER ERSTEN LESUNG BETREFFEND DIE REFORM DES ERBRECHTS AUFGEWORFENEN FRAGEN, https://bua.regierung.li/ BuA/pdfshow.aspx?nr= 68&year=2012.

64) Johannes Ritter von Schönfeld, Länderbericht Liechtenstein, in: Süß (hrsg.)(주 59), Rdnr. 9(S. 825).

65) STELLUNGNAHME(주 63), S. 8 f.

66) 프랑스의 배우자 상속에 대하여는 김미경, "프랑스상속법에서의 배우자 상속권", 중앙대학교 법학논문집 제34집 1호, 2010, 63면 이하; 곽민희, "프랑스에 있어서 생존배우자의 상속법상의 지위", 민사법학 제59호, 2012, 325면 이하 참조.

67) 프랑스의 부부재산제에 대하여는 홍춘의, "프랑스법에 있어서 법정부부재산제", 가족법연구 제 15권 1호, 2001, 141면 이하; 김미경, "프랑스 부부재산제에 관한 연구", 부산대학교 법학박사학 위논문, 2010; 김미경, "프랑스민법상 약정부부재산제", 민사법이론과 실무 제14권 1호, 2010, 207면 이하; 김미경, "프랑스민법상 공동재산제", 가족법연구 제25권 2호, 2011, 64면 이하 참조.

가 공동으로 또는 개별적으로 유상으로 취득한 재산과 개인적인 경제활동 및 고유재산으로부터 발생한 과실 및 수익의 절약으로 인하여 생긴 재산으로 구성된다(프랑스 민법 제1401조). 반면 부부 각자가 혼인 전부터 소유하는 재산과 혼인 중 상속·증여 또는 유증을 원인으로 취득한 재산은 고유재산(l'actif propre)이다(민법 제1405조 제1항).

부부는 공동재산을 단독으로 관리 처분할 수 있는 권한을 가지며, 다른 배우자와 별개의 직업에 종사하는 배우자는 그 직업활동에 필요한 관리·처분행위를 단독으로 할 수 있다(제1421조 제1, 2항). 그러나 부부 일방은 상대방 배우자의 동의가 없는 한 공동재산에 대하여 무상의 생전처분을 하지 못한다(제1422조 제1항). 또 부부 일방은 상대방 배우자의 동의 없이는 공동재산에 속하는 부동산·영업재산·토지를 양도하거나 물권적 권리를 설정할 수 없고, 양도성이 없는 회사에 대한 권리나 선박이나 항공기와 같이 양도에 공시가 요구되는 유체동산의 경우에도 마찬가지이다(제1424조).

한편 부부는 혼인 당시뿐만 아니라 혼인 성립 후에도 일정한 경우에는 이러한 공동재산제를 배제하는 부부재산계약을 체결할 수 있다(제1387조). 이 부부재산계약은 공증인 앞에서 체결되어야 한다(제1394조). 프랑스 민법은 세 가지 유형의 약정재산제를 제시하고 있다. 즉 약정공동재산제(de la communauté conventionnelle; 제1497조 이하), 별산제(le régime de séparation de biens; 제1536조 이하), 혼후취득재산분배참가제(le régime de participation aux acquets; 제1569조 이하)이다.[68]

나. 배우자의 상속권

사망 등으로 인하여 공동재산이 해소되면, 각 배우자는 공동재산 아닌 고유재산(현물로 존재하는 재산 및 그에 대한 대상물)을 찾아갈 수 있다(제1467조). 그 후 남아 있는 재산에 대하여는 부부간에 절반씩 분할하게 된다(제1475조 제1항). 이 때에는 상속재산의 분할에 관한 규정이 적용된다(제1476조 제1항). 그와 같이 분할되고 남은 것이 다시 상속의 대상이 된다.

피상속인이 배우자와 자녀 또는 직계비속을 남긴 경우에, 모든 자녀가 그 부부 사이에서 출생하였다면, 생존 배우자의 선택에 따라 현존재산 전체의 용익권

---

68) 이에 대하여 상세한 것은 김미경, "프랑스 부부재산제에 관한 연구"(주 67), 47면 이하; 김미경, "프랑스민법상 약정부부재산제"(주 67), 212면 이하 참조.

또는 1/4의 소유권을 취득할 수 있고, 부부공통의 자녀가 아닌 피상속인의 자녀 또는 그의 직계비속이 있는 경우에는 생존배우자는 용익권을 선택할 수는 없고, 1/4의 소유권만을 취득할 수 있다(제757조). 생존배우자가 용익권을 선택한 경우에 이는 배우자 자신 또는 다른 상속인 중 1인의 청구에 의하여 종신정기금으로 전환될 수 있다(제759조).

사망자에게 자녀 또는 직계비속은 없고 부와 모만 있는 때에는, 생존배우자는 재산의 절반을 상속하고 나머지 절반은 각 1/4씩 부와 모에게 귀속된다. 부모의 일방만이 생존하고 있는 경우에는 그 사망한 자의 상속분은 생존배우자가 취득하므로, 부모 일방 중 생존자가 4분의 1, 생존배우자는 4분의 3의 소유권을 취득하게 된다(제757조의1).

사망자의 자녀 또는 직계비속 및 부모가 없는 경우에는 생존배우자가 상속재산 전부를 취득한다(제757조의2). 따라서 피상속인에게 생존 배우자가 있으면 피상속인의 부모 아닌 직계존속이나 형제자매 등은 상속인이 되지 못한다. 다만 이에 대한 예외로서, 부모가 먼저 사망한 경우에 상속 또는 증여에 의하여 피상속인이 직계존속으로부터 취득한 재산으로서 그것이 상속재산에 현물로 존재하는 경우에는, 그 재산은 직계비속이 존재하지 않는 때에는 1/2의 비율로 사망자의 형제자매 또는 형제자매의 직계비속으로서 그 자신이 상속시점에서 먼저 사망한 피상속인의 부모의 일방 또는 쌍방의 직계비속인 자에게 귀속한다(제757조의3). 이는 피상속인의 형제자매에게 「가족의 재산」에 대한 일종의 「법정복귀권 (droit de retour légal)」을 인정한 것으로서, 변칙상속(successions anomales)의 일종이라고 한다.69)

그리고 생존배우자가 재산의 전부 또는 4분의 3을 취득하는 경우, 즉, 피상속인에게 직계비속이나 부모가 없어서 생존배우자가 단독상속하거나 피상속인의 부모의 일방과 공동상속하는 경우에는 상속에서 배제되는 부모 이외의 직계존속의 보호 내지 이해관계의 조절을 위해서 프랑스 민법은 다음과 같은 규정을 두고 있다. 즉 피상속인의 부모 이외의 직계존속의 부양이 필요한 경우에는 그 부양의 필요성을 증명하여 피상속인의 상속재산에 대해서 부양료청구권(créance d'aliments)을 가진다(제758조). 이러한 부양료청구권은 강행규정으로 보호되는 법

---

69) 곽민희(주 66), 334면 및 같은 면 주 21); CHRISTIAN JUBAULT, Droit civil, Les successions Les Libélqlités, Montchrestien, 2010, Nᵒ. 326.

정의 권리이다.[70)

　다른 한편 일방 배우자의 사망시에 상속권을 가진 생존배우자가 사망한 배우자에게 속하거나 그 전체가 상속재산에 속하는 주거지를 주된 주거로서 실제적으로 점용하고 있다면, 그 생존배우자는 그 주거 및 주거에 부속된 동산으로서 상속재산에 포함되는 것을 1년 동안 무상으로 당연히 향유할 수 있다(제763조 제1항). 또한 주택이 부부의 소유인 경우, 공정증서유언에 의하여 사망한 일방 배우자가 반대의 의사를 표시한 경우를 제외하고, 사망시에 주로 거주하는 배우자에게 속하거나 전적으로 상속재산에 포함되는 주택을 실제로 점유하고 있던 상속권 있는 배우자는, 그의 사망까지 종신으로 그 주택에 대한 거주권 및 상속재산에 포함된 주택에 부속된 동산에 대한 사용권을 가진다(제764조). 그리고 부부가 거주하고 있던 주택이 임대차의 목적물인 경우에는 피상속인의 사망시에 주로 거주하는 주택을 실제 점유하고 있는 생존배우자는 상속재산에 포함된 그 주택에 부속된 동산에 대한 종신의 사용권을 가진다(제765조의2).

　또한 부양을 필요로 하는 상속권 있는 배우자는 상속재산에 대해서 부양에 관한 정기금을 청구할 권리를 갖는다. 이러한 청구는 원칙적으로 피상속인이 사망한 때로부터 1년 이내에 행해져야 하지만, 피상속인의 사망 후에 상속인이 사실상 부양료를 지급하고 있었던 경우에는 그 지급이 중지된 때로부터 1년, 상속재산의 공유상태에 있는 경우에는 분할이 완료될 때까지 연장된다(제767조 제1항).

다. 배우자의 유류분

　프랑스 민법도 유류분제도를 인정하고 있지만, 생존배우자의 유류분은 피상속인에게 직계비속 및 직계존속이 없는 경우[71)에만 인정되고, 그 유류분은 상속재산의 1/4이다(제914조의1). 이처럼 생존배우자의 유류분이 제한적으로만 인정되는 것은, 피상속인이 상속권을 박탈하거나 제3자에게 상속재산을 부여하기를 희망하는 경우에는 애정에 근거한 권리의 정당성은 상실된다는 점 및 생존배우자의 생활조건·생활환경의 유지는 유류분권의 수여보다는 이와는 성격을 달리하는 강행적인 권리의 부여로 인해 달성할 수 있다는 점에 근거를 찾을 수 있다. 특히 상속재산에 대한 추상적인 권리를 보장하는데 불과한 유류분보다도 주택과

---

70) 곽민희(주 66), 335면.
71) 이때에는 생존배우자가 단독상속인이다.

부양정기금에 대한 변경 불가능한 권리("droit intangible au logement et à la pension")를 인정하는 편이 생존배우자의 최종의 생활을 보장하기 위해서는 보다 적합하고 또한 피상속인의 의사의 자유와도 모순, 충돌하지 않는다는 것이다.72)

라. 유류분의 사전 포기

프랑스에서는 아직 상속이 개시되지 않은 상속재산에 관한 권리 창설 또는 권리 포기의 약정은 법률에 의하여 허용되는 경우에만 효력이 있다(제722조). 이 규정에 대한 예외로서 중요한 것이 유류분의 사전포기(감쇄소권의 사전포기, la renonciation anticipée à l'action en réduction)이다. 이는 2006년 법 개정에 의하여 새로 도입되었다. 프랑스 민법 제929조 제1항은 "모든 추정 유류분 상속인은 개시되지 않은 상속에 관하여 감쇄소권 행사를 포기할 수 있다. 이 포기는 한 명 또는 복수의 특정인을 위하여 행해져야 한다. 포기는 재산이 상속되는 사람이 승인한 날에 포기자를 구속한다"고 규정한다. 이러한 포기는 단독행위이지만, 피상속인의 승인이 있어야 한다. 이 포기는 두 사람의 공증인에 의한 공정증서에 의해 행해져야 하고, 포기자는 개별적으로 서명하여야 하는 요식행위이다(제930조).

이처럼 유류분의 사전포기 제도가 도입된 이유는, 장애아와 관련하여 부모의 사망 후에도 부모의 상속재산으로 장애아의 부양을 책임질 수 있는 장치가 요구되었고, 또 가족기업의 승계를 위하여 이것이 필요하였기 때문이라고 한다.73)

5. 네덜란드

가. 부부재산제

네덜란드의 법정 부부재산제는 부부가 특약으로 배제하지 않는 한 공동재산제이다[네덜란드 민법(Burgerlijk Wethoek) 제1편 제1: 93조].74) 2017년까지는 부부가 혼인 후에 취득한 재산뿐만 아니라, 혼인 성립 당시에 가지고 있던 재산도 모두 공동재산을 구성하였다(개정 전 민법 제1:94조). 그러나 법의 개정으로 2018. 1. 1.

---

72) 곽민희(주 66), 349-341면
73) 상세한 것은 이봉민, "프랑스법상 유류분 제도", 서울대학교 법학석사 학위논문, 2008, 131면 이하 참조.
74) 영문으로 된 네덜란드 민법은 다음에서 찾아볼 수 있다. http://www.dutchcivillaw. com/civilco debook01.htm.

이후에 성립한 혼인의 경우에는 원칙적으로 부부가 혼인 후에 취득한 재산만이 공동재산이 된다.75) 이혼 등으로 공동재산제가 해소되면, 부부가 미리 특약을 체결하지 않은 한 부부 각자는 공동재산의 1/2에 대하여 권리를 가진다(제1:100조).

다만 당사자는 혼인 당시 또는 그 후에도 공정증서에 의하여 혼인재산계약을 체결할 수 있다(제1:114조 이하). 이때에는 별산제, 제한된 공동재산제, 균등분배약정(Verrekenbedingen) 등을 선택할 수 있다. 균등분배약정은 배우자들이 부부 별산을 유지하되 혼인 해소시나 또는 혼인 중에도 혼인 중에 증가된 재산의 1/2에 대하여 권리를 부여하는 것이다.76)

나. 배우자의 상속권

공동상속제가 적용되는 부부의 경우에는 부부 일방이 사망하면 공동재산의 절반은 생존 배우자가 가지게 되고, 나머지 절반이 상속의 대상이 된다.77) 피상속인의 배우자는 피상속인에게 자녀가 있으면 자녀와 공동상속인이 된다. 만일 피상속인의 자녀(또는 대습상속할 자녀의 직계비속)가 없다면 배우자가 단독상속인이 된다(제4편 4:10조). 피상속인의 배우자와 자녀의 상속분은 동등하다(4:11조 제1항). 그러나 실제로는 상속재산 자체는 생존배우자에게 우선 전부 귀속하고, 자녀는 생존 배우자에게 상속분에 상당하는 금액의 청구권만을 가진다. 뿐만 아니라 이 청구권은 생존 배우자에게 파산 또는 개인회생절차가 개시되었거나, 그가 사망하였거나, 또는 피상속인이 유언에 의하여 정한 사태가 발생한 경우에 한하여 행사할 수 있다(제4:13조). 다만 생존 배우자가 재혼하는 경우에는 자녀는 상속재산의 이전을 청구할 수 있다(제4:19조).

이러한 제도는 2003년 상속법에 의하여 도입되었는데, 그 전에는 배우자는 다른 자녀와 동등한 상속분을 취득하였다. 그러자 1960년대부터 배우자와 자녀가 있는 피상속인이 자신의 재산을 생존 배우자에게 전부 귀속시키고, 자녀들은 생존배우자가 사망하거나 파산하는 등의 사태가 있을 때에만 배우자에게 청구할

---

75) Reinhartz, B. E. (2017), "New Matrimonial Property Law in the Netherlands", Paper presented at ISFL 2017, Amsterdam, Netherlands. https://pure.uva.nl/ws/files/ 17208637/New_Matrimonial_Property_Law_in_the_Netherlands_ISFL_2017.pdf.

76) 제1: 132조-1: 140조. Vlaardingerbroek, Länderbeitrag Niederlande, in Süß/Ring(주 56), Rdnr. 31 ff.

77) Sjef van Erp, "The New Dutch Law of Succession", in Kenneth G C Reid, Marius J de Waal and Reinhard Zimmermann, Exploring the Law of Succession, Edinburgh University Press, 2007, p. 195.

수 있다는 유언을 남기는 사례가 많았기 때문에, 2003년 상속법은 이를 법으로 받아들인 것이다.[78]

다. 생존 배우자의 유류분

네덜란드 민법도 유류분을 인정하고 있지만, 유류분권자는 피상속인의 직계 비속뿐이고(제4:63조),[79] 배우자는 유류분권자가 아니다. 그렇지만 생존 배우자는 피상속인과 함께 거주하였던 주택과 가재도구를 6개월 동안 계속 사용할 권리를 가진다(제4:28조).

라. 상속의 사전 포기

네덜란드 민법은 상속 개시 전에 특정인이 민법전 제4편(상속법)에 의하여 피상속인의 상속재산에 관하여 부여되는 권리와 권한을 행사할 자유를 방해할 의도를 가지는 법률행위는 무효로 한다고 규정하고 있으므로(제4:4조), 상속이나 유류분의 사전 포기는 허용되지 않는 것으로 보인다.

6. 영　　국[80]

가. 부부재산제[81]

영국에서는 부부재산제에 관한 별도의 규정을 두지 않고 있어서, 혼인은 원칙적으로 부부의 재산관계에 영향을 미치지 않는 별산제라고 할 수 있다. 그러나 법원은 복귀신탁(resulting trust) 또는 의제신탁(constructive trust)의 법리에 의하여, 법률적으로는 소유자가 아닌 배우자 일방의 권리를 보호하고 있다.[82]

---

78) B.E. Reinhartz, "Recent Changes in the Law of Succession in the Netherlands: On the Road towards a European Law of Succession?", Electronic Journal of Comparative Law, vol. 11.1 (May 2007), pp. 2 ff.(https://www.ejcl.org//111/ art111-17.pdf); Arlette R. van Maas de Bie, Länderbericht Niederlande, in: Süß (hrsg.)(주 59), Rdnr. 60 (S. 922).

79) 그 유류분은 법정상속분의 1/2에 해당하는 가액이다. 제4:64조.

80) 여기서는 잉글랜드와 웨일즈만을 다룬다. 스코틀랜드는 독자적인 법을 가지고 있고, 북 아일랜드의 법도 차이가 있다.

81) 영국은 2004년에 Civil Partnership Act 2004를 제정하여 동성간에 혼인에 준하는 법률관계를 형성할 수 있도록 허용하였고, 2013년에는 Marriage (Same Sex Couples) Act 2013을 제정하여 동성 혼인을 허용하였다. 이들 동성 파트너와 동성 배우자는 부부재산관계나 상속에 관하여 이성 배우자와 동일한 지위를 가진다.

82) 이화숙, 비교 부부재산관계법, 세창출판사, 2000, 95면 이하, 174면 이하; Jonathan Herring, Family Law, 8th ed., Pearson, 2017, pp. 170 ff., 201 ff. 등 참조.

나아가 혼인관계가 이혼에 의하여 해소되었을 때에는, 법원은 부양과 재산 분할의 취지에서 일방 당사자에게 타방 당사자에 대하여 금전의 지급이나 재산 분할을 명하는 명령을 할 수 있다.[83] 이러한 금전 지급이나 재산분할을 명하는 경우에는 법원에게 재량이 인정되지만, 근래의 판례는 균등한 분할(equal division)이 추정까지는 아니더라도 척도(yardstick)가 되어야 한다고 보고 있다.[84]

나. 배우자의 상속권

영국에서 배우자의 상속권은 2014. 10. 1.부터 시행된 법률[85]에 의하여 크게 바뀌게 되었다. 이 법 전에는 배우자의 상속권은 다음과 같았다.[86] 우선 피상속인에게 배우자 외에 직계비속이 없을 때에는, 배우자와 피상속인의 부모, 전혈(全血, whole blood)인 형제자매[87]나 그 직계 비속 등의 친족이 공동상속을 하되, 배우자가 동산(The personal chattels)[88]과 45만 파운드의 법정 유증(statutory legacy)[89] 및 나머지 재산의 절반을 취득하였다. 반면 피상속인에게 배우자와 직계비속이 있으면, 배우자는 동산과 법정 유증[90] 및 나머지 재산의 절반에 대한 종신 용익권(a life interest)을 취득하고, 직계비속이 나머지 재산을 취득하였다.

그런데 법 개정 후에는 피상속인에게 배우자 외에 직계비속이 없으면, 배우자가 전 재산을 취득한다. 그리고 피상속인에게 배우자와 직계비속이 있으면, 배

---

83) Matrimonial Causes Act 1973 section 23(Financial provision orders), section 24(Property adjustment orders).
84) White v White [2000] 3 FCR 555, para. 25 (House of Lords).
85) Inheritance and Trustees' Powers Act 2014.
86) 개정 전 Administration of Estates Act 1925 section 46. 조미경, "영국 무유언상속법상의 배우자 상속분", 가족법연구 제13호, 1999, 415면 이하; Parry & Kerridge, The Law of Succession by Roger Kerridge, 12. ed., Sweet & Maxwell, 2009, pp. 8 ff.; The Law Commission, "INTESTACY AND FAMILY PROVISION CLAIMS ON DEATH", 13 December 2011, paras. 1. 41. ff. (pp. 11 ff.) (https://s3-eu-west-2. amazonaws.com/lawcom-prod-storage-11jsxou24uy7q/uploads/2015/03/lc 331_intestacy_report.pdf) 참조. Law Commission은 보통 법제위원회라고 번역하는데, 법제위원회는 1965년 법률에 의하여 창설된 독립된 기구로서 잉글랜드와 웨일즈의 법 개혁을 담당하고 있다. 우리나라에서는 법률위원회 또는 법개정위원회라고 번역되기도 한다. 법제위원회가 제출한 보고서는 입법에 반영되는 경우가 많다. 법제위원회의 홈페이지(www.lawcom.gov.uk) 참조.
87) 부모가 같은 형제자매를 말한다.
88) 이는 Administration of Estates Act 1925 section 55 (1) (x)에서 규정하고 있는데, 기본적으로 피상속인이 그의 개인적인 용도로 사용하고 있던 것을 말한다. 업무용 재산이나 금전 또는 증권 등은 배제된다. 2014년 개정되면서는 유체동산으로서 금전이나 증권, 전적으로 또는 주로 업무용 목적에 사용되거나 투자를 위한 것을 제외하는 것으로 정의가 달라졌다.
89) 2009.2.1. 이후에 상속이 개시된 경우에는 45만 파운드였다.
90) 2009.2.1. 이후에 상속이 개시된 경우에는 25만 파운드였다.

우자는 인적 동산과 법정 유증[91] 및 나머지 재산의 1/2을 취득하고, 직계 비속이 그 나머지 재산을 취득한다.[92][93] 이처럼 생존 배우자의 상속권이 강화된 것은, 정부가 노인들의 연금과 의료에 관한 재원을 마련하는 것과 연관이 있다고 한다.[94]

다. 배우자의 유류분

영국에서 유류분제도에 해당하는 것으로는 이른바 가족 분배분(family provision) 제도가 있다. 이 제도가 처음 창설된 것은 1938년이었는데,[95] 현재는 1975년의 법률[96]이 이를 규율하고 있다.[97] 이에 따르면 유언이나 무유언상속에 따른 법 또는 양자의 결합에 의한 피상속인의 상속재산의 처분이 이 법에 규정된 일정한 범위의 청구권자들에게 합리적인 재정적 배려(reasonable financial provision)가 되지 못할 때에는, 이 청구권자는 부양을 위하여 법원에 상속재산으로부터 돈을 지급하거나 재산을 이전하라는 등의 명령을 청구할 수 있다고 규정하고 있다.[98] 위 법상의 청구권자는 피상속인의 배우자, 동반자(civil partner), 재혼하지 않은 피상속인의 전 배우자나 동반자, 피상속인의 자녀 등 외에 피상속인이 사망하기 직전 2년 동안 피상속인의 아내 또는 남편과 마찬가지로 생계를 같이 하고 있었던 사람을 포함한다.[99]

이 법에 의한 청구는 원칙적으로 청구인에게 부양(maintenance)의 필요가 있는 경우에 가능하지만, 배우자가 청구할 때에는, 법원은 청구인이 혼인관계가 사망이 아니라 이혼에 의하여 종료하였더라면 받을 것으로 기대되는 분배분을 고

---

91) 법이 개정되었을 때에는 25만 파운드였다.

92) Inheritance and Trustees' Powers Act 2014 section 1.

93) 법의 개정을 제안한 법제위원회는 피상속인에게 직계비속이 있는 경우에는 세 가지 선택지를 검토하여 여론을 조사하였다. 첫째, 현행법 유지, 둘째, 생존 배우자에게 법정 유증과 상속재산 중 일정 비율을 취득하게 하는 방안. 셋째, 생존배우자가 피상속인의 저축에 대한 권리를 승계하게 하거나, 법정 유증을 인상하고, 그 대신 승계되는 주택에 대한 권리에 대하여 보상하게 하는 방법. 그리하여 여론 조사 결과 가장 많은 지지를 얻은 둘째 방법을 제안하였고, 그 비율도 잔여 재산의 1/2로 할 것을 권고하였다. The Law Commission(주 86), paras. 2. 1. ff.(pp. 29 ff.).

94) Roger Kerridge, "Intestate Succession in England and Wales", Reid, de Waal, and Zimmermann ed.(주 1), p. 340.

95) Inheritance(Provision for Family and Dependants) Act 1938.

96) Inheritance(Provision for Family and Dependants) Act 1975.

97) 이에 대하여는 Parry & Kerridge(주 86), pp. 163 ff. 간략한 소개는 윤진수, "사실혼배우자 일방이 사망한 경우의 재산문제", 민법논고 제7권, 박영사, 2015, 183-184면 참조(처음 발표: 2007).

98) Inheritance(Provision for Family and Dependants) Act 1975 s. 1, 2.

99) S. 1(1A).

려하여야 한다.[100]

라. 유류분의 사전포기

가족 분배분(family provision)의 사전 포기가 가능한가? 생각할 수 있는 것은 혼인전 계약(prenuptial agreement)에서 가족 분배분을 청구하지 않겠다고 하는 것이다. 그런데 영국에서는 전통적으로 혼인전 계약이 법원을 구속하지 않는 것으로 보아 왔다. 이혼에 따라 재산을 어떻게 분배할 것인가는 법원의 역할이고, 당사자가 이러한 법원의 권한을 박탈할 수는 없으며, 혼인할 때 혼인이 깨질 것을 고려하는 이러한 약정은 공서양속(public policy)에 반한다는 것이었다.[101] 그러나 영국 대법원(Supreme Court)은 2010년에, 혼인계약이 당사자가 그 계약의 함의를 충분히 이해하면서 자의에 의하여 체결되었다면, 당사자들로 하여금 그 계약을 준수하게 하는 것이 불공평하다는 사정이 없는 한 법원은 그 계약을 유효한 것으로 보아야 한다고 판시하였다.[102]

그러나 혼인전 계약에 의하여 가족 분배분을 사전에 포기하는 것은 여전히 허용되지 않는 것으로 보인다.[103] 법제위원회는 2014년에 제출한 보고서에서, 혼인전 계약에서 생존 배우자가 가족 분배분 중 부양(maintenance)에 해당하는 청구를 하는 것은 배제할 수 없지만, 나머지는 배제할 수 있도록 입법하는 것을 잠정적으로 검토하였으나, 최종 보고서에서는 이를 포기하였다. 다만 이러한 가족 분배분을 제한하는 약정은 당사자의 유언을 보완하는 역할을 할 수도 있고, 법원도 가족 분배분에 대하여 판단할 때 이를 고려할 수 있을 것이라고 하였다.[104]

---

100) Inheritance (Provision for Family and Dependants) Act 1975 section 3 subsection (2). 다만 2014년 개정시에는 법원이 이 규정을 분배분의 상한이나 하한을 설정하는 것으로 간주할 것이 요구되지 않는다라는 부분이 추가되었다. 이것이 추가된 이유는, 원래의 법규정이 분배분의 상한이나 하한을 설정하는 것으로 의도되지 않았음에도 불구하고, 그와 같은 오해가 있어서 이를 바로잡기 위한 것이라고 한다. The Law Commission(주 86), paras. 2. 141 ff.(pp. 55 f.).

101) Herring(주 82), p. 273.

102) Radmacher v Granatino [2010] UKSC 42.

103) The Law Commission, "MATRIMONIAL PROPERTY, NEEDS AND AGREEMENTS", 2014, para. 5.107 (p. 99) (http://www.lawcom.gov.uk/app/uploads/2015/03/lc 343_matrimonial_property. pdf) 참조.

104) The Law Commission(주 103), paras. 5.107 ff.(pp. 99 ff.)

7. 미　　국

가. 부부재산제[105]

미국의 부부재산제는 각 주에 따라 다르다. 전통적인 보통법상의 재산제도 (common law property system)는 원칙적으로 별산제이다. 반면 주로 서부에 위치하고 있는 9개 주[106]와 푸에르토 리코에서는 공동재산제(community property system)를 채택하고 있다.[107] 공동재산제에서는 혼인 전에 각 당사자가 가지고 있던 재산이나 상속 또는 증여를 받은 재산을 제외한 나머지 재산이 부부 공동재산이 된다.

보통법상의 재산제도와 공동재산제는 혼인이 계속되고 있을 때에는 차이가 있으나, 혼인이 이혼 등에 의하여 해소되면 큰 차이가 없다. 공동재산제를 채택하고 있는 주에서는 부부의 공동재산은 이혼시에 분할하여야 한다. 그러나 보통법상의 재산제도를 채택하고 있던 주들도 19세기 말부터 점차 이혼시의 재산분할[108]을 인정하는 성문법을 가지게 되었으므로, 현재에는 모든 주에서 재산분할이 인정되고 있다.

공동재산제를 채택하고 있는 주에서는 재산분할을 동등한 비율로 하여야 할 것으로 생각되지만, 반드시 그러한 것은 아니며, 캘리포니아 주와 루이지애나 주만이 동등한 비율에 의한 균등분할을 요구하고 있고, 다른 주들은 이를 원칙으로 하는 정도에 그치거나, 비율에 관하여 규정하고 있지 않다. 보통법상의 재산제도를 채택하여 형평재산분할을 하는 주에서는 균등분할로 추정하는 주, 정당하거나(just) 형평에 맞는(equitable) 분할을 하도록 하는 주, 분할 비율에 관하여 언급하지 않고 이를 법원에 맡기는 주 등으로 나눌 수 있으나, 균등분할의 추정이 없더라도 균등분할이 적정한 출발점(appropriate starting point)이라고 보고 있다.

---

105) 윤진수, "미국 가정법원의 현황과 개선 논의", 민법논고 제7권(주 97), 282-283면(처음 발표: 2008); John DeWitt Gregory, Peter N. Swisher and Robin Fretwell Wilson, Understanding Family Law, 4th ed., LexisNexis, 2013, p.78 이하.
106) 애리조나, 캘리포니아, 아이다호, 루이지애나, 네바다, 뉴멕시코, 텍사스, 워싱턴 및 위스콘신. 이들 중 위스콘신을 제외한 나머지 주들은 프랑스 및 스페인 법의 영향을 받았고, 위스콘신 주는 1983년에 제정된 모범혼인재산법(Uniform Marital Property Act)을 받아들였다.
107) 알라스카 주에서는 부부가 공동재산제를 선택할 수 있다.
108) 이를 보통 형평재산분할(equitable property distribution)이라고 한다.

나. 배우자 상속권[109]

미국의 배우자 상속권도 각 주에 따라 다르지만, 여기서는 미국 모범유언검 인법(Uniform Probate Code, 이하 UPC라고만 한다)[110]을 중심으로 살펴본다. UPC는 "모범주법을 위한 위원들의 전국회의(National Conference of Commissioners on Uniform State Laws)"가 만든 모범법안(Uniform Acts)의 일종으로서, 1969년 처음 공포 되었는데, 1990년에 크게 바뀌었다. UPC는 그 자체가 법률은 아니고 각 주가 그 채택 여부를 결정하는데, 현재 18개 주가 이를 전면적으로 채택하였고,[111] 다른 주들도 부분적으로 이를 채택하고 있다.[112]

공동재산제를 택하고 있는 주에서는 부부 일방이 사망하면 부부의 공동재산 중 1/2을 생존 배우자가 취득하고, 나머지 공동재산과 사망한 배우자의 고유재산 이 상속의 대상이 된다. 반면 보통법상의 재산제도를 채택하는 주에서는 사망한 배우자의 전재산이 상속의 대상이 된다.

UPC는 다음과 같이 규정하고 있다(Section 2-102).

첫째, 피상속인의 직계비속이나 부모가 생존하고 있지 않은 때 또는 피상속 인의 모든 생존 직계비속이 생존배우자의 직계비속이고, 생존 배우자에게 생존 하는 다른 직계비속이 없을 때: 무유언 상속재산의 전부를 취득한다.

둘째, 생존하는 피상속인의 직계비속은 없고, 부모만이 생존하고 있을 때: 먼저 30만달러를 상속받고 나머지 상속재산의 3/4을 취득한다.

셋째, 피상속인의 모든 생존 직계비속이 생존 배우자의 직계비속이고, 생존 배우자에게 피상속인의 직계비속 아닌 다른 직계비속이 생존하고 있을 때: 먼저 225,000달러를 받고, 나머지 무유언 상속재산의 1/2을 취득한다.

넷째, 피상속인의 생존 직계비속 중 한 사람 이상이 생존 배우자의 직계비속 이 아닐 때: 먼저 150,000달러를 받고 나머지 무유언 상속재산의 1/2을 취득한다.

UPC의 공식 코멘트에 의하면, 경험적인 연구에 따르면 상속재산이 많지 않 을 때에는, 유언자가 자녀가 있는 경우에도 전 재산을 배우자에게 유증하는 경향

---

109) 이에 대하여는 정다영(주 13), 290면 이하; 김상훈, 미국상속법, 세창출판사, 2012, 31면 이하 참조.
110) 국내에서는 통일 유언검인절차법이라고도 번역되고 있다.
111) 김상훈(주 109), 7면.
112) Lawrence H. Averill, Jr., Mary F. Radford, Uniform Probate Code and Uniform Trust Code, 6th ed., West, 2010, p. 15.

이 있고, 이것이 1990년 개정에 반영되었다고 한다.113)114)

다. 생존배우자의 유류분

미국에서 보통법상의 부부재산제도를 택하고 있는 주에서는 조지아 주를 제외하고는 모두 선택분(elective share)115)이라는 이름으로 생존 배우자의 유류분을 인정하고 있다.116)117) 반면 공동재산제를 택하고 있는 주에서는 따로 생존 배우자의 유류분을 인정하지 않는다. 이때에는 공동재산의 분할이 유류분과 같은 기능을 하기 때문이다. 여기서 선택분이란 명칭은, 생존 배우자가 피상속인의 유언에 따라 유증을 받거나, 아니면 유증을 포기하고 상속재산에 대한 일정한 권리118)를 주장할 수 있는 것 중 하나를 선택할 수 있기 때문이다.

UTC section 2-202는 생존 배우자의 선택분을 확장된 상속재산(augmented estate) 중 혼인재산 부분의 50%119)라고 규정하고 있다. 여기서 확장된 상속재산이란, 피상속인의 유언검인 대상 재산뿐만 아니라, 피상속인이 제3자에게 이전한 비검인 대상 재산, 피상속인이 생존 배우자에게 이전한 비검인 대상 재산 및 생존 배우자의 재산과 제3자에게 이전한 비검인 대상 재산을 말한다.120) 이처럼 확장된 상속재산을 인정하는 것은, 한편으로는 피상속인이 자신의 재산을 제3자에게 이전시킴으로써 생존배우자의 정당한 몫을 줄이거나 없애는 것을 막고, 다른 한편으로는 피상속인이 이미 생존배우자에게 상당한 재산을 이전하였다면, 이를 포함시킴으로써 생존 배우자가 과도하게 피상속인의 재산을 가져가는 것을 막기 위한 것이다.121)

---

113) Section 2-102. Comment.
114) Section 2-102A는 공동재산제인 부부에 관한 규정인데, 상속의 대상이 피상속인의 고유재산(separate property)이라는 점 외에는 마찬가지이다.
115) 김상훈(주 109), 80면은 '선택적 지분권'이라고 한다.
116) 이에 대하여는 주 109)의 문헌 외에 가정준, "유언의 자유와 제한을 통해 본 유류분제도의 문제점과 그 개선방안", 비교사법 제24권 3호, 2017, 1292면 이하 참조.
117) 생존 배우자 외의 친족의 유류분은 프랑스 법의 영향을 받은 루이지애나 주를 제외하고는 인정되지 않고 있다. 루이지애나 주의 유류분 제도에 관하여는 조상희, "미국 루이지애나(Louisiana) 법에서의 유류분 제도의 변천", 일감법학 제36호, 2017, 71면 이하 참조.
118) 이를 가리켜 원래의 의미에서 유류분(forced share)이라고 할 수 있다.
119) 50 percent of the value of the marital-property portion of the augmented estate.
120) Section 2-203 (a). 여기서 제3자에게 이전한 비검인 대상 재산은 철회 가능한 신탁(revocable trust)과 같이 실질적으로 피상속인 또는 생존 배우자가 이를 통제하는 것을 말한다. 또한 피상속인을 피보험자로 하는 생명보험의 보험금과 같은 것도 포함된다. Section 2-205 (1); Jesse Dukeminier et al., Wills, Trusts, and Estates, 11th ed., Wolters Klower, 2009, p.498.
121) 김상훈(주 109), 81-82면.

그리고 확장된 상속재산 중 혼인재산은 혼인기간이 1년 미만이면 3%이지만, 혼인기간이 길어질수록 증가되어, 혼인기간이 15년 이상이면 100%가 된다.[122) 여기에 50%를 곱한 것의 가액이 선택분이 된다. 그리하여 혼인기간이 1년 미만 이면 선택분이 1.5%가 되고, 혼인 기간이 15년 이상이면 50%에까지 이른다.

1990년 개정 전에는 생존 배우자의 선택분이 일률적으로 확장된 상속재산의 1/3이었으나, 1990년 개정으로 이와 같이 혼인기간에 따라 선택분이 달라지게 되었고, 2008년에 다시 개정되었다. UPC의 공식 해설은, 이것이 공동재산제와 마찬가지로, 혼인의 파트너십 이론(partnership theory of marriage)을 반영한 것이라고 한다.[123) 이러한 선택분의 변경을 받아들인 주는 전 주의 약 1/5이다.[124)

그런데 생존 배우자의 재산도 혼인 재산에 포함되므로, 생존 배우자의 재산이 많으면 그만큼 그의 선택분도 줄어들게 된다. 그리고 선택분의 가액이 75,000달러에 미치지 못하면, 생존 배우자는 75,000달러에서 선택분의 가액을 뺀 금액을 받게 되어, 생존 배우자는 최소한 75,000달러는 받게 된다.[125)

라. 유류분의 포기

부부가 혼인전 계약(prenuptial or premarital agreement)에서 선택분을 포기(wai-

---

122) section 2-203 (b).

혼인기간	확장된 상속재산 중 혼인재산
1년 미만	3%
1년이상 2년 미만	6%
2년이상 3년 미만	12%
3년 이상 4년 미만	18%
4년 이상 5년 미만	24%
5년 이상 6년 미만	30%
6년 이상 7년 미만	36%
7년 이상 8년 미만	42%
8년 이상 9년 미만	48%
9년 이상 10년 미만	54%
10년 이상 11년 미만	60%
11년 이상 12년 미만	68%
12년 이상 13년 미만	76%
13년 이상 14년 미만	84%
14년 이상 15년 미만	92%
15년 이상	100%

123) Part 2. Elective Share of Surviving Spouse, General Comment
124) Dukeminier et al.(주 120), p. 501.
125) Section 2-202 (b). 이 금액을 보충적 선택분 가액(Supplemental Elective-Share Amount)이라고 한다.

ver)하는 약정을 하는 경우가 많다. 그리고 많은 주에서는 혼인 성립 후에도 부부
간의 계약(postnuptial agreement)을 허용한다. 과거에는 이러한 포기를 허용하지 않
는 경우가 있었으나, 현재에는 일반적으로 포기가 허용된다고 본다.126) UPC도
포기가 서면에 의하여 이루어졌으면 이를 허용하고 있다. 다만 당사자가 자발적
으로 약정한 것이 아니거나, 불공정한 경우, 피상속인의 재산이나 채무 등을 제
대로 공개하지 않은 경우 등 예외적인 경우에는 포기는 무효이다.127)

마. 입법론적 논의

　여기서는 선택분에 관한 터닙시드와 브래시어 두 사람의 견해를 소개한다.
먼저 터닙시드는, 별산제를 취하더라도 배우자 사망의 경우에 재산 분배는 공동
재산제와 같이 이혼시의 재산 분할과 좀더 조화를 이루어야 한다고 주장한다. 그
런데 별산제에서는 가령 배우자가 상속이나 증여에 의하여 받은 재산이나 혼인
전에 가지고 있던 재산도 선택분을 산정할 때 고려되고, 또 선택분 제도에 의하
더라도 1990년 UPC의 개정에도 불구하고 빠져나갈 구멍이 있다고 한다. 그러므
로 별산제는 공동재산제로 바뀌어야 한다고 주장한다. 공동재산제에서의 자산
분배가 소득을 벌지 않는 배우자의 보호를 위하여 훨씬 효과적이라는 것이다.128)
　반면 브래시어는 혼인을 경제적 파트너십으로 본다면 공동재산제가 보통법
상 재산제보다 낫다고 하면서도, 별산제를 택하는 주들이 가까운 장래에 공동재
산제의 원칙을 채택하리라고 믿을 이유는 없다고 한다. 그리고 법원이 재량을 가
지는 영국의 유류분(가족 분배분) 제도와 그렇지 않은 미국의 선택분 제도를 비교
하는데, 공평과 가족 사이의 의무에 대한 관념이 법관마다 다르고, 개별적인 심
사는 본질적으로 시간이 걸리고 비용이 많이 들기 때문에, 가족 부양에 초점을
맞추는 이러한 제도는 예측 가능성, 효율 및 관리의 편의라는 특징을 가지는 미
국의 유언검인제도의 특성을 위협할 것이라고 한다. 이러한 분배분 제도를 도입
한다면, 유언검인법원은 이혼에 적용되는 형평분할(equitable distribution)의 원칙을
원용할 것이지만, 이는 적용과 결과에서 예측 불가능한 것으로 악명이 높고, 또
이혼 소송과는 달리 청구인의 주장을 반박할 주요한 당사자가 없어서, 피상속인

---

126) 김상훈(주 109), 91면 이하; Dukeminier et al.(주 120), pp. 502 f.
127) section 2-213.
128) Terry L. Turnipseed, "Community Property v. The Elective Share", 72 Louisiana. Law Review
　　161, 173 ff. (2011).

이 생존 배우자의 청구를 반박할 유일한 증거를 무덤으로 가져가 버렸을 수도 있다고 한다. 결론적으로 미국인들은 유언의 자유를 상당히 제한하면서도 결과를 예측하기 어려운 이러한 가족 부양 시스템을 환영하지 않을 것이며, 만일 미국의 유언검인 제도가 무제한한 자원과 무제한한 지혜를 가진 법관을 보유한다면 이러한 제도가 대안이 될 수 있겠지만, 지금으로서는 그 날은 매우 먼 것 같다고 한다.129)

8. 일   본

일본에서는 지난 2018. 7. 13. 큰 폭의 상속법 개정이 이루어졌다.130) 여기서는 배우자의 상속에 관하여는 배우자의 거주권에 관한 규정을 신설하고, 배우자에 대한 특별수익 규정을 두는 등 배우자의 지위를 강화하는 개정이 있었다. 다만 배우자의 상속분 자체에 대하여는 개정안 작성 과정에서 이를 수정하려는 논의가 있었으나 반대에 부딪쳐 결국 개정안에 포함되지 못하였다. 이에 대하여는 아래 라. 참조.

가. 부부재산제

일본의 현행 부부재산제는 대체로 우리나라와 같다. 즉 부부가 혼인신고 전에 따로 부부재산계약을 하지 않으면 법정부부재산제로서 별산제가 적용되어, 부부의 일방이 혼인 전부터 가지고 있던 재산 및 혼인 중에 자기의 이름으로 취득한 재산은 그의 특유재산이 되고, 다만 부부 중 어느 일방에게 속하는 것인지가 명백하지 않은 재산은 부부의 공유로 추정된다(민법 제755조, 제762조 등). 그렇지만 이혼을 할 때에는 부부 일방은 상대방에게 재산의 분할(분여, 分與)을 청구할 수 있다(제768조).

---

129) Ralph C. Brashier, Inheritance Law and the Evolving Family, Temple University Press, 2004, pp. 23 ff. 또한 Ralph C. Brashier, "Disinheritance and the Modern Family", 45 Case Western Reserve Law Review 83, 121 ff. (1995) 참조.

130) 이에 대한 국내의 소개로는 곽민희, "2018년 일본 개정 상속법 개관", 안암법학, 제57호, 2018, 61면 이하; 박인환, "일본의 상속법 개정동향", 인하대 법학연구 제21권 3호, 2018, 131면 이하; 박정기, "일본의 상속법 개정", 경북대 법학논고 제63집, 2018, 229면 이하가 있다. 또한 곽민희, "일본의 배우자 상속법제 개정 작업 관견(管見)", 경상대 법학연구 제26권 1호, 2018, 1면 이하 참조.

나. 배우자의 상속권

배우자의 상속분은 다음과 같다. 즉 배우자와 피상속인의 자녀[131]가 공동상속인이면, 배우자의 상속분과 자녀의 상속분은 각 상속재산의 1/2이고, 배우자와 피상속인의 직계존속이 공동상속인이면 배우자의 상속분은 상속재산의 2/3, 직계존속의 상속분은 1/3이다. 그리고 배우자와 피상속인의 형제자매가 공동상속인이면, 배우자의 상속분은 3/4, 형제자매의 상속분은 1/4이다(제900조). 피상속인의 자녀, 직계존속 또는 형제자매가 없으면 피상속인의 배우자가 단독 상속한다.

한편 2018. 7.의 개정에서는 배우자의 거주권을 보장하는 규정이 신설되었다.[132] 여기에는 배우자단기거주권과 배우자거주권(장기거주권)의 2가지가 있다. 먼저 배우자단기거주권은 배우자가 피상속인의 재산에 속하는 건물에 상속개시 시에 무상으로 거주하고 있었던 경우에 인정되는 것으로서, 원칙적으로 상속재산분할로 거주건물의 귀속이 확정된 날 또는 상속개시 시로부터 6개월을 경과한 날 중 늦은 날까지 거주건물의 소유권을 상속 또는 유증에 의해 취득한 자에 대해 거주건물에 대해서 무상으로 사용할 권리를 가진다(제1037조). 이 권리는 기본적으로 사용대차와 유사한 법정 채권으로서, 제3자에 대한 대항력은 인정되지 않는다.[133]

이러한 단기거주권은 기본적으로 상속재산 분할이 있을 때까지만 인정되며, 사용권은 있지만 수익권은 없는데 반하여, 배우자거주권(장기거주권)은 원칙적으로 생존 배우자가 사망할 때까지 인정되며 사용뿐만 아니라 수익할 수도 있는 권리이다. 즉 피상속인의 배우자가 피상속인의 재산에 속한 건물에 상속개시 시에 거주하고 있었던 경우에는 그 건물의 전부에 대해서 무상으로 사용 및 수익할 수 있는 권리를 가진다. 구체적으로는 상속재산분할에서 공동상속인 간에 배우자가 배우자거주권을 취득하는 것으로 합의가 성립된 경우뿐만 아니라, 배우자가 가정법원에 배우자거주권의 취득을 신청한 경우 거주건물의 소유자가 받을 불이익의 정도를 고려하더라도 배우자의 생활을 유지하기 위해 특히 필요하다고

---

131) 자녀가 사망하거나 상속결격 또는 폐제(廢除)된 경우에는 그 자녀가 대습상속을 한다.
132) 이에 대하여는 주 130의 문헌 외에 이승현, "일본 개정민법상 배우자의 거주권 보호 규정에 관한 고찰", 전남대 법학논총 제38권 4호, 2018, 339면 이하 참조.
133) 곽민희(주 130), 73면 등.

인정되는 경우에 인정된다. 또한 배우자거주권은 피상속인에 의하여 유증될 수
도 있다(제1028조). 그 존속기간은 원칙적으로 배우자가 사망할 때까지이다(제
1030조). 따라서 가령 상속재산 분할에 의하여 거주 건물이 배우자 아닌 다른 상
속인의 소유로 되더라도, 배우자는 그 건물에 사망할 때까지 무상으로 거주할 수
있다. 이러한 배우자거주권은 채권이지만, 등기하면 제3자에게 대항할 수 있고,
거주건물의 소유자는 배우자에게 배우자거주권의 설정등기를 마쳐줄 의무를 부
담한다(제1031조 제1항).

　　배우자단기거주권에 의하여 받은 이익에 대해서는 배우자의 구체적 상속분
에서 그 가액을 공제하지 않지만, 장기거주권에 의하여 받은 이익은 구체적 상속
분에서 고려하여야 한다. 다만 이를 어떻게 산정할 것인지는 반드시 명확하지 않
다.134)

　　그리고 혼인기간이 20년 이상인 부부 일방인 피상속인이 다른 일방에게 그
거주용으로 제공된 건물 또는 그 부지를 유증 또는 증여한 때에는 당해 피상속
인은 그 유증 또는 증여에 대해서 이를 특별수익으로 하지 않겠다는 취지의 의
사를 표시한 것으로 추정한다는 규정(제903조 제4항)을 신설하였다. 일본 민법은
피상속인이 특별수익으로 인한 조정135)을 면제하는 의사표시를 할 수 있다는 규
정을 두고 있는데(제903조 제3항), 위와 같은 경우에는 피상속인이 이러한 의사표
시를 한 것으로 추정하는 규정을 둔 것이다.

다. 배우자의 유류분 및 그 사전 포기

　　일본민법상 유류분은 우리 민법과 같이 각 유류분권리자의 상속분을 기준으
로 하는 것이 아니고, 상속재산 전체의 일정한 비율이다. 즉 상속인이 직계존속
만일 때에는 그 상속재산의 1/3이고, 그렇지 않으면 상속재산의 1/2이다(제1042
조).136)

---

134) 이승현(주 132), 378면 이하 참조.

135) 일본에서는 이를 持戻라고 한다.

136) 2018년의 개정 전에는 유류분권리자는 유류분의 보전을 위하여 감쇄(減殺)의 청구를 할 수 있
다고 규정하고 있었는데(개정 전 제1031조), 통설과 판례는 이 감쇄청구권의 성질을 물권적인
형성권으로 보고 있었다. 그리하여 유류분의 반환은 원칙적으로 원물 반환의 방법에 의하여야
하였다. 그러나 개정 법은 유류분반환청구권의 행사에 의해서 발생하는 권리를 「유류분침해액
청구권(遺留分侵害額請求權)」으로 바꾸고, 유류분권리자 및 그 승계인은 수유자 또는 수증자에
게 유류분침해액에 상당하는 금전의 지급을 청구할 수 있다고 규정함으로써 반환 방법을 가액
반환으로 바꾸었다(제1046조). 다만 이 권리는 현행 일본 민법과 마찬가지로 형성권으로 보아

그리고 상속 개시 전에는 유류분권리자는 가정재판소의 허가를 받아 유류분을 포기(방기, 放棄)할 수 있다(제1049조 제1항).[137)138)]

라. 배우자 상속분의 재검토에 대한 논의

그런데 위 상속법 개정안을 마련한 일본 법무성의 위원회[139)]에서 2016. 6. 21. 만든 상속법 개정안 중간시안에는, 배우자의 상속분을 바꾸는 안이 포함되어 있었다. 이 안은 기본적으로 상속 배우자 가운데에는 혼인기간이 긴 사람이 있는 반면 혼인기간이 짧은 사람도 있고, 또 형식적으로는 혼인기간이 길더라도 별거 기간이 길어서 실질적인 혼인 공동생활은 길지 않은 경우도 있는 등 피상속인의 재산 형성 또는 유지에 대한 기여의 정도는 다양한데, 현행의 상속제도에서는 법정상속분에 의하여 형식적·획일적으로 상속재산의 분배를 행하여 왔으나, 배우자 상속에 있어서 실질적 공평을 결여하는 경우가 늘고 있다는 인식에서 출발하였다. 그런데 이혼시 재산분할은 배우자의 실질적 공헌의 정도를 고려하여 재산을 분할하기 때문에 현행의 상속제도는 이혼시의 재산분할제도와의 정합성을 확보하고 있지 못하므로, 배우자 상속분을 정함에 있어서 배우자의 공헌의 정도를 현행 제도 이상으로 반영할 수 있는 정책에 대하여 검토하기로 하였다고 한다.[140)]

중간시안은 다음의 3가지였다.

(1) 갑안

이는 피상속인의 재산이 혼인 후에 일정 비율 이상 증가한 경우에 그 비율에 따라 배우자의 구체적 상속분을 증가시키는 안이다. 구체적으로는 다음의 계

그 권리의 행사에 의해 유류분침해액에 상당하는 금전채권이 발생하는 것으로 본다고 한다. 곽민희(주 130), 109면 등 참조.

137) 2018년 개정 전에는 제1043조 제1항. 이 제도는 매년 약 1,100 건 정도 이용되는데, 2011년에는 1068건이 있었고, 인용률은 93.1%였다고 한다. 二宮周平, 家族法, 제4판, 新世社, 2013, 424면 참조.

138) 유류분의 사전 포기를 인정하는 것에 대하여는 이는 균분상속제를 취하는 신법의 기본정신에 반한다는 것 등을 이유로 하는 비판론도 있다. 新版 注釋民法 (28), 相續 (3), 補訂版, 2002, 有斐閣, 332-333면(高木多喜男)의 문헌 소개 참조. 그러나 西 希代子, "遺留分制度の再檢討(一○·完)", 法学協会雜誌 125卷 6号, 2008, 1372면 이하는 이 제도를 옹호한다.

139) 法制審議会民法 (相續関係) 部会. 이에 대하여는 일본 법무성의 홈페이지(http:// www.moj.go.jp/ shingi1/housei02_00294.html) 참조. 이하에서 인용하는 위 위원회의 자료는 여기에서 검색할 수 있다.

140) 民法 (相續関係) 等の改正に関する 中間試案の補足說明, 15면 이하. http://www. moj.go.jp/content/ 001198631.pdf. 또한 박인환(주 130), 154면 이하의 설명 참조.

산식(a+b)에 의하여 산출된 액이 현행 배우자의 구체적 상속분을 넘는 경우에는 배우자의 신청에 의하여 배우자의 구체적 상속분을 산정하는 때에 그 초과액을 가산할 수 있다.

a=(혼인 후 증가액) × (법정상속분보다 높은 비율)

b=(상속재산분할 대상 재산의 총액 -혼인 후 증가액) × (법정상속분보다 낮은 비율)

혼인 후 증가액 = x (y + z)

x = 피상속인이 상속개시시에 가지고 있던 순자산액

y = 피상속인이 혼인시 가지고 있던 순자산액

z = 피상속인이 혼인 후 상속, 유증 또는 증여에 의하여 취득한 재산액

순자산액 = (적극재산액) (소극재산액)

(2) 을-1안

이는 혼인 성립 후 일정기간(20년 또는 30년)이 경과한 경우에 그 부부의 합의에 의하여 피상속인이 될 일방 배우자의 의사표시에 의해 타방 배우자의 법정상속분을 올리는 것을 인정하는 방안이다.

구체적으로는 자녀와 공동으로 상속하는 경우에는 2/3, 직계존속과 공동으로 상속하는 경우에는 3/4, 형제자매와 공동으로 상속하는 경우에는 4/5가 된다.141)

(3) 을-2안

이는 혼인 성립 후 일정기간이 경과한 경우에는 당연히 배우자의 법정상속분이 올라가는 방안이다. 구체적인 법정상속분은 을-1안과 같다.

그러나 이러한 중간시안에 대하여는 공적 의견조회142)의 결과 이에 반대하는 의견이 많아서 결국 개정안에 반영되지 못하였다. 반대의 이유는 배우자의 상속분을 현행 제도 이상으로 인상하여야 하는 입법이유 자체가 애당초 분명하지 않고, 피상속인의 재산형성에 공헌할 수 있는 것은 배우자뿐 아니라 그 이외의 상속인이나 나아가서는 내연관계에 있는 자에게도 공헌이 인정될 수 있기 때문에 배우자의 상속분만을 일률적으로 증가시키는 것은 상당하지 않으며, 부부관계나 배우자의 공헌 정도는 다양하기 때문에 그와 같은 차이를 과부족 없이 반

---

141) 형제자매와 공동으로 상속하는 경우에는 형제자매에게 법정상속분을 인정하지 않는 것도 생각할 수 있다.

142) 퍼블릭 코멘트(パブリックコメント)라고 한다.

영하는 제도 설계 그 자체가 곤란하고, 배우자의 공헌을 상속에서 고려하기 위해
서는 유언이나 기여분제도 등 다른 방법에 의하는 편이 타당하다는 것 등이었다.
그리고 갑안에 대하여는, 배우자의 구체적 공헌이 인정되지 않는 경우에도 피상
속인의 순자산액이 증가하면 배우자의 구체적 상속분이 증가하는 한편, 사실혼
(內緣)이 선행한 경우에도 사실혼 기간 중의 공헌은 고려되지 않는 등 배우자의
공헌을 실질적으로 평가하여 상속인 간의 공평을 도모하는 제도로 되지 않으며,
혼인후 증가액의 계산방법이 복잡하여 일반국민으로서 이해하기 곤란하고, 혼인
후 증가액의 산정 과정에서 피상속인의 혼인시의 순자산액을 인정할 필요가 있
으나, 혼인후 장기간이 경과한 사안에서는 그 인정은 극히 곤란하고, 특히 배우
자 이외의 상속인이 이를 적절하게 주장・입증하는 것은 사실상 불가능하며, 혼
인후 증가액의 산정을 둘러싸고 상속에 관한 분쟁이 극히 복잡화・장기화할 우
려가 있고 당사자의 이익을 해칠 우려가 있다는 등 특히 실무상의 문제점을 지
적하는 반대의견이 많았다. 그리고 을-1안에 대하여는, 당사자의 의사에 의한 것
이라면 유언이나 상속분의 지정 등 현행 제도에 의하더라도 충분하고, 새로운 제
도를 만들 필요성이 없다는 등의 지적이 있었다. 을-2안에 대하여는, 일정기간의
경과만을 요건으로 하기 때문에 배우자의 공헌이 인정되지 않는 경우에도 배우
자의 법정상속분 및 유류분이 증가하는 것으로 되어 상속인 사이의 공평을 해하
며, 이러한 결론을 회피하기 위하여 적용제외사유를 두는 것은 적용제외사유를
적절히 정할 수 있는가가 의문이고, 적용제외사유를 두는 것에 의하여 이 안의
이점인 간명성이 줄어들고, 분쟁의 복잡화・장기화를 초래한다고 하는 반대의견
이 많았다.[143)]

9. 대　　만

가. 부부재산제

대만 민법에서는 당사자가 계약으로 부부재산제를 정하지 않으면 법정재산
제가 적용된다(제1005조). 법정재산제에서는 부 또는 처의 재산을 혼인 중 재산과
혼인 후 재산으로 나누지만, 이는 부부가 각자 소유하고(제1017조 제1항), 각자 그

---

143) 그러나 이 3가지 안 가운데 을-2안이 제일 찬성의견이 많았다고 한다. 상세한 것은 民法(相續關
　　係) 部會 資料 14 (http://www.moj.go.jp/content/001207259.pdf) 참조.

재산을 관리, 사용, 수익 및 처분한다(제1018조).[144] 그러나 법정재산제가 소멸한 때에는 부 또는 처는 혼인 후 재산에서 채무의 부담을 공제한 나머지 재산(잉여)의 차액을 평균하여 부담하여야 한다. 다만 상속이나 기타 무상으로 취득한 재산 및 위자료는 제외된다. 이러한 평균 분배가 현저하게 공평을 상실한 경우에는 법원은 그 분배액을 조정하거나 면제할 수 있다(제1030조의1). 제1030조의1이 이혼뿐만 아니라 배우자 일방의 사망으로 법정재산관계가 소멸한 때에도 적용되는가에 대하여는 학설은 일반적으로 이를 지지하고 있고, 하급심 판례는 나누어지고 있지만, 대만의 최고행정법원은 상속세의 전제문제로서 사망시의 잉여재산분배청구권을 인정하고 있다고 한다.[145]

　　그리고 대만의 약정부부재산제로는 공동재산제와 별산제가 있다. 공동재산제에서는 부부의 재산 및 소득은 특유재산을 제외하고는 부부의 합유[146]로 한다(제1031조). 특유재산에는 부 또는 처의 개인적인 사용에만 제공되는 물건과 부 또는 처가 직업상 필요한 물건 및 부 또는 처가 증여를 받은 물건으로서 증여자가 서면으로 특유재산으로 표시한 것이 있다(제1031조의1). 부부의 일방이 사망한 때에 공동재산의 반은 사망자의 상속인에게 귀속하고, 다른 반은 생존한 상대방에게 귀속한다. 다만 다른 약정이 있는 때에는 그에 따른다(제1039조 제1, 2항). 별산제(제1044조)의 경우에는 잉여재산분배청구권이 인정되지 않는다.

나. 배우자의 상속권

　　배우자 일방이 사망한 경우에, 앞에서 본 것처럼 법정재산제나 공동재산제에서는 부부재산의 청산이 이루어지고, 그 청산이 있은 나머지 재산이 상속재산이 된다. 별산제인 경우에는 그러한 부부재산의 청산이 이루어지지 않고, 피상속인의 모든 재산이 상속재산이 된다.

---

144) 원래 2002년 9월 27일 이전에 대만은 '연합재산제'를 법정재산제도로 규정하고 있었다. 당시의 제1016조에서는 "혼인할 때 부부에 속한 재산 및 혼인관계 존속 중에 부부가 취득한 자산은 연합재산으로 한다."고 규정하고 있었고, 제1018조와 제1019조는 "부는 처가 원래 가진 재산에 대하여 사용 수익할 권리가 있다."고 규정하고 있었다. 그러나 2002년에 연합재산제를 폐지하고 별산제를 부부법정재산제로 규정하였다. 그러나 이는 진정한 별산제와는 차이가 있는데, 법정재산제에서는 부부재산의 청산에 관한 규정이 있지만, 약정재산제의 일종으로 인정되는 진정한 별산제에서는 청산이 인정되지 않는다. 黃詩淳, "대만의 고령화 사회와 가족법의 변화", 가족법연구 제29권 1호, 2015, 79면 이하 참조.

145) 黃詩淳(주 144), 81-82면 참조.

146) 법의 원문에는 公同共有로 되어 있는데, 이는 우리 민법의 합유에 해당한다. 대만 민법 제827조 이하.

배우자의 상속분은 피상속인의 직계비속과 공동상속하는 때에는 다른 상속인과 같고, 피상속인의 부모 또는 형제자매와 공동상속하는 때에는 상속재산의 1/3, 피상속인의 조부모와 공동상속하는 때에는 상속재산의 2/3이며, 이러한 공동상속인이 없으면 상속재산의 전부를 상속한다(제1144조).

다. 배우자의 유류분과 그 사전 포기

대만 민법상 배우자는 직계비속, 부모, 형제자매 및 조부모와 함께 유류분(特留分)을 가진다. 직계비속, 부모, 배우자의 유류분은 그 상속분의 1/2이고, 형제자매와 조부모의 유류분은 그 상속분의 1/3이다(제1223조). 그런데 유의할 것은, 대만 민법 제1225조는 유류분반환청구[147]의 대상을 유증으로 한정하고 있으므로, 생전증여는 그 대상이 되지 않는다는 점이다.[148]

유류분의 사전 포기에 대하여는 특별한 규정이 없으므로, 허용되지 않는 것으로 보인다.[149]

10. 요약

이제까지 살펴본 것을 요약하여 본다.

첫째, 일반적으로 배우자의 상속분은 공동상속인의 수에 따라 정해지기보다는 상속재산에 대한 일정 비율로 정해지는 예가 많다. 경우에 따라서는 사망 배우자에게 자녀가 있는 경우에도 생존 배우자가 상속재산 전부를 취득하는 나라도 있다(네덜란드, 미국의 UPC). 대만에서는 배우자의 상속분이 피상속인의 직계비속과 같지만, 여기서는 상속에 앞서서 부부재산의 청산이 이루어지는 점에 유의하여야 한다.

---

147) 대만 민법 제1225조는 반환이라고 하지 않고 扣減이라는 용어를 사용한다. 이에 대하여는 윤진수, "유류분반환청구권의 성질과 양수인에 대한 유류분반환청구", 전남대 법학논총 제36권 2호, 2016, 133면 주 49); 黃詩淳, "台湾法での相続の過程における遺留分減殺請求の機能 (2)", 北大法学論集 57卷 5號, 2007, 73면 이하, 113면 이하 참조.

148) 黃詩淳(주 147), 115면 이하 참조.

149) 중화민국최고법원 1933(民國 22). 1. 1. 판결(22年上字第2652號)은, 중화민국 민법 제1174조에서 말하는 상속권의 포기는 상속 개시 후에 상속의 효력을 부인하는 것을 말하고, 상속 개시 전에 미리 상속권을 포기하는 것은 그 효력을 인정할 수 없다고 하였다. 유류분의 사전 포기에 대하여는 직접적인 판례가 없으나, 유류분도 상속권을 전제하므로 마찬가지로 허용될 수 없다고 보고 있다고 한다. 이 점에 대하여는 오영걸 교수님의 도움을 받았다.

둘째, 배우자 일방의 사망으로 인하여 혼인이 종료한 경우에 이혼한 경우와 마찬가지로 부부재산을 청산하는 나라(스위스, 프랑스, 네덜란드, 대만, 미국의 9개 주)도 있고, 그렇지 않은 나라(독일, 오스트리아, 영국, 미국의 많은 주, 일본)도 있다. 부부재산의 청산을 인정하는 나라들 중에는 법정부부재산제가 공동재산제인 나라(프랑스, 네덜란드)도 있지만, 그렇지 않은 나라(스위스, 대만)도 있다. 상속의 경우에 부부재산의 청산을 인정하지 않는 나라들에서는 부부재산의 청산을 인정하여야 한다는 주장이 있었으나, 그다지 지지를 받지 못하고 있다. 반면 부부재산의 청산을 인정하는 나라들에서 이를 인정하면 안 된다는 주장이 있는지는 확인할 수 없었다.[150]

셋째, 몇 나라에서는 생존 배우자가 혼인 주택에서 거주할 권리를 보장하고 있다(오스트리아, 프랑스, 네덜란드, 일본). 다만 그 보호의 정도에는 차이가 있다.

넷째, 혼인 공동생활에 필요한 가재도구나 동산을 생존 배우자에게 귀속시키는 나라들이 있다(독일, 오스트리아, 네덜란드, 영국).

다섯째, 생존 배우자는 일반적으로 유류분을 가진다. 일반적으로는 유류분을 인정하지 않는 미국에서도 배우자의 유류분은 인정한다. 다만 프랑스와 네덜란드는 배우자의 유류분을 인정하지 않는데, 이들 나라는 법정재산제가 공동재산제이다. 공동재산제를 택하고 있는 미국의 9개 주도 마찬가지이다.

여섯째, 많은 나라들에서는 상속 개시 전에 상속인이 상속이나 유류분을 사전 포기하는 것을 인정하고 있다. 다만 네덜란드, 영국, 대만에서는 이것이 인정되지 않고 있다.

V. 입법론적 고찰

1. 쟁　　점

여기서 살펴볼 문제는 다음과 같다. 첫째, 전제문제로서, 부부재산제에 관하여 어떤 입법을 할 것인가 하는 점이다. 즉 원칙적인 법정재산제로서 공동재산제를 택한다면, 이 공동재산은 이혼뿐만 아니라 일방 배우자 사망 후에도 분할되어야 할 것이다. 프랑스와 네덜란드, 미국의 일부 주는 그와 같이 보고 있다.

---

150) 김상용(주 4), 246-247면은 상속에 관하여 부부재산청산을 인정하는 유럽의 여러 나라에서도 상속 분쟁이 급증하여 법원이 감당할 수 없다는 비판은 들리지 않는다고 한다.

둘째, 그와 같이 부부재산제를 바꾸기 어렵다면, 배우자 일방의 사망시에도 부부재산의 분할을 하는 것이 좋은지, 아니면 생존 배우자의 상속분을 늘리는 것이 나은지를 검토해 볼 필요가 있다.

셋째, 이처럼 배우자의 상속법상의 지위가 강화되는 경우에, 그와 균형을 맞추기 위하여 배우자 상속권이나 유류분의 사전 포기를 인정하여야 하는지도 생각해 본다.

넷째, 이 외에도 생존 배우자를 보호하기 위한 입법의 필요가 있을 수 있다. 여기서는 배우자의 주거 및 가재도구에 대한 권리와, 특별수익의 문제를 따져 본다.

2. 공동재산제로의 전환?

우리나라에도 현행의 부부재산제를 별산제에서 공동재산제로 변경하자는 논의가 있다. 제17대 국회에서는 최순영 의원이 이러한 취지의 민법 개정안을 대표발의하였고,[151] 제20대 국회에도 정춘숙 의원이 대표발의한 민법 일부개정법률안 제830조는 부부 일방의 고유재산을 기반으로 발생한 재산 증가분과 혼인 중 취득한 재산 및 그 증가분은 부부의 공유로 추정하도록 규정하고 있다.[152] 학설 중에도 이와 같은 취지의 주장이 있다.[153]

그러나 상당수의 학자들은 이러한 공유재산제에 대하여 회의적이다. 즉 공동재산제는 채무도 부부가 공동으로 부담하게 되고, 공동재산의 공동관리가 기술적으로 어려우며, 공동재산과 고유재산의 구별이 불명확하다는 점, 부부의 일방과 거래하는 제3자의 보호가 문제될 수 있다는 점 등이 문제라는 것이다.[154] 그러므로 현행 별산제를 기본으로 하면서 이혼 후 재산분할을 인정하는 현행 법정부부재산제를 그대로 유지하고, 다만 그 문제점을 보완하는 것이 바람직할 것

---

151) 위 주 10) 참조.
152) 위 주 12) 참조.
153) 김태선, "양성평등을 위한 부부재산제 개정방향", 입법과 정책 제9권 3호, 2017, 27면 이하. 다만 여기서는 미국 통일혼인재산법의 법리에 따라 부부재산에 대해 혼인 내부관계에서 부부가 균등한 지분권을 가지지만 외부 관계에서는 소유명의에 따른 관리·처분을 인정하자고 하는데, 이는 일반적으로 이해하는 공동재산제와는 차이가 있다.
154) 이화숙(주 82), 138-139면; 이화숙, "夫婦財産制의 理想에 비추어 본 立法論과 改正案", 인권과 정의 2008. 5, 74면; 김주수·김상용, 친족·상속법, 제14판, 법문사, 2017, 144-145면(여기서는 공동재산제를 공유제라고 표현하고 있다); 윤진수(주 4), 262면 등.

이다.155) 참고로 유럽의 가족법 전문가로 구성된 유럽가족법위원회(Commission on European Family Law)가 2013년 제안한 부부재산제에 관한 유럽가족법 원칙 (Principles of European Family Law Regarding Property Relations Between Spouses)도, 하나의 부부재산제를 제안하기는 어렵다고 보아 참여제(participation system)156)와 공동재산제(community system)157)의 두 가지를 제안하였다.158)

그러므로 이하에서는 현재의 부부재산제가 유지되는 것을 전제로 하여 서술한다. 다만 우리나라에서 현재의 법정부부재산제를 유지하더라도, 다른 나라처럼 공동재산제와 같은 다른 부부재산제의 유형도 법에 규정하고, 당사자로 하여금 이를 선택할 수 있게 하는 것이 바람직할 것이다.

심사 과정에서 공동재산제와 같은 다른 부부재산제의 유형도 법에 규정하여 당사자로 하여금 이를 선택할 수 있게 하면 혼란이 증폭될 수 있고, 단순명료함이라는 현행 부부재산법제의 장점마저도 희석되어버리는 것이 아닌가 하는 우려가 있으며, 만약 당사자들이 공동재산제를 선택할 경우 위에서와 같은 공동재산제의 단점이 그대로 현실화되는 것 아닌가 의문이 있다는 지적이 있었다. 그러나 현행법 아래에서도 부부재산계약이 인정되므로, 당사자들이 별산제와는 다른 부부재산제도를 선택할 가능성은 열려 있다. 다만 현행법에서는 당사자들이 구체적으로 어떤 형태의 부부재산계약을 선택하여야 할지가 불분명하여 이를 제대로 이용하지 못하고 있으므로, 법이 부부재산제도의 유형을 제시하여 주는 것이 사적 자치를 실질적으로 보장하는 길일 것이다.

3. 부부재산의 청산을 선행해야 하는가?

가. 쟁점의 소재

이처럼 현재의 부부재산제를 전제로 할 때, 배우자 상속권을 강화하기 위하여는 어떠한 방법이 적절한가? 앞에서 보았듯이 크게 두 가지의 방법을 생각할

---

155) 2006년 정부가 국회에 제출하였던 민법개정안(주 8)에는 혼인 중 재산분할을 인정하고, 주거 등에 대한 배우자 일방의 처분을 제한하며, 재산분할의 비율은 원칙적으로 균등하여야 한다는 내용을 규정하였으나 입법에 이르지 못하였다. 윤진수(주 4) 참조.

156) 취득참여제(participation in acquisitions)라고도 한다. 이는 혼인 중에는 별산제이지만, 혼인이 해소되면 다른 일방이 취득한 재산도 합산하여 분할하는 것이다.

157) 취득공동제(community of acquisitions)라고도 한다.

158) Katharina Boele-Woelki et al., Principles of European Family Law Regarding Property Relations Between Spouses, European Family Law Vol. 33, Intersentia, 2013, pp. 25 ff.

수 있다. 그 하나는 부부재산의 청산을 먼저 한 다음 나머지를 생존 배우자가 상속하는 것이고, 다른 하나는 공동상속인의 수와 관계없이 생존 배우자에게 상속재산 중 일정한 부분을 보장하는 것이다. 여기서는 앞의 방법을 청산선행형, 뒤의 방법을 일정부분 확보형으로 부르고자 한다.

앞에서 살펴본 것처럼, 이 문제에 대하여는 두 가지 입법례를 다 찾아볼 수 있다.[159] 그리고 두 방법의 장단점이 서로 다르다. 청산선행형의 경우에는 이혼 시의 재산분할과 모순이 없는 분배가 가능할 수 있고, 구체적인 타당성에 합치될 가능성이 높을 것이다. 반면 청산대상인 재산을 확정하기가 반드시 쉽지 않고, 또 배우자의 재산 형성 기여도를 평가하여 분할 비율을 정하는 데 다툼이 생길 수 있으므로, 비용과 시간이 많이 걸리고, 분쟁을 유발하거나 분쟁이 길어질 가능성이 높다. 일정부분 확보형의 경우에는 장단점이 그와 반대이다.

이 문제는 어느 것이 맞고 다른 것은 틀리다고 대답할 수는 없고, 각 방법의 장단점을 비교하여 보다 나은 것을 선택하여야 한다.

참고로 법무부는 2018년에 한국가족법학회에 상속법개정을 위한 전문가 설문조사를 요청하여, 한국가족법학회가 설문조사를 실시하였다. 그 설문 항목 중 배우자 상속권 강화에 응답한 사람 50명 중 부부가 혼인 중에 취득한 재산에 대하여 재산분할 또는 선취분을 인정하고, 잔여재산에 대하여 다른 공동상속인과 공동상속하도록 하여야 한다고 한 사람은 36명[160]이었고, 배우자 상속분을 상향조정하여야 한다는 사람은 8명이었다.[161]

나. 두 방법의 비교

현재 우리나라에서 제안된 상속시에 부부재산을 청산하여야 한다는 제안은 크게 두 가지가 있다(위 Ⅲ. 2. 가.). 그 하나는 재산분할을 이혼시와 마찬가지로 하여야 한다는 주장이고, 다른 하나는 혼인기간 동안 증가한 피상속인의 재산 중 2분의 1을 선취분이라는 이름으로 생존 배우자가 다른 공동상속인에 우선하여

---

159) 유럽가족법위원회의 2013년 제안은, 취득참여제하에서도 배우자 일방이 사망하면 부부재산관계가 종료되고 청산하여야 하는 것으로 하였다. Principle 4:24. Katharina Boele-Woelki et al.(주 158), p. 171 참조.

160) 친족법에 그러한 규정을 두어야 한다는 사람 8명, 상속법에 그러한 규정을 두어야 한다는 사람 28명.

161) 문흥안, "'상속법개정을 위한 전문가 설문조사' 결과 보고", 한국가족법학회·건국대학교 법학연구소 공동학술대회, 상속법의 개정방향 자료집(2018. 12. 14.) 참조.

선취분으로 취득하게 한다는 것이다. 그러나 어느 것이나 법적 안정성의 측면에서는 문제가 있다.

첫째, 이 주장들은 분할의 대상을 혼인 후 부부가 취득한 재산에 한정한다.[162] 그러나 혼인 전에 취득한 재산인지, 혼인 후에 취득한 재산인지가 반드시 명확하지 않을 수 있고, 따라서 이로 인한 분쟁의 가능성이 높아진다. 가령 혼인 후에 취득한 재산이라 하더라도 그것이 혼인 전에 취득한 재산을 바탕으로 하여 형태가 바뀔 수 있는 것이다. 또 이 경우에는 피상속인의 재산뿐만 아니라 배우자 쌍방의 재산을 조사하여 비교하여야 한다.[163] 물론 이러한 문제는 이혼 후 재산분할에서도 생긴다. 그렇지만 이때에는 상대방 배우자가 생존한 상태이므로, 증명의 어려움이 그다지 크지 않을 것이다. 그런데 사실관계를 가장 잘 아는 일방 배우자가 사망하면, 생존배우자와 다른 공동상속인 사이에서는 이 문제를 둘러싼 다툼이 생기기 쉽다.[164] 독일이나 오스트리아, 미국에서도 이러한 지적이 있음은 앞에서 살펴본 바와 같다. 일본에서도 그러한 취지의 개정 제안이 위와 같은 이유로 거부되었다.

둘째, 분할의 비율에 관하여도 다툼이 생기기 쉽다. 우선 이혼으로 인한 재산분할과 마찬가지로, 법원이 분할의 비율을 여러 가지 사정을 고려하여 재량으로 정한다면, 예측 가능성이 없어서 분쟁이 장기화될 수 있다.[165] 다른 한편 민법(상속편) 개정특별위원회에서는 분할의 비율을 원칙적으로 1/2로 하자고 제안하였으나, 그렇게 되면 이는 이혼으로 인한 재산분할의 경우와는 달라지게 될 뿐만 아니라, 구체적 타당성과도 거리가 먼 결과가 된다. 위 제안에서는 이러한 결과를 회피하기 위하여 선취분의 취득이 현저하게 공정을 잃은 경우에는 법원이 이를 감액할 수 있다고 하였으나,[166] 그렇게 되면 원래 선취분을 1/2로 획일적으로 정함으로써 얻을 수 있는 법적 안정성을 해치게 된다. 뿐만 아니라 앞에서도 지

---

162) 다른 입법례에서는 혼인 후 취득한 재산이라도 증여나 상속에 의하여 취득한 재산은 분할의 대상에서 제외하는 것이 많다. 그런데 2014년 민법(상속편) 개정특별위원회의 개정안은 이를 제외하지 않고 있다.
163) 그런데 2014년 민법(상속편) 개정특별위원회의 개정안은 피상속인의 재산만을 대상으로 하고 있다.
164) 윤진수(주 4), 258면; 정구태(주 4), 999-1,000면; 배인구(주 16), 192면; 최성경(주 17), 140-141면 참조.
165) 주 129)의 본문에서 인용한 브래시어의 주장 참조.
166) 위 개정안에서는 공동상속인의 협의로도 감액할 수 있다고 하였으나, 공동상속인은 원래 법정상속분에 구애받지 않고 상속분을 정할 수 있으므로, 이는 당연한 이야기이다.

적한 것처럼 위 제안은 분할의 대상을 피상속인의 재산으로 한정하고 있어서, 원래의 의미에서의 재산분할과는 차이가 있고, 왜 분할의 대상을 피상속인의 재산으로 한정하는지 근거가 박약하다.

위 제안을 한 김상용 교수는, 상속분쟁은 공동상속인 내부에 잠재해 있는 재산에 대한 갈등이 상속을 계기로 해서 표출되는 것이므로, 상속제도의 변화에 직접적인 영향을 받는다고 보기는 어렵고, 생존 배우자와 다른 공동상속인 사이에 친자관계가 없는 경우와 같이 상속재산을 둘러싼 다툼이 예상될 수 있는 때에는 현행법에 의해서 상속재산을 분할하는 경우에도 분쟁이 발생할 수 있다고 한다.167) 그러나 제도에 불명확한 점이 많을수록 분쟁이 늘어나는 것은 당연한 일이므로, 이러한 반론은 별로 설득력이 없다.168)

그렇다면 일정부분 확보형은 어떠할까? 이 방법은 비교적 기준이 명확하여 재판에서 분쟁이 생길 우려는 크지 않으므로, 법적 안정성이나 예견가능성의 측면에서는 장점이 있다. 그러나 단점은 구체적 타당성이 떨어진다는 것이다. 즉 이혼에 따른 재산분할과 차이가 생길 우려가 크고, 또 부부 재산에 대한 구체적 기여와 무관하게 상속분이 정해지므로, 부당한 결과를 가져올 수 있다는 점이다.

이와 같은 문제점은 부정할 수 없다. 그러나 전체적으로 본다면 이는 감당할 수 있는 수준이라고 여겨진다. 즉 이러한 방법에 의한 결과와 청산선행형에 의한 결과는 크게 차이가 나지 않을 것이다. 이혼으로 인한 재산분할에서 재산분할을 청구하는 사람이 아내인 경우가 그 반대의 경우보다 많고, 또 그 분할 비율은 전체적으로 보아 혼인 중에 쌍방이 협력하여 취득한 재산의 1/2에 미치지 못하는 것이 보통이다. 한편 여성은 남성보다 평균수명이 길고, 대다수의 혼인에서는 남편이 아내보다 나이가 많으므로, 아내가 남편을 상속하는 경우가 그 반대의 경우보다 많다. 그러므로 아내가 남편을 상속하는 경우에는, 그 법정상속분을 가령 1/2로 한다면 이혼시 재산분할과 비교하여 결코 적지 않을 것이다. 또 생존 배우자의 재산이 많으면 재산분할에서는 재산분할을 받지 못하는 경우도 있을 수 있다. 오히려 일본의 배우자 상속분의 재검토에 대한 논의를 보면, 실제로는 피상속인의 재산형성에 기여가 작은 사람이 더 많이 상속을 받게 되는 불합리가 있

---

167) 김상용(주 4), 247-248면.
168) 위 개정안을 지지하는 서종희(주 13), 123면도 개정시안은 선취분 대상재산인지 여부를 판단함에 있어 상속관계의 불명확성과 법적 안정성을 해할 가능성이 크다는 점은 시인한다.

을 수 있다는 인식을 가지고 있었던 것으로 보인다.[169]

현재의 배우자 상속분이 너무 작다고 하는 비판 가운데에는, 이것이 이혼하고 받을 수 있는 재산분할보다 작아서, 오히려 이혼을 조장할 우려가 있다는 것이 있었다. 그러나 배우자의 상속분을 전체 상속재산의 1/2로 올리기만 하더라도 이러한 문제점은 대체로 해소될 수 있다.

그러므로 이러한 점들을 고려한다면, 일정부분 확보형이 분쟁을 최대한 줄이고, 심리가 복잡하게 되는 것을 예방할 수 있다는 점에서 청산선행형보다 낫다고 생각한다.

실제로는 부부 관계는 다양하므로, 한 가지 기준만을 가지고 상속분을 획일적으로 정한다면 불합리한 경우가 생길 수밖에 없다. 그러나 이러한 문제는 다음에서 언급할, 상속권이나 유류분의 사전 포기제도를 도입함으로써 어느 정도 해결할 수 있을 것이다.

다. 구체적인 제도의 설계

이처럼 상속재산의 일정 부분을 당연히 생존 배우자가 상속받는 것으로 제도를 만든다고 한다면, 구체적으로 어떻게 규정하여야 할까?

우선 생존 배우자가 피상속인의 직계비속과 공동상속하는 경우를 생각해 본다. 이에 관하여도 여러 가지의 입법례가 있다. 생존 배우자의 상속분이 상속재산의 1/2인 경우(독일, 일본), 1/3인 경우(오스트리아), 2/3인 경우(리히텐슈타인)를 찾아볼 수 있다. 미국의 UPC에 따르면 상속인의 모든 생존 직계비속이 생존배우자의 직계비속이고, 생존 배우자에게 생존하는 다른 직계비속이 없을 때에는 생존 배우자가 상속재산의 전부를 취득한다. 네덜란드에서는 청산선행형이기는 하지만 생존배우자가 직계비속이 있는 경우에도 상속재산 전부를 취득한다.

이에 대하여도 정답이 있다고 하기는 어려우나, 적어도 상속재산의 1/2은 생존 배우자에게 확보하여 주는 것이 바람직할 것이다. 2006년 배우자의 상속분을 상속재산의 1/2로 규정한 법무부 개정안의 작성 과정에서 개정안을 만든 개정위원회는, 배우자 외의 공동상속인이 1인인 경우에 생존배우자가 6할을 취득하는 현행법보다 생존배우자가 더 불리하게 되지 않도록 하기 위하여 배우자의 상속분을 6할로 정하였다. 그러나 법무부와의 협의 과정에서 1/2로 줄었는데, 이는 배

---

169) 위 Ⅳ. 8. 라. 참조.

우자 상속분이 현행법보다 크게 인상되는 데 따른 반발을 우려한 때문이었다.[170]

그런데 이 개정안에 대하여는 배우자 외의 공동상속인이 1인인 경우에는 현행법보다 불리하게 된다는 비판이 있었다. 정구태 교수는 피상속인의 배우자의 상속분은 상속재산의 2/3로 하자고 제안하고 있는데,[171] 이는 이러한 점을 고려한 것으로 생각된다. 그러나 이러한 점이 있다고 하여 굳이 모든 경우에 배우자 상속분을 2/3으로 올릴 필요는 없다. 꼭 이 문제를 해결하여야 한다면, 공동상속인이 1인인 경우에 한하여 예외를 인정하여 배우자의 상속분을 6할 또는 2/3로 하면 될 것이다.

다른 한편 혼인기간에 따라 배우자의 상속분을 달리 정하는 것도 생각해 볼 수는 있다. 실제로 그와 같이 정하는 입법례는 찾지 못하였으나,[172] 일본에서 그와 같은 제안이 있었음은 앞에서 보았다.[173] 이는 생각해 볼 필요는 있다. 일반적으로는 혼인기간과 부부재산 형성에 대한 기여도는 상관관계가 있다고 할 수 있기 때문이다. 심사 과정에서도 혼인기간에 따라 상속분의 차등을 두는 것이 합리적이라는 지적이 있었다. 그러나 혼인기간과 부부재산 형성에 대한 기여도가 반드시 비례하는 것은 아니므로, 이 방법이 최선인지는 의문이다. 역시 배우자의 상속분을 획일적으로 정하는 것이 명확할 것이고, 불합리한 경우가 있다면 사전의 합의에 의하여 유류분을 포기하도록 하는 것이 나을 것이다. 실제로 혼인기간에 따라 상속분의 차등을 둔다고 하더라도, 이를 어떻게 설계할 것인지는 쉬운 문제가 아니다. 그것이 실효성을 가지려면, 미국 UPC의 선택분 규정과 같이 혼인기간이 짧은 경우와 긴 경우 사이에 차이를 크게 하여야 할 것이지만, 그것이 반드시 형평에 맞는지는 의문이다.

그리고 생존배우자가 전부 상속하게 하자는 주장도 있다.[174] 앞에서 본 것처럼 네덜란드는 이와 같이 규정하고 있고, 미국의 UPC도 상속인의 모든 생존 직계비속이 생존배우자의 직계비속이고, 생존 배우자에게 생존하는 다른 직계비속

---

170) 윤진수(주 4), 261면.
171) 정구태(주 4), 1008면.
172) 다만 미국의 UPC가 생존 배우자의 선택분(elective share)을 정할 때 혼인 기간을 고려한다.
173) 또한 배인구(주 16), 195면은 혼인기간이 20년 이상 유지된 부부의 경우는 선취분을 30%로 법률상 추정할 수 있도록 하자고 제안하였고, 김나래(주 13), 277-280면은 선취분의 비율을 혼인기간이 5년 이상이면 5%, 10년 이상이면 15%, 20년 이상이면 30%, 30년 이상이면 50%로 하자고 주장하였다.
174) 전경근(주 20), 215면. 다만 이 주장은 사실상 생존 배우자에게 상속재산에 대한 이용권만 인정한다는 것이다.

이 없을 때에는 생존 배우자가 상속재산의 전부를 취득하도록 규정한다. 그러나 이는 쉽게 받아들여지기 어려울 것이다. 가령 피상속인의 추정적 의사를 생각한다면, 과연 피상속인이 자신의 자녀에게는 상속재산을 전혀 물려주지 않고, 배우자에게만 재산을 물려주겠다고 할 것인지 의문이다. 네덜란드와 미국의 경우에는 실제로 그와 같은 관행이 있었는데 이를 입법자가 받아들인 것이지만, 우리나라에서 그와 같은 관행이 존재하는 것 같지는 않다.

한편 생존배우자가 피상속인의 직계비속 아닌 직계존속과 공동상속하는 경우에는 어떻게 해야 할 것인가? 이때에는 생존배우자가 피상속인의 직계비속과 공동상속하는 경우보다 피상속인의 상속분을 더 높게 정하는 것이 일반적이다. 나아가 이러한 경우에는 생존배우자만의 단독상속을 인정하기도 한다(네덜란드, 영국). 생각건대 이러한 경우에 생존배우자만의 단독상속을 인정하는 것은 현재의 상태에 비하여 너무 급격한 변화로서, 받아들여지기 쉽지 않을 것이다. 그러므로 이때에는 생존배우자의 상속분을 상속재산의 2/3로 정하는 것이 적당할 것으로 보인다.

4. 상속 및 유류분의 사전포기 허용

그런데 이처럼 배우자의 상속분을 올리는 경우에는 상당한 저항이 예상된다. 우선 다음 두 가지를 생각할 수 있다. 첫째, 기업을 경영하는 사람이 기업을 자신의 자녀에게 승계시키려고 하는 의도를 가지고 있는데, 배우자의 상속권이 늘어난다면 이는 이러한 의도의 실현에 장애가 될 수 있다. 물론 이러한 사람은 유언이나 생전의 처분에 의하여 법정상속분과는 달리 자신의 자녀에게 기업을 승계시킬 수 있겠지만, 배우자에게 유류분이 인정되기 때문에 어려움이 있다.

둘째, 어떤 사람이 전혼 배우자와의 사이에 자녀가 있는데, 재혼하려고 하는 경우에, 재혼 배우자에게 많은 상속분이 인정되면, 전혼 배우자와의 사이에서 낳은 자녀들은 이를 좋아하지 않을 것이다. 실제로 현행법 하에서도 이러한 이유로 전혼 배우자의 자녀들이 부 또는 모의 재혼을 반대하는 경우가 많다고 한다.175)

이러한 문제는 사전에 상속이나 유류분을 포기할 수 있게 하면 어느 정도 해결될 수 있다. 앞에서 살펴본 것처럼, 많은 나라들은 이처럼 피상속인과 상속

---

175) 윤진수(주 4), 259면 참조.

인 사이의 계약에 의하여 상속이나 유류분을 사전에 포기할 수 있도록 하고 있다.176) 달리 설명한다면, 이처럼 배우자의 상속분을 일률적으로 정하고, 이것이 유류분에 의하여 보호된다면, 구체적인 상황에 따라서는 지나치게 생존 배우자가 보호받는 결과를 가져올 수 있고, 이를 막기 위하여는 사전에 부부에게 이러한 결과를 회피할 수 있는 기회를 부여할 필요가 있다. 이는 말하자면 상속법 영역에서 당사자의 사적 자치(Privatautonomie)를 확대하는 것이다.

그런데 우리 민법의 해석상으로도 상속의 사전포기의 효력을 인정할 수 있다는 견해도 있다.177) 그러나 현행 민법이 상속의 사후 포기에 대하여만 규정을 두고 있을 뿐만 아니라, 이를 엄격한 요식행위로 규정하고 있는 점에 비추어 보면 해석론상 상속이나 유류분의 사전 포기를 인정하기는 어려울 것이다.178) 그렇지만 법률에 규정을 두어 상속이나 유류분의 사전 포기를 인정하는 것은 충분히 가능하고, 또 바람직할 것이다.179)

그런데 유류분제도가 유류분권리자에게 일정부분의 몫을 법률적으로 보장함으로써 유류분권리자를 보호하는 데 그 존재이유가 있으므로, 일단 유류분의 사전포기를 인정하고 그것이 남용될 경우 의사표시 제도 일반에 의해 규율하는 것보다는 애초에 이를 인정하지 않는 편이 낫다는 주장도 있다.180) 그렇지만 상속개시 후 상속이나 유류분의 포기가 인정되는 이상, 상속개시 전의 그것들을 금지하여야 할 필연성은 없다. 그리고 상속인의 자의에 의하지 않은 상속이나 유류분의 포기가 행해질 위험성은 이를 방지하기 위한 제도를 두면 되고, 그 때문에 이들을 아예 금지할 필요는 없다.

상속이나 유류분의 포기를 인정하는 다른 나라에서는 이는 공정증서에 의하여야 한다거나, 법원의 허가를 얻도록 하는 등의 규정을 두고 있다. 이러한 제도를 도입한다면 그와 같은 규정을 둘 필요가 있을 것이다. 나아가 재혼부부와 같

---

176) 프랑스는 유류분의 사전포기를 단독행위로 구성하고 있지만, 피상속인의 승인이 있어야 하므로 계약으로 구성하는 것과 큰 차이가 없다고 여겨진다.
177) 류일현, "상속개시 전 상속포기계약의 해석에 관한 소고", 민사법학 제67호, 2014, 123면 이하. 다만 여기서는 상속개시 전 상속포기계약은 채권적 효력만이 인정되고, 현행법상 강제이행은 할 수 없으며, 다른 공동상속인에 대해 채무불이행을 이유로 손해배상책임을 인정하는 것은 가능하다고 한다. 155면.
178) 대법원 1994. 10. 14. 선고 94다8334 판결; 1998. 7. 24. 선고 98다9021 판결 등. 고상현(주 35), 358면도 우리 민법은 독일 민법과 같은 (사전의) 상속포기제도를 알지 못한다고 서술한다.
179) 고상현(주 35), 358면 이하; 변동열, "유류분제도", 민사판례연구 제25권, 2003, 805면(유류분에 관하여); 최준규, "유류분과 기업승계", 사법 제37호, 2016, 385-386면(유류분에 관하여).
180) 정구태. "유류분제도의 법적 구조에 관한 연구", 고려대학교 법학박사학위논문, 2010, 215면.

은 경우를 염두에 둔다면, 미국에서와 같이 혼인계약에서 그러한 제한을 둘 수 있도록 하는 것도 생각해 볼 수 있다. 물론 이는 배우자 상속에서만 문제되는 것은 아니고, 상속 일반에서도 마찬가지이다.

5. 배우자의 보호를 위한 그 밖의 방법

가. 배우자의 주거권 보호

몇 나라에서는 생존 배우자의 주거권을 보호하기 위하여 피상속인의 재산 중 생존 배우자가 거주하고 있던 혼인 주택에 계속 거주할 권리를 인정한다. 다만 이는 단기간이거나 상속재산분할이 끝날 때까지처럼 잠정적인 경우도 있지만, 프랑스와 일본에서는 생존 배우자가 사망할 때까지 이를 인정한다. 우리나라도 이와 같은 제도를 도입할 필요가 있을까?

우선 상속재산 분할이 끝날 때까지와 같이 한시적, 잠정적으로 생존 배우자에게 혼인 주택에 계속 무상으로 거주할 권리를 인정하는 것은 필요하다고 여겨진다. 상속이 개시되었다고 하여 살고 있던 집에서 바로 나가야 한다는 것은 문제가 있고, 되도록 상속 개시 전과 동일한 거주 상태를 유지할 수 있도록 하는 것이 바람직하다.[181] 현실적으로도 혼인 주택의 종국적인 귀속이 정해지지 않은 상태에서 생존 배우자를 퇴거하게 하는 경우는 별로 없을 것이다. 실제로 이러한 규정을 도입한다면, 그 주된 의의는 이처럼 무상으로 거주함으로써 얻은 이익은 상속재산 분할에서 특별수익과 같은 형태로 고려할 필요는 없다는 점에 있다.

그런데 생존 배우자가 사망할 때까지 혼인 주택에서 계속 거주할 수 있다고 하는 장기거주권도 인정할 필요가 있을까? 이는 의심스럽다. 우선 생존 배우자의 상속분을 적어도 상속재산의 1/2 이상으로 올린다면, 상속재산 분할에서 혼인 주택에 대한 생존 배우자의 이익은 충분히 보호될 수 있을 것이다.[182] 뿐만 아니라 이러한 장기거주권을 인정하는 것은 다른 공동상속인의 이익을 해치게 된다. 다시 말하여 생존 배우자가 살아 있는 동안은, 다른 공동상속인이 이 주택에 대하여 소유권을 가지더라도 실제로는 사용수익할 수 없게 되는 허유권(虛有權, nue-propriété)이 된다. 그리고 이러한 장기거주권의 보유는 상속재산 분할에서 고

---

181) 같은 취지, 곽민희(주 130), 33면; 이승현(주 132), 380-381면.
182) 이 제도를 도입한 프랑스에서는 생존 배우자가 피상속인의 직계비속과 공동으로 상속할 때에는 그 상속분은 1/4에 불과하다.

려하여야 하지만, 그 이익을 어떻게 산정할 것인지도 명백하지 않다. 따라서 이러한 장기거주권을 도입하는 것은 바람직하지 않다.[183]

나. 생존 배우자의 가재도구에 대한 우선권

다른 나라에서는 상속재산 가운데 생존 배우자가 혼인생활 동안에 사용하였던 가재도구에 대하여 생존 배우자의 우선적인 상속권을 인정하는 예가 있다. 이는 생존 배우자로 하여금 종전의 생활상태를 되도록 유지할 수 있게 하는 것이므로, 우리나라에서도 받아들일 필요가 있다. 사실 현재에도 법적인 규정은 없지만, 생존 배우자가 그러한 가재도구를 취득하는 것은 당연한 관행으로 받아들여지고 있는 것으로 여겨진다. 그렇지만 이에 관하여 분쟁이 생길 소지가 있으므로 법에 명문화할 필요가 있을 것이다.

다. 생존 배우자의 특별수익에 대한 취급

일본의 2018년 개정 상속법은 혼인기간이 20년 이상인 부부 일방인 피상속인이 다른 일방에게 그 거주용으로 제공된 건물 또는 그 부지를 유증 또는 증여한 때에는 당해 피상속인은 그 유증 또는 증여에 대해서 이를 특별수익으로 하지 않겠다는 취지의 의사를 표시한 것으로 추정한다는 규정을 신설하였다. 우리나라에서도 생존 배우자의 특별수익에 대하여 별도로 취급할 필요가 있을까?

헌법재판소 2017. 4. 27. 선고 2015헌바24 결정은, 특별수익자가 배우자인 경우에는 특별수익 산정 시 실질적 공동재산의 청산, 배우자 여생에 대한 부양의무 이행의 요소에 해당하는 부분을 특별수익에서 공제하는 등 예외규정을 두지 않은 것이 위헌이 아니라고 하였다. 다른 한편 대법원 2011. 12. 8. 선고 2010다66644 판결은, 생전증여를 받은 상속인이 배우자로서 일생 동안 피상속인의 반려가 되어 그와 함께 가정공동체를 형성하고 이를 토대로 서로 헌신하며 가족의 경제적 기반인 재산을 획득·유지하고 자녀들에 대한 양육과 지원을 계속해 온

---

183) 같은 취지, 이승현(주 132), 381면 이하. 곽민희(주 130), 33면은 다른 상속인 특히 혈족 상속인과의 관계 및 유증·사인증여를 받은 제3자나 상속채권자와의 이해관계를 고려할 때 장기거주권 제도 도입이나 설계에는 어려움이 있을 수 있다고 하면서도, 배우자의 거주 건물의 소유권과 사용권을 분할하는 법적 근거를 마련하고 장기거주권의 구체적 내용을 담고 있는 일본의 중간시안은 고령화 시대에 상응한 유용한 참고 자료가 될 수 있다고 한다. 박인환(주 130), 152면도 제한적이기는 하지만 프랑스상속법에서 비롯된 일본의 생존 배우자 거주권의 도입이 일본 사회에서 어떻게 수용될 것인가에 대해서 앞으로 주의깊게 지켜 볼 필요가 있다고 한다.

경우, 그 생전증여에는 위와 같은 배우자의 기여나 노력에 대한 보상 내지 평가, 실질적 공동재산의 청산, 배우자의 여생에 대한 부양의무의 이행 등의 의미도 함께 담겨있다고 봄이 상당하므로, 그러한 한도 내에서는 위 생전증여를 특별수익에서 제외하더라도 자녀인 공동상속인들과의 관계에서 공평을 해친다고 말할 수 없다고 하였다.[184)

외국의 입법례에서는 특별수익에 관하여는 다양한 태도를 보인다.[185) 독일과 프랑스에서는 생전증여만을 특별수익으로 보고, 유증은 원칙적으로 특별수익에서 제외하며, 특별수익이라 하여도 피상속인의 의사에 따라 이를 제외할 수 있다. 또 독일에서는 배우자는 특별수익으로 인한 조정의무를 부담하지 않는다. 미국에서는 피상속인이 특별수익으로 고려하도록 지시한 경우에만 생전증여가 특별수익이 된다. 일본은 유증도 특별수익으로 보지만, 피상속인의 의사에 따라 특별수익을 제한할 수 있다. 그러므로 우리나라에서도 특별수익제도 전반의 개정을 검토할 필요는 있고, 그 과정에서 배우자의 특별수익도 포함시켜 살피는 것이 좋을 것이다.[186)

VI. 결   론

배우자의 상속법상 지위를 강화하는 것은 필요할 뿐만 아니라 시급한 문제이다. 그러나 어떤 방법이 가장 적절한지를 결정하는 것은 쉽지 않다. 외국의 입법례에서도 다양한 태도를 보이고 있다.

이 글에서는 생존 배우자의 상속은 부부재산의 청산과는 연계시키지 않고, 상속재산 중 일정 부분은 공동상속인의 수와 관계없이 생존배우자가 확보하는 방법을 제시하였다. 또 이와는 별도로 상속 또는 유류분의 사전 포기, 생존 배우자의 주거권 보장, 가재도구에 대한 생존배우자의 우선권 인정 등 검토하여야 할

---

184) 이 판례는 유류분반환청구의 상대방이 반환의 대상인 특별수익은 자신의 기여에 대한 대가로 주어진 것이라고 하는 기여분의 항변을 할 수 없다(대법원 1994. 10. 14. 선고 94다8334 판결 등)는 문제점을 완화하기 위하여 나온 것이라고 볼 여지도 있다. 윤진수, 친족상속법강의(주 6), 394면. 같은 취지, 정다영, "특별수익과 배우자의 상속분", 입법과 정책 제10권 1호, 2018, 37면 이하 참조.
185) 정다영(주 184), 41면 이하 참조.
186) 같은 취지, 정다영(주 184), 43면 이하 참조.

과제가 여럿 있다.

이들 문제에 대하여는 여러 가지 다른 견해가 있을 수 있다. 그러나 이 글이 적어도 앞으로의 논의를 풍성하게 하기 위한 참고는 될 수 있을 것이다.

〈가족법연구 제33권 1호, 2019 = 윤진수 외, 상속법 개정론,
서울법대 법학총서 7, 박영사, 2020〉

〈추기〉

스위스 의회는 2020. 12. 18. 민법을 개정하여 동성혼인을 허용하기로 하였고, 이에 반대하는 국민청원이 있어 2021. 9. 26. 국민투표가 행해졌는데, 투표자의 64.1%가 동성혼 도입에 찬성하였다. https://de.wikipedia.org/wiki/Gleichgeschlechtliche_Ehe#cite_note-srf-sept21-55 참조.

상속포기의 사해행위 취소와 부인[*]

I. 서 론

채무자가 적극재산보다 많은 채무를 부담하고 있어서 채권자에게 변제하지 못하고 있는 상황에서, 상속을 받게 되어 채무를 변제할 수 있게 되었음에도 불구하고 상속을 포기하는 경우가 있다. 이때 채권자는 채무자의 상속 포기가 사해행위라고 주장하여 채권자취소권을 행사함으로써 이를 취소할 수 있을까? 이 점에 대하여 대법원 2011. 6. 9. 선고 2011다29307 판결은, 상속의 포기는 민법 제406조 제1항에서 정하는 "재산권에 관한 법률행위"에 해당하지 아니하여 사해행위취소의 대상이 되지 못한다고 판시하여, 부정하는 태도를 명백히 하였다. 이 문제는 이 판결이 선고되기 전부터 학설상 다투어지고 있었는데, 이 판결이 선고된 후에도 논란은 여전히 계속되고 있다.

이 문제에 대하여는 이미 여러 편의 글이 발표되었고, 이에 의하여 기본적인 쟁점은 거의 드러났다고 보인다. 그러나 아직 미진한 점이 없지 않다. 그중 하나는 종래의 논의가 외국에서의 논의를 주요한 논거로서 들고 있으나, 반드시 정확하거나 충분하다고 할 수는 없다는 점이다. 다른 하나는 도산법(채무자 회생 및 파산에 관한 법률)[1]과의 관계가 충분히 고려되고 있지 못하다는 점이다. 즉 채무자의 상속 포기가 민법상의 채권자취소권뿐만 아니라 채무자회생법상의 부인권의

---

* 이 글 중 네덜란드 법의 서술에 대하여는 오류가 있다. 아래 〈추기〉 1. 참조.

1) 이하에서는 법제처가 제안하는 것과 같이 "채무자회생법"이라고만 한다.

대상이 될 수 있는지도 따져 볼 필요가 있다. 그 외에도 채무자의 상속 포기는 도산절차에 영향을 미칠 수 있다. 따라서 이 문제를 논함에 있어서는 도산법과의 관계를 아울러 고려하여야 한다.

그리하여 이 글에서는 논의의 대상을 도산법에까지 확대하고자 한다. 채권자취소권은 원래 도산법상의 부인권과 성질을 같이하는 것으로서, 모두 채무자 행위의 효력을 부정하여 채무자 자산의 유출을 방지하고, 유출된 자산을 회복하여 책임재산을 보존·확충함으로써 총채권자의 이익을 도모한다는 점에서 공통의 목적을 갖고 있다.[2] 상속의 포기가 채권자취소권의 대상이 되는가 하는 것은 그것이 부인권의 대상이 되는가와 동일한 차원의 문제이다. 아래에서 보는 것처럼 외국에서는 양자가 같이 논의되고 있다. 다른 한편 상속의 포기가 도산절차에 어떤 영향을 미치는가, 예컨대 상속을 포기한 채무자가 파산신청이나 면책허가 신청을 할 수 있는가 하는 점도 아울러 검토할 필요가 있다.

Ⅱ. 종래의 논의

1. 판   례

앞에서 언급한 것처럼, 대법원 2011. 6. 9. 선고 2011다29307 판결은, 상속의 포기는 채권자취소권의 행사에 의한 사해행위취소의 대상이 되지 못한다고 판시하였다. 이 판결은 그 이유를 다음과 같이 설시하였다.

「상속의 포기는 비록 포기자의 재산에 영향을 미치는 바가 없지 아니하나 (그러한 측면과 관련하여서는 '채무자 회생 및 파산에 관한 법률' 제386조도 참조) 앞서 본 대로 상속인으로서의 지위 자체를 소멸하게 하는 행위로서 이를 순전한 재산법적 행위와 같이 볼 것이 아니다. 오히려 상속의 포기는 1차적으로 피상속인 또는 후순위상속인을 포함하여 다른 상속인 등과의 인격적 관계를 전체적으로 판

---

2) 대법원 2016. 7. 29. 선고 2015다33656 판결은, 부인권이 파산채무자가 파산채권자를 해함을 알고 한 행위를 부인하고 파산채무자로부터 일탈된 재산의 원상회복을 구할 수 있는 권리라는 점에서 채권자취소권과 동일한 목적을 가지고 있으므로, 파산채권자가 파산채무자에 대한 파산선고 이전에 적법하게 제기한 채권자취소소송을 파산관재인이 수계하면, 파산채권자가 제기한 채권자취소소송의 소송상 효과는 파산관재인에게 그대로 승계되고, 따라서 파산관재인이 채권자취소소송을 수계한 후 청구변경의 방법으로 부인권 행사를 한 경우, 특별한 사정이 없는 한, 그 제척기간의 준수 여부는 중단 전 채권자취소소송이 법원에 처음 계속된 때를 기준으로 판단하여야 한다고 판시하였다.

단하여 행하여지는 '인적 결단'으로서의 성질을 가진다고 할 것이다. 그러한 행위에 대하여 비록 상속인인 채무자가 무자력상태에 있다고 하여서 그로 하여금 상속포기를 하지 못하게 하는 결과가 될 수 있는 채권자의 사해행위 취소를 쉽사리 인정할 것이 아니다. 그리고 상속은 피상속인이 사망 당시에 가지던 모든 재산적 권리 및 의무·부담을 포함하는 총체재산이 한꺼번에 포괄적으로 승계되는 것으로서 다수의 관련자가 이해관계를 가지는 바인데, 위와 같이 상속인으로서의 자격 자체를 좌우하는 상속포기의 의사표시에 사해행위에 해당하는 법률행위에 대하여 채권자 자신과 수익자 또는 전득자 사이에서만 상대적으로 그 효력이 없는 것으로 하는 채권자취소권의 적용이 있다고 하면, 상속을 둘러싼 법률관계는 그 법적 처리의 출발점이 되는 상속인 확정의 단계에서부터 복잡하게 얽히게 되는 것을 면할 수 없다. 또한 이 사건에서의 원고와 같이 상속인의 채권자의 입장에서는 상속의 포기가 그의 기대를 저버리는 측면이 있다고 하더라도 채무자인 상속인의 재산을 현재의 상태보다 악화시키지 아니한다. 이러한 점들을 종합적으로 고려하여 보면, 상속의 포기는 민법 제406조 제1항에서 정하는 "재산권에 관한 법률행위"에 해당하지 아니하여 사해행위 취소의 대상이 되지 못한다고 함이 상당하다.」

이는 이 판결의 주심 대법관이었던 양창수 대법관이 이전에 발표하였던 글에서 주장한 것과 대체로 궤를 같이한다.3)

한편 판례는, 상속재산의 분할협의는 상속이 개시되어 공동상속인 사이에 잠정적 공유가 된 상속재산에 대하여 그 전부 또는 일부를 각 상속인의 단독소유로 하거나 새로운 공유관계로 이행시킴으로써 상속재산의 귀속을 확정시키는 것으로, 그 성질상 재산권을 목적으로 하는 법률행위이므로 사해행위취소권 행사의 대상이 될 수 있다고 보고 있다.4)

그리고 대법원 2012. 1. 12.자 2010마1551, 1552 결정은, 위 2011다29307 판결을 인용하면서, "상속의 포기는 민법 제406조 제1항에서 정하는 '재산권을 목적으로 한 법률행위'에 해당하지 아니하여 사해행위 취소의 대상이 되지 못하고, 또한 채무자 회생 및 파산에 관한 법률 제650조 제1호에서 사기파산죄로 규

---

3) 양창수, "「가족법」상의 법률행위의 특성", 가족법연구 제19권 1호, 2005, 79면 이하(민법연구 제8권, 2005, 329면 이하에 재수록. 이하 인용은 뒤의 것에서).
4) 대법원 2001. 2. 9. 선고 2000다51797 판결. 같은 취지, 대법원 2007. 7. 26. 선고 2007다29119 판결; 2008. 3. 13. 선고 2007다73765 판결; 2013. 6. 13. 선고 2013다2788 판결.

정하고 있는 '파산재단에 속하는 재산을 은닉 또는 손괴하거나 채권자에게 불이익하게 처분을 하는 행위'에도 해당하지 않는다"고 판시하여, 파산절차 남용을 이유로 상속포기자의 파산신청 및 면책신청을 기각한 원심결정을 파기환송하였다.5)

　　반면 대법원 2011. 1. 25.자 2010마1554, 1555 결정은, 채무자가 채권자에게 채무를 부담하고 있는 상황에서 배우자의 상속재산에 관한 자신의 상속지분 일체를 포기하여 장남으로 하여금 단독으로 상속받도록 하고, 장남이 그 상속재산을 단독으로 상속한 후 일부 상속재산을 처분하기까지 하였음에도 파산신청서에 그 내용을 기재하지 않았을 뿐만 아니라 상속재산이 없다고 기재하여, 본인의 재산상태에 관하여 허위의 진술을 하는 등 면책불허가사유에 해당하는 행위를 저지르면서 한 파산신청을 파산절차의 남용행위로 보아 '채무자 회생 및 파산에 관한 법률' 제309조 제2항에 따라 그 파산신청을 기각한 것은 타당하다고 하였다. 그런데 여기서 채무자가 자신의 상속지분 일체를 포기하였다는 것이 무엇을 의미하는지 명백하지 않다. 만일 가정법원에 상속 포기의 신고를 한 것이라면, 위 대법원 2012. 1. 12.자 2010마1551, 1552 결정은 이와는 저촉된다. 반면 이것이 사실상의 상속 포기, 즉 상속재산의 협의분할을 하면서 자신은 분할을 받지 않은 것이라고 한다면, 이는 상속재산의 협의분할이 채권자취소권의 대상이 될 수 있다는 판례6)와 맥을 같이하는 것으로 이해될 수 있다.

---

5) 이 결정은 공간되지 않았으나, 조인영, "상속포기와 채권자취소권", 민사판례연구 제35집, 2013, 637면이 이를 인용하고 있다. 위 사건의 원심결정(서울중앙지방법원 2010. 9. 17.자 2010라699 결정)은, 상속인은 상속개시된 때로부터 피상속인의 재산에 관한 포괄적 권리의무를 승계하므로 상속인은 상속의 포기나 승인이 있기 전이라도 일단 피상속인으로부터 상속재산을 취득하게 되며, 상속인은 법정기한 내에 가정법원에 상속포기의 신고를 함으로써 상속개시된 때에 소급하여 위와 같은 권리의무를 승계하지 않는 것으로 될 뿐이라고 하면서, 채무자가 이 사건 파산 및 면책신청 후 그 심리 중에 위와 같이 상속포기를 한 것은 자신의 채권자들을 해할 목적으로 향후 파산재단에 편입될 이 사건 부동산 중 항고인의 상속지분을 포기한 것이라고 하여 이는 채무자회생법 제564조 제1항 제1호, 제650조 제1호(채무자가 파산선고의 전후를 불문하고 자기 또는 타인의 이익을 도모하거나 채권자를 해할 목적으로 파산재단에 속하는 재산을 은닉 또는 손괴하거나 채권자에게 불이익하게 처분하는 행위)의 면책불허가 사유에 해당하고, 이러한 면책불허가 사유가 있는 항고인의 이 사건 파산신청은 파산절차의 남용에 해당한다고 하였다.

6) 위 주 4).

2. 학   설

이 문제에 관하여는 대법원의 판례와 마찬가지로 상속 포기는 사해행위 취소의 대상이 되지 못한다는 부정설7)과, 상속채권자 아닌 상속인의 채권자는 상속 포기를 사해행위로서 취소할 수 있다는 긍정설8)이 대립한다. 그리고 상속 포기는 원칙적으로 사해행위의 취소 대상이 되지 못하지만, 상속 포기에서 사해 의사를 확인 또는 추단할 수 있는 사정이 있는 경우에는 사해행위가 된다고 하는 절충설9)도 있다.

다른 한편 상속 포기가 부인권의 대상이 될 수 있는가에 대하여는 그다지 논의가 많지 않으나, 부정설만이 눈에 뜨이고,10) 긍정설은 찾기 어렵다.

(1) 부정설의 논거

부정설의 논거로는 대체로 다음과 같은 것이 거론된다.

첫째, 상속의 포기는 간접적으로는 채무자의 재산상의 이익에 영향을 미치

---

7) 이 문제를 비교적 상세히 다룬 논문 가운데 위 2011다29307 판결 전에 발표된 것으로는 편지원, "상속재산의 승인 및 포기와 채권자취소권", 가족법연구 제7호, 1993, 127면 이하; 양창수(주 3), 329면 이하; 최성경, "상속의 승인 및 포기와 채권자취소권", 외법논집 제26집, 2007, 109면 이하(이하 최성경 1); 최성경, "상속법상의 법률행위와 채권자취소권", 법조 2007. 9, 204면 이하(이하 최성경 2); 정구태, "유류분반환청구권이 채권자대위권의 목적이 되는지 여부", 가족법연구 제22권 1호. 2008, 228면 이하; 현소혜, "상속법의 자화상과 미래상", 민사법학 제52호, 2010, 620-621면이 있다. 그리고 위 판결 이후에 발표된 것으로는 박근웅, "상속의 포기와 채권자취소권", 연세대학교 법학연구 제21권 3호, 2011, 349면 이하; 정구태, "상속재산 협의분할을 사해행위로서 취소할 수 있는 채권자의 범위", 조선대학교 법학논총 제21권 1호, 2014, 347면 이하; 박영규, "유증의 법률관계", 연세대학교 법학연구 제26권 1호, 2016, 259-260면; 나현호, "상속법상의 법률행위와 채권자취소권", 비교법연구 제16권 2호, 2016, 57면 이하가 있다.

8) 이 문제를 비교적 상세히 다룬 논문 가운데 위 2011다29307 판결 전에 발표된 것으로는 윤진수, "상속법상의 법률행위와 채권자취소권", 사법연구 제6집, 2001, 1면 이하(민법논고 V, 2011, 258면 이하에 재수록. 이하 인용은 뒤의 것에서)가 있다. 위 판결 후에 발표된 것으로는 강세원·한호영, "상속포기의 채권자취소권 대상성", 서울대학교 법학평론 제3권, 2012, 298면 이하; 조인영(주 5), 609면 이하; 김가을, "상속포기와 채권자취소권", 비교사법 제21권 3호, 2014, 943면 이하; 류일현, "상속포기와 채권자취소권", 가족법연구 제28권 3호, 2014, 31면 이하; 오시영, "상속포기의 한계와 채권자취소권과의 관계", 전북대학교 법학연구 제49집, 2016, 125면 이하가 있다. 또한 최한신, 사해행위취소실무 II, 2013, 61면 이하도 위 판결을 비판한다.

9) 이학승, "상속포기가 채권자취소권의 대상이 되는지 여부", 재판과 판례 제21집, 2012, 149면 이하; 박수곤, "상속포기와 채권자취소권", 경희법학 제48권 4호, 2013, 551-552면.

10) 양형우, "상속재산의 파산에 관한 고찰", 비교사법 제13권 1호, 2006, 473-474면. 여기서는 상속을 할 것인가 여부는 상속인의 자유의사에 의하는 것이 원칙이고, 또 한 이들의 인격적·신분적 행위는 부인의 대상으로는 되지 않는다고 해석되기 때문에, 단순승인 또는 상속포기의 효력은 파산절차개시의 영향을 받지 않고 그것을 전제로 하여 파산절차가 행하여진다고 설명한다. 최성경 1(주 7), 138-139면도 이에 동조하고 있다.

는 법률행위이지만, 재산권 자체를 직접적인 목적으로 하지 않는 신분상의 법률행위이다.11)

둘째, 상속인의 상속포기는 상속인 고유의 권리이고, 고도의 인격성을 가진 것으로서 포기의 자유는 보장되어야 한다.12) 상속의 포기가 「인적 결단」이므로 취소될 수 없다고 하는 것13)도 같은 취지이다.

셋째, 상속의 포기는 언제든지 할 수 있는 것이 아니라 일정한 고려기간의 제한을 두고 있는데, 그 기간 동안은 상속재산의 상태는 유동적인 상태에 있으므로, 상속의 포기는 증여와 비교할 것이 아니라 증여의 거절과 견주어야 하는데, 증여를 승낙하지 않거나 거절하는 행위와 같은 수익의 거절행위는 책임재산을 감소시키는 행위가 아니기 때문에 취소의 대상이 되지 않는다.14)

이 외에도 부정설을 지지하는 논자는 여러 가지 근거를 들고 있다. 그 중 하나는, 민법은 고려기간을 제1019조 제1항에서 규정하고 그 기간 동안 상속인의 승인이나 포기를 하도록 함으로써 비교적 단기간에 상속재산을 둘러싼 권리관계를 확정시키려고 하는데, 상속포기를 취소할 수 있다고 하면 상속재산을 신속하고 확정적으로 안정시키고자 하는 우리 민법의 태도에도 배치되고, 또 상속의 포기를 취소하기 전에 다시 후순위자가 상속포기를 할 수도 있기 때문에 채권자취소소송의 피고를 정하는 문제도 꽤 복잡할 수 있다고 한다.15)

또 다른 주장은, 채권자가 합리적으로 기대할 수 있는 책임재산은 채무자 개인의 고유재산뿐이고, 채권자가 자신의 채무자가 상속으로 인하여 얻을 재산의 감소 또는 증가에 대하여 가지는 기대는 법적으로 보호받을 수 없다고 한다.16)

그리고 민법이 상속 포기의 소급효를 규정하면서(제1042조) 제3자의 보호와 관련된 규정을 두고 있지 않은 것은, 제3자의 이익을 위해 상속인의 포기의 자유를 제한하지는 않겠다는 의사를 표현한 것이라는 주장도 있다.17)

나아가 상속의 포기는 적극재산뿐만 아니라 소극재산과도 관련이 있는데,

---

11) 민법주해 Ⅸ, 1995, 818면(김능환); 김형배, 채권총론, 제2판, 1998, 403면 등.
12) 최성경 1(주 7), 135면 등.
13) 양창수(주 3), 329면; 정구태(주 7), 349면 등.
14) 최성경 1(주 7), 138면; 박근웅(주 5), 370면 이하 등.
15) 최성경 1(주 7), 130면. 박근웅(주 5), 369면은 상속인이 상속을 포기하여 국가가 상속재산을 승계하는 경우(민법 제1059조)에 국가를 사실상의 수익자로 보아 그 피고로 삼아야 한다는 주장이 있을 수 있지만, 제1059조의 취지에 비추어 가능할지 의문이라고 한다.
16) 양창수(주 3), 330면; 편지원(주 7), 145-146면.
17) 박근웅(주 7), 372-373면.

상속인의 채권자가 상속포기를 취소할 수 있다면, 상속인은 원치 않는 채무부담을 강요당하는 결과가 되며, '책임재산의 보전'이라는 명분으로 원치 않는 채무를 질 것을 강요당할 수는 없다고도 한다.[18]

　그 외에 상속인의 채권자에 의한 취소를 인정한다면 피상속인의 채권자에게 가혹한 결과가 될 수도 있다고 하는 주장이 있다. 즉 피상속인의 재산은 적극재산이 초과 상태이고, 상속인의 재산은 소극재산 초과 상태인 경우에, 피상속인의 채권자는 자신의 채무자의 사망이라는 우연한 사고에 의하여 채무자의 상속인과 공동채권자의 지위로 하락하고, 더 나아가 자신이 채권 성립 시에 전제로 했던 책임재산의 상황과는 다른 소극재산 초과의 재산에 의해야 하는 상황이 되는데, 상속인이 상속을 포기하여 채무초과상황을 면하였는데, 다시 상속인의 채권자가 채권자취소권을 행사한다고 한다면 피상속인의 채권자에게 너무 가혹할 수 있다고 하는 주장이 있다.[19]

　다른 한편 이러한 부정설 가운데에도 상속포기가 권리남용 내지 신의칙 위반에 해당하는 경우에는 효력이 부인되는 경우가 있을 수 있다는 주장도 있다. 즉 상속인의 승인이나 포기는 채권자취소권의 대상이 될 수 없지만, 신의칙에 반하는 부당한 상태를 야기한 상속의 승인이나 포기의 존재도 전혀 배제할 수는 없는데, 이 경우에는 권리남용의 법리를 통한 해결이 바람직하다는 것이다.[20] 다만 구체적으로 어느 경우에 상속 포기가 신의칙 위반이나 권리남용에 해당하는지에 관하여는 언급하지 않고 있다.

(2) 긍정설의 논거

　긍정설도 상속채권자가 상속인의 상속 포기를 채권자취소권에 의하여 취소할 수는 없다고 본다. 왜냐하면 이 경우에 채권자취소권의 행사를 인정하면, 상속인으로 하여금 소극재산이 더 많은 상속재산의 승계를 강요하는 것이 되어 상속의 포기를 인정하는 제도의 취지 자체에 어긋나기 때문이다.[21] 그러므로 문제되는 것은 상속재산 가운데 적극재산이 소극재산보다 더 많은 경우에, 상속인의 채권자가 상속인의 상속 포기를 사해행위라 하여 취소할 수 있는가 하는 점이다.

　긍정설의 논거는 대체로 다음과 같다.[22]

---

18) 박영규(주 7), 259-260면.
19) 최성경 1(주 7), 137면.
20) 최성경 2(주 7), 226면; 박근웅(주 7), 374면. 정구태(주 7), 351면 주 55)도 같은 취지이다.
21) 윤진수(주 8), 279면 등.
22) 윤진수(주 8), 280면 이하 등.

첫째, 상속의 포기는 명백하게 재산권을 목적으로 한 법률행위에 해당한다. 1990년에 민법이 개정되면서 호주상속제도가 호주승계제도로 바뀐 다음부터는 상속의 효과는 피상속인의 재산상의 지위 내지 권리와 의무를 상속인이 승계하는 것에 한정되게 되었으므로, 상속의 포기도 피상속인의 재산상의 지위를 승계하지 않는 것에 불과하게 되었다.

둘째, 상속의 포기가 책임재산을 적극적으로 감소시키는 행위에 해당하지 않는다고 단정할 수는 없다. 민법 제1005조에 의하면 상속인은 상속개시된 때로부터 피상속인의 재산에 관한 권리의무를 승계하기 때문에, 상속인은 상속의 포기나 승인이 있기 전이라도 일단 피상속인으로부터 상속재산을 취득하게 되며, 상속을 승인한 때에야 비로소 상속재산을 취득하는 것은 아니다. 따라서 상속의 포기는 일단 취득한 재산을 상실시키는 효과가 있는 것으로서, 이를 가리켜 책임재산의 감소가 아니라고 하기는 어렵다. 부정설은 상속을 포기하면 그 소급효에 의하여 포기자는 처음부터 상속인이 아니었던 것으로 되기 때문에 상속재산이 상속 개시와 동시에 상속인에게 이전된다는 것은 형식적이고 잠정적인 것에 불과하다고 하지만, 상속재산 분할의 효력도 마찬가지로 상속이 개시되었을 때로 소급하는데(민법 제1015조 단서), 그럼에도 불구하고 판례나 통설은 상속재산의 협의분할도 채권자취소권에 의한 취소의 대상이 된다고 보고 있다.

셋째, 상속인의 자유는 존중되어야 하지만, 상속 포기 여부가 제3자인 채권자의 이해관계에 영향을 미칠 때에도 상속인의 자유가 우선한다고 단정할 수는 없다. 특히 채무자회생법 제386조 제1항[23]은 파산선고 전에 채무자를 위하여 상속개시가 있는 경우 채무자가 파산선고 후에 한 상속포기도 파산재단에 대하여는 한정승인의 효력을 가진다고 규정하여 채무자의 상속포기의 자유를 제한하고 있는 점에 비추어 볼 때, 민법의 채권자취소권에 관하여도 채무자의 상속 포기의 자유는 채권자의 이익을 위하여 제한되어야 한다고 보는 것이 합리적이다.

(3) 절충설의 논거

절충설을 주장하는 한 논자는, 상속 포기가 '인적 결단'으로서의 성격을 지닌다는 점, 상속 포기와 상속재산분할 협의의 법구조상의 차이를 부인할 수 없고, 따라서 상속 포기의 경우에도 상속재산분할 협의와 동일한 기준으로 사해성 여부를 판단하는 것은 무리이지만, 상속인이 오로지 자신의 채권자에 의한 강제

---

23) 이는 2005년 채무자회생법이 제정되기 전의 구 파산법 제9조 제1항을 이어받은 것이다.

집행을 면할 목적으로 다른 상속인들과 통모하여 상속 포기를 하고, 실질적으로 상속으로 인한 이익은 향유하는 경우에는 상속 포기가 사해행위가 된다고 한다. 그 근거로는 일반적인 긍정설의 논거 외에, 다음과 같은 점을 든다. 첫째, 상속 포기에 소급효가 있더라도 상속재산분할 협의와 달리 책임재산의 감소가 없었다고 할 수는 없다. 둘째, 상속 포기가 통상 "인적 결단"으로서의 성격을 지니고 있다 하더라도 채권자의 강제집행을 면하고 자신의 재산적 이익을 도모하기 위해 상속 포기를 하는 경우 채권자취소권의 대상성이 전면 부인될 수는 없다. 셋째, 채권자 및 수익자 또는 전득자 사이에만 상대적으로 효력이 발생하는 사해행위 취소권을 상속 포기에 대하여 인정할 경우 상속인 확정의 단계부터 복잡하게 얽히게 된다는 점에 대하여는, 위와 같은 염려가 채권자취소권의 대상성을 전면 부인할 결정적인 이유가 된다고 보기는 어렵다.24)

또 다른 논자는, 상속의 포기를 선택채권에 관하여 선택의 효력은 그 채권이 발생한 때에 소급한다고 규정하고 있는 민법 제386조를 원용하여, 상속의 포기라는 선택권을 행사한 경우에는 상속인이 되었던 사실조차 없는 것으로 되고, 더 나아가 자연스럽게 상속재산을 취득한 사실도 없게 되는 것이지, 이미 잠정적으로 취득한 재산을 포기한 것으로 볼 수는 없다고 하면서도, 개개의 상속재산분할 협의 또는 상속포기에서 '사해의사'를 확인 또는 추단할 수 있는 사정이 있는 경우에는 사해행위로 다루는 것이 바람직할 것이라고 한다.25)

III. 비교법적 고찰

이 문제에 관하여 종래 일본법, 프랑스법과 독일법의 상황은 국내에 비교적 자세히 소개되었다.26) 그런데 독일법에서의 최근의 논의는 잘 알려져 있지 않다. 그리하여 여기서는 우선 독일법에 관하여 좀더 상세하게 살펴본다. 종래의 부정설은 알게 모르게 독일의 영향을 받았던 것 같다. 또한 국내에는 소개되지 않았던 오스트리아에서의 논의도 살펴본다. 다른 나라들에 대하여는 아래 3.에서 간략하게 언급한다.

---

24) 이학승(주 9), 149면 이하.
25) 박수곤(주 9), 542면 이하.
26) 윤진수(주 8), 262면 이하; 김가을(주 8), 951면 이하 등.

1. 독   일

가. 판   례

(1) 상속 포기와 채권자취소권 · 부인권

이 문제에 관한 최초의 판례는 독일제국법원(Reichsgericht) 1903. 4. 17. 판결이다.[27] 이 판결은 상속을 포기한 상속인에 대하여 그 채권자가 당시의 채권자취소권법(Gesetz, betreffend die Anfechtung von Rechtshandlungen eines Schuldners außerhalb des Konkursverfahrens)에 의하여 그 취소를 청구한 사건에 관한 것이었다.

제국법원은 그 청구를 받아들이지 않았다. 그 요지는 다음과 같다. 즉 독일민법 제1942조의 규정에 의하면 상속재산은 상속을 포기할 수 있는 권리에도 불구하고 상속인에게 이전한다. 그 결과 이 조항으로 인하여 재산이전의 효과에는 일정한 제한이 붙는다. 본래 상속개시에 의해 발생된 상속인의 법적 상황은 그 개념상 잠정적인 것으로, 이는 상속인의 의사에 관련되어 있다. 그리고 상속을 포기한 경우에는 포기한 자에 대해서 상속재산이 귀속하지 않았던 것으로 본다는 독일민법 제1953조로부터도 승인이 있기까지는 상속재산의 귀속은 잠정적인 것임이 나타난다. 그러므로 피상속인의 사망으로 인하여 우선 단지 잠정적인 상속재산의 취득이 이루어지고, 그에 대한 사실상 또는 의제적인 승인이 있어야만 잠정적인 취득에 종국적인 의미가 부여된다. 독일 민법 제517조는 어떤 사람이 타인의 이익을 위하여 재산을 취득하지 아니하거나, 자신에 귀속되지만 아직 확정적으로 취득되지 아니한 권리를 포기하거나, 상속이나 유증을 포기하는 것은 증여가 아니라고 규정하는데, 상속법의 규정에 따르면 상속재산은 승인이 있기 전에는 상속인의 재산에 속하지 않으므로, 이러한 규정은 불필요할 수도 있으나, 이러한 규정을 둔 것은 의문을 제거하기 위해서이다. 독일 민법은 재산이 상속인에게 직접 이전된다는 프로이센 란트법과 프랑스 민법을 받아들였으나, 다른 한편 상속재산의 취득 또는 불취득에 관하여 상속인의 의사에 충분한 의미를 부여하였고, 승인 의사가 종국적인 취득에 조건적이라는 것을 유지하였다.

그리고 독일 민법과 동시에 발효된 독일 민사소송법 제778조 제2항은 상속의 승인이 있기까지는 상속인의 채무로 인한 상속재산에 대한 강제집행은 허용

---

27) RGZ. 54, 289ff. 김가을(주 8), 953면 이하가 이 판결을 자세히 서술하고 있다.

되지 않는다고 규정하고 있다. 특히 파산선고 전에 파산자에게 귀속된 상속재산의 승인 또는 포기는 파산자만이 할 수 있다고 규정하고 있는 파산법 제9조가 중요한 의미를 가지는데, 이는 파산자에 의한 상속재산의 포기는 파산채권자에 대하여 유효하고 취소할 수 없다는 것을 명백히 하고 있다. 이는 민법전의 규정의 귀결인데, 상속의 승인이 있기까지는 상속재산에 대한 권리가 아니라 상속재산 취득의 권리만이 있기 때문에, 파산관재인의 의사가 아니라 파산자의 의사가 결정적이다. 채권자취소권법에는 이러한 규정이 없지만, 이는 채권자의 취소소송 절차에 파산관재인과 유사한 기관이 없기 때문에, 의문을 제거하기 위한 규정이 필요 없기 때문이다.

이 판결은 또한 프랑스 민법에는 상속의 포기를 취소할 수 있다는 제788조[28]가 있다는 점도 언급하고 있다. 그러므로 상속의 포기는 그에 의하여 채무자의 재산으로부터 아무것도 양도되거나, 넘겨주거나, 포기되는 것이 없기 때문에, 채권자에 의하여 취소될 수 없다고 하였다.

이 판결은 기본적으로 상속 포기의 소급효를 중시하여, 상속 개시에 의하여 상속인이 상속재산을 취득하는 것은 상속의 승인이나 포기가 있을 때까지에 한하는 잠정적인 것에 불과하므로, 상속을 포기하더라도 상속재산을 처분하거나 책임재산을 감소시키는 것은 아니라는 이유로 상속의 포기가 사해행위가 되지 않는다고 보았다. 그리고 파산선고 전에 파산자에게 귀속된 상속재산의 승인 또는 포기는 파산자만이 할 수 있다고 규정하고 있는 파산법 제9조도 상속법의 규정에 따른 당연한 귀결이고, 단지 의문을 제거하기 위하여 규정된 것으로 이해하고 있다.

그러나 최근의 판례[29]는 상속인의 상속재산 취득이 잠정적이라는 점은 근거로 들지 않고, 구 파산법 제9조를 대체하여 만들어진 도산법(Insolvenzordnung)[30] 제83조 제1항 전단을 주된 근거로 하여, 상속의 포기는 일신전속적(höchstpersön-lich)인 성격을 가지므로, 채권자나 도산관재인(Insolvenzverwalter)이 이를 취소할

---

28) 당시의 프랑스 민법 제788조는 다음과 같이 규정하고 있었다. "채권자에게 손해를 가하면서 포기하는 자의 채권자는 채무자의 이름으로 채무자에 갈음하여 상속을 승인하는 것을 법원으로부터 허가받을 수 있다. 이 경우에 포기는 채권자를 위하여서만, 그리고 그의 채권액을 한도로 하여서만 무효로 된다: 포기는 포기를 한 상속인의 이익을 위하여는 무효로 되지 않는다." 이에 대하여는 윤진수(주 8), 262면 이하 참조.

29) 독일연방대법원 2012. 12. 20. 판결(NJW 2013, 692).

30) 종전의 독일파산법은 1994. 4. 21. 제정되어 1999. 1. 1.부터 시행된 도산법(Insolvenzordnung)에 의하여 대체되었다.

수는 없다고 보고 있다. 도산법 제83조 제1항은 종전의 파산법 제9조와 거의 내용이 같고, 다만 표현만이 다소 달라졌을 뿐이다. 제83조 제1항 전단의 규정은 다음과 같다. "채무자가 도산절차 개시 전이나 절차 계속 중에 상속이나 유증을 받았으면, 승인이나 포기의 권한은 채무자에게만 귀속한다."[31]

　　이 사건에서 B는 80세가 넘은 F(피상속인)를 자기 집에 받아들여서 돌보겠다고 하였다. 피상속인은 이러한 돌봄을 인정하여, 2003. 12. 29.의 공증 계약에 의하여 채무자를 상속인으로 지정하고, B의 딸인 피고를 대체상속인[32]으로 지정하였다. 그 후 위 계약 당사자들은 2005. 5. 11. 공증 계약에 의하여 위 상속인 지정을 해소(Aufhebung)하고, 채무자를 단독의 제한이 면제되지 않은 선상속인(nicht befreite Vorerbin)으로, 피고를 후상속인(Nacherbin)으로 지정하면서, 아울러 피고가 채무자의 대체상속인도 된다고 하였다.[33] B의 재산에 대하여 2006. 3. 22. 채권자의 신청에 의하여 도산절차가 개시되었고, 원고가 도산관재인이 되었다. 2009. 3. 5. 피상속인이 사망하였다. 원고는 피고를 상대로 두 번째 상속계약을 부인하고, 피고가 두 번째 상속계약에서 취득한 권리를 원고에게 이전하라는 소송을 제기하였다.[34] 제1심은 원고의 청구를 받아들였으나, 항소심은 원고의 청구를 기각하였고, 연방대법원은 원고의 상고를 기각하였다.

　　연방대법원은 첫 번째 상속계약의 해소가 부인될 수 없다면, 그 해소에 의하

31) §83 (1) Ist dem Schuldner vor der Eröffnung des Insolvenzverfahrens eine Erbschaft oder ein Vermächtnis angefallen oder geschieht dies während des Verfahrens, so steht die Annahme oder Ausschlagung nur dem Schuldner zu.

32) 독일 민법 제2096조는 피상속인이 상속인을 지정할 때 상속개시 전 또는 후에 상속인이 없게 되는 경우에 대비하여 다른 사람을 대체상속인으로 지정할 수 있다고 규정한다.

33) 독일 민법은 피상속인이 일단 한 자를 상속인으로 지정하였다가 상속 개시 후 다른 자가 상속인이 되는 것을 인정하고 있다. 이때 먼저 상속인이 되는 자를 선상속인(Vorerbe), 나중에 상속인이 되는 자를 후상속인(Nacherbe)이라고 부른다. 후상속인은 선상속인을 상속하는 것이 아니고, 피상속인을 직접 상속한다. 독일민법 제2100조 이하. 선상속인은 상속재산에 관하여 여러 가지 처분 등의 제한을 받는데, 피상속인은 이러한 제한을 면제해 줄 수 있고, 제한의 면제를 받은 선상속인을 제한이 면제된 선상속인(befreiter Vorerbe)이라고 한다. 독일 민법 제2136조; Karlheinz Muscheler, Erbrecht, Bd. Ⅱ, 2010, S. 1284 참조.

34) 첫 번째 상속계약만이 있었다면, 피상속인의 상속재산은 채무자인 B의 도산재산이 되고, 상속 채권자나 상속인의 채권자가 그로부터 만족을 얻을 수 있다. 그러나 두 번째 상속계약에 의할 때에는 채무자는 상속재산을 취득하기는 하지만, 그에 대한 처분권의 제약을 받으므로, 그 상속재산에 대한 강제집행이나 도산관재인의 처분은 후상속이 개시되면 무효로 된다. 도산법 제83조 제2항도, 채무자가 선상속인이면 도산관재인은 상속재산에 대한 처분이 후상속이 개시되는 경우 후상속인에 대하여 효력이 없게 될 때에는 처분하지 못한다고 규정한다. 그리하여 원고는 첫 번째 상속계약을 회복시키기 위하여 도산법 제129조에 의하여 첫 번째 상속계약의 해소의 부인을 청구한 것이다. Gunter Deppenkemper, "BGH, Urteil vom 20.12.2012—Aktenzeichen IX ZR 56/12", LMK 2013, 343829 참조.

여 가능하게 된 피상속인의 단독의 종의처분(einseitige letztwillige Verfügung)도 부인될 수 없다고 하였다. 연방대법원은 도산법 제83조 제1항을 원용하면서, 상속의 승인이나 포기의 권한은 그 일신전속적 성격으로 인하여 채무자에게만 귀속하고, 상속포기자가 자기 대신 상속인이 될 자와 합의하여 채권자를 해할 고의를 가지고 포기를 한 경우에도 상속의 포기는 도산부인의 대상이 되지 않는다고 하였다. 왜냐하면 부인은 도산법 제83조 제1항의 규율과 모순되고, 입법자의 결정을 무력화하는 것이 되기 때문이라고 한다. 그리고 이러한 법리는 상속의 사전포기계약(Erbverzicht)35)이나 유증의 포기 등에도 마찬가지로 적용되며, 이는 이 사건에서도 마찬가지라고 한다. 채무자는 자신을 상속인으로 지정한 상속계약의 해소에 동의하였는데, 이 의사표시는 일신전속적인 것이고, 그 효력은 부인권에 의한 원상회복(도산법 제143조 제1항)에 의하여 무력하게 될 수는 없다는 것이다.

이 판결을 앞의 제국법원 판결과 비교해 본다면, 이 판결은 상속 포기가 부인권의 대상이 될 수 없는 이유를 승인이나 포기 전의 상속재산 취득이 잠정적이라는 것에서 찾지 않고, 상속 포기가 일신전속적이라는 점을 내세웠으며, 상속 포기가 일신전속적이라는 근거는 도산법 제83조 제1항에 있다고 하였다.

(2) 상속 포기와 잔여채무 면책

다른 한편 독일 연방대법원의 판례36)는, 도산절차에서 잔여채무 면책(Restschuldbefreiung)을 위한 선량한 행동 단계(Wohlverhaltensphase) 동안에 채무자가 상속을 포기하거나 유류분반환청구권을 행사하지 않는 것은 잔여채무 면책의 거부사유에 해당하지 않는다고 하였다. 독일 도산법에 의하면 채무자는 도산절차 개시 신청을 하면서 잔여채무 면책의 신청을 할 수 있는데, 이때 채무자는 근로계약에서 발생하는 소득이나 이를 갈음하는 소득에 대한 압류 가능한 채권을 6년 동안 법원이 지정하는 수탁자에게 이전하겠다는 의사표시를 하여야 한다. 이 6년의 기간을 보통 선량한 행동단계 또는 선량한 행동기간(Wohlverhaltensperiode)이라고 부른다. 도산법원은 위 기간 내에 채무자가 책무를 위반하였다는 등의 사정이 없으면 채무자가 잔여채무의 면책을 받을 것임을 예고하는 결정을 한다. 그런데 위 기간 내에는 채무자는 몇 가지 책무를 부담하는데, 특히 그가 다른 사람의 사망이나 장래의 상속권과 관련하여 취득하는 재산의 절반을 수탁자에게 양

---

35) 독일 민법 제2346조에 의하면 피상속인의 친족과 배우자는 피상속인과의 계약에 의하여 자신의 법정상속권을 포기할 수 있다.

36) 독일연방대법원 2009. 6. 25. 결정, NJW-RR 2010, 121.

도하여야 한다. 채무자가 이러한 책무를 위반하면, 도산법원은 채권자의 신청에
의하여 잔여채무 면책을 불허할 수 있다.[37]

이 사건에서는 2000년 8월에 채무자를 위하여 도산절차가 개시되었고, 도산
법원은 2001. 6. 13. 잔여채무 면책의 예고를 하였다. 선량한 행동단계에서 채무
자의 아버지가 2004. 12. 5. 사망하였는데, 그는 자신의 처와 함께 서로를 단독
상속인으로 지정하고, 생존자는 3명의 자녀들이 상속하며, 먼저 사망한 자의 사
망 후에 비속이 유류분을 주장하면 그 비속은 상속에서 제외된다는 공동유언(ein
gemeinschaftliches Testament)을 남겼다. 채무자가 유류분반환청구권을 행사하지 않
자, 채무자의 채권자는 도산법원에 채무자의 책무위반을 이유로 잔여채무 면책
을 불허하여 줄 것을 신청하였다. 제1심은 이 신청을 받아들였으나, 항고심은 신
청을 기각하였고, 채권자의 재항고도 기각되었다. 연방대법원의 결정 요지는 대
체로 다음과 같다.

채무자가 상속을 포기하지 않고 유류분반환청구권을 행사하는 것이 채무자
의 책무에 속하는 것인가에 관하여는 다툼이 있었으나, 연방대법원은 이 점에 관
하여 아직까지 태도를 밝히지 않았는데, 압도적인 통설은, 이를 부정하고 있다.
즉 채무자가 상속을 승인할 것인지 포기할 것인지는 채무자가 단독으로 결정할
권한이 있는데, 개시된 도산절차에서는 도산법 제83조 제1항이 이와 같은 권한
을 부여하고 있고, 따라서 선량한 행동 단계에서도 그 이상의 의무가 부과될 수
없다는 것이다. 당 재판부의 견해에 따르면, 선량한 행동 단계에서의 유류분반환
청구권 행사의 포기는 —상속의 포기나 유증의 포기와 마찬가지로— 책무 위반에
해당하지 않는다. 도산법 제295조 제1항 제2호의 반분(半分) 규정은 채무자가 상
속을 승인하거나, 유류분반환청구소송을 제기하든지 또는 이를 승인한 경우에
비로소 적용된다. 채무자가 선량한 행동 단계에서 상속을 포기하지 않거나 유류
분반환청구권을 행사하여야 할 책무가 있는지는 규정의 문언으로부터는 명백하
게 도출되지는 못한다. 그러나 그 규정의 의미와 목적은 채무자에게 그러한 의무
를 부과하는 것을 금지한다. 이 규정은 채무자가 상속의 포기나 다른 방법으로
관계되는 재산을 선량한 행동 단계에서 전혀 귀속되지 않게 하는 것을 막고자
한다. 입법자의 관념상 선량한 행동 단계에서 상속을 포기하지 않고, 유류분반환

---

37) 독일 도산법 제286조 이하. 채무자가 다른 사람의 사망이나 장래의 상속권과 관련하여 취득하
는 재산의 절반을 수탁자에게 양도하여야 한다는 것은 도산법 제295조 제1항 제2호가 규정하
고 있다.

청구권을 행사하여야 한다는 것이 채무자의 책무에 속하였다면, 그러한 규정은 필요하지 않았을 것이다. 입법자가 그와 같이 생각하였다면, 재산의 반분과 그것이 의도하는, 상속을 포기하지 않고 상속재산이 귀속되지 않게 하는 조치를 취하지 않게 할 유인은 아무런 의미가 없게 된다.[38) 입법자는 개시된 절차에서 도산법 제83조에서 규율하고 있는 것과 마찬가지로, 선량한 행동 단계에서도 채무자가 완전한 처분권한을 가진다는 전제에서 출발하였다. 상속 포기와 유류분 행사의 결정은 선량한 행동 단계에서도 마찬가지로 일신전속적인 성격을 가지고, 도산법 제295조 제1항 제2호의 채무자의 책무에 포함되지 않는다. 상속인의 피상속인과의 특별한 관계에서 유래하는 상속포기의 권리의 인적 성격은 선량한 행동 단계에서도 존중되어야 한다. 이는 상속의 포기 그 자체나, 유류분의 행사 포기를 제295조 제1항 제2호의 책무 위반으로 간주함으로써 상속의 승인이나 유류분의 행사를 간접적으로 강제하는 것에 의하여 무력화되어서는 안 된다.

나. 학 설

(1) 해 석 론

독일에서는 20세기 초에 상속의 포기가 채권자취소권의 대상이 될 수 있는가에 대하여 논쟁이 있었으나,[39) 현재에는 극히 일부의 소수설 외에는[40) 압도적

---

38) 이 판결은 1992. 4. 15. 연방하원에 제출된 연방정부의 도산법안 이유서(BT-Drs. 12/2443, S. 192)를 인용하고 있는데, 이 이유서는 다음과 같이 설명한다. 즉 채무자가 선량한 행동 기간 (Wohlverhaltensperiode) 동안에 상속인으로 재산을 취득하는 때에, 이 재산을 건드리지 않는데도 잔여채무 면책을 허용하는 것은 불공정하고, 다른 한편 이러한 재산을 전부 수탁자에게 넘겨주어야 한다는 책무를 부과하는 것은 많은 경우에 채무자가 상속의 포기나 다른 방법으로 그에게 관련 재산이 귀속되지 않게 하는 결과를 초래할 것인데, 이러한 행동을 책무위반으로 보는 것에는 의문이 있다. 그리하여 법안은 상속재산 가치의 절반만을 수탁자에게 넘겨주어야 한다는 해결방법을 선택하였다. 이 이유서는 독일 연방하원 홈페이지에서 검색할 수 있다. http://dip21.bundestag.de/dip21/btd/12/024/1202443.pdf (최종 방문 2016.10.22).

39) 이에 대하여는 윤진수(주 8), 267면 이하; 김가을(주 8), 956면 이하 참조.

40) 전면적인 긍정설로는 Klaus Bartels, "Der erbrechtliche Erwerb des Insolvenzschuldners", KTS (Zeitschrift für Insolvenzrecht), 2003, S. 41, 48 ff.가 있다. 그는 상속의 포기가 급여나 처분은 아니지만, 판례와 학설이 이를 넓게 해석하고 있는 점, 도산법 제133조의 고의부인 (Vorsatzanfechtung)에는 도산법 제83조나 민법 제517조 제3문이 적용되지 않는다는 점, 채권자취소권법에는 도산법 제83조와 같은 규정이 없다는 점, 상속 포기의 소급효를 규정하는 독일 민법 제1953조에도 불구하고 상속인은 상속을 포기할 수 있는 동안은 재산의 보유자로서 결정할 수 있다는 점 등 여러 가지 이유를 들고 있다. 다른 한편 Christina Hultsch, Die Anfechtung der Erbschaftsausschlagung im deutschen, US-amerikanischen und dänischen Insolvenzverfahren, 2006, S. 129 ff.는 도산법 제83조 제1항은 목적론적인 축소를 필요로 한다고 하면서, 채권자가 스스로 신용을 부여한 때(freiwillige Kreditvergabe)에는 상속 포기를 취소하거나 부인할 수 없지만, 채무자의 가해행위로 인하여 채권자가 된 경우와 같이 자의에 의하지 않은 채권자

인 학설은 채무자의 상속 포기는 채권자취소권이나 부인권의 대상이 되지 않는다고 한다. 그 주된 논거는 두 가지이다. 그 하나는 상속이 개시되어 상속인이 상속재산을 취득하는 것은 상속의 승인이나 포기가 있기 전까지는 잠정적인 것에 불과하고, 상속인이 상속을 포기하면 소급적으로 상속재산을 취득하지 않은 것이 되므로, 상속인의 상속 포기는 상속인의 재산을 감소시키는 것이 아니고, 청약에 대하여 승낙을 하지 않거나 증여를 받아들이지 않는 것과 같이 채무자의 재산을 증가시키지 않는 것에 그치기 때문이라는 것이다.[41]

그러나 부정설을 지지하면서도 상속재산 취득의 잠정성은 충분한 근거가 되지 않는다고 비판하는 견해도 많다. 즉 상속 포기에 의하여 재산이 감소하였는가를 판단함에 있어서는 상속 포기 전과 후를 별도로 관찰하여 양자를 비교하여야한다는 것이다. 상속 포기 전에는 상속인은 잠정적이기는 하지만 상속재산의 보유자였고, 이러한 보유자의 지위를 상속 포기에 의하여 상실하였으며, 상속 포기의 소급효는 여기서 고려될 필요가 없다는 것이다.[42] 키프(Kipp)도, 상속인은 상속에 의하여 재산을 취득하고, 포기에 의하여 이를 상실한다고 보아야 하며, 상속 포기의 소급효를 규정하는 독일 민법 제1953조의 의제는 차순위 상속인과 상속재산에 대한 채권자 사이의 관계만을 규율할 뿐 이 사실을 없애는 것은 아니라고 한다. 상속 포기의 취소불가능성은 이러한 법적 구성의 면보다는 상속인의 결정이 그의 채권자로부터 영향을 받아서는 안 된다는 실제적인 이유에 근거한다고 한다.[43] 마찬가지로 상속 포기가 채권자취소권이나 부인권의 대상이 되지 않는다고 하는 무쉘러(Muscheler)도 거의 같은 취지로 설명하고 있다.[44]

(unfreiwillige Gläubiger)는 상속 포기를 취소하거나 부인할 수 있어야 한다고 주장한다. 이는 Adam J. Hirsch, "The Problem of the Insolvent Heir", 74 Cornell L. Rev. 587 ff.(1989)를 참고한 것으로 보인다.

41) Kilger/Huber, Anfechtungsgesetz, 10. Aufl., 2006, § 1 Rdnr. 26; Nerlich/ Römermann/Wittkowski/ Kruth, Insolvenzordnung, § 83 Rdnr. 8 (30. EL Juli 2016); Uhlenbruck/Mock, Insolvenzordnung, 14. Aufl., 2015, InsO § 83 Rn. 16 등.

42) Martin Metzler, Ausschlagung und Erbverzicht in der dogmatischen Analyse, 2013, S. 328 f. Hultsch(주 40), S. 80 ff.는 독일 제국법원은 독일 민법 제1922조가 규정하는 상속재산의 당연 승계 원칙을 무시하였다고 하면서, 소급효의 의제는 절대적으로 유효한 규율이 아니며, 이는 도산의 경우에는 최대한의 채권자 만족에 이바지한다는 목적을 달성하기 위하여 배제될 수 있다고 한다.

43) Theodor Kipp, "Erbschaftsausschlagung und Gläubigeranfechtung", JW (Juristische Wochenschrift) 1912, 11 ff. 또한 Kipp·Coing, Erbrecht, 14. Bearbeitung, 1990, S. 487 f. 참조.

44) Karlheinz Muscheler, Erbrecht, Bd. Ⅰ, 2010, S. 573 Fn. 81. 같은 저자의 Universalsukzession und Vonselbsterwerb, 2002, S. 171 Fn. 77.도 거의 같은 내용이다.

독일의 많은 학설은 부정설의 또 다른 논거로서, 상속의 포기가 채권자취소권이나 부인권의 대상이 되지 않는 이유는 상속의 포기는 일신전속적(höchstpersön-lich)이기 때문이라고 하는 점을 들고 있다. 이들은 그 근거를 도산법 제83조 제1항에서 찾고 있는데, 이 조항은 채무자에게 상속 포기 여부에 대한 자유로운 결정권을 부여하고 있고, 이는 채권자취소권이나 부인권에 의하여 무력화되어서는 안 되기 때문이라는 것이다.45)46)

(2) 입 법 론

다른 한편 입법론적으로는 상속 포기가 채권자취소권이나 부인권의 대상이 되지 않는 현행법의 태도가 타당하다는 주장과, 이는 부당하므로 개정되어야 한다는 주장이 대립한다.

먼저 무셸러는 현행법이 타당하다고 하면서 다음과 같이 주장한다. 즉 잠정적인 상속인이 상속 포기에 의하여 포기하는 지위가 재산법적인 성격이라는 것 및 법이 명하는 상속채권자의 취급이 반드시 독일 민법전의 상속에 의한 취득의 형식적 구성으로부터 나오는 것은 아니라는 것은 부인할 수 없다. 그러나 실제로 결정적인 것은 강한 인격적인 특징(persönliche Note)을 나타내는 상속인의 결정이 비록 간접적이라고는 하더라도 채권자의 압력에 노출되어서는 안 된다는 것이다. 상속채권자의 취급이 공정하지 않다고 하는 주장이 있고, 프랑스, 스위스, 이탈리아 민법은 독일법과는 다른 태도를 보이고 있기는 하다. 그러나 이러한 법정책적인 평가는 설득력이 없다. 신용의 기초가 상속에 의한 재산 증가의 전망에 의하여 영향을 받는 것이 드물지 않다는 것은 맞지만, 상속인에게 요구되는 의사표시의 인격적인 특성을 변경시키지는 못하며, 또 적시에 담보를 설정하게 하는 것을 단념하고, 그의 부주의에 대하여 채무자의 가족이 보상하게 해서는 안 되는 채권자가 위험을 부담하여야 한다는 것이다. 채무자가 생존자 사이에 행하여진 증여

---

45) Harald Hess, Insolvenzrecht, Bd. Ⅱ, 2. Aufl., 2013, § 83 Rdnr. 13; Kipp · Coing(주 43), S. 487 f.; Lange/Kuchinke, Lehrbuch des Erbrechts, 5. Aufl., 2001, S. 202 f.; Metzler(주 42), S. 330; Münchener Kommentar zum Anfechtungsgesetz/Kirchhof, 1. Auflage 2012, § 1 Rn 82; Münchener Kommentar zum BGB/Leipold, 6. Auflage 2013, § 1942 Rdnr. 14; Muscheler, Erbrecht(주 44), S. 573 Fn. 81 등.

46) 그러나 Ludwig Häsemeyer, Insolvenzrecht, 3. Aufl., 2003, S. 217은 이와는 반대로, 상속재산의 귀속이 책임법적으로 의미 있는 재산의 취득으로 취급되어야 한다면, 채무자의 개인적인 동기는 후퇴되어야 하므로, 도산법 제83조의 규정은 상속재산의 귀속이 완전한 권리취득을 발생시키지 않는 것에 기인하며, 포기를 유보하는 상속법상의 재산 귀속은 상속인 없는 상속재산을 예방하기 위한 것이고, 재산의 승계에 관하여 결정하는 것은 아니라고 한다.

의 청약을 거절하더라도 이는 취소될 수 없는데, 상속의 포기의 경우에는 왜 달라져야 하는가? 그 외에도 상속인은 승인이나 포기의 의사표시를 법률행위에 의하여 제3자에게 위임할 수 없는데, 이 또한 이미 이루어진 상속 포기의 취소 불가능성의 근거가 된다. 또 상속인이 채무 초과인 상속을 승인하더라도 상속인의 채권자가 승인을 취소할 수 없고, 상속인의 채권자가 상속재산의 분리를 신청할 수도 없는데, 이처럼 상속인의 채권자가 보호를 받지 못하는 이상, 채무자가 적극재산이 많은 상속의 취득을 거부하는 그보다 덜 나쁜 상황에서 상속인의 채권자가 더 보호를 받아야 하는 것은 아니다.[47]

반면 프랑크는 이러한 입법을 비판하면서, 입법론적으로는 상속의 포기에 대하여 채권자취소권의 행사를 인정하고 있는 프랑스법의 해결 방식이 더 설득력이 있다고 주장한다.[48] 여기서는 상속의 포기 취소 문제와, 유류분반환청구권의 압류를 그것이 계약에 의하여 승인되거나 제소된 경우에 한하여 압류할 수 있다는 독일 민사소송법 제852조 제1항의 문제를 같이 다루고 있는데, 이처럼 채권자에게 적대적인 현행법의 규정이 적절한 해결책을 제시하고 있는가에 대하여는 의문을 제기할 수 있다고 하면서, 채무자가 상속을 포기하거나 유류분반환청구권을 행사하지 않으면 가까운 친족이 이익을 얻는데, 이러한 친족이 채무 초과의 상속인이나 유류분권리자에게 몰래 보상하는 것과 같은 남용을 막지 못하고 있다고 한다. 그리고 유류분반환청구권의 압류를 제한하는 민사소송법 제852조 제1항이나 도산법 제83조에 표현된 일방적인 채무자 이익의 보호는 입법자의 입법정책적으로 의심스러운 결단으로 받아들일 수밖에 없지만, 선량한 행동 단계에서 상속을 포기하는 것을 잔여채무면책의 불허 사유인 책무위반으로 보는 것은 이러한 근본 생각과 어긋나지 않는다고 한다. 그리고 채무자가 아무런 제한 없이 자신의 채권자가 상속에 의한 취득에 공취(Zugriff)하는 것을 막을 수 있는 가능성을 가진다는 것은 문제가 있다고 하면서 다음과 같이 주장한다. 피상속인과 상속인 또는 유류분권리자 사이의 밀접한 인격적 또는 가족적 결합관계를 언급한다고 하여 설득력이 있는 것은 아닌데, 이러한 결합관계는 남편과 아내, 부

---

47) 주 44) 참조. 그 외에도 무쉘러는 취소를 인정하면 여러 가지 어려운 문제가 생긴다고 하면서, 채권자를 해할 의사를 요구할 것인가 아닌가, 취소를 완전히 또는 채권자의 채권의 범위에서 인정할 것인가, 취소의 기간을 설정할 것인가 아닌가, 설정한다면 얼마나 되어야 하는가, 상속 채권자에게도 포기의 취소권을 인정할 것인가 하는 점들을 들고 있다.

48) Rainer Frank, "Der Verzicht auf erbrechtlichen Erwerb zum Nachteil der Gläubiger", Festschrift für Dieter Leipold zum 70. Geburtstag, 2009, S. 983 ff.

모와 자녀 사이의 위자료청구권이나 불법행위로 인한 청구권 또는 그 밖의 특별
히 밀접한 인격적 또는 가족적 관계에 근거한 청구권을 행사하는 경우에도 존재
한다. 그리하여 가족적 결합관계는 채권자와 채무자 이익의 보호가치를 사안별
로 결정하는 데 적절한 기준이 될 수 없고, 프랑스법의 해결방법이 더 설득력이
있다고 주장한다.[49]

(3) 잔여채무 면책에서의 책무위반

상속의 포기가 선량한 행동 단계에서의 책무위반이 되는가에 관하여는 상당
한 반대설이 있기는 하지만, 다수설은 판례와 마찬가지로 이를 부정한다. 다만
그 근거에 관하여는 도산법 제83조를 원용하는 것이 많으나, 도산법 제83조는 그
근거가 될 수 없다고 하면서, 입법자가 상속 등으로 취득할 재산의 절반만을 수
탁자에게 양도하도록 한 것은 상속을 포기하더라도 책무위반이 아니라고 보았기
때문이라는 주장도 있다.[50]

2. 오스트리아

가. 오스트리아법상 상속인의 지위

오스트리아 민법상으로는 상속이 개시되더라도 상속인이 바로 상속재산을
취득하지는 못한다. 즉 상속인이 될 사람은 법원의 상속재산절차(Verlassenheits-
verfahren)에서 상속을 승인하는 의사표시(Erbantrittserklärung)를 하고, 상속재산의
점유를 부여하는 법원의 재판에 의하여 상속재산을 인도받음으로써(Einantwortung)
비로소 피상속인의 권리의무를 승계한다(오스트리아 민법 제797조 이하).[51] 상속인
이 될 사람은 상속을 승인하는 대신 포기(Ausschlagung, Erbsentschlagung)할 수도
있다(제805조). 또 그는 피상속인과의 계약에 의하여 상속권을 사전에 포기할 수
도 있다(제551조). 이 점에서 오스트리아 법은 상속의 개시와 동시에 상속인이 상
속재산을 당연히 취득하는 우리나라나 독일 또는 프랑스 등과는 차이가 있다.

---

49) Uhlenbruck/Uhlenbruck, Insolvenzordnung, 13. Auflage 2010, InsO § 83 Rdnr. 1은 이처럼 상속인
    만이 상속이나 유증의 승인과 포기를 할 수 있도록 한 것은 오늘날 반드시 비판적으로 그 근거
    를 물어야 할(hinterfragbar) 법이라고 한다. 이 책의 개정판인 Uhlenbruck/Mock(주 41)에는 이러
    한 주장이 빠져 있다.
50) 상세한 것은 Metzler(주 42), S. 332 ff. 참조.
51) Koziol/Welser, Grundriss des Bürgerliches Recht, Bd. 2, 12. Aufl., 2001, S. 519 ff.; 김형석, "우
    리 상속법의 비교법적 위치", 가족법연구 제23권 2호, 2009, 78면 등 참조.

나. 상속 포기의 취소 및 부인

(1) 학　설

오스트리아의 학설은 일치하여 상속 포기는 채권자취소권법(Anfechtungs-ordnung)에 의한 취소 또는 도산법(Insolvenzordnung)에 의한 부인권의 대상이 된다고 보고 있다.[52] 이는 얼핏 보기에는 이상하게 여겨질 수 있다. 즉 상속인이 될 사람이 상속을 승인하기 전에는 상속재산은 그 사람의 책임재산이 되지 않고, 따라서 상속의 포기는 단지 취득할 수 있는 재산을 취득하지 않은 것에 불과하여 책임재산의 감소에는 해당하지 않는다고 할 수도 있기 때문이다.

이 점에 대하여는 오스트리아의 채권자취소권법과 도산법의 규정을 살펴볼 필요가 있다. 우선 채권자취소권법 제7조는, 채무자가 권리를 상실하거나 그에 대한 재산적 청구권을 발생시키거나 유지하거나 담보하는 부작위도 채권자취소권 행사의 대상이 되는 법적 행위(Rechtshandlungen)로 본다고 하면서, 이는 상속 승인의 부작위도 마찬가지라고 규정한다.[53] 그리고 도산법 제36조도 똑같이 규정하고 있다. 다른 한편 도산법 제4조는, 도산관재인(Insolvenzverwalter)은 채무자 대신 상속재산을 한정승인할 수 있다[54]고 규정한다.[55][56] 그리하여 학설은 상속 승인의 부작위가 취소 또는 부인될 수 있으므로, 적극적인 상속의 포기도 취소 또는 부인될 수 있다고 설명한다.[57]

이러한 상속 승인의 부작위가 취소 또는 부인될 수 있다는 점에 대하여 코치올(Koziol)은 다음과 같이 설명한다.[58] 즉 부작위의 취소 또는 부인은 그로 인

---

52) Buchegger-Buchegger, Österreichisches Insolvenzrecht, Kommentar, Bd. 1, 2000, § 36 Konkursordnung Rdnr. 6; Franz Mohr, Insolvenzordnung, 11. Aufl., 2012, § 36 IO E 6; Rummel/Welser, Kommentar zum ABGB, 3. Aufl., 2000, § 799, 800 Rz. 37; Schwimman/Eccher, ABGB Praxis-Kommentar, 3. Aufl., 2006, § 805 Rz. 8 등.

53) Als Rechtshandlungen sind auch Unterlassungen des Schuldners anzusehen, durch die er ein Recht verliert oder durch die gegen ihn vermögensrechtliche Ansprüche begründet, erhalten oder gesichert werden. Das Gleiche gilt für die Unterlassung der Antretung einer Erbschaft.

54) 오스트리아 민법 제800조는 상속승인의 의사표시는 동시에 무조건으로 이루어지는지 아니면 또는 한정승인(mit Vorbehalt der Rechtswohlthat des Inventariums)으로 이루어지는지를 포함하여야 한다고 규정한다.

55) Der Insolvenzverwalter kann an Stelle des Schuldners Erbschaften mit dem Vorbehalte der Rechtswohltat des Inventars antreten.

56) 오스트리아의 도산법은 2010년에 종전의 파산법(Konkursordnung)과 화의법(Ausgleichordnung)을 대체하여 만들어졌지만, 종전의 파산법 제4조와 제36조도 동일한 규정을 가지고 있었다.

57) 주 52) 참조.

58) Helmut Koziol, "Grundlagen und Streitfragen der Gläubigeranfechtung", 1991, S. 98 f.

하여 채무자가 권리를 상실하고, 또 그 권리가 채권자가 강제집행의 방법에 의하
여 공취할 수 있는 것일 때에만 고려될 수 있다. 그런데 특정한 경우에는 입법자
가 이를 벗어나서 이러한 근본 사상에 충실하지 않은 것처럼 보이기도 한다. 즉
채권자취소권법과 파산법의 명문 규정에 의하면 상속 승인의 부작위는 취소될
수 있다. 반면 상속이 개시된 상속권은 집행의 대상인 채무자의 재산이 아니다.
학자 중에는 아직 상속을 승인하지 않은 상속재산에 대하여 강제집행을 하는 경
우에는 집행채권자가 채무자 대신 승인을 하고 상속인이 무조건적으로 또는 조
건부로 책임을 진다는 의사표시를 하여야 하는데, 이는 불가능한 생각이라고 주
장하기도 한다. 그러나 파산에서의 부인은 상황이 그다지 심각하지 않은데, (당시
의) 파산법 제4조에 의하면 상속권은 파산재단에 속하고, 파산관재인은 파산채무
자 대신 상속을 승인할 수 있기 때문이다. 이 규정은 집행 과정에서 상속인 아닌
자가 승인의 의사표시를 할 수 있다는 것이 불가능한 생각이 아니며, 이는 개별
집행에서도 마찬가지여야 한다는 것을 보여 준다. 이러한 방식으로 모순 없는 해
결에 도달할 수 있다. 반면 독일법은 이와 정반대되는 관점에 서 있는데, (당시의)
독일 파산법 제9조는 파산절차 개시 전에 상속인에게 귀속된 상속재산의 승인이
나 포기의 권한은 상속인에게만 있다고 명문으로 규정하고 있고, 상속 포기의 취
소나 부인도 인정하지 않는다.

　　요컨대 코치올은 상속 승인의 부작위가 취소 또는 부인될 수 있는 근거를
파산관재인이 채무자 대신 상속의 한정승인을 할 수 있다는 당시의 파산법 제4
조에서 찾고 있다.

　　(2) 판　　례

　　오스트리아의 판례도 상속 포기의 사해행위 취소나 부인을 인정한다.[59] 이
점에 관한 판례 하나[60]를 살펴본다. 이 사건에서는 피고 두 사람의 조모인 피상
속인이 유언에 의하여 피고들의 아버지를 단독상속인으로 지정하고, 그가 상속
을 받지 않을 경우에 대비하여 피고들을 오스트리아 민법 제604조에 의한 대체
상속인으로 지정하였다. 피고들의 아버지는 세금을 체납하고 있었는데, 피상속인
이 사망하자 상속을 포기하여, 피고들이 한정승인에 의하여 상속을 받았다. 그러

---

59) 채권자취소권에 관하여 오스트리아 대법원(Der Oberste Gerichtshof, OGH) 1999. 11. 23. 판결
　　(사건번호 1Ob131/99t); 2006. 5. 16. 판결(사건번호 1Ob25/06t) 등. 이들 판례는 오스트리아 연
　　방총리실 법률정보체계 사이트(http://www.ris.bka.gv.at/Jus/)에서 사건번호로 검색할 수 있다.
60) 오스트리아 연방대법원 1999. 11. 23. 판결(주 59).

자 오스트리아 연방이 원고로서 피고들에 대하여 피고들의 아버지의 상속 포기의 취소를 구하는 소송을 제기하였다. 제2심은 원고의 청구를 인용하였는데, 피고들은 비상상고를 제기하면서 그 이유로서, 이 사건에서 피상속인이 이미 유언에서 피고들을 대체상속인으로 지정하였으므로, 피고들의 아버지의 상속 포기는 채권자취소권법 제7조에 의한 취소할 수 있는 행위가 아니라고 주장하였다. 즉 상속 승인의 부작위를 취소할 수 있다고 하는 채권자취소권법 제7조 제2문은 대체상속인의 지정이 없는 경우에만 취소될 수 있는 것으로 이해되어야 한다는 것이다.

연방대법원은 다음과 같이 판시하여 피고들의 비상상고를 결정으로 기각하였다. 상속 포기의 의사표시가 있으면 상속재산의 귀속이 일어나지 않은 것으로 되고, 포기자는 상속인으로부터 배제되며, 상속재산은 포기자가 아니라 다음 순위의 자에게 귀속되는 효과를 가져온다. 대체상속인은 대체상속의 발생 전에는 선순위 상속인의 지위를 대신할 권리를 가지지 못하고, 이러한 권리는 선순위 상속인의 상속 포기에 좌우된다. 채권자취소권법 제7조 제2문은 상고가 주장하는 바와 같은 제한, 즉 대체상속인이 없는 경우에만 상속 포기가 취소될 수 있다는 것을 포함하지 않으며, 후순위 상속에 의하여 제3자가 상속인이 되는 상속의 포기는 명백히 규정의 목적에 포함된다. 상속인이 상속 개시 당시에 채무 초과이면 그는 대체로 상속을 승인할 특별한 이익이 없고, 재산의 가치를 채권자의 공취로부터 구출하여 가까운 친족에게 귀속되게 하려는 노력이 행해지는 경우가 자주 있다. 상속 포기를 상속의 승인의 부작위로서 취소할 수 있게 하는 것은, 피고들이 주장하는 것과 같은 피상속인의 의사의 제한과는 아무런 관계가 없다. 오히려 이는 채권자의 이익을 위하여 상속인의 의사표시의 효력을 교정하는 것을 가능하게 한다.

(3) 잔여채무 면책에 관하여

오스트리아 도산법은 채무자가 자연인인 경우에는, 채무자의 변제계획이 채권자의 동의를 받지 못할 때에는 채무추심절차(Abschöpfungsverfahren) 및 잔여채무의 면책을 신청할 수 있는데, 이때에는 자신의 수입을 7년 동안 수탁자에게 양도한다는 의사표시를 하여야 한다고 규정하고 있다(제199조). 채무추심절차가 개시되면 위 기간 동안 채무자에게 몇 가지 책무가 부과되는데, 그 책무에는 사망이나 장래의 상속권과 관련되거나 또는 무상의 출연에 의하여 취득하는 재산을 양도할 것 및 이러한 재산을 숨기거나 이를 취득하지 않는 것을 삼가야 할 것이 포함된다(제210조 제1항 제2호 및 제4호). 채무자가 이러한 책무를 위반하지 않으면 법원은 일정한 요건을 갖춘 때에는 잔여채무의 면책을 허가하여야 하지만, 책무 위반이 있으면 채무추심절차의 중단이나 이루어진 잔여채무의 면책을 취소하여야 한다(제211조 제1항, 제216조 제1항). 그런데 채무자가 상속을 포기하는 것도 이러한 책무 위반에 해당한다. 오스트리아 정부가 1993년 연방 하원(Nationalrat)에 제출한 파산법 개정안의 이유서는 이 점을 명백히 밝히고 있다.61)

3. 다른 나라

상속 포기의 취소와 부인을 인정할 것인가는 여러 나라에서 서로 다른 태도를 보이고 있다. 이하에서는 지면의 제약으로 확인한 범위 내에서 간단하게 살펴본다.

(1) 취소를 인정하는 나라

프랑스 민법(Code Civil) 제779조는 다음과 같이 규정한다. "채권자에게 손해를 가하면서 상속을 승인하지 않거나 포기하는 자의 인적 채권자는 채무자의 지위에서 채무자에 갈음하여 상속을 승인하는 것을 법원으로부터 허가받을 수 있다. 승인은 채권자를 위하여서만, 그리고 그의 채권액을 한도로 하여서만 효력이 있다. 승인은 상속인에 대하여는 아무런 효과를 발생시키지 않는다."62)63) 프랑스의 학설은 이 규정은 일종의 채권자대위권(action oblique)과 채권자취소권(action paulienne)을 규정한 것이라고 본다.64)

스페인 민법(Código Civil) 제1001조도 상속인이 상속을 포기하여 채권자에게 손해를 끼친 때에는 채권자는 법관에게 상속인을 대신하여 상속을 승인할 권한

---

61) Regierungsvorlage, 1218 der Beilagen zu den Stenographischen Protokollen des Nationalrates XVIII. CP, S. 33. (https://www.parlament.gv.at/PAKT/VHG/ XVIII/I/I_01218/imfname_262472.pdf, 최종 방문: 2016.10.22). 또한 Mohr(주 52), IO § 210 5) 참조.

62) Les créanciers personnels de celui qui s'abstient d'accepter une succession ou qui renonce à une succession au préjudice de leurs droits peuvent être autorisés en justice à accepter la succession du chef de leur débiteur, en son lieu et place. L'acceptation n'a lieu qu'en faveur de ces créanciers et jusqu'à concurrence de leurs créances. Elle ne produit pas d'autre effet à l'égard de l'héritier.

63) 이 규정은 2006년에 종전의 제788조를 대체하여 만들어진 것인데, 종전의 규정과 표현이 다소 달라졌으나, 내용에는 큰 차이가 없다. 종전의 제788조에 대하여는 위 주 28) 참조. 그 밖에 프랑스 법에 대하여 자세한 것은 윤진수(주 8), 262면 이하; 김가을(주 8), 964면 이하 참조.

64) Philippe MALAURIE · Laurent AYNÈNS. Les Successions Les Libéralité, 4e éd., 2010, no. 181.

을 부여하도록 청구할 수 있다고 규정한다.[65]

　　이탈리아 민법(Codice Civile) 제524조 제1항은, 상속인이 사기의 의사가 없더라도 상속을 포기하고 이로 인하여 채권자에게 손해를 준 때에는 채권자는 상속재산으로부터 그 채권의 범위 안에서 변제받기 위하여 포기자의 명의로 그에 갈음하여 상속을 승인할 수 있다고 규정하고 있다.[66] 특히 주목할 것은 이탈리아 민법도 오스트리아 민법과 마찬가지로 상속재산은 승인에 의하여 비로소 상속개시시에 소급하여 상속인이 취득하는 것으로 규정하고 있는데(제459조), 그럼에도 불구하고 상속 포기의 취소를 인정하고 있다는 점이다.[67]

　　스위스 민법(ZGB) 제578조 제1항은, 채무초과인 상속인이 상속재산이 채권자의 집행대상이 되지 않도록 하기 위한 목적으로 상속을 포기하면 채권자나 파산관재인은 6개월 내에 포기를 취소할 수 있다고 규정하고 있다.[68] 이 규정이 스위스 강제집행 및 파산에 관한 연방법률[69] 제285조 이하의 파산절차에서의 부인권과 경합하는 것인지 아닌 것인지에 관하여는 학설의 대립이 있다.[70]

　　그리고 덴마크 파산법(konkurslov) 제65조는 채무자가 기준일부터 6개월 이내에 한 상속 포기는 파산관재인에 의하여 부인될 수 있다고 규정한다.[71]

(2) 취소를 부정하는 나라

　　네덜란드 민법(Burgerlijk Wetboek) 4:190조 4항 2문은, 상속인의 승인이나 포기는 착오를 이유로 하거나 1인 또는 수인의 채권자에게 손해를 끼친다는 이유로 취소될 수 없다고 규정한다.[72]

---

65) Si el heredero repudia la herencia en perjuicio de sus propios acreedores, podrán éstos pedir al Juez que los autorice para aceptarla en nombre de aquél. 독일어 번역은 Witold Peuster, Código Civil, Das spanische Zivilgesetzbuch, 2002, S. 537 참조.

66) Se taluno rinunzia, benché senza frode, a un'eredità con danno dei suoi creditori, questi possono farsi autorizzare ad accettare la eredità in nome e luogo del rinunziante, al solo scopo di soddisfarsi sui beni ereditari fino alla concorrenza dei loro crediti. 우리말 번역은 법제처, 이탈리아 民法典, 법제자료 제141집, 1986, 132면 참조.

67) Muscheler, Erbrecht(주 44), S. 574 Fn. 81도 이 점을 언급하면서, 상속 포기의 취소를 인정할 것인가는 상속인의 취득의 형식적 구성과는 별개라는 점을 지적하고 있다.

68) "Hat ein überschuldeter Erbe die Erbschaft zu dem Zwecke ausgeschlagen, dass sie seinen Gläubigern entzogen bleibe, so können diese oder die Konkursverwaltung die Ausschlagung binnen sechs Monaten anfechten, wenn ihre Forderungen nicht sichergestellt werden."

69) Bundesgesetz über Schuldbetreibung und Konkurs.

70) Basler Kommentar Zivilgesetzbuch/Schwander, 5. Aufl., 2015, Art. 578 N. 3 참조.

71) Hultsch(주 40), S. 107는, 이 규정이 없더라도 상속의 포기가 증여의 부인을 규정한 제64조에 포섭될 수 있을 것이라고 하면서, 그 근거로서 파산법안 이유서를 인용하고 있다.

72) "Een aanvaarding of verwerping kan niet op grond van dwaling, noch op grond van benadeling

일본에는 민법상 명문 규정이 없으나, 최고재판소 1974. 9. 20. 판결[73]은 피상속인의 채권자가 상속 포기(放棄)의 취소를 구한 사건에서, 상속의 포기와 같은 신분행위에 관하여는 민법 424조의 사해행위취소권 행사의 대상이 되지 않는다고 해석함이 상당하다고 판시하였다. 그러나 피상속인의 채권자가 상속인의 상속 포기를 취소할 수 없다고 하는 것은 상속 포기 제도의 존재 이유상 당연한 것이므로, 이 판결이 상속 포기가 신분행위라는 이유로 상속 포기가 채권자취소권 행사의 대상이 되지 않는다고 한 것은 적절한 논증이 아니라는 비판이 많다. 일본의 학설상으로는 적극설과 소극설이 대립하고 있다.[74]

대만 민법에도 이에 관한 규정이 없다. 학설상은 다툼이 있으나, 근래의 판례와 학설은 이를 부정한다고 한다.[75]

(3) 미   국

미국법의 상황은 상당히 복잡하지만, 여기서는 간략하게만 살펴본다.[76]

미국에는 도산절차 외의 채권자취소권에 관하여는 연방법이 없고, 많은 주는 이에 관한 모델 법인 모범 사해양도법(Uniform Fraudulent Transfer Act)[77]을 채택하고 있다. 그러나 이 법에는 상속의 포기(disclaimer of inheritance)가 사해행위가 되는가에 대하여는 직접 규정이 없다. 다만 프랑스 법의 영향을 받은 루이지애나 주 민법(Civil Code) 제967조는 프랑스 민법과 마찬가지로, 상속인이 상속을 포기(renunciation)하여 그의 채권자를 해한 때에는 채권자는 법원의 허가에 의하여 상속인의 이름으로 상속을 승인할 수 있다고 규정한다.[78] 또한 플로리다와 미네소타 주는 무자력한 채무자의 상속 포기를 금지한다.[79]

그리고 도산절차에서의 부인권에 관하여는 연방법인 연방파산법(Federal Ban-

---

van een of meer schuldeisers worden vernietigd." 영문 번역은 Hans Warendorf, Richard Thomas, Ian Curry-Sumner, The Civil Code of the Netherlands, 2. ed., 2013, p. 583 참조.

73) 民集 28권 6호 1202면.

74) 상세한 것은 윤진수(주 8), 271면 이하 참조.

75) Knut Benjamin Pißler, Gläubigeranfechtung in China, 2008, S. 36.

76) 국내에서 이에 관하여 간단하게 언급한 것으로는 김가을, "미국 통일 사해 양도법(UFTA)에 관한 연구", 서울법학 제24권 2호, 2016, 186면 이하가 있다.

77) 이 자체는 National Conference Of Commissioners on Uniform State Laws가 만든 모델 법인데, 미국의 많은 주가 성문법으로 채택하였다. 이에 대하여는 김가을(주 76) 참조. 2014년에는 이 법이 모범 취소가능 거래법(Uniform Voidable Transactions Act)으로 바뀌었다.

78) A creditor of a successor may, with judicial authorization, accept succession rights in the successor's name if the successor has renounced them in whole or in part to the prejudice of his creditor's rights.

79) 플로리다: FLA. STAT. § 739.402(2)(d). 미네소타: MINN. STAT. § 524.2- 1106(b)(4).

kruptcy Code)[80) 제548조와 제549조가 규정하고 있다. 제548조는 파산신청 전의 행위에 대한 부인권을, 제549조는 파산신청 후의 행위에 대한 부인권을 다룬다. 그러나 여기서도 상속의 포기가 부인권의 대상이 되는가에 관하여는 직접 규정하고 있지 않다.

이처럼 명문 규정이 없는 경우에, 상속 포기가 채권자취소권법에 의한 사해 행위가 되는지, 또는 파산신청 전의 상속포기가 부인권의 대상이 되는지에 관하여 주법원이나 연방법원 판례들은 나뉘어져 있으나, 이를 부정하는 것이 더 많은 것으로 보인다.[81) 이를 부정하는 판례들은 주로 상속 포기는 소급효를 가진다는 이론(Relation-Back Doctrine)에 의존하여, 상속 포기가 있으면 상속재산은 처음부터 채무자 소유에 속하지 않으므로, 상속의 포기가 사해행위라고 볼 수 없다고 설명한다.[82) 그러나 상속 포기의 소급효에도 불구하고, 상속 포기가 사해행위가 될 수 있다고 하는 판례도 있다.[83)

한 가지 흥미 있는 점은, 판례들이 파산관재인이 파산 신청이 있은 후의 재산 이전을 부인할 수 있다고 규정한 연방 파산법 제549조에 근거하여, 파산 신청이 있은 후의 상속 포기는 파산관재인이 부인할 수 있다고 보고 있다는 것이다.[84) 이 점에 관하여, 파산절차가 개시된 상속인과 같은 수익자가 언제 상속을 포기하였는가에 따라 구별할 이유는 없고, 파산신청 후의 상속 포기는 부인할 수 있지만, 파산신청 전의 상속 포기는 부인할 수 없다고 보는 것은 모순이라고 지적하는 학자도 있다.[85)

그리고 상속 포기가 파산 면책의 불허사유가 되는가에 관하여는, 이를 부정하는 판례[86)가 있는 반면, 이를 긍정하는 판례[87)도 있다.

---

80) Title 11 of the United States Code.
81) Hultsch (주 40), pp.82ff.; Adam J. Hirsch, "Disclaimers and Federalism", 67 Vand. L. Rev. 1871, 1909ff.(2014) 등 참조.
82) 예컨대 Simpson v. Penner (In re Simpson), 36 F.3d 450 (5th Cir., 1994). In re John M. Costas and Rachelle M. Costas, 555 F.3d 790 (9th Cir., 2009)도 이들 판례를 지지한다.
83) 예컨대 In re Kloubec, 247 B.R. 246, 255-56 (Bankr. N.D. Iowa 2000). Jon Finelli, "In Re Costas: The Misapplication of Section 548(A) to Disclaimer Law", 14 Am. Bankr. Inst. L. Rev. 567ff.(2006)도 Relation-Back Doctrine이 상속 포기가 부인권의 대상이 될 수 없다는 근거가 되지 못한다고 비판한다.
84) 예컨대 In re Schmidt, 362 B.R. 318, 319-26 (Bankr. W.D. Tex. 2007) 등. 판례의 소개는 Hirsch (주 81), p. 1915 fn. 253 참조.
85) Hirsch (주 81), pp. 1918ff.
86) 예컨대 In re Laughlin, 602 F.3d 417 (5th Cir. 2010). 여기서는 상속 포기의 준거법이 상속 포기의 취소를 인정하는 루이지애나 주법이었음에도 그와 같이 판시하였다.

4. 소   결

이제까지 살펴본 것에 의하여 다음의 2가지를 확인할 수 있다.

첫째, 상속 포기에 대하여 채권자취소권이나 부인권을 행사할 수 있는가에 대하여는, 이를 인정하는 나라가 많은 반면, 인정하지 않는 나라도 여럿 있어서, 어느 한 가지가 입법론적으로 당연하다고 말할 수는 없다.

둘째, 특히 상속 포기의 취소나 부인에 관하여 명문 규정을 두지 않고 있는 나라들에서는 이 문제를 도산법의 규정과 관련하여 설명하려고 한다.

그러므로 우리나라에서 이 문제는 결국 우리나라의 법을 체계적으로 이해할 때 어떤 결론을 이끌어 낼 수 있는가 하는 관점에서 해결하여야 한다. 이 점에 관하여는 특히 채무자회생법 제386조 제1항에 주목할 필요가 있다.

Ⅳ. 이론적 검토

1. 검토의 방향

상속의 포기가 채권자취소권이나 부인권의 대상이 되는가 여부에 관하여는 부정설이 논증책임(burden of argumentation, Argumentationslast)을 부담한다고 보아야 한다. 다시 말하여 긍정설은 적극적으로 논거를 제시할 필요가 없고, 부정설이 논거를 제시하여야 하며, 만일 부정설의 논거가 설득력이 없다면 상속 포기의 취소와 부인은 인정되어야 한다. 왜냐하면 상속의 포기는 일단은 "재산권에 관한 법률행위"임에 틀림없기 때문이다. 상속인은 상속개시된 때로부터 피상속인의 재산에 관한 포괄적 권리의무를 승계하는데(민법 제1005조), 상속을 포기하면 이러한 상속인의 지위에서 벗어나게 되고, 따라서 상속의 포기는 이러한 재산에 관한 포괄적 권리의무를 승계하지 않겠다는 행위이다. 위 대법원 2011. 6. 9. 선고 2011다29307 판결도, 상속의 포기는 포기자의 재산에 영향을 미치는 바가 없지 않다고 하였다. 그러므로 상속의 포기는 다른 특별한 이유가 없는 한 제406조 제1항이 규정하는 채권자취소권의 대상에 포섭될 수 있다. 이는 부인권의 경우에도 마찬가지이다. 상속의 포기가 신분행위라는 이유로 채권자취소권의 대상이 될

---

87) 예컨대 In re White, 2014 WL 555212 (U. S. Bankruptcy Court, D. Nebraska, 2014).

수 없다는 주장도 있기는 하지만, 이는 오늘날 부정설에서도 진지하게 받아들여지지 않고 있다.

그러므로 상속의 포기가 재산권에 관한 법률행위임에도 불구하고 채권자취소권이나 포기의 대상이 되지 않을 특별한 이유가 있다는 점은 이를 주장하는 측이 논증을 하여야 한다. 그런데 위 대법원 2011. 6. 9. 선고 2011다29307 판결은, 상속의 포기는 민법 제406조 제1항에서 정하는 "재산권에 관한 법률행위"에 해당하지 아니하여 사해행위취소의 대상이 되지 못한다고 하였는데, 그 의미가 모호하다. 상속의 포기가 일반적으로 재산권에 관한 법률행위가 아니라는 것인지, 아니면 재산권에 관한 법률행위이기는 하지만, 채권자취소권의 대상이 될 수 없으므로 제406조 제1항에서 말하는 "재산권에 관한 법률행위"가 아니라는 것인지가 불분명한 것이다. 어느 쪽이라 하여도 별로 적절한 표현이라고는 할 수 없다. 상속의 포기가 재산권에 관한 법률행위임은 다툴 여지가 없다. 또 설령 상속의 포기가 채권자취소권의 대상이 되지 않는다고 하더라도 그것만으로 이것이 제406조 제1항에서 말하는 "재산권에 관한 법률행위"가 아니라고 말할 수도 없다. 제406조 제1항에서 말하는 "재산권에 관한 법률행위"이기는 하지만, 채권자취소권의 대상이 될 수 없는 행위도 있을 수 있기 때문이다. 만일 채권자취소권의 대상이 될 수 있는 행위만 제406조 제1항에서 말하는 "재산권에 관한 법률행위"라고 한다면, 이 조항이 채권자취소권의 대상이 될 수 있는 행위를 "재산권에 관한 법률행위"로 제한하는 것이 의미가 없게 된다.

논문의 심사 과정에서 채권자취소권으로 상속포기를 취소할 수 있다는 규정이 없기 때문에 긍정설이 취소할 수 있음을 논증해야 한다는 지적이 있었다. 그러나 만일 우리 민법이 오스트리아나 이탈리아와 같이 상속인이 상속을 승인하여야만 상속재산을 취득하는 것으로 규정하고 있다면, 상속을 승인하기 전에는 상속재산이 상속인의 재산이 되지 않고, 따라서 그러한 상태에서 상속을 포기한다면 이를 취소하거나 부인하기 위하여는 별도의 법적 근거가 있어야 한다고 볼 수도 있다. 그러나 우리 민법은 그와 같이 규정하고 있지 않다. 그러므로 상속 포기가 사해행위가 된다는 규정이 있어야만 채권자취소권을 행사할 수 있는 것은 아니다. 어느 행위가 사해행위가 될 수 있는가는 일단 민법 제406조가 규정하고 있다. 즉 제406조는 재산권을 목적으로 하는 법률행위는 사해행위가 될 수 있다고 본다. 그런데 상속 포기가 재산권을 목적으로 하는 법률행위라는 것을 부정할 수 없고, 또 그것이 사해행위가 되지 않는다는 규정이 없는 이상, 그것이 사해행위가 될 수 없다는 점에 대하여는 이를 주장하는 자가 논증하여야 함은 명백하다.

그런데 부정설이 제시하는 주된 논거는 크게 보아 상속으로 인한 상속인의 재산 취득은 승인이나 포기가 있기까지는 확정적인 것이 아니고 잠정적이라는 것과, 상속 포기에 관한 상속인의 의사는 존중되어야 한다는 두 가지이다. 그 외에도 부정설은 몇 가지 근거를 들고 있다. 이하에서 부정설의 근거를 살펴보고, 긍정설이 타당하다는 점을 논증하고자 한다.

2. 상속재산 취득의 잠정성

앞에서 본 것처럼, 부정설은 상속의 포기는 언제든지 할 수 있는 것이 아니라 일정한 고려기간의 제한을 두고 있는데, 그 기간 동안은 상속재산의 상태는 유동적인 상태에 있으므로, 상속의 포기는 증여와 비교할 것이 아니라 증여의 거절과 견주어야 하는데, 증여를 승낙하지 않거나 거절하는 행위와 같은 수익의 거절행위는 책임재산을 감소시키는 행위가 아니기 때문에 취소의 대상이 되지 않는다고 주장한다.[88] 이는 기본적으로 상속 포기의 소급효를 중시하여, 상속인이 상속을 포기하면 상속 개시시에 소급하여 상속재산을 취득하지 않은 것이 된다는 점을 중시한 것이다.[89] 위 대법원 2011. 6. 9. 선고 2011다29307 판결이, 상속인의 상속의 포기가 그의 기대를 저버리는 측면이 있다고 하더라도 채무자인 상속인의 재산을 현재의 상태보다 악화시키지 아니한다고 하는 것도 같은 취지라고 생각된다.

그러나 이러한 설명은 별로 설득력이 없다. 민법 제1005조에 의하면 상속인은 상속개시된 때로부터 피상속인의 재산에 관한 권리의무를 승계하고, 상속을 포기하면 소급적으로 상속재산을 상실하게 된다. 그러므로 상속의 포기는 상속

---

88) 주 14)의 본문.
89) 박수곤(주 9), 543면은, 채무자의 상속 포기를 선택채권에서의 선택권의 행사와 비슷한 것으로 보고, 민법 제386조는 선택의 소급효를 규정하고 있으므로, 선택권의 행사가 있는 경우, 급부는 처음부터 선택된 급부에 대한 청구권만이 존재하였던 것으로 되는데, 이와 같은 논리구조를 상속의 승인·포기에도 적용한다면, 상속의 포기라는 선택권을 행사한 경우에는 상속인이 되었던 사실조차 없는 것으로 되고, 더 나아가 자연스럽게 상속재산을 취득한 사실도 없게 되는 것이지, 이미 잠정적으로 취득한 재산을 포기한 것으로 볼 수는 없다고 주장한다. 그러나 왜 상속의 포기를 선택채권에서의 선택과 같이 볼 수 있는지도 불분명하고, 그와 같이 본다고 하여 잠정적으로 상속재산을 취득한 사실도 없게 되는지 알 수 없다. 류일현(주 8), 53-54면도 참조.

인의 적극적인 행위에 의하여 상속재산의 상실이라는 법률효과를 발생시키는 것
이고, 그에 의하여 책임재산이 감소되는 결과를 가져온다. 따라서 이를 증여를
승낙하지 않거나 거절하는 것과 같이 적극재산을 증가시키지 않는 행위와 같이
취급할 수는 없다. 이 점은 우리나라와 마찬가지로 상속 포기의 소급효를 인정하
고 있는 프랑스 민법90)도 채권자에 의한 상속 포기의 취소를 인정하고 있는 것
을 보아도 알 수 있다. 그러므로 상속인의 상속재산 취득이 잠정적이라는 점은
상속 포기의 취소 대상성을 부정하기 위하여 충분한 근거가 될 수 없다. 상속 포
기에 소급효가 있더라도, 이는 의제에 불과하고, 상속 개시에 의하여 상속인이
채무를 변제할 수 있는 책임재산을 취득하였는데, 상속을 포기함으로써 이를 상
실하게 되었다는 사실에는 변함이 없는 것이다. 독일이나 미국에서도 상속 포기
의 소급효를 그 취소 내지 부인의 불허 근거로 삼는 것에 대한 비판이 있음은 앞
에서 보았다.91)

　　뿐만 아니라 상속의 승인에 의하여 비로소 상속인이 상속재산을 취득하는
오스트리아 민법과 이탈리아 민법도 채권자에 의한 상속 포기의 취소를 인정하
고 있는 것을 보면, 상속인이 상속 포기 전까지 상속재산을 취득하는 것인가 아
닌가, 잠정적으로만 취득하는가 하는 점은 실제로 별로 중요한 요소가 아니다.

3. 상속 포기의 자유 존중

　　부정설의 좀더 유력한 논거는, 상속인의 상속 포기의 자유, 즉 상속의 포기
여부에 관한 상속인의 의사는 존중되어야 하고, 상속인의 채권자라 하더라도 이
에 대하여 간섭하여서는 안 된다는 것이다. 위 대법원 2011. 6. 9. 선고 2011다
29307 판결이 상속의 포기를 '인적 결단'이라고 한 것도 그러한 취지로 보인다.
그런데 우선 '인적 결단'이라는 말의 의미는 상당히 모호하다.92) 이 말을 상속의
포기 여부에 관한 상속인의 결정은 존중되어야 한다는 의미로 받아들이더라도,
왜 그 결정이 상속인의 다른 결정, 예컨대 상속재산협의분할에 있어서 자신은 분
할을 받지 않겠다는 결정보다 더 존중되어야 하는가가 문제이다. 좀더 구체적으
로는 우리 법의 어디에서 그와 같은 결론을 이끌어 낼 수 있는가 하는 점이 문제

---

90) 제776조.
91) 위 Ⅲ. 1. 나. (1); 3. 다. 참조.
92) 오시영(주 8), 145면; 박수곤(주 9), 533면도 같은 취지이다.

된다. 이를 바꾸어 말한다면, 비록 우리 법상 상속의 포기를 취소 또는 부인할 수 있는가에 관한 직접적인 규정은 없지만, 비슷한 경우에 관하여 법이 어떤 태도를 보이고 있는가, 어떤 평가(Wertung)를 내리고 있는가를 살펴봄으로써 이 문제에 대한 해답을 찾아보려고 노력해야 하는 것이다.[93]

그런데 앞에서 본 것처럼, 독일에서는 채무자가 도산절차 개시 전이나 절차 계속 중에 상속이나 유증을 받았으면 승인이나 포기의 권한은 채무자에게만 속한다고 규정하고 있는 도산법 제83조 제1항을 근거로 하여, 상속 포기의 권한은 일신전속적(höchstpersönlich)이고, 따라서 상속 포기의 취소나 부인은 인정되지 않는다고 보고 있다. 여기서 말하는 일신전속성은 이른바 행사상의 일신전속성, 즉 권리자만이 행사할 수 있고, 다른 사람이 이를 행사할 수는 없다는 것을 의미한다. 그런데 상속인만이 상속의 포기를 할 수 있다고 하더라도, 그로부터 바로 상속인이 한 포기의 효력을 다른 사람이 부정할 수 있는가 하는 결론이 나오는지는 반드시 명확하지 않다.[94] 그러나 위 독일 도산법의 규정은 도산절차가 개시되더라도 채무자의 상속 포기의 권한은 여전히 유지되고, 그가 한 포기의 효력을 채권자가 다툴 수는 없다는 의미로 이해된다.

그러면 우리 법은 과연 상속 포기의 자유를 어느 정도 보호하고 있는가? 이 점에 대하여는 채무자회생법 제386조 제1항을 살펴볼 필요가 있다. 이 조항은 "파산선고 전에 채무자를 위하여 상속개시가 있는 경우 채무자가 파산선고 후에 한 상속포기도 파산재단에 대하여는 한정승인의 효력을 가진다."라고 규정하여, 채무자의 상속 포기의 효력을 부정하고, 한정승인의 효력만을 인정한다. 이 점에서 도산절차가 개시되더라도 채무자의 상속 포기의 효력을 인정하는 독일 도산법과는 다르다. 그러므로 예컨대 상속이 2016. 1. 1. 개시되고, 상속인이 상속의 승인이나 포기를 하지 않고 있던 중, 2016. 2. 1. 상속인에 대한 파산선고가 있었다면, 그 후에 상속인이 상속의 포기를 하더라도 이는 한정승인의 효력만을 가진다. 따라서 상속인의 상속 포기의 자유는 이 범위에서는 제한된다.

---

93) Karl Larenz/Claus-Wilhelm Canaris, Methodenlehre der Rechtswissenschaft, 3. Aufl., 1995, S. 36 은, 법규범을 "이해(verstehen)"한다는 것은 그에 포함된 평가(Wertung)와 그 적용범위를 찾아 내는 것을 요구하고, 법규범을 적용하는 것은 판단되어야 할 사안을 규범에 따라 평가하는 것, 다시 말하여 규범에 포함된 평가를 사안의 판단에 있어서 의미에 맞게 활용하는 것을 말한다 고 한다. 이익법학(Interessenjurisprudenz)으로부터 평가법학(Wertungsjurisprudenz)으로의 전환 에 대하여는 Karl Larenz, Methodenlehre der Rechtswissenschaft, 6. Aufl., 1991, S. 119ff. 참조.

94) 박근웅(주 7), 366-367면은, 행사상의 일신전속권은 채권자대위권의 대상이 될 수는 없지만, 당 연히 채권자취소권의 대상이 되지 않는다고 단정할 수는 없다고 한다.

그런데 위 사례에서 상속인이 파산선고가 있기 하루 전인 2016. 1. 31. 상속
을 포기하였다면, 이 경우에는 위 조항이 적용될 수 없고, 이때에는 위 상속 포기
는 일단 효력을 발생한다. 그러면 이 상속 포기는 파산관재인에 의하여 부인될
수 없는가? 우리나라의 학설은 별다른 의문 없이 파산선고 전에 채무자가 한 상
속 포기는 부인권의 대상이 되지 않는 것으로 보고 있다.[95]

그러나 이러한 결과는 합리적이라고 할 수 없다. 동일한 사실관계에서 상속
인이 상속 포기를 파산선고가 있기 전에 했는가, 아니면 그 후에 했는가에 따라
결론이 달라지는 것은 결코 합리적이라고 할 수 없다. 다시 말하여 채무자가 무
자력상태에 빠져서 곧 파산선고가 있을 것으로 예상되는 상황에서, 채무자를 위
하여 상속이 개시되면 채무자는 서둘러서 상속을 포기하면 되지만, 상속 포기를
하지 않고 있는 사이에 파산선고가 있으면 그 후에는 상속의 포기를 할 수 없게
된다는 것은 균형이 맞지 않는다.[96] 즉 파산선고 전에 한 상속 포기의 취소나 부
인을 인정하지 않고 그 효력을 유지시킨다면, 입법자가 파산선고 후에 포기의 자
유를 제한하는 것과 모순되는 결과가 되는 것이다. 파산선고 후에 있은 상속 포
기의 효력이 제한된다면, 파산선고 전에 있은 상속 포기의 효력도 다툴 수 있어
야 한다고 보는 것이 입법자의 평가에 부합한다.

이를 일반화하여 말한다면, 채무자가 무자력한 상태가 되어 모든 채권자에
게 변제를 할 수 없는 상황이라면, 채무자의 상속 포기의 자유는 제한되어야 하
고, 채무자가 상속을 포기하였다면 이는 채권자를 해하는 행위로서 채권자취소
권의 행사에 의하여 취소되거나 부인권의 행사에 의하여 부인되어야 한다.[97]

그런데 이에 대하여는, 위 채무자회생법의 규정은 상속의 포기가 채권자취
소권의 대상이 된다는 근거가 될 수 없다는 반론이 있다. 즉 파산법이 전제하는
경우는 채권자취소권을 행사하여야 하는 경우보다 채무자의 상황이 더 악화된
상태일 가능성이 높기 때문에 파산과 관련한 조문을 근거로 민법상 채권자취소

---

95) 위 주 10) 및 그 본문 참조. 일본 파산법도 채무자회생법 제386조 제1항과 같은 규정을 가지고
   있는데(제238조 제1항), 일본의 학설도 마찬가지로 본다. 伊藤 眞 外, 條解破産法, 제2판, 2014,
   1519면 주 2) 참조.
96) 위 대법원 2012. 1. 12.자 2010마1551, 1552 결정(주 5의 본문)에서는 채무자가 파산 및 면책신
   청 후 그 심리 중에 상속 포기를 하였으나, 대법원은 이 상속포기 행위가 채무자회생법 제650
   조 제1호에서 사기파산죄로 규정하고 있는 '파산재단에 속하는 재산을 은닉 또는 손괴하거나
   채권자에게 불이익하게 처분을 하는 행위'에 해당하지 않는다고 판시하여, 파산절차 남용을 이
   유로 상속포기자의 파산신청 및 면책신청을 기각한 원심결정을 파기환송하였다.
97) 오시영(주 8), 143-144면도 같은 취지이다.

권을 인정해야 한다고 주장할 수 있는지 의문이라는 것이다.98) 그러나 파산절차
가 개시되는가 아닌가는 파산절차를 개시할 이익이 있는가 아닌가 하는 등에 대
한 이해관계인의 판단에 달려 있는 것이고, 일반적으로 파산법이 전제하는 경우
가 채권자취소권을 행사하여야 하는 경우보다 채무자의 상황이 더 악화된 상태
라고 말할 수는 없다. 또 상속 포기가 부인권의 대상이 될 수 있는지 여부는 그
것이 채권자취소권의 대상이 될 수 있는지 하는 문제와 동전의 앞뒷면과 같은
관계에 있으며, 이를 달리 취급할 성질의 것이 아니다.99)

　　논문의 심사 과정에서 채권자취소권 자체가 '형평'에 근거하여 인정되는 매
우 이례적인 것이기 때문에 민법 자체에서는 원칙적으로 이를 인정할 수 없고,
특별법인 파산의 국면에서는 규범 목적적 해석을 통하여 넓게 해석할 수 있으며,
부인권 행사가 인정된다고 해서 필연적으로 채권자취소권 행사도 가능해야 한다
고는 생각되지 않는다는 지적이 있었다. 그러나 앞에서도 설명한 것처럼, 채권자
취소권과 부인권은 동일한 목적을 가지고 있으므로, 양자는 원칙적으로 통일적
으로 운용되어야 한다.100) 그러므로 상속 포기가 부인권의 대상이 될 수 있지만
채권자취소권의 대상은 되지 않는다는 것은 합리적이라고 할 수 없다.

　　기본적으로 부정설이 강조하는 "인적 결단"의 실체는 무엇일까? 위 대법원
2011. 6. 9. 선고 2011다29307 판결은, 상속의 포기는 1차적으로 피상속인 또는
후순위상속인을 포함하여 다른 상속인 등과의 인격적 관계를 전체적으로 판단하
여 행하여지는 '인적 결단'으로서의 성질을 가진다고 하였다. 그러나 과연 그러
한지는 매우 의심스럽다. 실제로는 적극재산이 소극재산보다 많은데도 채무자인
상속인이 상속을 포기하는 것은, 채무자가 상속을 승인함으로써 자신이 상속받
을 수 있는 재산을 채권자에 대한 변제에 사용하기보다는, 상속을 포기함으로써
자신의 친족인 공동상속인이나 후순위상속인이 상속재산을 취득하게 하고, 나아

---

98) 최성경 1(주 7), 139면.

99) 그러나 최성경 1(주 7), 139면은 상속을 할 것인가 여부는 상속인의 자유의사에 의하는 것이
　　원칙이고, 또한 이들의 인격적·신분적 행위는 부인의 대상으로는 되지 않는다고 해석되고 있
　　다는 점을 상속 포기가 채권자취소권의 대상이 될 수 없다는 근거로 들고 있다.

100) 김재형, "채권자취소권에 관한 민법개정안", 민사법학 제68호, 2014, 53면은, 채권자취소권과
　　　부인권을 통일적·일원적으로 구성하여야 한다고 주장한다. 즉 채권자취소권과 부인권은 채권
　　　자가 채무자의 사해행위를 취소 또는 부인하여 책임재산을 확보한다는 점에서 동일한 목적을
　　　갖고 있으므로, 도산절차의 개시여부에 따라 채무자의 사해행위에 대한 법적 규율을 다르게 하
　　　는 것은 바람직하지 않으며, 이는 체계적 통일성을 갖추지 못하여 혼란스럽고 채권자 등 이해
　　　관계인 사이에 형평에 반하는 결과를 초래한다는 것이다.

가서는 그러한 공동상속인이나 후순위상속인으로부터 그에 대한 대가를 받으려는 것이 통상적인 경우라고 보아야 하지 않을까?[101] 다른 말로 한다면, 그와 같이 상속을 포기한 상속인이 만일 자신이 무자력 상태가 아니었어도 그와 같이 상속을 포기하였을까는 의심스럽다.

위 판결의 구체적인 사실관계를 보더라도 그러하다. 이 사건에서 채무자는 이 사건 원고에게 금전을 지급하라는 확정판결을 받은 상태에서, 자신의 아버지가 사망하자 일단 어머니와 다른 형제자매들과 함께 공동상속을 받았는데, 그 상속받은 지분에 대하여 이 사건 원고가 강제집행을 하자, 채무자의 형제가 이를 경락받았다. 그 후 채무자의 어머니가 사망하자 채무자는 그에 대하여 상속을 포기하여 다른 형제자매들이 상속을 받게 된 것이다.[102] 이처럼 일단 강제집행을 받은 채무자가 상속을 포기하였다는 사정에 비추어 보면, 채무자가 다른 상속인 등과의 인격적 관계를 전체적으로 판단하여 상속을 포기한 것인지는 매우 의문이다. 오히려 원고의 강제집행을 회피하기 위하여 상속을 포기하였다고 보는 것이 상식에 부합한다.

앞에서 본 것처럼, 부정설도 경우에 따라서는 상속의 포기가 권리남용이면 무효가 될 수 있다고 하고, 절충설은 상속인이 오로지 자신의 채권자에 의한 강제집행을 면할 목적으로 다른 상속인들과 통모하여 상속 포기를 하고, 실질적으로 상속으로 인한 이익은 향유하는 경우에는 상속 포기가 사해행위가 된다고 한다. 그런데 무자력인 채무자가 적극재산이 소극재산보다 많은 상속을 포기하는 것은 거의 대부분 이러한 경우일 것이다.

다만 다른 특별한 사정이 있는 경우, 예컨대 채무자가 부양의무를 부담하는 미성년 자녀가 있는데, 상속을 승인하면 자신의 채무 때문에 부양의무를 제대로 이행하지 못할 것을 염려하여 상속을 포기하고, 후순위 상속인인 자신의 미성년 자녀가 상속을 받게 하였다고 하는 경우에, 그 상속 포기를 취소 또는 부인할 수 있는지는 검토해 볼 여지가 있다.[103] 그러나 그러한 특별한 사정이 없다면, 상속

---

101) Frank(주 48), S. 983f. 참조. 조인영(주 5), 622면도 같은 취지이다.
102) 사실관계는 조인영(주 5), 611면 이하 참조.
103) 조인영(주 5), 623면은, 예컨대 자녀를 버리고 나온 부모가 이후 죄책감으로 인해 자녀의 사망으로 얻게 될 상속재산에 대해 상속포기를 함으로써 사실상 자녀를 양육해 준 조부모에게 상속되게 하는 것과 같은 경우에는 이를 고도의 인격적 결단에 의한 것으로 보아 수익자 또는 전득자의 사해의사를 부정함으로써 구체적인 타당성을 꾀할 수 있을 것이라고 한다. 그러나 입법론적으로는 무상행위의 경우에는 채무자의 사해의사나 수익자 또는 전득자의 악의를 요건으로 할 필요가 없다. 윤진수·권영준, "채권자취소권에 관한 민법 개정안 연구", 민사법학 제64호,

포기의 취소나 부인을 부정할 이유가 없을 것이다.

4. 부정설의 다른 논거

(1) 비교적 단기간에 상속재산을 둘러싼 권리관계를 확정시켜야 한다는 주장

부정설은, 민법은 비교적 단기간에 상속재산을 둘러싼 권리관계를 확정시키려고 하는데, 상속포기를 취소할 수 있다고 하면 상속재산을 신속하고 확정적으로 안정시키고자 하는 우리 민법의 태도에도 배치된다고 주장한다.[104] 그러나 상속관계의 조기 확정이라는 필요성이 채권자를 해하는 상속 포기의 효력까지도 유지시켜야 할 정도로 중요한지 의문이다.[105] 명문으로 상속 포기의 취소를 인정하는 스위스 민법도, 상속 포기의 기간을 법정상속인의 경우에는 피상속인의 사망을 안 날부터 3개월, 지정상속인의 경우에는 피상속인의 처분을 공적으로 통지받은 날부터 3개월로 규정하고 있다(제567조). 이에 비추어 보아도 상속 포기의 조기 확정의 필요성이 그처럼 중대한 것은 아니라는 점을 알 수 있다. 또 민법도 상속의 승인이나 포기의 민법 총칙에 의한 취소를 인정하고 있다(제1024조 제2항).

(2) 채권자의 기대를 보호할 필요가 없다는 주장

부정설은 채권자가 자신의 채무자가 상속으로 인하여 얻을 재산의 증가에 대하여 가지는 기대는 상속에 대한 기대의 다른 경우와 마찬가지로 법적으로 보호받을 수 없는 것이라고도 주장한다.[106] 말하자면 채무를 부담하고 있던 자가 상속에 의하여 재산이 증가되는 것은 채권자의 입장에서는 기대하지 않았던 이익(windfall gain)이라는 것이다.[107] 그러나 채무자가 채무를 변제하기 위한 책임재산은 반드시 채권 성립 당시의 그것에 국한되는 것은 아니다. 예컨대 채무자가 채권 성립 이후에 증여를 받은 재산을 처분함으로써 채무자의 총재산이 감소하

2014, 513-514면 참조. 그리고 오시영(주 8), 146면은, 상속인과 피상속인 사이의 인간관계로 인해 상속인이 피상속인으로부터 상속받는 것이 상속인의 인격을 침해하는 것이라고 인정될 만한 구체적 사정이 존재할 때 개별적으로 상속포기의 타당성을 인정하는 후행적 판단절차가 필요하다고 한다.

104) 위 주 15)의 본문.

105) 조인영(주 5), 623면도 같은 취지이다.

106) 위 주 16)의 본문.

107) Kevin A. White, "A Clash of Expectations: Debtor's Disclaimers Property in Advance of Bankruptcy", 60 Washington and Lee Law Review, 1049, 1078 (2003) 참조.

여 채권을 변제하기에 부족하게 되면, 이는 채권자를 해하는 사해행위가 될 수 있다. 그러므로 채무자가 채권성립 후 상속을 받은 재산을 처분하는 것도 사해행위가 되며, 상속을 포기하는 것도 마찬가지라고 보아야 한다.108) 설령 상속으로 인한 채무자의 재산 증가가 채권자가 기대하지 않았던 이익이라고 하여도, 그 이익이 채무자에 대하여 별다른 권리를 가지고 있지 않은 공동상속인이나 후순위 상속인에게 귀속되는 것보다는 채권자에게 귀속되는 것이 더 형평에 맞을 것이다.

(3) 채권자취소권 행사의 상대적 무효로 인하여 법률관계가 복잡해진다는 주장

위 대법원 2011. 6. 9. 선고 2011다29307 판결은 채권자취소권의 행사를 허용할 수 없는 이유의 하나로서 채권자취소권의 상대적 무효를 들고 있다. 즉 상속에 관하여는 다수의 관련자가 이해관계를 가지는데, 상속인으로서의 자격 자체를 좌우하는 상속포기의 의사표시에 채권자 자신과 수익자 또는 전득자 사이에서만 상대적으로 그 효력이 없는 것으로 하는 채권자취소권의 적용이 있다면, 상속을 둘러싼 법률관계는 그 법적 처리의 출발점이 되는 상속인 확정의 단계에서부터 복잡하게 얽히게 되는 것을 면할 수 없다는 것이다.109)

그러나 상속의 포기 아닌 다른 경우에 관하여는 채권자취소권의 효과가 상대적 무효이기 때문에 채권자취소권을 인정하면 안 된다고 하는 주장은 찾아볼 수 없다. 그런데 왜 상속 포기의 경우에만 상대적 무효를 이유로 채권자취소권을 인정하면 안 된다고 할 수 있는지 의문이다. 오히려 채권자취소권 행사의 효과가 상대적 무효이기 때문에, 그로 인한 법적 혼란이 최소화될 수 있는 것이다.110)

참고로 일본 판례는 주식회사의 신설분할(일본 회사법 제762조 이하)도 사해행위취소권의 대상이 될 수 있다고 하였다.111) 즉 신설분할은 재산권을 목적으로 하는 법률행위로서의 성질을 가지는 이상, 회사의 조직에 관한 행위라는 것을 이유로 바로 사해행위 취소권의 대상이 되지 않는다고 해석할 수는 없고, 또 당연히 대상이 된다고도 해석할 수 없으며, 이는 신설분할에 관한 회사법 그 밖의 법령에 의한 여러 규정의 내용을 검토하여 판단할 필요가 있다고 한다. 그런데 회

---

108) 김가을(주 8), 980면 이하; 류일현(주 8), 54-55면; 윤진수(주 8), 284면; 조인영(주 5), 623면 등 참조.
109) 박근웅(주 7), 374면; 정구태(주 7), 350-351면도 이를 지지한다.
110) 김가을(주 8), 982-983면; 오시영(주 8), 146면도 같은 취지이다.
111) 最高裁判所 2012(平成 24). 10. 12 판결(民集 66권 10호 3311면).

사법 그 밖의 법령에는 신설분할이 사해행위취소권 행사의 대상이 되는 것을 부
정하는 명문 규정이 없고, 회사법상 일정한 경우를 제외하고는 신설분할을 하는
회사(신설분할주식회사)에 대하여 채무의 이행을 청구할 수 있는 채권자는 회사법
상의 규정에 의하여 보호의 대상이 되지 않으므로 사해행위취소권에 의하여 그
보호를 도모할 필요성이 있으며, 사해행위취소권의 효과는 신설분할에 의한 회
사의 설립의 효과에 아무런 영향을 미치지 않으므로, 신설분할무효의 소가 규정
되어 있는 것과는 저촉되지 않는다는 이유를 들어, 신설분할에 대하여 이의를 제
기할 수 없었던 신설분할회사의 채권자는 사해행위취소권을 행사하여 신설분할
을 취소할 수 있다고 하였다. 이 경우에는 신설분할주식회사의 채권자는 그 채권
의 보전에 필요한 한도 내에서 신설분할에 의하여 설립되는 주식회사(신설분할설
립주식회사)에의 권리의 승계의 효력을 부정할 수 있다는 것이다. 일본의 학설도
대체로 이 판결을 지지하는 것으로 보인다.[112]

회사의 분할이야말로 상속의 포기와는 비교할 수 없을 정도로 다수인에게
이해관계가 있는 경우가 많을 것인데, 그럼에도 불구하고 이 판결은 채권자취소
권에 의하여 이를 취소할 수 있다고 한 것이다.

(4) 민법이 상속 포기에 관하여 제3자의 보호와 관련된 규정을 두고 있지
않다는 주장

부정설은 민법이 상속 포기의 소급효를 규정하면서(제1042조) 제3자의 보호
와 관련된 규정을 두고 있지 않은 점을 들어, 이는 제3자의 이익을 위해 상속인
의 포기의 자유를 제한하지는 않겠다는 의사를 표현한 것이라고 주장한다.[113] 그
러나 위와 같이 제3자 보호 규정이 없다고 하여 그로부터 민법 제406조에 의하
여 인정되는 채권자취소권을 상속 포기에는 인정하면 안 된다는 결론이 나오는
것은 아니다. 제3자 보호규정이 있어야만 채권자취소권이 인정되는 것은 아니기
때문이다.[114]

(5) 상속 포기의 취소를 인정하면 상속인은 원치 않는 채무부담을 강요당
하게 된다는 주장

부정설 가운데에는 상속의 포기는 적극재산뿐만 아니라 소극재산과도 관

---

112) 鈴木千佳子, "濫用的會社分割に對する詐害行爲取消權の行使", 私法判例リマークス 48, 2014, 86
     면 이하 참조.
113) 위 주 17)의 본문 참조.
114) 류일현(주 8), 58면은, 채권자취소권은 제406조에 의하여 인정되는 권리이지, 제3자 보호의 단
     서유무에 의해 결정되는 것이 아니라고 지적한다.

련이 있는데, 상속인의 채권자가 상속포기를 취소할 수 있다면, 상속인은 원치 않는 채무부담을 강요당하는 결과가 된다는 주장이 있다.[115] 그러나 채권자취소권 행사의 효과는 상대적이므로, 상속 포기를 취소하더라도 포기자 외의 공동상속인이나 후순위상속인에게 귀속되었던 상속재산이 채권자의 채권 보전에 필요한 한도 내에서 포기자에게 반환될 뿐이지, 상속인이 상속채무를 승계하게 되는 것은 아니다. 그러므로 위 주장은 오해에서 비롯된 것이다.

(6) 상속인의 채권자에 의한 취소를 인정한다면 피상속인의 채권자에게 가혹한 결과가 될 수 있다는 주장

이 주장은, 피상속인의 재산은 적극재산이 초과 상태이고, 상속인의 재산은 소극재산 초과 상태인 경우에, 피상속인의 채권자는 자신의 채무자의 사망이라는 우연한 사고에 의하여 자신이 채권 성립 시에 전제로 했던 책임재산의 상황과는 다른 소극재산 초과의 재산에 의해야 하는 상황이 되는데, 상속인이 상속을 포기하여 채무초과상황을 면하였으나, 다시 상속인의 채권자가 채권자취소권을 행사한다고 한다면 피상속인의 채권자에게 너무 가혹할 수 있다고 한다.[116] 그러나 이러한 문제는 피상속인의 채권자(상속채권자)가 재산분리(민법 제1045조 제1항)를 신청함으로써 얼마든지 회피할 수 있다. 설령 재산분리를 신청하지 않은 경우에도, 채권자취소 판결의 상대효로 인하여, 상속인의 채권자와 수익자 사이가 아닌, 상속채권자와 채무자 사이에서는 상속을 이미 포기하였던 채무초과 상태의 상속인이 다시 채무자로 복귀하지 않으며, 수익자가 상속채권자에 대하여는 여전히 상속 채무를 부담하게 될 것이므로, 이러한 염려는 근거가 없다.[117]

(7) 채권자취소소송의 피고를 정하기 어렵다는 주장

일부 논자는 상속의 포기를 취소하기 전에 다시 후순위자가 상속포기를 할 수도 있기 때문에 채권자취소소송의 피고를 정하는 문제도 꽤 복잡할 수 있다는 주장을 한다.[118] 그러나 그러한 사소한 기술적인 사유는 채권자취소권을 부정할 만한 근거가 되기에 부족하다. 또 일설은 상속인이 상속을 포기하여 국가가 상속재산을 승계하는 경우에는 국가를 사실상의 수익자로 보아 그 피고로 삼는 것은 민법 제1059조의 취지에 비추어 불가능하다고 한다.[119] 그런데 실제로 과연 그러

---

115) 위 주 18)의 본문 참조.
116) 위 주 19)의 본문 참조.
117) 이학승(주 9), 151-152면 참조.
118) 주 15)의 본문 참조.
119) 주 15) 참조.

한 경우가 있을 수 있는지는 별론으로 하더라도, 그러한 경우가 있다면 국가를 피고로 삼는 것이 왜 불가능한지 알 수 없다.[120]

5. 상속재산 협의분할과의 비교

앞에서 본 것처럼, 판례는 상속재산의 분할협의는 사해행위취소권 행사의 대상이 될 수 있다고 보고 있다.[121] 상속의 포기는 채권자취소권 행사의 대상이 될 수 없다고 하는 부정설도 대체로 이러한 판례는 지지하는 것으로 보인다.[122]

그런데 상속인이 상속재산을 분할하면서 실제로는 상속재산을 자신의 구체적 상속분에 미치지 못하게 받거나, 아니면 전혀 받지 않는 경우에는 이는 사실상의 상속 포기에 해당하는데, 이때에는 채권자취소권을 행사할 수 있는 반면, 원래의 상속 포기는 행사 대상이 되지 못한다는 것은 쉽게 납득하기 어렵다. 양자의 실질은 다를 것이 없는데도 불구하고, 상속 포기의 방법을 택했는가, 아니면 상속재산 분할의 방법을 택했는가 하는 형식적인 차이만으로 양자를 달리 취급할 이유가 있을까?[123] 부정설에서는 상속포기와 상속재산 협의분할 사이에 구조적 차이가 있으므로 양자의 사해행위성을 달리 보아야 한다고 주장한다. 즉 상속포기는 상속개시 후 3개월 이내에 반드시 가정법원에 신고하여야 하며 공적 기관인 가정법원과의 관계에서 그 '신고수리심판'에 의해 효력이 발생함에 반하여, 상속재산의 협의분할은 그 방식이나 기간에 아무런 제약이 없고, 공동상속인 간의 관계에서 행해지는 '법률행위'에 의해 그 효력이 발생한다는 것이다.[124] 그러나 양자의 이러한 차이가 그 정도로 중요한지 의문이다. 스위스 민법상으로도 상속 포기의 기간이나 방식은 우리나라와 큰 차이가 없는데(제567조, 제570조 등), 그럼에도 불구하고 명문으로 상속 포기의 취소를 인정하고 있다(제578조). 그러므로 상속 포기와 상속재산의 협의분할이 기간이나 방식에 있어서 차이가 있기 때

---

120) 류일현(주 8), 67-68면 참조.
121) 위 주 4) 참조.
122) 양창수(주 3), 326면 이하; 정구태(주 7), 326면 이하; 현소혜(주 7), 620면 등 참조. 그러나 나현호(주 7), 70면 이하; 전경근, "상속재산의 분할과 채권자취소권", 가족법연구 제15권 1호, 2001, 528면 이하는 상속재산 분할의 소급효 등을 이유로 판례에 반대한다.
123) 같은 취지, 류일현(주 8), 64면; 오시영(주 8), 147-148면; 조인영(주 5), 624-625면; 최한신(주 8), 65-66면 등. 민유숙, "2011년 친족·상속법 중요 판례", 인권과 정의 제424호(2012. 3), 55면도 상속 포기와 상속재산 분할의 실질에 차이점이 있는지, 법률적으로 달리 평가하여야 하는 이유는 어디에서 찾아야 할 것인가라는 의문을 제기한다.
124) 정구태(주 7), 349-350면.

문에 그 취소 여부에 관하여도 달라져야 한다고 말할 수는 없다. 뿐만 아니라 보통의 일반인으로서는 이러한 이유로 양자의 취급이 달라져야 한다는 주장을 쉽게 받아들이기 어려울 것이다.

　달리 본다면, 채권자에 대하여 상속재산으로 채무를 변제하기를 원하지 않는 채무자는 상속 포기 여부를 결정할 수 있는 숙려기간(민법 제1019조) 내에 상속을 포기하면 되지만, 그 기간을 넘기면 꼼짝 없이 상속재산으로 채무를 변제하여야 한다는 것이 된다. 과연 그러한 구별이 합리적일까?

6. 유류분반환청구권의 대위행사와의 비교

　대법원 2010. 5. 27. 선고 2009다93992 판결은 유류분반환청구권이 채권자대위권의 목적이 될 수 있는가에 관하여 다음과 같이 판시하여 이를 부정하였다.

　"민법은 유류분을 침해하는 피상속인의 유증 또는 증여에 대하여 일단 그 의사대로 효력을 발생시킴으로써 피상속인의 재산처분에 관한 자유를 우선적으로 존중해 주는 한편 유류분반환청구권을 행사하여 그 침해된 유류분을 회복할 것인지 여부를 유류분권리자의 선택에 맡기고 있고, 이 경우 유류분권리자는 피상속인의 의사나 피상속인과의 관계는 물론 수증자나 다른 상속인과의 관계 등도 종합적으로 고려하여 유류분반환청구권의 행사 여부를 결정하게 된다. 그렇다면, 유류분반환청구권은 그 행사 여부가 유류분권리자의 인격적 이익을 위하여 그의 자유로운 의사결정에 전적으로 맡겨진 권리로서 행사상의 일신전속성을 가진다고 보아야 하므로, 유류분권리자에게 그 권리행사의 확정적 의사가 있다고 인정되는 경우가 아니라면 채권자대위권의 목적이 될 수 없다."

　그런데 일부 논자들은 이 문제를 상속 포기가 사해행위가 될 수 있는가 하는 점과 연관시켜 설명하고 있다. 위 판결이 선고되기 전에 나온 한 논문은, 상속의 포기는 이른바 '인적 결단'이기 때문에 채권자가 이를 사해행위라 하여 취소하는 것은 온당하지 않고, 이는 상속의 승인의 경우에도 마찬가지인데, 상속의 승인 및 포기를 사해행위로서 취소할 수 있는지에 대해 부정적으로 판단한다면, 채권자대위의 국면에서도 역시 이를 부정적으로 보는 것이 일관된 해석이라고 한다.125)

---

125) 정구태(주 7), 228-231면.

다른 논자는 상속 포기는 채권자취소권의 대상이 될 수 없는 이유로서, 상속
법상의 법률행위는 단순히 그것이 제3자에게 재산적 효과를 미친다는 이유만으
로 이에 재산법의 법리를 당연히 적용할 수는 없고, 개별 법률행위가 피상속인과
공동상속인들로 이루어진 친족집단 내에서 어떠한 의미를 가지는지 여부, 그리
고 우리 상속법이 상속공동체의 구성과 활동에 어느 정도의 자율성을 부여하고
있는지에 따라 결론이 달라질 수 있다는 점을 든다. 그리고 이를 뒷받침하는 예
로서 유류분반환청구권의 대위행사를 부정한 위 대법원 2010. 5. 27. 선고 2009
다93992 판결을 들고 있다.[126)

그러나 상속 포기가 사해행위가 될 수 있다고 보더라도 반드시 유류분반환
청구권의 대위 행사를 인정하여야 하는 것은 아니다. 유류분을 침해하는 피상속
인의 유증이나 증여가 있더라도, 유류분권리자가 피상속인의 의사를 존중하여
유류분을 행사하지 않겠다고 한다면, 이는 존중되어야 할 것이다. 상속법의 기본
원리의 하나는 유언의 자유 내지 피상속인의 의사의 자유이고, 유류분제도는 이
에 대한 예외이므로, 유류분제도를 해석, 운영함에 있어서도 유언의 자유를 최대
한 배려하여야 한다.[127) 따라서 유류분반환청구권은 유류분권리자가 이를 행사
할 의사가 있다고 인정되지 않는 한 채권자대위권의 목적이 될 수 없다.[128) 반면
상속 포기가 사해행위라 하여 이를 취소하거나 부인하는 것은 피상속인의 유언
의 자유를 침해하는 것이라고는 할 수 없으므로, 이것이 유류분반환청구권의 대
위 행사를 인정하지 않는 것과 모순된다고는 할 수 없다.

7. 소   결

이제까지 살펴본 바에 의하면, 상속인의 상속 포기는 채권자에 의한 채권자
취소권(민법 제406조)의 대상이 될 수 있고, 파산절차가 개시된 후에는 파산관재
인에 의한 부인권(채무자회생법 제391조)의 대상도 될 수 있다. 물론 실제로 상속
의 포기가 취소되거나 부인되기 위하여는 채권자취소권이나 부인권의 다른 요건

---

126) 현소혜(주 7), 620-622면.
127) 대법원 2014. 5. 29. 선고 2012다31802 판결은, 유류분제도가 상속인들의 상속분을 일정 부분
    보장한다는 명분 아래 피상속인의 자유의사에 기한 자기 재산의 처분을 그의 의사에 반하여
    제한하는 것인 만큼 그 인정 범위를 가능한 한 필요최소한으로 그치는 것이 피상속인의 의사
    를 존중한다는 의미에서 바람직하다고 설시하였다
128) 윤진수, 친족상속법강의, 2016, 540면 참조.

을 갖추어야 하지만, 채무자인 상속인이 자신의 다른 재산만으로는 채무를 변제
하기에 부족함을 알면서 적극재산이 소극재산보다 많은 상속재산에 관한 상속을
포기하는 것은 다른 특별한 사정이 없는 한 그 요건을 충족하게 된다. 즉 채무자
는 그에 의하여 채권자를 해한다는 것을 알고 있으므로 사해 의사는 인정될 수
있다. 또 수익자인 다른 공동상속인이나 후순위 상속인도 채무자와의 관계에 비
추어 볼 때 당연히 이를 알았을 것으로 추정할 수 있다.129)

　　다른 한편 이론적으로는 개인회생절차와 관련하여서도 채무자가 상속을 포
기한 것이 부인권의 대상이 될 수 있을 것이다. 그러나 개인회생절차에서의 부인
권자는 채무자이므로(채무자회생법 제584조 제2항), 채무자가 자신이 한 상속 포기
를 부인한다는 것은 실제로 기대하기 어렵다. 실제로 개인회생절차에서는 일반
적으로 채무자의 부인권 행사가 잘 이루어지지 않는다고 한다.130)

　　이처럼 채무자의 상속 포기가 취소되거나 부인된다면 그 효과는 무엇일까?
상속 포기가 취소 또는 부인되더라도, 포기자와 수익자인 공동상속인 또는 후순
위상속인과의 사이에서는 상속 포기는 여전히 유효하다. 채권자취소권이나 부인
권 행사의 효과는 취소권자나 파산재단과 수익자 사이에서만 상대적으로 미치기
때문이다.131) 따라서 상속 포기가 취소되거나 부인되더라도, 새로 상속의 단순승
인이나 한정승인이 있어야 할 필요는 없다. 단순승인이나 한정승인이 없더라도,
상속 포기가 취소되면 취소채권자는 바로 취소에 의하여 원상회복된 재산에 대
하여 강제집행을 할 수 있고, 상속 포기가 부인된 때에는 바로 재산이 파산재단
에 원상회복된다(채무자회생법 제397조 제1항).132)

---

129) 채무자회생법상 파산관재인에 의한 부인에는 고의부인(제391조 제1항 제1호), 위기부인(제391
　　조 제1항 제2호·제3호), 무상부인(제391조 제1항 제4호)이 있는데, 고의부인 외의 다른 부인의
　　경우에는 부인되는 행위의 시기에 따라 부인의 가능 여부가 결정되지만, 채무자가 파산채권자
　　를 해하는 것을 알고 한 고의부인의 경우에는 행위를 언제 하였는가 여부에 관계없이 부인할
　　수 있다. 상속 포기는 무상부인에도 해당될 수 있고, 또 채무자가 파산채권자를 해하는 것을 알
　　았으므로 고의부인에도 해당할 수 있다.

130) 정문경, "개인회생사건에서 부인권 행사에 관한 실무상 몇 가지 문제점", 민사재판의 제문제
　　22권, 2013, 117면 이하 참조.

131) 대법원 2005. 12. 22. 선고 2003다55059 판결은, 파산관재인이 부인권을 행사하면 그 부인권 행
　　사의 효과는 파산재단과 상대방과의 사이에서 상대적으로 발생할 뿐이고 제3자에 대하여는 효
　　력이 미치지 아니한다고 하였다.

132) 심사 과정에서 채무자가 단순승인을 하지 않았는데 어떻게 재산의 원상회복 주체가 될 수 있는
　　지가 문제이고, 채무자는 상속인이 아닌데 상속재산을 부당이득이 됨이 없이 회복 받을 수 있
　　을까가 의문이라는 지적이 있었다. 그러나 상속의 포기가 취소되면, 채무자는 채권자와의 관계
　　에서는 상대적으로 상속인이라는 지위를 회복하며, 채무자가 단순승인을 하지 않더라도 채
　　무자에게 상대적으로 회복된 상속재산에 대하여 채권자가 강제집행을 하는 데에는 아무런 문

V. 보론—상속의 포기가 도산절차에 미치는 영향

1. 상속 포기와 파산신청 및 면책

채무자회생법 제309조 제2항은, 법원은 파산신청이 파산절차의 남용에 해당한다고 인정되는 때에는 파산신청을 기각할 수 있다고 규정한다. 그리고 제650조 제1항은, 채무자가 파산재단에 속하는 재산을 은닉 또는 손괴하거나 채권자에게 불이익하게 처분을 하는 행위를 사기파산죄로 처벌하고 있고, 제564조는 채무자가 제650조에 해당하는 행위가 있다고 인정하는 때에는 면책을 불허하도록 규정하고 있다. 그렇다면 채무자가 상속을 포기한 다음 파산신청이나 면책허가신청을 하는 것이 그 신청들의 불허사유가 되는가? 위 대법원 2012. 1. 12.자 2010마1551, 1552 결정[133]은, 상속 포기 행위가 채무자회생법 제650조 제1호에서 사기파산죄로 규정하고 있는 '파산재단에 속하는 재산을 은닉 또는 손괴하거나 채권자에게 불이익하게 처분을 하는 행위'에 해당하지 않는다고 판시하여, 파산절차 남용을 이유로 상속포기자의 파산신청 및 면책신청을 기각한 원심결정을 파기환송하였다.

그러나 이는 합리적이라고 할 수 없다. 특히 이 사건에서는 채무자가 파산 및 면책신청 후 그 심리 중에 상속 포기를 하였는데도, 대법원은 이 상속 포기 행위가 위법하지 않은 것으로 보았다. 그러나 만일 상속 포기가 파산 선고 후에 있었다면 이는 한정승인의 효과밖에 가지지 못하고, 따라서 상속재산은 파산재단에 속하게 된다(채무자회생법 제382조 제1항). 그런데 상속 포기가 파산선고 전에 있었다면 설령 포기가 파산 신청 후라고 하더라도 그 상속재산이 파산재단에 포함되지 않는다는 것은 형평에 부합하지 않는다.

2. 개인회생절차 중의 상속 포기

파산절차가 개시된 후에 채무자가 상속을 받았다면 그 상속재산은 파산선고 당시에 가진 재산은 아니므로, 파산재단에 속하지 않는다(채무자회생법 제382조 제1항). 그러나 개인회생절차 진행 중에 채무자가 상속을 받은 재산은 개인회생재

제가 없다.
133) 주 5의 본문.

단에 속하게 된다(제580조 제1항 제2호). 그리고 채무자가 재산 및 소득의 은닉 그 밖의 부정한 방법으로 인가된 변제계획을 수행하지 아니하는 때에는 개인회생절차 폐지의 사유가 된다(제621조 제1항 제3호). 그렇다면 채무자가 개인회생절차 진행 중에 상속을 받게 되었으나 이를 포기하였다면, 이는 개인회생절차 폐지의 사유가 되지 않는가? 앞에서 본 것처럼 독일은 이를 이유로 하는 잔여채무 면책의 취소를 인정하지 않으나, 오스트리아에서는 이와 반대이다. 생각건대 이 경우에도 채무자가 상속을 포기하는 것은 상속을 승인하였더라면 채권자에게 변제를 할 수 있었을 재산을 취득하지 않은 것으로서, 재산의 은닉과 같이 취급하여야 할 것이다. 따라서 이는 인가된 변제계획을 수행하지 않은 때에 해당하여, 개인회생절차 폐지의 사유가 된다고 보아야 할 것이다.

VI. 결   론

이제까지 살펴본 바에 의하면, 변제자력이 부족한 채무자의 상속 포기는 사해행위로서 채권자가 취소할 수도 있고, 도산절차에서 파산관재인에 의하여 부인될 수도 있음이 충분히 논증되었다고 생각된다. 이를 부정하는 견해는 의제에 불과한 상속 포기의 소급효에 과다한 의미를 부여하고 있다. 또 부정설은 상속의 포기는 인적 결단이므로 취소할 수 없다고 하면서도, 그와 같이 볼 수 있는 법적 근거는 제시하지 못하고 있다. 그 외에 부정설이 제시하고 있는, 상속 포기의 취소를 인정하면 생길 수 있다는 문제점은 실제로 존재하지 않는다.

부정설은 상속 포기를 일신전속적인 것으로 보아 사해행위취소를 부정하는 독일법의 영향을 많이 받은 것으로 보인다. 그런데 독일법을 제대로 이해하였다면, 오히려 독일법은 우리 법상 상속 포기의 취소와 부인을 인정하여야 한다는 근거로 받아들여졌어야 할 것이다. 즉 우리 법은 상속 포기의 일신전속성의 근거가 되는 독일 도산법 제83조 제1항과 같은 규정을 가지고 있지 않고, 채무자회생법 제386조 제1항은 오히려 그와는 반대되는 입법자의 평가를 담고 있는 것이다.

〈추기〉

탈고 후 독일법에 관한 Alexandra Lehmann, "Erbrechtlicher Erwerb im

Insolvenz- und Restschuldbefreiungsverfahren", 2006을 접하게 되어 그 내용을 소개한다. 여기서는 상속재산은 상속개시와 함께 상속인에게 귀속되므로, 상속의 포기는 취소나 부인의 대상이 될 수 있는 일반적인 요건은 갖추었지만, 도산법 제83조에 담겨 있는 평가적 결정에 따르면 취소나 부인은 허용될 수 없고, 또 상속인이 상속을 승인하기 전에는 취소나 부인을 정당화할 수 있는 신뢰도 존재하지 않으므로, 결국 취소나 부인은 불가능하다고 한다. S. 38 ff. 참조.

〈가족법연구 제30권 3호, 2016〉

〈추기〉

1. 앞의 Ⅲ. 3. (2)에서 네덜란드에 관하여 네덜란드 민법 4:190조 4항 2문을 들어, 상속의 포기는 채권자에게 손해를 끼친다는 이유로 취소될 수 없다고 언급하였다. 그러나 이는 오류이다. 네덜란드 민법 4: 205조는 상속을 포기한 상속인의 채권자가 그에 의하여 명백하게 손해를 입었을 때에는, 법원은 채권자의 청구에 의하여 상속재산이 상속을 포기한 상속인의 채권자를 위하여 청산될 수 있고, 필요한 경우에는 청산인을 임명할 수 있다고 규정한다. 그리고 4:219조는, 법관이 상속을 포기한 자의 채권자의 이익을 위하여 청산이 필요하다고 결정한 때에는, 그 채권자는 채권을 신고할 수 있고, 그는 채무자가 포기하지 않았더라면 채무자에게 잉여가 남았을 때에만 유리하게 고려될 수 있으며, 상속재산청산인은 필요하면 상속재산의 분할을 청구할 수 있고, 그 분할에 참가할 수 있다고 규정한다. 그리하여 4:205조는 상속법상 채권자취소권(erfrehchtspauliana)이라고 불리어진다고 한다. 이에 대하여는 이 글에 이어지는 "도산과 상속포기" 참조.

2. 대법원 2019. 1. 17. 선고 2018다260855 판결은, 채무자의 유증 포기가 직접적으로 채무자의 일반재산을 감소시켜 채무자의 재산을 유증 이전의 상태보다 악화시킨다고 볼 수도 없으므로 유증을 받을 자가 이를 포기하는 것은 사해행위 취소의 대상이 되지 않는다고 하였다. 그러나 이는 문제가 있고, 상속의 포기가 사해행위가 되어야 하는 것과 마찬가지로 보아야 할 것이다.

⟨소개⟩ 도산과 상속포기

- Friederike Dorn, Das Ausschlagungsrecht in der Insolvenz (도산에서의 상속포기권), Mohr Siebeck Tübingen, 2020, 473면 -

1. 소개의 이유

근래 채무자가 적극재산보다 많은 채무를 부담하고 있어서 채권자에게 변제하지 못하고 있는 상황에서, 상속을 받게 되어 채무를 변제할 수 있게 되었음에도 불구하고 상속을 포기하는 경우에 채권자가 채무자의 상속 포기가 사해행위라고 주장하여 채권자취소권을 행사함으로써 이를 취소할 수 있는가에 대하여 다툼이 있고, 판례(대법원 2011. 6. 9. 선고 2011다29307 판결)는 이를 부정하고 있다. 또 대법원 2012. 1. 12.자 2010마1551, 1552 결정은, 위 2011다29307 판결을 인용하면서, 파산절차 남용을 이유로 상속포기자의 파산신청 및 면책신청을 기각한 원심결정을 파기환송하였다. 이러한 부정설은 기본적으로 독일의 논의를 따른 것이고, 독일의 논의는 독일 도산법의 규정을 바탕으로 한 것이다. 그런데 여기서 소개하려는 위 책은 상속포기와 도산을 주제로 하여, 프랑스법과 네덜란드법을 참고하여 이러한 독일법의 태도를 비판하면서, 법을 개정하여야 한다고 주장하고 있으므로, 우리나라의 논의에도 많은 참고가 될 것으로 생각하여 여기서 소개하고자 한다.

위 책은 저자의 2018년 독일 하이델베르크 대학교 박사논문을 책으로 낸 것으로서, 하이델베르크 법학 총서(Heidelberger Rechtswissenschaftliche Abhandlungen)의 20번째이다. 위 논문은 2019년에 독일 변호사협회의 도산법 및 회생 분과

(Arbeitsgemeinschaft Insolvenzrecht und Sanierung im Deutschen Anwaltverein)에서 학술 상을 받았다.

　　이 책의 구성은 서장에 이어 제1장에서 독일법, 프랑스법 및 네덜란드법의 상황을 소개하고, 제2장에서 비교법적인 검토를 행한 다음 제3장에서 독일법을 입법론적으로 어떻게 개선할 것인지를 논한다.

2. 서　　장

　　서장 서론(1-5면)은 상속인이나 수유자의 도산에서는 채무자의 상속법상 결정의 자유가 도산법에 의하여 보호되는 채권자의 만족의 이익과 충돌하는데, 독일 도산법 제83조 제1항 제1문은 도산절차에서 채무자가 상속이나 유증을 받은 경우에 그 승인이나 포기의 권한은 채무자만이 가진다고 규정함으로써 채무자에게 일방적으로 특권을 부여하고, 남용의 위험이 있다고 한다. 그리하여 독일법을 유럽의 다른 나라 법과 간략하게 비교하는데(5-13면), 독일법은 유럽에서는 특별한 길(Sonderweg)을 가고 있다고 한다. 즉 많은 나라에서는 도산절차가 개시되면 상속법상 권리취득의 승인 또는 포기의 권한을 채무자로부터 박탈하고 있고, 또 1804년 프랑스 민법 제788조의 영향으로 도산절차 개시 전에 행해진 상속 포기의 취소를 인정하고 있다고 한다. 나아가 잔여채무 면책(Restschuldbefreiung)에서도 가치 있는 상속을 승인할 때에만 이를 인정한다고 한다. 그리하여 독일법을 프랑스법 및 네덜란드법과 대조하여 살피겠다고 한다(14-21면). 이 세 나라는 도산에서의 상속포기권에 관한 전체 대역폭(Bandbreite)을 형성하고 있는데, 네덜란드법은 독일법과는 정반대로 도산절차에서 채무자의 승낙이나 포기 권한을 박탈하고 있는 반면, 프랑스법은 채무자에게 그러한 권한을 인정하면서도, 도산관리인에게 상속 포기의 취소권을 부여하는 중도노선을 택하고 있다.

3. 제1장

　　제1장에서는 독일법, 프랑스법과 네덜란드법을 자세하게 살핀다.

가. 독 일 법

먼저 독일법을 다루는데, 우선 독일 도산법 제83조 제1항 제1문의 연원을 소개한다. 로마법에서는 상속인의 상속 포기에 대한 채권자취소권(actio pauliana)의 행사가 인정되지 않았는데, 그 근거는 채무자는 상속 포기에 의하여 재산을 감소시키는 것이 아니고, 단지 그에게 제안된 재산 취득을 거절한 것일 뿐이라는 것이다. 독일 보통법에서도 이러한 견해가 많았지만, 독일 통일 전에 파산법을 가지고 있던 프로이센, 바이에른, 함부르크에서는 파산절차 개시 중의 채무자의 상속포기 권한을 부정하고 있었다. 그러나 독일 민법과 함께 만들어진 1898년의 개정 파산법 제9조는, 파산절차에서 채무자가 상속이나 유증을 받은 경우에 그 승인이나 포기의 권한은 채무자만이 가진다고 규정하였다. 입법이유에서는 상속 포기는 기득권의 포기가 아니고, 상속 포기의 소급효 때문에 제안된 권리의 불수령일 뿐이며, 사망으로 인한 재산 취득은 재산법적인 것뿐만 아니라 인격적인 성격을 가지고 있기 때문이라고 설명하였다. 이러한 파산법의 규정은 1994년의 현행 도산법 제83조에 그대로 받아들여졌다(25-38면).

이러한 규정의 정당화 근거에 대하여, 이것이 소급효를 가지는 상속 포기와 함께 법정당연승계를 인정는 상속법의 규정에 따른 필연적인 결과라는 주장이 있고, 1903. 4. 17.의 제국대법원 (Reichsgericht) 판결(RGZ 54, 289 ff.)도 그와 같이 설시하였다. 다만 그 후의 판례는 이러한 언급을 하지 않고 있다. 그러나 저자는 이러한 논증은 타당하지 않고, 이는 법정당연승계 원칙을 경시하는 것이며, 수미일관하지도 않다고 비판한다. 그리고 승인·포기권이 압도적으로 인격적인 성격을 가진다는 점에 대하여는, 이러한 권리는 좁은 의미에서 고도로 인격적(인신전속적)인 권리(höchstpersönliches Recht)가 아니고, 도산법 제83조 제1항 제1문은 이익형량의 결과라고 한다. 즉 상속법상의 승인·포기권은 재산법적인 측면과 인격적인 측면을 가지고 있는데, 위 규정은 채무자의 상속법상 결정의 자유에 유리하게 형량을 내렸고, 인격적인 측면을 우선시켰다고 한다(38-51면).

이러한 채무자의 도산절차 개시 후의 상속 포기에 대하여 도산법상의 부인권을 행사할 수 있는가는 위 도산법 제83조의 규정에 비추어 부정될 수밖에 없고, 또 상속 포기가 양속에 반하여 무효인가 하는 점도 위 법규정에 비추어 부정될 수밖에 없다고 한다. 다만 상속인인 채무자와 도산관리인 또는 채권자가 약정을 할 수는 있으나, 약정에 위반하여 상속 포기를 하더라도 이것이 무효라고는 할 수 없고, 다만 일반적인 급여장애법(Leistungsstörungsrecht)이 적용될 수밖에 없다고 한다. 그리고 도산절차 개시 전의 상속 포기에 대하여 부인권을 행사할 수 있는가도 마찬가지로 부정할 수밖에 없다고 한다(51-70면).

　　다른 한편 도산절차 종료 후의 잔여채무 면책에 대하여는, 도산절차 종료 후에 채무자가 상속을 포기하더라도 다른 사람의 사망이나 장래의 상속권과 관련하여 취득하는 재산의 절반을 수탁자에게 양도하여야 한다는 도산법 제295조 제1항 제2호의 책무(Obliegenheit) 위반이 적용될 수 없고, 도산절차 계속 중의 이러한 채무자에게 도산법 제290조에 대한 잔여채무 면책의 거부도 역시 도산법 제83조 제1항의 평가에 비추어 인정될 수 없다. 나아가 도산절차 개시 후 6년이라는 선량한 행동기간(Wohlverhaltensperiode) 내의 채무자의 상속 포기도 마찬가지로 잔여채무 면책을 거부할 사유가 되지 못한다(70-91면).

나. 프랑스법

　　이어서 이 책은 프랑스법의 상황을 살펴본다. 우선 프랑스법상의 상속과, 상속의 승인, 한정승인 및 포기와 같은 상속인의 선택권(option successorales)을 소개한다. 특히 상속의 포기는 승인과 마찬가지로 소급효가 있음을 강조하고 있다(93-106면). 이어서 프랑스법의 도산절차에 대하여 언급하고 있는데, 프랑스의 도산절차에는 2가지가 있다. 상법(code de commerce)이 규율하고 있는 도산절차는 원래 상인에게만 적용되었으나, 그 후 현재는 독자적인 활동을 하는 자연인에게까지 적용범위가 확장되었다. 반면 상법상의 도산절차가 적용되지 않는 사람을 위하여는 1989년에 별도의 도산절차가 도입되었고, 이는 1993년의 소비자법(code de la consommation)에 편입되었다(106-120면).

　　프랑스 도산법에는 채무자가 가질 수 있는 상속인의 선택권에 관한 규정이 없어서, 채무자가 이를 행사할 수 있는지, 아니면 도산관리인(liquidateur)이 가지는지가 문제되는데, 이에 관하여는 상속 포기에 대한 취소권을 규정하고 있는 프랑스 민법 제779조가 중요하다. 상법상의 도산절차에서는 채무자는 도산절차가 개시되면 재산에 대한 관리권과 처분권을 상실하는데(dessaisissement du débiteur), 이에는 예외가 인정된다. 특히 일신전속적인 권리는 채무자가 여전히 행사할 수 있다. 소비자법상의 도산절차에서도 이러한 채무자의 권한상실이 인정되지만, 상법상의 도산절차보다는 강력하지 않다(121-135면).

　　한편 프랑스 민법 제779조(종전의 제788조)는 다음과 같이 규정한다. "채권자에게 손해를 가하면서 상속을 승인하지 않거나 포기하는 자의 인적 채권자는 채무자의 지위에서 채무자에 갈음하여 상속을 승인하는 것을 법원으로부터 허가받을 수 있다. 승인은 채권자를 위하여서만, 그리고 그의 채권액을 한도로 하여서만 효력이 있다. 승인은 상속인에 대하여는 아무런 효과를 발생시키지 않는다." 이 규정의 효과는 채무자인 상속인에 대하여는 미치지 않으므로, 그의 포기는 여전히 유효하고, 그가 상속인이 되는 것은 아니다. 이 규정에 대하여는 채권자취소권(action paulienne)과 채권자대위권(action oblique)이 결합된 것이라는 견해가 있지만, 저자는 이 규정의 효과가 상대적이고 개별적이라는 점에서 채권자대위권의 성격을 가지는 것은 아니고, 단지 채권자취소권이라고 본다(135-142면). 이 규정이 원래는 취소할 수 없었던 행위를 취소할 수 있게 하는 것인가에 관하여, 프랑스의 지배적인 학설은 법정당연승계라는 원칙에 근거하여, 가치 있는 상속재산의 포기는 재산을 감소시키는 것이고, 상속 포기의 소급효는 단순한 의제이므로, 이는 일반적인 채권자취소권(프랑스 민법 제1341-2조)과 다르지 않다고 본다. 이는 프랑스 법전통의 결과로서, 로마법과는 달리 상속 포기가 법정당연승계의 원칙상 취소 대상인 재산 감소행위임을 명확히 한 것이다. 그 요건으로서 채무자의 고의(fraude)는 필요하지만(이는 채권자가 손해를 입는다는 채무자의 인식만으로 충분하다), 이러한 고의가 채무자의 다른 동기에 의하여 부정될 수 있는지가 문제되는데, 학설과 하급심 판례 가운데에는 이를 긍정하는 것들이 있다. 예컨대 피상속인의 후처가 전처 소생의 의붓 자녀들과의 분쟁을 피하기 위하여 상속을 포기하였거나, 채무자가 자기의 딸이 어릴 때 상처를 입혀 장애가 남은 경우에 상속을 받을 수 없다고 하여 상속을 포기한 경우와 같이, 포기에 관하여 인격적이거나 도덕적인 이유가 있는 경우에는 하급심 판례들이 취소를 허용하지 않았다. 반면 상속 포기로 인하여 이익을 얻는 자의 주관적 요소는 필요하지 않다(142-157면).

　　도산절차가 개시되면 상속에 관한 선택권을 누가 행사할 수 있는가에 관하여 종전에는 논쟁이 있었는데, 파기원 상사부 2006. 5. 3. 판결(Cour de Cassation, Chambre commerciale, du 3 mai 2006, 04-10.115)은 채무자에 대하여 상법상의 도산절차가 개시된 후 채무자가 상속을 포기한 경우에 대하여, 상속법상의 선택권은 일신전속적인 권리(droit attaché à la personne)로서 도산절차 개시 후에도 여전히 상속인이 행사할 수 있지만, 도산관리인은 채권자의 대리인으로서 민법 제779조에 의하여 상속 포기를 취소할 수 있다고 하였다. 이 판결은 프랑스에서 일반적으로 지지를 받고 있다. 이는 수유자의 유증 포기에 대하여도 마찬가지로 적용될 것이라고 한다. 다만 소비자법상의 상속 포기에 관하여는 도산관리인이 대리권을 가지지 않으므로, 개별 채권자만이 취소권을 가질 것으로 본다(158-180면).

상법상의 도산절차 개시 전의 상속 포기에 대하여 도산법상의 부인권을 행사할 수 있는가에 대하여, 프랑스의 통설은 이를 긍정하지만, 저자는 위 파기원 2006. 5. 3. 판결이 상속에 관한 선택권을 일신전속권으로 보았음을 근거로 하여 도산법상의 부인권은 인정하기 어렵고(도산법상의 부인권은 부인된 행위를 대세적으로 무효로 만든다), 일반적인 채권자취소권의 행사는 가능하다고 본다. 다만 프랑스의 판례와 통설은 이 경우 도산관리인의 취소권과 개별 채권자의 취소권이 경합적으로 인정된다고 보는데, 저자는 도산관리인의 취소권은 개별 채권자의 취소권과는 달리 일반적인 효력을 가진다는 점에서, 도산관리인의 취소권만을 인정하여야 한다고 본다. 다른 한편 소비자법상의 도산절차에서는 부인권이 인정되지 않고 있으므로, 그 절차가 개시되기 전에 있는 상속 포기에 관하여는 민법상의 채권자취소권만이 인정되며, 그 취소권은 개별 채권자가 행사할 수 있지만, 도산관리인의 권한은 제한되므로 도산관리인이 취소권을 행사할 수 있는지는 매우 의심스럽다(189-203면).

상속 포기는 잔여채무 면책에 어떤 영향을 미치는가? 상법상의 도산절차에서는 채무자의 사기(fraude)가 있으면 법원이 채무 면책을 거부할 수 있는데, 상속 포기가 있은 경우에도 그러한가에 대하여는 판례나 학설이 거의 다루고 있지 않지만, 저자는 그럴 수 있다고 본다. 도산절차가 종료되고 채무자가 면책을 받았는데, 채무자가 상속을 포기한 사실이 밝혀졌다면, 채권자는 상속 포기를 사해행위라고 하여 취소할 수 있고, 도산절차 개시를 다시 청구할 수도 있다고 한다(203-211면). 반면 소비자법상의 도산절차에서는 채무자의 면책은 채권의 집행력만을 소멸시키는 상법상의 도산절차와는 달리 채권 그 자체를 소멸시키므로, 채권자는 채무자의 상속 포기를 취소할 수는 없다. 다만 채무자가 선의(bonne foi)가 아니면 도산절차를 개시할 수 없는데, 채무자의 상속 포기를 이유로 도산절차의 개시를 거부한 하급심 판례들이 있다. 또 도산절차가 종료되고 채무자가 면책을 받더라도 재산을 처분하거나 은닉한 경우에는 면책이 실효되는데, 채무자가 상속을 포기한 경우에도 면책이 실효될 것이라고 한다(211-219면).

프랑스법의 상황을 요약한다면, 파기원 2006. 5. 3. 판결 이래 상속의 승인과 포기의 선택권은 프랑스에서 일신전속적인 것으로 성격지워졌지만, 채권자 보호를 위하여 도산관재인은 민법 제779조에 따라 채무자의 상속 포기를 취소할 수 있다. 이 취소에 의하여 포기는 전체 절차에 대하여는 상대적으로 효력이 없게 되고, 채권자는 상속재산으로부터 만족을 얻을 수 있게 되지만, 그 외에는 포기 자체는 여전히 유효하게 존속하므로, 포기 결정의 인적 성격은 여전히 유지된다. 다만 소비자법상의 도산절차는 고전적인 집단적 집행절차가 아니므로, 도산관리인이 전체 절차에 대하여 집합적인 효력을 가지는 취소를 할 수는 없고, 상속 포기는 도산절차의 개시나 계속 진행 또는 잔여채무 면책에 장애가 될 수 있다(219-220면).

다. 네덜란드법

네덜란드 민법(Burgelijk Wetboek) 중 제4편 상속법은 2003년 전면적으로 개정되었다. 그 이전까지 적용되었던 1838년 민법은 프랑스 민법과 유사한 점이 많았는데, 새 민법은 비교법적인 연구를 많이 받아들였고, 상속법은 예컨대 유류분권을 필연적 상속권(Noterbrecht)으로 보지 않고 상속인에 대한 채권적 청구권으로 변형시킨 것처럼 독일법에도 접근하였다. 네덜란드 도산법은 1893년 파산법(Faillis-senmentswet)이 기본법인데, 1998년에 자연인을 위한 회생절차(schuldsaneringsregeling natuurlijke personen)가 도입되었고, 2008년에도 크게 개정되었으나, 전면적인 대개정은 논의되다가 미루어지고 있다(221-224면).

네덜란드 상속법도 포괄승계와 법정당연승계를 원칙으로 하고 있다. 상속인은 프랑스법처럼 상속을 단순승인하거나, 한정승인하거나 포기(verwerping)할 수 있는데, 상속의 승인과 포기의 효력은 상속개시시로 소급한다. 상속재산청산(vereffening)은 한정승인과 같은 경우에 행해지는데, 특히 상속인이 상속을 포기하여 자신의 채권자에게 손해를 입힐 때 상속재산 청산이 행해진다는 점이 중요하다. 유증은 독일법과 같이 채권적인 효력만을 가지는데, 유증은 상속개시와 함께 효력을 발생하지만, 수유자는 유증을 포기할 수 있고, 포기에는 기한이 없지만, 이해관계인은 포기 여부에 관하여 기한을 정하여 최고할 수 있다. 유증의 포기에는 소급효가 있다(224-229면).

네덜란드 도산법은 회생절차를 우선시키고 있어서, 회생절차와 파산절차의 신청이 동시에 이루어지면 파산절차를 정지시키도록 하고 있다. 채무자의 상속이나 유증 포기가 문제되는 것은 주로 회생절차이다. 도산절차에서는 채무자는 자신의 재산에 대한 관리권 및 처분권을 상실하고, 법원이 선임한 파산관재인 (curator, 파산절차의 경우) 또는 수탁자(bewindvoerder, 회생절차의 경우)가 도산재산에 대한 처분권을 가진다. 파산절차가 종료되면 채권자는 여전히 채권을 가지지만, 회생절차가 종료되면 채권자는 집행력을 상실하고, 그 채권은 자연채무가 된다 (229-233면).

도산절차에서는 채무자의 상속 승인이나 포기에 관하여 누가 권한을 가지는가? 파산법상 파산관재인이나 수탁자는 한정승인만을 할 수 있고, 포기를 하려면 법원의 수권을 받아야 하며, 단순승인은 할 수 없다. 반면 도산절차가 개시되면 채무자는 승인이나 포기를 할 권한을 상실한다. 상속이 개시된 후 도산절차가 개시된 경우도 마찬가지이다. 승인이나 포기의 권리가 인격적인 성격을 가지는지는 네덜란드의 문헌에서 전혀 논의되지 않고 있다. 그럼에도 불구하고 채무자가 상속을 승인하거나 포기하면, 이는 도산재산이나 파산관재인에 대한 관계에서 상대적으로 무효이고(relatieve nietigheid), 채무자는 자신의 행위에 구속된다. 그러므로 채무자의 채무가 청산되고, 잉여가 있으면 채무자는 그 반환을 청구하지 못하고, 다음 순위의 상속인이 권리를 가진다. 유증의 경우에는 수유자의 한정승인은 인정되지 않지만, 그 포기는 가능한데, 그 포기의 권한은 파산관재인이나 수탁자가 가진다(2332-248면).

도산절차 개시 전에 포기가 있었으면 그 효력은 어떠한가? 네덜란드 민법은 이 경우에 관하여 특별한 규정을 두고 있다. 즉 4:205조는 상속을 포기한 상속인의 채권자가 그에 의하여 명백하게 손해를 입었을 때에는, 법원은 채권자의 청구에 의하여 상속재산이 상속을 포기한 상속인의 채권자를 위하여 청산될 수 있고, 필요한 경우에는 청산인을 임명할 수 있다고 규정한다. 그리고 4:219조는, 법관이 상속을 포기한 자의 채권자의 이익을 위하여 청산이 필요하다고 결정한 때에는, 그 채권자는 채권을 신고할 수 있고, 그는 채무자가 포기하지 않았더라면 채무자에게 잉여가 남았을 때에만 유리하게 고려될 수 있으며, 상속재산청산인은 필요하면 상속재산의 분할을 청구할 수 있고, 그 분할에 참가할 수 있다고 규정한다. 이에 대응하는 종전의 1838년 민법 제1107조는 1804년의 프랑스 민법 제

788조를 문자 그대로 옮긴 것인데 반하여, 4:205조는 포기의 취소에 대하여는 언급하지 않고 있다. 오히려 4:190조는 상속의 승인이나 포기는 채권자의 손해를 이유로 취소될 수 없다고 규정하고 있다. 4:219조에 의하면 채무자의 채권자는 상속채권자에 비하여 후순위임을 알 수 있다. 4:205조는 채권자의 구제수단을 상속재산청산 절차에 편입시켰는데, 그 법률효과는 1838년 민법의 1107조와 일치한다. 그러므로 4:205조는 1838년 민법 1107조와 이질적인 것(aliud)이 아니며, 일반적인 채권자취소권과 유사하고, 따라서 상속법상 채권자취소권(erfrehchtspauliana)이라고 불리어진다. 그 요건은 1838년 민법 제1107조와 대체로 일치한다. 채권자의 손해는 명백하여야 하지만, 명백성의 요건은 실제로 중요한 의미를 가지지 않으며, 일반적인 채권자취소권과 달리 주관적 요건은 필요하지 않다는 것이 일반적인 견해이다. 나아가 채권자취소권에 대한 3년의 소멸시효 규정도 적용되지 않고, 행사기간의 제한이 없다는 것이 통설이다. 그리고 4:205조의 규정은 도산법상의 부인권에 우선하여 적용된다는 것이 거의 일치된 견해이다. 도산절차가 개시되면 이 권리를 파산관재인이나 수탁자만이 행사할 수 있는가, 아니면 개별 채권자도 행사할 수 있는가에 대하여는 견해가 갈리지만, 저자는 파산관재인 또는 수탁자가 배타적으로 4:205조의 권리를 행사할 수 있다고 본다. 반면 유증 포기의 취소에 관하여는 상속 포기에 관하여만 규정하고 있는 4:205조는 적용될 수 없고, 도산법상의 부인권 규정이 적용되므로 취소권자는 파산관재인 또는 수탁자이다 (248-265면).

상속 포기가 잔여채무 면책에는 어떤 영향을 미치는가? 회생절차를 신청하는 채무자는 선의(te goeder trouw)여야 하는데, 상속을 포기한 채무자가 선의라고 할 수 있는지에 관하여는 아직까지 판례상 다루어지지 않았으나, 저자는 상속 포기는 선의가 아니라고 볼 근거가 있다고 한다. 그리고 채무자의 상속 포기가 채무자의 책무 위반을 이유로 잔여채무 면책 없이 도산절차가 종료될 있는가에 관하여, 저자는 이를 긍정한다. 그리고 3년의 회생절차 종료 후에도 채무자의 상속 포기는 잔여채무 면책을 부정할 사유가 될 수 있을 것이라고 저자는 본다 (265-279면).

4. 제2장 비교법적 평가

이 책의 제2장은 앞에서 서술한 각 나라의 입법례에 대하여 비교법적으로 평가한다. 독일의 모델은 채권자의 만족 이익을 채무자의 상속법상 결정의 자유에 대하여 완전히 후퇴시키는 것이다. 반면 그와 정반대되는 것이 네덜란드 모델로서, 채권자의 만족이익을 채무자의 상속법적 결정의 자유보다 우위에 놓는다. 그리고 프랑스법에서는 상법상의 도산절차에 관한 한 채무자의 결정의 자유와 채권자의 만족이익을 다같이 고려하기 때문에, 중도노선이라고 할 수 있다 (281-283면).

그리고 각 나라의 차이는 상속 포기가 채권자취소권의 대상이 아니라고 한 1903년의 제국대법원 판결이 본 것처럼 상속법에 미리 규정된 것(Vorgabe) 때문은 아니다. 위 판결에서 문제된 것은 1900년 독일 민법이 시행되기 전까지는 프랑스 민법이 적용되었던 알사스-로렌 지방에서 독일 민법이 시행된 1901년 일어난 상속의 포기가 취소 대상이 되는가 하는 점이었고, 원고는 프랑스 민법이 적용되었더라면 취소 대상이 된다고 주장하였으나, 제국대법원은 상속재산의 취득은 소급효가 있는 상속 포기의 가능성 때문에 실체법적으로는 인수취득 (Antrittserwerb)이고, 따라서 상속의 승인이 있기까지는 아직 책임법적으로 의미를 가지는 상속인의 재산이 아니므로 프랑스법과는 다르다고 하여 이 주장을 배척하였다. 그러나 상속재산의 취득이 법정당연승계라는 점에서는 프랑스법과 독일법 및 네덜란드법이 다르지 않다. 뿐만 아니라 상속인이 상속을 받겠다고 하여야만 상속재산이 상속인에게 이전되는 인수주의(Antrittsprinzip)를 따르는 오스트리아나 이탈리아에서도 상속인의 인수가 있기 전에 한 상속 포기가 취소권 또는 부인권의 대상이 되는 점에 비추어 보면, 상속 포기를 어떻게 취급할 것인가가 상속법에 따라 결정되는 문제는 아니다. 독일, 프랑스, 네덜란드에서 상속포기권을 다르게 취급하는 것은 상속에 의한 취득을 민법적으로 어떻게 구성하는가에 따른 것이 아니고, 서로 다른 입법자의 평가에 의한 결정에 근거한 것이다 (284-295면).

이어서 이 책은 관계되는 이익의 형량을 살펴보고 있다. 우선 피상속인의 이익을 고려할 것인가에 대하여는, 상속을 포기하는 것이 가정적인 피상속인의 의사에 부합할 것이라는 주장이 있으나, 피상속인이 (채무 초과의) 상속인에게 상속

을 시키지 않을 수 있는 여러 가지 방법이 있는데도 그렇게 하지 않은 이상 피상
속인의 가정적 의사를 고려할 필요가 없다고 한다(296-303면).

그리고 채권자는 채무자의 상속에 의한 취득을 기대하여서는 안 되므로 보
호할 가치가 없다는 주장에 대하여, 일단 상속이 개시되면 상속재산의 취득은 단
순한 상속의 가능성이 아니라 확보된 법적 지위라고 보아야 하고, 예견할 수 없
었던 상속법적 취득이 이른바 windfall profit이라고 하여 상속법적 취득의 책임을
부정할 수는 없다고 한다. 복권에 당첨되는 것과 같은 우연한 재산의 증가도 책
임재산에 속한다. 채무자의 사적 자치로부터 채권자가 상속법상의 취득에 관하
여 보호될 가치가 없다고 하는 결론을 이끌어낼 수는 없다. 책임법의 과제는 채
권자의 변제이익을 침해하는 채무자의 사적 자치에 의한 행동으로부터 채권자를
보호하는 것이다. 증여의 거절과의 비교도 적절하지 않다. 증여 청약이 도산절연
성(Insolvenzfreiheit)을 가진다는 것은 증여자의 의사에 기한 것이지만, 상속의 경
우에는 피상속인의 의사가 책임법적 귀속에 관하여는 의미를 가지지 못한다
(303-308면).

이어서 채무자의 관점을 살펴본다. 독일과 프랑스에서는 채무자의 승인 포
기 권한을 특별히 인격적인 의미를 가진다는 데서 근거지우려고 하지만, 네덜란
드에서는 이에 대하여 중요성을 인정하지 않는다. 결정의 인격적 특성을 언급하
지만, 이것들이 채권자에게 포기에 대한 보호를 거부할 근거는 되지 못한다. 그
렇지만 상속의 포기에 관하여 인격적 특성을 부정할 수는 없다. 이는 재산법적인
함의와 같이 형량되어야 한다. 예거(Jaeger, Ernst)가 1902년 파산법 책에서 들고
있는 예는 범죄자의 상속인이 되어 비방의 대상이 되는 것이다. 그리고 채무자의
유증의 포기가 인격적인 성격을 가진다고 하는 점의 근거로서 유류분반환청구권
이 제한된다는 점을 들지만, 유류분의 주장은 피상속인의 의사에 반하는데 반하
여, 유증의 승인은 피상속인의 의사에 합치한다. 다만 수유자가 인격적인 이유로
이행할 수 없는 부담부 유증의 경우에는 인격적인 성격을 가진다(308-318면).

결론적으로 채권자의 만족이익과 채무자의 상속법상 결정의 자유라는 서로
상반되는 이익을 어떻게 형량할 것인가에 관하여, 채권자의 만족의 이익이 높은
보호가치를 지닌다. 도산에서의 채무자의 사적 자치의 보호에 관하여는, 도산법
은 채무자의 사적 자치를 채권자의 변제 이익을 위하여 제한되고, 제3자를 위한
계약에서 수익자의 거절권은 도산법에서는 관리인에게 전속된다. 추정상속인이

피상속인의 승계인이 되지 않을 중요한 근거가 있다면 승인을 강요하는 것은 부당할 것이지만, 다른 상속재산 이해관계인이나 후순위 상속인과의 인적 관계에 기인한 채무자의 포기 동기는 보호할 가치가 없다(318-324면).

그리하여 서로 다른 모델들을 평가하는데, 프랑스 법이 중간적인 해결책이고, 독일 모델은 채무자의 이익만을 일면적으로 보호한다. 반면 네덜란드 모델은 채권자에게 일방적으로 특권을 부여하고 있고, 채무자에게 보호할 가치가 있는 인격적인 포기 동기가 있음을 고려하지 않고 채무자에게 권리 승계가 강요된다. 다른 한편 프랑스 모델은 황금의 중도노선이라고 할 수 있다. 상속 포기의 취소는 상대적 효력만 가지므로 상속인이나 수유자 지위를 강요하지 않는다. 후순위 상속인에게 상속으로 인한 취득의 이익이 돌아가게 하려는 채무자의 이익은 보호하지 않지만, 이는 적절하다(325-336면).

5. 제3장 독일 도산법에서 상속포기권의 입법론적 취급

이 책의 제3부는 독일 도산법에서 상속포기권을 입법론적으로 어떻게 취급할 것인가를 다루고 있다. 저자는 기본적으로 프랑스 법을 지향해야 하지만, 프랑스법을 무조건 도입할 수는 없다고 한다. 구체적으로 채무자에게 상속포기권을 인정하는 도산법 제83조 제1항 제1문은 유지될 수 있지만, 이를 바로잡을 수 있으면 되므로, 도산관리인에게 도산법상의 부인권을 인정할 필요가 있다고 한다. 그리하여 이에 대하여 상세하게 설명하고 있다(339-376면).

한편 채무자의 유증 승인 또는 포기에 관하여 시간적인 제한이 없고, 다만 유증 청구권은 3년의 소멸시효에 걸릴 뿐인데, 프랑스와 네덜란드는 이해관계인이 기간을 설정하여 최고하고 그 기간 내에 승인이나 포기가 없으면 승인한 것으로 보고 있다. 독일에도 이러한 규정을 둘 필요가 있다. 그리고 채무자는 상속포기를 관리인에게 독일 도산법 제97조 제1항 제1문에 따라 통지해야 한다는 규정을 두어야 한다(376-384면).

그리고 도산절차 개시 전의 포기에 대하여도 관리인의 부인권을 인정하여야 한다. 나아가 수유자가 유증을 승인하지 않고 있으면 마찬가지로 이해관계인이 기간 설정하고 최고할 수 있도록 하여야 하지만, 이를 법에 명문으로 규정할 필요는 없다(384-388면).

　　잔여채무 면책에 관하여는, 도산절차 종료 전에는 상속을 포기하거나 유증을 승낙하지 않고 있는 채무자에 대하여 면책을 거부할 필요는 없고, 포기를 취소하거나 유증 승낙의 기간을 설정하면 된다. 선량한 행동기간 동안에 상속이 개시된 경우에는 도산법 제295조의 책무(Obliegenheit)의 문제로서, 상속을 승인할 책무를 부과해야 한다(389-405면).

　　그리하여 결론적으로 도산법 제83조와 제147조를 상속이나 유증의 포기에 대하여 관리인이 부인권을 행사할 수 있도록 개정하고, 제295조를 개정하여 선량한 행동 기간에 발생한 상속이나 유증을 승인할 책무를 부과하여야 한다고 주장한다(407-417면). 다만 저자는 유류분반환청구권 행사 여부의 결정은 더 고도의 인격적인 내용을 담고 있으므로, 이러한 설명이 타당하지 않음을 명확히 하고 있다(415면).

6. 우리 법에의 시사

　　그러면 이 책은 우리 법에 어떤 시사를 주는가? 우선 독일법, 프랑스법 및 네덜란드법에 대하여 상세한 정보를 제공하고 있다는 점에서 비교법적인 가치가 크다. 우리나라에서도 독일법과 프랑스법은 어느 정도 소개되었으나, 이 책만큼 자세하지는 못하다. 뿐만 아니라 네덜란드법은 거의 알려져 있지 않고, 거의 유일하게 네덜란드법을 언급한 필자의 논문도 네덜란드 민법(Burgerlijk Wetboek) 4:190조만을 언급하였을 뿐 4:205조와 4:219조를 간과하여, 네덜란드에서는 채무자의 상속 포기를 채권자 등이 다툴 수 없는 것으로 오해하였다.[1]

　　다른 한편 우리 법의 해석에서도 이 책은 많은 참고가 된다. 우리나라에서도 상속 포기가 채권자취소권의 대상이 될 수 없다는 근거로서 상속의 포기는 소급효가 있기 때문에 상속재산이 상속 개시와 동시에 상속인에게 이전된다는 것은 형식적이고 잠정적인 것에 불과하다고 하는 주장이 있으나, 이 책은 그러한 주장이 근거가 없다는 것을 명쾌하게 밝히고 있다. 이 책은 독일에서 상속의 포기가 취소나 부인의 대상이 될 수 없는 것은 독일 도산법 제83조 때문이지만, 이는 채권자의 이익을 일방적으로 침해하는 것으로서 정책적으로 타당하지 않다고 하여 입법론적인 개선을 주장하고 있는데, 매우 설득력 있는 주장이다.

---

1) 윤진수, "상속포기의 사해행위 취소와 부인", 가족법연구 제30권 3호, 2017, 210면.

그런데 우리나라에는 독일 도산법 제83조와 같은 규정이 없고, 오히려 우리나라에서 위 규정에 대응하는 채무자회생 및 파산에 관한 법률 제386조 제1항은 파산선고 전에 채무자를 위하여 상속개시가 있는 경우 채무자가 파산선고 후에 한 상속포기도 파산재단에 대하여는 한정승인의 효력을 가진다고 규정하여 채무자의 상속포기의 자유를 제한하고 있는 점에 비추어 볼 때, 채무자의 상속 포기는 채권자취소권 또는 부인권의 대상이 될 수 있다고 보아야 할 것이다. 사해행위 취소의 대상이 되지 않는다고 한 대법원 2011. 6. 9. 선고 2011다29307 판결은, 상속의 포기는 1차적으로 피상속인 또는 후순위상속인을 포함하여 다른 상속인 등과의 인격적 관계를 전체적으로 판단하여 행하여지는 '인적 결단'으로서의 성질을 가진다고 하였다. 그러나 자신의 채무를 변제하지 못하는 채무자가, 상속을 받으면 채무를 변제할 수 있음에도 불구하고 상속을 포기하는 것은 거의 대부분의 경우에는 상속재산으로 자신의 채무를 변제하는 것보다는 공동상속인이나 후순위 상속인에게 상속재산을 귀속시키려는 의도에서 행하여지는 것으로서, 이러한 채무자의 행위가 과연 보호할 가치가 있는 것인지는 매우 의문이다. 독일 연방대법원 2012. 12. 20. 판결(NJW 2013, 692)은, 상속포기자가 자기 대신 상속인이 될 자와 합의하여 채권자를 해할 고의를 가지고 포기를 한 경우에도 상속의 포기는 도산법상 부인의 대상이 되지 않는다고 하였으나, 과연 우리나라에서 그와 같이 말할 수 있을까?

다만 위 책은 상속의 포기에 관하여 인격적 특성을 부정할 수는 없다고 하면서, 네덜란드법과 같이 도산절차 개시 후에는 채무자의 상속포기권을 전적으로 부정하기보다는 프랑스법과 같이 채무자의 상속 포기를 인정하되, 관리인에 의한 부인권의 행사에 의하여 이를 바로잡는 것이 타당하다고 주장한다. 이처럼 특별한 사정이 있는 경우, 예컨대 채무자가 부양의무를 부담하는 미성년 자녀가 있는데, 상속을 승인하면 자신의 채무 때문에 부양의무를 제대로 이행하지 못할 것을 염려하여 상속을 포기하고, 후순위 상속인인 자신의 미성년 자녀가 상속을 받게 하였다고 하는 경우에, 그 상속 포기를 취소 또는 부인할 수 있는지는 검토해 볼 여지가 있다. 그러나 실제로 그러한 경우가 얼마나 있을까? 위 책에 따른다면 일단 채무자의 상속 포기의 효력은 인정하되, 파산관재인이 상속 포기에 대하여 부인권을 행사하여야 한다는 것이지만, 파산관재인에게 그러한 부담을 지우기보다는 현행 채무자회생법과 같이 상속 포기의 효력을 제한하는 것이 타당할 것이다.

다른 한편 위 책은 유류분반환청구권을 행사하지 않겠다는 채무자의 결정은 그의 인격적인 결정이므로 이를 존중하여야 한다고 보고 있는데, 이 또한 타당하다.

결론적으로 이 책은 앞으로 우리나라에서 이 문제를 논의할 때 중요한 참고가 될 것이다.

〈가족법연구 제35권 1호, 2021〉

〈추기〉

이 책에 대하여는 프라이부르크 인 브라이스가우 대학교의 호프만 교수가 매우 높게 평가하는 서평을 쓴 바 있다. Jan Felix Hoffmann, KTS(Zeitschrift für Insolvenzrecht) 2021, pp. 125 ff.

유류분반환청구권의 성질과 양수인에 대한 유류분반환청구[*]

- 대법원 2015. 11. 12. 선고 2010다104768 판결 -

Ⅰ. 서 론

이 평석의 대상판결인 대법원 2015. 11. 12. 선고 2010다104768 판결[1]은, 유류분반환청구권의 행사에 의하여 반환하여야 할 유증 또는 증여의 목적이 된 재산이 타인에게 양도된 경우, 그 양수인이 양도 당시 유류분권리자를 해함을 안 때에는 양수인에 대하여도 그 재산의 반환을 청구할 수 있다고 판시하였다. 이러한 판시는 대상판결이 선례로서 인용하고 있는 대법원 2002. 4. 26. 선고 2000다8878 판결이 이미 선언한 바 있고, 대상판결은 이를 재확인하였다.

이 문제는 종래부터 유류분반환청구권의 성질을 청구권으로 볼 것인가, 아니면 형성권으로 볼 것인가 하는 논쟁과 관련하여 논의되었는데, 이를 형성권으로 파악하는 견해에서는 대체로 판례와 같은 결론을 이끌어내고 있다. 대상판결도 유류분반환청구권을 형성권으로 보는 전제에서 위와 같이 판단하였다. 그러나 필자는 유류분반환청구권을 청구권으로 보아야 한다고 생각하므로 위와 같은

* 이 글의 초고를 읽고 좋은 의견을 주신 이동진, 최준규, 현소혜 교수와 이봉민 판사, 그리고 심사과정에서 개선할 점을 지적해 주신 심사위원들께 감사를 드린다. 한편 교정 단계에서 이 글과 문제의식을 같이 하고 있는 박세민, "유류분제도의 현대적 의의", 일감법학 33호, 2016, 33면 이하를 뒤늦게 발견하였으나, 반영하지는 못하였다.

1) 공 2015하, 1867.

판례의 태도에는 찬성할 수 없다. 다만 이 사건에서 대상판결의 구체적인 결론은 수긍할 수 있다고 본다. 이 글에서는 이 점을 중심으로 하여 살펴보고자 한다. 이에 관하여는 종전에도 많은 논의가 있었으나, 세부적인 점에 관하여까지 충분한 논의가 이루어졌다고 보기는 어려우므로, 이 판결을 계기로 하여 다시 한 번 검토해 보고자 한다.

대상판결에는 이외에도 유류분 제도가 생기기 전에 피상속인이 상속인이나 제3자에게 재산을 증여하고 그 이행을 완료하여 소유권이 수증자에게 이전된 때에는, 그 증여재산이 유류분 제도에 의한 반환청구의 대상이 되지는 않는다는 판시 및 유류분반환의무자인 수증자나 수증자로부터 증여재산을 양수받은 자가 자기의 비용으로 증여재산의 성상 등을 변경하여 상속개시 당시 그 가액이 증가되어 있는 경우, 증여 당시의 성상 등을 기준으로 상속개시 당시의 가액을 산정하여야 한다고 하는 판시가 있으나,[2] 이 점에 대하여는 다루지 않는다.

Ⅱ. 사실관계 및 판결이유

1. 사실관계

이 사건의 사실관계를 이 글에서 다루고자 하는 논점과 관련된 범위 내에서 간략히 살펴본다.

이 사건 피상속인인 A(남자, 1912. 4. 10.생)는 B와 혼인하였다가 B가 사망하자 1942년경 C와 혼인하였고, 1983. 11. 4. C와 협의이혼한 후 1983. 11. 9. Y₁과 혼인하였다. A는 2007. 7. 30. 적극 및 소극 재산 없이 사망하였는데, 상속인으로는 배우자인 Y₁과, 자녀들로서 B와의 사이에 태어난 X₁, X₂와 D, C와의 사이에 태어난 X₃, 다른 여자인 E와의 사이에 태어난 F, G(각 제1심 공동원고), Y₁과의 사이에 태어난 Y₂, Y₃이 있었다.

Y들은 A로부터 여러 부동산을 증여받았는데, 그 중 일부(원심판결 별지 제3목록 기재 각 부동산)는 A가 Y₁에게 증여하였고, Y₁은 1999. 12. 13. 이를 다시 Y₂, Y₃에게 증여하였으며, 2000. 7. 19. 공유물분할을 원인으로 Y₂, Y₃ 각자의 명의로

---

2) 앞의 판시는 대법원 2012. 12. 13. 선고 2010다78722 판결의 태도를 재확인한 것이고, 뒤의 판시는 새로운 것인데, 뒤의 판시만이 판례공보상의 판례요지로 되어 있고, 앞의 판시나 이 글에서 다루고자 하는 논점은 판례요지에는 빠져 있다.

등기가 마쳐졌다가, 2006. 5. 30. 제3자에게 소유권이 이전되었다. 그리고 또 다른 일부(원심판결 별지 제4목록 기재 부동산)는 A가 Y들에게 증여하였는데, Y_2는 1990. 2. 16. 또는 2003. 11. 8. 그 중에서 자신이 증여받은 부동산 일부를 다시 Y_3에게 증여하였다.

그리하여 X들과 제1심 원고들이 Y들을 상대로 하여 유류분의 반환을 구하는 이 사건 소송을 제기하였다.

2. 원심판결3)

원심판결(서울고등법원 2010. 11. 9. 선고 2009나104122 판결)은 다음과 같이 판시하였다.

즉 일반론으로서 유류분반환청구권의 행사에 의하여 반환되어야 할 증여의 목적이 된 재산이 타인에게 양도된 경우 그 양수인이 양도 당시 유류분권리자를 해함을 안 때에는 양수인에 대하여도 그 재산의 반환을 청구할 수 있다고 보아야 할 것이라고 하였다. 그리하여 원심판결 별지 제3목록 기재 각 부동산에 관하여는, 이를 증여받은 Y_2, Y_3은 A와 수증자인 Y_1의 아들들이고, 위 증여 당시 및 이후의 공유물분할 당시 이미 Y들이 A로부터 A 소유 재산 중 상당 부분을 증여받은 상태였는바, 이와 같은 사정에 A가 Y들을 제외한 X들 등에게 별다른 재산을 증여하였음을 인정할 증거가 없는 점 등을 더하여 보면, Y_2, Y_3은 위 각 부동산을 증여받거나 이에 관하여 공유물분할을 할 당시 유류분권리자인 X들을 해함을 알고 있었던 것으로 보인다고 하였다. 그리고 원심판결 별지 제4목록 기재 부동산 중 Y_3이 Y_2로부터 증여받은 부동산에 대하여도, Y_3은 A의 아들이자, Y_2의 동생이고, 위 소유권이전 당시 Y들이 만 91세인 A로부터 A 소유 재산을 이미 대부분 증여받은 상태였으며, A가 Y들을 제외한 X들 등에게 별다른 재산을 증여하였음을 인정할 증거가 없는 점 등을 더하여 보면, Y_3은 위 각 지분을 이전받을 당시 유류분권리자인 X들을 해함을 알고 있었던 것으로 보인다고 하였다.

그리하여 Y_2, Y_3은 위 각 부동산에 관하여도 유류분을 반환할 의무가 있고, 다만 별지 3 목록 기재 각 부동산은 이 사건 변론종결일 현재 제3자의 소유이어

---

3) 제1심 판결(서울중앙지방법원 2009. 10. 13. 선고 2007가합86889 판결)에서는 여기서 다루고자 하는 논점은 직접 쟁점으로 등장하지 않았다. 아래 주 88), 89) 참조.

서 원물반환이 불가능하므로, Y들은 그 가액 상당액을 반환하여야 한다고 판시하였다.

3. 대상판결

대상판결의 이유 중 이 평석에서 다루고자 하는 점에 관한 부분(대상판결 중 2. 가. 부분)만을 그대로 옮긴다.

"가. 유류분권리자의 악의의 양수인에 대한 반환청구에 관한 법리오해 등의 점

1) 유류분반환청구권의 행사에 의하여 반환하여야 할 유증 또는 증여의 목적이 된 재산이 타인에게 양도된 경우, 그 양수인이 양도 당시 유류분권리자를 해함을 안 때에는 양수인에 대하여도 그 재산의 반환을 청구할 수 있다(대법원 2002. 4. 26. 선고 2000다8878 판결 참조).

2) 원심은 증거를 종합하여 그 판시와 같은 사실을 인정한 다음, 원심판결 별지 제3목록 기재 각 부동산은 Y₁이 A로부터 증여받은 후 1999. 12. 13.경 Y₂, Y₃에게 다시 증여하였는데, Y₂, Y₃은 A와 수증자인 Y₁의 아들들이고, 위 증여 당시나 그 이후 상호 간의 공유물분할 당시 Y들이 A 소유 재산 중 상당 부분을 증여받은 상태였던 점, A가 X들에게는 별다른 재산을 증여하였다고 인정할 증거가 없는 점 등 여러 사정을 고려하면, Y₂, Y₃은 위 각 부동산을 증여받거나 공유물분할을 할 당시 유류분권리자인 X들을 해함을 알고 있었다고 봄이 상당하므로, 악의의 양수인으로서 X들에게 위 각 부동산에 관하여 X들의 유류분을 침해하는 한도에서 이를 반환할 의무가 있다고 판단하였다.

원심의 위와 같은 판단은 앞에서 본 법리에 따른 것으로, 거기에 상고이유에서 주장하는 바와 같이 유류분권리자의 악의의 양수인에 대한 반환청구와 증명책임의 소재 등에 관한 법리를 오해하거나 논리와 경험의 법칙을 위배하고 자유심증주의의 한계를 벗어난 위법 등이 없다.

Y₂, Y₃은, 유류분반환청구권은 유류분반환 목적물에 대한 채권적 청구권에 불과하여 유류분권리자가 악의의 양수인에 대하여도 반환청구를 할 수 없다고 보아야 하므로, 이와 다른 견해를 취한 대법원판례는 변경하여야 한다고 주장하나, 대법원판례를 변경할 필요성이 있는 것으로 보이지 아니하므로, 위 상고이유

의 주장은 받아들일 수 없다."

Ⅲ. 연　구

1. 유류분반환청구권의 성질에 관한 학설

가. 학설의 개관

앞에서도 언급한 것처럼, 유류분반환청구권의 성질에 관하여는 형성권설과 청구권설의 대립이 있다. 형성권설에 따르면, 유류분을 침해하는 유증 또는 증여는 유류분권리자의 반환청구에 의하여 소급하여 효력을 상실하고, 반환의 목적물에 대한 권리는 당연히 유류분권리자에게 이전한다고 한다.4) 반면 청구권설은, 유류분권리자는 수증자에 대해 유류분을 침해하는 증여나 유증으로 인해 수증자가 취득한 개별적 권리를 이전해 줄 것을 요구하는 채권을 가질 뿐이며, 아직 이행되지 않은 부분에 대하여는 이행거절권을 가진다고 본다.5) 종래에는 형성권설이 다수설이라고 하였으나, 근래에는 오히려 청구권설을 주장하는 논자가 많아진 것으로 보인다.6)7)

---

4) 교과서로는 김용한, 친족상속법, 보정판, 2003, 434면; 김주수·김상용, 친족·상속법, 제12판, 2015, 820면 이하; 박병호, 가족법, 1991, 479-480면 등. 논문으로는 권용우, "유류분반환청구권의 성질", 법학연구 22권 2호, 충북대학교, 2011, 19면 이하; 김형석, "유류분의 반환과 부당이득", 민사판례연구 29권, 2007, 158면 이하; 이진만, "유류분의 산정", 민사판례연구 19권, 1997, 369면; 정구태, "유류분반환청구권의 법적 성질에 대한 시론적 고찰", 동아법학 42호, 2008, 232면 이하 등.

5) 교과서로는 곽윤직, 상속법, 개정판, 2004, 292-294면; 박동섭, 친족상속법, 제4판, 2013, 812-813면; 박정기·김연, 친족상속법, 2013, 489면; 송덕수, 친족상속법, 2015, 433-435면; 이경희, 가족법, 8정판, 2013, 637면; 한봉희·백승흠, 가족법, 2013, 651면 등. 논문으로는 김민중, "유류분제도의 개정에 관한 검토", 동북아법연구 4권 2호, 2010, 133면 이하; 김진우, "유류분반환청구권의 법적 성질", 홍익법학 10권 3호, 2009, 222면 이하; 김능환, "유류분반환청구", 재판자료 78집 상속법의 제문제, 1998, 19면 이하; 박영규, "유류분반환청구권의 법적 성질과 행사기간", 외법논집 34권 2호, 2010, 96면 이하; 변동열, "유류분 제도", 민사판례연구 25권, 2003, 813면 이하; 우성만, "유류분반환청구권의 행사방법과 상대방 및 소멸시효", 판례연구 14집, 부산판례연구회, 2003, 443면 이하; 이경희, "현행 유류분제도의 법적 구조", 가족법연구 3호, 1989, 162-164면; 이봉민, "프랑스법상 유류분의 반환방법", 가족법연구 23권 2호, 2009, 206면 이하; 이충상, "제3자를 상대로 유류분반환청구를 할 수 있는가?", 민사법연구 19집, 2011, 135면 이하; 정소민, "유류분반환청구권에 관한 고찰", 외법논집 30집, 2008, 144면 이하; 최준규, "독일의 유류분 제도", 가족법연구 22권 1호, 2008, 297-299면; 홍요셉, "유류분권리자의 지위와 보전에 관한 연구", 법학연구, 27호, 전북대학교, 2008, 247면 이하 등.

6) 2011년까지의 학설의 상황에 대하여는 권용우(주 4), 7면 이하가 비교적 자세하게 소개하고

나. 형성권설의 논거

형성권설은 대체로 다음과 같이 주장한다.

첫째, 우리 민법의 유류분 제도는 게르만법의 영향을 받아 상속인에게 상속분의 일정비율을 보장하는 것을 그 내용으로 한다. 따라서 유류분 제도의 기본적인 취지는 유증이나 증여에 의하여 법이 보장하고자 하는 일정 비율의 상속분을 취득할 가능성이 위협을 받는 상속인에게 그 비율만큼의 상속재산을 보장해 주는 것에 있다. 그렇다면 유류분 반환청구권에 의하여 회복되어야 할 상속인의 권리는 단순히 채권적인 것으로 볼 수는 없고, 오히려 유류분 청구권의 행사에 의하여 유류분권리자는 물권적인 지위를 취득하는 결과가 타당하다.[8]

둘째, 유류분제도는 상속인인 혈족과 배우자의 권리를 보호하기 위한 것인 만큼, 그들을 물권적으로 두텁게 보호할 수 있게 하는 형성권설이 타당하다.[9]

셋째, 지상권자나 임차인이 가지는 매수청구권(민법 제283조, 제643조)이나 임대차계약의 당사자가 가지는 차임증감청구권(민법 제628조)이 '청구권'이라고 되어 있음에도 불구하고 '형성권'이라고 보는 이유는 지상권설정자나 임대인 또는 임차인의 의사와 관계없이 지상권자나 임차인 또는 임대인의 권리를 실현시키려

있다.

7) 한편 우리나라에서 주장되는 형성권설은 유증 또는 증여가 소급하여 효력을 잃으므로 물권변동의 효력 자체가 소멸한다는 물권적 형성권설이다. 그런데 일본에서는 이와는 구별되는 채권적 형성권설도 주장된다. 이 설은, 일본 민법 제1041조가 수증자 및 수유자는 증여 또는 유증의 목적의 가액을 유류분권리자에게 변상하여 반환의 의무를 면할 수 있다고 규정하고 있는 것에 주목하여, 물권적 효력설과 같이 감쇄청구권 행사의 결과 목적물이 당연히 유류분권자에게 복귀하고, 수유자 등이 가액배상을 선택하면 목적물이 수유자 등에게 다시 복귀한다고 설명하는 것은 번잡하고, 감쇄청구권 행사의 결과, 수유자 등이 목적물을 청구권자에게 귀속시킬 의무를 부담하며, 가액을 변제하는 것에 의하여 그 의무를 면한다고 한다. 그리고 감쇄의 효력은 소급하지 않고, 감쇄청구의 시점에 발생한다고 한다. 鈴木祿彌, 相續法講義, 改訂版, 1996, 171-176면 등. 그러나 우리 민법에는 일본 민법 제1041조와 같은 규정이 없고, 국내에서는 이러한 견해가 주장되고 있지도 않다. 다만 정구태(주 4), 235면은 유류분반환청구권의 행사에 의해 유류분을 침해하는 한도에서 유증이나 증여는 당연히 효력을 잃고 그 목적물에 대한 권리는 당연히 유류분권리자에게 복귀하지만, 그로써 유류분권리자가 행사하게 되는 권리는 단지 물권적 청구권만이 아니라 급부부당이득의 반환청구권(제741조)도 포함되고, 따라서 유류분권리자와 반환의무자 사이에 일정한 경우 부당이득반환을 내용으로 하는 채권관계가 형성될 수도 있다고 하면서, 자신의 견해가 물권적 형성권설과 채권적 형성권설을 통합적으로 이해하는 것이라고 한다. 그러나 종래의 형성권설(물권적 형성권설)이 유류분권리자와 의무자 사이의 부당이득의 성립을 부정하고 있는 것은 아니므로, 이 설이 종래의 형성권설과 다른 것이라고 할 수는 없다.

8) 김형석(주 4), 158면 이하 등. 많은 논자가 이 점을 들고 있다.

9) 박병호(주 4), 480면.

는 이유에서이므로, 유류분반환청구권도 그와 같이 보아야 한다.[10]

넷째, 민법 제1117조는 유류분반환청구권이 1년 또는 10년의 소멸시효에 걸린다고 규정하고 있는데,[11] 일반적으로 형성권은 그 특성상 소멸시효의 대상이될 수 없지만, 기본적으로 어떤 권리를 소멸시효에 걸리게 할 것인지 제척기간의 대상으로 할 것인지는 입법정책의 문제일 뿐 권리의 성질에 따라 필연적으로 정해지는 것은 아니므로, 법률에 의하여 형성권을 소멸시효에 걸리도록 하는 것이 전혀 불가능하다고만은 할 수 없고,[12] 따라서 판례(대법원 1993. 4. 13. 선고 92다3595 판결 등)가 유류분반환청구권의 행사기간을 소멸시효기간으로 파악하고 있다는 것으로부터 곧바로 대법원판례가 유류분반환청구권의 법적성질을 청구권으로 보고 있다는 결론이 도출되는 것은 아니다.[13]

나아가 형성권설은 청구권설을 다음과 같이 비판한다.

첫째, 유류분반환청구권은 유증이나 증여가 이미 이행되었을 때에만 행사되는 것이 아니라, 아직 이행되지 않았을 때에도 행사하게 된다. 그런데 아직 이행되지 않았을 경우에 유류분권리자가 유증이나 증여를 받은 자에게 반환을 요구하는 '청구권'을 가진다는 것은 어색하다.[14]

둘째, 형성권설에 의하면 유류분 청구에 의하여 유증 / 증여 등이 실효하므로, 그 이후의 반환의 내용은 민법이 정하는 일반적인 구제수단 즉 부당이득과 물권적 청구권에 의하여 규율되고, 따라서 민법이 반환방법에 관한 구체적인 규율을 두지 않은 태도는 형성권설에 의하면 법률의 흠결로 나타나지 않는 반면, 청구권설에 의하면 민법은 반환방법에 관하여 제1115조, 제1116조 단 두 개의 조문만을 두고 있는 것으로 파악할 수밖에 없으며, 이로써 법률에 광범위한 흠결을 상정하게 된다.[15]

셋째, 청구권설을 취한다고 하여도 유류분 반환청구의 형성적 효력을 인정하지 않을 수 없다고 하면서 다음과 같은 3가지 예를 들고 있다.[16]

---

10) 김주수·김상용(주 4), 821면.
11) 다만 형성권설 가운데에는 1년의 기간은 소멸시효이지만, 10년의 기간은 제척기간이라고 하는 견해가 많다. 학설의 소개는 정구태, "유류분반환청구권의 행사기간에 관한 제문제", 안암법학 27호, 2008, 323면 참조.
12) 그 근거로서 민법주해 Ⅲ, 1992, 404면(윤진수)을 인용하고 있다.
13) 정구태(주 11), 325면. 또한 권용우(주 4), 20면 주 94)는 이는 유류분제도의 특수성에서 발생하는 부득이한 결과라고 한다.
14) 김주수·김상용(주 4), 821면 등.
15) 김형석(주 4), 156면 이하, 특히 158-159면. 같은 취지, 정구태(주 4), 242-243면.
16) 김형석(주 4), 162면 이하. 정구태(주 4), 261면 이하도 같은 취지이다.

우선 피상속인이 불가분인 급부의 증여를 약속하고 사망한 경우에, 공동상속인 중에서 유류분권리자가 있는 경우 그는 청구권설에 의하면 항변권으로 위 청구를 물리칠 수 있게 될 것이지만, 이는 수증자와의 사이에 상대적 효력밖에 없으므로, 수증자는 여전히 다른 유류분 침해 없는 공동상속인에 대하여 전부의 이행을 청구할 수 있고, 변제를 한 공동상속인이 유류분권리자인 공동상속인에 대하여 구상을 할 수 있으며, 결국 청구권설에 의하면 유류분 권리자는 유류분을 보전할 수 없다. 이러한 결과를 회피하고자 한다면 청구권설은 유류분권리자의 항변권 행사에 의하여 그의 분담부분에 한해서 채무가 감축된다는 결론을 인정해야 하며, 이는 결국 감쇄의 효과를 인정함에 다름 아니다.

또 부담부 증여를 받은 자에 대해서 유류분권리자가 증여목적물의 반환을 청구하는 경우, 청구권설에 의하면 수증자는 유류분침해 없는 나머지 공동상속인들에 대해서 담보책임을 물을 수 있게 될 것인데, 이는 유류분 반환의 부담이 결국은 다른 공동상속인에게 돌아감을 의미하고, 따라서 이러한 결과를 회피하기 위해서는 청구권설에 의하더라도 유류분의 청구가 있는 범위에서 다른 공동상속인에 대해서도 부담부 증여의 효력이 상실된다고 상정하지 않을 수 없다.

마지막으로 피상속인이 채무면제를 한 경우에는 청구권설은 이를 설명할 수 없다. 현행법상 이미 면제로 소멸한 채무를 부활하게 하는 행위는 상정할 수 없고, 면제자가 새로운 채권의 창설에 동의를 하는 것이 청구권의 내용이라고 하는 것도 그것이 원래의 채권의 회복이 아님은 명백하며, 면제된 채권에 담보가 설정되어 있던 경우 그러한 담보의 회복이 가능하지 않으므로, '원물'이 반환된다고 볼 수도 없다.

형성권설에 따르면 실제로 어떤 효과가 인정되는가? 우선 수증자 또는 수유자가 파산한 경우에도 유류분권자에게 환취권이 인정되고, 또 수증자 또는 수유자의 채권자가 유류분반환의 목적인 재산에 강제집행을 하는 경우에도 유류분권자는 제3자이의로서 구제받을 수 있게 된다고 한다.[17)]

그리고 이 사건에서와 같이 반환의 목적물이 수유자나 수증자로부터 제3자에게로 양도되었거나, 수유자나 수증자가 제3자를 위해 용익물권 또는 담보물권을 설정하였을 때에는, 형성권설을 관철한다면 유류분권리자는 위와 같은 제3자

---

17) 이진만(주 4), 369면.

가 선의인 경우에도 그에 대하여 권리를 주장할 수 있다고 하여야 할 것이다. 그러나 형성권설은 실제로 그러한 결과를 인정하고 있지는 않다. 즉 형성권설은 거래의 안전을 위하여 제3자가 선의인 경우에는 그 제3자에 대하여 목적물의 반환을 청구할 수 없고, 다만 유류분을 침해한 수유자 또는 수증자에 대하여 그 가액의 반환을 청구할 수 있을 뿐이라고 한다. 그 근거에 대하여는 몇 가지 주장이 있는데, 1설은 피인지자 등의 상속분가액상당지급청구권에 관한 민법 제1014조를 유추하여야 한다고 주장한다.18) 다른 설은 이 경우에는 실종선고의 취소에 관한 민법 제29조 1항 단서가 유추적용된다고 한다. 즉 유류분반환청구권의 행사에 의하여 유류분침해행위의 효력이 상실되는 것보다도 훨씬 더 넓은 범위에서 신분상 그리고 재산상 법률효과를 발생시키는 실종선고의 취소의 경우에도 제3자가 선의인 경우에는 보호하는 규정을 두고 있으므로, 이와 균형상 위 규정을 유류분의 반환에도 유추적용하여 선의의 제3자를 보호하여야 한다는 것이다.19) 제3설은 이 경우에 선의의 제3자 보호에 관한 민법의 여러 규정을 전유추(Gesamtanalogie)하는 방법에 의하여 선의의 전득자를 보호할 수 있다고 한다. 즉 민법은 의사표시 성립과정에 하자가 있어 법률행위가 취소되는 경우에도 선의의 제3자가 있는 한에서 거래의 안전을 위해 취소권자의 이익을 후퇴시키고 있으므로, 피상속인이 자신의 권리에 대하여 자유로운 의사로 아무런 하자나 흠결 없이 행한 처분의 효력이 해소되는 경우의 선의의 제3자는 더욱 더 보호되어야 하며, 민법의 선의의 제3자 보호 규정의 기저에 있는 가치평가를 유추하여 전득자를 보호할 수 있다는 것이다.20)

다. 청구권설

청구권설은 대체로 다음과 같은 근거를 든다.

첫째, 우리 민법은 프랑스 민법이나 일본민법에서 인정하고 있는 유류분권자의 감쇄권(減殺權)을 두고 있지 않을 뿐만 아니라,21) 프랑스 민법이나 일본민법

---

18) 김주수·김상용(주 4), 821면.
19) 이진만(주 4), 369-370면.
20) 김형석(주 4), 162면.
21) 2006년 개정된 프랑스 민법 제920조는 "한 명 이상의 상속인의 유류분을 침해하는 직접적 또는 간접적인 무상처분은 상속이 개시된 때에 자유분까지 감쇄될 수 있다(Les libéralités, directes ou indirectes, qui portent atteinte à la réserve d'un ou plusieurs héritiers, sont réductibles à la quotité disponible lors de l'ouverture de la succession)"고 규정한다. réduction의 사전적 의미는 "다시 돌아가기" 내지 "더 적은 양으로 돌아가게 하거나 혹은 더 작게 만들기"라는 뜻이다. 일

이 인정하고 있는 거래의 안전을 위한 장치를 마련하고 있지 않으므로,[22) 유류분
반환청구권을 형성권으로 새기면 거래의 안전을 해치게 되므로, 우리 민법의 해
석으로서는 청구권으로 새겨야 한다.[23)

　둘째, 비록 유류분권이라는 것이 헌법적으로 보장되는 권리라고 하여도, 유
언의 자유와의 관계에 있어서는 어디까지나 유언의 자유가 우선적으로 고려되어
야 하며, 유류분반환청구권의 성격을 규정하는 경우에도, 유류분권에 대한 피상
속인의 재산처분의 자유의 우위를 고려하여, 가능한 한 피상속인의 재산처분의
자유를 존중하는 방향으로 구성하는 것이 타당하고, 그러한 관점에서 유류분반
환청구권을 형성권이 아닌 청구권으로 구성하는 것의 타당성을 긍정할 수 있다.
유류분 제도는 결국 유언의 자유와 일정한 상속인의 보호라는 가치를 비교형량
하여 그 조화점을 찾는 것인데, 가치의 형량에 있어 처분의 자유 특히 유언의 자
유는 유류분권보다는 더 우선적인 가치이고, 유언의 자유가 유류분권보다 상대
적으로 더 높은 가치라고 할 수 있다면, 이러한 가치형량을 해석에 반영하기 위
해서는 우리 민법의 유류분반환청구권의 성질을 형성권으로 설명하는 것보다는
청구권으로 설명하는 것이 더 타당하다.[24)

　셋째, 물권적 형성권설은 유류분반환청구권의 행사에 의하여 목적물에 관한
권리가 당연히 유류분권자에게 귀속된다고 하므로, 유류분반환청구권의 행사를
민법 제187조 소정의 이른바 등기를 요하지 아니하는 물권변동의 하나로 보는
셈이지만, 민법 제187조에는 '상속'은 규정되어 있어도 유류분반환청구권의 행사
는 규정되어 있지 않으므로 유류분반환청구권의 행사를 등기를 요하지 아니하는
물권변동의 하나로 보기 위하여는 유류분반환청구권의 행사를 상속의 일종으로
보아야만 하는데, 유류분에 상속으로서의 성질이 전혀 없다고는 할 수 없지만,

　본 민법 제1030조는 "유류분권리자 및 그 승계인은 유류분을 보전하기에 필요한 한도에서 유
　증 및 전조(前條)에 규정하는 증여의 감쇄(減殺)를 청구할 수 있다"고 규정한다. 이 감쇄라는
　용어가 프랑스 민법에서 규정하는 "réduction"의 번역이다.

22) 프랑스 민법상 제3취득자에 대한 감쇄청구에 대하여 자세한 것은 이봉민, 프랑스법상 유류분제
　도, 서울대학교 법학석사 학위논문, 2008, 96면 이하 참조. 일본 민법 제1040조 제1항은 감쇄를
　받는 수증자가 증여의 목적을 타인에게 양도한 때에는 유류분권리자에게 그 가액을 변상하여
　야 하지만, 양수인이 양도시에 유류분권리자에게 손해를 가하는 것을 안 때에는 그에 대하여도
　감쇄를 청구할 수 있다고 규정한다.

23) 곽윤직(주 5), 293-294면 등. 청구권설을 지지하는 많은 논자들이 이 점을 근거로 들고 있다.

24) 최준규(주 5), 297면 이하. 이봉민(주 5), 205면 이하도 같은 취지이다. 또한 변동열(주 5), 827
　면도, 근본적으로 개인의 재산 처분의 자유와 자유로운 시장 경제 체제가 유류분권보다는 우선
　되어야 하므로, 물권적인 효력을 부여할 정도로 유류분권을 보호할 필요는 없다고 주장한다.

상속 그 자체라고는 할 수 없다.[25]

　넷째, 형성권에 관하여는 소멸시효에서와 같은 중단을 관념할 수 없고, 따라서 그 권리의 행사기간은 소멸시효 아닌 제척기간이라고 해야 한다고 한다. 그러므로 우리 민법상 유류분반환청구권의 행사기간은 법문의 표현 그대로 소멸시효기간이라고 하여야 하고, 이것과 조화를 이루기 위해서는 유류분반환청구권의 성질은 채권적 청구권으로 이해되어야 한다.[26]

　한편 대부분의 청구권설 지지자들은 유류분의 반환방법은 원칙적으로 원물반환이고, 원물반환이 불가능한 경우에는 가액반환을 청구할 수 있다고 보고 있다.[27] 반면 청구권설을 지지하면서도 그 반환 방법은 원물반환이 아니라 가액반환이라고 주장하는 견해도 있다. 즉 우리나라의 유류분제도는 상속분설이 아니라 상속채권설을 따르고 있고, 순수한 상속분설은 현실생활에 부적합할 뿐만 아니라 우리 현행 법체계와는 맞지 않는다는 것이다. 따라서 우리나라의 유류분제도는 상속채권적 구성을 취하고 있다고 보는 것이 훨씬 합리적이라고 한다. 그러므로 유류분권은 채권적 성격을 가지고, 이로부터 파생하는 유류분반환청구권은 순수한 청구권적 성질을 가진 것이며, 그 반환대상도 현물반환이 아닌 가액반환을 원칙으로 하고 있는 것이 우리나라 유류분제도의 구조라는 것이다.[28]

　청구권설은 수증자가 파산한 경우에 유류분권리자에게 환취권을 인정하여 파산채권자들에 앞서 목적물을 반환받을 수 있게 할 필요는 없다고 한다. 즉 파산채권자들은 증여가 아닌 정상적인 거래를 통하여 그 채권을 취득하였을 가능성이 훨씬 높고, 자신이 수증자와 거래를 함에 있어 수증자가 이미 증여받아 소유하고 있는 재산을 포함한 수증자의 재산상태를 신뢰하고 거래를 한 경우도 있을 수 있는데, 증여자의 상속인이라는 이유만으로 파산자인 수증자의 채권자보다 더 강력한 보호를 받아야 한다고 볼 아무런 이유도 없다는 것이다. 그리고 증여 목적물에 대하여 수증자의 채권자가 강제집행을 하는 경우에도 유류분권리자에게 제3자이의의 소를 인정할 이유가 없다고 한다.[29]

---

25) 김능환(주 5), 20면. 정소민(주 5), 139면도 이를 지지한다.
26) 김진우(주 5), 222면 이하. 그런데 박영규(주 5), 101면 이하; 정소민(주 5), 145면 이하는 유류분반환청구권이 청구권이므로, 제1117조의 기간은 소멸시효기간이라고 설명한다.
27) 그러나 원물반환이 불가능한 경우뿐만 아니라 현저히 곤란한 경우에도 가액반환이 가능하다고 주장하는 견해도 있다. 이봉민(주 5), 208면.
28) 이경희(주 5의 교과서), 613-615면; 이경희(주 5의 논문), 162－164면; 김민중(주 5), 117면도 민법상 유류분반환청구의 대상은 원칙적으로 가액으로 보는 것이 옳다고 주장한다.
29) 변동열(주 5), 816면.

그런데 유류분반환의무자인 수증자 또는 수유자(受遺者)로부터 유류분반환 대상인 목적물을 양도받은 제3자에 대하여도 반환을 청구할 수 있는가에 대하여는 청구권설의 입장에서도 결론이 일치하지 않는다. 수증자로부터의 전득자 등 제3자에 대하여는 전혀 반환을 청구할 수 없다는 견해,[30] 제3자가 악의인 경우에는 그에 대해서도 반환을 청구할 수 있다는 견해,[31] 수증자가 무자력이고 제3자가 악의인 경우에는 민법 제747조 제2항을 유추하여 제3자에 대해서도 유류분반환청구권을 행사할 수 있다는 견해,[32] 악의의 제3자가 유류분권리자를 해함을 알면서 수증자 등의 재산처분에 적극적으로 가담한 경우에는 이중매매에서와 마찬가지로 수증자 등의 유류분 침해행위는 민법 제103조 위반으로 무효라는 견해[33] 등이 있다.

2. 판   례

판례는 형성권설을 따르고 있다. 우선 대법원 1995. 6. 30. 선고 93다11715 판결은, "유류분반환청구권의 행사는 재판상 또는 재판 외에서 상대방에 대한 의사표시의 방법으로 할 수 있고, 이 경우 그 의사표시는 침해를 받은 유증 또는 증여행위를 지정하여 이에 대한 반환청구의 의사를 표시하면 그것으로 족하고 그로 인하여 생긴 목적물의 이전등기청구권이나 인도청구권 등을 행사하는 것과는 달리 그 목적물을 구체적으로 특정하여야 하는 것은 아니"라고 하였다. 이는 유류분반환청구권의 행사를 의사표시에 의하여 한다고 본 점 및 유류분반환청구권의 행사와 그로 인하여 생긴 목적물의 등기청구권과 인도청구권을 구별하고 있는 점에서 형성권설을 따른 것으로 보인다.[34]

또한 대법원 1995. 6. 30. 선고 94므949 판결은 유증의 효력을 부인하면서, 그 유증에 기하여 경료된 피고 명의의 소유권이전등기 중 원고의 유류분에 해당하는 지분의 말소등기를 명한 원심판결을 정당하다고 판시하였는데, 학설은 이 또한 대법원이 형성권설을 취한 것으로 받아들이고 있다.[35]

---

30) 박영규(주 5), 98-99면.
31) 이경희(주 5의 교과서), 639면.
32) 우성만(주 5), 458면; 이충상(주 5), 146면.
33) 정소민(주 5), 140-141면.
34) 김능환(주 5), 18-19면.
35) 김능환(주 5), 18-19면.

그리고 대상판결이 선례로서 인용하고 있는 대법원 2002. 4. 26. 선고 2000 다8878 판결은, 유류분반환청구권의 행사에 의하여 반환하여야 할 유증 또는 증여의 목적이 된 재산이 타인에게 양도된 경우 그 양수인이 양도 당시 유류분권리자를 해함을 안 때에는 양수인에 대하여도 그 재산의 반환을 청구할 수 있다고 판시하여, 종래의 형성권설과 같은 결론에 이르렀다.36)

다른 한편 대법원 1993. 4. 13. 선고 92다3595 판결은, 유류분반환청구권의 행사기간에 관한 민법 제1117조 전단의 1년의 기간은 물론 후단의 10년의 기간도 그 성질을 소멸시효기간이라고 보아야 하므로, 소멸시효의 이익을 받는 자가 항변을 하지 아니하면 그 의사에 반하여 재판할 수 없다고 하였다. 그런데 일반적으로 형성권은 소멸시효에는 걸리지 않는다고 보고 있으므로, 이 판결에 의하면 판례는 청구권설의 입장을 취한 것이라고 볼 여지가 있다는 주장도 있다.37) 그러나 형성권설을 따른 것으로 보이는 위 대법원 1995. 6. 30. 선고 93다11715 판결도 민법 제1117조 소정의 소멸시효의 진행도 반환청구의 의사표시로 중단된다고 한 점에서, 그와 같이 보기는 어렵다.

마침내 대법원 2013. 3. 14. 선고 2010다42624, 42631 판결은, 유류분권리자가 반환의무자를 상대로 유류분반환청구권을 행사하는 경우 그의 유류분을 침해하는 증여 또는 유증은 소급적으로 효력을 상실한다고 하여, 유류분반환청구권을 물권적 효력을 가지는 형성권으로 보고 있음을 명확히 하였다.38) 대상판결도 그와 같은 취지에서, Y들의 상고이유, 즉 유류분반환청구권은 유류분반환 목적물에 대한 채권적 청구권에 불과하여 유류분권리자가 악의의 양수인에 대하여도 반환청구를 할 수 없다고 보아야 하므로, 이와 다른 견해를 취한 대법원판례는 변경하여야 한다고 하는 주장에 대하여, 대법원판례를 변경할 필요성이 있는 것

---

36) 다만 이 판결에 대한 대법원 재판연구관의 해설인 조원철, "유류분반환청구권의 행사에 의하여 반환되어야 할 유증 또는 증여의 목적이 된 재산이 타인에게 양도된 경우 양수인에 대하여도 그 재산의 반환을 청구할 수 있는지 여부(한정 적극)", 대법원판례해설 40호, 2002, 284면은, 현재 유류분반환청구권에 관하여 대법원이 물권적 형성권설을 취하고 있는 것으로 이해되고 있다고 하면서도, 채권적 형성권설을 취하고 있는 학자들도 악의의 제3자의 경우에는 보호할 필요가 없다는 이유에서 추급권을 인정하고 있다는 등의 이유로 악의의 제3자에 대하여는 직접 유류분 반환청구를 할 수 있는 것으로 해석함이 상당하다고 서술하였다.

37) 김진우(주 5), 221-222면 등.

38) 오영준, "수증재산이나 수유재산의 가액이 자기 고유의 유류분액을 초과하는 수인의 공동상속인이 유류분권리자에게 반환하여야 할 재산과 그 범위를 정하는 기준 등", 대법원판례해설 95호, 2013, 234면; 정구태, "유류분반환에 관한 제문제", 이화여대 법학논집 18권 1호, 2013, 505면 등도 참조.

으로 보이지 않는다고 하여 이를 받아들이지 않았다.

3. 검　　토

가. 청구권설의 타당성

우리 민법의 해석상으로는 형성권설을 뒷받침할만한 근거를 전혀 찾을 수 없고, 유류분반환청구권은 문자 그대로 청구권으로 보지 않을 수 없다.

우선 민법 제1115조 제1항은 유류분권리자가 그 유류분에 부족이 생긴 때에는 부족한 한도에서 그 재산의 "반환"을 청구할 수 있다고 규정하고 있어서, 유증 및 증여의 "감쇄(減殺)"를 청구할 수 있다고 규정하는 일본 민법 제1031조와는 다르다. 일본에서 감쇄의 법적 성질에 관하여는 논란이 없는 것은 아니지만, 통설이나 판례는 이를 형성권으로 보고 있다.[39] 그런데 "반환을 청구할 수 있다"고 한 것을 형성권으로 볼 수 있는가가 문제이다. 이에 관하여 형성권설은, 지상권자나 임차인이 가지는 매수청구권 또는 임대차계약의 당사자가 가지는 차임증감청구권이 '청구권'이라고 되어 있음에도 불구하고 '형성권'이라고 해석된다는 점을 들어, 유류분반환청구권도 형성권이라고 주장한다. 그러나 위와 같은 매수청구권이나 차임증감청구권 등의 경우에는 그러한 청구권의 행사에 의하여 매매계약이 성립하거나, 차임이 증감되는 등 법률관계의 변경이 일어나고, 그러한 법률관계의 변경에 기초하여 구체적인 권리와 의무를 행사하게 된다. 따라서 위와 같은 매수청구권이나 차임증감청구권을 형성권으로 보는 것은 당연하다.[40] 그러나 유류분반환의 경우에는 그와 같은 법률관계의 변경이 반드시 선행되어야 하는 것은 아니다.[41] 이 점은 유류분반환의 권리를 형성권이 아니라 청구권으로 구성하고 있는 독일 민법과 같은 다른 입법례를 보더라도 알 수 있다.[42]

---

39) 자세한 것은 新版 注釋民法 28, 補訂版, 2002, 472면(高木多喜男) 참조.

40) 2002년 개정 전의 독일 민법 제462조는 매도인의 하자담보책임의 효과로서 매수인은 계약 해소(Wandelung)와 대금감액(Minderung)을 청구할 수 있다고 규정하고 있었고, 이는 청구권으로 해석되었다. 그러나 그로 인한 논란이 많았으므로, 2002년 개정된 독일 민법 제437조, 제441조 등은 계약 해소는 일반적인 해제(Rücktritt)로 대체하였고, 대금감액은 의사표시에 의하여 행사하는 형성권으로 바꾸었다. Lothar Haas et. al., Das neue Schuldrecht/Haas, 2002, Kap. 5 Rdnr. 170, 212 등 참조.

41) "실재는 불필요하게 증가되어서는 안 된다(non sunt multiplicanda entia sine necessitate)"는 이른바 오컴의 면도날(Occam's razor)을 상기할 필요가 있다.

42) 독일의 유류분제도에 관하여는 최준규(주 5) 참조.

기본적으로 감쇄라는 용어는 프랑스법에서 유래한 것으로,[43] 프랑스형의 유류분제도를 받아들인 나라들에서는 모두 사용되고 있는 특징적인 용어이다.[44] 그런데 민법의 입법자가 감쇄라는 용어를 쓰지 않고 반환이라는 용어로 대체하면서도 여전히 일본의 해석론과 같이 유류분반환청구권을 형성권으로 이해하였다고 보기는 어려우므로, 일본 민법에서의 해석이 우리나라에 그대로 받아들여질 수는 없다. 따라서 유류분반환청구권은 문언 그대로 반환을 청구하는 청구권이라고 보아야 한다.

그런데 이와는 달리, 우리 민법이 "감쇄"라는 표현을 사용하지 않는다는 사실로부터 입법자가 형성권설을 배척했다는 결론이 정당화될 수는 없는데, 입법자는 단지 "감쇄"라는 표현이 우리말로 부자연스럽기 때문에 이를 채택하지 않고 반환청구라는 표현을 선택하였을 수도 있기 때문이라고 하는 주장이 있다.[45] 그러나 이러한 주장은 별로 설득력이 없다. 이 주장은 1977년에 유류분제도 도입을 주장한 범여성·가족법개정촉진회의 유류분 입법안에 대한 서술[46]을 원용하고 있다. 그렇지만 우선 위와 같은 서술을 입법자의 의사라고 할 수 있는지부터 의문이다. 위 촉진회가 제안한 안은 제9대 국회에서 그대로 의원입법으로 발의되었는데, 제안이유서에는 위와 같은 서술은 포함되어 있지 않고, 다만 유류분제도에 관하여는 "유류분제도를 신설한다"라고만 하였을 뿐이다.[47] 입법자의 의사를 법률 해석에서 고려하여야 한다고 할 때, 어떤 자료를 근거로 하여 입법자의 의사를 파악하여야 하는가가 문제되는데, 국회에 제출한 입법제안이유가 아니라 입법안을 작성한 사인(私人)의 의견을 바로 입법자의 의사로 받아들일 수는 없다. 뿐만 아니라, 위 촉진회가 제안한 제1114조 제1항은 "遺留分權利者가 被相續人의 遺贈으로 인하여 그 遺留分에 不足이 생긴 때에는 不足한 限度에서 遺贈財産의 반환을 청구할 수 있다"고 규정하고 있는데, 이는 위 입법안에 대한 설명("遺贈에 대하여 그것이 遺留分을 侵害한 부분만큼 效力을 상실하게 하고, 그 限度의 財産을

---

43) 주 21) 참조.
44) 스위스 민법(제519조, Herabsetzung), 이탈리아 민법(제553조, riduzione), 스페인 민법(제820조, reducción), 포르투갈 민법(제2169조, Redução), 미국 루이지애나 주 민법(제1503조, reduction) 등.
45) 김형석, "우리 상속법의 비교법적 위치", 가족법연구 23권 2호, 2009, 119면 주 146).
46) 민법 제사편 친족·제오편 상속 개정법안 및 이유서, 1974, 70면: "…遺贈에 대하여 그것이 遺留分을 侵害한 부분만큼 效力을 상실하게 하고, 그 限度의 財産을 相續人으로 하여금 返還請求할 수 있게 한다면 遺留分을 실질적으로 保障".
47) 민법중개정법률(안) 제안이유, 제안연월일 1975. 4. 19., 6면(http://likms.assembly.go.kr/bms_svc/img_attach2/09/doc_10/ 090332_10.PDF. 최종 검색 2016. 2. 15.).

相續人으로 하여금 返還請求할 수 있게 한다")과도 다르다. 즉 위 입법안에 대한 설명은 유증의 효력을 상실하게 하고, 그 한도의 재산을 반환청구할 수 있게 한다는 2단계로 되어 있으나, 위 제안된 법안에는 유증의 효력을 상실하게 한다는 내용은 빠져 있고, 단순히 반환을 청구할 수 있다고만 되어 있기 때문이다. 형성권설의 주장대로라면 "반환"은 "효력 상실"을 포함한다는 것이 될 것이지만, 국회에서의 논의 과정에서 이러한 주장이 제기되었더라면, 그것이 그대로 받아들여졌을 것인지는 매우 의심스럽다. 보다 근본적으로는 위 입법안과 실제로 입법화된 민법의 유류분 규정은 큰 차이가 있다. 원래 발의된 법안에는 유류분에 관하여는 제1112, 제1113, 제1114조의 3개 조문만이 있었는데, 국회의 심의 과정에서 4개 조문이 추가되었다.[48] 그런데 원래 발의된 제1114조는 현행 제1115조에 대응하는 규정인데, 제1항은 위에서 설명한 것처럼 유류분권리자가 유증재산의 반환만을 청구할 수 있다고 규정하고 있어서, 증여로 인한 유류분 부족이 있는 때에도 반환을 인정하고 있는 현행법과는 다르다.[49] 또 국회에서의 심의과정에서는 소멸시효에 관한 제1117조가 추가되었고, 양수인이 악의인 때에 반환을 청구할 수 있다고 하는 일본 민법 제1040조에 해당하는 조문은 추가되지 않았다. 이러한 것들은 아래에서 보는 것처럼 형성권설로서는 설명하기 어렵고, 청구권설에 의하여만 설명할 수 있다.

둘째, 민법 제1117조는 유류분반환청구권이 1년 또는 10년의 소멸시효에 걸리는 것으로 규정하고 있다. 학설상으로는 1년의 기간은 소멸시효기간이지만 10년의 기간은 제척기간이라는 주장이 있으나, 별로 근거가 없다.[50] 그런데 일반적

---

48) 국회에서의 심의과정에 대하여는 정구태, "유류분제도의 법적 구조에 관한 연구", 고려대학교 법학박사학위논문, 2010, 14면 이하 참조.

49) 참고로 이처럼 유증재산의 반환만을 인정하고 있는 것은 대만민법 제1225조와 유사하다. 뿐만 아니라 원래 발의된 3개 조문이 모두 대만민법의 유류분(特留分)에 관한 규정(제1223-제1225조)과 매우 유사하다. 아래 주 65)도 참조. 이는 단순한 우연의 일치로는 보이지 않으며, 양자의 관계에 대하여는 추가적인 연구가 필요하다고 생각된다. 대만 민법의 우리말 번역으로는 김성수, 대만민법전, 2012가 있다. 대만에서도 유류분에 관한 규정이 위와 같은 3개 조문밖에 없어서, 여러 가지 논란이 많다고 한다. 그리고 유류분감쇄청구권(대만 민법 제1225조는 감쇄 대신 "扣減"이라는 용어를 쓰고 있다)의 성질에 관하여는 항변권설, 채권설, 채권적 형성권설, 물권적 형성권설 등 여러 가지 주장이 있는데, 통설이나 판례는 물권적 형성권설이라고 한다. 黃詩淳, "台湾法での相續の過程における遺留分減殺請求の機能", 北大法学論集 57卷 5號, 2007, 73면 이하, 113면 이하 참조. 또한 黃詩淳, "特留分之保護方法：從扣減而回復部分之法律性質談起", 臺大法學論叢第三十七卷第一期, 2008, 225면 이하 참조.

50) 민법주해 III, 1992, 404면(윤진수); 정구태(주 11), 323면 이하 참조. 민법 제766조 제2항이 규정하는 10년의 권리행사기간도 이를 제척기간이라고 이해하는 견해가 있으나, 이 또한 소멸시효로 보아야 한다. 대법원 1979. 12. 26. 선고 77다1894, 1895 전원합의체 판결; 1996. 12. 19.

으로 형성권은 소멸시효에 걸리지 않는다고 이해되고 있으므로, 이 규정은 형성권설로서는 설명하기 어렵고, 청구권설의 중요한 근거가 된다.[51] 이에 대하여 형성권설에서는 일반적으로 형성권은 그 특성상 소멸시효의 대상이 될 수 없지만, 기본적으로 어떤 권리를 소멸시효에 걸리게 할 것인지 제척기간의 대상으로 할 것인지는 입법정책의 문제일 뿐 권리의 성질에 따라 필연적으로 정해지는 것은 아니므로, 법률에 의하여 형성권을 소멸시효에 걸리도록 하는 것이 전혀 불가능하다고만은 할 수 없다고 주장한다.[52] 그러나 이는 별로 설득력이 없다.

현재 형성권인데도 소멸시효에 걸리는가가 문제되는 것은 민법 제1024조 제2항이 규정하는 상속의 승인이나 포기의 취소권에 대한 3개월 또는 1년의 행사기간이다. 원래 취소권은 소멸시효 아닌 제척기간에 걸리는데(민법 제146조), 제1024조 제2항은 상속의 승인이나 포기의 취소권에 관하여만 소멸시효에 걸리는 것으로 규정하고 있기 때문에 이를 제척기간으로 보아야 하는 것은 아닌가 하는 논란이 생기게 되었다. 그러나 이는 형성권임이 명백한 취소권에 관하여 법이 소멸시효에 걸리는 것으로 규정하고 있기 때문에 생기는 문제이다.[53] 반면 소멸시효에 걸리는 권리가 형성권인지 아닌지 명확하지 않은 경우에, 이는 형성권이라고 하면서 입법자가 특별히 그러한 권리를 소멸시효에 걸리게 하였다고 주장하는 것은 별로 설득력이 없다. 입법자가 유류분반환청구권을 형성권이라고 보면서도 일반원칙과는 달리 이를 소멸시효에 걸리도록 할 별다른 이유가 있었다고는 생각되지 않기 때문이다. 오히려 유류분반환청구권이 소멸시효에 걸리도록 규정되어 있으므로 이는 형성권 아닌 청구권이라고 보는 것이 자연스러운 설명이다.

한 걸음 더 나아가 생각한다면, 유류분반환청구권을 형성권으로 보는가, 청구권으로 보는가는 유류분제도에 의하여 제한되는 유언의 자유를 어느 정도로 중요하게 평가할 것인가 하는 점과도 관련이 있다. 유언의 자유는 헌법상 보장되는 기본권이고,[54] 유류분제도는 그에 대한 제한으로서, 유류분에 의한 유언의 자

선고 94다22927 전원합의체 판결; 민법주해 XIX, 2005, 395-397면(윤진수) 등 참조.

51) 그런데 김형석(주 4), 161면은, 유류분반환청구권을 청구권이라고 이해하는 것보다는 형성권이라고 이해하는 것이, 청구권의 단기소멸시효를 고려할 때 반드시 필연적인 논거는 아니더라도 보다 설득력이 있다고 서술하고 있으나, 이해하기 어렵다.

52) 위 주 13)의 본문.

53) 윤진수(주 50), 404면은 민법 제1024조 제2항은 입법의 오류로 볼 여지가 없지 않으나, 소멸시효기간으로 보는 것이 법문에 충실한 해석이라고 하였다.

54) 윤진수, "상속제도의 헌법적 근거", 민법논고 VII, 2011, 2면 이하; 헌법재판소 2008. 3. 27. 선고

유 제한은 유류분권리자를 보호하기에 필요한 한도에서 최소한에 그쳐야 한다.55) 이러한 점에서 본다면 청구권설이 형성권설보다 유언의 자유를 더 존중한다고 말할 수 있다. 청구권설은 유류분을 침해하는 증여나 유증의 효력 자체는 문제삼지 않으면서, 수증자나 수유자가 그로 인하여 얻은 이익의 반환만을 명하기 때문이다.

구체적으로는 형성권설에 따르게 되면 유류분반환의 방법을 원칙적으로 원물반환에 의하여야 하고, 원물반환이 불가능한 경우에 한하여 가액반환이 인정된다는 결론에 이르기 쉽다. 현재 우리나라의 형성권설은 모두 그와 같이 보고 있다. 형성권설을 따르는 대법원의 판례도 그와 같은 취지로 이해된다.56) 과연 형성권설을 따른다고 하여 원물반환이 불가능하지 않은 이상 원물반환이 이루어져야 한다는 결론이 반드시 논리필연적으로 도출되는가에 대하여는 의문의 여지가 없는 것은 아니다.57) 그러나 청구권설에 따를 때에는 가액반환을 인정할 수 있는 범위가 좀 더 넓어질 수 있다.58) 그런데 피상속인의 의사에 더 부합하는 것은 가액반환이라고 할 수 있다. 피상속인의 의사는 원물 그 자체를 반환의무자가 보유하는 것을 의욕하였기 때문이다.59) 앞에서도 언급한 것처럼, 유류분제도는 피상속인의 유언의 자유를 제한하는 것이므로, 피상속인의 의사는 이와 다른 입법자의 의사가 확인되지 않으면 최대한 존중되어야 할 것이다.

2006헌바82 결정 등.

55) 주 24) 및 그 본문 참조. 대법원 2014. 5. 29. 선고 2012다31802 판결도, 유류분제도가 상속인들의 상속분을 일정 부분 보장한다는 명분 아래 피상속인의 자유의사에 기한 자기 재산의 처분을 그의 의사에 반하여 제한하는 것인 만큼 그 인정 범위를 가능한 한 필요최소한으로 그치는 것이 피상속인의 의사를 존중한다는 의미에서 바람직하다고 설시하였다.

56) 대법원 2013. 3. 14. 선고 2010다42624, 42631 판결은, 유류분반환의무자는 통상적으로 증여 또는 유증 대상 재산 그 자체를 반환하면 될 것이나 위 원물반환이 불가능한 경우에는 그 가액상당액을 반환할 수밖에 없다고 하면서, 유류분권리자의 가액반환청구에 대하여 반환의무자가 원물반환을 주장하며 가액반환에 반대하는 의사를 표시한 경우에는 반환의무자의 의사에 반하여 원물반환이 가능한 재산에 대하여 가액반환을 명할 수 없다고 하였다.

57) 스위스 연방대법원은 유류분감쇄청구권을 형성권이라고 보면서도, 생전증여가 감쇄될 때에는 그 반환의 대상은 원물이 아니라 가액이라고 하였으나, 학설상은 논란이 있다. 스위스 연방대법원(Bundesgericht) 1984. 6. 7. 판결(BGE 110 Ⅱ 228, 233 f.); Basler Kommentar ZGB Ⅱ-Forni/Piatti, 2003, Art. 528 N. 4 ff. 참조.

58) 윤진수, "유류분의 반환방법", 민법논고 Ⅶ, 2015, 391-392면 참조.

59) 윤진수(주 5), 387면; Antoni Vaquer, "The Law of Succession", in Mauro Bussani and Franz Werro ed., European Private Law: A Handbook, Vol. 1, 2009, pp. 571 f. 참조. 근래 네덜란드와 프랑스는 유류분 반환의 방법을 종래의 원물반환 원칙에서 가액반환 원칙으로 바꾸었다. Wilbert D. Kolkman, "Freedom of Testation in the Netherlands", in Reinhard Zimmermann ed., Freedom of Testation Testierfreiheit, 2012, pp. 32 ff.; 이봉민(주 5) 참조.

나. 형성권설의 문제점

반면 형성권설이 주장하는 논거는 별로 설득력이 없다. 우선 형성권설의 주된 논거는, 우리 민법의 유류분 제도는 게르만법 내지 프랑스법의 영향을 받아 상속인에게 상속분의 일정비율을 보장하는 것을 그 내용으로 하고, 따라서 유류분 반환청구권에 의하여 회복되어야 할 상속인의 권리는 단순히 채권적인 것으로 볼 수는 없으며, 오히려 유류분 청구권의 행사에 의하여 유류분권리자는 물권적인 지위를 취득하는 결과가 타당하다는 것이다.

그러나 우선 우리나라 민법의 개별적 규정을 검토하지 않은 채로, 일반적으로 우리 민법의 유류분제도가 게르만법의 영향을 받았으므로 형성권설이 타당하다고 하는 것 자체가 별로 좋은 논증방법이라고는 할 수 없다.[60] 나아가 과연 우리나라의 유류분제도가 게르만법 내지 프랑스법이나 일본법과 동일한 구조를 가지고 있는지부터 따져 볼 필요가 있다. 민법 제1112조는 유류분을 그 법정상속분의 1/2 또는 1/3로 정하고 있다. 그런데 프랑스 민법 제912조는 상속재산 자체를 유류분(la réserve héréditaire)과 자유분(la quotité disponible)[61]으로 구분하고, 제920조는 상속인의 유류분을 침해하는 무상처분(libéralités)은 임의처분분까지 감쇄될 수 있다고 규정하고 있다.[62] 일본 민법 제1028조도 상속인의 유류분을 상속재산의 1/2 또는 1/3로 정하고 있어서, 프랑스 민법과 같이 유류분과 자유분을 구별하고 있다. 이처럼 유류분과 자유분을 구별하는 것은 프랑스 민법의 영향을 받은 여러 나라에서 모두 찾아볼 수 있다.[63]

그러므로 프랑스 민법이나 일본 민법상 유류분제도의 바탕에는, 피상속인은 자유분의 범위 내에서만 자신의 재산을 처분할 수 있고, 이를 넘어서는 증여나

---

60) 이 점에서 일본의 학자가 일본의 유류분제도에 관하여 그 도입 경위와 프랑스 민법과의 차이를 강조하면서, 「모법(母法) 프랑스법으로부터의 해방」을 주장하고 있는 것은 우리에게도 매우 시사적이다. 西 希代子, "遺留分制度の再検討 (一〇·完)", 法学協会雑誌 125巻 6号, 2008, 1302면 이하 참조.

61) "disponible"의 원래 의미는 "처분 가능한"이지만, "la quotité disponible"은 일반적으로 자유분이라고 부르고 있다. 명순구 역, 프랑스 민법전, 2004, 454면은 "la quotité disponible"을 처분가능 재산분이라고 번역하였다.

62) 프랑스 민법은 2006년 개정 전까지는 유류분과 자유분의 개념을 정의하지 않고, 다만 자유분의 액수만을 규정하고 있었으며, 위와 같은 개념 규정 조항은 2006년에 도입되었다. 그러나 이는 내용상 새로운 것은 아니고, 종전의 학설과 판례상 인정되었던 것을 명문화한 것이다. 이봉민 (주 22), 21-23면 참조.

63) 벨기에, 이탈리아, 스페인, 포르투갈 등. 상세한 것은 Süß, Erbrecht in Europa, 2. Aufl., 2007의 각 해당 국가 설명 참조.

유증은 문제가 있으므로 그 효력을 상실시켜야 한다는 관념이 있다고 생각할 수 있다.[64] 그런데 우리 민법은 유류분을 전체 상속재산의 비율로 정하지 않고, 각 상속인의 법정상속분의 비율로 정하고 있어서,[65] 유류분과 자유분을 구별하지 않으며, 따라서 피상속인이 자신의 자유분의 범위 내에서만 재산을 처분할 수 있다는 관념도 생길 여지가 없다. 그러므로 우리 민법상으로는 피상속인의 처분행위의 효력을 상실시킬 이유는 없고, 단지 유류분반환의무자에게 유류분부족분을 반환시킴으로써 유류분권리자를 보호하면 충분하다고 보는 것이 자연스럽다.[66] 여기에 우리 민법이 이러한 프랑스형 유류분제도에 특징적인 감쇄라는 용어를 사용하지 않고 있는 점까지 아울러 생각해 보면, 우리 민법의 유류분제도를 가리켜 프랑스 형에 속한다고 할 수 있는지 매우 의심스럽다.[67]

또한 형성권설은 상속인인 혈족과 배우자의 권리를 물권적으로 두텁게 보호

---

64) 실제로는 프랑스 민법이 2006년에 유류분 반환의 원칙적 방법을 원물 아닌 가액으로 전환한 후에는 감쇄(réduction)라는 용어가 적절한지 논란의 여지가 있다. 이봉민(주 5), 181면 주 20) 참조.

65) 이 규정은 대만 민법 제1223조와 거의 같다. 즉 대만의 현행 민법은 일본민법과는 달리 이른바 전체적 유류분주의가 아니라 개별적 유류분주의를 채택한 것이다. 黃詩淳, 北大法学論集(주 49), 88면. 다만 우리 민법상은 직계존속의 유류분은 일률적으로 법정상속분의 1/2인데 반하여, 대만 민법상은 부모의 유류분(特留分)은 상속분(應繼分)의 1/2이고, 조부모의 유류분은 상속분의 1/3인 점에 차이가 있다. 우리나라에서 처음으로 유류분에 관한 구체적인 입법론을 제시한 것으로 보이는 문헌에서도 상속분의 비율을 기준으로 하여야 한다고 주장하였다. 즉 유류분액을 정하는 데는 로마법에서 발단하여 현행 독일민법에 규정되어 있는 상속분기준주의와 게르만법에서 기원하여 佛蘭西(프랑스) 민법에 보존되어 있는 상속재산 기준주의가 있는데, 입법기술상 독일민법과 같이 규정하는 것이 우수하므로 상속재산기준주의에 의하지 않고 상속분기준주의에 의한다는 것이다. 여기서는 중화민국(대만) 민법을 상속분기준주의를 채택하고 있는 예로 들고 있다. 具然昌, "유류분 제도의 비교법적 연구 : 입법론을 중심으로", 서울대학교 법학석사 학위논문, 1967, 155-157면 참조.

66) 우성만(주 5), 443-444면은, 우리 민법상 피상속인이 자유로이 처분할 수 있는 재산과 그렇지 않은 재산이 미리 구분되어 있는 것은 아니고, 상속개시 이전의 피상속인의 재산처분의 자유는 보장되어 있으므로, 상속이 개시되더라도 유류분을 침해하는 피상속인의 처분이 당연히 무효로 되는 것은 아니고, 상속인이 원하면 상속개시시를 기준으로 일정한 한도에서 반환을 청구할 수 있는 데 그친다고 설명한다. 한편 형성권설을 따르는 김형석(주 4), 162면은, 피상속인이 자신의 권리에 대하여 자유로운 의사로 아무런 하자나 흠결 없이 행한 처분의 효력이 해소되는 경우의 선의의 제3자는 의사표시에 흠결이 있거나 하자가 있음을 이유로 취소된 경우에 선의의 제3자보다 더욱 더 보호되어야 한다고 주장한다. 그런데 근본적으로 아무런 하자나 흠결이 없는 피상속인의 증여나 유증의 효력을 실효시켜야 할 이유는 무엇일까?

67) 이경희(주 5의 논문), 161면 이하는 우리 유류분법은 자유분과 유류분을 미리 구분하고 있지도 않고 또 상속개시 이전에는 피상속인의 재산처분의 자유가 보장되어 있다는 점 등을 근거로 하여, 우리 민법상의 유류분제도는 German-프랑스법형의 상속분적 구성이 아니라 Rome-독일법형의 상속채권적 구성을 취하고 있다고 주장한다. 김민중(주 5), 115면 이하도 같은 취지로 보인다. 위 글 118면 이하는 일본 민법과 우리 민법의 유류분에 관한 규정의 차이를 열거하고 있다.

할 수 있게 하기 위하여는 형성권설이 타당하다고 주장한다. 그러나 이는 타당한
논증이라고 할 수 없다. 형성권설이 옳은가, 청구권설이 옳은가 하는 문제는 결
국 유류분권리자의 권리를 어느 정도 보호하는 것이 옳은가를 판단하기 위한 것
인데, 미리 유류분권리자의 권리를 두텁게 보호하여야 한다고 하는 전제에서 형
성권설이 옳다고 하는 것은 전형적인 선결문제 요구의 오류(petitio principii)를 범
하는 것이다.

  그리고 형성권설이 유류분반환의무자로부터의 양수인에 대한 반환청구는
양수인이 악의인 때에는 가능하다고 보는 것도 근거가 없다. 이 점은 아래에서
대상판결을 살펴보면서 따로 논한다.

  나아가 형성권설의 청구권설에 대한 비판도 어느 것이나 별로 설득력이 없
다. 우선 유증이나 증여가 아직 이행되지 않았을 경우에 유류분권리자가 유증이
나 증여를 받은 자에게 반환을 요구하는 '청구권'을 가진다는 것은 어색하다고
하지만, 반환되어야 할 것의 이행을 청구하는 것은 신의칙에 어긋나고 권리남용
에 해당하므로,68) 유류분반환청구권을 가지는 사람이 유증이나 증여의 이행을
거절할 수 있는 것은 당연하다.

  또한 형성권설은 청구권설에 의하면 법률에 광범위한 흠결을 상정하게 된다
고 주장한다. 이러한 비판은 주로 원물의 반환이 가능하지 않은 경우에 예외적으
로 가액반환을 인정하는 것에 대하여, 형성권설에 따르면 이를 부당이득으로 설
명할 수 있지만, 청구권설에 의할 때에는 이를 설명할 수 있는 근거가 없다는 취
지로 이해된다.69) 그러나 이는 유류분제도의 목적에 대한 오해에서 기인하는 것
이다. 유류분제도의 목적은 유류분반환의무자가 얻은 이익을 유류분권리자에게
돌려주는 것으로서, 그 반환의 방법은 원물일 수도 있고, 가액일 수도 있다. 따라
서 가액반환도 유류분 반환의무에 포함되는 것이고, 원물반환과는 별도의 법적
근거를 필요로 하는 것은 아니다. 이 점에 관하여 참고가 되는 것은 일본 최고재
판소 2000(平成 12). 7. 11. 판결70)이다. 원래 일본의 유류분제도는 상속분적 구성
을 채택하였고, 따라서 유류분권은 상속권으로서의 성격을 가지는 것으로 이해
되고 있다. 그런데도 위 판결은, 유류분은 유류분 산정의 기초가 되는 재산의 일
정한 비율일 뿐이고, 유류분권리자가 특정한 재산을 취득하는 것 자체를 보장하

---

68) 민법주해 I, 1992, 139면(양창수); 박영규(주 5), 101면 참조.
69) 김형석(주 4), 157면 이하; 정구태(주 4), 240면 이하 등.
70) 民集 54卷 6號 1886면 이하.

는 것이라고 단정할 수는 없다고 하였다.

　뿐만 아니라, 가령 원물반환이 불가능한 경우에 비로소 가액반환이 인정되는 것이라고 보더라도, 그 가액반환의무의 성질을 부당이득으로 보지 않으면 안될 이유는 없다. 이 문제는 채권자취소권 행사의 효과로서 인정되는 가액반환의 경우와 비교하여 볼 수 있다. 채권자취소권 행사에 따르는 원상회복은 원물반환이 원칙이지만, 일정한 경우에는 가액반환도 인정된다. 이 가액반환의 성질에 관하여는 통설은 이는 법률에 의하여 원상회복의무의 일종으로 인정되는 것이라고 설명하고 있고,[71] 이 점에 관하여 특별히 법률의 흠결이 있다고 하는 논의는 찾을 수 없다.[72] 그러므로 청구권설에 의한다고 하더라도 가액반환에 관하여 법률의 흠결이 있다고는 말할 수 없다.[73]

　또 형성권설은 청구권설을 취한다고 하여도 유류분 반환청구의 형성적 효력을 인정하지 않을 수 없다고 하면서, 우선 피상속인이 불가분인 급부의 증여를 약속하고 사망한 경우에, 공동상속인 중 유류분권리자는 증여의 청구를 물리칠수 있지만, 이는 수증자와의 사이에 상대적 효력밖에 없으므로, 수증자는 여전히 다른 공동상속인에 대하여 전부의 이행을 청구할 수 있으며, 변제를 한 공동상속인이 유류분권리자인 공동상속인에 대하여 구상을 할 수 있고, 이러한 결과를 회피하고자 한다면 청구권설은 유류분권리자의 항변권 행사에 의하여 그의 분담부분에 한해서 채무가 감축된다는 결론을 인정해야 한다고 주장한다.

　그러나 유류분반환청구권의 행사는 이를 청구권으로 보건, 형성권으로 보건간에 상대적 효력밖에는 없다. 민법상 유류분청구권의 행사가 절대적 효력이 있다는 규정은 없기 때문이다. 따라서 한 공동상속인이 유류분반환청구권을 행사하더라도 다른 공동상속인은 불가분채무 전부를 이행하여야 하고, 이는 형성권

---

71) 민법주해 Ⅸ, 1995, 845면(김능환); 주석민법 채권총칙 (2), 제4판, 2013, 321- 322면(손진홍) 등.
72) 다만 대법원 2012. 6. 28. 선고 2010다71431 판결은 채권자취소권 행사의 효과로서 인정되는 가액배상을 대상청구권과 같은 것으로 이해하는 것처럼 보인다. 그러나 이러한 경우에 굳이 대상청구권의 이론을 끌어들일 필요는 없다. 윤진수, "2007년도 주요 민법 관련 판례 회고", 민법논고 Ⅶ, 2015, 483면 참조.
73) 다른 한편 위와 같이 청구권설을 비판하는 논자는, 형성권설에 따를 때에는 유류분반환의무를 부담하는 수증자나 수유자가 선의라면 민법 제748조 제1항에 의하여 이익이 현존하고 있지 않음을 주장할 가능성도 이론상으로는 존재한다고 주장한다. 김형석(주 4), 169-170면. 그러나 이는 형성권설이 모델로 삼고 있는 일본 민법과는 다르다. 일본 민법 제1040조 제1항 본문은 감쇄를 받는 수증자가 증여의 목적을 타인에게 양도한 때에는 유류분권리자에게 그 가액을 변상하여야 한다고 규정하고 있는데, 이 경우에는 수증자의 선의·악의, 양도행위의 유상·무상을 묻지 않는다고 해석되고 있다. 新版 注釋民法 28(주 39), 614면(中川 淳) 참조. 따라서 수증자는 현존이익이 없다는 주장을 하지 못한다.

설에 따르건 청구권설에 따르건 마찬가지이다. 다른 한편 유류분반환청구권의 행사가 상대적 효력밖에 없다고 하여 이를 행사한 유류분권리자가 다른 공동상속인의 구상권 행사에 응하여야 한다는 결론이 당연히 나오는 것은 아니다. 이러한 경우에 다른 공동상속인이 유류분권리자에게 구상권을 행사하려면 유류분권리자가 공동면책이 되었어야 하는데(민법 제411조에 의한 제425조의 준용), 유류분권리자는 유류분반환청구권을 행사하여 수증자의 청구를 거절할 수 있었으므로, 유류분권리자가 공동면책되었다고 할 수는 없을 것이기 때문이다. 그러므로 이 점에서 형성권설과 청구권설 사이에 차이가 있는 것은 아니다.

그리고 형성적 효력을 인정하지 않으면 안 될 또 다른 예로서는, 부담부 증여를 받은 자에 대해서 유류분권리자가 증여목적물의 반환을 청구하는 경우를 들고 있다. 즉 청구권설에 의하면 수증자는 유류분침해 없는 나머지 공동상속인들에 대해서 담보책임을 물을 수 있게 되는데, 이러한 결과를 회피하기 위해서는 청구권설에 의하더라도 유류분의 청구가 있는 범위에서 다른 공동상속인에 대해서도 부담부 증여의 효력이 상실된다고 상정하지 않을 수 없다는 것이다. 그러나 부담부 증여를 받은 자에 대하여 유류분권리자가 유류분반환청구권을 행사하는 경우에는, 수증자가 받은 증여의 액수를 산정함에 있어서 증여의 가액에서 부담의 가액을 공제하여야 한다. 일본 민법 제1038조는 그와 같이 규정하고 있는데, 우리 민법에는 그러한 규정이 없으나, 마찬가지로 해석하여야 할 것이다.74) 따라서 담보책임의 문제는 처음부터 생기지 않는다.

형성권설은 마지막으로 피상속인이 채무면제를 한 경우에는 청구권설은 이를 설명할 수 없다고 한다. 그러나 특별히 청구권설이 이를 설명할 수 없는 것은 아니다. 유류분권리자가 채무면제를 받은 채무자에게 면제되었던 채무의 이행을 청구하는 것이 청구권의 내용이라고 볼 수 있기 때문이다.75) 이를 원물반환으로 볼 것인지, 가액반환으로 볼 것인지는 용어상의 문제일 뿐이고, 이것이 청구권설의 문제점이라고 할 수는 없다.

---

74) 변동열(주 5), 847-848면 참조. 독일에 관하여는 Münchener Kommentar zum BGB/Lange, 6. Auflage, 2013, § 2325 Rdnr. 41 참조.

75) 유류분반환청구권을 청구권으로 구성하고 있는 독일에서도 채무의 면제(Erlass)는 유류분보충청구권(Pflichtteilsergänzungsanspruch)을 발생시키는 증여와 같다고 보는 데 특별한 이견이 없다. BGHZ 98, 226; Münchener Kommentar zum BGB/Lange, § 2325 Rdnr. 48 참조.

4. 대상판결에 대하여

가. 형성권설에 따른 양수인에 대한 반환청구의 논거 검토

대상판결은 Y들은 악의의 양수인으로서 X들에게 X들의 유류분을 침해하는 한도에서 이를 반환할 의무가 있다고 판단하였다. 이는 형성권설의 주장과 같다. 형성권설은 그와 같이 보는 근거로서 유추를 내세운다. 즉 피인지자 등의 상속분 가액상당지급청구권에 관한 민법 제1014조나 실종선고의 취소에 관한 민법 제29조 제1항 단서를 유추하거나, 또는 선의의 제3자 보호에 관한 민법의 여러 규정을 전유추(Gesamtanalogie)[76]할 수 있다는 것이다. 그러나 이러한 주장은 별로 설득력이 없다. 우선 민법 제1014조나 제29조 제1항 단서와 양수인에 대한 유류분반환청구 사이에는 별로 유사한 점이 없다. 그리고 전체유추는 매우 신중하게 행하여져야 하는데,[77] 선의의 제3자 보호는 민법상 예외적인 제도이므로, 이를 안이하게 유추하여서는 안 된다.[78]

보다 근본적으로는 과연 이 점에 관하여 유추를 필요로 하는 흠결이 존재한다고 볼 수 있는지가 의문이다.[79] 위와 같은 형성권설의 주장은, 양수인이 양도 시에 유류분권리자에게 손해를 가하는 것을 안 때에는 그에 대하여도 감쇄를 청구할 수 있다고 규정하는 일본 민법 제1040조 제1항 단서와 같은 결과를 우리 민법상으로도 인정하려는 것이다. 그런데 유류분에 관한 규정을 제정할 당시에 입법자는 위 일본 민법 규정의 존재를 알고 있었음이 분명하다. 그럼에도 불구하고 이러한 규정을 두지 않은 것은, 입법자가 이러한 규정을 둘 필요가 없다고 보았기 때문이라고 할 수밖에 없다. 이 점에서 이는 입법자의 "의사를 나타내는 침묵(das beredte Schweigen)"[80]이라고 하여야 할 것이다. 왜 입법자가 이러한 규정을

---

76) 전체유추라고도 한다.

77) Larenz/Canaris, Methodenlehre der Rechtswissenschaft, 3. Aufl., 1995, S. 206은, 법원으로서는 전체유추에 의하여 발견된 일반적 법원리의 전체적인 적용범위를 파악하기 어려우므로, 전체유추가 가능한 것으로 보이는 경우에도 1차적으로는 개별유추에 의함이 안전하다고 설명한다.

78) 같은 취지, 박영규(주 5), 98-99면.

79) 형성권설을 지지하는 김형석(주 4), 159면도, 해석자는 입법자의 의사를 가능하면 선해해야 하고, 따라서 법률해석에 있어서는 흠결이 아니라 무흠결이 추정되어야 하며, 흠결을 인정하지 않을 가능성이 있음에도 불구하고 법률에 흠결 그것도 광범위한 흠결을 상정하는 해석은 법률해석으로 적절하지 않다고 서술한다.

80) 이 용어에 대하여는 Larenz/Canaris(주 77), S. 198 참조. 김영환, "법학방법론의 이론적 체계와 실천적 의의", 법철학연구 17권 3호, 2014, 32면은 "의사표현적 침묵"이라는 역어를 사용하고

두지 않았을까? 입법자가 형성권설을 따르면서도, 증여나 유증이 무효로 됨으로 인하여 생기는 거래상의 혼란은 용인하여야 한다고 생각하였을 가능성은 없을 것이다. 형성권설에서도 그와 같이 보지는 않는다. 그렇다면 입법자는 유류분반환청구권을 채권적인 청구권으로 생각하였기 때문에, 위와 같은 규정을 두지 않더라도 거래상의 안전을 해치는 일은 없을 것으로 판단하였다고 보는 것이 합리적인 추론이 아닐까?[81]

나. 대상판결의 당부

그렇다면 청구권설에 따를 때에는 유류분권리자가 수증자의 양수인에 대하여는 아무런 권리를 행사하지 못한다고 보아야 하고, 따라서 대상판결의 결론은 잘못된 것이라고 하여야 하는가? 이 점에 관하여는 청구권설에서도 예외적으로 양수인에 대하여도 반환청구를 할 수 있다는 예외를 인정하기도 한다.

우선 청구권설 가운데에는 양수인이 유류분권리자를 해함을 알면서 수증자 등의 재산처분에 적극적으로 가담한 경우에는 이중매매에서와 마찬가지로 수증자 등의 유류분 침해행위는 민법 제103조 위반으로 무효라고 볼 수 있다는 주장이 있다.[82] 얼핏 보기에는 유류분반환청구권을 매수인이 가지는 소유권이전등기청구권과 달리 취급할 이유가 없으므로, 이러한 주장은 일리가 있는 것처럼 생각될 수 있다. 그러나 유류분제도의 목적이 유류분반환의무자가 얻은 이익을 유류분권리자에게 돌려주는 것으로서, 그 반환의 방법이 반드시 원물일 필요가 없다고 본다면,[83] 원물 반환에 대한 유류분권리자의 이익을 그와 같이 강력하게 보호할 필요가 있는지 의문이다. 설령 양수인이 유류분권리자를 해함을 알면서 수증자 등의 재산처분에 적극적으로 가담하였다고 하더라도, 유류분권리자가 원래의 수증자 등에 대하여 가액반환을 청구할 수 있으면 그로써 유류분권리자의 보호에 충분할 것이다.

그런데 가령 유류분반환의무자인 수증자 또는 수유자가 무자력이어서 그로부터는 가액반환을 받을 수 없다면, 이때에도 양수인에 대하여 아무런 권리를 주장할 수 없다고 보아야 하는가?[84] 이 점에 관하여는 청구권설 가운데 수증자 등

있다.
81) 김능환(주 5), 42면도 같은 취지이다.
82) 정소민(주 5), 140-141면 참조.
83) 위 주 59)의 본문 및 주 69)의 본문 참조.
84) 2006년 개정된 프랑스 민법 제924조의4 제1항은 수익자가 무자력이면 유류분권리자는 제3취득

이 무자력인 경우에 제3자가 악의일 때에는 부당이득반환의 법리(민법 제747조 제2항)에 따라 예외적으로 제3자에게도 반환청구를 할 수 있다고 주장하는 견해가 있다.[85] 위 조항은 부당이득의 수익자가 그 이익을 반환할 수 없는 경우에는 수익자로부터 무상으로 그 이익의 목적물을 양수한 악의의 제3자는 전항의 규정에 의하여 반환할 책임이 있다고 규정한다. 이러한 주장도 충분히 검토할 가치가 있다. 즉 청구권설을 취하더라도 유류분반환청구에 관하여는 부당이득의 규정을 유추할 여지가 있고,[86] 따라서 수증자 등이 무자력이면 위 조항에 따라 수증자로부터 무상으로 증여 등의 목적물을 양수한 악의의 제3자는 민법 제747조 제2항을 유추하여, 유류분권리자에게 유류분을 반환할 의무가 있다고 보는 것이다.[87] 그런데 이 사건에서는 피상속인으로부터 직접 증여를 받은 Y_1이나 Y_2가 무자력이었다는 사정은 나타나 있지 않다.[88]

그렇지만 대상판결에는 다음과 같은 특수한 사정이 있다. 첫째, Y_2와 Y_3은 피상속인인 A와 Y_1 사이에서 출생한 자녀들로서, Y_1과 함께 A의 공동상속인이다. 둘째, Y_2와 Y_3은 A로부터 직접 증여를 받기도 하였다. 이처럼 직접 증여를 받은 것에 대하여는 Y_2와 Y_3이 유류분을 반환할 책임이 있다는 것은 이들도 시인하고 있다. 셋째, Y_2가 Y_1로부터, Y_3이 Y_1과 Y_2로부터 부동산을 취득한 것은 모두 무상으로 증여를 받은 것이다. 넷째, Y_2가 Y_1로부터, Y_3이 Y_2로부터 증여를 받을 때 모두 그로 인하여 유류분권리자인 X들을 해함을 알고 있었다.

이러한 점에 비추어 본다면, 이 사건에서 A로부터 Y_1을 거쳐서 다시 증여받은 Y_2, Y_3와, Y_2를 거쳐서 다시 증여받은 Y_3가 A로부터 직접 증여를 받은 것과 실질적으로 같이 볼 수 있는 특수한 사정이 있다고 보인다. 다른 말로 한다면, 이처럼 Y_2와 Y_3이 Y_1 또는 Y_2를 거쳐서 다시 증여를 받은 것은, 최초에 이들이 A

자에 대하여 원물감쇄를 청구할 수 있다고 규정한다.

85) 우성만(주 5), 458면.

86) 형성권설을 지지하는 김형석(주 4), 167면도, 청구권설을 취하더라도, 유류분 반환청구의 구체적 내용은 그 성질이 허용하는 한에서 부당이득의 규정을 유추하여 해결하는 것이 타당하다고 주장한다.

87) 다만 위 조항이 전득자의 무상 양수뿐만 아니라 악의까지 요구하고 있는 것은 매우 이례적인 입법례이다. 이 점에 대하여는 윤진수, "부당이득법의 경제적 분석", 서울대학교 법학 55권 3호, 2014, 145-146면 참조.

88) 제1심 판결은, 제3목록 기재 부동산에 대한 유류분반환의무자는 원고들의 주장에 따라 A로부터 직접 증여를 받은 Y_1으로 보았고, 제4목록 기재 부동산 중 A로부터 Y_2에게 직접 증여되었다가 다시 Y_3에게 증여된 것들의 유류분반환의무자도 제32항 기재 부동산을 제외하고는 Y_2로 보았다.

로부터 증여를 받았던 재산을 그들 사이에 다시 재조정한 것이라고도 볼 수 있
는 것이다.[89]

원심과 대법원이 Y_2와 Y_3이 A로부터 직접 증여받지 않은 부동산에 대하여도
유류분반환의무가 있다고 인정한 것도, 단지 그들이 악의였다는 점뿐만 아니라 이
러한 사정이 있다는 점도 아울러 고려한 것이 아닌가 추측할 수 있다. 대상판결이
선례로서 인용하고 있는 대법원 2002. 4. 26. 선고 2000다8878 판결에서도, 피상
속인의 장남과 차남이 피상속인으로부터 주식을 증여받았는데, 피상속인의 차남
이 자신이 증여받은 주식을 다시 피상속인의 장남에게 증여하였고, 대법원은 피상
속인의 장남에 대한 유류분반환청구가 받아들여질 수 있다고 판단하였다.

결국 이 사건에서는 Y_2와 Y_3은 중간에 다른 사람을 거치기는 했지만, 직접
A로부터 증여를 받은 것과 같이 취급하여야 한다. 이 점에서 대상판결의 결론은
수긍할 수 있다고 여겨진다. 이와는 달리 Y_2와 Y_3이 Y_1 또는 Y_2로부터 재산을
유상으로 취득하였다면 달리 볼 필요가 있을 것이다. 그리고 대상판결을 양수인
이 악의이면 그에 대하여도 유류분반환청구권을 행사할 수 있다는 선례로 일반
화하는 것은 바람직하지 않다.

Ⅳ. 결 론

앞에서 설명한 것처럼, 유류분반환청구권의 성질을 형성권으로 보아야 한다
는 견해는 우리 민법상 별로 근거를 찾기 어렵고, 이는 청구권으로 볼 수밖에 없
다. 그리고 이를 형성권으로 본다면, 유류분반환의무자로부터의 양수인이 악의인
때에만 그에 대하여도 유류분반환청구권을 행사할 수 있다는 결론을 이끌어내는
것은 무리이다.

대상판결은 유류분반환청구권을 형성권으로 보는 종래의 판례를 유지하면
서, 양수인에 대한 반환청구의 가부에 대하여도 종래의 형성권설의 주장을 그대
로 따랐다. 대법원이 형성권설을 그대로 유지한 것은 타당하지 않으나, 양수인에

---

89) 참고로 제1심 판결은, 제4목록 기재 제32항 기재 부동산에 관하여는 1990. 2. 16. 증여를 원인
으로 A로부터 Y_2에게 소유권이전등기가 마쳐졌다가 1990. 3. 24. 증여를 원인으로 Y_3에게 소유
권이전등기가 마쳐졌으나, A와 Y_2, Y_3 사이의 관계, 당시 그들의 나이 등을 고려하면 Y_3이 A로
부터 증여받은 것이라고 판단하였다.

대한 반환청구를 인정한 것은 구체적인 사실관계에 비추어 보면 수긍할 수 있다.

〈전남대 법학논총 제36권 2호, 2016 =
정종휴선생 정년퇴임기념논문집 현대 민법학의 진로, Moronie Press, 2016〉

〈추기〉

일본의 유류분제도는 2018년 상속법 개정에 의하여 크게 바뀌었다. 주요한 것으로는 유류분 반환을 전면적으로 가액반환으로 바꾸고, 감쇄(減殺)라는 용어도 없앴다. 그러나 감쇄에 대응하는 유류분침해액청구권의 성질은 그대로 형성권으로 본다. 이소은, "일본 개정 유류분 제도의 내용과 시사점", 가족법연구 제33권 2호, 2019, 171면 이하 참조.

관습상 분재청구권에 대한 역사적, 민법적 및 헌법적 고찰

I. 문제의 제기

대법원 2007다41874 사건과 헌법재판소 2009헌바129 사건에서는 상속이 개시된 후 여자에게는 분재청구권이 인정되지 않는다는 민법 시행 전의 관습법이 위헌인지 여부가 문제되었다. 대법원은 이러한 관습의 존재를 인정하고, 다만 분재청구권의 소멸시효가 완성되었다는 이유로 원고들의 청구를 받아들이지 않았다. 그리고 관습법은 헌법재판소의 위헌법률심판의 대상이 아니라고 보아 관습법에 대한 위헌제청신청을 각하하였다. 그런데 헌법재판소는 관습법도 헌법재판소의 위헌법률심판 대상이라고 하면서, 다만 분재청구권의 소멸시효가 완성되었다고 하여 결국 헌법소원을 각하하였다. 이 사건에서는 여러 가지의 쟁점을 찾을 수 있다. 우선 과연 그러한 관습법이 존재하였는지를 따져볼 필요가 있다. 이하에서는 이를 분재관습이라고 부르기로 한다. 그리고 분재관습의 존재를 인정한다면, 과연 여자에게 분재청구권을 인정하지 않는 것이 위헌인지 여부를 따져 보아야 한다. 그리고 그것이 위헌이라면 법원으로서는 어떻게 재판을 하였어야 하는가가 또 다른 쟁점이다. 마지막으로는 관습법의 위헌여부에 대하여 법원과 헌법재판소 중 어느 기관이 심사할 권한을 가지는가 하는 점도 또 다른 중요한 문제이다.

이하에서는 위 사건의 개요와 재판의 경과를 살펴보고, 위에서 제기한 쟁점에 대하여 차례로 살펴보기로 한다.

Ⅱ. 사건의 개요와 재판의 경과

1. 사건의 개요

원고 1, 2는 아버지인 소외 A(1951. 8. 14. 사망)와 어머니인 B(2003. 12. 29. 사망) 사이에 태어난 장녀와 차녀이고, 피고는 A, B 사이에 태어난 장남이다. 원고들은 2005. 1. 6. 수원지방법원 평택지원에, 이 사건 부동산은 A의 상속재산이라고 하여, 위 부동산 중 각 1/7 지분에 관하여 그 소장부본 송달된 날 분재를 원인으로 하는 소유권이전등기절차의 이행을 청구하는 소를 제기하였다. 실제로는 분재를 원인으로 하는 청구는 예비적 청구였고, 주위적 청구는 B가 피고에게 위 부동산을 명의신탁하였다고 하여 그 해지를 원인으로 하는 소유권이전등기청구였는데, 1심 및 2심 법원은, 주위적 청구에 대하여는 명의신탁 사실이 인정되지 않는다고 하여 이를 기각하였다. 이하에서는 분재를 원인으로 하는 예비적 청구만을 살펴본다.

2. 법원의 재판

제1심 법원은, 민법 시행 이전의 구 관습법에 의하면 호주가 사망하고 호주상속인과 재산상속인이 2인 이상 있는 경우, 호주상속을 한 장남은 호주상속과 동시에 일단 전(前) 호주의 유산 전부를 승계한 후 자기의 상속분을 제외한 나머지를 차남 이하의 중자(衆子)에게 분배할 의무가 있고 차남 이하의 중자는 호주상속을 한 장남에 대하여 상속재산의 응분의 분배를 요구할 수 있는 분재(分財)청구권을 가질 뿐이고, 딸의 분재청구권은 인정되지 아니하므로 원고들의 그 주장은 더 나아가 살펴볼 필요 없이 이유 없다고 하여 원고들의 청구를 기각하였다.[1] 원고들은, 제1심 법원은, 우리나라에서는 고려시대와 조선시대에는 공동분할상속주의가 지속되었고, 장남에 의한 재산독점상속의 관습이 없음에도 일제강점기에 일본에 의하여 위와 같은 왜곡된 관습법이 성립된 것이므로 이를 법원(法

---

1) 수원지방법원 평택지원 2006. 6. 16. 선고 2005가합48 판결.

源)으로 적용하여서는 아니 된다고 주장하였다. 그러나 제1심 법원은, 설령 고려시대나 조선시대 초기까지 자녀균분상속의 관습이 성립, 유지되고 있었다고 하더라도 A의 사망 당시까지 자녀균분상속의 관습이 유지되었다고 인정하기도 어렵다고 하여 이를 배척하였다.

2심 법원은 분재관습의 존재 여부에 관하여는 대체로 1심 판결과 같은 내용으로 판단하였다. 그리고 분재관습이 위헌이라는 원고들의 주장에 대하여는 다음과 같은 이유로 이를 받아들이지 않았다. 즉 A가 사망한 1951년경 재산상속에 관하여 적용되는 법원(法源)인 민법 시행 전의 재산상속에 관한 관습법은, 당시의 법질서의 틀 내에서 사회 및 경제상황에 부응하는 정당성과 합리성을 갖추고 있었다고 봄이 상당하다는 것이다.2)

원고들은 2심 판결에 대하여 상고를 제기하고, 상고심 계속 중인 2007. 8. 14. 구 관습법상 호주가 사망한 경우 여자에게 분재청구권이 없다는 부분은 위헌이라고 주장하며 위헌법률심판제청신청을 하였다. 그러나 대법원은 2009. 5. 28. 관습법은 헌법재판소의 위헌법률심판의 대상이 아니라는 이유로 청구인들의 위헌법률심판제청신청을 각하하면서, 청구인들의 상고도 기각하였다.

대법원이 위헌심판제청신청을 각하한 이유는 다음과 같다. 즉 헌법 제111조 제1항 제1호 및 헌법재판소법 제41조 제1항에서 규정하는 위헌심사의 대상이 되는 법률은 국회의 의결을 거친 이른바 형식적 의미의 법률을 의미하고, 민사에 관한 관습법은 법원에 의하여 발견되고 성문의 법률에 반하지 아니하는 경우에 한하여 보충적인 법원(法源)이 되는 것에 불과하여, 관습법이 헌법에 위반되는 경우 법원이 그 관습법의 효력을 부인할 수 있으므로, 관습법은 헌법재판소의 위헌법률심판의 대상이 아니라는 것이다.3)

그리고 원고들의 상고 기각 이유의 요지는 다음과 같다. 즉 구 관습법상의 분재청구권은 일반적인 민사채권과 같이 권리자가 분가한 날부터 10년이 경과하면 소멸시효가 완성되는데, 원고 1은 1961. 6. 22.에, 원고 이계림은 1968. 6. 25.에 각 혼인하여 분가하였으므로, 설령 원고들이 A의 사망으로 그 호주상속인이 된 피고에 대하여 구 관습법상의 분재청구권을 가진다고 하더라도 위와 같은 분재청구권은 이 사건 소 제기 이전에 이미 소멸시효가 완성되었다는 것이다.4)

---

2) 서울고등법원 2007. 5. 30. 선고 2006나64612 판결.
3) 대법원 2009. 5. 28. 자 2007카기134 결정.
4) 대법원 2009. 5. 28. 선고 2007다41874 결정.

3. 헌법재판소의 결정

원고들은 대법원의 위헌법률심판제청신청 각하결정에 불복하여, 헌법재판소법 제68조 제2항에 따라 헌법재판소에 헌법소원심판을 청구하였다.

이에 대하여 헌법재판소 2013. 2. 28. 선고 2009헌바129 결정은, 우선 관습법도 위헌심판의 대상인 '법률'에 해당한다고 보았다. 즉 이 사건 관습법은 민법 시행 이전에 상속을 규율하는 법률이 없는 상황에서 재산상속에 관하여 적용된 규범으로서 비록 형식적 의미의 법률은 아니지만 실질적으로는 법률과 같은 효력을 갖는데, 헌법 제111조 제1항 제1호, 제5호 및 헌법재판소법 제41조 제1항, 제68조 제2항에 의한 위헌심판의 대상인 법률에는 국회의 의결을 거친 이른바 형식적 의미의 법률뿐만 아니라 법률과 동일한 효력을 갖는 조약 등도 포함된다고 하였다. 이처럼 법률과 동일한 효력을 갖는 조약 등을 위헌심판의 대상으로 삼음으로써 헌법을 최고규범으로 하는 법질서의 통일성과 법적 안정성을 확보할 수 있을 뿐만 아니라, 합헌적인 법률에 의한 재판을 가능하게 하여 궁극적으로는 국민의 기본권 보장에 기여할 수 있게 된다는 것이다. 그렇다면 법률과 같은 효력을 가지는 이 사건 관습법도 당연히 헌법소원심판의 대상이 되고, 단지 형식적인 의미의 법률이 아니라는 이유로 그 예외가 될 수는 없다고 하였다.

그러나 헌법재판소는 위 관습법이 헌법에 위반되는지 여부는, 당해사건에서 재판의 전제가 되지 아니한다는 이유로. 결국 헌법소원 심판청구를 각하하였다. 즉 이 사건에서 대법원은, 이 사건 관습법이 여성에게 분재청구권의 존재를 인정하지 아니한다는 사정은 소멸시효의 진행을 막는 법률상의 장애가 아니라는 전제 아래, 가령 청구인들이 분재청구권을 가진다고 하더라도 소 제기 이전에 이미 소멸시효 10년이 완성되었다고 판단하여 원고(청구인)들의 상고를 기각하여 그 판결이 확정된 이상, 이 사건에서 문제되는 소멸시효의 완성 여부에 관하여 당해사건에서는 더 이상 다툴 수 없게 되었다는 것이다.

그러나 재판의 전제성에 대하여는 이정미 재판관의 반대의견이 있었다. 즉 소멸시효의 기산점인 '권리를 행사할 수 있는 때'란 권리행사에 법률상의 장애사유가 없는 경우를 말하는데, 헌법재판소가 이 사건 관습법에 대하여 위헌결정을 하기 전까지 청구인들은 호주 상속인을 상대로 이 사건 관습법에 의하여 분재청구권을 행사할 수 없었다고 한다. 그럼에도 불구하고 청구인들이 분가시로부터 분재청구권을 행사할 수 있음을 전제로 소멸시효를 기산한 다음 소멸시효가 완성되어 재판의 전제성이 없다는 다수의견은, 소멸시효는 '권리행사가 가능하였다'는 전제조건에서만 기산될 수 있다는 점 및 나아가 권리위에 잠자는 자를 보호하지 아니한다는 소멸시효 제도의 본래 취지에도 부합하지 아니하며, 이 사건 관습법에 의한 분재청구권의 소멸시효를 청구인들이 실제로 권리를 행사할 수 있는 때인 헌법재판소가 위헌결정을 한 때로부터 기산한다면, 청구인들의 분재청구권은 아직 소멸시효가 완성되지 아니하였다는 것이다.

Ⅲ. 분재관습의 존재에 관하여

1. 분재관습의 내용

이 사건에서 법원이 인정하고 있는 분재관습의 내용은 종래의 판례가 이미 인정하고 있던 것이다. 우선 대법원 1969. 11. 25. 선고 67므25 판결 이래 여러 차례의 판례[5]는 다음과 같이 판시하였다. 즉 민법 시행 이전의 재산상속에 관한 관습법에 의하면 호주가 사망하여 그 장남이 호주상속을 하고 차남 이하 중자가 수인 있는 경우에, 그 장남은 호주상속과 동시에 일단 전호주의 유산전부를 승계한 다음 그 약 2분의 1은 자기가 취득하고 나머지는 차남 이하의 중자들에게 원칙적으로 평등하게 분여하여 줄 의무가 있다는 것이다.

그런데 아들 아닌 딸들도 분재청구권을 가지는가에 관하여 직접적으로 판시한 판례는 없는 것 같다. 그러나 앞에서 인용한 판결들은 분재청구권을 가지는 사람을 차남 이하 중자(衆子)라고 하고 있어서,[6] 딸들은 제외되는 것으로 보고 있다고 이해된다.[7]

그리고 대법원 2007. 1. 25. 선고 2005다26284 판결은 위와 같은 관습법상의 분재청구권은 일반적인 민사채권과 같이 권리자가 분가한 날부터 10년이 경과하면 소멸시효가 완성된다고 하였다.

분재청구권의 존재에 관한 이러한 판례들은 조선고등법원 1913(大正 2). 7.

---

5) 대법원 1975. 12. 23. 선고 75다38 판결; 1988. 1. 19. 선고 87다카1877 판결; 1990. 10. 30. 선고 90다카23301 판결; 1994. 11. 18. 선고 94다36599 판결.

6) 중자(衆子)는 맏아들 이외의 아들을 말한다.

7) 민유숙, "관습법상 분재청구권의 내용과 분재의무의 상속·소멸시효 적용 여부", 대법원판례해설 63호(2006년 하반기), 220면.

11. 판결[8])을 따르고 있는 것이다. 위 판결은, 호주가 사망하고, 적서(嫡庶)의 남자가 여러 명 있는 경우에, 그 유산 전부는 일단 제사상속인의 소유가 되고, 그 밖의 다른 적서의 남자들은 그 유산에 대해 제사상속인으로 하여금 상당한 상속분의 분배를 할 권리를 갖는 데 지나지 아니하며, 그 유산에 대한 소유권은 상속개시 시에 당연히 취득하는 것이 아니라 분배함으로써 취득하는 것이 조선인 사이의 일반 관습이라고 하였다.

원래 조선 통감부에서 1908년부터 실시한 관습조사보고의 내용을 담은 관습조사보고서에는 이 점에 관하여 다소 상충되는 듯한 내용이 실려 있다.[9]) 보고서 제166항에서는, 제사상속을 한 자는 동시에 그 선대의 제사자가 되는 것은 물론이고, 피상속인의 유산은 그 채무와 함께 상속인에게 승계되지만, 그 상속인에게 아우가 있으면 그 일부를 분배해야 한다고 설명한다. 그 각자의 상속분은 피상속인이 미리 정하는 예가 있지만, 정하지 않으면 처 또는 모가 정하거나, 제사상속인이 장성한 경우는 스스로 이를 정한다고 한다.

반면 제167항에서는, 재산상속은 가족이 사망한 경우뿐만 아니라 호주가 사망한 경우에도 인정되며, 호주가 사망한 경우에는 호주가 남자이면 그 유산은 제사상속인 기타 제사자가 되는 자가 이를 승계하고, 또 그 외에 제사자의 아우도 그 유산의 일부를 분배받으므로, 제사상속인 또는 제사자가 되는 자의 재산승계 외에 따로 재산상속을 인정한다고 설명하고 있다. 그리고 제168항에서는, 재산상속인인 자는 호주(여호주 제외)가 사망한 경우에는 제사상속인 등 제사자 그리고 그 아우이며, 여자는 재산상속인이 아니라고 한다. 또 재산상속인은 재가자에 한하고, 타가에 있는 자는 재산상속인이 될 수 없으며, 제사상속인 또는 제사자의 아우가 2인 이상 있으면 동시에 재산상속인으로 되고, 그 연령의 장유는 묻지 않는다고 한다.[10]) 이러한 각 조사 내용을 모순 없이 해석하려면, 제사상속인의 남동생들도 제사상속인과 함께 상속을 받고, 다만 구체적으로는 분배의 절차를 거쳐야 한다고 본 것이라고 설명하여야 할 것이다.

---

8) 朝鮮高等法院判決錄 第二卷 272면 이하(=국역 조선고등법원판결록 제2권 민사, 법원도서관, 205면 이하).

9) 朝鮮總督府, 慣習調査報告書, 1913(大正 2), 353면 이하(정종휴 감수, 정긍식 편역, 개역판 관습조사보고서, 2000, 353면 이하). 원래의 관습조사보고서는 1910년에 발간되었고, 앞에서 인용한 것은 그 뒤의 개정판이다.

10) 정종휴 감수, 정긍식 편역, 개역판 관습조사보고서, 2000, 353면 이하. 원래의 관습조사보고서는 조선총독부에 의하여 1910년에 발간되었다가 1913년 개정판이 나왔다.

　　그러나 위 조선고등법원 판결은 이와는 달리 보았다. 위 판결의 직접적인 근거가 된 것은 판결 선고 직전인 1913. 6. 19.에 총독부 정무총감이 조선고등법원장에게 한 질의 회답이었다. 이 회답은 우선 적서(嫡庶)의 남자 각 수인이 있는 경우에는 망부(亡父)의 유산은 적장자가 약 그 1/2을 승계하고 나머지를 다른 적서자간에 분배하는데, 장자 이외의 자의 분배를 받는 비율은 적자간 및 서자간은 평등하고, 적자서자간에는 적자가 약간 많은 것을 예로 한다고 하며, 그리고 재산상속인은 피상속인이 그 상속분을 정한 경우에는 피상속인의 사망으로 인하여 제사상속인에 대하여 그 상속분의 분배를 받을 권리가 있고, 피상속인이 이를 정하지 않은 경우에는 제사상속인으로부터 상당한 상속분의 분배를 받을 권리가 있지만, 이를 결정하는 것은 장자(長子)라고 한다. 또한 조선에서는 분배 전의 유산에 관하여 각 상속인의 공유관계를 인정하지 않으며, 이를 상속재산으로서 별개로 취급하는 관례는 없다고 한다. 그리고 피상속인의 유산은 일단 제사상속인에게 이전되고, 나머지 상속인은 분배에 의하여 비로소 그 소유가 된다고 하였다.11) 위 질의응답이 제사상속인 아닌 사람의 유산은 일단 제사상속인에게 모두 상속되고, 분배를 받아야만 비로소 권리자가 된다는 점을 처음으로 명시적으로 밝힌 것으로 보인다.

　　위 조선고등법원의 판결은 이러한 회답을 그대로 따랐다. 실제로 이 사건의 중요한 쟁점은 피상속인의 상속재산 전부가 제사상속인에게 일단 귀속되는 것인가 하는 점이었는데, 조선고등법원은 위 회답에 따라 이를 긍정하였다.

　　그리고 관습조사보고서와 위 회답에서는 호주가 사망한 경우에는 여자의 상속권은 인정되지 않는다고 보았다.12) 다만 1940. 8. 23. 중추원 서기관장(中樞院 書記官長)의 법무국장에 대한 회답은 다음과 같이 답변하였다. 즉 호주 아닌 모(母)의 유산상속인 경우에는 재가(在家) 여부를 막론하고 여자에 대해서도 상속권을 인정한 고등법원 연합부 1933(昭和 8). 12. 8. 판결13)이 나온 이후 딸에 대해 상속권을 인정하는 것이 일반적 관습으로 되어가지만, 호주의 유산에 대해서는 여자의 상속권을 전혀 인정하지 않는다. 그렇지만, 장래에는 자식에 대한 정은 아들딸의 구별이 없으므로 근소하지만 딸에 대해서도 재산상속을 인정하는 예가

---

11) 朝鮮總督府中樞院, 民事慣習回答彙集, 1933(昭和 8), 139면.
12) 정긍식 편역(주 10), 355면.
13) 朝鮮高等法院判決錄 第二十卷 461면 이하. 여기서는 모의 유산은 남녀를 묻지 않고, 그 자녀가 이를 상속하며, 동일 家籍에 있는지 아닌지를 묻지 않는다고 하였다.

점차 늘어날 것이라고 하였다.[14]

　　그리고 분재청구권의 소멸시효에 관하여는 상반되는 자료가 두 가지 존재한다. 우선 1917. 10. 20. 정무총감의 평양복심법원장(平壤覆審院長)에 대한 회답에서는, 제사상속인에 대한 재산상속인의 유산분배청구권은 그 행사의 시기에 관하여 관습상 종기(終期)의 정한(定限)은 없지만, 재산상속인이 분가를 하지 않으면 이를 청구하지 못하는 것이 관례라고 하였다.[15]

　　그런데 1938. 1.의 조선사법협회(朝鮮司法協會) 질의응답은 이와 반대로, 분재청구권은 10년의 소멸시효에 걸린다고 하였다.[16] 여기서는 분재청구권의 성질이 형성권인가 채권인가에 관하여 의문이 없는 것은 아니지만, 이는 채권으로 보아야 하고, 따라서 당시의 의용민법 167조 1항에 의하여 10년간 행사하지 않으면 소멸한다고 보았다. 위 대법원 2007. 1. 25. 판결은 후자의 견해를 채택하였다.[17]

2. 분재관습의 존재 여부

가. 조선에는 관습'법'(慣習'法')이 존재하였는가?

　　그러면 과연 이처럼 관습상 남자가 사망하면 그 재산은 일단 제사상속인에게 모두 귀속되고, 차남 이하의 아들들은 분재를 받아야만 소유권을 가지게 된다는 관습이 존재하였는가 하는 점을 따져본다.

　　우선 일제 강점기 전인 조선 시대에 우리가 보통 이해하고 있는 법원(法源)으로서의 관습'법'이 존재하였는가 하는 점에 관하여 논의가 있으므로, 이 점에 대하여 언급하고 넘어가기로 한다. 이전에는 조선, 나아가 중국과 같은 동아시아에서도 이른바 관습법이 존재한다는 것에 대하여 큰 의문이 제기되지 않았던 것으로 보인다.[18] 1912년의 조선민사령(朝鮮民事令) 제11조도 능력, 친족 및 상속에 관한 일본법의 규정은 조선인에게 이를 적용하지 아니하고, 이에 관하여는 관습에 의한다고 규정하였다. 그러나 근래에 이르러 조선 시대에는 오늘날 이야기하

---

14) 정광현, 한국가족법연구, 1967, 191면.
15) 民事慣習回答彙集(주 11), 329-330면.
16) 司法協會雜誌 제17권 1호, 1938(昭和 13), 76면. 조선사법협회의 결의도 관습의 존재를 인정하는 근거가 되었다. 정긍식 편역(주 7), 34면 참조.
17) 민유숙(주 7), 226면 이하 참조.
18) 예컨대 박병호, 한국법제사고, 1974, 419면; 정긍식, "조선시대의 권력분립과 법치주의", 서울대학교 법학 제42권 4호, 2001, 43면 등은 경국대전(經國大典)과 같은 법령들은 관습법의 성문화라고 보고 있다.

는 관습법은 존재하지 않았다는 주장이 제기되고 있다.[19] 여기서는 일반인의 법적 확신에 기하여 성립한다는 관습법의 개념은 서구적인 것으로서, 조선에는 그러한 관습법은 존재하지 않았으며, 재판에서 적용된 것은 계속되어 온 행정적인 관행에 불과하다는 것이다.

이러한 주장은 제기된 지 얼마 되지 않아서, 아직 충분히 논의되지는 않았고, 또 필자가 이 점에 대하여 판단할 능력은 없다. 그러나 개인적인 추측으로는, 조선 왕조는 중앙집권 국가로서 기본적으로 성문법에 의하여 통치하였으므로, 성문법이 없는 사항에 관하여 일반인의 법적 확신을 수용하여 법규범으로서의 구속력을 인정하지는 않았을 것이 아닐까 추측하여 본다.

물론 조선 시대에 관습법이 없었다고 하여, 일제 강점기 이후에도 관습법이 존재하지 않았다고 단정할 수는 없다. 어떤 의미에서는 조선민사령 제11조가 일반인의 관습에 대하여 법적 구속력을 부여한 근거규범이 되었다고도 말할 수 있을 것이다. 그러나 일제 강점기의 관습 조사가 조선 시대에도 관습법이 존재하였음을 전제로 한 것이라면, 이러한 관습 조사를 받아들이는 데에는 신중할 필요가 있다.

나. 분재관습은 존재하였는가?

조선 시대의 재산상속은 원칙적으로 자녀균분상속이었고, 다만 제사를 승계하는 승중자(承重子)에게 1/5을 가산하며 양첩(良妾)의 자녀는 중자녀(衆子女)의 1/7, 천첩(賤妾)의 자녀는 중자녀의 1/10이었다.[20] 그러나 조선 후기에 이르러서는 피상속인이 생전에 재산을 나누어주는 이른바 분재에 있어서, 봉사조(奉祀條) 등의 명목으로 제사상속인인 장남에게 많은 재산을 나누어 주고 차남 이하의 아들들에게는 더 적은 재산을 나누어 주었으며, 딸들에게는 그보다 더 적은 재산을 나누어 주는 것이 일반적이 되었다.[21] 그런데 이러한 현상을 가리켜, 장자우대상

---

19) Marie Seong-Hak Kim, "Law and Custom in the Choson Dynasty and Colonial Korea", Journal of Asian Studies Vol.66 No.4, 2007, pp. 1067 ff.; 심희기, "동아시아 전통사회의 관습법 개념에 대한 비판적 검토", 법사학연구 제46호, 2012, 205면 이하; Marie Seong-Hak Kim, Law and custom in Korea : comparative legal history, Cambridge University Press, 2012. 또한 이승일, "동아시아에서 재판 규범으로서의 '관습법' 개념의 수용과 변용", 한국민족문화 43, 2012, 3-4(237-238)면 참조.

20) 經國大典 刑典 私賤條: 父母奴婢, 承重子加五分之一, 衆子平分, 良妾子女七分之一, 賤妾子女 十分之一. 이는 1865년에 만들어진 조선 왕조의 마지막 법전인 대전회통(大典會通)에 이르기까지 그대로 유지되었다.

21) 최재석, 한국가족제도사연구, 1983, 521면 이하는 조선 초기부터 1600년대 중엽까지는 장차(長次)나 남녀의 구별 없이 철저하게 균분분산(均分分産)하다가 1600년대 중엽부터 1700년대 중엽

속이라고 표현하기도 하지만, 여기에는 주의할 점이 있다. 이러한 현상은 어디까지나 피상속인이 자신의 의사에 기하여 재산을 분배하는 경우에 관한 것이고, 그러한 재산의 분배가 없었을 때에도 장자우대가 행해졌는지는 분명하지 않다. 한 견해는, 장자우대의 경향은 재주(財主)가 생전에 자신의 의사에 기하여 상속재산의 분할을 지정한 경우이고, 법정상속이 행하여지고 공동상속인이 협의하여 재산상속을 분할한 경우에는 거의 전시대를 걸쳐 균분이었다고 한다.[22]

　　따라서 일제강점기에 이르러 이러한 조선 시대의 성문법규를 배척하는 관습이 있었다고 인정한 데 확실한 근거가 있었는지는 명확하지 않다. 넓은 의미의 상속에는 자녀들에 대한 생전증여도 포함되어야 한다. 그런데 일본이 조사한 상속 관습에서는 사망으로 인한 재산의 승계만을 상속으로 보았고, 따라서 생전증여와 같은 현상은 관찰 대상에서 누락되었던 것으로 보인다.[23] 그러나 당시의 관습을 정확하게 파악하기 위하여는 이러한 생전증여도 아울러 고려하지 않으면 안 된다. 1935. 5. 27. 중추원 의장의 광주지방법원에 대한 회답에서는 이를 고려하고 있다. 즉 부모가 중자(衆子)에게 분가를 허할 때에는 그에게 상당한 재산을 분급하는 것이 통례이므로, 부(父)인 호주가 사망한 후 다시 그에게 유산을 지급할 필요가 없지만, 중자(衆子) 중 1인이 부모의 승낙을 얻어 그의 생전에 분가를 하고, 그 후 부의 생전에 따로 분재받지 않은 때에는 망부(亡父)의 유산 중에서 상당한 분재를 받을 권리가 있다고 한다.[24]

　　이러한 관점에서 본다면, 분재라는 현상이 존재하였다고 하여도, 과연 판례가 말하는 것처럼 일단 호주 내지 제사상속인에게 상속재산이 일단 귀속되었다가 분재에 의하여 비로소 나머지 아들들이 권리를 취득한다고 볼 것인지는 의문이다. 즉 상속재산은 자녀(또는 아들들)에게 공동으로 귀속되고, 다만 호주 또는 제사상속인이 이를 관리하다가 다른 사람에게 분배한다고 볼 수도 있기 때문이다. 당시에도 이에 관하여 견해의 대립이 있었다. 위 1940. 8. 23. 중추원 서기관장 회답은 이 점을 다음과 같이 설명하고 있다다. 즉 호주가 생전행위 또는 유언으로 적·서자(嫡庶子)에 대한 분재액을 지정하지 않고 사망한 경우에는 그 재산

　　까지는 균분제를 택하는 가족이 많기는 하지만 장남우대, 남녀차별, 남자균분·여자차별 등의 경향이 나타나고, 1700년대 중엽부터는 장남우대 여자차별의 경향으로 나타나고 있다고 한다.
22) 신영호, 공동상속론, 1987, 211면.
23) 정긍식, "식민지기 상속관습법의 타당성에 대한 재검토", 서울대학교 법학, 제50권 제1호, 2009, 298면 참조.
24) 정광현(주 14), 200면 이하.

에 관한 권리의 전부는 일단 호주상속인에게 귀속하며 그 나머지 적서자는 잔여
재산에 대하여 호주상속인으로 하여금 상당한 비율로 분배하게 한다는 관습이
존재한다고 말하는 사람이 대다수이다. 그러나 위 경우에 상속인이 전재산을 단
독상속한 것 같은 외관을 가지지만, 이는 표면적 관계이며, 내면관계에서는 호주
상속인 이하 각 적서남(嫡庶男) 전원이 공동상속한 것으로 인정하는 것이 일반관
습이며, 호주상속인은 오직 그것을 분배할 때까지 관리하는 데 지나지 않는다고
말하는 자도 있다. 그러나 이는 관점의 상위에 의한 결과이며, 결코 두 가지 관습
이 존재하는 것은 아니라고 한다. 그리하여 중추원 구성원(參議)에게 조회하였는
데, 답신한 42명 중 호주상속인의 재산분배라는 것을 지지한 사람이 15명이었고,
공동상속이라는 것을 지지한 사람이 25명이었으며, 양자를 절충하여 상속재산은
공동재산으로 하고, 분배방법에 대하여는 호주상속인의 재산분배에 의하자고 하
는 사람이 2명 있었다고 한다.[25]

그러므로 판례가 말하는 것과 같은 분재의 관습이 존재하였다고 하더라도,
이는 호주상속인이 상속재산 전부를 상속하고 나중에 동생들에게 분재하는 것
이라기보다는, 상속이 개시되면 상속재산은 자녀들의 공동 소유가 되고, 호주상
속인은 이를 관리하다가 나중에 이를 분할하는 것으로 파악함이 정당할 것이다.
일본의 당국이나 법원이 이와는 달리 보았던 것은, 한국의 상속 현상을 당시 일
본 민법상의 가독상속(家督相續)과 같은 관점에서 이해하였기 때문으로 생각된
다.[26]

그리고 분재청구권의 소멸시효가 10년이라고 보는 것이 정당한지도 의문이
다. 이 견해의 근거가 된 조선사법협회 질의응답[27]은 관습을 근거로 한 것이 아
니고, 분재청구권의 성질을 채권으로 보아 그러한 결론을 이끌어내고 있다. 그러
나 상속재산이 자녀(또는 아들들)에게 공동으로 귀속된다면 분재청구권의 성질을
채권으로 볼 수는 없고, 따라서 10년의 시효에 걸린다고 말할 수는 없을 것이
다.[28]

---

25) 정광현(주 14), 182면 이하.
26) 정긍식(주 23), 301면. 1947년 개정 전의 일본 민법 제986조는, 가독상속인은 상속개시시부터
    전 호주가 가지는 권리의무를 승계한다고 규정하여, 전 호주의 일체의 재산상의 권리의무를 승
    계하도록 하였다.
27) 주 16)의 본문.
28) 대법원 1981. 3. 24. 선고 80다1888, 1889 판결은, 공유물분할청구권은 공유관계에서 수반되는
    형성권이므로 소멸시효의 대상이 될 수 없다고 하였다. 상속재산분할청구권도 마찬가지로 보
    아야 할 것이다.

다른 한편 딸의 경우에도 과연 이러한 넓은 의미에서의 상속권이 인정되지
않았던 것인지는 의문이다. 위 1935. 3. 18. 중추원 의장 서기관장의 회답에서도,
분재함에 있어서 장자가 유산의 약 1/2을 취득하게 된 이유의 하나로서, 부가 사
망한 후 자매가 출가하는 경우의 지참금[29]은 새로 호주로 된 장남이 부담하여야
한다는 점을 들고 있다.[30] 또 앞에서 살펴본 1940. 8. 23. 중추원 서기관장의 회
답도 호주의 유산에 대해서는 여자의 상속권을 전혀 인정하지 않지만, 장래에는
근소하지만 딸에 대해서도 재산상속을 인정하는 예가 점차 늘어날 것이라고 하
였다.[31]

IV. 분재 관습의 위헌 여부

1. 위헌 여부 판단의 필요성

이처럼 분재청구권이 10년의 소멸시효에 걸린다거나, 여자에게는 분재청구
권이 없었다고 하는 판례가 당시의 관습을 정확하게 반영한 것인지에 관하여는
의문이 없지 않지만, 이제 와서 그러한 판례가 존재하지 않았다고 정면으로 부인
하기는 어렵다. 우선 당시의 관습이 어떠했는가를 지금에 와서 확정하는 것은 쉬
운 문제가 아니다. 따라서 이제 와서 판례가 인정하고 있는 관습법이 잘못되었다
고 단정하기는 어렵다.[32]

판례가 인정하고 있는 관습의 존재를 부정하기 어려운 또 다른 이유는, 설령
판례가 처음에 파악한 관습이 잘못된 것이라고 하여도, 일단 판례가 확립된 후에
는 그로 인하여 일반인들에게 판례와 같은 관습법이 존재하였다는 점에 관한 법
적 확신이 성립하였다고 볼 여지가 있기 때문이다. 종래 확립된 판례(ständige
Rechtsprechung)는 관습법에 해당한다고 하는 주장이 있기는 하나, 확립된 판례 그
자체가 관습법이 되는 것은 아니지만, 그러한 판례가 일반 국민들에 의하여 받아

---

29) 이를 "奩粧의 資"라고 표현하고 있다.
30) 정광현(주 14), 203면.
31) 정광현(주 14), 191면.
32) 민유숙(주 7), 230면은 분재청구권이 소멸시효에 걸리는가와 관련하여, 일제시대에 확립된 관
    습법의 내용을 무조건 비역사적이라고 보기에는 무리가 있고, 또한 과거 오랫동안 그와 같이
    선언·확인된 관습법에 따라 법률관계가 형성되었다는 점에서 법적 안정성을 존중할 필요가
    있다고 한다. 현재까지 지속되는 관습법도 아니고 제정 민법 시행 전까지의 관습법에 대하여
    현재 다른 내용의 관습법을 선언하기는 어렵다는 것이다.

들여져서 법적 확신이 부여된 경우에는 관습법이 성립한다.[33]

그런데 종래의 판례가 인정하고 있었던 분재청구권에 관한 관습에 대하여는 일반인들의 법적 확신이 형성되어, 관습법으로 성립하였다고 볼 수 있는 여지가 있다. 실제로 위 1940. 8. 23. 중추원 서기관장의 회답에서는, 호주상속의 경우에는 호주상속인 1인이 재산을 단독소유하는 것으로 오해하여, 차남 이하의 적·서자에게 분급하지 않는 예가 속출하는 등 골육간의 분쟁을 야기하는 예가 적지 않았다고 하고 있다.[34] 여기서는 사람들이 일제가 확인한 관습을 정확하게 이해하지 못하기는 하였지만, 당시의 판례가 사람들의 행동에 영향을 주고 있다는 하나의 근거가 될 수 있다.[35]

따라서 현재의 시점에서는 호주가 사망하였을 때 여자들에게는 분재청구권이 없다는 관습이 존재하였다고 전제하고, 그러한 관습이 위헌인지 여부를 따져 볼 필요가 있다.[36]

2. 여자의 분재청구권을 인정하지 않는 관습은 위헌인가?

이 점은 별다른 논증 없이도 쉽게 긍정될 수 있다. 반대로 그러한 관습이 위헌이 아니라고 주장하는 사람이 있다면 그가 이 점에 대한 논증의 부담(Argumentationslast)을 져야 할 것이다. 이 사건 상속이 개시되었던 1951년에 적용되고 있던 제헌헌법 제8조는, "모든 국민은 법률앞에 평등이며 성별, 신앙 또는 사회적 신분에 의하여 정치적, 경제적, 사회적 생활의 모든 영역에 있어서 차별을 받지 아니한다"라고 규정하고 있었다. 그러므로 여성이라는 이유로 분재청구권을 인정하지 않는 것은 성별에 의한 차별로서, 명백히 헌법에 어긋난다.

이에 대한 반론으로는 몇 가지를 생각할 수 있을 것이다. 우선 이 사건 제2심 판결은, 1951년경 재산상속에 관하여 적용되는 법원(法源)인 민법 시행 전의 재산상속에 관한 관습법은, 당시의 법질서의 틀 내에서 사회 및 경제상황에 부응하는 정당성과 합리성을 갖추고 있었다고 보았다. 그런데 왜 이러한 관습법이 정당성과 합리성을 갖추고 있었는지에 대하여는 별다른 설명이 없다. 그렇지만 이

---

33) 곽윤직/최병조, 민법주해 Ⅰ, 박영사, 1992, 63면; 윤진수, "상속회복청구권의 소멸시효에 관한 구관습의 위헌 여부 및 판례의 소급효", 민법논고 Ⅴ, 2011, 168-169면 등 참조.

34) 정광현(주 14), 185-186면.

35) 정긍식, "식민지기 관습법의 형성과 한국가족법", 법사학연구 제40호, 2009, 71면 참조.

36) 현소혜, "상속법의 자화상과 미래상", 민사법학 제52호, 2010, 606면 이하 참조.

를 지지하는 논자라면 당시의 전통 또는 사회 관념에서 그러한 근거를 찾으려고
할 수 있을 것이다.

사실 1951년 무렵에는 남녀평등은 가족관계에는 적용될 수 없다는 생각이
많았던 것으로 보인다. 민법전을 기초한 법전편찬위원회 위원장이었던 대법원장
김병로는 1957년 국회에서, 남녀동등이란 정치 사회 문화 이 방면에서 균등한 기
회를 준다는 것이고, 부모나 자식 사이, 남편이나 마누라 사이에서는 동등을 찾
아서는 안 된다고 발언하였다.[37] 1958년 공포된 민법도, 상속분에 관하여는 제
1009조에서, 재산상속인이 동시에 호주상속을 할 경우에는 상속분은 그 고유의
상속분의 5할을 가산하고, 여자의 상속분은 남자의 상속분의 2분의 1로 하며, 동
일가적 내에 없는 여자의 상속분은 남자의 상속분의 4분의 1로 한다고 규정하여,
남녀 사이에 현저한 차별을 두었다. 1977년 개정된 민법도, 동일가적 내에 있는
남자와 여자 사이의 상속분에는 차등을 두지 않았으나, 동일가적 내에 없는 여자
의 상속분은 여전히 남자의 상속분의 1/4로 하였다. 남녀 사이의 상속분에 차등
이 없어진 것은 1990년 개정민법에 이르러서였다.

그러나 이러한 남녀차별이 현재에는 물론이고, 1951년 당시에도 정당화될
수는 없었다. 원래 우리나라의 전통은 상속에 있어서 남녀균분이었다. 그러므로
일제시대의 상황을 전제로 하여, 남녀의 상속에서의 차별이 전통에 부합하는 것
이라고는 할 수 없다. 뿐만 아니라, 전통 그 자체는 법규범의 합헌성의 근거가 될
수 없다.[38]

위 관습이 위헌이 아니라고 하는 또 다른 견해로는, 여자는 혼인할 때 분급
을 받기 때문에 분재청구권을 인정하지 않더라도 위헌이 아니라고 하는 것이 있
을 수 있다.[39] 그러나 여자가 혼인할 때 분급을 받을 수 있는 권리가 법적으로
보장되지 않는다면, 그러한 사실만으로 여자의 분재청구권이 인정되지 않는 것

---

37) 제3대국회 제26회 제30차 국회본회의(1957년11월06일) 속기록 11-12면.
38) 윤진수, "헌법·가족법·전통", 민법논고 Ⅳ, 2009, 40면 이하 참조. 호주제도에 대하여 헌법불
    합치결정을 선고한 헌법재판소 2005. 2. 3. 2001헌가9 등 결정은, 전래의 어떤 가족제도가 헌법
    제36조 제1항이 요구하는 개인의 존엄과 양성평등에 반한다면 헌법 제9조를 근거로 그 헌법적
    정당성을 주장할 수는 없다고 하였다. 또한 윤진수, "전통적 가족제도와 헌법", 민법논고 Ⅳ, 89
    면 이하 참조.
39) 정긍식(주 23), 310-311면은, 피상속인이 호주가 아닌 경우에 관하여, 그의 직계비속은 원칙적
    으로 상속권을 갖지만, 만약 망인의 생전에 그로부터 재산을 분급받았으면, 이것이 상속재산을
    대체하는 것으로 보아 상속권이 없으며, 대개는 혼인 등 분가를 할 때에 분급을 받는다고 설명
    하고 있다.

이 헌법에 어긋나지 않는다고 말하기는 어려울 것이다. 이 사건에서 원고들이 혼인한 것은 상속이 개시된 후 한참 지나서였는데, 그 당시에 원고들이 따로 분급을 받았는지 여부는 쟁점이 되지 않았던 것으로 보인다.

참고로 관습상속법상 남성 장자만의 상속제도(male primogeniture)가 위헌이라고 한, 남아프리카 헌법재판소40)가 2004. 10. 15. 선고한 Bhe v Magistrate, Khayelitsha 판결41)을 살펴본다. 이 사건에서는 흑인의 상속에 관하여는 관습법을 따르도록 한 법률규정이 위헌인지 여부가 문제되었다. 관습법에 따르면 피상속인의 남자 친족만이 무유언 상속인이 될 수 있었고, 여자는 상속인이 될 수 없었다. 일부일처제의 가족에서는 가장(family head)의 장남이 상속인이 되고, 피상속인에게 남계 후손이 없으면, 피상속인의 아버지가 상속인이 된다. 피상속인의 아버지도 생존하고 있지 않으면, 아버지의 남계 후손 가운데 상속인을 찾는다.42)

남아프리카 헌법재판소는, 이러한 남성 장자만의 상속은 처가 남편의 무유언상속인이 되는 것, 딸이 부모를 상속하는 것, 장남 아닌 아들들이 부모를 상속하는 것 및 혼외자가 아버지를 상속하는 것을 막고 있는데, 이는 국가가 인종, 성(性) 등을 근거로 직접적 또는 간접적으로 사람을 부당하게 차별하는 것을 금지하는 남아프리카 헌법 제9조 제3항, 인간의 존엄을 보장하는 제10조에 위반된다고 하였다.43)44)

---

40) 남아프리카의 헌법재판소에 관한 국내문헌으로는 음선필, "체제전환과 헌법재판소", 홍익법학 제11권 2호, 2010, 234면 이하 참조. 또한 Heinz Klug, "South Africa's Constitutional Court: Enabling Democracy and Promoting Law in the Transition from Apartheid", Journal of Comparative Law, Volume III, Issue 2, 2008, pp. 174 참조.

41) Bhe and Others v The Magistrate, Khayelitsha and Others, Shibi v Sithole and Others, South African Human Rights Commission and Another v President of the Republic of South Africa and Another, 2005 (1) BCLR 1 (CC). 남아프리카 공화국 헌법재판소 홈페이지에서 찾아볼 수 있다. http://www.constitutionalcourt.org.za/Archimages/2167.PDF (최종 방문: 2013. 9. 18.).

42) Bhe, para. 77.

43) Bhe, paras. 91 ff.

44) 남아프리카 관습법과 헌법의 관계에 대하여는 Wieland Lehnert, Afrikanische Gewohnheitsrecht und die südafrikanische Verfassung, 2006 참조. 이 책 348면 이하는 Bhe 판결에 대하여 언급하고 있다.

V. 소멸시효와 실효의 원칙

1. 소멸시효의 완성 여부

그런데 대법원은 이 사건에서 여자의 분재청구권을 부인하는 관습이 위헌인 지에 대하여는 직접 판단하지 않았다. 그 대신 설령 원고들이 A의 사망으로 그 호주상속인이 된 피고에 대하여 구 관습법상의 분재청구권을 가진다고 하더라도, 원고 1은 1961. 6. 22.에, 원고 2는 1968. 6. 25.에 각 혼인하여 분가하였으므로, 그때로부터 10년이 경과하여 위와 같은 분재청구권은 이 사건 소 제기 이전에 이미 소멸시효가 완성되었으므로 원고들의 분재청구가 받아들여지기는 어렵다고 하였다.

대법원이 이처럼 위 관습이 위헌인지 여부를 판단하지 않고, 대신 소멸시효 가 완성하였다고 하여 원고들의 주장을 받아들이지 않은 것은 어느 정도 이해할 수 있는 측면이 있다. 만일 위와 같은 관습법이 위헌이라고 하여 원고들의 청구 를 받아들인다면, 민법 시행 전에 개시되었던 상속 중 매우 많은 경우는 상속재 산이 잘못 분배되었다고 하여 분쟁이 일어날 우려가 있다. 또한 남자와 여자 사 이의 상속분에 차등을 두었던, 1990년까지의 민법 아래에서 개시된 상속의 경우 도 마찬가지이다. 대법원은 이러한 사태는 법원이 쉽게 감당할 수 없는 일이라고 보아, 대법원은 직접적인 헌법적 판단을 회피하고 그 대신 소멸시효가 완성되었 다고 한 것으로 추측된다.45)

그러나 이 사건에서 원고들의 권리가 인정된다면, 그것이 소멸시효의 완성 으로 소멸되었다고 볼 수는 없다. 이 사건 헌법재판소 결정 가운데 이정미 재판 관의 반대의견이 지적하는 것처럼, 이 사건 관습법이 위헌이라면, 그러한 관습법 의 존재는 소멸시효의 진행을 가로막는 법률상 장애에 해당하기 때문이다.

우선 관습법이 아니라 형식적 의미의 법률이 위헌인 경우에 관하여 살펴본

---

45) 대법원 2005. 7. 21. 선고 2002다1178 전원합의체 판결이, 종래의 판례를 변경하여, 종중 구성 원의 자격을 성년 남자만으로 제한하는 종래의 관습법은 이제 더 이상 법적 효력을 가질 수 없 게 되었다고 하면서도, 위와 같이 변경된 대법원의 견해는 당해 사건을 제외하고는 이 판결 선 고 이후의 종중 구성원의 자격과 이와 관련하여 새로이 성립되는 법률관계에 대하여만 적용된 다고 한 것도 이러한 점을 고려한 것으로 보인다. 제사주재자가 적장자(嫡長子) 아닌 장남 또는 장녀가 되어야 한다고 본 대법원 2008. 11. 20. 선고 2007다27670 전원합의체 판결도 마찬가지 로 선택적 장래효(selective prospectivity)를 인정하고 있다. 그러나 이러한 선택적 장래효의 이 론을 받아들이기는 어렵다. 윤진수(주 33), 122면 이하 참조.

다. 위헌인 법률이 헌법재판소의 위헌결정이 있기까지는 효력을 가지다가, 위헌결정에 의하여 비로소 효력을 상실한다면, 유효한 위헌법률의 존재는 소멸시효의 진행을 막는 법률상의 장애에 해당한다고 보는 데 어려움이 없다. 헌법재판소법 제47조 제47조 제2항도 위헌으로 결정된 법률 또는 법률의 조항은 그 결정이 있는 날부터 효력을 상실한다고 규정하고 있다. 대법원 1996. 7. 12. 선고 94다 52195 판결은, 헌법재판소에 의하여 면직처분의 근거가 된 법률 규정이 위헌으로 결정되어 위헌결정의 소급효로 인하여 면직처분이 당연무효가 되고 그 면직처분이 불법행위에 해당되는 경우라도, 그 손해배상청구권은 위헌결정이 있기 전까지는 법률 규정의 존재라는 법률상 장애로 인하여 행사할 수 없었으므로, 소멸시효의 기산점은 위헌결정일로부터 진행된다고 하였다.

　　마찬가지로 명령이나 규칙이 상위의 법규범에 위반되는 경우에도 소멸시효는 진행하지 않는다고 보아야 한다. 이러한 명령 규칙이 상위의 법규범에 위반되는지 여부에 대하여는 위헌인 법률과 같이 헌법재판소와 같은 특정의 기관에만 그 심사권이 인정되는 것이 아니라, 일반 법원이 항상 그 효력을 부정할 수 있는 것이어서, 이는 처음부터 무효라고 보아야 한다. 그렇다면 무효인 명령이나 규칙은 법령으로서의 효력이 없으므로, 이는 소멸시효의 진행을 가로막는 법률상의 장애가 아니라 사실상의 장애에 불과한 것이라고 볼 여지도 있다.46) 그러나 이 경우도 법률이 위헌인 경우와 달리 취급하여서는 안 될 것이다. 일반 국민에게 명령이나 규칙이 무효임을 전제로 하여 행동하라고 요구하는 것은 그에게 기대할 수 있는 수준을 넘어서는 것이기 때문이다. 대법원 1977. 3. 8. 선고 76다886 판결은, 모법인 법인세법에 근거가 없어서 무효인 구 법인세법시행령 제83조 제2항 제2호 다목의 규정에 의하여 부과 납부한 국세의 과오납청구권은 그 납부일로부터 행사할 수 있는 것이 아니라, 위 규정이 조세법률주의에 위배하여 무효라고 선언한 대법원 1970. 12 20. 선고 69누148 판결이 있을 때부터 행사할 수 있었으므로 그 시효의 기산점도 위 대법원판결시라고 하였는데, 이 또한 같은 취지라고 하겠다.47)

　　이러한 법리는 관습법이 위헌으로서 무효인 경우에도 마찬가지로 적용되어야 한다. 관습법이 무효인 경우를 명령이나 규칙이 무효인 경우와 달리 취급할

---

46) 배기원, "소멸시효의 기산점", 사법논집 제12집, 1981, 256면 참조.
47) 윤진수, "위헌인 법률에 근거한 공무원 면직처분이 불법행위로 되는 경우 그로 인한 손해배상청구권 소멸시효의 기산점", 민법논고 Ⅲ, 2008, 672면 이하 참조.

이유가 없기 때문이다.

　　다른 한편 민법 시행 후 상속이 개시된 경우에도 비슷한 문제가 생긴다. 민법 시행 후 상속이 개시된 경우에, 딸들이 상속분에 차등이 있는 것이 위헌이라고 주장하는 경우에는 그들의 청구는 상속회복청구가 될 것이다. 그런데 이러한 상속회복청구권은 그 침해를 안 날부터 3년, 상속권의 침해행위가 있은 날부터 10년을 경과하면 제척기간의 경과에 의하여 소멸된다(민법 제999조 제2항).48) 그러므로 이러한 경우의 상속회복청구권은 법률상 장애가 있더라도 제척기간의 경과에 의하여 소멸하는 것이 아닌가 하는 의문이 있을 수 있다. 그러나 여자의 상속분에 차등을 인정하는 민법의 규정이 존재하는 이상, 이러한 민법 규정이 위헌이라고 선고되기까지는 여전히 제척기간이 개시되지 않으며, 이 점에서는 소멸시효와 차이가 없다고 보아야 할 것이다.49)

2. 실효의 원칙

　　이처럼 원고들의 분재청구권의 소멸시효가 완성되지 않았다고 본다면, 원고들의 청구는 받아들여져야 하는가? 이 점에 관하여는 실효 원칙의 적용 여부를 따져 볼 필요가 있다. 실효(失效, Verwirkung)의 원칙이란, 권리자가 권리를 장기간 행사하지 아니하여 상대방이 권리자가 더 이상 권리를 행사하지 않으리라고 신뢰하고 그에 따라 행동하였는데, 그 후 권리자가 권리의 행사를 주장하는 것이 신의성실의 원칙에 반한다는 이유로 허용되지 않는 것을 말한다.50)

　　판례는 실효의 원칙에 관하여 다음과 같이 판시하고 있다. 즉 일반적으로 권리의 행사는 신의에 좇아 성실히 하여야 하고 권리는 남용하지 못하는 것이므로, 권리자가 실제로 권리를 행사할 수 있는 기회가 있어서 그 권리행사의 기대가능성이 있었음에도 불구하고 상당한 기간이 경과하도록 권리를 행사하지 아니하여, 의무자인 상대방으로서도 이제는 권리자가 권리를 행사하지 아니할 것으로 신뢰할 만한 정당한 기대를 가지게 된 다음에, 새삼스럽게 그 권리를 행사하는 것이

---

48) 2002년 개정 전에는 10년의 제척기간의 기산점은 상속이 개시된 날이었다.

49) 윤진수, "상속회복청구권의 성질과 그 제척기간의 기산점", 민법논고 Ⅴ, 2011, 108면 이하; 최복규, "민법 제146조 후단 소정의 제척기간과 신의성실의 원칙", 대법원판례해설 2002하반기, 2003, 127면 이하는 소멸시효 완성의 주장이 신의칙에 반하는 경우에는 허용될 수 없는 것과 마찬가지로 제척기간 경과의 주장이 신의칙에 반하는 경우에도 허용될 수 없다고 보고 있다.

50) 민법주해 Ⅲ, 1992, 406면 이하(윤진수) 참조.

법질서 전체를 지배하는 신의성실의 원칙에 위반하는 것으로 인정되는 결과가 될 때에는, 이른바 실효의 원칙에 따라 그 권리의 행사가 허용되지 않는다는 것이다.51)

　　종래 실효의 원칙이 적용되었던 사례로는 주로 근로자 또는 공무원에 대한 해고나 해임 등이 무효임에도 불구하고 상당 기간 당사자가 이를 다투지 않다가 뒤늦게 그 무효를 주장하였던 경우였다.52) 그러나 실효의 원칙이 이러한 경우에만 적용되는 것은 아니다. 실효의 원칙은 해제권의 행사53)나 항소권의 행사와 같은 소송법상의 행위54) 또는 소유권에 기한 물권적 청구권의 행사55) 등에도 적용된다.

　　이 사건의 경우에는, 호주상속인이었던 피고로서는 원고가 권리를 행사하지 아니할 것으로 신뢰할 만한 정당한 기대를 가졌으리라는 것은 쉽게 인정될 수 있을 것이다. 원고들의 분재청구권의 발생 시점은 각 그들이 혼인한 때인 1961. 6. 22. 또는 1968. 6. 25.이었고, 이 사건 소송은 2005년에 제기되었다. 그러므로 이 사건 소가 제기된 것은 원고 2의 혼인 시점을 기준으로 하더라도 분재청구권이 발생한 때부터 약 37년이 경과한 후이다. 그리고 이 사건 소가 제기되기까지는 여자에게 분재청구권을 인정하지 않는 관습의 위헌 여부가 특별히 문제된 적이 없었다. 따라서 피고는 자신이 피상속인의 전 재산을 승계한 정당한 상속인이라고 신뢰하였을 것이고, 이러한 신뢰는 그 당시의 상황을 전제로 한다면 정당하다고 보인다. 따라서 이러한 신뢰는 보호될 필요가 있다고 할 수 있다.

　　그런데 이에 대하여는, 원고들의 분재청구권이 행사할 수 없는 법률상 장애로 인하여 소멸시효에 걸리지 않았다고 하면서, 그러한 권리가 실효되었다고 보는 것은 모순이라고 하는 비판이 있을 수 있다. 또 판례는 실효의 요건으로서, 권리자가 실제로 권리를 행사할 수 있는 기회가 있어서 그 권리행사의 기대가능성이 있었어야 한다는 점을 들고 있는데, 위헌인 관습법이 있으면 원고들에게 권리행사의 기대가능성이 없었다고도 주장할 수 있을 것이다.

---

51) 대법원 1992. 1. 21. 선고 91다30118 판결. 같은 취지, 대법원 1988. 4. 27. 선고 87누915 판결; 2011. 4. 28. 선고 2010다89654 판결 등.
52) 대법원 1992. 1. 21. 선고 91다30118 판결; 1992. 5. 26. 선고 92다3670 판결; 1992. 11. 13. 선고 92다13080 판결; 1996. 11. 26. 선고 95다49004 판결 등.
53) 대법원 1994. 11. 25. 선고 94다12234 판결.
54) 대법원 1996. 7. 30. 선고 94다51840 판결.
55) 대법원 2011. 4. 28. 선고 2010다89654 판결.

　　그런데 우선 실효의 원칙은 소멸시효와는 별개로 적용될 수 있다. 즉 소멸시효에 걸리지 않는 권리가 실효될 수 있음은 물론이고, 소멸시효에 걸리는 권리라고 하더라도, 그 소멸시효 기간이 완성되기 전에 실효될 수도 있는 것이다. 소멸시효에 걸리는 권리가 소멸시효 기간이 완성되기 전에도 실효될 수 있다는 것은 다음과 같이 설명할 수 있다. 즉 소멸시효는 일정한 기간이 지나기만 하면 구체적인 사정에 관계없이 권리가 소멸하고, 권리자가 권리를 행사하지 않을 것이라고 의무자가 믿었는지 여부는 권리의 소멸에 영향이 없다. 반면, 실효의 경우에는 권리자가 상당한 기간이 경과하도록 권리를 행사하지 아니하여, 의무자인 상대방으로서도 이제는 권리자가 권리를 행사하지 아니할 것으로 신뢰할 만한 정당한 기대를 가지게 된 경우에 권리의 실효를 인정하는 것이므로, 소멸시효 기간이 완성되기 전에 실효를 인정하는 것이 허용되지 않을 이유는 없다. 실효 이론이 처음 생겨난 독일에서는, 제척기간의 경우에는 권리자가 상당기간 권리를 행사하지 않았다는 시간요소(Zeitmoment) 외에 특별한 사정이 존재하여야 한다는 사정요소(Umstandsmoment)가 있어야 한다고 하면서, 일반적으로는 실효의 기간이 그에 대응하는 소멸시효기간보다 짧은데, 그렇지 않으면 실효의 원칙이 필요하지 않을 것이라고 한다.56)

　　문제는 위헌인 관습법이 존재하고 있었으므로 권리자인 이 사건 원고들에게 권리행사의 기대가능성이 있었다고 할 수는 없지 않는가 하는 점이다. 이 점은 다음과 같이 설명하여야 할 것이다. 즉 실효에 의하여 권리를 소멸시킬 것인가 하는 점은 결국 권리자와 의무자의 이익을 상호 교량하여, 권리자와 의무자 중 누구를 더 보호할 것인가 하는 점에 귀착된다. 그런데 권리자가 권리를 행사하지 않은 기간이 장기간이고, 또 의무자가 권리자의 권리 행사 가능성을 알지 못하여 종전의 상태를 전제로 하여 자신의 생활관계를 형성하여 왔다면, 설령 권리자가 권리를 행사하지 않은 데 귀책사유가 없다고 하더라도, 실효를 인정할 수 있다고 보아야 할 것이다. 독일에서는 권리자가 상황을 주관적으로 어떻게 평가하였는지가 고려되어야 하므로, 권리자가 자신에게 책임 없는 사유로 권리의 존재를 몰랐던 경우와 같이 권리자에게 권리행사의 지체의 책임을 귀속시킬 수 없는 경우에는 원칙적으로는 상대방의 사실상의 신뢰는 보호받지 못하지만, 상대방이 현재의 상태를 신뢰하여 귀중한 자산을 만들어 냈다는 것과 같이, 상대방의 보호

---

56) Münchener Kommentar zum BGB/Roth/Schubert, 6. Auflage 2012, § 242 Rdnr. 349.

필요성이 더 높을 때에는 그러하지 않다고 한다. 그리하여 권리자가 권리의 존재를 책임 없는 사유로 알지 못하였다고 하여 실효가 전혀 배제된다고 할 수는 없다는 것이다.[57] 우리나라의 학설도, 대체로 권리자가 권리 있음을 알지 못했다고 하더라도 상대방에게 권리자의 권리 불행사를 믿을 만한 객관적인 사정이 있다면 실효의 법리가 적용될 수 있다고 보고 있다.[58]

이 사건에서는 다음과 같이 말할 수 있을 것이다. 즉 권리자인 원고들이 분재청구권을 행사하지 못한 것은, 분재청구권을 배제하는 관습법이 위헌이라는 사실을 몰랐기 때문인데, 의무자인 피고도 이를 알지 못하였다. 그런데 의무자는 자신이 전 재산을 상속받은 것이 정당한 것이라고 믿고 그에 기하여 자신의 삶을 영위한 반면, 권리자는 매우 오랜 기간 동안 권리를 행사하지 않았으므로, 이제 와서 권리자가 권리를 행사하는 것을 허용한다면, 그로 인하여 권리자가 얻는 이익보다는 의무자의 손실이 더 클 것이다.

이와 같이 본다면, 종래의 판례가 권리자에게 권리 행사 가능성이 있었음에도 불구하고 상당 기간 권리를 행사하지 않았을 것을 요구하는 것은 다소 엄격한 느낌이 없지 않다. 실제로 그 뒤의 판례에서는, 권리자의 권리 행사 가능성에 대하여는 언급하지 않고, 다만 권리자가 장기간에 걸쳐 그 권리를 행사하지 아니함에 따라 그 의무자인 상대방이 더 이상 권리자가 권리를 행사하지 아니할 것으로 신뢰할 만한 정당한 기대를 가지게 된 것만을 실효 원칙의 적용 요건으로 들고 있다.[59] 그러므로 이 사건에서는 대법원이, 여자에게 분재청구권을 인정하지 않는 관습은 위헌으로서 효력을 인정할 수 없지만, 원고들이 이제 와서 분재청구권을 행사하는 것은 실효의 원칙에 비추어 받아들일 수 없다고 판결하였어야 할 것이다.

이러한 이론은 1990년에 민법이 개정되기 전까지 개시된 상속에 있어서 딸이 아들보다 상속분이 작은 것이 위헌이라고 하여 상속회복청구를 하는 경우에도 마찬가지로 적용될 수 있을 것이다.

---

57) Münchener Kommentar zum BGB/Roth/Schubert, § 242 Rdnr. 342, 360.

58) 민법주해 Ⅰ, 1992, 145면(양창수). 같은 취지, 김증한·김학동, 민법총칙, 제9판, 1994, 74면; 윤철홍, "실효의 원칙", 고시연구 1996. 11, 83면; 김민중, "실효의 원칙", Jurist 409호(2006. 2.), 117면; 주석민법 총칙 (1), 제4판, 2010, 173면(백태승).

59) 대법원 1994. 11. 25. 선고 94다12234 판결; 1995. 2. 10. 선고 94다31624 판결; 1995. 8. 25. 선고 94다27069 판결; 1996. 7. 30. 선고 94다51840 판결; 2006. 10. 27. 선고 2004다63408 판결.

VI. 관습법의 위헌 여부에 대한 심사권의 주체

1. 쟁점의 소재

이 사건에서는 관습법이 위헌인지 여부를 어느 기관이 판단할 수 있는지에 관하여 대법원과 헌법재판소가 대립하였다. 대법원은 관습법은 헌법재판소의 위헌법률심판의 대상이 아니라고 본 반면, 헌법재판소는 이 사건에서 문제된 관습법은 비록 형식적 의미의 법률은 아니지만 실질적으로는 법률과 같은 효력을 갖는 것이므로 위헌법률심판의 대상이 된다고 하였다. 다른 말로 한다면, 대법원의 입장에서는 관습법의 위헌 여부는 법원, 궁극적으로는 대법원만이 판단할 수 있고, 헌법재판소의 판단 사항은 아니라는 반면, 헌법재판소의 입장은 이 문제는 헌법재판소만이 판단할 수 있고, 대법원은 판단할 권한이 없다는 것이다.

만일 재판에 대한 헌법소원이 인정된다면, 법원이 위헌인 관습법을 적용하여 재판을 하였을 때에는 헌법재판소는 그 재판의 당부에 관하여 심사할 수 있을 것이다. 그러나 재판에 대한 헌법소원이 인정되지 않는 이상,[60] 법원이 관습법의 위헌 여부에 관하여 판단할 권한이 있다면, 그러한 법원의 판단은 종국적인 것이 되어 헌법재판소도 더 이상 이를 다툴 수 없게 되는 것이다.

종래에는 관습법은 형식적 의미의 법률에 해당하지 않으므로, 헌법재판소에 의한 위헌법률 심판의 대상이 되지 못한다는 견해가 많았다.[61] 그러나 관습법은 헌법재판소에 의한 위헌법률심판의 대상이 되고, 대법원은 관습법의 위헌 여부에 대하여 판단할 권한이 없다는 주장도 없지 않았다.[62] 그런데 이 사건 대법원 판결에 대하여 헌법소원이 제기된 후, 관습법도 헌법재판소에 의한 위헌법률심판의 대상이 된다는 견해가 몇 가지 주장되었다.[63]

---

60) 헌법재판소 1997. 12. 24. 선고 96헌마172, 173 결정은, 법원이 헌법재판소의 기속력 있는 위헌 결정에 반하여 그 효력을 상실한 법률을 적용함으로써 국민의 기본권을 침해하는 경우에는 예외적으로 그 재판도 위에서 밝힌 이유로 헌법소원심판의 대상이 된다고 해석하여야 한다고 보고 있다. 그러나 이 문제는 여기서 다루는 쟁점과는 관련이 없으므로 논외로 한다.

61) 조병훈, "위헌법률제청의 요건", 재판자료 제76집 헌법문제와 재판(중), 1997, 204면 이하; 윤진수(주 33), 172면 이하 등. 그 밖의 문헌 소개는 허완중, "관습법과 규범통제", 공법학연구 제10권 1호, 2009, 172면 주 35); 정태호, "법률적 효력 있는 관습법의 위헌제청적격성", 경희법학 제46권 4호, 2011, 344면 주 4) 참조.

62) 박찬주, "대법원에 의한 관습법의 폐지", 법조 2006. 7, 64면 이하.

63) 허완중(주 61), 161면 이하; 정태호(주 61), 343면 이하; 장영수, "위헌법률심판의 대상으로서의 관습법", 공법연구 제40집 2호, 2011, 339면 이하. 현소혜(주 36), 607면 이하도 그러한 취지인

관습법도 헌법재판소에 의한 위헌법률심판의 대상이 된다는 견해의 기본적인 논거는, 관습법도 형식적 의미의 법률과 같은 효력을 가지므로, 실질적 의미의 법률에 속하는데, 헌법재판소에 의한 위헌법률심판의 대상이 되는 것은 형식적 의미의 법률에 한정되는 것이 아니며, 실질적 의미의 법률도 위헌법률심판의 대상이 된다는 것이다. 이 사건 헌법재판소 결정도, 관습법이 위헌법률심판의 대상이 될 수 있는 근거를 관습법이 실질적으로 법률과 같은 효력을 갖는다는 점에서 찾고 있다.

그러나 이러한 설명은 지나치게 단순하다. 일반적으로 법률이라고 할 때에는 국회에서 제정한 이른바 형식적 의미의 법률만을 가리키는 경우도 있고, 형식적 의미의 법률뿐만 아니라 이와 동일한 효력을 가지는 조약이나 대통령 긴급명령과 같은 실질적 의미의 법률도 포함하는 경우도 있다는 것은 일반적으로 인정되고 있다. 그렇지만 불문법인 관습법이 실질적 의미의 법률에 포함된다고 하여 항상 형식적 의미의 법률과 동일하게 취급을 받는 것은 아니다. 가령 죄형법정주의를 정한 헌법 제13조에서 말하는 법률은 성문 법률을 의미하고, 관습법은 이에 해당하지 않으며, 따라서 관습형법은 인정되지 않는다.64) 조세의 종목과 세율도 조세법률주의에 따라, 국회가 제정한 법률로만 정할 수 있을 뿐(헌법 제59조), 관습법에 의하여 이를 정할 수는 없다.65) 그러므로 단지 관습법이 실질적 의미의 법률에 속한다고 하여, 그것만으로 헌법재판소의 위헌법률심사권한을 정하고 있는 헌법 제107조 제1항의 법률에 관습법이 포함된다는 결론이 당연히 도출될 수 있는 것은 아니다.

또한 헌법이 법률만을 위헌제청의 대상으로 한 것은 국회의 권위를 보호하기 위한 것이 아니라, 중요한 법규범에 대한 헌법재판소의 전문적·독점적 판단을 통해 법적 통일성과 안정성을 확보하려는 것이므로, 관습법도 위헌법률심판의 대상이 된다고 하는 설명도 있다.66)

그러나 아래에서 보는 것처럼 이러한 설명도 그다지 설득력이 없다. 이하에서는 이 문제와 관련되어 생각될 수 있는 논점을 차례로 살펴본다.

지는 분명하지 않다.

64) 헌법재판소 1997. 9. 25. 선고 96헌가16 결정; 2003. 4. 24. 선고 2002헌가 결정.
65) 대법원 1994. 9. 30.자 94부18 결정은, 조세법률주의의 원칙은 과세요건과 징수절차 등 조세권 행사의 요건과 절차는 국민의 대표기관인 국회가 제정한 법률로써 규정하여야 한다는 것이라고 판시하였다. 또한 헌법재판소 1992. 12. 24. 선고 90헌바21 결정 등 참조.
66) 정태호(주 61), 346면 이하. 장영수(주 63), 354면 이하도 대체로 같은 취지로 보인다.

2. 관습법의 법체계 내에서의 지위

우선 관습법이 법체계 내에서 어떤 지위를 가지고 있는가를 따져본다. 먼저 지적할 것은, 헌법은 관습법에 대하여 전혀 규율하지 않고 있고, 관습법은 헌법 상 근거를 가진 것은 아니며, 따라서 관습법에 대한 헌법재판소의 위헌법률심사 는 헌법이 예정한 것이 아니었다는 점이다. 헌법재판소는 형식적 의미의 법률이 아니면서도 위헌법률심사의 대상이 되는 것으로 조약과 긴급명령과 긴급재정경 제명령, 국내법과 동일한 효력이 인정되는 '헌법에 의하여 체결·공포된 조약과 일반적으로 승인된 국제법규' 및 유신헌법에서의 대통령 긴급조치를 들고 있 다.67) 그러나 이러한 조약 등은 헌법에서 직접 법률과 동일한 효력이 있음을 인 정하고 있기 때문에, 관습법과는 사정이 같지 않다.

오히려 헌법이 정하고 있는 입법절차에 의하지 않고 성립한 관습법의 법규 범적 효력 내지 구속력은 어떻게 헌법상 정당화될 수 있는가 하는 질문이 제기 될 수 있는데, 이 점에 대하여는 아직까지 명확한 답변이 없다고 보인다.68) 그러 나 한 가지 분명한 것은, 관습법의 효력을 인정한다고 하더라도 그 근거를 헌법 에서 찾을 수는 없다는 것이다.

다른 한편 관습법이 반드시 형식적 의미의 법률과 같은 효력을 가진다고 볼 수도 없다. 왜냐하면 성문법은 관습법을 폐지할 수 있지만, 관습법은 성문법을 폐지할 수 없기 때문이다. 따라서 관습법은 성문법에 반하지 않는 한도 내에서만 효력이 있는 보충적인 성격을 가진다.69) 그러므로 "관습법이 실질적으로 법률과

---

67) 헌법재판소 2001. 9. 27. 선고 2000헌바20 결정; 2013. 3. 21. 선고 2010헌바70, 132, 170 결정.

68) Veronika C, Tiefenthaler, Gewohnheit und Verfassung, 2012, S. 61; Hans Otto Freitag, Gewohn-heitsrecht und Rechtssystem, 1976, 특히 S. 169 ff. 참조. 다른 한편 김경제, "관습법에 대한 오해", 세계헌법연구 제18권 3호, 2012, 1면 이하는 관습법은 헌법에 관습법의 성립에 대한 근거 가 없고 헌법에 따라 제정된 것이 아니기 때문에 그 자체로 법규범이 될 수 없으며, 그럼에도 불구하고 민사관계에 적용되는 것은 성문의 민법 제1조가 관습법을 민사관계에 적용할 수 있 도록 허용하였기 때문이므로, 이런 조항을 가지지 않는 헌법·공법의 영역에는 관습법의 법리 가 적용될 수 없다고 주장한다. 그러나 일반적으로 성문법적 근거를 가지지 않는 관습행정법의 법적 구속력이 인정되고 있는 점에 비추어 보면(예컨대 헌법재판소 2004. 9. 23. 선고 2000헌 라2 결정; 2011. 9. 29. 선고 2009헌라3 결정 등), 이러한 주장은 지나치다.

69) 학설상 관습법이 성문법을 변경하는 효력도 있다는 주장(대등적 효력설 또는 변경적 효력설)도 제기되고 있기는 하지만, 받아들이기 어렵다. 관습법의 존재를 확인한다는 것은 기본적으로 어 려운 일이므로, 사회 변화에 따라 성문법에 어긋나는 관습법의 효력을 인정하여 재판한다는 것 은 법적 안정성 면에서 문제가 있고, 현실적으로는 관습법이 존재하는가 여부를 결정하는 것은 종국적으로 법원이므로, 만일 관습법이 성문법과 대등한 효력을 가진다고 본다면 결과적으로 법원에게 성문법을 개폐하는 권한을 주는 것과 다를 바가 없다. 주석민법 총칙 (1)(주 58),

같은 효력을 갖는다"고 하는 것도 정확한 표현이라고는 할 수 없다. 만일 관습법
이 헌법보다 하위의 성문 법률과 저촉된다면, 그러한 관습법은 효력이 없다고 보
아야 할 것이다. 그러면 관습법이 성문 법률과 저촉되는지 여부는 어느 기관이
판단하여야 할 것인가? 헌법재판소에게 판단권이 있다고 볼 수 있는 근거가 없
으므로, 법원이 판단할 수밖에 없다. 그렇다면 헌법재판소의 판시대로라면 법원
은 관습법이 법률에 위반되는지 여부는 판단할 수 있지만, 헌법에 위반되는지 여
부는 판단할 수 없다는 것이 될 것이다.[70]

3. 법원의 사법권과 규범심사권

앞에서 본 것처럼 헌법은 관습법에 대한 위헌심사에 관하여는 예정하고 있
지 않다. 그러므로 이 문제는 관습법에 대한 위헌심사권이 헌법 제101조가 규정
하고 있는 사법권의 범위에 속하는가 하는 관점에서 따져 볼 필요가 있다.

이와 관련하여 우선 헌법이 규범심사의 권한을 헌법재판소와 대법원의 두
기관에게 나누어 부여하고 있는 근거에 대하여 살펴볼 필요가 있다. 이 점에 대
하여 헌법재판소는 다음과 같이 설명한다. 즉 헌법재판소가 한 법률의 위헌결정
은 법원 기타 모든 국가기관을 기속한다는 점에서(헌법재판소법 제47조 제1항), 한
편으로 헌법질서의 수호·유지와 규범의 위헌심사의 통일성을 확보하고, 다른
한편으로 구체적인 법적 분쟁에서 합헌적 법률에 의한 재판을 통하여 법원재판
의 합헌성을 확보하기 위해서는, 규범이 갖는 효력에 따라 법률에 대한 위헌심사
는 헌법재판소에, 명령·규칙에 대한 위헌 또는 위법 심사는 대법원에 그 권한을
분배할 필요성이 있다는 것이다.[71]

그러나 우선 헌법이 규범심사권한을 이원화하고 있는 근거로서, 법률의 위

108-109면(윤진수) 참조.

70) 그런데 이에 대하여는, 관습법이 성문법에 대하여 보충적 효력만을 가질 경우에는 법률을 기준
   으로 관습법의 정당성을 평가하는 것도 가능할 것이지만, 관습법이 제한적으로나마 성문법에
   우선하여 적용될 경우에는 법률을 관습법에 대한 심판기준으로 활용하는 것이 부적절할 것이
   며, 관습법의 정당성 여부에 대한 심판기준은 헌법이 되어야 할 것이라는 주장이 있다. 장영수
   (주 63), 352면 주 27). 그러나 우선 관습법이 성문법에 우선하여 적용될 수 있는지가 문제일
   뿐만 아니라(여기서 예로 들고 있는 상관습법의 경우에도 상관습법은 상법에 대하여는 보충적
   효력만을 가진다), 관습법이 성문법에 대하여 보충적인 경우에도 헌법만이 관습법에 대한 심판
   기준이 되어야 하는지에 대하여는 설명이 없다.

71) 헌법재판소 2013. 3. 21. 선고 2010헌바70, 132, 170 결정.

헌결정은 법원 기타 모든 국가기관을 기속한다는 헌법재판소법을 들고 있는 점은 설득력이 없다. 헌법의 규정을 하위의 법규범인 헌법재판소법에 의하여 설명하고 있기 때문이다. 그리고 헌법질서의 수호·유지와 규범의 위헌심사의 통일성을 확보하고, 다른 한편으로 구체적인 법적 분쟁에서 합헌적 법률에 의한 재판을 통하여 법원재판의 합헌성을 확보하여야 한다는 사정은 명령·규칙에 대한 위헌심사의 경우에도 다르지 않다. 그러므로 이러한 헌법재판소의 판시는 근거가 되기에 부족하다.

　학설 가운데에는 법률이 심판의 대상인 경우에는 그 결정의 파급효가 크기 때문에 이를 전문적으로 심사하는 헌법재판소가 그 심판을 담당하되, 명령이나 규칙이 심판 대상인 경우에는 상대적으로 결정의 파급효가 크지 않으며, 당해 사건에 대한 판단과정에서 그 합헌성 내지 합법성 여부를 확인하여 재판하는데 큰 무리가 없기 때문에 대법원이 최종적인 심사권을 행사하는 것이라는 설명도 있다.[72] 그러나 결정의 파급효가 어느 경우에 더 큰가 하는 점은 일률적으로 말할 수 없다. 명령·규칙을 법원이 무효라고 하는 경우에 그 파급효가 매우 큰 경우도 충분히 생각할 수 있기 때문이다.

　그러므로 헌법이 명령·규칙에 대한 심사권한을 법원에 부여하고 있는 점에 대하여는, 사법권의 범위와 관련하여 좀더 심도 있는 이론적인 설명이 필요하다. 생각건대 헌법이 위헌법률심사권을 헌법재판소에, 명령·규칙에 대한 위헌·위법 여부의 심사권을 법원에 부여한 것은, 그 법규범을 어느 기관이 제정하였는가를 기준으로 한 것으로 보아야 할 것이다. 즉 국민의 대표자인 국회가 제정한 법률에 대하여는 국회의 권위를 존중하여 신중한 판단을 필요로 한다고 보아, 헌법재판소가 위헌 여부를 판단하고, 행정입법인 명령·규칙에 대하여는 법원이 그 위헌·위법 여부를 판단하게 한 것으로 보아야 한다. 그리고 형식적 의미의 법률이 아닌, 조약과 긴급명령과 긴급재정경제명령, 국내법과 동일한 효력이 인정되는 '헌법에 의하여 체결·공포된 조약과 일반적으로 승인된 국제법규' 및 유신헌법에서의 대통령 긴급조치는, 헌법이 직접 법률과 같은 효력을 인정하고 있기 때문에,[73] 형식적 의미의 법률과 같이 볼 수 있다. 또 이들은 대부분 국회의 비준이나 동의 또는 승인을 받아야 하기 때문에, 이 점에서도 국회가 제정한 법률과 같

---

72) 장영수(주 63), 351-352면.
73) 유신헌법하에서의 긴급조치는 사법적 심사의 대상이 되지 않았으므로(제53조 제4항), 헌법과 같은 효력이 있었다고도 할 수 있다.

이 취급하여야 할 것이다.[74)]

　　이러한 점에 비추어 보면, 법규범이 상위의 법규범에 저촉되는가 하는 규범
통제의 권한은 기본적으로 사법권의 범위에 속하고, 따라서 헌법상 다른 근거가
없는 한 사법권은 법관으로 구성된 법원에 속한다고 규정하고 있는 헌법 제101
조 제1항에 의하여 법원이 규범통제의 권한을 행사하여야 한다. 그런데 헌법은
제107조 제1항에서 법률의 위헌 여부에 대하여는 심사 권한을 헌법재판소에 부
여하였으므로, 그 한도 내에서는 법원의 심사 권한이 배제된다. 이러한 예외에
해당하지 않으면 규범의 통제 권한은 당연히 법원에게 있다.

　　그런데 일반법원은 헌법 제107조 제2항이 규정한 범위 안에서만 규범통제권
한을 갖고, 따라서 일반법원은 명령과 규칙 이외의 다른 법규범에 대해서는 원칙
적으로 규범통제권한을 가질 수 없다고 보아야 한다는 주장이 있다. 즉 헌법 제
101조 제1항은 민사재판권과 형사재판권은 반드시 법관으로 구성된 법원이 행사
하여야 하는 것으로 해석될 수 있고, 행정재판권과 같은 그 밖의 사법권은 헌법
에 다른 규정이 없는 한 법률에 의해서 다른 국가기관이 행사할 수 있다는 것이
다.[75)] 그러나 우선 민사재판권과 형사재판권 외의 사법권은 헌법에 다른 규정이
없는 한 법률에 의해서 다른 국가기관이 행사할 수 있다는 것은, 모든 국민은 헌
법과 법률이 정한 법관에 의하여 법률에 의한 재판을 받을 권리를 가진다고 규
정하고 있는 헌법 제27조 제1항과는 상충되는 명백히 잘못된 주장이다.

　　그리고 법원이 헌법 제107조 제2항이 규정하는 범위 안에서만 규범통제권한
을 가진다는 것도 근거가 없는 주장이다. 헌법재판소 1995. 9. 28. 선고 92헌가
11, 93헌가8, 9, 10 결정은, 일체의 법률적 쟁송을 심리 재판하는 작용인 사법작
용은 헌법 그 자체에 의한 유보가 없는 한 오로지 대법원을 최고법원으로 하는

---

74) 그런데 정태호(주 61), 349면 이하는, 국회가 동의권이나 승인권을 행사하여 성립한 조약 등도
　　헌법 제107조 제1항의 법률로 보아야 한다는 설(국회관여설)이 있을 수 있지만, 그렇게 보면
　　국회가 동의권이나 승인권이 아닌 해제건의권만을 가지고 있는 유신헌법에 의한 긴급조치(유
　　신헌법 제53조 제6항)는 그 제청적격성을 인정하기 어렵고, 긴급명령, 긴급재정·경제명령은
　　국회의 승인을 얻지 못한 때로부터 즉시 효력을 상실하지만(헌법 제76조 제4항), 승인을 얻지
　　못한 긴급명령 등도 그것이 효력을 상실하기 전까지는 일단 유효한 것으로 다뤄지므로 그 위
　　헌여부를 위헌법률심판절차를 통해 다투도록 할 필요가 있다는 점을 반론의 근거로 제시하고
　　있다. 그러나 유신헌법상의 긴급조치는 법률 이상의 효력을 가졌던 것이고, 긴급명령, 긴급재정
　　명령 등도 국회의 승인을 얻도록 규정하고 있으므로, 법률과 달리 취급하는 것이 오히려 이상
　　하다. 적어도 헌법이 법률과 동일한 효력을 인정하고 있는 것에 대하여는 법률과 같이 취급하
　　는 것이 당연하다.
75) 허완중(주 61), 174-175면.

법원만이 담당할 수 있다고 하면서, 특허청의 항고심판절차에 의한 항고심결 또는 보정각하결정에 대하여 불복이 있는 경우에도 법관에 의한 사실확정 및 법률적용의 기회를 주지 아니하고 단지 그 심결이나 결정이 법령에 위반된 것을 이유로 하는 경우에 한하여 곧바로 법률심인 대법원에 상고할 수 있도록 하고 있었던 당시의 특허법 제186조 제1항은, 법관에 의한 사실확정 및 법률적용의 기회를 박탈한 것으로서 헌법상 국민에게 보장된 "법관에 의한" 재판을 받을 권리의 본질적 내용을 침해하는 위헌규정이라고 하였다.

그러므로 대법원이 명령과 규칙에 대하여 상위 법규범과 부합하는지를 심사하는 권한은 사법권에 당연히 포함되는 것으로서, 헌법 제107조 제2항은 이를 확인하는 의미만을 가지고 있다고 보아야 할 것이다. 이와 마찬가지로, 관습법에 대한 위헌심사의 권한은 헌법이 이를 배제하고 있지 않는 한 당연히 사법권의 범위에 속한다. 오히려 헌법재판소에 위헌법률심사권한을 부여하고 있는 헌법 제107조 제1항이나, 헌법재판소의 관장사항을 규정하고 있는 헌법 제111조는 대법원에 의한 사법권의 행사에 예외를 인정하고 있는 것으로서, 그러한 예외를 확장하려는 것은 신중하지 않으면 안 된다.[76]

4. 헌법재판소의 존재이유와 관습법에 대한 위헌심사권의 소재

헌법은 왜 일반 법원 외에 헌법재판소라는 기구를 설치하여, 위헌법률심사의 권한을 독점시키고 있는가? 위헌법률심사의 권한을 어느 기관에 맡기는가에 관하여는 일반 법원과는 독립된 헌법재판소를 설치하여 위헌법률심사권을 헌법재판소에 부여하는 나라들과, 일반 법원에 위헌법률심사권을 부여하는 나라들로 나누어 볼 수 있다. 전자를 집중형(centralized), 후자를 비집중형(decentralized)이라고 부른다.[77] 특히 최근에 민주화를 실현하고, 헌법재판제도를 받아들이는 나라들은 집중형을 채택하여 독립된 헌법재판소를 설치하는 경향이 있다.[78]

---

76) '예외는 확장되어서는 안 된다(singularia non sunt extendenda)'는 법언이 항상 타당한 것은 아니지만, 적어도 예외를 확장하려는 데에는 충분한 근거의 제시가 있어야 한다. 백경일, "예외법 확대적용 금지의 원칙", 재산법연구 제25권 3호, 2009, 1면 이하 참조.

77) 마우로 카펠레티, 구병삭·강경근·김승환 공역, 현대헌법재판론, 1989, 67면 이하. 이 책은 Mauro Cappelletti, Judicial Review in the Contemporary World, The Bobbs-Merrill company, 1971을 번역한 것이다.

78) Andrew Harding, Peter Leyland, and Tania Groppi, "Constitutional Courts: Forms, Functions and Practice in Comparative Perspective", Journal of Comparative Law(주 40), pp. 9-10.

집중형 제도를 채택하는 이유에 대하여는 보통 다음과 같이 설명한다. 첫째, 권력분립의 이론에 의하면 해석에 의하여 제정법을 무효로 하는 것은 정치적 행위로서 입법부가 독점하고 있는 입법권의 침해이므로, 입법심사권을 사법부에 부여하지 않고, 별도의 헌법재판소로 하여금 위헌법률심사를 하도록 한다. 둘째, 대륙법에서는 선례구속(stare decisis)의 원칙이 없기 때문에, 비집중형을 택하면 어느 법률에 대하여 어느 법관은 위헌이라고 하고, 다른 법관은 합헌이라고 하는 등의 혼란을 방지할 수 없다. 셋째, 전통적인 대륙법계 법관은 위헌법률심사에는 적합하지 않다.79)

현대적 헌법재판소 제도의 효시라고 할 수 있는 1920년의 오스트리아 헌법재판소의 설계자인 한스 켈젠은 위 첫째와 둘째의 점을 강조하였다. 켈젠은 우선, 법원이 일반적인 효력을 가지고 법률을 폐지하는 것은 일종의 소극적 입법에 해당하고, 따라서 입법권이 의회와 헌법재판소라는 두 개의 기관에 위임되는 것이라고 하였다.80) 헌법재판소가 소극적 입법자(negativer Gesetzgeber)라고 하는 켈젠의 주장은 많이 인용된다. 그러나 오늘날 이와 같은 켈젠의 주장은 더 이상 액면 그대로는 받아들여지지는 않고 있다.81) 헌법재판소와 일반 법원은 다같이 "법원(courts)"이며, 권력분립의 원리 그 자체가 헌법재판소 제도의 채택을 정당화하지는 않는다는 것이다.82) 그러나 이러한 켈젠의 주장이 오늘날 전혀 무의미한 것은 아니다. 켈젠은 헌법재판소가 적극적 입법자인 의회에 대한 관계에서는 소극적 입법자의 기능을 하는 것이라고 보고 있는데, 이에 비추어 본다면 헌법재판소의 본래의 역할은 의회의 입법을 견제하는 것이라고 할 수 있고, 그렇다면 의회의 입법이 아니고, 공권력에 의하여 정립된 것도 아닌 관습법에 대하여까지 헌법재판소가 위헌법률심사의 형태로 관여해야 한다는 것은 헌법재판소 제도를 인정한 본래의 취지와는 거리가 있는 것이다.

---

79) 카펠레티(주 77), 75면 이하 참조. Vicki C. Jackson and Mark Tushnet, Comparative Constitutional Law, 2nd ed., 2006, pp. 473 ff.도 미국식 위헌법률심사제도가 유럽에 성공적으로 이식되지 못한 이유로 대체로 위와 같은 점들을 들고 있다.

80) Hans Kelsen, "Wesen und Entwicklung der Staatsgerichtsbarkeit", in Hans Klecatsky, René Marcic, Herbert Schambeck (Hrsg.), Die Wiener rechtstheoretische Schule, 1968, S. 1836 ff. 이 글은 원래 Verhandlungen der Deutschen Staatsrechtslehrer 1929, Heft 5에 발표되었던 것이다.

81) Alec Stone Sweet, "constitutional Courts", Michael Rosenfeld and András Sajó ed., The Oxford Handbook of Comparative Constitutional Law, 2012, p. 819는 켈젠의 경고는 예의바르게 무시되고 있다고 한다.

82) Victor Ferreres Comella, Constitutional Courts and Democratic Values, Yale University Press, 2009, pp. 15 ff.

켈젠은 또한 법적 안정성도 1920년 오스트리아 헌법이 헌법재판소 제도를 채택한 중요한 이유라고도 설명한다. 그 전에는 최고 일반법원이 법률을 위헌이라고 선고하더라도, 하급법원에는 구속력이 없고, 최고법원도 선례구속의 원칙에 따라 자신의 결정에 구속되는 것이 아니었으므로, 한 법원이 어떤 사건에서 법률을 위헌이라고 선고하여도, 같은 법원은 다른 사건에서 이를 합헌이라고 선고할 수 있었기 때문에, 헌법의 권위를 보호하기 위하여는 위헌법률심사의 집중화가 바람직하다는 것이다.[83]

그러나 법적 안정성의 요구도 그것만으로 헌법재판소 제도를 채택하는 것을 정당화하기에는 충분하지 못하다. 공식적으로는 선례구속의 원칙이 존재하지 않는 대륙법계 국가에서도 최고법원의 선례는 하급심에 의하여 아주 특별한 사정이 없는 한 존중되므로, 이 점에서는 선례구속의 원칙이 인정되는 영미법계 국가와 사실상 별 차이가 없다는 것은 일반적으로 알려진 사실이다.[84]

결국 남는 것은 전통적인 대륙법계 법관은 위헌법률심사에는 적합하지 않다는 것이다. 그런데 이 주장도 두 가지로 나누어 볼 필요가 있다. 그 한 가지는, 과거에 대륙법계 국가들의 법원은 적극적으로 사법심사를 한 경험이 없고, 따라서 위헌법률심사에 소극적이 되기 쉽다는 것이다. 다른 한 가지는 헌법문제만을 다루는 헌법재판소를 설치하는 것은 헌법재판의 전문화를 이루게 되고, 헌법재판을 깊이 있게 다룰 수 있는 충분한 여유를 가질 수 있게 된다는 것이다.[85]

그러면 우리나라의 경우는 어떠한가? 1987년 개헌 당시의 자료를 살펴보면, 당시에 헌법재판소 설치에 대하여 깊은 논의가 있었던 것은 아니고, 다만 정치적 타협의 결과였을 뿐이라고 보인다. 1987년에 국회에 제출된 각 정당의 개헌안 가운데, 여당이었던 민주정의당만이 헌법재판소를 설치하여 위헌법률심사권을 부여하자고 주장하였을 뿐, 나머지 통일민주당, 신한민주당, 한국국민당은 모두 따로 헌법재판소를 설치하지 않고, 위헌법률심사권은 대법원이 행사하도록 하고 있었다.[86] 그 후, 야당도 헌법소원제도를 도입하면 헌법재판소를 받아들일 수 있

---

83) Hans Kelsen, "Judicial Review of Legislation", The Journal of Politics, Volume 4 Issue 2, 1942, pp. 185 f.
84) Comella(주 82), pp. 20 ff. 참조. 다만 위 책 p. 23은 법적 안정성의 문제는 상대적인 것으로서, 법적 안정성을 극대화하기 위하여는 집중화 모델이 더 나을 수 있다고 한다.
85) Comella(주 82), pp. 29 ff.
86) 제135회 국회 헌법개정특별위원회 회의록 제7호(부록) 참조.

다고 하여, 위헌법률심사권을 가진 헌법재판소가 창설되게 되었다.[87] 그런데 헌법재판소가 창설될 당시에는 헌법재판소가 적극적인 활동을 하지 못할 것이라고 하는 예측도 있었다.[88]

그러나 헌법재판소는 2013년 8월까지 모두 522개의 법률조항에 대하여 위헌결정(헌법불합치, 한정위헌 및 한정합헌 포함)을 함으로써[89] 세계적으로도 드물게 적극적으로 위헌법률심사권을 행사하였다.[90] 헌법재판소가 이 사건에서 관습법도 헌법재판소의 위헌법률심사 대상이 된다고 한 것도, 이와 같은 사법적극주의의 발로라고 할 수 있다. 헌재의 관습법 심사권한을 지지하는 학자 가운데에는, 법원에서 관습법에 대한 규범통제를 담당할 경우에는 관습법의 위헌성 인정에 소극적일 수 있다고 주장하는 견해가 있다.[91]

그러나 헌법재판소가 사법적극주의적인 태도를 취하고 있다고 하여, 그것이 헌재에 관습법에 대한 독점적인 심사권한을 부여하여야 할 근거는 되지 못한다. 우선 다른 나라의 경우에도 관습법에 대하여 일반 법원을 배제하고, 헌법재판소만이 심사할 수 있도록 하는 나라를 찾지 못하였다. 기본적으로 이 문제에 대하여 논의하고 있는 경우가 거의 없는데, 이러한 점이 문제로 등장한 일이 없기 때문으로 보인다. 그러나 확인된 것으로는 헌법재판소 제도의 발상지인 오스트리아나, 우리나라의 헌법재판에 큰 영향을 미치고 있는 독일, 그리고 아파르트헤이트를 벗어나서 헌법재판소가 가장 적극적으로 활동하고 있다고 평가되는 남아프리카에서는 모두 관습법에 대하여 헌법재판소가 법원보다 우선하여 독점적으로 규범통제를 할 수 있다고는 보지 않고 있다.[92]

뿐만 아니라 대법원도 적극적으로 관습법에 대한 통제를 하고 있다.[93] 대법원 2003. 7. 24. 선고 2001다48781 전원합의체 판결은, 제정민법이 시행되기 전

---

87) 오전토론요지, 서울대학교 법학 제29권 3·4호, 1988, 50-51면(김상철 발언) 참조. 또한 헌법재판소, 헌법재판소법 제정 약사, 2006, 3-4면 참조.

88) 권영성, "한국의 헌법재판제도", 서울대학교 법학 제29권 3·4호, 1988, 39면 이하 참조.

89) 헌법재판소 홈페이지(http://www.ccourt.go.kr/)의 사건통계란 참조.

90) Tom Ginsburg, "Constitutional Courts in East Asia: Understanding Variation", Journal of Comparative Law, 2008, Volume Ⅲ, Issue 2, 2008, 85 f. 참조.

91) 장영수(주 63), 355면.

92) 오스트리아에 관하여는 Tiefenthaler(주 68), S. 152 f.; 독일에 관하여는 Umbach/Clemens/Dollinger (Hrsg.), Bundesverfassungsgerichtsgesetz, Mitarbeiterkommentar, 2. Aufl., 2005, § 80 Rdnr. 39 (Dollinger); 남아프리카에 대하여는 Lehnert(주 44), S. 283-284.

93) 필자는 이용훈 대법원장 재임 시절의 대법원 민사판례의 주요한 특징으로 사법적극주의와 헌법적 논변의 활용 두 가지를 든 바 있다. 윤진수, "이용훈 대법원의 민법판례", 이용훈 대법원장 재임기념 정의로운 사법, 2011, 3면 이하.

에 존재하던 '상속회복청구권은 상속이 개시된 날부터 20년이 경과하면 소멸한
다'는 관습에 관습법으로의 효력을 인정할 수 없다고 하였고,[94] 대법원 2005. 7.
21. 선고 2002다1178 전원합의체 판결은, 종중 구성원의 자격을 성년 남자만으
로 제한하는 종래의 관습법은 더 이상 법적 효력을 가질 수 없게 되었다고 하였
다.[95] 그리고 대법원 2008. 11. 20. 선고 2007다27670 전원합의체 판결은 종손이
제사주재자가 된다는 종래의 관습 또한 효력이 없다고 보았다. 이 판결들은, 이
러한 관습 내지 관습법이 효력이 없다는 이유로서, 헌법을 최상위 규범으로 하는
전체 법질서에 반하여 정당성과 합리성이 없다는 점을 들고 있으므로, 결국 관습
법이 위헌이라는 이유로 무효라고 한 것이라고 이해된다. 이 사건에서 대법원은
관습법이 헌법에 위반되는 경우 법원이 그 관습법의 효력을 부인할 수 있으므로
관습법은 헌법재판소의 위헌법률심판의 대상이 아니라고 하면서, 그 예로서 위
대법원 2003. 7. 24. 선고 2001다48781 전원합의체 판결을 들고 있다.

　　다른 한편 이 사건 헌법재판소가 헌법소원을 각하한 이유도 결국 분재청구
권의 소멸시효가 완성되었다는 대법원의 판결 이유를 그대로 받아들인 것이어서,
내용상으로는 대법원 판결과 다를 것이 없다.

5. 어느 기관이 관습법의 통제에 더 적합한가?

　　이 문제는 대법원과 헌법재판소 중 어느 기관이 관습법을 통제하는 것이 더
적합한가 하는 점에서도 살펴볼 수 있다. 헌재에 그러한 권한이 있다고 주장하는
학자는, 판단의 기준은 대법원과 헌법재판소의 어느 쪽에 유리한지가 아니라 국
민에게 유리한 것이 무엇이냐가 되어야 하는데, 규범통제의 일관성 내지 사법의
통일성, 그리고 국민에 대한 권리구제의 효율성 등에 비추어 볼 때 관습법에 대
한 규범통제는 헌법재판소가 담당하여야 한다고 주장한다.[96] 그러나 앞에서 본
것처럼, 헌법이 명령·규칙의 위헌·위법 심사권을 법원에 부여하고 있는 점에
비추어 볼 때, 헌법재판소가 관습법에 대한 규범통제를 담당하여야만 규범통제
의 일관성 등을 확보할 수 있다고 보기는 어렵다.

　　오히려 중요한 점은 과연 법원과 헌법재판소 중 어느 기관이 관습법에 대한

---

94) 이 판결에 대하여는 윤진수(주 33) 참조.
95) 이 판결에 대하여는 윤진수, "변화하는 사회와 종중에 관한 관습", 사법 창간호, 2007 참조.
96) 장영수(주 63), 355-356면.

통제를 담당하기에 적절한가 하는 것이다. 그런데 이 점에서는 법원이 헌법재판소보다 우월하다. 우선 관습법이 존재하는가, 다시 말하여 거듭된 관행(usus)과, 그것이 법적 구속력을 가진다는 사회의 법적 확신(opinio juris, opinio necessitatis)이 있다는 점에 관하여는 법원이 판단하지 않을 수 없다. 법원에 의한 승인이 있어야만 관습법이 성립하는가 하는 점에 관하여는 논의가 있고,97) 만일 그렇게 본다면 관습법의 위헌 여부를 헌법재판소가 심사한다는 것은 결국 법원의 재판을 심사하는 것이 된다. 그러나 관습법이 성립하기 위하여 법원에 의한 승인을 필요로 하는 것은 아니라고 하여도, 현실적으로는 법원이 관습법이 존재한다고 선언하여야만 그러한 관습법이 있다는 것이 확인되게 된다.98) 이 점에서는 관습법과 판례를 구별하는 것이 반드시 쉽지 않다. 실제로 이른바 관습상 법정지상권은 그러한 관습이 존재하였다기보다는, 판례가 관습의 이름을 빌어 인정한 것이라는 사실은 일반적으로 인정되고 있다.99)

뿐만 아니라 원래 관습법이란 고정된 것이 아니고 계속 진화하고 변화하는 것이어서, 법원으로서는 관습법의 변화를 파악하고, 종전에 인정되고 있었던 관습법에 문제가 있으면 변화된 새로운 관습법을 찾아내거나 또는 대체할 수 있는 대안을 제시함으로써 관습법을 발전시킬 수 있는 반면, 헌법재판소에는 그러한 능력이 없다. 예컨대 대법원 2008. 11. 20. 선고 2007다27670 전원합의체 판결의 다수의견은, 종손이 제사주재자가 된다는 종래의 관습 또한 효력이 없다고 하면서, 그에 대한 대안으로서 제사주재자는 우선적으로 망인의 공동상속인들 사이의 협의에 의해 정해져야 하되, 협의가 이루어지지 않는 경우에는 제사주재자의 지위를 유지할 수 없는 특별한 사정이 있지 않은 한 망인의 장남(장남이 이미 사망한 경우에는 장남의 아들, 즉 장손자)이 제사주재자가 되고, 공동상속인들 중 아들이 없는 경우에는 망인의 장녀가 제사주재자가 된다고 하였다. 필자로서는 다수의견의 해결책은 바람직하지 않고, 반대의견 중 법원이 제사주재자를 정할 수 있다는 견해가 타당하다고 생각하지만,100) 어쨌든 헌법재판소가 이 문제를 다루었다면 이와 같은 해결책을 제시할 수는 없었을 것이다.

---

97) 대법원 2003. 7. 24. 선고 2001다48781 판결 가운데 조무제 대법관의 반대의견에 대한 보충의견은, 관습법이 법원으로서 성립, 존속하기 위하여는 법적 확신의 구체적 표현 방법으로서의 법원의 판결이 필수적인 요건이 된다고 하였다.
98) 주석민법 총칙 (1)(주 58), 106-107면(윤진수) 참조.
99) 주석민법 총칙 (1)(주 58), 114면(윤진수) 참조.
100) 윤진수(주 93), 70면 이하 참조.

또 법원으로서는 어떠한 관습법이 바람직하지 않다고 생각하는 경우에, 이를 헌법에 위반되어 무효라고 하지 않더라도, 더 이상 그 관습법에 대한 법적 확신이 존재하지 않으므로 효력이 소멸하였다고 판단할 수도 있다. 예컨대 대법원 2005. 7. 21. 선고 2002다1178 전원합의체 판결은, 종중 구성원의 자격을 성년 남자만으로 제한하는 종래의 관습법은 더 이상 법적 효력을 가질 수 없게 되었다는 이유를 주로 헌법을 최상위 규범으로 하는 전체 법질서에 반한다는 점에서 찾았으나, 그 외에도 여성에게는 종원의 자격을 부여하지 않는 종래의 관습에 대하여 우리 사회 구성원들이 가지고 있던 법적 확신은 그것이 현재 소멸되었다고 단정할 수는 없지만, 상당 부분 흔들리거나 약화되어 있고, 이러한 현상은 시일의 경과에 따라 더욱 심화될 것으로 보인다고 언급하고 있다.

결국 관습법이 존재하고 여전히 효력을 가지는지, 관습법이 변화하고 있는지, 관습법이 헌법에 위배된다면 어떠한 방법으로 이를 해결하고 발전시킬 수 있는지와 같은 점들에 관하여는 법원이 헌법재판소보다 더 잘 판단할 수 있다. 이러한 점에서 관습법에 대한 통제의 권한은 사법권에 내재된 것이라고 할 수 있다.

이 점에 관하여 시사를 줄 수 있는 것은 배우자에 대한 강간(marital rape)이 항상 처벌된다고 한 1991년 영국 귀족원(House of Lords)의 Regina v R. 판결101)이다. 원래 영국에서는 18세기 이래, 여자는 혼인함으로써 남편과의 성교에 동의하였고, 이러한 동의는 철회할 수 없으므로 남편의 처에 대한 강간은 처벌될 수 없다고 보고 있었다.102) 그러나 실제로는 영국의 법원은 여러 가지 예외를 인정하여 남편의 처에 대한 강간을 처벌하고 있었다. 그러다가 드디어 위 판결은 배우자 강간은 원칙적으로 처벌되어야 한다고 판결하였다. 위 판결은, 보통법은 변화하는 사회적, 경제적 및 문화적 발전에 비추어 진화할 수 있고, 헤일의 명제는 당시의 상황을 반영하였을 것이지만, 그 후 여성, 특히 혼인한 여성의 지위는 엄청나게 변화하였고, 여성이 혼인에 의하여 어떤 상황에서도 남편과의 성교에 동의하였고, 이러한 동의는 취소할 수 없다는 관념은 오늘날 어느 합리적인 사람도 받아들일 수 없는 것으로 여길 것이라고 하였다. 그리하여 현대에 와서는 혼인에 의한 강간의 면책은 영국 법의 일부가 아니라고 하였다.103)

---

101) [1992] 1 A.C. 599.

102) Sir Matthew Hale, History of the Pleas of the Crown (1736), vol. 1, ch. 58, p. 629. [1992] 1 A. C. 615에서 재인용.

103) 이 사건에서는 법관에 의하여 만들어지는 보통법(common law)과 관습법(customary law)을 구별하는 것은 의미가 없다.

원래 영국에서는 유럽인권협약을 영국법의 일부로 받아들인 1998년 인권법 (Human Rights Act 1998)이 시행된 2000년 이전에는 의회주권(parliamentary sover- eignty)의 이론 때문에 법원에 의한 위헌법률심사가 허용되지 않다가, 위 법에 의 하여 비로소 영국 법원이 의회의 입법(primary legislation)이 유럽인권협약에 위반 된다고 판단하면 불합치선언(declaration of incompatibility)을 할 수 있게 되었다.104) 그런데 위 귀족원의 판결은, 인권법이 제정되기 전에도 이미 위와 같은 배우자 간 면책의 법리는 더 이상 효력이 없게 되었다고 선언한 것이다. 이 판결에 비 추어 보면, 위헌법률심사와 법원에 의한 관습법의 통제는 별개의 것임을 알 수 있다.

6. 소　　결

이제까지 서술한 것을 요약한다면 다음과 같다. 헌법재판소에 의한 관습법 의 심사는 헌법이 예정한 것이 아니며, 헌법재판소가 관습법의 위헌 여부를 독점 적으로 심사한다는 것은 관습법의 성질이나 헌법재판소 제도의 존재 이유에 비 추어 타당하지 않다. 헌법이 헌법재판소에 위헌법률심사권을 독점시킨 것도 권 력분립의 사상에 근거한 것이므로, 공권력에 의하여 정립된 것이 아닌 관습법에 대하여까지 헌법재판소가 위헌법률심판의 방법으로 관여한다는 것은 헌법재판소 제도를 인정한 본래의 취지와는 매우 동떨어진 것이고, 법원이 관습법의 위헌 여 부를 심사한다고 하여 법적 안정성에 문제가 있는 것은 아니다. 오히려 법원은 관습법의 성립과 효력 상실 및 발전에 관하여 헌법재판소보다 더 잘 판단할 수 있다. 따라서 헌법재판소가 관습법의 위헌 여부에 관하여 법원을 배제하고 독점 적으로 판단할 수 있다고 하는 것은 관습법의 성질이나 헌법재판소 제도의 취지 에 부합하지 않는다.

사실 이 문제는 헌법재판소법이 법원의 재판에 대하여 헌법소원을 인정하지 않고 있기 때문에 생긴 문제이다. 법원의 재판에 대하여 헌법소원이 인정되었다 면 헌법재판소도 굳이 관습법이 위헌법률심사의 대상이 된다고 하지는 않았을 것이다.105) 재판에 대하여 헌법소원을 인정할 것인가 하는 점은 매우 논란이 많

---

104) 이에 대하여는 윤진수, "영국의 1998년 인권법(Human Rights Act 1998)이 사법관계에 미치는 영향", 민법논고 Ⅰ, 2007, 1면 이하 참조.
105) 장영수(주 63), 355면도 이 점을 지적하고 있다.

은, 정책적 판단이 필요한 문제이다. 그러나 재판에 대한 헌법소원의 인정 여부는 헌법 아닌 헌법재판소법의 문제인데, 이 때문에 헌법상 위헌법률심사의 체계를 흐트러 뜨리는 것은 결코 바람직하지 않다.

Ⅶ. 결 론

판례상 오랫동안 인정되었던 관습법이 실제로는 헌법상 문제가 있다고 판단될 때 어떻게 하여야 하는가는 법원으로서는 매우 부담스럽지 않을 수 없다. 현재 상태에서 그러한 관습법이 실재했는가를 밝히기 어려운 경우도 있을 뿐만 아니라, 관습법이 실재하였다고 판단되는 경우에도, 이를 무효라고 하면 오랜 세월 동안 그러한 관습법을 전제로 하여 형성되었던 법률관계가 모두 뒤집히게 되어 혼란이 생길 수 있기 때문이다. 이전의 판례는 이러한 점 때문에 관습법의 효력을 부인하면서도 이론적으로 문제가 있는 선택적 장래효의 이론을 채택하여 문제의 발생을 최소화하려고 하였다. 그리고 이 사건에서는 대법원이 소멸시효의 법리를 적용함으로써 헌법적인 판단을 회피하였고, 헌법재판소도 마찬가지이다. 그러한 생각을 이해할 수 없는 것은 아니지만, 헌법 문제에 대한 판단을 회피하기보다는 이 문제에 대한 법원의 태도를 명확하게 하여야만 앞으로 생길 수 있는 비슷한 문제에 대하여도 올바로 대처할 수 있게 될 것이다.

〈민사재판의 제문제 22권, 사법발전재단, 2013〉

상속관습법의 헌법적 통제[*]

I. 서 론

근래 대법원은 관습법에 대하여, 사회의 거듭된 관행으로 생성한 어떤 사회생활규범이 법적 규범으로 승인되기에 이르렀다고 하기 위하여는 헌법을 최상위 규범으로 하는 전체 법질서에 반하지 아니하는 것으로서 정당성과 합리성이 있다고 인정될 수 있는 것이어야 한다고 하면서, 종래까지 유효한 것으로 인정되어 왔던 관습법의 효력을 부인하는 판결들을 선고하고 있다. 또 대법원이 관습법의 효력을 인정한 경우에도 이 문제가 헌법재판소에까지 가서 다투어지는 일이 있다. 지금까지 문제되었던 것으로는 다음과 같은 것들이 있다.

먼저 대법원 2003. 7. 24. 선고 2001다48781 전원합의체 판결은, 제정민법이 시행되기 전에 존재하던 '상속회복청구권은 상속이 개시된 날부터 20년이 경과하면 소멸한다'는 관습은 헌법을 최상위 규범으로 하는 법질서 전체의 이념에도 부합하지 아니하여 정당성이 없으므로, 위 관습에 관습법으로서의 효력을 인정할 수 없다고 하였다.

또한 대법원 2005. 7. 21. 선고 2002다1178 전원합의체 판결은, 종원의 자격을 성년 남자로만 제한하고 여성에게는 종원의 자격을 부여하지 않는 종래 관습

* 이 논문은 2017. 1. 20. 서울대학교에서 "헌법과 사법"을 주제로 하여 열린 서울대학교 법학연구소 공동연구 학술대회에서 발표하였던 것을 보완한 것이다. 당시 지정토론을 맡은 서울대학교 법학전문대학원 전종익 교수와 다른 참가자들, 그리고 헌법학연구의 논문 심사 과정에서 논문을 보완할 수 있도록 지적해 준 심사위원들께 감사의 뜻을 표한다.

은 더 이상 법적 효력을 가질 수 없게 되었다고 하여 판례를 변경하였다.

그리고 대법원 2008. 11. 20. 선고 2007다27670 전원합의체 판결은, 공동상속인 중 종손이 있다면, 그에게 제사를 주재하는 자의 지위를 유지할 수 없는 특별한 사정이 있는 경우를 제외하고는 관습법에 따라 종손이 제사주재자가 된다고 보고 있었던 종래의 판례를 변경하여, 공동상속인들이 있는 경우에는 그 공동상속인들 사이의 협의에 의해 제사주재자가 정해져야 하고, 공동상속인들 사이에 협의가 이루어지지 않는 경우에는, 제사주재자의 지위를 유지할 수 없는 특별한 사정이 있지 않은 한 망인의 장남(장남이 이미 사망한 경우에는 장남의 아들, 즉 장손자)이 제사주재자가 되고, 공동상속인들 중 아들이 없는 경우에는 망인의 장녀가 제사주재자가 된다고 보는 것이 상당하다고 하였다.

한편 대법원 2009. 5. 28. 선고 2007다41874 판결에서는 민법 시행 전의 재산상속에 관한 구 관습법상 딸들이 피상속인인 호주의 재산에 대하여 분재를 청구할 수 없다는 관습법의 효력 유무가 문제되었는데, 대법원은 이 문제에 대하여는 직접 판단을 회피하고, 다만 위와 같은 구 관습법상의 분재청구권의 소멸시효가 완성되었다고 하였다. 그리고 그 사건에 관하여 당사자가 제기한 헌법소원 사건에서 헌법재판소 2013. 2. 28. 선고 2009헌바129 결정은, 관습법도 위헌심판의 대상인 '법률'에 해당한다고 하면서도, 본안에 관하여는 대법원과 마찬가지로 분재청구권의 소멸시효가 완성되었다고 하여 재판의 전제성이 없다는 이유로 헌법소원을 각하하였다.

그리고 가장 최근의 헌법재판소 2016. 4. 28. 선고 2013헌바396, 2014헌바394 결정은, "여호주가 사망하거나 출가하여 호주상속이 없이 절가된 경우, 유산은 그 절가된 가의 가족이 승계하고 가족이 없을 때는 출가녀(출가녀)가 승계한다."는 구 관습법은 위헌이 아니라고 하였다.

마지막으로 가장 최근의 대법원 2017. 1. 20. 선고 2013다17292 전원합의체 판결의 다수의견은, 타인 소유의 토지에 분묘를 설치한 경우에 20년간 평온, 공연하게 그 분묘의 기지를 점유하면 지상권과 유사한 관습상의 물권인 분묘기지권을 시효로 취득한다는 것은 장사 등에 관한 법(법률 제6158호) 시행일인 2001. 1. 13. 이전에 설치된 분묘에 관하여는 현재까지 유지되고 있고, 이러한 관습이 헌법을 최상위 규범으로 하는 전체 법질서에 부합하지 아니하거나 그 정당성과 합리성을 인정할 수 없게 되었다고 보기는 어렵다고 하였다. 그러나 위 판결의 반대의견은, 위 법률이 시행될 무렵에는 위 관습이 재산권에 관한 헌법 규정이나 소유권의 내용과 취득시효의 요건에 관한 민법 규정, 장사법의 규율 내용 등을 포함하여 전체 법질서에 부합하지 않게 되어 정당성과 합리성을 유지할 수 없게 되었다고 주장하였다.

이들 사건에서 우선 눈에 뜨이는 것은 상당수가 상속관습법에 관한 것이라는 점이다. 여성도 종중원이 될 수 있는가에 관한 위 대법원 2005. 7. 21. 선고 2002다1178 전원합의체 판결은 직접적으로는 상속에 관한 것은 아니지만, 공동선조의 후손의 종중원 자격에 관한 것이므로 상속과 관련이 없다고 할 수는 없다. 이처럼 상속관습법이 문제되는 것은 우선 그것이 적용될 수 있는 경우가 많기 때문이다. 즉 1960. 1. 1. 민법이 시행되기 전에는, 1912년의 조선민사령(朝鮮民事令) 제11조가, 상속에 관하여는 관습에 의한다고 규정하고 있었기 때문에, 민법 시행 전에 개시된 상속에 관하여는 상속관습법이 적용된다. 또 민법 시행 후에 개시된 상속의 경우에도, 아래에서 보듯이 민법 제1008조의3이 규정하는 제사주재자가 누구인가는 관습에 의하여 결정되었다. 그런데 상속법은 가족제도와 밀접한 관련이 있고, 또 과거의 가족제도는 가부장적인 사고에 기인한 남녀불평등의 측면을 내포하고 있었기 때문에, 헌법적으로 문제가 될 소지가 많았다.

다른 한편 위 사건들에서는 대법원과 헌법재판소 모두가 오랫동안 당연한 것으로 받아들여지고 있었던 관습법을 헌법적인 관점에서 이를 효력이 없다고 하여 부정하는 것은 많은 혼란을 야기할 수 있다는 점을 우려하였다. 그리하여 대법원은 관습법의 효력을 부정하면서도 이른바 장래효만을 인정하고 있고, 헌법재판소는 이미 폐지된 구 관습법에 대하여 현행 헌법을 기준으로 소급적으로 그 효력을 모두 부인할 경우 엄청난 혼란을 일으킬 수 있다고 하여 위헌성을 부정하고 있다. 다른 한편 관습법의 통제를 대법원이 할 수 있는지, 아니면 헌법재판소만이 할 수 있는지도 문제가 된다.

이 글에서는 이러한 여러 가지 문제점을 잘 나타내고 있는, 헌법재판소 2016. 4. 28. 선고 2013헌바396, 2014헌바394 결정을 소재로 하여, 상속관습법의 헌법적 통제는 어떤 문제들을 내포하고 있는지를 살펴보고자 한다.

Ⅱ. 헌법재판소 2016. 4. 28. 선고 2013헌바396, 2014헌바394 결정

1. 사실관계

이 사건은 동일한 헌법소원 청구인이 제기한 두 건의 헌법소원 사건이 병합된 것이다. 그 사실관계는 다음과 같다. 즉 이 사건 헌법소원 청구인의 어머니인 A는 호주이던 아버지 B와 어머니 C의 유일한 자녀로, 1940. 2. 12.경 혼인하여 B의 호적에서 제적되었다. B는 1948. 3. 28. 사망하여 처인 C가 여호주가 되었는데, C도 1954. 3. 3. 사망하였다. C 사망 당시 호적부에는 B의 이복동생 D와 D의 처, 자녀들이 가족으로 남아 있었다. D는 1963. 6. 26. 일가창립신고를 하였고, B의 가는 1969. 7. 8. 호적이 말소되었다.

A는 B 소유의 토지를 E가 허위의 보증서 및 확인서를 이용하여 소유권이전등기를 마쳤다고 주장하면서 2011. 5. 31. E 등을 상대로 서울중앙지방법원에 소유권이전등기말소 청구 소송을 제기하였다. 그 후 A가 2011. 7. 20. 사망하여 그 자녀인 헌법소원 청구인이 소송을 수계하였다. 1심 법원은, C가 사망한 이후 상당한 기간 내에 사후양자가 선정되지 아니함으로써 B의 가(家)는 절가(絶家)되었고, 그 절가된 B 가(家)의 유산은 그 가족에게 귀속되는데, 그 가족으로는 D가 있었으므로, B 가(家)의 유산은 가족인 D에게 귀속되었다고 보아야 하고, 따라서 B 가(家)의 유산이 B의 사망 전에 이미 출가한 A에게 단독으로 귀속되었다는 전제에 선 청구인의 주장은 이유 없다고 하였다. 청구인은 항소심에서 여호주가 사망하고 호주상속인이 없어 절가되는 경우, 그 유산은 절가된 가의 가족이 출가녀에 우선하여 승계한다는 구 관습법에 대한 위헌심판제청신청을 하였으나, 관습법은 위헌법률심판의 대상이 아니라는 이유로 각하되자 이 사건 헌법소원심판을 청구하였다(2013헌바396사건). 또 청구인은 2012. 8. 20. 절가된 B 가의 유산이 A에게 귀속되었음을 전제로 대한민국을 상대로 서울중앙지방법원에 다른 토지의 소유권 확인을 구하는 소를 제기하였으나 2013. 7. 15. 패소하였다. 청구인은 항소심에서 다시 위 관습법에 대하여 위헌심판제청신청을 하였으나 위와 같은 이유로 각하되자 이 사건 헌법소원심판을 청구하였다(2014헌바394사건).

2. 헌법재판소의 결정

헌법재판소는 이 사건 헌법소원의 심판대상을 "여호주가 사망하거나 출가하여 호주상속이 없이 절가된 경우, 유산은 그 절가된 가(家)의 가족이 승계하고 가족이 없을 때는 출가녀(出家女)가 승계한다"는 관습법(이하 "이 사건 관습법"이라고 부른다)이 위헌인지 여부로 파악하고, 위 관습법이 헌법에 위반되지 않는다고 판시하였다. 그러나 이는 재판관 4인의 의견이었고, 3인은 관습법은 헌법소원심판의 대상이 될 수 없으므로 헌법소원을 각하하여야 한다고 주장하였으며, 2인은 위 관습법은 위헌이므로 헌법소원을 인용하여야 한다고 주장하였다.

가. 관습법이 헌법소원심판의 대상이 되는지 여부

이 점에 대하여 재판관 6인[1]은 관습법이 헌법소원 심판의 대상이 될 수 있다고 하였다. 즉 이 사건 관습법은 민법 시행 이전에 상속 등을 규율하는 법률이 없는 상황에서 절가된 가(家)의 재산분배에 관하여 적용된 규범으로서, 비록 형식적 의미의 법률은 아니지만 실질적으로는 법률과 같은 효력을 가지며, 법률과 같은 효력을 가지는 이 사건 관습법도 헌법소원심판의 대상이 되고, 단지 형식적 의미의 법률이 아니라는 이유로 그 예외가 될 수는 없다고 하면서, 같은 취지의 선례인 헌법재판소 2013. 2. 28. 2009헌바129 결정을 인용하였다.

반면 재판관 3인[2]은 이 사건 관습법이 헌법소원심판의 대상이 되지 않으므로 이 사건 헌법소원청구를 모두 각하하여야 한다고 주장하였다.[3] 즉 민사에 관한 관습법은 법원(法院)에 의하여 발견되며 성문의 법률에 반하지 아니하는 경우에 한하여 보충적인 법원(法源)이 되는 것에 불과하여, 관습법은 형식적 의미의 법률과 동일한 효력이 없으므로 헌법재판소의 위헌법률심판이나 헌법재판소법 제68조 제2항에 따른 헌법소원심판의 대상이 될 수 없다는 것이다. 구체적으로는 관습법이 존재하는지 여부 즉 사회의 거듭된 관행과 그것이 법적 구속력을 가진다는 사회의 법적 확신이 있는지 여부에 관하여는 사실인정과 매우 밀접한 관련이 있기 때문에 법원이 판단하지 않을 수 없고, 원래 관습법이란 고정된 것

---

1) 박한철, 이정미, 김이수, 안창호, 강일원, 서기석 재판관.
2) 이진성, 김창종, 조용호 재판관.
3) 이진성, 김창종 재판관은 위 2009헌바129 결정에서는 관습법도 헌법소원심판의 대상이 된다고 하였으나, 견해를 변경하였다.

이 아니고, 계속 진화하고 변화하는 것이어서 사실인정의 최종심인 법원이 관습법의 존재는 물론 관습법의 변화를 파악하여 관습법을 발전시킬 수 있는데, 이와 같이 관습법의 승인, 소멸은 그것에 관한 사실인정이 전제되어야 하고, 법원(法院)이 관습법을 발견하고 법적 규범으로 승인되었는지 여부를 결정할 뿐 아니라 이미 승인된 관습법의 위헌, 위법 여부는 물론 그 소멸 여부에 대하여도 판단하고 있으므로 관습법에 대한 위헌심사는 법원이 담당하는 것이 타당하다는 것이다.4)

나. 이 사건 관습법이 위헌인지 여부

재판관 4인5)은 위 관습법이 합헌이라고 하였다. 즉 이 사건 관습법은 그 자체로는 절가된 가의 재산을 청산할 때 가적 내에 남아 있는 사람과 출가 또는 분가한 사람을 차별취급하고 있을 뿐 성별의 차이를 이유로 남성과 여성을 차별취급하는 것이 아니며, 출가한 여성이 자신의 가를 떠나 부(夫)의 가에 입적하게 되어 절가된 가의 호주와 같은 가적에 남아 있지 않게 되는 것은 별도의 관습법에 따른 것이지 이 사건 관습법으로 인한 차별이라고 볼 수 없다고 하였다. 그리고 이 사건 관습법이 절가된 가의 재산을 그 가적에 남아 있는 가족에게 우선 승계하도록 하는 것은 나름대로 합리적 이유가 있다고 주장하였다. 즉, 민법 시행 전 가의 재산은 호주를 중심으로 한 가의 재산으로서 그 재산을 바탕으로 생활하고 제사를 모시면서 일가를 유지·승계한다는 의미도 가지고 있었는데, 절가된 가의 재산 분배순위에서 그 가적에 있는 가족을 우선하고 출가한 여성이나 분가한 남성을 후순위로 한 것은 토지를 중심으로 한 가의 재산으로부터 물리적으로 떨어져 있을 수 있는 출가한 사람이 가의 재산관리나 제사를 주재하는 것이 현실적으로 어려운 점, 현재도 민법 제1008조의3에서 제사주재자에게 묘토인 농지, 족보와 제구의 우선상속권이 인정되고 있는 점 등에 비추어 볼 때, 이 사건 관습법은 전통문화가 강력하게 남아 있고 관습법이 가족법 관계 전반을 규율하

---

4) 조용호 재판관의 보충의견은, 관습법은 헌법상 근거를 가진 것이 아닐 뿐만 아니라 국회가 관여한 바도 없기 때문에 관습법에 대한 위헌심사는 헌법이 예정하고 있는 것이 아니고, 민법 제1조는 민사관계를 규율하는 기준·원칙과 그 순서를 정하고 있는 것이지, 관습법에 대하여 법률과 같은 효력을 인정하는 취지가 아니며, 법의 존재형식 내지 인식근거로서 법원(法源)은 민법에서 정할 수 있는 것이 아니고, 헌법에서 선언되어야 하는데, 우리 헌법은 관습법에 관하여 아무런 언급도 하고 있지 않다고 하였다.

5) 박한철, 김이수, 강일원, 서기석 재판관.

던 민법 시행 이전에는 나름대로 합리성을 가지고 있었다는 것이다. 또한, 호주
가 살아 있을 때 출가한 여성에게 재산의 일부 또는 전부를 분재할 수도 있는 것
이어서, 이 사건 관습법으로 인하여 출가한 여성이 상속으로부터 완전히 배제되
는 것도 아니라고 하였다.

합헌의견은 또한 민법 시행 전까지 효력이 있던 구 관습법은 상당수가 현행
헌법을 기준으로 보면 평등원칙에 어긋나는 것일 수 있지만, 이미 폐지된 구 관
습법에 대하여 역사적 평가를 넘어 현행 헌법을 기준으로 소급적으로 그 효력을
모두 부인할 경우 이를 기초로 형성된 모든 법률관계가 한꺼번에 뒤집어져 엄청
난 혼란을 일으킬 수 있다고 하였다. 헌법과 민법이 시행되기 전 사회 구성원의
법적 확신과 인식에 따라 법적 규범으로 승인되고 강행되어 온 구 관습법을 그
뒤 만들어지고 발전된 헌법이론에 따라 소급하여 무효라고 선언할 수는 없다는
것이다.

반면 재판관 2인[6]은 위 관습법이 위헌이라고 주장하였다. 즉 이 사건 관습
법은 호주를 정점으로 하는 남계 혈통을 중요시하는 호주제를 기반으로 가(家)의
재산은 타가(他家)에 있는 자에게 유출되어서는 안 된다는 관념을 토대로 한 것
이며, 그 근저에는 성역할에 대한 고정관념이 깔려 있다고 하였다. 그리고 이 사
건 관습법은 가의 재산관리나 제사 주재에 필요한 범위로 제한하지 않고 절가된
가의 유산 전부를 그 가적 내의 가족이 승계하도록 하고 있을 뿐만 아니라, 절가
된 자의 가족이 없는 경우에는 가의 재산관리나 제사 주재와 관련이 없는 출가
녀에게도 유산을 승계하도록 하고 있으므로, 가의 재산관리나 제사 주재의 현실
적 필요성이 이 사건 관습법의 진정한 목적인지에 대하여도 의문이 든다고 하였
다. 또 호주가 살아있을 때 출가한 여성에게 재산의 일부 또는 전부를 분재할 수
있다 하더라도 이는 오로지 호주가 살아있는 동안에 그의 의사에 따라 여성에게
재산을 분재할 가능성이 있다는 것에 불과할 뿐, 이 사건 관습법이 호주가 사망
한 이후 절가된 가의 유산 승계에 있어 남성과 여성을 달리 취급하는 것을 정당
화하는 사유가 될 수는 없다고 주장하였다. 나아가 구체적 규범통제의 심사기준
은 원칙적으로 헌법재판을 할 당시에 규범적 효력을 가지는 헌법인데, 혼인과 가
족생활에서 양성의 평등을 보장하는 헌법 제36조 제1항에 비추어 보면 이 사건
관습법은 남성과 여성을 합리적인 이유없이 차별하여 혼인과 가족생활에서 양성

---

6) 이정미, 안창호 재판관.

의 평등을 저해하는 것이므로 현행 헌법 하에서 용인될 수 없다고 보아야 한다고 하였다. 한편, 헌법재판소는 호주제가 헌법 제36조 제1항에 위반된다고 보아 헌법불합치 결정을 한 바 있는데(헌재 2005. 2. 3. 2001헌가9 등 참조), 헌법재판소가 호주제에 대하여는 헌법불합치 결정을 하면서 호주제를 기반으로 하여 그 위헌적 요소를 고스란히 가지고 있는 이 사건 관습법에 대하여는 이미 확정된 과거의 법률관계라는 이유로 위헌 선언을 하지 않는다면 헌법질서 및 가치의 수호, 유지라는 헌법재판소의 역할을 외면하는 것이 된다고 다수의견을 비판하였다.

Ⅲ. 이 사건 관습법의 존재 여부

1. 종래의 판례

헌법재판소가 심판대상으로 삼은 이 사건 관습법은 대법원의 판례가 인정하고 있던 것이었다. 즉 대법원 1979. 2. 27. 선고 78다1979, 1980 판결은, "의용민법하의 우리나라 관습에 의하면 여호주가 사망하고 상속인없어 절가가 된 경우의 유산은 그 절가가 된 가(家)의 가족이 이를 승계하고 가족이 없을 때는 출가녀(出嫁女)가 이를 승계하고 출가녀도 없을 때는 그 가(家)의 친족인 근친자 즉, 여호주의 망부(亡夫)측의 본족(本族)에 속하는 근친자에 권리귀속되고 그런 자도 없을 때는 여호주가 거주하던 리·동(里·洞)에 권리귀속된다"고 판시하였다.

그리고 대법원 2012. 3. 15. 선고 2010다53952 판결은 이 점에 관하여 다음과 같이 비교적 상세하게 판시하였다.

"구 관습상 호주인 기혼의 남자가 호주상속할 남자 없이 사망한 경우에는 사후양자가 선정되기까지 망인의 조모, 모, 처, 딸이 존비의 순서에 따라 여호주가 되어 호주권과 재산을 일시 상속하였다가, 사후양자가 선정되면 여호주에게 상속되었던 호주권과 재산이 사후양자에게 승계되는 것이고, 이때 만약 사후양자가 선정되지 않은 채 호주상속을 하였던 여호주가 사망하거나 출가하여 호주상속할 자가 없게 되더라도 곧바로 절가(絕家)가 되는 것은 아니며, 그 여호주가 사망 또는 출가한 때로부터 상당한 기간 내에 사후양자가 선정되지 않으면 그때에 비로소 절가가 되는 것이다(대법원 1995. 4. 11. 선고 94다46411 판결, 대법원 2004. 6. 11. 선고 2004다10206 판결 등 참조). 한편 구 관습에 의하면 여호주가 사망하거

나 출가하여 호주상속인 없이 절가된 경우의 유산은 그 절가된 가(家)의 가족이
이를 승계하고 가족이 없을 때는 출가녀가 이를 승계하고 출가녀도 없을 때는
그 가(家)의 친족인 근친자, 즉 여호주의 망부(亡夫)의 본족(本族)에 속하는 근친
자에게 귀속되고 그런 자도 없을 때는 여호주가 거주하던 리·동(里·洞)에 귀속
되는 것이다(대법원 1979. 2. 27. 선고 78다1979, 1980 판결 등 참조). 그런데 이와 같
이 절가된 가(家)의 유산이 가족, 출가녀 등에게 귀속되는 것은 가(家)의 승계를
전제로 한 상속으로서의 성격을 가진 것이 아니라 가(家)의 소멸을 전제로 한 재
산분배로서의 성격을 가진 것인 점, 구 관습상 호주는 그 일가(一家)의 재산관리
권과 함께 가족들에 대한 1차적인 부양의무를 부담하고 있었던 점 및 여호주는
사후양자 선정을 통한 가(家)의 승계를 위하여 호주상속을 하는 것인 점 등에 비
추어 보면, 절가된 가(家)의 동일 가적 내에 수인의 가족이 있는 경우에는 원래의
남호주를 기준으로 최근친의 가족에게 그 유산이 귀속된다고 보아야 하고, 최근
친의 가족이 수인인 경우에는 균등한 비율로 그 유산이 귀속된다고 보아야 할
것이다."

결국 판례에 의하면, 여호주가 사망 또는 출가한 때로부터 상당한 기간 내에
사후양자가 선정되지 않으면 그때에 비로소 절가가 되고, 절가된 경우의 유산은
그 절가된 가(家)의 가족이 이를 승계하고 가족이 없을 때 비로소 출가녀가 이를
승계한다는 것이다. 이러한 판례는 기본적으로 조선고등법원의 판례를 이어받은
것이다. 즉 조선고등법원 1922(大正 11). 9. 22. 판결[7]은, 여호주(女戶主)인 자가
사망하고 상속을 할 자가 없는 경우에 그 유산은 출가녀에게 귀속하는 것이 조
선의 관습이지만, 여기서의 출가녀라 함은 여호주의 자녀인 것으로 충분하지 않
고 그 가(家)로부터 나온 자임을 필요로 한다고 판시하였다. 그리고 조선고등법
원 1931(昭和 6). 2. 6. 판결[8]은, 여호주가 사망하고 그 상속인이 없을 때는 유산
은 출가녀(出嫁女)에 귀속하는 관습은, 절가(絕家)의 경우에 대해서 말하는 것으로
서 여호주의 전 호주인 기혼남의 사후양자(死後養子)가 선정될 때는 상속개시 때
로 소급하여서 가(家)를 상속해야 하는 것이기 때문에 망(亡) 호주의 유산은 출가
녀에 귀속하는 것은 아니라고 하였다.

---

7) 朝鮮高等法院判決錄 9권 370면.
8) 朝鮮高等法院判決錄 18권 24면.

2. 이 사건 관습법의 존재 여부

이처럼 여호주가 사망하거나 출가하여 호주상속이 없이 절가된 경우의 상속에 관한 관습법은 조선고등법원에 의하여 인정된 것이었다. 그런데 이러한 관습법은 과연 존재하였을까?9)

일반적으로 일제 강점기에 일본에 의하여 인정되었던 관습법이 실제 존재하였는가에 관하여는 종래 논쟁이 있었다. 이러한 일본인들에 의한 관습 조사에 대하여는 일본법에의 동화를 위하여 한국의 전통적인 관습을 왜곡한 것이었다는 비판이 많으나,10) 근래에는 사회변동에 따른 관습의 변화에 대하여 신관습(新慣習)을 법인화(法認化)하려는 것이었다는 견해11)나, 식민지 권력이 유도한 식민지 관습법의 형성이었다는 견해12) 등도 주장되고 있다.13)

이는 상속관습법에 관하여도 마찬가지이다. 1설은 일본 제국주의에 의해 자리매김된 상속관습은 조선 고유의 관습 그 자체이기보다는 일본 민법상의 상속제도를 받아들인 결과라고 주장한다. 즉 조선의 관행들은 일본의 사법관료들에 의해 상속이라는 제도 속으로 분류되고 체계화되었으므로, 그들의 법적 지식체계라는 창을 통해 식민지 조선의 관행을 바라보았을 뿐만 아니라, 그들은 조선의 관습을 일본의 관습으로 동화 일치시키려고 했다는 것이다.14) 반면, 식민지기에

---

9) 일제 강점기 전인 조선 시대에 우리가 보통 이해하고 있는 법원(法源)으로서의 관습'법'이 존재하였는가 하는 점에 관하여도 논의가 있으나, 이 문제는 이 글의 주제와는 직접 관련이 없으므로 더 이상 살펴보지 않는다. 이에 대하여는 Marie Seong-Hak Kim, "Law and Custom in the Choson Dynasty and Colonial Korea", Journal of Asian Studies Vol.66 No.4, 2007, pp. 1067 ff.; 심희기, "동아시아 전통사회의 관습법 개념에 대한 비판적 검토", 법사학연구 제46호, 2012, 205면 이하; Marie Seong-Hak Kim, Law and Custom in Korea : Comparative Legal History, Cambridge University Press, 2012; 문준영, "대한제국기 민사재판에서 관습의 규범적 역할", 경북대학교 법학논고 제52집, 2015, 163면 이하 등 참조. 또한 윤진수, "관습상 분재청구권에 대한 역사적, 민법적 및 헌법적 고찰", 민사재판의 제문제 제22권, 2013, 250-251면도 이에 대하여 언급하고 있다.

10) 예컨대 이상욱, "일제하 전통가족법의 왜곡", 박병호교수환갑기념(II), 박영사, 1991, 371 이하; 윤진수, "고씨 문중의 송사를 통해 본 전통 상속법의 변천", 민법논고 제5권, 박영사, 2011, 48면 이하(처음 발표: 가족법연구 제19권 2호, 2005, 327면 이하) 이하.

11) 이승일, "조선총독부의 법제정책에 대한 연구", 한양대학교 문학박사학위 논문, 2003, 81면 이하, 151면 이하 등.

12) 심희기, "일제강점 초기 '식민지관습법'의 형성", 법사학연구 28호, 2003, 25면 이하; 홍양희, "식민지시기 친족관습의 창출과 일본민법", 정신문화연구 28권 3호, 2005, 125면; 이정선, "식민지 조선·대만에서의 '가제도'의 정착과정", 한국문화 55, 2012, 253면 이하 등.

13) 주석민법 총칙 (1), 제4판, 한국사법행정학회, 2010, 113면(윤진수) 참조.

14) 홍양희, "식민지시기상속관습법과 '관습'의 창출", 법사학연구 제34호, 2006, 105면 이하. 또한 이상욱, "일제강점기 상속관습법의 정립과 왜곡", 민족문화논총 제33집, 2006, 72면 이하 참조.

정립된 상속관습법은 19세기 조선의 상황을 반영하는 것이므로, 조선총독부가
일본민법의 가제도에 맞추어 의도적으로 조선의 관습을 왜곡하였다고 하기에는
근거가 약하다는 주장도 있다.15)

　　필자가 보기에는, 일본 식민당국이 파악한 상속관습법은 일본법의 시각에서
이루어졌을 뿐만 아니라, 일본법과의 동화를 꾀한 면이 있다는 지적이 설득력이
있다고 보인다. 몇 가지 예를 들어 본다.

　　첫째, 일본 식민당국은 전통 한국법이 인정하고 있던 제사상속의 개념을 파
악하고 이를 호주상속 또는 일본법상의 가독상속(家督相續)16)과 어떻게 구별해야
할 것인가에 관하여 어려움을 겪었고, 결국 조선고등법원은 호주상속 또는 재산
상속과 별도로 제사상속을 인정할 필요가 없다고 하였다.17)

　　둘째, 당시에 일본 식민당국이 인정한 관습법상으로는 남자가 사망하면 그
재산은 일단 제사상속인에게 모두 귀속되고, 차남 이하의 아들들은 분재를 받아
야만 소유권을 가지게 된다고 하였다. 그러나 이는 일본법상의 가독상속의 관점
에서 한국의 상속 관행을 파악한 것으로, 실제로는 자녀들이 모두 공동상속을 받
지만, 제사상속인이 이를 관리하다가 다른 사람에게 분배한다고 파악하는 것이
정확할 것이다.18)

　　이승일, "일제의 관습조사와 전국적 관습의 확립과정 연구", 대동문화연구 67, 2009, 385면 이
　　하는 관습조사 과정에서 일본법의 관점에서 한국 관습을 해석한 예로서 한국인의 상속에 관한
　　것을 들고 있다.
15) 정긍식, "식민지기 상속관습법의 타당성에 대한 재검토", 서울대학교 법학 제50권 1호, 2009,
　　288면 이하.
16) 1947년 개정 전의 일본 민법 제986조는, 가독상속인은 상속개시시부터 전 호주가 가지는 권리
　　의무를 승계한다고 규정하여, 전 호주의 일체의 재산상의 권리의무를 승계하도록 하였다.
17) 朝鮮高等法院 1933(昭和 8). 3. 3. 판결(高等法院民事判決錄 20권 155면). 이에 대하여는 윤진수
　　(주 10) 참조.
18) 이에 대하여는 윤진수(주 9), 253면 이하 참조. 신영호, 공동상속론, 1987, 225면도, 피상속인이
　　남호주나 호주의 장남일 경우 가산주의(家産主義)를 채택한 이유는 불분명하지만, 일본 민법의
　　가독상속을 토대로 우리의 관습을 이해한 데서 비롯된 것이라고 보아야 할 것이라고 서술하였
　　다. 또 1940. 8. 23. 중추원 서기관장(中樞院 書記官長)의 법무국장에 대한 회답에 의하면, 호주
　　가 생전행위 또는 유언으로 嫡・庶子에 대한 분재액을 지정하지 않고 사망한 경우에는 그 재산
　　에 관한 권리의 전부는 일단 호주상속인에게 귀속하며 그 나머지 적서자는 잔여재산에 대하여
　　호주상속인으로 하여금 상당한 비율로 분배하게 한다는 관습이 존재하는지, 아니면 호주상속
　　인 이하 각 적서남(嫡庶男) 전원이 공동상속한 것으로 인정하는 것이 일반관습이며, 호주상속
　　인은 오직 그것을 분배할 때까지 관리하는 데 지나지 않는 것인지에 관하여 중추원 구성원(參
　　議)에게 조회하였는데, 답신한 42명 중 호주상속인의 재산분배라는 것을 지지한 사람이 15명이
　　었고, 공동상속이라는 것을 지지한 사람이 25명이었으며, 양자를 절충하여 상속재산은 공동재
　　산으로 하고, 분배방법에 대하여는 호주상속인의 재산분배에 의하자고 하는 사람이 2명 있었다
　　고 한다. 정광현, 한국가족법연구, 서울대학교 출판부, 1967, 185면.

셋째, 조선고등법원 1935(昭和 10). 7. 30. 연합부 판결[19]은 상속회복청구권은 상속인 또는 그 법정대리인이 상속권을 침해당한 사실을 안 때에는 상속개시의 때로부터 각각 상당한 기간 내에 한하여 행사할 수 있고 그 기간을 경과한 때에는 위 청구권이 소멸하는 것으로 되는 것 역시 조선의 관습상 시인된다고 하였다. 그러나 이는 상속회복청구권은 시효에 걸리지 않는다고 하던 종래의 판례를 변경한 것일 뿐만 아니라, 실제로 종래의 관습과는 모순된다. 위와 같은 조선고등법원의 판례는 거래의 안전 등을 고려하여 관습의 이름을 빌어 상당한 기간 내에 상속회복청구권을 행사하지 않으면 상속회복청구권이 소멸한다고 하는 판례법을 창조한 것이라고 보아야 할 것이다.[20]

이 사건 관습법의 경우도 마찬가지라고 보인다. 우선 여호주에 관한 관습부터가 종래의 관습과는 차이가 있다. 조선시대에는 여기서 말하는 호주에 해당하는 것은 없었는데, 이것이 법령상 인정되게 된 것은 통감부 시절인 1909년에 민적법(民籍法)[21]과 그 시행을 위한 민적법집행심득(民籍法執行心得)[22]이 제정되면서부터이다.[23] 그런데 1908년에서 1910년에 걸쳐 조사한 것을 바탕으로 하여 작성된 관습조사보고서에서 이미 호주상속은 호주인 지위의 승계로서 제사상속을 하는 자는 동시에 호주의 지위를 승계하는 것이지만, 제사상속인이 없는 경우에는 피상속인의 모 또는 처가 일시적으로 호주가 되는 예가 있다고 하였다.[24] 그러나 이는 조선 시대에 가장이 사망하고, 남자가 없는 경우 또는 남자가 있더라도 유소하든가 혹은 폐질자(廢疾者)이든가 기타 부득이한 경우에 과부가 사실상 가장의 지위에 있어 가장의 직무를 관장하였던 것을 호주상속으로 이해한 것으로 보이는데,[25] 조선 시대의 가장과 여기서 말하는 호주가 동일한 것이라고는 할 수 없다.

나아가 이 사건 관습은 여호주가 사망하여 절가가 된 경우에 딸이 재산을 상속할 수 있는가를 여호주와 딸이 동일한 가적에 속해 있었는가에 따라 달리 보고 있다. 그러나 이러한 가적이라는 개념이 법령상 인정되게 된 것도 1909년에

---

19) 朝鮮高等法院判決錄 제22권 302면 이하.
20) 윤진수, "상속회복청구권의 연구", 민법논고 제5권(주 10), 144면 이하(처음 발표, 서울대학교 법학 제41권 1호, 2000) 참조.
21) 융희(隆熙) 3년 3월 법률 제8호.
22) 융희 3년 3월 내부훈령(內部訓令) 제39호.
23) 최홍기, 한국호적제도사 연구, 서울대학교 출판부, 1997, 187면 이하 참조.
24) 정긍식 편역, 개역판 관습조사보고서, 한국법제연구원, 2000, 346면(제158).
25) "부녀자의 호주상속에 관한 관습", 정광현(주 18), 226면 이하. 이는 총독부 중추원 조사과의 조사자료를 정광현 교수가 국역한 것이다.

민적법이 시행되면서부터이다.[26] 그러므로 과연 동일가적 유무에 따라 재산상속 여부가 달라진다는 관습이 존재하였는지 의문이다.[27] 실제로 당시의 판례는 처음에는 조선인인 여자가 출가하여 타가에 있는 이상은 그 실가(實家)의 재산상속 인이 될 자격을 상실하는 것은 조선에서 현저한 관습이라고 하였다.[28] 그러다가 조선고등법원 1933(昭和 8). 12. 8. 판결[29]은, 모의 유산은 남녀를 불문하고 그의 자가 상속하며, 동일가적에 있거나 없거나를 구별하지 않는 것이 조선 고래의 관습이라고 하면서, 종래의 판례를 변경하였다. 그러나 대법원 1990. 2. 27. 선고 88다카33619 전원합의체판결은, 1960. 1. 1. 민법이 공포시행되기 전에는 호주 아닌 가족이 사망한 경우에 그 재산은 동일호적 내에 있는 직계비속인 자녀들에 게 균등하게 상속된다는 것이 당시의 우리나라의 관습이었다고 하였다.[30]

이처럼 이 사건 관습의 존재 여부에 관하여 상당한 의문이 있기는 하지만, 이제 와서 그러한 관습이 존재하지 않았다고 정면으로 부인하기는 어렵다. 당시의 관습이 어떠했는가를 지금에 와서 확정하는 것은 쉬운 문제가 아니다. 따라서 현재의 시점에서는 위와 같은 관습의 존재를 전제하고, 그러한 관습이 위헌인지 여부를 따져 보는 것이 현실적인 방법이다.[31]

Ⅳ. 관습법의 위헌 여부에 대한 심사권의 주체

1. 종래의 논의

종래 대법원의 판례는, 헌법과 헌법재판소법이 규정하는 위헌심사의 대상이

---

26) 위 주 23) 참조.
27) 신영호(주 18), 228면은 관습재산상속법이 혈연주의에서 가적중심주의로 변화한 것이라고 서술한다. 홍양희(주 14), 121면도 조선총독부가 만든 재산상속은 조선의 다양한 관행들을 관습으로 그대로 인정하는 것이 아니라고 하면서, 그 한 가지로서 호적, 즉 가적(家籍)을 기반으로 구성된 가족의 경계를 인정하는 것을 들고 있다.
28) 조선고등법원 1912. 4. 15. 판결(高等法院判決錄 2권 190면).
29) 高等法院判決錄 20권 461면. 정광현(주 18), 293면 이하에 그 번역문이 실려 있다. 정긍식(주 15), 314-315면은 위 판결의 결론은 잠정적으로 타당하다고 생각한다고 서술하고 있다.
30) 그러나 대법원 2014. 8. 20. 선고 2012다52588 판결은 위 전원합의체 판결을 인용하면서도, 현행 민법이 시행되기 전에 호주 아닌 남자가 사망한 경우 그 재산은 그 직계비속이 평등하게 공동상속하며, 그 직계비속이 피상속인과 동일 호적 내에 있지 않은 여자일 경우에는 상속권이 없다는 것이 우리나라의 관습이었다고 하여, 직계비속인 남자는 동일호적에 있지 않더라도 상속권이 있다고 하였으나, 위 전원합의체 판결과는 어긋나는 것으로 보인다.
31) 현소혜, "상속법의 자화상과 미래상", 민사법학 제52호, 2010, 606면 이하; 윤진수(주 9), 255면 참조.

되는 법률은 국회의 의결을 거친 이른바 형식적 의미의 법률을 의미하고, 또한 민사에 관한 관습법은 법원에 의하여 발견되고 성문의 법률에 반하지 아니하는 경우에 한하여 보충적인 법원이 되는 것에 불과하여, 관습법이 헌법에 위반되는 경우 법원이 그 관습법의 효력을 부인할 수 있으므로, 결국 관습법은 헌법재판소의 위헌법률심판의 대상이 아니라고 하였다.[32] 실제로 위 판례가 인용하고 있는 대법원 2003. 7. 24. 선고 2001다48781 전원합의체 판결을 비롯한 서론에서 언급한 몇 개의 대법원 판결은, 사회의 거듭된 관행으로 생성한 어떤 사회생활규범이 법적 규범으로 승인되기에 이르렀다고 하기 위하여는 그 사회생활규범은 헌법을 최상위 규범으로 하는 전체 법질서에 반하지 아니하는 것으로서 정당성과 합리성이 있다고 인정될 수 있는 것이어야 하고, 그렇지 아니한 사회생활규범은 비록 그것이 사회의 거듭된 관행으로 생성된 것이라고 할지라도 이를 법적 규범으로 삼아 관습법으로서의 효력을 인정할 수 없다고 하였다. 이러한 판례의 의미에 관하여는 정당성과 합리성이 있어야 한다는 것이 관습법의 성립요건이므로, 그러한 정당성과 합리성이 없는 이상 처음부터 관습법으로 성립하지 못하였다고 이해하는 견해도 있다. 그러나 이러한 판례는 그러한 관습이 관습법으로서의 성립요건은 갖추었다고 하더라도 헌법을 정점으로 하는 법질서 전체의 이념에 부합하지 않으므로 그 효력이 인정될 수 없다는 것으로 받아들여야 할 것이다.[33]

그런데 헌법재판소 2013. 2. 28. 선고 2009헌바129 결정은, 민법 시행 이전의 상속에 관한 관습법은 비록 형식적 의미의 법률은 아니지만 실질적으로는 법률과 같은 효력을 갖는 것이므로 위헌법률심판의 대상이 된다고 하였고, 이 사건 결정에서도 6인의 다수의견은 위 결정을 인용하면서 같은 취지로 판시하였다.

학설상으로는 위 2009헌바129 결정 전에는 관습법은 형식적 의미의 법률에 해당하지 않으므로, 헌법재판소에 의한 위헌법률 심판의 대상이 되지 못한다는 견해가 많았다.[34] 그러나 위 결정을 전후하여서는 관습법도 헌법재판소에 의한 위헌법률 심판의 대상이 될 수 있다는 견해가 늘어났다. 그 기본적인 논거는, 관습법도 형식적 의미의 법률과 같은 효력을 가지므로, 실질적 의미의 법률에 속하는데, 헌법재판소에 의한 위헌법률심판의 대상이 되는 것은 형식적 의미의 법률

---

32) 대법원 2009. 5. 28. 자 2007카기134 결정.
33) 윤진수, "상속회복청구권의 소멸시효에 관한 구관습의 위헌 여부 및 판례의 소급효", 민법논고 제5권(주 20), 172면 참조.
34) 윤진수(주 9), 267면 주 65)의 문헌 소개 참조.

에 한정되는 것이 아니며, 실질적 의미의 법률도 위헌법률심판의 대상이 된다는 것이다.35) 또한 헌법이 법률만을 위헌제청의 대상으로 한 것은 중요한 법규범에 대한 헌법재판소의 전문적·독점적 판단을 통해 법적 통일성과 안정성을 확보하려는 것이므로, 관습법도 위헌법률심판의 대상이 된다고 하는 주장도 있다.36)

2. 검   토37)

생각건대, 관습법이 헌법재판소에 의한 위헌법률심사의 대상이 되고, 따라서 법원은 관습법의 위헌 여부를 판단할 권한이 없다는 주장은 받아들이기 어렵다.

우선 관습법이 헌법재판소에 의한 위헌법률심사의 대상이 된다는 주장의 핵심적인 근거는 관습법도 형식적 의미의 법률과 같은 효력을 가지므로, 실질적 의미의 법률에 속한다는 점이다. 그러나 일반론으로서 관습법이 형식적 의미의 법률과 같은 효력을 가진다고 말할 수는 없다. 왜냐하면 성문법은 관습법을 폐지할 수 있지만, 관습법은 성문법을 폐지할 수 없기 때문이다.38) 따라서 관습법은 성

---

35) 정태호, "법률적 효력 있는 관습법의 위헌제청적격성", 경희법학 제46권 4호, 2011, 343면 이하; 장영수, "위헌법률심판의 대상으로서의 관습법", 공법연구 제40집 2호, 2011, 339면 이하; 권건보, "위헌법률심판의 대상과 관할", 헌법학연구 제19권 3호, 2013, 69면 이하; 권건보, "관습법에 대한 헌법재판소의 위헌심사 권한", 헌법재판연구 제3권 2호, 2016, 59면 이하 등.

36) 정태호(주 35), 346면 이하. 관습법에 대한 위헌법률심판, 헌법재판연구원 연구보고서, 2015, 39면 이하(연구책임자 손상식)는, 법원은 법규범의 위헌여부를 판단할 규범통제권한을 가지지 않는 것이 원칙이며, 헌법 제107조 제2항의 경우와 같은 '헌법에 특별한 규정이 있는 경우'에만 제한된 범위에서 규범통제권한을 행사할 수 있고, 따라서 규범통제권한은 헌법재판을 전문적으로 하는 헌법재판소에 맡기는 것이 더 기능적합적이라고 한다. 허완중, "관습법과 규범통제", 공법학연구 제10권 1호, 2009, 173면 이하도 헌법 제107조 제2항은 법원에 당연히 부여되지 않는 권한을 법원에게 부여하는 규정으로서 엄격한 해석이 요구된다고 하고, 권건보, "관습법에 대한 헌법재판소의 위헌심사 권한"(주 35), 63면도 법원이 헌법 제107조 제2항과 같이 명시적 규정이 있는 경우에 한하여 위헌여부에 대한 심사권을 가진다고 볼 수도 있다고 한다.

37) 본문의 설명은 윤진수(주 9), 266면 이하를 요약한 것이다. 윤수정, "관습법의 위헌법률심판 대상적격성", 헌법학연구 제21권 제2호, 2015, 202면 이하도 대체로 같은 취지이다. 또한 이준영, "관습법이 위헌법률심판의 대상이 되는지 여부", 부산판례연구회 판례연구 제26집, 2015, 286면 이하; 정구태, "호주가 사망한 경우 딸에게도 분재청구권이 인정되는지 여부", 동북아법연구 제8권 3호, 2015, 506-507면; 여운국, "민법 시행 이전의 구 관습법이 위헌법률심판 대상이 되는가", 법률신문 제4415호(2016. 5. 19.) 11면도 관습법은 위헌법률심판의 대상이 될 수 없다고 한다.

38) 성문법이 관습법을 폐지한 예로서 대법원 2017. 1. 20. 선고 2013다17292 전원합의체 판결을 들 수 있다. 이 판결은 2001. 1. 13.부터 시행된 장사 등에 관한 법률이 분묘의 설치기간을 15년으로 제한하고 15년씩 3회에 한하여 설치기간의 연장을 허용하며, 토지 소유자의 승낙 없이 설치된 분묘에 대하여 토지 소유자가 이를 개장하는 경우에 분묘의 연고자는 당해 토지 소유자에게 토지 사용권 기타 분묘의 보존을 위한 권리를 주장할 수 없다고 규정하고 있음을 들어,

문법에 반하지 않는 한도 내에서만 효력이 있는 보충적인 성격을 가진다.[39] 뿐만
아니라 대법원 1983. 6. 14. 선고 80다3231 판결은, 가정의례에 관한 법률에 따라
제정된 대통령령인 가정의례준칙에 어긋나는 관습법의 효력을 인정할 수 없다고
하였으므로, 관습법은 대통령령보다도 하위의 규범이라고 보지 않을 수 없다.

　　그러므로 "관습법이 실질적으로 법률과 같은 효력을 갖는다"고 하는 것도
정확한 표현이라고는 할 수 없다. 만일 관습법이 헌법보다 하위의 성문 법률과
저촉된다면, 그러한 관습법은 효력이 없다고 보아야 할 것이다. 그러면 관습법이
성문 법률과 저촉되는지 여부는 어느 기관이 판단하여야 할 것인가? 헌법재판소
에게 판단권이 있다고 볼 수 있는 근거가 없으므로, 법원이 판단할 수밖에 없다.
그렇다면 헌법재판소의 판시대로라면 법원은 관습법이 법률에 위반되는지 여부
는 판단할 수 있지만, 헌법에 위반되는지 여부는 판단할 수 없다는 것이 될 것이
다.[40]

　　이 사건 헌법재판소 결정 가운데 3인의 반대의견도, 성문법은 관습법을 폐
지할 수 있지만 관습법은 성문법을 폐지할 수 없고, 민사에 관한 관습법은 성문
의 법률에 반하지 아니하는 경우에 한하여 보충적인 법원이 되는 것에 불과하므
로, 관습법은 형식적 의미의 법률과 동일한 효력이 없어서 헌법재판소의 위헌법
률심판이나 헌법재판소법 제68조 제2항에 따른 헌법소원심판의 대상이 될 수 없
다고 하였다.

　　분묘기지권에 관한 관습은 더 이상 적용될 수 없다고 보았다.

39) 관습법이 성문법을 변경하는 효력도 있다는 이른바 대등적 효력설 또는 변경적 효력설은 받아
　　들이기 어렵다. 관습법이 존재하는가 여부를 결정하는 것은 종국적으로 법원이므로, 만일 관습
　　법이 성문법을 변경하는 효력을 가진다고 본다면 결과적으로 법원에게 성문법을 개폐하는 권
　　한을 주는 것과 다를 바가 없다. 윤진수(주 13), 108-109면 참조. 손상식(주 36), 29면 이하도 관
　　습법은 법률에 대하여 보충적 효력만을 가진다고 하면서 위 주장을 인용하고 있다.

40) 권건보, "위헌법률심판의 대상과 관할"(주 35), 75-76면; 권건보, "관습법에 대한 헌법재판소의
　　위헌심사 권한"(주 35), 69면은, 법원의 관습법에 대한 합법성의 심사는 지속적 간행에 대한 법
　　적 확신이 헌법에 합치하는지 여부에 대한 심사와 구분하여야 하고, 관습법이 헌법에 위반되는
　　지 여부는 그러한 국민적 확신의 소멸이나 성문법에 의한 관습법의 실효를 둘러싼 논란과는
　　차원이 다른 문제라고 한다. 그런데 이 견해는 법원의 관습법에 대한 위헌 여부 심사의 근거를
　　"명령·규칙 또는 처분이 헌법이나 법률에 위반되는 여부가 재판의 전제가 된 경우에는 대법
　　원은 이를 최종적으로 심사할 권한을 가진다"는 헌법 제107조 제2항에서 찾을 수 없다고 주장
　　하므로, 법원의 관습법에 대한 합법성 심사 권한의 근거도 위 조항이 될 수 없을 것이어서, 헌
　　법상 근거가 모호하게 된다. 또 이 견해는 "누구도 자신의 사건에서 재판관이 될 수 없다"는
　　법언에 비추어보더라도 관습법의 위헌성에 대한 판단권을 법원이 스스로 행사하는 것은 문제
　　의 소지가 있다고 하는데, 정확한 의미를 파악하기 어렵다. 법원이 자신의 판례를 재검토하는
　　것이 자신의 사건에서 재판관이 되는 것인가?

894 상속관습법의 헌법적 통제

다만 이 사건에서 문제되는, 민법 시행 전의 상속에 관한 관습법은 다소 달리 볼 여지도 있다. 즉 1912년에 제정된 조선민사령 제11조는, 일본의 법률 중 능력, 친족 및 상속에 관한 규정은 조선인에게 이를 적용하지 않고, 이에 대하여는 관습에 의한다고 규정하고 있으므로, 이러한 관습은 성문 법률에 대한 보충적 효력을 가지는 것이 아니라, 독자적인 법원으로서 대등한 효력을 가진다는 주장도 있을 수 있다. 그러나 이러한 관습이라도 반드시 성문 법률과 대등한 효력을 가진다고 볼 것은 아니다. 즉 성문법률이 친족과 상속에 관한 관습을 바꾼 예가 있기 때문이다. 즉 조선민사령 제11조는 1922년에 개정되어, 혼인연령·재판상의 이혼·인지·친권·후견·보좌인·친족회·상속의 승인 및 재산의 분리에 관한 규정은 관습 아닌 일본의 법률에 의하도록 개정되었다. 또 1939. 11. 10. 신설된 조선민사령 제11조의2는 관습상 인정되지 않았던 이성양자(異姓養子)와 서양자(壻養子)를 인정하였다. 그러나 일본의 성문법률에 정면으로 반하는 조선의 관습의 효력이 인정되었던 것은 아니었다.[41]

관습법이 헌법재판소에 의한 위헌법률심사의 대상이 된다는 또 다른 논거는, 헌법이 법률만을 위헌제청의 대상으로 한 것은 중요한 법규범에 대한 헌법재판소의 전문적·독점적 판단을 통해 법적 통일성과 안정성을 확보하려는 것이므로, 관습법도 위헌법률심판의 대상이 된다는 것이다. 그러나 이는 논자의 정책적인 판단일 뿐, 헌법상의 근거는 되지 못한다. 기본적으로 헌법은 관습법에 대하여 전혀 규율하지 않고 있고, 관습법은 헌법상 근거를 가진 것은 아니며, 따라서 관습법에 대한 헌법재판소의 위헌법률심사는 헌법이 예정한 것이 아니었다. 재판관 조용호의 각하의견에 대한 보충의견도, 관습법은 헌법상 근거를 가진 것이 아닐 뿐만 아니라 국회가 관여한 바도 없기 때문에 관습법에 대한 위헌심사는 헌법이 예정하고 있는 것이 아니라고 하였다.

또한 관습법이 성문 법률과 동일한 효력이 있는 것은 아니라는 점을 인정하면서도, 법원은 법규범의 위헌여부를 판단할 규범통제권한을 가지지 않는 것이 원칙이며, 법원은 헌법 제107조 제2항의 경우와 같은 '헌법에 특별한 규정이 있는 경우'에만 제한된 범위에서 규범통제권한을 행사할 수 있고, 따라서 규범통제

---

41) 조선민사령은 조선총독의 명령인 제령(制令)인데, 조선에서 시행하여야 할 법령에 관한 법률(조선총독부법률 제30호, 1911. 3. 24. 제정) 제5조는 조선에서 법률을 요하는 사항을 규정하는 제1조의 조선총독의 명령은 조선에 시행된 법률 및 특히 조선에 시행할 목적으로 제정된 법률 및 칙령에 위배할 수 없다고 규정하였다.

권한은 헌법재판을 전문적으로 하는 헌법재판소에 맡겨야 한다는 주장도 받아들일 수 없다. 이는 법원이 행사할 수 있는 사법권의 범위를 자의적으로 좁히려는 위험한 주장이다. 헌법재판소 1995. 9. 28. 선고 92헌가11, 93헌가8, 9, 10 결정은, 일체의 법률적 쟁송을 심리 재판하는 작용인 사법작용은 헌법 그 자체에 의한 유보가 없는 한 오로지 대법원을 최고법원으로 하는 법원만이 담당할 수 있다고 하면서, 특허청의 항고심판절차에 의한 항고심결 또는 보정각하결정에 대하여 불복이 있는 경우에도 법관에 의한 사실확정 및 법률적용의 기회를 주지 아니하고 단지 그 심결이나 결정이 법령에 위반된 것을 이유로 하는 경우에 한하여 곧바로 법률심인 대법원에 상고할 수 있도록 하고 있었던 당시의 특허법 제186조 제1항은, 법관에 의한 사실확정 및 법률적용의 기회를 박탈한 것으로서 헌법상 국민에게 보장된 "법관에 의한" 재판을 받을 권리의 본질적 내용을 침해하는 위헌규정이라고 하였다.

그러므로 대법원이 명령과 규칙에 대하여 상위 법규범과 부합하는지를 심사하는 권한은 사법권에 당연히 포함되는 것으로서, 헌법 제107조 제2항은 이를 확인하는 의미만을 가지고 있다고 보아야 할 것이다.[42] 이와 마찬가지로, 관습법에 대한 위헌심사의 권한은 헌법이 이를 배제하고 있지 않는 한 당연히 사법권의 범위에 속한다. 앞에서도 언급한 것처럼 헌법은 관습법에 대하여는 전혀 규정하지 않고 있으므로, 관습법에 대한 헌법재판소의 위헌법률심사는 헌법이 예정한 것이 아니었다. 다만 헌법 제111조 제1항 제1호는 법률의 위헌여부 심판을 헌법재판소의 권한으로 하고 있을 뿐이다. 그러므로 관습법도 헌법재판소의 위헌법률심판의 대상이 된다는 주장은 위 헌법 규정을 확장하여 해석하는 것이고, 따라서 이를 주장하는 사람이 그에 대한 논증책임(Argumentationslast)을 부담하는데, 충분한 논증이 있었다고 보기 어렵다.

심사과정에서 헌법재판소에 판단권이 있다는 근거도 없지만, 법원에 판단권이 있다는 근거도 없으므로, 법원에 판단권이 있다는 근거 제시 없이 법원이 판단할 수 있다고 단정하는 것은 이해하기 어렵고, 헌법 제107조 제2항이 법원의 권한을 확인하는 의미도 있지만, 헌법 제107조 제1항과 맺는 관계에서 권한을 한

---

42) 같은 취지, 윤정인, "법원의 명령·규칙에 대한 사법심사", 인권과 정의 2016년 5월(제457호), 71-72면. 허완중, "명령·규칙에 대한 법원의 위헌·위법심사권", 저스티스 통권 제135호(2013. 4), 45‒46면은 헌법 제107조 제2항은 법원의 재판권에 당연히 부수되는 명령·규칙에 대한 부수적 규범통제권을 확인하는 것에 불과하다고 하여, 주 36)에서 밝혔던 견해를 바꾼 것으로 보인다.

정하는 의미도 있으므로, 이러한 관계에 관한 구체적 고찰 없이 관습법에 대한
위헌심사권이 당연히 사법권에 속한다고 주장하기는 어렵다는 지적이 있었다.
그러나 앞에서도 언급한 것처럼, 위 헌법재판소 1995. 9. 28. 선고 92헌가11, 93
헌가8, 9, 10 결정은, 일체의 법률적 쟁송을 심리 재판하는 작용인 사법작용은 헌
법 그 자체에 의한 유보가 없는 한 오로지 대법원을 최고법원으로 하는 법원만
이 담당할 수 있다고 하였으므로, 관습법에 대하여 헌법재판소가 위헌법률심사
를 할 수 있다는 직접적인 근거를 제시할 수 없다면, 그러한 권한은 법원이 행사
할 수 있다고 볼 수밖에 없다. 또한 관습법에 대하여 헌법이 규정하지 않았다고
하여서 헌법이 예정하지 않았다고 단정하기는 어렵고, 헌법이 규율을 회피하거
나 미처 규율하지 못한 것으로 볼 여지도 있기 때문이라는 지적도 있었다. 그러
나 헌법이 미처 규율하지 못하였다면 이는 헌법이 예정하지 않은 것에 다름 아
니다. 또 이제까지 헌법이 관습법에 대하여 일부러 규율을 회피하였다고 볼 만한
근거가 제시된 바도 없다.

　　또한 헌법재판소제도의 역사적인 발전과정을 보더라도 헌법재판소가 관습
법을 위헌법률심사의 대상으로 다룰 수는 없다. 헌법재판소의 본래의 역할은 의
회의 입법을 견제하는 것이라고 할 수 있고,[43] 그렇다면 의회의 입법이 아니고,
공권력에 의하여 정립된 것도 아닌 관습법에 대하여까지 헌법재판소가 위헌법률
심사의 형태로 관여해야 한다는 것은 헌법재판소 제도를 인정한 본래의 취지와
는 거리가 있는 것이다.

　　나아가 법원과 헌법재판소 중 어느 기관이 관습법에 대한 통제를 담당하기
에 적절한가 하는 관점에서 문제를 살펴본다면, 법원이 헌법재판소보다 우월하
다. 우선 관습법이 존재하는가, 다시 말하여 거듭된 관행과, 그것이 법적 구속력
을 가진다는 사회의 법적 확신이 있다는 점에 관하여는 법원이 판단하지 않을
수 없다. 뿐만 아니라 원래 관습법이란 고정된 것이 아니고, 계속 진화하고 변화
하는 것이어서, 법원으로서는 관습법의 변화를 파악하고, 종전에 인정되고 있었
던 관습법에 문제가 있으면 변화된 새로운 관습법을 찾아내거나 또는 대체할 수

---

43) 현대적 헌법재판소 제도의 효시라고 할 수 있는 1920년의 오스트리아 헌법재판소의 설계자인
　　한스 켈젠이, 헌법재판소는 의회의 입법을 견제하는 기능을 하는 것이라고 보아 소극적 입법자
　　(negativer Gesetzgeber)라고 한 것은 잘 알려져 있다. 이에 대하여는 윤진수(주 9), 274면 참조.
　　심사과정에서 헌법재판소의 주된 뿌리는 규범통제뿐 아니라 권한쟁의도 있다는 점에서 규범통
　　제가 입법자통제라고 할 수 없다는 지적이 있었으나, 헌법재판소가 권한쟁의를 담당한다는 것
　　이 규범통제가 입법자통제가 아니라는 근거가 되는 것은 아니다.

있는 대안을 제시함으로써 관습법을 발전시킬 수 있는 반면, 헌법재판소에는 그러한 능력이 없다. 결국 관습법이 존재하고 여전히 효력을 가지는지, 관습법이 변화하고 있는지, 관습법이 헌법에 위배된다면 어떠한 방법으로 이를 해결하고 발전시킬 수 있는지와 같은 점들에 관하여는 법원이 헌법재판소보다 더 잘 판단할 수 있다. 이러한 점에서 관습법에 대한 통제의 권한은 사법권에 내재된 것이라고 할 수 있다. 이 사건 결정에서의 3인의 반대의견도 이러한 취지이다.44)

　　심사 과정에서, 관습법 인정에 있어서 대법원의 우월적인 능력을 인정하면서 관습법 결정을 잘못한 것처럼 평가한다면, 대법원의 관습법 인정능력이 의문시 되고, 대법원의 관습법 인정권한도 의문시되는데, 이에 대해서는 언급이 없이 헌법재판소의 위헌심사권한을 부정하기 위한 논리만 전개되고 있다는 지적이 있었다. 그러나 관습법의 존부와 그것이 효력을 지속하는지 여부에 대하여 법원이 권한을 가진다는 것에 대하여는 이제까지 의문을 제기한 사람이 없었고, 개별 사건에서 대법원의 관습법에 대한 판단이 잘못되었다고 하여, 대법원이 그러한 권한을 가지지 않는다는 결론이 나오는 것은 아니다.

3. 한정위헌의 가능성 여부

　　그런데 이처럼 관습법 자체가 위헌법률심판의 대상은 되지 못한다고 하더라도, 달리 검토할 필요가 있는 것은 이러한 관습법의 근거가 되는 법률에 대한 한정위헌의 선고는 가능할 수 있지 않는가 하는 점이다. 이 사건 관습법의 적용 근거는 조선민사령 제11조 제1항인데, 이 조항이 마지막으로 개정된 것은 1939. 11. 10.이고, 당시의 규정은 다음과 같았다.

　　"조선인의 친족 및 상속에 관하여는 별도의 규정이 있는 것을 제외하고, 제1조의 법률에 의하지 아니하고 관습에 의한다. 다만, 성, 혼인연령·재판상의 이혼·인지, 재판상의 이연, 서양자결연의 경우에 있어서 혼인 또는 결연이 무효가 되는 때 또는 취소되는 때의 결연 또는 혼인의 취소·친권·후견·보좌인·친족회·상속의 승인 및 재산의 분리에 관한 규정은 그러하지 아니하다."

　　그러므로 헌법재판소로서는 "조선민사령 제11조 제1항의 관습에 이 사건 관습이 포함되는 것으로 해석하는 한 헌법에 위반된다"고 하는 형태의 한정위헌을

---

44) 이 반대의견은 윤진수(주 9)를 참조한 것으로 추측된다.

선고할 수 있지 않을까 하는 생각을 해 볼 수 있다.[45] 이러한 한정위헌이라는 주
문형태가 가능한가, 또 그러한 한정위헌 선고가 법원에 대하여 기속력을 가지는
가는 논란이 많은 문제이지만,[46] 이하에서는 그러한 선고가 가능한 것으로 전제
하고 논의를 진행한다.[47]

　　그러나 이 사건과 같은 경우에 이러한 한정위헌 청구는 허용되지 않는 것으
로 보아야 한다. 우선 헌법 제정 전의 조선총독부령인 조선민사령이 헌법재판소
에 의한 위헌법률심사의 대상이 될 수 있는가 하는 점부터가 문제이다. 다시 말
하여 헌법 제정 전의 법령의 헌법 위반 여부는 법원이 스스로 판단할 수 있고,
만일 위헌이라고 판단한다면 법원이 위헌이라고 선언할 수 있으며, 굳이 헌법재
판소에 위헌 여부를 제청할 필요도 없다고 보아야 한다. 일제 강점기의 조선민사
령은 우리나라의 입법부나 공권력에 의하여 제정된 것이 아니므로, 입법자의 권
위 보호를 위하여 그 위헌 여부의 판단을 굳이 헌법재판소에 독점시킬 필요가
없기 때문이다.[48][49]

　　뿐만 아니라 앞에서도 언급한 것처럼, 조선민사령은 그 효력 면에서 일본의
법률이나 칙령보다 하위에 있었으므로, 이를 법률과 동일시할 수도 없다.[50]

　　다른 한편 이 사건의 경우는 아니더라도 일반적으로 민법 제1조나 상법 제1
조와 같이 헌법 제정 후에 만들어진 법률이 관습법의 적용을 인정하고 있는데,
그 법률에 따라 적용되는 관습법이 위헌인 경우에는 그 법률에 대하여 한정위헌

---

45) 가령 헌법재판소 1991. 4. 1. 선고 89헌마160 결정은,「민법 제764조(1958. 2. 22. 법률 제471
　　호)의 "명예회복에 적당한 처분"에 사죄광고를 포함시키는 것은 헌법에 위반된다」고 선고하였
　　다. 또 헌법재판소 2012. 12. 27. 선고 2011헌바117 결정은,「형법(1953. 9. 18. 법률 제293호로
　　제정된 것) 제129조 제1항의 '공무원'에 구 '제주특별자치도 설치 및 국제자유도시 조성을 위
　　한 특별법'(2007. 7. 27. 법률 제8566호로 개정되기 전의 것) 제299조 제2항의 제주특별자치도
　　통합영향평가심의위원회 심의위원 중 위촉위원이 포함되는 것으로 해석하는 한 헌법에 위반된
　　다」고 선고하였다.
46) 예컨대 전상현, "위헌법률심사의 본질과 한정위헌", 헌법학연구 제19권 2호, 2013, 291면 이하
　　참조.
47) 헌법재판소 2012. 12. 27. 선고 2011헌바117 결정은 한정위헌결정을 구하는 한정위헌청구는 원
　　칙적으로 적법하다고 보아야 한다고 판시하여, 종래의 판례를 변경하였다.
48) 이 점에 대하여는 정인섭, "대한민국의 수립과 구법령의 승계", 국제판례연구 제1집, 2000, 271
　　면 이하 참조. 헌법위원회가 위헌법률심사권을 가졌던 제1공화국 당시에 헌법제정 전의 구법령
　　에 관하여 헌법위원회와 대법원 중 어느 기관이 위헌심사권을 가졌는가에 대하여는 논쟁이 있
　　었다. 위 논문 271면 이하 참조.
49) 그러나 헌법재판소 2001. 4. 26. 선고 98헌바79・86, 99헌바36 결정은, 헌법 제정 전의 미 군정
　　시대 법령인 국방경비법이 헌법재판소의 위헌법률심판 대상이 된다는 전제 하에서, 국방경비
　　법 제32조, 제33조는 헌법에 위반되지 아니한다고 선고하였다.
50) 윤수정(주 37), 221면 이하 참조.

의 선고를 할 수 있을지도 따져볼 수 있다. 그러나 이는 부정하여야 할 것이다. 이는 관습법이 왜 법규범으로서의 구속력을 가지는지 하는 문제와 관련이 있다. 만일 관습법이 구속력을 가지는 것이 위와 같은 법률규정 때문이라면,[51] 관습법이 위헌인 경우에는 위와 같은 법률규정에 대하여 한정위헌 선고를 하는 것도 가능할 것이다. 그러나 관습법이 법규범으로서 구속력을 가지는 것은 거듭된 관행이 구속력을 가진다는 공동체 구성원들의 승인이 있기 때문이고,[52] 입법자의 명시적 또는 묵시적 승인을 필요로 한다고는 볼 수 없다.[53] 이 점은 성문법적 근거를 가지지 않는 관습행정법의 법적 구속력이 인정되고 있는 점[54]에 비추어 보아도 알 수 있다. 그러므로 이처럼 관습법이 성문 법률과는 독자적인 효력 근거를 가진다면, 관습법의 적용을 인정하는 성문 법률에 대하여 한정위헌을 선고하는 것은 별다른 의미를 가지지 않을 것이다.

V. 이 사건 관습의 위헌 여부

1. 어느 시점의 헌법을 기준으로 하여 위헌 여부를 판단할 것인가?

이 사건에서 피상속인인 C는 1954. 3. 3. 사망하였다. 그렇다면 그의 상속에 적용되었던 관습법의 위헌 여부는 그 당시의 헌법을 기준으로 하여 판단하여야 하는가, 아니면 이 사건 재판시를 기준으로 하여야 하는가? 이 점에 관하여 2인의 위헌의견은 헌법재판소 2013. 3. 21. 선고 2010헌바70 결정을 인용하면서, 구체적 규범통제의 심사기준은 원칙적으로 헌법재판을 할 당시에 규범적 효력을 가지는 헌법이라고 하여, 이 사건 관습이 현행 헌법 제36조 제1항에 위반된다고 주장한다.[55] 4인의 합헌의견도, 민법 시행 전까지 효력이 있던 구 관습법은 상당

---

51) 김경제, "관습법에 대한 오해", 세계헌법연구 제18권 3호, 2012, 1면 이하는, 관습법은 헌법에 관습법의 성립에 대한 근거가 없고 헌법에 따라 제정된 것이 아니기 때문에 그 자체로 법규범이 될 수 없으며, 그럼에도 불구하고 민사관계에 적용되는 것은 성문의 민법 제1조가 관습법을 민사관계에 적용할 수 있도록 허용하였기 때문이므로, 이런 조항을 가지지 않는 헌법·공법의 영역에는 관습법의 법리가 적용될 수 없다고 주장한다.
52) 오세혁, "관습법의 현대적 의미", 법철학연구 제9권 2호, 2006, 150‐151면;
53) 송재일, "해석기준과 적용기준으로서의 관습법", 서울법학 제20권 1호, 2012, 151면.
54) 예컨대 헌법재판소 2004. 9. 23. 선고 2000헌라2 결정 등.
55) 위 헌법재판소 2013. 3. 21. 선고 2010헌바70, 132, 170 결정은, 1974년과 1975년에 있었던 대통령긴급조치 제1, 2, 9호의 위헌 여부를 심사하는 기준은 긴급조치 당시의 유신헌법이 아니라 현행헌법이라고 하였다.

수가 현행 헌법을 기준으로 보면 평등원칙에 어긋나는 것일 수 있다고 하면서도, 이미 폐지된 구 관습법에 대하여 역사적 평가를 넘어 현행 헌법을 기준으로 소급적으로 그 효력을 모두 부인할 경우 이를 기초로 형성된 모든 법률관계가 한꺼번에 뒤집어져 엄청난 혼란을 일으킬 수 있다고 하여, 현행 헌법이 기준이 될 수 있음을 인정하는 것으로 보인다.

　　헌법재판소 1994. 6. 30. 선고 92헌가18 결정도, 1971년에 제정된 국가보위에 관한 특별조치법56) 제5조 제4항에 근거하여 1977년에 이루어진 수용처분이 문제된 사건에서, 위 규정의 위헌 여부를 판단함에 있어서 현행 헌법 제76조와 제77조를 원용하였고,57) 헌법재판소 2015. 3. 26. 선고 2014헌가5 결정도, 위 특별조치법　제11조 제2항 중 제9조 제1항에 관한 부분은 헌법에 위반된다고 하면서, 근거가 되는 헌법조항으로서 현행 헌법 제33조 제1, 2항을 들고 있다.

　　그러나 현행 헌법 시행 전에 제정되었고, 그 적용도 그 전에 이루어졌던 법률의 위헌 여부를 판단하는 경우에는 원칙적으로 그 제정 또는 적용 당시의 헌법이 위헌 여부 판단의 기준이 되어야 하고, 그 후의 현행 헌법이 기준이 될 수는 없다고 보아야 한다. 그렇지 않다면 그 당시에는 합헌이었던 것이 현행 헌법 시행 후에 소급적으로 위헌인 것이 되어, 법적 안정성을 크게 해치게 된다. 이 점에서 헌법재판소의 판례들이 현행 헌법 전의 사건들에 대하여 현행 헌법을 적용하여 위헌 여부를 판단한 것은 문제가 있다.58)59)

---

56) 위 법은 1981. 12. 17. 폐지되었다.

57) 다만 위 결정은 그 법이 공포시행된 당시의 제3공화국 헌법 제73조와 제75조도 아울러 열거하고 있다.

58) 김경제, "긴급조치에 대한 헌법재판소 결정의 문제점", 헌법학연구 제19권 3호, 2013, 325면 이하 참조. 대법원 2010. 12. 16. 선고 2010도5986 전원합의체 판결은 대통령 긴급조치 제1호가 당시의 유신헌법에 위배되어 위헌이고, 나아가 현행 헌법에 비추어 보더라도 위헌이라고 하였다. 위 헌법재판소 2013. 3. 21. 선고 2010헌바70 등 결정(주 55)은, 위 긴급조치들이 유신헌법을 근거로 하여 발령된 것이긴 하나, 그렇다고 하여 이미 폐기된 유신헌법에 따라 이 사건 긴급조치들의 위헌 여부를 판단하는 것은, 유신헌법 일부 조항과 긴급조치 등이 기본권을 지나치게 침해하고 자유민주적 기본질서를 훼손하는 데에 대한 반성에 기초하여 헌법 개정을 결단한 주권자인 국민의 의사와 기본권 강화와 확대라는 헌법의 역사성에 반하는 것으로 허용할 수 없다고 하였다.

59) 승이도, "초헌법적 국가긴급권에 대한 위헌심사 연구", 공법연구 제45집 1호, 2016, 152-155면은, 구헌법 시기에 이미 완결된 사안(법률)에 대하여 현행헌법의 효력을 소급적으로 미치게 하는 것은 이른바 진정소급효를 인정하는 결과를 초래할 수 있으므로, 이러한 사안에 대해서는 원칙적으로 그 당시의 헌법인 구헌법을 준거규범으로 삼되, 구헌법의 관련조항들이 헌법의 핵심가치를 훼손하여 이후의 헌법개정 과정에서 그것이 부당하였다는 반성적 고려에서 폐지되어 현행헌법에 이르렀다고 볼 수 있는 경우에는 예외적으로 현행헌법을 준거규범으로 삼도록 '원칙·예외를 설정'하는 것이 장기적으로 타당하다고 주장한다.

그런데 이 사건에서 4인의 합헌 의견은 이 사건 관습의 평등원칙 위배 여부를 따지고 있고,[60] 2인의 위헌의견은 위 관습이 개인의 존엄과 양성의 평등에 관한 국가의 보장의무를 규정한 헌법 제36조 제1항에 위반된다고 주장하고 있다. 그러나 이 사건 상속 개시 당시의 헌법 제8조 제1항은 "모든 국민은 법률앞에 평등이며 성별, 신앙 또는 사회적 신분에 의하여 정치적, 경제적, 사회적 생활의 모든 영역에 있어서 차별을 받지 아니한다"고 규정하여, 현행 헌법 제11조 제1항[61]과 거의 차이가 없다. 또 당시의 헌법 제20조는 "혼인은 남녀동권을 기본으로 하며 혼인의 순결과 가족의 건강은 국가의 특별한 보호를 받는다"고 규정하여, 현행 헌법 제36조 제1항[62]과 내용상 별다른 차이가 없다. 따라서 이 사건의 경우에는 당시의 헌법을 기준으로 하건, 현행 헌법을 기준으로 하건 차이가 생길 것으로는 보이지 않는다.

2. 이 사건 관습의 위헌성

가. 이 사건 관습법이 남성과 여성을 차별하는 것인지 여부

앞에서 본 것처럼 이 사건에서 4인의 합헌 의견은 위 관습법이 합헌이라고 하면서, 이 사건 관습법은 그 자체로는 절가된 가의 재산을 청산할 때 가적 내에 남아 있는 사람과 출가 또는 분가한 사람을 차별취급하고 있을 뿐 성별의 차이를 이유로 남성과 여성을 차별 취급하는 것이 아니며, 출가한 여성이 자신의 가를 떠나 부(夫)의 가에 입적하게 되어 절가된 가의 호주와 같은 가적에 남아 있지 않게 되는 것은 별도의 관습법에 따른 것이지 이 사건 관습법으로 인한 차별이라고 볼 수 없다고 하였다.

그러나 이 사건에서 핵심적인 문제는 출가한 여성이 피상속인인 여호주와 가적을 달리 한다는 이유로 상속인이 되지 못하는 것이 위헌인가 하는 점에 있는데, 이를 출가한 여성이 절가된 가의 호주와 같은 가적에 남아 있지 않게 되는 관습법과, 가적을 달리하는 사람의 상속권을 인정하지 않는 관습법의 두 가지로

---

60) 위 합헌 의견은, 헌법 제34조 및 제36조 제1항의 위반 여부는 평등원칙 위배 여부와 사실상 같은 내용의 판단이 될 수밖에 없으므로 별도로 판단하지 아니한다고 하였다.

61) "모든 국민은 법 앞에 평등하다. 누구든지 성별·종교 또는 사회적 신분에 의하여 정치적·경제적·사회적·문화적 생활의 모든 영역에 있어서 차별을 받지 아니한다."

62) "혼인과 가족생활은 개인의 존엄과 양성의 평등을 기초로 성립되고 유지되어야 하며, 국가는 이를 보장한다."

나누어, 각각의 관습법에 위헌성이 없으므로 전체적으로 위헌성이 없다고 말하는 것은 논점을 회피하는 것이다. 합헌의견은, 입양 혹은 분가 등의 사유로 가적에 남아 있지 않은 남자도 가적에 있는 가족에 비하여 후순위가 되고, 가적에 남아 있는 여성은 이 사건 관습법에 따라 차별취급을 받지 않는다고 한다. 그러나 당사자가 가적을 떠나는 사유가 다르다면, 부당한 차별인지 아닌지를 각 사유에 대하여 별도로 따져 보아야 하는 것이지, 단순히 가적 내에 남아 있는 사람과 출가 또는 분가한 사람을 차별취급하는 것은 합리적이라고 말할 수는 없다.

　　이 점을 파악하기 위하여 여자의 출가와 분가를 비교하여 본다. 관습조사보고서는 관습법상 여자가 혼인하면 이른바 초서혼인(招壻婚姻)63)이 아니면 부(夫)의 가에 당연히 입적하는 것으로 보았다.64) 반면 가족인 남자는 혼인하더라도 당연히 분가되는 것은 아니었고, 본인의 의사에 의하여 분가를 하는 경우에도 호주의 동의를 얻어야 하였다.65) 그러므로 이 사건에서 A는 혼인에 의하여 호주이던 B의 가적에서 당연히 이탈한 반면, B의 이복동생 D는 혼인한 후에도 B의 가적에 남아 있었던 것이다. 따라서 직계비속이라고 하여도 남자인가 여자인가에 따라 혼인에 의한 가적으로부터의 이탈 여부가 달라지고, 그 결과 상속권 유무에도 영향을 미치는 것이기 때문에, 이는 남성과 여성을 달리 취급하는 것일 뿐만 아니라, 혼인하지 않은 여자와 혼인한 여자를 차별하는 것이라고 하지 않을 수 없다.66) 2인의 위헌의견은, 이 사건 관습법은 혼인으로 인해 종래 소속되어 있던 자신의 가를 떠나 부(夫)의 가 일원이 되는 출가녀와, 혼인을 하더라도 여전히 동일한 가적 내에 남게 되는 남성을 유산 승계에 있어 차별 취급하고 있다고 지적하고 있다.

나. 차별에 대한 합리적 근거가 있는지 여부

　　4인의 합헌의견은, 이 사건 관습법이 절가된 가의 재산을 그 가적에 남아 있는 가족에게 우선 승계하도록 하는 것은 가의 재산관리나 제사 주재 등 현실적 필요와 민법 시행 이전의 사회상황과 문화를 반영한 것으로 나름대로 합리적 이

---

63) 부(夫)가 처의 호적에 들어가는 입부혼인(入夫婚姻)을 말한다.
64) 정긍식 편역(주 24), 321면(제131) 등.
65) 정긍식 편역(주 24), 302면(제116) 등.
66) 또한 둘째 아들(二男)이 분가하였더라도, 본가의 미혼인 장남과 호주가 사망하면 2남은 호주상속신고에 의하여 본가 호주가 되었다. 1925(大正 14). 10. 27. 전주(전주지방법원으로 보임)에 대한 법무국장 회답, 南雲幸吉 편, 現行 朝鮮親族相續法類集, 1935(昭和 10), 335-336면.

유가 있었다고 한다. 즉, 민법 시행 전 가(家)의 재산은 호주를 중심으로 한 가의 재산으로서 그 재산을 바탕으로 생활하고 제사를 모시면서 일가를 유지·승계한다는 의미도 가지고 있었으므로, 절가된 가의 재산을 분배하는 경우, 이러한 가의 재산의 성격과 당시의 호주승계 및 재산상속 제도를 종합적으로 반영할 수밖에 없다는 점을 고려하여야 한다는 것이다. 구체적으로는 절가된 가의 재산 분배 순위에서 그 가적에 있는 가족을 우선하고 출가한 여성이나 분가한 남성을 후순위로 한 것은 토지를 중심으로 한 가의 재산으로부터 물리적으로 떨어져 있을 수 있는 출가한 사람이 가의 재산관리나 제사를 주재하는 것이 현실적으로 어려운 점, 현재도 민법 제1008조의3에서 제사주재자에게 묘토인 농지, 족보와 제구의 우선상속권이 인정되고 있는 점 등에 비추어 볼 때, 이 사건 관습법은 전통문화가 강력하게 남아 있고 관습법이 가족법 관계 전반을 규율하던 민법 시행 이전에는 나름대로 합리성을 가지고 있었다는 것이다.

그러나 이러한 주장은 그다지 설득력이 없다. 2인의 위헌의견이 지적하는 것처럼, 이 사건 관습법은 호주를 정점으로 하는 남계 혈통을 중요시하는 호주제를 기반으로 가의 재산은 타가(他家)에 있는 자에게 유출되어서는 안 된다는 관념을 토대로 한 것이며, 그 근저에는 성역할에 대한 고정관념이 깔려 있다고 하지 않을 수 없다. 합헌의견은 민법 시행 전 가의 재산을 호주를 중심으로 한 가의 재산으로서, 그 재산을 바탕으로 생활하고 제사를 모시면서 일가를 유지·승계한다는 의미를 가지고 있다고 보았다. 그러나 이는 사실에 부합한다고 보기는 어렵다. 조선시대의 재산상속에 관한 기본 관념은 이른바 조업사상(祖業思想), 즉 상속재산인 가산을 조선으로부터 승계하여 혈연을 같이 하는 자손에게 전승되어야 한다는 것이었다.[67] 조선 시대의 재산상속은 원칙적으로 자녀균분상속이었는데, 조선 후기에 이르러서는 피상속인이 생전에 재산을 나누어주는 이른바 분재가 이루어지는 경우에, 봉사조(奉祀條) 등의 명목으로 제사상속인인 장남에게 많은 재산을 나누어 주고 차남 이하의 아들들에게는 더 적은 재산을 나누어 주었으며, 딸들에게는 그보다 더 적은 재산을 나누어 주는 것이 일반적이 되었다.[68] 그렇다고 하여 상속의 성격이 전체적으로 가산의 승계라고 바뀌었다고 말하기는 어렵다. 이러한 변화의 원인에 대하여는 주로 종법제에 근거한 가족제도의 변화

---

67) 朝鮮總督府中樞院, 李朝の財産相續法, 1936(昭和 11), 7면 이하; 신영호(주 27), 185면 이하. 앞의 책은 나중에 마지막 조선고등법원장을 지내게 된 喜頭兵一이 쓴 것이다.

68) 최재석, 한국가족제도사연구, 일지사, 1983, 521면 이하 참조.

와, 거주지의 원근이나 가난 등 경제적 요인을 들고 있으나, 무엇이 주된 것인지
는 확실하지 않다.[69] 뿐만 아니라 과연 1950년대에도 이러한 상황이 유지되었는
지도 알 수 없다.[70] 2인의 위헌의견은, 이 사건 관습법은 가의 재산관리나 제사
주재에 필요한 범위로 제한하지 않고 절가된 가의 유산 전부를 그 가적 내의 가
족이 승계하도록 하고 있을 뿐만 아니라, 절가된 자의 가족이 없는 경우에는 가
의 재산관리나 제사 주재와 관련이 없는 출가녀에게도 유산을 승계하도록 하고
있으므로, 가의 재산관리나 제사 주재의 현실적 필요성이 이 사건 관습법의 진정
한 목적인지에 대하여도 의문이 든다고 하였다.

    실제로도 가족이 혼인한 후 법적으로는 분가하지 않았더라도, 호주와 같이
살지는 않고 별도로 생활을 영위하는 경우가 대부분이었으며, 이것이 1962년 민
법을 개정하여, "가족은 혼인하면 당연히 분가된다"는 법정분가의 규정(제789조
제1항)을 신설하게 된 원인이었다.[71] 이 사건에서도 B의 이복 동생인 D가 혼인한
후에도 B나 그 처인 C와 같이 살았을 가능성은 별로 없다. 그럼에도 불구하고 D
가 C의 딸인 A를 제쳐두고 C를 상속하는 것이 합리적이라고 하기는 어려울 것
이다.

    그리고 4인의 합헌의견은, 호주가 살아 있을 때 출가한 여성에게 재산의 일
부 또는 전부를 분재할 수도 있는 것이어서, 이 사건 관습법으로 인하여 출가한
여성이 상속으로부터 완전히 배제되는 것도 아니었다고 하는 점도 이유로 들고
있다. 사실 학설상으로도 차남 이하 또는 딸들이 상속에서 장남에 비하여 차별을
받는 이유를, 이들이 혼인이나 분가할 때에 일정 재산을 분급받았다는 점에서 찾
는 견해가 있다.[72] 그러나 여자가 혼인할 때 분급을 받을 수 있는 권리가 법적으
로 보장되지 않았다면, 분급을 받을 가능성도 있다는 점만으로 위와 같은 관습법
의 정당성을 주장하기는 어렵다.[73][74]

---

69) 문숙자, 조선시대 재산상속과 가족, 경인문화사, 2004, 263면 참조.
70) 앞에서 살펴본 1940. 8. 23. 중추원 서기관장의 회답도 호주의 유산에 대해서는 여자의 상속권
    을 전혀 인정하지 않지만, 장래에는 근소하지만 딸에 대해서도 재산상속을 인정하는 예가 점차
    늘어날 것이라고 하였다. 정광현(주 18), 191면.
71) 김주수, "호적법중 개정법률의 해설", 사법행정 제4권 4호, 1963, 42면 참조.
72) 정긍식(주 15), 310-311면.
73) 윤진수(주 9), 257면 참조.
74) 이 점에 관하여 참고할 수 있는 것으로는 일본최고재판소 2013(平成 25). 9. 4. 대법정 결정(最
    高裁判所民事判例集 67卷 6号 1320면)이 있다. 여기서는 비적출자(非嫡出子)의 상속분을 적출
    자(嫡出子)의 상속분의 1/2로 한다는 일본 민법 제900조 4호의 규정이 위헌인가가 문제되었는
    데, 최고재판소 1995(平成 7). 7. 5. 대법정 결정(最高裁判所民事判例集 49卷 7号 1789면)은 위

헌법재판소 2005. 2. 3. 선고 2001헌가9 등 결정은 호주제가 위헌이라고 하면서, 그 이유로 호주제는 남계혈통을 중심으로 인위적 가족집단인 가를 구성하고 이를 승계하는 것은 남녀를 차별하는 것인데, 이러한 차별을 정당화할 만한 사유가 없고, 여자는 혼인하면 법률상 당연히 부의 가에 입적하게 되는 것 또한 위헌이라고 하였는데, 이 사건 관습법도 이러한 호주제를 전제로 하는 것이므로, 마찬가지로 위헌성을 가진다고 보아야 한다. 2인의 위헌의견도 이 점을 지적하고 있다.75)

3. 소급효로 인한 법적 안정성의 문제

가. 합헌의견과 종래의 판례

4인의 합헌의견은, 민법 시행 전까지 효력이 있던 구 관습법은 상당수가 현행 헌법을 기준으로 보면 평등원칙에 어긋나는 것일 수 있다고 하면서도, 이미 폐지된 구 관습법에 대하여 역사적 평가를 넘어 현행 헌법을 기준으로 소급적으로 그 효력을 모두 부인할 경우 이를 기초로 형성된 모든 법률관계가 한꺼번에 뒤집어져 엄청난 혼란을 일으킬 수 있으므로, 이 사건 관습법이 평등원칙에 위배된 것이 아니라고 하였다.

실제로 이 점이야말로 4인의 재판관이 이 사건 관습법이 위헌이라고 선고하는 것을 주저하게 만든 가장 큰 요인으로 보인다. 다시 말하여 재판관들은 이 사건 관습법이 위헌성이 있음을 암암리에 시인하면서도, 이를 위헌이라고 한다면 그 소급효로 인하여 큰 혼란이 일어날 것을 우려하여 위헌이 아니라고 한 것이다.

대법원도 오랫동안 적용되어 왔던 관습법을 위헌이라고 하면서도, 그로 인

규정이 위헌이 아니라고 하면서, 그 이유 중 하나로, 피상속인은 유언으로 공동상속인의 상속분을 지정할 수 있고, 또 공동상속인 사이에 유산분할의 협의가 있는 경우에는 상속은 반드시 법정상속분대로 행할 필요가 없으므로, 법정상속분의 지정은 그러한 것들이 없는 경우에 보충적으로 기능하는 것이라는 점을 들었다. 그러나 위 2013(平成 25). 9. 4. 결정은, 늦어도 그 사건 피상속인의 상속이 개시되었던 2001년(平成 13) 7월 당시에는 위 규정이 위헌이라고 하면서, 적출자와 적출이 아닌 자의 법정상속분을 평등하게 하는 것도 아무런 불합리가 없을 뿐만 아니라, 유언에 의하여도 침해할 수 없는 유류분에 관하여는 이 규정이 명확한 법률상의 차별이라고 하여야 하고, 또 이 규정의 존재 자체가 그 출생시로부터 적출이 아닌 자에 대한 차별의식을 일으키게 할 수 있다는 점을 고려하면, 이 규정이 그와 같이 보충적으로 기능한다는 것은 그 합리성 판단에 있어 중요성을 가지지 않는다고 하였다.

75) 이홍민, "호주제를 전제로 한 상속관습법의 폐지에 관한 입론", 조선대학교 법학논총 제23권 1호, 2016, 60면 이하도 호주제가 위헌인 이상 호주제를 전제로 한 상속관습법도 위헌성을 가진다고 한다.

한 충격을 최소화하기 위하여 고심하여 왔다. 먼저 대법원 2003. 7. 24. 선고 2001
다48781 전원합의체 판결은, 제정민법이 시행되기 전에 존재하던 '상속회복청구
권은 상속이 개시된 날부터 20년이 경과하면 소멸한다'는 관습에 관습법으로서
의 효력을 인정할 수 없다고 하였다. 그런데 위 판결의 반대의견은, 과거의 법률
에 기초하여 일정한 법률관계가 형성되어 그것이 오랜 세월이 지나는 동안 사회
적 승인을 얻어 하나의 법적 질서로서 확립되었을 경우에는 이미 형성된 과거의
법률관계에 대한 판단을 위하여 그 법률에 대한 위헌 여부를 심사하는 것은 신
중을 기하여야 한다고 하면서, 구 관습법에 의하면 장자 상속으로 되어 있으나
이는 헌법상의 평등의 원칙에 위배된다고 할 것인데, 만일 민법 시행 이전의 상
속에 관한 법률관계에 대한 판단을 함에 있어 지금의 잣대로 재단하여 그것이
위헌이라는 이유로 이를 적용하지 아니할 경우를 상정하여 본다면 그 부당함은
명백하다고 하였다.[76][77] 이는 대체로 이 사건의 합헌의견과 같은 취지이다. 그리
고 위 반대의견에 대한 조무제 대법관의 보충의견은, 관습법에 위헌적 요소가 있
는 경우, 법원에 의하여 위헌성이 판정되고 그의 적용이 배제되는 것은 실질상
위헌법률선언과 같은 결과를 낳을 것이므로, 그 경우에는 헌법상의 법치주의 원
칙에서 나온 법적 안정성 내지 신뢰보호원칙에 바탕을 둔 위헌결정의 불소급효
원칙(헌법재판소법 제47조 제2항)의 정신에 따라 그 선언이 있는 날 이후로만 그
관습법의 효력이 상실되도록 함이 상당하다고 하였다.

　　또한 대법원 2005. 7. 21. 선고 2002다1178 전원합의체 판결은, 종원의 자격
을 성년 남자로만 제한하고 여성에게는 종원의 자격을 부여하지 않는 종래 관습
은 더 이상 법적 효력을 가질 수 없게 되었다고 하여 판례를 변경하면서도, 위와
같이 변경된 견해를 소급하여 적용한다면, 최근에 이르기까지 수십 년 동안 유지
되어 왔던 종래 대법원판례를 신뢰하여 형성된 수많은 법률관계의 효력을 일시
에 좌우하게 되고, 이는 법적 안정성과 신의성실의 원칙에 기초한 당사자의 신뢰
보호를 내용으로 하는 법치주의의 원리에도 반하게 되는 것이므로, 위와 같이 변

---

76) 이화숙, "상속회복청구권의 시효에 관한 관습법의 효력", 가족법연구 18권 2호, 2004, 266면 이
　　하도 이를 지지한다.
77) 분묘기지권의 시효취득에 관한 대법원 2017. 1. 20. 선고 2013다17292 전원합의체 판결의 다수
　　의견에 대한 보충의견도, 과거의 사실관계에 적용되는 관습법에 대하여 그 법적 효력의 유무에
　　대한 심사가 가능하다고 하더라도, 그 법적 효력을 부정하게 되면 기존의 관습법에 따라 수십
　　년간 형성된 과거의 법률관계에 대한 효력이 일시에 뒤흔들려 법적 안정성을 해할 위험이 크
　　므로 매우 신중하게 판단해야 한다고 하였다.

경된 대법원의 견해는 이 판결 선고 이후의 종중 구성원의 자격과 이와 관련하여 새로이 성립되는 법률관계에 대하여만 적용되고, 다만 위와 같이 판례를 변경하는 당해 사건에 한하여는 위와 같이 변경된 견해가 소급하여 적용되어야 한다는 이른바 선택적 장래효(selective prospectivity)를 인정하였다.

그리고 대법원 2008. 11. 20. 선고 2007다27670 전원합의체 판결은, 누가 민법 제1008조의3에서 말하는 제사주재자가 되는가에 관하여, 공동상속인 중 종손이 있다면, 관습법에 따라 그가 제사주재자가 된다고 보고 있었던 종래의 판례를 변경하여, 공동상속인들이 있는 경우에는 그 공동상속인들 사이의 협의에 의해 제사주재자가 정해져야 하고, 공동상속인들 사이에 협의가 이루어지지 않는 경우에는, 제사주재자의 지위를 유지할 수 없는 특별한 사정이 있지 않은 한 망인의 장남(장남이 이미 사망한 경우에는 장남의 아들, 즉 장손자)이 제사주재자가 되고, 공동상속인들 중 아들이 없는 경우에는 망인의 장녀가 제사주재자가 된다고 보는 것이 상당하다고 하였다. 그러면서도 위 대법원 2005. 7. 21. 선고 2002다1178 전원합의체 판결과 마찬가지로, 위 새로운 법리는 이 판결 선고 이후에 제사용 재산의 승계가 이루어지는 경우에만 적용되고, 다만 당해 사건에 대하여는 새로운 법리가 소급하여 적용되어야 한다고 판시하였다.

또 대법원 2009. 5. 28. 선고 2007다41874 판결과 헌법재판소 2013. 2. 28. 선고 2009헌바129 결정은, 민법 시행 전의 재산상속에 관한 구 관습법상 딸들이 피상속인인 호주의 재산에 대하여 분재를 청구할 수 없다는 관습법이 인정될 수 있는가에 대하여는 직접 판단하지 않고, 딸들의 분재청구권이 인정되더라도 그 소멸시효가 완성되었다고 하여 위헌 여부의 판단을 회피하였다.

나. 외국에서의 논의

외국에서도 오랫동안 효력이 있는 것으로 받아들여져 왔던 상속에 관한 법률의 효력이 문제되었을 때 그로 인한 혼란을 어떻게 방지할 것인가가 문제된 사례들이 있다.

남아프리카에서는 헌법재판소가 2004. 10. 15. 선고한 Bhe v Magistrate, Khayelitsha 판결[78])에서, 흑인에 대한 관습법상 남성장자상속제도(male primogeni-

---

78) Bhe and Others v The Magistrate, Khayelitsha and Others, Shibi v Sithole and Others, South African Human Rights Commission and Another v President of the Republic of South Africa and Another, 2005 (1) BCLR 1 (CC){http://www.constitutionalcourt.org.za/Archimages/2167.PDF (최

ture)가 위헌이라고 하였다. 이 관습법에 따르면 피상속인의 남자 친족만이 무유언 상속인이 될 수 있었고, 여자는 상속인이 될 수 없었으며, 일부일처제의 가족에서는 가장(family head)의 장남이 상속인이 되고, 피상속인에게 남계 후손이 없으면, 피상속인의 아버지가 상속인이 된다. 남아프리카 헌법재판소는, 이러한 남성 장자만의 상속은 국가가 인종, 성 등을 근거로 직접적 또는 간접적으로 사람을 부당하게 차별하는 것을 금지하는 남아프리카 헌법 제9조 제3항, 인간의 존엄을 보장하는 제10조에 위반된다고 하였다. 다만 위 판결은, 이 법리는 남아프리카 잠정헌법(interim Constitution)이 발효된 1994. 4. 27까지 소급하여 적용된다고 하면서도, 헌법재판소에 위헌재판의 소급효를 제한할 수 있는 권한을 부여한 헌법 제172조 제1항에 근거하여, 위헌무효의 선언은, 위 규정의 헌법적 유효성이 문제되고 있다는 것을 알지 못했던 선의의 상속인에 대하여 재산의 이전이 완결된 때에는 미치지 않는다고 하였다.[79]

그리고 일본 최고재판소 대법정 2013. 9. 4. 결정[80]에서는 비적출자의 상속분을 적출자의 상속분의 1/2로 한다는 일본 민법 제900조 4호의 규정이 늦어도 그 사건 피상속인의 상속이 개시되었던 2001년(平成 13) 7월 당시에는 위 규정이 위헌이라고 하면서도, 위 결정이 위헌이 아니라고 하였던 1995. 7. 5.의 대법정 결정[81]이나 그 후의 소법정 판례들이 2001년 7월 전에 상속이 개시된 사건에 관하여, 그 상속개시 시점에 위 규정이 합헌이라고 보았던 판단을 변경하는 것은 아니라고 하였다. 아울러 위 결정의 위헌판단은 그 사건 상속 개시시부터 위 결정이 있기까지 개시된 다른 상속에 관하여는, 위 규정을 전제로 하여 이루어진 유산의 분할 심판 그 밖의 재판, 유산의 분할의 협의, 그 밖의 합의 등에 의하여 확정적으로 된 법률관계에는 영향을 미치지 않는다고 보았다. 이 또한 위 규정이 위헌이라는 재판의 소급효를 일반적으로 인정하면 법적 안정성을 해치게 된다는 고려에서 나온 것으로 보인다.[82]

독일에서는 1949. 7. 1. 전에 태어난 혼인외의 자녀에 대하여 아버지에 대한

종 방문: 2017. 1. 13.)}.

79) 이에 대하여는 윤진수(주 9), 258면 이하 참조.

80) 위 주 73).

81) 위 주 73).

82) 이 결정에 대한 국내의 문헌으로는 윤진수(주 9), 260면; 邊公律, "非嫡出子の法定相續分について", 아주법학 제7권 3호, 2013, 221면 이하; 이동진, "판례변경의 소급효", 민사판례연구 제36권, 박영사, 2014, 1134면 이하, 1164면 주 257); 大村敦志, "最近の最高裁決定に見る法的推論—解釈論における「進化主義」", 민사법연구 제22집, 2014, 3면 이하가 있다.

상속권을 인정하지 않는 것이 유럽인권협약이라고 한 유럽인권재판소 판결의 효력이 어느 범위까지 소급하는가가 문제되었다. 독일 민법은 원래 혼인외의 자녀의 친부에 대한 상속권을 인정하지 않고 있었다. 그런데 1969년 제정되어 1970. 7. 1. 시행된 법은 1949. 7. 1. 이후에 출생한 혼인외의 자녀도 친부의 상속인들에 대하여 상속분가액상당을 청구할 수 있도록 규정하였고, 1997년 개정되어 1998. 4. 1.부터 시행된 법률은 혼인외의 자녀에 대하여도 혼인중의 자녀와 동일하게 상속분가액상당 아닌 상속권 그 자체를 인정하는 것으로 바뀌었으나, 1949. 7. 1. 전에 태어난 혼인외의 자녀의 상속권은 여전히 배제되었다. 독일 연방헌법재판소는 1976. 12. 8. 결정[83])에서 이처럼 1949. 7. 1. 전에 태어난 혼인외의 자녀의 상속분가액지급청구권을 배제하는 것은 위헌이 아니라고 하였고, 그 후의 판례[84])도 이를 확인하였다.

　그런데 유럽인권재판소는 2009. 5. 28. 선고한 Brauer v. Germany 판결[85])에서, 위 시점 전에 출생한 혼인외의 자녀의 상속권을 인정하지 않는 것은 유럽인권협약 제8조와 결부된 제14조 위반이라고 하였다.[86]) 그러자 독일은 2011. 4. 11. 법을 개정하여, 위 시점 전에 출생한 혼인 외의 자녀라도 유럽인권재판소 판결 선고 다음날인 2009. 5. 29. 이후에 개시된 상속에 대하여는 상속권을 가진다고 하였으나, 2009. 5. 28.까지 개시된 상속에 대하여는 여전히 상속권을 인정하지 않았다. 한편 1949. 7. 1. 전에 태어난 사람들이 위와 같이 상속권을 인정하지 않는 것은 위헌이라고 주장하면서 소송을 제기하였으나, 법원은 위 주장을 받아들이지 않았다. 독일연방대법원은 위와 같이 2009. 5. 28. 전에 개시된 상속에 대하여 상속권을 인정하지 않는 것이 위헌이 아니라고 하면서 그 이유를 다음과 같이 설시하였다.[87]) 즉 입법자가 과거의 사실관계와 결부된 법률의 변경을 가져오는 권한을 법치국가의 원리 및 기본권이 제한하는데, 피상속인과 종전의 상속인이, 1949. 7. 1. 전에 출생한 혼인외의 자녀의 상속권을 배제한 종전 규정이 유지되리라고 믿은 데 대하여 기본법상 보호되는 신뢰가 존재하였으므로, 입법자가 유럽인권재판소가 위 판결을 선고한 날 후에만 소급적으로 법률의 효력을 발생

---

83) BVerfGE 44, 1 = NJW 1977, 1677.
84) BVerfG, ZEV 2004, 114 = FamRZ 2004, 433.
85) http://hudoc.echr.coe.int/eng?i=001-92752 (최종 방문 2017. 1. 13.).
86) 유럽인권협약 제8조는 사생활 및 가족생활의 존중을 받을 권리를 규정하고, 제14조는 차별의 금지를 규정하고 있다.
87) NJW 2012, 231.

시키는 것은, 그 시점 이후에는 혼인외의 자녀의 상속권의 배제에 대한 신뢰가 더 이상 근거가 없고, 법적 불확실성이 발생하였으므로 정당화되지만, 개정법을 그 전으로 소급시키는 것은 피상속인과 상속인의 법질서에 대한 신뢰와 종전의 법상황에 근거하여 이루어진 처분의 존속과 모순된다고 하였다. 그리고 유럽인권재판소의 판결도 이 정도로 소급적으로 법률을 개정할 것을 요구하지는 않는다고 하였다.

연방헌법재판소 제1재판부 제2소부도 2013. 3. 18. 결정[88])에서, 위 재판들에 대한 헌법소원은 종래의 판례에 비추어 볼 때 근본적인 헌법적 의미를 가지지 않고, 유럽인권재판소의 판결도 종래의 판례를 재검토할 계기가 되지 않는다고 하여 사건의 수리를 거부하였다.[89])[90])

결국 이러한 나라들이 상속법의 규정이 위헌이라는 판례의 소급 적용을 부정 또는 제한하는 것은, 종전의 위헌인 상태에 대한 당사자들의 신뢰는 보호될 필요가 있다는 판단에 근거한 것이다.

다. 이 사건의 경우

이 사건의 경우에도 이 사건 관습이 위헌이라고 하여 적용이 배제된다면, 상당한 혼란이 발생할 것이라고 생각할 수 있다. 즉 상속이 개시된 후 수십 년이 지난 후에 이 사건 관습법이 효력이 없다고 하여 이미 상속을 받은 사람들에게 출가한 딸들이 소송을 제기한다면, 이미 정당하게 상속이 이루어졌다고 믿었던 사람들의 신뢰가 깨어지게 된다.[91])

---

88) http://www.bverfg.de/e/rk20130318_1bvr243611.html (최종방문 2017. 1. 9.).

89) 독일연방헌법재판소법 제93조a는 헌법소원은 결정을 위한 수리를 요하는데, 이는 헌법소원이 원칙적인 헌법적 의미를 가지고 있거나, 기본권 등의 관철을 위하여 적합한 경우에 수리될 수 있다고 규정하고, 제93조b는 소부(Kammer)에 수리 여부의 권한을 부여하고 있다.

90) 그러나 Dieter Leipold, "Auswirkungen der EGMR-Entscheidung Fabris gegen Frankreich auf das deutsche Nichtehelichen-Erbrecht", ZEV 2014, 449 ff.는 이처럼 2009. 5. 29. 전에 개시된 상속에 대한 혼인외의 자녀의 상속권의 제한은 유럽인권재판소가 2013. 2. 7. 선고한 Case of FABRIS v. FRANCE 판결(http://hudoc.echr.coe.int/eng?i=001-116716. 최종 방문 2017. 1. 13.)에 비추어 문제가 있다고 주장한다.

91) 그런데 심사 과정에서 이는 위헌결정의 소급효 문제를 오해한 것이라고 하면서, 헌법재판소법이 규정한 (관습법을 포함한) 법률에 대한 위헌결정의 효력은 장래효가 원칙이라고 하는 지적이 있었다. 그러나 현행 헌법재판소법 제47조 제2항이 위헌으로 결정된 법률 또는 법률의 조항은 그 결정이 있는 날부터 효력을 상실한다고 규정하는 것 자체의 헌법적합성에 의문이 있다. 이에 대하여는 윤진수, "헌법재판소 위헌결정의 소급효", 재판자료 제75집, 법원도서관, 1997, 623면 이하 참조. 뿐만 아니라, 이미 효력을 상실한 관습법에 대하여 한 위헌의 판단이 소급효를 가지지 않는다면, 이러한 판단은 그야말로 당해 사건에만 적용되는 1회용 재판에 그치는 것

그런데 종전의 판례가 소급효를 제한하기 위하여 사용하였던 판례변경의 장래효나 소멸시효와 같은 법리는 이 사건에서는 적용될 수 없다. 기본적으로 이 사건 관습법은 민법 시행 전에 개시된 상속에 관하여만 문제되는 것이므로, 앞으로 발생할 상속에 대하여는 그러한 관습법이 문제되지 않고, 따라서 판례 변경 후에 발생할 사건에 관하여만 새로운 법리가 적용된다는 장래효는 처음부터 적용될 여지가 없다. 또 이 사건에서 문제되는 권리는 소유권 내지 소유권에 기한 물권적 청구권이므로, 소멸시효나 제척기간의 적용 여부도 문제되지 않는다.[92]

기본적으로 판례의 장래효라는 이론이 우리 법상 인정될 수 있는지부터가 문제이다. 원래 재판이란 과거에 일어난 사건을 대상으로 하는 것이므로, 판례에 대하여 장래효만을 인정한다는 것은 사법의 본질과는 맞지 않고, 국회 아닌 법원은 이러한 권한을 가지지 않는다고 보아야 한다.[93] 뿐만 아니라, 판례의 변경을 이끌어낸 당해 사건의 당사자마저도 새로운 판례의 혜택을 입지 못하게 되는 불합리가 있다. 이러한 문제점을 회피하기 위하여 선택적 장래효를 인정하는 것은 평등의 원칙에 어긋난다.[94] 그리고 관습법의 존재는, 그것이 위헌이라고 하여도, 법원에 의하여 위헌으로 선고되기 전까지는 소멸시효의 진행에 장애가 되는 법률상 장애라고 보아야 할 것이다.[95]

그러므로 이 사건에서는 실효 원칙의 적용 여부를 따져 볼 필요가 있다.[96] 실효(Verwirkung)의 원칙이란, 권리자가 권리를 장기간 행사하지 아니하여 상대방이 권리자가 더 이상 권리를 행사하지 않으리라고 신뢰하고 그에 따라 행동하였는데, 그 후 권리자가 권리의 행사를 주장하는 것이 신의성실의 원칙에 반한다는 이유로 허용되지 않는 것을 말한다.[97]

판례는 실효의 원칙에 관하여 다음과 같이 판시하였다. 즉 일반적으로 권리

으로서, 그러한 판단을 할 실익이 있을지 의심스럽다.

92) 권리 행사의 상대방이 참칭상속인이나 그로부터의 승계인이 아니어서, 상속회복청구권의 제척기간이나 소멸시효가 적용되지도 않는다.

93) 법원의 임무는 각 사건 당사자에게 그 사건의 실체에 따라 재판을 하는 것이고{Desist v. United States, 394 U.S. 244, 259 (1969) (Harlan, dissenting)}, 재판 당시의 법에 대한 최선의 이해에 따라 결정을 하는 것이다{James M. Beam Distilling Co. v. Georgia, 501 U.S. 529, 535 (1991) (Souter)}. 윤진수, "미국법상 판례의 소급효", 저스티스 제28권 1호, 1995, 99면 등 참조.

94) 윤진수(주 33), 197면 이하; 이동진(주 82), 1134면 이하; 윤진수, "형사사건 성공보수 약정 무효 판결의 장래효에 대한 의문", 법률신문 제4340호(2015. 8. 6.), 11면 참조.

95) 헌법재판소 2013. 2. 28. 선고 2009헌바129 결정에서의 이정미 재판관의 반대의견; 윤진수(주 9), 258면 이하.

96) 이하의 설명은 윤진수(주 9), 262면 이하 참조.

97) 민법주해 Ⅲ, 박영사, 1992, 406면 이하(윤진수) 참조.

의 행사는 신의에 좇아 성실히 하여야 하고 권리는 남용하지 못하는 것이므로, 권리자가 실제로 권리를 행사할 수 있는 기회가 있어서 그 권리행사의 기대가능성이 있었음에도 불구하고 상당한 기간이 경과하도록 권리를 행사하지 아니하여, 의무자인 상대방으로서도 이제는 권리자가 권리를 행사하지 아니할 것으로 신뢰할 만한 정당한 기대를 가지게 된 다음에 새삼스럽게 그 권리를 행사하는 것이 법질서 전체를 지배하는 신의성실의 원칙에 위반하는 것으로 인정되는 결과가 될 때에는, 이른바 실효의 원칙에 따라 그 권리의 행사가 허용되지 않는다는 것이다.98)

그런데 이 사건 관습법과 같은 경우에는 그에 따라 상속을 받은 상속인들로서는 관습법의 유효를 믿었을 것이고, 따라서 출가한 딸이 상속권을 주장하리라고는 전혀 생각하지 못하였을 것이다. 따라서 이러한 상속인들에게는 보호할 만한 정당한 기대를 가진 것으로 보아야 할 것이다.

그렇지만 판례는 실효의 요건으로서, 권리자가 실제로 권리를 행사할 수 있는 기회가 있어서 그 권리행사의 기대가능성이 있었어야 한다는 점을 들고 있는데, 위헌인 관습법이 있으면 원고들에게 권리 행사의 기대가능성이 없었다고도 주장할 수 있을 것이다. 이 점은 다음과 같이 보아야 할 것이다. 즉 실효에 의하여 권리를 소멸시킬 것인가 하는 점은 결국 권리자와 의무자의 이익을 상호 교량하여, 권리자와 의무자 중 누구를 더 보호할 것인가 하는 점에 귀착된다. 그런데 권리자가 권리를 행사하지 않은 기간이 장기간이고, 또 의무자가 권리자의 권리 행사 가능성을 알지 못하여, 종전의 상태를 전제로 하여 자신의 생활관계를 형성하여 왔다면, 설령 권리자가 권리를 행사하지 않은 데 귀책사유가 없다고 하더라도, 실효를 인정할 수 있다고 보아야 할 것이다. 독일에서는 권리자가 상황을 주관적으로 어떻게 평가하였는지가 고려되어야 하므로, 권리자가 자신에게 책임 없는 사유로 권리의 존재를 몰랐던 경우와 같이 권리자에게 권리행사의 지체의 책임을 귀속시킬 수 없는 경우에는 원칙적으로는 상대방의 사실상의 신뢰는 보호받지 못하지만, 상대방이 현재의 상태를 신뢰하여 귀중한 자산을 만들어 냈다는 것과 같이, 상대방의 보호 필요성이 더 높을 때에는 그러하지 않다고 한다. 그리하여 권리자가 권리의 존재를 책임 없는 사유로 알지 못하였다고 하여

---

98) 대법원 1992. 1. 21. 선고 91다30118 판결. 같은 취지, 대법원 1988. 4. 27. 선고 87누915 판결 등.

실효가 전혀 배제된다고 할 수는 없다는 것이다.[99] 우리나라의 학설도, 대체로 권리자가 권리 있음을 알지 못했다고 하더라도 상대방에게 권리자의 권리 불행사를 믿을 만한 객관적인 사정이 있다면 실효의 법리가 적용될 수 있다고 보고 있다.[100]

이 사건과 같은 경우에는 다음과 같이 말할 수 있을 것이다. 즉 권리자인 출가한 딸이 상속권을 주장하지 못한 것은, 이 사건 관습이 위헌이라는 사실을 몰랐기 때문인데, 종전의 상속인도 이를 알지 못하였다. 그런데 종전의 상속인은 자신이 재산을 상속받은 것이 정당한 것이라고 믿고 그에 기하여 자신의 삶을 영위한 반면, 출가한 딸은 매우 오랜 기간 동안 권리를 행사하지 않았으므로, 이제 와서 권리자가 권리를 행사하는 것을 허용한다면, 그로 인하여 권리자가 얻는 이익보다는 의무자의 손실이 더 클 것이다.

이와 같이 본다면, 종래의 판례가 권리자에게 권리 행사 가능성이 있었음에도 불구하고 상당 기간 권리를 행사하지 않았을 것을 요구하는 것은 다소 엄격한 느낌이 없지 않다. 실제로 그 뒤의 판례에서는, 권리자의 권리 행사 가능성에 대하여는 언급하지 않고, 다만 권리자가 장기간에 걸쳐 그 권리를 행사하지 아니함에 따라 그 의무자인 상대방이 더 이상 권리자가 권리를 행사하지 아니할 것으로 신뢰할 만한 정당한 기대를 가지게 된 것만을 실효 원칙의 적용 요건으로 들고 있다.[101]

이러한 이론은 1990년에 민법이 개정되기 전까지 개시된 상속에 있어서 딸이 아들보다 상속분이 작은 것이 위헌이라고 하여 상속회복청구를 하는 경우에도 마찬가지로 적용될 수 있을 것이다.

그런데 구체적으로 이 사건의 경우에 A의 청구를 실효의 원칙에 근거하여 배척할 수 있을까? 이는 별개의 문제이다. 이 사건에서는 출가한 딸과 종전의 상속인들 사이에 누가 진정한 상속인인가에 관하여 분쟁이 생긴 것이 아니고, A가 제3자를 상대로 하여 상속권을 주장한 것이며, 이 제3자가 종전의 상속인들의 승계인도 아니었던 것으로 보인다. 그렇다면 이 제3자에게 누가 정당한 상속인인가에 대하여 특별한 신뢰가 있었을 것이라고는 할 수 없고, 따라서 실효의 원칙은

---

99) Münchener Kommentar zum BGB/Schubert, 7. Aufl., 2016, § 242 Rdnr. 387.

100) 민법주해 Ⅰ, 박영사, 1992, 145면(양창수). 같은 취지, 김증한·김학동, 민법총칙, 제10판, 2013, 83면; 윤철홍, "실효의 원칙", 고시연구 1996. 11, 83면; 김민중, "실효의 원칙", Jurist 409호 (2006. 2.), 117면; 주석민법 총칙 (1)(주 13), 173면(백태승).

101) 대법원 1994. 11. 25. 선고 94다12234 판결; 2006. 10. 27. 선고 2004다63408 판결 등.

적용될 여지가 없으며, A의 청구는 받아들여질 여지가 있을 것이다.

Ⅵ. 결   론

실제로 이 사건에서 합헌의견의 주된 고민은 이 사건 관습법이 위헌인지 여부 그 자체에 있다기보다는, 이를 위헌이라고 하면 생겨날 파장의 우려 내지 소급효에 대한 두려움이었던 것으로 보인다. 이러한 문제는 그 효력에 대하여 별로 의문을 가지지 않았던 법규범이 상위 법규범에 저촉되어 무효라고 선언된다든지, 또는 종전의 확립된 판례가 변경될 때에는 언제든지 발생한다. 그리고 특별히 상속법에 관하여는 우리나라뿐만 아니라 다른 나라에서도 이런 문제가 자주 생기는데, 이는 상속법이 가족제도와 밀접한 관련이 있고, 과거의 가족제도는 오늘날의 관점에서는 헌법적으로 문제가 많기 때문이라고 할 수 있다. 이제까지 이러한 점에 대하여 특히 학자들이 그다지 관심을 기울이지 않았으나, 앞으로는 좀더 깊이 있는 연구가 필요할 것이다.

〈추기〉

이 글 탈고 후에 대상결정을 다룬 정구태, "2016년 상속법 관련 주요 판례 회고", 조선대학교 법학논총 제24권 1호, 2017, 175면 이하; 정구태, "상속관습법의 헌법소원심판대상성 및 그 위헌 여부", 김상훈 외, 2016년 가족법 주요 판례 10선, 세창출판사, 2017, 49면 이하를 접하였다. 이 글들에서는 관습법은 헌법재판소에 의한 헌법소원심판대상이 되지 않고, 이 사건에서 문제되는 관습법은 실제로 존재하지 않았으며, 존재하였다고 하더라도 위헌이라고 하여 이 글의 주장과 대부분 일치한다. 다만 구 관습법이 현재의 법률관계에도 적용되는 이상 '현시점'에서의 헌법을 기준으로 그 위헌성을 판단하지 않을 수 없다고 보는 점에서는 이 글과 다르다.

〈헌법학연구 제23권 2호, 2017 =
윤진수 외, 헌법과 사법, 서울법대 법학총서 3, 박영사, 2018〉

〈추기〉

1. 헌법재판소 2020. 10. 29. 선고 2017헌바208 결정은, 분묘기지권의 시효취득을 인정하는 관습법은 헌법소원심판의 대상이 되지만, 위헌이 아니라고 하였다. 그러나 이은애, 이종석 두 재판관은, 이 사건 관습법은 헌법재판소법 제68조 제2항에 의한 헌법소원심판의 대상이 되지 않는다고 하였다.

2. 헌법재판소 2021. 1. 28. 선고 2018헌바88 결정은, 1945. 8. 9. 이후의 일본인 재산에 대한 거래를 모두 무효로 하고, 이 재산을 조선군정청이 취득하는 것으로 한 1945년의 미군정청 법령 제2호와 33호의 규정들이 법률로서의 효력을 가지고 시행되었다고 하여 헌법소원대상성이 인정되지만, 이 규정들이 소급입법을 금지한 현행 헌법 제13조 제2항에 위반되지 않는다고 선고하였다. 이에 반대하는 견해로는 윤진수, "헌법재판소가 군정법령의 위헌 여부를 심사할 수 있는가?", 법률신문 제4867호(2021. 2. 15.), 13면이 있다.

한국민법학에 대한 서울대학교의 기여

I. 서   론

이 글은 서울대학교 법과대학이 설립된 1946년 이후 70년 동안의 서울대학교 민법의 역사[1]를 회고하려는 것을 목적으로 한다. 여기서는 두 가지를 살펴본다. 첫째, 이제까지 서울대학교에서 근무하였고, 또 현재 근무하고 있는 민법 교수가 누구인지를 살펴본다. 둘째로는 한국 민법학에 대하여 서울대학교 교수들이 어떻게 기여했는가 하는 점을 살펴보려고 한다. 첫째의 점은 주로 자료 제공을 위한 것이고, 이 글에서 중점을 둔 것은 둘째의 점이다. 실제로 특히 민법이 제정, 공포되어 시행된 후 상당 기간 동안은 서울대학교 교수들의 견해가 한국 민법학의 형성과 발전을 주도하였다고 하여도 과언이 아니다. 뿐만 아니라 아래에서 보는 것처럼 이 논자들은 같이 서울대에 재직하면서도 치열한 논쟁을 벌이기도 하였고, 이것이 민법학의 수준을 한 단계 더 올려 놓았다고도 말할 수 있다. 그러나 모든 교수들의 업적을 다 망라할 수는 없으므로, 어느 정도의 제한이 불가피하다. 그리하여 이미 서울대학교를 퇴직한 교수들을 중심으로 하여, 그들의 학설이 그 후의 판례와 학설 및 입법에 큰 영향을 미친 것을 골라 소개하고자 한다.

---

1) 이는 물론 2009년 이후의 서울대학교 법학전문대학원도 포함한다.

II. 서울대학교의 민법 교수[2)]

1. 퇴직교수

가. 고병국(高秉國)[3)]

고병국 교수는 1909년 생으로, 1930년에 일본 동경제국대학 법학부에 입학하여 재학 중 1932년에 일본고등문관시험 사법과에 합격하고, 다음 해에 같은 시험 행정과에 합격하였다. 1934년 동경제국대학을 졸업하고, 1936년 동 대학원을 수료한 다음 일본과 서울에서 변호사로 활동하다가,[4)] 1938. 9.부터 1941. 4.까지 연희전문학교 교수로 근무하였다. 1945. 10. 경성법학전문학교 교장에 취임하였다가, 1946. 8. 서울대학교가 설립되자 같은 해 10. 23. 초대 법과대학장에 취임하여 1947. 12. 15.까지 재임하였다. 1948년부터 헌법제정 전문위원으로서 헌법제정에 참여함과 동시에 법전편찬위원회 위원으로서 민법전의 총칙을 기초하는 등 건국초창기 입법사업에 큰 기여를 하였다. 1952. 8. 20.부터 1957. 6. 5.까지 제4대 학장으로 다시 재임하였으며, 1954년에는 학술원 회원이 되었다. 1958. 2. 단국대학장에 취임하였다가, 1960. 9. 경희대학교 대학원장이 되고, 이어서 1961. 9. 동 대학교 총장에 취임하여 1963. 5.까지 재임하였다. 그 후 경희대학교 법과대학 교수로 재직하면서 변호사로도 활동하였고, 1963년 경북대학교에서 명예법학박사학위를 받았다. 1976년 별세하였다.

고병국 교수의 강의는 매우 수준 높은 것이었다고 하는데, 저술은 그다지 많지 않다. 로스코 파운드(Roscoe Pound: 1870~1964)의 저서 『Interpretations of Legal History』를 번역한 『법률사관』(일한도서, 1953)과 역시 로스코 파운드의 『New Paths of the Law』를 번역한 『법의 새로운 길』(법문사, 1961)이 있다. 그리고, 『법

---

2) 아래에서 개별적으로 인용하는 자료 외에 일반적으로 김증한, "법과대학 삼십년", 서울대학교 법과대학, 서울대학교 법과대학 30년(1975), 6면 이하; 서울대학교 법과대학, "서울대학교 법과대학 사십년사기", 서울법대 사십년(1987), 1면 이하; 서울대학교 법과대학, 서울법대 50년(1997) 참조.

3) 자료로는 한국법학교수회 편집, 법학의 제문제 — 혜남고병국박사환력기념 —, 경희대학교(1969); 최종고, "고병국", 한국의 법학자, 서울대학교 출판부(1989).

4) 정종현, "동경제국대학의 조선유학생 연구", 한국학연구, 제42집(2016), 495-496면은 고병국 교수가 고등문관시험에 합격하고도 총독부 관리의 길을 거부한 이유에 대하여, 어린 시절의 3·1의 기억과 성장기 몸에 체화된 일본에 대한 저항의 기풍 등이 그가 고문 양과에 패스하고도 관료가 되지 않은 이유가 아닐까 추측한다.

률학사전』(공편, 청구문화사, 1954)과 『영미법사전』(공편, 백영사, 1958) 등의 편저가 있으며, 저서로『법학개론』(공저, 박영사, 1961)이 있다.5)

나. 김증한(金曾漢)6)

김증한 교수는 1920년 생으로, 1944년 경성제국대학 법문학부 법학과를 졸업하고, 1946. 9. 서울대학교 법과대학 전임강사로 발령을 받았으며, 1967. 8. 서울대학교에서 법학박사 학위를 받았다. 1972년부터 1988년까지 한국민사법학회 회장을 지냈고, 1985. 8. 정년퇴임하였다. 1987. 3. 학술원 회원으로 선임되었으며, 1988. 10. 7. 별세하였다. 서양법제사와 민법학에 관하여 많은 저서와 논문을 남겼다. 김증한 교수는 한국민법학을 이끈 제1세대의 민법 교수라고 할 수 있다.

다. 주재황(朱宰璜)

주재황 교수는 1918년 생으로, 1942년 경성제국대학 법문학부를 졸업하고, 고등문관시험 사법과에 합격하였다. 1947. 8. 서울대학교 법과대학 조교수로 부임하였으나, 1949년에 고려대학교 법과대학 부교수로 옮겼다. 1950년에는 검사가 되었고, 그 후 판사로 전관하여 서울민사지방법원장 등을 지내고, 1968년 대법원판사로 임명되어 1981년까지 재직하였으며, 그 후 헌법위원회 위원장을 역임하였다. 2010년 별세하였다.7) 저서로는『債權各論講義』(1957) 등이 있고,『주석민법총칙』(1983)을 김증한 교수와 공동편집하였다.

라. 김기선(金基善)8)

김기선 교수는 1918년 생으로, 일본 구주제국대학 법문학부에 입학하였다가 해방 후 경성대학 법문학부를 졸업하였다. 부산대학 전임강사를 거쳐 1948. 2. 서울대학교 전임강사로 부임하였다. 그런데 김기선 교수는 1965년 서울대학교에서 파면처분을 받았으나, 다음 해 2월 정부의 소청심사위원회는 파면처분을 취소하

---

5) 고병국 교수가 교과서를 쓰지 않은 이유에 대하여는 최종고(주 3), 157-158면 참조.
6) 안이준 편, 한국법학의 증언(고 김증한 교수 유고집), 교육과학사(1989); 윤철홍 엮음, 한국민법학의 재정립 — 청헌 김증한 교수의 생애와 학문세계 —, 경인문화사(2015) 참조.
7) 고려대학교100년사 편찬위원회, 고려대학교 법과대학 학문사(2011), 201-202면; https://ko.wikipedia.org/wiki/%EC%A3%BC%EC%9E%AC%ED%99%A9 (최종 방문 2017. 1. 31).
8) 좋은김기선박사 고희기념논문집 간행위원회, 현대재산법의 제문제, 법문사(1987) 참조.

였다.9) 그러나 결국 1966년 6월에 서울대학교를 사임하였고, 그 후 성균관대학교 법정대학의 교수 및 학장, 한양대학교 법정대학장 등을 역임하였으며, 2012년 별세하였다.10) 『물권법』(1953)을 비롯하여 『민법총칙』에서 『채권각론』에 이르는 교과서를 집필하여 여러 번의 개정판이 나왔다. 1982년 한국재산법학회를 창립하여 오랫동안 회장을 지냈다.

마. 정광현(鄭光鉉)11)

정광현 교수는 1902년 생으로, 1928년 동경제국대학을 졸업하고, 1930년부터 1938년까지 연희전문대학 교원으로 근무하였다. 1938년 5월 이른바 '흥업구락부(興業俱樂部) 사건'으로 인하여 구속되었다가 같은 해 12월 기소유예처분을 받았고, 사상전향기관인 대화숙(大和塾)에서 강제수련을 받았다. 그 후 1944년 4월에 조선총독부 중추원 명예촉탁으로 근무하였는데, 당시 접하였던 친족상속법에 관한 자료를 그 후 자신의 저서인 『한국가족법연구』(1967)에 소개하였다. 해방 후에는 미군 법무관 등으로 근무하다가, 1950. 1. 서울대학교 법과대학 교수가 되어 주로 가족법을 담당하였다.12) 그 후 1962. 8.에 정년퇴임하였다가, 법의 개정으로 1966. 5. 재임명되어 1967. 8. 다시 정년퇴임하였다. 1962. 8. 서울대학교에서 법학박사 학위를 받았고, 1966. 4. 학술원 회원으로 선임되었으며, 1971. 11. 미국으로 이주하였다가 1980년 별세하였다. 『신친족상속법 요론』(1958) 등의 저서가 있고, 『한국가족법연구』(1967)는 본인의 연구 성과뿐만 아니라 민법 중 가족법 제정에 관한 자료들을 모은 것이다. 또한 『(판례를 통해서 본) 삼·일독립운동사』(1978)라는 저서도 남겼다.

---

9) http://news.joins.com/article/1021897 (최종 방문 2017. 1. 31). 이 파면은 정치적인 이유 때문이었다는 논란이 있었다.

10) http://mest.kr/serial_read.html?uid=12731&section=sc89 (최종 방문 2017. 1. 31).

11) 정광현박사 년보(1967년12월말현재), 서울대학교 법학, 제9권 제2호(1967); 한국법학교수회 편, 법학교육과 법학연구 ─ 고 정광현 박사 추모 논문집 ─, 길안사(1995); 박병호, "정광현선생의 학문세계", 가족법연구, 제9호(1995); 정긍식, "설송 정광현 선생의 생애와 학문의 여정", 법사학연구, 제54호(2016) 참조.

12) 1951. 4. 26. 변호사 자격을 취득하였으나, 변호사로 활동하지는 않았다.

바. 진승록(陳承錄)13)

진승록 교수는 1905년 생으로 일본 와세다대학(早稻田大學) 법학부를 졸업하고, 1933년 동경고등상업학교 강사로 근무하다가 1934년 이후 보성전문학교, 고려대학교의 교수로 재직하였으며, 1946년에는 미 군정 사법부의 전형으로 변호사 자격을 얻었다. 1950. 2. 서울대학교 법과대학 학장으로 부임하였으나,14) 6·25 때 납북되었다가 탈출하였는데, 그 후에는 서울대학교로 복귀하지 않고, 고시위원회 위원장 등으로 활동하였다. 1962년에는 국가보안법 위반으로 옥고를 치렀다. 그 후 사면되어 변호사로 활동하다가 1985년에 별세하였다. 1947년『민법총칙』상권15)을 낸 것을 비롯하여 1950년대에 민법 교과서들을 발간하였다.

사. 곽윤직(郭潤直)16)

곽윤직 교수는 1925년 생으로, 1951년 서울대학교 법과대학을 졸업하고, 1958년 서울대학교 법과대학 전임강사로 발령받았으며, 1967년 서울대학교 대학원에서 법학박사 학위를 받았고, 1991년 정년퇴임하였다. 1977년 민사판례연구회를 창립하여 초대 회장으로 취임한 후 1991년까지 재임하였다. 곽윤직 교수의『민법총칙』(1963)을 비롯한 민법 교과서들은 매우 많이 팔려서 민법 교과서의 대명사와 같았고, 2010년 이후에도『민법총칙』과『물권법』교과서는 김재형

---

13) 고려대학교100년사 편찬위원회(주 7), 194면; 최종고, "서울대 법대 학장 지낸 민법학자 진승록", 대한변협신문, 제530호(2015)(http://news.koreanbar.or.kr/news/articleView.html?idxno=12255, 최종 방문 2017. 1. 31); 한국민족문화대백과사전의 진승록 항목(http://encykorea.aks.ac.kr/Contents/Index?contents_id=E0054752 최종 방문 2017. 1. 31) 참조.

14) 진승록 교수가 정식으로 학장으로 임명되었는지에 대하여는 논란이 있었다. 김증한(주 2), 8면 참조. 서울법대 30년사는 진승록 교수를 학장으로 기재하지 않고 있으나, 40년사와 50년사는 모두 제3대 학장으로 기록하고 있다.

15) 최종고(주 13)는 이 책이 1944년에 나온, 한글로 된 최초의 민법학서라고 하고, 서울대 도서관 홈페이지에는 1944년에 발간된 그러한 책이 있으나 소재불명이라고 나온다. 그러나 고려대학교100년사 편찬위원회(주 7), 193면은 이 책이 1947년에 나온 것으로 소개한다. 고려대 도서관과 건국대 도서관에는 1947년에 나온『민법총칙』상권이 소장되어 있고, 그 면수도 서울대 도서관 홈페이지에 나온 것과 마찬가지로 91면이며, 1944년에는 한글 사용이 허용되지 않았던 때이므로, 위 책의 발간 연도는 1947년이 맞다고 보인다. 자료 확인에 도움을 준 서울대 법학도서관의 김창섭 선생에게 감사를 드린다. 위 책이 한글로 나온 최초의 민법학서인지는 더 확인해볼 필요가 있다.

16) "민법학의 한 평생을 돌아보며—곽윤직 선생님의 인생과 학문을 듣는 좌담회", 후암민법논집, 박영사(1991), 685면; 민사판례연구회 편, 후암 곽윤직 선생 구순기념, 민사판례연구, 제37권, 박영사(2015) 참조.

교수에 의하여 개정판이 발간되었다. 논문집으로는『후암민법논집(厚嚴民法論集)』
(1991)이 있다.

아. 박병호(朴秉濠)[17]

박병호 교수는 1931년 생으로, 1955년 서울대학교 법과대학을 졸업하고,
1975년 서울대학교에서 법학박사 학위를 받았다. 1963. 3. 서울대학교 법과대학
전임강사로 부임하여, 1996. 8. 정년퇴임하였다. 한국법제사의 태두와 같은 존재
이지만, 가족법도 강의하였다. 1986년 대한변호사협회가 수여하는 제18회 한국법
률문화상을 받았고, 2007년에는 제3회 영산법률문화상을 받았으며, 같은 해 학술
원 회원으로 선임되었다. 가족법에 관한 저서로는『가족법』(1985),『신판 가족법』
(1991),『가족법논집』(1996) 등이 있다.

자. 최종길(崔鍾吉)[18]

최종길 교수는 1931년 생으로, 1955년 서울대학교 법과대학을 졸업하고,
1961년 독일 쾰른대학교에서 법학박사 학위를 받았다. 1964. 8. 서울대학교 법과
대학의 전임교수가 되어 근무하던 중, 1973. 10. 16. 중앙정보부에 연행되어 같은
달 19. 무렵 의문의 죽음을 하였다. 당시 중앙정보부는 최종길 교수가 투신자살
하였다고 발표하였으나, 그 후 의문사진상규명위원회는 2002. 5. 27. 최종길은 민
주화운동과 관련하여 위법한 공권력의 행사로 인하여 사망한 것으로 인정된다고
발표하였다. 서울고등법원은 2006. 2. 14. 최종길 교수의 유족들이 대한민국을 상
대로 하여 제기한 국가배상소송에서, 피고 대한민국은 중앙정보부 소속 공무원
들이 최종길에 대한 불법구금 및 고문 등 가혹행위를 하여 사망에 이르게 하였
다는 등의 이유로 국가배상책임을 인정하고, 피고 대한민국이 소멸시효 완성을
주장하는 것은 신의칙에 반하여 권리남용에 해당하므로 허용할 수 없다고 판시
하였으며,[19] 이 판결은 그대로 확정되었다. 그의 아들인 최광준 교수가 2005년에
최종길 교수의 논문들을 모아『최종길 교수의 민법학 연구』라는 책을 냈다.

---

17) 박병호·최종고 대담, "박병호 교수의 걸어오신 길", 서울대학교 법학, 제32권 제1·2호(1991);
   "박병호교수 연보·주요저작", 서울대학교 법학, 제37권 제1호(1996); 학술원 홈페이지(http://nas.
   go.kr/member/basic/basic.jsp?s_type=name&s_value=&member_key=10000066, 최종 방문 2017. 1.
   31) 등 참조.
18) 최광준 엮음, 최종길 교수의 민법학 연구, 경희대학교 출판국(2005) 참조.
19) 서울고등법원 2006. 2. 14. 선고 2005나27906 판결.

차. 황적인(黃迪仁)[20]

황적인 교수는 1929년 생으로, 1957년 서울대학교 법과대학을 졸업하고 1967년 독일 쾰른대학에서 법학박사 학위를 받았다. 1968. 5. 서울대학교 법과대학 조교수로 임명되어 경제법과 민법을 강의하였으며, 1991년에서 1993년까지 한국 민사법학회 회장을 지냈다. 1995. 2. 서울대학교를 정년퇴임하고, 1998. 7. 학술원 회원으로 선임되었으며, 2013년 별세하였다. 『현대민법론』 1-4(1980) 등의 교과서를 발간하였고, 논문집으로는 『민법·경제법논집』(1995)이 있다.

카. 이호정(李好珽)[21]

이호정 교수는 1936년 생으로, 1958년 서울대학교 법과대학을 졸업하고, 1975년 서울대학교에서 법학박사 학위를 받았다. 1965년 이화여자대학교 법정대학 전임강사로 부임하였다가 1968년 서울대학교 상과대학 전임강사가 되었으며, 1975년 서울대학교 법과대학 부교수로 발령받았고, 2003년 정년퇴직하였다. 민법 외에 국제사법을 강의하였고, 『국제사법』 교과서(1985)를 집필하였으며, 1993년 국제사법학회 초대 회장이 되어 1999년까지 재임하였다.

타. 양창수(梁彰洙)[22]

양창수 교수는 1952년 생으로, 1974년 서울대학교 법과대학을 졸업하고, 1987년 서울대학교에서 법학박사 학위를 받았다. 1976년 사법연수원을 수료하여 군법무관 및 판사로 근무하다가, 1985년 서울대학교 법과대학 전임강사로 부임하여 1996년 교수가 되었고, 2008년까지 재직하였다. 1997년 제1회 한국법학원 논문상을 수상하였고, 2004년 민사판례연구회 회장, 2005년 한국민사법학회 회장이 되었으며, 2008년 대법관으로 임명되어 2014년까지 근무하였고, 현재 한양대학교 법학전문대학원 교수로 재직 중이다. 교과서로 『민법』 Ⅰ-Ⅲ(2010~)이 있고, 논문집으로 『민법연구』 1-9권(1991~2007)이 있다.

---

20) 화갑기념대담 "성헌 황적인 교수의 걸어오신 길", 서울대학교 법학, 제32권 제1·2호(1990); 추모논문집간행위원회, 성헌 황적인 선생님의 학문과 삶의 세계, 화산미디어(2015) 참조.

21) 이호정 교수 화갑기념논문집 간행위원회 편, 법률행위론의 사적전개와 과제(이호정교수 화갑기념논문집), 박영사(1998); "이호정 교수 연보·주요 저작", 서울대학교 법학, 제43권 제1호(2002), 20면 이하 참조.

22) 민사판례연구회, "양창수 대법관 년보", 민사판례연구 제35권(2013), iii면 이하 참조.

파. 김재형(金哉衡)23)

김재형 교수는 1965년 생으로, 1987년 서울대학교 법과대학을 졸업하고, 1997년 서울대학교에서 법학박사 학위를 받았다. 1989년 사법연수원을 수료하여 군법무관 및 판사로 근무하다가, 1995년 서울대학교 전임강사로 부임하여 2007년 교수가 되었고, 2016년 9월 대법관으로 임명될 때까지 재직하였다. 2005년 한국언론법학회가 수여하는 철우언론법 최우수논문상을 수상하였고, 2007년 한국법학원 법학논문상을 수상하였다. 교과서로 『민법』 I(2010),24) 『민법총칙』(2012),25) 『물권법』(2014)26)이 있고, 논문집으로는 『민법론』 I-V(2004~2015)가 있다. 도산법, 동산·채권 등의 담보에 관한 법률 등의 제개정에 참여하였고, 2009년 구성된 법무부 민법개정위원회의 위원으로도 활동하였다.

하. 조임행(趙琳行), 이진룡(李進龍)27)

조임행 교수는 법대 창설 당시에 교수로 근무하였는데, 6·25 발발 후 행방불명되었고, 이진룡 교수는 1947년에 전임강사로 법대에 부임하였는데, 1948년 법대를 사임하고 육군사관학교를 거쳐 소위로 임관하였다가 전사하였다. 이들에 대하여는 더 이상의 자료를 찾을 수 없다.

2. 재직교수28)

가. 남효순(南孝淳)

남효순 교수는 1956년 생으로, 1979년 서울대학교 법과대학을 졸업하고, 1991년 프랑스 낭시(Nancy) 제2대학교에서 법학박사 학위를 받은 다음 1992년 서울대학교 법과대학 전임강사로 부임하여, 2003년 교수가 되었고, 2013년 한국

---

23) 한국연구재단의 연구자정보(https://www.kri.go.kr/kri2), 대법원 홈페이지(http://scourt.go.kr/supreme/news/ChfJusticeListAction.work?gubun=705&top=Y) 등 참조. 이름이 원래는 "載亨"이었으나, 2016년 "哉衡"으로 개명하였다.

24) 양창수 교수와 공저.

25) 제8판, 곽윤직 교수와 공저.

26) 제8판, 곽윤직 교수와 공저.

27) 김증한(주 2), 7-9면 참조.

28) 서울대학교 법과대학·법학전문대학원 홈페이지(http://law.snu.ac.kr/page/professor_list.php) 및 한국연구재단의 연구자정보(https://www.kri.go.kr/kri2) 등 참조.

민사법학회 회장을 역임하였다. 1999년 법무부 민법개정위원회의 위원, 2009년 법무부 민법개정위원회의 분과위원장이었다. 특히 우리나라에 많지 않은 프랑스 민법 전문가로서 프랑스 민법의 번역과 연구를 통하여 비교법적 연구의 시야를 넓히고자 하였고, 한국민사법학회 산하의 프랑스민법 연구모임의 초대 회장을 지냈으며, 2012년 앙리까삐땅 한국협회를 창립한 후 2017년 1월에는 사단법인 한불민사법학회를 설립하여 초대 회장으로 활동하고 있다.

나. 윤진수(尹眞秀)

윤진수 교수는 1955년 생으로, 1977년 서울대학교 법과대학을 졸업하고, 1993년 서울대학교에서 법학박사학위를 받았다. 1979년 사법연수원을 수료하고, 군법무관, 판사 및 부장판사로 근무하다가, 1997년 서울대학교 조교수로 부임하여 2006년 교수가 되었다. 한국법경제학회, 비교사법학회, 민사법학회, 가족법학회 회장을 역임하였으며, 현재 민사판례연구회 회장이고, 2014년 국제가족법학회(International Society of Family Law) 부회장으로 선임되었다. 1999년 법무부 민법개정위원회 위원이었고, 2009년 법무부 민법개정위원회의 분과위원장, 실무위원장 및 부위원장을 지냈다. 또 2004년 법무부 가족법개정특별분과위원으로서 가족법 개정에 참여하였고, 2010년 법무부 친족상속법개정특별위원회 위원장으로서 입양법 개정안을 마련하였으며, 2013년 법무부 친권제한・정지 도입 개정위원회 위원장으로서 제도 도입에 관여하였다. 저서로는 『2013년 개정민법 해설』(2013, 공저)』, 『친족상속법강의』(2016), 『민법기본판례』(2016)가 있고, 『주해친족법』(2015)의 편집대표이다. 논문집으로는 『민법논고』 Ⅰ-Ⅶ(2007~2015)이 있다. 2001년 한국법학원 법학논문상을 수상하였다.

다. 최봉경(崔俸京)

최봉경 교수는 1966년 생으로, 1993년 연세대학교 법과대학을 졸업하고, 2003년 독일 뮌헨대학교에서 법학박사학위를 받은 다음 같은 해 서울대학교 법과대학 조교수로 부임하여 2012년 교수가 되었다. 2009년 법무부 민법개정위원회의 위원이었다. 민법과 국제사법을 강의하고 있고, 법학방법론과 채권법에 관한 논문이 많다.

라. 김형석(金炯錫)

김형석 교수는 1972년 생으로, 1996년 서울대학교 법과대학을 졸업하고, 2003년 독일 트리어 대학교에서 법학박사 학위를 받았다. 같은 해 서울대학교 법과대학 조교수로 부임하여, 2013년 교수가 되었다. 2009년 법무부 민법개정위원회 위원으로서, 특히 성년후견제 입법에 기여하였다. 단행본으로는 『사용자책임의 연구』(2013)가 있고, 2005년 한국민사법학회 율촌신진학술상, 2009년 가족법학회 논문상, 2017년 한국법학원 법학논문상을 수상하였다.

마. 권영준(權英俊)

권영준 교수는 1970년 생으로, 1994년 서울대학교 법과대학을 졸업하고, 2006년 서울대학교에서 지적재산권 전공으로 법학박사학위를 받았다. 1996년 사법연수원을 수료한 다음, 군법무관 및 판사로 근무하다가, 2006년 서울대학교 조교수로 부임하여, 2015년 교수가 되었다. 2009년 법무부 민법개정위원회 위원이었고, 2010년부터 국제상거래법위원회(UNCITRAL) 담보분야 실무작업반 정부대표로 활동하고 있다. 저서로 『저작권침해판단론』(2007)이 있고, 2008년 한국민사법학회 율촌신진학술상, 2009년 한국법학원 법학논문상, 2015년 서울대학교 법학지 논문상을 받았다.

바. 이동진(李東珍)

이동진 교수는 1978년 생으로, 2000년 서울대학교 법과대학을 졸업하고, 2011년 서울대학교에서 법학박사학위를 받았다. 2003년 사법연수원을 수료하고, 군법무관 및 판사로 근무하다가, 2009년 서울대학교 법과대학 조교수로 부임하여 2013년 부교수가 되었다. 2011년 법무부 민법개정위원회 위원으로 활동하였다. 2012년 한국가족법학회 논문상, 2013년 한국민사법학회 율촌신진학술상, 2016년 서울대학교 법학지 논문상을 받았다.

사. 이계정(李啓正)

이계정 교수는 1972년생으로, 1998년 서울대학교 사회과학대학을 졸업하고, 2016년 서울대학교에서 법학박사학위를 받았다. 2002년 사법연수원을 수료하고 판사로 근무하다가 2014년 서울대학교 조교수로 부임하였다. 민법 외에 민사실무도 강의하고 있다. 2016년 제1회 홍진기법률연구상을 수상하였다.

아. 최준규(崔竣圭)

최준규 교수는 1978년생으로 2003년 서울대학교 법과대학을 졸업하고, 2012년 서울대학교에서 법학박사학위를 받았다. 2005년 사법연수원을 수료하고 군법무관과 판사로 근무하다가 2012년 한양대학교 조교수가 되었으며, 2017년 3월에 서울대학교 조교수로 부임하였다. 2014년 한국민사법학회 율촌신진학술상을 받았다.

Ⅲ. 서울대 교수들의 중요한 학설

1. 재단법인 설립시 출연재산의 귀속시기

가. 논의의 개관

민법 제48조 제1항은 "생전처분으로 재단법인을 설립하는 때에는 출연재산은 법인이 성립된 때로부터 법인의 재산이 된다"고 규정하고, 제2항은 "유언으로 재단법인을 설립하는 때에는 출연재산은 유언의 효력이 발생한 때로부터 법인에 귀속한 것으로 본다"고 규정하고 있다. 그런데 출연재산이 부동산인 경우에는 제48조의 규정이 물권변동에 관하여 형식주의를 규정한 제186조와 어떠한 관계에 있는지에 관하여 민법 제정 후 지금까지 논쟁이 계속되고 있다.[29]

민법 제정 후 초기에는 위 민법 조항 그대로, 출연재산은 생전처분으로 재단법인을 설립하는 때에는 법인이 성립한 때부터, 유언으로 설립하는 때에는 유언의 효력이 발생한 때부터 법인에 귀속하고, 이는 민법 제187조에서 말하는 법률의 규정에 의한 물권변동에 해당한다고 보고 있었던 것이 일반적이었다. 그런데 김증한 교수는 1959년에 발표한 논문에서 이에 대하여 이의를 제기하면서, 재단법인이 설립되는 경우에 출연재산이 현실로 법인에게 이전되는 것은 등기를 한

---

29) 김학동, "재단법인에서의 출연재산의 귀속시기", 서울법학, 제18권 제1호(2010), 165면 이하; 권철, "법인론", 윤철홍 엮음, 한국 민법학의 재정립(청헌 김증한 교수의 생애와 학문세계), 경인문화사(2015), 80면 이하(처음 발표: 민사법학, 제69호, 2014) 등 참조.

때라고 처음으로 주장하였고,[30] 그 후의 교과서[31]에서 이 문제를 좀 더 상세히 다루었다. 이에 대하여 곽윤직 교수가 반론을 제기하면서, 두 사람 사이에 치열한 논쟁이 벌어졌다.[32]

김증한 교수의 주장을 요약한다면 다음과 같다. 즉 재단법인 설립행위는 법률행위이므로, 법인이 성립하거나 설립자가 사망한 때에 출연재산이 등기 없이도 당연히 재단법인에 귀속한다고 해석하는 것은 법률행위로 인한 부동산물권의 변동은 등기를 하여야 효력이 생긴다는 대원칙에 배치된다. 제187조에서 말하는 법률의 규정에 의한 물권변동은 당사자의 의사에 의하지 아니한 물권변동을 총칭한 것이므로 재단법인 설립으로 인한 물권의 이전에 이를 적용할 수는 없다. 형식주의를 취하는 독일 민법과 희랍(그리스) 민법 및 스위스 민법을 참조한다면, 제48조의 규정은 물권변동에 관하여 의사주의를 취하였던 구민법(일본민법)의 규정을 부주의하게 답습한 것이다. 그리하여 제48조를 형식주의의 대원칙과 조화되도록 해석한다면, 그 이전에 아무런 형식을 필요로 하지 않는 재산권은 법인의 성립(또는 설립자의 사망)시에 당연히 법인에게 귀속되지만, 부동산과 같이 그 이전에 등기를 요하는 것은, 법인의 성립 또는 설립자의 사망시에 법인에 출연부동산의 이전청구권이 생길 뿐이고, 출연부동산이 현실로 법인에게 이전되는 것은 등기를 한 때라고 해석하여야 한다. 제48조 제2항이 출연재산은 유언의 효력이 발생한 때에 법인에 귀속한다고 규정하고 있는 것은, 재산권의 귀속에 관한 한 유언자의 사망시에 이미 법인이 성립하였던 것으로 의제하는 것이고, 상속인에의 소유권 귀속은 재단법인의 이익을 위하여 신탁적으로 귀속하는 것이며, 제48조 제1항은 부동산에 관한 한 부동산물권의 이전청구권과, 설립자에게 신탁적으로 속하고 있는 출연부동산에 대한 수익자로서의 권리가 법인 성립시에 법인에게 귀속한다는 것이라고 해석하여야 한다.[33]

---

30) 김증한, "형식주의의 채택에 따르는 제문제", 법정, 4292년(서기 1959년) 12월호, 29면. 이하 원문에 단기로 표기된 것은 모두 서기로 바꾸어 표기한다.

31) 김증한, 신물권법(상), 법문사(1960), 276면.

32) 곽윤직, "재단법인 설립에 있어서의 출연재산의 귀속시기" 법정, 1963년 10월호, 7면 이하; 김증한, "출연재산이 재단법인에 귀속하는 시기", Fides, 제10권 제4호(서울대학교 법과대학, 1963), 2면 이하; 곽윤직, "재단법인 설립에 있어서의 출연재산의 귀속시기에 관하여 재론함", Fides, 제10권 제5호(1964), 2면 이하. 곽윤직 교수의 두 논문은 후암민법논집(주 16), 183면, 192면에 실려 있다. 또 곽윤직 교수는 자신의 주장을 부동산물권변동의 연구, 박영사(1967), 156면 이하에서 정리하여 설명하였다.

33) 김증한(주 31), 276-280면.

이에 대하여 곽윤직 교수는 종래의 다수설을 지지하면서, 출연행위가 '채권행위이냐 물권행위이냐' 하는 점에 문제의 핵심이 있다고 하였다. 왜냐하면 제186조가 규정하는 "법률행위로 인한 물권변동"에서의 "법률행위"는 채권행위가 아니라 물권행위이므로, 만약 출연행위가 채권행위라면 제48조는 제186조와 충돌되지 않기 때문이다. 그런데 재단법인의 설립행위는 채권행위이므로 제186조와 제48조의 충돌 문제는 생기지 않는다. 나아가 출연행위가 물권행위라고 하더라도, 독일 민법에서는 등기를 갖추지 않더라도 물권행위만에 의하여 물권변동이 일어나는 예외가 인정되고 있으므로, 형식주의하에서 법률행위에 의한 물권변동을 등기 없이 일어나게 하는 예외를 인정할 수도 있다.34)

이러한 비판에 대하여 김증한 교수는, 출연행위의 법률적 성질은 채권행위와 물권행위가 합체된 것이라고 하면서, 문제의 핵심은 재단법인을 설립함으로써 권리가 설립자로부터 재단법인에게 이전되는 것이 법률행위로 인한 것이냐 아니냐에 있는 것이지, 출연행위가 채권행위냐 물권행위냐에 있는 것은 아니라고 답변하였다. 그리고 자신과 같은 해석이 제48조를 무시한다는 비판에 대하여는, 조문을 절대로 무시하지 않는 해석이라는 것은 문리해석 이외의 해석방법을 허용하지 않는 것을 의미하고, 나아가 그것은 해석법학의 성립을 부인하는 주장을 의미한다고 반박하였다.35)

나. 판례와 민법개정안

대법원 1979. 12. 11. 선고 78다481, 482 전원합의체 판결은 이 문제에 관하여 제3의 견해를 취하였다. 즉 민법 제48조는 재단법인 성립에 있어서 재산출연자와 법인과의 간의 관계에 있어서의 출연재산의 귀속에 관한 규정이고, 동 규정은 그 기능에 있어서 출연재산의 귀속에 관해서 출연자와 법인과의 관계를 상대적으로 결정함에 있어서 그의 기준이 되는 것에 불과하여, 출연재산은 출연자와 법인과의 관계에 있어서 그 출연행위에 터잡아 법인이 성립되면 그로써 출연재산은 민법의 위 조항에 의하여 법인 설립시에 법인에게 귀속되어 법인의 재산이 되는 것이지만, 제3자에 대한 관계에 있어서는 출연행위가 법률행위임으로 출연재산의 법인에의 귀속에는 부동산의 권리에 관해서는 법인 성립 외에 등기를 필

---

34) 곽윤직, 부동산물권변동의 연구(주 32), 162면 이하.
35) 김증한, "출연재산이 재단법인에 귀속하는 시기"(주 32), 2면 이하.

요로 하는 것이라고 하였다.

그러나 이 판결의 반대의견은, 재단법인의 설립행위인 정관작성과 재산출연 중에서 실질적으로 핵심이 되는 것은 재산출연 즉 목적재산을 설정하는 행위이고, 출연재산이 없는 재단법인은 사실상 존립할 수가 없는 것이므로 민법은 48조의 규정을 두어 재단법인의 재산유지의 철저를 기하고자 한 것이고, 다수의견은 재단법인의 출연재산이 침해 일탈되는 것을 방지하고자 한 48조의 입법정신에 정면으로 위배하여 출연재산이 침해되어 제3자에게 일탈되는 길을 터놓은 해석이며, 물권변동에 있어서 민법 186조의 형식주의에 따르거나 예외적으로 187조의 의사주의에 따르거나 어느 한편에 따를 수밖에 없는 현 법제하에 있어서 대내적으로는 의사주의요, 대외적으로는 형식주의라는 법에 근거없는 복잡한 제도를 창안하여 재단법인의 성립과 그 기능에 혼란을 야기시킨 해석이라고 비판하였다.

이후의 판례도 위 전원합의체 판결의 태도를 재확인하고 있다.[36]

그런데 이 문제는 기본적으로 김증한 교수가 지적한 것처럼, 우리 민법이 의사주의 대신 형식주의를 채택하면서, 출연재산의 재단법인 귀속시기에 관하여는 의사주의를 채택하고 있던 의용민법의 규정을 그대로 답습한 입법의 오류로 인한 것이다. 이 점은 곽윤직 교수도 인정하면서, 독일 민법 제82조 및 제84조와 같이 개정하여야 한다고 주장한다. 즉 재단법인의 설립이 허가된 경우에는 설립자는 그가 설립행위에서 약속한 재산을 재단법인에게 이전할 의무를 부담하고, 양도계약만에 의하여 이전하는 권리는 설립행위에서 설립자가 다른 의사를 표시하고 있지 않는 한, 허가와 동시에 재단법인에게 이전하며, 설립자의 사망 후에 재단법인의 허가가 있게 된 때에는 설립자의 출연에 관하여는 재단법인이 그의 사망 전에 성립한 것으로 본다는 규정을 두어야 한다는 것이다.[37]

1999년에 구성된 법무부 민법개정특별분과위원회(민법개정위원회)가 마련하여 2004년 정부가 제17대 국회에 제출한 민법개정안은 제48조를 다음과 같이 개정하려고 하였다.[38]

---

36) 대법원 1981. 12. 22. 선고 80다2762, 2763 판결; 1993. 9. 14. 선고 93다8054 판결; 1999. 7. 9. 선고 98다9045 판결.

37) 곽윤직, "민법개정론", 후암민법논집(주 16), 47면 이하(처음 발표: 서울대학교 법학, 제24권 제4호, 1983). 곽윤직 교수는 2004년 정부의 민법개정안 작성 과정에서도 이러한 견해를 제출하였다. 법무부, 민법(재산편) 개정 자료집(2004), 76면 참조.

38) 이 개정안의 작성 과정에 대하여는 법무부(주 37), 65-83면 참조.

현 행	개 정 안
第48條(出捐財産의 歸屬時期) ① (생략) ② (생략) 〈신설〉 〈신설〉	第48條(出捐財産의 歸屬時期) ① (현행 조문과동일) ② (현행과 같음) ③ 第1項 및 第2項의 경우에 그 權利變動 에 登記, 引渡 등이 필요한 出捐財産은 이 를 갖추어야 法人의 財産이 된다. ④ 第1項 및 第2項의 경우에 設立者의 死 亡 後에 財團法人이 성립된 때에는 設立者 의 出捐에 관하여는 그의 死亡 前에 財團 法人이 成立한 것으로 본다.

　　이 개정안에 대하여는 찬반의 논쟁이 있었으나,[39] 정부의 개정안은 2008년
제17대 국회의 임기 만료로 인하여 폐기되었다.

　　그 후 2009년 구성된 법무부 민법개정위원회가 마련하여 법무부가 2011년
제18대 국회에 제출한 제48조 개정안은 다음과 같다.[40]

현 행	개 정 안
第48條(出捐財産의歸屬時期) ① 生前處分 으로 財團法人을 設立하는 때에는 出捐 財産은 法人이 成立된 때로부터 法人의 財産이 된다. ② 遺言으로 財團法人을 設立하는 때에는 出捐財産은 遺言의 效力이 發生한 때로부 터 法人에 歸屬한 것으로 본다.	제48조(출연재산의 귀속시기) ① 재단법 인을 설립하기 위하여 출연한 재산의 권 리변동에 등기, 인도 그 밖의 요건이 필 요한 경우에는 그 요건을 갖춘 때에 법 인의 재산이 된다. ② 설립자의 사망 후에 재단법인이 성립 하는 경우에는 출연에 관하여는 그의 사 망 전에 재단법인이 성립한 것으로 본다. ③ 제2항의 경우에 출연재산은 제1항의 요건을 갖추면 설립자가 사망한 때부터

---

39) 양창수, "재단법인출연재산의 귀속시기에 관한 독일민법의 규정: 민법 제48조의 개정과 관련하
여", 민법연구, 제7권, 박영사(2003), 81면 이하(처음 발표: 저스티스, 제74호, 2003); 윤진수,
"법인에 관한 민법개정안의 고찰", 민법논고 Ⅰ, 박영사(2007), 178면 이하(처음 발표: 서울대학
교 법학, 제46권 제1호, 2005) 등.
40) 이 개정안에 대하여는 송호영, "법정책학적 관점에서 본 민법상 법인관련규정 개정안", 법과
정책연구, 제12집 제2호(2012), 29면 이하; 권 철(주 29), 102면 이하 등 참조.

	법인에 귀속한 것으로 본다. 재단법인이 성립한 후 설립자가 사망한 경우에도 또한 같다.

그러나 이 개정안도 2012년 제18대 국회의 임기 만료로 폐기되고 말았다. 정부가 2014. 10. 24. 제19대 국회에 제출한 민법개정안에도 이 내용이 포함되어 있었으나, 2016년 제19대 국회의 임기 만료로 역시 폐기되고 말았다.[41)]

2. 명의신탁

가. 명의신탁에 관한 종래의 판례

명의신탁이란 신탁자와 수탁자의 대내적 관계에서는 신탁자가 소유권을 보유하고 이를 관리 수익하면서, 단지 공부상의 소유명의만을 수탁자로 하여 두는 것을 말한다.[42)] '부동산 실권리자명의 등기에 관한 법률'(부동산실명법)은 부동산의 명의신탁에 관하여, "명의신탁약정"(名義信託約定)이란 부동산에 관한 소유권이나 그 밖의 물권을 보유한 자 또는 사실상 취득하거나 취득하려고 하는 자가 타인과의 사이에서 대내적으로는 실권리자가 부동산에 관한 물권을 보유하거나 보유하기로 하고 그에 관한 등기는 그 타인의 명의로 하기로 하는 약정을 말한다고 정의하고 있다.

이러한 명의신탁은 원래 일제강점기의 조선고등법원(朝鮮高等法院)이 처음 인정한 것이다.[43)] 당시의 토지조사령(土地調査令)(1912년) 및 임야조사령(林野調査令)(1918년)에 의한 토지와 임야의 사정 당시, 의용민법상 권리 주체가 될 수 있는 것은 자연인과 법인뿐이었기 때문에 법인이 아닌 종중 소유의 재산은 종중 명의로 사정받을 수 없었고, 이에 부득이 각 종중은 종중의 부동산을 그 종중원 중의 1인 또는 수인의 명의로 사정받아 그 종중원의 명의로 등기를 하는 경우가 많았다. 이때 종중 재산을 자신의 명의로 사정받아 등기한 자가 이를 제3자에게 처분한 것이 유효한가 하는 분쟁이 많이 발생하였다. 조선고등법원은, 종중이 종

---

41) http://likms.assembly.go.kr/bill/billDetail.do?billId=ARC_M1G4U1N0V2Z4W1D6O4W6K1X4Y0V3H4 참조(최종 방문 2016. 9. 17).
42) 대법원 1987. 5. 12. 선고 86다카2653 판결 등.
43) 김상수, "명의신탁의 연혁에 관하여", 토지법학, 제26-2호(2010), 85면 이하 참조.

중원에게 부동산을 신탁하였다면, 신탁자와 수탁자의 내부관계에 있어서는 소유권 이전의 효과가 생기지 않더라도, 제3자에 대한 외부관계에서는 표면상의 소유자는 진정한 소유자로 간주하여야 하고, 제3자가 그와 매매를 한 때에는 그 매매는 유효하다고 하였다.44) 그 후 1930년 제령(制令) 제10호로 조선부동산등기령(朝鮮不動産登記令)이 개정되어 법인 아닌 사단인 종중, 문중 등도 등기능력을 가지게 되었으나, 종래의 관행이나 판례는 바뀌지 않았다.

　이처럼 조선고등법원 판례는 실질적으로 명의신탁을 인정하고 있었으나, 명의신탁이라는 표현을 사용하지는 않았다. 그러나 해방 후 대법원의 판례는 '명의신탁'이라는 용어를 사용하면서,45) 신탁행위에 있어서 수탁자는 그 대외적인 관계에 있어서는 완전히 소유권자로서 행세할 수 있기 때문에, 수탁자로부터 부동산을 양수한 제3자는 그가 선의이었건 또는 악의이었건 가릴 것 없이 적법하게 부동산에 관하여 그 소유권을 취득한다고 하였다.46) 판례는 종중원이 종중으로부터 부동산을 신탁받은 경우뿐만 아니라, 예컨대 신탁자가 특별한 이유 없이 자신의 이름으로 부동산을 소유하는 것을 부담스럽게 생각하여 명의신탁을 하더라도 명의수탁자가 제3자에 대하여는 완전한 소유권을 취득하는 것으로 보고 있다.47)

　또 판례는 부동산뿐만 아니라 자동차나 중기,48) 선박49), 주식50) 또는 전화가입권51) 등에 관하여도 명의신탁이 유효하게 성립할 수 있다고 보고 있다.

나. 곽윤직 교수의 허위표시론

　이처럼 명의신탁은 판례에 의하여 확고하게 유효한 것으로 자리잡았다고 할 수 있다. 그런데 그에 대하여 처음으로 문제를 제기한 것은 곽윤직 교수였다.52)

---

44) 朝鮮高等法院 1913(大正 2). 9. 9. 판결, 大正二年民上第一三九號, 朝鮮高等法院民事判決錄(이하 '民錄') 제20권, 155면. 같은 취지, 朝鮮高等法院 1918(大正 7). 11. 12. 판결, 大正七年民上第二六五號, 民錄 제5권, 862면 등 다수.
45) 대법원 1963. 7. 25. 선고 63누89 판결 등.
46) 대법원 1963. 9. 19. 선고 63다388 판결 등.
47) 대법원 1979. 9. 25. 선고 77다1079 전원합의체 판결의 판례해설인 안상돈, "명의신탁자가 수탁자를 대위함이 없이 직접 신탁재산의 침해배제를 구할 수 있는지 여부", 법조, 제29권 제7호(1980), 96면 참조.
48) 대법원 1989. 9. 12. 선고 88다카18641 판결; 대법원 2007. 1. 11. 선고 2006도4498 판결 등.
49) 대구고법 1987. 7. 31. 선고 86나740 판결.
50) 대법원 1990. 3. 13. 선고 90누424 판결 등.
51) 대법원 1971. 9. 28. 선고 71다1382 판결; 1977. 11. 8. 선고 77다1162 판결.
52) 곽윤직, "명의신탁에 관한 판례이론의 연구", 서울대학교 법학, 제15권 제2호(1974), 13면 이하.

곽윤직 교수는 판례가 인정하고 있는 명의신탁은 허위표시로서 무효라고 주장하였다. 즉 판례는 허위표시를 신탁행위의 하나로서 유효하다고 보지만, 명의신탁은 신탁행위와는 다르다고 한다. 신탁행위의 경우에는 법률행위에 의하여 표시된 법적 효과와 당사자가 꾀하는 경제적 목적 사이에 틈이 있어서, 당사자가 한 법률행위를 그들이 달성하려고 꾀하는 경제적 목적에서 본다면 외관상의 행위인 것이 되나, 순수한 법률적 면에서 본다면 내심의 효과의사와 표시상의 효과의사는 완전히 일치하고 있으므로, 권리명의를 취득한 수탁자는 권리를 행사할 수 있고, 신탁자는 권리를 행사할 수 있는 가능성을 박탈하게 된다고 한다. 반면 명의신탁은 당사자의 어떤 목적을 위한 외관을 가장적으로 만들기 위하여 이용되고 있을 뿐이고, 진정으로 소유권이 수탁자에게 이전하는 것, 바꾸어 말하여 수탁자가 소유권을 행사할 수 있다는 것과 신탁자로부터 소유권을 행사할 기회를 빼앗을 것을 의욕하는 것은 아니라고 한다. 뿐만 아니라 가장적으로 만들어낸 외관의 법적 효력을 부인하는 데 관한 합의(즉 통정)가 당사자 사이에 있다고 한다. 그러므로 판례가 유효하다고 하는 명의신탁은 틀림없는 허위표시라고 한다.

그 외에도 명의신탁의 성립요건과의 관계에 있어서도 문제가 있는데, 신탁자는 그가 신탁하려는 재산에 관한 완전한 권리를 가지고 있어야 하지만, 판례에 의하면 공부상 신탁자 명의로 등기·등록된 사실이 없더라도 명의신탁은 유효하게 성립한다고 하는데, 이는 형식주의를 취하는 민법하에서는 불가능하다고 한다.

그리고 명의신탁은 가지가지의 탈법행위의 수단 또는 위법행위의 수단으로서 이용 내지 남용되고 있으므로, 명의신탁은 허위표시로서 무효라고 하여야 하며, 설사 그대로 인정한다고 하더라도 그 요건을 엄격히 요구하고 각종의 불미스러운 목적에 이용되는 것을 막는 대책을 충분히 세워야 한다고 주장한다.

다. 그 후의 학설과 입법

그 후에는 이와 같이 명의신탁을 허위표시로 보는 데 대하여 찬성하는 견해도 있었으나,[53] 반대로 명의신탁은 허위표시가 아니라고 하는 주장도 있었다. 후자의 견해는, 명의신탁에서 내심적 효과의사와 표시상의 효과의사가 일치하지

후암민법논집(주 16), 245면 이하에도 실려 있다.

53) 권오곤, "명의신탁에 관한 판례의 동향", 민사판례연구, 제10권(1988), 403면 이하; 문용선, "명의신탁이론의 재검토", 민사판례연구, 제17권(1995), 37면 이하; 윤철홍, "부동산명의신탁이론에 대한 소고", 법학논총, 제7집(숭실대학교 법학연구소, 1994), 17면 이하 등.

않는다고 할 수는 없고, 또 명의신탁에 있어서 '가장적 외관의 법적 효력을 부인하는데 관한 당사자간의 합의'가 있다고도 할 수 없으며, 또 명의신탁에도 경제적 목적이 존재한다고 주장한다.[54]

다른 한편 명의신탁을 허위표시로 보는 것은 아니지만, 결과에 있어서 그와 같은 결론을 이끌어내는 견해들도 있다. 그 하나는 명의신탁은 허위표시라고는 할 수 없지만, 프랑스 판례가 인정하고 있는 표현소유권(表見所有權)의 법리가 명의신탁에도 적용될 수 있으므로, 허위표시에 관한 민법 제108조 제2항이 명의신탁에도 유추적용되어, 명의수탁자로부터 악의로 부동산을 취득한 제3자는 보호되지 않는다는 견해이다.[55] 다른 하나는 명의신탁에 대하여 영미신탁법상의 수동신탁의 법리를 적용하여, 명의수탁자로부터 명의신탁재산을 취득한 제3자가 악의일 때에는 신탁자는 그 신탁재산의 반환을 청구할 수 있지만, 제3자가 선의이면 보호를 받아야 하고, 그 밖의 경우에는 신탁재산은 신탁자에게 남아 있는 것으로 보아야 한다고 주장한다.[56]

그런데 근래의 입법은 명의신탁을 허용하지 않는 방향으로 나아갔다. 먼저 1990년에 제정된 부동산등기특별조치법[57] 제7조 제1항은 조세부과를 면하려 하거나 다른 시점간의 가격변동에 따른 이득을 얻으려 하거나 소유권등 권리변동을 규제하는 법령의 제한을 회피할 목적으로 타인의 명의를 빌려 소유권이전등기를 신청하여서는 아니된다고 규정하고, 제8조는 위 규정 위반 행위에 대하여 벌칙을 규정하고 있었다. 그러나 이 규정에 따라 명의신탁이 금지되는 범위는 제한적이었다. 또 판례는 위 규정에 위반되는 계약명의의 신탁약정 자체가 금지된다고는 해석할 수 없으므로 그와 같은 명의신탁약정이 그 사법적 법률행위의 효력까지 부인되는 것은 아니라고 하였다.[58]

그 후 1995년 제정된 '부동산 실권리자 명의 등기에 관한 법률'(부동산실명법)[59]은 명의신탁약정은 원칙적으로 무효로 하고, 명의신탁약정에 따라 행하여진 등기에 의한 부동산에 관한 물권변동은 무효로 한다고 규정하여 명의신탁을 원

---

54) 이영준, "명의신탁의 유효성에 관하여", 사법논집, 제19집(1988), 18면 이하. 이 논자는 이 이전에도 이미 이와 같은 주장을 펼친 바 있다. 이영준, 민법총칙, 박영사(1987), 186면 이하.

55) 고상룡, "명의신탁의 법리", 민사법학, 제9·10호(1993), 143면 이하.

56) 김상용, "영미신탁법상의 수동신탁법리에 의한 명의신탁이론의 재구성", 판례월보, 제201호 (1987. 6), 27면 이하.

57) 법률 제4244호, 1990. 8. 1. 제정.

58) 대법원 1993. 8. 13. 선고 92다42651 판결.

59) 법률 제4944호, 1995. 3. 30. 제정.

칙적으로 금지하면서, 종중과 종원 및 배우자 사이의 명의신탁 등에 대하여만 예외를 인정하였다.[60]

이 부동산실명법이 명의신탁은 허위표시임을 전제로 하여 만들어졌다고 말하기는 어려울 것이다. 위 법 제4조 제3항은 명의신탁약정이나 그에 따른 부동산 물권변동의 무효는 제3자에게 대항하지 못한다고 규정하고 있어서, 선의의 제3자에게만 대항하지 못하는 허위표시의 무효(민법 제108조 제2항)와는 차이가 있다.

생각건대 명의신탁을 원칙적으로 유효한 것으로 인정한 종래의 판례는 문제가 많다. 대부분의 경우에는 명의신탁은 강제집행을 피하거나 법규정을 잠탈하려는 등의 목적으로 자신이 권리를 가진다는 사실을 제3자에 대하여 숨기기 위하여 이루어진다. 이러한 기만적인 행위가 과연 법률이 신탁행위로서 승인할 만한 "경제적 목적"을 가진다고 할 수 있을까? 그러므로 명의신탁은 원칙적으로는 허용되어서는 안 되고, 불가피한 사정이 있을 때에만 그 효력을 인정하여야 할 것이다. 이 점에서 부동산실명법이 명의신탁을 원칙적으로 무효로 하고 있는 것은, 세부적인 점에서는 문제가 없지 않지만, 올바른 방향으로 나아간 것이다. 곽윤직 교수가 이러한 명의신탁의 문제점을 처음으로 제기한 것은 매우 중요한 의미를 가진다.

3. 소멸시효 완성의 효과[61]

가. 김증한 교수의 상대적 소멸설

소멸시효 완성의 효과에 관하여 소멸시효 완성 그 자체만으로 권리소멸의 효과가 생기는가(이른바 절대적 소멸설), 아니면 소멸시효의 완성 외에 당사자의 원용이라는 별개의 요건까지 갖추어야만 비로소 권리소멸의 효과가 생기는가(이른바 상대적 소멸설)에 대하여는 민법 제정 후부터 지금까지 치열하게 논쟁이 계속되고 있다. 이 문제에 관하여 김증한 교수는 처음으로 상대적 소멸설을 제창하였는데, 이는 이후의 학설과 판례의 전개에 큰 영향을 주었다.

---

60) 이 법의 제정 경위에 관하여는 윤철홍, "'부동산실권리자명의등기에관한법률'의 제정과정과 문제점", 법학논총, 제9집(숭실대학교 법학연구소, 1996), 137면 이하 참조.

61) 이 부분은 윤진수, "청헌 김증한 교수의 소멸시효론", 한국 민법학의 재정립(주 29), 139면 이하(처음 발표: "김증한 교수의 소멸시효론", 민사법학, 제69호, 2014)를 기초로 하였다.

민법 제정을 담당하였던 법전편찬위원회가 마련한『민법전편찬요강』총칙편 제13항은 "소멸시효 완성의 효과는 권리를 소멸시킬 수 있는 일종의 항변권을 발생하도록 할 것"이라고 규정하고 있었다. 그러나 그 후 정부가 국회에 제출한 민법안은 다른 부분은 대체로 민법전편찬요강을 따랐으면서도, 소멸시효 완성의 효과에 관하여는 위 요강과 같은 규정을 두지 않았고, 이것이 결국 현행 민법으로 확정되었다. 이 점에 관하여 민의원 법제사법위원회 민법안심의소위원회가 편찬한 민법안심의록은, "현행법 제145조「時效의 援用」에 관한 규정을 삭제한 문제~(中略) 종래 時效의 援用에 관하여 각종의 學說이 발생하였는바 草案은 이를 정리하여 援用에 관한 규정을 삭제함으로써 時效에 관하여는 금후 絶對的 消滅說이 확정되고 따라서 援用은 하나의 抗辯權으로 화하게 한 것이다"라고 설명하고 있다.62) 민법전 제정과정에서 핵심적인 역할을 담당하였던 장경근 의원도 국회 본회의에서의 발언에서, "이렇게 학설상 대단히 錯雜한 關係가 있기 때문에 草案은 이것을 한 번 簡素化하자 해서 일응 消滅時效만 완성될 것 같으면 그 자체로서 絶對消滅된다 하는 그런 學說을 취하는 견지에서" 시효의 원용에 관한 규정을 다 없애버린 것이라고 발언하였다.63)

그런데 김증한 교수는 민법전 공포 직후인 1958. 4. 발행된, 안이준 교수와 함께 펴낸『신민법 (I)』에서는 설명을 달리하여, 소멸시효가 완성하면 권리 그 자체가 소멸하는 것이 아니라, 다만 시효로 인하여 이익을 받는 당사자에게 권리의 소멸을 주장할 수 있는 권리를 발생시킬 따름이라고 하여, 처음으로 상대적 소멸설을 주장하였다.64) 한편 김증한 교수는 위『신민법 (I)』과 거의 동시에 발표된 논문에서 마찬가지로 절대적 소멸설을 비판하고 상대적 소멸설을 주장하였다.65)

그러나 초기에는 입법자가 소멸시효가 완성되면 당사자가 이를 원용하지 않더라도 권리는 당연히 소멸된다고 하는 절대적 소멸설을 택한 것이라고 하여 절대적 소멸설을 따르는 것이 압도적인 다수설이었다.66) 특히 상세한 것은 당시 이

---

62) 민의원 법제사법위원회 민법안 심의소위원회 편, 민법안심의록, 상권(1957), 103면.
63) 제3대 국회 제26회 국회정기회의 속기록 제45호(1957), 16면 하단 이하.
64) 김증한·안이준, 신민법(Ⅰ), 법문사(1958), 193면.
65) 김증한, "소멸시효 완성의 효과", 고시계, 제3권 제3호(1958), 114면 이하. 위 잡지는 그 해 4월에 발간된 것으로 되어 있다.
66) 김기선, 신민법총칙, 민중서관(1958), 268면; 장경학, 신민법총칙, 삼성문화사(1958), 582-584면; 이영섭, 신민법총칙강의, 박영사(1959), 429면; 방순원, 신민법총칙, 한일문화사(1959), 314-315면, 320-321면 등.

화여대 교수이던 이영섭 전 대법원장이 1958년 9월에 발표한 논문이다.[67] 이영섭 전 대법원장은, 저당권의 부종성에 관한 제369조, 손해배상의 소멸시효에 관한 제766조, 시효에 관한 경과규정인 부칙 제8조 제1항 등으로부터 권리가 시효기간의 경과와 동시에 소멸하는 점에 관하여 전혀 의의(疑義)가 생기지 않는다고 한다. 또한 입법자의 의도가 여러 가지의 해석론상의 난점을 자아내고 있는 시효의 원용에 관한 제도를 두지 않으려는 것이었다고 한다. 그리고 둘째의 점에 대하여는 소멸시효에 걸린 채무를 자진하여 변제한 경우에 이것이 반드시 비채변제로만 보아야 될 것인가, 소멸시효 이익의 포기를 법리상 어떻게 볼 것이냐 하는 점을 따져 보아야 하는데, 김증한·안이준 교수의 의견대로라면 시효완성 후의 이익포기를 설명하기는 여간 수월하지 않고 자연스럽기도 하다고 하면서도, 시효이익의 포기는 신민법이 다른 어떠한 개념유형으로서도 제대로 설명할 수 없는 고유개념의 유형을 인정하는 것이고, 신민법은 소멸시효의 효과로서 권리의 절대소멸을 인정하면서 한편으로는 그 이익을 받지 않으려는 사람의 자유의사를 존중함으로써 시효제도의 공익적 성격과 개인의 의사와의 조화를 꾀하려 한다고 설명하였다.

그 후 김증한 교수는 상대적 소멸설을 좀 더 발전시킨 별도의 논문을 발표하였다.[68] 이 논문은 우선 시효제도의 역사와 입법례를 소개하고 있다. 여기서 강조하고 있는 것은 소멸시효의 만료만으로 당연히 실체권 자체가 소멸한다고 하는 법제는 거의 없다는 점이다.

이어서 우선 구민법(의용민법)상의 학설과 판례를 소개하고, 민법안심의록의 언급을 인용하면서도, 민법안심의록은 민법초안에 관여하지 않았던 분들의 손으로 만들어진 것인만큼 기초자의 취의를 판단할 자료로는 박약하고, 기초자의 의사가 명백하다 하더라도 그것이 법률해석의 결정적인 근거는 될 수 없다고 한다.

이어서 절대적 소멸설의 논거의 취약성을 설명하고 있다. 첫째, 「소멸시효가 완성한다」는 문자를 바로 「소멸한다」는 문자와 동의라고 해석할 수는 없다. 둘째, 「소멸시효가 완성한다」는 문자는 취득시효의 효력에 관한 제245조, 제246조

---

67) 이영섭, "신민법하의 소멸시효의 효과와 그 이익포기", 저스티스, 제2권 제3호(1958), 2면 이하.
68) 김증한, "소멸시효 완성의 효과", 서울대학교 법학, 제1권 제2호(1959), 249면 이하. 김증한, 소멸시효론, 서울대학교 법학박사 학위논문(1967)(동, 민법논집, 진일사, 1978, 245면 이하에 재수록)의 내용은 대체로 앞의 논문과 같다.

에 대응하는 규정이기 때문에 사권(私權) 자체가 절대적으로 소멸한다고 보아야
한다는 주장이 있으나, 취득시효에 관한 규정의 문자를 가지고 소멸시효 완성의
효과가 무엇이냐라는 문제에 추리하려고 하는 것은 타당하지 않다. 셋째, 민법이
원용에 관한 규정을 두지 않은 것은 절대적 소멸설의 근거가 되지 못한다. 원용
에 관한 규정이 없다는 것은 절대적 소멸설과도 조화될 수 있지만, 상대적 소멸
설과도 조화될 수 있다. 넷째, 절대적 소멸설은 다른 조문에 「시효로 인하여 소
멸」이라는 문자가 있는 것을 근거로 하지만, 소멸시효가 권리의 소멸원인이라는
것은 상대적 소멸설도 이를 부인하지 않으며, 제766조 제2항과 부칙 제8조 제1항
은 단순한 용어의 불통일에 불과하다.

　　이어서 양설의 실제적 차이를 검토하고 있는데, 양설의 차이는 결국 (1) 원
용이 없어도 법원이 직권으로 시효를 고려할 수 있느냐, (2) 시효완성 후에 변제
하면 어떻게 되느냐, (3) 시효이익의 포기를 이론상 어떻게 설명하느냐의 세 가
지 문제에 있다고 한다.

　　우선 원용이 없어도 법원이 직권으로 시효를 고려할 수 있는가에 관하여, 절
대적 소멸설에서는 민사소송법이 당사자 변론주의를 채택하고 있는 이상 자기에
유리한 판결을 요구하는 당사자가 유리한 사실을 주장하지 않으면 심리의 대상
으로 하지 않으므로 원용에 관한 구민법 제145조는 민사소송의 심리원칙을 규정
한 데 불과한 무용의 규정이라고 하는데, 변론주의란 주요사실의 존부 및 그 증
거자료 등 사실문제에 관한 것일 뿐이고, 소멸시효에 걸렸는가 어떤가는 법률문
제임에 틀림없다고 한다. 그리고 절대적 소멸설을 취하는 이상 당사자의 원용이
없어도 법원은 직권으로 이를 고려해야 하지만, 당사자가 시효의 이익을 받기를
원하지 않는데 직권으로 이를 강요해야만 할 필요는 없다고 한다.

　　다음 채무자가 소멸시효 완성 후에 변제한 경우에, 절대적 소멸설에 의하면
소멸시효 완성의 사실을 모르고 변제한 경우에는 반환을 청구할 수 있다고 하여
야 하지만, 실제로 이를 주장하는 논자들은 이는 시효 이익의 포기라거나 도의관
념에 적합한 비채변제이므로 반환을 청구할 수 없다고 한다. 그러나 시효 완성의
사실을 몰랐다면 시효 이익의 포기라고는 할 수 없고, 소멸시효에 걸린 채무라도
갚는 것이 도의관념에 적합한 것이라면, 채무는 소멸시효에 걸리더라도 그것만
으로 소멸하는 것이 아니라고 하는 것이 도의관념에 적합한 해석이라고 한다.

　　그리고 소멸시효 이익의 포기는 상대적 소멸설에 의하면 일단 발생한 권리

부인권의 포기인 반면, 절대적 소멸설은 이를 제대로 설명하지 못한다고 한다. 절대적 소멸설에 의하면 권리소멸이라는 효과는 소멸시효 완성과 더불어 절대적으로 발생한 것이므로, 시효의 이익을 받지 않겠다는 의사표시란 있을 수 없고 어디까지나 이미 받은 이익을 포기하는 것인데, 그 포기의 효력이 소급할 수는 없다고 한다.

또 독일에서는 채무자가 고의로 채권자의 시효의 중단을 방해하였다든가 채권자의 소의 제기가 채무자에게 속하는 어떤 사정 때문에 지연되었다는 경우에는 소멸시효가 완성하더라도 시효항변권은 권리남용의 재항변을 받음으로써 저지된다는 것은 이미 판례법상 확립되어 있는데, 절대적 소멸설에 의하면 그러한 보호를 받을 만한 가치가 없는 채무자도 일률적으로 보호를 받게 되는 반면 상대적 소멸설에 의하면 권리부인권의 남용이라고 하면 간단히 이러한 불합리를 제거할 수 있게 된다고 한다.

그리고 소멸시효 완성의 효과에 대하여는 소멸시효가 완성하면 소멸시효의 이익을 받을 자에게 권리의 소멸을 주장할 권리부인권이 생긴다고 해석하여야 하고, 이는 일종의 형성권이라고 한다.

나. 그 후의 논의

이 이후의 학설은 대체로 절대적 소멸설을 주장하는 이영섭 전 대법원장의 견해와 상대적 소멸설을 주장하는 김증한 교수가 주장한 내용의 테두리를 벗어나지 못하고 있다. 여기서는 판례의 동향을 살펴본다. 종전에는 판례는 절대적 소멸설을 따르고 있다고 보는 서술이 많았으나, 실제로 판례가 어느 견해를 따르고 있는가는 반드시 일률적으로 말할 수 없다. 오히려 근래의 판례는 상대적 소멸설을 따르고 있다고도 말할 수 있다.[69]

초기의 판례는 절대적 소멸설을 따르고 있었다고 할 수 있다. 예컨대 대법원 1966. 1. 31. 선고 65다2445 판결은, 당사자의 원용이 없어도 시효의 완성으로써 채무는 당연히 소멸하므로 소멸시효가 완성된 채무에 기하여 한 가압류는 불법행위가 되고, 가압류 당시 시효의 원용이 없었더라도 가압류채권자에게 과실이

---

[69] 절대적 소멸설을 지지하는 양창수 교수도, 소멸시효 완성의 효과에 관한 상대적 소멸설이 1990년대 후반 이래 재판례의 주류적 태도라고 하여도 크게 문제가 없다고 한다. 양창수, "채무자의 시효이익 포기는 그 후의 저당부동산 제3취득자에 대하여도 효력이 미치는가?", 법률신문, 제4338호(2015. 7. 27), 11면 참조.

없었다고는 할 수 없다고 하였는데, 이것이 절대적 소멸설에 따른다는 것을 가장 명확히 한 판례라고 할 수 있다.

　　그러나 근래에는 절대적 소멸설로는 설명하기 어려운 판례들이 계속 나오고 있다. 즉 판례는 소멸시효를 원용할 수 있는 자는 권리의 소멸에 의하여 직접 이익을 받는 자에 한정된다고 하여 소멸시효를 원용할 수 있는 자를 제한하고 있는데, 절대적 소멸설에 따라 원용이 필요한 근거를 변론주의에서 찾는다면 소멸시효의 원용에 의하여 재판상 이익을 받는 사람은 누구나 원용할 수 있어야 할 것이고,[70] 소멸시효의 원용권자를 제한할 근거를 찾기 어렵다. 오히려 절대적 소멸설에 의하면 소멸시효의 원용권이라는 개념 자체가 성립할 수 없다. 따라서 이러한 판례는 절대적 소멸설로는 설명하기 어렵고, 오히려 상대적 소멸설로만 설명할 수 있다. 예컨대 대법원 1991. 7. 26. 선고 91다5631 판결은, "소멸시효에 있어서 그 시효기간이 만료되면 권리는 당연히 소멸하는 것이지만 그 시효의 이익을 받는 자가 소송에서 소멸시효의 주장을 하지 아니하면 그 의사에 반하여 재판할 수 없는 것이고, 그 시효이익을 받는 자는 시효기간 만료로 인하여 소멸하는 권리의 의무자를 말한다"고 하면서, 채권자대위소송의 피고는 원고인 채권자의 채무자에 대한 피보전채권이 시효로 인하여 소멸하였다는 항변을 할 수 없다고 하였다.[71][72]

다. 소　결

　　김증한 교수의 상대적 소멸설은 이후의 학설과 판례에 크나큰 영향을 미쳤

---

70) 양창수, "소멸시효 완성의 효과", 고시계(1994. 9), 150면.

71) 이는 확립된 판례라고 할 수 있다. 가장 최근의 판례로는 대법원 2009. 9. 10. 선고 2009다34160 판결이 있다.

72) 다만 대법원 1992. 11. 10. 선고 92다35899 판결; 1997. 7. 22. 선고 97다5749 판결 등은 같은 결론을 내리면서도 채권자대위권에 기한 청구에서 제3채무자는 채무자가 채권자에 대하여 가지는 항변으로 대항할 수 없다는 이유도 아울러 들고 있으나, 일반적으로 채무자가 채권자에 대하여 가지는 항변을 제3채무자가 주장할 수 없다고는 말할 수 없으므로 위와 같은 판시는 의문이다. 예컨대 채무자의 변제로 채권자의 피보전채권이 소멸하였다면 제3채무자가 채권자에 대하여 이러한 주장을 할 수 있음은 당연하다. 대법원 2015. 9. 10. 선고 2013다55300 판결은, 채권자가 채권자대위소송을 제기한 경우, 제3채무자는 채무자가 채권자에 대하여 가지는 항변권이나 형성권 등과 같이 권리자에 의한 행사를 필요로 하는 사유를 들어 채권자의 채무자에 대한 권리가 인정되는지 여부를 다툴 수 없지만, 채권자의 채무자에 대한 권리의 발생원인이 된 법률행위가 무효라거나 위 권리가 변제 등으로 소멸하였다는 등의 사실을 주장하여 채권자의 채무자에 대한 권리가 인정되는지 여부를 다투는 것은 가능하고, 이 경우 법원은 제3채무자의 주장을 고려하여 채권자의 채무자에 대한 권리가 인정되는지 여부에 관하여 직권으로 심리·판단하여야 한다고 판시하였다.

다. 뿐만 아니라 김증한 교수가 상대적 소멸설을 제창하지 않았더라면 과연 그 후 상대적 소멸설이 학설로서 주장되었을 것인가는 상당히 의심스럽다.[73] 이 점에서 김증한 교수의 소멸시효론이 가지는 의의는 아무리 강조해도 모자란다. 뿐만 아니라 이는 정부가 제18대 국회에서 2011년 제출하였던 민법개정안에도 반영되었다. 위 개정안 제183조 제1항은 "소멸시효가 완성된 때에는 그 권리의 소멸로 인하여 이익을 받을 자는 그 권리의 소멸을 주장할 수 있다"고 규정하고 있었다. 그러나 위 개정안은 2012년 제18대 국회의 임기 만료로 폐기되어 버렸다.

법학방법론적인 관점에서 본다면, 절대적 소멸설은 문리해석·역사적 해석에서 근거를 찾을 수 있는 반면, 상대적 소멸설은 체계적·목적론적 해석에 의하여 뒷받침될 수 있다. 그런데 절대적 소멸설은 소멸시효제도가 보호하려고 하는 채무자가 보호를 희망하지 않는 경우에도 보호를 강요하는 것이 되고, 또 소멸시효의 완성을 주장하는 데 정당한 이익이 없는 자도 소멸시효를 주장할 수 있게 되는 불합리가 있게 된다.[74] 이 점에서 근래의 판례가 상대적 소멸설을 따르고 있는 것은 환영할 만한 일이다.

4. 부동산 물권변동론

물권변동, 그 중에서 부동산 물권변동이라는 주제에 관하여는 민법 제정 후 지금까지 가장 많은 논의가 이루어졌다. 이러한 논의는 우선 물권행위의 독자성과 무인성을 인정할 것인가에서 출발하여, 물권적 기대권이라는 개념이 유용한가, 등기청구권의 성질을 어떻게 파악할 것인가 하는 다양한 쟁점을 포괄한다. 서울대학교의 여러 교수들도 각자의 주장을 펼쳤다.[75]

가. 김증한 교수

김증한 교수는 1958년에 발표한 논문에서 우리나라에서는 처음으로 물권행

---

73) 민법 제정 후 초기에는 김증한·안이준 교수를 제외하고는 모두 절대적 소멸설을 따랐다. 처음으로 김증한 교수의 이론을 받아들인 것은 확인된 범위 내에서는 1968년에 발표된 최종길 교수의 논문이다. 최종길, "소멸시효의 완성과 시효의 원용", 법조, 제17권 제7호(1968), 51면 이하{최종길 교수의 민법학 연구(주 18), 633면 이하에 재수록}.
74) 상세한 것은 윤진수(주 61), 160면 이하 참조.
75) 이하의 서술은 상당 부분 윤진수, "황적인 교수의 물권행위론", 성헌 황적인 선생님의 학문과 삶의 세계(주 20), 263면 이하를 기초로 하였다.

위의 독자성과 무인성 문제를 다룬 것으로 생각된다.76) 이 논문에서는 우선 신민법이 물권변동에 관한 당사자의 의사의 합치는 이른바 채권행위로 족하냐 또는 그와 별개로 이른바 물권행위를 필요로 하느냐에 관하여는 법문 자체에는 말이 없다고 하면서, 결론으로서는 물권행위의 독자성과 무인성을 긍정하고 싶다고 하였다.

물권행위의 독자성을 긍정하는 이유로는 다음과 같은 것을 들었다. 우선 개념상 당사자가 채무의 발생을 의욕한 행위와 당사자가 물권의 변동을 의욕한 행위는 이를 구별할 수 있을 뿐만 아니라, 당사자가 채무의 발생을 의욕한 법률행위의 효과로서 물권변동의 효과가 발생한다는 것은 불합리하다. 그리고 신민법의 형식주의는 의사주의로부터의 일대변혁인 만큼 부동산물권의 거래가 있었음에도 불구하고 등기를 엄격히 여행(勵行)하지 않는 경우가 상당히 있으리라고 예상되는데, 이미 대금을 완불하고 부동산을 명도하였으나 아직 등기가 끝나지 않은 상태에 있는 법률관계를 단순히 채권계약이 있었음에 불과한 상태에 있는 법률관계와 구별하여 취급할 필요가 있으므로, 필연적으로 채권계약과는 별개의 물권적 합의의 개념을 구별하지 않으면 안 된다. 또 신민법에 있어서는 물권행위의 무인성을 인정함이 가하다고 믿어지므로 무인성을 인정하려면 그 전제로서 물권행위의 독자성을 인정하여야 한다.

그리고 물권행위의 무인성을 인정하여야 하는 이유로는 다음과 같은 점을 들었다. 우선 물권행위를 채권행위와는 별개의 행위로 생각하면 그 유효성 여부도 채권행위의 그것과는 별개로 정하여지지 않으면 안 된다. 또한 물권적 법률관계는 모든 사람에 대하여 명료함을 이상으로 하므로, 당사자 간에서만 효력을 가지는 원인행위의 유효성 여부 때문에 영향을 받게 하는 것은 적당하지 않다. 그리고 무인성을 인정함으로써 등기의 공신력을 인정하지 않는 신민법의 결함을 보정할 수 있다.

다른 한편 김증한 교수는 1960년에 발간된 물권법 교과서에서도 이러한 주장을 유지하면서, 아울러 물권적 기대권의 이론을 도입하여, 등기청구권은 이러한 물권적 기대권에서 발생한다고 하였다. 즉 물권적 합의가 있은 때, 특히 처분자가 등기승낙서를 취득자에게 교부하여 취득자가 단독으로 등기신청을 할 수 있는 상태로 된 경우에는 취득자는 물권적 합의의 목적인 부동산을 취득할 기대권

---

76) 김증한, "물권행위의 독자성과 무인성", 법조, 제7권 제1호(1958), 11면 이하.

인 물권적 기대권을 가지게 된다고 하는 것이 독일의 판례·통설인데, 우리나라
에서도 이를 인정할 수 있다고 한다. 그리하여 물권적 합의의 효과로서 취득자에
게 물권적 기대권이 생기고, 등기청구권은 이 물권적 기대권의 효력으로서 생기
는 것이며, 창설적 등기에서의 등기청구권은 물권적인 성질을 가진다고 한다.[77]

　김증한 교수는 그 후에도 이러한 주장을 계속 유지하였고,[78] 당시에는 이러
한 견해가 통설로 받아들여졌다고 할 수 있다.[79] 서울대 교수 가운데에는 최종길
교수가 대체로 이러한 김증한 교수의 주장을 따르고 있다.[80]

나. 곽윤직 교수

　곽윤직 교수는 1963년에 발표한 논문에서, 물권행위의 독자성과 무인성을
부정하는 주장을 펼쳤다.[81] 먼저 독자성에 관하여는, 물권행위의 독자성을 부정
한다고 하여 물권행위라는 개념 자체를 부정하는 것은 아니라고 하면서, 다음과
같이 독자성 긍정설을 비판한다. 첫째, 민법이 물권변동에 관하여 독법주의(형식
주의)를 취하고 있기 때문에 독자성을 인정하여야 한다는 견해가 있으나, 같은
독법주의를 취하고 있는 스위스 민법에서는 물권행위의 독자성이 입법적으로 부
정되어 있다. 둘째, 민법 제186조와 제188조 제1항이 독자성을 인정한 것이 명백
하다는 견해에 대하여는, 제186조는 단순히 「법률행위」라고 하고, 제188조 제1항

---

77) 김증한(주 31), 284면 이하. 다만 여기서는 등기청구권은 물권적 기대권에서만 나오는 것처럼
　　서술하였으나, 그 후 발간한 교과서에서는 등기청구권이 물권적 기대권의 효력으로서 생긴다
　　고 하는 것은 등기청구권이 채권의 효력으로서 생길 수는 없다고 하는 것은 아니고, 매매계약
　　이 있으면 매매계약의 효력으로서 매수인은 매도인에 대하여 등기청구권을 가지지만, 이 등기
　　청구권은 채권적 효력밖에 없다고 하였다. 김증한, 물권법(상), 진일사(1970), 272면.

78) 이를 가장 상세하게 전개한 것은 "물권행위론"과 "물권적 기대권"이라는 논문이다. 김증한, 민
　　법논집(주 68), 1면 이하, 109면 이하. 앞의 논문은 고시연구라는 잡지에 1977년 11월호부터 8
　　회에 걸쳐 연재되었던 것이고, 뒤의 논문은 서울대학교 법학, 제17권 제2호(1976)에 실렸던 것
　　이다.

79) 1968년까지의 학설상황에 대하여는 곽윤직, "부동산물권변동의 연구"(주 32), 48면, 63면 참조.

80) 최종길, "물권행위에 관한 일고찰", 최종길 교수의 민법학 연구(주 18), 139면 이하, 특히 152면
　　이하(최초 발표: 법정, 제21권 제3-5호, 1969); "물권적 기대권", 같은 책 425면 이하(최초 발표:
　　사법행정, 제6권 제2-6호, 1965). 최종길 교수의 물권행위에 관한 논문은 종래 주로 논의의 중
　　심이 되었던 독일뿐만 아니라 프랑스, 스위스 등의 입법례도 자세히 다루었다. 다만 최종길 교
　　수는 김증한 교수와는 달리 부동산 매수인이 대금을 완불하고 등기에 필요한 일체의 서류를
　　교부받고 또한 부동산의 명도를 받아서 이를 직접 또는 간접점유자로서 이용하고 있지만 아직
　　등기를 갖추지 않았을 때 이 부동산 매수인의 법적 지위를 물권적 기대권으로 본다고 하였다.
　　위 책 455면 이하.

81) 곽윤직, "물권행위의 독자성과 무인성", 법조, 제12권 제3호(1963), 42면 이하. 이는 그 논문에서
　　도 밝히고 있는 것처럼 거의 같은 시기에 발간된 물권법 교과서의 내용과도 일치한다. 곽윤직,
　　물권법, 박영사(1963), 57면 이하. 위 논문은 후암민법논집(주 16), 78면 이하에도 실려 있다.

은 「양도」라고 하고 있을 뿐이어서 그것이 물권행위를 가리키는 것이냐 채권행위를 말하는 것이냐가 문제이므로, 민법이 명문으로 독자성을 인정하고 있다고는 할 수 없다. 셋째, 물권행위의 독자성을 인정하지 않는다면 채권이 발생함과 동시에 이행되는 것이 원칙이라는 결과가 되어 채권의 성질에 반한다는 주장에 대하여는, 채권행위 속에 물권행위도 포함되어 있다고 해서 채권의 이행이 완전히 끝난 것이 되지는 않는다. 넷째, 부동산 대금은 완급하였으나 아직 등기를 하지 않고 부동산을 명도받은 자를 보호하기 위하여 물권적 합의로부터 물권적 기대권이라는 일종의 물권에 가까운 권리를 인정하자는 견해에 대하여는, 물권적 기대권이라는 권리를 인정할 수 있느냐가 문제일 뿐만 아니라, 민법이 법률관계를 명확히 하고자 모처럼 독법주의를 채용하였는데 그것에 따르지 않는 자를 특별히 보호할 이유가 없다. 다섯째, 물권행위의 독자성을 인정하지 않는다면, 매수인의 소유권은 소멸시효로 소멸하는 일이 없지만, 매도인의 대금청구권은 일정한 기간의 경과로 소멸하게 되므로 불합리하다는 주장에 대하여는, 현행 민법하에서는 매매에 의하여 당연히 소유권을 취득하지 못하므로 이는 문제가 되지 않는다. 여섯째, 물권행위의 무인성을 인정하는 전제로서 독자성을 인정하여야 한다는 주장에 대하여는, 이는 물권행위의 무인성을 인정할 필요가 없다는 견해에서는 무의미하다.

그리고 무인성에 관하여는 다음과 같이 무인성 인정설을 비판하였다. 첫째, 물권행위는 채권행위와는 별개의 행위이므로 물권행위의 유효성은 채권행위의 유효성과는 따로 정하는 것이 당연하다고 하는 데 대하여는, 이는 개인의사 자치의 도그마와 개념법학의 결합이고, 출연행위의 원인 또는 출연의 목적이 법률상 존재하지 않는 경우에는 출연행위도 효력을 발생하지 않는다고 하는 것이 당사자의 의사에 합치한다. 둘째, 무인성을 인정함으로써 법률관계를 명료하게 할 수 있다는 데 대하여는, 무인성을 인정한다고 해서 언제나 법률관계가 명료하지는 않으며, 무인성을 인정하더라도 특히 상대적 무인설을 취한다면 법률관계가 불확정한 상태에 있게 되는 경우가 적지 않고, 법률상의 다툼을 감소시킨다는 의미에서의 법적 확실성보다도 정당한 이익을 보호한다는 것이 더 높이 평가되어야 한다. 셋째, 무인성을 인정함으로써 거래의 안전을 보호할 수 있다는 주장에 대하여는, 실제로 무인성을 인정하더라도 그 보호되는 범위는 그렇게 넓은 것이 되지 못한다. 즉 채권행위가 무효이거나 취소되더라도 물권행위의 효력에는 영향이 없는 경우는 예외에 속하고, 유인성을 인정하더라도 이때에는 선의의 제3자 보호규정에 의하여 제3자가 보호되며, 무인성을 인정하면 악의의 제3자까지 보호하게 된다. 그리고 무인성을 인정하는 학자들은 모두 당사자가 유인으로 하려는 의사를 표시한 때에는 유인이 된다고 하는 상대적 무인설을 취하고 있는데, 거래의 안전을 보호하기 위하여는 상대적 무인설은 무의미하다.

곽윤직 교수는 이러한 주장을 1968년 발행된 단행본에서 좀더 상세하게 펼쳤으나,[82] 기본적인 내용은 대체로 동일하다. 나아가 이 책에서는 물권행위의 독자성을 인정하든 또는 부정하든, 그 어떤 견해를 취하든 등기청구권은 원인행위인 채권행위에 그 근거가 있고, 그 성질은 채권적 청구권이라고 한다.[83] 그리고 부동산취득자에게 물권적 기대권을 인정하는 데에는 반대하지만, 동산의 소유권유보부 매매에 있어서의 매수인의 지위는 이를 물권적 기대권으로서 보호하여야 한다고 주장한다.[84]

다. 황적인 교수

황적인 교수가 처음으로 물권행위론을 전개한 것은 1975년에 발표한 논문에서였고,[85] 이 논문을 본인의 교과서에도 옮겨 실었다.[86]

우선 물권행위의 독자성에 관하여는 다음과 같이 독자성을 인정하여야 하는 근거를 밝히고 있다. 즉 채권행위가 있는 때에 원칙적으로 물권행위도 있다고 해석하는 것은 당사자의 통상의 의사에 반할 뿐만 아니라 채권의 성질에도 반한다. 당사자의 통상의 의사에 반한다는 것은, 우리나라의 거래 실제에 있어서 당사자의 의사는 매매계약만이 성립함으로써 곧 부동산 소유권이 이전된다고 할 수는

---

82) 주 32)의 책. 이 단행본은 곽윤직 교수가 같은 해 수여받은 같은 제목의 서울대학교 법학박사 학위 논문과 동일하다.

83) 곽윤직, 부동산물권변동의 연구(주 32), 77면 이하. 곽윤직 교수는 "법률행위로 인한 물권변동에 있어서의 등기청구권 ― 물권적기대권설에 대한 비판을 중심으로 ―", 서울대학교 법학, 제3권 제1호(1962), 35면 이하에서도 그와 같이 주장하였으나, 여기서는 그 후의 주장과는 달리 물권행위의 독자성을 인정하는 것을 전제로 하였다. 위 논문 45면 참조.

84) 곽윤직, 부동산물권변동의 연구(주 32), 217면 이하. 다만 "법률행위로 인한 물권변동에 있어서의 등기청구권"(주 83)에서는 등기의무자가 등기권리자에게 필요한 서류를 교부한 후에는 물권적 기대권이 발생하지만, 이 물권적 기대권으로부터 등기청구권이 발생하는 것은 아니라고 하였다.

85) 황적인, "물권행위의 독자성과 무인성", 법정, 1975년 10월호, 11. 이 논문은 민법·경제법논집: 성현황적인교수정년기념(1995), 141면 이하에도 실려 있다.

86) 민법강의(상) ― 총칙·물권 ―, 지학사(1976), 201-223면; 현대민법론 Ⅱ, 박영사(1980), 24-48면; 현대민법론 Ⅱ, 전정판, 박영사(1987), 36-68면.

없고, 중도금을 지급하고 등기서류 중에서 특히 매도증서를 교부하고 대금지급을 하여야 소유권이 이전된 것으로 해석할 수 있기 때문이다. 당사자의 의사는 매매계약과 동시에 소유권이 이전되었다고 새기기보다는 매매계약은 의사 내지 계획확정(Programmfeststellung)이고 물권적 합의는 이행지시(Vollzugsanordnung)라고 보고, 소유권 이전은 시간적 절차적으로 진행하는 것으로 해석하는 것이 거래의 실정에 맞고 타당하다. 그럼으로써 당사자에게 신중하게 판단할 기회를 주고(소위 견제기능, Kontrollfunktion), 그것이 당사자의 이해관계에 적합하다.

　　그리고 1987년의 교과서에는 다음과 같은 설명이 추가되었다. 즉 물권이 이전되는 과정을 채권행위의 단계와 물권행위·등기의 단계로 2단계를 거치는 것으로 하는 것이 타당하다. 당사자가 매매계약을 했을 때에는 매매대금의 1/10밖에 지급하지 않고, 이 단계에서는 매수인은 계약금을 포기하고 매도인은 배액을 상환하고 해약할 수 있는데, 이러한 상태에서 매도인이 매수인에게 "물권의 변동을 목적으로 하는 의사표시"를 과연 하겠는가가 의문이다. 또한 매매계약을 체결하고 계약금을 지급한 매수인의 지위는 중도금을 지급하거나 또는 잔금을 지급하고 등기서류를 교부받은 매수인의 지위와는 같을 수가 없다. 이때에는 당사자는 확고하게 물권이 이전한다는 것을 의식하며, 절차상으로도 단독으로 등기를 할 수 있으므로 이때에 물권행위를 한 것으로 본다는 것이다. 그리고 대금 완급 후 등기서류를 받고도 등기를 하지 않는 매수인이 적지 않기 때문에, 이러한 당사자를 어떤 형태로든 보호하지 않을 수 없으므로, 채권행위와 등기 사이에 물권행위시라는 시기와 지위를 인정하여야 하는 현실적 요청이 있다.

　　다음 물권행위의 무인성에 관하여는, 우선 비교법적으로 보더라도 무인설은 독일법에 고유한 것이고, 독일에서도 유인설이 주장되고 있으며, 독일 이외의 나라에서 무인설이 통설인 나라는 없다고 한다. 무인설을 취하여 거래의 안전을 보호하는 것도 중요하겠으나, 보다 더 중요한 것은 정당한 권리자를 보호하는 것으로 생각된다는 것이다. 부동산이란 원래 재산적 가치가 막대하기 때문에, 무인설에서 주장하는 것처럼 원인행위는 이행행위에 영향을 미치지 않는다고 하여 양수인이나 전득자를 보호하더라도 양도인은 사실상 양수인으로부터 부당이득의 반환청구가 불가능하므로 양도인의 지위가 극히 불리하여 구체적 타당성을 잃는다고 한다. 그렇다고 하여 채권행위와 물권행위는 유인이라고 하여 선의의 제3자의 이익을 무시하면 거래의 안전이 해쳐지므로, 제3자를 무인성의 이론으로 보호할 것이 아니라, 미국의 권원조사제도와 권원보증제도를 도입하여 전득자를 피보험자로 하여 원인무효로 권리를 상실하는 자를 구제하여야 할 것으로 생각한다고 주장하였다.

라. 이호정 교수

이호정 교수는, 부동산이 전전매매된 경우에 최종매수인이 최초매도인에 대한 등기청구권을 가지는가 하는 문제를 다루면서, 물권행위의 독자성을 부인하는 경우에는 채권행위와 물권행위의 구별은 그 의미를 상실하게 되고, 더 나아가 물권행위의 개념도 필요없다고 주장하였다.[87) 이호정 교수는 김증한 교수가 부동산이 전전매매된 경우에 물권적 기대권이론에 입각하여 최종매수인이 최초매도인에 대한 등기청구권을 인정하는 데 대하여,[88) 물권적 기대권 이론 자체가 아직 정착을 보지 못하고 있는 우리나라의 현단계에서 본다면 많은 사람을 설득시키기에는 약점이 많다고 하였다. 그리고 곽윤직 교수가 최초매도인의 최초매수인에 대한 채권행위에는 물권행위 내지 물권적 합의도 있었던 것이 되고, 이 물권행위는 비권리자인 최초매수인이 매도인의 부동산을 처분하는 데 대한 동의로서의 의미도 가지므로, 최종매수인이 최초매도인에 대하여 등기청구권을 가진다고 주장한 데 대하여는,[89) 최초매수인은 최초매도인에 대하여 채권인 부동산소유권이전청구권을 가지며, 그는 이 채권을 채권양도의 방법에 따라 양도할 수 있고, 최종매수인은 그가 양도받은 채권에 기하여 최초매도인에게 직접 등기청구권을 행사할 수 있다고 하였다.

그러면서 자신도 곽윤직 교수와 같이 물권행위의 독자성과 무인성을 부정하는 입장에 찬성하지만, 물권행위의 독자성을 부인하는 경우에는 채권행위와 물권행위의 구별은 그 의미를 상실하게 되며, 양자를 구별할 필요가 없고, 물권행위의 개념도 필요없다고 하였다. 왜냐하면 채권행위와 물권행위가 합체되어 이루어진다면 양자를 구별할 재주가 없기 때문이라는 것이다.

---

87) 이호정, "부동산의 최종매수인(전득자)의 최초매도인에 대한 등기청구권", 고시계, 제26권 제7호(제293호, 1981), 17면 이하. 이호정 교수는 이 이전에 이미 "프란츠·바이얼레의 물권계약론(상)·(하)", 법조(1969. 1; 1969. 4)라는 논문에서, 독일의 프란츠 바이얼레(Franz Beyerle)가 채권계약과 물권행위의 구별 자체를 부인하고, 채권계약과 별도의 물권행위를 인정하지 않는다고 소개한 바 있다.

88) 가령 김증한, "물권적 기대권"(주 78), 79면 이하는 물권적 기대권은 양도할 수 있다고 하여 최종 매수인의 최초 매도인에 대한 등기청구권을 인정한다.

89) 가령 곽윤직, 부동산물권변동의 연구(주 32), 141면 이하.

이러한 주장에 대하여는, 당사자들이 나중에 따로 물권행위를 하기로 약정을 한다든가 또는 채권행위의 선행 없이 물권행위만이 행하여지는 경우도 있을 수 있으므로 물권행위의 개념은 필요하다고 하지만, 이러한 변론은 성립할 수 없다고 한다. 왜냐하면 첫째, 당사자들이 물권행위를 따로 하기로 약정한 경우란 실제로는 뒤에 이루어지는 이른바 물권행위가 본계약이고, 이러한 물권행위를 하기로 한 약정은 예약인 경우거나, 당사자들이 한 약정에 대하여 약정해제권을 유보한 경우로 보는 것이 타당하기 때문이라는 것이다. 둘째, 불법행위에 의한 손해배상금의 지급과 같이 채권행위의 선행 없이 물권행위만이 이루어지는 경우도 있으므로 물권행위의 개념도 필요하다는 주장에 대하여는, 매매대금의 지급은 독립한 물권행위로 보지 않으면서, 손해배상금의 지급은 채권행위의 선행이 없는 물권행위로 보는 것은 무리라고 한다.[90]

마. 소　결

물권변동 또는 물권행위의 문제는 민법이 제정된 후 가장 치열하게 다투어진 주제라고 할 수 있다. 그 이유 중 하나는 우리 민법이 제정되면서 물권변동에 관하여 의용민법과는 달리 성립요건주의를 취하게 되자, 마찬가지로 성립요건주의를 취하고 있는 독일민법에서의 물권행위 이론을 직수입하여 우리 민법상의 물권변동 이론을 정립하려고 하였던 것이다. 그 배후에는 일본민법으로부터의 이론적인 독자성을 추구하려는 의도도 있었을지 모른다. 다른 하나는 좀 더 실천적인 것으로서, 물권행위의 독자성과 무인성을 인정하여야만 미등기매수인을 좀 더 보호할 수 있고, 또 등기의 공신력을 인정하지 않고 있는 민법의 결점을 보완할 수 있다는 것이다.

그러나 그러한 논쟁이 그만큼의 실익이 있었는지는 의문이다. 기본적으로 우리 민법의 물권변동에 관한 규정은 독일 민법을 모범으로 하여 만들어진 것이 아니고, 오히려 스위스 민법의 규정과 가깝다. 그런데 스위스 민법에서는 물권행위 개념이 처음부터 인정된 것은 아니었고, 나중에 학설상 발전된 것이었다. 스위스에서 처음에는 폰 투르(von Tuhr)가 우리나라의 독자성 부정설과 같이, 소유

---

90) 참고로 1960년에 당시 이화여자대학교 교수이던 이영섭 전 대법원장이 이미 우리 민법상 물권변동의 요건으로서 채권계약과 등기 내지 인도 외에 별도로 물권행위를 인정할 필요가 없다고 주장하였다. 이영섭, "물권행위의 독자성", 법조, 제9권 제7호(1960), 25면 이하. 근래의 물권행위 부정설로는 명순구·김제완·김기창·박경신, 아듀 물권행위, 고려대학교 출판부(2006)가 있다.

권이전의 의사표시는 기본행위에 포함되어 있고, 등기신청은 단순한 절차법상의 의미만을 가진다고 주장하였으나, 굴(Guhl)이 폰 투르의 주장을 비판하면서 현재의 통설과 같이 등기 신청이 처분행위라는 견해를 주장하였고, 이것이 학설상 받아들여지게 되었다고 한다.[91]

　우리 법상으로는 동산의 경우에는 인도의 합의, 부동산의 경우에는 등기신청행위만이 물권행위에 해당하는 것으로 볼 수 있을 뿐, 그 외에는 물권행위라고 볼 만한 것을 찾을 수 없고, 민법 제186조에서 말하는 "법률행위"나 제188조에서 말하는 "양도"는 모두 채권행위라고 이해하여야 한다.[92] 물권행위를 이와 같이 이해한다면 물권행위 개념이 우리 민법상 반드시 핵심적이거나 중요한 개념이라고 하기는 어려우며, 다만 물권변동 과정을 설명하는 하나의 기술적 개념에 불과하다고 보아야 한다.[93]

　그럼에도 불구하고 위와 같은 물권행위 논쟁은 우리 민법학의 정체성을 찾으려는 하나의 노력으로 이해할 수 있고, 따라서 학설사적인 의의는 무시할 수 없다.

　한 가지 첨언할 것은, 부동산을 매수한 자가 그 목적물을 인도받은 경우에 매수인의 등기청구권이 소멸시효에 걸리는지 여부의 문제이다. 이 경우의 등기청구권을 물권적 청구권으로 구성하려는 주장은 등기청구권이 소멸시효에 걸리지 않는다고 함으로써 미등기 매수인을 보호하려는 것을 주로 염두에 두고 있다. 이 점에 관하여 대법원 1976. 11. 6. 선고 76다148 전원합의체 판결은, 매수인의 등기청구권은 채권적 청구권이지만, 부동산을 매수한 자가 그 목적물을 인도받은 경우에는 그 매수인의 등기청구권은 다른 채권과는 달리 소멸시효에 걸리지 않는다고 하였다.[94] 필자는 이 판결을 소멸시효 남용의 이론에 의하여 설명할 수 있다고 본다.[95]

---

91) 자세한 것은 윤진수(주 75), 299면 참조.
92) 윤진수(주 75), 271면 이하.
93) 윤진수, "물권행위 개념에 대한 새로운 접근", 민법논고 II, 박영사(2008), 362면(처음 발표: 민사법학, 제28호, 2005) 참조.
94) 다만 위 판결 가운데 대법관 2인의 별개의견은, 부동산의 매수인이 매도인에 대하여 가지는 등기청구권은 그 원인 행위인 채권행위로부터 발생한다고 볼 것이 아니라 당사자 사이에 그 목적 부동산의 소유권을 이전한다는 합의 즉 이른바 물권적 합의가 있어 이 합의로부터 당연히 소유권 이전등기청구권이 발생하고, 따라서 그 성질은 다분히 물권적인 것에 가까우므로, 등기청구권은 그 자체가 독립하여 소멸시효의 대상이 될 수 없는 것이라고 하였다.
95) 민법주해 III, 박영사(1992), 416-417면(윤진수).

5. 합유와 총유

가. 민법 제정과 김증한 교수

민법은 공동소유의 형태로서 공유, 합유 및 총유를 구별하고 있다(제262조 이하). 그런데 이는 정부 제출의 민법전 원안[96]에는 없던 내용으로서, 이것이 민법전에 포함되게 된 것은 민법안에 대한 학자들의 검토 결과인 『민법안의견서』에서 김증한 교수가 주장한 것[97]을, 이른바 현석호 수정안이 포함시켜 국회에 제출하였고, 이것이 받아들여진 것이다.[98]

정부가 제출한 민법전 원안은 공유에 관한 규정 외에 이른바 '합유'에 관하여 3개의 규정을 두었다(민법안 제262조~제264조). 이는 현행 민법상의 합유와는 달리 "어느 地域의 住民, 親族團體, 其他 慣習上 集合體로서 數人이 物件을 所有하는 때"를 의미하므로,[99] 오히려 현행 민법상의 총유에 가깝다. 그리고 조합의 소유형태에 관하여는 따로 규정을 두지 않았다.

그런데 『민법안의견서』에서 김증한 교수는, 원안의 「共有」라는 절명을 「共同所有」라고 바꾸고, 그 중에 공유, 합유, 총유의 3유형을 규정하여야 한다고 주장하였다. 여기서는 인적 결합관계를 법인, 비법인사단, 합수적 조합, 로마법상의 조합(societas)으로 나누고, 공동소유형태는 인적결합 형태의 물권법에의 반영이라고 한다. 그리하여 법인은 개인에 준하여 파악된 것이므로, 그 소유형태를 개인과 동일하게 단독소유로 파악하여 공동소유의 형태에서 제외시키고, 비법인 사단의 소유형태는 총유, 합수적 조합의 공동소유형태는 합유, 로마법상의 조합(지분적 조합)의 소유형태는 공유로 보아 공동소유형태를 3유형으로 분류하였다. 이러한 김증한 교수의 분류는 기본적으로 독일의 기르케(Gierke)의 연구에 근거한 것이다. 이러한 김증한 교수의 제안이 국회에서 대체로 받아들여져서 현행 민법의 공동소유에 관한 규정이 되었다. 다만 김증한 교수는 총칙편에 권리능력 없는

---

96) 국회에 제출된 안에서는 "民法(草案)"이라고 표기되어 있다.

97) 민사법연구회, 민법안의견서, 일조각(1958), 96-106면. 그런데 이 글은 원래 김증한 교수가 1950년에 발표한 논문을 바탕으로 하여 쓰여진 것이다. 김증한, "공동소유형태의 유형론", 법조협회잡지, 제2권 제3호(1950). 이는 민법논집(주 68), 211면 이하에도 게재되어 있다.

98) 그 경위에 대하여는 양창수, "공동소유", 민법연구, 제6권, 박영사(2001), 109면 이하(처음 발표: 한국민법이론의 발전: 이영준 박사 화갑기념논문집, 박영사, 1999); 김대정, "총유에 관한 민법규정의 개정방안", 중앙법학, 제14집 제4호(2012), 84면 이하.

99) 원안 제262조.

사단 또는 재단에 관하여는 법인에 관한 규정을 준용한다는 조문을 신설할 것을 제안하였으나, 이 제안은 받아들여지지 않았다.

나. 합유 규정에 대하여

민법이 합유 규정을 둔 것에 대하여는 커다란 이의가 제기되지 않았다. 다만 민법이 합유에 관한 제272조를 신설함으로 인하여, 조합의 사무집행에 관한 제706조 제2항과의 사이에 모순이 생긴다는 점은 일찍부터 지적되어 왔다. 제272조에 의하면 합유물의 처분 또는 변경을 위하여는 합유자 전원의 동의가 있어야 하는 반면, 제706조 제2항은 조합의 업무집행은 조합원의 과반수로써 결정하고, 업무집행자가 수인인 때에는 그 과반수로써 결정한다고 규정하고 있는데, 조합재산인 합유물의 처분 또는 변경은 조합의 업무집행에 해당할 것이기 때문이다. 이 문제에 관하여는 종래 여러 가지 견해가 주장되었으나, 어느 견해나 문제점이 있다.[100] 이는 기본적으로 조합에 관한 규정을 고려하지 않고 합유에 관한 규정을 추가하였기 때문에 생긴 오류라고 할 수 있다. 이 점에 관하여 김증한 교수는, 제272조는 반드시 조합재산에만 국한되지 아니한 합유 일반에 관한 규정이고, 제706조는 조합에만 국한된 특별규정이므로, 조합업무의 내용이 조합재산을 구성하는 물건의 처분 또는 변경인 때에는 조합원의 과반수로서 결정하는 것이 된다고 하였다.[101]

대법원 판례도, "민법 제272조에 따르면 합유물을 처분 또는 변경함에는 합유자 전원의 동의가 있어야 하나, 합유물 가운데서도 조합재산의 경우 그 처분·변경에 관한 행위는 조합의 특별사무에 해당하는 업무집행으로서, 이에 대하여는 특별한 사정이 없는 한 민법 제706조 제2항이 민법 제272조에 우선하여 적용되므로, 조합재산의 처분·변경은 업무집행자가 없는 경우에는 조합원의 과반수로 결정하고, 업무집행자가 수인 있는 경우에는 그 업무집행자의 과반수로써 결정하며, 업무집행자가 1인만 있는 경우에는 그 업무집행자가 단독으로 결정한다"고 하여,[102] 김증한 교수의 견해와 같다.

---

100) 상세한 것은 김학동, "조합론", 한국 민법학의 재정립(주 29), 496면 이하 참조.

101) 김증한, 채권각론, 박영사(1988), 306면 이하. 김증한 교수는 과거에는 조합재산의 처분이 조합의 업무집행이라고 인정될 수 없는 때에는 제272조에 의하여 조합원 전원의 합의를 요한다고 주장하였으나(김증한·안이준 편저, 신채권각론(하), 박영사, 1965, 501면), 의견을 바꾸었다.

102) 대법원 2010. 4. 29. 선고 2007다18911 판결. 이미 대법원 1998. 3. 13. 선고 95다30345 판결; 2000. 10. 10. 선고 2000다28506, 28513 판결이 같은 취지로 판시하였다.

2014년 법무부 민법개정위원회의 제706조 제2항 개정안은, "조합의 업무집행은 조합원이 공동으로 결정하여야 한다. 그러나 조합계약으로 조합원의 과반수로써 결정하도록 정할 수 있다. 업무집행자가 여러 명인 때에도 이와 같다."라고 함으로써 이러한 문제를 해결하려고 하였다.[103]

다. 총유 규정에 대한 비판

민법이 총유 규정을 둔 것에 대하여는 비판적인 의견이 많다.[104] 여기서는 서울대의 곽윤직 교수와 이호정 교수의 비판을 살펴본다.

곽윤직 교수는, 현대의 일부 농촌사회에서 아직도 찾아볼 수 있는 게르만의 촌락동동체에서와 같은 토지의 총유적 이용관계는 전근대적인 유물이며, 근대적 소유권의 개념으로서는 처리할 수 없는 이질적 분자를 포함하고 있고, 사회적으로도 장차 절멸할 운명에 있는 것이므로, 민법이 특별히 총유라는 공동소유형태에 관한 규정을 두고 있는 것은 그렇게 찬성할 만한 것은 못 된다고 한다. 또 권리능력 없는 사단과 같은 단체의 규율은 학설·판례에 일임되어 있으며, 되도록 사단법인에 준하여서 다루어져야 한다는 것이 통설인데, 이러한 단체는 민법상 어디까지나 예외에 속하고, 또한 그 태양도 반드시 일정하지 않으며, 상당히 다양하다고 한다. 그리하여 총유관계로서 규율되어야 할 법률관계에는 입회관계(入會關係) 즉 토지의 총유적 이용관계와 권리능력 없는 사단의 소유관계의 둘이 있으나, 전자는 점차로 없어져 가고 있으며 장차는 절멸할 운명의 것이고, 후자는 극히 다양성을 띠고 있어서 민법의 간단한 수개의 규정만에 의하여는 충분히 규율할 수도 없는 예외적인 경우에 지나지 않는다고 한다. 민법의 총유는 권리능력 없는 사단의 소유관계를 규율하기에는 너무나 불명확한 법률구성을 가지고 있어서, 과연 그 규율에 충분하다고 할 수 있을지 대단히 의심스럽다고 한다. 그리하여 민법이 총유에 관한 규정을 두고 있는 것의 의의가 크다고 하는 견해에는 찬동할 수 없으며, 구태여 의의를 찾는다면 그러한 것에까지 배려하고 있는 친절을 베풀고 있다는 점 또는 민법의 하나의 장식물에 지나지 않는다고 한다.[105]

이호정 교수는 우선 부동산의 소유관계에 관하여, 부동산등기법이 법인 아

---

103) 상세한 것은 윤진수, "공동소유에 관한 민법 개정안", 민사법학, 제68호(2014), 137면 이하 참조.
104) 그 소개는 양창수(주 98), 134면 이하 참조. 그 밖의 다른 비판론의 예로는 김대정(주 98), 93면 이하 참조.
105) 곽윤직, 물권법(주 81), 217-219면.

닌 사단이나 재단의 등기능력을 인정하고 있으므로, 권리능력 없는 사단에 관해서 부동산에 관한 한 권리능력이 인정되고 있다고 보는 것이 정확한 법해석이고, 따라서 권리능력 없는 사단의 부동산 소유관계를 총유로 파악하는 것은 타당성이 없고, 이 문제에 관한 한 총유규정의 실익은 찾아볼 수 없다고 한다. 그리고 권리능력 없는 사단의 동산의 취득에 관하여는, 권리능력 없는 사단의 전 사원이 매수인으로 나서서 직접 동산의 매매계약을 체결하는 방법이 있으나, 이는 사원의 수가 많을 때에는 이용할 수 없다고 한다. 그리고 대표자를 통한 동산소유권 취득의 방법에 관하여는 사원 전원의 이름을 명시하여야 한다면, 대표자에 의한 동산소유권의 취득은 매우 어려워질 것이므로, 이러한 곤란을 덜어주기 위하여 권리능력 없는 사단의 대표자가 사단의 이름으로 법률행위를 한 경우에는 그때그때(즉 법률행위 당시)의 사원 전원의 이름으로 법률행위를 한 것으로 해(解)할 수 있다는 이론이 학자들에 의하여 주장되고 있다. 이러한 견해에 따를 때에는 권리능력 없는 사단은 사단법인에서와 같은 형식으로 대표자를 통하여 동산소유권을 취득할 수 있으므로, 이 문제에 관한 한 실질적으로 사단법인과 권리능력 없는 사단의 차이는 사라지게 된다고 한다. 그리고 동산소유권의 관리의 문제에 관하여도 실제로 사단법인이냐 권리능력 없는 사단이냐에 따라 실질적인 차이는 존재하지 않는다고 한다.

다른 한편 총유는 중세 독일의 촌락공동체 또는 마르크공동체라는 지역공동체의 공동소유형식이므로 우리나라에도 일본의 입회권(入會權)과 유사한 권리가 존재하거나, 촌락의 주민 전체가 집합체로서 권리를 보유하는 경우에는 총유제도가 크게 활용될 수 있고, 이 한도에서 총유제도의 존재가치는 긍정되어야 한다고 한다. 그러나 지역단체의 공동소유형태인 총유의 법리를 문중·종중과 같은 혈연단체의 소유관계에 적용하는 것의 타당성은 의문이라고 한다. 이러한 총유제도에 의한 해결은 우리나라의 문중·종중의 현실태의 요구에 부합하는 해결방안은 아니라고 한다.

결국 현대적인 권리능력 없는 사단의 사회학적 실체와 사단법인의 그것 사이에는 거의 실질적인 차이는 없고, 현대적인 권리능력 없는 사단의 소유관계를 전근대적인 총유제도로 일률적으로 파악하는 것은 잘못이라고 한다. 실제로도 대부분의 경우 권리능력 없는 사단의 소유관계는 민법 제276조에 따라 처리되지 않고, 제275조 제2항에 의하여 사단의 정관이나 규약에 의하여 처리되고 있을 것인데, 그렇다면 사단법인의 경우와 같아지게 되고, 이것이 총유제도의 효용성에 대하여 의문을 품게 하는 중요한 근거라고 한다.106)

라. 소   결

민법이 공동소유의 형태로서 공유와 합유 외에 총유를 규정한 것은 다른 나라의 입법례에서는 찾아볼 수 없는 독창적인 것이고, 이는 김증한 교수의 연구로 인한 것이다. 그런데 앞에서 살펴본 것처럼, 특히 총유에 대하여는 비판이 많다. 그 하나는 전근대적인 총유의 이론으로 법인 아닌 사단을 규율하는 것이 시대착오적이라는 것이고, 다른 하나는 민법의 총유 규정으로는 다양한 법인 아닌 사단을 규율하기에 불충분하다는 것이다. 근래에는 법인 아닌 사단에게도 권리능력을 인정하여야 하므로, 이와 모순되는 총유규정은 삭제하여야 한다는 주장도 제기되고 있다.107)

생각건대 김증한 교수의 총유 이론이 마르크 공동체라는 게르만적 촌락공동체에 관한 학설을 법인 아닌 사단 전체에 관하여 일반화한 것이라는 점, 그리고 법인 아닌 사단에 관하여는 민법의 총유 규정 외에 좀더 세밀한 규율이 필요하다는 점은 수긍할 수 있다.108) 그러나 그렇다고 하여 현단계에서 총유규정 자체를 폐지할 수는 없다. 민법에 법인 아닌 사단에 관한 규정을 두지 않는다면 몰라도, 이에 관한 규정을 둔다면, 그 소유 형태에 관하여 규정하지 않을 수 없기 때문이다.109) 그리고 법인 아닌 사단의 권리능력을 전면적으로 인정하자는 주장 또한 현단계에서는 받아들이기 어렵다. 민법상 비영리법인이 성립하기 위하여는 주무관청의 허가(개정안에서는 인가)를 받아 등기를 하여야 한다(제32조, 제33조). 그런데 법인 아닌 사단에게도 권리능력을 인정한다면, 구태여 주무관청의 허가를 받을 필요가 없게 되고, 주무관청의 감독도 불가능하게 되므로, 결과적으로 민법이 법인 설립을 위하여 주무관청의 허가를 받도록 하는 것은 거의 의미가 없게 된다. 결국 법인의 설립에 관하여 허가주의 또는 인가주의를 버리고 자유설

---

106) 이호정, "우리 민법상의 공동소유제도에 대한 약간의 의문", 서울대학교 법학, 제24권 제2·3호 (1983), 102면 이하.

107) 간단한 소개는 윤진수(주 103), 154면 이하 참조.

108) 법무부가 2011년 제18대 국회에 제출한 민법개정안은 법인 아닌 사단에 대하여 규정을 두고 있었으나(제38조의2, 제38조의3), 이 개정안은 제18대 국회의 임기 만료로 폐기되었다. 법무부가 2014년 제19대 국회에 제출한 민법개정안에는 이 내용이 포함되어 있지 않았다.

109) 임상혁, "법인이 아닌 사단의 민사법상 지위에 관한 고찰", 서울대학교 법학, 제54권 제3호 (2013), 200면 참조.

립주의 또는 준칙주의로 나아가지 않는 이상, 법인 아닌 사단의 독자적인 권리능력을 인정하는 것은 법체계적으로 곤란한 문제를 야기한다. 또한 민법상의 총유 규정은 법인 아닌 사단의 소유관계에 대하여 필요한 최소한의 내용을 담고 있어서, 그 자체로 문제가 있다고는 보이지 않는다.110)

　법무부 민법개정위원회의 개정안 작성 과정에서도 총유 규정을 삭제하자는 주장이 개진되었으나, 위원회는 위와 같은 점들을 고려하여 총유 규정을 그대로 존치하기로 하였다.111)

6. 채무불이행의 유형으로서의 이행거절

가. 양창수 교수의 주장

　양창수 교수는 1995년에 이행거절을 독자적인 채무불이행의 유형으로서 인정하여야 한다고 주장하였다.112) 즉 종래 채무불이행의 유형을 이행지체·이행불능·불완전이행으로 폐쇄적으로 3분하는 것(채무불이행의 객관적 유형의 폐쇄적 3분론)에 대하여 이의를 제기하면서, 이행거절을 독자적인 채무불이행의 유형으로 인정하여야 한다는 것이다.

　여기서는 이행거절을 독자적인 채무불이행의 유형으로 인정하고 있는 다른 나라들이나 유엔 통일국제동산매매법의 규정을 소개한 다음, 우리 민법전 자체에도 이행거절을 독자적인 불이행유형으로 파악하는 데 실정법적인 단서가 될 만한 명문의 규정이 전혀 없지 않다고 하면서, 민법 제544조 단서, 제460조 등을 들고 있다. 그리고 종래의 판례도 이행거절을 이유로 하는 손해배상책임이나 계약 해제를 인정하고 있다고 한다. 그리하여 판례의 준칙을 요약하면, 부동산매매와 같은 쌍무계약에서도 그 당사자 일방(채무자)이 계약을 이행하지 아니할 의도를 명백히 밝힌 경우에는 상대방(채권자)은 자신의 반대채무에 관하여 이행제공을 하거나 또는 민법 제544조에서 정하는 이행최고를 할 필요 없이 바로 그 계약

110) 양창수(주 98), 142면은, 민법의 총유 규정이 불충분하고 불명확하다고 하더라도 이를 충분하고도 명확한 내용을 갖추도록 전개 또는 계속형성하여 갈 수 있는 실정법상의 기초가 마련되었다고 평가한다.
111) 상세한 것은 윤진수(주 103), 150면 이하 참조.
112) 민법주해 IX, 박영사(1995), 311면 이하(양창수). 양 교수는 이 내용을 독립적인 논문으로도 발간하였다. 양창수, "독자적인 채무불이행유형으로서의 이행거절", 민법학논총·제이: 곽윤직 박사 고희기념논문집, 박영사(1995), 162면 이하(양창수, 민법연구, 제4권, 1997, 121면 이하에도 재수록).

을 해제할 수 있다고 하는 것이라고 한다. 그리고 이는 그 이행거절이 이행기 도
래 전이든 후이든 관계가 없다고 한다. 그리고 이러한 판례준칙상의 법률효과는
원래 쌍무계약상 채무의 이행불능에 대하여 인정되는 것이고, 이행거절로 인하
여 채권자가 반대채무에 관한 이행제공이나 이행최고 없이 채무자가 일단 이행
지체에 빠진다는 논리고리를 끼워넣고 이를 이유로 계약을 해제할 수 있게 된다
고 하지는 않는다고 한다.

그리하여 채무자 스스로에 의하여 초래된 (이행거절로 인한) 이행장애는 이행
불능과는 엄격하게 구별되어야 한다고 하여도, 임의이행의 불실현이라는 점에서
는 돌이킬 수 없는 최종적인 것으로서 그 한도에서 이행불능(그 중에서 주관적 불
능)과 유사성을 가진다고 한다. 그리고 그 법률효과에 있어서도 그 상대방에게는
그 채무가 이행불능이 된 것과 같은 구제수단이 부여되어도 좋을 것이라고 한다.
이러한 이행거절은 채무의 이행이 불능이라고는 할 수 없으므로 이행불능과는
구별되고, 이행기가 도래하기 전에 이미 이행지체를 인정할 수 없으므로, 이행거
절의 사실만으로 이행지체를 인정하는 데에는 상당한 무리가 따르며, 이행거절
에서는 급부가 행하여지지 않으므로 이를 불완전급부라고 할 수도 없다고 한다.
한편 이행거절은 부수의무의 위반으로 볼 수 있다고 할지도 모르지만, 부수의무
의 위반은 일반적으로 계약해제권을 발생시키지는 않는다고 이해되고 있으며,
부수의무위반의 경우에 채무자는 급부목적의 달성을 위하여 하여야 할 또는 하
여서는 안 될 행태를 하지 아니하거나 하는 것이고, 급부의 실행 그 자체는 애초
문제로도 되지 않는 데 반하여, 이행거절에 있어서는 급부의 실현 바로 그것이
거부되고 있다고 한다.

거래의 실제를 보더라도 이행거절은 이를 독자적인 불이행유형으로 파악하
여 거기에 바로 불이행책임을 인정할 필요가 어렵지 않게 인정될 수 있다고 한
다. 즉 상대방으로부터 일정한 물품을 구입하는 사람은 많은 경우에 상대방의 적
합한 이행을 전제로 여러 가지 재산적 계획을 수립하는데, 상대방이 이행기가 되
기 전에 이미 그 이행을 거절한다면, 그러한 재산적 계획의 달성이 바로 위태롭
게 되는데, 상대방의 그 거절의사가 확고한 것이라면 바로 계약을 해제하여 선택
의 자유를 다시 확보한 후에 다른 곳으로부터 동일한 물품을 구입함으로써 원래
의 재산계획을 실현하는 것이 합리적인 대처방안이라고 한다.

물론 이행거절이 고유한 의미를 가지는 것은 주로 그것이 이행기 전에 있는

경우이고, 이행기 후의 이행거절은 많은 경우에 이행지체에 관한 규정들을 합목적적으로 해석하여 이행불능의 법리에 근접시킴으로써 적절하게 처리될 수도 있지만, 일단 이행거절이 독자적인 불이행유형으로 인정되는 경우에는, 이러한 내부세공은 불필요하고, 단적으로 이행거절의 법리로써 처리할 수 있고 또 그렇게 하여야 한다고 주장한다.[113]

나. 그 후의 논의

이 이후에 판례는 특히 이행기 전의 이행거절이 있으면 이행기가 도래하기 전에도 채권자가 계약을 해제하고 손해배상을 청구할 수 있다고 보고 있는데, 이는 위와 같은 주장의 영향을 받은 것으로 이해된다.

사실 위 학설이 주장되기 전에 선고된 대법원 1993. 6. 25. 선고 93다11821 판결도, 부동산 매도인이 중도금의 수령을 거절하였을 뿐만 아니라 계약을 이행하지 아니할 의사를 명백히 표시한 경우 매수인은 신의성실의 원칙상 소유권이전등기의무 이행기일까지 기다릴 필요 없이 이를 이유로 매매계약을 해제할 수 있다고 하였다. 그러나 이 판결은 이행기 전의 이행거절 그 자체를 채무불이행으로 파악한 것이라기보다는 매도인의 중도금 수령거절을 채권자지체로 파악하고, 채권자지체의 효과로서 계약 해제를 인정한 것으로 보인다.[114]

그런데 대법원 2005. 8. 19. 선고 2004다53173 판결은 일반론으로서, "계약상 채무자가 계약을 이행하지 아니할 의사를 명백히 표시한 경우에 채권자는 신의성실의 원칙상 이행기 전이라도 이행의 최고 없이 채무자의 이행거절을 이유로 계약을 해제하거나 채무자를 상대로 손해배상을 청구할 수 있고, 채무자가 계약을 이행하지 아니할 의사를 명백히 표시하였는지 여부는 계약 이행에 관한 당사자의 행동과 계약 전후의 구체적인 사정 등을 종합적으로 살펴서 판단하여야 한다"고 판시하였다. 이 사건에서는 피고가 원고 소유의 부동산에 관하여 원고와의 통정허위표시에 의하여 자기 명의로 근저당권 설정등기를 마친 것을 제3자에게 이전하여 주어, 결국 원고가 소유권을 상실하게 된 데 대한 보상을 위하여 위 토지를 2006년까지 원고에게 매입하여 주기로 하는 이행각서를 작성하고서도,

---

113) 양창수 교수는 2015년에 발표한 논문에서도 이러한 입장을 재확인하면서, 판례를 분석하였다. 양창수, "독자적인 채무불이행유형으로서의 이행거절 재론", 법조(2015. 1), 5면 이하.
114) 위 판결에 대한 재판연구관의 해설인 이성룡, "부동산의 매도인이 중도금의 수령을 거절할 뿐더러 계약을 이행하지 아니할 의사가 명백한 경우, 매수인의 해제권의 유무", 대법원판례해설, 제19호(1993), 122면 이하 참조.

위 각서가 무효라고 주장하면서 피고 소유의 유일한 부동산을 제3자에게 처분하
였다. 이 사건에서는 채무자의 수령지체 내지 채권자지체는 문제될 여지가 없었
으므로, 이 판결은 이행기 전의 이행거절을 독자적인 채무불이행으로 파악한 것
이라고 할 수 있다.

   이어서 대법원 2007. 9. 20. 선고 2005다63337 판결은 위 2004다53173 판결
의 태도를 재확인하면서, 채무자의 이행거절로 인한 채무불이행에서의 손해액
산정은, 채무자가 이행거절의 의사를 명백히 표시하여 최고 없이 계약의 해제나
손해배상을 청구할 수 있는 경우에는, 이행거절 당시의 급부목적물의 시가를 표
준으로 해야 할 것이라고 하였다. 그리고 대법원 2009. 3. 12. 선고 2008다29635
판결은, 이행거절이 이행지체 등과 대등하게 채무불이행의 한 유형으로서 민법
제390조에 기하여 손해배상청구권 등을 발생시키는 요건이라고 하면서 위 대법
원 2005. 8. 19. 선고 2004다53173 판결을 선례로 들고 있다.115)

   학설상으로도 특히 이행기 전의 이행거절은 독립된 채무불이행의 한 유형으
로 파악하는 견해가 많은 것으로 보인다.116) 그러나 이를 독립된 채무불이행의
유형이라기보다는 이행지체의 하부유형으로 파악하여야 한다는 견해도 있다.117)

다. 소   결

   이행기 전의 이행거절이 있으면 그에 대하여 채권자의 계약해제권이나 손해
배상을 인정할 필요성은 부정할 수 없다. 이는 이행불능이나 이행지체 또는 불완
전이행 등 종래 인정되었던 채무불이행의 유형과는 구별되므로, 이를 독립된 채
무불이행의 한 유형으로 인정할 필요성이 있다. 다만 이행기 도래 후의 이행거절
도 이행기 전의 이행거절과 마찬가지로 보아 독립된 채무불이행의 유형에 포함
시키는 것은 큰 실익이 없다고 여겨진다.

   양창수 교수는 종래 잘 인식되지 않고 있던 이행거절의 문제를 독립된 채무
불이행의 유형으로 파악하여야 한다고 주장하여, 그 후의 판례와 학설상의 논의
를 이끌어냈다는 점에서 매우 중요한 의의를 가진다.

---

115) 양창수 교수가 위 판결의 주심 대법관이었다.
116) 김상용, "이행거절의 법적처리에 관한 비교고찰", 법학연구, 제20권 제1호(연세대학교 법학연구
    원, 2010), 1면 이하; 성승현, "이행기 전의 이행거절과 민법 제544조 단서", 법조(2004. 4), 127
    면 이하; 위계찬, "채무불이행의 독자적 유형으로서 이행거절", 한양법학, 제24권 제1집(2013),
    399면 이하 등.
117) 지원림, "채무불이행의 유형에 관한 연구", 민사법학, 제15호(1997), 399-400면 등.

법무부 민법개정위원회가 2012년과 2013년에 마련한 민법개정안은 제395조 제2항에서 "채무자가 미리 이행하지 아니할 의사를 표시한 경우에는 채권자는 이행기 전에도 이행에 갈음하는 손해배상을 청구할 수 있다"고 규정하고, 제544조 제3항은 "채무의 이행이 불능한 경우 또는 채무자가 미리 이행하지 아니할 의사를 표시하거나 이행기가 도래하더라도 채무가 이행되지 아니할 것이 명백한 경우에는 채권자는 이행기 전에도 계약을 해제할 수 있다"고 규정하여, 이행기 전의 이행거절을 규율하고 있다.[118]

7. 사실적 계약관계론

최종길 교수는 1963년에 독일에서 주장되고 있던 사실적 계약관계 이론을 국내에도 도입할 필요가 있다고 국내에서는 처음으로 주장하였다.[119] 사실적 계약관계 이론이란, 의사표시의 합치가 없거나, 의사표시가 무효 또는 취소되더라도, 일정한 사실상의 행위 내지 용태가 있으면 그로써 계약관계가 성립하는 것으로 보아야 한다는 이론이다. 최종길 교수 이후에 이 이론의 타당성 여부를 둘러싸고 국내에서도 활발한 토론이 벌어졌는데,[120] 서울대 교수 가운데에도 곽윤직 교수는 이를 지지하였고,[121] 이호정 교수는 이에 반대하였다.[122]

가. 독일의 사실적 계약관계이론[123]

독일의 사실적 계약관계이론은 하우프트(Haupt)가 1941년에 주장한 데에서 비롯되었다. 원래 하우프트가 주장했던 사실적 계약관계이론은 다음의 3가지 경

---

118) 이에 대하여는 김재형, "채무불이행으로 인한 손해배상에 관한 민법개정안", 민사법학, 제65호 (2013), 605면 이하; 김재형, "계약의 해제·해지, 위험부담, 사정변경에 관한 민법개정안", 서울대학교 법학, 제55권 제4호(2014), 9면 이하 참조.

119) 최종길, "사실적계약관계에 관한 약간의 고찰 — 법률행위의 무효·취소의 제한이론을 중심으로", 서울대학교 법학, 제5권 제1호(1963), 40면 이하{최종길 교수의 민법학 연구(주 18), 462면 이하에 재수록}.

120) 국내 문헌의 소개는 최광준, "1963년 이후 사실적 계약관계론에 대한 회고", 한국민법이론의 발전: 이영준 박사 화갑기념논문집, 박영사(1999), 773면 이하 참조.

121) 곽윤직, 채권각론(상), 법문사(1967), 77면 이하; 곽윤직, "계약없이 성립하는 계약관계 — 이른바 사실적 계약관계론 —", 사법행정, 제10권 제1호(1969), 16면 이하.

122) 이호정, "사회정형적 행위론의 연구 (其一) (其二)", 경제논집, 제13권 제1호(서울대학교 경제연구소, 1974), 114면 이하; 제13권 제2호(1974), 58면 이하. 이 두 논문이 "독일의 사회정형적 행위론의 연구", 서울대학교 법학박사학위논문(1975)이 되었다.

123) 상세한 것은 이호정, "사회정형적 행위론의 연구 (其二)"(주 122), 58면 이하 참조.

우에 관한 것이었다.

첫째, 계약의 원시적 불능과 같은 계약체결상의 과실이나 호의동승 또는 임대차의 묵시적 갱신과 같이 당사자 사이에서 계약의 체결 또는 법률관계의 성립을 의욕한 일이 없음에도 불구하고 어떤 사회적 접촉이 있은 경우에 그 사회적 접촉이라는 사실만에 의하여 계약관계 유사의 법률관계를 인정한다는 것이다.

둘째, 조합이나 근로계약과 같은 공동체관계에 가입하는 경우에 그 계약이 무효이거나 취소되더라도 그 무효 또는 취소는 장래에 향하여서만 효력을 발생하고, 무효의 주장 또는 취소가 있기까지의 기왕의 법률관계는 유효하게 존속하는 것으로 함이 상당한 것으로 인정되고 있는데, 이와 같이 계약의 실효에도 불구하고 유효하게 존속하는 사실상의 조합 또는 사실상의 근로관계를 사실적 계약관계의 이론으로 설명하고자 한다.

셋째, 교통기관, 통신시설의 이용이나 전기, 수도, 가스 등의 공급, 텔레비전, 라디오의 시청, 주차장의 이용 등과 같이 대량적 또는 집단적으로 이루어지는 국민생활에 필수적인 이용관계 또는 공급관계에 있어서는, 공급자와 수요자 사이에 청약과 승낙의 의사표시의 합치에 따른 계약체결이 없으므로, 공급자측의 급여의무[124]와 수요자측의 이용이라는 사실행위에 의하여 이용관계 또는 공급관계가 형성된다고 보고, 이를 사실적 계약관계라고 한다.

그런데 첫 번째의 사회적 접촉에 의하여 사실적 계약관계가 성립한다는 주장은 독일에서도 지지자가 없었으므로, 이는 잊혀진 이론이 되었다. 그리고 사실상의 조합이나 사실상의 근로관계는 소급효를 부정하는 해지이론으로 해결할 수 있다는 반론이 지배적이었다. 그리하여 독일에서의 논의는 주로 사회적 급여의무에 의한 대량적인 계약관계에 집중되었다. 라렌쯔(Larenz)는 이와 같은 법률관계에서 수요자가 급부를 이용하는 행위를 사회정형적 행위라고 하여 승낙이나 의사실현과는 다른 또 하나의 계약성립요소로 보고, 다만 여기에서는 사실 그 자체가 아니라 그것의 사회정형적인 의미가 법률적 중요성을 가진다는 점에서 사실적 계약관계론과는 구별된다고 하였으나, 이 또한 사실적 계약관계론에 포함시킬 수 있다.

---

124) 통상 채권의 내용이 되는 채무자의 특정한 행위를 가리켜 급부라고 하는 것이 일반적인 용례이다. 그런데 급부(給付)라는 용어는 일본민법이 쓰고 있고, 민법은 급부 대신 급여(給與)라는 용어를 사용한다. 제451조 제1항, 제466조, 제478조, 제746조 등. 윤진수, "부당이득법의 경제적 분석", 서울대학교 법학, 제55권 제3호(2014), 108-109면 참조.

나. 최종길 교수의 견해

최종길 교수는 앞에서 언급한 세 번째의 경우, 즉 집단적 계약의 분야에서는 사실적 계약관계론을 인정할 수 있다고 하였다.[125] 우선 사실적 계약관계설은 현행법에 그 직접적인 근거를 두고 있는 것이 아닐 뿐만 아니라 또 필연적으로 종래의 계약이론에 대한 본질적인 변경을 의미하는 것이므로 신중히 다룰 문제이지만, 계약의 당사자를 대등한 인격자로 보며 그들의 생활관계를 자유의사에 기하여 결정케 할 것이라는 계약 자유의 원칙이 중심적 요소가 되는 종래의 계약 내지 법률행위 이론이 특수한 생활관계를 규율함에 벌써 고수될 수 없는 이론임이 밝혀질 때에는, 새로운 법원칙을 통하여 이를 보정 또는 대치하여야 할 것은 법발전의 당연한 귀결이라고 한다. 그러므로 종래의 계약이론을 수정하려는 사실적 계약관계설이 실제적 생활관념에도 합당하며 또 이를 인정할 실제적 근거가 충분히 있다면 이 새로운 이론을 우리 민법의 이론으로도 인정하여 무방하다고 한다. 그리하여 운송시설의 이용 가운데 버스의 승차행위를 예로서 인용하고 있다. 이러한 집단적 거래의 영역에 있어서는 당사자에게 그 자유 의사에 기한 법률관계의 형성가능성이 박탈되어 있으므로 계약자유의 원칙이 적용될 여지가 없고, 따라서 이 분야에 있어서는 계약 일반론 및 법률행위의 중심적 요소인 의사표시에 관한 이론은 이미 그 중요성을 상실하고 있다고 한다. 또한 집단적 거래관계의 실제를 보아도, 구체적인 각 경우에 이용자의 의사의 흠결 및 하자 또는 행위능력의 제한 등의 이유로 이용행위가 무효 혹은 취소되는 것이 허용된다면, 신속원활한 거래관계의 형성을 생명으로 하는 집단적 거래관계는 파탄을 면치 못하며 또 실제적으로 심히 부당한 결과가 될 것이므로, 공기업이용관계와 같은 집단적 생활관계에 있어서는 의사의 흠결 및 하자 또는 행위능력의 제한에 관한 민법의 제규정의 적용을 배제하려는 것에 목적을 두고 있는 사실적 계약관계설은 집단적 거래관계의 실태를 가장 올바르게 파악하고 있을 뿐만 아니라, 그 정책적 또는 실제적 근거가 충분히 있는 것이라고 한다.

사실적 계약관계설을 부인하려는 독일의 학자는 한결같이 집단적 계약의 분야에 있어도 당사자의 의사의 합치를 의미하는 청약과 승낙에 의하여 계약이 체결되는 것이라는 이론을 고집하지만, 이용자가 유상주차장임을 알지 못하고 주

---

125) 최종길(주 119), 47면 이하.

차를 하는 것과 같이 외형적인 행위에 의하여 추단되는 내심의 의사가 전혀 결여되어 있거나, 독일판례에 있어서와 같이 이용자가 사전에 명시적인 의사표시로써 주차장 이용계약의 체결을 부인하는 반대 견해를 표명했을 때에는 묵시 또는 추단행위에 의한 계약이 성립되었다고는 볼 수 없다고 한다.126) 사실적 계약관계설에 의하면 계약은 사실적인 이용제공과 사실적인 이용이라는 사회유형적 의미를 가진 두 개의 부합되는 사실에 기하여 당사자의 구체적인 내심의 의사여부와는 관계없이 성립되는 것이므로, 의사의 흠결 및 하자에 관한 민법의 제규정은 적용될 여지가 없다고 한다.

그리고 공기업이용관계에 있어서 무능력자보호에 관한 민법의 제규정이 적용되느냐에 관하여는, 사실적 계약관계설에 의하면 공기업이용자의 행위능력의 유무와는 관계없이 계약이 성립되는 것으로 보기 때문에 무능력자 보호에 관한 규정은 적용되지 않는다고 한다. 이용자 개인의 행위능력이 없음을 이유로 개개의 경우 이를 취소할 수 있다면 집단적인 경제거래관계의 긴밀한 결합은 파탄을 가져오고 현저히 부당한 결과가 되며, 따라서 집단적 거래관계에 있어서는 무능력자 개인을 보호할 이익보다 일반거래의 안전을 보호할 이익이 앞서는 것이므로 무능력자보호에 관한 민법의 제규정은 적용되지 않는 것이라고 봄이 결과적으로 타당하다고 한다. 다만 사실적 계약관계를 인정하는 것이 공서양속 또는 강행법규에 위반될 때에는 사실적 계약관계설을 적용할 것이 아니라고 한다.

반면 계속적 계약의 경우에는 사실적 계약관계의 이론을 부정한다.127) 즉 이미 이행실현된 계속적 계약관계 특히 사실상의 조합, 사실적 노동관계, 사실적 임대차관계는 그 계약 자체에 하자가 있는 경우에도 원칙적으로 무효·취소의 일반법리에 의하여 소급적으로 실효케 할 수 없다는 원칙에는 판례·통설의 견해가 대체로 일치하나 다만 그 결과에 이르는 방법에 차이가 있다고 한다. 그런데 사실적 계약관계설은 확실히 이론으로서는 간명하고 철저하지만, 하자 있는 계약을 전제로 하지 않고 당사자의 합의가 전연 없는 사실관계까지도 이를 보호하는 것은 너무나 지나친 감이 있다고 한다. 특히 사실적 관계의 모든 경우를 일률적으로 유효한 법적 관계로 보며 이에 하등의 예외를 인정치 않을 때에는 실

---

126) 독일 연방대법원 1956. 7. 14. 판결, BGHZ 21, 319은, 어떤 자동차소유자가 유료주차장에 자동차를 주차하면서, 감시원에게 그 차를 감시할 필요가 없고 주차료도 지급하지 않겠다는 의사를 명백히 밝힌 경우에 대하여, 유료주차장에 주차하였다는 사실로부터 계약관계가 발생하였으며, 따라서 자동차 소유자는 주차료를 지급하여야 한다고 판결하였다.

127) 최종길(주 119), 61면 이하.

제적으로 심히 부당한 결과가 될 수 있다고 하면서, 사실적 관계가 현저히 공공
의 이익에 위배되거나 혹은 예컨대 미성년자의 이익을 위해서는 경우에 따라서
이미 실현된 사실적 계약관계라 할지라도 이를 소급적으로 실효케 해야 될 부득
이한 예외를 인정할 필요가 있을 것이기 때문이라는 것이다.

다. 곽윤직 교수의 견해

반면 곽윤직 교수는 집단거래와 계속적 계약관계에서 모두 사실적 계약관계
이론을 긍정한다. 우선 집단거래에 관하여는 다음과 같이 설명한다. "인류문화의
향상과 대도시로의 인구집중은 근대사법의 제정 당시에 예견하지 못한 복잡한
문제를 제기한다. 집단계약 내지 생존배려의 급부관계는 바로 그러한 것의 한 예
라 하겠다. 물론 이러한 경우에 관하여서도 종래의 계약이론이나 의사표시이론
으로 이를 전혀 규율할 수 없고 이론구성이 불가능한 것은 아니다. 그러나 그러
한 종래의 이론을 가지고 타당하게 규율할 수 없는 때에는 우리는 모름지기 종
래의 이론을 버리고 새로운 이론을 추구한다는 것이 필요할 것이다. 생존배려의
급부관계는 개인의 문제가 아니라 사회 내지 공동체의 문제이다. 공동체의 이익
앞에 개개인의 이익은 후퇴하여야 하며, 개인의 이익을 위주로 하여 발달해 온
종래의 법률행위이론이나 무능력제도는 일정한 한도에서 제한을 받아 마땅할 것
이다. 이러한 이유로 나는 모든 법률관계를 전통적인 계약이론으로 해결하려고
할 때에 빠지기 쉬운 기교적인 설명을 피하여 우리의 생활관계를 직시하는 이론
구성을 취하는 사실적계약관계론을 인정하고 싶다. 또한 그러함으로써 이른바
생존배려의 급부관계는 신속・원활하게 규율될 수 있을 것이다."[128]

그리고 계속적 계약관계에 관하여는 다음과 같이 설명한다. 즉 계속적 계약
에 기한 채무를 당사자가 이행하기 전에 무효・취소된 경우에 계약을 소급적으
로 실효케 하더라도 아무런 문제는 없지만, 예컨대 고용계약에 의하여 노무를 이
미 제공하고 있는 경우, 또는 조합계약에 의하여 조합이 이미 그 활동을 시작한
후에 계약에 흠이 있다 하여 소급적으로 실효케 한다면, 당사자 사이에서는 부당
이득에 기한 반환청구권을 기초로 하여 결제하게 되나, 많은 경우에 실제에 있어
서는 그러한 결제가 부적당하거나 또는 불가능하게 된다고 한다. 뿐만 아니라 당

---

128) 곽윤직, 채권각론(상)(주 121), 82-83면. 곽윤직, "계약없이 성립하는 계약관계"(주 121), 19면의
  서술도 이와 마찬가지이다.

사자 사이에 유효한 계약이 성립한 것으로 믿고 이를 기정사실로 삼아 그 위에 새로운 이해관계를 맺은 제삼자에 대한 영향도 크다는 것이다. 만일에 이 경우에 당사자 사이에는 사실적 행위에 의하여 계약이 성립한 것으로 보고 무효·취소의 소급효를 제한하거나 부인한다면 그러한 부당한 결과는 이를 피할 수 있게 될 것이라고 한다. 그러나 이 사실적 계약관계론을 모든 계속적 채권관계에 적용하려는 것은 아니라고 하면서, 근로계약이 갖는 중요성, 그리고 조합계약이 하나의 단체를 창조하는 의미를 갖는다는 점, 그리고 임대차 가운데서도 특히 부동산임대차의 중요성에 비추어 이들에 관하여서도 사실적 계약관계론을 인정하는 것이 옳은 줄로 믿는다고 한다.129)

라. 이호정 교수의 견해

이호정 교수는 독일에서의 논의를 라렌쯔가 말하는 사회정형적 행위, 즉 사회적 급부의무에 기한 사실적 계약관계이론에 한정하여, 이 이론을 비판하였다.130)

이호정 교수는 우선 하우프트, 라렌쯔 등이 대량거래의 특수성을 지적하고, 이 문제에 관한 종래의 법률행위제도의 해결능력에 의문을 제기함으로써 법률행위이론에 대하여 반성의 기회를 부여하고 법률행위이론의 발전적 형성·재정비·정밀화의 계기를 부여한 공적은 높이 평가되어야 한다고 본다. 그러나 사회정형적 행위론은 체계파괴의 위험을 내포하고 있는데, 사회정형적 행위론과 그 반대설은 행위능력의 문제를 제외하고서는 실제적 결과에 있어서 차이가 없으므로, 양 입장의 대립은 실은 크게 이론구성상의 대립이라고 한다. 그렇지만 법률학의 임무는 법률문제의 적절한 해결을 가능케 해주는 이론을 발전시키는 데 그치는 것이 아니라, 체계형성(Systembildung)도 적정한 결과의 보장에 못지 않은 과제인데, 종래의 사법체계와 사법이론이 그 수정 내지는 발전적 형성을 통하여 대량거래의 현상을 적절히 규율할 수 있다면, 종래의 사법의 체계와 이론을 존중하

---

129) 곽윤직, "계약없이 성립하는 계약관계"(주 121), 19-20면. 채권각론(상)(주 121), 83-84면도 참조. 그러나 채권각론, 재전정판, 박영사(1984), 81면은, 묵시의 의사표시 추정이 부자연스럽고 부당이득의 법리로 처리하는 것도 부적절한 때에는 사실적 계약관계를 도입하는 것도 하나의 방법일 것이라고 하면서도, 그러한 처리를 위한 법기술적 개념으로서 사실적 계약관계가 적절한지의 여부, 어디까지 이 개념을 사용할 것인지 등의 문제는 앞으로 사법학이 연구·검토할 과제라고 한다. 이러한 서술은 채권각론, 제6판, 박영사(2003), 52면까지 유지되고 있다.

130) 이호정, "사회정형적 행위론의 연구 (其一)"(주 122), 120면 참조.

는 것이 체계사상(Systemdenken)에 충실하고, 이러한 의미에서 사회정형적 행위론을 거부하는 다수 학자들의 견해에 가담하고 싶다고 한다. 또한 사실(Faktum) 내지는 어떤 행위의 사회정형성(Sozialtypik)은 법률행위의 해석의 중요한 기준으로는 인정할 수 있지만, 그 자체가 채권관계 성립원인으로서의 규범적 효력을 가지고 있다고는 할 수 없고, 따라서 사실 또는 사회정형성으로부터 채권 발생 효력을 도출하는 사회정형적 행위론(사실적 계약관계이론)에는 수긍할 수 없다고 한다.131)

마. 소　결

현재 국내에서 사실적 계약관계이론을 지지하는 학자는 찾기 어렵다.132) 독일에서도 마지막까지 사회정형적 행위론을 고수하였던 라렌쯔가 1989년에 이르러서는 마침내 사회정형적 행위론 자체를 포기하면서,133) 더 이상 학설로서 주장되지 않고 있다.

생각건대 사실적 계약관계는 자신의 의사에 뒷받침되지 않는데도 불구하고 의무를 부과하려는 것으로서, 사적 자치의 원칙에 어긋나므로 인정될 수 없다. 뿐만 아니라 많은 경우에는 전통적인 계약이론에 의하여도 문제를 해결할 수 있다. 예컨대 계속적 계약관계에 있어서는 종래의 계약법 이론도 무효나 취소의 소급효를 제한하는 해석론에 의하여 문제를 해결하려고 한다.134) 또 대량적 거래의 경우에는 당사자의 묵시적 의사표시를 인정하거나, 의사실현에 의하여 계약이 성립되었다고 하면 충분하다. 또한 사실적 계약관계는 행위능력이 없더라도 사실적 계약관계가 성립할 수 있다고 하므로, 제한능력자의 보호를 소홀히 하게 된다.135) 그

---

131) 이호정, "사회정형적 행위론의 연구 (其二)"(주 122), 116면 이하, 특히 120면 이하 참조.

132) 최공웅, "사실적계약관계이론", 저스티스, 제18호(1985), 7면 이하는 사실적 계약관계이론에 호의적이지만, 사실적 계약관계이론은 현대계약법의 중요한 과제로서 연구되어야 할 중요한 문제이고, 영미계약법상의 quasi contract와 promissory estoppel 원칙의 발전은 좋은 참고가 될 것이라고 하는 정도로 끝맺고 있다.

133) Karl Larenz, *Allgemeiner Teil des deutschen Bürgerlichen Rechts*, C. H. Beck, 7. Aufl. (1989), § 28 II (S. 535 f.) 참조.

134) 대법원 1972. 4. 25. 선고 71다1833 판결은, 조합이 사업을 개시하고, 제3자와의 간에 거래관계가 이루어지고 난 다음에는 조합계약체결당시의 그 의사표시의 하자를 이유로 취소하여 조합 성립전으로 환원시킬 수 없다고 하였는데, 이 판결이 사실적 계약관계 이론을 전제로 한 것으로는 이해되지 않고 있다.

135) 라렌쯔는 초기에는 사회정형적 행위가 성립하기 위하여 사실적 이용자가 행위능력을 가질 필요는 없고, 행위의 거래상의 의미에 관한 사실상의 판단능력만 있으면 된다고 하였다. Karl Larenz, *Allgemeiner Teil des deutschen Bürgerlichen Rechts*, C. H. Beck (1967), § 34 II (S. 519). 그러나 최종길 교수는 이러한 라렌쯔의 주장도 거부한다. 최종길(주 119), 52면. 다른 한편 라렌쯔는 위의 책 제2판부터는 사회정형적 행위에도 행위능력 규정은 적용된다고 견해를

런데 이러한 경우에도 예컨대 미성년자가 무임승차를 한 경우에, 부당이득의 반
환을 명하게 되면[136] 결과적으로 미성년자의 보호를 소홀히 하게 된다는 비판이
있다.[137] 이러한 경우에 가령 민법 제141조와 같은 규정을 유추하여 제한능력자
에게 현존이익만의 반환을 명하게 할 것인지[138]는 좀 더 검토할 필요가 있다.

사실적 계약관계이론이 이처럼 받아들이기 어려운 것이기는 하지만, 사실적
계약관계론이 민법학의 논의를 풍부하게 한 공은 인정하지 않을 수 없다. 사실적
계약관계가 적용된다고 주장된 여러 유형의 계약관계들은 확실히 통상적인 계약
관계와는 구별되는 징표를 포함하고 있으며, 어떤 형태이건 일반계약이론의 수
정을 필요로 하는 것들이다.[139] 따라서 사실적 계약관계이론이 법률행위이론의
발전에 기여한 바를 무시할 수는 없다.[140]

8. 정광현 교수와 민법초안의 정일형 수정안

가. 정일형 수정안의 제출 배경

1957년 국회에 제출된 민법안의 친족상속법 부분은 기본적으로 종래의 관습
을 존중하여야 한다는 관습존중론에 바탕을 둔 것으로서, 가부장제적 요소가 많
았고, 남녀평등에 배치되는 조항이 많았다. 국회 심의과정에서 법제사법위원회는
1957년 9월에 민법 제4편과 제5편에 대한 수정안을 발표하였다.[141] 그리고 정일

바꾸었다. Karl Larenz, *Allgemeiner Teil des deutschen Bürgerlichen Rechts*, 2. Aufl., C. H. Beck (1972), §28 Ⅱ (S. 452).

136) 독일연방대법원 1971. 1. 7. 판결(BGHZ 55, 128)은, 18세가 되지 않은 미성년자가 함부르크에서 뉴욕행 여객기에 항공권 없이 탑승한 경우에, 그 미성년자에게 항공권 가액 상당의 부당이득 반환을 명하였다.

137) 최광준(주 120), 787면 이하.

138) 예컨대 Manfred Harder, "Minderjährige Schwarzfahrer", *NJW* 1990, 857, 862 ff.

139) 예컨대 유료주차장에 처음부터 주차요금을 내지 않겠다고 하면서 주차한 경우를 어떻게 다룰 것인가에 관하여 사실적 계약관계이론을 부정하는 학자들 사이에도 견해가 갈린다. 이 경우에 신의칙에서 파생하는 '행위와 모순되는 이의의 금지원칙'(protestatio facto contraria non valet)을 원용함으로써 계약의 성립을 인정하는 견해가 있는 반면, 처음부터 계약체결을 거부하는 경우에까지 신의칙을 끌어들일 수는 없고, 이때에는 부당이득법에 의한 해결을 모색하여야 한다는 견해도 있다. 이호정, "사회정형적 행위론의 연구 (其二)"(주 122), 122면 이하; 최광준(주 120), 784면 이하; 백태승, "사실적 계약관계론: 독일의 주차장 사례를 중심으로", 고시연구, 제25권 제6호(1998), 80면 이하 참조.

140) 이호정, "사회정형적 행위론의 연구 (其二)"(주 122), 120-121면; 손지열, "사실적 계약관계론", 민사재판의 제문제: 송천이시윤박사화갑기념(상), 박영사(1995), 348-349면 등.

141) 정부는 원래 1954. 10. 26. 국회에 민법안을 제출하였으나, 당시 국회법은 이른바 회기불계속의 원칙을 채택하고 있어서(제61조 제1항), 1957. 5. 3. 폐기되었고, 정부는 1957. 6. 17. 민법안을

형 의원 외 33인은 또 다른 수정안을 국회에 제출하였다.[142]

그런데 이 수정안("정일형 수정안")은 정광현 교수의 의견을 바탕으로 한 것이었다. 실제로 정광현 교수는 위 법사위 수정안이 발표되기 전부터, 친족상속편의 장경근 사안(張暻根 私案)[143]과 법전편찬위원회 요강,[144] 법제사법위원회 요강을 분석하고 비판하였으며,[145] 법제사법위원회의 수정안이 발표된 후에는 그 수정안을 분석·비판하였다.[146] 정광현 교수는 정부안을 관습존중론, 법제사법위원회의 입법방침을 점진적 개혁론이라고 하면서,[147] 친족상속법의 입법방침은 헌법존중론에 입각하여야 한다고 하는 헌법정신존중론을 주장하였다.[148] 한편 정일형 의원은 정광현 교수의 제자이자 한국 최초의 여성 변호사로서 1956년에 한국가정법률상담소[149]를 개설한 이태영 변호사의 남편으로서, 이태영 변호사와 협의하여 위 수정안을 국회에 제출하였다.[150][151] 정광현 교수는 이 수정안은 정 교수가 이태영 변호사의 의견을 존중하여 조규대 판사와 김용한 교수의 협력하에 꾸민 수정안이며, 수정안에 대한 이유서는 정 교수가 작성하였다고 밝혔다.[152] 위 수정안

다시 제출하였다. 위 최초 제출 당시에도 국회의 법제사법위원회는 법안을 심의하여, 민법 제1편에서 제3편까지에 대하여는 1956. 9. 수정안을 발표하였고, 제4, 5편에 대하여는 정부가 법안을 다시 제출한 후인 1957. 9. 12. 수정안을 발표하였다. 정광현, 한국가족법연구, 서울대학교출판부(1967), 364면 참조.

142) 정광현(주 141), 부록편 111면 이하.

143) 장경근은 법전편찬위원회의 친족상속편 기초위원으로서 친족상속법요강사안을 작성하였고, 그에 대한 해설을 발표하였다. 이는 정광현(주 141), 부록편 1면 이하에 실려 있다. 참고로 장경근은 민법초안의 국회 심의과정에서 법제사법위원회의 민법안심의소위원회 위원장으로서 주도적인 역할을 담당하였다. 장경근의 생애에 대하여 간단히는 최종고, 한국의 법률가(2007), 369면 이하 참조.

144) 정부 수립 후인 1948. 9.에 대통령령으로 민법전 등의 편찬을 위하여 설치된 법전편찬위원회가 작성하였다.

145) 정광현(주 141), 330면 이하. 이는 법정, 1957년 3월호와 6월호에 발표되었던 것이다.

146) 정광현, "민법안에 대한 관견", 정광현(주 141), 364면 이하. 이는 법정, 1957년 11월호에 발표되었던 것이다.

147) 정광현(주 141), 326면.

148) 정광현(주 141), 350면 이하 참조.

149) 최초의 명칭은 '여성법률상담소'였다.

150) 이태영, 가족법개정운동 37년사, 한국가정법률상담소 출판부(1992), 85-86면.

151) 국회 홈페이지에 올라와 있는 수정안에는 제출일자가 명기되어 있지 않다(http://likms.assembly.go.kr/bms_svc/img_attach1/03/doc_70/030318_74.PDF). 이태영(주 150), 86면은 1957. 11. 28. 제출되었다고 하였고, 정광현(주 141), 부록편 115면도 그러하다. 그러나 정광현 교수가 1957. 11. 25. 발행된 대학신문, 제116호에 기고한 글에서는 이미 정일형 수정안이 국회에 상정되어 제2독회가 진행되고 있다고 하였다. 정광현, "민법안친족상속법 수정제의", 정광현(주 141), 399면 이하.

152) 정광현, "재판에 의한 혼인신고와 협의이혼의사의 확인문제", 정광현(주 141), 617면 (주 4). 원래는 법정, 1963년 10월호(제18권 제10호)에 게재되었던 것이다.

이유서도 이 수정안은 우리나라 헌법정신존중론에 입각하여 서울대학교 법과대학 정광현 교수와 한국여성단체의 제안을 주로 채택한 것이라고 밝히고 있다.153)

　이러한 정일형 수정안은 국회에서 거의 받아들여지지 않았으나, 결국 이후의 가족법 개정의 중요한 모티브가 되었고, 상당 부분은 가족법 개정당시에 받아들여졌다. 이하에서는 정일형 수정안이 어떻게 이후의 입법에서 받아들여졌는지를 살펴본다.

나. 정일형 수정안의 주요 내용

(1) 서자녀(庶子女)의 입적(入籍)과 배우자의 동의

　정부안 제776조는 가족이 혼인외의 자녀를 출생한 때에는 호주의 동의를 얻어 그 가에 입적할 수 있다고 규정하고, 제778조는 처가 부의 혈족 아닌 직계비속이 있는 때에는 부가의 호주 및 부의 동의를 얻어 그 가에 입적할 수 있다고 규정하였다. 반면 법사위 수정안 제776조는 호주의 동의는 얻지 않도록 하였다. 그러나 정일형 수정안 제776조 제1항은 가족이 혼인외의 자녀를 출생한 때에는 배우자의 동의를 얻어 그 가에 입적하게 할 수 있다고 규정하였다. 그 이유는 부가 혼인외의 자녀를 입적시킬 때에는 처의 동의가 필요없는 반면, 처가 부의 혈족 아닌 자녀를 입적시킬 때에는 부의 동의를 얻도록 하는 것은 부부동권과 혼인의 순결에 대한 특별보호를 선명한 헌법 제20조에 위반되고, 호주의 동의는 필요하지 않다고 하는 것이다.154)

　그러나 제정 민법은 법사위 안대로, 가족이 혼인외의 자를 출생한 때에는 그 가에 입적하게 할 수 있고(제782조 제1항), 처가 부의 혈족 아닌 직계비속이 있는 때에는 부가의 호주와 부의 동의를 얻어 그 가에 입적하게 할 수 있다고 규정하였다(제784조 제1항).

　이 중 제784조 제1항은 1990년에 호주의 동의는 요하지 않는 것으로 개정되었으나, 제782조 제1항은 그대로 존속하다가, 2005년 호주제 폐지시에 비로소 삭제되었다.

(2) 혼인성립선언제도

　정일형 수정안 제806조의2는 다음 경우에는 법원에 혼인성립의 선언을 청구할 수 있다는 혼인성립선언제도의 도입을 주장하였다. 즉 혼인식의 거행 기타 공

---

153) 정광현(주 141), 부록편 111면 이하.
154) 정광현(주 141), 부록편 111면, 119면.

연하게 계속하여 6월 이상 부부로서 동거하였고, 동거개시 당시 혼인의 합의가 있으며, 법령의 규정 위반이 없어야 한다는 것이다. 다만 여자가 동거 중에 포태하여 자녀를 출생하면 동거기간의 제한을 받지 않는다고 한다. 이는 정부안과 같이 신고혼주의만을 채용하게 되면 사실혼문제와 사생자문제를 해결하기 곤란하고, 반대로 사실혼주의만을 채용하게 되면 혼인존부의 명확성을 기할 수 없게 되므로, 법원에 혼인성립의 선언에 대한 청구소송을 제기하여 판결에 의하여 혼인의 성립을 확정하는 것이라고 한다.155)

　　원래 정광현 교수는 사실혼에 관하여 법률혼주의 대신 거식주의(擧式主義)를 병용하여, 관습상 인정되는 혼례식을 거행하였을 때에는 이로써 혼인은 성립하는 것으로 하여야 한다고 주장하였다.156) 그 후 정일형 수정안이 제출된 후에는 혼인성립선언제도를 채택하여야 한다고 주장하였다.157)

　　이 제안은 채택되지 않았으나, 1963년에 제정된 가사심판법은 가사 병류 사건으로서 "사실상혼인관계존부 확인청구"를 규정하고(제2조 제1항 3. 나.), 호적법에 사실상 혼인관계존재확인의 재판이 확정된 경우에는 심판을 청구한 자가 일방적으로 혼인신고를 할 수 있도록 하는 규정을 신설하였다(제76조의2). 당시 정광현 교수는 가정법원관계법률 기초위원으로서 가사심판법 제정에 관여하였고,158) 위 제정 당시에 혼인신고는 혼인의 성립요건 아닌 효력발생요건으로서, 혼인신고의 강제이행을 청구할 수 있다는 글을 발표하였다.159)

(3) 부부간의 동거장소의 협정

　　정부안은 부부의 동거는 부의 주소나 거소에서 한다고 규정하고 있는데, 정일형 수정안은 동거장소는 부부의 협의에 의함을 원칙으로 하고, 협의가 성립되지 않을 때에는 법원이 정하도록 하였다(제819조 제2항).160) 이는 정광현 교수의 종전 주장과 같다.161) 1990년 개정 민법은 정일형 수정안과 같이 개정되었다(제826조 제2항).

---

155) 정광현(주 141), 부록편 111면, 120-122면.
156) 정광현(주 141), 368-370면.
157) 정광현, "민법안친족상속법 수정제의"(주 151), 399면 이하.
158) "정광현 선생 연보", 가족법연구, 제9호(주 11), 5면.
159) "혼인신고의 강제이행문제", 정광현(주 141), 594면 이하. 원래 법정, 1963년 6월호에 실렸던 것이다.
160) 정광현(주 141), 부록편 111면, 122면.
161) 정광현(주 141), 383-384면.

(4) 부부간의 계약취소권

정부안은 부부간의 계약취소권을 인정하고 있었는데(제821조), 정일형 수정안은 그 삭제를 제안하였다. 즉 부부간의 계약취소권은 혼인이 해소된 후에는 소멸되므로 실효가 없을 뿐만 아니라, 남녀의 평등과 남녀의 인격능력의 완전한 독립을 인정하는 한 그러한 특별규정을 인정할 필요가 없고, 경제권이 처보다 부에게 있는 현금의 사회상태하에서는 부가 악용할 가능성이 다분히 포함되어 있다고 한다.162) 이 또한 정광현 교수의 종전 주장과 같다.163) 이 조항은 2012. 2. 10. 삭제되었다.

(5) 부부간의 소속미분명 재산의 공유

정부안은 부부의 누구에게 속한 것인지 분명하지 아니한 재산은 부의 특유재산으로 추정하고 있었는데(제822조 제2항), 정일형 수정안은 이를 부부의 공유로 추정하도록 하자고 제안하였다.164) 이는 정광현 교수의 종전 주장과 같다.165) 이 조항은 1977. 12. 31. 정일형 수정안과 같이 개정되었다.166)

(6) 협의이혼당사자의 이혼의사 확인

정일형 수정안 제829조의2는 이혼신고와 이혼신고서에 연서한 증인은 호적법의 정하는 소관공무원의 면전에 출두하여 이혼신고가 진정임을 선서하여야 하고, 소관공무원은 당사자 쌍방 인물의 진부와 그 의사를 확인하도록 규정하였다.167) 이는 협의이혼이 경제적 사회적 강자인 부가 약자인 처를 일방적으로 추출(追出)하는 데 이용되고 있기 때문에 약자인 처를 보호하기 위한 것이라고 한다.168) 이는 정광현 교수의 주장을 그대로 받아들인 것이다. 다만 정광현 교수는 이혼당사자의 출두만을 요구하고 있으며, 증인의 출두에 대하여는 언급하지 않았다.169)

이 내용은 1963. 7. 31. 호적법에 협의이혼신고는 그 서면의 진정성립의 여

---

162) 정광현(주 141), 부록편 122면.
163) 정광현(주 141), 375-377면.
164) 정광현(주 141), 부록편 112면, 123면.
165) 정광현(주 141), 384면.
166) 제830조 제2항.
167) 정광현(주 141), 부록편 112면. 그런데 이에 따르면 증인 아닌 이혼 당사자는 출두하지 않아도 되는 것처럼 보이고, 또 "이혼신고와"라는 말이 왜 사용되었는지를 알 수 없다. 이혼 당사자와 증인이 출두하여야 한다는 것을 잘못 표기한 것이 아닌가 추측된다.
168) 정광현(주 141), 부록편 123-124면.
169) 정광현(주 141), 378-379면.

부를 확인한 후에 수리하여야 한다는 조항(제79조의2)으로 받아들여졌다. 이때에는 호적공무원이 실질적 심사권을 행사하였으나, 1977년 개정된 민법 제836조는 협의상 이혼은 가정법원의 확인을 받도록 하여, 현재에 이르렀다. 그리고 2007년에는 이른바 협의이혼 숙려기간 제도를 도입하여, 가정법원에 이혼의사의 확인을 신청한 당사자는 1개월 또는 3개월이 지난 후에 이혼의사의 확인을 받을 수 있도록 하는 민법 제836조의2가 신설되었다.

(7) 이혼배우자의 재산분여청구권

정일형 수정안은 이혼배우자의 재산분여청구권을 규정하고 있다(제830조의2). 이 규정은 협의상 이혼한 자의 일방은 상대방에 대하여 상당한 생계를 유지함에 충분한 재산의 분여를 청구할 수 있다고 하여, 주로 상대방의 부양을 염두에 두고 있었다.170) 이 또한 정광현 교수의 주장과 같다.171)

1990년 개정 민법은 재산분할청구권제도를 신설하였는데(제839조의2), 주로 쌍방의 협력으로 이룩한 재산의 청산에 중점을 두고 있고, 상대방 배우자의 부양에 관하여는 직접 언급하지 않고 있다. 학설상으로는 재산분할청구권에 청산적 요소 외에 부양적 요소도 포함되는가에 관하여 논란이 있다.

(8) 사후양자(死後養子)

정부안이나 법사위 수정안은 모두 사후양자를 인정하고 있었으나, 정일형 수정안은 사망한 자를 법률상 주체로 하는 양친자관계는 근대법이론에 부합하지 않는다고 하여 그 폐지를 주장하였다. 그러나 이 주장은 1990년에야 사후양자를 규정한 제867조, 제868조가 삭제됨으로써 비로소 실현되었다.

(9) 부모의 공동친권행사

정부안은 친권을 제1차로 부가 행사하고, 부가 없는 경우 또는 부가 친권을 행사할 수 없는 경우에 한하여 모가 행사하도록 규정하였고(제906조), 부모가 이혼하거나 부 사망 후 모가 친가에 복적 또는 재혼한 때에는 그 모는 전혼인중에 출생한 자녀의 법정대리인이 되지 못하도록 규정하였다(제907조). 그러나 정일형 수정안은 부모의 혼인 중에는 원칙적으로 부모가 공동으로 친권을 행사하도록 하고(제906조), 부모가 협의상 이혼을 할 때에는 협의로 그 일방을 친권자로 정하여야 한다(제907조의2)고 규정하였다.172) 이 또한 정광현 교수의 종전 주장과 일

---

170) 정광현(주 141), 112면, 124-125면.
171) 정광현(주 141), 377-378면.
172) 정광현(주 141), 부록편 113면, 129면.

치하는 것이다.173)

그러나 부모의 친권공동행사는 1977년 민법개정에 의하여 비로소 인정되었는데, 이 또한 부모의 의견이 일치하지 아니하는 경우에는 부가 행사한다는 것이었다(제909조 제1항). 정일형 수정안이 완전히 반영된 것은 1990년 민법개정시에 이르러서였다(제909조).

(10) 호주상속

정부안은 호주상속의 순위를 피상속인의 직계비속남자, 피상속인의 가족인 직계비속여자, 피상속인의 처, 피상속인의 가족인 직계비속의 처, 피상속인의 가족인 직계비속여자 순으로 규정하고 있었고(제988조), 법사위 수정안은 직계비속남자, 피상속인의 가족인 직계비속여자, 피상속인의 처, 피상속인의 가족인 직계비속여자, 피상속인의 가족인 직계비속의 처 순으로 규정하고 있었다(제988조). 또한 정부안은 호주상속권은 포기하지 못하도록 하였다(제997조)

이에 대하여 정일형 수정안은, 호주상속의 순위에 있어 嫡庶를 구별하여, 피상속인의 직계비속적출남자, 피상속인의 처, 피상속인의 가족인 직계비속적출여자, 피상속인의 직계비속서출남자, 피상속인의 가족인 직계비속서출여자, 피상속인의 가족인 직계존속의 여자, 피상속인의 가족인 직계비속의 처 순으로 규정하였다(제988조). 즉 처와 직계비속 적출여자의 순위를 상승시키고, 피상속인의 직계비속의 처는 최종순위로 낮춘 것이다. 또 적출녀를 서출남보다 선순위로 한 것은 헌법 제20조의 정신에 입각하여 적출자는 서출자보다 우대하였고,174) 처를 여식보다 선순위로 한 것은, 유처(遺妻)는 혼가(婚家)에 재적(在籍)하고 있음이 원칙이지만, 여식은 출가하여 거가함이 원칙이기 때문에 출가로 인한 생전상속을 방지하기 위함이라고 한다. 또한 호주상속권은 포기할 수 있도록 하였다(제997조). 이는 추정호주상속인인 장남이 스스로 호주에는 부적격한 것을 자각하는 경우 등에 본인이 호주상속권을 포기할 수 있도록 하는 것이 타당하다는 이유에서이다.175)

그러나 민법은 법사위 수정안을 채택하였고(제984조), 또한 호주상속권도 포기할 수 없도록 하였다(제991조).

---

173) 정광현(주 141), 384-385면.
174) 정광현(주 141), 389면도 서자남을 적출녀보다 우선하여 호주상속권을 인정함은 혼인의 순결은 국가가 특별한 보호를 한다는 헌법 제20조에 위반한다고 주장한다.
175) 정광현(주 141), 부록편 113면, 130면.

1990년 개정 민법은 호주상속을 호주승계로 바꾸면서, 호주상속권의 포기는 인정하였으나(제991조), 호주상속인의 순위는 변경하지 않았다. 결국 2005년 개정 민법이 호주제를 폐지함으로써 이러한 논의는 과거의 일이 되고 말았다.[176]

(11) 처와 여자의 상속분

정부안은 재산상속의 순위에 관하여는 직계비속 및 직계존속을 제1순위의 상속인으로 하고(제1007조), 처가 피상속인인 경우에는 부가 직계비속과 동순위로 공동상속인이 되며, 직계비속이 없는 때에는 부가 단독상속인이 되고(제1009조), 피상속인의 처는 제1순위의 상속인인 직계비속 및 직계존속과 동순위로 공동상속인이 되며, 그들이 없으면 단독상속인이 된다고 규정하였다(제1010조). 그리고 이러한 재산상속인이 없는 때에는 호주, 형제, 가족인 자매, 혼인 또는 입양으로 인하여 이적한 직계비속 및 피상속인의 생가 또는 친가의 직계존속이 동순위로 공동상속인이 된다고 하였다(제1011조). 나아가 상속분에 관하여는 호주상속인된 자 또는 호주 아닌 피상속인의 후사(後嗣)된 자의 상속분은 공동상속인이 2인인 때에는 2/3로, 3인 이상인 때에는 1/2로, 5인 이상인 때에는 1/3로 하고, 다른 공동상속인의 상속분은 균분하는 것으로 하였다(제1017조).

반면 법사위 수정안은 상속순위에 관하여는 피상속인의 직계비속, 직계존속, 형제자매, 8촌 이내의 방계혈족 순으로 하고(제1007조), 처에 의한 대습상속을 인정하였으며(제1010조), 공동상속인의 상속분은 균분으로 하되, 재산상속인이 호주상속인이면 고유의 상속분에 5할을 가산하고, 여자의 상속분은 남자의 상속분의 1/2로 하며, 동일가적(家籍) 내에 없는 여자의 상속분은 남자의 상속분의 1/4로 하고, 피상속인의 처의 상속분은 직계비속과 공동으로 상속하는 때에는 남자의 상속분의 1/2, 직계비속과 공동으로 상속하는 때에는 남자의 상속분과 균분으로 하였다(제1017조).

---

176) 다른 한편 정부안은 호주상속회복청구권을 인정하면서도(제986조), 재산상속회복청구권과는 달리 그 제소기간에 관하여는 따로 규정하지 않았는데, 정일형 수정안은 제986조 제2항을 신설하여 그 제소기간을 규정하고 이를 재산상속회복청구권에 준용하여야 한다고 주장하였고, 이것이 결과적으로 받아들여졌다(제982조 제2항, 제1006조). 정광현(주 141), 부록편 113면, 129-130면, 570면. 이 규정이 정일형 수정안이 받아들여진 드문 예외에 속한다. 다른 하나는 인척의 계원에 관한 것인데, 이는 완전히 받아들여진 것은 아니었다. 즉 정부 원안 제763조는 인척에 해당하는 사람을 일일이 열거하고 있었는데, 정일형 수정안 제763조는 인척을 혈족의 배우자, 배우자의 혈족, 배우자의 혈족의 배우자로 단순화하였다. 그러나 최종적으로 확정된 제769조는 여기에 혈족의 배우자의 혈족까지 추가하였다. 1990년 개정된 제769조는 혈족의 배우자의 혈족을 인척에서 제외하여 결국 정일형 수정안으로 돌아갔다.

그런데 정일형 수정안은 상속순위에 관하여는 법사위 수정안과 같지만, 상속분에 관하여는 차이가 있었다. 즉 배우자가 직계비속과 공동상속인이면 직계비속의 상속분이 2/3이고, 배우자가 1/3이며, 배우자와 직계존속이 공동상속인이면 각 1/2이고, 배우자와 형제자매가 공동상속인이면 배우자의 상속분이 2/3이며, 형제자매는 1/3로 하였다. 그리고 공동상속인의 상속분은 균분으로 하되, 재산상속인이 호주상속을 할 경우에는 상속분은 그 고유의 상속분에 5할을 가산하고, 직계비속 서출자녀의 상속분은 직계비속적출자녀의 1/2로 하였다.177) 이 수정안은 배우자의 상속분을 증가시키고, 또 상속분에 있어서 남녀의 차별을 없앴으나, 적서의 차별은 도입하였다. 이 또한 정광현 교수의 의견과 거의 같으나, 정 교수는 출가여식(出嫁女息)은 재가여식(在家女息)에 비하여 1/2로 하므로 타가에 입양한 친생남자의 상속분도 출가여식과 동일하게 제한하여야 한다고 주장하였다.178)

그러나 제정 민법은 법사위 수정안을 채택하였다(제1000조, 제1002조, 제1003조, 제1009조). 그 후 1977년 개정 민법은 동일가적 내에 있는 여자의 상속분은 남자의 상속분과 같이 하되, 동일가적 내에 없는 여자의 상속분은 종전과 마찬가지로 남자의 상속분의 4분의 1로 하였으며, 피상속인의 처의 상속분은 직계비속과 공동으로 상속하는 때에는 동일가적 내에 있는 직계비속의 상속분의 5할을 가산하고 직계존속과 공동으로 상속하는 때에는 직계존속의 상속분의 5할을 가산하는 것으로 바꾸어(제1009조), 결과적으로 동일가적 내에 있는 여자의 상속분과 처의 상속분을 증가시켰다. 그리고 배우자 아닌 공동상속인들의 상속분이 완전히 같아진 것은 1990년 민법개정에서였다(제1009조).179)

다. 소   결

정광현 교수의 의견을 바탕으로 한 정일형 수정안은 앞에서도 언급한 것처럼 이후의 가족법 개정에 있어서 출발점이 되었다고 할 수 있고, 이 점에서 그 중요성은 아무리 강조해도 지나치지 않다. 다만 몇 가지 소감만을 덧붙이고자 한다.

---

177) 정광현(주 141), 부록편 113면, 131-135면. 그런데 정부안에 의하거나 법사위 수정안에 의하더라도 배우자가 형제자매와 공동상속하는 일은 없는데, 배우자와 형제자매가 공동상속하는 경우의 상속분을 규정한 것은 잘 이해되지 않는다.

178) 정광현(주 141), 385-392면.

179) 1990년의 민법개정은 피상속인의 방계혈족은 4촌 이내만 상속인이 될 수 있도록 하고(제1000조 제1항 제4호), 상속분 및 대습상속에 관하여 처와 부의 지위를 같이 하였다(제1003조, 제1008조).

첫째, 정일형 수정안은 호주제에 대하여는 폐지 주장을 내지 않았고, 오히려 그 존속을 전제로 하여 수정을 제안하고 있다. 이는 다소 놀라운 일이다. 민법 제정 당시에도 호주제를 폐지하여야 한다는 주장이 제기되었고,[180] 정일형 의원도 국회에서의 발언에서 이를 소개하고 있으며,[181] 또 정광현 교수도 호주제를 폐지하여야 한다는 의견을 가지고 있었다고 한다.[182] 호주제 폐지를 주장하더라도 받아들여질 가능성이 크지 않다고 판단하여 수정안에 포함시키지 않은 것인지 궁금하다.

둘째, 정광현 교수나 정일형 수정안은 모두 호주상속이나 상속분에 관하여 혼인의 순결을 국가가 보호하여야 한다는 당시 헌법 제20조에 근거하여 적서의 차별이 필요하다고 강조하고 있는데, 이는 평등의 원칙에 비추어 보면 다소 의외이다.[183]

셋째, 정일형 수정안은 혼인성립선언제도를 도입할 것을 주장하였고, 이는 결국 정광현 교수의 노력에 의하여 가사심판법에 사실상 혼인관계 존부확인심판이라는 형태로 도입되어, 사실혼관계에 있는 일방이 혼인신고를 기피하는 경우에 상대방 당사자가 일방적으로 혼인신고를 할 수 있도록 마련되었다. 그러나 이는 혼인은 강제이행을 청구할 수 없다는 민법의 원칙(제803조)과는 잘 조화되지 않는다.[184]

---

180) 정광현(주 141), 부록편 146면 이하, 157면, 158-159면.

181) 제3대 국회 제26회 국회정기회의속기록, 제33호(1957. 11. 9) 7면 이하. 다만 이는 정일형 수정안이 제출되기 전의 일로 보인다.

182) 이희봉, "서평 한국가족법연구", 서울대학교 법학, 제9권 제2호(1967), 213-214면은, 민법전의 초안이 공표되었을 때에 정광현 교수는 호주제도폐지론을 주장하였고, 자신은 호주제도 존치는 불가피하다고 주장하여 대립하였다고 한다. 실제로 민법초안이 공표되었을 때 민사법연구회가 조직되어 민법안의견서를 간행하였는데, 신분법의 심의에서는 각자의 견해가 토의를 통하여 용이하게 접근할 수 있는 것이 아니어서 각각 의견서를 작성하여 병기하기로 하였으나, 결국 실리지 못하게 되었다고 하는데{민법안의견서(주 77), 서문, 2면}, 이는 정광현 교수와 이희봉 교수의 의견 대립을 가리키는 것으로 보인다.

183) 참고로 일본 민법 제900조 제4호는 비적출자(非嫡出子)의 상속분을 적출자(嫡出子)의 상속분의 1/2로 한다고 규정하고 있었는데, 일본최고재판소 2013(平成 25). 9. 4. 대법정 결정(最高裁判所民事判例集 67卷 6号 1320면)은, 늦어도 그 사건 피상속인의 상속이 개시되었던 2001년(平成 13) 7월 당시에는 위 규정이 위헌이라고 하였다. 그리하여 2013. 12. 11. 개정된 일본 민법은 위와 같은 차별을 없애 버렸다.

184) 주해친족법 Ⅰ, 박영사(2015), 551면(윤진수) 참조.

Ⅳ. 결 론

이제까지 서울대학교의 전현직 민법 교수들이 누구인가에 대하여 살펴보고, 아울러 서울대학교가 한국 민법학에 어떤 기여를 하였는지를 단편적으로나마 살펴보았다. 사실 한국 민법학의 역사는 서울대학교 교수들의 업적을 제외한다면 매우 빈약한 것이 될 수밖에 없다. 이러한 업적은 앞으로의 연구를 위하여도 불가결한 자산이 되고 있다.

〈별책 서울대학교 법학제58권 1호, 2017 =
서울대학교 법학전문대학원, 서울대학교 법과대학 72년, 경인문화사, 2018〉

〈추기〉

1. 이 글은 "서울법대 학문연구 70년"이라는 행사의 일부로 기획된 것으로 민법 분야에 대하여 의뢰를 받아 쓰여진 것이다. 이 글이 처음 실린 서울대학교 법학지에는 서울대학교에서의 법학의 각 분야에 관한 글들이 함께 실려 있고, 이 결과가 서울대학교 법과대학 72년이라는 단행본으로 발간되었다.

2. 진승록 교수는 1963년 국가보안법 위반(간첩) 등의 혐의로 1963년 대법원에서 징역 10년이 확정되었으나, 사후인 2019. 5. 16. 서울고등법원의 재심 절차에서 무죄 선고를 받았다. https://www.chosun.com/site/data/html_dir/2019/05/18/2019051800002.html 참조.

저자약력

서울대학교 법과대학 졸업(1977)
사법연수원 수료(1979)
서울대학교 법학박사(1993)
서울민사지방법원 판사(1982), 헌법재판소 헌법연구관(1990~1992),
대법원 재판연구관(1992~1995), 수원지방법원 부장판사(1995~1997)
서울대학교 법과대학 조교수, 부교수, 교수, 법학전문대학원 교수(1997~2020)
법무부 민법개정위원회 분과위원장, 실무위원장, 부위원장(2009~2014)
법무부 가족법개정특별위원회 위원장(2010~2011)
대법원 가사소송법개정위원회 위원장(2013~2015)
전 가족법학회, 민사법학회, 민사판례연구회, 법경제학회, 비교사법학회 회장
현 서울대학교 명예교수(2020~)

저 서
민법논고 Ⅰ-Ⅶ(2007~2015)
2013년 개정민법 해설(현소혜 교수와 공저)
주해친족법 Ⅰ, Ⅱ(2015)(편집대표 및 집필)
주해상속법 Ⅰ, Ⅱ(2019)(편집대표 및 집필)
친족상속법강의(2016)
민법기본판례(2016)
법과 진화론(2016)(공저)
헌법과 사법(2018)(공저)
민법과 도산법(2019)(공저)
상속법 개정론(2020)(공저)
민법의 경제적 분석(2021)(공저)

논 문
"법의 해석과 적용에서 경제적 효율의 고려는 가능한가?", "진화심리학과 가족법" 등 100여 편

民法論攷 Ⅷ

초판발행	2021년 12월 20일
지은이	윤진수
펴낸이	안종만
편 집	김선민
기획/마케팅	조성호
표지디자인	이수빈
제 작	우인도·고철민·조영환
펴낸곳	(주) **박영사** 서울특별시 금천구 가산디지털2로 53, 210호(가산동, 한라시그마밸리) 등록 1959. 3. 11. 제300-1959-1호(倫)
전 화	02)733-6771
f a x	02)736-4818
e-mail	pys@pybook.co.kr
homepage	www.pybook.co.kr
ISBN	979-11-303-3963-4 94360 978-89-6454-734-2(세트)

정 가   69,000원